관광통역안내사

단기완성

1권 관광국사 | 관광자원해설

끝까지 책임진다! 시대에듀!

QR코드를 통해 도서 출간 이후 발견된 오류나 개정법령, 변경된 시험 정보, 최신기출문제, 도서 업데이트 자료 등이 있는지 확인해 보세요!
시대에듀 합격 스마트 앱을 통해서도 알려 드리고 있으니 구글 플레이나 앱 스토어에서 다운받아 사용하세요.
또한, 파본 도서인 경우에는 구입하신 곳에서 교환해 드립니다.

편집진행 장민영 · 김시아 | **표지디자인** 현수빈 | **본문디자인** 김예슬 · 임창규

2026 시대에듀
관광통역안내사 단기완성

Always **with you**

사람의 인연은 길에서 우연하게 만나거나 함께 살아가는 것만을 의미하지는 않습니다.
책을 펴내는 출판사와 그 책을 읽는 독자의 만남도 소중한 인연입니다.
시대에듀는 항상 독자의 마음을 헤아리기 위해 노력하고 있습니다. 늘 독자와 함께하겠습니다.

저 자 **시대관광교육연구소**

시대관광교육연구소는 관광종사원을 꿈꾸는 수험생 여러분들을 위해 시대에듀(시대고시기획)에서 야심차게 구성한 관광 전문 연구진입니다.
관광교육에 대한 25년 전통과 경험을 바탕으로 수험생 여러분의 쉽고 빠른 합격을 위해 밤낮으로 연구에 매진하고 있습니다.

머리말 STRUCTURES

관광문화산업은 나라를 지탱하는 국가의 주요 산업입니다. 풍요로운 생활과 정보통신의 발달로 개인의 여가시간이 늘어남에 따라 현대인들은 양질의 삶을 추구하고 있습니다. 특히 지구촌 일일생활권 시대가 다가옴으로써 관광문화산업의 비중은 점차 확대되었고, 선진국들은 차세대 지식기반 중점사업으로 선정하여 발전해 왔습니다.

우리나라도 21세기 국가 기간산업으로 관광산업에 집중적으로 투자하여 '관광 한국' 시대를 대비해 홍보와 투자를 아끼지 않고 있습니다. 반만년의 유구한 역사를 지닌 우리나라는 유명한 사적지와 풍부한 관광자원을 집중적으로 육성해 세계 속의 문화 관광 국가로 도약하는 기틀을 마련하고 있으며, 세계 여러 나라에서는 홍보와 마케팅을 통해 관광객을 유치하고자 끝없는 전쟁을 하고 있다고 해도 과언이 아닙니다. 따라서 세계 각지에서 들어오는 관광객들을 안내하고 정해진 시간 내에 효율적으로 관광할 수 있도록 돕는 우수한 안내자가 절대적으로 필요하므로 관광종사원은 한 나라의 민간 외교관에 견줄 수 있는 중요한 위치에 있습니다.

지난 몇 년간 침체되었던 관광산업은 점차 제자리를 찾는 단계를 지나 활기를 되찾았습니다. 이에 저희 편저자 일동은 관광종사원의 양성을 위해 본 도서를 개정출간하게 되었습니다.

방대한 이론에 대한 학습의 부담감을 줄일 수 있도록 알차면서도 최대한 간결하게 구성하였습니다. 이 책의 특징은 다음과 같습니다.

도서의 특징

❶ 시험에 출제되는 이론만 간추려 수록하였습니다.

❷ 파트마다 핵심 실전 문제와 상세한 해설을 수록하여 실력점검은 물론 반복학습까지 할 수 있도록 하였습니다.

❸ 출제 경향을 파악할 수 있도록 3개년(2023～2025) 실제 기출문제를 수록하였습니다.

❹ 자투리 시간까지 학습하실 수 있도록 과목별 기출족보와 최신 관광 트렌드를 반영한 관광 지도도 수록하였습니다.

이 책이 여러분들의 꿈을 이루는 데 좋은 길잡이가 될 수 있기를 바라며, 관광종사원 시험을 준비하는 모든 수험생 여러분들의 합격을 진심으로 기원합니다. 그와 더불어 수험생 여러분의 인생이 늘 새로운 희망과 모험들로 가득하기를 기원합니다.

편저자 올림

이 책의 구성 STRUCTURES

다양한 학습 장치로 더 쉽고, 더 깊게 이해하는

핵심 이론

- 기출 연도 표시로 빈출 이론과 시험의 경향을 파악할 수 있습니다.
- 이론과 더불어 학습하면 도움이 되는 내용을 '개념충전'에 수록하여 한층 더 심도 있게 학습할 수 있게 하였습니다.

제1장 관광기본법

제1절 총칙

01 목적(제1조) 15 16 기출

이 법은 관광진흥의 방향과 시책에 관한 사항을 규정함으로써 국제친선을 증진하고 국민경제와 국민복지를 향상시키며 건전하고 지속가능한 국민관광의 발전을 도모하는 것을 목적으로 한다.

02 정부의 시책(제2조)

정부는 이 법의 목적을 달성하기 위하여 관광진흥에 관한 기본적이고 종합적인 시책을 강구하여야 한다.

(1) 다른 법률과의 관계(제2조의2)

관광에 관한 다른 법률을 제정하거나 개정할 때에는 이 법의 목적에 맞도록 하여야 한다.

(2) 관광진흥계획의 수립(제3조)

① 정부는 관광진흥의 기반을 조성하고 관광산업의 경쟁력을 강화하기 위하여 관광진흥에 관한 기본계획(이하 "기본계획"이라 한다)을 5년마다 수립·시행하여야 한다. 19 21 기출

② 기본계획에는 다음의 사항이 포함되어야 한다.

㉠ 관광진흥을 위한 정책의 기본방향
㉠의2. 관광의 지속가능한 발전에 관한 사항
㉡ 국내외 관광여건과 관광 동향에 관한 사항
㉢ 관광진흥을 위한 기반 조성에 관한 사항
㉢의2. 관광취약계층 등을 위한 「관광진흥법」 제2조 제13호에 따른 무장애 … 에 관한 사항
㉣ 관광진흥을 위한 관광사업의 부문별 정책에 관한 사항
㉤ 관광진흥을 위한 재원 확보 및 배분에 관한 사항
㉥ 관광진흥을 위한 제도 개선에 관한 사항

핵심 실전 문제

- 한 장의 이론 학습이 끝날 때마다 출제 가능성이 높은 핵심 실전 문제로 바로바로 복습하고 실력을 점검할 수 있습니다.
- 다양한 유형의 문제와 꼭 필요한 내용만 담은 오답 해설로 빈틈없이 학습할 수 있습니다.

제1장 핵심 실전 문제

※ 문제의 이해도에 따라 ○△× 체크하여 완벽하게 정리하세요.

01 신석기시대에 대한 설명으로 옳지 않은 것은?

① 대표적인 유적으로 서울 암사동 유적, 양양 오산리 유적 등이 있다.
② 움집에 살면서 정착생활을 시작하였다.
③ 사냥 · 채집 · 어로를 통해 식량을 획득하였다.
④ 고인돌과 독무덤을 만들었다.

해설 ④ 고인돌, 독무덤은 청동기시대, 철기시대를 대표하는 유물이다.

02 다음 (가) 시대에 대한 설명으로 옳은 것은?

서울 암사동 유적은 6,000년 전 (가) 시대 유적 중 최대 규모로 선조들의 생활상을 온전히 간직하고 있다. 전형적이고 예술적인 빗살무늬토기 문화를 이끌어낸 중요한 주거 유적지이며, 사적이다.

① 벼농사가 시작되었다.
② 고인돌을 축조하였다.
③ 농경 생활을 시작하였다.
④ 주먹도끼를 사용하였다.

해설 ③ 서울 암사동 유적은 신석기시대의 대표적인 유적지이다.
①·② 청동기시대, ④ 구석기시대

신석기시대 생활
- 바닷가와 강가에 움집을 지어 정착 생활
- 농경(잡곡류 경작)과 목축 시작
- 고기잡이와 사냥은 중요한 식량 확보 수단의 역할
- 혈연을 바탕으로 한 씨족 사회, 족외혼(다른 씨족과의 혼인)을 통해 부족 사회 형성, 평등 사회
- 애니미즘(정령 숭배), 토테미즘(동식물 숭배), 샤머니즘(무당과 주술 신봉) 등 출현
- 조개껍데기로 가면을 만들거나 짐승의 뼈나 이빨로 장신구 제작

정답 1 ④ 2 ③

2025년 실제 기출문제

※ 문제의 이해도에 따라 ☑△✕ 체크하여 완벽하게 정리하세요.

제1과목 관광국사

☑△✕
01 신석기 시대에 관한 설명으로 옳지 않은 것은?

① 옷이나 그물을 만들었다.
② 간석기를 사용하여 농사를 지었다.
③ 도둑질을 한 자는 노비로 삼았다.
④ 토기를 만들어 곡식을 저장하였다.

③ 도둑질을 한 자를 노비로 삼은 것은 고조선이다.

☑△✕
02 고조선에 관한 설명으로 옳은 것을 모두 고른 것은?

ㄱ. 청동기 시대에 건국되었다.
ㄴ. 중국의 연나라와 충돌하였다.
ㄷ. 삼국사기에 건국신화가 실려 있다.
ㄹ. 대사자, 사자라고 불리는 관리를 두었다.

① ㄱ, ㄴ ② ㄱ, ㄹ
③ ㄴ, ㄷ ④ ㄷ, ㄹ

ㄷ. 《삼국유사》와 《제왕운기》에 건국신화가 실려 있다.
ㄹ. 대사자, 사자라고 불리는 관리를 둔 나라는 부여이다.

☑△✕
03 다음 습속을 가진 나라에 관한 설명으로 옳은 것은?

귀신을 믿기 때문에 국읍마다 한 사람씩 세워 천신의 제사를 주관하게 하는데, 이를 천군이라 부른다.

① 무천이라는 제천 행사를 열었다.
② 교역에서 철을 화폐처럼 사용하였다.
③ 읍락의 지배자를 읍군, 삼로라 불렀다.
④ 곡식이 익지 않으면 그 허물을 왕에게 돌렸다.

② 삼한에는 제사장인 천군과 신성 지역인 소도가 있었으며, 삼한 중 변한에서는 철을 화폐처럼 사용하였다.
① 동예에 관한 설명이다.
③ 옥저와 동예에 관한 설명이다.
④ 부여에 관한 설명이다.

3개년(2023~2025)

실제 기출문제

- 자격증시험을 준비하면서 실제 기출문제를 풀어보는 것만큼 효율적인 학습법은 없습니다. 친절한 해설이 더해진 3개년 실제 기출문제를 통해 실제 출제 경향을 파악할 수 있습니다.
- 법령 개정 사항 및 출제상의 오류 등도 함께 실어 학습에 제동을 거는 요소들을 배제하였습니다.

관광통역안내사 기출족보

※ 본 내용은 시대에듀에서 관광통역안내사의 필기 기출문제를 분석하여 키워드를 요약 · 정리한 것으로 저작권법에 의해 보호를 받는 저작물입니다. 당사의 허가 없이 무단전재 및 복제, 재배포 등이 이루어질 경우에는 저작권법에 따라 처벌을 받으실 수 있습니다.

제1과목 관광국사

✔ 2025년 출제 키워드

신석기시대
- 유적 : 서울 암사동 유적, 양양 오산리 유적
- 생활 : 움집에 살며 정착생활, 옷이나 그물 만듦, 간석기를 사용한 농사, 토기를 만들어 곡식 저장

고조선
- 청동기시대에 건국되었음
- 중국의 연나라와 충돌하였음
- 도둑질한 자를 노비로 삼았음
- 지배자는 '왕'이라는 칭호를 사용하였음
- 탁자식 고인돌(북방식 고인돌)에 주검을 매장하였음

삼한
- 제사장인 천군과 신성 지역인 소도가 있었음
- 변한 : 철을 화폐처럼 사용
- 마한 : 농경이 발달하고 벼농사를 지음
- 진한 : 편두의 풍습

저자와 역사서
- 김대문 – 《화랑세기》, 《고승전》, 《한산기》
- 고흥 – 《서기》
- 최치원 – 《계원필경》
- 이문진 – 《신집》 5권

삼국의 정치제도
- 백제 : 지방에 방령 · 군장 등을 파견
- 고구려 : 제가회의에서 주요 국사를 의결
- 신라 : 집사부 등을 두어 정무 분담

사건 발생 순서
- 고구려의 태학 설립 : 4세기 소수림왕 시기(373)
- 신라의 율령 반포 : 6세기 법흥왕 시기(520)
- 신라의 대가야 병합 : 6세기 진흥왕 시기(562)
- 나당동맹 체결 : 7세기 중반(648)

삼국시대 승려
- 의상 – 부석사 건립
- 원광 – 세속오계 제시
- 혜자 – 쇼토쿠 태자의 스승
- 혜초 – 왕오천축국전 저술

벼락합격 Booster

관광통역안내사 기출족보

- 실제 기출문제에서 핵심 키워드만 압축한 소책자를 제공합니다. 출제 키워드와 정답 키워드를 함께 실었습니다.
- 이동할 때, 시험장에서 대기할 때 등의 자투리 시간에 활용하시면 더욱 좋습니다.

자격 시험 안내 INFORMATION

자격 개요

관광도 하나의 산업으로서 국가 경제에 미치는 영향이 크다는 판단하에 문화체육관광부에서 실시하는 통역 분야의 유일한 국가 공인 자격으로서 외국인 관광객에게 국내 여행안내 및 한국의 문화를 소개하는 역할을 함

시험 진행

구 분	개 요
시행처	• 주관 : 문화체육관광부 • 시행 : 한국산업인력공단
응시자격	제한 없음
직무적합진단	• Q-net(www.q-net.or.kr) 자격별 홈페이지에서 접수 • 인터넷 원서접수 시 최근 6개월 이내에 촬영한 탈모 상반신 사진(JPG, JPEG)을 파일로 첨부하여 인터넷 회원가입 후 접수 • 원서접수 마감 시까지 접수 완료 및 응시 수수료를 결제 완료하고 수험표 출력 • 제1 · 2차 시험 동시 접수에 따라 제2차 시험에만 응시하는 경우에도 해당 기간에 접수

시험 과목 및 시간

구 분	1차 필기					2차 면접	
	과 목	배점 비율	문항 수	시험 시간		평가 사항	시험 시간
				일반 응시	과목 면제		
관광 통역 안내사	국 사	40	25	09:30~11:10 (100분)		• 국가관 · 사명감 등 정신 자세 • 전문 지식과 응용 능력 • 예의 · 품행 및 성실성 • 의사발표의 정확성과 논리성	1인당 10~15분 내외
	관광자원해설	20	25				
	관광법규	20	25				
	관광학개론	20	25				
국내 여행 안내사	국 사	30	15	09:30~11:10 (100분)		• 국가관 · 사명감 등 정신 자세 • 전문 지식과 응용 능력 • 예의 · 품행 및 성실성 • 의사발표의 정확성과 논리성	1인당 5~10분 내외
	관광자원해설	20	10				
	관광법규	20	10				
	관광학개론	30	15				

시험 일정 및 장소

자격명	1차 필기	2차 면접
관광통역안내사	09. 06(토)	11. 15(토) ~ 11. 16(일)
	서울, 부산, 대구, 인천, 대전, 제주	
국내여행안내사	11. 01(토)	12. 13(토)
	서 울	서울, 부산, 대구, 인천, 광주, 대전, 경기, 제주

※ 2026년 시험일이 공고되지 않아 2025년 정보를 수록하였습니다. 시행일 및 시행장소, 시험 규정 등의 자세한 내용은 시험일 전에 큐넷 홈페이지(www.q-net.or.kr)를 확인하십시오.

합격자 결정 기준

구 분	내 용
1차 필기	매 과목 4할 이상, 전 과목의 점수가 배점 비율로 환산하여 6할 이상을 득점한 자
2차 면접	총점의 6할 이상을 득점한 자

시험 합격 및 자격 취득 현황

연 도	1차 필기			2차 면접		
	응시(명)	합격(명)	합격률(%)	응시(명)	합격(명)	합격률(%)
2024	1,867	1,277	68.4	1,475	1,114	75.5
2023	1,629	1,033	63.4	1,184	770	65.0
2022	1,498	947	63.2	1,110	790	71.2
2021	1,574	997	63.3	1,319	881	66.8
2020	2,358	1,676	71.1	1,992	1,327	66.6

출제 경향 분석 STRATEGY

제1과목 관광국사

출제 경향

관광국사 과목에서는 관광통역안내사로서 알아야 할 한국사 소양을 평가하는 문제가 출제됩니다. 많은 역사서에서 다루는 기본적인 내용으로, 한국사의 전반적인 흐름과 각 시기 주요 사건 및 특징을 파악하고 있어야 어려움 없이 풀 수 있습니다.

한국사의 시대사별로 정치·경제·사회·문화 등 전 분야에 걸쳐 출제되며, 난이도별로 단답형·합답형·긍정형·부정형 등 다양한 유형으로 출제됩니다. 시기별로는 선사&초기국가, 고대사, 중세사, 근세사, 근현대사 등에서 출제되며, 이 중에서도 '근세사'의 출제 비중이 34%로 가장 높습니다.

이 도표는 최근 5개년(2021~2025) 관광국사 과목 출제 비중을 교재의 단원별로 산출한 것으로 출제 비중을 한눈에 파악할 수 있습니다. 이를 참고하여 2026년 시험을 준비하시기를 바랍니다.

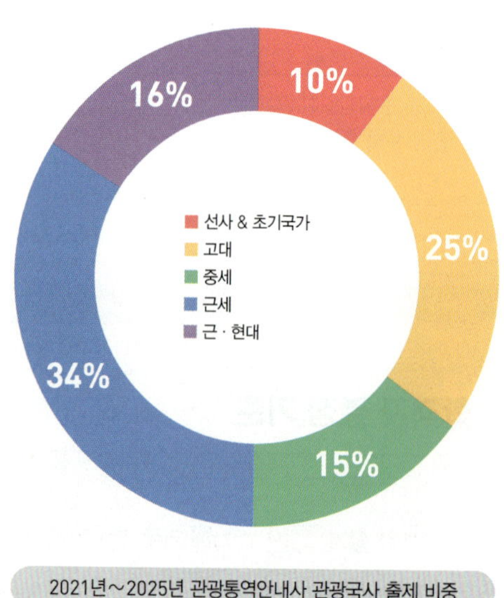

2021년~2025년 관광통역안내사 관광국사 출제 비중

학습법

관광국사는 배점 비율이 40%로 타 과목에 비해 2배 높아 시험 준비에 시간을 더욱 할애하여야 하는 과목입니다. 수험생에게 혼란을 주기 위한 지엽적이고 까다로운 문제보다는 각 시대의 역사에 대한 배경과 사실을 명확하게 인지하고 있는지를 묻는 문제가 주를 이룹니다. 따라서 무작정 암기하기보다는 한국사 전반의 흐름을 이해하는 것이 중요합니다.

시험에 주로 출제되는 부분은 어느 정도 정해져 있기 때문에 빈출 문제를 풀어보며 익숙해지는 것이 좋습니다. 시험 준비를 위한 시간이 부족한 경우, 출제 비중이 높은 부분을 중점적으로 학습하여 점수를 얻는 전략도 사용할 수 있습니다. 관광자원해설과 관련된 문화유산을 주제로 한 문제도 종종 출제되고 있으니, 관광자원해설과 함께 학습하면 일거양득의 효과를 얻을 수 있습니다.

제2과목 관광자원해설

출제 경향

관광자원해설은 관광통역안내사로서 업무 수행에 필요한 기본 소양과 역량을 합리적·객관적으로 검증하고, 향후 실무에 적용할 수 있는 문제가 출제됩니다. 현장성 높은 문제와 비교적 쉬운 문제가 혼합되어 출제되며, 변화하는 관광자원의 트렌드를 반영한 문제가 출제되기도 합니다.

관광자원의 이해, 관광자원의 해설, 자연관광자원, 문화관광자원, 복합형 관광자원 등에서 문제가 출제되며, 이 중에서도 '문화관광자원'의 출제비율이 52%로 가장 높습니다.

이 도표는 최근 5개년(2021~2025) 관광자원해설 과목 출제 비중을 교재의 단원별로 산출한 것으로 출제 비중을 한눈에 파악할 수 있습니다. 이를 참고하여 2026년 시험을 준비하시기를 바랍니다.

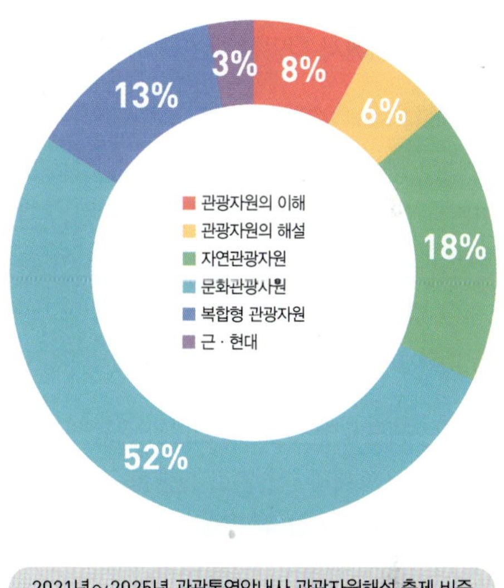

2021년~2025년 관광통역안내사 관광자원해설 출제 비중

학습법

관광자원해설은 출제의 범위가 방대하여서 수험생이 어렵게 느끼는 과목 중 하나입니다. 하지만 우리나라의 자연자원, 문화자원 등 '한 번쯤 들어 본', '이전에 다녀와 본' 소재가 다수 출제되니 그만큼 쉽게 학습할 수 있고 하나씩 알아가는 재미도 있습니다.

특히 '문화관광자원'의 출제 비중이 매우 높으므로 주의 깊게 학습해야 하며, 유네스코 등재 문화유산이나 한국의 슬로시티, 지역축제, 지역별 유산·유물 등은 시험에 자주 나오는 주제이므로 반드시 알아두어야 합니다. 관광자원 소식은 시시각각 변하므로 국가유산청(www.khs.go.kr)이나 뉴스 및 포털사이트 등에서 관련 뉴스를 꾸준히 살펴보는 것을 권장합니다.

출제 경향 분석 STRATEGY

제3과목 관광법규

출제 경향

관광법규는 관광통역안내사 실무에 요구되는 법령 지식뿐만 아니라 일반적인 자격요건을 측정하기 위해 시험범위에서 다양한 유형의 문제가 출제됩니다.

주로 법령 해석 능력과 중요 내용에 대한 이해도를 평가하는 내용이 출제되는데, 「관광기본법」·「관광진흥법」·「관광진흥개발기금법」·「국제회의산업 육성에 관한 법률」에서 출제됩니다. 이 중에서도 「관광진흥법」의 출제비율이 70%로 가장 높습니다.

이 도표는 최근 5개년(2021~2025) 관광법규 과목 출제 비중을 교재의 단원별로 산출한 것으로 출제 비중을 한눈에 파악할 수 있습니다. 이를 참고하여 2026년 시험을 준비하시기를 바랍니다.

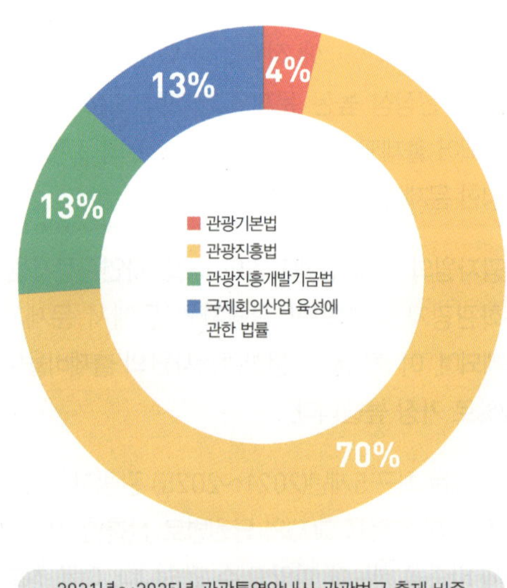

2021년~2025년 관광통역안내사 관광법규 출제 비중

학습법

관광법규의 법령을 어떻게 다 암기해야 할지 걱정되실 것입니다. 하지만, 이전 기출 키워드를 살펴보면 재출제된 개념이 많은 것을 볼 수 있습니다. 따라서 기출문제를 통해 자주 출제되는 법령을 파악하고, 그 후 추가로 타 법령을 학습하는 것이 효율적입니다. 목적과 대상 외에도 기간·금액·범위 등의 값들이 출제되는 경우가 많으므로 해당 부분을 중점적으로 공부하시는 것이 좋습니다.

특히, 「관광진흥법」에서 70% 이상 출제되므로 집중적으로 학습해야 합니다. 법령은 자주 개정되므로 시험 전 법제처 국가법령정보센터 홈페이지(www.law.go.kr)에서 최신 개정 사항을 확인하는 것이 중요합니다.

제4과목 관광학개론

출제 경향

관광학개론은 관광종사원이 숙지해야 할 사항과 관광에 대한 기본 개념 및 실무지식에 대한 이해 여부를 묻는 문제가 출제됩니다.

관광종사원으로서 알아야 할 필수 내용을 이해하고 있는지를 측정하는 데 중점을 두며, 최근 관광 이슈와 관광 트렌드 변화를 파악할 수 있는 문제도 출제됩니다. 관광의 기초, 관광여행업, 관광숙박업, 국제관광 및 관광정책 등에서 문제가 출제되며, 이 중에서도 교재 내 '관광의 기초'의 출제 비중이 31%로 가장 높습니다.

이 도표는 최근 5개년(2021~2025) 관광학개론 과목 출제 비중을 교재의 단원별로 산출한 것으로 출제 비중을 한눈에 파악할 수 있습니다. 이를 참고하여 2026년 시험을 준비하시기를 바랍니다.

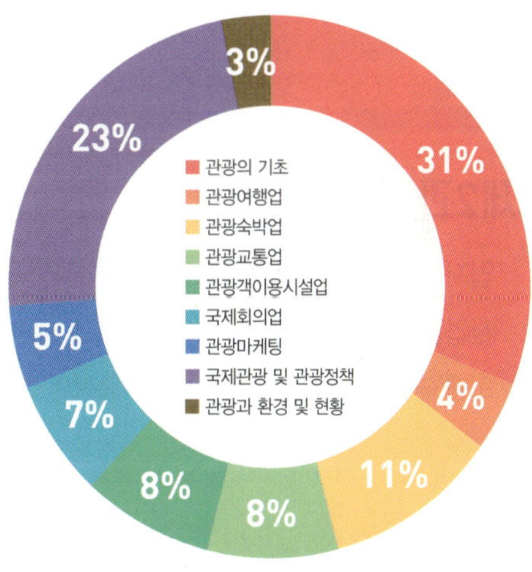

2021년~2025년 관광통역안내사 관광학개론 출제 비중

학습법

관광학개론은 기본 이론과 개념이 중요한 과목입니다. 학습할 때 관광·호텔·회의·마케팅·정책 등 관련 이론과 용어의 개념을 확실하게 정리해 두어야 합니다. 특히 어떠한 개념의 여러 가지 유형이나 서로 비슷해 보이는 개념의 명칭을 구분하는 문제가 많이 출제됩니다. 이러한 기본적인 문제 외에도 정부의 관광정책이나 관광통계·관광객의 성향·관광축제 등 다양한 현황 문제가 출제되고 있습니다.

수험서를 바탕으로 학습하면서, 주기적으로 문화체육관광부(www.mcst.go.kr)나 한국관광공사 홈페이지(www.visitkorea.or.kr)에서 공식 보도 자료나 관광·여행업 관련 기사들을 꾸준히 살펴보는 것을 권장합니다. 관광법규와 관련된 문제도 종종 출제되고 있으니, 관광법규와 함께 학습하면 일석이조의 효과를 얻을 수 있습니다.

2025 기출 키워드 KEYWORD

제1과목

#신석기 #고조선 #삼 한 #삼국 정치제도 #삼국시대 승려 #궁 예 #발 해 #성 종
#농민 · 천민의 봉기 #교정도감 #세 종 #서 원 #조선시대 통사 #조선 후기 문헌 #삼정이정청
#최익현 #홍대용 #조선책략 #박은식 #의열단 #시기별

제2과목

#입지적 관광시장 #관광특구 #사회적 관광자원 #테마파크(주제공원) #자연관광자원
#산업관광 #텀블린형 #해양경관 도립공원 #농촌관광 #문화관광축제 #무형유산 #고인돌
#의궤(儀軌) #한산모시짜기 #무등산권 지질공원 #종 묘 #단청(丹靑) #갯 벌 #유산 지정권자

제3과목

#지속가능관광 #관광객이용시설업 #기획여행 #호텔업 #머신게임 #분양 및 회원모집
#관광 편의시설업 #야영장 #중대한 사고 #행정처분 #등록대장 #면접시험
#한국관광품질인증 #관광특구 #관광개발기본계획 #한국관광협회중앙회 #기금운용위원회
#국제회의 #전문회의시설

제4과목

#지속가능관광 #관광매체 #UFTAA #BETTER里 #IATA 코드 #여행 금지 국가 #글로벌 축제
#워킹홀리데이 협의국 #서비스 스케이프 #포 럼 #관광사업 #특별여행주의보 #Convention
#버뮤다 호텔 #밸류 얼라이언스 #호텔 요금 #관광사업의 공익적 특성 #항공요금 #크루즈업
#인스파이어 엔터테인먼트 리조트 #관세 면제 여행자 휴대품 #시장세분화

편집자의 팁 TIP

공부는 선택과 집중!

시간에 여유가 있다면 네 과목에 모두 같은 비중을 두고 대비하는 것도 좋은 방법이 될 수 있지만, 그렇지 않다면 조금 더 효율적으로 공부할 필요가 있습니다. 고득점을 목표로 하는 과목을 선정하여 많은 시간을 투자하고, 부족한 과목은 과락을 면할 수 있도록 준비해야 합니다. 해당 시험은 만점을 받아야 하는 시험이 아니라 기준점을 넘기기 위한 시험이라는 점을 유의하여야 합니다.

기계적인 암기는 NO!

자격증 시험을 준비하는 대부분 수험생이 도서의 내용을 기계적으로 암기합니다. 시험 문제는 암기한 내용을 비틀거나 응용, 혹은 같은 개념이 다른 형태의 용어로 바뀌어 출제되기 때문에 단순 암기만으로는 한계가 있습니다. 특히, 관광법규의 경우 일정한 사례를 제시하고 법령에 명시된 비율로 금액을 직접 계산해야 하는 문제도 출제되기 때문에 계산식만 외우기보다 법령의 내용과 개념어를 잘 숙지하고 발문을 읽는 습관을 길러야 합니다.

나만의 페이스 찾기!

관광통역안내사도 타 수험과 마찬가지로 준비 기간이 한 달에서 수개월에 이르기까지 다양합니다. 관련 전공자의 경우 과목면제를 받거나 이미 공부한 내용이라 단기간에 합격하기도 합니다. 그렇다고 해서 '다른 사람은 일주일 만에 붙었는데…'와 같은 생각으로 자신을 깎아내릴 필요는 전혀 없습니다. 수험에는 각자의 상황과 개인차가 있기 때문입니다. 중요한 것은 빠른 학습이 아닌, 정확하고 확실한 학습입니다. 이를 위해서는 자신의 실력과 학습 속도, 배경지식을 고려해서 자신에게 맞는 전략과 계획을 세우는 것이 중요합니다.

자신감을 잃지 말기!

할 수 있다는 마음으로 하루하루 꾸준히 공부하는 것이 중요합니다. 쉽지 않은 시험이지만, 자신을 믿고 증진한다면 반드시 합격할 수 있을 것입니다. 매일의 노력은 합격이라는 열매를 맺어 줄 것입니다. 할 수 있습니다! 편집자도 여러분을 믿습니다.

합격 수기 REVIEW

"정독과 회독, 시대에듀가 이끌어 준 합격"

작성자 **김*희**

시대에듀 책을 구매하고 웹사이트에서 인강을 등록하면서 합격수기 등록 페이지를 발견하였어요. 그때 나도 꼭 합격해서 합격수기를 써야지 하는 마음을 먹었는데 이렇게 합격수기를 쓰는 날이 오게 되었네요.

관광통역안내사에 대해 검색해보던 중 우연히 관통사 관련 카페에서 시대에듀의 책이 좋다는 글을 보게 되어 무작정 4권 시리즈를 사서 4월부터 필기공부를 시작했습니다. 관광이나 국사나 관련 지식이 전무한 상태에서 책을 보려니 너무 어렵고 이해가 안 되면 암기를 못 하는 스타일이어서 인강도 등록하게 되었습니다.
인강 등록은 정말 탁월한 선택이었어요. 무슨 말인지 전혀 이해되지 않던 내용이 머릿속으로 쏙쏙 들어오는 느낌이었습니다.

4월부터 시대에듀 필기 4과목 기본서를 인강과 함께 들으며 7월 말까지 완강을 한 번 끝냈습니다. 직장과 공부를 병행하며 완강하는 데 무려 4개월이라는 시간이 걸렸네요.

7월 말 완강하고 기본서에 있는 기출문제를 풀어봤는데 결과는 반타작하는 것도 힘든 상태였어요. 발등에 불이 떨어진 위기감을 느껴 최종모의고사 문제집을 구매해서 실제 시험 보는 것처럼 시간도 재고 문제를 풀었습니다. 인강도 여러 번 반복해서 들으면 좋다고 해서 8월에는 고배속으로 설정하고 인강을 2~3번 돌려 반복해서 들었던 거 같아요. 걸어다닐 때도 운전할 때도 청소할 때도 계속 인강을 틀어놓았습니다.

시대에듀 책으로 시험 직전에는 문제를 보면 답이 탁 튀어나올 정도로 마무리가 되었고 그 결과 국사는 두 개 틀리고 총 86.4점으로 무난히 필기에 합격했습니다.

자격증 시험에 합격할 수 있게 많은 도움을 준 시대에듀에 너무 감사드립니다. 또 다른 자격증 준비도 시대에듀와 함께하기를 기대합니다.^^

"핵심만 쏙쏙! 강의와 함께한 합격을 향한 여정"

작성자 양*예

안녕하세요, 관광통역안내사(영어) 최종 합격 경험과 시대에듀 인강 후기를 남기고자 글을 씁니다.

저는 필기 시험 준비를 시대에듀의 관광종사원 인강으로 독학하였습니다. 이후에 강의료가 아깝지 않도록 제대로 덕을 보자는 생각으로 기본 진도 강의는 2회씩 수강하였습니다. 그리고 문제 풀이와 이외의 강의는 한 번씩 들으며 잘 알지 못했던 부분의 설명만 정리해 두었습니다.

강사님들께서 핵심 부분을 잘 짚어 주시니, 설명해 주신 부분을 잘 정리하고 충분히 암기하고, 문제를 풀며 그 외의 조금 더 깊은 지식이 나오면 연결하여서 추가로 암기하시면 됩니다. 강의를 부지런히 수강하시고 본인의 스타일에 맞게 정리하시고, 문제집의 문제를 반복적으로 풀며 암기하시면 필기 합격할 수 있으시리라 봅니다! 저는 개인적으로 시대에듀 인강의 도움을 충분히 받았기에, 미래의 관광통역안내사 여러분들께도 망설임 없이 추천해 드립니다!

짧게 면접 이야기도 드리자면, 저는 면접도 독학하였습니다. 여건이 되지 않아 스터디도 제대로 하지 못하였습니다. 우선 책으로는 시대에듀의 관광통역안내사 2차 면접 핵심기출을 사용하였습니다. 처음은 이 책의 질문 정도는 내 것으로 만들어야겠다는 생각으로 책 대부분을 암기하였고, 2회 암기 때에는 제가 자주 사용하는 영어 표현, 단어로 재구성하여 간단하고 쉽게 답안을 짜면서 자연스럽게 답하며 연습했습니다. 그렇게 선제 반복을 여러 번 하고 나서, 책을 무작위로 펴 나오는 질문에 답하는 연습을 하였습니다. 그 이후엔 인터넷에 검색하여 책에 실려 있지 않은 다른 기출 질문을 찾아보았습니다. 그 결과 합격이라는 쾌거를 이루었습니다.

이 후기를 보고 계신 미래의 관광통역안내사 여러분의 최종 합격을 기원합니다!

❖ 본 후기는 시대에듀 홈페이지 합격자 수기 게시판에 남겨주신 내용을 재구성한 것입니다.

이 책의 차례 CONTENTS

한눈에 보는 관광지도

절취선

1 민속놀이

※ 본 지도에 표기된 민속놀이는 국가무형유산에 해당하는 민속놀이를 일부 선정하여 개요를 나타낸 것입니다.
자세한 사항은 국가유산청 홈페이지(www.khs.go.kr)를 참고하시기 바랍니다.

서 울

남사당놀이

- 조선 후기부터 1920년대까지 40여 명의 남자들로 구성된 유랑 남사당패가 서민층을 대상으로 행함
- 풍물, 버나(대접 돌리기), 살판(땅재주), 어름(줄타기), 덧뵈기(탈놀이), 덜미(인형극) 등으로 구성
- 풍자를 통한 현실 비판, 민중의식을 일깨우는 데도 중요한 역할
- 2009년 유네스코 인류무형문화유산에 등재

북청사자놀음

- 함경남도 북청군에서 정월대보름에 행해진 민속놀이
- 사자탈을 쓰고 춤을 춤으로써 마을의 평안을 빎
- 풍자보다는 사자춤의 묘기 · 흥이 중심

송파산대놀이

- 정월대보름, 단오, 백중, 추석 등의 명절 탈놀이
- 양주별산대놀이와 흡사하나 일부 탈, 춤, 배역 등이 옛 형태를 띰

경기도 지역

양주별산대놀이

- 중부지방의 탈놀이
- 서울, 경기지방에서 전승된 가면극
- 사월초파일이나 단오, 추석 등의 명절에 연행
- 놀이 전에 탈고사를 지냄
- 극에는 양반 풍자와 서민의 생활상이 반영됨

광 주

광주칠석고싸움놀이

- 정월대보름 전후에 행해지는 남성집단놀이
- 상대방의 고(노끈 가닥을 둥근 모양으로 맺은 것)를 덮쳐 땅에 닿게 하면 승리
- 마을의 협동심을 다지고 풍요를 기원하는 농경의식

※ 본 지도에 표기된 특산물은 전국의 주요 특산물 중 일부를 선정한 것입니다.

강원도
경상북도
경상남도

강원도 지역

19 양 양
송이버섯

20 횡 성
한 우

21 원 주
한 지

경상도 지역

22 영 양
고 추

23 안 동
삼 베

24 상 주
곶감, 쌀

25 의 성
마 늘

26 청 송
사 과

27 영 덕
대 게

28 성 주
참 외

29 통 영
나전칠기

그 외 지역

30 강 화
화문석

31 울릉도
오징어, 호박엿

32 광주 · 무등산
수 박

33 흑산도
홍 어

34 제 주
옥돔, 귤

2 주요 축제

경기도 지역

01 수원화성문화제
- 10월 수원화성 일원
- 화성 축성의 의미를 기리는 축제

02 안성맞춤 남사당바우덕이축제
- 10월 안성맞춤랜드
- 남사당놀이를 소제로 한 축제

03 시흥갯골축제
- 9월 시흥갯골생태공원
- 자연과 사람이 함께하는 경험을 제공

04 연천구석기축제
- 5월 연천 전곡리 유적
- 선사문화체험

05 화성뱃놀이축제
- 5~6월 전곡항 일원
- 요/보트 승선체험

06 부평풍물대축제
- 9월 인천 부평대로 일대
- 풍물을 테마로 한 지역축제

07 인천펜타포트음악축제
- 8월 인천 송도달빛축제공원
- 인천 대표 음악축제

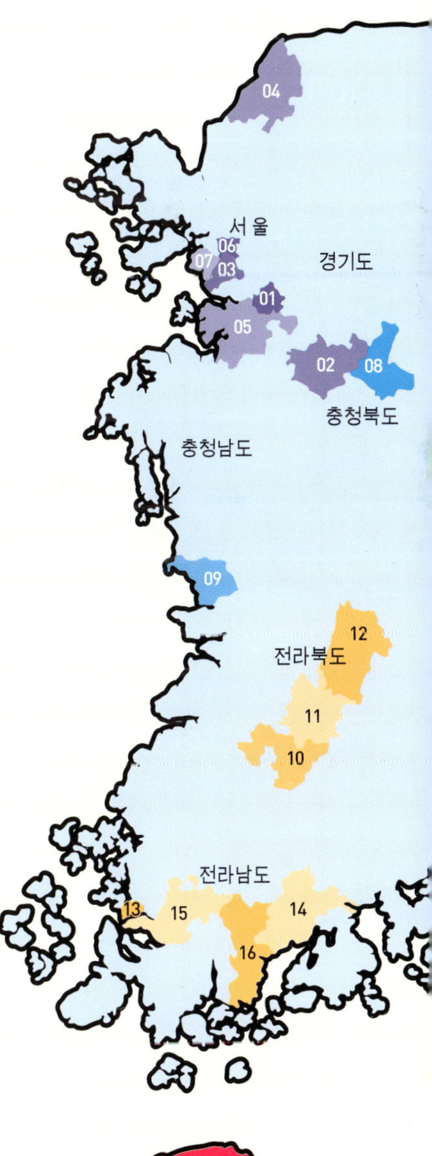

충청도 지역

08 음성품바축제
- 5월 음성 설성공원 일대
- 거지성자 故최귀동 할아버지 삶 근간

09 한산모시축제
- 6월 한산모시관 일원
- 한산모시짜기를 알리고 계승

전라도 지역

10 순창장류축제
- 10월 순창고추장민속마을 및 발효 테마파크 내
- 전통장류의 고장 정체성 확립
- K-푸드 우수성을 알리는 발효 음식 축제

11 임실N치즈축제
- 10월 임실치즈테마파크, 임실 치즈마을, 임실읍 일원
- 지역경제 활성화와 치즈산업 발전

12 진안홍삼축제
- 10월 마이산 북부 일원
- 홍삼체험

13 목포항구축제
- 10월 목포항&삼학도 일원
- 파시(波市)를 축제로 재현

14 보성다향대축제
- 5월 한국차문화공원 및 보성차밭 일원
- 햇차 수확 시기에 맞추어 즐기는 축제

15 영암왕인문화축제
- 3월 왕인박사유적지
- 일본 아스카 문화 발전에 기여한 도공, 와공, 불공, 직공 등의 기술을 축제 콘텐츠로 운영하여 왕인의 기술적 · 외교적 가치를 알리는 행사

16 정남진장흥물축제
- 7월 장흥군 탐진강 및 편백숲 우드랜드
- 2025 문화체육관광부 문화관광지정축제

※ 본 지도는 전국의 국립공원 개요를 나타낸 것입니다. 자세한 사항은 국립공원관리공단 홈페이지(www.knps.or.kr) 및 국립공원기본통계를 참고하시기 바랍니다.

강원도
01
02
03
22
06
07
경상북도
09
대 구
10
23
12
울 산
경상남도
부 산
15
울릉도
독 도

⑭ 무등산

- 서석대, 입석대 등 주상절리대
- 천왕봉, 지공너덜, 덕산너덜

⑮ 한려해상

- 우리나라 최초의 해상 국립공원
- 거제 지심도~여수 오동도 범위
- 6개 지구(거제/해금강, 통영/한산, 사천, 남해대교, 상주금산, 여수오동도)

⑯ 다도해해상

- 우리나라 최대 면적 국립공원
- 6개 지구(흑산/홍도, 소안/청산, 거문/백도, 나로도, 금오도, 팔영산)

⑰ 월출산

- 달 뜨는 산
- 도갑사, 무위사, 마애여래좌상
- 청동기시대 선사유적 등

⑱ 내장산

- 본래 이름 '영은산' → 산에 숨겨진 것이 무궁무진하다는 의미의 '내장산'
- 호남의 금강

⑲ 변산반도

- 국내 유일 반도공원
- 변산 8경 : 웅연조대, 직소폭포, 소사모종, 월명무애, 서해낙조, 채석범주, 지포신경, 개암고적
- 채석강 · 적벽강, 내소사 등

⑳ 계룡산

- 백제 문화권
- 계룡 8경 : 해돋이, 겨울눈꽃, 해넘이, 구름, 신록, 단풍, 안개, 밝은 달
- 동학사계곡, 갑사계곡 등 10개소의 계곡 형성

㉑ 한라산

- 한라산천연보호구역 지정 · 보호
- 기암괴석과 용암동굴 多
- 360여 개의 오름 분포
- 유네스코 생물권보전지역

㉒ 태백산

- 2016년 지정
- 천제단, 검룡소, 백천계곡 등
- 백두대간 중심부에 위치한 민족의 영산(靈山)

㉓ 팔공산

- 비슬산과 더불어 대구 분지를 이루는 두 산 중 하나
- 후삼국 통일의 마지막 무대가 된 곳
- 파계사, 동화사, 부인사, 갓바위
- 동화사 자동차극장, 팔공산 캠핑장, 한티재 휴게소

2 주요 축제

경기도 지역

01 수원화성문화제
- 10월 수원화성 일원
- 화성 축성의 의미를 기리는 축제

02 안성맞춤 남사당바우덕이축제
- 10월 안성맞춤랜드
- 남사당놀이를 소재로 한 축제

03 시흥갯골축제
- 9월 시흥갯골생태공원
- 자연과 사람이 함께하는 경험을 제공

04 연천구석기축제
- 5월 연천 전곡리 유적
- 선사문화체험

05 화성뱃놀이축제
- 5~6월 전곡항 일원
- 요/보트 승선체험

06 부평풍물대축제
- 9월 인천 부평대로 일대
- 풍물을 테마로 한 지역축제

07 인천펜타포트음악축제
- 8월 인천 송도달빛축제공원
- 인천 대표 음악축제

충청도 지역

08 음성품바축제
- 5월 음성 설성공원 일대
- 거지성자 故최귀동 할아버지 삶 근간

09 한산모시축제
- 6월 한산모시관 일원
- 한산모시짜기를 알리고 계승

전라도 지역

10 순창장류축제
- 10월 순창고추장민속마을 및 발효 테마파크 내
- 전통장류의 고장 정체성 확립
- K-푸드 우수성을 알리는 발효 음식 축제

11 임실N치즈축제
- 10월 임실치즈테마파크, 임실 치즈마을, 임실읍 일원
- 지역경제 활성화와 치즈산업 발전

12 진안홍삼축제
- 10월 마이산 북부 일원
- 홍삼체험

13 목포항구축제
- 10월 목포항&삼학도 일원
- 파시(波市)를 축제로 재현

14 보성다향대축제
- 5월 한국차문화공원 및 보성차밭 일원
- 햇차 수확 시기에 맞추어 즐기는 축제

15 영암왕인문화축제
- 3월 왕인박사유적지
- 일본 아스카 문화 발전에 기여한 도공, 와공, 불공, 직공 등의 기술을 축제 콘텐츠로 운영하여 왕인의 기술적 · 외교적 가치를 알리는 행사

16 정남진장흥물축제
- 7월 장흥군 탐진강 및 편백숲 우드랜드
- 2025 문화체육관광부 문화관광지정축제

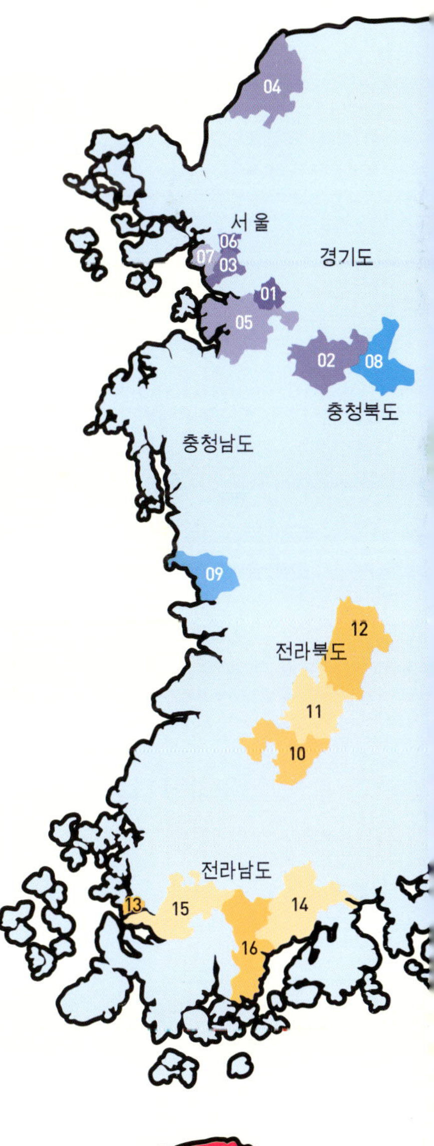

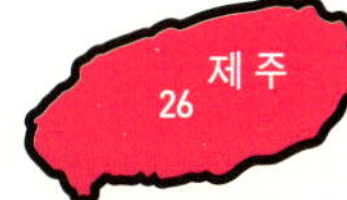

※ 본 지도는 전국의 국립공원 개요를 나타낸 것입니다. 자세한 사항은 국립공원관리공단 홈페이지(www.knps.or.kr) 및 국립공원기본통계를 참고하시기 바랍니다.

⑭ 무등산

- 서석대, 입석대 등 주상절리대
- 천왕봉, 지공너덜, 덕산너덜

⑮ 한려해상

- 우리나라 최초의 해상 국립공원
- 거제 지심도~여수 오동도 범위
- 6개 지구(거제/해금강, 통영/한산, 사천, 남해대교, 상주금산, 여수오동도)

⑯ 다도해해상

- 우리나라 최대 면적 국립공원
- 6개 지구(흑산/홍도, 소안/청산, 거문/백도, 나로도, 금오도, 팔영산)

⑰ 월출산

- 달 뜨는 산
- 도갑사, 무위사, 마애여래좌상
- 청동기시대 선사유적 등

⑱ 내장산

- 본래 이름 '영은산' → 산에 숨겨진 것이 무궁무진하다는 의미의 '내장산'
- 호남의 금강

⑲ 변산반도

- 국내 유일 반도공원
- 변산 8경 : 웅연조대, 직소폭포, 소사모종, 월명무애, 서해낙조, 채석범주, 지포신경, 개암고적
- 채석강 · 적벽강, 내소사 등

⑳ 계룡산

- 백제 문화권
- 계룡 8경 : 해돋이, 겨울눈꽃, 해넘이, 구름, 신록, 단풍, 안개, 밝은 달
- 동학사계곡, 갑사계곡 등 10개소의 계곡 형성

㉑ 한라산

- 한라산천연보호구역 지정 · 보호
- 기암괴석과 용암동굴 多
- 360여 개의 오름 분포
- 유네스코 생물권보전지역

㉒ 태백산

- 2016년 지정
- 천제단, 검룡소, 백천계곡 등
- 백두대간 중심부에 위치한 민족의 영산(靈山)

㉓ 팔공산

- 비슬산과 더불어 대구 분지를 이루는 두 산 중 하나
- 후삼국 통일의 마지막 무대가 된 곳
- 파계사, 동화사, 부인사, 갓바위
- 동화사 자동차극장, 팔공산 캠핑장, 한티재 휴게소

3 국립공원

01 설악산
- 천연보호구역 및 유네스코 생물권 보전지역 지정
- IUCN(세계자연보전연맹) 카테고리 Ⅱ (국립공원) 지정
- 울산바위, 백담사, 비룡폭포 등

02 오대산
- 오대산/소금강/계방산 지구로 나뉨
- 자장율사, 불교의 오대성지
- 월정사, 소금강, 청학천

03 치악산
- 횡성군, 원주시 인접
- 구룡계곡, 구룡사, 상원사(꿩의 보은설화)

04 북한산
- 수도권 내 유일한 국립공원
- 단위 면적당 가장 많은 탐방객이 찾는 국립공원(기네스북)
- 북한산성, 진흥왕 순수비지

05 태안해안
- 국내 유일 해안 국립공원
- 서울면적의 약 1/2
- 리아스식 해안선 (갯벌, 해안사구, 해넘이 등)

06 소백산
- 충청북도, 경상북도에 분포
- 부석사
- 왜솜다리(에델바이스) 자생지역

07 월악산
- 제천시, 충주시, 단양군, 문경시에 걸침
- 송계 8경, 용하 9곡
- 단양 8경 : 도담삼봉, 석문, 구담봉, 옥순봉, 상선암, 중선암, 하선암, 사인암

08 속리산
- 4개 지구(법주사, 화양동, 화북, 쌍곡)
- 4계절 탐방코스
- 8봉, 8대, 8석문
- 법주사, 정이품송, 입석대, 문장대 등

09 주왕산
- 태백산맥 지맥에 위치
- 주왕계곡(기암이 병풍처럼 용립)
- 대전사, 백련암

10 가야산
- 팔만대장경을 소유한 해인사 위치
- 해동의 10승지/조선팔경의 하나
- 홍류동계곡

11 덕유산
- 덕이 많은 너그러운 모산
- 33경[13개의 대(臺), 10여 개의 못, 20개의 폭포 등]
- 구천동계곡, 백련사

12 경 주
- 국내 유일 사적형 국립공원
- 신라시대 문화 유적이 많은 역사문화지구
- 불국사, 석굴암, 태종무열왕릉비, 무열왕릉 등

13 지리산
- 우리나라 최초의 국립공원
- 3개도(경남, 전남, 전북) 행정구역
- 지리산 10경 : 노고운해, 피아골 단풍, 반야낙조, 섬진청류, 벽소명월, 불일폭포, 세석철쭉, 연하선경, 천왕일출, 칠선계곡
- 금강산, 한라산과 함께 삼신산의 하나

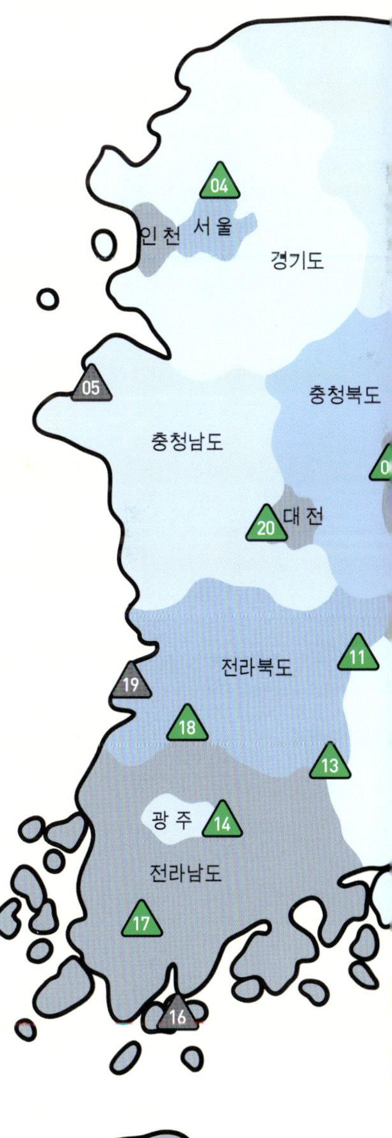

※ 본 지도는 전국의 주요 축제 중 일부를 선정하여 개요를 나타낸 것입니다. 각 축제의 개요는 시행년도에 따라 상이할 수 있습니다.
※ 당해 개최되지 않거나, 개최 시기가 변동된 축제가 있으니 각 축제별 공식 홈페이지를 확인하시기 바랍니다.

강원도
17
19
18
경상북도
23
25
22
경상남도
24
21
20

강원도 지역

⑰ 강릉커피축제

- 10월 강릉커피거리 및 강릉시 일원
- 100인 100미 바리스타 핸드드립 퍼포먼스, 커피크닉, 커피웨이브, 웰컴커피숍 등

⑱ 정선아리랑제

- 10월 정선공설운동장 일대
- 정선아리랑의 전승과 보존
- 정선아리랑 보유자의 공연

⑲ 평창송어축제

- 12~1월 평창군 진부면 오대천 축제장
- 송어 얼음낚시, 송어 풍물 퍼레이드 등

경상도 지역

⑳ 광안리어방축제

- 5월 광안리해변 및 수영사적공원 일원
- 어로작업과정을 놀이로 구성한 '좌수영어방놀이' 보존 전승

㉑ 울산옹기축제

- 5월 울산시 울주군 외고산 옹기마을 일대
- 옹기 홍보 및 생활 옹기의 보급과 전통산업 발전에 이바지

㉒ 고령대가야축제

- 3월 대가야역사테마관광지 및 대가야박물관 일원
- 문체부 최우수 문화관광축제 선정

㉓ 포항국제불빛축제

- 5~6월 영일대해수욕장
- 철강 도시 포항을 상징하는 '빛과 불' 테마

㉔ 밀양아리랑축제

- 5월 영남루 및 밀양강변 일원
- 밀양아리랑의 현대적 가치 발굴

㉕ 대구치맥페스티벌

- 7월 두류공원 일원
- '치킨'과 '맥주'를 결합한 식음 축제

제주도 지역

㉖ 탐라문화제

- 10월 제주도일원(해변공연장, 탐라문화광장)
- 주제공연, 탐라퍼레이드

4 특산물

경기도 지역

01 가평

잣

02 광주

도자기

03 여주

도자기

04 이천

쌀, 도자기

05 안성

유기

충청도 지역

06 충주

사과

07 단양

마늘

08 서천 – 한산

모시

09 금산

인삼

전라도 지역

10 무주

사과

11 전주

한지

12 영광

굴비

13 담양

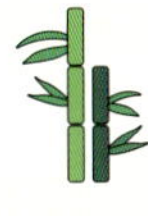

죽세품

14 순창

고추상

15 남원

목기

16 나주

배

17 보성

녹차

18 완도

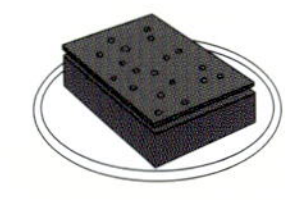

김

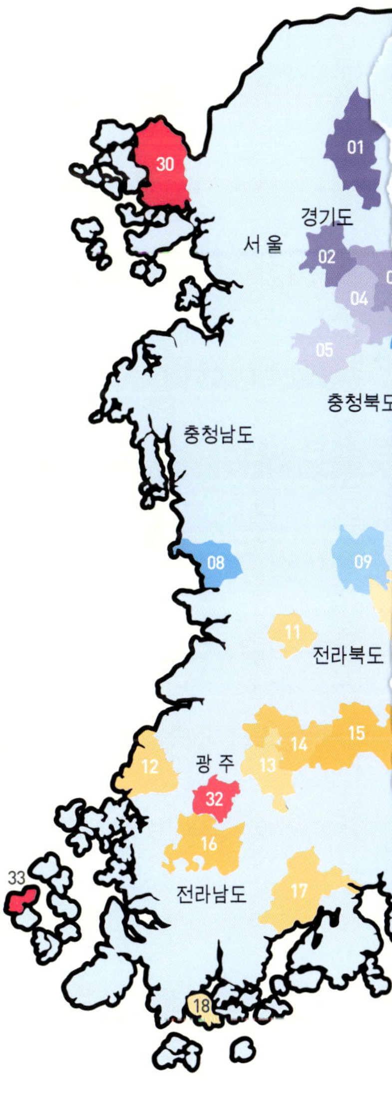

※ 출처 : 국가유산청 홈페이지(www.khs.go.kr)

전라남도 지역

강강술래

- 주로 추석을 전후로 행해진 민속놀이
- 여인(부녀자)들이 손을 잡고 오른쪽으로 원을 그리며 돌면서 '강강술래'를 메기고 받음
- 활달한 여성의 기상을 보여주는 놀이로, 민족정서가 표현됨
- 2009년 유네스코 인류무형문화유산 등재

경상북도 지역

안동차전놀이

- 정월대보름 전후에 행하던 민속놀이
- 견훤과 태조 왕건의 싸움에서 유래했다는 설
- 동채싸움(상대의 동채를 눌러 땅에 닿으면 승리)
- 풍년을 기원한 농경의례놀이

하회별신굿탈놀이

- 하회마을에서 10년에 한 번 섣달 보름날 등에 행하던 별신굿 때의 탈놀이
- 8마당(무동/주지/백정/할미/파계승/양반과 선비/혼례/신방) 구성
- 양반 풍자와 해학이 주요 내용
- 등장인물 : 주지승, 각시, 중, 양반, 선비, 초랭이, 이매, 부네, 백정, 할미 등

안동놋다리밟기

- 정월대보름에 행하던 여성들만의 민속놀이
- '놋다리놀이' 또는 '기와밟기'라고도 부름
- 여럿이 허리를 굽혀 다리를 만들고, 공주가 그 위를 밟고 지나감
- 공민왕과 노국공주의 피란에서 유래

경상남도 지역

영산쇠머리대기

- 농경의식의 하나로 마을 공동체(편싸움) 민속놀이
- 본래 정월대보름, 현재는 3 · 1문화제 행사
- 상대 쇠머리를 쓰러뜨려 땅에 닿게 하면 승리

영산줄다리기

- 마을 공동체(편싸움) 민속놀이
- 본래 정월대보름, 현재는 3 · 1문화제 행사
- 여성을 상징하는 서편이 이겨야 풍년이 든다는 속신
- 2015년 유네스코 인류무형문화유산 등재 '줄다리기'에 포함

밀양백중놀이

- 머슴들이 음력 7월 15일 용날을 택해 휴가를 얻어 노는 놀이(머슴날)
- 농신제, 작두말타기, 춤판, 뒷놀이 등으로 구성
- 천민과 상민의 한을 익살스럽게 표현

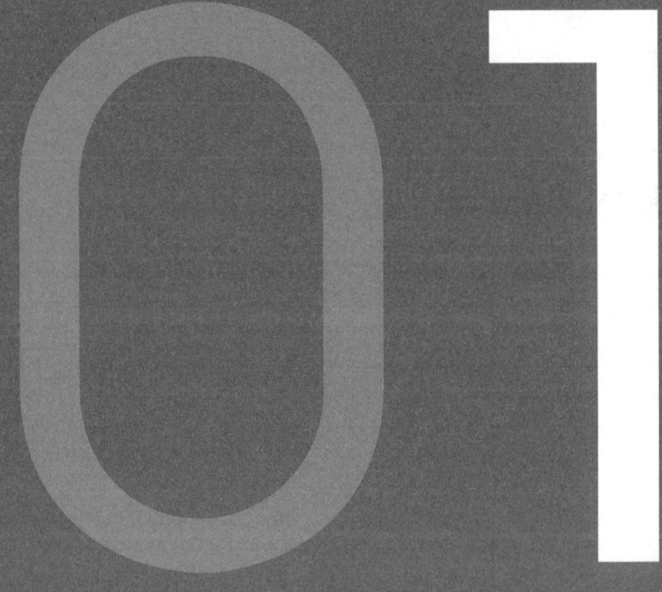

관광국사

2021~2025년 관광통역안내사 관광국사 기출빈도표

출제 영역	2025	2024	2023	2022	2021	합 계
선사&초기국가	3	1	3	3	3	13(10.4%)
고 대	6	8	6	6	5	31(24.8%)
중 세	4	4	4	3	4	19(15.2%)
근 세	6	7	9	10	10	42(33.6%)
근 · 현대	6	5	3	3	3	20(16%)
계	25	25	25	25	25	125(100%)

제1장 선사시대의 전개와 국가의 형성

제1절 선사시대의 전개

01 선사시대의 세계

(1) 인류의 기원

① **인간의 특징** : 직립보행, 불과 언어의 사용, 도구의 제작 · 사용, 사고 능력 보유

② **원시인류의 진화** : 오스트랄로피테쿠스(최초의 인류), 호모 하빌리스(손 재주 좋은 사람), 호모 에렉투스(선 사람), 호모 사피엔스(슬기 사람), 호모 사피엔스 사피엔스(슬기슬기 사람)

(2) 신석기 문화와 청동기 문명의 탄생

① **신석기시대 문화** : B.C. 1만 년경, 농경과 목축의 시작, 간석기와 토기의 사용, 정착 생활과 촌락 공동체의 형성

② **신석기 혁명** : B.C. 8000년경에 농경과 목축을 시작으로 식량을 생산하는 경제 활동을 전개 → 인류의 생활양식이 크게 바뀜

③ **선사시대와 역사시대의 구분** : 문자 사용의 여부 → 문자 사용은 청동기시대부터 시작

02 선사시대의 문화

(1) 우리 민족의 기원

① **형성** : 요서 · 만주 · 한반도를 중심으로 분포하여 신석기시대에서 청동기시대를 거치는 과정에서 민족의 기틀 형성

② **특징** : 하나의 민족 단위를 형성, 농경 생활을 바탕으로 하여 독자적인 문화 이룩

③ 한반도는 구석기시대부터 인류의 출현(약 70만 년 전)

(2) 구석기시대의 유물과 유적 15 16 기출

| 구석기시대의 유적지 |

① **구석기시대의 시작** : 약 70만 년 전부터

② **구분** : 석기를 다듬는 수법에 따라 전기, 중기, 후기로 나눔

㉠ 전기 : 한 개의 뗀석기를 여러 용도로 사용

㉡ 중기 : 큰 몸돌에서 떼어낸 돌 조각인 격지를 잔손질하여 제작

㉢ 후기 : 쐐기를 이용하여 형태가 같은 여러 개의 돌날격지 제작

③ **유적지** : 평남 상원 검은모루 동굴, 경기도 연천 전곡리, 충남 공주 석장리, 충북 청원 두루봉, 충북 단양 수양개 등

(3) 구석기시대의 생활 17 19 기출

① **도구** : 뼈도구, 뗀석기, 주먹도끼, 찍개, 긁개, 밀개

② **식생활** : 사냥, 채집, 물고기잡이

③ **주거 생활**

㉠ 동굴이나 강가의 막집에서 생활하였으며, 후기의 집 자리에는 기둥 자리, 담 자리, 불 땐 자리 등의 흔적이 있고, 그 규모는 대략 3~4명 내지 10명이 살았을 정도의 크기

㉡ 대표 유적지 : 상원의 검은모루 동굴, 공주 석장리, 제천 창내 등 → 기둥 자리, 담 자리, 불 땐 자리

④ **사회 생활** : 무리를 이루어 사냥을 하였으며, 모든 사람이 평등한 공동체 생활을 하였음

⑤ **예술** : 석회암이나 동물의 뼈 · 뿔 등을 이용한 조각품, 고래와 물고기 등을 새긴 조각(공주 석장리, 단양 수양개)이 발견되었으며, 여기에는 사냥의 성공을 비는 주술적 의미가 있음

(4) 신석기시대의 유물과 유적 16 17 19 22 24 25 기출

① **우리나라 신석기시대의 시작** : B.C. 8000년경

② **유물과 유적**

㉠ 간석기 : 도구의 다양화 · 세련화

㉡ 토기 : 진흙을 불에 구워 제작, 음식물 조리 · 저장에 이용

| 덧무늬 토기 |

- 이른 민무늬 토기 · 덧무늬 토기 · 눌러찍기 무늬 토기(압인문 토기) : 제주 한경 고산리, 강원도 고성 문암리, 강원도 양양 오산리, 부산 동삼동 조개더미에서 발견
- 빗살무늬 토기
  - 뾰족한 밑 또는 둥근 밑으로 강가나 바닷가(평양 남경, 서울 암사동, 경남 김해 수가리)에서 출토, 농경을 통한 식량 생산과 저장을 하게 되었음을 의미
  - 신석기시대의 대표적인 토기로 표면에 빗살 모양의 기하학 무늬를 새겨 넣음, 땅에 구덩이를 파고 밑부분만 묻어서 사용

| 빗살무늬 토기 |

(5) 신석기시대의 생활 15 16 22 기출

① 경제 생활

㉠ 농경 생활의 시작 : 탄화된 좁쌀 발견(황해도 봉산 지탑리, 평양 남경 유적), 농기구 사용(돌괭이, 돌삽, 돌보습, 돌낫, 나무로 만든 농기구)

㉡ 사냥과 물고기잡이 : 활이나 창 이용, 그물과 작살, 돌이나 뼈로 만든 낚시, 조개류 채취

㉢ 원시적 수공업 : 가락바퀴, 뼈바늘로 의복이나 그물 제작

② 주거 생활 : 바닥이 원형이나 모가 둥근 방형의 움집

③ 사회 생활 : 부족 사회(혈연을 바탕으로 한 씨족을 기본 구성단위로 함), 족외혼으로 부족을 이룸, 평등 사회

④ 신앙 생활 : 농경 생활과 밀접한 관련

㉠ 애니미즘 : 만물정령 신앙, 주로 태양과 물에 대한 숭배

㉡ 영혼 숭배 : 영혼 불멸 신앙, 조상 숭배

㉢ 샤머니즘 : 무당과 주술 신봉

㉣ 토테미즘 : 부족의 기원을 특정 동 · 식물과 연결하여 숭배

⑤ 예술품 : 흙으로 빚어 구운 얼굴 모습이나 동물의 모양을 새긴 조각품, 조개껍데기 가면, 조개껍데기로 만든 치레걸이, 짐승의 뼈나 이빨로 만든 장신구 등

03 청동기 · 철기시대

(1) 청동기시대

① 청동기 보급의 시기 : B.C. 2000년경~B.C. 1500년경

② 유적지

㉠ 중국의 요령성, 길림성 지방을 포함하는 만주 지역과 한반도에 걸쳐 널리 분포

㉡ 충남 부여 송국리, 울주 검단리, 울산 무거동 옥현, 경기 여주 흔암리, 평북 의주 미송리, 춘천 중도 등

③ 도 구 22 23 24 기출

㉠ 석기 : 반달 돌칼, 바퀴날 도끼, 홈자귀 등

㉡ 청동기 : 비파형 동검, 거친무늬 거울 등

㉢ 토기 : 미송리식 토기, 민무늬 토기, 붉은 간토기 등

④ 경 제

㉠ 농기구 : 돌도끼, 홈자귀, 괭이, 반달 돌칼 등

㉡ 농업 : 조 · 보리 · 콩 · 수수 등 밭농사 중심, 일부 저습지에서 벼농사 시작

㉢ 목축 : 돼지 · 소 · 말 등 가축의 사육 증가, 사냥과 고기잡이의 비중 약화

⑤ 사 회

㉠ 사유 재산과 계급의 발생

㉡ 정복 전쟁의 과정에서 군장(족장)의 출현, 군장은 제사와 정치를 주관(제정일치)

⑥ 주 거

㉠ 집터 유적 : 전통적인 배산임수 지형에 입지

㉡ 가옥 구조 : 대체로 직사각형의 형태, 움집에서 점차 지상 가옥으로 변화, 화덕이 가장자리로 이동

㉢ 취락 구성 : 정착 생활의 규모 확대 → 넓은 지역에 많은 수의 집터가 밀집, 다양한 용도의 집터 발견

⑦ 무덤 : 고인돌(지배층의 무덤), 돌널무덤 등

⑧ 예 술

㉠ 울산 대곡리 반구대 바위 그림 : 사냥과 고기잡이의 성공, 풍성한 수확 기원

㉡ 고령 장기리 알터의 바위 그림 : 동심원, 십자형, 삼각형 등의 기하학 무늬 → 태양 숭배, 풍요로운 생산 기원

| 고인돌 |

(2) 철기시대

① 청동기 보급의 시기 : B.C. 5세기경

② 유 물

㉠ 철기 : 철제 농기구의 사용으로 농업 생산력 증가, 철제 무기 사용

㉡ 청동기 : 의식용 도구로 변화, 독자적인 청동기 문화 발달(세형 동검, 잔무늬 거울, 거푸집 발견)

㉢ 토기 : 덧띠 토기, 검은 간토기 등

㉣ 무덤 : 널무덤, 독무덤

㉤ 중국과의 교류 : 명도전 · 반량전 · 오수전 등의 중국 화폐 출토, 경남 창원 다호리 유적의 붓 출토(한자 사용)

제2절 고조선과 여러 나라의 성장

01 고조선의 건국과 발전

(1) 고조선의 건국 20 23 25 기출

① 건국 : 기원전 2333년 단군왕검이 세움(〈삼국유사〉에 기록) → 이후 철기 문화를 수용하여 연맹체 국가로 성장

② 단군 이야기 : 환인의 아들인 환웅이 웅녀와 결혼하여 낳은 단군이 고조선 건국 → 선민사상, 환웅 부족과 곰 토템 부족의 결합, '홍익인간'의 통치 이념, 제정일치(단군 + 왕검)

③ 고조선의 세력 범위

㉠ 요령 지방을 중심으로 성장하여 점차 한반도까지 발전

㉡ 비파형 동검, 미송리식 토기, 탁자식 고인돌 등의 유물로 추정

(2) 고조선의 성장 25 기출

① 정치 : '부왕', '준왕' 등 강력한 왕 등장, 관직 설치(상, 대부, 장군)

② 성장 : 기원전 7세기경 산둥 반도에 있던 제나라와 교역, 요서 지방을 경계로 연나라와 대립 → 연나라 장수 '진개'의 침입으로 수도를 왕검성으로 옮김

(3) 위만의 집권과 고조선의 멸망

① 정권 교체 과정

㉠ 배경 : 진 · 한 교체기에 위만과 중국 유이민 집단의 이주

㉡ 집권 : 이주민 세력을 통솔하면서 위만의 세력 확대 → 준왕을 몰아내고 왕위 찬탈(기원전 194년)

② 발전 : 철기 문화의 본격 수용, 농업 · 수공업 · 상업 · 무역 발달, 활발한 정복 사업, 중계 무역으로 번성

③ 멸망 : 한 무제의 침입으로 멸망(기원전 108년) → 한 군현 설치

(4) 고조선의 사회

① 8조법(8조법금) : 생명 · 사유 재산 중시, 계급 사회(노비의 발생), 가부장적 사회, 농업 사회, 화폐의 사용 등

② 사회 변화 : 4개의 한 군현 설치 후 법 조항 60여 조로 증가, 풍속이 각박해짐

개념충전 **8조법**

- 사람을 죽인 자는 사형에 처한다. → 사람의 생명과 노동력 중시
- 남을 다치게 한 자는 곡물로 갚는다. → 농경사회, 사유재산 인정
- 도둑질한 자는 잡아다 종으로 삼는다. 용서를 받으려면 많은 돈을 내야 한다. → 사유재산 인정, 계급 사회, 화폐 사용

02 여러 나라의 성장 16 17 기출

(1) 부 여 15 21 기출

① **정치** : 왕 아래 마가 · 우가 · 저가 · 구가의 사출도와 대사자 · 사자 등의 관직, 5부족 연맹체 → 왕과 사출도(군장 지배)

② **경제** : 반농반목, 특산물(말, 주옥, 모피)

③ **사회** : 순장, 1책 12법(사람을 죽인 자는 죽이고 그 가족은 노비로 삼으며, 도둑질한 자는 12배를 배상하도록 한 법), 영고(12월, 제천행사), 우제점법(소의 굽으로 길흉을 점침)

④ **위치** : 송화강 유역(평야 지대)

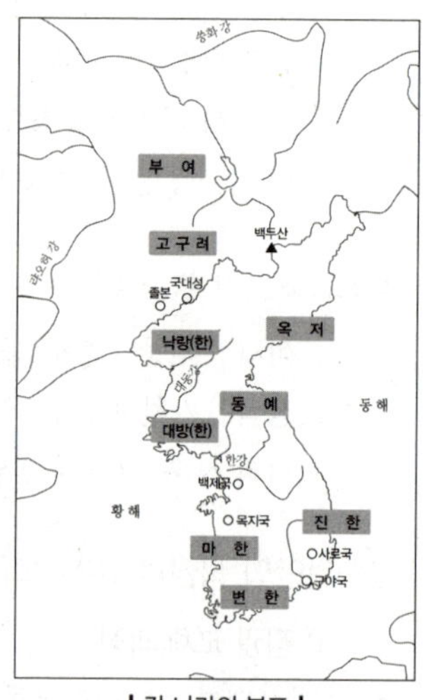

| 각 나라의 분포 |

(2) 고구려 16 21 기출

① **정치** : 5부족 연맹체, 제가 회의(귀족 회의체)

② **경제** : 산악 지대에 위치, 농경지 부족으로 약탈 경제

③ **사회** : 서옥제, 1책 12법, 동맹(10월, 제천행사)

④ **위치** : 동가강 '졸본' 지방에서 건국(압록강 중류)

(3) 옥저와 동예 20 21 22 23 24 기출

① **위치** : 함경도 및 강원도 북부의 동해안 지대(선진 문화의 수용이 늦음) → 고구려의 압력으로 크게 성장하지 못함

㉠ 옥저 : 함흥 평야

㉡ 동예 : 함경도 일부~강원도 북부에 위치

② **경 제**

㉠ 옥저 : 해산물 풍부(어물, 소금), 토지 비옥, 고구려에 소금 · 어물 공납

㉡ 동예 : 해산물 풍부, 토지 비옥, 방직 기술 발달(명주, 삼베), 특산물(단궁, 과하마, 반어피)

③ **정치** : 읍군이나 삼로가 자기 부족 지배(군장 국가), 고구려의 압박과 수탈로 통합된 정치 세력을 형성하지 못함

④ **풍 속**

㉠ 옥저 : 민며느리제, 골장제(가족 공동 무덤)

㉡ 동예 : 무천(10월, 제천행사), 족외혼, 책화(다른 부족의 생활권을 침범하면 노비와 소 · 말로 변상해 주는 제도)

(4) 삼 한 19 25 기출

① **정치** : 마한의 목지국이 삼한 전체 주도, 정치 지배자 – 신지, 견지, 읍차, 부례

② **경제** : 벼농사 발달로 저수지 축조, 철 생산(변한 → 낙랑, 왜 등에 수출)

③ **사회** : 제정 분리 사회, 두레 노동, 소도(군장의 세력이 미치지 못함) 존재, 수릿날(5월), 계절제(10월)

④ **위치** : 한강 유역 및 그 이남

⑤ **삼한의 여러 연맹체** : 진(辰)으로부터 기원

⑥ **마한(삼한 중 세력이 가장 큼)** : 경기 · 충청 · 전라도 지방에서 발전, 54개의 소국으로 구성

⑦ **변한, 진한** : 변한은 김해 · 마산을 중심으로, 진한은 대구 · 경주 지역을 중심으로 발전, 12개의 소국으로 구성

제1과목

제1장 핵심 실전 문제

※ 문제의 이해도에 따라 ○△× 체크하여 완벽하게 정리하세요.

01 ○△×

신석기시대에 대한 설명으로 옳지 않은 것은?

① 대표적인 유적으로 서울 암사동 유적, 양양 오산리 유적 등이 있다.
② 움집에 살면서 정착생활을 시작하였다.
③ 사냥 · 채집 · 어로를 통해 식량을 획득하였다.
④ 고인돌과 독무덤을 만들었다.

해설 ④ 고인돌, 독무덤은 청동기시대, 철기시대를 대표하는 유물이다.

02 ○△×

다음 (가) 시대에 대한 설명으로 옳은 것은?

> 서울 암사동 유적은 6,000년 전 (가) 시대 유적 중 최대 규모로 선조들의 생활상을 온전히 간직하고 있다. 전형적이고 예술적인 빗살무늬토기 문화를 이끌어낸 중요한 주거 유적지이며, 사적이다.

① 벼농사가 시작되었다.
② 고인돌을 축조하였다.
③ 농경 생활을 시작하였다.
④ 주먹도끼를 사용하였다.

해설 ③ 서울 암사동 유적은 신석기시대의 대표적인 유적지이다.
①·② 청동기시대, ④ 구석기시대

신석기시대 생활

- 바닷가와 강가에 움집을 지어 정착 생활
- 농경(잡곡류 경작)과 목축 시작
- 고기잡이와 사냥은 중요한 식량 확보 수단의 역할
- 혈연을 바탕으로 한 씨족 사회, 족외혼(다른 씨족과의 혼인)을 통해 부족 사회 형성, 평등 사회
- 애니미즘(정령 숭배), 토테미즘(동식물 숭배), 샤머니즘(무당과 주술 신봉) 등 출현
- 조개껍데기로 가면을 만들거나 짐승의 뼈나 이빨로 장신구 제작

정답 1 ❹ 2 ❸

03 다음 중 토테미즘에 대한 설명으로 옳은 것은?

○△×

① 만물정령 신앙, 태양과 물에 대한 숭배
② 영혼 불멸 신앙, 조상 숭배
③ 무당과 주술 신봉
④ 부족의 기원을 특정 동 · 식물과 연결하여 숭배

해설 ① 애니미즘, ② 영혼 숭배, ③ 샤머니즘에 대한 설명이다.

04 다음 내용과 관련이 가장 깊은 유물은?

○△×

- 가락바퀴와 뼈바늘이 출토되었다.
- 봉산 지탑리와 평양의 남경 유적에서 탄화된 좁쌀이 발견되었다.
- 움집 중앙에 화덕이 위치하고 있고 남쪽으로 출입문을 내었으며, 화덕이나 출입문 옆에는 식량이나 도구를 저장할 수 있는 구덩이를 만들었다.

① 뗀석기
② 주먹도끼
③ 슴베찌르개
④ 빗살무늬 토기

해설 제시된 내용은 신석기시대와 관련된 내용이며, ① · ② · ③ 구석기시대의 대표적인 유물이다.

05 철기시대에 중국과의 활발한 교류 사실을 알 수 있는 유물은?

○△×

① 활
② 비파형 동검
③ 거친무늬 거울
④ 명도전

해설 철기시대 때 중국과 활발하게 교류한 것을 알 수 있는 유물은 철기와 함께 출토된 명도전, 오수전, 반량전 등이다.

정답 3 ❹ 4 ❹ 5 ❹

06 청동기시대에 관한 설명으로 옳지 않은 것은?

○△×

① 이미 일부 지방에서는 벼농사가 시작되었다.
② 거친무늬 거울을 만들었다.
③ 반달 돌칼, 바퀴날 도끼, 홈자귀 등이 주된 농기구였다.
④ 소를 이용하여 땅을 갈고 농사를 지었다.

해설 ④ 삼국시대에 대한 내용이다.

07 다음 지도는 선사시대의 유적지를 나타낸 것이다. 이 유적지를 발굴하였을 때 발견하기 어려운 유물은?

○△×

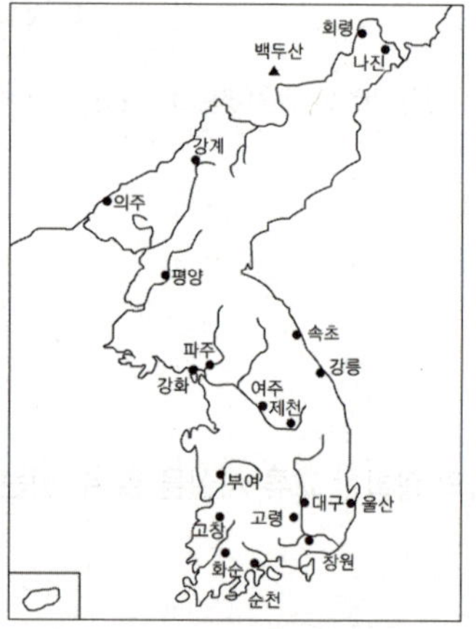

① 반달 돌칼
② 민무늬 토기
③ 빗살무늬 토기
④ 비파형 동검

해설 제시된 지도는 청동기시대의 유적지이다. 이때의 유물로는 반달 돌칼, 비파형 동검, 민무늬 토기, 거친무늬 거울 등이 있다. 빗살무늬 토기는 신석기시대의 유물이다.

정답 6 ❹ 7 ❸

08 다음 중 고조선에 대해 바르게 설명한 것은?

○△×

① 고조선의 세력범위는 청동기시대 민무늬 토기가 출토된 지역과 거의 일치한다.
② 철기 문화를 바탕으로 중국과 대등한 문화수준을 향유하였다.
③ 단군 신화는 고조선 사람들의 의식을 반영한 것으로 우리 역사와는 무관한 것이다.
④ 8조의 법이 있었는데 그중 3개 조목만이 중국의 기록에 전한다.

해설 ④ 중국 한서지리지에 상해, 살인, 절도의 3조목만 남아 있다.
① 고인돌과 비파형 동검, 미송리식 토기 등의 분포 지역과 거의 일치한다.
② 청동기 문화를 바탕으로 철기 문화를 수용하였다.
③ 단군 신화는 우리 민족의 시조 신화이다.

09 선사시대에 관한 설명으로 옳지 않은 것은?

○△×

① 구석기시대 사람들은 불의 사용법을 알게 되었다.
② 신석기시대에 비로소 토기를 사용하게 되었다.
③ 신석기시대에 가락바퀴나 뼈바늘을 만들어 썼다.
④ 청동기시대에 이르러 비로소 토테미즘이 출현하였다.

해설 신석기시대에 애니미즘 · 토테미즘 · 샤머니즘 등의 원시 신앙이 출현하였다. 청동기시대에는 부족우월신앙(천손의식)인 선민 사상이 출현하였다.

10 고조선의 세력범위를 추정할 수 있는 유물들로만 묶인 것은?

○△×

① 빗살무늬 토기, 움집
② 세형동검, 검은 간토기
③ 비파형 동검, 탁자식 고인돌
④ 비파형 동검, 덧무늬 토기

해설 비파형 동검과 미송리식 토기, 탁자식 고인돌은 만주와 북한 지역에 많이 분포하고 있어 고조선의 세력범위를 짐작하게 한다.

정답 8 ④ 9 ④ 10 ③

11 ○△×

삼한 사회의 소도에 관한 설명 중 옳지 않은 것은?

① 정치적 군장이 다스리던 특수 신성지역이었다.

② 신 · 구 문화의 충돌과 갈등을 완화하는 역할을 하였다.

③ 제정이 분리되는 단계에서 발생하였다.

④ 큰 나무에 방울과 북을 달아 표시하였다.

해설 철기 문화의 보급으로 신지 · 읍차 등의 정치적 군장의 세력이 커지자 그전부터 있던 제사장인 천군의 지배력이 약화되고 제정이 분리되면서 정치적 군장의 세력이 미치지 못하는 곳이 소도였다.

12 ○△×

철기 문화가 보급됨으로써 나타난 사실이 아닌 것은?

① 족장 세력의 등장

② 목축의 성행

③ 철제 농기구의 발달

④ 부족 상호 간의 교역 관계 활발

해설 **철기 문화 보급의 영향**

- 철제 농기구의 발달로 경제 기반 확대
- 기마민족 문화의 영향으로 목축 성행
- 어업의 발달로 양산 · 김해 · 웅천 등지에 조개더미를 남김
- 부족 상호 간의 교역 관계가 활발해져 삼국 성립의 기반 조성 등의 사회 변화를 가져옴

13 ○△×

다음과 같은 풍속의 나라에 대한 설명으로 옳은 것은?

> 수해나 한해를 입어 오곡이 잘 익지 않으면, 그 책임을 왕에게 묻기도 하였다.
>
> – 삼국지 –

① 살인자는 사형에 처하였다.

② 산둥지방의 제나라와 교역하였다.

③ 화폐의 용도로 덩이쇠를 사용하였다.

④ 무천이라는 제천 행사가 매년 열렸다.

해설 보기의 나라는 부여이다. 부여는 4조목을 적용하여, 살인자는 사형에 처하였다. ② 고조선, ③ 변한, ④ 동예에 대한 설명이다.

정답 11 ❶ 12 ❶ 13 ❶

14 옥저에 관한 설명으로 옳은 것은?

○△×

① 혼인 풍속 중 서옥제가 있었다.
② 도둑질을 한 자는 노비로 삼을 수 있었다.
③ 낙랑군과 고구려의 지배를 받았다.
④ 지배자를 상가, 고추가 등으로 불렀다.

해설 ①·④ 고구려, ② 고조선에 해당한다.

15 다음 내용과 관련이 깊은 나라는?

○△×

- 방직 기술이 발달하였고 단궁, 과하마, 반어피 등의 특산물이 있다.
- 무천, 족외혼, 책화 등과 같은 풍속이 있다.

① 부 여
② 고구려
③ 발 해
④ 동 예

해설 동예에 대한 설명이다.
- 무천 : 10월에 행하는 제천행사
- 책화 : 다른 부족의 생활권을 침범하면 노비와 소나 말로 변상해 주는 제도

16 다음 중 고조선에 대한 설명으로 옳지 않은 것은?

○△×

① 8조법 가운데 3개 조목이 전해진다.
② 사유재산제 사회였다.
③ 가부장적 가족제도가 확립되었다.
④ 평등 사회를 지향하였다.

해설 8조법의 3개 조목 중 '남의 물건을 훔치면 노비로 삼는다'는 조항을 통해 고조선은 계급 사회였음을 알 수 있다.

정답 14 ③ 15 ④ 16 ④

제1과목

17 ○△×

다음 밑줄 친 '이 나라'와 관계 깊은 내용을 모두 고른 것은?

> 이 나라가 중국의 연과 대립할 정도로 강성해지자 연이 침략하였고 그 결과 이 나라는 서쪽의 넓은 영토를 상실하였다.

> ㄱ. 12월에 추수 감사제인 영고가 있었다.
> ㄴ. 위만이 왕위를 차지하였다.
> ㄷ. 화백회의에서 중대사를 결정하였다.
> ㄹ. 중계 무역으로 이익을 얻었다.

① ㄱ, ㄷ

② ㄱ, ㄹ

③ ㄴ, ㄷ

④ ㄴ, ㄹ

해설 밑줄 친 '이 나라'는 고조선이다. 기원전 194년 위만이 준왕을 몰아내고 왕위를 차지한 후 철기 문화를 본격적으로 수용하였으며, 중계 무역을 전개하였다.
ㄱ. 부여에서는 매년 12월에 수확제이자 추수 감사제의 성격을 지닌 영고라는 제천 행사가 열렸다.
ㄷ. 신라는 귀족 합의체인 화백회의에서 국가의 중대사를 만장일치제로 결정하여 국정을 운영하였다.

18 

다음 중 국가에 대한 설명이 이질적인 것은?

① 압록강 중류 지방에서 건국되었다.

② 서옥제의 풍습이 있었다.

③ 제가회의를 통해 국가에 중요한 일을 결정하였다.

④ 말, 주옥, 모피가 특산물이었다.

해설 ④ 부여의 특산물이다. ①·②·③ 고구려는 산악 지대에 위치해 농경지가 부족하여 주변 국가들을 약탈하였다.

정답 17 ❹ 18 ❹

19 ○△×

삼한에 대한 설명으로 옳지 않은 것은?

① 마한의 목지국이 삼한 전체를 주도하였다.
② 벼농사가 발달했고, 저수지 축조 기술이 뛰어났다.
③ 읍군과 삼로가 부족을 다스렸다.
④ 5월의 수릿날과 10월의 계절제를 지냈다.

해설 ③은 옥저와 동예에 관한 설명이다. 삼한의 지배자는 신지와 읍차로 불렸다.

20 ○△×

중세 사회에 관한 설명으로 옳지 않은 것은?

① 향, 소, 부곡 주민은 세금 부담이 더 많았다.
② 관찰사를 파견하여 중앙 집권 체제를 강화하였다.
③ 호족 세력 약화 및 국가 재정을 확보하기 위한 정치를 시행하였다.
④ 일정 신분 이상의 사람이 죄를 지으면 본관으로 돌려보내는 형벌이 있었다.

해설 ②는 조선시대에 해당하는 내용이다. 감찰사는 전국 8도에 임명되었으며, 각 도를 감찰하고 사법 · 군사권을 가졌다.
④는 귀향형에 대한 설명이다. 귀향형을 받는 사람은 거주지를 제한받고 신분상의 특권을 박탈당했다.

정답 19 ❸ 20 ❷

제2장 통치 구조와 정치 활동

제1절 고대의 정치

01 고대 국가의 성립

(1) 고대 국가의 성격

① 강력한 왕권과 정비된 율령을 바탕으로 중앙 집권 국가 이룩

② 활발한 정복 활동으로 영역 국가의 모습을 띰

③ 고구려 → 백제 → 신라의 순서로 체제 정비

(2) 삼국의 성립

① 고구려

㉠ 졸본성에서 건국(B.C. 37) → 국내성으로 도읍을 옮김

㉡ 1세기 후반 태조왕 때부터 활발한 정복 활동

㉢ 고씨에 의한 왕위의 독점적 세습

㉣ 고국천왕(2세기 후반) : 부족적 성격의 5부 → 행정적 성격의 5부로 개편, 왕위의 부자 상속제 수립

㉤ 왕권 강화 및 중앙 집권화 더욱 진전

| 호우명 그릇 |

경주 호우총에서 발굴되었으며, 그릇 밑바닥에 새겨져 있는 글씨로 당시 신라와 고구려의 관계를 알 수 있다.

② 백 제

㉠ 한강 유역 토착 세력과 고구려 유이민의 결합(B.C. 18)

㉡ 고이왕(3세기) : 한강 유역 장악, 한 군현과 항쟁, 6좌평 관계 마련, 관리의 복색제정, 목지국 병합, 율령 반포 → 중앙집권국가의 기틀 마련

③ 신 라

㉠ 신라의 소국인 사로국에서 출발(B.C. 57)

㉡ 박 · 석 · 김씨 성을 가진 세 사람이 돌아가며 왕의 자리인 이사금 선출, 6부족 연맹체로 발전

㉢ 내물왕 : 낙동강 동쪽 차지, 김씨에 의한 왕위 계승 확립, 마립간 칭호 사용, 광개토대왕의 도움을 받아 왜의 침입 격퇴 → 고구려군 신라 영토 내 주둔(호우명 그릇)

개념충전 **신라의 왕호 변천** 15 23 기출

신라에서는 왕의 칭호가 거서간, 차차웅, 이사금, 마립간, 왕으로 바뀌었다. 거서간은 '왕' 또는 '귀인', 이사금은 '연장자'를 의미한다. 내물왕 때 '최고의 우두머리'와 '대군장'을 뜻하는 마립간의 칭호를 사용하였다.

④ 가야 연맹

㉠ 낙동강 하류의 변한 지역에서 성장

㉡ 유이민 집단과 토착 세력이 결합

㉢ 3세기경 전기 가야 연맹 성립(김해의 금관가야 중심) : 농경 문화 발달, 낙랑과 왜의 규슈 지방을 연결하는 중계 무역 발달, 풍부한 철 생산으로 번성

㉣ 쇠퇴 : 4세기 말~5세기 초 광개토대왕이 보낸 고구려군의 공격으로 쇠퇴

02 삼국의 발전과 통치 체제

(1) 삼국의 정치적 발전 23 기출

① 고구려의 발전 15 22 기출

㉠ 미천왕(4세기 초) : 낙랑군을 축출(313)하고 대동강 유역을 확보, 남쪽으로 진출할 수 있는 기반 마련

㉡ 고국원왕 : 전연 · 백제의 침략으로 국가적 위기, 평양성 전투에서 근초고왕에게 전사

㉢ 소수림왕(4세기 후반) : 불교 수용(전진, 372), 태학 설립, 율령 반포(373), 부족 세력 통제, 중앙 집권 체제 강화 등

② 백제의 발전

㉠ 근초고왕(4세기 중반 전성기) : 마한 전역 정복, 고구려 평양성 공격, 낙동강 유역의 가야와 여러 나라에 지배권 행사, 중국의 요서 · 산둥, 일본의 규슈 진출, 왕위의 부자 상속 확립

㉡ 침류왕(4세기 후반) : 동진으로부터 불교 수용(384) → 중앙 집권 체제를 사상적으로 뒷받침

③ 신라의 발전

㉠ 눌지왕(5세기 후반) : 나 · 제동맹(고구려 간섭 배제)

㉡ 지증왕(6세기 초) : 국호 변경(사로국 → 신라), 왕호 변경(마립간 → 왕), 수도의 행정 구역 정리, 지방의 주 · 군 정비(지방 제도와 군사 제도 병행), 우산국(울릉도) 복속, 우경 장려

㉢ 법흥왕(6세기 초반) : 율령 반포, 병부와 상대등 설치, 건원이라는 독자적 연호 사용(중앙 집권 완비), 공복 제정, 골품 제도 정비, 불교 공인(527), 금관가야 정복(532)

(2) 삼국 간의 항쟁

① **고구려** 15 18 20 기출

㉠ 광개토대왕(5세기) : 영토 확장(요동을 포함한 만주 대부분 지역), 신라에 침입한 왜 격퇴, 백제 압박 → 한반도 남부까지 영향력 행사

㉡ 장수왕(5세기) : 국내성에서 평양으로 천도(427)하여 왕권 강화의 계기 마련, 남하정책 추진, 백제와 신라 압박의 요인, 서해안 진출(고구려의 전성기)의 계기, 백제의 수도 한성 함락 → 한강 이남 지역까지 진출(죽령~남양만), 광개토대왕릉비와 충주 고구려비 건립(475)

㉢ 고구려의 전성기 : 영토 확장과 정치 제도 정비로 대제국 형성 → 동북아시아의 패자로 군림, 중국과 대등한 지위

② **백 제** 16 21 24 기출

㉠ 문주왕(5세기) : 웅진 천도(475), 고구려의 남하정책으로 한강 유역 상실, 무역활동 침체 → 왕권 약화

㉡ 동성왕(5세기) : 나 · 제동맹 강화

㉢ 무령왕(6세기) : 22담로와 왕족 파견 → 중흥의 발판 마련, 지방에 대한 통제 강화

㉣ 성왕(6세기) : 사비 천도(538), 국호 변경(남부여), 중앙 관서와 지방 제도 강화(22부의 실무관청 설치), 중국 남조와 활발한 교류, 불교의 진흥, 신라와 관산성 전투에서 전사 → 나 · 제동맹 결렬

개념충전 **관산성 전투**

신라의 진흥왕이 나 · 제동맹을 깨고 한강 하류지역을 차지하자, 성왕이 친히 군사를 이끌고 신라를 공격하였다. 그러나 성왕이 참패하고 전사하여 백제 중흥의 뜻을 이루지 못하였다.

③ **신 라**

㉠ 진흥왕(6세기)

- 영토 확장(한강 · 낙동강 유역 정복, 함경도 지역 진출) → 단양 적성비, 4개의 순수비 건립
- 한강 유역 차지 : 경제 기반과 전략 거점 확보, 황해를 통해 중국과 직접 교류
- 화랑도 개편, 불교 교단 정비(사상통합 도모)

④ **가야 연맹** 25 기출

㉠ 후기 가야 연맹(5세기 말~6세기 초) : 고령지방의 대가야 중심, 신라와 대등한 세력 다툼, 신라와의 결혼 동맹으로 국제적 고립 탈피

㉡ 가야 멸망 : 금관가야는 신라 법흥왕에게 멸망(532), 대가야는 신라 진흥왕에게 멸망(562)

(3) 삼국의 통치 체제 25 기출

① 성격 : 왕의 권한이 강화되고, 각 부의 부족 성격이 행정적 성격으로 바뀌어 중앙 집권 체제가 형성됨

② 관등제와 지방 통치 체제 정비

구 분	고구려	백 제	신 라
재 상	대대로	상좌평	상대등
중앙귀족	14관등제	6좌평 등 16관등제	17관등제, 골품제
귀족회의	제가회의	정사암회의	화백회의
행정 구역	성 중심으로 구분	22담로(무령왕), 전국 5방(성왕)	전국을 주 · 군으로 구분, 촌 설치

03 대외 항쟁과 신라의 삼국 통일 19 기출

(1) 고구려와 수 · 당의 전쟁 15 16 20 기출

① 수와의 전쟁 : 고구려의 요서 지방 선제 공격에 수 문제와 양제가 침입 → 을지문덕의 살수대첩(612), 고구려 국가 위기 극복(수 멸망)

② 당과의 전쟁 : 고구려의 천리장성 축조 및 연개소문의 대당 강경책 → 당 태종의 요동성 정복 → 안시성 싸움의 승리(645)

③ 고구려 대 중국 전쟁의 의의 : 고구려의 국가 보위, 중국의 한반도 침략 저지

(2) 백제와 고구려의 멸망 18 20 기출

① 백제의 멸망(660) : 나 · 당 연합군(김유신의 신라군과 소정방의 당군)에 의해 사비성 함락, 백제의 부흥 운동(복신 · 흑치상지 · 도침)

② 고구려의 멸망(668) : 거듭된 전쟁으로 국력 소모, 연개소문 사후 지배층의 분열 → 평양성 함락, 고구려 부흥 운동(검모잠 · 고연무 · 안승)

(3) 신라의 삼국 통일

① 당의 한반도 지배 야욕 : 웅진 도독부, 안동 도호부, 계림 도독부 설치

② 나 · 당 전쟁(670~676) : 신라는 고구려 · 백제 유민과 연합(당과의 정면 대결), 매소성 · 기벌포 전투

③ 삼국 통일의 의의

㉠ 삼국 통일의 한계 : 외세의 협조, 대동강 이남에 국한

㉡ 삼국 통일의 의의 : 자주적 성격(당 축출), 민족 문화 발전(고구려 · 백제 문화의 전통 수용, 경제력 확충)의 토대

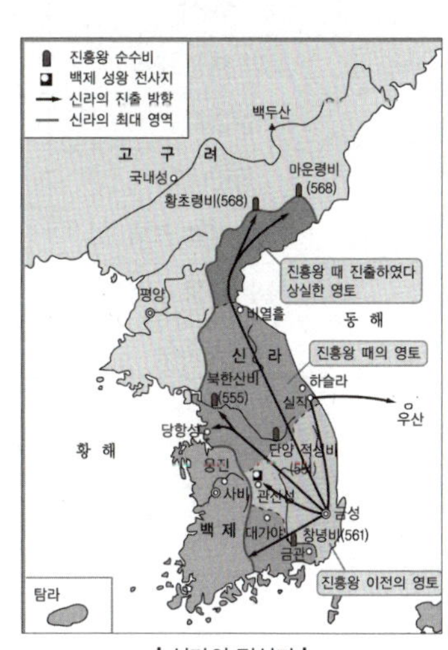

| 신라의 전성기 |

04 남북국시대의 정치 변화

(1) 통일신라의 발전 23 기출

① 통일 후의 변화 : 영역 확대, 인구 증가, 생산력 증대, 강력한 군사력 확보 → 정치 안정

② 전제 왕권의 강화 : 태종 무열왕계의 왕위 세습 확립(시중 기능 강화, 상대등 세력 억제), 신문왕의 체제 정비(녹읍 폐지, 관료전 지급), 6두품 세력의 사회적 두각(학문적 식견을 바탕으로 왕의 정치적 조언자로 활동하거나 행정 실무 담당)

③ 사회의 동요(경덕왕 이후) : 전제 왕권에 대한 진골 귀족 세력의 반발, 녹읍 부활

④ 통일신라 말기의 상황 : 녹읍 부활, 면세전 증가, 귀족들의 향락과 사치 생활(농민부담 증가)

(2) 발해의 건국과 발전 19 20 21 23 25 기출

① 발해의 건국 : 고구려 출신 대조영이 길림성의 동모산에서 건국(698)

② 발해의 발전

㉠ 무왕(719~737) : 북만주 일대 장악, 당의 산둥지방 공격(장문휴), 돌궐 · 일본과 연결하여 당과 신라 견제, 당과 대립, 독자적인 연호 '인안' 사용

㉡ 문왕(737~793) : 당과 친교, 신라와 교통로(신라도) 개설, 상경 용천부로 천도, 독자적 연호 '대흥' 사용

㉢ 선왕(818~830) : 발해의 전성기, 요동지역 진출, 지방 제도 완비, 당에서는 '해동성국'이라 부름

③ 발해의 멸망 : 거란의 세력 확대, 내부의 권력 다툼 등으로 거란에게 멸망(926)

④ 의의 : 고구려 계승 의식(일본에 보낸 국서, 문화의 유사성)

(3) 남북국의 통치 체제 15 16 18 19 22 24 25 기출

구 분	통일신라	발 해
중앙 조직	집사부를 비롯한 13부	3성 6부(이원적 체제)
수 상	집사부의 시중	정당성의 대내상
지방 행정 조직	9주(총관 → 도독) 5소경	5경 15부 62주
감찰기구	사정부, 외사정	중정대
국립대학	국 학	주자감
지방 세력 견제	상수리제도	–
특수 행정 구역	향, 부곡	–
군사 조직	9서당(중앙), 10정(지방)	10위(왕궁과 수도의 경비)

(4) 신라 말기의 정치 변동과 호족 세력의 성장 18 19 20 22 기출

① 왕위쟁탈전 : 진골 귀족의 왕위쟁탈전으로 왕권 약화, 지방 세력들도 왕위쟁탈전 가담(지방통제 약화), 김헌창의 난(822), 장보고의 난(846)

② 귀족들의 대토지 소유 확대 : 농민들이 몰락하여 노비로 전락하거나 초적이 됨

③ 호족 세력(성주와 장군)의 성장 : 중앙 정부의 통제력 약화, 선종 승려와 6두품 지식인 포섭

④ 6두품 출신의 유학생과 선종 승려 : 골품제 사회에 대한 반발

개념충전 **통일신라 말기 6두품 출신 학자** 22 기출

최치원, 최승우, 최언위 등

(5) 후삼국의 성립 25 기출

① 후백제 : 견훤이 군진·호족 세력을 토대로 완산주에서 건국(900)

② 후고구려(태봉) : 궁예가 초적·호족 세력을 토대로 송악에 건국(901)

③ 신라의 위축 : 후백제와 태봉의 세력이 커지자, 경주를 중심으로 명맥 유지

제2절 중세의 정치

01 중세 사회의 성립

(1) 고려의 성립과 민족의 재통일

① 왕건의 등장 : 송악 지방의 호족 출신으로 예성강 유역의 해상 세력과 힘을 합쳐 지배력 강화

② 고려의 건국(918) : 왕건은 국호를 고려라 하고 송악에 도읍을 정함

③ 민족의 재통일 : 신라에 우호책(신라 병합, 935), 후백제 격파(936), 발해 유민을 수용하여 민족의 재통일 완성(민족의 완전한 재통합)

(2) 태조의 정책(918~943) 15 16 25 기출

① 태조의 정책 : 백성의 생활안정 도모와 민심 획득, 개혁 정치·북진정책 추진, 호족 통합[사성(賜姓) 정책, 혼인 정책, 역분전 지급, 기인제도, 사심관제도], 지방 세력 견제

② 왕실의 안정 도모 : 훈요 10조, 〈정계〉·〈계백료서〉 반포

③ 왕위 계승 분쟁 발생 : 고려 초에는 독자적 세력을 가진 호족 출신 공신들의 세력이 강했기 때문, 왕규의 난

(3) 광종의 개혁 정치(949~975) 15 21 23 기출

① 주현 공부법 실시 : 국가 수입 증대 도모

② 노비안검법 실시(956) : 호족 세력 약화 및 국가 재정 확보

③ 과거제도 실시(958) : 성적에 따라 관리 채용(신 · 구 세대 교체)

④ 백관의 공복제도 실시 : 관료의 기강 확립

⑤ 전제 왕권 확립 : 공신과 호족 세력 숙청, 스스로 황제라 칭함, 자주적 연호(광덕, 준풍) 사용

⑥ 개혁 정치의 의의 : 왕권 강화와 고려 통치 체제 확립의 토대 마련

(4) 성종의 유교적 정치 질서의 강화(981~997) 15 19 22 23 25 기출

① 유교 정치 실현 : 최승로의 시무 28조(불교 행사 억제, 지방관 파견 등 주장) → 통치 체제 정비

② 지방관 파견 : 12목 설치, 향리제도(지방 중소 호족을 향리로 편입) 마련

③ 유학 교육 진흥 : 국자감 정비, 경학 · 의학 박사 파견, 과거제도 정비

④ 중앙 관제 마련 : 2성 6부제(당 제도 기반) 중심

개념충전 최승로의 시무 28조

- 우리나라에서는 봄에 연등회를 개최하고 겨울에는 팔관회를 열어서 사람들을 동원하여 힘든 일을 많이 시키니 원컨대 이를 줄여서 백성들이 힘을 펴게 하십시오.
- 불교를 믿는 것은 자신을 다스리는 근본이며 유교를 행하는 것은 나라를 다스리는 근원을 구하는 것입니다. 자신을 다스리는 것은 내세에 복을 구하는 일이며, 나라를 다스리는 것은 오늘의 급한 일입니다. 오늘은 아주 가까운 것이요 내세는 지극히 먼 것입니다. 가까운 것을 버리고 먼 것을 구하는 것은 또한 그릇된 것 아니겠습니까?

– 〈고려사〉 –

02 통치 체제의 정비

(1) 중앙 정치 조직(2성 6부) 16 17 20 기출

<table>
<tr><th colspan="2">구 분</th><th>기 능</th><th colspan="2">비 고</th></tr>
<tr><td rowspan="8">2성</td><td>중서문하성
(문하시중)</td><td>최고 정치 기구, 정책 심의 · 결정,
국정 총괄</td><td colspan="2">재신(백관 통솔, 국가 중요정책 총괄)</td></tr>
<tr><td rowspan="7">상서성</td><td rowspan="7">실질 행정 업무(정책 집행)</td><td colspan="2">낭사(간쟁, 봉박, 서경)</td></tr>
<tr><td rowspan="6">6부</td><td>이 부</td></tr>
<tr><td>병 부</td></tr>
<tr><td>호 부</td></tr>
<tr><td>형 부</td></tr>
<tr><td>예 부</td></tr>
<tr><td>공 부</td></tr>
<tr><td colspan="2">중추원</td><td>왕명출납, 군사기밀 담당</td><td colspan="2">–</td></tr>
<tr><td colspan="2">어사대</td><td>관리 비리 감찰</td><td colspan="2">–</td></tr>
<tr><td colspan="2">삼 사</td><td>화폐 · 곡식의 출납에 대한 회계 업무</td><td colspan="2">–</td></tr>
<tr><td colspan="2">대간(대성)</td><td>어사대와 중서문하성의 낭사로 구성,
정치권력 간의 견제와 균형의 역할 담당</td><td colspan="2">–</td></tr>
<tr><td colspan="2">도병마사</td><td>국가의 중대사 결정(국가 최고 회의 기관)</td><td colspan="2" rowspan="2">재신과 추밀로 구성 → 재추회의
(고려의 독자성, 고려 귀족 정치의 특징)</td></tr>
<tr><td colspan="2">식목도감</td><td>법 제정 및 각종 시행 규정</td></tr>
</table>

(2) 지방 행정 조직의 정비

① **행정 구역** : 5도 양계, 경기로 구분 → 3경 · 4도호부 · 8목과 군 · 현 · 진 등 설치

② **지방 행정 제도의 특징** 16 19 24 기출

㉠ 5도 : 안찰사 파견, 주와 군 · 현 설치, 지방관 파견

㉡ 양계 : 병마사 파견, 군사적 요충지에 진 설치

㉢ 주현과 속현 : 지방관이 파견된 주현보다 지방관이 파견되지 않은 속현이 더 많음

㉣ 특수 행정 구역 : 향 · 부곡 · 소

㉤ 향리 : 향촌 사회의 지배층인 토착민, 행정 실무를 담당하여 영향력이 강함

(3) 군역 제도와 군사 조직

① **중앙군** : 2군(왕 친위 부대) 6위(수도 · 국경 경비) → 직업 군인(군인전 지급, 직역 세습, 군공을 통한 신분 상승 가능)

② **지방군** : 주진군(양계에 주둔한 상비군)과 주현군(5도의 일반 군현에 주둔) → 군적에 오르지 못한 16세 이상의 일반 농민

제1과목

(4) 관리 등용 제도

① **과거제도** : 양인 이상 응시 가능하였으나, 사실상 농민은 응시하지 못했음

㉠ 제술과 · 명경과(문관 등용 시험) : 귀족, 향리 자제 응시

㉡ 잡과(기술관 등용 시험) : 백정 · 농민 응시

② **음서제도** : 공신 · 종실 · 5품 이상의 고위 관료의 자손 대상으로 과거 없이 임용 → 고려 관료 체제의 귀족적 특성 반영

03 문벌 사회의 성립과 동요

(1) 문벌 사회의 성립

① **새로운 세력의 형성** : 지방 호족 출신, 신라 6두품 계통의 유학자 → 중앙 정치에 참여

② **문벌 사회 형성** : 호족, 6두품 계통의 자손들도 대를 이어 중앙 정치에 참여, 문벌의 자손들은 과거나 음서를 통해 관직 독점, 과전을 받고 공음전의 혜택을 받아 특권을 누림

③ **귀족 사회의 폐단과 모순 노출(문종~인종 대에 이르는 시기)** : 이자겸의 난, 묘청의 서경 천도 운동

(2) 이자겸의 난과 서경 천도 운동 15 16 기출

① **이자겸의 난(1126)** : 고려 전기의 문벌 사회가 붕괴되는 발단이 됨

② **묘청의 서경 천도 운동(1135)** : 서경파가 몰락하고 개경파 득세, 김부식 등 보수적 문벌들은 자신의 세력을 더욱 강화하여 문신 위주의 문벌 체제를 굳혀 나가 무신정변이 일어나는 배경을 만듦, 김부식에 의해 1년 만에 진압

③ **이자겸의 난과 묘청의 서경 천도 운동의 의의** : 문벌 사회 내부의 모순 표출

개념충전 개경파와 서경파의 대립

구 분	개경파(김부식)	서경파(묘청)
성 격	중앙의 문벌	지방 출신의 개혁적 관리
정 치	서경 천도 반대, 금에 사대	서경 천도, 칭제건원, 금국 정벌
특 징	사회 질서 확립, 민생 안정	자주적인 혁신 정치
역사의식	신라 계승 의식	고구려 계승 의식
사 상	사대적 유교 정치 사상	불교, 풍수지리설, 자주적 전통 사상

(3) 무신 정권의 성립 20 23 25 기출

① 무신정변(1170) : 보현원 놀이 때 정중부, 이의방 등이 정변을 일으켜 다수의 문신들을 죽이고 의종을 폐하여 거제도로 귀양을 보낸 후 명종을 세움(정중부의 난, 1170)

② 최씨 정권

㉠ 최충헌 : 교정도감(반대세력 제거, 국정 총괄), 도방 확대 개편, 봉사 10조 제시

㉡ 최우 : 정방 설치, 서방 설치, 군사기반의 삼별초 조직, 문신 등용

㉢ 의의 : 무신 정권의 정치적 안정

㉣ 한계 : 국가 통치질서 약화, 국가발전이나 백성의 안정을 위한 노력 소홀

제1과목

04 대외 관계의 전개 15 22 기출

(1) 거란의 침입과 격퇴 23 24 기출

① 제1차 침입(성종, 993) : 서희가 소손녕과 담판하여 외교적 승리를 거둠 → 강동 6주 획득

② 제2차 침입(현종, 1010) : 강조가 패하여 개경까지 함락, 양규의 활약

③ 제3차 침입(현종, 1018) : 소배압이 10만 대군을 이끌고 개경 부근까지 침입, 강감찬이 귀주에서 거란군 섬멸(귀주대첩)

④ 전란의 영향 : 고려 · 송 · 요 사이의 세력 균형 유지, 나성 축조, 천리장성 축조(압록강 입구~동해안의 도련포), 초조대장경 조판

(2) 여진 정벌과 9성 개척

① 별무반 조직 : 윤관의 건의에 따라 편성

② 여진 정벌 : 예종 때 윤관은 별무반 17만 군대로 여진족을 토벌(1107)하여 동북 9성 개척

③ 금의 건국 : 여진족은 세력을 강화하여 만주 일대를 장악한 후 국호를 금이라 정함(1115)

④ 금의 압력 : 군신 관계 요구, 금의 요구를 수락하는 사대 외교 추진 → 북진정책 좌절

(3) 몽골과의 전쟁

① 몽골의 과중한 공물 요구, 몽골 사신 저고여의 피살

② 무신 정권의 항전 : 몽골의 무리한 조공 요구와 간섭에 반발 → 강화도로 천도, 팔만대장경 조판

③ 몽골과의 화의 : 최씨 정권 붕괴, 개경 환도(1270)

④ 몽골 침입의 영향

㉠ 국토의 황폐와 국가유산 소실 : 대구 부인사의 대장경판, 경주 황룡사 9층목탑

㉡ 최씨 정권에 대한 민심 이반 : 가혹한 수탈로 농촌 경제가 파탄 지경에 이름

⑤ 삼별초의 항쟁 : 개경 환도에 반발, 강화도에서 진도 용장산성(배중손), 제주도 항파두리성(김통정)으로 이동하며 여 · 몽 연합군에 항쟁 → 지리적 이점과 민중들의 지원으로 항전 가능 19 기출

05 고려 후기의 정치 변동

(1) 원의 내정 간섭

① **영토의 상실** : 쌍성총관부 설치(철령 이북), 동녕부 설치(자비령 이북), 탐라총관부 설치(제주도)

② **관제 격하** : 3성을 첨의부로 단일화, 6부를 4사로 통합, 정동행성을 연락기관으로 삼음, 감찰기관인 순마소를 두었으며, 다루가치를 배치하여 내정 간섭

③ **경제적 수탈** : 막대한 조공물 부담(금, 은, 베, 인삼, 약재) → 농민들의 고통 가중

④ **풍속 변질** : 몽골어, 몽골식 의복과 머리 유행, 몽골식 성명 사용, 고려 풍속이 몽골 사회에 유행

(2) 공민왕 때의 개혁 정치 23 기출

① **반원 자주 정책** : 친원 세력의 숙청, 정동행성의 이문소 폐지, 쌍성총관부 공격, 몽골 풍속 금지, 요동 지방 공략

② **왕권 강화 정책** : 정방 폐지, 전민변정도감 설치(신돈 등용), 유학교육 강화, 과거제도 정비

③ **공민왕의 개혁 실패** : 원의 압력과 권문세족의 반발, 신진 사대부의 세력 미약

(3) 신진 사대부의 성장 15 기출

① **신진 사대부의 성격** : 과거를 통한 진출, 유교적 소양이 높은 지방의 중소 지주 출신, 성리학 수용

② **신진 사대부의 성장** : 고려 왕조를 무너뜨리고 조선 건국의 주체 세력으로 성장

③ **권문세족과의 대립** : 권문세족의 인사권 등으로 신진 사대부의 기반 침해 → 개혁 정치에 적극 참여

(4) 고려의 멸망

① **위화도 회군(1388)** : 명의 철령 이북의 땅 요구 → 최영의 요동 정벌 단행 → 이성계의 위화도 회군으로 이성계와 신진 사대부의 정권 장악

② **홍건적과 왜구의 침입** : 홍건적이 두 차례 침입, 왜구는 쓰시마 섬에 있는 해적이 침입 → 토벌과정에서 최영, 이성계 등 신흥 무인세력 성장

③ **고려의 멸망** : 이성계 및 급진 개혁파 사대부의 과전법 실시(1391) → 고려 멸망, 조선 건국(1392)

개념충전 **이성계의 4불가론**

- 작은 나라로서 큰 나라에 거역하는 것은 옳지 못하다.
- 여름철에 군사를 동원하는 것은 옳지 못하다.
- 온 나라 군사를 동원하여 멀리 정벌하면, 왜적이 그 허술한 틈을 탈 것이기 때문에 옳지 못하다.
- 지금 한창 장마철이므로 활은 아교가 풀어지고 많은 군사가 역병을 앓을 것이기 때문에 옳지 못하다.

제3절 근세의 정치

01 근세사회의 성립

(1) 조선의 건국

① 신진 사대부의 개혁 노력 : 온건 개혁파(고려 왕조 유지 → 이색 · 정몽주), 급진 개혁파(역성 혁명 → 정도전 · 조준)

② 조선의 건국 : 급진 개혁파가 이성계 세력과 통합하여 과전법 실시(1391) → 이성계가 조선 건국

(2) 국왕 중심의 통치 체제 정비

① 태조(1392~1398) : 국호 제정(조선), 도읍 천도(한양), 국방력 강화, 정도전(재상 중심 정치 주장, 〈불씨잡변〉 저술, 성리학을 통치 이념으로 확립) 활약

② 태종(1400~1418) : 왕권 중심의 집권 체제 확립, 사병제도 폐지, 호패법 시행, 양전 사업 실시, 사원전 · 사원노비 제한, 의정부 설치와 6조 직계제 실시, 사간원 독립 19 21 기출

(3) 세종의 유교 정치의 실현 노력(1418~1450) 15 25 기출

① 왕권과 신권의 조화(집현전 설치, 의정부 서사제 실시)를 이룬 유교 정치의 실현

② 왕도 정치 표방 : 유교적 민본 사상의 실현으로 여론 중시, 청렴정치를 함

③ 민족 문화 발전 : 훈민정음 창제, 〈농사직설〉, 〈향약집성방〉, 〈의방유취〉 등 편찬

(4) 문물 제도의 정비

① 왕권 약화 : 문종, 단종 → 재상(김종서, 황보인)에게 정치적 실권이 넘어감

② 세조(1455~1468) : 중앙 집권과 부국강병 정책, 6조 직계제 부활, 집현전 · 경연 제도 폐지, 〈경국대전〉 편찬 시작 21 기출

③ 성종(1469~1494) : 조선의 통치 체제 확립, 문물 제도 완성, 홍문관(집현전 계승) 설치, 〈경국대전〉 완성, 〈악학궤범〉, 〈동국여지승람〉, 〈국조오례의〉 등 편찬, 경연 확대

02 통치 체제의 정비

(1) 중앙 정치 체제

① 〈경국대전〉으로 법제화 : 문무 양반 체제, 30등급(18품 30계), 경관직(중앙) · 외관직(지방)

② 주요 정치 기구 18 20 22 23 기출

의정부	국정 총괄, 재상 합의 기구, 3정승(영의정 · 좌의정 · 우의정) 구성	
사헌부	언론, 관리 감찰	삼사 : 언론기관, 정사 비판, 학문적 자문 → 권력의 독점과 부정 방지
사간원	국왕에 대한 간쟁	
홍문관	학술 연구	
춘추관	역사서 편찬, 보관	
6조	실제 행정 집행 → 행정의 전문성과 효율성을 높임	
의금부	국가 중죄인 치죄 등 특별 사법 기구	
승정원	국왕 비서 기관, 왕명출납	
한성부	수도의 행정, 치안 관장	
성균관	최고 교육기관(국립대학)	

(2) 지방 행정 조직 15 기출

① 지방 조직 : 전국을 8도로 나누고, 하부에 부 · 목 · 군 · 현 설치, 모든 군현에 지방관 파견

② 향촌 사회 : 면 · 리 · 통 제도, 양반 중심의 향촌 사회 질서 확립, 유향소, 경재소

③ 중앙 집권 체제 강화 : 관찰사 파견(전국 8도 임명, 각 도에 감찰 · 행정 · 사법 · 군사권을 지님), 오가작통법, 암행어사 파견 24 기출

④ 수령과 향리 : 수령의 권한 강화, 향리의 권한 약화

(3) 군역 제도와 군사 조직

① 군역 제도 : 양인 개병과 농병 일치의 원칙, 16~60세의 양인 장정의 의무, 현역 군인인 정군이 되거나 정군의 비용을 부담하는 보인이 됨(보법), 현직 관료, 학생, 서리, 향리 등은 군역 면제

② 군사 조직 16 24 기출

㉠ 중앙군

- 5위 : 궁궐의 수비와 수도의 방비 담당
- 편성 : 정병, 갑사, 특수병(품계, 녹봉 받음) → 문반 관료가 지휘

㉡ 지방군 : 육군과 수군을 배치하여 방어

㉢ 잡색군 : 향토 방위 예비군(전직 관료, 서리, 향리, 교생, 노비)

③ 진관 체제(세조) : 군현 단위의 독자적 방위 체제

(4) 관리 등용 제도 15 17 20 22 24 기출

① 과거의 종류

㉠ 문과 : 문관 선발 → 소과에 합격하여 생원, 진사가 되어야 했으나, 후에는 큰 제한이 없었음

㉡ 무과 : 무관 선발 → 병조와 훈련원에서 주관, 문과와 같은 절차를 거쳐 치러지며, 최종선발은 28명임

㉢ 잡과 : 기술관 선발, 역과 · 율과 · 의과 · 음양과 등 → 기술관을 뽑는 잡과는 예조와 해당 관청에서 주관하에 3년마다 치러지며, 분야별로 정원이 있었음

② 과거의 실시

㉠ 정기시험 : 식년시(3년마다 실시) → 복시 → 전시 거쳐 33명 선발

㉡ 부정기시험 : 증광시, 별시, 알성시 등 수시로 실시

③ 특별채용

㉠ 천거 : 고관의 추천, 기존 관리 대상

㉡ 음서 : 고려시대와 달리 2품 이상으로 축소, 고관 승진 제한

㉢ 취재 : 서리 · 하급 관리 · 기술관 선발 시험

03 사림의 대두와 붕당 정치 19 기출

(1) 훈구 세력과 사림 세력

① **훈구 세력(15세기)** : 조선 초 관학파의 학풍을 계승, 문물 제도 정비에 기여, 중앙 집권 체제 · 부국강병 주장

② **사림 세력(15세기 중반 이후)** : 성리학에 투철한 지방 사족들, 고려 말 온건파 사대부 계승, 15세기 중반 이후 영남과 기호 지방을 중심으로 성장

(2) 사림의 정치적 성장 18 기출

① 사림의 성장

㉠ 성종의 훈구 세력 견제 의도에 부응, 국가 재정 확보와 자신들의 경제적 입지 확보를 위해 훈구 세력의 대토지 소유를 비판

㉡ 거듭된 사화로 사림이 정치적으로 위축되었으나, 향촌 사회에서 서원과 향약을 통해 세력 확대

② **사화의 발생** : 사림과 훈구 세력 간의 정치적 · 학문적 대립(무오사화 → 갑자사화 → 기묘사화 → 을사사화) → 사림의 정치적 위축 23 기출

③ **조광조의 혁신 정치** : 사림의 대두와 붕당 정치, 현량과 실시, 불교 · 도교 행사 폐지, 향약의 전국적 시행 22 24 기출

제1과목

(3) 붕당의 출현

① **붕당의 주도권** : 선조 즉위 이후 사림이 대거 중앙에 복귀하여 정국 주도

② **동서 양분** : 명종 때 척신 정치의 잔재 처리 문제에서 비롯됨

③ **붕당 정치의 발단** : 이조 전랑직을 둘러싸고 동인과 서인으로 양분

④ **붕당의 출현** : 왕권 약화로 학문적 경향과 정치적 이념에 따라 결집됨

(4) 붕당 정치의 전개

① **동인의 붕당**

㉠ 정여립 모반 사건을 계기로 온건파(남인)와 급진파(북인)로 나누어져 붕당 발생

㉡ 처음에는 남인이 정국을 주도하였으나 임진왜란 이후부터 광해군까지 북인이 주도

② **광해군의 정치** : 명과 후금 사이의 중립 외교, 인조반정(1623) → 서인에 의해 축출

③ **붕당 정치의 진전(인조~현종)**

㉠ 서인과 남인의 상호 비판적 공존체제와 학문적 입장 인정 → '산림'이란 이름으로 재야에서 여론 주재

㉡ 예송 논쟁 : 왕위 계승에 대한 정통성과 관련, 서인과 남인의 대립 격화

(5) 붕당 정치의 성격

① **발전** : 붕당을 군자당과 소인당의 대립으로 인식하였으나, 이후 군자당 간의 견제와 협력으로 전개

② **운영** : 공론 중시, 비변사를 통해 의견 수렴, 3사 언관과 이조 전랑의 정치적 비중 증대, 산림의 출현, 서원(지방 사족의 의견을 모으는 수단) 활용

③ **부정적 기능** : 국론 분열 우려, 국리와 민복을 외면하고 학벌 · 문벌 · 지연과 연결, 지배층의 의견 수렴에 국한

04 조선 초기의 대외 관계

(1) 명과의 관계 23 기출

① **친명 정책의 추진** : 사대 교린 정책 → 왕권의 안정과 국가의 안정 도모

② **조공 외교** : 정기 사절과 부정기 사절 파견

③ **대명 사대 외교의 변화** : 초기는 자주적 실리 추구와 국토 확장을 둘러싸고 대립 → 중기 이후는 지나친 친명 정책으로 흐름

(2) 여진과의 관계 23 기출

① **대여진 정책** : 강온 양면 정책 구사

② **4군 6진 개척(세종)** : 압록강~두만강까지 영토 확보 → 강경책

③ **사민(徙民) 정책** : 수만의 남방 민호를 북방으로 이주, 북방 개척, 국토의 균형 발전

④ **토관(土官)제도 활용** : 토착인을 하급관리로 등용하여 민심 수습

(3) 일본 및 동남아시아와의 관계

① **일본과의 관계** : 쓰시마섬 정벌(세종 때 이종무), 제한된 조공무역 허락, 3포 개항(부산포, 제포, 염포), 계해약조(1443)

② **동남아시아와의 교류** : 류큐, 시암, 자와(사신 파견, 토산물 거래) → 조선의 선진 문물 전파

05 양란의 극복과 대청 관계

(1) 왜군의 침략

① **일본과의 대립** : 일본인의 무역 요구에 대항 → 3포 왜란(1510), 을묘왜변(1555)으로 비변사 설치(군사 문제의 전담과 사신 파견)

② **임진왜란(1592)** : 20만 대군의 침입 → 선조가 의주로 피난, 명에 원군 요청

개념충전 **임진왜란의 사건순서**

신립의 충주전투(1592.4) → 이순신의 한산도대첩(1592.7) → 권율의 행주대첩(1593) → 이순신의 명량해전(1597)

(2) 수군과 의병의 승리

① **수군의 승리** : 이순신(전라 좌수사)의 활약, 남해의 제해권 장악, 곡창 지대인 전라도 수호, 왜군의 수륙 병진 작전 좌절

② **의병의 항쟁** : 농민 주축, 전직 관리 · 사림 · 승려 등이 조직 → 향토 지리에 맞는 전술 활용

(3) 전란의 극복과 영향

① **왜란의 극복** : 왜군의 격퇴, 명의 지원, 정유재란 발생(1597)

② **왜란의 영향**

㉠ 승리 요인 : 민족의 잠재적 역량 우월, 전 국민적인 차원에서의 국방 능력이 일본 능가, 문화적 우월감과 자발적인 전투 의식

㉡ 국내적 영향 : 인구와 농토 격감, 국가 재정 파탄, 토지 대장과 호적 소실, 국가유산 소실(경복궁, 불국사, 사고)

㉢ 국제적 영향 : 여진족의 급성장(후금 건국, 1616), 명의 쇠퇴, 일본 문화의 획기적 발전 계기

(4) 광해군의 중립 외교

① **대륙 정세** : 여진(누르하치)의 후금 건국과 명에 전쟁 선포 → 명이 조선에게 원군 요청

② **광해군의 정책** : 명과 후금 사이의 중립 외교 정책(강홍립) → 명의 요청을 적절히 거절하면서 후금과 친선을 꾀함

(5) 호란의 발발과 전개 20 기출

① 정묘호란의 발발(1627)

㉠ 원인 : 친명배금 정책, 이괄의 난(잔당들이 후금에 인조반정의 부당성 호소)

㉡ 전개 : 후금의 조선 침략 → 인조 강화도 피란, 관군과 의병(정봉수 · 이립)의 활약으로 적의 보급로 차단

㉢ 결과 : 후금과 형제의 맹약을 맺고 강화 체결

② 병자호란의 발발(1636)

㉠ 원인 : 청의 군신 관계 요구 → 조선의 거부(척화 주전론 우세)

㉡ 전개 : 청의 조선 공격(1636) → 인조는 남한산성으로 몽진하여 항전

㉢ 결과 : 청의 약탈과 살육으로 인한 서북 지방의 황폐화, 청과 굴욕적 강화 체결(삼전도 굴욕, 군신 관계, 북벌 운동 대두, 소현세자 · 봉림대군 등 세자와 백성들이 청에 포로로 끌려감

06 대외 관계의 변화

(1) 청과의 관계

① **북벌운동 추진** : 청을 정벌하여 오랑캐에게 당한 수치를 씻고, 명에 대하여 의리를 지키자는 주장 → 효종의 죽음으로 실현하지 못함

② **나선정벌** : 효종 때 청과 러시아 사이에 국경 분쟁 발생, 청이 조선에 지원군 요청 → 두 차례에 걸쳐 군사 파견

③ **북학론의 대두** : 청의 국력 신장과 문물 융성에 자극을 받음, 홍대용 · 박제가 · 박지원이 주장

④ **백두산 정계비 설립(간도 귀속 문제)** : 정계비(1712) 비문의 해석상의 차이로 발생하였으나 중국과 일본의 간도협약(1909)으로 상실

(2) 일본과의 관계

① **임진왜란 이후** : 외교 단절 → 도쿠가와 막부의 국교 재개 요청 → 유정(사명대사) 파견, 일본과 강화

② **기유약조(1609)** : 부산포를 개항하여 왜관 설치, 제한된 범위에서 교역 허용

③ **통신사 파견** : 조선의 선진 문화 수용, 정권 교체 인정받기 위해 일본이 요청 → 외교 · 문화 사절

④ **울릉도와 독도** : 신라 지증왕 때 정복 → 일본 어민의 침범 → 숙종 때 우리 영토임을 재확인(안용복) → 주민의 이주 장려, 군을 설치하고 관리 파견(19세기)

제4절 정치 상황의 변동

01 통치 체제의 변화

(1) 정치 구조의 변화

① 비변사의 기능 강화

㉠ 설치 : 16세기 중종 초에 여진과 왜구의 대비 목적으로 설치 → 국방 문제에 정통한 재상을 중심으로 운영되던 임시 회의 기구

㉡ 확대 : 임진왜란 때 국가적 위기를 타개하기 위해 구성원과 기능 강화 → 상설화

㉢ 기능 강화의 결과 : 왕권의 약화, 의정부와 6조의 유명무실 → 19세기에는 세도 정치의 중심 기구

② 삼사의 언론 기능(변질과 전랑의 권한 강화) 15 기출

㉠ 삼사 : 각 붕당의 이해관계 대변

㉡ 이조와 병조의 전랑 : 중 · 하급 관원들에 대한 인사권과 자기 후임자를 스스로 추천하는 권한 행사

㉢ 기능과 권한 : 붕당 간의 대립을 격렬하게 만드는 장치로 인식 → 영 · 정조의 탕평 정치로 혁파

(2) 군사 제도의 변화 15 20 기출

① 중앙군의 개편(5군영의 설치) : 훈련도감, 어영청, 총융청, 수어청, 금위영

㉠ 훈련도감 : 류성룡의 건의로 임진왜란 중 설치(선조), 일정한 급료를 받는 직업적 상비군으로 3수병(포수 · 사수 · 살수)을 양성

㉡ 어영청 : 인조반정 후 설치, 북벌 추진(효종) 과정에서 그 기능이 강화됨

㉢ 총융청 : 인조 때 경기 일대 방어를 위해 설치

㉣ 수어청 : 정묘호란 후 남한산성에 설치, 수도 남부 방어

㉤ 금위영 : 숙종 때 왕실과 수도 방어 목적으로 설치

② 5군영의 성격 : 번상병제(의무병)에서 용병제로 전환, 붕당(특히 서인)의 정권을 유지하기 위한 군사적 기반

③ 지방군의 변화

㉠ 방어 체제의 변화 : 진관 체제(조선 초기) → 제승방략 체제(16세기 후반) → 속오군 체제(임진왜란 중)

㉡ 속오군 : 양반에서부터 노비까지 편제하여 평상시에는 생업 종사, 유사시에 동원하는 예비군 → 양반들의 회피로 상민과 노비 부담 가중

02 정쟁의 격화와 탕평 정치

(1) 붕당 정치의 변질

① **사회 · 경제적 배경** : 17세기 후반 이후 상품 화폐 경제의 발달 → 정치 집단 사이에 상업적 이익의 독점을 위한 붕당 간의 대립 격화, 정치적 쟁점 또한 사상적인 문제에서 군영 확보 문제로 변화

② **붕당 정치의 발단** : 서인과 남인의 정치적 대립(남인들이 서인들의 북벌 운동 비판, 예송 논쟁)

③ **붕당 정치의 변질** : 붕당 간의 균형 파괴, 경신환국(숙종, 1680) → 서인 집권, 남인 탄압(일당 전제화)

④ **결과** : 외척 · 종친의 역할 증대, 삼사와 이조 전랑의 정치적 비중 감소, 비변사의 기능 강화

⑤ **향촌 사회** : 지주제와 신분제의 동요에 따라 사족 중심의 향촌지배가 어려움 → 붕당 정치의 기반이 무너짐

(2) 탕평론의 대두 15 16 20 22 기출

① **붕당 정치의 변질과 탕평론의 제기**

㉠ 붕당 정치의 변질 : 극단적 정쟁과 일당 전제화의 추세 → 왕권 자체가 불안해짐

㉡ 숙종의 탕평론의 제기 : 왕권과 신권의 균형, 붕당 상호 간에 조화를 이루기 위한 방안

② **숙종의 탕평책**

㉠ 인사 관리를 통한 세력 균형 유지, 잦은 환국으로 인해 오히려 정국이 혼란해짐 → 경종 때 왕세자(영조)의 대리청정 문제로 노론과 소론의 대립

㉡ 붕당 정치의 변질 : 상대 붕당 부정, 삼사의 언론 기능 변질, 노론 중심의 일당 전제화 지속 → 탕평론 제기

③ **영조의 탕평 정치** : 탕평교서 발표, 서원 정리, 이조 전랑 권한 축소, 균역법 실시, 군영 정비, 가혹한 형벌 폐지, 사형수 3심제 시행, 〈속대전〉 편찬(법전 체계 재정비), 〈중수무원록〉 간행, 고문(낙형 · 압슬형 · 주리형 등) 폐지 → 소론 강경파의 잦은 변란으로 노론이 정국 주도 19 24 기출

④ **정조의 탕평 정치** : 시파 등용, 탕평책 계승, 규장각 육성, 초계문신제도 시행, 장용영 설치, 수원 화성 건설, 수령의 권한 강화, 〈대전통편〉, 〈무예도보통지〉 등을 편찬 21 24 기출

03 정치 질서의 변화

(1) 세도 정치의 전개

① 정조 이후 외척을 중심으로 한 소수 가문에 권력 집중

② 안동 김씨(순조) → 풍양 조씨(헌종) → 안동 김씨(철종)

(2) 세도 정치기의 권력 구조

① **정치 집단의 기반 축소** : 소수의 유력한 가문들이 권력과 이권을 독점하여 언론 활동이 위축됨

② **비변사의 강화** : 정치 기구의 실정으로 의정부나 6조가 유명무실화 → 비변사로의 권력 집중

(3) 세도 정치의 폐단

① **정치 기강의 문란** : 과거제의 문란, 관직의 매매 성행, 탐관오리들의 부당한 조세 수탈

② **지방 행정의 문란** : 탐관오리의 수탈 극심, 삼정의 문란으로 농촌 경제의 피폐, 상품 화폐 경제의 성장 둔화

③ **결과** : 사회 개혁에 실패, 민중들의 불만으로 전국적인 저항 운동의 전개

제2장 핵심 실전 문제

※ 문제의 이해도에 따라 ○△× 체크하여 완벽하게 정리하세요.

01 ○△×

다음 그림은 경주 호우총에서 발견된 그릇과 그 명문(銘文)이다. 이 유물과 관계 깊은 국가끼리 바르게 연결된 것은?

① 고구려 – 신라
② 가야 – 고구려
③ 백제 – 왜
④ 당 – 신라

해설

호우명 그릇

경주의 호우총에서 발굴된 그릇으로, 2015년 보물(경주 호우총 출토 청동 '광개토대왕'명 호우)로 지정되었다. 밑바닥에 양각으로 새겨진 명문 '을묘년국강상광개토지호태왕호우십(乙卯年國岡上廣開土地好太王壺杅十)'은 당시 신라와 고구려의 관계를 보여준다. 415년(고구려 장수왕 3)에 제작된 광개토대왕의 호우 10개 중 현존하는 유일한 것으로, 고구려가 아닌 신라 고분에서 출토되어 고구려와 신라의 역사를 재구성하는 데 중요한 자료이다.

02 ○△×

6세기 중반 백제와 신라가 힘을 합하여 고구려를 밀어내고 탈환한 지역은?

① 한강 유역
② 요서 지방
③ 만주 지방
④ 가야 지역

해설

6세기 백제 성왕은 신라 진흥왕과 고구려를 공격하여 한강 유역을 일시 회복하였으나, 신라가 백제를 공격하면서 한강 유역을 독점 · 확보하였다.

정답 1 ❶ 2 ❶

03 백제의 통치체제에 관한 설명으로 옳지 않은 것은?

○△×

① 제가들이 협의하여 주요 국사를 처리하였다.
② 방령, 군장이라 불리는 관리를 파견하였다.
③ 22부의 실무 관청을 두어 행정을 분담하였다.
④ 세 부류의 관리를 공복 색깔로 구별을 두었다.

해설 제가회의를 통해 국사를 처리한 곳은 고구려이다.

삼국의 회의

- 고구려 : 제가회의
- 백제 : 정사암회의
- 신라 : 화백회의

제1과목

04 발해 문왕에 대한 설명으로 옳지 않은 것은?

○△×

① 수도를 중경에서 상경으로 옮겼다.
② 인안이라는 독자적 연호를 사용하였다.
③ 스스로 천손이라 칭하였다.
④ 전륜성왕을 자처하였다.

해설 '인안'이라는 독자적 연호를 사용한 왕은 발해의 무왕이다. 문왕은 '대흥'이라는 연호를 사용하였다.

05 백제에서 제작된 문화유산으로 옳은 것은?

① 사택지적비
② 금동 연가 7년명 여래 입상
③ 강서대묘 사신도
④ 호우총 출토 호우명 청동그릇

해설 ②·③·④는 고구려에서 제작된 문화유산이다.

정답 3 ❶ 4 ❷ 5 ❶

06 다음 통일신라의 통치 조직에 대한 설명으로 바른 것은?

○△×

> 전국을 9주로 나누고 주 아래에는 군 · 현을 두었으며, 집사부 기능이 강화되었고, 14개 행정 부서가 확립되었다. 또한 지방의 각 주에는 1정씩 군대가 배치되었다.

① 지방 조직 정비로 왕권 약화

② 중앙의 지방 세력에 대한 통제력 약화

③ 중앙 집권적 정치 체제 정비

④ 집사부의 기능 강화는 귀족들의 권한 강화를 뜻함

해설 신라 중대의 정치적 변화상으로 왕권의 전제화를 꼽을 수 있다. 그와 더불어 지방에 대한 통제도 강화하여 중앙 집권 체제를 굳혀갔다.

07 다음 설명에 해당하는 신라의 왕은?

○△×

> • 국호 변경(사로국 → 신라)
> • 왕호 변경(마립간 → 왕)
> • 수도의 행정 구역 정리

① 지증왕 ② 눌지왕

③ 법흥왕 ④ 진흥왕

해설 신라 지증왕은 국호 변경, 왕호 변경, 수도의 행정구역 정리, 지방의 주 · 군 정비(지방 제도와 군사 제도 병행), 우산국(울릉도) 복속, 우경 장려 등을 하였다.

08 고구려 소수림왕, 백제의 고이왕, 신라의 법흥왕 때 공통으로 실시되었던 사실은?

○△×

① 불교의 수용 ② 한강의 점령

③ 왜구의 격퇴 ④ 율령의 반포

해설

• 소수림왕 : 불교 수용, 태학 설립, 율령 반포 등 부족 세력 통제, 중앙 집권 체제 강화

• 고이왕 : 관제 정비, 율령 반포, 복제 제정 등 연맹 왕국 체제를 공고히 함

• 법흥왕 : 율령 반포, 불교 공인, 금관가야 정복, 왕권 중심의 귀족 국가체제 성립

정답 6 ❸ 7 ❶ 8 ❹

09 ○△×

고려의 토지제도에 관한 설명으로 옳지 않은 것은?

① 관리를 18품으로 나누어 전지와 시지를 지급하였다.

② 백성에게 정전을 지급하였다.

③ 공신에게 역분전을 지급하였다.

④ 하급 관리에게 구분전을 지급하였다.

해설 ② 통일신라의 토지제도에 대한 설명이다.
①·③·④ 태조 대에는 공로를 기준으로 하여 역분전을 지급하였다. 고려 경종 대에는 관등에 따라 전지·시지를 지급하는 시정전시과가 실시되었다. 5품 이상의 고위 관리에게는 공음전을, 하급 관리나 군인들의 유가족에게는 구분전을 지급하였다.

10 ○△×

다음과 같은 정책을 시행한 왕의 업적으로 옳은 것은?

- 명주의 순식이 무리를 이끌고 조회하러 오니, 왕씨 성을 내려주고 대광으로 임명하였으며, …… 관경에게도 왕씨 성을 내려주고 대승으로 임명하였다.

  – 〈고려사절요〉 –

- 가을 7월, 발해국의 세자 대광현이 무리 수만을 거느리고 와서 항복하자, 성명을 하사하여 '왕계(王繼)'라 하고 송실의 속보에 넣었다.

  – 〈고려사〉 –

① 12목에 지방관을 파견하였다.

② 관학 진흥을 목적으로 양현고를 두었다.

③ 신돈을 등용하여 전민변정도감을 설치하였다.

④ 지방 호족을 통제하기 위하여 사심관을 임명하였다.

해설 고려 태조 왕건은 고려를 건국하고 호족을 통합하기 위해 왕씨 성을 하사하였으며, 발해가 거란에 의해 멸망한 이후 그 유민들을 고려에 편입하였다. 고려 태조 왕건은 지방 통치를 강화하고 지방 호족들을 견제하기 위해 유력 호족 출신의 중앙 관료를 출신 지역의 사심관으로 임명하여 부호장 이하의 관직을 맡게 하였다.

정답 9 ❷ 10 ❹

11 다음 중 광종의 개혁 정치가 아닌 것은?

○△✕

① 노비안검법
② 과거제도 실시
③ 지방 행정 정비
④ 독자 연호 사용

해설 지방 행정 정비는 성종 때의 일로, 12목에 지방관을 파견하고 향리제도를 마련하여 지방 세력을 견제하였다.

광종의 정치

- 노비안검법 실시 : 호족 세력 약화, 국가의 수입 기반 확대
- 과거제도 실시 : 쌍기의 건의로 실시, 신진 인사 등용
- 기타 : 4색 공복 제정, 독자적인 연호(광덕 · 준풍 등) 사용, 공신 및 호족 세력 숙청

12 고려시대 때 다음 정책을 실시한 근본적인 목적은?

○△✕

- 과거제도
- 노비안검법
- 기인제도

① 왕권 강화
② 민생 안정
③ 노비 해방
④ 유교 이념 구현

해설 과거제도, 노비안검법, 기인제도는 왕권 강화를 목표로 실시한 정책들이다.

- 과거제도 : 왕권을 강화하기 위해 능력 위주로 관리를 선발한 제도
- 노비안검법 : 원래 양인이었다가 노비가 된 사람을 조사하여 다시 양인이 되도록 한 일종의 노비 해방법
- 기인제도 : 호족 세력을 견제하기 위해 호족의 자제를 인질로 서울에 머물게 한 제도

정답 11 ❸ 12 ❶

13 ○△×

다음은 고려시대 대외 관계에 관한 내용이다. 시대순으로 바르게 나열된 것은?

ㄱ. 요동 정벌 단행
ㄴ. 동북 9성 축조
ㄷ. 정동행성 설치
ㄹ. 강동 6주 획득

① ㄹ → ㄴ → ㄷ → ㄱ
② ㄹ → ㄴ → ㄱ → ㄷ
③ ㄴ → ㄹ → ㄷ → ㄱ
④ ㄱ → ㄴ → ㄷ → ㄹ

해설 ㄹ. 강동 6주 획득(993) → ㄴ. 동북 9성 축조(1107) → ㄷ. 정동행성 설치(1280) → ㄱ. 요동 정벌 단행(1388)

14 ○△×

다음 중 고려시대 지배 계층의 변천 과정을 바르게 나열한 것은?

ㄱ. 권문세족
ㄴ. 무 신
ㄷ. 문 벌
ㄹ. 신진 사대부

① ㄱ → ㄴ → ㄷ → ㄹ
② ㄹ → ㄷ → ㄴ → ㄱ
③ ㄴ → ㄷ → ㄹ → ㄱ
④ ㄷ → ㄴ → ㄱ → ㄹ

해설 문벌은 무신들이 정권을 잡은 계기로 몰락하였고, 권문세족은 고려 후기 원의 세력으로 인해 성장하였으며 공민왕의 개혁 과정에서 신진 사대부가 성장하였다.

정답 13 ❶ 14 ❹

15 다음에서 설명하는 정치기구는?

> • 최고위 무신들로 구성된 회의기구
> • 무신 정변 직후부터 최충헌이 권력을 잡을 때까지의 최고 권력기구

① 도 당
② 도 방
③ 중 방
④ 교정도감

해설 보기에서 설명하는 기구는 중방이다. 중방은 2군 6위로 구성되어 있다.

16 다음 내용과 관계 깊은 왕에 대한 설명으로 옳은 것은?

> • 조선 건국 초기 왕자의 난을 일으켜 정치적 실권 장악
> • 왕권 강화를 위해 6조 직계제 실시

① 현직 관료들에게 직전법을 실시하였다.
② 4군 6진을 설치하여 국방을 튼튼히 하였다.
③ 민정의 수를 파악하기 위해 호패법을 시행하였다.
④ 〈경국대전〉을 완성 · 반포하여 유교적 통치 체제를 확립하였다.

해설 ③ 태종 이방원은 왕자의 난을 통해 정치적 실권을 장악하고, 왕권 강화를 위해 사병 혁파, 6조 직계제 등을 시행하였다. 또한 국가 경제 기반을 안정을 위해 호패법 시행, 양전 사업 실시, 사원전 · 사원 노비의 제한 등의 정책을 실시하였다.
① 세 조
② 세 종
④ 성 종

정답 15 ❸ 16 ❸

17 고려 어사대의 기능과 유사한 기능을 가진 조선시대의 정치 기구는?

① 중추원
② 식목도감
③ 사헌부
④ 도병마사

해설 사헌부는 언론, 관리 감찰을 담당하였으며, 고려의 어사대를 계승한 것이었다.

18 광해군의 외교 정책으로 가장 알맞은 설명은?

○△×

① 명과의 친분 때문에 후금을 배척하였다.
② 명을 배척하고 후금과 친교하였다.
③ 명과 후금을 인정하는 중립 외교 정책을 폈다.
④ 일본을 이용하여 후금을 경계하였다.

해설 광해군은 명과 후금의 싸움에 말려들지 않고 중립적인 외교 정책을 펼쳐 내실을 기할 수 있었다.

19 다음과 관련이 깊은 인물은?

○△×

- 서경 길지설
- 금국 정벌론 주장
- 국호를 대위, 연호를 천개라 하고, 그 군대를 천견충의군이라 함

① 묘 청 ② 신채호
③ 최 충 ④ 이자겸

해설 묘청의 서경 천도 운동의 배경은 왕권 실추, 궁궐 소실, 서경 길지론 대두 등으로 민심이 동요한 것이었다.

정답 17 ❸ 18 ❸ 19 ❶

20 임진왜란이 끼친 국내외적 영향을 설명한 것 중 옳지 않은 것은?

① 일본군의 방화와 약탈로 많은 국가유산이 손실되었다.
② 양안과 호적의 소실로 국가 재정이 궁핍해졌다.
③ 대륙에서는 명이 성장하고 여진족이 쇠퇴하였다.
④ 일본에서 성리학이 발달하는 계기가 되었다.

해설 조선과 명이 일본과 싸우는 동안 북방의 여진족이 급속히 성장하여 동아시아의 정세가 크게 변화하였다.

21 비변사에 관한 내용 중 사실과 다른 것은?

① 왜구와 여진족의 침입에 대비하여 16세기 초에 설치된 임시 기구였다.
② 임진왜란을 계기로 문무 고관들의 합의 기관으로 확대되고 국방, 외교, 내정까지 관장하게 되었다.
③ 양난 후 전후 복구하고 사회 · 경제 변동에 대처하며 붕당 간 이해관계를 조정한 기구였다.
④ 비변사 기능의 강화로 의정부와 6조의 권한은 더욱 강화되었다.

해설 비변사 회의에서 정승, 판서, 군영대장, 유수, 대제학 등은 국방 문제뿐만 아니라 외교와 내정까지도 관장하였다. 실제로 의정부와 6조는 실권이 없어져서 제 구실을 하지 못하였다.

22 다음 중 영조의 탕평 정치가 아닌 것은?

① 노론과 소론을 번갈아 등용
② 균역법 실시
③ 붕당의 근거지인 서원 정리
④ 이조 전랑의 권한 강화

해설 영조는 이조 전랑의 권한을 약화하기 위하여 그들이 자신의 후임자를 천거하고, 3사의 관리를 선발할 수 있던 관행을 없앴다.

정답 20 ❸ 21 ❹ 22 ❹

23

다음 중 정조의 탕평 정치가 아닌 것은?

① 수령의 권한 약화
② 수원 화성 건설
③ 규장각의 설치
④ 장용영 설치

해설 정조는 수령이 군현 단위의 향약을 직접 주관하게 하여 지방 사림의 영향력을 줄이고 수령의 권한을 강화하였다.

24

○△×

다음 내용과 관련 깊은 군대는?

> 포수 · 살수 · 사수의 삼수병으로 편성되었으며, 장기간 근무를 하고 일정한 급료를 받는 상비군으로서 직업 군인의 성격을 갖는 군인이었다.

① 훈련도감 ② 수어청
③ 장용영 ④ 어영청

해설 임진왜란 초기에 엄청난 패전을 경험한 조정은 새로운 군대의 필요성을 절감하였다. 왜군을 물리치는 데 효과적인 편제와 군사 훈련 방식을 모색한 결과 훈련도감을 설치하였다.

25

○△×

다음 우리 민족의 활동 영역을 밝힌 내용 중에서 그 해석을 둘러싸고 논란이 제기되었던 사항은?

> 서쪽으로는 압록강, 동쪽으로는 토문강이 두 나라의 경계선이 된다.

① 요동의 귀속 ② 요서의 점령
③ 간도의 귀속 ④ 강동 6주의 처리

해설 백두산 정계비에 쓰인 토문강에 대한 해석을 둘러싸고 조선과 청 사이에 간도의 귀속 문제에 대한 분쟁이 발생하였다.

정답 23 ❶ 24 ❶ 25 ❸

26 다음 통신사 행렬도와 관련된 설명이 아닌 것은?

○△✕

① 조선의 선진 문화를 일본에 전파하는 역할을 하였다.

② 17~19세기까지 12회에 걸쳐 파견하였다.

③ 일본의 정치 사정을 알아보려는 조선의 목적이 있었다.

④ 일본은 이들을 예우하지는 않았다.

해설 일본은 통신사를 국빈으로 예우하여 조선의 선진 학문과 기술을 배우고자 하였다.

27 밑줄 그은 '국왕'의 업적으로 옳은 것은?

○△✕

> 최승로가 <u>국왕</u>께 시무 28조를 건의하였다.

① 12목 설치

② 후삼국 통일

③ 몽골 풍속 금지

④ 노비안검법 시행

해설 고려 성종은 최승로의 시무 28조를 받아들여 중앙의 통치 기구를 개편하고 중앙 관제를 정비하였으며 12목을 설치하면서 지방관을 파견하여 지방 세력을 견제하였다.

정답 26 ❹ 27 ❶

28 조선의 세도 정치에 대한 설명으로 옳지 않은 것은?

○△×

① 과거제의 문란, 삼정의 문란 등의 폐단이 나타났다.
② 정조 사후 정치 세력 간의 균형이 붕괴되면서 나타났다.
③ 안동 김씨, 풍양 조씨 등 왕의 외척 세력이 권력을 독점하였다.
④ 비변사의 권한을 강화하면서 의정부와 6조의 기능도 강화되었다.

해설 ④ 세도 정치 시기에는 세도 가문이 비변사의 권력을 독점하면서 왕권은 약해지고 의정부와 6조의 기능이 유명무실화되었다.

29 다음이 설명하는 사건은 무엇인가?

○△×

- 청이 조선에게 군신의 예를 요구하며 침입하여 서울을 점령함
- 인조는 45일 동안 항전하였으나 끝내 청의 요구를 받아들여 강화를 맺음

① 임진왜란 ② 병자호란
③ 정묘호란 ④ 정유재란

해설 **병자호란의 발발(1636)**

- 원인 : 청의 군신 관계 요구 → 조선의 거부(척화 주전론 우세)
- 전개 : 청의 조선 공격(1636) → 인조는 남한산성으로 몽진하여 항전
- 결과 : 청의 약탈과 살육으로 인한 서북 지방의 황폐화, 청과 굴욕적 강화 체결(삼전도 굴욕, 군신 관계), 북빌 운동 내두, 소현세자 · 봉림대군 등 세자와 백성들이 청에 포로로 끌려감

30 숙종 때 붕당 정치가 변질되면서 나타난 것이 아닌 것은?

○△×

① 막강한 몇몇 가문이 정권을 독점하였다.
② 왕과 직결된 집단의 정치적 비중이 커졌다.
③ 정치 권력이 고위 관원에게 집중되었다.
④ 일당 전제화 추세가 대두되었다.

해설 ① 세도 정치기에 대한 내용이다.

정답 28 ❹ 29 ❷ 30 ❶

제3장 경제 구조와 경제 생활

제1절 고대의 경제

01 삼국의 경제 생활

(1) 삼국의 경제 정책

① **고대 국가 성장 과정** : 토산물 수취, 전쟁 포로를 귀족이나 병사에게 노비로 줌, 군공자에게 식읍(토지와 농민) 지급

② **사회 체제의 동요** : 수취 제도(재산의 정도에 따라 호를 나누어 곡물과 포 징수, 지역의 특산물 수취), 노동력의 동원(왕궁, 성, 저수지 등의 축조를 위해 15세 이상의 남자를 동원)

③ **구휼정책** : 진대법(고구려 고국천왕 때 홍수, 가뭄 등으로 흉년이 들면 백성에게 곡식을 나누어 주거나 빌려줌)

(2) 귀족의 경제 생활

① 경제 기반

㉠ 본래 소유하였던 토지와 노비 외에 국가에서 준 녹읍, 식읍, 노비를 가짐

㉡ 귀족은 전쟁에 참가하면서 토지와 노비를 더 많이 소유

㉢ 귀족은 토지와 노비를 통하여 곡물, 베 등을 얻음

② **경제 생활** : 고리대 이용, 노비와 농민 동원

③ 고구려 고분 벽화에 나타난 생활상

㉠ 기와집, 창고, 마구간, 우물, 주방을 갖추고 있음

㉡ 높은 담을 쌓은 집에서 풍족하고 화려한 생활을 함

㉢ 중국에서 비단을 수입하고 보석, 금, 은으로 치장

개념충전 관료전과 녹읍 · 식읍

구 분	관료전	녹 읍	식 읍
지급 사유	공직의 대가	공직의 대가	공을 세운 대가
조세를 거둘 권리	O	O	O
공물을 거둘 권리	O	O	O
인력을 징발할 권리	X	O	O

(3) 농민의 경제 생활

① **경제 기반** : 자기 소유의 토지를 경작하거나 부유한 자의 토지를 빌려 경작, 대체로 척박한 토지

② **농사 짓기** : 퇴비를 만드는 기술이 없어 대부분 토지를 묵혀 둠

③ **농기구** : 돌 · 나무로 만든 것이나 일부 철로 보완(초기) → 철제 농기구 점차 보급(4~5세기경) → 철제 농기구 널리 보급, 우경 점차 확대(6세기)

④ **농민의 부담** : 초기의 지나친 수취, 삼국 전쟁기에는 지방 농민도 전쟁에 군사로 동원, 전쟁 물자 조달 부담 더욱 증가

⑤ **농민의 생활 향상 노력** : 스스로 농사 기술 개발, 계곡 · 산비탈 개간(농업 생산력 향상) → 자연 재해를 당하거나 고리대를 갚지 못하는 경우 노비, 유랑민, 도적으로 전락

02 남북국시대의 경제적 변화

(1) 통일신라의 경제 정책 21 22 24 기출

① **경제적 조치의 방향** : 피정복민과의 갈등 해소, 사회 안정을 위한 조치

② **수취 체제의 정비** : 조세(생산량의 10분의 1), 공물(촌락 단위로 그 지역의 특산물 부과), 역(16세에서 60세까지의 남자)

③ 민정문서 : 촌락의 토지 크기, 인구 수, 소와 말의 수, 토산물 등을 파악하여 조세, 공물, 부역 등을 거둠 → 매년 변동사항을 조사하여 3년마다 작성(수취 근거 자료로 활용)

④ **토지 제도의 변화** : 구휼정책 강화로 귀족에 대한 국왕의 권한 강화, 농민 경제의 안정 도모 목적

㉠ 신문왕 : 문무 관료에게 관료전 · 곡식 지급, 녹읍 폐지

㉡ 성덕왕 : 백성에게 정전 지급

㉢ 경덕왕 : 귀족 세력의 반발로 녹읍 부활

(2) 통일신라의 경제 활동 17 기출

① **경제의 비약적 성장** : 농업 생산력의 성장을 토대로 경주의 인구가 증가하고 상품 생산이 늘어나 상업 발달, 지방 중심지와 교통 요지에도 시장 개설 → 경주에 동시 외에 서시와 남시 설치

② 무역 발달

㉠ 당과의 무역

- 수출품 : 베, 해표피, 산삼, 금 · 은 세공품
- 수입품 : 비단, 책, 사치품(귀족의 수요품)

㉡ 신라인의 당 진출 : 산둥 반도와 양쯔강 하류 일대, 신라방 · 신라촌(신라인의 거주지), 신라소(신라인을 다스리는 관청), 신라관(여관), 신라원(절)

㉢ 청해진 설치(장보고) : 남해와 황해의 해상 교통 지배, 당 · 일본과의 무역 독점

(3) 귀족의 경제 생활

① 귀족의 경제

㉠ 농민들의 노동력 동원, 관청 수공업 이용, 국가에서 준 토지와 곡물 외에 물려받은 토지 · 노비 · 목장 · 섬 등 소유

㉡ 문무 관료에게 토지 지급, 녹읍을 폐지하는 대신 해마다 곡식을 지급(통일 후)

② **당시의 생활상** : 양탄자, 유리 그릇, 귀금속, 비단(당 · 아라비아에서 수입) 등 사치품 사용

(4) 농민의 경제 생활

① 농업 생산력의 한계

㉠ 시비법의 미발달로 연속적인 경작 불가능

㉡ 1년 또는 몇 년을 묵혀 두었다가 경작

㉢ 비옥한 토지는 왕실, 귀족, 사원 등 세력가의 소유, 농민은 척박한 토지로 생산량이 적음

㉣ 남의 토지를 빌려 경작하여 수확량의 반 이상을 토지 소유자에게 줌

② 수취 제도

㉠ 전세 : 생산량의 10분의 1 정도

㉡ 공물 : 삼베, 명주실, 과실류 등 여러 가지 물품

㉢ 부역 : 농사에 지장을 초래할 정도로 많았음

㉣ 군역 : 농사지을 노동력이 없어 생활에 어려움을 겪음

㉤ 조세 : 통일 이전보다 줄었으나 귀족이나 촌주 등 세력가에 의한 수탈은 줄지 않음

③ 농민의 경제 생활 실태

㉠ 농민 : 시비법 미발달(휴경법), 척박한 토지, 조세 부담 증가, 권력가의 수탈, 고리대 성행 등으로 노비 · 유랑민 · 도적으로 몰락함

㉡ 노비 : 왕실 · 관청 · 귀족 · 절 등에 소속되어 각종 필수품을 생산하고, 주인의 농장 관리 및 경작을 함

(5) 발해의 경제 발달

① 수취 제도

㉠ 조세 : 조, 콩, 보리 등 곡물

㉡ 공물 : 베, 명주, 가죽 등의 특산물

㉢ 부역 : 궁궐, 관청 등의 건축에 농민들을 동원

② **발해의 귀족 생활** : 대토지를 소유, 당의 비단, 서적 등을 수입하여 화려한 생활

③ **농업의 발달** : 밭농사 중심, 일부 지역 벼농사, 목축 · 수렵의 발달

④ **수공업의 발달** : 금속 가공업, 직물업과 도자기업, 많은 철 생산, 품질 좋은 구리 생산

⑤ **상업의 발달** : 상경 용천부 등 도시와 교통 요충지에 발달, 현물 화폐와 외국 화폐 함께 사용

⑥ **무역의 발달**

㉠ 당 : 해로 · 육로 이용, 발해관 설치

㉡ 일본 : 외교 관계를 중시하여 교류 활발

- 수출품 : 모피 · 인삼 등 토산물, 불상 · 자기 등 수공업품
- 수입품 : 귀족의 수요품인 비단, 책 등

제2절 중세의 경제

01 경제 정책

(1) 농업 중심의 산업 발전

① **중농 정책 추진** : 민생 안정, 국가 재정 확보를 위해 생산력 증대 도모

② **농민 안정책** : 재해를 입었을 때 세금 감면, 고리대의 이자 제한, 의창제를 실시

③ **상업** : 개경에 시전을 만들어 국영 점포 개설, 쇠 · 구리 · 은 등 금속 화폐 유통

④ **수공업** : 관청 수공업(기술자를 관청에 두어 무기 · 비단 등 생산) → 민간 기술자나 일반 농민을 동원하여 생산을 보조하도록 함, 특수 행정구역인 소(所)에서 수공업 생산

(2) 국가 재정의 운영

① **재정 운영 기반 설치** : 토지 대장인 양안과 호구 작성 등 토지와 호구 조사를 근거로 조세, 공물, 부역 등을 부과

② **재정 운영의 원칙** : 수취 제도를 기반으로 세움, 국가에 종사하는 사람(왕실, 중앙, 지방 관리, 향리, 군인)에게 조세를 수취할 수 있는 권리를 줌

③ **재정 운영 관청 설치** : 호부(인구와 토지 파악), 삼사(재정의 수입)

④ **재정지출** 15 기출

㉠ 관리의 녹봉 : 중앙과 지방의 문무 관료에게 지급

㉡ 일반 비용 : 연등회나 팔관회 비용, 건물 건축이나 수리비, 왕의 하사품 등에 지출

㉢ 왕실 경비 : 왕실의 공적 경비 등에 지출

㉣ 국방비 : 군선이나 무기의 제조비에 지출

⑤ **관청의 운영 경비** : 공해전 지급, 토지를 받았으나 부족한 경우가 많아 필요한 비용을 관청 스스로 마련

(3) 수취 제도

① **세금의 종류** : 토지에서 거두는 조세, 집집마다 부과하는 공물, 장정의 수에 따라 부과하는 역

② **조세** : 비옥한 정도에 따라 3등급으로 나누어 부과, 거두는 양은 생산량의 10분의 1 → 각 군현의 농민을 동원, 조창까지 옮긴 다음 조운을 통해 개경의 좌 · 우창으로 운반하여 보관

③ **공물** : 집집마다 토산물을 거두는 제도, 농민들에게 공물은 조세보다 더 부담이 되었음

㉠ 상공 : 정기적 공납으로 매년 수취

㉡ 별공 : 필요에 따라 수시로 수취

④ **역** : 국가에서 백성의 노동력을 무상으로 동원하는 제도(16~60세까지의 남자는 정남의 의무를 짐)

(4) 전시과 제도와 토지 소유 20 25 기출

① **토지 제도의 변천 과정**

㉠ 시정 전시과(경종, 976) : 관직의 높고 낮음과 인품 반영, 전 · 현직 관리에게 지급

㉡ 개정 전시과(목종, 998) : 인품은 제외하고 관직만 반영, 전 · 현직 관리에게 지급

㉢ 경정 전시과(문종, 1076) : 현직 관리에게만 지급

② **전시과 제도** : 문무 관리로부터 군인, 한인까지 18등급으로 나누어 수취할 수 있는 전지와 땔감을 얻을 수 있는 시지 지급 → 사망하거나 퇴직하면 국가에 반납

③ **전시과의 원칙** : 수조권만 지급, 관직 복무와 직역에 의한 대가 → 사망 · 퇴직 시에는 국가에 반납

④ **토지의 종류** : 과전, 공음전(5품 이상, 세습 가능), 한인전(6품 이하, 관직에 오르지 못한 사람에게 지급), 군인전(군역대가, 세습 가능), 구분전(하급관리와 군인 유가족), 내장전(왕실 경비 충당), 공해전(중앙과 지방 관청 경비 충당), 사원전(사원), 민전(매매 · 상속 · 기증 · 임대 등이 가능한 사유지)

⑤ **전시과 제도의 붕괴** : 귀족들의 토지 독점 · 세습 → 조세 수취대상 토지의 부족 → 일시 녹과전 지급 → 권문세족의 농장 경영 → 국가 재정 파탄

02 경제 활동

(1) 귀족의 경제 생활

① **경제 기반** : 대대로 상속받은 토지와 노비, 관료가 되어 받은 과전이나 녹봉 등

② **귀족의 화려한 생활** : 문벌이나 권문세족은 큰 누각을 짓고 지방에 별장도 가지고 있었음

(2) 농민의 경제 생활

① **경제 기반** : 민전 경작, 국 · 공유지나 다른 사람의 소유지 경작, 품팔이, 부녀자는 삼베 · 모시 · 비단을 짜서 생계 유지

② **소득의 확대(경작지 확대)** : 새로운 농업 기술 습득, 황무지 개간(개간 때는 조세 감면, 소작료 감면), 연해안의 저습지와 간척지 개간(12세기 이후 강화도 지방을 중심으로 추진)

③ **농업 기술의 발달** : 수리시설 발달(김제의 벽골제와 밀양의 수산제 개축), 호미와 보습 등 농기구 개량, 종자의 개량, 소를 이용한 깊이갈이 일반화, 시비법 발달(휴경지 감소), 2년 3작 윤작법 보급(밭농사), 고려 말 남부 지방 일부 이앙법 보급, 이암의 〈농상집요〉 소개, 문익점의 목화씨 반입

④ **농민의 몰락** : 고려 말 권문세족의 농장 확대, 지나친 수취로 노비 전락

(3) 수공업자의 활동

① **수공업의 종류** : 관청 수공업, 소(所) 수공업, 사원 수공업, 민간 수공업

② **고려 전기 수공업**

㉠ 관청 수공업 : 공장안에 등록된 기술자로 왕실과 국가에서 필요로 하는 물품 생산

㉡ 소(所) 수공업 : 금, 은, 철, 구리, 실, 먹, 종이, 옷감, 차 등을 생산하여 공물로 납부

③ **고려 후기 수공업**

㉠ 사원 수공업 : 승려와 노비들이 모시, 기와, 베, 술, 소금 등을 생산 → 고려시대에만 존재

㉡ 민간 수공업 : 삼베나 모시, 명주를 생산하는 농촌 가내 수공업 중심

(4) 상업 활동

① **도시의 상업** : 개경에 시전 설치, 대도시(개경, 서경, 동경) 상점 설치, 비정기적인 시장, 경시서 설치(상행위 감독)

② **지방의 상업** : 관아 근처의 일시적 시장 형성 → 쌀, 베 등 일용품을 서로 교환

③ **고려 후기의 상업** : 민간 상품 수요 증가, 관청의 물품 구입량 증가, 개경의 상업 활동, 소금 전매제 시행(국가 재정 수입 증대 목적)

(5) 화폐 주조와 고리대의 유행

① **화폐 발행** : 건원중보(성종)

㉠ 삼한통보 · 해동통보 · 해동중보 등의 동전과 활구(숙종)

㉡ 화폐의 유통이 활발하지 못함 → 주로 곡식과 삼베 사용

② **고리대업의 성행** : 경제 활동 귀족, 사원 등이 생활이 빈곤한 농민들에게 고리대업을 하여 농민 생활은 더욱 어려워짐

③ **보(寶)의 발달** : 학보, 경보, 팔관보, 제위보 → 고리대업의 성행 속에 기금을 만들어 그 이자로 사업 경비를 충당

(6) 무역 활동

① **대외 무역의 발달** : 국내 상업이 어느 정도 발달함에 따라 외국과의 무역이 활발(예성강 어귀의 벽란도는 국제 무역항으로 번성)

② 대송 무역 15 기출

㉠ 수입품 : 비단, 약재, 책, 자기, 악기 등

㉡ 수출품 : 금, 은, 동, 인삼, 종이, 화문석, 나전칠기 등

㉢ 무역로
  • 북송 : 벽란도 → 옹진 → 산둥반도의 덩저우
  • 남송 : 벽란도 → 흑산도 → 양쯔강 입구의 밍저우

③ 거 란
  ㉠ 수입품 : 은, 모피, 말
  ㉡ 수출품 : 농기구, 곡식, 문방구, 구리, 철

④ 여 진
  ㉠ 수입품 : 은, 모피, 말
  ㉡ 수출품 : 농기구, 곡식, 포목

⑤ 일 본
  ㉠ 수입품 : 유황, 수은
  ㉡ 수출품 : 곡식, 인삼, 서적

⑥ 아라비아 : 수은 · 향료 · 산호 등을 수입하고 인삼을 수출, 고려(Corea)라는 이름을 서방 세계에 알림

제3절 근세의 경제

01 경제 정책

(1) 농본주의 경제 정책

① 농본주의 경제 정책 : 고려 말의 힘든 국가 재정과 민생 문제 해결, 왕도 정치 실현, 양전 사업 실시, 경지 면적 확대(토지 개간)

② 억상 정책 : 국가의 상공업 통제

③ 경제 활동
  ㉠ 유교적 경제관의 근검 생활 강조 : 물자 소비 등을 억제
  ㉡ 자급자족적 농업 중심 경제 : 상공업과 무역 부진, 화폐 유통 부진
  ㉢ 16세기 이후의 변화 : 자유로운 상업 활동 전개

(2) 과전법의 시행과 변화 19 25 기출

① 과전 : 경기 지방의 토지로 지급, 받은 사람이 죽거나 반역을 하면 국가에 반환

② 토지 제도의 변천

구 분	과전법	직전법	관수 관급제
시 기	고려 말 공양왕	조선 세조	조선 성종
목 적	사대부의 경제적 기반 마련	지급할 토지의 부족현상 해결	국가의 토지 지배권 강화

지급대상	전직, 현직 관리	현직 관리	국가가 수조권 대행
결 과	누적된 토지 제도의 모순 해결	농장 확대의 계기	토지 사유화 현상 진전

③ **직전법 소멸** : 16세기 중엽 이후 토지 지급 중단, 지주 전호제 일반화

(3) 수취 체제의 확립

① 조세 : 과전법의 경우 수확량의 1/10, 전분 6등법과 연분 9등법(세종), 평안도와 함경도의 조세는 군사비와 사신 접대비로 사용

② **공물** : 할당된 각 지역의 토산물 징수 → 공물은 전세보다 납부가 어렵고 부담도 컸음

③ **역** : 16세 이상의 정남에게 부과

㉠ 군역 : 정군(일정 기간 군사 복무를 교대로 근무), 보인(정군의 복무 비용을 보조) → 양반, 서리, 향리 등은 면제

㉡ 요역 : 가호를 기준으로 정남의 수를 고려하여 징발 → 성종 이후 토지 8결당 1인 징발(원칙은 1년 중 6일 이내 동원, 실제는 임의로 징발)

제1과목

02 양반과 평민의 경제 활동

(1) 양반 지주의 생활

① **경제 기반** : 과전, 녹봉, 자신 소유의 토지와 노비 등 → 풍요로운 생활

② **지주의 주 수입원** : 경상 · 전라 · 충청도의 비옥한 토지에 집중 → 농장의 형태를 이루고 있었음

③ **15세기 후반에 농장의 형태 더욱 증가** : 유랑민을 노비로 만들어 토지를 경작하게 함

④ **노비 소유** : 재산의 한 형태로 소유, 다수의 노비는 주인과 따로 살며 주인 땅을 경작

(2) 농민 생활의 변화

① 정부의 농업 권장

㉠ 농업 생산력 증가 → 개간 장려, 수리 시설 보수 · 확충, 농서 보급(〈농사직설〉, 〈금양잡록〉)

㉡ 농업 기술 개량(밭농사의 2년 3작, 논농사의 남부 일부 지역에서 모내기 시행, 연작 가능한 시비법 발달)

㉢ 목화 재배 확대(의생활 개선)

㉣ 약초와 과수 재배 확대 등

② 농민 생활의 어려움

㉠ 어려움의 배경 : 지주제 확대, 자연 재해, 고리대, 세금 부담 → 소작농이 됨 → 자기 토지를 팔고 소작농으로 전락, 수확의 반 이상을 지주에게 납부

㉡ 정부의 안정책 : 잡곡, 도토리, 나무껍질 등을 가공하여 먹을 수 있는 구황 방법 제시, 호패법, 오가작통법 등을 강화 → 농민의 유망을 막고 통제 강화, 양반들의 향약 시행

(3) 수공업 생산 활동

① **관영 수공업** : 조선 전기의 수공업 체제(관영 수공업 중심) → 공장안 작성, 관청 필수품 생산

② **민영 수공업** : 가내 수공업 형태 → 주문받은 물품 제작 · 공급, 주로 양반의 사치품과 농기구 생산

(4) 상업 활동

① **시전 설치** : 한양으로 천도하면서 종로거리에 설치 → 시전 상인 · 육의전

② **경시서의 설치** : 도량형 검사, 시전의 불법적 상행위 규제

③ **장시의 등장** : 15세기 후반에 등장, 농업 생산력의 발달에 따라 증가, 16세기 중엽 전국적으로 확대, 보부상의 물품 유통(농산물, 수공업 제품, 수산물, 약재)

④ **화폐의 유통** : 저화 · 조선통보 등을 유통하려 했으나 부진, 농민은 화폐로 쌀과 무명 사용

⑤ **무역정책**

㉠ 명 : 사신 왕래 시에 공무역과 사무역 허용

㉡ 여진과 일본 : 무역소(여진)와 왜관(일본)을 통해 교역, 국경 부근의 사무역은 엄격하게 감시

(5) 수취제도의 문란

① **폐단의 배경** : 16세기 수취제도의 운영 과정에서의 폐단으로 농민의 몰락이 증가

② **공납** : 방납, 족징 · 인징 등 불법 성행 → 유랑 농민 급증 → 공납을 특산물이 아닌 쌀로 거두자고(수미법) 주장(이이 · 류성룡)

③ **역** : 농민들의 요역 동원 기피

④ **환곡제 시행** : 농민 생활 안정을 위해 시행

⑤ **농민 생활의 악화** : 지방에서 유민의 증가, 도적의 발생(임꺽정)

제4절 경제상황의 변동

01 수취 체제의 개편 16 기출

(1) 농촌 사회의 동요

① **농촌 사회의 동요** : 양란으로 경작지 황폐, 기근과 질병 → 민생 파탄, 조세의 부담, 도적화

② **국가 수취 체제 개편** : 전세제도, 공납제도, 군역제도 → 농촌 사회 안정과 재정 기반 확대

(2) 대동법 실시(1608) 23 기출

① **배경** : 방납의 폐단으로 농민 부담 가중

② **실시** : 광해군 때 경기도에 처음 실시, 점차 확대되어 숙종 때 평안도와 함경도 등을 제외하고 전국적 실시

③ **내용** : 집집마다 부과하던 토산물을 토지를 기준으로 쌀(토지 1결당 쌀 12말), 삼베, 무명, 돈 등으로 징수

④ **결과** : 농민의 부담 감소, 관청에 물품을 납품하는 공인의 등장, 상품 화폐 경제 발달

(3) 영정법 실시(1635) 25 기출

① **배경** : 양란으로 농경지 황폐화, 전세 제도의 문란

② **내용** : 연분 9등법을 폐지하고, 풍흉에 관계없이 전세를 토지 1결당 미곡 4두로 고정 → 전세의 정액화, 전세율 인하

③ **결과** : 전세의 비율이 이전보다 다소 낮아졌지만, 여러 가지 명목의 수수료, 운송비 등에 대한 보충 비용의 부과로 농민의 부담은 줄지 않음

제1과목

개념충전 **공납제의 변화**

- 15세기 : 공납 → 16세기 방납의 폐단 대두
- 16세기 말 : 수미법 주장
- 17세기 : 대동법 실시

(4) 균역법 실시(1750)

① **배경** : 군역 대신 군포를 징수하는 경우 증가, 규정보다 많이 징수하여 농민 부담 가중

② **내용** : 농민들의 군포 부과를 1년에 2필을 내던 것을 1필만 부과

③ **재정 보완책** : 줄어든 군포 수입 보충으로 결작(토지 1결당 쌀 2두)과 선무군관포(일부 상류층) 등을 징수, 또한 어장세, 선박세, 소금세 등을 걷어 보충

④ **결과** : 농민의 군포 부담 일시 감소, 토지에 부과되는 결작이 소작 농민에게 전가되면서 농민의 부담이 다시 증가, 군적의 문란 심화

02 서민 경제의 발전

(1) 양반 지주의 경영 변화

① **토지 확대** : 양란 이후 토지 개간에 주력, 농민의 토지 매입 → 지주 전호제로 경영, 18세기 말 일반화

② **지주 전호제의 변화** : 상품 화폐 경제의 발달, 소작인의 소작권을 인정하고 소작료를 낮춤

③ **양반들의 생활** : 소작료를 거두어 생활하거나 받은 미곡을 시장에 팔아 그 이득으로 생활, 토지매입

(2) 농민 경제의 변화

① **농사의 경영 방식 변화** : 농토 개간, 수리시설 복구, 농기구와 시비법 개량, 모내기법 전국적 확대, 상품 작물 재배

② **광작 농업** : 경작지 규모 확대, 작물 재배

③ **소작 쟁의** : 좀 더 유리한 조건에서 경작을 하기 위해 지주를 상대로 쟁의를 벌임
④ **농민계층의 분화** : 농민 소득 증가(소작 쟁의로 소작권 인정), 상실 농민(임노동자, 도시의 상공업자)

(3) 민영 수공업의 발달

① **관영 수공업의 쇠퇴** : 관장의 부역 노동(공장의 부역 거부로 점차 고용제로 전환됨에 따라 민간 수공업자 사장의 대두)
② **민영 수공업의 발달 배경(17세기)** : 납포장의 대두, 18세기 말 장인 등록제(공장안) 폐지, 공인의 등장으로 관수품의 대량 주문, 상품수요 증가
③ **경영 형태의 변화**
㉠ 선대제 유행 : 상인 물주가 자금과 원료를 선대하고 수공업자는 제품을 만들어 납품(종이, 화폐, 철물 분야)
㉡ 독립 수공업자의 등장(18세기 후반) : 생산과 판매까지 주관
④ **농촌 가내 수공업** : 자급자족적 부업 형태에서 소득 증대를 위한 상품 생산으로 발전하여 전문적 생산 농가의 등장, 옷감과 그릇이 생산됨

(4) 민영 광산의 증가 17 19 22 기출

① **배경** : 수공업 발달에 따른 광물 수요 증가
② 초기에는 국가가 직접 광산 개발 → 17세기 이후 민간인의 개발을 허용하고 세금 징수(설점수세제)
③ 광산운영 전문가 덕대 출현

03 상품 화폐 경제의 발달 16 23 기출

(1) 사상(私商)의 대두

① **공인의 활동** : 처음에는 공인이 상업 활동 주도 → 18세기 이후 서울을 비롯한 각지에서 활발한 활동
② **사상의 활동** : 이현, 칠패, 송파, 종가 등 도성 주변과 개성, 평양, 의주, 동래 등 지방도시에서도 활발히 활동 → 각 지방의 장시를 연결하면서 물품 교역, 각지에 지점을 두어 상권 확장
㉠ 개성의 송상 : 전국에 지점을 설치하여 활동 기반을 강화 → 인삼재배, 대외 무역 등에 관여하여 부를 축적
㉡ 경강상인 : 운송업에 종사하면서 거상으로 성장 → 선박의 건조 등 생산 분야까지 진출하여 활동 분야 확대

(2) 장시의 발달 15 기출

① **조선 후기 사상(私商)의 성장** : 15세기 말(남부 지방에서 개설 시작), 18세기 중엽(전국에 1,000개소의 장시 개설), 18세기 말(전국적인 유통망을 연결하는 상업의 중심지 형성, 광주의 송파장, 은진의 강경장, 덕원의 원산장, 창원의 마산포장 등)

② **장시의 역할** : 지방민의 교역 장소로 인근의 농민, 수공업자, 상인들이 물건을 교환(5일장), 일부 장시는 상설 시장이 되기도 했지만, 대체로 장시는 인근의 장시와 연계하여 하나의 지역적 시장권을 형성

③ **보부상의 활약** : 장날의 차이를 이용하여 지역 안의 시장권 또는 전국적인 장시를 무대로 활동 → 임방이라는 조합을 형성하여 자신들의 이익을 지키고 단결을 도모

(3) 포구에서의 상업 활동

① **조선 후기 상업 중심지로서의 포구(浦口)**

㉠ 수레와 도로가 발달하지 못한 시기에 대규모의 물화가 수로를 통해 운송됨

㉡ 세곡이나 소작료를 운송하는 기지로서의 역할이 18세기에 이르러 상업의 중심지로 성장

㉢ 처음에는 포구 사이에서 또는 인근의 장시와 연계하며 상거래가 이루어졌으나 선상(船商)의 활동으로 전국 각지의 포구가 하나의 유통권을 형성(칠성포, 강경포, 원산포 등의 포구에서는 장시가 열리기도 함)

② **포구에서 활약하는 상인**

㉠ 선상 : 선박을 이용해서 각 지방의 물품을 구입해 와 포구에서 처분(대표적인 선상 – 경강상인)

㉡ 객주, 여각 : 선상들의 물화를 중개하고 부수적으로 운송, 보관, 숙박, 금융 등의 영업 행위

(4) 중계 무역의 발달

① **배경** : 국내 상업의 발달과 17세기 중엽부터 청과의 활발한 무역

② **청과의 무역(대청 무역)** : 공무역(개시)과 사무역(후시)이 동시에 성행, 비단 · 약재 · 문방구 등을 수입, 은 · 종이 · 무명 · 인삼 등을 수출

③ **일본과의 무역(대일 무역)**

㉠ 17세기 이후 기유약조로 일본과의 관계를 정상화한 후 왜관 개시를 통한 대일 무역이 활발

㉡ 은 · 구리 · 유황 · 후추 등을 수입, 인삼 · 쌀 · 무명과 청에서 수입한 물품 등을 수출

④ **대외 무역상** : 만상(의주 – 청나라 무역), 송상(개성 – 만상 · 내상 양자 중계), 내상(동래 – 일본 무역)

(5) 화폐 유통

① **화폐 경제의 발달** : 상공업의 발달에 따라 18세기 후반부터 세금과 소작료도 동전으로 대납 가능(금속 화폐인 상평통보가 전국적으로 유통)

② **화폐 보급의 결과** : 상품의 유통을 촉진함, 지주나 대상인이 화폐를 고리대 수단으로 활용하거나 축적했기 때문에 전황이 발생

③ **화폐 경제의 진전과 상업 자본의 성장** : 곡물, 옷감 → 동전 → 환, 어음(대규모 상거래), 신용 화폐 사용

제3장 핵심 실전 문제

※ 문제의 이해도에 따라 ○△× 체크하여 완벽하게 정리하세요.

01 ○△×

삼국시대에 농민이 부담해야 했던 것이 아닌 것은?

① 지역 특산물 납부
② 전쟁 시에는 군사로 동원
③ 곡물 · 삼베 · 포목 등을 세금으로 납부
④ 무기나 장신구 생산에 동원

해설 삼국시대 농민들은 국가에 조세와 역을 부담하였으며, 국가재정을 담당하였다. 또한, 재정의 정도에 따라 호를 나누어 곡물과 포, 특산물을 납부하였으며, 15세 이상의 남자들은 군역이나 부역에 동원되었다.

02 ○△×

다음의 주어진 내용에 해당하는 성격의 토지는?

- 매매는 물론 세습이 가능하였다.
- 농민들이 소유하였으며 얼마간의 세금을 내야 했다.

① 정 전　② 녹 읍
③ 공음전　④ 내장전

해설 통일신라시대에 정남에게 지급된 토지인 정전에 대한 내용이다.

03 ○△×

통일신라 신문왕 때 폐지했던 녹읍을 경덕왕 때 다시 부활시킨 이유는?

① 농민의 생활 안정을 위하여
② 귀족 세력의 반발 때문에
③ 왕권 강화를 위해
④ 피정복민의 회유를 위하여

해설 녹읍은 왕권 강화를 위해 신문왕 때 폐지하였으나 귀족들의 반발로 인하여 경덕왕 때 부활되었다.

정답 1 ④ 2 ① 3 ②

04 고대 여러 나라의 경제 생활에 관한 설명으로 잘못된 것은?

○△×

① 고구려 – 조로 곡식을, 인두세로 베나 곡식을 국가에 바쳤다.
② 신라 – 모든 토지는 왕의 토지라고 하였지만 일반민의 토지 소유도 인정하였다.
③ 통일신라 – 수공업 분야에서 방직 기술과 공예품 제조 기술이 발달하였다.
④ 발해 – 논농사보다 밭농사를 주로 하여 벼는 생산되지 않았다.

해설 발해는 밭농사(조, 콩)를 주로 하였지만, 철제 농기구의 사용 및 수리시설의 확보 등을 통해 벼농사가 이루어지기도 하였다.

05 고구려의 빈민 구제 제도는?

○△×

① 진대법
② 골품제도
③ 6좌평제도
④ 화백회의

해설 ② 귀족 상호 간의 위계질서 확립을 위한 신라의 신분제도
③ 백제의 관료제도
④ 중대한 국사를 논의하기 위한 신라의 합의체적 정치제도

06 음서제도와 공음전이 고려 사회에 끼친 영향은?

○△×

① 농민층의 몰락을 방지하였다.
② 문벌 세력을 강화시켰다.
③ 국가 재정의 확보에 공헌하였다.
④ 개방적인 사회 분위기를 낳았다.

해설 문벌은 고위 관직을 독점하고 음서의 특권을 가지며 가문을 배경으로 승진하였다. 또한 과전, 공음전, 사전 등의 경제적 특권을 누리기도 하였다.

정답 4 ❹ 5 ❶ 6 ❷

07

고려 말 과전법을 실시하게 된 근본 목적은?

① 상공업의 장려
② 사원 경제의 기반 확보
③ 권문세족의 대농장 소유
④ 신진 관료의 경제 기반 마련

해설 과전법은 신진 사대부들의 경제적 기반 구축을 위함이었고, 위화도 회군은 군사적 기반 구축이었다.

08

고려시대 문벌의 경제적 기반이 되었던 것은?

① 한인전
② 구분전
③ 공음전
④ 내장전

해설 공음전은 5품 이상 관료에게 지급했던 것으로 음서제와 함께 귀족의 경제 기반이 되었다.

09

다음에서 설명하는 토지 제도는?

- 배경 : 권문세족의 불법적 토지 겸병으로 인한 재정 악화
- 내용 : 전 · 현직 관리들에게 국역의 대가로 경기 지방의 토지 지급
- 결과 : 신진 사대부의 경제적 기반 확립

① 녹 읍
② 정 전
③ 과전법
④ 역분전

해설 ③ 과전법은 고려 말 이성계가 위화도 회군으로 권력을 장악한 뒤, 신진 사대부와 개혁을 주도하면서 실시한 토지 제도이다. 이를 통해 조선 양반 관료 사회의 경제적 기반이 마련되었다.

정답 7 ❹ 8 ❸ 9 ❸

10 다음의 제도를 실시한 공통적인 목적은?

○△×

- 의 창
- 상평창
- 환 곡

① 국방력 강화 ② 농민 생활 안정
③ 민족 문화 발달 ④ 예술 활동 장려

해설 농민 생활을 안정시키기 위해 환곡제도를 실시하였으며, 국가 주도의 의창 · 상평창을 설치하였다.

제1과목

11 고려시대 농업에 대한 설명으로 옳은 것만을 묶은 것은?

○△×

ㄱ. 우경에 의한 심경법 보급
ㄴ. 2년 3작의 윤작법 보급
ㄷ. 벼와 보리의 2모작 성행
ㄹ. 시비법의 발달과 휴경 방식의 소멸

① ㄱ, ㄴ ② ㄴ, ㄷ
③ ㄱ, ㄴ, ㄷ ④ ㄴ, ㄷ, ㄹ

ㄷ. 이앙법이 보급되어야 2모작이 가능해지는데, 이앙법의 보급은 조선 전기에 시작되었다.
ㄹ. 시비법은 발달되었으나 휴경지가 소멸된 것은 아니었다.

12 16세기 이후에 나타난 농민의 토지 이탈 현상을 막고자 정부와 지주층인 양반이 마련한 대책이 아닌 것은?

○△×

① 녹읍 부활 ② 호패법 강화
③ 오가작통법 강화 ④ 향약 시행

해설 ① 녹읍은 국가가 관료에게 관직에 대한 대가로 지급한 토지로 통일신라 경덕왕 때 부활되었다.
②·③·④ 정부는 농민의 안정을 위해 호패법, 오가작통법 등을 강화하여 농민의 토지 이탈을 막았고, 지주층인 양반들도 향약을 시행하여 농촌 사회의 안정을 추구하였다.

정답 10 ❷ 11 ❶ 12 ❶

13 대동법의 실시 원인은?

○△×

① 전정의 문란
② 군역의 폐단
③ 방납의 폐단
④ 화폐의 문란

해설 대동법은 방납의 폐해를 시정하기 위해 광해군 때 실시되었다.

14 조선 후기 경제 상황으로 적절하지 않은 것은?

○△×

① 모내기법이 전국적으로 보급되었다.
② 벽란도가 국제적인 무역항으로 번창하였다.
③ 인삼 · 면화 · 담배 · 고추 등의 재배가 확대되었다.
④ 공인과 사상이 독점적 도매상인인 도고로 성장했다.

해설 ② 벽란도는 예성강 하구에 위치한 고려시대 국제 무역항이다. 고려는 벽란도를 통해 중국, 아라비아 상인들과 교역을 전개하였다.

15 다음에 해당하는 조선의 상인은?

○△×

• 운송업 종사
• 한강 근거
• 선박 건조 · 생산

① 보부상
② 만 상
③ 송 상
④ 경강상인

해설 조선 후기 선상(船商)은 선박을 이용해서 각 지방의 물품을 구입해 와 포구에서 처분하였는데, 운송업에 종사하다가 거상으로 성장한 경강상인은 대표적인 선상이었다. 그들은 한강을 근거지로 하여 주로 서남 연해안을 오가며, 미곡 · 소금 · 어물 등을 거래하였다.

정답 13 ❸ 14 ❷ 15 ❹

16

공인(貢人)에 대한 설명으로 잘못된 것은?

① 대동법 시행 후에 출현하였다.
② 관청별, 품목별로 공동 출자를 하여 계를 조직하였다.
③ 수공업자에게 대량으로 주문을 한 까닭에 수공업 발달에 기여하였다.
④ 관청에 예속되어 자유로운 활동이 억제되어 도고로 성장할 수 없었다.

해설 공인은 대자본을 바탕으로 특정 물자를 대량으로 취급하고 상권을 독점하여 도고로 성장하였다.

제1과목

17
○△×

대동법에 관한 설명으로 옳지 않은 것은?

① 현물 대신 쌀, 삼베, 동전 등으로 납부하였다.
② 풍흉에 관계없이 전세를 토지 1결당 미곡 4두로 고정하여 실시하였다.
③ 방납의 폐단으로 농민 부담이 가중되어 이를 개선하기 위해 실시하였다.
④ 처음 경기도 시행 이후 점차 확대되어 평안도와 함경도를 제외하고 전국적으로 실시되었다.

해설 풍흉에 관계없이 전세를 토지 1결당 미곡 4두로 하는 것은 영정법이다. 대동법은 토지를 기준으로 쌀(토지1결당 쌀 12말), 삼베, 무명, 동전 등으로 납부하였다.

18
○△×

다음 괄호 안에 들어갈 두 지역으로 바르게 묶인 것은?

> 조선시대에 각 군현에서 거둔 조세는 강가나 바닷가의 조창으로 운반하였다가 경창으로 운송하였으나 (   ) 지역에서 거둔 조세는 현지에서 군사비, 사신 접대비로 사용하였다.

① 경기도, 경상도
② 평안도, 황해도
③ 평안도, 함경도
④ 경상도, 황해도

해설 평안도와 함경도는 국경에 가깝고, 특히 평안도는 사신의 왕래가 많은 곳이라, 이들 지역에서 받은 조세는 현지에서 군사비와 사신 접대비로 사용하였다.

정답 16 ❹ 17 ❷ 18 ❸

19 ○△×

조선 후기의 상업 활동에 대하여 잘못 설명한 것은?

① 18세기 중엽에는 장시가 크게 발달하였다.
② 조선 후기 상업 활동의 중심은 공인이었다.
③ 육의전을 비롯한 시전 상인들은 조합을 결성하고 사상들을 억압하였다.
④ 정조 15년(1791) 신해통공을 통하여 모든 시전의 특권이 폐지되었다.

해설 정조 15년 신해통공 조치로 육의전을 제외한 시전들의 금난전권을 철폐하여 난전을 합법화하였다.

20 ○△×

17세기 이후 조선의 수취 체제 개편으로 나타난 세제가 아닌 것은?

① 영정법
② 직전법
③ 균역법
④ 대동법

해설 직전법은 조선 전기 세조 때 현직 관리에게만 토지를 지급하게 한 토지제도이다.

정답 19 ❹ 20 ❷

제4장 사회 구조와 사회 생활

제1절 고대의 사회

01 신분제 사회의 성립

(1) 사회 계층과 신분 제도

① 부여, 초기 고구려, 삼한 : 부유한 호민과 하호(평민), 노비(주인에게 예속된 천민층)가 있었음

② 삼국시대의 신분 구조 : 귀족, 평민, 천민

(2) 귀족 · 평민 · 천민

① 귀족 : 정치 권력과 사회 경제적 특권을 누림 → 지배층 중심의 신분제를 운영(신라의 골품제)

② 평민 : 자유인, 정치적 · 사회적으로 제약, 조세납부, 노동력 징발

③ 천민 : 노비와 촌락을 단위로 한 집단 예속민

④ 노비 : 신분 제약, 주인의 시중, 주인의 땅 경작, 가족 구성을 유지하기 어려움

⑤ 노비의 전락 : 전쟁포로, 범죄자, 빚을 갚지 못한 자 등 → 통일신라 이후 전쟁노비의 소멸

02 삼국 사회의 모습

(1) 고구려의 사회 기풍

① 율령 제정 : 귀족들이 자신들의 지위를 유지하기 위하여 제정

② 씩씩한 사회 기풍 : 식량부족으로 인한 대외 정복 활동 활발

③ 엄격한 형법 적용 : 통치 질서와 사회 기강 유지

④ 계 층 17 기출

㉠ 귀족 : 왕족인 고씨와 5부 출신의 귀족들이 연합하여 정치를 주도, 귀족 병력 소유

㉡ 평민 : 일반 백성 → 대부분 자영 농민, 토지를 잃고 몰락(고국천왕 때 진대법 시행)

㉢ 천민, 노비 : 피정복민, 몰락한 평민, 남의 소나 말을 죽인 자, 빚을 갚지 못한 자가 자식을 노비로 변상 등

㉣ 혼인 풍습 : 지배층은 형사취수제 · 서옥제, 평민은 남녀 간 자유롭게 교제하며 예물은 주지 않음

(2) 백제의 생활상

① **고구려와 유사** : 언어, 풍속, 의복 등

② **중국과 교류** : 선진 문화 수용

③ **상무적인 기풍** : 말타기와 활쏘기 등을 좋아함

④ **형법 엄격 적용** : 도둑질한 자는 귀양 보냄과 동시에 2배 배상, 살인자, 반역자, 전쟁에서 퇴군한 자는 사형

⑤ **백제의 지배층** : 왕족인 부여씨와 8성의 귀족

(3) 신라의 골품제도와 화랑도

① **신라 사회의 특징** : 중앙 집권화가 늦은 편임 → 신라 초기의 전통을 오랫동안 유지

② **화백회의** : 초기 전통을 유지한 대표적인 제도, 국왕 추대, 왕권 견제

③ **골품제도** : 골품에 따라 개인의 사회 활동과 정치 활동의 범위까지 엄격 제한

④ **화랑도** : 청소년 집단에서 비롯(씨족 사회의 전통을 계승 · 발전), 귀족에서 평민까지 망라(화랑, 낭도 계층 간 대립과 갈등의 조절 완화, 원광의 세속 5계(마음가짐과 행동의 규범), 진흥왕 때 국가조직으로 확대)

개념충전 **골품제도**

• 성립 : 연맹 왕국으로 성장할 때 여러 족장 세력을 통합하는 과정에서 그 세력에 따라 신분으로 구분하기 위해 설치

• 성격 : 신라의 엄격한 신분제도로 개인의 사회활동과 정치활동 범위 제한 → 사회통합을 통한 사회발전 저해 요인

• 특 징

– 골품과 관등은 밀접한 관련이 있음

– 골품에 따라 승진에 상한선이 있음

– 개인 능력 무시

– 관등에 따라 복색의 차이가 있음

03 남북국시대의 사회

(1) 통일 후 신라 사회의 변화

① **민족 문화의 발전** : 삼국 상호 간의 혈연적 동질성과 문화적 공통성(언어, 풍습)을 바탕으로 통합된 민족 문화 발전 계기

② **민족 통합 노력** : 백제, 고구려의 옛 지배층에게는 관직을 부여하고, 유민은 9서당에 편성

③ 통일신라의 경제력 증가

④ **전제 왕권의 강화** : 통일 전쟁 과정에서 국왕의 역할 강화, 신문왕의 일부 진골 귀족 숙청

⑤ **진골 귀족 사회** : 여전히 정치적 · 사회적으로 비중이 높음

⑥ **6두품의 활약** : 학문적 식견과 실무 능력 바탕으로 국왕 보좌 → 신분적 제약으로 고위직 진출 한계

⑦ **골품제도의 변화** : 하위 신분층은 점차 희미 → 3두품에서 1두품 사이의 구분 의미 상실(평민화)

(2) 통일신라인의 생활

① 도시 중심의 귀족 생활

㉠ 금성(경주) : 정치와 문화의 중심지

㉡ 5소경 : 과거 백제, 고구려, 가야의 지배층과 이주한 신라 귀족 거주 → 지방 문화의 중심지

② 금성의 모습

㉠ 구획된 시가지 : 궁궐, 관청, 사원, 귀족의 저택과 민가(17만호), 기와 지붕, 숯 사용

㉡ 소비 도시 : 전국의 조세와 특산물, 국제 무역품의 집산지

③ **귀족의 생활** : 호화로운 생활, 대토지와 목장 소유, 고리대업에서 소득, 불교 후원

④ **평민의 생활** : 대부분 자영농, 가난한 농민은 귀족의 토지를 빌려 경작, 귀족의 빚을 갚지 못한 자는 노비로 전락

(3) 통일신라 말의 사회 모순

① **신라 말기 상황** : 자영농의 몰락

② **호족의 등장** : 지방 유력자들이 곳곳에서 무장 조직 결성

③ **정부의 노력** : 수리 시설 정비, 심한 재해 지역에 조세 면제, 구휼 정책 추진, 해적으로부터의 농민 보호 → 효과를 거두지 못함

④ **농민의 봉기** : 소작농이 되거나 유랑 농민으로 전락, 걸식, 화전 → 일부는 노비로 전락

⑤ **정치적 혼란** : 귀족들의 정권 다툼, 중앙정부의 통치력 약화로 인한 신흥세력 성장

⑥ **사원 경제의 확대** : 대토지 소유 → 불교의 타락

⑦ **6두품의 개혁(최치원의 시무 10조)** : 왕실, 귀족들로부터 배척되어 반신라적 경향, 은둔

(4) 발해의 사회 구조

① 사회 구성
  ㉠ 지배층 : 왕족 대씨, 귀족 고씨 등 고구려계
  ㉡ 피지배층 : 대부분 말갈인(농민, 노비 구성) → 말갈 내부 조직 보존

② 지식인 구성
  ㉠ 당의 빈공과에 응시
  ㉡ 3성 6부제 수용, 당의 수도 장안성 모방(당 제도와 문화 수용)

제2절 중세의 사회

01 고려의 신분제도

(1) 귀 족

① **고려의 신분 구조** : 귀족, 중류층, 양민, 천민으로 구성

② **귀족의 구성** : 왕족, 5품 이상의 고위 관료가 주류 → 음서, 공음전의 특혜

③ **문벌 형성** : 관직 독점, 정략결혼, 신분 변동 가능(과거로 관료 진출, 향리 전락)

④ **귀족층의 변화** : 무신정변 계기로 문벌이 몰락하고 무신의 권력 장악

⑤ **권문세족** : 무신 정권이 붕괴되면서 등장한 지배 귀족 → 정계 요직 장악, 대규모의 농장 소유, 음서로 신분 세습

⑥ **신진 사대부의 등장** : 과거로 등장 → 경제력을 토대로 과거 시험에 합격하여 관직 진출

(2) 중 류

① **구성** : 서리(중앙 관청의 실무 관리), 남반(궁중의 실무 관리), 지방 향리, 하급 장교, 역리 등 → 직역 세습, 토지 지급

② **형성 배경** : 고려의 지배 체제가 정비되는 과정에서 통치 체제의 하부 구조를 맡아 중간 역할 담당

③ **향리** : 지방의 호족 출신이 향리로 편제(호장, 부호장 등) → 실질적인 지방 지배층

④ **말단 행정직** : 남반, 군반(직업군인), 잡류(말단 서리), 하층 향리, 역리 → 직역 세습, 토지 지급

(3) 양 민 16 기출

① **구성** : 군현에 거주하는 농민으로, 조세 · 공납 · 역을 부담

② **백정** : 일반 농민을 말함 → 조세, 공납, 역의 의무

③ **특수 집단** : 특수 행정 구역인 향 · 부곡 · 소에 거주 → 군현보다 더 많은 세금 부담

(4) 천 민

① **노비** : 천민의 대다수, 매매 · 증여 · 상속의 방법으로 주인에게 예속, 교육 · 과거 응시 기회 없음, 노비 신분 세습(일천즉천법)

② **공노비** : 입역 노비(궁중 · 중앙 관청), 외거 노비(지방 거주, 농업 종사)

③ **사노비**

㉠ 솔거 노비 : 귀족이나 사원에서 직접 부리는 노비, 주인의 집에 살면서 잡일을 돌봄

㉡ 외거 노비 : 주인과 따로 사는 노비로 농업 등의 일에 종사하고 일정량의 신공을 바침, 신분적으로 예속되어 있으나 경제적으로는 독립된 경제 생활 가능

02 백성들의 생활 모습

(1) 농민의 공동 조직

① **공동체 의식 강화** : 일상 의례와 공동 노동을 통하여 의식을 다짐

② **향도** : 불교의 신앙 조직 → 매향(미륵을 만나 구원받고자 하는 염원에서 향나무를 땅에 묻는 활동) 활동하는 무리

③ **향도의 변화** : 신앙적인 향도에서 자신들의 이익을 위해 조직되는 향도로 변모 → 농민 조직으로 발전

(2) 사회 시책

① **농민 보호책** : 농번기에 잡역 동원 금지, 자연 재해 시 피해에 따라 조세와 부역 감면, 고리대 규제

② **농민 보호책의 목적** : 농민 생활 안정이 국가 안정에 필수적

③ **권농 정책** : 황무지 및 진전 경작 시 일정 기간 면세

(3) 여러 가지 사회제도

① **의창** : 곡물을 비치하였다가 흉년에 빈민에게 나누어 줌, 고구려의 진대법 계승

② **상평창** : 개경과 서경 및 12목에 설치, 물가 안정 정책

③ **의료기관** : 동 · 서 대비원(환자진료 및 빈민 구휼), 혜민국(의약 전담)

④ **구제도감 · 구급도감** : 각종 재해 시 임시 기관으로 설치

⑤ **제위보** : 기금을 마련한 후에 이자로 빈민 구제

(4) 법률과 풍속

① **법률** : 당률을 참작한 71개조 법률 시행 → 주로 관습법에 따름

㉠ 지방관의 사법권 행사 : 주요 사건 이외에는 재량권 행사

㉡ 중한 죄 : 반역죄, 불효죄

㉢ 형벌의 종류 : 태형(회초리), 장형(곤장), 도형(노역), 유형(유배 · 귀양), 사형(죽음)

② **장례 · 제사** : 토착 신앙과 융합된 불교의 전통 의식과 도교 신앙의 풍속을 따름

③ **명절** : 정월 초하루, 삼짇날, 단오, 유두, 추석 등

(5) 혼인과 여성의 지위 20 기출

① **혼인 풍속** : 여자는 18세 전후, 남자는 20세 전후에 혼인, 근친혼 성행(왕실)

② **여성의 지위 상승** : 자녀 균분 상속, 태어난 차례대로 호적에 기재(남녀차별 없음), 딸도 제사를 모심, 상복 제도에서 친가와 외가의 차이 없음, 사위가 처가의 호적에 입적 가능, 사위와 외손자에게도 음서 혜택, 재가 허용

03 고려 후기의 사회 변화

(1) 무신 집권기 하층민의 봉기 25 기출

① **배경** : 신분제의 동요(하층민 출신이 권력층으로 상승), 중앙 정부의 통제력 약화, 무신들의 농장 확대로 인한 농민 수탈 강화

② **농민의 봉기** : 소극적 저항에서 대규모의 봉기로 전개(12세기)

㉠ 조위총의 난 : 농민 가세 → 난 진압 후에도 농민 항쟁 전개

㉡ 농민 항쟁 : 망이 · 망소이의 봉기(공주 명학소), 김사미(운문) · 효심(초전)의 봉기

③ **봉기의 변화** : 1190년대 이후 경상도, 강원도 지방 중심으로 광범위하게 전개

㉠ 성격 : 왕조 질서 부정, 지방관의 탐학을 국가에 호소

㉡ 천민의 신분 해방 운동 : 최충헌 집권 때 만적의 봉기, 전주 관노의 봉기

(2) 몽골의 침입과 백성의 생활

① **몽골군의 침략** : 최씨 정권은 강화도로 천도 → 장기 항전에 대비

② **민중들의 대몽 항쟁** : 충주 다인철소, 처인부곡 등의 승리

③ **몽골과의 강화 이후** : 일본 원정에 동원, 원의 경제적 압박, 권문세족의 수탈 → 백성의 고통 가중

(3) 원 간섭기의 사회 변화

① **신분의 변동** : 전공을 세우거나 몽골 귀족과의 혼인을 통해 또는 몽골어에 능숙하여 출세 → 친원 세력이 권문세족으로 성장

② **풍속의 변화**

㉠ 지배층을 중심으로 몽골풍 유행(변발, 몽골식 복장, 몽골어)

㉡ 고려양(고려의 의복, 그릇, 음식 등)이 몽골에서 유행

③ **공녀의 공출** : 원의 요구로 결혼도감에서 처녀를 뽑아 보냄 → 조혼 풍속 유발

④ **왜구의 침입** : 쓰시마 섬 근거, 식량난으로 고려 해안(경상도, 전라도, 개경 부근)에 자주 침입 → 식량 약탈, 인명 손실 → 사회 불안 → 왜구 격퇴와 불안 해소가 국가적인 과제 → 신흥 무인세력의 성장

제3절 근세의 사회

01 양반 관료 중심의 사회 19 기출

(1) 양천제와 반상제

① 양천제 : 양인과 천민으로 구분 → 법제적(갑오개혁 이전까지 조선 사회의 기본적인 신분제)

② 반상제 : 지배층(양반)과 피지배층(상민) 간의 차별

③ 신분 이동 가능 : 양인이면 과거에 응시하여 관직 진출 가능, 양반도 노비로 전락 가능, 고려에 비해 개방적 → 신분제 사회의 틀 유지

(2) 양 반

① 개념 : 문반과 무반 → 문 · 무반직뿐만 아니라 그 가족이나 가문까지 지칭

② 양반 사대부의 기득권 유지 : 문무 양반의 관직을 받은 자들만 사족으로 인정, 하급 지배 신분 중인으로 격하, 서얼(양반 첩의 소생) 차별

③ 생 활

㉠ 토지와 노비 소유

㉡ 과거 · 음서 · 천거 등을 통해 관직 독점

㉢ 정치적으로는 관료층, 경제적으로는 지주층

㉣ 신분적 특권의 제도화 → 양반, 중인, 상민으로 분화

(3) 중 인

① 중인의 의미 16 기출

㉠ 넓은 의미 : 양반과 상민의 중간 계층(15세기부터 형성) , 조선 후기에 독립된 신분층으로 정착

㉡ 좁은 의미 : 기술관만을 의미

② 서리, 향리, 기술관 : 15세기부터 양반과 상민의 중간 신분 계층 형성 → 직역 세습, 신분 안에서 혼인, 관청 주변에 기주

③ 서얼 : 중인 신분 처우(중서), 문과 응시 금지, 무반직 등용

④ 중인의 지위 : 양반들로부터 멸시와 하대 → 전문 기술이나 행정 실무를 담당하여 나름대로 행세(역관은 사신을 수행하여 무역의 이득, 향리는 수령을 보좌하며 위세)

(4) 상민(평민, 양인)

① **양인의 범위** : 농민, 수공업자, 상인 등 백성의 대부분을 차지

② **상민의 지위** : 과거 응시 자격이 있으나 사실상 어려움, 군공을 통한 신분 상승의 기회 습득

③ **농민** : 조세, 공납, 역의 의무 부담

④ **수공업자** : 관영이나 민영 수공업에 종사, 공장세 부과

⑤ **상인** : 국가의 통제하에 상거래에 종사, 상인세 부과

⑥ **신량역천(身良役賤)** : 신분은 양인이나 천역을 담당하는 계층

(5) 천 민

① **노비의 지위** : 천민의 대부분이 노비에 해당, 재산 취급(상속, 매매, 증여의 대상), 비자유인

② **노비의 종류**

㉠ 공노비 : 입역 노비(관청에 노동력 제공), 납공 노비(국가에 신공을 바침)

㉡ 사노비 : 솔거 노비(주인과 함께 기거), 외거 노비(주인과 떨어져 독립적인 생활)

③ **천민** : 백정, 무당, 창기, 광대 등으로 천대받음

02 사회 정책과 사회 시설

(1) 사회 정책

① **농본 정책** : 성리학 명분론에 입각한 사회 신분 질서 유지와 농민 생활 안정

② **농민의 몰락** : 무거운 조세와 요역의 부담, 양반 지주의 수탈 → 전호, 노비, 유민으로 전락 → 국가의 안정과 재정 근간을 위협하는 요소

(2) 사회제도

① **사회 안정책** : 환곡제도 실시, 국가 주도의 의창 · 상평창 설치

② **사창제도** : 양반 지주가 향촌의 농민 생활 안정화 → 양반 중심의 향촌 질서 유지

③ **의료시설** : 혜민국, 동 · 서 대비원(수도권 환자의 구제와 약재 판매), 제생원(지방민의 구호 및 진료 담당), 동 · 서 활인서(유랑자의 수용과 구휼)

(3) 법률 제도

① **〈경국대전〉에 의거** : 실제로는 관습법과 대명률에 의존

② **형법** : 반역죄, 강상죄에 연좌제 적용(심할 경우 고을의 호칭 강등, 수령 파면) → 태 · 장 · 도 · 유 · 사의 형벌에 처함

③ **민법** : 지방관이 관습법에 따라 처리

④ **상속** : 종법에 따름, 조상의 제사와 노비 상속을 중시

03 향촌 사회의 조직과 운영

(1) 향촌 사회의 모습 16 기출

① 향촌의 개념 : 중앙과 대칭되는 개념

㉠ 향 : 행정 구역상 군현의 단위(부, 목, 군, 현) → 수령 파견

㉡ 촌 : 마을을 의미하며 군 · 현 아래에는 면 · 리 · 동 · 통을 설치 → 중앙에서 관리 파견 안 됨(지방 자치적 성격)

② 유향소 : 지방 자치를 위하여 설치한 기구 → 수령 보좌, 향리 감찰, 향촌 사회의 풍속 교정

③ **경재소** : 중앙 정부가 현직 관료로 하여금 연고지의 유향소를 통제하게 하는 제도로, 중앙과 지방의 연락 업무를 맡아봄 → 유향소와 경재소는 고려시대 사심관 제도에서 분화 발전함

④ **향촌 질서의 변화** : 경재소 혁파(17세기 초), 유향소의 명칭 변경[향소(향청)], 향안 작성(지방 사족의 명단), 향규 제정(향회의 운영 규칙), 향약 조직 형성

⑤ **향안, 향규, 향약** : 지방 사족의 지배력을 확보하고 유지하기 위한 장치

(2) 촌락의 구성과 운영

① **촌락** : 농민 생활의 기본 단위 → 향촌을 구성하는 기본 단위(자연촌) → 동, 리로 편제

② **정부의 촌락 지배** : 면리제(조선 초), 오가작통제(17세기 중엽 이후)로 국가는 촌락 주민에 대해 지배

③ **향촌 사회**

㉠ 반촌 : 양반 거주(동성, 친족, 외족, 처족 등으로 구성) → 18세기 이후 동성 촌락으로 발전

㉡ 민촌 : 대부분 평민과 천민으로 구성 → 18세기 이후 구성원 다수가 신분 상승

④ **향촌 조직** : 사족이 동계와 동약 조직

⑤ **농민 조직**

㉠ 두레 : 공동 노동의 작업 공동체

㉡ 향도 : 불교와 민간신앙 등의 신앙적 기반과 동계 조직과 같은 공동체 조직의 성격

(3) 촌락 풍습

① **상무 정신 함양** : 석전(돌팔매 놀이)

② **향도계, 동린계** : 자생적 생활 문화 조직 → 양반 사족은 향도계와 동린계를 음사로 취급하여 배척

04 성리학적 사회 질서의 강화

(1) 예학과 족보의 보급

① **예학(禮學)의 발달** : 성리학적 도덕 윤리를 강조하여 신분 질서의 안정을 추구하고자 성립한 학문, 삼강오륜 강조, 성리학적 사회 질서 유지

② **보학(譜學)의 발달** : 족보를 만들어 종족의 내력 기록, 암기

(2) 서원과 향약

① 서 원 25 기출

㉠ 백운동서원(주세붕이 설립한 우리나라 최초의 서원) → 훗날 명종의 사액을 받아 오늘날의 소수서원이 됨

㉡ 선현에 대한 제사

㉢ 교육과 학문 연구 → 유교 보급과 향촌 사림의 결집 구실

② 향 약 17 기출

㉠ 중종 때 조광조 등 사림세력이 처음 시행 후 이황과 이이의 노력으로 전국적 확산

㉡ 향촌 교화의 규약, 치안 담당

㉢ 전통적 공동 조직과 미풍양속 계승

㉣ 삼강오륜을 중심으로 유교 윤리 가미 → 교화 및 질서 유지에 알맞도록 구성

③ 서원과 향약을 기반으로 사림 세력이 성장

제4절 사회의 변동

01 사회 구조의 변동 15 기출

(1) 신분제의 동요

① 조선의 신분제 : 법제적으로 양천제 표방, 실제로는 양반 · 중인 · 상민 · 천민의 네 계층 분화 → 성리학이 신분제의 정당화 이론 제공

② 조선 후기의 신분제 동요

㉠ 양반층의 분화 : 붕당 정치의 변질로 양반 상호 간의 정치적 갈등과 일당 전제화로 다수의 양반 몰락 → 향반, 잔반

㉡ 양반의 수 증가 → 상민과 노비 감소 → 신분제 동요(부를 축적한 농민이 지위 상승과 부역의 면제를 위해 양반 신분을 사거나 족보 위조)

(2) 중간 계층의 신분 상승 운동

① 서 얼

㉠ 임진왜란을 계기로 납속책과 공명첩을 통해 관직에 진출

㉡ 정조 때 유득공, 이덕무, 박제가 등 서얼 출신들이 규장각 검서관에 기용됨

㉢ 영 · 정조의 개혁 분위기에 편승하여 적극적인 신분 상승 시도(상소 운동)

② 중인층(기술관, 이서) : 사회적 역할이 크면서도 고급 관료 진출 제한

(3) 노비 해방

① **정부의 정책** : 공노비의 유지 비용 때문에 입역 노비를 신공을 바치는 납공 노비로 전환

② **노비의 신분 상승**

㉠ 종모법에 따름(어머니가 양인이면 양인으로 삼는 법) → 노비의 신분 상승 추세

㉡ 조선 후기에 군공과 납속 등으로 신분 상승 추구

③ **공노비 해방** : 신분제의 동요로 양인이 양반으로 신분 상승을 하게 되면서 신공을 받을 수 없자 순조 때(1801) 66,000여 명을 해방

④ **사노비 해방** : 갑오개혁 때(1894) 신분제 폐지 → 노비제는 법제상으로 종말을 고함

(4) 가족제도의 변화와 혼인 19 기출

① **가족제도의 변화**

㉠ 조선 초기~중기까지 : 혼인 후에 남자가 여자 집에서 생활, 자녀 균분 상속 존재, 형제가 돌아가면서 제사

㉡ 17세기 이후 : 부계 중심의 가족제도 확립, 친영제도 정착(혼인 후 곧바로 남자 집에서 생활), 장자 중심(반드시 제사 지냄, 재산 상속 우대)

㉢ 조선 후기 : 부계 중심의 가족제도 강화 → 양자 제도의 일반화, 족보 편찬, 동성 마을 형성, 개인보다 종중 우선, 과부 재가 금지, 효와 정절 강조

② **혼인제도** : 일부일처제가 기본, 본처와 첩 사이의 엄격 구별, 법적으로 혼인할 수 있는 나이는 남자 15세, 여자 14세

(5) 인구의 변동

① **인구 조사**

㉠ 호적 : 인구에 대한 기본 자료로 원칙적으로 3년마다 수정하여 작성, 주로 남자들만 기록한 인구기록

㉡ 호적에 기록된 각 군현의 인구 수를 근거로 공물, 군역 등 부과

② **인구 분포** : 경상도 · 전라도 · 충청도에 인구 50%, 경기도 · 강원도에 20%, 평안도 · 황해도 · 함경도에 30% 정도 거주 → 임진왜란 직후 감소, 후기에 증가

02 향촌 질서의 변화

(1) 양반의 향촌 지배 약화

① **양반의 동향** : 족보를 만들어 가족 전체가 양반 행세, 양반의 명단인 청금록과 향안의 신분 확인 → 향촌 자치 기구 주도권 장악

② **향촌 질서의 변화** : 부농층의 등장, 지방 사족의 지배에 대한 부농층의 도전, 양반의 지위 유지 노력

③ **관권의 강화** : 수령의 권한 강화로 인해 지방 사족의 영향력 약화 → 수령과 향리의 농민 수탈 심화

④ **향회의 역할** : 수령의 조세 수령 자문기구로 전락

(2) 부농 계층의 대두

① **부농층의 등장** : 납속이나 향직의 매매를 통하여 합법적으로 신분 상승 → 정부의 부세제도 운영에 참여

② **진출 못한 부농층의 역할** : 향임직 진출, 수령이나 기존의 향촌 세력과 타협하여 지위 확보

03 농민층의 변화

(1) 농민층의 분화

① **배경** : 양난 이후 기존의 사회 체제 동요 → 새로운 질서 모색

② **조선 후기 농민층의 구성** : 상층의 중소 지주층, 대다수의 농민

③ **농민의 생활** : 각종 의무 부과, 호패법으로 이동 제한, 자급자족적인 생활, 양란 이후 농민 생활 빈곤, 대동법 · 균역법 실시(역부족으로 농민 불만 고조)

④ **농민의 분화** : 농업 경영을 통하여 부농으로 부상, 상공업 종사, 도시나 광산의 임노동자로 전환

(2) 지주와 임노동자

① **지 주**

㉠ 대부분 양반 : 상품 화폐 경제의 발달, 양반 지주의 이윤 추구 → 광작하는 대지주 등장

㉡ 일반 서민 지주 : 공명첩 매입, 족보 위조 등으로 신분 상승

㉢ 양반 신분 획득 : 군역 면제, 양반의 수탈 면피, 경제 활동 편의, 향촌 사회의 영향력 강화

② **임노동자** : 다수의 농민이 토지에서 밀려나 임노동자로 전락

③ **의의** : 부농층과 임노동자의 출현은 농민층의 분화를 의미함

04 사회 변혁의 움직임

(1) 사회 불안의 심화

① **신분제의 동요** : 지배층과 농민의 갈등이 극심하여 양반 중심의 지배 체제 붕괴 위기

② **민심 불안 고조**

㉠ 잦은 재난과 질병의 발생

㉡ 유민 증가 및 도적의 횡행(임꺽정 등)

㉢ 서양세력의 접근

③ **농민항거운동** : 농민의식 성장으로 인한 항거운동 전개

(2) 예언 사상의 대두

① **예언 사상 유행** : 비기, 도참, 정감록(유행한 비기)

② **무격 신앙과 미륵 신앙 확산** : 현세에서 얻지 못한 행복을 미륵 신앙을 통해 해결

(3) 천주교의 전파

① **전래** : 17세기에 우리나라 사신들이 천주당(중국 베이징)을 방문 → 서학으로 소개됨

② **신앙으로 발전** : 18세기 후반경 남인계열의 실학자들이 천주교 서적을 읽고 신앙 생활 → 이승훈의 영세로 더욱 활발

③ **천주교 박해**

㉠ 배경 : 평등 사상, 조상에 대한 제사 거부

㉡ 신유박해(순조 즉위 직후, 1801) : 노론 강경파인 벽파가 집권하면서 대탄압

㉢ 안동 김씨의 세도기에 천주교 탄압 완화 : 조선 교구 설정, 서양인 신부의 포교 활동으로 교세 확장

④ **교세 확장** : 세도 정치기의 사회 불안, 인간 평등 사상, 내세 신앙 → 일부 백성의 공감

(4) 동학의 발생

① **동학의 창시** : 철종 때(1860) 경주의 몰락 양반인 최제우가 창시

② **동학의 사상** : 인내천(人乃天, 사람이 곧 하늘이다), 후천개벽(後天開闢), 보국안민(輔國安民)

③ **동학의 확산과 탄압** : 민중적이고 민족적인 동학이 삼남 지방의 농촌 사회에 널리 보급되어 번성하자, 정부는 세상을 어지럽히고 백성을 현혹한다는 이유로 탄압

④ **최시형의 활약** : 2대 교주로 교세 확대, 〈동경대전〉과 〈용담유사〉를 펴냄, 의식과 제도를 정착시켜 교단 조직을 정비

(5) 농민의 항거 16 25 기출

① **배경** : 19세기 세도 정치하에서 국가 기강 해이, 삼정의 문란(수령의 부정이 중앙 권력과 연계) → 농민들의 사회 의식 성장

② **농민의 저항** : 소극적 소청, 벽서, 괘서 등의 형태 → 전국적 농민 봉기로 변화

③ **홍경래의 난(1811)** : 몰락 양반인 홍경래의 지휘하에 영세 농민, 중소상인, 광산 노동자 등이 합세 → 사회 불안이 수그러지지 않고 각지에서 농민 봉기가 일어났으나 관리의 부정은 시정되지 않음

④ **임술농민봉기(진주민란, 1862)** : 진주 단성에서 시작되어 전국적 확대(함흥으로부터 제주까지 확산)

제4장 핵심 실전 문제

※ 문제의 이해도에 따라 ○△× 체크하여 완벽하게 정리하세요.

01 ○△×

다음의 설명과 관련된 신분은?

- 신라 중대 : 전제 왕권 강화에 기여
- 신라 하대 : 사회의 폐단 시정 노력
- 고려 초기 : 새 사회 건설의 방향 제시

① 성 골　　② 진 골
③ 6두품　　④ 5두품

해설　6두품은 신분상의 제약으로 높은 관직에 오를 수 없었지만, 국왕의 정치적 조언자로서 새로운 시대를 열어갈 수 있는 이념적 기반을 마련하고 새 사회 건설의 방향을 제시하였다.

02 ○△×

삼국시대의 사회 성격으로 맞지 않는 것은?

① 계층상의 신분적 차이가 분명하였다.
② 귀족회의에서 중요 국사를 결정하였다.
③ 지방 행정 조직은 군사적인 성격을 띠고 있었다.
④ 고구려와 달리 백제는 아직 법률 체계를 갖추지 못하였다.

해설　고구려와 백제는 모두 엄격한 형법 체계를 갖추고 있었다. 고구려는 반역한 자는 화형 후 참수하고, 가족은 노비로 삼고, 도둑질한 자는 1책 12법에 따라 12배로 배상하게 했다. 백제는 간음한 아내는 남편집의 노비로 삼고, 도둑질한 자는 1책 2법을 적용해 귀양을 보내고 2배로 배상하게 했다.

정답 1 ③ 2 ④

03 다음에서 설명하는 인물은?

- 성호사설 저술
- 6가지 폐단으로 노비제도, 과거제, 양반문 벌제도, 사치와 미신, 승려, 게으름을 지적

① 이 익
② 박제가
③ 박지원
④ 유형원

해설 보기에서 설명하는 인물은 이익으로, 한전제를 주장하였다.

04 화랑도와 관계가 깊은 것만으로 묶은 것은?

ㄱ. 씨족 사회의 전통을 계승 · 발전시켰다.
ㄴ. 탁월한 6두품 출신의 청소년도 화랑으로 선출될 수 있었다.
ㄷ. 계급 간의 갈등을 조절하고 완화하는 기능을 하였다.
ㄹ. 골품에 따라 각각의 청소년 집단이 만들어졌다.
ㅁ. 무열왕 때 화랑도가 정식으로 국가적 조직으로 확대되었다.

① ㄱ, ㄴ
② ㄱ, ㄷ
③ ㄷ, ㄹ
④ ㄹ, ㅁ

해설 화랑도는 씨족 사회의 전통을 계승 · 발전시켰으며, 계급 간 대립과 갈등을 조절하고 완화하는 기능을 하였다.
ㄴ. 화랑은 진골 출신의 청소년 중에서 선발하였다.
ㄹ. 진골 출신의 화랑 한 명을 중심으로 6두품 이하 평민층을 포함한 수백 명의 낭도로 구성되었다.
ㅁ. 화랑도는 진흥왕 때 국가적 조직으로 확대되었다.

정답 3 ❶ 4 ❷

05 통일신라 말기에 나타난 사회 현상을 모두 묶은 것은?

ㅇㅿX

ㄱ. 호족 세력 등장	ㄴ. 해상 세력 대두
ㄷ. 조계종 성행	ㄹ. 풍수도참설 등장
ㅁ. 기인제도 실시	

① ㄱ, ㄴ, ㄹ
② ㄱ, ㄷ, ㄹ
③ ㄴ, ㄷ, ㅁ
④ ㄴ, ㄹ, ㅁ

해설 ㄷ · ㅁ. 고려시대에 해당한다.

06 다음 중 서원에 대한 설명으로 옳은 것은?

ㅇㅿX

① 중종 때 조광조 등 사림세력이 처음 시행하였다.
② 교육과 학문 연구로 유교 보급과 향촌 사림의 결집 구실을 하였다.
③ 삼강오륜을 중심으로 유교 윤리를 가미하였다.
④ 전통적 공동 조직과 미풍양속을 계승하였다.

해설 ① · ③ · ④는 향약에 대한 설명이다.

07 발해에 대한 설명으로 옳지 않은 것은?

ㅇㅿX

① 거란족의 유민들이 만주 지역에 세운 나라이다.
② 온돌 장치, 석등, 기와 등에서 고구려 계승 의식이 드러난다.
③ 중앙은 3성 6부로, 지방은 5경 15부 62주로 나누어 관리하였다.
④ 당의 제도와 문화를 수용하였지만 운영 방식과 명칭은 독자적이었다.

해설 발해는 고구려 장군 출신 대조영이 고구려 · 말갈인을 이끌고 동모산에 건국한 나라이다. 9세기 말 이후 국력이 쇠퇴하며 거란족의 침략으로 멸망하였다.

정답 5 ❶ 6 ❷ 7 ❶

08 통일신라의 귀족 생활로 바르지 않은 것은?

○△×

① 호화 주택에서 노비와 사병을 거느리고 생활하였다.
② 국제 무역을 통해 수입된 사치품을 선호하였다.
③ 귀족들은 도교를 적극 후원하였다.
④ 대토지를 소유하였다.

해설 귀족들은 불교를 적극 후원하였다. 귀족 출신의 한 여성은 자신의 재산으로 불상에 드는 막대한 비용을 후원하기도 하였다.

09 고려시대의 신분 구조에서 농민 · 상인 · 수공업자는 어느 신분에 해당하는가?

○△×

① 귀 족
② 중 류
③ 양 민
④ 천 민

해설 양민은 군현에 거주하는 농민으로, 조세 · 공납 · 역을 부담하였다.

10 고려 사회의 모습을 잘못 설명한 것은?

○△×

① 모반죄, 반역죄, 불효 등을 중죄로 다스렸다.
② 농민 경제를 안정시키기 위한 의창과 상평창제도가 있었다.
③ 연등회라는 토착 신앙과 불교가 융합된 국가의 제전이 행하여졌다.
④ 기금을 만들어 사업 경비로 쓰는 보가 성행하였다.

해설 연등회는 고려시대 때 국가적으로 벌인 불교 법회를 의미하며, 토착 신앙과는 무관하다.

정답 8 ❸ 9 ❸ 10 ❸

제1과목

11 ○△×

고려시대의 생활 모습에 대한 설명으로 옳지 않은 것은?

① 법으로 이자율을 정하여 이자가 빌린 곡식과 같은 액수가 되면 그 이상의 이자를 받지 못하도록 하였다.

② 개경, 서경, 12목에 의창을 두어 물가의 안정을 꾀하였다.

③ 사위와 외손자에게까지 음서의 혜택이 있었다.

④ 공을 세운 사람의 부모는 물론 장인, 장모도 함께 상을 받았다.

해설 평시에 곡물을 비치하였다가 흉년에 빈민을 구제하는 의창이 있었고, 개경, 서경 및 12목에는 상평창을 두어 물가 안정을 꾀하였다.

12 ○△×

고려시대 여성의 지위에 관한 설명으로 올바른 것은?

① 여성도 호주가 될 수 있었다.

② 남존여비 사상이 확산되었다.

③ 아들이 없을 경우라도 딸이 제사를 모실 수 없었다.

④ 호적에서 자녀 간에도 차별을 두었다.

해설 고려시대에는 여성의 지위가 비교적 높아 여자도 호주가 될 수 있었다. 남녀 구별 없이 태어난 순서대로 호적에 기입하였으며, 유산도 골고루 분배되었다.

13

조선의 신분 제도에 대한 설명으로 바른 것은?

① 조선 후기로 갈수록 부계 중심의 가족제도가 확립되었다.

② 노비에게는 신분 상승의 기회가 주어지지 않았다.

③ 납속은 양반들만 받을 수 있는 특권이었다.

④ 양인(평민)은 과거에 응시할 기회가 주어지지 않았다.

해설 고려와 비슷하게 남녀의 권리가 비슷했던 초기와는 달리 후기로 갈수록 장자가 중심이 되고, 양자제도가 일반화되는 등 부계 중심의 가족제도가 확립되었다.

정답 11 ❷ 12 ❶ 13 ❶

14 조선시대 농민에 대한 설명으로 옳지 않은 것은?

○△×

① 대다수는 자영농이거나 소작농이었다.
② 국가에 대한 전세, 공물, 역의 의무를 부담하였다.
③ 대를 이어 가며 한 곳에서 자급자족적 생활을 하였다.
④ 호패법에 의해 거주 이전의 자유를 보장받았다.

해설 호패법은 16세 이상의 남자들이 소지하던 신분증명제도이다. 농민들의 이동 억제, 토지 이탈 방지, 효과적인 조세 수취와 역 부과를 위해 실시되었으므로, 농민들은 거주 이전의 자유가 없었다.

15 조선시대의 사회 시설과 그 역할이 바르게 연결된 것은?

○△×

① 의창 – 국가 차원의 환곡제도 운영
② 사창 – 서민 환자의 구제와 약재 판매
③ 혜민국 – 주민 자치적인 진휼책 운영
④ 제생원 – 여행자, 유랑자의 수용과 구휼

해설
② 사창 : 주민 자치적인 진휼책 구성
③ 혜민국 : 서민 환자의 구제와 약재 판매
④ 제생원 : 지방민의 구호 및 진료 담당

16 조선시대 향촌 사회에 대한 설명으로 옳지 않은 것은?

○△×

① 중앙에서 수령을 파견하여 지방 행정 구역을 관리했다.
② 유향소는 향촌 사회의 풍속을 교정하는 역할을 담당했다.
③ 경재소를 통해 중앙 정부는 현직 관료로 하여금 연고지의 유향소를 통제하게 했다.
④ 두레는 불교와 민간신앙 등의 신앙을 기반으로 하는 공동체 조직이었다.

해설 두레는 공동 노동의 작업 공동체이다. 불교와 민간신앙 등의 신앙을 기반으로 하는 공동체 조직은 향도이다.

정답 14 ④ 15 ① 16 ④

17

조선 초기의 노비에 대한 설명으로 잘못된 것은?

① 천민 신분의 대부분을 구성하였다.
② 매매, 상속, 증여의 대상이 되었다.
③ 혼인을 하여 가정을 이룰 수 있었다.
④ 관청에 예속된 공노비가 가장 많았다.

해설 노비는 학자, 선비인 양반 계층의 수족과 같은 존재였기에 공노비보다 사노비가 더 많았다.

18

다음의 설명을 종합하여 조선 사회의 모순을 추론한 것으로 가장 옳은 것은?

• 족보를 만들어 종족의 내력을 기록하고, 암기하는 보학이 발달하였다.
• 지방의 유력한 사림이 향약의 간부인 약정에 임명되었다.
• 상장 제례에 관한 예학이 발달하였다.

① 사림들은 농민에 대하여 중앙에서 임명된 지방관보다도 강한 지배력을 행사하였을 것이다.
② 훈구파들은 사림의 정치 운영에서 나타나는 모순을 비판하였을 것이다.
③ 도가와 연결되지 못한 지방 양반들의 불만이 컸을 것이다.
④ 신진 관료들은 불법적인 방법으로 대토지를 소유하고 있고 사림에 대하여 사전 폐지 등 개혁을 주장하였을 것이다.

 성리학이 중요시되면서 예학과 보학이 발달하였고, 사림들은 서원과 향약을 통해 세력을 키웠다. 그리하여 향촌에서의 농민에 대한 사림의 지배권이 강화되었다.

정답 17 ❹ 18 ❶

19 ○△×

다음 중 조선 후기의 사회상에 대한 설명으로 옳지 않은 것은?

① 진경산수화와 풍속화가 유행하였다.

② 경제구조의 변동으로 양반이 증가하였고, 상민이 감소하였다.

③ 갑오개혁 때 신분 개혁의 일환으로 공노비를 해방하였다.

④ 양반을 풍자하고, 사회모순을 비판하는 한글 소설이 등장하였다.

해설 1801년 순조 때 재정 · 국방상의 이유로 공노비를 해방하였다. 1894년 갑오개혁 때에는 사노비를 해방하였다.

제1과목

20 ○△×

조선시대 가족 생활에 대한 설명으로 옳은 것은?

① 처 · 첩의 구분이 엄격하였으며, 첩의 소생은 사회 생활에서 차별을 받았다.

② 가정 내의 민사와 관계되는 분쟁은 대개 성문법에 의거하여 처리되었다.

③ 제사는 성별에 상관없이 첫째가 상속하였고, 재산도 자녀 간에 균등하게 상속되었다.

④ 가장인 여성이 자녀의 교육과 혼인, 제사의 주재와 같은 가사 문제의 결정권을 행사하였다.

해설 ② 민사 분쟁은 관습법에 의거하여 처리하였다.
③ 제사는 장남이 상속하였고, 부모의 재산은 자녀 간에 차등적으로 상속되었다.
④ 가장은 가장 높은 서열의 남성이 맡았고, 여러 가사 문제의 결정권을 갖고 있었다.

정답 19 ❸ 20 ❶

제5장 민족 문화의 발달

제1절 고대의 문화

01 학문과 사상 · 종교

(1) 한자의 보급과 교육 15 16 기출

① 철기시대부터 한자 사용 : 삼국시대 → 한문의 토착화(향찰, 이두)로 한문학 널리 보급

② 교 육

㉠ 고구려 : 태학(수도, 유교경전과 역사서), 경당(지방, 한학과 무술)

㉡ 백제 : 5경 박사, 의 · 역박사(유교경전과 기술학), 북위에 보낸 국서와 사택지적비문(세련된 문장)

㉢ 신라 : 임신서기석(유교경전)

㉣ 통일신라 : 국학 설립(신문왕, 유교경전에서 충효일치의 윤리 강조), 독서삼품과 마련(원성왕, 학문과 유학을 널리 보급하는 데 이바지) 24 기출

㉤ 발해 : 주자감 설립(문왕, 귀족 자제들에게 유학 경전 교육)

| 사택지적비 |

백제 의자왕 대의 인물인 대좌평 사택지적이 절을 짓고 세운 비로, 격조 높은 문체와 서법은 백제의 수준 높은 문화를 잘 보여준다.

(2) 역사 편찬과 유학의 보급 15 기출

① 역사서 편찬의 목적 : 학문의 발달과 중앙 집권적 체제가 정비됨에 따라 국가와 왕실의 권위를 높이며 백성들의 충성심을 모으기 위해 편찬

② 역사서 편찬

㉠ 고구려(영양왕) : 이문진의 〈신집〉 5권

㉡ 백제(근초고왕) : 고흥의 〈서기〉

㉢ 신라(진흥왕) : 거칠부의 〈국사〉

③ 신라의 대표적인 유학자 15 19 25 기출

㉠ 김대문 : 〈화랑세기〉, 〈고승전〉, 〈한산기〉 → 신라 문화를 주체적으로 인식

㉡ 강수 : 외교 문서에 능함 → 문장으로 관계에 진출한 최초의 본격적인 유교적 문인

㉢ 설총 : 경학에 능함, 이두 정리, 〈화왕계〉 저술(도덕정치 강조)

㉣ 최치원 : 당의 빈공과 급제, 시무 10조 건의, 도당 유학생, 〈계원필경〉 등 저술

④ 발해의 유학 : 당에 유학생 파견 → 빈공과에 급제자 다수 나옴

개념충전 **최치원**

최치원은 12세에 당으로 유학을 떠나 빈공과에 합격하여 당의 관리가 되었다. 879년 당에서 큰 농민 반란이 일어났을 때 주도자 황소에게 항복을 권하는 '토황소격문'이라는 글을 써서 보냈는데, 그것을 읽은 황소가 놀라 침대에서 굴러떨어졌다 하여 최치원의 이름이 널리 알려졌다. 28세 되던 해(885) 그는 신라로 돌아와 관리가 되었다. 진성여왕에게 시무책을 올리는 등 어지러운 정치를 바로잡고자 노력하였으나, 오히려 진골들의 견제로 중앙 관직에서 물러나게 되었다. 이후 그는 각지를 유랑하며 경주, 합천, 부산 해운대 등을 떠돌다가 말년에는 해인사에 머물렀는데, 언제 세상을 떠났는지는 알 수 없다. 부산 해운대는 '해운(바다의 구름)'이라는 그의 호(號)에서 유래된 것이다. 외로운 구름을 뜻하는 '고운(孤雲)'이라는 또 다른 호도 있는데, 이는 개혁을 추진하였으나 이루지 못하고 유랑 생활에 오를 수밖에 없었던 그의 쓸쓸한 말년을 잘 표현한 것이라 하겠다.

(3) 불교의 수용

① 불교 전래 시기 : 중앙 집권 체제 확립과 통합 노력의 시기

② 삼국의 불교 수용 18 20 기출

㉠ 고구려 : 전진에서 수용(소수림왕, 372)

㉡ 백제 : 동진에서 수용(침류왕, 384)

㉢ 신라 : 고구려를 통해 전래(눌지왕, 475) → 법흥왕 때 공인(527, 이차돈의 순교)

③ 불교의 역할 25 기출

㉠ 국가 이념 : 새로운 국가 정신 확립, 이념적으로 왕권 강화 뒷받침, 선진 문화 수용 → 새로운 문화 창조의 역할

㉡ 국가 통치 : 불교식 왕명 사용, 원광의 세속오계

④ 신라의 불교 중심 교리

㉠ 업설 : 과거 많은 선행과 불덕을 쌓아 현재에 태어남(왕의 권위와 귀족의 특권 정당화)

㉡ 미륵불 : 진흥왕 때 조직화된 화랑도와 밀접한 관계를 맺으면서 신라에 정착

⑤ 도교 전래

㉠ 산천 숭배나 신선 사상과 결합 → 귀족 사회에 반영

㉡ 백제의 산수무늬벽돌과 금동대향로, 고구려의 사신도 등에 영향

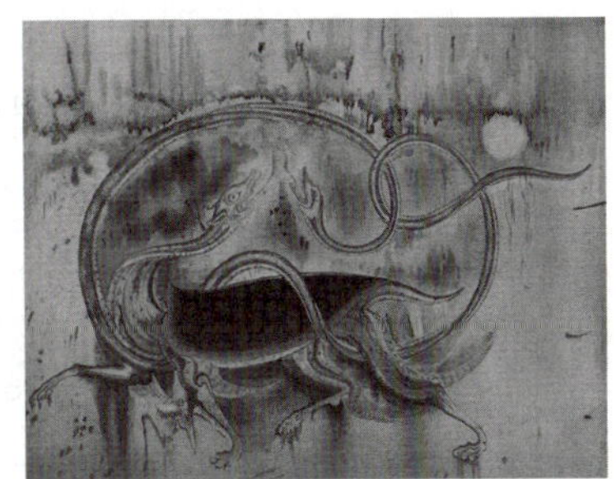

| 강서대묘의 현무도 |

(4) 불교 사상의 발달

① **신라의 불교 사상** : 삼국의 문화를 종합하여 한민족 문화의 토대를 마련한 7세기 후반에 정립, 삼국 불교의 유산 토대, 중국과의 교류

② 원 효 19 23 기출

㉠ 불교의 사상적 이해 기준을 확립 : 〈대승기신론소〉, 〈금강삼매경론〉 등 저술

㉡ 십문화쟁론 : 일심 사상(모든 것은 한마음에서 나옴)을 바탕으로 종파 간의 사상적 대립을 조화시키고, 분파 의식 극복

㉢ 아미타신앙(극락에 가고자 함)의 전도 : 불교의 대중화

③ 의 상 20 기출

㉠ 화엄 사상 정립 : 상호 의존적인 관계에 있고, 서로 조화를 이룸 → 〈화엄일승법계도〉 저술

㉡ 화엄 사상을 바탕으로 교단 형성 : 제자 양성, 경북 영주 부석사 · 강원 양양 낙산사 등 사찰 건립

㉢ 현세에서 구원받고자 하는 관음신앙 주도 : 이 시기부터 불교가 널리 알려짐

④ **혜초** : 〈왕오천축국전〉 저술(인도와 중앙아시아의 풍물 기록)

⑤ **발해의 불교** : 고구려 불교 계승, 왕실과 귀족 중심으로 성행, 수도 상경에서 절터 · 불상 · 사원 발견

| 영주 부석사 무량수전 |

| 양양 낙산사 7층석탑 |

개념충전 **의상대사** 21 기출

통일신라시대 경상남도 양산 지역에서 활동하며 화엄종을 개창한 승려이다. 문무왕(676년)의 명으로 부석사를 창건하고, 일승화엄종을 개창하기 시작하였다. 그 후 많은 화엄종장(華嚴宗匠)을 배출하여 3천 명의 제자가 있었다.

(5) 선종과 풍수지리설

① 선 종

㉠ 전래 : 통일 전후 전래되었으나 신라 말기에 유행

㉡ 성격 : 사색과 참선 중시, 개인적 정신세계를 추구하는 경향은 지방 호족의 취향에 호응, 새로운 시대의 정신적 기반이 됨

㉢ 9산선문 성립 : 신라 말의 호족 세력과 연결되어 발전

㉣ 영향 : 중국 문화에 대한 이해의 폭이 확대되고, 사회 변혁을 희망하던 6두품 지식인과 함께 새로운 고려 사회 건설에 사상적 바탕을 제공

㉤ 교종과 선종

- 교종 : 불교의 교리 · 경전 이해 중시, 진골 귀족의 호응
- 선종 : 개인적 정신세계 추구, 지방 호족의 호응

② 풍수지리설

㉠ 전래 : 신라 말 도선과 같은 선종 승려들이 중국에서 들여옴

㉡ 내용 : 인문지리적 학설(산세, 수세를 살펴 도읍 · 주택 · 묘지 선정), 국토의 효율적인 이용과 관련

㉢ 영향 : 경주 중심에서 다른 지방의 중요성을 자각, 도참 신앙과 결부되어 미래를 예측 → 지방 중심의 국토 재편성 주장으로 발전

02 과학 기술의 발달

(1) 천문학과 수학

① 천문학 20 기출

㉠ 천체 관측을 중심으로 발달 → 농경과 밀접한 관련이 있음을 인식, 왕의 권위를 하늘과 연결(고구려 별자리를 그린 천문도, 신라 선덕여왕 때의 첨성대)

㉡ 천문 현상의 관측 기록 : 〈삼국사기〉에 일 · 월식, 혜성의 출현, 기상 이변 등을 정확히 기록

② 수학 : 고구려 고분의 석실이나 천장의 구조, 백제의 정림사지 5층석탑, 신라의 황룡사 9층목탑과 석굴암 석굴 구조 등에 수학적 지식을 이용함

| 경주 첨성대 |

(2) 목판 인쇄술과 제지술의 발달

① 목판 인쇄술의 발달 : 〈무구정광대다라니경〉(8세기 중엽) → 현존하는 세계 최고(最古)의 목판 인쇄물

② 제지술의 발달 : 닥나무를 사용, 품질이 뛰어남 → 구례 화엄사 석탑의 두루마리 불경 등

③ 통일신라의 기록 문화 발전에 크게 기여

| 무구정광대다라니경 |

석가탑에서 발견된 현존하는 세계에서 가장 오래된 목판 인쇄물로, 경덕왕 10년(751)의 것으로 추정된다.

(3) 금속 기술의 발달 18 기출

① 청동기시대와 철기시대의 기술을 계승하여 높은 수준으로 발달

② 고구려 : 제철기술 발달 → 철광석이 풍부, 고분 벽화의 제철그림

③ 백제 : 칠지도(4세기 후반, 강철로 제작, 금으로 글씨 상감 → 백제와 왜의 교류 관계를 보여줌), 금동대향로(뛰어난 금속 공예 기술) 등

④ 신라 : 금관(금 세공 기술 발달, 금관총 · 서봉총 · 금령총 · 천마총 · 황남대총 · 경주 교동)

⑤ 통일신라 : 성덕대왕신종(금속 주조 기술 발달)

| 금동대향로 |　| 칠지도 |　| 성덕대왕신종 |

(4) 농업 기술의 혁신

① 철제 농기구의 사용 : 쟁기 · 호미 · 괭이 등을 이용해 깊이갈이로 지력 회복, 잡초 제거 효과 → 농업 생산력 증대

② 삼국의 농업 기술

㉠ 고구려 : 일찍부터 쟁기갈이 실시, 고구려 지형과 풍토에 맞는 보습 사용(4세기경)

㉡ 백제 : 4~5세기경 크게 발전, 수리 시설 확충, 철제 농기구 개량

㉢ 신라 : 5~6세기경 우경 실시(지증왕)

03 고대인의 자취와 멋

(1) 고분과 고분 벽화

① 각 나라의 고분

㉠ 고구려

- 돌무지무덤(초기) → 굴식 돌방무덤(후기)
  - 돌무지무덤 : 돌로 쌓아 만든 무덤, 청동기시대부터 삼국시대까지 만들어짐(장군총)
  - 굴식 돌방무덤 : 돌로 1개 이상의 방을 만들고 그것을 통로로 연결한 무덤, 앞방과 널방으로 구분한 것이 일반적, 벽화를 그려 넣은 것이 특징

| 장군총 |

㉡ 백 제 15 17 기출

- 한성 시기 : 계단식 돌무지무덤(서울 석촌동 → 백제 건국세력이 고구려 계통임을 알 수 있음)
- 웅진 시기 : 굴식 돌방무덤, 벽돌무덤(무령왕릉 → 중국 남조의 영향)
- 사비 시기 : 세련된 굴식 돌방무덤(부여 능산리 고분군)

㉢ 신라 : 돌무지 덧널무덤(천마총)

| 무령왕릉 |

㉣ 통일신라
- 불교의 영향으로 화장 유행
- 굴식 돌방무덤(봉토 주위에 둘레돌을 두르고 12지신상 조각)

㉤ 발해 : 굴식 돌방무덤(정혜공주 묘 → 모줄임 천장 구조, 고구려 영향)

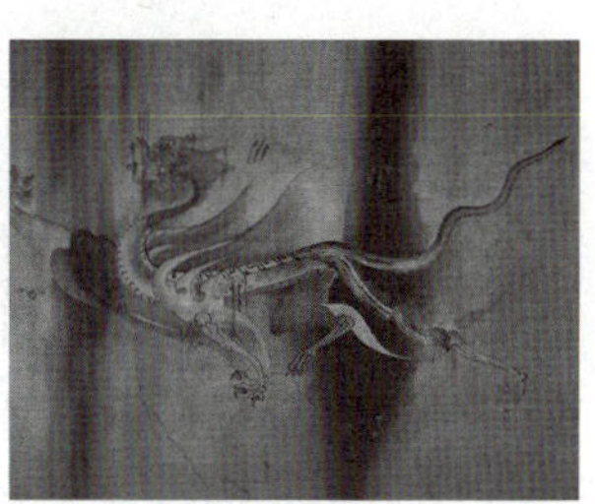
| 사신도 중 백호도 |

② 고분 벽화 : 당시의 생활상, 문화, 종교를 파악하는 데 도움이 됨

㉠ 고구려 : 초기에는 무덤 주인의 생활 표현(사냥 그림)에서 점차 상징적 표현(사신도)으로 바뀜, 무용총의 사냥그림, 강서대묘의 사신도 등

㉡ 백제 : 부드럽고 온화한 기풍의 사신도

개념충전 **백제 무령왕릉의 특징**
- 벽돌로 짜인 무덤방에 나무관을 안치함
- 중국의 무덤 양식 · 벽돌 양식 : 중국 남조(양나라)의 영향
- 일본의 금송으로 관을 짬 : 일본과의 교류
- 지석 발견 : 삼국시대 무덤 중 유일, 연대 추정 가능
- 돌방이 있음에도 불구하고, 벽화가 없고 껴묻거리가 많음

(2) 건축과 탑 18 20 기출

① 삼국의 건축과 탑

㉠ 궁궐 : 안학궁 → 고구려 장수왕이 평양에 건립

㉡ 사원 : 신라의 황룡사(진흥왕), 백제의 미륵사(무왕)

㉢ 탑 : **백제의 익산 미륵사지 석탑(목탑 양식)과 부여 정림사지 5층석탑**, 신라의 황룡사 9층목탑과 경주 분황사 모전석탑

② 통일신라의 건축과 탑

㉠ 사원 : 불국사 → 불국토의 이상을 조화와 균형 감각으로 표현

㉡ 석탑 : 이중 기단 위에 3층석탑(경주 감은사지 동 · 서 3층석탑, **석가탑, 다보탑** 등), 승탑(팔각원당형, 승려의 사리 봉안)과 탑비(승려의 일대기 기록)

③ 발해 : 당의 수도 장안성을 모방한 상경(주작 대로, 온돌 장치)

| 익산 미륵사지 석탑 |

| 경주 분황사 모전석탑 |

| 경주 불국사 삼층석탑(석가탑) |

(3) 불상 조각과 공예

① 불상 조각에서 미륵반가사유상 제작이 두드러짐

② **불상** : 금동연가7년명여래입상(고구려), 서산 용현리 마애여래삼존상(백제), 경주 배동 석조여래삼존입상(신라), 경주 석굴암 본존불과 보살상(통일신라)

③ **조각** : 통일신라 무열왕릉비 받침돌(거북 조각), 불국사 석등과 보은 법주사 쌍사자 석등, 발해의 벽돌과 기와무늬(고구려의 영향), 발해석 등

④ **범종** : 상원사종과 성덕대왕신종(통일신라)

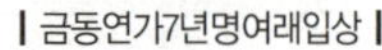

| 금동연가7년명여래입상 |

| 서산 용현리 마애여래삼존상 |

| 금동미륵보살반가사유상 |

| 보은 법주사 쌍사자 석등 |

(4) 글씨 · 그림과 음악 16 18 24 기출

① **글씨** : 광개토대왕릉 비문(고구려, 웅건한 서체), 김생(신라의 독자적 서체 개발)

② **그림** : 천마총의 천마도(신라), 솔거(신라의 대표 화가)의 노송도

③ **음악** : 백결의 방아타령(신라), 왕산악의 거문고(고구려), 우륵의 가야금과 12악곡(가야)

| 경주 천마총 장니 천마도 |

(5) 한문학과 향가

① **한시** : 황조가, 을지문덕의 오언시(고구려), 회소곡(신라), 정읍사(백제), 구지가(작자 · 연대 미상의 고대가요)

② **향가** : 승려와 화랑들이 주로 지음, 혜성가(신라), 888년(진성여왕 2년)에 위홍과 대구화상이 왕명을 받아 향가집 〈삼대목〉 편찬

③ **발해의 한문학** : 4 · 6 변려체(정혜공주와 정효공주의 묘지)

개념충전 **을지문덕의 오언시**

신묘한 계책은 천문을 꿰뚫어 볼 만하고 오묘한 전술은 땅의 이치를 다 알았도다.
전쟁에서 이겨 공이 이미 높아졌으니 만족함을 알거든 그만두기를 바라노라.

04 일본으로 건너간 우리 문화

(1) 삼국 문화의 일본 전파 15 20 기출

① 고구려 : 담징(종이 · 먹의 제조법, 호류사의 금당벽화 그림), 혜자(쇼토쿠 태자의 스승), 혜관(불교 전파) → 다카마쓰 고분 벽화(수산리 고분 벽화와 흡사)

② 백 제

㉠ 아직기(한자), 왕인(천자문, 논어), 노리사치계(불상과 불경 전파) → 백제 가람 양식 유행

㉡ 일본 고류사 미륵보살반가사유상, 호류사 백제 관음상에 영향을 끼침

㉢ 일본 문화 발전에 가장 크게 기여

③ 신라 : 조선술(배 만드는 기술), 축제술(둑 쌓는 기술) 전파 → 한인의 연못

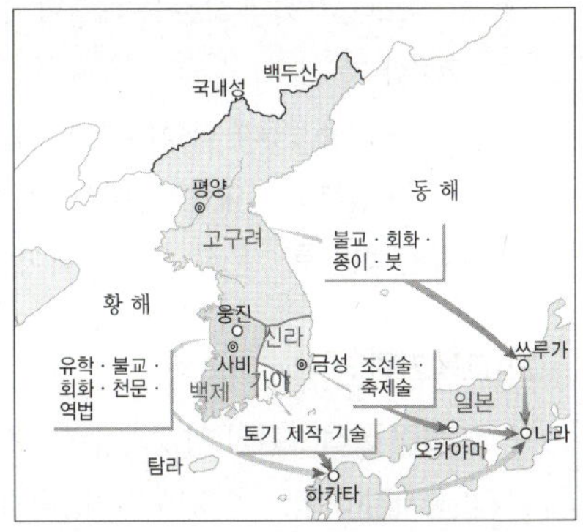

| 삼국 문화의 일본 전파 |

삼국의 문화는 왜로 전파되어 일본의 고대 아스카 문화와 고대 국가 성립을 비롯한 많은 부분에 크게 이바지하였다.

(2) 일본에 건너간 통일신라 문화

① 불교와 유교 문화의 전래 : 하쿠호 문화 성립에 기여

② 심상 : 의상의 화엄 사상 전래 → 일본 화엄종 성립에 영향

제2절 중세의 문화

01 유학의 발달과 역사서의 편찬

(1) 유학의 발달

① 배경 : 유교는 정치와 관련된 치국의 도로서, 불교는 신앙과 관련된 수신의 도로서 서로 보완하며 함께 발전

② 초기 : 유교주의적 정치와 교육의 기틀 마련

㉠ 태조 : 신라 6두품 계통의 최언위, 최응, 최지몽 등 → 유교주의에 입각한 국가 경영 건의

㉡ 광종 : 과거제 실시 → 유학에 능한 관료 등용

㉢ 성종 : 최승로 · 김심언 → 유교 정치 사상의 정립과 교육기관 정비

㉣ 최승로 : 성종 때 시무 28조의 개혁안 제출 → 유교 사상을 치국의 근본으로 삼아 사회 개혁과 새로운 문화 창조 추구

제1과목

③ **중기** : 문벌 귀족 사회의 발달 → 보수적 성격

㉠ 학풍의 변화 : 북진파 퇴진과 경원 이씨 집권의 보수화로 인해 유학이 상당한 수준으로 발달하였으나 사회적 모순을 해결할 수 있는 능력 상실

㉡ 학 자

- 최충 : 9재 학당(사학) 설립과 고려의 훈고학적 유학에 철학적 경향 부가
- 김부식 : 대표적인 보수적 유학자

④ **무신정변 후** : 문신 귀족 세력이 몰락함에 따라 유학이 한동안 크게 위축

(2) 교육기관

① **설립 목적** : 관리 양성과 유학 교육

② **국자감(국학)** : 중앙에 설치, 국립대학, **유학부**(국자학, 태학, 사문학)와 **기술학부**(율학, 서학, 산학)

③ **향교** : 지방에 설치, 지방 관리와 서민 자제들의 교육 담당

④ **사학의 융성** : 최충의 **9재 학당(문헌공도)**을 비롯한 사학 12도 융성 → 관학 위축

⑤ **관학 진흥책** : 숙종(서적포 설치) → 예종(7재, 양현고 설치) → 인종(경사 6학 정비) → 충렬왕(섬학전 설치, 국학을 성균관으로 개칭, 문묘 건립) → 공민왕(성균관을 순수 유교 교육기관으로 개편)

(3) 역사서의 편찬 24 기출

① **초기** : 왕조실록, 황주량의 7대 실록(현종~덕종, 현재 전하지 않음), 박인량의 〈고금록〉

② **중기** : **〈삼국사기〉(김부식이 인종 때 편찬한 것으로, 현존하는 우리나라에서 가장 오래된 역사서** → 유교적 합리주의 사관 반영, 기전체, 신라 계승 의식 반영)

③ **후 기**

㉠ 민족적 자주 의식을 바탕으로 전통 문화를 이해하려는 경향 대두

㉡ 각훈의 〈해동고승전〉(삼국시대 승려 30여 명의 전기 수록), **이규보의 〈동명왕편〉**(고구려를 건국한 동명왕의 영웅 서사시), **일연의 〈삼국유사〉**(충렬왕 때 편찬 → 불교사 중심, 단군의 건국 이야기 수록, 고유 문화와 전통 중시), **이승휴의 〈제왕운기〉**(단군에서부터의 역사 서술) 등

㉢ 성리학적 유교 사관 대두(정통 의식과 대의 명분 중시) → 이제현의 〈사략〉(현재 전하지 않음)

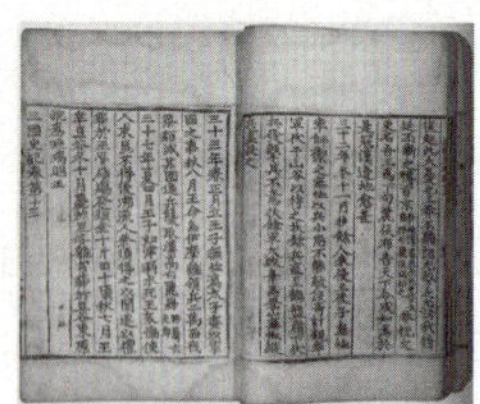
| 삼국사기 |

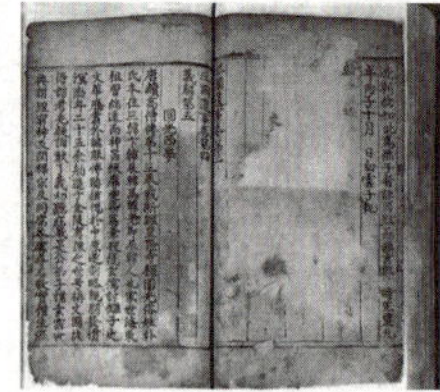
| 삼국유사 |

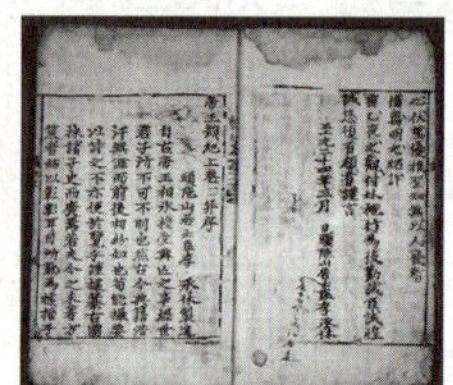
| 제왕운기 |

(4) 성리학의 전래

① 전래 과정 : 안향(충렬왕) 소개, 이제현 성리학 이해 심화, 이색 성리학 확산

② 내용 : 실천적 기능 강조, 소학과 주자가례 중시, 권문세족과 불교의 폐단 비판

③ 수용 : 신진 사대부 → 현실 사회의 모순을 시정하기 위한 개혁 사상으로 인식, 새로운 국가 사회의 지도 이념으로 등장

02 불교 사상과 신앙

(1) 불교 정책

① 태조 : 훈요 10조에서 불교를 숭상할 것과 연등회와 팔관회의 개최 당부

② 광종 : 승과제도 실시, 국사와 왕사제도(왕실의 고문 역할)

③ 성종 : 유교 정치 사상 강조, 연등회와 팔관회 등 일시 폐지

④ 현종 이후 : 현화사와 흥왕사 등의 사찰 건립 → 계속 융성

(2) 불교 통합 운동과 천태종

① 균여의 화엄종 성행 : 보살의 실천행, 선종에 대한 높은 관심

② 의천의 교단 통합 운동(11세기) : 국청사 창건, 천태종 창시 → 교관겸수 제창

(3) 결사 운동 17 기출

① 보조국사 지눌 : 수선사 결사운동(1204), 조계종 중심(선종과 교종 통합), 정혜쌍수 · 돈오점수 주장(선교 일치 사상 완성)

② 혜심의 유불일치설 : 심성의 도야 강조(성리학 수용의 사상적 토대)

③ 요세 : 백련결사 제창 → 지방민의 적극적인 호응, 수선사와 양립하여 고려 후기 불교계를 이끎

④ 원 간섭기 : 불교의 세속화와 타락(신진 사대부들의 불교 비판)

| 순천 송광사 |

| 강진 백련사 |

제1과목

(4) 대장경 간행 16 기출

① 대장경 편찬 : 불교 경전의 집대성, 경 · 율 · 논으로 구성

② 초조대장경 : 거란 격퇴 염원 → 대구 부인사(몽골 침입 시 소실)

③ 속장경 : 의천이 교장도감 설치, 〈신편제종교장총록〉 작성, 고려 · 송 · 요의 대장경의 주석서를 모아 편찬 24 기출

④ 재조대장경(팔만대장경) : 방대한 내용, 제작의 정밀성, 서체 등이 세계적 수준, 몽골 퇴치 염원 → 대장도감 설치(합천 해인사 보관)

| 합천 해인사 대장경판 |

(5) 도교와 풍수지리설

① 도교 : 도교 행사, 팔관회, 도교 사원 건립(예종)

② 풍수지리설 : 도참 사상과 결부되어 유행

03 과학 기술의 발달

(1) 천문학과 의학

① 과학 기술의 발달 배경

㉠ 고대 사회의 전통적 과학 기술 계승

㉡ 중국과 이슬람 과학 기술 수용

㉢ 국자감에서 율학, 서학, 산학 등의 잡학 교육

㉣ 과거제에서 기술관 등용을 위한 잡과 실시

② 과학 기술의 발전

㉠ 천문학 : 천문 관측과 역법 계산을 중심으로 발달, 사천대(서운관) 설치(첨성대에서 관측 업무 수행)

| 고려 개성 첨성대 |

㉡ 역법 : 당의 선명력 사용 → 원의 수시력(충선왕) 채용

㉢ 의학 : 태의감(의료업무 및 교육)을 설치하여 교육과 의과제 실시, 고려 중기 자주적 의학으로 향약방의 발달 → 〈향약구급방〉(현존하는 가장 오래된 의학서로 처방과 약재 180여 종 소개) 등 많은 의서 편찬 24 기출

(2) 인쇄술의 발달 15 18 기출

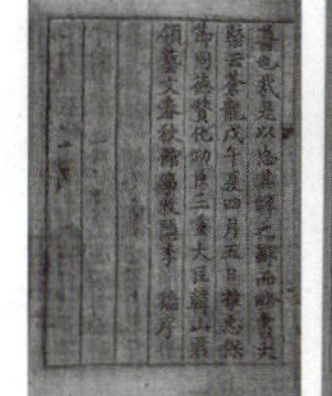
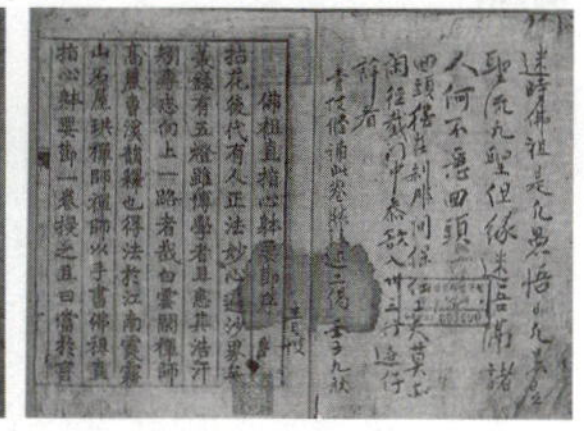

| 직지심체요절 이색서문 |

2001년 세계기록유산으로 등재되었다. 청주 흥덕사에서 간행하였으나 현재 프랑스국립도서관에서 소장하고 있다.

① **인쇄술의 발달** : 개경과 서경에 도서관 설치, 서적포 설치(서적 인쇄), 기술학 수준 중 가장 뛰어남

② **고려 목판 인쇄술의 발달** : 고려대장경 → 최고의 수준, 다량인쇄에 적합

③ **금속활자** : 세계 최초 금속활자 인쇄술 발명

㉠ 〈상정고금예문〉(1234) : 금속활자로 가장 오래된 기록(서양 최초 금속활자보다 200여 년 앞섰음)

㉡ 〈직지심체요절〉(1377) : 현존하는 세계에서 가장 오래된 금속활자본

④ **제지술의 발달** : 닥나무 재배 장려, 종이 제조 전담 관서를 설치, 중국에 수출

(3) 농업 기술의 발달

① **권농정책** : 농민 생활 안정, 국가 재정 확보 → 황무지 개간 장려(광종), 무기를 농기구로 제조(성종)

② **농업의 발달**

㉠ 토지 개간과 간척, 수리 시설 개선, 시비법 발달

㉡ 고려 중기 : 묵은 땅, 황무지, 산지 개간

㉢ 고려 후기 : 해안 지방의 저습지 간척

㉣ 수리 시설 개간 : 밀물과 썰물 차이 활용, 김제의 벽골제와 밀양의 수산제 개축, 소규모 저수지 확충, 해안 방조제 설치

㉤ 농업 기술의 발달 : 논농사의 직파법 실시, 2년 3작의 윤작법, 소를 이용한 깊이갈이, 시비법 발달(가축의 배설물 이용, 녹비법 시행, 재를 거름으로 사용) → 생산력 증가

㉥ 원나라의 영향 : 이암의 〈농상집요〉 소개, 문익점이 목화씨 반입(공민왕) → 의생활의 변화

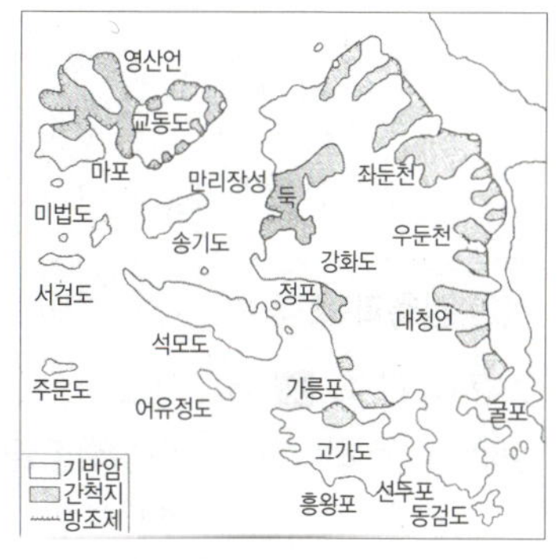

| 고려 후기 강화도 간척지 |

(4) 화약무기 제조와 조선 기술

① **화약 제조 기술** : 화통도감 설치(최무선), 진포싸움에서 왜구 격퇴

② **조선 기술** : 대형 범선 제조, 배에 화포 설치, 대형 조운선 등장

04 귀족 문화의 발달

(1) 문학의 발달

① 고려 전기 : 과거제와 한문학 발달

㉠ 한문학 : 문치주의 성행, 관리들의 필수 교양, 시인 등장(박인량, 정지상) → 독자적 모습

㉡ 향가 : 균여의 보현십원가 11수

② 최씨 무신 집권기

㉠ 수필 등장 : 현실 도피 경향 → 임춘의 국순전(술 의인화), 이인로의 파한집(과거의 명문에 근거한 표현 방식 강조)

㉡ 최씨 무신 집권기 : 형식보다 내용에 치중하여 현실을 표현 → 이규보, 최자

③ 고려 후기

㉠ 신진 사대부와 민중이 주축

㉡ 신진 사대부 : 향가 형식 계승, 경기체가 창작(한림별곡, 관동별곡, 죽계별곡) → 유교 정신과 자연의 아름다움을 노래

㉢ 패관문학 유행 : 이규보의 백운소설 · 국선생전, 이제현의 역옹패설, 이곡의 죽부인전 → 현실 비판

㉣ 한시 : 이제현, 이곡(당시 사회 부패상 표현), 정몽주(단심가)

④ 속요(장가) : 서민의 감정을 대담하고 자유분방한 형식으로 표현(청산별곡, 가시리, 쌍화점 등) → 시가 분야의 새로운 경지 개척

(2) 건축과 조각

① 건 축 18 기출

㉠ 고려시대의 건축은 궁궐(개성 만월대 터)과 사원 중심

㉡ 고려 전기 : 주심포 양식

- 안동 봉정사 극락전(13세기, 국보) : 가장 오래된 건물
- 영주 부석사 무량수전(13세기, 국보) : 예산 수덕사 대웅전(13세기, 국보)과 함께 균형 잡힌 외관과 치밀한 배치로 고려시대 건축의 단아함과 세련미를 표현

| 안동 봉정사 극락전 |

| 예산 수덕사 대웅전 |

㉢ 고려 후기

- 다포식 건물의 등장 : 조선시대 건축에 큰 영향을 끼침
- 성불사 응진전(황해도 사리원) : 고려시대 다포식 건물

② 석 탑 21 기출

㉠ 고려 석탑의 특징

- 신라 양식을 일부 계승하면서도 독자적인 조형 감각을 가미하여 다양한 형태로 제작
- 형식에 구애받지 않는 자연스러운 면을 보여 줌

㉡ 다양한 형태의 다각 다층탑, 개성 불일사 5층석탑, 평창 월정사 8각 9층석탑(국보), 부여 무량사 5층석탑(보물), 개성 경천사지 10층석탑(국보, 원 석탑의 영향)

③ **승탑** : 대부분 팔각원당형 계승, **여주 고달사지 승탑**(국보), 원주 법천사지 지광국사탑(국보)

④ **불 상**

㉠ 초기 양식 : 대형 철불이 많이 조성, 하남 하사창동 철조석가여래좌상(보물)

㉡ 지방화된 불상양식 : **논산 관촉사 석조미륵보살입상**(국보), 안동 이천동 마애여래입상(보물)

㉢ 통일신라 양식 계승 : 영주 부석사 소조여래좌상(국보)

| 평창 월정사 8각 9층석탑 |

| 부여 무량사 5층석탑 |

| 여주 고달사지 승탑 |

| 원주 법천사지 지광국사탑 |

| 하남 하사창동 철조석가여래좌상 |

| 논산 관촉사 석조미륵보살입상 |

| 안동 이천동 마애여래입상 |

| 영주 부석사 소조여래좌상 |

(3) 청자와 공예

① **자기 공예** : 고려 공예 중 가장 뛰어난 분야

㉠ 특징 : 신라 토기의 전통에 송의 자기 기술을 도입하여 독특한 미 완성

㉡ 청자의 발달 : 순수 청자(초기)에서 상감청자(12~13세기 중엽)를 제작하였으나 원 간섭기에 들어가면서 퇴조, 청자 상감운학문 매병(국보), 청자 동화연화문 표주박모양 주전자(국보) 19 기출

㉢ 생산지 : 부안, 강진(청자 초기의 가마터 보존) → 강진에서는 최고급 청자를 만들어 중앙에 공급

② **금속 공예**

㉠ 청동 은입사 공예 : 상감 기법에 따라 청동기 바탕에 은으로 장식 무늬를 넣은 은입사 기술 발달, 청동 은입사 포류수금문 정병(국보)과 향로 등

㉡ 범종 : 신라시대 양식 계승, 수원의 **용주사 동종**(국보), 해남 대흥사의 탑산사명 동종(보물)

③ **나전칠기** : 불경을 넣는 경함, 화장품갑, 문방구 등에 자개를 붙여 무늬를 내는 기술, 조선시대를 거쳐 오늘날까지 전해짐

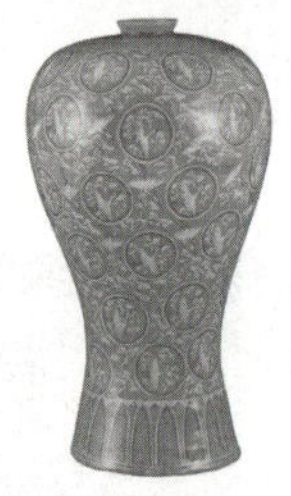
| 청자 상감운학문 매병 |

| 청자 동화연화문 표주박모양 주전자 |

| 청동 은입사 포류수금문 정병 |

| 탑산사명 동종 |

(4) 글씨 · 그림과 음악

① **서예** : 구양순체(전기 - 탄연), 송설체(후기 - 이암)

② **그 림**

㉠ 도화원 소속 전문화원의 그림, 문인이나 승려의 문인화

㉡ 이령의 〈예성강도〉, 공민왕의 〈천산대렵도〉

㉢ 불화 발달 : 혜허의 〈관음보살도〉, 부석사 조사당의 벽화(국보), 사경화

③ **음악** : 아악(궁중음악), 향악(속악), 민중의 속요(동동, 한림별곡, 대동강 등)

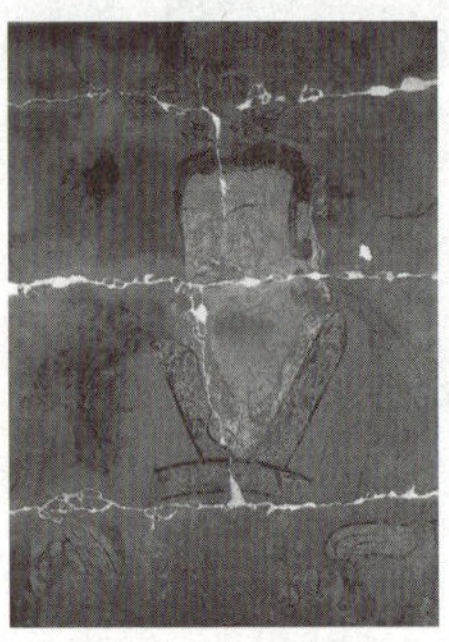

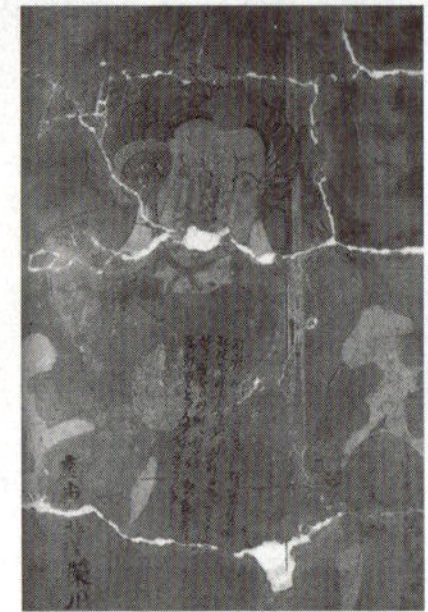

| 부석사 조사당 벽화 |

제3절 근세의 문화

01 민족 문화의 융성

(1) 교육기관 22 기출

① 성균관 : 국립교육기관, 최고 학부 구실, 입학자격은 생원 · 진사 원칙

② 사학 : 중등교육기관, 중앙에 설치, 중학 · 동학 · 남학 · 서학

③ 향교 : 중등교육기관, 지방에 설치, 성현에 대한 향례, 유생들의 교육, 지방민의 교화를 위해 부 · 목 · 군 · 현에 설립, 중앙에서 교수 · 훈도 파견

④ 서원 : 사립교육기관, 주세붕이 세운 백운동서원(최초의 서원), 봄 · 가을 향음주례를 지냄, 인재 양성, 선비나 공신 숭배, 덕행을 추모 → 향촌 사회의 교화에 공헌

⑤ 서당 : 초등 교육을 담당한 사립교육기관이자 사학이나 향교에 입학 못 한 평민이나 선비 자제들의 교육기관(교육받는 연령은 대개 8~9세부터 15~16세에 해당)

(2) 훈민정음 창제(세종, 1443 창제, 1446 반포)

① 보급 : 〈용비어천가〉 · 〈월인천강지곡〉 간행, 불경 · 농서 등 간행, 행정 실무에 이용

② 결과 : 백성들의 문자 생활, 국문학 발전

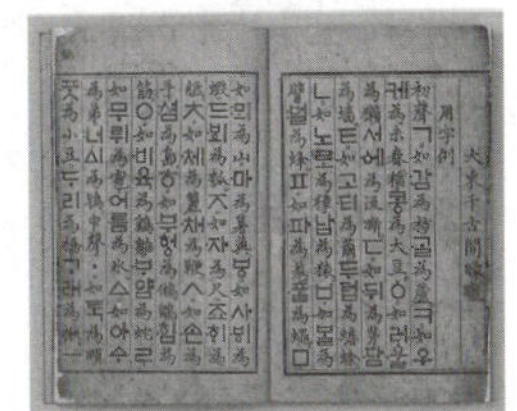
| 훈민정음 |

(3) 역사서의 편찬 16 17 23 24 기출

① 초기 : 왕조의 정통성 확립과 성리학적 통치 규범 정착을 위해 편찬

예 〈고려국사〉(정도전 → 조선 건국의 정당성)

② 15세기 중엽 : 자주적 입장에서 고려사 재정리

예 〈고려사〉(기전체), 〈고려사절요〉(편년체), 〈동국통감〉(편년체, 서거정)

③ 16세기 : 민족 문화의 융성, 사림의 정치문화 의식의 반영

예 〈동국사략〉(박상)

| 고려사절요 |

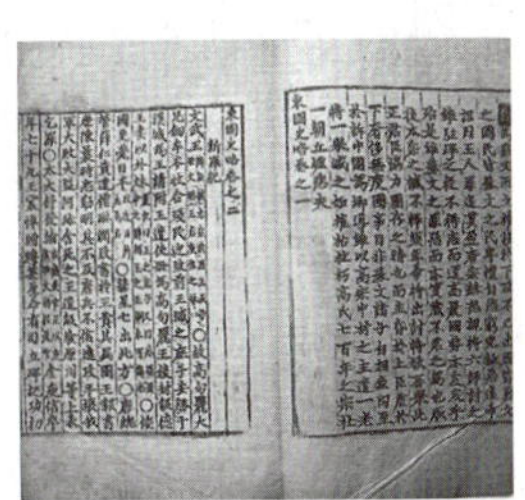
| 동국사략 |

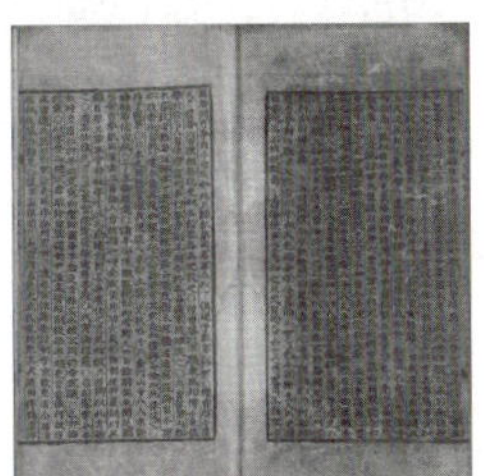
| 조선왕조실록 |

(4) 지리서의 편찬 22 기출

① 편찬 목적 : 중앙 집권과 국방의 강화

② 지도 : 〈혼일강리역대국도지도〉(태종 때 만든 현존하는 동양에서 가장 오래된 세계지도), 〈팔도도〉(세종 때 만든 전국 지도), 〈동국지도〉(세조 때 양성지 등이 제작), 〈조선방역지도〉(16세기에 만들어진 현존하는 지도)

③ 지리지 : 〈신찬팔도지리지〉(세종), 〈동국여지승람〉(성종), 〈신증동국여지승람〉(중종)

(5) 윤리 · 의례서와 법전의 편찬

① 윤리서 및 의례서

㉠ 〈삼강행실도〉 : 세종 때에 모범이 될 만한 충신, 효자, 열녀 등의 행적을 그림으로 그리고 설명을 붙인 윤리서

㉡ 〈국조오례의〉 : 성종 때 국가의 여러 행사에 필요한 의례를 정비한 의례서

㉢ 〈이륜행실도〉 : 16세기, 연장자와 연소자, 친구 사이에 지켜야 할 윤리를 강조한 윤리서

㉣ 〈동몽수지〉 : 16세기, 어린이가 꼭 지켜야 할 예절을 기록

② 법 전

㉠ 유교적 통치 규범 성문화 → 〈조선경국전〉 · 〈경제문감〉(정도전), 〈경제육전〉(조준)

㉡ 〈경국대전〉 : 세조 때 편찬 시작, 성종 때 완성, 조선의 기본 법전, 유교적 통치 질서와 문물 제도 완성

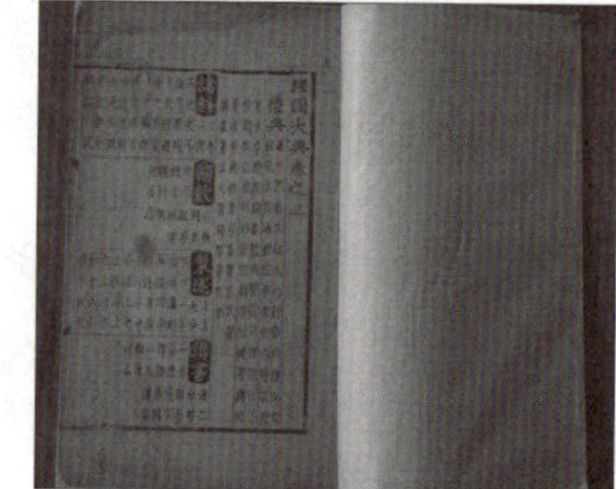

| 경국대전 |

02 성리학의 발달

(1) 성리학의 정착

① 관학파 : 혁명파 사대부(정도전, 권근 등) → 성리학 이외의 학문 포용(특히 주례를 국가통치 이념으로 중시), 대내외적인 모순 극복, 문물과 제도 정비, 부국강병 추진

② 사림파 : 길재의 학문적 전통 계승(성종 때 중앙 정계에 진출) → 교화에 의한 통치 강조(사회 모순을 성리학적 이념으로 극복)

(2) 성리학의 융성

① 주기론 : 서경덕, 조식 → 이이

㉠ 현실적, 개혁적

㉡ 서경덕 : 이(理)보다는 기(氣)를 중심으로 세계를 이해, 불교와 노장 사상에 개방적 태도

㉢ 조식 : 노장 사상에 포용적, 학문의 실천성 강조

② 주리론 : 이언적 → 이황

㉠ 이언적 : 기(氣)보다는 이(理)를 중심으로 자신의 이론을 전개함

㉡ 인간 심성 중시

③ 성리학의 정착 : 이황과 이이 15 21 기출

㉠ 이황 : 〈주자서절요〉 · 〈성학십도〉 저술, 주자의 이론을 현실에 반영, 백운동서원을 소수서원으로 사액받음, 도덕적 행위의 근거로 인간의 심성 중시, 근본적 · 이상주의적 성격이 강함 → 임진왜란 후 일본 성리학 발전에 영향을 미침, 영남학파 형성

㉡ 이이 : 기의 역할 강조, 현실적 · 개혁적인 성격, 〈동호문답〉 · 〈성학집요〉 저술 → 통치 체제의 정비, 수취제도 개혁 등을 제시, 기호학파 형성

제1과목

(3) 학파의 형성과 대립

① 학파의 형성 : 16세기 중반부터 학설과 지역적 차이로 서원을 중심으로 학파 형성

② 정파의 형성 : 선조 때 사림들이 중앙 정계의 주도 세력으로 등장

㉠ 동인 : 서경덕 · 조식 · 이황 학파 → 이후 남인과 북인으로 분당

㉡ 서인 : 성혼 · 이이 학파 → 이후 노론과 소론으로 분당

㉢ 동인의 분리 : 정여립의 난을 계기로 이황 학파(남인)와 서경덕 · 조식 학파(북인)의 분리

③ 학파의 대립

㉠ 북인 : 광해군 때 집권, 임진왜란의 피해 극복(대동법 시행, 은광 개발), 후금과 중립 외교로 서인과 남인의 반발

㉡ 서인 : 인조반정으로 서인이 정국 주도 → 성리학 중심의 사상계

㉢ 서인과 남인 : 명분론 강화, 반청 정책 추진 → 병자호란 초래 → 서인 산림(송시열), 정국 주도

(4) 예학의 발달

① 배경 : 흐트러진 유교적 질서 회복 강조, 〈주자가례〉 중심의 생활 규범서 출현, 예치 강조(김장생, 정구)

② 예송 논쟁 : 전례 논쟁 전개

03 불교와 민간신앙

(1) 불교의 정비

① 불교 정책 : 정부의 간섭과 통제로 발달이 미약

② 목적 : 유교주의 국가 기초 확립, 국가 재정 확보

③ 과 정

㉠ 도첩제 실시로 승려의 수 제한, 사원의 건립 금지

㉡ 세종 때 교단 정리 → 선종과 교종 두 파에 모두 36개 절만 인정

㉢ 사원의 토지와 노비 몰수

④ **불교의 계승** : 궁중과 민간에서 불교 신봉

⑤ **불교 신앙 존속** : 왕실의 안녕 기원, 왕족의 명복을 비는 행사 거행, 산간 불교화

㉠ 세종 : 승려의 출가 제한(도첩제)

㉡ 세조 : 간경도감 설치(일시적으로 불교 중흥)

⑥ **16세기 후반** : 서산대사(휴정)의 교리 정비, 승병의 임진왜란 참여

(2) 도교와 민간신앙

① **도교** : 사원 정리 · 축소, 소격서 설치(초제 시행)

② **풍수지리설과 도참 사상** : 한양 천도에 참조, 양반 사대부의 묘지 선정 등에 영향

③ **민간신앙** : 무격 신앙, 산신 신앙, 삼신 숭배, 촌락제, 계절에 따른 세시풍속

04 과학 기술의 발달

(1) 천문 · 역법과 의학

① 과학 기술의 발달 배경

㉠ 부국강병과 민생의 안정을 중시하여 국가적 지원으로 발전

㉡ 유학자들도 기술학 중시(전통적 기술 문화의 계승과 서역 및 중국의 과학 기술 수용)

② 농업 관련 기술 15 17 20 22 25 기출

㉠ 과학 기구 : 천체 관측 기구(혼의, 간의), 시간 측정 기구(해시계, 물시계), 강우량 측정 기구(측우기, 세계 최초, 1441), 토지 측량 기구(인지의, 규형)

㉡ 역법 : 칠정산(세종 때 원의 수시력과 아라비아의 회회력을 참고로 하여 만든 역법서, 우리나라 역사상 최초로 서울을 기준으로 천체 운동을 계산)

③ **무기 제조 기술** : 화약, 화포, 화차, 거북선 제작

④ **천문도 제작** : 〈천상분야열차지도〉(태조 때 고구려의 천문도를 바탕으로 돌에 새김)

⑤ **의학** : 〈향약집성방〉(우리 풍토에 맞는 약재와 치료 방법 정리), 〈의방유취〉(의학 백과사전) → 조선 의약학의 자주적 체계 마련 21 기출

⑥ **과학 기술의 침체** : 16세기 이후 기술 경시의 풍조로 침체

(2) 활자 인쇄술과 제지술

① **배경** : 국가적 편찬 사업의 진행으로 활자와 인쇄 기술 문화 발달

② **금속활자** : 주자소에서 계미자 · 갑인자 등 제작, 식자판 조립법 창안

③ **제지술 발달** : 조지서 설치(종이 생산), 출판 문화의 발달, 문화 수준 향상에 기여

(3) 농서의 편찬과 농업 기술의 발달

① 농서 편찬 15 16 기출

㉠ 〈농사직설〉(세종) : 정초 · 변효문 등이 왕명에 의하여 편찬한 우리나라 최초의 농서, 우리 실정에 맞는 농법 정리(씨앗 저장, 토질 개량, 모내기)

㉡ 〈금양잡록〉(성종) : 강희맹이 기술한 농서, 경기 지방의 농사법 정리

② 농업 기술 발달 : 2년 3작 시행(조, 보리, 콩), 이모작 실시(일부 남부 지역), 시비법 개선으로 휴경지 소멸, 건경법과 수경법, 남부 일부에서의 모내기

③ 의생활의 발달 : 의류 작물로 목화 재배(전국으로 확대 → 무명옷이 화폐로 통용), 삼 · 모시 재배 성행, 양잠 확산

(4) 병서 편찬과 무기 제조

① 병서 편찬 : 〈총통등록〉(화약무기 제작), 〈동국병감〉(전쟁사 정리), 〈병장도설〉(군사훈련 지침서)

② 무기 제조 : 화약무기 제조(최해산), 화포 · 화차 · 거북선 · 비거도선 제조(수군 전투력 증강)

05 문학과 예술

(1) 다양한 문학 22 기출

① 15세기의 문학 : 〈용비어천가〉, 〈월인천강지곡〉, 서거정의 〈동문선〉, 김시습의 〈금오신화〉

② 16세기의 문학 : 사림의 등장으로 한문학 침체, 여류 문인의 등장(신사임당, 허난설헌)

(2) 왕실과 양반의 건축

① 신분에 따라 크기와 장식 제한 : 왕권 강화, 신분질서 유지

② 15세기 : 궁궐 · 관아 · 성문 중심, 불교 건축(강진 무위사 극락전, 합천 해인사 장경판전, 서울 원각사지 10층석탑)

③ 16세기 : 서원 건축(가람 배치 양식과 주택 양식을 결합), 옥산서원 · 도산서원

(3) 분청사기, 백자의 공예

① 특징 : 실용과 검소 지향, 생활필수품 · 문방구 등

② 자기 : 자기소와 도기소 설치(광주 사옹원 분원), 분청사기(15세기) → 백자 생산(16세기)

③ 공예 : 목공예, 돗자리 공예, 화각 공예, 자개 공예, 수와 매듭

| 분청사기 철화어문 항아리 |

| 백자 달항아리 |

(4) 그림과 글씨

① 그 림 16 기출

㉠ 15세기 : 독자적 화풍 개발(중국 역대 화풍을 선택적으로 수용) → 안견의 〈몽유도원도〉, 강희안의 〈고사관수도〉

㉡ 16세기 : 다양한 화풍 발달(산수화, 사군자 등) → 이상좌의 〈송하보월도〉, 이암은 동물, 신사임당은 풀과 벌레, 황집중은 포도, 이정은 대나무, 어몽룡은 매화를 잘 그림

② 서예 : 안평대군(송설체), 양사언(초서), 한호(석봉체 – 왕희지체를 바탕으로 자신의 고유한 서체 정립)

| 몽유도원도(안견) |

| 고사관수도(강희안) |

| 조충도(신사임당) |

(5) 음악과 무용

① 음 악 15 기출

㉠ 박연(세종) : 여민락 작곡, 〈정간보〉 창안, 아악 체계화

㉡ 성현(성종) : 〈악학궤범〉 편찬 → 전통 음악 유지 발전에 도움

② 16세기 중엽 : 당악과 향악이 속악으로 발달

③ 무용 : 궁중과 관청의 의례에서 음악과 함께 발달

㉠ 처용무 : 전통 춤을 우아하게 변용

㉡ 민간 : 농악무, 무당춤, 승무, 산대놀이(탈춤), 꼭두각시놀이(인형극) 유행

제4절 문화의 새 기운

01 성리학의 변화

(1) 성리학의 절대화 경향

① 서인의 성리학 강화 : 의리 명분론 강화, 주자 중심의 성리학 절대화 → 자신들의 학문적 기반을 공고히 하고자 함

② 성리학의 상대화 : 윤휴, 박세당 → 6경과 제자백가 등에서 모순 해결의 사상적 기반을 찾음

③ 이기론 논쟁(16세기) : 영남 남인(이황 학파)과 노론(이이 학파) 간의 논쟁 19 기출

④ 소론 : 성혼의 사상을 계승하고 양명학과 노장 사상 등을 수용 → 탄력적인 성리학 이해

⑤ 호락 논쟁(18세기, 노론 중심) : 호론(인물성이론 주장 → 위정 척사 사상에 계승), 낙론(인물성동론 → 북학 사상에 계승)

(2) 양명학 수용

① 양명학 수용 : 중종 때 전래, 이후 명과의 교류를 통해 서경덕 학파와 종친 사이에 확산

② 양명학의 영향 : 실학자와 상호 영향, 한말 박은식 · 정인보 등이 계승

02 실학의 발달

(1) 실학의 등장

① 배경 : 성리학의 한계성 자각, 현실 문제 해결 노력(17~18세기)

㉠ 이수광의 〈지봉유설〉 : 신구자, 문화 인식의 폭 확내

㉡ 한백겸의 〈동국지리지〉 : 우리나라의 역사와 지리를 치밀하게 고증

② 실학의 확산 : 서학과 고증학의 전래, 민생 안정과 부국강병 목표, 실증적 논리로 사회 개혁론 제시

③ 실학의 특징 : 실증적 · 민족적 · 근대지향적 학문, 북학파 → 개화사상(19세기 후반)

(2) 농업 중심의 개혁론 15 21 23 24 기출

① 성격 : 서울 남인 출신, 농민 입장에서 제도의 개혁 추구와 자영농 육성 주장(경세치용 학파)

② 유형원 : 〈반계수록〉, 균전론, 양반 문벌제 · 과거제 · 노비제의 모순 비판 → 농업 중심 개혁론의 선구자, 17세기 후반 활약

③ 이익 : 〈성호사설〉, 유형원의 실학 사상 계승 발전, 한전론, 성호학파 성립, 6가지 좀(폐단) 지적

④ 정약용 : 〈목민심서〉, 〈경세유표〉, 실학의 집대성, 여전론(후에 정전제 실시), 백성의 의사를 반영한 정치제도 제시, 과학 기술과 상공업 발달에 관심

⑤ 농민 생활의 안정을 위한 토지제도의 개혁을 가장 중요히 여김

(3) 상공업 중심의 개혁론 18 25 기출

① **성격** : 서울의 노론 출신, 상공업 진흥과 기술의 혁신 주장(북학파, 이용후생학파)

② **유수원** : 〈우서〉, 중국과 우리 문물 비교, 개혁안 제시, 상공업 진흥, 기술 혁신, 사농공상의 평등화와 전문화 주장

③ **홍대용** : 〈임하경륜〉 · 〈의산문답〉, 기술 혁신, 문벌 철폐, 중국 중심의 생각 비판

④ **박지원** : 〈열하일기〉, 수레와 선박 이용, 화폐 유통 역설, 양반의 비생산성 비판, 농업 생산력 증대

⑤ **박제가** : 〈북학의〉, 상공업 발달, 청과의 통상 강화, 수레와 선박의 이용 주장, 절약보다 소비를 권장하여 생산을 자극

(4) 국학 연구의 확대

① **배경** : 민족적 전통과 현실에 대한 관심 고조 → 국학 발달

② **역사 연구** 18 25 기출

㉠ 이익 : 중국 중심의 역사관 비판(민족에 대한 주체적 자각 고취)

㉡ 안정복 : 〈동사강목〉, 우리 역사의 독자적 정통론 체계화(고증사학 토대 마련)

㉢ 이긍익 : 〈연려실기술〉, 조선의 정치와 문화 정리

㉣ 한치윤 : 〈해동역사〉, 민족사 인식의 폭 확대

㉤ 이종휘 : 〈동사〉, 고구려 역사 연구(한반도 중심의 협소한 사관 극복)

㉥ 유득공 : 〈발해고〉, 발해사 연구 심화(한반도 중심의 협소한 사관 극복)

㉦ 김정희 : 〈금석과안록〉, 북한산비가 진흥왕 순수비임을 확인

③ **지리 연구** 15 기출

㉠ 역사지리서 : 한백겸의 〈동국지리지〉, 정약용의 〈아방강역고〉

㉡ 인문지리서 : 이중환의 〈택리지〉

㉢ 지도 : 정상기의 〈동국지도〉, 김정호의 〈대동여지도〉

④ **언어 연구** : 신경준의 〈훈민정음운해〉, 유희의 〈언문지〉, 이의봉의 〈고금석림〉

⑤ **백과사전류** : 이수광의 〈지봉유설〉, 이익의 〈성호사설〉, 이덕무의 〈청장관전서〉, 서유구의 〈임원경제지〉, 이규경의 〈오주연문장전산고〉, 홍봉한 등의 〈동국문헌비고〉(우리나라의 역대 문물을 정리한 한국학 백과사전)

03 과학 기술의 발달

(1) 서양 문물의 수용

① **과학 기술의 발달 배경** : 조선 전기의 과학적 성과를 토대로 새로이 서양의 과학 기술을 수용

② **서양 문물의 전래** : 중국을 통해 전래(17세기경부터) → 세계지도(이광정), 화포, 천리경, 자명종(정두원) 등 도입

③ **서양 문물에 대한 수용** : 이익과 그의 제자들 및 북학파가 수용(일부는 천주교까지 수용)

④ **벨테브레이(박연)와 하멜의 표류** : 서양 문물 전래, 조선 사정을 서양에 전함

(2) 천문학과 지도 제작 기술의 발달

① **천문학** : 서양 과학의 영향, 지전설, 무한 우주론 주장(홍대용, 김석문 → 근대적 우주관에 접근, 성리학적 세계관 비판의 근거)

② **역법** : 시헌력 도입(김육)

③ **수학** : 기하원본(유클리드 기하학의 한문 번역본) 도입, 홍대용의 〈주해수용〉 저술

④ **지도** : 마테오 리치의 〈곤여만국전도〉의 전래 → 과학적 · 정밀성, 지리학 지식 습득, 정확한 지도 제작

| 곤여만국전도 |

(3) 의학의 발달과 기술의 개발

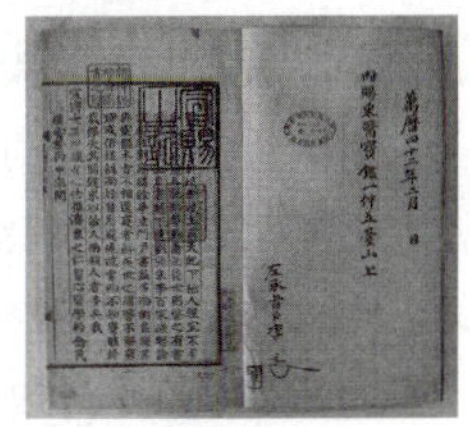

| 동의보감 |

① **의학의 발달** : 〈동의보감〉(허준, 전통 한의학 정리), 〈침구경험방〉(허임, 침구술 집대성), 〈마과회통〉(정약용, 홍역 연구), 〈동의수세보원〉(이제마, 사상의학 확립)

② **정약용의 기술 개발** : 과학 기술의 중요성을 강조 → 거중기 제작, 배다리 설계

(4) 농서의 편찬과 농업 기술의 발달 15 기출

① **농서의 편찬** 18 기출

㉠ 신속의 〈농가집성〉(17세기 중엽) : 벼농사 소개, 이앙법의 보급에 공헌

㉡ 박세당의 〈색경〉, 홍만선의 〈산림경제〉, 서호수의 〈해동농서〉 : 채소, 과수, 원예, 양잠, 축산 등 농업 기술 소개 → 농업 기술의 발전

㉢ 서유구의 〈임원경제지〉 : 농촌생활 백과사전

| 논갈이(김홍도) |

② **농업 기술의 발달**

㉠ 논농사 : 17세기에 이앙법 보급 → 노동력 절감, 생산량 증대

㉡ 밭농사 : 깊이갈이, 쟁기의 기능 개선, 소를 이용한 쟁기의 사용 보편화

③ **쟁기갈이** : 가을갈이가 보편화, 봄갈이 등을 여러 번 시행

④ **시비법의 발전** : 여러 종류의 거름 사용 → 토지 생산력 증대

⑤ **수리 관개 시설의 발달** : 당진의 합덕지, 연안의 남대지 등이 만들어짐 → 논의 비율 늘어남, 정조 때 논의 비율이 밭보다 높아짐

⑥ **황무지 개간** : 내륙 산간 지방에서 활발

⑦ **간척 사업 활발** : 서해안과 큰 강 유역의 저습지에서 주로 이루어짐

04 문학과 예술의 새 경향

(1) 서민 문학의 발달

① 배경 : 서당 교육 보급과 서민의 지위 향상, 상공업 발달, 농업 생산력의 증대
② 서민 문화의 등장 : 문예 활동에 중인 · 서민이 참여하고 상민이나 광대들의 활동이 두드러짐
③ 특징 : 감정의 적나라한 표현, 양반의 위선적 모습 비판, 사회의 부정과 비리 풍자 · 고발

(2) 판소리와 탈놀이

| 송파산대놀이 |

① 판소리 : 적나라하게 솔직한 감정 표현 → 서민 문화 중심, 춘향가 · 심청가 · 흥보가 · 적벽가 · 수궁가 등 12마당, 신재효가 판소리 사설을 창작 · 정리(19세기 후반)
② 탈놀이와 산대놀이 : 지배층과 승려들의 부패와 위선을 풍자

(3) 한글 소설과 사설 시조

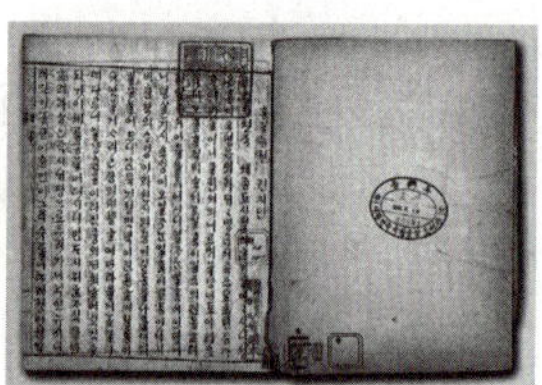
| 홍길동전(허균) |

① 한글 소설 : 허균의 〈홍길동전〉, 〈춘향전〉, 〈별주부전〉, 〈심청전〉 등
② 사설 시조 : 격식에 구애됨 없이 감정을 구체적으로 표현, 남녀간 사랑이나 현실 비판
③ 한문학 : 정약용(삼정의 문란을 폭로하는 한시 〈애절양〉), 박지원(한문 소설을 통해 양반 사회의 허구성 지적, 〈양반전〉 · 〈허생전〉 · 〈호질〉 · 〈민옹전〉 등)
④ 시사(詩社) 조직 : 중인 및 서민층의 문학 창작 활동 활발 → 풍자 시인(김삿갓, 정수동)

(4) 진경 산수화와 풍속화 18 21 23 기출

① 진경 산수화
㉠ 우리 자연을 사실적으로 묘사
㉡ 정선 : 18세기에 진경 산수화의 세계를 개척, 〈인왕제색도〉 · 〈금강전도〉 등
② 풍속화(18세기 후반)
㉠ 김홍도 : 간결하고 소탈, 농촌 서민의 일하는 모습 묘사, 〈씨름도〉 · 〈서당도〉 등
㉡ 신윤복 : 양반과 부녀자의 생활과 유흥, 남녀간의 애정 묘사, 〈단오풍정〉 · 〈미인도〉 등
㉢ 19세기 김정희 등의 문인화의 부활로 일시 침체
③ 민화 : 서민의 소원을 기원하고 생활 공간을 장식
④ 서예 : 이광사(동국진체), 김정희(추사체 창안)
⑤ 기타 회화 : 강세황(서양화 기법 사용), 장승업(강렬한 필법과 채색법, 〈삼인문년도〉 등)

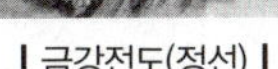

| 금강전도(정선) |

| 씨름도(김홍도) |

| 단오풍정(신윤복) |

(5) 건축의 변화

① 17세기 : 김제 금산사 미륵전 · 구례 화엄사 각황전 · 보은 법주사 팔상전 등 규모가 큰 건물, 불교의 사회적 지위 향상과 지배층의 경제적 성장을 반영

② 18세기

㉠ 수원 화성(정조) : 공격형 성곽(종합적인 도시계획 건설)

㉡ 논산 쌍계사, 부안 개암사, 안성 석남사 → 부농과 상인의 지원을 받은 사찰

③ 19세기 : 경복궁(흥선대원군) → 근정전과 경회루(국왕의 권위 강화 목적)

| 김제 금산사 미륵전 |

| 구례 화엄사 각황전 |

| 수원 화성 |

| 경복궁 근정전 |

(6) 백자 · 생활공예와 음악

① 자기 : 청화백자 유행(간결 · 소탈 · 세련미) → 서민층의 옹기 사용

② 음 악

㉠ 양반층 : 가곡, 시조 애창

㉡ 광대와 기생 : 판소리, 산조, 잡가 등

㉢ 서민층 : 민요

| 옹 기 |

| 판소리 |

| 무동(김홍도) |

제5장 핵심 실전 문제

※ 문제의 이해도에 따라 ○△× 체크하여 완벽하게 정리하세요.

01 ○△×

다음의 유물과 관련이 있는 두 나라는?

① 고구려 - 일본　② 고구려 - 백제
③ 백제 - 일본　④ 백제 - 신라

해설 **칠지도**
칠지도는 75cm 창 모양 칼로, 3개의 가지 모양 칼날과 몸체의 금으로 상감된 문자가 특징이다. 제작 시기에 대한 의견차가 있지만, 주로 백제 근초고왕 시기에 만들어졌으며 근초고왕이 왜왕에게 하사한 것으로 알려져 있다. 이 유물은 당시 백제와 왜의 활발한 교류를 시사한다.

02 ○△×

다음 활동과 관련이 깊은 사람은?

- 정토 사상으로 불교의 대중화에 공헌
- 화쟁 사상을 주장하여 불교의 종파 융합에 기여
- 금강삼매경론을 지어 불교의 이해 기준 확립

① 원 효　② 의 상
③ 원 측　④ 혜 초

해설 원효는 불교의 대중화에 기여하여 서민층에 환영을 받았으며, 불교 이해의 기준을 확립하고 화쟁 사상으로 여러 종파의 융합에 노력하였다.

정답 1 ❸ 2 ❶

03 삼국 문화의 특징에 대한 설명으로 잘못된 것은?

○△×

① 고구려의 예술은 패기와 정열이 넘친다.
② 백제는 우아하고 미의식이 세련된 예술이 발달하였다.
③ 신라는 소박한 전통 위에 조화된 문화를 이룩하였다.
④ 삼국 문화는 각기 전통이 강하여 독자적인 문화를 형성하였다.

해설 삼국의 문화는 서로 다른 특징 속에서 상호 영향을 끼치며 민족 문화를 형성하였다.

04 발해 문화에 대하여 바르게 설명한 것은?

○△×

① 건축, 탑을 통해 도교를 기반으로 한 문화가 융성했음을 알 수 있다.
② 신라와의 대립관계로 양국 간의 교류가 전혀 이루어지지 않았다.
③ 당 문화를 기반으로 하여 고구려 문화를 융합하였다.
④ 한문학과 불교, 예술 및 자기 제작술이 발달하였다.

해설 발해 문화는 고구려 문화의 기반 위에 당 문화를 수용하여 독특한 기반을 지니면서 귀족 중심으로 발달하였다. 발해 초기 신라와 당과는 외교적으로 적대적 관계였다. 그러나 문왕 시기에는 당의 문물을 받아들였고, 신라와도 신라도를 통해서 교류를 하였다.

05 다음 설명과 관계있는 사람은?

○△×

- 당의 빈공과 급제, 시무 10조 건의
- 도당 유학생
- 〈계원필경〉 저술

① 김대문　② 의 상
③ 최치원　④ 이 령

해설 최치원에 대한 설명이다. 최치원은 12세에 당으로 유학을 떠나 당의 관리가 되었다. 28세에 신라로 돌아온 뒤 진성여왕에게 시무책을 올리는 등 정치를 바로잡기 위해 노력하였으나 다른 세력의 견제로 중앙 관직에서 물러나게 되었다.

정답 3 ❹ 4 ❹ 5 ❸

06

다음에 제시된 유물의 공통점은 무엇인가?

- 무령왕릉의 지석
- 사택지적비
- 금동대향로
- 사신도 벽화

① 유학의 발달
② 도교의 성행
③ 왕권의 강화
④ 불교의 발달

해설 삼국시대에는 무위자연, 불로장생의 도교가 성행하였으며, 제시된 유물은 도교의 수용을 보여주는 것들이다.

07

고대 무덤 양식에 대한 설명으로 옳지 않은 것은?

① 돌무지 덧널무덤은 신라의 대표적 무덤 양식이다.
② 통일신라에서는 불교의 영향으로 화장이 유행했다.
③ 무령왕릉은 벽돌무덤으로 지어졌으며 중국 남조의 영향을 받았다.
④ 고구려 후기에는 웅장한 기풍을 내세우려는 경향이 강해져 돌무지무덤이 주로 지어졌다.

해설 고구려 초기에는 돌무지무덤이 주로 만들어지다가 후기로 갈수록 굴식 돌방무덤이 지어졌다.

정답 6 ❷ 7 ❹

08 발해의 문화가 전통적인 고구려 문화의 토대 위에 성립되었음을 보여주는 근거만을 골라 묶은 것은?

ㄱ. 주작 대로
ㄴ. 온돌 장치
ㄷ. 불교 관계 유물
ㄹ. 유목 문화

① ㄱ, ㄴ
② ㄱ, ㄷ
③ ㄴ, ㄷ
④ ㄴ, ㄹ

해설 ㄱ. 당의 수도인 장안성을 모방한 도시 구획
ㄹ. 발해의 피지배층인 말갈인의 문화

09 호국사상에 의해 신라에서 건축된 것은?

① 화엄사 각황전
② 금산사 미륵전
③ 황룡사 9층탑
④ 법주사 팔상전

해설 황룡사 9층탑은 신라 상대의 불교 문화 발달상을 보여주고 있으며 호국불교 사상의 구심체였다.

정답 8 ❸ 9 ❸

10 신라 말기의 풍수지리설에 관한 내용으로 옳은 것을 바르게 묶은 것은?

○△×

ㄱ. 인문지리적인 지식을 활용하려는 학설인데, 뒤에 예언적인 도참 신앙이 결부되었다.
ㄴ. 국토를 지방 중심으로 재편성할 것을 주장하여 신라 정부의 권위를 약화하였다.
ㄷ. 통일을 전후하여 승려 도선이 중국에서 받아들였다.
ㄹ. 신라 말기의 6두품과 지방 호족은 이 학설을 배척하였다.

① ㄱ, ㄴ
② ㄱ, ㄷ
③ ㄱ, ㄹ
④ ㄴ, ㄷ

해설 풍수지리설은 경험에 의한 인문지리적 지식을 활용한 학설로 뒤에 예언적인 도참 신앙과 결부되었다. 또한 국토를 지방 중심으로 재편성할 것을 주장하여 신라 정부의 권위를 약화시키는 동시에 고려 개국의 정당성에 힘을 실어주는 역할을 하였다.
ㄷ. 풍수지리설은 신라 말기에 도선과 같은 선종 승려들이 중국에서 들여왔다.
ㄹ. 지방 호족의 근거지를 합리화하는 데 기여하였다.

11 삼국시대 불교 문화에 대한 설명으로 옳은 것은?

○△×

① 신라는 중국 전진을 통해 불교를 수용하였다.
② 원광의 세속오계는 백제의 도교 사상을 잘 반영하고 있다.
③ 고구려는 권력이 분산되는 것을 우려해 불교를 수용하지 않았다.
④ 원효는 아미타신앙을 전도하며 불교의 대중화를 이끌었다.

해설 ① 신라는 고구려를 통해 눌지왕 때 불교를 전래받았으며, 법흥왕 때 이차돈의 순교로 불교를 공인하였다.
② 세속오계는 신라의 원광이 마음가짐과 행동의 규범을 가르치기 위해 만든 다섯 가지 계율로, 유·불교 사상이 고루 반영되어 있다.
③ 고대에는 국가를 통합을 위해 불교를 수용하였다. 고구려는 소수림왕 때 중앙 집권 체제를 확립하기 위해 중국 전진에서 불교를 수용하였다.

정답 10 ❶ 11 ❹

12 다음 자료에서 설명하고 있는 문화유산은?

○△×

> • 프랑스 파리에서 발견됨
> • 고려 우왕 때(1377) 서원경 부근에서 제작
> • 현존하는 세계에서 가장 오래된 금속활자

① 속장경
② 경국대전
③ 상정고금예문
④ 직지심체요절

해설 〈직지심체요절〉(1377)은 현존하는 세계 최고의 금속활자본으로, 2001년 유네스코 세계기록유산으로 등재되었다.

13 고려시대 조계종에 대한 설명으로 옳지 않은 것은?

○△×

① 불교계의 타락을 비판하며 정혜쌍수의 실천 운동을 전개하였다.
② 심성의 도야를 강조함으로써 성리학을 받아들일 수 있는 사상적 터전을 마련하였다.
③ 원 간섭기 이후 권문세족의 후원으로 혁신 운동이 전개되었다.
④ 고려 후기에 이르러서는 불교계의 중심적인 종파가 되어 많은 승려를 배출하였다.

해설 원 간섭기에는 개혁 운동의 의지가 사라져 불교계는 귀족 세력과 연결하여 폐단을 다시 드러내었다.

14 다음 중 고려시대 석탑의 특징으로 옳지 않은 것은?

○△×

① 백제의 양식을 계승하였다.
② 독자적인 조형 감각을 가미하였다.
③ 안정감이 부족하나 자연스러웠다.
④ 다각 다층탑을 제작하였다.

해설 고려시대의 석탑은 신라 양식을 일부 계승하면서, 그 위에 독자적인 조형 감각을 가미하여 다양한 형태로 제작되었다. 다각 다층탑이 많았고, 안정감은 부족하나 자연스러운 모습을 띠었다.

정답 12 ④ 13 ③ 14 ①

15 다음의 내용에 해당하는 의학서는?

○△×

> • 의학 백과사전 형식
> • 중국 역대 의서의 집대성
> • 전순의 등에 의해 왕명으로 편찬

① 마과회통
② 의방유취
③ 향약집성방
④ 동의수세보원

해설 ① 홍역에 대한 연구를 담은 책이다.
③ 우리의 풍토와 알맞은 약재, 치료 방법을 정리하여 담은 책이다.
④ 사람의 체질을 구분하여 치료하는 방법을 담은 책이다.

16 교육기관 중 잘못 연결된 것은?

○△×

① 발해 – 경사 6학
② 고구려 – 태학
③ 통일신라 – 국학
④ 고려 – 국자감

해설
• 주자감 : 발해의 교육기관
• 경사 6학 : 고려시대 국자감의 교육제도

17 고려시대의 도교와 풍수지리설에 대한 내용으로 옳지 않은 것은?

○△×

① 예종 때 도교 사원이 처음 건립되었다.
② 도교는 교단도 성립하지 못한 채 민간신앙으로 전개되었다.
③ 풍수지리설은 묘청의 서경 천도 운동의 이론적 근거가 되기도 하였다.
④ 풍수지리설은 신라 말에 크게 유행하다 고려시대에는 점차 쇠퇴하였다.

해설 풍수지리설은 미래의 길흉화복을 예언하는 도참 사상이 더해져 고려시대에 크게 유행하였다.

정답 15 ❷ 16 ❶ 17 ❹

18 ○△×

고려시대의 예술에 관한 설명으로 가장 거리가 먼 것은?

① 불교 의식에 사용되는 도구의 제작이 활발하였다.
② 귀족의 향락 생활과 관련된 미술 공예품이 발달하였다.
③ 향악은 국가의 큰 의식에서 아악과 함께 연주되었다.
④ 귀족의 일상 생활을 풍자하는 화풍이 유행하였다.

해설 조선시대에 이르러서야 지배층의 생활을 풍자한 그림이 나타났다.

19 ○△×

고려의 건축 문화와 관련된 설명으로 옳지 않은 것은?

① 궁전과 사원 중심의 건축 문화가 발달하였다.
② 석탑은 전형적인 형태의 3층 석탑이 주로 만들어졌다.
③ 고려 전기의 건물은 주로 주심포 양식으로 지어졌다.
④ 석탑의 경우 신라에 비해 안정감과 조형 감각이 다소 뒤떨어졌다.

해설 고려시대에는 형식에 구애받지 않고 여러 형태의 석탑들이 제작되었다.

20 ○△×

고려시대 건축과 조각에 대한 설명으로 옳은 것은?

① 안동 봉정사 극락전은 현존하는 가장 오래된 목조 건물로 알려져 있다.
② 고려 전기에는 주로 다포식 건물이 유행하였다.
③ 개성 경천사지 10층석탑은 송의 석탑을 본뜬 것이다.
④ 영주 부석사 소조여래좌상은 백제시대 양식을 계승하였다.

해설 ② 고려 전기에는 주로 주심포 양식이 유행하였고, 고려 후기에는 다포식 건물이 등장하였다.
③ 고려 후기의 개성 경천사지 10층석탑은 원의 석탑을 본뜬 것으로, 조선시대로 이어졌다.
④ 영주 부석사 소조여래좌상은 통일신라시대 양식을 계승한 걸작이다.

정답 18 ④ 19 ② 20 ①

21 ○△×

다음과 같은 특징을 갖고 있는 도자기는?

> 16세기에 유행하였으며, 사대부의 취향에 맞는 순백의 고상함을 풍겼다.

① 고려청자
② 분청사기
③ 백 자
④ 청화백자

해설 **도자기의 변천과정**
신라토기 → 순수청자(고려 전기) → 상감청자(고려 후기, 12세기 중엽) → 분청사기(조선 초기) → 백자(16세기) → 청화백자(조선 후기)

22 ○△×

다음은 조선 초기에 제작 · 편찬된 것들이다. 그 목적은?

> • 팔도도
> • 혼일강리도
> • 팔도지리지
> • 동국여지승람

① 왕조 개창을 정당화하기 위해서
② 중앙 집권과 국방의 강화를 위해서
③ 통치 규범을 성문화하기 위해서
④ 유교적인 질서를 확립하기 위해서

해설 ① 역사서, ③ 법전, ④ 윤리서의 편찬 목적에 해당한다.

정답 21 ❸ 22 ❷

23

조선시대의 통치 규범을 성문화한 대표적인 법전은?

① 동국통감

② 병장도설

③ 경국대전

④ 국조오례의

해설 〈경국대전〉은 세조 때 착수하여 성종 때 완성된 조선 왕조의 기본 법전으로서 통치 규범을 성문화하려는 목적에서 편찬되었다.

제1과목

24

15세기 문학의 경향에 관해 바르게 설명한 것은?

① 국문 소설이 많이 창작되었다.

② 서민 문학이 크게 성장하였다.

③ 진취적 기상을 나타내는 작품이 만들어졌다.

④ 사림의 위선을 풍자한 작품이 크게 성행하였다.

해설 ①·②·④ 조선 후기의 작품 경향이다.

25

조선시대의 건축에서 주택, 사원, 정자의 건축 양식이 배합된 것은?

① 궁 궐

② 성 곽

③ 학 교

④ 서 원

해설 16세기 건축의 특징은 서원 건축을 중심으로 주택·사원·정자의 건축 양식이 배합되어 독특한 아름다움을 간직하고 자연과의 조화를 이루었다는 것이다.

정답 23 ❸ 24 ❸ 25 ❹

26 세종 때 원의 수시력과 아라비아의 회회력을 참고라 만든 역법서는?

○△×

① 칠정산
② 금양잡록
③ 농사직설
④ 동국병감

해설 문제에서 말하는 것은 칠정산에 대한 설명이다. 칠정산은 우리나라 역사상 최초로 서울을 기준으로 천체운동을 계산하였다.
② 강희맹이 기술한 농서로 경기 지방의 농사법을 정리하였다.
③ 정초 · 변효문 등이 편찬한 우리나라 최초의 농서로 씨앗 저장, 모내기 등의 농법을 정리하였다.
④ 전쟁사를 정리한 병서이다.

27 조선시대 성리학의 발달에 대한 설명으로 옳지 않은 것은?

○△×

① 성리학은 인간의 심성과 우주의 원리 문제를 철학적으로 탐구하는 학문이다.
② 이황과 이이는 성리학이 조선에서 독자적으로 발전하는 데 큰 역할을 하였다.
③ 사림이 성장하면서 성리학의 사상적 발전이 이루어졌다.
④ 이황은 이이에 비해 현실적이고 개혁적인 성격을 지녔고, 〈동호문답〉을 저술하였다.

해설 성리학은 인간의 심성과 우주의 원리 문제를 철학적으로 탐구하는 신유학이다. 16세기 이후 사림들은 주자 성리학을 독자적인 체계를 지닌 조선 성리학으로 발전시켰다. 특히 이황과 이이는 인간의 심성 문제를 깊이 있게 탐구하여 조선 성리학을 한 단계 높은 수준으로 끌어올렸다. 이황의 대표적인 저서는 〈성학십도〉이고, 이이의 대표적인 저서는 〈동호문답〉과 〈성학집요〉이다.

28 이황에 대해 바르게 설명한 것은?

○△×

① 경험적 현실세계를 존중하였다.
② 그의 학풍은 기호학파를 형성 · 발전시켰다.
③ 예학을 하나의 학문으로 발전시켰다.
④ 일본 성리학에 큰 영향을 주었다.

해설 ① 이황은 주리 철학에 근거하여 도덕적 원리의 인식과 실천을 중시하였다.
② 이황은 김성일 · 류성룡 등 영남학파를 형성하게 하였다. 기호학파는 이이와 관련이 있다.
③ 예학을 하나의 학문으로 발전시킨 사람은 김장생이었다.

정답 26 ❶ 27 ❹ 28 ❹

29 ○△×

조선 중기 이후 종족(宗族)의 결속을 강화하고 양반의 권위를 유지하기 위해 널리 유행하였던 것은?

① 족 보
② 향 안
③ 호 적
④ 향 약

해설 족보는 안으로는 종족 내부의 결속을 강화하고 밖으로는 다른 종족이나 하급 신분에 대하여 권위를 과시하고 붕당을 구별하는 중요 자료로 이용되었다.

30 ○△×

다음 중 조선 초기 주요 건축으로 볼 수 없는 것은?

① 학 교
② 성 곽
③ 서 원
④ 궁 궐

해설 조선 초기에는 국왕의 권위를 높이고 신분 질서를 유지하기 위해 궁궐과 관아, 성곽, 성문, 학교 건축이 중심을 이루었다. 16세기 이후부터는 사림의 진출로 인해 서원의 건축이 활발해졌다.

31

조선 후기 문화의 특징이 아닌 것은?

① 우리의 자연을 사실적으로 그리는 진경산수화가 발달했다.
② 판소리와 탈놀이 등이 서민들에게 큰 인기를 끌었다.
③ 청자에 백토의 분을 칠한 분청사기가 유행했다.
④ 〈홍길동전〉, 〈춘향전〉 등의 현실을 비판하는 소설이 유행했다.

해설 분청사기는 조선 15세기에 유행하였다. 조선 후기에는 백자가 민간에까지 널리 사용되었으며, 청화백자가 유행하였다.

정답 29 ❶ 30 ❸ 31 ❸

32 조선시대 예술의 특징을 가장 잘 설명한 것은?

○△×

① 서민적이고 실용적이면서도 문화에 대한 자신이 넘쳐흘렀다.

② 고려시대의 전통이 남아 있어 유교의 영향을 덜 받았다.

③ 자연스러운 면보다는 인공적인 면이 강조되는 경향이 있었다.

④ 자기는 세련미가 있었으나 목공예나 화각 공예는 뒤떨어졌다.

해설 ①·② 조선시대에는 유교를 숭배함에 따라 이전의 귀족 중심의 화려하고 세련된 문화가 검소하고 실용적이며 소박한 성격의 것으로 발전하게 되었다.

③ 조선시대에는 자연미를 강조하였다.

④ 목공예, 화각, 칠보, 완초, 죽공예, 나전칠기 등이 고르게 발전하였고, 특히 도공예가 발전하였다.

33 다음과 같은 특징을 지닌 조선 후기의 유학은?

○△×

- 지행합일(知行合一)의 실천성을 중시함
- 정제두가 학문적 체계를 세웠음
- 재야의 소론 계열 학자들이 많이 연구함

① 양명학 ② 성리학

③ 훈고학 ④ 고증학

해설 **양명학**

중국 명나라의 양명 왕수인이 크게 발전시킨 지행합일(知行合一)의 실천성을 중시하는 유교 철학으로서 조선 후기 성리학의 지나친 보수화를 비판하여 주목받았다. 주로 재야의 소론 계열 학자들이 많이 연구하였으며, 정제두는 〈존언〉, 〈만물 일체설〉 등을 저술하여 양명학의 학문적 체계를 세웠다.

정답 32 ❶ 33 ❶

34 다음 내용과 관련 있는 조선 후기의 의학 서적은?

○△×

- 체질 의학 이론 확립
- 태양인, 태음인, 소양인, 소음인으로 구분한 사상 의설

① 허준의 동의보감
② 정약용의 마과회통
③ 허임의 침구경험방
④ 이제마의 동의수세보원

해설 19세기 이제마가 〈동의수세보원〉을 저술하여 사상 의학을 확립하였다. 이는 사람의 체질을 태양인, 태음인, 소양인, 소음인으로 구분하여 치료하는 체질 의학 이론으로, 오늘날까지 한방의학계에서 통용되고 있다.

제1과목

35 다음 중 중농학파와 중상학파를 비교한 것으로 옳지 않은 것은?

○△×

	구 분	중농학파	중상학파
①	사 상	경세치용	이용후생
②	목 표	제도 개혁, 자영농 육성	상공업 진흥, 기술 혁신
③	영 향	국학연구로 확산	북학파로 계승
④	학 자	유수원, 홍대용, 박지원, 박제가	유형원, 이익, 정약용

해설 유형원 · 이익 · 정약용은 중농학파, 유수원 · 홍대용 · 박지원 · 박제가는 중상학파에 속한 학자들이다.

36 다음 학자들의 공통적인 연구 성과는?

○△×

- 이종휘 – 동사
- 유득공 – 발해고

① 한국 고대사 연구의 범위 확대
② 지방의 특징적인 자연환경 조사
③ 우리 언어에 대한 체계적 연구
④ 농업 발달을 통한 현실 개혁 주장

해설 이종휘와 유득공은 고구려사, 발해사 연구로 고대사 연구의 시야를 만주 지방까지 확대하여 한반도 중심의 협소한 사관 극복에 공헌하였다.

정답 34 ❹ 35 ❹ 36 ❶

37 ○△×

실학자들이 주장한 토지 제도의 개혁안에 대해 바르게 설명한 것은?

① 유형원 – 사민 간에 균등하게 토지를 분배하여 자영농을 육성한다.
② 홍대용 – 국가가 장기적으로 토지를 매입하여 가난한 농민에게 지급한다.
③ 박지원 – 토지 소유의 상한을 철폐하여 광작을 가능하게 함으로써 농업 생산력을 증대한다.
④ 이익 – 농가마다 영업전을 지정하고 이의 매매를 금지하여 농민의 몰락을 방지한다.

해설 유형원 · 홍대용은 균전론, 이익 · 박지원은 한전론, 정약용은 여전론을 주장하였다.
① 유형원 : 신분에 따라 차등 있게 토지 분배
② 홍대용 : 일정 연령에 달한 남성에게 토지 지급
③ 박지원 : 대토지 소유 제한, 농민들에게 토지 재분배, 자영농 육성

38 ○△×

다음에서 설명하는 화가가 그린 작품은?

> 진경산수화의 대가로서 금강산과 서울 주변의 수려한 경관을 독특한 필치로 그려냈다.

① 인왕제색도
② 몽유도원도
③ 송하보월도
④ 고사관수도

해설 보기의 화가는 정선이다. 〈인왕제색도〉 외에도 〈금강전도〉가 유명하다.
② 안견, ③ 이상좌, ④ 강희안

정답 37 ④ 38 ①

39 ○△×

조선 후기에 다음의 요소들이 발달한 것은 문화상의 어떤 경향을 반영하고 있는가?

• 민 화	• 판소리
• 풍속화	• 시사(詩社)

① 양반 사대부 문화의 융성
② 서민 중심의 문화 풍조
③ 도교적 취향의 문화 활동
④ 유교 윤리의 권위 옹호

해설 인간 감정의 적나라한 묘사, 사회 비판적 소재, 서민적 주인공의 등장과 현실 세계를 작품 무대로 설정한 것이 조선 후기 서민 중심의 문화 풍조이다.

40 ○△×

다음 그림이 그려진 시기의 경제상황에 관한 설명으로 옳지 않은 것은?

① 곡식, 채소, 담배 등의 상품 작물이 경작되었다.
② 광산 개발이 장려되었다.
③ 도시에는 대상인이 등장하였다.
④ 이앙법(모내기법)이 시작되어 생산량이 증가하였다.

해설 제시된 그림은 조선 후기(18세기) 김홍도의 씨름도(왼쪽)와 서민 문화의 발달을 상징하는 민화(오른쪽)이다.
④ 이앙법(모내기법)의 시작은 원래 고려 말기이다. 조선 후기에는 전국으로 확대되어 노동력이 절감되고, 농업 생산력이 증가하였다.

정답 39 ❷ 40 ❹

제6장 근·현대사의 흐름

제1절 근 · 현대의 정치 변동

01 개화와 자주 운동

(1) 조선 말기의 국내 정세 17 22 23 기출

① 대내적 : 세도 정치의 폐단으로 인한 민란의 발생, 프랑스 선교사의 활동으로 천주교 확산

② 대외적 : 일본과 서양 열강의 침략적 접근

③ 흥선대원군의 정치 : 국가 기강 확립, 민생 안정, 통상 수교 요구 거부

㉠ 왕권 강화책 : 세도 가문의 인물 축출, 고른 인재 등용, 경복궁 중건, 비변사의 폐지, 의정부와 삼군부 기능 회복, 〈대전회통〉 편찬, 서원 정리, 삼정의 개혁

㉡ 통상 수교 거부 정책 : 병인박해(1866) → 제너럴 셔먼호 사건(1866) → 병인양요(1866) → 오페르트 도굴 사건(1868) → 신미양요(1871) → 척화비 건립(1871)

| 경복궁 비현각 |

④ 한계 : 전통 체제 내에서의 개혁, 조선의 문호 개방 지연

(2) 개항과 개화 정책

① 개 항

㉠ 일본의 접근 : 운요호 사건(1875) → 강화도 조약 체결, 문호 개방

㉡ 강화도 조약(1876) : 운요호 사건 계기, 세 항구 개항(부산, 원산, 인천), 치외 법권과 해안 측량권 규정 → 최초의 근대적 조약, 불평등 조약

㉢ 열강과의 수교 : 미국, 영국, 독일, 러시아, 프랑스 등과 불평등 조약 체결(치외 법권, 최혜국 대우 규정)

② 개화 운동

㉠ 개화 정책 추진 : 부국강병을 목표로 개화파 인물 등용 → 통리기무아문 설치(1880), 별기군 창설, 신식 문물 수용(조사시찰단, 영선사 파견)

㉡ 위정 척사 운동 전개 : 개화 정책 반대, 성리학적 전통 질서 수호, 외세 배척 → 항일 의병 운동으로 발전

③ 개화와 보수의 대립

㉠ 임오군란(1882) : 신식군대인 별기군과의 차별대우로 인한 구식군인(2영)의 반발이 계기

- 개화 정책의 후퇴와 청의 내정 간섭, 정부의 친청 정책을 초래함 25 기출
- 일본공사관 파괴, 일본인 살해 등에 대한 손해배상 협상 결과로 제물포 조약 체결 19 기출

㉡ 갑신정변(1884) 15 23 24 기출

- 개화 정책의 후퇴에 대한 반대, 급진적 개혁 추진 → 근대 국가 건설을 목표로 한 최초의 정치 개혁 운동
- 14개조 개혁 정강 발표 : 입헌군주제 지향, 인민 평등권과 능력에 따른 인재 등용 등장, 재정 일원화, 지조법 실시, 혜상공국 폐지 등
- 청군의 개입으로 3일 만에 실패 : 미약한 추진 세력, 일본에 의존하여 민중의 지지를 얻지 못함

개념충전 **갑신정변 14개조 정강**

- 청에 잡혀간 흥선대원군을 곧 돌아오게 하며, 종래 청에 대하여 행하던 조공의 허례를 폐지한다.
- 문벌을 폐지하여 인민 평등의 권리를 세워, 능력에 따라 관리를 임명한다.
- 지조법을 개혁하여 관리의 부정을 막고 백성을 보호하며, 국가 재정을 넉넉하게 한다.
- 내시부를 없애고, 그중에 우수한 인재를 등용한다.
- 부정한 관리 중 그 죄가 심한 자는 가려내어 벌한다.
- 각 도의 환상미를 영구히 받지 않는다.
- 규장각을 폐지한다.
- 급히 순사를 두어 도둑을 방지한다.
- 혜상공국을 혁파한다.
- 귀양살이를 하고 있는 자와 옥에 갇혀 있는 자는 그 정상을 참작하여 적당히 형을 감한다.
- 4영을 합하여 1영으로 하되, 영 중에서 장정을 선발하여 근위대를 급히 설치한다.
- 모든 재정은 호조에서 통할한다.
- 대신과 참찬은 의정부에 모여 정령을 의결하고 반포한다.
- 의정부, 6조 외의 모든 불필요한 기관을 없앤다.

(3) 임오군란과 갑신정변 이후 국내외 정세

① 청의 내정 간섭과 일본의 경제적 침투 심화

② 러시아와의 우호 관계 → 영국의 거문도 사건(1885)

③ 조선중립화론의 대두(유길준)

(4) 동학 농민 운동(1894) 18 기출

① 배경 : 정부의 무능, 개화와 보수의 대립, 국가 재정 궁핍, 농민 수탈 강화, 일본의 경제적 침투, 농촌 경제의 파탄, 농민들의 사회 변혁 욕구 팽배, 동학의 확산

② 전개 과정 : 고부 봉기 → 안핵사 이용태 파견 → 황토현 · 황룡촌 전투 → 전주성 점령 → 전주화약 체결(폐정개혁안) → 집강소 설치, 개혁 실천 → 일본의 내정 간섭 및 청 · 일전쟁 → 2차 봉기 → 우금치 전투 패배

③ 의의 : 아래로부터의 반봉건 · 반외세 민족 운동 → 농민군의 요구가 갑오개혁에 부분적으로 반영

④ 한계 : 근대 국가 건설을 위한 구체적인 방안은 제시하지 못함

(5) 근대적 개혁의 추진

① 갑오개혁(1894)

㉠ 정치 : 내각 권한 강화와 왕권 강화

㉡ 사회 : 신분제 철폐, 전통적 폐습 타파, 홍범 14조 반포, 군국기무처 설치, 은본위 화폐제도, 조세의 금납화, 탁지아문의 국가 재정 관할

② 을미개혁(1895) : 친일 내각 구성, 중단된 개혁 추진, 양력 사용, 단발령 실시 → 자주적 근대화 개혁 노력, 아관파천으로 개혁 중단

③ 의의 : 근대 국가 수립을 위한 개혁이었으며, 농민들의 의견이 일부 반영된 자주적 근대화 개혁

④ 한계 : 개혁 주도 세력이 일본에 의존하였고, 민중의 지지를 얻지 못함

개념충전 홍범 14조 15 기출

1. 청국에 의존하려는 마음을 버리고 자주독립하는 기초를 확고히 할 것
2. 왕실 전범을 제정하여 왕위의 계승과 종실, 외척의 구별을 밝힐 것
3. 대군주가 정사를 친히 각 대신에게 물어 재결하며 왕비와 후궁, 종친이 간여하지 못하게 할 것
4. 왕실 사무와 국정 사무를 나누어 서로 혼합하지 아니할 것
5. 의정부와 각 아문의 직무 권한을 명확히 할 것
6. 인민에 대한 조세 징수는 법령으로 정해서 함부로 거두지 말 것
7. 조세의 부과와 징수, 경비 지출은 모두 탁지아문이 관할할 것
8. 왕실 비용을 솔선 절감하여 각 아문 및 지방관의 모범이 되게 할 것
9. 왕실 비용 및 각 관부 비용은 1년 예산을 세워 재정의 기초를 세울 것
10. 지방 관제를 속히 개정하여 지방 관리의 직권을 제한할 것
11. 나라 안의 총명한 자제를 널리 파견하여 외국의 학술과 기예를 보고 익히게 할 것
12. 장교를 교육하고 징병제를 실행하여 군제의 기초를 확정할 것
13. 민법과 형법을 명확하게 제정하고, 인민의 생명과 재산을 보전할 것
14. 문벌에 구애받지 않고 사람을 쓰고, 세상에 퍼져 있는 선비를 두루 구해 인재의 등용을 넓힐 것

– 〈고종실록〉 –

(6) 항일 의병 투쟁의 시작

① 을미의병(1895) : 위정척사 사상을 가진 유생들이 을미사변(1895)과 단발령을 계기로 일어남, 농민과 동학군 잔여 세력 가담

② 해산 : 아관파천 이후 단발령 철회, 고종의 해산 권고로 자진 해산

개념충전

- 을미사변(1895) : 일본이 명성황후를 시해한 사건
- 아관파천(1896) : 을미사변 후 고종이 러시아 공사관으로 피신한 사건

제1과목

02 주권 수호 운동의 전개

(1) 독립협회와 대한제국 15 23 기출

① 독립협회의 결성(1896) : 서재필 주도, 진보적 지식인 · 도시 시민층 중심

㉠ 배경 : 아관파천 이후 열강의 이권 침탈 심화, 국가의 자주성 손상

㉡ 목적 : 자주 독립 국가 건설, 서재필 등의 자유민주주의 개혁 사상 보급, 의회의 결성, 서구식 입헌군 주제 실현

㉢ 활동 : 독립신문 창간, 독립협회 결성, 자주국권 · 자유민권 · 자강개혁 · 국민참정권 운동 전개, 만민공동회 · 관민공동회(헌의 6조) 개최 → 황국협회를 이용한 보수 세력의 탄압으로 해산

② 대한제국 성립(1897~1910) 20 기출

㉠ 성립 : 연호는 광무, 자주국가임을 국내외에 선포

㉡ 광무개혁

- 구본신참을 개혁의 기본 방향으로 설정
- 대한국 국제를 반포하여 강력한 황제권을 기반으로 한 자주 독립국가임을 선포
- 양전 사업 실시, 지계 발급(근대적 토지 소유 제도), 상공업 진흥책 추진
- 한계 : 집권층의 보수적 성향과 열강의 간섭으로 성과 미흡

개념충전

관민공동회 헌의 6조

• 외국인에게 의지하지 말고 관민이 한마음으로 힘을 합하여 전제 황권을 공고히 할 것
• 외국과의 이권에 관한 계약과 조약은 각 대신과 중추원 의장이 합동 날인하여 시행할 것
• 국가 재정은 탁지부에서 전관하고, 예산과 결산을 국민에게 공표할 것
• 중대 범죄를 공판하되, 피고의 인권을 존중할 것
• 칙임관을 임명할 때에는 황제가 정부에 그 뜻을 물어서 중의에 따를 것
• 정해진 규정을 실천할 것

대한국 국제

• 제1조 대한국은 세계 만국이 공인한 자주독립 제국이다.
• 제2조 대한국의 정치는 만세불변의 전제 정치이다.
• 제3조 대한국 대황제는 무한한 군권(군주권)을 누린다.
• 제5조 대한국 대황제는 육 · 해군을 통솔하고 군대의 편제를 정하며 계엄을 명한다.
• 제6조 대한국 대황제는 법률을 제정하며 그 반포와 집행을 명하고 대사 · 특사 · 감형 · 복권 등을 명한다.

(2) 항일 의병 전쟁의 전개

① **일본의 침략** : 한일의정서(1904) → 제1차 한일협약(1904, 고문정치, 외교 스티븐스) → 을사조약(1905, 외교권 박탈, 통감부 설치) → 한 · 일 신협약(차관정치, 군대해산) → 국권침탈(1910)

② **을사조약 반대 운동** : 조약 폐기 상소(조병세), 자결(민영환), 5적 암살단 조직(5적의 집 소각, 일진회 사무실 습격), 고종의 헤이그 특사 파견(1907, 이준 · 이상설 · 이위종)

③ **을사의병(1905)** : 조약 폐기, 친일내각 타도 주장, 민종식 · 최익현(양반), 신돌석(평민 의병장)

④ **정미의병(1907)** : 고종 황제의 강제 퇴위와 군대 해산으로 인해 일어남. 해산 군인의 참여로 의병의 전투력 · 조직력 강화, 의병 전쟁으로 발전 및 전국으로 확산

⑤ **의의** : 외세 침략에 대항한 한민족 구국 운동, 민족의 강인한 저항 정신 표출, 국권 회복을 위한 무장 투쟁 주도, 항일 무장 독립 투쟁의 정신적 기반 마련

개념충전 **일제의 국권 침탈**

• 독도 : 러 · 일 전쟁 중 일제가 역사적 사실 및 국제법상으로 우리 영토 독도를 시마네 현에 편입한다고 일방적으로 발표
• 간도 : 19세기 조선과 청의 간도 귀속 문제를 간도협약(1909)에 의해 청의 영토로 귀속

(3) 애국 계몽 운동의 전개 16 22 기출

① 주요 추진 세력

㉠ 보안회 : 일본의 황무지 개간권 요구 반대

㉡ 신민회(1907~1911) : 국권 회복과 공화 정체의 국민 국가 건설 목표, 대성학교 설립, 독립 운동 기지 건설(신흥무관학교), 105인 사건(1911)으로 해산

㉢ 기타 : 헌정 연구회(입헌 정치 체제 수립 추구), 대한 자강회(헌정 연구회를 모체로 함), 대한협회(교육 보급과 산업 개발, 민권 신장 추구)

② 한계 : 일제에 의한 정치적 · 군사적 예속 상태에서 전개

③ 의의 : 민족 독립 운동의 이념 · 전략 제시, 장기적인 민족 독립 운동의 기반 조성

제1과목

03 민족의 수난과 항일 독립 운동

(1) 국권의 피탈과 민족의 수난

① 헌병경찰 통치(1910년대) : 국권 강탈 후 조선 총독부 설치, 헌병경찰의 즉결 처분권, 언론 · 출판 · 집회 · 결사의 자유 박탈 → 토지 조사 사업

② 문화 통치(1920년대) : 보통경찰제 실시, 문관도 총독이 될 수 있었으나 그것은 식민 통치 은폐를 위한 기만책, 일본 식민 지배에 순응하는 우민화 교육 → 산미증식계획

③ 민족 말살 통치(1930년대) : 내선 일체, 일선 동조론, 황국 신민화, 일본식 성명 강요, 우리글 사용 금지, 우리 역사 교육 금지, 강제 징용, 강제 징병, 정신대 및 일본군 위안부 등 → 병참 기지화 정책

(2) 3 · 1 운동(1919)

① 운동의 배경 : 민족자결주의, 2 · 8 독립 선언, 국내외의 수많은 독립 운동

② 의의 : 독립의 희망과 함께 민족의 주체성을 확인하는 계기, 전 민족 참가, 세계 약소 민족의 독립 운동에 자극

(3) 대한민국 임시 정부(1919)

① 배경 : 3 · 1 운동을 계기로 조직적으로 독립 운동을 추진

② 정부의 수립 : 대한국민의회(연해주), 한성정부(국내), 대한민국 임시 정부(상하이) 출범

③ 임시 정부의 활동 : 민족 독립 운동의 중추 기관 임무 담당(독립신문 간행, 사료 편찬소 설치), 외교 활동(구미 위원회 설치, 파리 강화 회의에 대표 파견), 군자금 모금과 정보 수집(연통제, 교통국)

(4) 국내의 항일 운동 18 20 기출

① 신간회(1927) : 비타협적 민족주의 세력과 사회주의 세력 연합, 착취기관 철폐, 기회주의 배격, 노동쟁의 · 소작쟁의 · 동맹휴학 지원, 조선인 본위의 교육제도 실시 주장

② 형평 운동(1923) : 백정들의 신분 해방 운동

③ 6 · 10 만세 운동(1926) : 순종의 장례식 계기, 일제의 수탈과 식민지 교육에 대한 반발

④ **근우회(1927)** : 신간회의 자매단체, 여성 항일구국운동 및 여성 지위향상운동

⑤ **광주 학생 항일 운동(1929)** : 전국적 규모, **3 · 1 운동 이후 최대의 민족 운동, 신간회의 지원**

⑥ **국내 독립군 부대 결성** : 보합단, 천마산대, 구월산대 → 일제의 식민 통치 기관 파괴, 일본 군 · 경과의 교전, 친일파 처단, 군자금 모금 활동

(5) 국외의 항일 운동

① **독립 운동 기지 건설(1910년대)** : 만주 지역(서간도, 북간도), 연해주 → 민족 교육과 군사 훈련 실시, 경제적 토대 마련

② **독립군의 활동과 시련(1920년대)** : **봉오동 전투와 청산리 대첩의 승리** → 간도 참변, 자유시 참변

③ **의거 활동** : 식민 통치 기관 파괴, 일본인 고관 및 친일파 처단

㉠ 의열단 : 김원봉을 주축으로 결성, 신채호의 '조선 혁명 선언'을 행동 강령으로 채택, 김익상 · 김상옥 · 나석주 등이 활동 18 기출

㉡ 한인애국단 : 임시 정부의 침체를 이겨내고자 김구가 결성(1932), 중국 국민당 정부의 적극적인 지원 계기, 이봉창, 윤봉길 등이 활동

④ **한국 광복군 창설(1940년대)** : 각체에 산재해 있는 무장 투쟁 세력 통합, 연합군과 공동으로 인도와 미얀마 전선 참전, 국내 진공 작전 준비

(6) 국제 사회의 한국 독립 약속 20 기출

① **카이로 회담(1943)** : 미 · 영 · 중, 적당한 시기에 한국을 독립시킨다는 것에 합의

② **얄타 회담(1945)** : 미 · 영 · 소, 일본과의 전쟁에 소련의 참여 결정

③ **포츠담 선언(1945)** : 미 · 영 · 중, 일본의 무조건 항복 요구, 한국 독립 재확인

04 대한민국의 발전

(1) 광복 직후의 국내 정세

① **조선 건국 준비 위원회** : 본격적인 건국 준비 착수, 조선 건국 동맹을 바탕으로 결성, 치안대를 조직하여 질서 유지, 여운형 중심 19 기출

② **모스크바 3상 회의**에서 **신탁통치** 결정 → 좌익과 우익의 대립 → 좌우합작 운동, 남북 협상(김구, 김규식) 추진 20 기출

③ **국토의 분단** : 38도선을 경계로 남한에는 미군, 북한에는 소련군 주둔

(2) 대한민국 정부의 수립

① **정부 수립 전개** : 유엔 결의 → 5 · 10 총선거 → 제헌국회 구성 → 7 · 17 헌법 제정 → **대한민국 수립(1948.8.15)**

② **좌우익의 대립 격화** : 제주도 4 · 3 사건(1948), 여수 · 순천 10 · 19 사건(1948)

③ 북한은 공산당 체제로 조선 민주주의 인민 공화국 수립(1948)

④ **6 · 25 전쟁(1950)** : 수많은 사람의 살상, 전국토의 초토화, 산업 시설 파괴, 분단의 고착화

(3) 민주주의의 시련 22 기출

① 이승만 정부

㉠ 발췌개헌, 사사오입 개헌, 3 · 15 부정선거(1960) → 장기 집권 획책

㉡ 4 · 19 혁명 : 이승만과 자유당 정권 붕괴(1960.4)

② 박정희 정부

㉠ 5 · 16 군사정변으로 집권

㉡ 경제성장 추진, 한 · 일협정(1965), 새마을운동(1970), 10월 유신(1972) → 장기 집권 체제

㉢ 7 · 4남북 공동 성명(1972)

㉣ 10 · 26 사태 : 유신체제의 종말(1979)

③ 전두환 정부

㉠ 12 · 12 사태 : 신군부 세력의 군권 장악

㉡ 5 · 18 민주화 운동 : 12 · 12 사태, 신군부의 계엄령 등이 발단이 되어 광주에서 일어난 민주화 시위, 유네스코 세계 기록 유산 등재(2011)

(4) 민주주의의 발전 22 23 기출

① 노태우 정부

㉠ 6월 민주항쟁(1987) → 6 · 29 민주화 선언(5년 단임 대통령 직선제)

㉡ 북방 정책, 남북 동시 유엔 가입(1991), 남북기본합의서(1991)

② 김영삼 정부 24 기출

㉠ 금융실명제, 부동산실명제, OECD 가입

㉡ 지방자치제 전면 실시

㉢ 하나회 척결, 역사 바로 세우기

③ 김대중 정부

㉠ 외환 위기 극복, 민주주의 시장 경제의 병행 발전

㉡ 햇볕정책, 6 · 15 남북 공동 선언(2000), 이산가족 찾기

④ 노무현 정부 : 국민과 함께 하는 민주주의, 균형 발전 사회, 평화와 번영의 동북아시아 시대 목표

(5) 북한의 변화

① 전후 복구와 자립적 민족 경제 확립 : 중공업과 경공업의 병진 정책 추진, 천리마 운동, 협동화로 생산력 증대

② 1960년대 : 4대 군사 노선 채택(군수 공업 발전), 주체 노선 강조, 대남 정책(연방제 통일 제시, 내부 혁명, 무력 도발)

③ 1970년대 : 강경 노선 완화, 김일성의 친인척이 권력의 핵심 장악, 7 · 4 남북 공동 성명을 계기로 헌법 개정, 김정일을 후계자로 공인

④ 1980년대 : 김정일의 당 장악, 경제 위기 극복 노력

⑤ 1990년대 : 김일성의 사망(1994), 김정일의 권력 승계

⑥ 2000년대 : 김정일의 사망(2011), 김정은의 권력 승계

(6) 통일을 위한 노력

① 1970년대 : 7 · 4 남북 공동 성명(1972, 자주 · 평화 · 민족 대단결)

② 1980년대 : 이산가족 교환 방문

③ 1990년대 : 남북한 동시 유엔 가입, 민간 차원의 통일 노력 전개, 한반도 비핵화에 관한 공동 선언 채택

④ 2000년대 : 6 · 15 남북 공동 선언(2000.6.15) → 남북 간의 긴장 완화와 화해 협력 진전

제2절 근 · 현대의 경제 변화

01 열강의 경제 침탈과 경제적 구국 운동

(1) 개항과 농촌 경제

① 개항 이후 일본의 경제 침탈 : 불평등 조약을 이용해 약탈적인 무역 자행

② 토지의 약탈 : 청 · 일 전쟁 이후 대규모 농장 조성, 러 · 일 전쟁 이후 토지 약탈 본격화

(2) 열강의 경제적 침탈

① 개항 이후 열강의 경제적 침탈 심화

② 경제적 침탈 : 상권 침탈, 이권 침탈(광산채굴권, 철도부설권, 삼림채벌권)

(3) 경제적 침탈에 대한 저항

① 방곡령 : 일본의 약탈적인 곡물 유출 대항(함경도, 황해도)

② 상권 수호 운동 : 시전 상인들의 황국 중앙 총상회 조직, 경강상인의 운송권 회복 시도

③ 독립협회의 이권 침탈 저지 운동

④ 국채 보상 운동(1907) : 상인들의 회사 설립(상회사, 주식회사) → 일제에 의한 차관도입으로 인한 경제 예속화에 대항, 거족적인 경제적 구국 운동

⑤ 황무지 개간권 요구 반대 운동(1904) : 보안회를 주축으로 반대 운동 전개 → 일제가 황무지 개간권 요구 철회

개념충전 **정부와 민간의 식산흥업 노력**

구 분	정 부	민 간
내 용	• 전환국 설치 : 화폐제도 개혁, 중앙 은행 설립 • 근대적 기업 · 교육기관 설립, 방곡령 시행 등	• 합자 · 상회사 설립, 금융기관 설립, 공업시설 마련 • 독립협회 : 러시아의 절영도 조차 요구 저지 • 황국 중앙 총상회 : 상권 수호 운동
한 계	자본의 축적과 근대적 금융제도를 확립하기 전에 일제의 침략을 당하여 좌절	

02 일제 강점기 민족 경제의 변화

(1) 식민지 수탈 경제 15 기출

① 토지 조사 사업(1910~1918) : 농민의 토지 상실, 기한부 소작농화, 총독부의 토지 약탈

② 회사령(1910) : 허가제 → 한국인의 회사 설립 억제(민족자본 성장 억제)

③ 산미증식계획(1920~1934) : 증산량보다 수탈량이 많음, 식량 부족 심화, 지주에게만 이익, 다수의 농민 몰락, 소작농 증가

④ 회사령 철폐(1920) : 허가제에서 신고제로 전환

⑤ 병참 기지화 정책(1930년대 이후) : 한반도를 대륙 침략의 발판화, 전시 통제 경제 실시(식량 배급제, 물자 공출)

(2) 경제적 민족 운동

① 소작 쟁의와 노동 쟁의 전개 : 생존권 투쟁(항일 민족 운동)

② 조선인 기업 출현 : 대도시를 중심으로 경공업 공장 설립(평양 메리야스 공장, 경성 방직 등) → 대자본가는 경성 방직 주식회사 설립

③ 물산 장려 운동 전개(1920~1932) : 평양에서 조만식을 중심으로 시작, 민족 기업 지원, 민족 경제의 자립 달성 목적

④ 노동 운동 : 노동 조건 개선, 임금 인상 주장 → 항일 민족 운동으로 발전

03 현대의 경제 발전

(1) 광복 직후의 경제 혼란

① 미 · 소 군정과 남북 분단으로 경제 혼란

② 농지개혁법 제정(1946) : 농촌 경제 안정 추구, 소작제도 폐지

③ 귀속 재산 불하 : 산업 자본 형성

(2) 경제 발전

① 1950년대 : 전후 복구 사업으로 생산 활동 활발 → 원조 경제, 수입 의존도 심화

② 경제 개발 5개년 계획 추진 : 제1·2차 경제 개발 계획(1962~1971), 제3·4차 경제 개발 계획(1972~1981), 수출이 비약적으로 증대하는 등 고도 경제 성장, 신흥 공업국으로 부상, 국민생활 수준의 향상

③ 노동 운동의 전개 : 민주화 운동의 진전으로 사회 의식이 높아지면서 노동 운동이 활발해짐

제3절 근·현대의 사회 변동

01 평등 사회의 추구

(1) 평등 의식의 확산

① 종교 활동 : 천주교, 동학, 개신교의 전파(평등 의식의 확산)

② 갑신정변의 14개조 정강 : 양반 신분제와 문벌 폐지 등 주장

(2) 동학 농민군의 사회 개혁 운동

① 폐정 개혁안 : 탐관오리·횡포한 부호·양반 유생의 징벌, 노비 문서 소각, 과부 재가 허용 등

② 집강소 설치 : 개혁 사업의 실천을 위해 전라도 각지에 설치했던 농민 자치 기구

(3) 갑오개혁과 신분제의 폐지

① 양반 중심의 신분제 폐지, 능력 본위의 인재 등용 계기

② 점진적·개량적 개혁 : 조선 근대화의 계기, 양반 권력 독점의 해체

개념충전 **갑신정변·동학·갑오개혁의 공통점**

신분 제도의 개선

(4) 독립협회의 민권 운동 전개

① 주권 독립 운동, 자유 민권 운동(인권 확대, 참정권 실현)

② 관민 공동회 개최 : 민중의 자발적 참여, 평등 의식의 확산, 헌의 6조 가결

③ 입헌 군주제 지향 : 애국 계몽 운동으로 계승

02 민족 독립 운동기의 사회 변화

(1) 한인의 국외 이주와 독립 운동

① 만주와 간도, 연해주 일대 : 국내 진공에 유리, 한인들의 협조 → 독립 운동 기지 건설

② 간도와 연해주로 이동 : 기아와 빈곤, 국권 회복 운동, 일제 탄압으로 인한 정치적 망명 → 독립 운동 전개

③ 국외 독립운동

㉠ 시베리아의 연해주 : 대한 광복군 정부 수립(이상설)

㉡ 미국 : 하와이(신민회와 한인 협성회 조직), 본토(유학생, 관리 출신 이주, 흥사단)

㉢ 일본 : 2 · 8 독립선언(3 · 1 운동의 도화선) 발표

(2) 사회주의 운동의 대두와 신간회 운동

① 사회주의 사상의 유입 : 1920년대 수용 → 소수 지식인 · 청년 · 학생 중심(초기) → 노동 · 농민 · 청년 · 여성 · 형평 운동 전개

② 신간회 결성(1927) : 3 · 1 운동 이후 최초로 비타협적 민족주의 계열과 사회주의 계열의 민족 연합 전선 결성 21 기출

(3) 농민 · 노동 · 여성 · 학생 운동

① 농민 운동 : 소작료 인하 요구, 소작권 이동 반대 → 암태도 소작쟁의(1923), 항일 운동의 성격

② 노동 운동 : 노동 쟁의 → 임금 인상, 노동 조건 개선 등 요구, 원산 노동자 총파업(1929)이 대표적

③ 여성 운동 : 계몽 차원에서 전개 → 가부장제 혹은 전통적 인습 타파(1920년대 초) → 사회주의 운동과 결합

④ 학생 운동 : 시설 개선, 일본인 교원 배척 요구(민족 운동화), 동맹 휴업의 전개 → 광주 학생 항일 운동(1929)

개념충전 신간회(1927)

- 비타협적 민족주의 세력과 사회주의 세력의 민족협동전선으로 안재홍, 홍명희, 조만식, 한용운 등이 창립하였고, 비타협적인 독립 운동을 전개함
- 한국인 본위의 교육 실시, 원산 노동자 총파업 지원, 광주 학생 항일 운동 지원 등
- 국내 민족운동 세력을 총결집한 민족 유일당 운동임

제4절 근 · 현대 문화의 흐름

01 근대 문화의 발달

(1) 근대 문명의 수용

① **통신시설** : 전신 · 전화를 가설, 우정국 운영

② **교통시설** : 전차 운행, 경인선(1899)과 경부선 철도 부설

③ **근대시설** : 외세의 이권 침탈이나 침략 목적에 이용되기도 하였으나 한편으로는 국민 생활의 편리와 생활 개선에 이바지

④ **근대의료시설** : 광혜원(1885)을 비롯한 여러 병원들이 설립되어 질병 퇴치와 국민 보건 향상에 공헌하였으며, 경성 의학교 · 세브란스 병원 등에서는 의료 요원을 양성

⑤ **건축** : 근대 문물의 수용과 함께 명동 성당(1898), 덕수궁 석조전(1910) 등 서양식 건물이 세워졌으며, 교회와 학교 건축을 중심으로 서양식 건축의 보급 확산

| 명동 성당 |

(2) 근대 교육과 학문의 보급

① **근대 교육 학교** : 최초의 근대적 사립학교인 원산학사(1883), 한국 최초의 근대식 공립교육기관인 육영공원(1886) → 상류층 자제 대상

② **사립학교의 설립** : 배재학당(1885), 이화학당(1886)

③ **국학 연구** : 신채호 · 박은식 → 구국 위인들의 전기 보급, 지석영 · 주시경 → 국어 연구

| 배재학당 동관 |

(3) 문예와 종교의 새 경향

① **문학** : 신소설(계몽 문학), 신체시(최남선), 번역 문학(천로역정, 이솝이야기, 로빈슨 표류기) → 근대 의식의 보급에 기여

② **예술** : 창가(애국가, 독립가), 서양 연극(서양식 극장 원각사 건립), 서양식 유화

③ **종교** : 천주교, 개신교, 천도교(손병희), 불교(한용운), 대종교(단군신앙)

| 천로역정 |

02 민족 문화 수호 운동

(1) 일제의 민족 말살 정책과 한국사 왜곡

① **일제의 우민화 교육** : 민족 교육 억압 정책, 동화 정책, 황국 신민화

② **민족 말살 정책** : 우리말과 역사 교육 금지(일선동조론)

③ **한국사 왜곡** : 조선사 편수회 중심, 타율성 · 정체성 · 당파성 등을 강조

(2) 민족 문화 수호 운동의 전개 17 25 기출

① 국어 연구

㉠ 조선어 연구회 : 한글의 보급, 대중화에 공헌, 가갸날 제정(1926)

㉡ 조선어학회 : 한글맞춤법 통일안과 표준어 제정, 우리말 큰사전 편찬 시도

② **한국사 연구** : 민족 문화의 우수성, 한국사의 주체적 발전 강조

㉠ 박은식 : 〈한국통사〉 · 〈한국독립운동지혈사〉 저술 → 우리 민족의 정신을 '혼'으로 파악

㉡ 신채호 : 〈조선상고사〉 · 〈조선사연구초〉 저술 → 낭가 사상

㉢ 정인보 : 〈조선사연구〉 저술, '오천 년간 조선의 얼' 동아일보에 연재 → '얼' 강조

(3) 민족 교육 진흥 운동

① **민립대학 설립 운동** : 조선 교육회 중심, '한민족 1천만이 한 사람이 1원씩' 구호, 모금 운동

② **대학 승격 운동** : 연희 전문 학교, 보성 전문 학교, 이화학당 등 대학 승격 노력 → 일본의 방해로 실패

③ **문맹 퇴치 운동** : 야학 설립(언론사 중심, 학생 등이 주도), 농촌 계몽 운동으로 발전

(4) 일제 강점기의 종교 활동

① **천도교** : 제2의 3 · 1 운동 계획, 〈개벽〉을 비롯해 〈신여성〉, 〈어린이〉, 〈조선농민〉 등의 잡지 간행

② **개신교** : 민중 계몽과 각종 문화 사업 전개, 신사 참배 거부

③ **대종교** : 적극적인 무장 항일 투쟁

④ **원불교** : 박중빈, 불교의 현대화 · 생활화 주창

⑤ **불교** : 한용운 중심, 민족 종교 전통 수호 노력

(5) 일제 강점기의 문예 활동

① **문학** : 근대 문학의 개척(이광수, 최남선) → 근대 문학의 발전(한용운, 김소월, 염상섭) → 신경향파 문학(1920년대 – 박영희, 김기진) → 순수 문학의 경향(1930년대 – 정지용, 김영랑) → 저항 · 항일 문학(일제 말기 – 이육사, 윤동주)

② **음악** : 안익태(애국가), 윤극영(반달)

③ **미술** : 안중식의 전통 회화, 이중섭의 서양화

④ **연극** : 토월회, 극예술연구회

⑤ **영화** : 나운규의 아리랑

03 현대 문화의 동향

(1) 현대의 교육

① 광복 이후 미국식 교육 제도 도입

② 4 · 19 혁명 이후 학원 민주화 운동 활발

③ 5 · 16 군사정변 이후 반공 교육, 기능 양성 교육 강화, 국민 교육 헌장 발표

(2) 현대의 사상과 종교

① **사상** : 민족주의와 민주주의(1950년대) → 반공주의에 근대화 이념 가세(1960~1970년대) → 민족주의와 민주주의 정착(1980년대 이후)

② **종교** : 천주교와 기독교의 양적 팽창, 1970년대 이후 민주화 운동에 기여

(3) 현대의 문화 활동과 과학 기술의 발전

① 1960년대 이후 문화의 대중화 현상

② 현실 참여 경향의 문학 등장

③ **1960년대 이후 과학기술 발전을 위한 정책 추진** : 경제와 산업의 발전을 지원하는 수단으로서의 과학 기술 중시

제6장 핵심 실전 문제

※ 문제의 이해도에 따라 ○△× 체크하여 완벽하게 정리하세요.

01 조선 후기의 시대상으로 옳지 않은 것은?

○△×

① 균역법 시행
② 직전법 실시
③ 신해통공 반포
④ 담배 재배

해설 직전법은 조선 세조 때 실시되었다.

02 임오군란과 갑신정변의 공통적인 결과는?

○△×

① 청의 내정 간섭이 강화되었다.
② 일본의 정치적 영향력이 더욱 강해졌다.
③ 청 · 일 양국군의 주둔이 허용되었다.
④ 흥선대원군이 재집권하게 되었다.

해설 ② 임오군란과 갑신정변의 결과 정치적 영향력이 약화된 일본은 경제적 침투를 강화하였다.
③ 갑신정변 후 톈진조약으로 인해 청 · 일 양국군이 철수하게 되었다.

정답 1 ② 2 ①

03 ○△×

흥선대원군의 개혁 정치 중 국가경제를 어렵게 하고 백성들의 원성을 사는 부작용을 초래한 사실이 아닌 것은?

① 경복궁 중건
② 당백전 발행
③ 원납전 징수
④ 환곡제 개혁

해설 흥선대원군은 환곡제를 사창제로 개혁하는 등 삼정의 문란으로부터 농민들의 불만을 해결하려 하였으나, 경복궁을 중건하기 위해 당백전을 발행하여 물가상승을 초래하였고, 원납전을 징수하고 부역에 농민들을 강제 동원하여 백성들의 원성을 사게 되었다.

04 ○△×

다음은 19세기 말에 일어난 어느 민족 운동에 대한 내용이다. 이 운동의 성격으로 올바른 것은?

- 왜와 통하는 자는 엄징한다.
- 토지는 평균하여 나누어 경작한다.
- 탐관오리는 그 죄상을 조사하여 엄징한다.

① 반봉건 · 반외세적 민족 운동이었다.
② 국권을 회복하고 전제 황권을 강화하고자 하였다.
③ 전통적인 사회 체제를 유지하고자 하였다.
④ 우리나라 최초의 근대 국가 건설을 목표로 한 정치 개혁 운동이었다.

해설 제시된 내용은 동학 농민군의 폐정 개혁안에 대한 내용이다. 동학 농민 운동은 밖으로는 외세의 침략에 대항하고자 하는 반외세적 성격이었고, 안으로는 봉건적 지배 체제에 저항하는 반봉건적 성격을 띠고 있었다.

정답 3 ❹ 4 ❶

05 ○△×

한말 최초의 항일 의병 운동이 일어나게 된 계기는?

① 을미사변 ② 갑오개혁
③ 을사조약 ④ 군대해산

해설 1895년 일본이 명성황후를 시해한 을미사변과 단발령을 계기로 최초의 항일 의병 운동인 을미의병이 일어났다. 을미의병은 아관파천 이후 단발령의 철회와 고종의 해산 권고로 자진 해산하였다.

06 ○△×

위정 척사 운동과 동학 농민 운동의 공통점은?

① 외세의 침략에 저항하였다.
② 전제 왕권을 타도하려 하였다.
③ 봉건 체제를 개혁하려 하였다.
④ 근대 문물의 수용에 앞장섰다.

해설
- 위정 척사 운동 : 정부의 개화 정책과 외세의 침략에 대한 반발로 전개
- 동학 농민 운동 : 자본주의 열강의 침탈과 지배층의 착취로 인한 농촌 경제의 파탄으로 농민층이 동요되어 민란 형태로 전개되다가 외세의 간섭에 대항하는 농민 전쟁 형태로 변화

07 ○△×

다음과 같은 의의를 갖는 운동은?

- 인민 평등권 확립 시도
- 전제 군주제를 입헌 군주제로 바꾸려는 최초의 근대 국가 수립 운동
- 규장각 폐지
- 혜상공국 혁파

① 갑신정변 ② 위정 척사 운동
③ 임오군란 ④ 동학 농민 운동

해설 지문의 내용은 개화당이 추진한 갑신정변의 14개조 정강 속에 포함된 내용으로 봉건적 신분제 · 규장각의 폐지, 내각 중심의 정치 운영 등을 주장하였다.

정답 5 ❶ 6 ❶ 7 ❶

08
○△×

다음에서 한말 의병 운동이 의병 전쟁으로 발전하게 된 계기만을 고른 것은?

ㄱ. 단발령
ㄴ. 을사조약
ㄷ. 군대 해산
ㄹ. 고종 황제의 강제 퇴위

① ㄱ, ㄴ
② ㄱ, ㄷ
③ ㄴ, ㄹ
④ ㄷ, ㄹ

해설 헤이그 특사 사건의 결과로 고종이 강제로 퇴위되고, 군대가 해산되었으며, 정미 7조약이 체결되었다. 이에 반발하여 군 해산병들이 가담한 정미의병이 일어났다. 이는 의병 운동이 의병 전쟁으로 발전하는 계기가 되었다.

09
○△×

동학이 대규모 사회 세력으로 성장할 수 있었던 근본적 요인은?

① 교조 신원 운동의 성공
② 교단의 조직적 포교 활동
③ 봉건 사회의 모순에 대한 농민의 불만
④ 일본의 경제적 침투로 인한 민족 사업의 침체

해설 갑신정변 이후 열강의 침탈과 지배층의 착취로 인해 농촌 경제는 파탄이 나게 되었다. 이때 등장한 동학의 인간 평등 사상과 사회 개혁 사상은 농민들이 새로운 사회로의 변화를 갈망하게 했다.

정답 8 ❹ 9 ❸

10 일제가 실시한 산미증식계획과 관련된 설명으로 옳은 것은?

○△×

① 농민이 몰락하고, 식량 사정이 악화되었다.
② 우리나라 농민의 생활을 개선해 주었다.
③ 부족한 식량을 일본에서 생산해 보충하였다.
④ 계획한 증산량을 달성하여 중단되었다.

해설 산미증식계획으로 생산량보다 훨씬 많은 양을 수탈하여 대다수의 농민들이 몰락하고, 농업 구조가 변화하여 식량 사정이 악화되었다.

제1과목

11 일제 강점기에 관한 설명으로 옳지 않은 것은?

○△×

① 총독부를 설치하고 총독을 군인으로 임명하여 무단지배를 추진하였다.
② 경찰 업무를 헌병이 담당하도록 하여 치안, 사법, 행정에 관여할 수 있도록 하였다.
③ 영친왕을 강제로 일본으로 이주시키고, 친일적인 관료들에게는 작위를 내렸다.
④ 일본식 교육을 확대하기 위하여 사립학교를 크게 늘렸다.

해설 일본은 민족주의적 경향이 짙은 사립학교를 탄압하고 관 · 공립학교를 확장하였다.

12 근우회와 형평사가 전개한 활동의 공통점은 무엇인가?

○△×

① 여성의 지위 향상
② 평등 의식 보급
③ 여성 계몽 운동
④ 노동자 파업 지원

해설 형평사는 1923년에, 근우회는 1927년에 창립된 단체로 근우회는 양성 평등을 주장하였고, 형평사는 백정 출신에 대한 평등한 대우를 요구하는 형평 운동을 전개하였다.

정답 10 ❶ 11 ❹ 12 ❷

13 ○△×

1907년 국채 보상 운동에 대한 설명으로 옳지 않은 것은?

① 애국 계몽 단체와 언론 기관이 모금 운동에 참여하였다.
② 대구에서 서상돈, 김광제를 발기인으로 하여 시작되었다.
③ 의연활동에는 직위와 신분에 관계없이 각계각층이 망라되어 있었다.
④ 전 국민의 단합된 항일 의지로 목적달성을 할 수 있었다.

해설 전 국민의 단합된 항일 의지에 위기감을 느낀 통감부는 이 운동을 탄압하였고, 아울러 주도적인 위치에서 운동을 이끌어가던 지식인 계층의 분열과 추진 역량의 한계로 실패하였다.

14 ○△×

일본의 경제적 침투에 대항한 것으로 지방관에 의하여 시행되었던 조치는?

① 국채 보상 운동
② 방곡령
③ 물산 장려 운동
④ 황무지 개간 요구 반대

해설 일본 상인의 농촌시장 침투와 지나친 곡물 반출로 곡가가 폭등하고 흉년이 겹치자 지방관은 직권으로 방곡령을 실시하였다.

15 ○△×

1920년대에 다음 내용과 같은 활동을 한 단체는?

- 민족의 단결과 정치적 · 경제적 각성을 촉구
- 민족주의와 사회주의 진영을 묶어서 단일화한 민족 운동을 추진

① 의열단
② 조선 농민 총동맹
③ 신간회
④ 조선 민립대학 설립 기성회

해설 신간회(1927)는 비타협적 민족주의 세력과 사회주의 세력이 이념을 초월하여 결성한 단일 민족 운동 단체이다.

정답 13 ④ 14 ② 15 ③

16 (가)와 (나) 사이에 일어난 역사적 사실로 옳은 것을 모두 고른 것은?

○△×

(가) 국군과 유엔군은 압록강과 두만강 일대까지 진격하였다.
(나) 휴전협정이 체결되었다.

ㄱ. 인천상륙작전이 성공하였다.
ㄴ. 애치슨 선언이 발표되었다.
ㄷ. 흥남 철수 작전이 전개되었다.
ㄹ. 서울을 다시 내어주는 1 · 4 후퇴가 일어났다.

① ㄱ, ㄴ
② ㄱ, ㄹ
③ ㄴ, ㄷ
④ ㄷ, ㄹ

해설 (가) 1950년 10월, (나) 1953년 7월에 일어난 사실이다.
ㄷ. 1950년 12월, ㄹ. 1951년 1월, ㄱ. 1950년 9월, ㄴ. 1950년 1월

17 다음 일제의 식민 통치 방침이 마련된 배경으로 옳은 것은?

○△×

- 총독은 문 · 무관 어느 쪽이라도 임용될 수 있는 길을 열고, 나아가 헌병경찰제도를 바꿔 보통경찰제도를 채택할 것이다.
- 핵심적 친일 인물을 골라 그 계급과 사정에 맞게 각종 친일적 단체를 조직하게 한다.

① 브나로드 운동이 전개되었다.
② 암태도 소작 쟁의가 발생하였다.
③ 광주 학생 항일 운동이 일어났다.
④ 3 · 1 운동이 전국적으로 확산되었다.

해설 3 · 1 운동은 각계각층의 사람들이 참여한 대규모 독립 운동으로 국내외 민족 주체성을 확인하는 계기가 되어 대한민국 임시 정부의 수립이라는 결과를 가져왔으며, 이후 일제는 통치 방식을 기존의 무단 통치에서 문화 통치로 바꾸게 되었다.

정답 16 ❹ 17 ❹

제1과목

18 밑줄 그은 '계획'이 실시되던 시기에 있었던 사실로 옳은 것은?

○△×

> 일본 각지에서 쌀 폭동이 일어나는 등 식량 위기가 발생하자, 조선 총독부는 쌀 생산을 대폭 늘리겠다는 <u>계획</u>을 실시하면서, 관개 시설을 확충한다는 명목으로 수리 조합을 조직하고 농민들을 가입시켰다. 많은 농민들은 조합비를 비롯한 경제적 부담의 증가로 토지를 상실하고 도시나 국외로 이주하기도 하였다.

① 함경도에서 방곡령이 선포되었다.

② 지계아문이 설치되어 지계가 발급되었다.

③ 증산량보다 많은 쌀이 일본으로 반출되었다.

④ 메가타의 주도로 화폐 정리 사업이 실시되었다.

해설 ③ 1920년대 제1차 세계 대전으로 공업화가 진전된 일본은 증가하는 도시 인구에 비해 농업 생산력이 부족하자 쌀값이 폭등하였다. 이에 조선에서 산미증식계획을 실시하여 일본 본토의 식량 부족 문제를 해결하고자 하였다. 이를 위해 품종 개량, 수리 시설 구축, 개간 등을 통해 쌀 생산을 대폭 늘리려 하였으나 증산량은 계획에 미치지 못하였다. 그럼에도 불구하고 증산량보다 많은 양의 쌀을 일본으로 반출하면서 농민들의 경제 상황은 더욱 악화되었다.

① 함경도 관찰사 조병식은 흉년으로 곡식이 부족해지자 일본으로 곡물이 유출되는 것을 막기 위해 방곡령을 선포하였다(1889).

② 대한 제국은 지계아문을 설치하고 근대적 토지 소유 문서인 지계를 발급하여 근대적 토지 소유권을 확립하고자 하였다(1901).

④ 제1차 한일 협약 이후 재정 고문으로 임명된 메가타는 경제권을 장악하기 위해 화폐 정리 사업을 추진하여 백동화를 제일 은행권으로 교환하였다(1905).

19 다음 내용에 해당하는 조약은?

> • 조선국은 자주의 나라이며, 일본국과 평등한 권리를 가진다.
> • 조선국은 부산 외에 두 곳을 개항하고 일본인의 왕래 통상함을 허가한다.

① 강화도 조약

② 제1차 한 · 일 협약

③ 상민 수륙 무역 장정

④ 조 · 미 수호 통상 조약

해설 강화도 조약(1876)은 우리나라 최초의 근대적 조약으로, 이에 따라 부산 · 원산 · 인천 등 세 항구의 개항이 이루어졌으나, 치외 법권과 해안 측량권 등을 규정한 불평등 조약이었다.

정답 18 ❸ 19 ❶

20 개항 이후 조선 정부가 개화 정책을 추진하면서 외국에 파견한 사절이 아닌 것은?

○△×

① 수신사　② 통신사
③ 영선사　④ 조사시찰단

해설 통신사는 17세기 초 일본이 조선의 선진 문화를 수용하고 정권 교체를 국제적으로 보장받기 위해 우리나라에 파견을 요청한 사절이다.

제1과목

21 다음과 같은 민족 독립 운동을 주도한 계층은?

○△×

- 3·1 운동
- 6·10 만세 운동
- 광주 학생 항일 운동

① 학 생　② 농 민
③ 종교인　④ 도시 중산층

해설 3·1 운동 이후 민족의 독립 항쟁이 항일 학생 운동으로 계승되어 학생들이 독립 투쟁의 주역으로 활동하게 되었다.

22 다음에서 설명하고 있는 민족 경제 자립 운동은?

○△×

- 평양에서 처음 시작되었다.
- 일본 상품을 배격하고 국산품 애용을 주장하였다.
- 근검·저축, 금주·단연 운동도 추진하였다.

① 조선 물산 장려 운동
② 이권 수호 운동
③ 국채 보상 운동
④ 황무지 개간권 반대 운동

해설 1920년과 1923년 조만식을 중심으로 평양과 서울에서 각각 조직된 조선 물산 장려회는 국산품 애용과 소비 절약 운동을 펴 민족 산업 육성과 경제 자립을 도모하려 하였다.

정답 20 ❷ 21 ❶ 22 ❶

23 다음 내용과 같은 일제의 식민 통치가 실시되었던 시기는?

○△×

- 궁성 요배
- 신사참배
- 일본식 성명 강요
- 황국 신민 서사 암송
- 국어 · 국사 교육의 금지

① 1900년대
② 1910년대
③ 1920년대
④ 1930년대 이후

해설 만주 사변(1931)과 중 · 일 전쟁(1937) 등으로 일제가 본격적인 대륙 침략을 감행하면서 민족 문화와 전통을 말살하고 인적 · 물적 자원을 수탈하는 민족 말살 통치를 자행하였다.

24 다음 제시된 지문이 설명하는 교육기관은?

○△×

최초의 근대적 사립학교로서, 외국어 · 자연 · 과학 등 근대 학문과 무술을 가르쳤다.

① 원산학사
② 육영공원
③ 동문학
④ 이화학당

해설 최초의 근대적 사립학교는 원산학사(1883)이다.

정답 23 ❹ 24 ❶

25  **다음 설명에 해당하는 일제의 식민 정책은?**

> • 내선일체 강조
> • 황국 신민 서사 암송, 신사참배 강요
> • 일본식 성명 강요

① 회사령
② 문화 통치
③ 헌병경찰제
④ 민족 말살 통치

해설 ④ 일제는 민족 말살 정책의 일환으로 황국 신민화를 위해 학교에서는 황국 신민의 서사를 암송시키고 신사참배를 강요하였다. 또한, 한국어와 한국사 등의 과목은 폐지하여 교육받을 수 없도록 하였으며, 일본식 이름으로 개명을 강요하였다.

26 ○△× **밑줄 그은 '시기'에 있었던 사실로 옳지 않은 것은?**

> 일제는 중 · 일 전쟁 이후 황국 신민화 정책을 추진하던 <u>시기</u>에 일왕에 대한 충성을 강요하면서 황국 신민 서사를 암송하게 하였다.

① 징병제가 실시되었다.
② 신사참배가 강요되었다.
③ 조선 태형령이 시행되었다.
④ 국민 징용령이 공포되었다.

해설 1930년대 중일 전쟁과 태평양 전쟁을 일으킨 일제는 국가 총동원령을 시행하여 우리 민족을 전쟁에 강제 동원하고, 민족의 정체성을 말살하기 위해 황국 신민화 정책을 시행하였다.
③ 1910년대 무단 통치기에 조선 태형령이 실시되어 곳곳에 배치된 헌병경찰들이 조선인들에게 태형을 가하였다(1912).

정답 25 ❹ 26 ❸

27 다음 기사 내용에 해당하는 사건에 대한 설명으로 옳은 것은?

○△×

> 순종 황제의 인산일인 오늘, 경성 각지에서 만세 시위가 일어났다. 학생들이 격문을 뿌리며 조선 독립 만세를 외치자 시민들이 합세하였다.

① 신간회 결성의 배경이 되었다.

② 대한매일신보의 후원을 받았다.

③ 중국의 5 · 4 운동에 영향을 주었다.

④ 조선어 학회를 중심으로 추진되었다.

해설 1920년대에 사회주의가 유입되기 시작하고 사회주의자와 학생들은 순종의 인산일에 만세 운동을 계획하였으나 사회주의자들이 사전에 발각되어 학생들을 중심으로 순종의 국장일인 1926년 6월 10일에 서울 시내에서 만세 시위를 전개하였다.

① 운동의 준비 과정에서 조선 공산당을 중심으로 한 사회주의 세력과 천도교를 중심으로 한 민족주의 세력이 연대하여 민족 유일당을 결성할 수 있다는 공감대가 형성되었고 그 결과 신간회가 결성되었다.

② 국채 보상 운동은 각종 계몽 단체와 대한매일신보, 황성신문, 제국신문 등 언론 기관의 지원을 받았다.

③ 3 · 1 운동은 고종의 인산일을 계기로 일어난 전국적인 민족 운동으로 중국의 5 · 4 운동에 영향을 주었으며, 일제의 통치 방식이 기존의 무단 통치에서 문화 통치로 바뀌게 되는 계기가 되었다.

④ 조선어학회는 한글 맞춤법 통일안을 제정하고 〈조선말큰사전〉의 편찬을 시작하여 해방 이후 완성하였다.

28 다음 단체와 관련이 있는 인물은?

○△×

> • 배경 : 국민 대표 회의(1923) 이후 임시 정부의 침체 이후 다른 활로 모색
> • 결성 : 김구가 상하이에서 결성(1931)
> • 영향 : 중국 국민당 정부의 적극적인 지원 계기, 중국인의 한국 독립운동 재인식

① 김상옥

② 김원봉

③ 이봉창

④ 김익상

해설 ③ 이봉창은 한인애국단 소속으로 도쿄에서 일본 국왕의 마차에 폭탄을 투척하였다(1932).

① 의열단원인 김상옥은 종로 경찰서에 폭탄을 투척하였다(1923).

② 김원봉은 의열단을 결성하여 직접적인 투쟁 방법인 암살, 파괴, 테러 등을 통해 독립운동을 전개하였다.

④ 의열단원인 김익상은 조선 총독부에 폭탄을 투척하였다(1921).

정답 27 ❶ 28 ❸

29 밑줄 그은 '사건'으로 옳은 것은?

○△×

> 일제가 봉오동 전투 등 독립군 활동에 대한 보복으로 민간인을 학살한 <u>사건</u> 이후 독립군의 재정비를 위해 자유시로 이동했다.

① 간도 참변
② 제암리 사건
③ 제주 4 · 3 사건
④ 암태도 소작 쟁의

해설 ① 1920년 만주 일대에서는 홍범도의 대한 독립군과 김좌진의 북로 군정서가 중심이 되어 봉오동 전투, 청산리 전투를 큰 승리로 이끌었다. 이에 일제는 패배에 대한 보복으로 간도 지역의 수많은 한국인을 학살하고 민가와 학교를 불태우는 만행을 저질렀다(간도 참변). 이후 독립군은 러시아 자유시로 이동하였으나 그 곳에서도 독립군 내부 지휘권을 둘러싼 분쟁으로 인해 자유시 참변이 일어났다(1921).

30 다음 저서를 저술한 인물은?

○△×

> 〈조선 상고사〉, 〈조선사 연구초〉 등을 저술하였고, 역사에서 '아(我)와 비아(非我)의 투쟁'을 강조하였다.

① 백남운 ② 정인보
③ 문일평 ④ 신채호

해설 ① 백남운은 〈조선사회 경제사〉, 〈조선 봉건 사회 경제사〉를 저술하였고, 유물 사관을 토대로 식민 사학의 정체성론을 반박하였다.
② 정인보는 조선학 운동을 주도하며 정약용의 저술을 모은 〈여유당전서〉를 간행하였다.
③ 문일평은 〈호암전집〉, 〈한미 50년사〉를 저술하였고 조선심, 조선정신, 조선사상을 강조하였다.

정답 29 ❶ 30 ❹

31

○△×

민간의 식산흥업 활동이 아닌 것은?

① 상회사 설립
② 금융기관 설립
③ 전환국 설치
④ 합자 회사 설립

해설 전환국 설치는 정부의 식산흥업 노력에 대한 내용이다.

32

○△×

우리 민족의 역사적 전통과 능력을 무시하고, 5년간의 한반도 신탁통치를 결정한 것은?

① 카이로 회담
② 포츠담 회담
③ 얄타 비밀 협정
④ 모스크바 3상 회의

해설 1945년 12월 미 · 영 · 소의 3국 외상이 모스크바에서 한반도에 통일 정부 수립, 미 · 소공동위원회 설치, 5년간 4대 강국의 신탁통치를 내용으로 회담을 가졌다.

33

○△×

대한민국 정부 수립에 관한 사실로 잘못된 것은?

① 여운형 등은 건국 준비 위원회를 조직하여 독립 국가로서의 정부를 수립하고자 하였다.
② 미국은 한국의 독립 문제를 유엔 총회에 상정하여 유엔이 해결하도록 해야 한다고 주장하였다.
③ 유엔은 한국 임시 위원단을 구성하고, 유엔의 감시하에 선거를 통해 조속히 통일된 정부를 수립해야 한다고 결의하였다.
④ 김구, 김규식, 이승만 등 정치인들은 남한만이라도 총선거로서 정부를 세워야 한다고 주장하였다.

해설 김구, 김규식은 남북 분단의 고착화를 염려하여 남북 협상을 주장하였다.

정답 31 ❸ 32 ❹ 33 ❹

34 ○△×

다음 내용이 원인이 되어 일어난 사건은?

> • 이승만 정권의 장기 집권
> • 3 · 15 부정선거

① 1960년 4 · 19 혁명
② 1961년 5 · 16 군사정변
③ 1987년 6월 민주항쟁
④ 1980년 5 · 18 민주화 운동

해설 4 · 19 혁명은 자유당의 독재 정치와 3 · 15 부정선거가 원인이 되었다.

35 ○△×

다음 중 사건과 시대의 연결이 바르지 않은 것은?

① 금강산 해로 관광 시작 – 노태우 정권
② YH 무역 사건 – 박정희 정권
③ 5 · 18 광주민주화 운동 – 전두환 정권
④ 부동산실명제 시행 – 김영삼 정권

해설 금강산 해로 관광이 시작된 것은 김대중 정권 때의 일이며, 금강산 육로 관광이 시작된 것은 노무현 정권 때의 일이다. 노태우 정권 때의 사건에는 6월 민주항쟁과 6 · 29 선언이 있다.

36 

다음 내용을 시대순으로 바르게 나타낸 것은?

> ㄱ. 대한민국 정부 수립
> ㄴ. 경제 개발 5개년 계획 추진
> ㄷ. 제24회 서울 올림픽 개최
> ㄹ. 6 · 15 남북 공동 선언

① ㄱ → ㄴ → ㄷ → ㄹ
② ㄱ → ㄷ → ㄴ → ㄹ
③ ㄱ → ㄷ → ㄹ → ㄴ
④ ㄱ → ㄹ → ㄷ → ㄴ

해설 대한민국 정부 수립(1948) → 경제 개발 5개년 계획 추진(1962) → 제24회 서울 올림픽 개최(1988) → 6 · 15 남북 공동 선언(2000)

정답 34 ❶ 35 ❶ 36 ❶

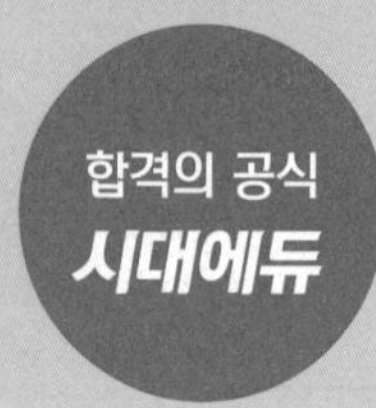

우리 인생의 가장 큰 영광은

결코 넘어지지 않는 데 있는 것이 아니라

넘어질 때마다 일어서는 데 있다

– 넬슨 만델라

관광자원해설

2021~2025년 관광통역안내사 관광자원해설 기출빈도표

출제 영역	2025	2024	2023	2022	2021	합 계
관광자원의 이해	1	1	5	2	1	10(8%)
관광자원의 해설	1	2	2	1	1	7(5.6%)
자연관광자원	7	3	3	6	4	23(18.4%)
문화관광자원	14	14	12	12	13	65(52%)
복합형 관광자원	1	3	2	4	6	16(12.8%)
기타 및 통합 문제	1	2	1	–	–	4(3.2%)
계	25	25	25	25	25	125(100%)

제1장 관광자원의 이해

제1절 관광자원의 개념

01 자원의 개념

(1) 자원의 일반적 의미

자원이란 과거에는 석유 · 석탄 · 식량 · 광물 등 자연에서 얻을 수 있는 자연자원, 그중에서도 형태가 있는 유형재만을 일컫는 경향이 있었으나, 오늘날에는 형태가 없는 무형재 역시 자원으로 인정받고 있으며, 더 나아가 인간의 행복을 증진하는 모든 재료를 의미하는 수준으로 발전하고 있다.

(2) 자원에 관련된 학자들의 정의

① 짐머만(Zimmermann)

㉠ 존재하는 것 자체가 아니라 산출되는 것(Resources are not ; They become)

㉡ "존재하는 요소들이 인간욕구를 충족할 수 있는 잠재력에 의해 평가됨으로써 자원이 될 수 있다" → 자원이란 "생산의 재료로 쓰임으로써 인간의 욕구를 채워 줄 수 있는 모든 것"

② 오리오단(Oriordan) : 사회적 · 정치적 · 경제적 · 제도적 구조로 인해 부과된 여러 제약 내에서 오랫동안 가치를 지닌 것으로, 인간에 의해 평가된 환경의 속성

③ 채프먼(Chapman) : 물리적 세계의 전부도, 인간 세계의 전부도 아닌 양자의 상호작용의 결과로, 자원은 공간성(Space), 시간성(Time), 그리고 기술(Technology)의 세 가지 요인에 의한 상호작용의 결과로 산출된 것

④ 박석희 : 자연이 준 것으로서, 기술의 발달, 시간의 흐름, 소득의 증가 등에 따라 변화하며, 양적 · 질적 · 기술적 측면에서 경제성이 있으면서, 인간의 욕구 또는 요구를 충족할 수 있는 것으로서 환경과 생태계를 파괴하지 않는 범위에서 이용되어야 하는 것

(3) 자원의 속성

① 자연의 속성을 띠고 있을 것

② 기술의 발달, 시간의 흐름, 소득의 증가, 기호의 변화에 의해 변화할 소지가 있을 것

③ 경제성을 띠고 있을 것

④ 인간의 욕구를 충족할 수 있을 것

개념충전 **자원의 개념요소**

- 관광의 이동형태
- 관광의 목적
- 관광의 사회적 현상

(4) 자원의 분류

① 인간욕구의 충족을 위해 소비되는 자원

㉠ 천연 자원 : 토지, 광물, 산림, 물, 야생조수, 어류 등

㉡ 인공 자원 : 공장, 주택, 댐, 발전소의 기계 · 설비, 자연개조 등

㉢ 인적 자원 : 노동력, 기능, 숙련, 의욕 등

② 비소비적 자원(생산 과정에 제약을 가하는 것)

㉠ 기후 · 지형 : 생산 환경을 결정하는 것

㉡ 생산기술 : 과거로부터 현재까지 발달한 생산기술

㉢ 제도 · 조직 : 조직적 생산의 기반이 되는 것으로, 생산과 소비를 연결하는 것

㉣ 문화자원 : 국민성, 도덕, 윤리, 관습, 종교, 정책, 건강 등

02 관광자원의 개념

(1) 관광자원(Tourism Resources)의 정의

① **광의의 관광자원** : 인간의 관광욕구의 대상이 되고 관광행동을 충족하는 가치를 지닌 유 · 무형의 모든 자원 → 자연적 · 문화적 · 사회적 · 산업적 · 위락적 자원

② **협의의 관광자원** : 인간의 관광동기를 충족할 수 있는 생태계 내 유 · 무형의 제 자원으로서 보존 · 보호하지 않으면 그 가치를 상실하거나 하락할 성질이 있는 자원

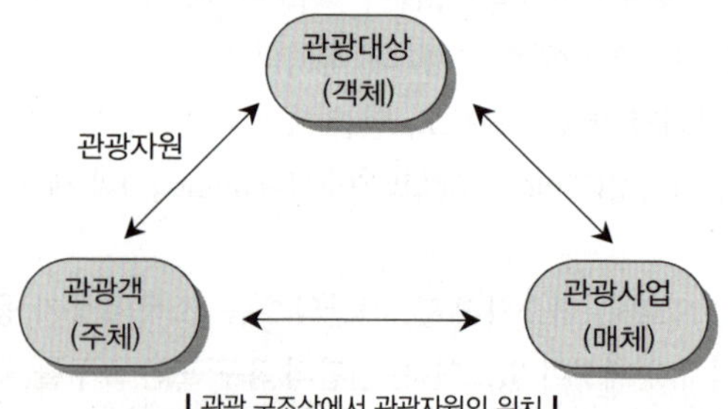

| 관광 구조상에서 관광자원의 위치 |

개념충전 **관광자원의 일반적 특성**

- 비소모성
- 경제성
- 비이동성
- 희소성
- 유인성
- 다양성
- 가변성
- 보존성

(2) 관광자원의 정의 기준

① **범위의 설정기준이 있어야 함** : 관광자원은 관광객 활동을 위한 자연적 · 인문적 대상의 총체로서 관광자원의 범위 설정기준에 따라 다양하게 존재함

② **다른 자원과 구별되는 특성이 있어야 함** : 관광자원은 매력성과 유인성을 지닌 소재적 자원으로서 개발 및 보호 · 보존의 필요성이 있으며, 또한 비소모성과 비이동성 등의 특성을 지니고, 관광객의 가치변화에 따라 그 범위를 달리 함

③ **관광객을 위한 가치가 존재하여야 함** : 관광자원이란 관광객의 동기와 욕구를 일으키고 충족할 수 있는 대상이어야 한다는 것을 본질로 삼고 있으며, 이러한 정의는 추상적인 면이 있으나 관광자원의 목적을 강조한 것임

(3) 관광자원의 기능

① 주체인 관광객을 유인하는 기능

② 관광자원의 유형별 시장세분화 기능

③ 관광객과 관광 지역 주민을 상호작용시키는 기능

④ 관광수요에 따른 공급기능

⑤ 자연적 · 문화적 환경보존 및 보호 기능

(4) 관광자원의 개념적 특성 14 15 17 21 22 23 24 기출

① **범위의 다양성** : 관광자원은 유 · 무형자원, 자연 및 인문자원 등 그 범위가 다양

② **유인성** : 관광객의 관광행동을 끌어들이는 유인성을 띰

③ **매력성**

㉠ 관광객의 관광동기 또는 욕구를 일으키는 매력성을 띰

㉡ 관광자원의 매력성은 원시적인 자연미, 신기함, 특이성, 보양성 등과 같이 관광객의 욕구에 따라 다양하게 나타남

④ **가치의 변화**

㉠ 관광자원은 시대나 사회구조에 따라서 그 가치를 달리함

㉡ 관광자원은 관광객에 의하여 지속적으로 선호 · 이용 · 선택 · 소비될 때 가치를 평가받을 수 있으며, 관광객의 유형에 따라 가치가 다르고 시간이 경과함에 따라 범위가 변화할 수 있음

⑤ **개발요구성**

㉠ 관광자원은 개발로써 관광대상이 됨

㉡ 개발이란 일반적으로 현재보다 진보된 상태로의 변화나 그 과정으로, 좋지 않은 상태에서 바람직한 상태로 변화하는 목표지향적 · 가치지향적인 변화임

㉢ 관광자원은 단순히 자연적 소산의 상태만으로도 관광객의 욕구를 충족할 수 있지만, 관광자원으로서의 가치가 발현되기 위해서는 일정 수준의 개발이 필요함

⑥ 보존과 보호의 필요성

㉠ 관광자원은 보존하고 보호해야 함

㉡ 관광자원은 관광욕구 충족 및 관광경험의 질을 유지 · 향상하기 위해서 보존 · 보호되어야 함

㉢ 관광자원은 천연자원과는 달리 보존 · 보호하지 않을 때는 관광객의 계속적인 이용에 따라 관광자원으로서의 가치가 상실되거나 저하될 위험이 있음

⑦ 자연과 인간의 상호작용 : 관광자원은 자연과 인간의 상호작용의 결과

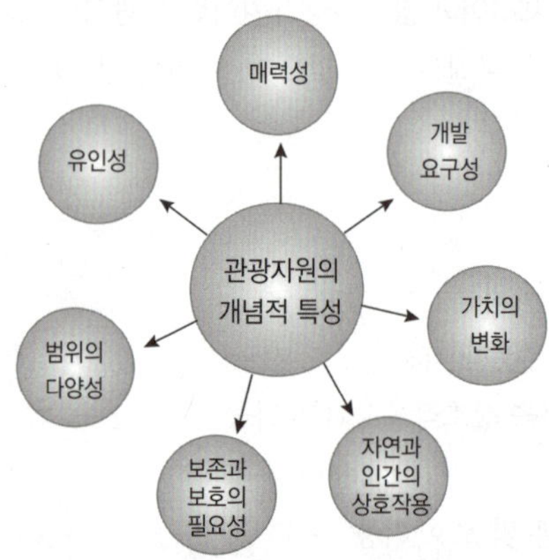

| 관광자원의 개념적 구성요소 |

03 관광자원의 가치결정요인 23 기출

(1) 접근성(Accessibility)

관광객의 거주지에서 목적지까지의 근접성에 근거한 개념으로 관광객의 행동에 영향을 줌

(2) 매력성(Attractiveness)

관광객을 유인할 수 있는 흡인력으로 다양한 자원들이 집중되어 있을수록 매력성이 커짐

(3) 이미지(Image)

한 사람 또는 집단이 대상에 대해 품고 있는 일련의 신념으로서 관광지에 대한 관광객의 이미지는 그들의 여행 참여를 유도하는 커다란 동인의 역할을 함

(4) 관광시설(Tourism Facilities)

관광시설 자체는 목적지의 단독적인 관광객 유인 대상이 되지는 못하지만 목적지의 관광자원의 가치를 향상하는 역할을 함

(5) 하부구조(= 기반시설, Infrastructure)

관광객이 관광지나 관광자원에 접근하는 데 이용되는 교통수단과 시설, 그리고 관광지에서 관광편의를 제공하는 전기 · 통신시설, 상하수도 시설, 의료시설 등

제2절 관광자원의 분류 19 기출

01 관광자원의 분류 방법

(1) 관광자원의 분류 목적

① 자원의 특성유지 : 동질의 자원을 한 종류로 묶어 이용 및 보전에 효율성을 꾀함

② 관광동기 및 욕구충족의 효율화 : 자원의 개발 및 이용에 특성(개성) 부여

(2) 존재형태에 따른 분류 17 기출

유 형		내 용
유형 관광 자원	자연 관광자원	• 위치 : 대륙관계성, 해양관계성, 접근성, 거리 • 기후 : 기온, 강수량, 바람, 일조일수, 안개일수, 쾌청일수 • 지형 : 산악, 하천, 해안, 호수, 약수, 온천, 동굴, 지구대, 사구, 석굴 • 동물 : 희귀동물, 천연기념물 • 식생 : 희귀식물, 천연기념물
	인문 관광자원	• 문화관광자원 : 국가유산(미술품, 공예품, 조각품, 건축물, 교량), 인위적으로 개발한 보양지, 휴양지 • 산업관광자원 : 산업시설, 댐 등
무형 관광 자원	인적 관광자원	국민성, 풍속, 습관, 전통적인 고유기술, 언어, 인심, 예절
	비인적 관광자원	고유종교, 철학, 사상체계, 역사, 제도 및 문학

(3) 형성원인에 따른 분류

관광자원을 자연관광자원과 인문관광자원으로 유형화

(4) 자원특성에 따른 분류

자원특성에 따라 자연적 관광자원과 문화적 관광자원, 사회적 관광자원, 산업적 관광자원 등으로 유형화

(5) 이용형태에 따른 분류

동적 이용자원과 정적 이용자원으로 구분

[산업관광의 유형과 기능] 25 기출

유 형	기 능
비즈니스형	비즈니스와 연결된 거래처와 신규고객 등에게 설명하고 자사제품의 PR의 장으로 활용
일반관광형	널리 관광객을 수용하여 상품과 기업의 PR 및 판매 식음료시설로 관광사업을 전개
리쿠르트형	취업을 목적으로 하는 학생들을 대상으로 기업에 대한 관심을 높이고 기업이 요구하는 인재를 확보하는 것을 목적으로 함
기술인재 육성형	초중고 학생들의 견학 등 수용지역과 사회로의 공헌을 지향

[관광자원의 분류기준] 19 25 기출

분류기준	관광자원의 구성내용
시장특성	이용자 중심형, 중간형, 자원 중심형
분광체(스펙트럼)	고밀도 위락지역, 일반옥외 위락지역, 자연환경지역, 독특한 지역, 원시지역, 역사 · 문화지역
자원의 생성과정	자연적 관광자원, 인문적 관광자원
관광객 행동패턴	주유형 관광자원, 체재형 관광자원
자원의 이용성격 및 토지이용단위	자연자원 의존형, 문화자원 의존형, 인공시설자원 의존형
자원의 가시성	유형관광자원, 무형관광자원

개념충전 **관광시장특성에 의한 분류**

- 이용자 중심형 : 일과 후에 쉽게 접근할 수 있는 이용자의 활동이 중심이 되는 지역에 위치한 관광자원이다.
- 체재형 : 숙박지역 내 혹은 주변에서 보고 즐길 수 있는 관광자원이다.
- 중간형 : 거주지에서 1~2시간 정도 소요되는 거리에 위치한 이용자 활동과 자연자원 매력도가 대등한 조건을 갖춘 관광자원이다.

[한국관광공사의 관광자원 분류] 20 기출

유 형	구성요소
유형관광자원	• 자연적 관광자원(천연자원, 천문자원, 동 · 식물) • 문화적 관광자원(고고학적 유적, 사적, 사찰공원) • 사회적 관광자원(풍속, 행사, 생활, 예술, 교육, 스포츠) • 산업적 관광자원(공업단지, 유통단지, 광업소, 농장, 목장, 백화점) • 관광 · 레크리에이션 관광자원(캠프장, 수영장, 놀이시설, 어린이공원)
무형관광자원	• 인적 관광자원(국민성, 풍속, 관습, 예절 등) • 비인적 관광자원(고유종교, 사상, 철학, 역사, 가곡, 음악 등)

02 관광자원의 유형별 개념과 특징 15 20 기출

(1) 자연적 관광자원

① 관광자원 가운데 가장 원천적인 것으로 사람의 손을 거치지 않은 자연현상이 관광효과에 기여할 수 있는 모든 것을 의미

② 자연적 관광자원은 절대적 가치라기보다 상대적 가치 → 그 지역에서만 볼 수 있는 특수한 자원

[자연적 관광자원의 유형과 기능]

유 형	관광자원의 기능
산지관광자원	• 자연감상 · 휴식 기능 : 경관미 감상, 피서, 피한 • 운동 · 오락 기능 : 등반, 스키, 암벽등반, 수렵, 캠프 • 교육 기능 : 생태계 관찰, 청소년수련장
하천관광자원	• 문화공간 기능 : 도시스포츠, 야외행사, 지역축제 • 교통기관 이용 기능 : 유람선 • 교육 기능 : 생태계 관광
해안관광자원	• 휴식 기능 : 해수욕, 피서, 낚시 • 교육 기능 : 해저수족관, 생태관광, 훈련, 교육캠핑 • 교통기관 이용 기능 : 유람선, 보트, 요트
온천관광자원	• 요양 기능 : 온천욕, 치료 • 휴식 기능 : 온천욕 • 운동 · 오락 기능 : 부대시설, 인근 관광자원과 연계한 운동 · 오락

(2) 문화적 관광자원

① 우리나라의 역사적 · 예술적 · 학술적 가치가 있는 유 · 무형의 문화관광자원

② '문화재'라는 용어의 특성상 재화적 성격이 강해 무형유산이나 자연유산까지 포괄치 못한다는 점과 일제의 잔재라는 점, 유네스코의 분류체계와 시류를 따르지 못한다는 비판점이 있어 최근 '문화재'가 '(문화)유산'으로 명칭이 변경되고, 법령도 재개정되었다.

③ 문화적 관광자원의 범위를 규정하고 분류하기 위해서는 기준이 있어야 하는데, 그 기준을 「문화유산법」, 「무형유산법」, 「자연유산법」에 의거해 살펴보면 다음과 같다.

[국가유산의 분류] 25 기출

유 형	내 용
문화유산	• 유형문화유산 : 건조물, 전적, 서적, 고문서, 회화, 조각, 공예품 등 • 기념물 : 절디, 옛무덤, 조개무덤, 성터, 궁터, 가마터, 유물포함층 등의 사적지와 특별히 기념이 될 만한 시설물 • 민속문화유산 : 의식주, 생업, 신앙, 연중행사 등에 관한 풍속이나 관습에 사용되는 의복, 기구, 가옥 등
무형유산	전통적 공연 · 예술, 공예 · 미술 등에 관한 전통기술, 한의약 및 농경 · 어로 등에 관한 전통지식, 구전 전통 및 표현, 의식주 등 전통적 생활관습, 민간신앙 등 사회적 의식, 전통적 놀이 · 축제 및 기예 · 무예
자연유산	동물(해당 서식지, 번식지 및 도래지를 포함), 식물(해당 군락지 포함), 지형, 지질, 생물학적 생성물 또는 자연현상, 천연보호구역, 자연경관, 역사문화경관, 복합경관

(3) 사회적 관광자원

① 환대, 생활양식, 풍속

② 전통예술, 종교, 민간신앙, 신화, 전설

③ 민족성, 국민성

④ 향토축제, 연중행사

⑤ 문화 · 교육 · 사회시설

(4) 산업적 관광자원 20 23 기출

① **농업 관광자원** : 교육적 측면에서 최근에 도시민들에게 매우 각광을 받고 있는 자원

② **공업 관광자원** : 공장시설이나 기술, 생산공정, 생산품, 후생시설, 기업홍보관 등을 견학 · 시찰하게 함으로써 공업 관광자원 판매 주체의 부가가치를 높이는 자원

③ **상업적 관광자원** : 시장에서의 쇼핑, 박람회 견학, 전시회 관람, 백화점 쇼핑 등을 관광자원화하는 것

[산업적 관광자원의 범위] 24 기출

자원유형	내 용
농업 관광자원	관광농원, 농장, 목장, 어장, 임업 등
공업 관광자원	공장시설, 기술, 생산 공정, 생산품, 후생시설 등
상업 관광자원	시장, 박람회, 전시회, 백화점 등

(5) 관광 · 레크리에이션자원 17 23 기출

① 관광 · 레크리에이션자원의 개념

경제발전으로 인한 오락 및 오락시설에 대한 수요가 증대되면서 관광자원 그 자체의 분류를 새롭게 정립하게 하는 하나의 요인으로 등장하고 있다. 즉, 기존에 많은 학자들에 의해 분류되었던 자원의 종류에 관광 · 레크리에이션자원이라는 시대의 수요증대에 부응하는 새로운 자원을 추가로 분류하게 하였다.

[관광 · 레크리에이션자원의 분류]

유 형	내 용	
주제공원 (테마파크)	• 놀이테마파크 • 민속테마파크 • 예술테마파크	• 생물테마파크 • 과학테마파크 • 창조테마파크
리조트	• 산악형 • 내륙형	• 해변형 • 수변형
카지노	• 외국인 출입 전용 카지노	• 내국인 출입 가능 카지노
스포츠	• 낚 시 • 트레킹 • 카레이싱 • 설상 스포츠	• 스 키 • 골 프 • 항공 스포츠

② 테마파크

㉠ 개념 : 명확한 테마, 즉 주제가 있는 공원이라는 뜻으로 어떠한 테마를 설정하여 그 테마를 실현하고자 제반시설, 구경거리, 음식, 쇼핑 등 종합적인 위락공간을 구성하여 방문객들이 놀이에서 휴식까지 하나의 코스로 즐기도록 하는 위락시설이라고 정의할 수 있다.

㉡ 분 류

구 분	내 용
주제에 따른 분류	• 놀이테마파크 : 건강과 스포츠를 테마로 구성한 공원 • 민속테마파크 : 한 시대와 지역의 환경, 건축, 공예 등을 옛날 그대로 재현한 공원 • 예술테마파크 : 음악, 미술, 영화 등 예술을 테마로 한 공원 • 생물테마파크 : 곤충, 동물, 조류 등을 주제로 하여 원래의 환경을 재현하여 원시적 생태를 보여주는 공원 • 과학테마파크 : 우주개발을 주제로 하여 우주과학체험을 할 수 있는 공원 • 창조테마파크 : 동화, 만화에 등장하는 주인공을 주제로 하여 재현하는 공원
공간에 따른 분류	• 자연공간 – 주제형 : 동물, 식물, 어류, 정원 등의 테마파크 – 활동형 : 리조트, 바다, 산, 온천 등의 테마파크 • 도시공간 – 주제형 : 산업, 과학, 풍속, 구조물 등의 테마파크 – 활동형 : 스포츠, 놀이, 건강, 예술 등의 테마파크

개념충전 **제4차 관광개발기본계획(2022~2031)의 광역연합관광권**

• 1권역 : 수도(서울, 인천, 경기) · 강원 · 제주권
• 2권역 : 충청권(대전, 세종, 충북 충남)
• 3권역 : 전라권(광주, 전북, 전남)
• 4권역 : 대경권(대구, 경북)
• 5권역 : 부울경권(부산, 울산, 경남)

출처 : 문화체육관광부 [제4차 관광개발기본계획(2022~2031)]

제1장 핵심 실전 문제

※ 문제의 이해도에 따라 ○△× 체크하여 완벽하게 정리하세요.

01 관광자원의 특성으로 옳지 않은 것은?

○△×

① 보존과 보호를 필요로 한다.
② 관광동기를 유발하는 매력성을 지닌다.
③ 관광자원의 가치는 변하지 않는 속성을 갖는다.
④ 관광자원의 범위는 다양하다.

해설 ③ 가치의 변화에 대한 설명으로, 관광자원은 시대 · 사회구조에 따라서 그 가치를 달리한다.

02 다음 괄호 안에 들어갈 말로 알맞은 것은?

○△×

> 관광자원이란 관광욕구의 대상이 되며, (　　)의 목표가 되는 유 · 무형의 일체이다.

① 관광동기 ② 관광현상
③ 관광사업 ④ 관광행동

해설 관광자원은 관광객의 관광욕구의 대상이자 관광행동의 목표가 되어 관광객을 흡인하는 데 기여하는 유 · 무형의 일체이다.

정답 1 ❸ 2 ❹

03 관광의 어원은 중국 어느 나라에서 시작되었는가?

○△×

① 당나라
② 한나라
③ 주나라
④ 명나라

해설 관광의 어원은 중국의 주(周)나라 시대에 발간된 〈역경〉 속의 '觀國之光, 利用賓于王(관국지광, 이용빈우왕 ; 후한 대접을 받은 신하가 국가의 문물제도를 살핌)'이라는 문구에서 비롯되었다.

04 다음 중 관광의 주체는 무엇인가?

○△×

① 관광객
② 국 가
③ 관광자원
④ 지역사회

해설 관광주체는 관광욕구의 주인으로서 관광자(관광객) 또는 관광욕구이다.

05 다음 중 관광의 객체는 무엇인가?

○△×

① 관광객
② 관광자원
③ 관광욕구
④ 관광매체

해설 관광객체(대상)는 관광주체의 행동 목적이 되는 관광자원과 스포츠 레저 등을 일컫는다.

정답 3 ❸ 4 ❶ 5 ❷

06 ○△×

다음 중 관광매체가 아닌 것은?

① 도로시설
② 휴게시설
③ 토산품 판매업
④ 관광욕구

해설 관광욕구는 관광의 주체이다.

07 ○△×

관광자원의 유형별 특징에 대한 다음 설명 중 옳지 않은 것은?

① 문화적 관광자원은 민족문화의 정통성 확립과 문화유산의 보존 측면에서 매우 중요하다.
② 자연적 관광자원은 상대적 가치보다 절대적 가치를 띠게 된다.
③ 관광자원으로 중요하지 않게 생각하기 쉬운 자원이 사회적 관광자원이다.
④ 산업시설이 관광자원의 개념에 포용된 것은 관광현상의 발전적인 한 모습이라고 볼 수 있다.

해설 자연적 관광자원은 절대적 가치보다 상대적 가치를 띠게 되는데, 그 지역에서만 볼 수 있는 특수한 자원이어야 한다.

08 ○△×

다음 중 관광 구성의 3대 요소가 아닌 것은?

① 관광주체
② 관광대상
③ 관광매체
④ 관광원인

해설 관광 구성의 3대 요소는 관광주체, 관광대상(객체), 관광매체(사업)이다.

정답 6 ④ 7 ② 8 ④

09 관광자원은 관광의 구성요소 중 어디에 속하는가?

○△×

① 관광주체
② 사 업
③ 관광매체
④ 관광객체

해설 관광자원은 관광 대상으로서 관광객체이다.

10 관광자원의 특성에 대한 설명으로 옳지 않은 것은?

○△×

① 관광객의 관광행동을 끌어들이는 유인성을 지니고 있다.
② 개발로써 관광대상이 된다.
③ 시대나 사회구조에 관계없이 그 가치가 변하지 않는다.
④ 유 · 무형자원, 자연 및 인문자원 등 그 범위가 다양하고 넓다.

해설 관광자원은 관광객에 의하여 지속적으로 선호 · 이용 · 선택 · 소비될 때 가치를 평가받을 수 있으며, 관광객의 유형에 따라 가치가 다르고 시간이 경과함에 따라 그 범위가 달라진다.

11 관광자원의 특성이 아닌 것은?

○△×

① 매력성
② 가치의 지속성
③ 유인성
④ 개발요구성

해설 관광자원은 가치 변화성을 특징으로 한다.

정답 9 ❹ 10 ❸ 11 ❷

12 ○△×

다음 중 관광자원의 가치결정요인에 해당하지 않는 것은?

① 이미지
② 관광시설
③ 비희소성
④ 하부구조

해설 **관광자원의 가치결정요인**
접근성, 매력성, 이미지, 관광시설, 하부구조

13 ○△×

관광자원의 가치결정요인 중 관광객의 여행 참여를 유도하는 동인의 역할을 하는 것은?

① 이미지
② 매력성
③ 관광시설
④ 접근성

해설 관광객의 관광지에 대한 이미지는 그들의 여행 참여를 유도하는 커다란 동인의 역할을 한다.

14 ○△×

다음 무형관광자원 중 인적 관광자원에 해당하는 것은?

① 언 어
② 역 사
③ 철 학
④ 고유종교

해설 **무형관광자원**
- 인적 관광자원 : 국민성, 풍속, 습관, 전통적 고유기술, 언어, 인심, 예절 등
- 비인적 관광자원 : 고유종교, 철학, 사상체계, 역사, 제도 및 문학

정답 12 ❸ 13 ❶ 14 ❶

15 관광자원의 분류기준과 그 구성내용의 연결이 잘못된 것은?

○△×

① 입지 – 이용자 중심형, 중간형, 자원 중심형
② 자원의 생성과정 – 자연자원 의존형, 문화자원 의존형, 인공시설자원 의존형
③ 관광객 행동패턴 – 주유형 관광자원, 체재형 관광자원
④ 자원의 가시성 – 유형관광자원, 무형관광자원

해설 자원의 생성과정 기준에 의한 분류구성 내용은 자연적 관광자원과 인문적 관광자원이다.

16 한국관광공사에서 분류한 관광자원 중 산업적 관광자원의 분류에 해당하지 않는 것은?

○△×

① 캠프장
② 농 장
③ 목 장
④ 유통단지

해설 산업적 관광자원은 공업단지, 유통단지, 광업소, 농장, 목장, 백화점 등을 말한다. 캠프장, 놀이시설 등은 관광 · 레크리에이션 관광자원에 해당한다.

17 다음 중 문화관광자원이 아닌 것은?

○△×

① 국가유산
② 휴양지
③ 산업시설
④ 인위적으로 개발한 보양지

해설 산업시설은 인문관광자원 중 산업관광자원에 해당한다.

문화관광자원
문화재, 인위적으로 개발한 보양지, 휴양지 등

정답 15 ❷ 16 ❶ 17 ❸

18 ◯△✕

다음 중 자연적 관광자원이 아닌 것은?

① 지 형
② 천문기상
③ 풍 속
④ 동 · 식물

해설 풍속, 민족성 등은 사회적 관광자원이다.

19 ◯△✕

다음 중 관광 · 레크리에이션자원이 아닌 것은?

① 테마파크
② 리조트
③ 카지노
④ 박물관

해설 박물관은 문화적 관광자원에 속한다.

20 ◯△✕

다음 중 사회적 관광자원이 아닌 것은?

① 행 사
② 문화시설
③ 풍 속
④ 동 · 식물

해설 동 · 식물, 산악, 지형 등은 자연적 관광자원이다.

정답 18 ❸ 19 ❹ 20 ❹

제2장 관광자원의 해설

제1절 관광자원해설의 개념 및 목적

01 관광자원해설의 정의

자연생태계나 야생동물계에 관한 것은 물론이고, 자원이 지니고 있는 문화적 가치와 역사적 가치 등을 관광객에게 알려주는 활동

개념충전 관광자원해설

- 교육적 활동
- 지각발달 도모 활동
- 새로운 이해, 통찰력, 열광, 흥미를 불러일으키는 활동
- 자원보전에 기여할 수 있는 설명기술

02 관광자원해설의 목적 15 18 23 25 기출

(1) 방문자 만족

관광객이 방문하는 관광지에 대해 보다 예리한 인식능력 · 감상능력 · 이해능력을 갖게 도와줌

(2) 자원관리의 목표 달성

관광객이 관광지에서 적절한 행동을 하게끔 교육이나 안내를 하며, 자연의 과다이용으로 인하여 훼손된 지역 또는 그런 위험이 많은 지역에서는 일정한 행동을 금지함으로써 관광자원에 대한 인간의 영향을 최소화

(3) 이미지 개선

관광자원 관리당국자와 그들이 진행하는 프로그램에 대한 대중의 이해를 촉진

개념충전 **관광자원해설과 관광안내**

- 관광자원해설은 자원의 의미와 가치전달에 주력하며, 관광안내는 여행관리에 주력한다.
- 관광자원해설은 그 자체가 관광자원으로서의 가치를 지닌다.

제2절 관광자원해설기법의 분류

01 인적 해설

(1) 인적 해설의 종류

① **이동식 해설(Roving Interpretation)** : 넓은 지역을 이동하면서 그 지역에 관해 관광객에게 해설 서비스를 제공하거나 박물관에서 이동하며 전시물에 관한 해설을 하는 경우

② **정지식 해설(Station Interpretation)** : 동굴이나 관광객 안내소 및 박물관 등 관광객이 많은 곳에 자원해설가가 고정 배치되어 해설 서비스를 제공하는 경우

개념충전 **자원해설 시 포함되어야 할 요소**

인사/자기소개, 자신감, 태도(손짓, 몸짓, 시선), 포인트 강조, 비교 설명, 주변 자원 소개, 참여 유도, 유머감각, 해설의 리듬, 솔직함과 겸손 등

(2) 해설가의 자질 23 기출

① **열정** : 바람직한 결과를 산출하기 위한 열중과 정열

② **유머감각과 균형감각** : 적절하게 사용하면 여러 가지 상황에서 유용하게 쓰임

③ **명료성** : 자원해설가가 어휘를 적절하게 선택하여 조합하고 나열함으로써 분명하고 막힘없이 의사를 소통하고 표현

④ **자신감** : 주변의 사람들에게도 자신감을 불어넣어 줄 수 있는 능력

⑤ **따뜻함** : 사람들과 만날 때 관광객이 지각하는 이미지로서 해설가가 사람들과 함께 하는 것을 좋아하는가 그렇지 않은가에 대한 인식

⑥ **침착성** : 성숙 · 신뢰 · 따뜻함을 포함한 몇 가지 특성으로 구성

⑦ **신뢰감** : 어떤 사람의 의사소통 형태가 믿음이 간다는 느낌을 주는 것

⑧ **즐거운 표정과 태도** : 인상 · 움직임 · 의상 등 편안한 느낌의 결정에 영향을 미치는 특성이 복합된 것

개념충전 자원해설 시 질문의 효과

- 흥미를 자극한다.
- 프로그램을 짜임새 있게 한다.
- 창조적인 생각을 고무한다.
- 중요한 점을 강조한다.
- 방문객들이 생각과 느낌을 공유할 수 있도록 기회를 제공한다.

(3) 관광자원 해설의 핵심요소

관여, 짜임새, 생명 불어넣기, 전달 등 4가지

개념충전 자원해설가의 역할

- 문화유산의 가치를 재미있게 소개하는 이야기꾼이다.
- 방문객을 대상으로 관광자원의 내용을 설명하는 전속 전문 안내원이다.
- 자원해설가의 본분은 자원봉사자이다.
- 지역경제 활성화에 앞장서는 관광종사원이다.

(4) 인적 자원해설 시 특별 고려사항

① **대상활동** : 대상활동에 따라서 활동에 내재된 욕구가 달라짐

② **대상지역** : 대상지역이 어떤 지역인가에 따라서 그곳을 방문하는 사람들의 방문 목적이 달라짐

③ **대상집단** : 자원해설을 받게 될 집단에 따라서 프로그램의 성격과 내용이 달라짐

(5) 인적 해설기법의 유형 22 기출

① **담화해설기법** : 자원해설을 위한 담화는 말하는 기능을 이용하는 것으로, 말을 하거나 말을 대신하는 몸짓 등을 통하여 관광객들을 이해시키고 일정한 반응을 유도함

② **재현해설기법** : 당시 모습의 재현은 단순 담화보다 효과적일 수 있음. 그러나 재현이 잘못 이루어졌을 경우에는 관광객들이 잘못 받아들이게 되어 자원을 곡해할 수 있음

③ **동행해설기법** : 관광객들과 함께 움직이며 관광자원에 대한 해설을 하는 기법으로, 관광객들의 질문을 받으며 보조를 맞추어 이동하고 장시간 설명을 하므로, 신뢰가 생기는 장점이 있으나 잘못되었을 경우 분위기가 산만해지고 외면받을 수 있음

제2과목

개념충전 **동행을 하는 관광해설 시 주의사항**

- 관광객보다 일찍 나와 있어야 한다.
- 시선을 계속 움직여 분산하는 것이 좋다.
- 해설을 시작하기 전에 해설 내용에 대한 개요를 설명한다.
- 관광해설을 할 때는 1명의 관광해설자당 최대 35명의 관광객이 적당하다.
- 관광해설을 할 때 정지시간은 5~7분이 적당하다.
- 관광해설의 끝맺음을 잘해야 한다.

02 비인적 해설 16 19 기출

(1) 자기안내 해설(길잡이식 해설, Self-guiding) 24 기출

① 의미 : 관광객이 해설자의 도움이 없는 상태에서 독자적으로 관람 대상을 추적하면서 제시된 안내문에 따라 그 내용을 이해하고 인식수준을 제고하는 것

② 자기안내 해설기법의 장 · 단점

㉠ 장 점

- 저렴한 비용
- 운영 및 유지비용의 감소
- 이용자별 독해 속도의 조절 보장
- 독해 내용 선택의 임의성 확보
- 이정표 기능의 수행으로 탐방자의 길잡이 역할
- 기념성의 부여로 사진촬영의 대상으로 선택 가능
- 방문의 증거

㉡ 단 점

- 독해자의 인식수준과 정신적 노력 요구
- 일방적 의사전달로 쌍방적 질의응답 능력의 결여
- 의문감 해소능력의 부족
- 풍화, 부식, 야생동물, 탐방자에 의한 훼손의 가능성

(2) 매체이용해설(Gadgetry) 21 기출

① **특징** : 여러 가지 장치들을 이용하여 해설을 하는 것 → 재현에 특히 효과적인 해설 유형

② **종류** : 모형기법, 실물기법, 청각기법, 시청각기법, 멀티미디어 재현시설기법(디오라마, 애니메이션), 시뮬레이션기법, 인쇄물(팸플릿, 리플릿, 안내해설서) 등

개념충전

- 실물기법 : 사실재현, 유적재현, 인물재현, 기술재현 등
- 디오라마 : 인물이 등장하여 과거의 체험이나 영웅담을 재현하는 방법
- 리플릿 : 팸플릿과 안내해설서의 중간인 안내서

③ 매체이용해설의 장 · 단점

㉠ 장 점

- 터치스크린과 비디오 등으로 인쇄물 · 해설간판의 시각적 문제 해소
- 전시물 · 축소모형 · 실물모형 등으로 관람객의 시선을 집중
- 최신장비를 도입한 매체이용해설은 관람객에게 호기심과 신비감을 주어 장시간의 관심을 유도
- 공급수준과 형태의 다양성을 확보하여 소리의 크기, 장치의 모양, 색깔을 자유로이 조작할 수 있어 상황별 대처능력을 줌
- 반복이 용이하며, 유사상황의 연출 시 음향효과의 이용, 상황의 재현, 유사효과의 유도가 높게 나타날 수 있음

㉡ 단 점

- 고장대비와 관리유지를 위해 정기적 보수 및 예비품이 항상 준비되어 있어야 함
- 계속적으로 동일내용이 반복되어 재방문자나 종사자에게 지루함을 느끼게 함
- 설치하는 데 전기이용, 야외 및 벽지 이용에 제약이 따름

[관광코스 유형] 25 기출

유 형	기 능
텀블린형	• 관광객이 한 지점에 직행하여 관광한 뒤 다른 목적지에 직행하여 관광하는 것을 반복한 후 거주지로 돌아오는 형태 • 시간과 경제적 여유가 있으며 관광 목적지가 여러 곳에 있을 때 이용
스푼형	• 관광객이 목적지에 도착하여 관광활동을 한 뒤 근거리의 두 곳 이상의 관광지를 방문하고 동일한 교통로를 따라 돌아가는 형태 • 당일 여행과 같이 짧은 일정인 경우가 많음
안전핀형	관광객이 목적지에 도착하여 관광활동을 한 뒤 인접 지역 일대를 관광한 후 새로운 교통로를 이용하여 돌아오는 형태
피스톤형	관광객이 목적지에 도착해 관광활동을 한 뒤 동일한 교통로로 돌아오는 형태

제2과목

제2장 핵심 실전 문제

※ 문제의 이해도에 따라 ○△× 체크하여 완벽하게 정리하세요.

01 ○△×

관광자원해설에 대한 설명이 아닌 것은?

① 관광객에게 단순히 방문지에 대한 정보를 많이 알려주려는 것이다.
② 정보 서비스, 안내 서비스, 교육적 서비스, 여흥 서비스, 선전 서비스 그리고 영감적 서비스 등이 적절히 조합된 것이다.
③ 자원이 지니고 있는 문화적 가치와 역사적 가치 등을 관광객에게 알려주는 활동이다.
④ 국가유산이나 자연경관 등의 관광환경에 대해 올바른 인식과 교육적 가치를 부여하며 즐거운 관광경험이 될 수 있도록 도와주는 모든 노력이라 할 수 있다.

관광자원해설은 관광객에게 단순히 방문지에 대한 정보를 많이 알려주는 것이 아니다. 관광객에게 일련의 호기심을 자극하여 주의를 환기해 줌으로써 그들이 접하고 있는 국가유산이나 자연경관 등의 관광환경에 대해 올바른 인식과 교육적 가치를 부여하며 즐거운 관광경험이 될 수 있도록 도와주는 모든 노력이라 할 수 있다.

02 ○△×

관광자원해설에 대한 설명 중 옳지 않은 것은?

① 관광자원 관리당국자와 그들이 진행하는 프로그램에 대한 대중의 이해를 촉진한다.
② 그 자체로 관광자원의 가치를 가진다.
③ 여행관리에 주력한다.
④ 관광지에 대해 예리한 인식능력 · 감상능력 · 이해능력을 갖게 도와준다.

해설 ③ 관광자원해설은 자원의 의미와 가치전달에 주력한다. 여행관리에 주력하는 것은 관광안내이다.

정답 1 ❶ 2 ❸

03 관광자원해설을 통해서 관광객이나 해당 주민들에게 기대할 수 있는 편익이 아닌 것은?

① 관광객의 경험을 풍부하게 한다.
② 관광지 관리에 관한 공공의 관심과 지지를 받을 수 있다.
③ 관광지의 불필요한 훼손 · 손상을 감소시킴으로써 관리 또는 대체비용을 절감할 수 있다.
④ 지역민보다 관광객들의 관광자원에 대한 관심을 고조시킨다.

해설 지역민의 관심도 고조된다.

04 다음 중 이동식 인적 해설이 적절한 곳은?

① 동 굴
② 대규모 박물관
③ 관광객 안내소
④ 공 연

해설 이동식 해설은 대규모 박물관이나 야외경관의 구경 시에 적절하다.

05 다음 중 자원해설 서비스를 하는 해설자의 자질로 가장 부적절한 것은?

① 유머감각과 균형감각
② 즐거운 표정과 태도
③ 냉정하고 침착한 태도
④ 열정과 자신감

해설 해설자에게는 냉정함보다는 따뜻함이 필요하다.

정답 3 ④ 4 ② 5 ③

06 ○△×

인적 자원해설 시 특별히 고려해야 할 사항으로 옳지 않은 것은?

① 대상시간

② 대상집단

③ 대상활동

④ 대상지역

해설 **인적 자원해설 시 특별 고려사항**

- 대상활동 : 대상활동에 따라서 활동에 내재된 욕구가 달라짐
- 대상지역 : 대상지역이 어떤 지역인가에 따라서 그곳을 방문하는 사람들의 방문 목적이 달라짐
- 대상집단 : 자원 해설을 받게 될 집단에 따라서 프로그램의 성격과 내용이 달라짐

07 ○△×

관광자원의 인적 해설에 대한 다음 설명 중 옳지 않은 것은?

① 인적 해설에는 이동식 해설과 정지식 해설이 있다.

② 정지식 해설은 관광객이 많은 곳에 자원해설가가 고정 배치되어 해설 서비스를 제공하는 경우를 가리킨다.

③ 도시근교 위락지역에서는 같이 걸으며 진행하는 해설 작업이 효과적이다.

④ 도시지역인 경우에는 자원해설을 빠르고 집중적으로 해야 한다.

해설 대상지역이 도시근교의 위락지역이라면 그곳을 찾는 사람들은 일상에서 벗어나서 피로와 스트레스를 해소하려는 것이 주된 목적일 수 있다. 따라서 관광객 안내소의 전시나 같이 걸으며 진행하는 해설 작업 등에 큰 관심이 없다.

08 ○△×

다음 인적 해설 방법 중 이동식 해설에 해당하는 것은?

① 관광객들에게 기술을 가르쳐 주는 경우

② 넓은 지역을 돌아다니면서 그 지역에 관해 관광객에게 해설 서비스를 제공하는 경우

③ 어떤 지점에서 발생하는 현상을 설명해 주는 경우

④ 동굴이나 관광객 안내소 등 관광객이 많은 곳에 고정 배치되어 해설 서비스를 제공하는 경우

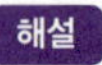

해설 이동식 해설은 넓은 지역을 돌아다니면서 그 지역에 관해 관광객에게 해설 서비스를 제공하거나 박물관에서 이동하며 전시물에 관해 해설하는 것이다.

정답 6❶ 7❸ 8❷

09 ○△×

비인적 해설기법 중 인물이 등장하여 과거의 체험이나 영웅담을 재현하는 기법을 무엇이라 하는가?

① 디오라마
② 애니메이션
③ 시뮬레이션기법
④ 실물기법

해설 디오라마(Diorama)는 인물이 등장하여 과거의 체험이나 영웅담을 재현하는 멀티미디어 재현시설기법 중의 하나이다.

10 ○△×

다음 중 길잡이시설 해설의 장점으로 볼 수 없는 것은?

① 운영 및 유지비용의 감소
② 이용자별 독해 속도의 조절 보장
③ 이정표 기능의 수행으로 탐방자의 길잡이 역할
④ 쌍방적 의사전달로 의문감 해소

해설 길잡이시설 해설은 일방적 의사전달로 쌍방적 질의응답 능력이 결여되어 의문감 해소 능력이 부족하다.

정답 9 ❶ 10 ❹

11 비인적 해설에 대한 다음 설명 중 옳은 것은?

○△×

① 매체이용해설은 역사적 경과, 환경의 변화과정, 특이한 생물의 특성 등을 해설 대상으로 한다.
② 길잡이시설 해설은 전문직에 종사하는 사람, 지적 욕구가 강한 사람, 교육수준이 높은 사람에게 효과적인 해설기법이다.
③ 길잡이시설 해설은 여러 가지 장치들을 이용하여 해설하는 것으로 재현에 특히 효과적인 해설유형이다.
④ 매체이용해설은 관광객이 독자적으로 관람대상을 추적하면서 제시된 안내문에 따라 그 내용을 이해하고 인식수준을 제고하는 것이다.

해설 ①·④ 길잡이시설 해설
③ 매체이용해설

12 다음 매체이용해설기법 중에서 관광객이 직접적인 체험과 자극을 얻을 수 있는 기법은?

○△×

① 모형기법
② 시청각기법
③ 멀티미디어 재현시설기법
④ 시뮬레이션기법

해설 시뮬레이션기법은 가상체험과 게임시설로 관광객이 생생하고 직접적인 체험을 할 수 있는 기법이다.

13 매체이용해설기법에 대한 설명 중 옳지 않은 것은?

○△×

① 최신장비를 사용함으로써 관람객 관심 유도가 가능하다.
② 모형기법, 시청각기법을 활용한다.
③ 반복이 용이하며, 재방문자나 종사자에게도 흥미를 유발할 수 있다.
④ 터치스크린과 비디오 등으로 시각적 문제를 해소할 수 있다.

해설 매체이용해설은 동일한 내용이 반복되어 재방문자나 종사자가 지루함을 느낄 수 있다.

정답 11 ❷ 12 ❹ 13 ❸

14 다음 중 길잡이시설 해설의 단점은?

① 풍화, 부식, 야생동물, 탐방자에 의한 훼손의 가능성이 있다.
② 고장대비와 관리유지를 위해 항상 예비품이 준비되어 있어야 한다.
③ 계속적으로 동일내용이 반복되어 재방문자나 종사자가 지루함을 느낄 수 있다.
④ 설치를 하는 데 야외 및 벽지 이용 등에 제약점이 따른다.

해설 ②·③·④ 매체이용해설의 단점이다.

15 다음 중 자원해설 시 질문의 효과로 옳지 않은 것은?

① 관광객의 흥미를 자극할 수 있다.
② 프로그램을 짜임새 있게 한다.
③ 해설자가 생각과 느낌을 공유할 수 있도록 기회를 제공한다.
④ 해설 내용의 요점을 강조할 수 있다.

해설 관광객이 자신의 생각과 느낌을 공유할 수 있도록 기회를 제공한다.

16 인간이 만들어낸 특이하고 가치있는 기술을 재현해 놓은 기술재현은 다음 중 어떤 기법인가?

① 모형기법
② 멀티미디어 재현시설기법
③ 실물기법
④ 시청각기법

해설 사실재현, 유적재현, 인물재현, 기술재현 등은 모두 실물기법이다.

정답 14 ❶ 15 ❸ 16 ❸

제3장 자연관광자원

제1절 자연과 관광

01 관광자원으로서의 자연환경

(1) 자연환경

① 기후환경 : 열대, 건조대, 온대, 냉대, 한대

② 지형자원 : 산지, 고원, 평야, 해안, 하천(폭포와 계곡), 빙하, 화산지형, 해양, 섬

(2) 자연관광자원의 요소

① 지형 : 산지, 화산, 구릉, 고원, 호수, 빙하, 하천(폭포와 계곡), 해안, 섬, 해양, 암석, 온천, 사막 등

② 천문기상 : 달, 별, 눈, 빙하, 온난 · 한랭차이 등

③ 동식물 : 새, 짐승, 곤충, 물고기, 삼림(낙엽, 신록), 화초 등

(3) 산 지

① 해발고도, 원시림, 설선, 암봉 등 산 자체의 변화와 더불어 계곡, 암석, 온천, 화산, 동식물 등 자연자원의 종합적인 경관

② 도시에 인접하여 교통이 편리한 곳에 있는 산지가 우선적으로 개발 · 이용되고 호수나 계곡 등과 함께 종합적 자원을 형성하며 관광의 대상이 된다.

③ 산지는 본래의 풍경미에 삼림, 고산식물, 동물, 호소, 온천 등의 자원이 가미되고 고랭지의 맑은 공기와 하늘이 더해져 등산, 스키, 하이킹, 캠프, 오리엔티어링 등의 스포츠 대상뿐만 아니라 피서관광의 대상이 된다.

(4) 해 양

① 바다는 대부분 온난한 기후에 의한 푸른 바다와 사빈해안, 기암괴석의 암석해안과 섬이 조화된 경관
→ 우리나라의 관동팔경으로 불리는 총석정, 삼일포, 청간정 등

② 바다의 관광 가치 : 해수욕, 요트, 카누, 보트, 낚시 등을 즐길 수 있을 뿐만 아니라 피서 · 경관감상 등의 목적에도 부합하는 대상

개념충전 **관동팔경과 단양팔경** 19 24 기출

- 관동팔경 : 총석정, 삼일포, 청간정, 낙산사, 경포대, 죽서루, 망양정, 월송정
- 단양팔경 : 도담삼봉, 석문, 구담봉, 옥순봉, 상선암, 중선암, 하선암, 사인암

(5) 하천 · 호수

① **하천** : 하천은 단독으로 있기보다는 산지 · 계곡 · 폭포 · 연안에 수반되는 것이기 때문에, 하천의 가치는 하천과 주변 경관에 의해 좌우됨

② **호 수**

㉠ 산중의 호수

- 자연호수 : 천지와 백록담
- 인공호수 : 산정호수와 같이 인공적으로 건설된 댐에 의해 형성된 것

㉡ 평지의 호수 : 해양과 유사한 자원요소를 갖고 있지만 파도가 적어서 안전함

| 백두산 천지 |

(6) 산 림

① 치수(治水)를 위한 보안림으로서보다 관광대상으로서의 자원성 중시

② **국립공원 지정의 중요한 요소**

㉠ 설악산, 오대산 등의 국립공원 : 침엽수림지

㉡ 소백산, 속리산, 지리산 등 : 낙엽활엽수림

㉢ 치악산 일대 : 활엽수와 침엽수의 혼합림

㉣ 한라산 : 식물 분포의 수직 차이 등

(7) 수목 · 화초

① **수목** : 산지에 있는 고산식물 → 미국의 세콰이어 공원의 대목, 네덜란드의 튤립

② **화초** : 홍도의 풍란, 제주도의 한란 · 풍란, 한라산의 철쭉동산 등과 일본 북해도의 원생화원

| 제주도의 한란 |

(8) 동 물

① 관상과 포획(낚시 등)의 대상이 되는 것

② 희귀동물은 대부분 천연기념물로 보호 → 큰 자원가치를 창출

(9) 온 전

온천은 휴양 · 보양에 큰 효과가 있고, 수려한 풍경과 함께 관광자원으로서의 가치를 형성

02 자연관광자원의 이용

(1) 자연공원의 이용

① 자연공원

㉠ 정의 : 국립공원 · 도립공원 · 군립공원(郡立公園) 및 지질공원을 말함

㉡ 자연공원의 지정 · 보전 및 관리에 관한 사항을 규정함으로써 자연생태계와 자연 및 문화경관 등을 보전하고 지속 가능한 이용을 도모함을 목적으로 함(자연공원법 제1조)

㉢ 휴양적 이용의 소재를 가진 뛰어난 자연풍경지를 하나의 문화적인 의미에서 일반 국민의 보건, 휴양, 교화라는 효과를 얻기 위해 설정된 공원

개념충전 자연공원의 지정권자 23 기출

- 국립공원 : 환경부장관
- 도립공원 : 시 · 도지사
- 군립공원 : 군수
- 지질공원 : 시 · 도지사가 환경부장관에게 인증신청 후 환경부 장관이 인증

② 도시공원

㉠ 하나의 중요한 공공시설로 도시계획에 의해 형성된 다양한 형태의 공원

㉡ 도시주민의 생활 가운데 여가 및 레크리에이션 대상의 공간 → 자연풍경지를 도시민의 야외 레크리에이션 장소로 이용하는 공원기능의 형태가 구축됨

(2) 국립공원 15 16 17 18 20 22 24 기출

① 국립공원의 지정현황 : 1967년 3월 3일에 공포된 「국립공원법」에 의하여 지리산이 제1호로 지정된 것을 시작으로 현재까지 23개소의 국립공원이 지정 · 보호되고 있음

[국립공원 현황] 20 23 24 기출

공원명	위 치	면적(㎢)	지정 연월일	비고(㎢)
지리산	전남 · 북, 경남	485.647	1967.12.29	–
경 주	경 북	137.418	1968.12.31	
계룡산	충남, 대전	64.176	1968.12.31	
한려해상	전남, 경남	537.479	1968.12.31	해상 414.750
설악산	강 원	400.027	1970.03.24	–
속리산	충북, 경북	278.921	1970.03.24	
한라산	제 주	153.444	1970.03.24	
내장산	전남 · 북	80.138	1971.11.17	
가야산	경남 · 북	76.792	1972.10.13	
덕유산	전북, 경남	228.919	1975.02.01	

오대산	강 원	327.904	1975.02.01	–
주왕산	경 북	106.114	1976.03.30	
태안해안	충 남	388.604	1978.10.20	해상 364.788
다도해해상	전 남	2,276.209	1981.12.23	해상 1,985.187
북한산	서울, 경기	77.334	1983.04.02	–
치악산	강 원	176.567	1984.12.31	
월악산	충북, 경북	288.140	1984.12.31	
소백산	충북, 경북	321.264	1987.12.14	
월출산	전 남	56.526	1988.06.11	
변산반도	전 북	154.957	1988.06.11	해상 17.650
무등산	광주, 전남	75.721	2013.03.04	–
태백산	강 원	70.036	2016.08.22	
팔공산	경북, 대구	126.058	2023.12.31	
계	23개소	6,888.394	–	• 육지 : 4,106.019 • 해면 : 2,782.375

※ 환경부 환경백서, 2024

② **국립공원에 대한 보호방침**

㉠ 자연자원의 적극적 보호 및 합리적 이용 도모

㉡ 환경오염의 근원적 예방

㉢ 탐방객의 안전관리와 편익의 최대이용

③ **지리산 국립공원** : 1967년 12월에 우리나라에서 처음으로 국립공원으로 지정되었고, 해안국립공원을 제외한 국립공원 중 면적이 가장 큰 것으로, 전남 · 전북 · 경남의 3도에 걸친 총면적 485.647km²나 되는 뛰어난 자연경관지

㉠ 천왕봉(해발 1,915m), 반야봉(1,732m), 토끼봉(1,534m), 노고단(1,507m) 등

㉡ 피아골계곡, 뱀사골계곡, 한신계곡, 칠선계곡, 대성골계곡, 심원계곡, 화엄사계곡 등

㉢ 화엄사, 쌍계사, 천은사, 대원사 등

| 지리산 한신계곡 |

④ **경주 국립공원** : 1968년 12월에 지정되었고, 면적이 137.418km²로 우리나라의 대표적인 역사문화지구이자 현재 지정된 국립공원 중 유일한 사적(도시)형 국립공원

㉠ 1979년 유네스코에 의해 세계 10대 문화유적지의 하나로 선정됨

㉡ 토함산(746m), 단석산, 구미산, 선도산, 옥녀봉 등

㉢ 불국사 다보탑(국보), 불국사 3층석탑(국보), 연화교 및 칠보교(국보), 청운교 및 백운교(국보), 석굴임 식굴(국보), 경주 태종무열왕릉비(국보), 감은사지 동 · 서 3층석탑(국보) 등

| 경주 태종무열왕릉비 |

⑤ **계룡산 국립공원** : 1968년 12월에 지정되었고, 충남 공주시, 논산시, 대전광역시에 걸친 총면적 64.176km²의 자연경관지

㉠ 천황봉(847m)을 주봉으로 연천봉(743m), 삼불봉(777m), 관음봉(766m), 수정봉(675m) 등

㉡ 동학사계곡, 갑사계곡, 신원사계곡, 동월계곡 등

㉢ 갑사, 동학사, 신원사

⑥ **한려해상 국립공원** : 1968년 12월에 지정된 전남 여수에서 경남 한산도 앞바다에까지 이르는 우리나라 해남의 최고 해상경관으로, **거제 · 통영 · 사천 · 하동 · 남해 · 여수 오동도** 등 6개 지구로 구분

⑦ **설악산 국립공원** : 1970년 3월에 지정된 우리나라 산악자원으로는 최대의 절승이며 비경을 갖고 있는 곳

㉠ **최고봉인 대청봉(1,708m)을 중심**으로 북쪽의 미시령, 마등령, 남쪽의 한계령(오색령), 점봉산(1,424m)

㉡ 1982년 유네스코(UNESCO)에 의해 '생물권보전지역'으로 설정됨

㉢ 천불동계곡, 가야동계곡, 수렴동계곡, 구곡담계곡, 백담계곡, 비룡폭포, 토왕성폭포, 옥녀탕, 육담폭포, 양폭폭포, 천당폭포, 독주폭포, 대승폭포

㉣ 백담사, 신흥사, 계조암, 봉정암 등

⑧ **속리산 국립공원** : 1970년 3월에 지정되었고, 충북 보은군과 경북 상주시에 걸친 총면적 278.921km²의 자연경관지 19 기출

㉠ **천왕봉(1,058m)을 중심**으로 해서 북쪽에 비로봉, 입석대, 문장대, 묘봉 등

㉡ 법주사가 유명하고, 법주사 쌍사자 석등(국보), 법주사 석련지(국보), 법주사 팔상전(국보) 등

| 법주사 석련지 |

⑨ **한라산 국립공원** : 1970년 3월에 지정되었고, 제주도의 한라산을 중심으로 하는 총면적 153.444km²의 국립공원

㉠ 탐라계곡, 어리목계곡, 아흔아홉골계곡, 효돈천계곡, 성판악계곡, 수악계곡, 도순천계곡 등

㉡ 한라산(1,950m), 백록담(1,800m), 사리악(1,332m), 성널오름, 개미목, 삼각봉, 볼래오름, 어슬렁오름 등

㉢ 관음사, 천왕사, 석굴암 등

㉣ 천연기념물로 제주도 한란, 왕벚나무 등

| 한라산 |

⑩ **내장산 국립공원** : 1971년 11월에 지정되었고, 전라남도와 전라북도의 경계에 있는 총면적 80.138km²의 국립공원

⑪ **가야산 국립공원** : 1972년 10월에 지정되었고, **팔만대장경을 소장하고 있는 명찰 해인사**와도 인연이 깊은 공원으로, 경북 성주군과 경남 합천군, 거창군 일부를 포함한 76.792km²의 면적을 차지

⑫ **덕유산 국립공원** : 1975년 2월에 지정되었고, 총면적 228.919km²의 자연경관지역으로 무주구천동의 33경으로 유명

⑬ **오대산 국립공원** : 1975년 2월에 지정되었고, 강원도 강릉시 평창군, 홍천군에 걸쳐 있는 총면적 327.904km²의 공원으로서 산새가 빼어난 산악경관지역

⑭ **주왕산 국립공원** : 1976년 3월에 지정되었고, 경북의 청송군과 영덕군 일부가 포함된 국립공원으로서 총면적 106.114km²의 산악경관지역

| 주왕산 |

⑮ **태안해안 국립공원** : 1978년 10월에 지정되었고, 해식에 의해 형성된 경승지와 해수욕장 등이 유명하며, 860여 종에 이르는 식물이 분포하는 총면적 388.604km²의 해안 스포츠 레저공간

⑯ **다도해해상 국립공원** : 1981년 12월에 지정되었고, 총면적이 2,276.209km²에 달하는 우리나라 최대의 국립공원

⑰ **북한산 국립공원** : 1983년 4월에 지정되었고, **수도권 내에 있는 유일한 국립공원**

| 북한산 진흥왕 순수비 |

⑱ **치악산 국립공원** : 1984년 12월에 지정되었고, 강원도 원주시 소초면과 영월군 수주면의 경계에 걸쳐 있는 치악산 일대의 176.567km²의 자연경관지역

⑲ **월악산 국립공원** : 1984년 12월에 지정되었고, **충북 제천시 · 단양군과 경북 문경시 경계**에 있는 월악산을 중심으로 한 총면적 288.140km²의 산악경관지역

⑳ **소백산 국립공원** : 1987년 12월에 지정되었고, 충북과 경북의 접경지역을 연결한 소백산 일대로 총면적이 321.264km²나 되는 산악자연경관지역

㉑ **월출산 국립공원** : 1988년 6월에 지정되었고, 전남 영암군과 강진군에 걸쳐있는 총면적 56.526km²의 산악경관지역

㉒ **변산반도 국립공원** : 1988년 6월에 지정되었고, 전라북도 변산반도 일대의 154.957km²에 걸쳐 있는 뛰어난 해안경관지역

㉓ **무등산 국립공원** : 2013년 21번째 국립공원으로 지정되었고, 총면적 75.721km²로 광주광역시 북구, 동구와 전라남도 담양 · 화순군에 위치하고 있는 산악경관지역

| 무등산 입석대 |

㉔ **태백산 국립공원** : 2016년 22번째 국립공원으로 지정되었고, 백두대간 중심에 위치한 민족의 영산으로 전제단과 자연경관으로도 유명

㉕ **팔공산 국립공원** : 2023년 5월, 23번째 국립공원으로 승격되었고, 대구광역시와 경북 남부 일대에 걸친 총면적 126.058㎢의 자연경관지

㉠ 대구광역시 남쪽 경계의 비슬산과 더불어 대구 분지를 이루는 두 산 중 하나

㉡ 파계사, 동화사, 부인사(숭모재 · 고려 초조대장경), 송림사(오층 전탑), 은해사, 선본사(갓바위)

㉢ 팔공스카이라인, 동화사 자동차극장, 팔공산 캠핑장, 한티재 휴게소 등

제2과목

(3) 도립공원 16 18 21 22 24 기출

① **정의** : 도 및 특별자치도의 자연생태계나 경관을 대표할 만한 지역으로서 「자연공원법」에 따라 지정된 공원을 말함

② **도립공원의 지정현황** : 현재 우리나라는 1970년 금오산을 최초로 하여 2023년에 지정된 철원 DMZ 성재산 등 30개소가 지정되어 있음

[도립공원 현황]

공원명	위 치	면적(㎢)	지정 연월일
금오산	경북 구미 · 칠곡 · 김천	37.262	1970.06.01
남한산성	경기 광주 · 하남 · 성남	35.139	1971.03.17
모악산	전북 김제 · 완주 · 전주	43.309	1971.12.02
덕 산	충남 예산 · 서산	19.859	1973.03.06
칠갑산	충남 청양	31.068	1973.03.06
대둔산	전북 완주, 충남 논산 · 금산	59.996	1977.03.23
마이산	전북 진안	17.22	1979.10.16
가지산	울산, 경남 양산 · 밀양	104.403	1979.11.05
조계산	전남 순천	26.75	1979.12.26
두륜산	전남 해남	32.91	1979.12.26
선운산	전북 고창	43.683	1979.12.27
문경새재	경북 문경	5.478	1981.06.04
경 포	강원 강릉	1.689	1982.06.26
청량산	경북 봉화	49.509	1982.08.21
연화산	경남 고성	21.793	1983.09.29
고 복	세종특별자치시	1.949	1991.01.17
천관산	전남 장흥	7.94	1998.10.13
연인산	경기 가평	37.691	2005.09.12
신안갯벌	전남 신안	162.263	2008.06.05
무안갯벌	전남 무안	37.122	2008.06.05
마라해양	제주 서귀포	49.755	2008.09.19
성산일출해양	제주 서귀포	16.156	2008.09.19
서귀포해양	제주 서귀포	19.54	2008.09.19
추 자	제주 제주	95.292	2008.09.19
우도해양	제주 제주	25.863	2008.09.19
수리산	경기 안양 · 안산 · 군포	7.035	2009.07.16
제주곶자왈	제주 서귀포	1.547	2011.12.30
벌교갯벌	전남 보성	23.068	2016.01.28

불갑산	전남 영광	7.004	2019.01.10
철원 DMZ 성재산	강원 철원	4.739	2023.07.21
계	30개소	1,027.032	–

※ 환경부 환경백서, 2024

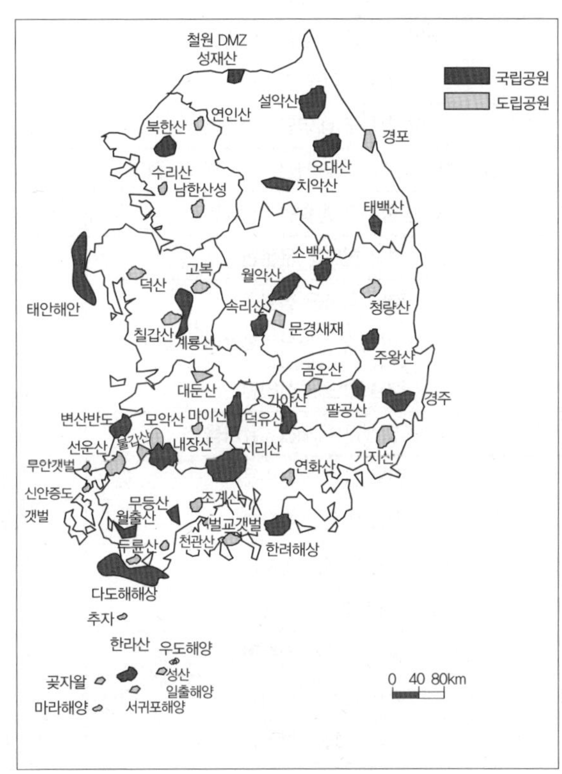

ㅣ국 · 도립공원의 분포ㅣ

(4) 군립공원

① **정의** : 군의 자연생태계나 경관을 대표할 만한 지역으로서 자연공원법에 따라 지정된 공원을 말함

② **대상** : 경승지, 동굴, 산악, 하천 같은 자연적 환경이 양호한 곳이나 유적지, 전적지, 성역지 등 문화적 환경이 발달된 곳

③ **군립공원의 지정현황** : 1981년에 강천산을 시작으로 가장 최근에 지정된 장산을 포함하여 28개소가 지정되어 있음

[군립공원 현황]

공원명	위 치	면적(㎢)	지정 연월일
강천산	전북 순창군 팔덕면	15.812	1981.01.07
천마산	경기 남양주시 화도읍 · 진천면 · 호평면	12.363	1983.08.29
보경사	경북 포항시 송라면	8.511	1983.10.01
불영계곡	경북 울진군 울진읍 · 서면 · 근남면	25.595	1983.10.05

덕구온천	경북 울진군 북면	6.275	1983.10.05
상족암	경남 고성군 하일면 · 하이면	5.094	1983.11.10
호구산	경남 남해군 이동면	1.657	1983.11.12
고소성	경남 하동군 악양면 · 화개면	3.035	1983.11.14
봉명산	경남 사천시 곤양면 · 곤명면	2.645	1983.11.14
거열산성	경남 거창군 거창읍 · 마리면	3.271	1983.11.17
기백산	경남 함양군 안의면	2.013	1983.11.18
황매산	경남 합천군 대명면 · 가회면	21.784	1983.11.18
웅석봉	경남 산청군 산청읍 · 금서면 · 삼장면 · 단성면	17.96	1983.11.23
신불산	울산 울주군 상북면 · 삼남면	11.69	1983.12.02
운문산	경북 청도군 운문면	16.173	1983.12.29
화왕산	경남 창녕군 창녕읍	31.258	1984.01.11
구천계곡	경남 거제시 신현읍 · 동부면	5.868	1984.02.04
입 곡	경남 함안군 산인면	0.961	1985.01.28
비슬산	대구 달성군 옥포읍 · 유가읍	13.382	1986.02.22
장안산	전북 장수군 장수읍	6.187	1986.08.18
빙계계곡	경북 의성군 춘산면	0.89	1987.09.25
아미산	강원 인제군 인제읍	3.16	1990.02.23
명지산	경기 가평군 북면	14.024	1991.10.09
방어산	경남 진주시 지수면	2.588	1993.12.16
대이리	강원 삼척시 신기면	3.664	1996.10.25
월성계곡	경남 거창군 북상면	0.65	2002.04.25
병방산	강원 정선군 정선읍	0.469	2011.09.30
장 산	부산 해운대구	16.342	2021.09.15
계	28개소	253.321	–

※ 환경부 환경백서, 2024

(5) 국가지질공원 16 18 21 25 기출

① **정의** : 지구과학적으로 중요하고 경관이 우수한 지역으로서 이를 보전하고 교육 · 관광사업 등에 활용하기 위하여 환경부장관이 인증한 공원

② **인증기간** : 고시일로부터 4년(4년마다 재평가)

③ **조사 · 점검** : 환경부장관은 인증된 지질공원에 대하여 4년마다 관리 · 운영 현황을 조사 · 점검하여야 함

[국가지질공원 현황]

공원명	위 치	면적(㎢)	인증일
울릉도 · 독도	경상북도(울릉군)	127.90	2012.12.27
제주도	제주특별자치도(제주시, 서귀포시)	1,864.40	2012.12.27
부 산	부산시 14개 자치구(금정구, 영도구, 진구, 서구, 사하구, 남구, 해운대구, 중구, 북구, 동래구, 강서구, 연제구, 사상구, 기장군)	296.98	2013.12.06
청 송	경상북도(청송군)	845.71	2014.04.11
강원평화지역	강원도(화천군, 양구군, 인제군, 고성군)	1,829.10	2014.04.11
무등산권	광주광역시(동구, 북구) 전라남도(화순군, 담양군)	246.31	2014.12.10
한탄강	경기도(포천시, 연천군), 강원도(철원군)	1,164.74	2015.12.31
강원고생대	강원도(영월군, 정선군, 평창군, 태백시)	1,990.01	2017.01.05
경북 동해안	경상북도(경주시, 포항시, 영덕군, 울진군)	2,261.00	2017.09.13
전북 서해안권	전라북도(고창군, 부안군)	520.30	2017.09.13
백령 · 대청	인천광역시(옹진군)	66.86	2019.07.10
진안 · 무주	전라북도(진안군, 무주군)	1,154.62	2019.07.10
단 양	충청북도(단양군)	781.06	2020.07.27
고군산군도	전라북도(군산시)	113.00	2023.06.21
의 성	경상북도(의성군)	1,175.00	2023.06.21
화 성	경기도(화성시)	282.00	2024.02.29
계	16개소	14,718.99	–

※ 국가 지질공원 홈페이지

(6) 한국의 유네스코 세계지질공원 20 기출

단 양	• 총 781.06km² • 충청권 최초의 지질공원 • 카르스트 지형이 발달 • 우리나라를 대표하는 석회암 지형 • 고원생대 변성암 및 단층과 습곡 다수 분포 • 남한강 등과 어우러져서 경관이 수려한 지질 · 지형학적 가치가 높은 곳	2025년 지정
경북 동해안	• 포항, 경주, 영덕, 울진 • 총 2693.69km²	2025년 지정
전북 서해안	• 고창, 부안 총 1,892.5km² • 고창 병바위 · 움직이는 섬, 부안 채석강 · 적벽강 등 32곳	2023년 지정
한탄강 일대 총 26곳	• 총 1,165.61km² • 경기도 포천시 · 연천군 유역, 강원 철원군 유역 등(화적연, 비둘기낭 폭포, 아우라지 베개용암, 재인폭포, 고석정, 철원 용암대지 등)	2020년 지정

무등산권	• 총 1,051.36km² • 지질명소 24곳, 국립아시아문화전당, 역사 문화명소 42곳 포함(무등산 주상절리대, 화순 공룡화석지, 적벽 등)	2018년 지정
청송군 전체	총 845.71km²	2017년 지정
제주도 총 12곳	우도, 비양도, 선흘 곶자왈	2014년 지정
	한라산, 성산일출봉, 만장굴, 서귀포층, 천지폭포, 대포 해안 주상절리대, 산방산, 용머리, 수월봉	2010년 지정

개념충전 **코리아둘레길** 20 21 24 기출

- 이미 만들어져 있는 걷기 여행길을 중심으로 우리나라의 외곽(동해 · 남해 · 서해, 비무장지대 지역) 전체를 코스로 사람 · 자연 · 문화를 만나는 걷기 여행길을 말한다.
- 동해안의 해파랑길, 비무장지대(DMZ)의 평화의 길, 남해안의 남파랑길, 서해안의 서해랑길 등을 연결하여 국제적인 걷기 여행 코스를 구축하는 것이 목표이다.
- 동해안(해파랑길) : 강원도 고성~부산 오륙도 해맞이 공원
- 서해안(서해랑길) : 전라남도 해남군 땅끝~인천 강화
- 남해안(남파랑길) : 부산 오륙도 해맞이 공원~전라남도 해남군 땅끝
- 비무장지대 접경지역(DMZ 평화의 길) : 철원코스(철원평야, 한탄강), 파주코스(구 장단면사무소, 장단역 죽음의 다리), 고성코스(금강산, 해금강)

03 자연관광자원의 보호

(1) 자연보호의 필요성

① **자연보호의 개념** : 자연을 원상태로 보호 · 보전하는 것 → 즉, 자연경관을 원상태로 보존하여 자연 가운데서 인류의 생활과 환경의 문화적인 발달을 도모하려는 일련의 행위 및 사상

② **관광자원의 개발과 자연파괴** : 관광자원이 관광행동의 대상이 되면 인위적인 개발로 인해 훼손 · 파괴될 가능성이 있음

③ **자연자원의 보호와 개발** : 지역특성을 잘 이해하고, 그 지역 내에서 절대적으로 보호할 것과 개발할 것의 인식을 명백하게 하는 것이 필요함

(2) 우리나라의 자연보호

① 우리나라 자연보호운동의 전개

㉠ 자연보호헌장선포 → 1978년 10월 5일

㉡ 1980년대에 자연학습원 조성의 기본계획을 수립하여 중앙시범자연학습원을 비롯하여 각 시 · 도별로 1개소씩 자연학습원을 조성

② **천연기념물** : 동물(서식지 · 번식지 · 도래지 포함), 식물(군락지 포함), 지형, 지질, 생물학적 생성물 또는 자연현상, 천연보호구역, 자연경관, 역사문화경관, 복합경관 중 역사적 · 경관적 · 학술적 가치가 인정되어 국가유산청장이 지정 · 고시한 것

| 양평 용문사 은행나무 |

㉠ 동물분야

- 조류 : 크낙새, 따오기, 황새, 팔색조, 노랑부리저어새, 느시, 흑비둘기 등
- 어류 : 봉화 대현리 열목어 서식지, 제주도 무태장어 서식지, 울산 귀신고래회유해면, 한강 황쏘가리
- 사향노루, 산양, 연산화악리의 오계, 진도의 진돗개, 경주개 동경이

| 상주 운평리 구상화강암 |

㉡ 식물분야

- 양평 용문사 은행나무, 구례 화엄사 올벚나무, 보은 속리 정이품송, 청도 운문사 처진소나무 등
- 제주도의 토끼섬 문주란 자생지나 울릉도 성인봉의 원시림, 희귀종인 괴산의 미선나무 자생지가 유명

㉢ 지 질

- 광물 : 상주 운평리 구상화강암, 부산 전포동 구상반려암, 서귀포층 패류 화석산지, 의령 서동리 백악기(함안층) 빗방울 자국, 함안 용산리 백악기(함안층) 새발자국 화석 산지 등
- 동굴 : 영월의 고씨굴을 비롯한 종유동굴과 제주도의 협재굴 같은 용암굴

㉣ 화 석

- 경북 왜관읍의 칠곡 금무봉 나무고사리화석 산지
- 제주 서귀포층 패류 화석산지
- 화성 뿔공룡(코리아케라톱스 화성엔시스) 골격 화석

| 제주 서귀포층 패류 화석산지 |

③ **천연보호구역** : 일정한 지역이 천연기념물등으로 지정된 경우 지정된 면적을 제외한 지역으로서 그 천연기념물등을 보호하기 위하여 국가유산청장이 지정 · 고시한 구역

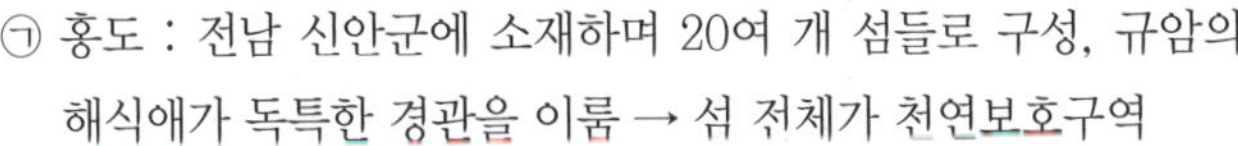

㉠ 홍도 : 전남 신안군에 소재하며 20여 개 섬들로 구성, 규암의 해식애가 독특한 경관을 이룸 → 섬 전체가 천연보호구역

㉡ 한라산 : 해발고도에 따른 수직적 식물상이 나타나는 것이 특징

| 홍도천연보호구역 |

㉢ 설악산

- 암질과 그 구조의 차에 의한 차별침식의 결과로 웅장한 모습과 다채로운 경관을 보임
- 1982년에는 유네스코가 지정하는 '생물권보전지역'으로도 선정

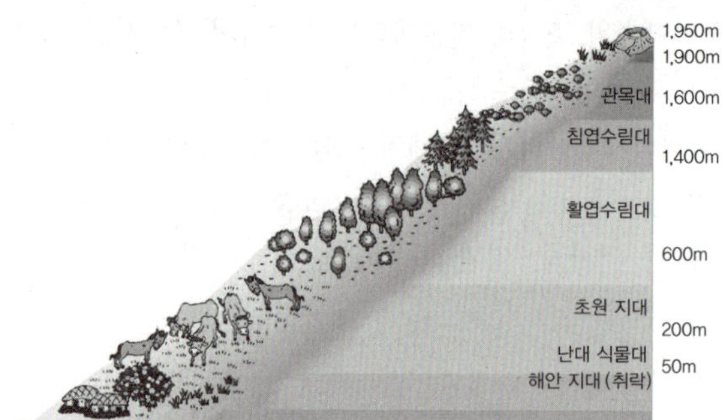

| 한라산의 수직적 식물 분포 |

[천연보호구역] 19 기출

명 칭	소재지
홍도 천연보호구역	전남 신안군
설악산 천연보호구역	강원 속초시
한라산 천연보호구역	제주 제주도 일원
대암산 · 대우산 천연보호구역	강원 양구군
향로봉 · 건봉산 천연보호구역	강원 인제군
독도 천연보호구역	경북 울릉군
성산일출봉 천연보호구역	제주 서귀포시
문섬 · 범섬 천연보호구역	제주 서귀포시
차귀도 천연보호구역	제주 제주시
마라도 천연보호구역	제주 서귀포시
창녕 우포늪 천연보호구역	경남 창녕군

제2절 산지 및 동굴관광자원

01 산지관광자원의 의의와 가치

(1) 산지관광자원의 의의

① 산이 중요한 관광대상지로 등장하는 배경
   ㉠ 자연의 신비성과 종교적 환경이 조화를 이루어 특수한 경관을 형성함으로써 관광대상으로 부각
   ㉡ 산지는 자연적 관광자원의 보고이며, 관광가치가 높은 매력적인 관광대상

② 산지관광의 변화 행태 : 보는 관광에서 점차 '움직이는 관광'으로 변화 → 등산, 스키, 피서, 하이킹, 전망, 보건휴양지

| 계룡산초혼각지 |

(2) 산지관광의 종류

① **등산** : 부담이 적은 훌륭한 관광활동으로, 가족과 직장동료들과 함께할 수 있는 필수적인 도시인들의 레크리에이션

② **동계 스포츠형** : 산지는 관광목적에 따라 여름에는 피서지로, 겨울에는 동계 등반 · 스키 · 눈썰매 등의 동계 스포츠로 좋음

③ **종교 신앙형** : 개성의 덕물산, 공주의 계룡산, 강화의 마니산, 양평의 용문산, 강원도의 태백산, 가평의 모악산 등은 산신제와 민간신앙의 대상이 되어옴

④ **레크리에이션 교육환경형** : 오랫동안 등산기지나 산지관광지였던 곳이 대부분으로 여름에는 피서지 또는 캠핑장, 잼버리 등의 이벤트, 대중의 집회장소로 자주 이용되는 곳 예 덕유산

⑤ **산지종합관광형** : 넓고 큰 산지에 호수, 온천, 고원, 동 · 식물, 문화적 자원이 풍부하게 분포하는 지형조건에 접근성이 양호한 곳 예 설악동 관광단지

(3) 산지관광자원의 가치결정조건

① 생태적 조건
   ㉠ 지형조건 : 산지 관광의 으뜸이 되는 것으로 산봉(Peak), 계곡, 능선(Ridge), 기암, 절벽, 폭포 등의 지형경관이 풍부하고 잘 조화된 곳
   ㉡ 지표조건 : 지표에 삼림 · 초원으로서 자생하는 식물과 서식하는 동물의 종의 다양성 및 희귀성, 보존상태 그리고 암석의 분포 등과 특히 화산 · 온천 등의 부수적인 요소가 조화된 곳

② **전망 조건** : 산에 올라서 무엇을 볼 것인가 하는, 시야에 펼쳐지는 여러 가지 미적 기준(심미성) → 평야, 바다, 도시, 구름, 석양, 일출, 국경선, 행정구역 경계선 등 조망권 내의 주변조건 등

③ **문화경관조건** : 산지 내에 천연기념물이나 사찰, 국보나 보물 등의 유산이 얼마나 소재하며, 이들이 자연경관과 어떻게 조화를 이루고 있는가 하는 것

④ 접근성 조건 : 산지자원의 가치성을 좌우하는 결정적인 조건

⑤ 시설조건 : 전망을 위한 타워시설이나 산지 내부의 동선시설, 안전, 보건, 위생시설 등을 비롯한 각종 편의시설조건은 관광가치성을 결정

⑥ 원시성 조건 : 보존가치의 우수성이 확보된 지역, 즉 1차적 자연 → 장기간 타지역과 고립되어 형성된 종족의 생활상이 포함되면 관광가치성은 더 높게 평가됨

02 한국의 산지관광자원의 특색

(1) 한국의 산지

① 특징 : 대부분 자연공원 영역으로 지정되어 국민 관광대상으로서 이용률이 높음

② 산지의 분포

㉠ 전 국토에 분포하여 대부분의 취락 · 도시의 입지와 관련되어 접근성이 양호하고 여가대상으로서 근린공원으로 활용

㉡ 북고남저의 지형과 동고서저의 경동지형을 이루는 것이 특색

㉢ 주요산맥은 지질구조에 따라서 한국방향산계, 중국방향산계, 랴오둥방향산계 등 3대 방향으로 구분되며, 교통의 장애로 지역마다 독특한 생활양식이 형성 → 인문관광자원의 다양성

(2) 화산지형과 암석의 분포

① 화산지형

㉠ 백두산과 개마고원 일대, 울릉도, 제주도, 철원–평강–연천–전곡으로 연결되는 주변 지역 등에 발달

㉡ 관광자원의 배경이 되는 화산지형 : 마그마가 분출한 분화구, 마그마가 흐르면서 굳어져 만들어진 용암동굴, 마그마가 분출력에 의해 공중으로 높이 에워싸면서 형성된 용암수형, 주상절리의 형상으로 발달한 벼랑, 큰 화산의 산사면에 발달한 기생화산 등

㉢ 제주도의 주요 화산지형 관광지 : 용두암, 협재굴과 쌍용굴, 만장굴과 김녕사굴, 산방산, 정방폭포, 천지연폭포, 한라산의 백록담, 산굼부리분화구, 성산일출봉, 외돌개, 제2정방폭포 등

| 정방폭포 |

② 암석의 분포

㉠ 우리나라에 분포하는 암석은 대부분 화강암과 편마암

㉡ 화강암이 자연공원인 산지의 산봉이나 산사면에 분포하여 암봉을 이루고 기암괴석의 형태로 남아 관광자원이 됨

(3) 산사면과 자연휴양림

① 산사면

㉠ 산사면의 토지는 본래 농업, 임업, 목축지역으로 이용되어 왔으나 최근 스키장, 골프장, 수렵장, 관광농업, 관광교통로 등과 같은 관광 공간으로 변모

㉡ 산사면이나 고위평탄면은 산성(남한산성 등)을 비롯한 문화유산, 목장(대관령 등), 특수작물재배(보성의 다원 등) 경관 기능 등이 관광대상화되고 있으며, 특히 휴양 · 오락적 토지 이용에 적합

② 자연휴양림 : 경관이 수려하고 다수 국민이 이용하기 편리한 장소에 자연생태계 경관을 최대한 보전하면서 조성

03 동굴관광자원

(1) 동굴의 관광적 가치

① 동굴 내부의 독특한 지하경관이 동굴의 생성 시기와 규모, 위치에 따라 그 성상을 달리함

② 자연적으로 형성된 동굴 내부에 역사적 · 문화예술적 의의를 함축

예 스페인의 알타미라 동굴벽화의 예술성이나 제주도 빌레못 동굴의 주거유적 등

③ 단순한 지하경관의 예술성뿐만 아니라 원시인들의 종교의식과 관련된 종교성, 동굴탐험, 산업 및 군사 이용 등의 유용성, 동굴학 · 지질학 등 학문적인 연구 이용 등 복합성을 띰

(2) 동굴의 분류

① 성인상(成因上)의 분류

㉠ 자연동굴

- 석회동굴 : 석회암 지층이 있는 곳에 생기는 동굴(종유석, 석순, 석주가 발달)
- 용암동굴(화산동굴) : 화산 발생 지역에서 볼 수 있는 동굴(제주도의 대부분의 동굴)
- 해식동굴 : 해안단애의 하단 측에 파도의 침식작용으로 형성된 동굴(바닷가나 강가의 절벽면에서 볼 수 있는 동굴)
- 절리굴 : 지층 암석의 절리면을 따라 이루어진 동굴

㉡ 인공동굴 : 인간의 어떤 목적에 따라 굴착된 동굴(산업용, 군사용 목적을 위한 동굴)

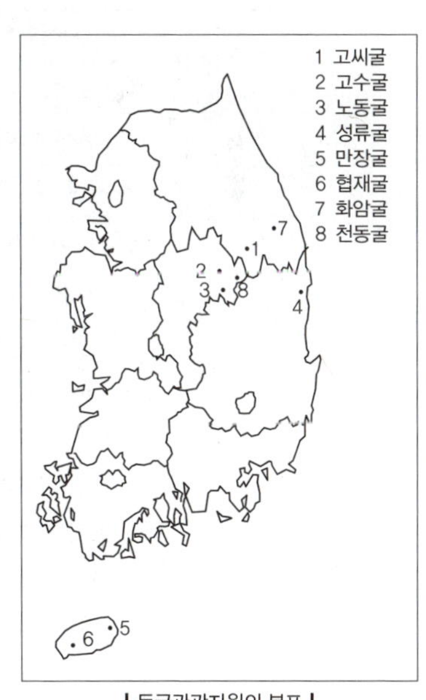

| 동굴관광자원의 분포 |

② 형태와 모양에 따른 분류

㉠ 수직동굴 : 땅 속에서 넓은 광장을 이루거나 수직으로 내려가는 동굴

㉡ 수평동굴 : 땅 표면을 따라 땅 속에서 옆으로 길게 뻗어있는 동굴

㉢ 경사동굴 : 급한 경사면을 이루면서 내려가는 동굴

㉣ 다층동굴 : 아파트와 같이 몇 단계의 층으로 된 동굴

(3) 우리나라의 동굴

① 특 색

㉠ 대개 고도가 낮은 산간이나 하천 주변에 발달하여 접근성이 좋음

㉡ 동굴과 인접하여 다른 관광자원이 소재하는 경우가 빈번하여 광역적인 관광권역을 형성할 수 있어 동굴자원의 관광가치성이 큼

② 동굴의 종류 15 17 18 22 기출

㉠ 석회(종유)동굴 : 고수굴, 고씨굴, 초당굴, 환선굴, 도담굴, 용담굴, 비룡굴, 관음굴, 연지굴, 여천굴, 성류굴, 노동굴 등

㉡ 용암(화산)동굴 : 만장굴, 김녕굴, 빌레못굴, 협재굴, 황금굴, 쌍용굴, 소천굴, 미천굴, 수산굴, 초깃굴 등

㉢ 해식동굴 : 금산굴, 산방굴, 용굴, 오동도굴, 정방굴, 가사굴 등

| 영월 고씨굴 |

| 울진 성류굴 |

| 제주 만장굴 |

[우리나라의 천연기념물 지정 동굴] 14 16 기출

지정명칭	소재지
제주 김녕굴과 만장굴	제주 제주시
울진 성류굴	경북 울진군
익산 천호동굴	전북 익산시
삼척 대이리 동굴지대	강원 삼척시
영월 고씨굴	강원 영월군
삼척 초당굴	강원 삼척시
제주 한림 용암동굴지대 (소천굴 · 황금굴 · 협재굴)	제주 제주시
단양 고수동굴	충북 단양군
평창 백룡동굴	강원 평창군
단양 노동동굴	충북 단양군
단양 온달동굴	충북 단양군
제주 어음리 빌레못동굴	제주 제주시
제주 당처물동굴	제주 제주시
제주 수산동굴	제주 서귀포시
제주 용천동굴	제주 제주시
제주 선흘리 벵뒤굴	제주 제주시

정선 산호동굴	강원 정선군
평창 섭동굴	강원 평창군
정선 용소동굴	강원 정선군
거문오름 용암동굴계 상류동굴군 (웃산전굴 · 북오름굴 · 대림굴)	제주 제주시
정선 화암동굴	강원 정선군
영월 분덕재동굴	강원 영월군

※ 국가유산청 국가문화유산포털

개념충전 **우리나라의 람사르 습지** 23 기출

대암산용늪, 우포늪, 신안장도 산지습지, 제주 물영아리오름, 무제치늪, 두웅습지, 제주 물장오리오름, 오대산 국립공원 습지, 강화 매화마름 군락지, 제주 1100고지, 제주 동백동산 습지, 고창 운곡습지, 한강밤섬, 제주 숨은물뱅듸, 한반도습지, 순천 동천하구, 고양 장항습지, 문경 돌리네습지, 평두메습지, 순천만 · 보성갯벌, 무안갯벌, 서천갯벌, 고창 · 부안갯벌, 증도갯벌, 송도갯벌, 대부도갯벌

제3절 하천 및 해안관광자원

01 하천 및 호수관광자원

(1) 하천관광자원

① 하천의 구분

㉠ 수원 : 물이 솟아나는 근원지로 지하수가 솟아나는 샘, 온천수, 약수터, 호소 등

㉡ 상류 : 산간 양안이 급경사면을 이루고 물의 흐름이 빠르며 큰 암석들이 많아 부분적으로 폭포, 급류, 소 등이 존재

㉢ 중류 : 유속이 느리고 수심도 적당하여 각종 관광활동과 낚시, 수상스키, 유람선 운영 등이 가능한 지역

㉣ 하류 : 강폭이 넓어지기 때문에 녹지가 잘 조성되어 있고 레크리에이션 활동의 가능성이 높아지는 곳

② **우리나라 하천관광자원의 특색** : 하천의 흐름은 북고남저와 동고서저의 산맥의 주향과 대체로 일치하여 서남방향이 대부분임

㉠ 상류 : 빠른 유속으로 계곡을 따라 측방침식이 왕성하여 절경을 이룸 → 영월의 청령포, 충주의 탄금대, 부여의 낙화암, 여주의 신륵사, 절두산, 행주산성, 죽서루, 촉석루, 고석정 등(사행유로와 주변의 경관이 결합)

㉡ 중상류 : 대부분 산지에서 발달한 하천은 하천의 양안이나 하상에 반석을 형성하여 관광지로 발달 → 백운동계곡, 비금계곡, 등선폭포(계곡), 천불동계곡, 백담사계곡, 토왕성계곡, 소금강계곡, 무릉계곡, 한신계곡, 피아골계곡, 달궁계곡, 안덕계곡 등

㉢ 중하류 : 북한강의 하상에 흙, 모래, 자갈 등이 퇴적되어 하중도 형성 → 춘천호반(1969년 관광지로 지정 → 1987년 국민관광지로 개발)

㉣ 하구 : 가장 대표적인 삼각주로 낙동강 삼각주가 있음

③ **대한민국 5대강 유역의 관광자원**

㉠ 한 강

- 5대강 중 가장 큰 강이며, 수도권에 위치하고 있어 정치 · 경제 · 교육 · 문화의 중심지
- 총길이는 514km로 한반도에서는 4번째로 길고, 압록강 · 두만강에 이어서 3번째로 유역면적이 넓음

㉡ 금 강

- 전북 장수군의 마이산에서 발원하여 서남지방으로 흐르는 강
- 상류는 산간분지를 돌아 대전 분지를 이루고, 중류지역은 전북평야를 형성하고 있으며, 하류지역은 요곡이 되어 항구가 발달

㉢ 낙동강

- 강원도 황지에서 발원하여 김해를 거쳐 남해로 유입되는 긴 강
- 하류에는 철새 도래지로 유명한 을숙도가 자리 잡고 있어 독특한 관광자원의 가치를 지님

㉣ 영산강 : 전남 담양의 추월산에서 발원하여 목포만으로 유입되는 강

㉤ 섬진강 : 전북 진안의 마이산에서 발원하여 광양만으로 흘러내리는 총연장 212km의 긴 강으로, 전남과 경남의 경계임

개념충전

주요 강의 길이 비교 19 기출

- 영산강 : 150km
- 금강 : 401km
- 한강 : 514km
- 낙동강 : 525km

유역별 댐 14 18 22 기출

- 한강 유역 : 화천댐, 춘천댐, 소양강댐, 의암댐, 청평댐, 충주댐(다목적), 괴산댐, 횡성댐(다목적) 등
- 금강 유역 : 대청댐(다목적), 금강하구언, 용담댐(다목적), 보령댐 등
- 낙동강 유역 : 안동댐(다목적), 진양호, 합천댐, 임하댐(다목적), 성덕댐 등
- 영산강 유역 : 영산호, 담양댐, 장성댐 등
- 섬진강 유역 : 섬진강댐(다목적), 동복댐 등

(2) 호수관광자원

① **호수의 개념** : 지형학적으로 '육지에 둘러싸인 지역에 존재하는 정수괴(靜水塊)로서 바다와는 직접 연결되어 있지 않은 것'

② **호수의 종류** 21 기출

㉠ 화구호 : 한라산의 백록담과 같이 화산작용에 의한 분화구에 물이 고여 생겨난 호수

㉡ 석호 : 강원도의 경포호처럼 해안지역에 퇴적된 토사에 의해 생긴 호수

㉢ 함몰호 : 바이칼호처럼 지면의 함몰로 인하여 생겨난 호수

㉣ 빙하호 : 핀란드 · 캐나다 북부 등 주로 고위도의 빙하지대에서 볼 수 있으며, 빙하작용에 의해 생겨난 호수

㉤ 언지호 : 칠보산의 장연호처럼 화산의 분출, 산사태 등으로 하천의 수로가 막혀서 생겨난 호수

㉥ 우각호 : 하천의 곡류천에서 형성되는 호수

㉦ 인공호 : 인공으로 만들어진 댐이나 못

③ **우리나라의 주요 호수관광자원** 17 18 21 기출

㉠ 자연호

- 석호 : 송지호, 청초호, 영랑호, 경포호, 화진포 등 강원도 북동안에 집중적으로 발달
- 칼데라호 : 백두산 천지, 울릉도 나리분지
- 화구호 : 한라산 백록담

| 경포호 |

㉡ 인공호

- 시화호 : 경기도 안산시 · 시흥시 · 화성시에 걸쳐 있는 인공호수로, 방조제의 양끝인 시흥과 화성의 앞 글자를 각각 따서 '시화호'라 함
- 충주호 : 충청북도 충주시와 제천시에 걸쳐 있는 인공호수로, 1985년 건설된 충주댐으로 인해 생겨남
- 소양호 : 강원도 춘천시 · 양구군 · 인제군에 걸쳐 있는 인공호수로, 1973년 소양강 다목적댐 건설로 생겨남

제2과목

02 해안관광자원

(1) 해안관광자원의 구성

① 침수해안 : 해안선이 복잡하고 도서가 많은 것이 특징

㉠ 스페인의 리아(Lia)지방에 발달한 리아스(Rias)식 해안

㉡ 노르웨이 해안에 발달한 피오르(Fjord)식 해안

② 이수해안

㉠ 암석해안 : 해식애(Sea Cliff), 해안단구(Coastal Terrace), 해식동굴(Sea Arch), 파식대, 시스택(Sea Stack) 등이 발달 → 해안경관 구성

- 해식애 : 강원도 통천군의 총석정, 변산반도의 채석강, 부산의 태종대 등
- 해식동굴 : 제주도의 산방굴, 남해의 음성굴과 백명굴, 홍도의 슬금리굴, 오륙도의 굴섬 등

㉡ 사빈해안 : 사빈(Beach), 사취, 사주, 석호, 육계도, 육계사주, 사구(Sand Dune) 등이 발달 → 해수욕을 비롯한 다양한 관광활동의 대상

(2) 해안관광활동

① 해안경관의 감상(Seeing and Feeling Tourism)

㉠ 자연경관 : 아름다운 백사장, 기암이나 거석 및 단애의 경치, 다도해, 해중, 해저의 경관, 일출과 일몰의 광경 등 → 한려해상 국립공원, 다도해해상 국립공원

㉡ 인문경관 : 어촌의 감상, 어항 및 등대, 수산양식 및 가공 등

② 행동하는 관광(Active Tourism) : 해수욕장을 비롯하여 보팅, 요팅, 수상스키, 스킨스쿠버, 스카이다이빙, 낚시 등 해상 및 해중활동 등의 스포츠 활동무대로서 의의가 큼

(3) 우리나라의 해안관광자원

① 동해안 : 깊고 맑은 물, 풍부한 어족, 관동팔경, 해안선의 풍량과 질 좋은 해수욕장 그리고 온천과 동굴 등이 있어 다양한 관광활동이 가능

② 서해안

㉠ 해안선의 굴곡이 심하고 바다가 얕으며, 만의 형성이 대규모적이고 조차가 매우 큼

㉡ 간척지가 넓게 분포 → 갯벌 축제 등 이벤트 관광 도입

㉢ 지역에 따라 특색 있는 어종들이 서식 → 식도락에서부터 양식, 채취, 바다낚시, 가공 등을 포함하여 관광대상화

③ 남해안

㉠ 부산, 진해, 마산, 통영, 여수, 목포에 이르기까지 다도해를 이루고 있고, 해안선의 굴곡이 심하여 독특한 해안경관을 형성함

㉡ 임해입지형의 중화학공업단지가 형성되어 산업관광자원과의 연계가 유리

(4) 해수욕장

① **해수욕장의 의의** : 여름철뿐만 아니라 사계절 관광객의 전천후 휴양지로서 관광자원의 효용이 있음

② 우리나라 해수욕장의 분포 16 17 기출

㉠ 동해안 : 북쪽의 강원도 고성군의 화진포해수욕장에서부터 남쪽 부산 기장군의 일광해수욕장까지 주요 해수욕장이 분포

㉡ 남해안 : 부산의 송정해수욕장에서부터 전라남도 진도군의 관매도해수욕장까지 해수욕장이 분포

㉢ 서해안 : 북쪽으로 경기도의 시도해수욕장에서부터 남쪽으로 전라남도 신안군 시목리해수욕장과 목포시의 외달도해수욕장까지 발달

㉣ 제주특별자치도 : 제주시의 이호해수욕장과 서귀포시의 중문해수욕장을 비롯해 해수욕장이 섬 주위에 분포

| 해수욕장의 분포 |

(5) 기타 해안자원

① **낚시터** : 조어활동을 전개하는 수면지역으로, 바다낚시터와 민물낚시터로 구분됨

② **마리나(Marina)** : 유람선이나 보트 또는 요트 등 레크리에이션 선박들을 위한 정박지 또는 중계항으로서 시설 및 관리체계를 갖춘 항만

③ **해중공원** : 해중자연미가 뛰어나고 다양한 해양식물과 어족들이 서식하는 경관지역 → 해중전망대, 해중터널, 유리보트, 잠수정, 안내소, 숙박소, 휴식소 등

제4절 온천관광자원

01 온천의 형성원인 및 분류

(1) 온천의 형성원인

① 온천의 의의

㉠ 온천(Hot Spring)이란, 지열로 인해 높은 온도로 가열된 지하수가 분출하는 샘을 말하는 것으로, 휴양 · 요양의 효과가 크고 주변 풍경과 결합되어 관광자원으로서의 가치를 구성

㉡ 온천은 3대 요소인 수량, 성분, 온도에 따라서 그 가치가 평가됨

② 온천의 형성원인

㉠ 화산작용 : 화산활동에 의해 가열된 화성암의 열로 데워진 물이 지표에 솟아 나온 것

㉡ 지열 : 지하에 스며든 물이 지열과 암석의 화학적 변화로 발생한 열로 데워진 물이 지표에 솟아 나온 것

㉢ 단층열 : 단층이나 습곡 등의 지각운동으로 인해 생겨나는 열로 데워진 물이 지표에 솟아 나온 것

(2) 온천의 분류

① 수온에 의한 분류

㉠ 냉천 : 25℃ 이하
㉡ 미온천 : 25~34℃
㉢ 온천 : 34~42℃
㉣ 고온천 : 42℃ 이상

② 용출형태에 의한 분류

㉠ 용천 : 온천수의 분출이 계속 일어나는 온천
㉡ 간헐천 : 온천수가 일정한 시간 간격을 두고 주기적으로 용출하는 형태의 온천

③ 화학적 성분에 의한 분류

㉠ 유황천 : 온천수 1kg에 유황 1mg 이상이 함유된 천 → 피부병 · 신경통에 효능
㉡ 탄산천 : 온천수 1kg에 이산화탄소 또는 그 증발 잔재물이 1g 이상 함유된 천
㉢ 라듐천(방사능천) : 온천수 1kg당 1억분의 1mg이라는 매우 적은 양의 라듐이 함유되어 있는 천
㉣ 염류천(식염천) : 온천수 1kg당 5~15g 정도의 염분이 함유되어 있는 천 → 노약자에게 유용
㉤ 광천(Spa) : 물 1kg 중에 1g 이상의 고형의 광물질이 용해되어 있는 천

④ 개발상태에 따른 분류

㉠ 자연형 온천지 : 온천이 자연 그대로 용출하는 온천지로서 관광시장과 원격지에 위치하기 때문에 개발할 때까지 많은 시간이 소요되는 곳에 위치하는 온천
㉡ 휴양(보양)형 온천지 : 접근성이 상대적으로 좋으며 그곳에 유입하는 관광객을 위하여 숙박시설이 발달한 상태로, 아직은 이용 형태가 탕치 형태를 벗어나지 못한 상태의 온천
㉢ 관광지형 온천지 : 목적 자체가 휴양이나 보양 목적이 아니고, 레크리에이션 목적의 관광객을 위하여 개발한 온천

02 온천의 분포

(1) 세계의 온천

환태평양 조산대, 알프스 히말라야 조산대, 피레네 산지, 호주 북동부, 바이칼호, 아프리카 동부 · 남부, 마다가스카르섬, 남아프리카공화국, 중국대륙(동부) 등에 주로 분포

(2) 한국의 온천 15 17 18 24 기출

① 우리나라 온천의 특성

㉠ 남한에 분포하는 온천은 제3기 화산대에서 벗어난 비화산성 열원의 온천이 주류를 이룸
㉡ 온천의 수질은 대부분 저농도의 약염기성인 단순천
㉢ 한국의 온천수 중 용출열수의 양은 많지 않음

② **온천밀집지역** : 한반도의 중서부(온양, 도고, 유성, 이천)와 중동부(척산, 오색, 덕구, 백암, 수안보) 및 남동부(경산, 도곡, 마금산, 동래, 해운대) 등지로 충청지방과 경상지방에 밀집 → 대부분이 화강암지대에 분포

개념충전 **관광특구 지정 온천** 19 기출

시 · 도	특구명	지정지역	면적(km^2)	지정일
충 북	수안보온천	충주시 수안보면 온천리 · 안보리 일원	9.22	1997.1.18
충 남	아산시온천	아산시 음봉면 신수리 일원	3.71	
경 북	백암온천	울진군 온정면 소태리 일원	1.74	
경 남	부곡온천	창녕군 부곡면 거문리 · 사창리 일원	4.82	

※ 문화체육관광부, 2025년 6월 기준

③ 우리나라 주요 온천의 성분 및 효능

온천명	소재지	성 분	효 능
동래온천	부산시 동래구	마그네슘	신경통, 피부병, 부인병
해운대온천	부산시 해운대구	황산 · 라듐	위장염, 신경통, 기관지염
부곡온천	경남 부곡면	유 황	피부병, 신경통, 무좀
마금산온천	경남 창원시	유 황	피부병, 신경통, 부인병
온양온천	충남 온양동	규산, 탄산칼륨	피부병, 위장병
유성온천	대전시 유성구	라 듐	신경통, 위장병
덕산온천	충남 덕산면	저마늄	신경통, 부인병
도고온천	충남 도고면	유 황	피부병, 신경통, 안질환
백암온천	경북 울진군	나트륨, 철, 칼슘	만성질환, 위궤양
덕구온천	경북 울진군	탄산, 칼륨, 칼슘	피부병, 신경통, 빈혈
수안보온천	충북 충주시	유 황	피부병, 부인병
척산온천	강원도 속초시	유 황	피부병, 신경통
오색온천	강원도 양양군	탄산, 구리, 아연	위장병, 피부병, 신경통
이천온천	경기도 이천시	유 황	만성습진, 신경통, 부인병

03 약 수

(1) 약수의 의의 및 특성

① **의의** : 광천 중에서 수온이 낮은 냉천 중 화학성분이 함유되어 있는 것(탄산나트륨 함유량 1% 이상)

② **특성** : 대부분의 약수는 탄산천에 속하며, 소화작용을 촉진하여 건강을 유지시켜 주는 천연수

(2) 우리나라의 주요 약수

① **초정약수** : 라돈 성분이 다량 함유된 천연탄산수로서 충북 청원군 내수읍 초정리에 있는 약수(세계 3대 광천의 하나)

② **오색약수** : 강원도 양양군 서면 오색리에 있는 약수로, 수질은 탄산수이며, 철분이 많아 물맛이 특이함

③ **방아다리약수** : 철분과 탄산 등이 주성분이며, 영동 고속도로 하진부에서 북쪽으로 12km 지점에 위치

| 오색약수 |

④ **달기약수** : 경상북도 청송읍 부곡동에 있는 약수로, 빈혈, 신경질환, 부인병, 위장병 등에 특효

⑤ **화암약수** : 강원도 정선군 화암면 화암리에 위치한 약수터로, 산화철 탄산수이며, 1977년 국민 관광지로 지정

⑥ **홍천 옻나무약수** : 100년 이상 묵은 옻나무 밑에서 솟아오르는 이 약수는 알레르기성 피부병과 옻, 땀띠 등에 특효

⑦ **인제 방동약수** : 무색 투명한 광천수로 각종 무기염류와 탄산 기체가 많이 함유되어 있어 급만성 위장병에 효험이 큼

⑧ **대정약수** : 저마늄을 비롯하여 라돈 · 나트륨 등이 함유되어 위장병 · 숙취 · 당뇨병 · 피부병 등에 효과

⑨ **오전약수** : 칼슘과 마그네슘 · 철 · 염소가 다량 함유되어 위장병 · 신경통 · 빈혈 · 피부병 등에 효과

⑩ **추곡약수** : 춘천시 북산면 추곡리 사명산 아래 있는 약수로 수량은 많지 않으나 위장병에 특효

개념충전 **행정구역별 온천 · 해수욕장 · 동굴** 20 24 기출

도(道)	온 천	해수욕장	동 굴
강원도	오색온천	화진포해수욕장 · 주문진해수욕장	고씨(동)굴
충청북도	수안보온천	–	고수동굴
충청남도	도고온천	무창포해수욕장	–
부산광역시	동래온천 · 해운대온천	송도해수욕장	좌천동굴
경상북도	백암온천 · 덕구온천 · 풍기온천	감포해수욕장 · 구룡포해수욕장	성류굴
경상남도	부곡온천	와현해수욕장	–
전라남도	담양온천	신전해수욕장	백아산 아천동굴
제주도	–	함덕해수욕장	만장굴

제3장 핵심 실전 문제

※ 문제의 이해도에 따라 ○△✕ 체크하여 완벽하게 정리하세요.

01 다음 중 자연적 관광자원으로만 연결된 것은?

○△✕

① 토산품, 기념물, 산악
② 동식물, 산악, 해안
③ 하천, 성터, 국가유산
④ 암석, 특산물, 성지

해설 **자연적 관광자원**
산악, 하천, 호소, 해안, 목장, 고원, 폭포, 화산, 암석, 동굴, 태양, 동물, 식물 등

02 다음 중 우리나라 최초의 국립공원은?

○△✕

① 설악산
② 지리산
③ 계룡산
④ 한라산

해설 1967년 12월에 우리나라 최초의 국립공원으로 지정된 지리산은 전북, 전남, 경남의 3도에 걸친 뛰어난 자연경관지이다.

03 한탄강이 분포된 지역이 아닌 것은?

○△✕

① 경기도 포천시
② 경기도 연천군
③ 강원도 철원군
④ 강원도 영월군

해설 한탄강은 경기도 포천시와 연천군, 강원도 철원군에 있다. 강원도 영월군에는 강원고생대가 있다.

정답 1 ② 2 ② 3 ④

제2과목

04 우리나라 최대의 국립공원은?

① 다도해해상
② 설악산
③ 한라산
④ 변산반도

해설 다도해해상 국립공원은 총면적이 2,266.209km²에 달하는 우리나라 최대의 국립공원이다.

05 우리나라 유일의 도시형 국립공원은?

① 부 여
② 경 주
③ 설악산
④ 공 주

해설 1968년 12월에 지정된 경주 국립공원은 현재 지정된 국립공원 중 유일한 도시형 국립공원이다.

06 자연공원의 지정 목적에 속하지 아니하는 것은?

① 자연생태계의 보전
② 학술적 연구
③ 자연과 문화경관의 보전
④ 지속 가능한 이용의 도모

해설 **목적(자연공원법 제1조)**
자연공원법은 자연공원의 지정·보전 및 관리에 관한 사항을 규정함으로써 자연생태계와 자연 및 문화경관 등을 보전하고 지속 가능한 이용을 도모함을 목적으로 한다.

정답 4 ❶ 5 ❷ 6 ❷

07 우리나라 해상 · 해안 국립공원이 아닌 것은?

○△×

① 한려해상
② 다도해해상
③ 태안해안
④ 부산해상

해설 **우리나라 해상 · 해안 국립공원**
한려해상 국립공원, 태안해안 국립공원, 다도해해상 국립공원, 변산반도 국립공원

08 우리나라 최초의 해상 국립공원은?

○△×

① 한려해상
② 태안해안
③ 다도해해상
④ 동해해상

해설 1968년 우리나라 최초의 해상 국립공원으로 지정된 한려해상 국립공원은 전남 여수에서 경남 한산도 앞바다에까지 이르며, 6개 지구로 나뉜다.

09 다음 중 「자연공원법」에서 정하는 자연공원이 아닌 것은?

○△×

① 국립공원
② 도립공원
③ 군립공원
④ 시립공원

해설 자연공원이란 국립공원 · 도립공원 · 군립공원 및 지질공원을 말한다(「자연공원법」 제2조 제1호).

정답 7 ❹ 8 ❶ 9 ❹

제2과목

10 갑사와 동학사가 있는 국립공원은?

① 계룡산 ② 내장산
③ 한라산 ④ 덕유산

해설 계룡산에는 갑사, 동학사, 신원사 등의 사찰이 있다.

11 다음 중 한려해상 국립공원의 6개 지구에 속하지 않는 것은?

① 거 제
② 통 영
③ 하 동
④ 울 산

해설 한려해상 국립공원은 거제, 통영, 사천, 하동, 남해, 여수 오동도의 6개 지구로 나누어진다.

12 다음 중 '제2의 금강산'이란 별칭을 갖고 있는 국립공원은?

① 내장산
② 덕유산
③ 오대산
④ 설악산

해설 설악산은 한라산 · 지리산에 이어 남한에서 세 번째로 높은 산으로, 동북부의 금강산과 동남부의 오대산 사이에 있는 명산이며, '제2의 금강산'이란 별칭이 있다.

정답 10 ❶ 11 ❹ 12 ❹

13 ○△×

다음 중 설악산에 있는 사찰들로만 묶인 것은?

① 신흥사, 백담사
② 법주사, 백양사
③ 대원사, 실상사
④ 연화사, 월정사

해설 설악산에는 신흥사, 백담사, 계조암, 봉정암 등의 사찰이 있다.

14 ○△×

다음 중 호남의 명산이며, '내금강', '영은산'이란 별칭을 갖고 있는 국립공원은?

① 내장산 ② 속리산
③ 지리산 ④ 가야산

해설 내장산은 호남의 명산이며, 기암과 계곡미가 뛰어나며 가을 단풍이 전국적인 명물이다. 이 산은 수려한 자연경관을 다양하게 거느리고 있어 '내금강', '영은산'이란 별칭도 있다.

15 ○△×

다음 중 팔만대장경을 소장하고 있는 해인사와 인연이 깊은 국립공원은?

① 가야산
② 내장산
③ 설악산
④ 덕유산

해설 1972년 10월에 국립공원으로 지정된 가야산은 자연경관도 빼어나지만 팔만대장경을 소장하고 있는 해인사와도 인연이 깊다.

정답 13 ❶ 14 ❶ 15 ❶

16 ○△×

월악산 국립공원에서 가장 가까운 온천지는?

① 부곡온천
② 수안보온천
③ 오색온천
④ 백암온천

해설 월악산은 충청북도 충주시와 제천시 · 단양군과 경상북도 문경시에 걸쳐 있는 산이고, 수안보온천은 충청북도 충주시 수안보면 온천리에 있는 온천이다.

17 ○△×

다음 중 자장율사가 창건한 월정사가 있는 국립공원은?

① 오대산
② 덕유산
③ 속리산
④ 주왕산

해설 오대산의 월정사는 전국적인 명찰로서, 자장율사가 당나라 수학 후 오대산을 답사하고 이 절을 창건하였다고 한다. 또한 중국 오대산과 자연풍경이 흡사하다 하여 오대산이라 명명했다고도 한다.

18 ○△×

다음 중 태안해안 국립공원에 속한 해수욕장이 아닌 것은?

① 만리포해수욕장
② 몽산포해수욕장
③ 연포해수욕장
④ 구룡포해수욕장

해설 태안해안 국립공원은 만리포, 천리포, 몽산포, 방포, 연포, 학암포 등의 해수욕장을 거느리며 빼어난 해안 경관미를 자랑하고 있다.

정답 16 ❷ 17 ❶ 18 ❹

19 

다음 중 동양 최초 해저터널의 소재지는?

① 통 영
② 부 산
③ 군 산
④ 여 수

해설 통영해저터널은 1932년 동양 최초로 만들어진 바다 밑 터널이다. 양쪽 바다를 막고 바다 밑을 파서 콘크리트 터널을 만든 것으로, 당시 미륵도와 육지를 연결하는 유일한 교통수단이었다.

20 

무량수전으로 유명한 부석사가 있는 국립공원은?

① 소백산
② 가야산
③ 내장산
④ 북한산

해설 소백산 국립공원은 경상북도 영주시 부석면에 있는 '부석사 무량수전'으로 더욱 유명하다.

21 

우리나라 절 가운데 꿩의 보은과 구렁이에 얽힌 전설이 전해 오는 상원사가 있는 국립공원은?

① 치악산
② 계룡산
③ 북한산
④ 한라산

해설 상원사는 우리나라 절 가운데 가장 높은 곳(치악산 1,050m)에 위치하는 절로, 꿩의 보은과 구렁이에 얽힌 전설이 전해 오는 곳이다.

정답 19 ❶ 20 ❶ 21 ❶

22

다음 중 무위사 극락보전, 도갑사 해탈문, 마애여래좌상 등이 있는 국립공원은?

① 월출산
② 소백산
③ 계룡산
④ 설악산

해설 월출산 국립공원 내에는 천황봉, 구정봉, 용추폭포, 구절폭포, 금릉경포대 등의 명소와 무위사 극락보전, 월출산 마애여래좌상, 도갑사 해탈문, 월남사지 진각국사비 등 많은 문화유산이 있다.

23

다음 도립공원 중 '호남의 금강' 또는 '소설악산'이라 불리는 명산은?

① 대둔산
② 마이산
③ 조계산
④ 두륜산

해설 대둔산은 '호남의 금강' 또는 '소설악산'이라고 불리는 명산으로, 특히 가을 단풍이 수석과 같은 침봉들 사이를 비집고 화려하게 자리잡은 모습이 장관이다.

24

다음 중 도립공원으로 가장 먼저 지정된 곳은?

① 대둔산
② 금오산
③ 마이산
④ 칠갑산

해설 1970년 6월 경북 금오산이 도립공원 제1호로 지정되었다.

정답 22 ❶ 23 ❶ 24 ❷

25 단군을 위한 제천단이 있는 산은?

① 치악산
② 마니산
③ 지리산
④ 한라산

해설 마니산은 마리산 · 마루산 · 두악산이라고도 한다. 단군 왕검이 하늘에 제사를 지내기 위해 마련했다는 참성단이 있는데, 이곳에서는 지금도 개천절이면 제례를 올리고, 전국체육대회의 성화가 채화된다.

26 다음 중 도립공원이 아닌 것은?

① 조계산
② 연화산
③ 가지산
④ 팔공산

해설 팔공산 도립공원은 2023년 5월 국립공원으로 승격되었다.

27 다음 중 3신산(神山)에 해당하지 않는 산은?

① 지리산
② 한라산
③ 금강산
④ 계룡산

해설 삼신산(三神山)은 중국 전설에 나오는 상상의 세 신산으로, 우리나라도 이를 본떠 금강산 · 지리산 · 한라산을 한국의 삼신산으로 일컫는다. 계룡산은 무속신앙, 샤머니즘과 관계가 깊은 산이다.

정답 25 ❷ 26 ❹ 27 ❹

28 다음 중 제1호 군립공원은?

① 강천산
② 방어산
③ 초구산
④ 활매산

해설 강천산은 원래 생김새가 용이 꼬리를 치며 승천하는 모습과 닮았다 하여 용천산(龍天山)이라 불렸으며, 깊은 계곡과 맑은 물, 기암괴석과 절벽이 어우러져 '호남의 소금강'으로 불리기도 한다.

29 다도해해상 국립공원의 8개 지구가 아닌 것은?

① 흑산/홍도 지구
② 소안/청산도 지구
③ 나로도 지구
④ 통영/한산 지구

해설 다도해해상 국립공원은 구역에 따라 8개 지구(소안/청산도 지구, 나로도 지구, 금오도 지구, 거문/백도 지구, 팔영산 지구, 흑산/홍도 지구, 조도 지구, 비금/도초 지구)로 대별한다.

30 다음 중 천연보호구역이 아닌 지역은?

① 홍 도　　② 한라산
③ 지리산　　④ 독 도

해설 우리나라 천연보호구역으로는 홍도 천연보호구역, 설악산 천연보호구역, 한라산 천연보호구역, 대암산 · 대우산 천연보호구역, 향로봉 · 건봉산 천연보호구역, 독도 천연보호구역, 성산일출봉 천연보호구역, 문섬 · 범섬 천연보호구역, 차귀도 천연보호구역, 마라도 천연보호구역, 창녕 우포늪 천연보호구역이 있다.

정답 28 ❶ 29 ❹ 30 ❸

31 다음 중 온천의 3요소에 속하지 않는 것은?

① 정 도
② 성분(수질)
③ 온 도
④ 수 량

해설 온천은 3대 요소인 수량, 성분(수질), 온도에 따라서 그 가치가 평가된다.

32 다음 중 국내에서 가장 오래된 온천으로 조선왕조 때 군왕들이 많이 이용했던 온천은?

① 경주온천
② 온양온천
③ 오색온천
④ 동래온천

해설 온양온천은 가장 오래된 온천으로, 전국에서 가장 수량이 풍부하고 규모가 큰 온천 휴양지이며, 조선왕조 때에는 군왕들이 많이 찾던 곳이다.

33 관광특구로 지정된 온천이 아닌 것은?

① 부곡온천
② 수안보온천
③ 백암온천
④ 이천온천

해설 관광특구로 지정된 온천으로는 부곡온천, 수안보온천, 백암온천, 아산시온천이 있다.

정답 31 ❶ 32 ❷ 33 ❹

34

다음 중 석호가 아닌 것은?

① 영랑호
② 경포호
③ 장연호
④ 송지호

해설 칠보산의 장연호는 언지호로 화산의 분출, 산사태 등으로 하천의 수로가 막혀서 생겨난 호수이다. 석호는 해안지역에 퇴적된 토사에 의해 생긴 호수이다.

35

충북 청원에 있는 초정약수의 주성분은?

① 탄산천
② 칼슘천
③ 식염천
④ 유황천

해설 초정약수는 라돈 성분이 다량 함유된 천연탄산수이다.

36

내설악에 있는 백담사와 관련된 것이 아닌 것은?

① 한용운
② 원효대사
③ 신흥사
④ 한계사

해설 백담사는 대한불교조계종 제3교구 본사인 신흥사의 말사이다. 647년(진덕여왕 1) 자장이 창건하였는데, 처음에는 한계령 부근의 한계리에 절을 세우고 한계사라고 하였다. 근대에 이르러 한용운이 머물면서 〈님의 침묵〉 등을 집필하였다.

정답 34 ❸ 35 ❶ 36 ❷

37 다음 중 흑사해수욕장은?

○△×

① 명사해수욕장
② 구조라해수욕장
③ 일산해수욕장
④ 만성리해수욕장

해설 만성리해수욕장은 우리나라에서 보기 드문 검은 모래로 된 사장으로, 일찍이 1939년에 개장되었다. 일대의 해안은 한려해상 국립공원에 속하는 경승지로 마래(馬來) 터널 근처의 해안절벽이 장관을 이룬다.

제2과목

38 다음 중 우리나라에 가장 많은 동굴은?

○△×

① 용암동굴
② 석회동굴
③ 해식동굴
④ 화산동굴

해설 우리나라의 동굴은 주로 석회암 지층이 있는 곳에 생기는 석회동굴이다.

39 다음 중 동굴과 지역의 연결이 잘못된 것은?

○△×

① 성류굴 – 포항
② 고씨굴 – 영월
③ 고수굴 – 단양
④ 만장굴 – 제주

해설 성류굴은 울진에 있다.

정답 37 ❹ 38 ❷ 39 ❶

40 다음 중 제주도에 있는 동굴이 아닌 것은?

○△×

① 황금굴
② 협재굴
③ 김녕굴
④ 고씨굴

해설 고씨굴은 강원도 영월군에 있다.

41 울진의 성류굴은 다음 중 어느 굴인가?

○△×

① 용암동굴
② 석회동굴
③ 해식동굴
④ 인공동굴

해설 울진의 성류굴(천연기념물)은 길이가 915m(수중동굴구간 포함) 정도인 석회동굴이다.

42 국내 최대의 규모(해상공원 제외)를 자랑하는 국립공원은?

○△×

① 설악산 국립공원
② 지리산 국립공원
③ 가야산 국립공원
④ 내장산 국립공원

해설 국내 최대의 규모(해상공원 제외)를 자랑하는 지리산 국립공원은 산세의 웅장함이 으뜸이어서 천왕봉 · 반야봉 · 노고단의 3대 주봉을 비롯하여 해발고도 1,500m를 넘는 고봉들이 많다.

정답 40 ❹ 41 ❷ 42 ❷

43 ○△×

다음 중 해식동굴은 어느 것인가?

① 산방굴　　② 성류굴
③ 재암굴　　④ 천동동굴

해설 제주도의 산방굴, 정방굴 등은 유명한 해식동굴이다.

44 ○△×

석회석이 빗물에 녹아 동굴 내에서 아래로 드리워진 것은?

① 석 순　　② 석 주
③ 종유석　　④ 석 화

해설 동굴천장에서 석회석이 빗물에 녹아 동굴 내에서 아래로 성장하는 점적석을 종유석이라 한다.

45 ○△×

다음 중 연결이 잘못된 것은?

① 해식동굴 – 산방굴
② 용암동굴 – 만장굴
③ 석회동굴 – 정방굴
④ 용암동굴 – 소천굴

해설 정방굴은 해식동굴이다.

정답 43 ❶ 44 ❸ 45 ❸

46

다음 중 동굴과 소재지의 연결이 잘못된 것은?

① 온달동굴 – 단양
② 고수동굴 – 울진
③ 초당굴 – 삼척
④ 천호동굴 – 익산

해설 고수동굴은 충북 단양에 있다.

47

다음 댐 중 한강 유역에 있는 것이 아닌 것은?

① 화천댐
② 춘천댐
③ 청평댐
④ 대청댐

해설 **5대강 유역의 댐**

- 한강 유역 : 화천댐, 춘천댐, 소양강댐, 의암댐, 청평댐, 충주댐, 괴산댐, 횡성댐 등
- 금강 유역 : 대청댐, 금강하구언, 용담댐, 보령댐 등
- 낙동강 유역 : 안동댐, 진양호, 합천댐, 임하댐, 성덕댐 등
- 영산강 유역 : 영산호, 담양댐, 장성댐 등
- 섬진강 유역 : 섬진강댐, 동복댐 등

48

다음 중 우리나라 최대의 댐은?

① 의암댐
② 소양강댐
③ 섬진강댐
④ 팔당댐

해설 소양강댐은 저수 면적이 70km²로 우리나라 최대의 댐이다.

정답 46 ❷ 47 ❹ 48 ❷

49
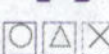

판관 서린과 뱀의 설화로 유명한 동굴은?

① 만장굴
② 김녕사굴
③ 고씨동굴
④ 황금굴

해설 김녕사굴은 이 동굴 속에 살았던 구렁이의 행패가 심하여 판관 서린이 중심이 되어 구렁이를 퇴치한 후 송덕비를 세운 설화가 전해진다.

50

다음 중 강원특별자치도의 약수가 아닌 것은?

① 초정약수
② 오색약수
③ 화암약수
④ 추곡약수

해설 초정약수는 충청북도 청원군의 약수이다.

정답 49 ❷ 50 ❶

제2과목

제4장 문화관광자원

제1절 문화와 국가유산

01 문화적 관광자원

(1) 문화적 관광자원의 개념

① 정의 : 민족문화의 유산으로서 국민이 보존할 만한 가치가 있고 관광매력을 지닐 수 있는 자원

② 문화적 자원의 관광대상 조건

㉠ 민족문화의 유산이어야 함

㉡ 보존할 만한 가치가 있어야 함

㉢ 관광매력을 지닐 수 있어야 함

(2) 문화적 자원의 범위 15 기출

① 문화유산 : 우리 역사와 전통의 산물로서 문화의 고유성, 겨레의 정체성 및 국민생활의 변화를 나타내는 유형의 문화적 유산(유형문화유산, 기념물, 민속문화유산)이다.

㉠ 유형문화유산 : 건조물, 전적, 서적, 고문서, 회화, 조각, 공예품 등 유형의 문화적 소산으로서 역사적 · 예술적 또는 학술적 가치가 큰 것과 이에 준하는 고고자료들이다.

㉡ 기념물 : 절터, 옛무덤, 조개무덤, 성터, 궁터, 가마터, 유물포함층 등의 사적지와 특별히 기념이 될 만한 시설물로서 역사적 · 학술적 가치가 큰 것들이다.

㉢ 민속문화유산 : 의식주, 생업, 신앙, 연중행사 등에 관한 풍속이나 관습에 사용되는 의복, 기구, 가옥 등으로서 국민생활의 변화를 이해하는 데 반드시 필요한 것들이다.

② 무형유산 : 여러 세대에 걸쳐 전승되어, 공동체 · 집단과 역사 · 환경의 상호작용으로 끊임없이 재창조된 무형의 문화적 유산 중 전통적 공연 · 예술 / 공예 · 미술 등에 관한 전통기술 / 한의약 및 농경 · 어로 등에 관한 전통지식 / 구전 전통 및 표현 / 의식주 등 전통적 생활관습 / 민간신앙 등 사회적 의식, 전통적 놀이 · 축제 및 기예 · 무예의 어느 하나에 해당하는 것을 말한다.

③ 자연유산 : 동물 · 식물 · 지형 · 지질 등의 자연물 또는 자연환경과의 상호작용으로 조성된 문화적 유산으로서 동물(해당 서식지, 번식지 및 도래지를 포함), 식물(해당 군락지 포함), 지형, 지질, 생물학적 생성물 또는 자연현상, 천연보호구역, 자연경관, 역사문화경관, 복합경관의 어느 하나에 해당하는 것을 말한다.

02 국가유산

(1) 국가유산의 개념

① 국가유산의 정의 : 인위적이거나 자연적으로 형성된 국가적 · 민족적 또는 세계적 유산으로서 역사적 · 예술적 · 학술적 또는 경관적 가치가 큰 것 → 국가유산은 민족의 유구한 자주적 문화정신과 지혜가 담겨 있는 역사적 소산이므로 우리의 전통문화를 소개할 수 있는 매력적인 관광자원

[국가유산의 구분]

구 분		내 용
문화유산	유형문화유산	건조물, 전적, 서적, 고문서, 회화, 조각, 공예품 등
	기념물	• 사적 : 절터, 옛무덤, 조개무덤, 성터, 궁터, 가마터, 유물포함층 등 • 특별히 기념이 될 만한 시설물
	민속문화유산	• 유형 민속문화유산 : 의식주, 생업, 신앙, 연중행사에 사용되는 의복, 기구, 가옥 등 • 무형 민속문화유산 : 의식주, 생업, 신앙, 연중행사의 풍속 · 관습
무형유산		• 전통적 공연 · 예술 • 공예, 미술 등에 관한 전통기술 • 한의약, 농경 · 어로 등에 관한 전통지식 • 구전 전통 및 표현 • 의식주 등 전통적 생활관습 • 민간신앙 등 사회적 의식 • 전통적 놀이 · 축제 및 기예 · 무예
자연유산		• 동물(서식지 · 번식지 · 도래지 포함), 식물(군락지 포함), 지형, 지질, 생물학적 생성물, 자연현상, 천연보호구역, 자연경관, 역사문화경관, 복합경관 • 천연기념물, 명승, 보호물, 보호구역

② 한국의 유네스코 등재유산 15 16 18 19 21 22 23 24 25 기출

㉠ 한국의 세계유산(세계문화유산/세계자연유산) : 석굴암 · 불국사(1995), 해인사 장경판전(1995), 종묘(1995), 창덕궁(1997), 수원 화성(1997), 경주역사유적지구(2000), 고창 · 화순 · 강화 고인돌 유적(2000), 제주화산섬과 용암동굴(2007, 세계자연유산), 조선왕릉(2009), 한국의 역사마을 : 하회와 양동(2010), 남한산성(2014), 백제역사유적지구(2015), 산사, 한국의 산지승원(2018), 한국의 서원(2019), 한국의 갯벌(2021, 세계자연유산), 가야고분군(2023), 반구천의 암각화(2025)

※ 한국의 서원 20 기출

소수서원, 옥산서원, 병산서원은 경상북도에, 무성서원은 전라북도에 있다.

㉡ 한국의 인류무형문화유산 : 종묘제례 및 종묘제례악(2001), 판소리(2003), 강릉단오제(2005), 강강술래(2009), 남사당놀이(2009), 영산재(2009), 제주칠머리당 영등굿(2009), 처용무(2009), 가곡(2010), 대목장(2010), 매사냥(2010), 줄타기(2011), 택견(2011), 한산모시짜기(2011), 아리랑(2012), 김장문화(2013), 농악(2014), 줄다리기(2015), 제주해녀문화(2016), 씨름(2018), 연등회, 한국의 등불 축제(2020), 한국의 탈춤(2022), 한국의 장 담그기 문화(2024)

㉢ 한국의 세계기록유산 : 훈민정음(1997), 조선왕조실록(1997), 직지심체요절(2001), 승정원일기(2001), 조선왕조 의궤(2007), 해인사 대장경판 및 제경판(2007), 동의보감(2009), 일성록(2011), 5 · 18 민주화운동기록물(2011), 난중일기(2013), 새마을운동기록물(2013), 한국의 유교책판(2015), KBS 특별생방송 '이산가족을 찾습니다' 기록물(2015), 조선왕실 어보와 어책(2017), 국채보상운동기록물(2017), 조선통신사기록물(2017), 4 · 19혁명기록물(2023), 동학농민혁명기록물(2023), 제주4 · 3기록물(2025), 산림녹화기록물(2025)

개념충전 **승정원일기** 20 기출

- 조선왕조에 관한 방대한 규모의 사실적 역사기록과 국가의 기밀을 담고 있다.
- 국보로 지정되어 있다.
- 2001년 유네스코 세계기록유산으로 등재되었다.

(2) 국가유산의 보호 및 관리

① 국가지정문화유산의 소유자는 선량한 관리자의 주의로써 해당 문화유산을 보호하여야 하며, 필요에 따라 그에 대리하여 그 문화유산을 보호할 관리자를 선임할 수 있음

② 국가와 지자체는 유산 중 중요한 것을 지정유산으로 지정 또는 등록유산으로 등록하여 보호할 수 있음

③ 국가와 지자체는 지정 · 등록되지 아니한 유산도 지속적으로 관리하고, 체계적으로 보호할 수 있는 방안을 강구하여야 하며, 미래에 국가유산이 될 잠재성이 있는 자원을 선제적으로 보호할 수 있도록 노력하여야 함

④ 국가와 지자체는 해당 유산과 함께 보호할 필요성이 있는 주변 환경을 보호하여야 함

⑤ 국가와 지방자치단체는 재난 및 각종 사고, 기후변화로부터 국가유산을 안전하게 관리하도록 상시적 · 체계적 예방관리체계를 구축 · 운영하여야 함

(3) 국가유산의 발굴 · 수리 · 매매

① 국가유산의 발굴, 수리 및 매매 등은 관계 법령에 따른 일정한 자격을 갖춘 자 또는 단체만이 할 수 있음

② 국가와 지자체는 유산의 가치 유지 및 회복을 위하여 유산을 수리하거나 「국가유산수리 등에 관한 법률」에 따른 소유자등에게 수리를 지시할 수 있음

③ 국가와 지자체는 유산을 수리하거나 수리를 지시할 경우 전통적 재료와 기법이 활용될 수 있도록 하여야 함

④ 국가와 지방자치단체는 국가유산의 건전하고 투명한 거래질서 확립을 위하여 필요한 제도를 수립 · 시행하여야 함

(4) 국가유산의 지정 16 17 20 기출

① **보물의 지정** : 국가유산청장은 문화유산위원회의 심의를 거쳐 유형문화유산 중 중요한 것을 보물로 지정할 수 있다(문화유산법 제23조 제1항).

② **국보의 지정** : 국가유산청장은 보물에 해당하는 문화유산 중 인류문화의 관점에서 볼 때 그 가치가 크고 유례가 드문 것을 문화유산위원회의 심의를 거쳐 국보로 지정할 수 있다(문화유산법 제23조 제2항).

③ **사적의 지정** : 국가유산청장은 문화유산위원회의 심의를 거쳐 기념물 중 중요한 것을 사적으로 지정할 수 있다(문화유산법 제25조 제1항).

④ **국가민속문화유산의 지정** : 국가유산청장은 문화유산위원회의 심의를 거쳐 민속문화유산 중 중요한 것을 국가민속문화유산으로 지정할 수 있다(문화유산법 제26조 제1항).

⑤ **국가무형문화유산의 지정** : 국가유산청장은 위원회의 심의를 거쳐 무형유산 중 중요한 것을 국가무형유산으로 지정할 수 있다(무형유산법 제12조 제1항).

⑥ **천연기념물의 지정** : 국가유산청장은 문화유산위원회의 심의를 거쳐 역사적 · 경관적 · 학술적 가치가 높은 것으로 보존의 필요성이 있는 것을 천연기념물로 지정할 수 있다(자연유산법 제11조 제1항).

⑥ **명승의 지정** : 국가유산청장은 문화유산위원회의 심의를 거쳐 역사적 · 경관적 · 학술적 가치가 높은 것으로 보존의 필요성이 있는 것을 명승으로 지정할 수 있다(자연유산법 제12조 제1항).

(5) 문화유산의 지정기준 16 기출

① 보물의 지정기준

㉠ ㉡의 어느 하나에 해당하는 문화유산으로서 다음 중 어느 하나 이상의 가치를 충족하는 것

- 역사적 가치
  - 시대성 : 사회, 문화, 정치, 경제, 교육, 예술, 종교, 생활 등 당대의 시대상을 현저히 반영하고 있는 것
  - 역사적 인물 관련성 : 역사적 인물과 관련이 깊거나 해당 인물이 제작한 것
  - 역사적 사건 관련성 : 역사적 사건과 관련이 깊거나 역사상 특수한 목적을 띠고 기념비적으로 만든 것
  - 문화사적 기여도 : 우리나라 문화사적으로 중요한 의의를 갖는 것
- 예술적 가치
  - 보편성 : 인류의 보편적 미적 가치를 구현한 것
  - 특수성 : 우리나라 특유의 미적 가치를 잘 표현한 것
  - 독창성 : 제작자의 개성이 뚜렷하고 작품성이 높은 것
  - 우수성 : 구조, 구성, 형태, 색채, 문양, 비례, 필선(筆線) 등이 조형적으로 우수한 것
- 학술적 가치
  - 대표성 : 특수한 작가 또는 유파를 대표하는 것
  - 지역성 : 해당 지역의 특징을 잘 구현한 것
  - 특이성 : 형태, 품질, 기법, 제작, 용도 등이 현저히 특수한 것
  - 명확성 : 명문, 발문 등을 통해 제작자, 제작시기 등에 유의미한 정보를 제공하는 것
  - 연구 기여도 : 해당 학문의 발전에 기여도가 있는 것

㉡ 해당 문화유산의 유형별 분류기준

- 건축문화유산
  - 목조군 : 궁궐, 사찰, 관아, 객사, 성곽, 향교, 서원, 사당, 누각, 정자, 주거, 정자각, 재실
  - 석조군 : 석탑, 승탑, 전탑, 비석, 당간지주, 석등, 석교, 계단, 석단, 석빙고, 첨성대, 석굴, 석표, 석정 등
  - 분묘군 : 분묘 등의 유구 또는 건조물 및 부속물
  - 조적조군 · 콘크리트조군 : 성당, 교회, 학교, 관공서, 병원, 역사 등
- 기록문화유산
  - 전적류 : 필사본, 목판 및 목판본, 활자 및 활자본 등
  - 문서류 : 공문서, 사문서, 종교 문서 등
- 미술문화유산
  - 회화 : 일반회화(산수화, 인물화, 풍속화, 기록화, 영모 · 화조화 등), 불교회화(괘불, 벽화 등)
  - 서예 : 이름난 인물의 필적, 사경, 어필, 금석, 인장, 현판, 주련 등
  - 조각 : 암벽조각(암각화 등), 능묘조각, 불교조각(마애불 등)
  - 공예 : 도 · 토공예, 금속공예, 목공예, 칠공예, 골각공예, 복식공예, 옥석공예, 피혁공예, 죽공예, 짚풀공예 등
- 과학문화유산
  - 과학기기
  - 무기 · 병기(총통, 화기) 등

② **국보의 지정기준** 20 기출

보물에 해당하는 문화유산 중 다음 사항에 해당하는 것을 국보로 지정

㉠ 특히 역사적, 학술적, 예술적 가치가 큰 것

㉡ 제작 연대가 오래되었으며, 그 시대의 대표적인 것으로서, 특히 보존가치가 큰 것

㉢ 조형미나 제작기술이 특히 우수하여 그 유례가 적은 것

㉣ 형태 · 품질 · 제재 · 용도가 현저히 특이한 것

㉤ 특히 저명한 인물과 관련이 깊거나 그가 제작한 것

개념충전 **주요 국보의 소재지** 19 24 기출

- 성주사지 낭혜화상탑비 : 충남 보령
- 탑평리 칠층석탑 : 충북 충주
- 실상사 백장암 삼층석탑 : 전북 남원
- 봉선홍경사 갈기비 : 충남 천안

③ 사적의 지정기준

㉠ 해당 문화유산의 유형별 분류기준 중 어느 하나에 해당하는 문화유산으로서 다음의 어느 하나 이상의 가치를 충족하는 것

- 역사적 가치
  - 정치 · 경제 · 사회 · 문화 · 종교 · 생활 등 각 분야에서 세계적, 국가적 또는 지역적으로 그 시대를 대표하거나 희소성과 상징성이 뛰어날 것

– 국가에 역사적 · 문화적으로 큰 영향을 미친 저명한 인물의 삶과 깊은 연관성이 있을 것
– 국가의 중대한 역사적 사건과 깊은 연관성을 가지고 있을 것
– 특정 기간 동안의 기술 발전이나 높은 수준의 창의성 등 역사적 발전상을 보여줄 것

• 학술적 가치
– 선사시대 또는 역사시대의 정치 · 경제 · 사회 · 문화 · 종교 · 생활 등을 이해하는 데 중요한 정보를 제공할 것
– 선사시대 또는 역사시대의 정치 · 경제 · 사회 · 문화 · 종교 · 생활 등을 알려주는 유구의 보존상태가 양호할 것

㉡ 해당 문화유산의 유형별 분류기준
• 조개무덤, 주거지, 취락지 등의 선사시대 유적
• 궁터, 관아, 성터, 성터시설물, 병영, 전적지 등의 정치 · 국방에 관한 유적
• 역사 · 교량 · 제방 · 가마터 · 원지 · 우물 · 수중유적 등의 산업 · 교통 · 주거생활에 관한 유적
• 서원, 향교, 학교, 병원, 사찰, 절터, 교회, 성당 등의 교육 · 의료 · 종교에 관한 유적
• 제단, 고인돌, 옛무덤(군), 사당 등의 제사 · 장례에 관한 유적
• 인물유적, 사건유적 등 역사적 사건이나 인물의 기념과 관련된 유적

④ 명승의 지정기준

㉠ 해당 문화유산의 유형별 분류기준 중 어느 하나에 해당하는 문화유산으로서 다음 중 어느 하나 이상의 가치를 충족하는 것

• 역사적 가치
– 종교, 사상, 전설, 사건, 저명한 인물 등과 관련된 것
– 시대나 지역 특유의 미적 가치, 생활상, 자연관 등을 잘 반영하고 있는 것
– 자연환경과 사회 · 경제 · 문화적 요인 간의 조화를 보여주는 상징적 공간 혹은 생활 장소로서의 의미가 있는 것

• 학술적 가치
– 대상의 고유한 성격을 파악할 수 있는 각 구성요소가 완선하게 남아 있는 것
– 자연물 · 인공물의 희소성이 높아 보존가치가 있는 것
– 위치, 구성, 형식 등에 대한 근거가 명확하고 진실한 것
– 조경의 구성 원리와 유래, 발달 과정 등에 대하여 학술적으로 기여하는 바가 있는 것

• 경관적 가치
– 우리나라를 대표하는 자연물로서 심미적 가치가 뛰어난 것
– 자연 속에 구현한 경관의 전통적 아름다움이 잘 남아 있는 것
– 정자 · 누각 등의 조형물 또는 자연물로 이루어진 조망지로서 자연물, 자연현상, 주거지, 유적 등을 조망할 수 있는 저명한 장소인 것

• 그 밖의 가치 : 「세계문화유산 및 자연유산의 보호에 관한 협약」(이하 "협약"이라 한다) 제2조에 따른 자연유산에 해당하는 것

㉡ 해당 문화유산의 유형별 분류기준
• 자연명승 : 자연 그 자체로서의 심미적 가치가 인정되는 자연물

- 산지, 하천, 습지, 해안지형
- 저명한 서식지 및 군락지
- 일출, 낙조 등 자연현상 및 경관 조망지점

• 역사문화명승 : 자연과 조화를 이루며 만들어진 인문적 가치가 있는 인공물
- 정원, 원림 등 인공경관
- 저수지, 경작지, 제방, 포구, 마을, 옛길 등 생활 · 생업과 관련된 인공경관
- 사찰, 경관, 서원, 정자 등 종교 · 교육 · 위락과 관련된 인공경관

• 복합명승 : 자연의 뛰어난 경치에 인문적 가치가 부여된 자연물
- 명산, 바위, 동굴, 암벽, 계곡, 폭포, 용천, 동천, 구곡 등
- 구비문학, 구전 등과 같은 저명한 민간전승의 배경이 되는 자연경관

⑤ 국가민속문화유산의 지정기준

㉠ 다음의 어느 하나에 해당하는 것 중 한국민족의 기본적인 생활 문화의 특색을 나타내는 전형적인 것

• 의 · 식 · 주에 관한 것 : 궁중 · 귀족 · 서민 · 농어민 · 천인 등의 의복 · 장신구 · 음식용구 · 광열용구 · 가구 · 사육용구 · 관혼상제용구 · 주거, 그밖의 물건 또는 그 재료 등
• 생산 · 생업에 관한 것 : 농기구 · 어로 · 수렵도구 · 공장용구 · 방직용구 · 작업장 등
• 교통 · 운수 · 통신에 관한 것 : 운반용 배 · 수레 · 역사 등
• 교역에 관한 것 : 계산용구 · 계량구 · 간판 · 점포 · 감찰 · 화폐 등
• 사회생활에 관한 것 : 증답용구, 경방용구, 형벌용구 등
• 신앙에 관한 것 : 제사구, 법회구, 봉납구, 우상구, 사우 등
• 민속지식에 관한 것 : 역류 · 점복용구 · 의료구 · 교육시설 등
• 민속예능 · 오락 · 유희에 관한 것 : 의상 · 악기 · 가면 · 인형 · 완구 · 도구 · 무대 등

㉡ ㉠에 열거한 민속문화유산을 수집 · 정리한 것 중 그 목적 · 내용 등이 다음의 어느 하나에 해당하는 것으로서 특히 중요한 것

• 역사적 변천을 나타내는 것
• 시대적 또는 지역적 특색을 나타내는 것
• 생활계층의 특색을 나타내는 것

㉢ 민속문화유산이 일정한 구역에 집단적으로 소재한 경우에는 민속문화유산의 개별적인 지정을 갈음하여 그 구역을 다음의 기준에 따라 집단 민속문화유산 구역으로 지정할 수 있음

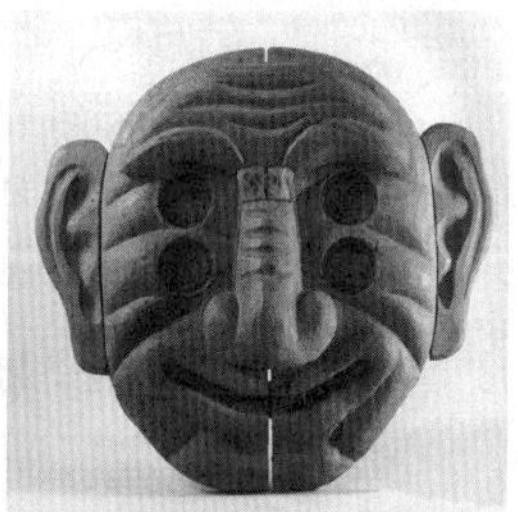
| 방상시 탈 |

• 한국의 전통적 생활양식이 보존된 곳
• 고유 민속행사가 거행되던 곳으로 민속적 풍경이 보존된 곳
• 한국건축사 연구에 중요한 자료를 제공하는 민가군(民家群)이 있는 곳
• 한국의 전통적인 전원생활의 면모를 간직하고 있는 곳
• 역사적 사실 또는 전설 · 설화와 관련이 있는 곳
• 옛 성터의 모습이 보존되어 고풍이 현저한 곳

제2절 문화유산

01 건조물

(1) 목조건축물

① 고건축의 양식 16 기출

㉠ 주심포 양식 : 건물의 기둥 위에만 공포를 배치한 구조양식

㉡ 다포 양식 : 기둥 상부에만 공포를 배치하는 주심포 양식과는 달리 주간에도 공포를 배치

㉢ 익공 양식 : 조선 초기에 우리나라에서 독자적으로 개발되어 사용된 공포 양식 → 향교, 서원, 사당 등의 유교 건축물에 주로 사용

㉣ 절충 양식 : 조선 초기에 사용되었으며 다포를 주로 하고, 주심포를 혼합 절충하여서 만들어진 양식

㉤ 하앙공포 양식 : 처마를 들어 올리고 깊게 돌출시키기 위해 발달된 양식으로, 지렛대 원리를 이용, 화암사 극락전이 유일

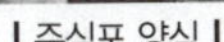
| 주심포 양식 |

| 다포 양식 |

| 익공 양식 |

개념충전 주심포 양식과 다포 양식 건축물 21 23 기출

- 주심포 양식 : 봉정사 극락전, 부석사 무량수전, 수덕사 대웅전, 성불사 극락전, 무위사 극락전 등
- 다포 양식 : 남대문, 동대문, 경복궁 근정전, 창덕궁 인정전, 창경궁 명정전, 덕수궁 중화전 등

② 구성부재 및 요소

㉠ 기단(基壇) : 오늘날의 기초

㉡ 초석(礎石) : 기둥 밑에 위치하여 상부로부터 전달되는 하중을 받아 지면에 전달시키는 기초석재(주춧돌)

㉢ 기둥(柱) : 단면형에 따라 원형(권위건축과 규모가 큰 건물에 사용) · 사각형 · 다각형 등으로, 위치에 따라 외진주 · 내진주 · 동자주 · 활주(팔작지붕의 건물 추녀 뿌리를 받치는 세장주로 추녀 길이가 길 때 설치) · 우주 · 퇴주 등으로 구분

㉣ 보 : 기둥과 벽체 위에 수평으로 걸친 구조부재 → 대들보, 퇴량, 충량, 우미량(꼬리보), 귓보(귀평보) 등

㉤ 도리 : 가구재의 치상단에 놓이는 장재로서, 건물의 서까래를 받음 → 주심도리, 중도리, 종도리, 외목도리

제2과목

ⓑ 대공 : 대량 위에 얹혀 중종보와 종보, 도리 등을 받쳐주는 부재

ⓢ 솟을합장 : 마루도리(종도리)의 좌우에서 중도리에 이르는 종보의 좌우 끝까지 빗댄 합장재

ⓞ 가구형식 : 도리가 몇 겹으로 걸려 있느냐에 따라 3 · 7 · 9량 가구 등으로 분류

ⓙ 처마 : 서까래 · 부연 · 평고대 · 연함 · 추녀 · 사래 등으로 구성

ⓒ 지붕 : 맞배지붕, 팔작지붕, 우진각지붕, 사모지붕, 육모지붕, 팔모지붕, T자지붕, +자지붕, 솟을지붕, 다각지붕, 가적지붕, 사랑, 一자홑집(겹집), ㄱ자지붕, ㄷ자지붕, ㅁ자지붕

개념충전 **한국의 전통 지붕** 22 기출

- 모임지붕 : 하나의 꼭짓점에서 지붕골이 만나는 형태
- 맞배지붕 : 책을 엎어 놓은 것과 같은 형태
- 우진각지붕 : 지붕면이 4면으로 되어 있는 형태
- 팔작지붕 : 우진각지붕 위에 맞배지붕을 올려놓은 형태

ⓚ 기와 : 지붕을 이는 재료

ⓣ 벽체 : 우리나라의 고건축은 대부분 심벽(기둥의 중심부에 흙과 널 등을 쳐서 기둥이 벽면보다 두드러져 보이게 한 것)으로 구성

ⓟ 창호 : 한국의 고건축에서 대문을 제외한 모든 창과 문

ⓗ 바닥 : 흙바닥, 전바닥, 온돌바닥, 마룻바닥

㉮ 천장 : 건물 내부 기둥의 윗부분을 총칭하는 것 → 연등천장 · 우물천장 · 보개천장 · 귀접이천장 · 빗천장 등

㉯ 단 청 20 23 25 기출

- 청(青) · 적(赤) · 황(黃) · 백(白) · 흑(黑)의 5색을 써서 건축물을 장엄하게 하거나 조상(造像) · 공예품(工藝品) 등을 채화하여 장식하는 것
- 상징과 식별, 은폐와 보호 및 물리 화학적 기능과 심리적 기능이 있음
- 단청장은 국가무형유산로 지정되어 있음
- 우리나라 단청의 기원은 삼국시대 고분 등에서 볼 수 있고, 불교를 수용하면서 더욱 발전됨

㉰ 대문 : 평대문, 솟을대문

③ 대표적인 목조건축물 16 24 기출

㉠ 부석사 무량수전(국보) : 우리나라에 남아 있는 목조 건물 중 봉정사 극락전과 더불어 가장 오래된 건물

㉡ 수덕사 대웅전(국보) : 백제 계통의 목조건축 양식을 이은 고려시대 건물로, 건립연대가 분명하고 형태미가 뛰어나 한국 목조건축사에서 매우 중요한 문화유산으로 평가

㉢ 법주사 팔상전(국보) : 우리나라에 남아 있는 유일한 5층 목조탑으로, 지금까지 남아 있는 우리나라의 탑 중에서 가장 높은 건축물이자 하나뿐인 목조탑

㉣ 해인사 장경판전(국보) : 15세기 건축물로서 세계 유일의 대장경판 보관용 건물이며, 1995년 12월 유네스코 세계문화유산으로 등재

ⓜ 서울 숭례문(국보) : 서울에 남아 있는 목조 건물 중 가장 오래된 것으로, 태조 5년(1396)에 짓기 시작하여 태조 7년(1398)에 완성하였으며, 현판은 양녕대군이 썼다고 전해짐. 2008년 2월 10일 숭례문 방화 화재로 누각 2층 지붕이 붕괴되고 1층 지붕도 일부 소실되는 등 큰 피해를 입었으며, 5년 2개월에 걸친 복원공사 끝에 2013년 5월 4일 준공되어 일반에 공개되고 있음

ⓑ 무위사 극락보전(국보) : 세종 12년(1430)에 지은 주심포 양식으로, 이 건물은 곡선재료를 많이 쓰던 고려 후기의 건축에 비해, 직선재료를 사용하여 간결하면서 균형 있는 짜임새를 보여주고 있어 조선 초기의 양식을 갖추고 있는 뛰어난 건물로 주목받고 있음

ⓢ **봉정사 극락전**(국보) : **우리나라에서 가장 오래된 목조 건물**로 보고 있으며, 통일신라시대 건축양식을 본받고 있음. 기둥은 배흘림 형태이며, 처마 내밀기를 길게 하기 위해 기둥 위에 올린 공포가 기둥 위에만 있는 **주심포 양식**

개념충전 **배흘림기둥 형태로 지어진 건축물** 24 기출

안동 봉정사 극락전, 영주 부석사 무량수전, 예산 수덕사 대웅전

제2과목

(2) 궁 궐

① **삼국시대**

㉠ 고구려 : 길림성 집안현의 국내성터와 평양시 대성구역의 안학궁터, 장안성의 궁성터 등

㉡ 백제 : 한성시대의 서울 풍납동 토성(사적)

㉢ 신라 : 혁거세 거서간 21년(B.C. 37년)에 금성을 축조

② **통일신라시대** : 경주 동궁과 월지(임해전지, 안압지, 사적)

③ **고려시대** : 개경에 있는 왕궁터인 만월대의 유지

④ **조선시대** 15 16 20 22 기출

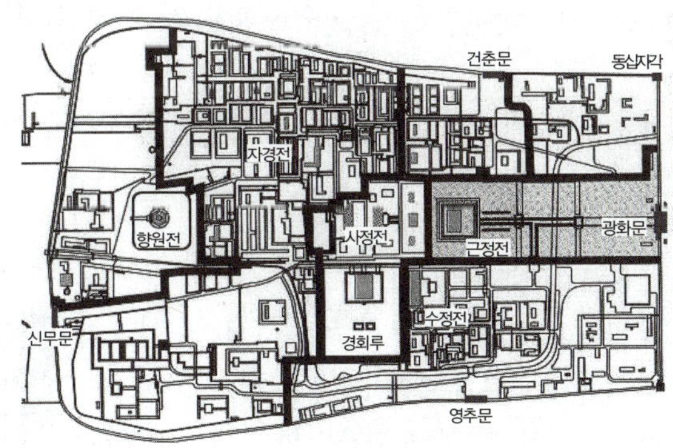

| 경복궁 배치도 |

㉠ 경복궁(사적) 22 기출

- 1395년 태조 이성계가 건립한 조선왕조의 제1정궁
- 근정전(국보), 경회루(국보), 자경전(보물), 향원정(보물) 등

㉡ 창덕궁(사적) 17 23 24 기출

- 1405년(태종 5년)에 경복궁의 이궁(離宮)으로 창건된 궁궐
- 돈화문(보물), 인정문(보물), 인정전(국보), 대조전(보물), 선원전(보물), 선정전(보물), 희정당(보물), 향나무(천연기념물), 다래나무(천연기념물) 등이 지정
- 1997년 12월 유네스코 세계문화유산으로 등록

㉢ 창경궁(사적)

- 1483년 성종 14년 조선의 이궁으로 창건
- 홍화문(보물), 옥천교(보물), 명정문 및 행각(보물), 명정전(국보), 문정전, 숭문당, 함인정, 경춘전, 환경전, 통명전(보물), 양화당, 영춘헌 · 집복헌, 풍기대(보물), 관천대(보물), 춘당지 등

㉣ 덕수궁(사적)

- 1897년 고종이 아관파천에서 환궁하면서 경운궁이라 하여 정궁으로 사용
- 조선 최후의 임금인 순종이 창덕궁으로 옮겨가면서 고종의 장수를 기원하는 뜻에서 덕수궁으로 개칭

㉤ 경희궁(사적) 16 기출

- 경희궁은 조선 인조부터 철종까지 임금이 이궁(離宮)으로 사용하였으며, 본래 경덕궁이라 불림
- 경희궁은 궁의 규모가 크고 여러 임금이 궁에서 정사를 보아 동궐인 창덕궁에 대하여 서궐이라 함

(3) 성 곽

① 지형에 따른 분류

㉠ 산성 : 우리나라 성곽의 대표적인 형태(북한산성, 남한산성, 동래 금정산성, 상주 백화산성 등)

㉡ 평지성 : 평지에 쌓은 성곽, 우리나라의 평지성은 둘레를 네모나게 쌓고 성 밖에 해자(垓子)를 파기도 함

㉢ 평산성 : 평지와 구릉을 아울러 쌓은 성 → 수원 화성, 서산 해미읍성

② 기능에 따른 분류

㉠ 행정적 기능 : 평상시 행정적 측면 중시, 유사시를 대비한 성으로 도성이나 읍성이 대표적

㉡ 군사적 기능

- 대피성 : 전쟁 때 일시적으로 대피하는 성
- 상주성 : 군대가 항상 주둔하는 성
- 창성 : 창고의 기능을 가진 성
- 진성 : 국경과 해안 및 내륙의 요충지에 쌓은 성
- 장성(행성, 관성) : 국경의 변방에 외적을 막기 위해서 쌓은 성 → 천리장성

| 해미읍성 |

③ 거주 주체에 따른 분류 16 21 기출

㉠ 도성 : 왕궁이 있는 도읍지에 궁궐과 관청건물이 있는 궁성을 보호할 목적으로 외곽에 쌓은 나성을 갖춘 성 → 평양성(고조선), 장안성

㉡ 궁성 : 왕이 거처하는 궁궐과 통치에 필요한 관청건물들을 둘러싸고 있는 성 → 내성

㉢ 행재성 : 왕이 군사 · 행정상 중요한 지역에 가서 임시로 머무는 이궁이 있는 곳 → 수원 화성

㉣ 읍성 : 지방 행정 관서가 있는 고을에 축성되며, 성 안에 관아와 민가를 함께 수용 → 행정적인 기능과 군사적인 기능

④ 재료에 따른 분류

㉠ 목책성 : 목책으로 만든 성으로 가장 오래된 형태 → 안성 도기동 목책성

㉡ 토성 : 석성과 함께 우리나라 성곽의 주류 → 백제 아차산성과 풍납동 토성 및 부소산성, 고려 천리장성

㉢ 석성 : 삼국시대부터 조선시대까지 만든 성의 대부분으로 우리나라 성곽의 주류를 이룸

| 부소산성 토성 |

㉣ 토석혼축성 : 흙과 돌을 함께 사용한 것 → 백제시대의 익산 토성, 고구려 평양성, 행주산성

㉤ 전축성 : 벽돌로 쌓은 성

개념충전 수원 화성 23 기출

- 1963년 사적으로 지정되고, 1997년 세계문화유산에 등재되었다.
- 성곽을 따라 성문과 수문, 암문 등이 분포하는데 성문에는 반원형의 옹성을 쌓았다.
- 정치(탕평정치 · 왕도정치 실현, 수원유수부 설치) · 경제(상업 진흥) · 국방(한양 남쪽의 요새)의 기능이 망라된 독특한 성곽이다.

개념충전 성곽의 부속시설 15 16 20 24 기출

- 여장 : 공격과 방어에 유용하게 사용되는 성벽 위에 설치하는 낮은 철(凸)자형의 담장으로, 적으로부터 몸을 보호하고 적을 효과적으로 공격하기 위한 구조물
- 옹성 : 성문을 보호하고 성을 지키기 위해 성문 밖에 쌓은 작은 성
- 적대 : 적의 정세를 살피는 망대(望臺). 성문 양옆에 돌출시켜 옹성과 성문을 적으로부터 지키는 대
- 해자 : 성 주위에 둘러 판 못. 하천을 이용하거나 성벽의 주변에 인공적으로 도랑을 파서 만든 성의 방어물
- 현안 : 성벽에 가까이 다가온 적을 공격하기 위해 성벽 외벽 면을 수직에 가깝게 뚫은 것
- 치(성) : 성벽의 일부를 돌출시켜 적의 동태를 살피거나 공격하고 성벽을 타고 오르는 적병을 측면에서 공격할 수 있는 시설
- 노대 : 산성과 같은 높은 곳에서 화살을 쏠 수 있는 시설

(4) 사 찰

① 가람배치의 분류

㉠ 일탑가람식 : 탑과 금당을 병립하는 방식으로, 탑을 모신 지역과 불상을 모신 곳 및 승려들이 거주하는 지역 등이 담장에 의해서 엄격하게 구분되는 형태 → 경주 암곡의 고선사지

㉡ 탑이 있는 예배원과 승원의 복합배치형식 : 탑과 금당, 또는 탑과 금당 · 강당 등이 회랑으로 둘러싸인 예배원과 기타 부속건물이 있는 승원으로 구분되는 배치형식

㉢ 탑이 없는 예배원과 승원의 복합배치형식 : 조선시대부터 건립

② 시대별 사찰 21 기출

㉠ 고구려 : 375년에 초문사와 이불란사 창건, 392년(광개토왕 2년)에는 평양에 9개의 절을 창건, 498년(문자명왕 7년)에 금강사, 영류왕 때는 영탑사와 육왕사 등 건립

| 수덕사 대웅전 |

㉡ 백제 : 527년에 대통사가 건립되었으며 왕흥사, 칠악사, 오합사, 미륵사, 호암사, 수덕사, 익산 미륵사지, 부여 정림사지, 부여 금강사지, 금산사, 내소사, 수덕사, 개심사, 선운사, 갑사 등이 창건

㉢ 신라 : 흥륜사(544), 영흥사(535), 기원사(566), 삼랑사(597), 황룡사(634), 분황사(634), 영묘사(635) 등이 창건

㉣ 통일신라 : 통일신라 8세기까지의 가람은 쌍탑일금당식(雙塔一金堂式)으로 산에 건립

㉤ 고려 · 조선

- 고려 : 통일신라의 가람배치를 계승 → 산지일탑일금당병렬식과 산지쌍탑병렬식, 산지무탑식이 혼재
- 조선 : 고려 가람배치를 계승 · 모방

개념충전 **주목해야 할 사찰**

- 3보사찰 17 23 기출
  - 불보사찰(부처님의 진신사리) : 양산 통도사
  - 법보사찰(부처님의 말씀) : 합천 해인사(팔만대장경과 장경판전)
  - 승보사찰(고승의 배출과 수양 장소) : 순천 송광사(수선사 결사)
- 5대 적멸보궁사찰 23 기출

  양산 영축산 통도사, 평창 오대산 상원사, 인제 설악산 봉정암, 영월 사자산 법흥사, 정선 태백산 정암사
- 8대 총림

  송광사, 해인사, 수덕사, 백양사, 통도사, 동화사, 쌍계사, 범어사

개념충전 **사찰의 주요 건축물** 20 기출

- 극락전 : 아미타불(서방 극락정토의 주재자)을 모시는 사찰 당우로, 극락보전 · 무량수전 · 무량전 · 보광명전 · 아미타전이라고도 함
- 나한전 : 아라한을 모신 전각이며, 응진전이라고도 함
- 명부전 : 지장보살을 모시고 죽은 이의 넋의 극락왕생을 기원하는 전각으로 지장전이라고도 함
- 대웅전 : 석가모니불을 주불(본존불)로 모시는 당우

(5) 가 옥

① 가옥의 의의 : 가옥은 취락의 기본단위로서 지역의 자연과 인문적 환경을 반영

② 우리나라 가옥의 시대별 형태

㉠ 구석기시대 : 동굴주거 유적지 → 평양 상원 검은모루 동굴 유적, 충북 제천 포전리 점말동굴, 제주 어음리 빌레못동굴 등

㉡ 신석기시대 : 대부분의 주거형태는 원형움집으로 반지하양식이고, 주로 강가나 작은 구릉의 경사면에 취락 형성 → 함경북도 서포항, 평안남도 온천군 궁산리, 황해도 봉산군 지탑리, 서울 암사동, 경기도 하남 미사동, 부산 동삼동 등

| 암사동 선사주거지 |

㉢ 청동기 및 철기시대 : 사각형이나 직사각형의 움집으로 지상가옥화, 움집을 세우는 데 초석(礎石)을 이용 → 함경북도 회령의 오동, 나진의 초도, 황해도 봉산군 지탑리 상층유적, 경기도 여주시 흔암리, 충남 부여군의 송국리, 경기도 파주시 교하동과 덕은리 등

㉣ 삼국시대

- 고구려 : 가옥 구조는 기둥을 세우고 대들보를 올려 짜맞춘 목조가구식 구조
- 백제 : 온돌 사용
- 신라 : 신분(골품제)에 따라 방의 크기와 기와 장식 · 계단 · 담장 · 문 · 마구간 · 병풍 · 평상 등 가옥의 규모나 장식 및 설비의 정도에 차등 → 마룻바닥 사용

㉤ 고려시대 : 고구려의 온돌구조와 신라의 마루구조가 전승, 기능에 따라 구분하여 한 채의 건물로 건축 → 풍수지리설이나 음양론의 영향

㉥ 조선시대

- 주택의 평면구조 : 기후와 관련되어 그 형태가 각 지역마다 특색 → 안방과 대청 그리고 부엌의 세 가지 공간의 구성요소의 배치에 따라 一자형 · ㄱ자형 · ㄷ자형 · ㅁ자형으로 분류됨
- 재료 : 나무와 흙과 돌을 혼용하였으며, 볏짚이나 띠 · 억새 · 갈대 · 너와 등은 지붕의 재료로 많이 사용됨

(6) 유교건축물

① 유교건축물의 유형 16 기출

㉠ 종묘 : 역대 제왕의 위패를 모신 사당, 조선왕조의 역대 왕의 위패를 모신 종묘는 1995년 세계문화유산으로 지정 · 등록

㉡ 성균관 : 유교의 교육을 맡아보던 기관으로 일종의 국립교육기관

㉢ 문묘 : 공자를 모신 사당구역을 말하며, 성균관이나 향교에 설치

㉣ 향교(鄕校) : 공자 이하 역대 유명한 유학자를 모시고 교육을 위하여 지방군현에서 공립으로 운영하던 교육기관

㉤ 서원(書院) : 지방의 사립교육기관으로 교육과 봉사 담당

㉥ 사우(祠宇) : 선현을 봉사하는 사당

㉦ 사당(祠堂) : 죽은 사람의 위패를 모시고 제향하는 집

| 서울 문묘 |

제2과목

ⓞ 비각(碑閣) : 비석을 보호하기 위해 세운 건물

ⓩ 누각(樓閣) : 지상 2층으로 지은 집

ⓒ 객사(客舍) : 조선조 때 각 고을마다 관아의 하나로 두었는데, 임금을 상징하는 궐패를 모셔 두고 초하루와 보름에 망궐례를 올리며, 지방에 오는 관원이 기거하는 집

ⓚ 사고(史庫) : 나라의 사기와 중요 서적을 수장하던 곳

ⓣ 행각(行閣) : 궁궐 또는 공공건축물의 정전 주위에 둘러 지은 건물

| 전주향교 |

② 향교건축

㉠ 향교의 배치: 남북축선상에 대성전과 명륜당을 일직선으로 배치 → 대성전과 명륜당의 위치에 따라 전학후묘형과 전묘후학형 등으로 대별

- 전학후묘(前學後廟) : 경사진 터(강릉향교)
- 전묘후학(前廟後學) : 평평한 대지(나주향교)

㉡ 대표적 향교

- 함안향교(경상남도 유형문화유산) : 함안면 봉성리
- 함양향교(경상남도 유형문화유산) : 함양읍 교산리
- 합천향교(경상남도 유형문화유산) : 야로면 구정리
- 산청향교(경상남도 유형문화유산) : 산청읍 지리
- 거창향교(경상남도 유형문화유산) : 거창읍 가지리
- 의령향교(경상남도 유형문화유산) : 의령읍 서리

| 함안향교 명륜당 |

③ 서원건축

㉠ 서원의 의의 : **성리학적 고급인재를 양성**하기 위해 조선 중기에 주로 설립되었던 조선조 최고의 학당, 각 서원마다 각기 다른 선현을 모심

㉡ 서원의 입지

- 인적 환경 : 존경받을 만한 선현의 일정한 연고지로 한정
- 자연적 환경 : 산수가 뛰어나고 비교적 읍의 중심에서 멀리 떨어진 지역이나 향촌에 위치

| 도산서원 동재 |

㉢ 서원의 배치 : 서원이 입지한 지형이나 건립시기 및 기타 지역에 관계없이 모두 **전면에 강학공간을 두고 후면에 제향공간을 두는 전학후묘의 배치형식**

㉣ 주요서원 : **도산서원**(사적), **도동서원**(사적) 23 기출

(7) 석조건축물

① 석조부도

㉠ 부도의 의미 : 일반적으로 스님의 사리탑인 승탑(僧塔)을 의미

㉡ 부도의 형식

- 팔각원당형(八角圓堂形) : 염거화상탑(국보, 844년)
- 종형(鐘形) · 복발형(覆鉢形) : 울산 태화사지 12지상 사리탑(보물)
- 이형(異形) : 평면방형, 오륜형, 일반 석탑형

② 석 등 16 기출

㉠ 의미 : 불을 밝히기 위해 돌로 만든 도구로 주로 사찰의 법당이나 불탑 앞에 설치

㉡ 시대적 특징

- 통일신라시대 : 충북 보은 속리산 법주사 쌍사자 석등(국보, 720년), 전남 구례군 화엄사 각황전 앞 석등(국보), 경북 영주시 부석사 무량수전 앞 석등(국보), 전남 장흥군 유치면 보림사 남 · 북 3층석탑 및 석등(국보)
- 고려시대 : 경기도 여주 신륵사 보제존자석종 앞 석등(보물), 충남 논산시 관촉사 석등(보물, 968년)
- 조선시대 : 경기도 양주 회암사지 무학대사탑 앞 쌍사자 석등(보물)

| 구례 화엄사 각황전 앞 석등 |

③ 석 비

㉠ 삼국시대 : 고구려의 광개토대왕릉비, 백제의 사택지적비(보물), 북한산 신라 진흥왕 순수비(국보) 등

㉡ 통일신라시대

- 묘비 : 경주의 태종무열왕릉비(국보) → 현재는 귀부와 이수만이 남아 있음
- 탑비 : 경남 하동의 쌍계사 진감선사탑비(국보), 월광사지 원랑선사탑비(보물)

| 하동 쌍계사 진감선사탑비 |

㉢ 고려시대 : 칠곡 선봉사 대각국사비(보물), 경북 포항 보경사 원진국사비(보물), 수원 창성사지 진각국사탑비(보물)

㉣ 조선시대 : 서울 원각사지 대원각사비(보물) 19 기출

④ **당간지주** : 좌우에서 당간(불교 의식이 있을 때 사찰의 문 앞에 세우는 깃발을 달아 세우는 대)을 받쳐 세우는 기둥

02 불 탑

(1) 탑의 개념과 분류

① 탑의 개념 : 석가모니의 신골(身骨), 사리를 봉안하고 그것을 외부로부터 보호하고자 돌이나 흙으로 높게 쌓아 놓은 건축물 또는 묘(무덤)

② 탑의 분류

㉠ 재료에 따른 분류

- 목탑(木塔) : 목재로 축조한 것
- 전탑(塼塔) : 벽돌로 축조한 것
- 모전석탑 : 순수전탑 외에 전탑을 모방하여 벽돌모양의 작은 석재를 재료로 축조한 탑
- 석탑 : 화강암 재질

㉡ 형태에 의한 분류

- 복발탑 : 인도의 초기 탑 형식
- 중층탑 : 탑신부가 중층으로 이루어진 탑 → 전탑 · 목탑 · 석탑 등
  - 3층탑 : 우리나라 석탑의 가장 일반적 모습
  - 5층탑 : 정림사지 5층석탑
  - 7층탑 : 중국의 자은사 대안탑과 충주 탑령리 7층석탑이 유명
  - 9층탑 : 신라 황룡사 9층목탑
  - 10층탑 : 원각사지 석탑, 경천사지 석탑
  - 13층탑 : 보현사 팔각13층석탑
- 특이형 탑 : 다보탑, 보현인탑

| 부여 정림사지 5층석탑 |

(2) 탑의 시대별 특성

① 고구려

㉠ 7층이나 9층의 목탑 형태

㉡ 금강사 8각목탑, 정릉사 8각목탑, 토성리 8각목탑 등과 같이 대부분 8각 형태

② 백 제

㉠ 익산 미륵사지 석탑(국보) : 목탑 양식에 따라 만들어진 탑으로 석탑 발생에 따른 초기 양식

㉡ 정림사지 5층석탑(국보) : 미륵사탑과 같이 목탑을 따랐으나 곳곳에 예술적 변형

③ 신 라

㉠ 분황사 모전석탑(국보) : 중국의 전탑양식을 모방

④ 통일신라

㉠ 전형 석탑

- 감은사지 동 · 서 3층석탑(국보) : 가장 규모가 크고 웅장한 기풍을 지녔으며, 통일 후 유행한 쌍탑가람의 시원탑(始原塔)
- 불국사 3층석탑(국보) : 신라석탑 중 가장 균형 잡힌 아름다운 전형양식의 탑

| 불국사 3층석탑 |

㉡ 일반형 석탑 : 방형을 기본적인 평면으로 2층 기단을 지니고 3층 또는 5층의 탑신부를 갖춤

㉢ 특수형 석탑 : 다보탑(국보)과 화엄사 4사자 3층석탑(국보), 정혜사지 13층석탑(국보) 등

⑤ 고 려

㉠ 신라 양식 계승 : 개심사지 5층석탑(보물), 남계원지 7층석탑(국보), 동사지 5층석탑(보물), 천흥사지 5층석탑(보물), 상오리 7층석탑(보물) 등

㉡ 백제 양식 계승 : 무량사 5층석탑(보물), 부여 장하리 3층석탑(보물), 공주 계룡산 남매탑(보물), 익산 왕궁리 5층석탑(국보), 정읍 은선리 3층석탑(보물) 등

㉢ 새로운 유형 : 월정사 8각9층석탑(국보), 금산사 6각다층석탑(보물), 운주사 원형 다층석탑(보물) 등

⑥ 조 선

㉠ 고려 양식 계승 : 낙산사 7층석탑(보물), 신륵사 다층석탑(보물), 벽송사 3층석탑(보물) 등

㉡ 특수한 형태의 탑 : 원각사지 10층석탑(국보), 수종사 8각5층석탑, 묘적사 8각 다층석탑 등

| 원각사지 10층석탑 |

개념충전 **원각사지 10층석탑(국보)** 17 24 기출

대리석으로 만들어졌으며, 높이는 약 12m로 탑을 받쳐주는 기단(基壇)은 3단으로 되어 있다. 기단의 각 층 옆면에는 용, 사자, 연꽃무늬 등 여러 가지 장식이 화려하게 조각되어 있다. 형태가 특이하고 표현 장식이 풍부하여 훌륭한 작품으로 손꼽힌다.

(3) 탑 안에 넣은 보물

① **사리(舍利 ; Sarira)** : 본디 부처님과 승려의 유골로, 오늘날에는 부처님과 승려의 시신을 화장한 뒤에 나오는 구슬 같은 조각들을 말함

② **법신사리** : 수정 · 유리 · 모래와 같은 보배를 작은 알처럼 만들어 탑에 봉안

③ **법사리** : 사리와 함께 또는 사리 대신 불경을 봉안하는 경우

개념충전 **석탑의 구성 요소** 15 기출

- 기단부, 탑신부, 상륜부 등으로 이루어짐
- 찰주 : 탑 꼭대기에 세운 장식의 중심을 뚫고 세운 기둥
- 보륜 : 탑의 상륜부에 있는 기둥머리의 금속 장식
- 복발 : 탑의 노반 위에 그릇을 엎어놓은 것처럼 만든 장식
- 옥개석 : 석탑 위에 지붕처럼 덮는 돌
- 탱주 : 석탑의 기단부 중간에 일정한 간격으로 세운 기둥

03 불 상

(1) 불상의 의미와 종류

① 불상의 의미 : 불당 안에 조성된 부처의 모습을 한 조각상

[불상의 종류(이름)와 모시는 법당]

불상의 종류(이름)	모시는 법당
석가여래불(석가모니불)	대웅보전(대웅전)
대일여래불(비로자나불)	대적광전
아미타여래불(무량광불, 무량수불)	극락전
약사여래불(대의왕불)	약사전
미륵불(자씨보살)	미륵전, 용화전

② 불상의 종류

㉠ 불격에 따른 분류

- 불타 : 여래라고도 불리며, 진리를 깨달은 사람이라는 뜻 → 비로자나불, 아미타불, 약사불, 미륵불 등
- 보살 : 불교의 진리를 깨우치기 위해 수행하는 동시에, 부처의 자비행을 실천하여 모든 중생을 교화하고자 노력하는 대승불교의 이상적인 수행자상 → 미륵보살, 관음보살, 대세지보살, 문수보살, 보현보살, 지장보살
- 천부 : 불교를 수호하는 신들로 인도의 고대 신앙에 있던 토착신들이 불교에 흡수된 것 → 범천, 제석천, 사천왕, 인왕(금강역사), 팔부중, 비천 등
- 나한 : 부처님을 따르던 제자와 여러 나라에서 숭앙받던 고승들을 나타내는 것 → 십대제자, 유마거사 등

㉡ 재료에 따른 분류

- 금불상 : 신라시대 황복사탑 순금불상, 나원리 5층석탑 순금불입상, 고려시대 왕륜사 순금장도상 등
- 은불상 : 신라나 고려의 작은 금속상 중에서 볼 수 있음
- 금동불상 : 경주 백률사의 금동불입상과 불국사의 아미타불상 등
- 철불상 : 장흥의 보림사 철불, 남원의 실상사 철불, 철원 도피안사 철불, 보원사지 철불, 원주 철불, 하남 철불 등
- 목불상 : 현재 일본 광륭사에 있는 목조미륵반가사유상, 경상남도 합천의 해인사 목조희랑대사상, 경기도 화성의 봉림사 목조아미타불좌상 등
- 석불 : 충청남도 서산의 마애삼존불상(용현리 마애여래삼존상)과 태안의 마애삼존불(동문리 마애삼존불입상), 경주의 굴불사지 석조사면불상과 칠불암마애불상군, 석굴암의 불상 등

| 철원 도피안사 철조비로자나불좌상 |

- 소조불 : 경주 사천왕사지 출토 소조상, 경상북도 영주의 부석사 소조여래좌상(국보), 충청남도 부여의 무량소조 아미타삼존불상, 전라북도 전주의 송광사 3세불 등
- 도자불상 : 도자기 제조공법으로 조성한 불상
- 협저상(건칠상) : 종이나 천으로 불상을 만든 후 옻칠한 것 → 기림사 건칠보살반가상 등

㉢ 크기에 따른 분류

- 장육상 : 몸의 길이가 16척인 불상 → 신라 황룡사 금동장육상이나 법림사 장육상, 금산사 장육상, 대좌를 포함한 석굴암상 등
- 반장육상 : 장육상의 반인 8척 정도의 불상
- 등신상 : 불상 조성 당시 사람의 키와 같은 길이의 불상 → 감산사 아미타불상 등
- 걸수반불상 : 12cm 정도의 길이
- 대불 : 장육상보다 큰 불상(거불) → 논산의 관촉사 미륵보살상, 부여대조사 미륵보살상, 경상북도 팔공산의 갓바위 여래좌상, 근래에 조성된 법주사의 미륵불상, 동화사의 약사여래불상, 낙산사의 관음보살상, 신흥사의 석가여래불상 등

(2) 불상의 시대별 특성

① 삼국시대

㉠ 석 불

- 서산 용현리 마애여래삼존상(국보, 백제) : 당시의 활발했던 중국과의 문화교류 분위기를 엿볼 수 있게 하는 작품
- 태안 동문리 마애삼존불입상(국보, 백제) : 백제 최고(最古)의 마애불상
- 경주 배동 석조여래삼존입상(보물, 신라) : 7세기 신라 불상조각의 대표작으로 평가

㉡ 금동불

- 금동연가7년명여래입상(국보, 고구려) : 도금까지도 완전히 남아 있는 희귀한 불상
- 금동신묘명삼존불입상(국보, 고구려) : 강인한 기품이 줄어들고 유연하면서 세련된 모습이 나타나고 있음
- 금동미륵보살반가사유상(1964)(국보, 고구려) : 연대는 6세기 후반으로 추정되며, 출토지가 확실한 고구려의 반가사유상으로 주목되는 작품
- 금동미륵보살반가사유상(1962-2)(국보, 삼국시대) : 금동미륵보살반가상(1962-1)보다 연대가 내려와 삼국시대 후기에 만든 것으로 추정
- 금동정지원명석가여래삼존입상(보물, 삼국시대) : 조각양식이나 표현 수법이 고구려의 금동연가7년명여래입상과 같은 계통으로, 중국 북위 시대에 유행한 불상양식을 수용한 것
- 금동관음보살입상(국보, 백제) : 보살상 전체에 녹이 많이 슬기는 하였으나 아직도 금색이 찬연하며 백제 불상 특유의 유연함을 보여주고 있음
- 금동미륵보살반가사유상(1962-1)(국보, 삼국시대) : 균형 잡힌 자세, 아름다운 옷주름, 명상에 잠긴 듯한 오묘한 얼굴 등으로 보아 한국적 보살상을 성공적으로 완성시킨 6세기 중엽이나 그 직후의 작품으로 생각됨

| 금동신묘명삼존불입상 |

| 금동정지원 명석가여래삼존입상 |

| 금동관음보살입상 |

| 금동미륵보살반가사유상(1962-1) |

② 통일신라

㉠ 석 불

| 석굴암 본석불 |

- 경주 석굴암 석굴(국보) : 신라 불교예술의 전성기에 이룩된 최고 걸작으로 건축, 기하학, 종교, 예술 등이 유기적으로 결합되어 있음
- 경주 감산사 석조미륵보살입상(국보) : 통일신라시대부터 새로이 유행하는 국제적인 양식을 잘 보여주고 있는 작품으로 평가
- 군위 아미타여래삼존 석굴(국보) : 삼국시대 조각이 통일신라시대로 옮겨가는 과정에서 만들어진 것으로 높은 문화사적 가치를 지니고 있음

㉡ 금불 : 경주 구황동 금제여래입상(국보) → 만든 연대가 거의 확실하여 통일신라시대 불상 연구에서 중요한 기준이 됨

㉢ 금동불 18 기출

- 경주 불국사 금동비로자나불좌상(국보) : 불국사 금동아미타여래좌상, 백률사 금동약사여래입상과 함께 통일신라 3대 금동불상으로 불림
- 경주 불국사 금동아미타여래좌상(국보) : 사실적이면서 세련된 통일신라시대 불상의 모습을 엿볼 수 있음
- 경주 백률사 금동약사여래입상(국보) : 평면적인 느낌을 주지만 신체의 적절한 비례와 조형기법이 우수함

㉣ 철 불

| 장흥 보림사 철조비로자나불좌상 |

- 장흥 보림사 철조비로자나불좌상(국보) : 만든 연대가 확실하여 당시 유사한 비로자나불상의 계보를 확인하는 데 중요한 자료가 되며, 신라 말부터 고려 초에 걸쳐 유행한 철로 만든 불상의 첫 번째 예라는 점에서 그 가치가 큼
- 철원 도피안사 철조비로자나불좌상(국보) : 통일신라 후기에 유행하던 철조비로자나불상의 새로운 양식을 대표하는 작품으로, 능숙한 조형수법과 알맞은 신체 비례를 보여주는 뛰어난 작품

③ 고 려

㉠ 석불 : 논산 관촉사 석조미륵보살입상(국보) → 경기 · 충청일대에서 특징적으로 조성되었던 토착성이 강한 불상으로, 새로운 지방적 미의식을 나타내고 있음

㉡ 철불 : 하남 하사창동 철조석가여래좌상(보물) → 통일신라 불상양식을 충실히 계승한 고려 초기의 전형적인 작품임을 알 수 있음

04 불구(佛具) 20 기출

(1) 범종(梵鐘) 15 기출

① 범종의 정의 : 불교의식 때나 절에서 사람들을 불러 모을 때 또는 시간을 알리기 위해서 치는 종

② 종의 시대별 특성

㉠ 삼국시대 : 불교가 전래된 이래 삼국시대의 범종양식에 관한 기록과 유물은 전무함

㉡ 통일신라시대 : 우리나라 범종양식의 전형

㉢ 고려시대 : 용주사 범종, 내소사 범종, 탑산사명 범종 등

㉣ 조선시대 : 봉은사 범종, 백련사 범종, 안정사 범종 등

| 용주사 동종 |

제2과목

(2) 금고(金鼓)

① 금속으로 만든 북이라는 뜻 → 금구(禁口) 또는 반자(飯子)

② 고려 고종 39년(1212년)에 만든 경상남도 고성의 옥천사 청동북(보물)

(3) 목어(木魚)

나무로 긴 물고기 모양을 만들어 걸어 두고 두드리는 불구

(4) 운판(雲版)

구름 모양의 넓은 청동판이나 철판으로 이를 두들겨 맑은 소리를 내게 하는 일종의 타악기(식사 시간에 치는 것)

(5) 법고(法鼓)

가죽으로 만든 북으로 타악기의 하나

(6) 요령(搖鈴)

손으로 흔들어서 소리를 내는 금속제품의 불구

| 순천 송광사 금동 요령 |

(7) 향로(香爐)

향을 피우는 데 사용하는 불구

(8) 경(磬)

구리나 철 · 옥 · 돌 등으로 만든 악기이며, 불경을 읽을 때나 범패를 할 때 사용하는 불구

(9) 법라(法螺)

소라 끝에 피리를 붙인 것으로, 불도를 닦거나 또는 법회를 시작할 때 불어서 사람들이 모이게 하는 데 쓰는 불구

05 무 덤

(1) 고 분

① 신석기시대

㉠ 구덩무덤 : 물가나 혹은 동굴 속에 땅을 약간 판 후 시신의 발을 뻗게 하고 몸을 수평으로 눕힌 펴묻이(伸展葬)의 형태가 발견

㉡ 돌무지무덤(積石塚) : 시체를 보호하기 위하여 구덩이를 파거나 구덩이 없이 평지에 시체를 놓고 그 위에 흙을 덮는 대신 돌을 쌓은 형식

② 청동기시대

㉠ 고인돌

- 탁자식 : 널판같이 편평한 4개의 판석을 네모지게 짠 뒤에 널따란 덮개석을 올려 놓은 것 → 북방식
- 기반식 : 주검을 지하에 두고, 그 위를 작은 돌이나 돌무지로 지탱한 뒤 덮개돌을 올려 놓아 바둑판과 같이 생긴 고인돌 → 남방식
- 개석식 : 받침돌이 전혀 없이 주검을 묻은 땅 위에 덮개 돌을 직접 올려놓은 고인돌

㉡ 돌널무덤 : 땅 속에 널찍한 돌로 상자 모양의 널(棺)을 만든 것으로, 그 생김새가 돌로 짠 상자 같은 무덤 → 석상분 또는 석관묘

㉢ 돌덧널무덤 : 덩어리돌들 또는 판석과 덩어리돌을 섞어서 덧널을 만들고, 그 속에 나무로 짠 널(棺)을 넣어 만든 이중의 관(棺) 형태 → 삼국시대의 기본적 분묘형식

③ 철기시대

㉠ 널무덤 : 길이 3m, 너비 1m 정도의 흙구덩이에 나무로 된 덧널을 짜서 넣고 그 안에 한 사람 또는 부부를 같이 묻는 양식 → 신라의 적석목곽분으로 발전

㉡ 독무덤 : 두 개나 세 개의 항아리를 맞붙여서 널로 사용한 무덤

④ 삼국시대

㉠ 고구려고분

| 연천 삼곶리 돌무지무덤 |

- 돌무지무덤 : 외형은 대체로 피라미드 모양의 방대형의 영향을 받아 돌무지무덤의 중심부에 널길이 달린 돌방을 갖춘 형식 → 장군총 · 태왕릉 · 천추총 등
- 봉토무덤 : 널길을 구비한 굴식돌방을 반지하 또는 지면 가까이에 축조하고 그 위에 흙과 돌무지 · 진흙 · 숯 · 재 등을 깐 뒤 흙으로 봉토를 만든 무덤

㉡ 백제고분

- 한성시대 : 돌무지무덤과 봉토무덤
- 웅진시대 : 송산리 6호분과 무령왕릉
- 사비시대 : 부여지방의 능산리 고분군

㉢ 신라고분

- 돌덧널무덤 : 미추왕릉지구 고분군
- 돌무지 덧널무덤 : 금관총 · 금령총 · 서봉총 · 식리총 · 천마총 · 황남대총 등
- 돌방무덤 : 양산 부부총 · 경주 쌍상총

㉣ 가야고분

- 널무덤 : 지하에 구덩이를 파고 그 안에 주검을 넣은 무덤 형식
- 독무덤 : 독 하나 또는 두 개를 이어 붙인 것 → 낙동강 하류의 김해 · 부산 · 창원 등지에 분포
- 돌널무덤 : 판석을 네모지게 조립해 널을 만들고 그 안에 주검을 넣은 형식
- 돌덧널무덤 : 두꺼운 깬돌을 쌓아 네모진 돌덧널을 만들고 그 안에 주검을 넣은 나무널이나 돌널을 배치한 양식 → 가야의 대표적인 무덤 형식
- 돌방무덤 : 가야 말기에 백제의 영향을 받아 만들어진 무덤 형식으로 널방과 널길이 있는 굴식 돌방무덤 → 주로 고령 · 합천 · 산청 · 진주 등지에서 발견

⑤ **통일신라시대** : 문무왕 수중릉

⑥ **고려시대** : 횡혈식 석실분, 석관묘, 토광묘 등이 사용

(2) 고인돌

① 고인돌 유적의 의의

㉠ 우리나라 청동기시대의 대표적인 무덤

㉡ 고창 · 화순 · 강화 고인돌 유적은 세계유산으로 등록

② **고창 고인돌 유적** : 전라북도 고창군 죽림리와 도산리 일대의 매산마을을 중심으로 동서로 약 1,764m 범위에 447기가 분포하고 있으며, 우리나라에서 가장 큰 고인돌 군집을 이루고 있는 지역

③ **화순 고인돌 유적** : 전라남도 화순군 도곡면 효산리와 춘양면 대신리 일대의 계곡을 따라 약 10km에 걸쳐 500여 기의 고인돌이 군집을 이루어 집중 분포하고 있으며, 최근에 발견되어 보존 상태가 좋음

④ **강화 고인돌 유적** : 인천광역시 강화군 부근리, 삼거리, 오상리 등의 지역에 고려산 기슭을 따라 160여 기의 고인돌이 분포 → 이곳에는 길이 6.399m, 높이 2.454m의 우리나라 최대의 탁자식 고인돌이 있음
㉠ 강화 부근리 지석묘(사적)
㉡ 강화 내가 오상리 고인돌(인천광역시 기념물)
㉢ 강화 대산리 지석묘(인천광역시 기념물)
㉣ 강화 부근리 점골 고인돌(인천광역시 기념물)

| 강화 부근리 지석묘 |

(3) 왕 릉

① **왕릉의 의미** : 왕과 왕비의 시신을 모시는 곳
② **왕릉의 종류**
㉠ 단릉 : 왕이나 왕비 한쪽만을 매장한 형식
㉡ 쌍릉 : 왕과 왕비의 능을 같은 소구릉에 나란히 배치한 형식
㉢ 동원이강릉 : 정자각 좌우로 두 개의 소구릉에 각기 1릉씩 두는 형식
㉣ 합장릉 : 부부를 같은 봉에 합장하는 형식

06 민속문화유산

(1) 민속문화유산의 개념

① **정의** : 의식주, 생업, 신앙, 연중행사 등에 관한 풍속이나 관습에 사용되는 의복, 기구, 가옥 등으로서 국민생활의 변화를 이해하는 데 필수적인 것
② **무형의 민속문화유산** : 의식주 · 생업 · 신앙 · 연중행사 등에 관한 풍습 · 습관 등이 속하며, 이는 지정 대상에서 제외되기 때문에 기록을 작성하여 보존함
③ **유형의 민속문화유산** : 의복 · 기구 · 가옥 · 기타 물건 등이 이에 속하며, 이 중 중요한 것은 국가민속문화유산으로 지정함

(2) 민속마을 16 18 20 21 기출

① **안동 하회마을(국가민속문화유산)** : 풍산 류씨의 씨족 마을로 류운룡 · 류성룡 형제 대(代)부터 번창하게 된 마을이라고 함. 낙동강 줄기가 S자 모양으로 동 · 남 · 서를 감싸 돌고 있고, 독특한 지리적 형상과 빼어난 자연경관을 갖추고 있음. 고유의 '하회별신굿탈놀이'로 유명함
② **제주 성읍마을(국가민속문화유산)** : 제주 서귀포시에 소재하며, 대개 一자형 평면을 가진 집 2채를 중심으로 한 배치방식으로 짜여 있어 제주도 민속과 문화를 연구하는 데 귀중한 자료가 됨
③ **경주 양동마을(국가민속문화유산)** : 월성 손씨와 여강 이씨의 양대 문벌로 이어 내려온 동족 마을로, 2010년 세계문화유산에 등재됨. 조선시대 중 · 후기 대표적인 가옥들로 원형이 잘 보존됐고 산과 계곡을 따라 펼쳐진 경관, 자연과 어울려 오랜 전통을 간직한 집들, 양반 계층을 대표할 수 있는 자

료들과 유교 사상, 관습들 때문에 중요한 가치가 있는 마을로 평가받음. 무첨당, 향단, 관가정 등의 보물과 서백당, 이향정, 심수정 등의 국가민속문화유산이 있음

④ **고성 왕곡마을(국가민속문화유산)** : 동해안의 수려한 자연환경 속에 자리한 전통 한옥마을로, 14세기경부터 강릉 함씨와 강릉 최씨, 용궁 김씨 등이 모여 사는 집성촌. 19세기를 전후하여 지어진 기와집들은 모두 강원도 북부지방에서만 볼 수 있는 양통집임

⑤ **아산 외암마을(국가민속문화유산)** : 예안 이씨의 후손들을 중심으로 구성된 마을로 설화산과 봉수산을 잇는 지역에 위치하며, 영암댁 · 참판댁 · 송화댁 등의 양반주택과 50여 가구의 초가 등 크고 작은 옛집들이 상당 부분 원형을 유지한 채 남아 있음 24 기출

⑥ **성주 한개마을(국가민속문화유산)** : 건축물 대부분이 18세기 후반에서 19세기 초반에 걸쳐 건립되었으나, 전체적인 마을 구성이 풍수에 따른 전통적인 모습을 보여주고 있을 뿐만 아니라 상류주택과 서민주택의 배치 및 평면도 지역적인 특성이 잘 나타나 있음

(3) 다양한 민속문화유산

① **장승** : 사람의 얼굴 모양을 새긴 기둥으로, 마을이나 절 입구 등에 남녀 한 쌍으로 세워놓았으며, 지역의 경계, 이정표 및 마을의 수호신 구실을 하였다. 장승과 유사한 것으로 제주도의 돌하르방(제주도 민속문화유산)이 있음

② **당(堂)** : 부락의 수호신을 모신 곳으로, 옛날에 부락 신앙의 중심이 되었음

③ **방상시탈** : 눈이 네 개 달린 탈

④ **국사당의 무신도** : 조선 태조의 명에 의한 것으로 국사당 안에 있는 28폭의 무신도

⑤ **건축물** : 강릉 선교장, 구례 운조루 고택, 창녕 진양 하씨 고택(하병수씨 가옥), 경주 양동마을 송첨종택 18 20 기출

⑥ **의류** : 덕온공주 당의, 심동신 금관조복, 광해군 내외 및 상궁 옷, 외재 이단하 내외 옷, 사영 김병기 일가 옷, 경산 정원용 의대

07 기타 문화유산

(1) 회화 및 서예

① **고구려의 회화** : 고구려 고분 벽화에 나타난 〈사신도〉, 〈수렵도〉 등

② **백제의 회화** : 공주 송산리 고분에서 출토된 〈사신도〉와 〈성숙도〉 등

③ **신라의 회화** : 경남 고령 벽화고분의 〈연화도〉와 155호 신라고분에서 발굴된 〈천마도〉, 〈기마인물도〉 등

④ **고려의 회화** : 정지상의 〈산수도〉, 공민왕의 〈인물화〉, 〈산수화〉, 이녕의 〈예성강도〉 등

⑤ **조선의 회화**

㉠ 조선 전기 : 안견의 〈몽유도원도〉, 이상좌의 〈송하보월도〉 등

㉡ 조선 후기 : 정선의 〈금강전도〉, 김홍도의 〈풍속도〉, 신윤복의 〈풍속도〉 등

⑥ 대표적인 회화 및 서체 15 16 20 기출

㉠ 안견의 〈몽유도원도〉 : 안견은 조선 전기 화단을 대표하는 산수화의 대가로서, 〈몽유도원도〉는 안평대군이 꿈속에서 노닐었다는 도원의 선경을 그린 그림

㉡ 이상좌의 〈송하보월도〉 : 이상좌는 조선 전기 화단을 대표하는 산수화의 대가 중의 한 사람으로서 〈송하보월도〉, 〈우중맹호도〉, 〈나한도〉 등을 그렸는데, 그중 〈송하보월도〉는 바위산의 중량감과 소나무, 먼 산의 능선 등 그 수법이 마원의 구도를 연상하게 하는 것으로서 중국 남송 원서체의 화풍을 잘 보여주고 있음

㉢ 정선의 〈금강전도〉(국보), 〈인왕제색도〉(국보) : 정선은 조선 후기 화단을 창시해낸 근대적 자각이 뛰어난 화가로 〈금강전도〉는 둥근 원형의 외부구도를 대담하게 구상했으며, 그 속에 직립된 산형들을 훌륭하게 묘사해낸 걸작품임

| 정선의 인왕제색도 |

㉣ 김홍도의 〈군선도 병풍〉(국보) : 단원 김홍도는 조선 후기 화단을 대표하며, 혜원 신윤복과 함께 풍속화의 쌍벽을 이루는 화가, 서민생활의 저변에 깔려 있는 인간의 생기 있는 표정과 동작을 깊이 관찰하여, 조선 후기 화단의 명품으로 꼽히는 〈군선도 병풍〉, 〈풍속도〉, 〈무동〉, 〈병진년화첩〉 등을 그렸음

㉤ 신윤복의 〈풍속도 화첩〉(국보) : 혜원 신윤복은 조선 후기 궁중화가로 〈풍속도〉와 〈산수화〉를 잘 그렸는데, 그의 〈풍속도〉는 시원스럽고, 세련된 화법에서 생동감을 느끼게 함

| 신윤복의 풍속도 화첩 |

㉥ 김정희의 〈세한도〉(국보), 〈추사체〉 : 완당 김정희는 그림뿐만 아니라 서예에도 능통한 금석학자인 동시에 격조 높은 문인화의 대가이며, 〈추사체〉라는 고금을 통한 독보적인 글씨체를 완성한 위대한 서예가이기도 함. 완당이 그린 〈세한도〉는 세련미가 뛰어난 걸작품임

(2) 전적류(典籍類)

① 훈민정음(국보) : 1446년(세종 28년)에 세종대왕이 집현전 학자인 정인지, 신숙주, 성삼문 등에게 명하여 새로 창제한 한글을 해설한 한문해설서 → 간송미술관에 보관

② 난중일기(국보) : 이순신 장군이 임진왜란 중에 쓴 7년간의 진중일기로 7책 205장으로 구성

③ 징비록(국보) : 조선 선조 때 문신 류성룡이 임진왜란의 원인과 전황을 기록한 책

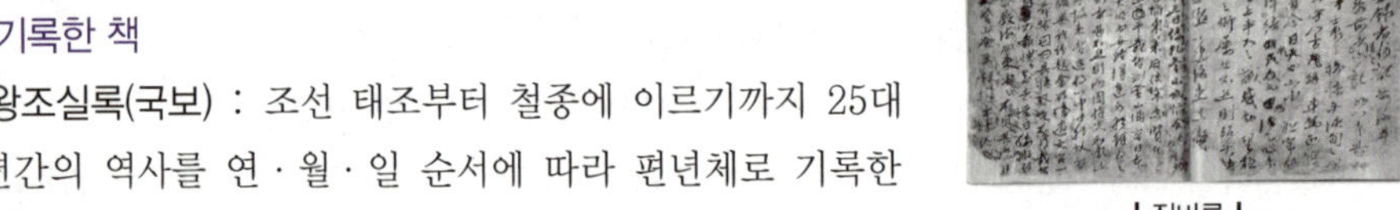

| 징비록 |

④ 조선왕조실록(국보) : 조선 태조부터 철종에 이르기까지 25대 472년간의 역사를 연 · 월 · 일 순서에 따라 편년체로 기록한 책) 21 기출

⑤ 일성록(국보) : 영조 36년(1760년)부터 1910년 8월까지 주로 국왕의 동정과 국정 운영을 기록한 책

⑥ 동의보감(국보) : 광해군 2년(1610년)에 허준이 우리나라와 중국의 의서를 모아 집대성한 한의학의 백과전서(25권 25책)

제3절 자연유산

01 천연기념물의 개념

(1) 천연기념물의 정의

국가나 지방공공단체가 법률에 따라 지정하여 보존 · 관리하는 학술상 가치가 높은 동물(서식지, 번식지, 도래지 포함), 식물(자생지 포함), 광물, 지질과 그 밖의 천연물

(2) 천연기념물의 특성

① 자연기념물
② 원생적 문화유산
③ 역사성을 지닌 존재
④ 향토성을 가진 존재
⑤ 대표성을 지닌 존재
⑥ 학술성을 지닌 존재

(3) 유산으로서의 천연기념물

① 단순한 자연물이 아니라 자연과 문화의 조화를 절묘하게 상징화한 민족의 자연 문화유산이라고 할 수 있음
② 자연 가운데서 엄정히 선정된 천연유산으로서 가장 원생적인 유산이라 할 수 있으며, 신성한 국토의 역사적 원형을 입증하는 문화사적 · 자연사적 실증물로 인식되어야 함
③ 천연기념물은 유산의 영역에 있어야 그 고유성과 특성을 유지할 수 있음

02 천연기념물의 지정기준

(1) 동 물

① 동물과 그 서식지 · 번식지 · 도래지 등, 동물자원 · 표본 등, 동물군(척추동물의 무리를 말한다) 중 어느 하나에 해당하는 국가유산으로서 다음 중 어느 하나 이상의 가치를 충족하는 것
㉠ 역사적 가치
- 우리나라 고유의 동물로서 저명한 것
- 문헌, 기록, 구술 등의 자료를 통하여 우리나라 고유의 생활, 문화 또는 민속을 이해하는 데 중요한 것

제2과목

㉡ 학술적 가치
- 석회암 지대, 사구, 동굴, 건조지, 습지, 하천, 폭포, 온천, 하구, 섬 등 특수한 환경에서 생장하는 동물 · 동물군 또는 그 서식지 · 번식지 · 도래지로서 학술적으로 연구할 필요가 있는 것
- 분포범위가 한정되어 있는 우리나라 고유의 동물 · 동물군 또는 그 서식지 · 번식지 · 도래지로서 학술적으로 연구할 필요가 있는 것
- 생태학적 · 유전학적 특성 등 학술적으로 연구할 필요가 있는 것
- 우리나라로 한정된 동물자원 · 표본 등 학술적으로 중요한 것

㉢ 그 밖의 가치
- 우리나라 고유동물은 아니지만 저명한 동물로 보존할 가치가 있는 것
- 우리나라에서는 절멸된 동물이지만 복원하거나 보존할 가치가 있는 것
- 협약 제2조에 따른 자연유산에 해당하는 것

② 해당 국가유산의 유형별 분류기준

㉠ 동물과 그 서식지 · 번식지 · 도래지 등

㉡ 동물자원 · 표본 등

㉢ 동물군(척추동물의 무리를 말한다)

(2) 식 물

① 노거수, 군락지, 그 밖의 유형 중 어느 하나에 해당하는 국가유산으로서 다음 중 어느 하나 이상의 가치를 충족하는 것

㉠ 역사적 가치
- 우리나라에 자생하는 고유의 식물로 저명한 것
- 문헌, 기록, 구술 등의 자료를 통하여 우리나라 고유의 생활 또는 민속을 이해하는 데 중요한 것
- 전통적으로 유용하게 활용된 고유의 식물로 지속적으로 계승할 필요가 있는 것

㉡ 학술적 가치
- 국가, 민족, 지역, 특정종, 군락을 상징 또는 대표하거나, 분포의 경계를 형성하는 것으로 학술적 가치가 있는 것
- 온천, 사구, 습지, 호수, 늪, 동굴, 고원, 암석지대 등 특수한 환경에 자생하거나 진귀한 가치가 있어 학술적으로 연구할 필요가 있는 것

㉢ 경관적 가치
- 자연물로서 느끼는 아름다움, 독특한 경관요소 등 뛰어나거나 독특한 자연미와 관련된 것
- 최고, 최대, 최장, 최소 등의 자연현상에 해당하는 식물인 것

㉣ 그 밖의 가치 : 협약 제2조에 따른 자연유산에 해당하는 것

② 해당 국가유산의 유형별 분류기준

㉠ 노거수 : 거목, 명목, 신목, 당산목, 정자목 등

㉡ 군락지 : 수림지, 자생지, 분포한계지 등

㉢ 그 밖의 유형 : 특산식물, 진귀한 식물상, 유용식물, 초화류 및 그 자생지 · 군락지 등

(3) 지질 · 지형

① 암석, 광물과 지질경계선, 화석과 화석 산지, 지질구조 및 퇴적구조, 자연지형과 지표 · 지질현상 중 어느 하나에 해당하는 국가유산으로서 다음 중 어느 하나 이상의 가치를 충족하는 것

㉠ 학술적 가치

- 지각의 형성과 관련되거나 한반도 지질계통을 대표하거나 지질현상을 해석하는 데 중요한 것
- 암석의 변성 · 변형, 퇴적 작용과 관련한 특이한 조직을 가지고 있는 것
- 각 지질시대를 대표하는 표준화석과 지질시대의 퇴적 환경을 해석하는 데 주요한 시상화석인 것
- 화석 종 · 속의 모식표본인 것
- 발견되는 화석의 가치가 뛰어나거나 종류가 다양한 화석산지인 것
- 각 지질시대를 대표하거나 지질시대의 변성 · 변형, 퇴적 등 지질환경을 해석하는 데 중요한 지질구조인 것
- 지질구조운동, 화산활동, 풍화 · 침식 · 퇴적작용 등에 의하여 형성된 자연지형인 것
- 한국의 특이한 지형현상을 대표할 수 있는 육상 및 해양 지형현상인 것

㉡ 그 밖의 가치 : 협약 제2조에 따른 자연유산에 해당하는 것

② 해당 국가유산의 유형별 분류기준

㉠ 암석, 광물과 지질경계선 : 어란암, 구상 구조나 구과상 구조를 갖는 암석, 지각 깊은 곳에서 유래한 감람암 등

㉡ 화석과 화석 산지

㉢ 지질구조 및 퇴적구조

- 지질구조 : 습곡, 단층, 관입, 부정합, 주상절리 등
- 퇴적구조 : 연흔, 건열, 사층리, 우흔 등

㉣ 자연지형과 지표 · 지질현상 : 고위평탄면, 해안 · 하안단구, 폭포, 화산체, 분화구, 칼데라, 사구, 해빈, 갯벌, 육계도, 사행천, 석호, 카르스트 지형, 석회 · 용암동굴, 돌개구멍, 침식분지, 협곡, 해식애, 선상지, 삼각주, 사주, 사퇴, 토르, 타포니, 암괴류, 얼음골, 풍혈, 온천, 냉천, 광천 등

개념중전 **한국의 갯벌(2021년 등재)** 25 기출

- 황해의 동쪽이자 서남해안에 위치하고 있으며, 서천갯벌, 고창갯벌, 신안갯벌, 보성–순천갯벌의 4개 구성요소로 이루어져 있다.
- 지구 생물 다양성의 보전을 위해 전 지구적으로 가장 중요하고 의미 있는 서식지 중 하나이다.
- 동아시아–대양주 철새이동경로(EAAF)의 국제적 멸종위기 이동성 물새의 중간기착지로서 국제적 중요성을 갖는다.
- 고유종과 멸종위기 해양 무척추동물과 국제적 위협 또는 준위협 상태의 이동성 물새 종을 부양하고 있다.
- 지질 다양성과 생물 다양성 사이의 연관성을 보여주며, 자연환경에 의존하는 인간활동과 문화 다양성을 보여주고 있다.

※ 출처 : 국가유산청(khs.go.kr)

(4) 천연보호구역

동물 · 식물이나 지질 · 지형 등 자연적 요소들이 풍부하여 보호할 필요성이 있는 구역으로서 다음 각 목 중 어느 하나 이상을 충족하는 것

① 보호할 만한 천연기념물이 풍부하거나 다양한 생물적 · 지구과학적 · 경관적 특성을 가진 대표적인 것

② 협약 제2조에 따른 자연유산에 해당하는 것

03 천연기념물의 종류 15 17 기출

(1) 동물분야

종(種) 자체가 절멸 위기에 있는 포유류, 조류, 곤충류와 저명한 동물의 서식지 · 도래지 · 집단 번식지, 축양동물 등이 지정되어 있다.

| 크낙새 |

| 흑비둘기 |

① 고유종
   - ㉠ 크낙새
   - ㉡ 한강의 황쏘가리
   - ㉢ 사향노루

② 진귀한 동물
   - ㉠ 따오기
   - ㉡ 황 새
   - ㉢ 먹황새
   - ㉣ 팔색조
   - ㉤ 저어새
   - ㉥ 느 시
   - ㉦ 흑비둘기
   - ㉧ 산 양

③ 분포와 한계지
   - ㉠ 울산 귀신고래회유해면
   - ㉡ 장수하늘소

④ 동물의 서식지와 도래지
   - ㉠ 서식지
     - 광릉 크낙새 서식지
     - 제주 무태장어 서식지
     - 정선 정암사 열목어 서식지
     - 봉화 대현리 열목어 서식지
     - 울릉 사동 흑비둘기 서식지
   - ㉡ 철새 도래지
     - 진천 노원리 왜가리 번식지
     - 진도의 고니류 도래지
     - 낙동강 하류 철새 도래지
     - 철원 철새 도래지
     - 한강 하류 재두루미 도래지

⑤ 축양(가축)동물
   - ㉠ 진도의 진돗개(진도개)
   - ㉡ 연산 화악리의 오계
   - ㉢ 경산의 삽살개
   - ㉣ 경주개 동경이

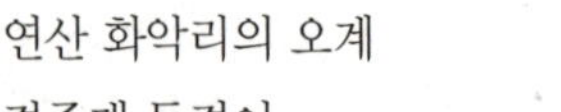

| 경주개 동경이 |

(2) 식물분야

① **거수(巨樹), 노수(老樹), 명목(名木)** : 거수 · 노수는 향교 · 사찰 등에 있는 정원목, 정자목, 성황목 등으로 보존 · 지정된 것

| 보은 속리 정이품송 |

㉠ 양평 용문사 은행나무 : 경기도 양평군 용문면에 소재하는 동양 최대의 은행나무

㉡ 순천 송광사 천자암 쌍향수 : 전남 송광면 송광사에 있는 곱향나무

㉢ 보은 속리 정이품송 : 속리산 법주사로 가는 길 한가운데 서 있는 속리의 정이품송

㉣ 제주 산천단 곰솔군 : 곰솔은 소나무과로 잎이 소나무 잎보다 억세며, 겨울눈은 회백색인 것이 특징 → 해송(海松), 흑송(黑松)

㉤ 김해 천곡리 이팝나무 : 김해 주촌면 천곡리에 있는 이팝나무

② **특수한 식물군** : 나무들이 군락화한 형태 → 임총, 원시림(울릉도 성인봉 원시림), 인공림(경남 함양군 함양읍 대덕동의 함양상림, 경남 남해 물건리 방조어부림)

| 울릉 싱인봉 원시림 |

③ **분포상의 한계지** : 북방계(분포상 남쪽 한계선), 남방계(분포상 북쪽 한계선)

④ **식물의 자생지(自生地)** 15 기출

㉠ 측백나무 숲 : 대구 도동, 충북 단양, 경북 안동, 경북 영양 소재

㉡ 등나무 : 부산 금정구 소재

㉢ 팔손이나무 : 경남 통영시 한산면 소재

㉣ 향나무 : 경북 울릉군 서면 소재

| 대구 도동 측백나무 숲 |

(3) 지질광물 및 동굴분야

① **지질광물분야**

㉠ 상주 운평리 구상화강암

㉡ 칠곡 금무봉 나무고사리화석 산지

㉢ 제주 서귀포층 패류 화석산지

㉣ 의령 서동리 백악기(함안층) 빗방울 자국

㉤ 함안 용산리 백악기(함안층) 새발자국화석 산지

㉥ 무주 오산리 구상화강편마암

| 제주 서귀포층 패류 화석 |

제2과목

② 동굴분야 16 기출

㉠ 제주도 김녕굴 및 만장굴	㉡ 울진 성류굴	㉢ 익산 천호동굴
㉣ 삼척 대이리 동굴지대	㉤ 영월 고씨굴	㉥ 삼척 초당굴
㉦ 제주 한림 용암동굴지대	㉧ 단양 고수동굴	㉨ 평창 백룡동굴
㉩ 단양 온달동굴	㉪ 단양 노동동굴	㉫ 제주 당처물동굴
㉬ 정선 산호동굴	㉭ 제주 수산동굴	㉮ 제주 용천동굴
㉯ 제주 선흘리 벵뒤굴	㉰ 평창 섭동굴	㉱ 정선 화암동굴
㉲ 거문오름 용암동굴계 상류 동굴군	㉳ 정선 용소동굴	㉴ 제주 어음리 빌레못동굴
㉵ 영월 분덕재동굴		

| 단양 고수동굴 |

| 삼척 초당굴 |

| 제주 김녕굴 |

(4) 천연보호구역

단일자원을 보존하기 위한 구역이 아니라 그 지역 내의 식물, 동물, 광물, 지질 등 모든 생태계를 그대로 보존할 목적으로 지정된 구역

| 창녕 우포늪 |

① 홍도 천연보호구역
② 설악산 천연보호구역
③ 한라산 천연보호구역
④ 대암산 · 대우산 천연보호구역
⑤ 향로봉 · 건봉산 천연보호구역
⑥ 독도 천연보호구역
⑦ 성산일출봉 천연보호구역
⑧ 문섬 · 범섬 천연보호구역
⑨ 차귀도 천연보호구역
⑩ 마라도 천연보호구역
⑪ 창녕 우포늪 천연보호구역

제4절 무형유산

01 연극과 민속놀이 16 기출

(1) 연 극 18 22 기출

① 인형극 : 남사당놀이(국가무형유산), 꼭두각시놀음, 박첨지놀음, 홍동지놀음 등

② 가면극 : 〈산대놀이〉는 우리나라의 대표적인 민속극 → 〈산대도감놀이〉

| 양주별산대놀이 |

㉠ 서낭굿 계통 : 강릉 관노(官奴)탈놀이, 하회별신(別神)굿탈놀이(국가무형유산)

㉡ 산대도감 계통 : 양주별산대놀이(국가무형유산), 송파산대놀이(국가무형유산)

㉢ 오광대(五廣大) 계통 : 통영오광대(국가무형유산), 고성오광대(국가무형유산), 가산오광대(국가무형유산)

㉣ 야류 계통 : '들놀음'이라 하며, 야류(野遊 · 冶遊)라고도 함 → 동래야류(국가무형유산), 수영야류(국가무형유산) 등

㉤ 해서 계통 : 황해도 일대의 가면극으로 봉산탈춤(국가무형유산), 강령탈춤(국가무형유산) 등

㉥ 사당패 덧보기 : 유랑극단이라고 할 수 있는 사당패들이 공연하던 가면극

개념충전 양주별산대놀이(국가무형유산) 20 기출

- 산대놀이는 중부지방의 탈춤을 가리키는 말이다.
- 서울 · 경기 지방에서 즐겼던 산대도감극의 한 갈래이다.
- 춤과 무언극, 덕담과 익살이 어우러진 민중놀이이다.

(2) 민속놀이

① 분류 : 민속놀이는 그 목적이나 내용에 따라 놀이 자체가 목적인 놀이, 풍농을 기원하는 놀이, 내기놀이, 겨루기놀이, 풍어를 기원하는 놀이, 개인의 복락이나 마을의 태평을 기원하는 놀이로 분류

② 민속놀이의 성격 : 제의성, 향토성, 예술성

③ 민속놀이의 종류 17 기출

㉠ 영산줄다리기(국가무형유산)

㉡ 광주칠석고싸움놀이(국가무형유산)

㉢ 안동차전놀이(국가무형유산)

㉣ 남사당놀이(국가무형유산)

㉤ 봉죽놀이(서해안 일대 어촌에서 풍어를 기원하며 행하던 집단 가무놀이)

| 영산줄다리기 |

개념충전 **광주칠석고싸움놀이(국가무형유산)** 20 기출

- 주로 전라남도 일대에서 행하여진다.
- 정월 대보름 전후에 행해지는 남성의 격렬한 집단놀이이다.
- 줄다리기와 같이 풍요를 기원하는 농경 의식 중 하나이다.
- 마을사람들의 단결력과 협동심을 기르는 집단놀이이다.

02 음악과 무용

(1) 음 악 17 23 기출

① 정악과 민속악

㉠ 정악 : 나라의 제사나 의식 · 잔치 · 조회 등에 주로 사용된 음악

㉡ (민)속악 : 전체적으로 흥겹고 구성진 가락이 많으며, 지방마다 다른 강한 특색 때문에 이채로운 편 → 농악, 판소리, 범패, 민요 등

② 종묘제례악(국가무형유산) : 조선시대 역대 왕과 왕비의 신위를 모신 사당(종묘)에서 제사(종묘제례)를 지낼 때 무용과 노래와 악기를 사용하여 연주하는 음악 → 종묘악

| 종묘제례악(문무) |

③ 판소리(국가무형유산) : 한 명의 소리꾼이 고수(북치는 사람)의 장단에 맞추어 창(소리), 말(아니리), 몸짓(너름새)을 섞어가며 긴 이야기를 엮어가는 것 → 판소리 12마당(춘향가 · 심청가 · 흥보가 · 수궁가 · 적벽가 · 가루지기타령 · 배비장타령 · 장끼타령 · 옹고집타령 · 강릉매화타령 · 왈자타령 · 가짜신선타령), 오늘날에는 5마당(춘향가 · 심청가 · 흥보가 · 수궁가 · 적벽가)만 전해짐, 2003년 인류무형문화유산으로 등재 19 기출

④ 민 요 22 기출

㉠ 통속민요 : 이미 넓은 지역에 퍼져서 음악적으로 많이 세련된 민요 → 아리랑 · 밀양아리랑 · 도라지타령 · 방아타령 · 강원도아리랑 · 농부가 · 육자배기 · 수심가 · 천안삼거리 등

㉡ 토속민요 : 어느 한 지역에 한정되어 불리고 있는 민요 → 농요 · 어요 · 의식요 · 부녀요 · 동요 등

㉢ 지역별 민요

- 경기민요 : 서울 · 경기 지방의 민요 → 아리랑 · 경복궁타령 · 군밤타령 · 노들강변 · 닐리리야 · 도라지타령 · 방아타령 · 양산도 · 자진방아타령 · 창부타령 등
- 남도민요 : 전라도를 중심으로, 충청남도 일부 지역과 경상남도 일부 지역을 포함하는 지방의 민요 → 강강술래 · 남원산성 · 농부가 · 육자배기 · 진도아리랑 · 흥타령 등
- 동부민요 : 태백산맥 동쪽의 강원도 · 함경도 · 경상도 지방의 민요 → 함경도의 신고산타령 · 애원성 · 궁초댕기, 강원도의 한오백년 · 정선아리랑 · 강원도아리랑, 경상도의 밀양아리랑 · 울산아가씨 · 쾌지나칭칭나네 · 옹헤야 등

- 서도민요 : 평안도와 황해도 지방의 민요 → 평안도의 수심가 · 긴아리 · 자진아리 · 안주애원성 · 배따라기 등과 황해도의 산염불 · 자진염불 · 긴난봉가 · 자진난봉가 · 몽금포타령 등 **19** 기출
- 제주도민요 : 오돌또기 · 이야홍타령 · 봉지가 · 산천초목 · 중타령 · 서우제소리 · 개구리타령 · 계화타령 등

⑤ 농 악

㉠ 기원 : 농악은 삼한시대 이전부터 정착 영농이 이루어지면서 발생하여 발달

㉡ 형태 : 농가의 축원 행사의 하나인 매귀굿 · 기우제굿 · 당상굿과 농사 때의 모내기굿, 김매기 때의 두레굿, 작업이 끝날 때의 술메기농악 등과 농군 훈련의 방법으로 쓰인 진풀이 농악, 절의 재원 궁핍을 메우기 위하여 화주승이 연출하면서 생활의 방편으로 삼던 화관대와 남사당패들의 연예 농악 등

㉢ 연주 : 꽹과리, 장구, 북, 징, 태평소, 나발, 피리, 젓대 등으로 연주

㉣ 국가무형유산으로 진주삼천포농악, 평택농악, 이리농악, 강릉농악, 임실필봉농악, 구례잔수농악이 지정 · 관리

㉤ 다양한 형태와 목적으로 다수의 행사장에서 공연되어 공연자와 참가자들에게 정체성을 부여한다는 점에서 가치를 인정받아 2014년 유네스코 인류무형문화유산으로 등재

개념충전 **사물놀이** **17** 기출

- 네 개의 타악기(꽹과리, 북, 장구, 징)를 가지고 연주하는 음악을 지칭한다.
- 가장 많이 연주되는 곡으로는 호남우도농악을 비롯하여 짝두름 · 비나리 · 설장고놀이 · 판굿 · 길군악칠채 등을 들 수 있다.
- 사물이란 원래 절에서 불교의식 때 쓰인 법고 · 운판 · 목어 · 범종의 네 악기를 가리키던 말이었으나 뒤에 이것이 북 · 징 · 목탁 · 태평소로 바뀌고, 지금은 다시 '북 · 장구 · 징 · 꽹과리'의 네 가지 민속타악기로 바뀌었다.

(2) 무 용 **18** 기출

① **궁중무용** : 국가기관에 예속되어 장구한 세월 동안 성장 발달된 무용으로 나라의 경사나 궁중의 향연, 외국 국빈을 위한 연희

㉠ 처용무(국가무형유산)

㉡ 태평무(국가무형유산)

㉢ 춘앵무

| 처용무 |

② **민속무용** : 민속무용의 표현 형식은 궁중 무용에서 보이는 고정된 틀의 형태에서 벗어나 민중 생활의 실체를 자유로운 몸짓으로 표현

㉠ 살풀이춤(국가무형유산)

㉡ 승무(국가무형유산) **19** 기출

㉢ 강강술래(국가무형유산)

③ **의식무용** : 종교 의식이 수반되어 엄숙하고 심오하며, 움직이는 형태가 간결하고 평이 → 문무, 바라춤, 나비춤, 법고춤

제2과목

03 전통 공예

(1) 토 기

① **토기의 정의** : 고운 점토에 물을 섞어 반죽한 덩어리를 손이나 물레로 성형하여 구운 그릇

② **토기의 시대적 변천** : 신석기시대의 이른 빗살무늬 토기와 빗살무늬 토기, 청동기시대의 민무늬 토기, 초기 철기시대와 원삼국시대의 연질토기 · 와질토기 · 경질토기, 삼국시대의 토기로 구분

(2) 도자기

| 청자 참외모양 병 |

① 고려시대 도자기

㉠ 순청자 : 상감이나 다른 안료에 의해 채색을 가미하지 않은 청자

㉡ 상감청자 : 상감이란 태토로 그릇모양을 만든 다음, 그릇표면에 나타내고자 하는 문양을 음각하고, 이 음각한 부분을 자토나 백토로 메우는 기법

㉢ 철화청자 : 철분이 많은 자토를 물에 타서 태토 위에 먼저 무늬를 그리고, 그다음에 청자유를 발라서 구운 청자

㉣ 동화청자 : 적색계통의 광물성 안료인 산화구리로 무늬를 그리거나, 양각 · 음각 · 상감문 등에 일부 가채하여 청자유약을 발라서 구워낸 청자

㉤ 화금청자 : 상감된 무늬의 일부에 금을 칠한 청자

㉥ 퇴화청자 : 백토 또는 자토로 그릇표면에 점 또는 무늬를 도드라지게 그린 다음, 청자유약을 발라서 구운 청자

② 조선시대 도자기

㉠ 분청사기 : 흙으로 그릇의 형태를 만든 후 그 위에 백토로 분장하고 유약을 바르는 수법은 청자나 백자에서는 볼 수 없는 분청의 특징임

㉡ 백 자 19 22 기출

| 백자 청화매죽문 항아리 |

- 순백자 : 백자태토로 그릇을 빚은 다음 무색 · 투명한 백자유약을 발라서 구운 백자
- 상감백자 : 고려시대 상감청자의 기법을 그대로 계승한 것으로 15세기에만 제작 → 경기도 광주 우산리 · 번천리 등지의 가마에서 출토
- 청화백자 : 조선시대에 새롭게 제작된 독특한 도자기로 푸른 코발트 안료로 문양을 나타냄

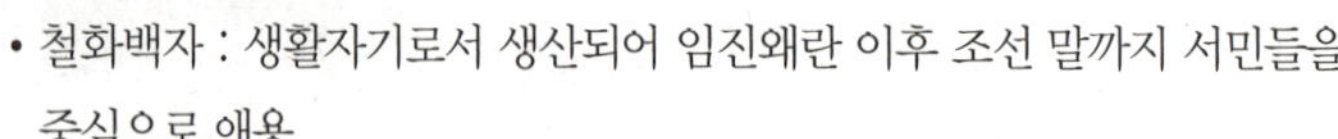

- 철화백자 : 생활자기로서 생산되어 임진왜란 이후 조선 말까지 서민들을 중심으로 애용
- 진사백자 : 주로 산화구리로 인해 붉은색으로 발색된 청자

(3) 기타 공예 15 25 기출

① **갓일** : 모자집을 만드는 총모자, 갓의 테를 만드는 양태, 이것들을 조립하여 완성하는 입자 등으로 이루어짐

② **나전칠기** : 나전(螺鈿)은 고유어로 '자개'라 하며, 여러 무늬의 조개껍질조각을 물체에 붙이는 것 → 나전 위에 옻칠을 해서 만들어낸 공예품

③ **한산모시짜기** : 한산모시는 우리나라의 미를 상징하는 여름 전통옷감으로 역사적 가치가 높아 제작 기술을 보호하고자 국가무형유산으로 지정

④ **장도장** : 장도는 몸에 지니는 자그마한 칼로 일상생활이나 호신용 또는 장신구로 사용되었고, 장도를 만드는 기술과 그 기술을 가진 사람을 장도장이라 함

⑤ **낙죽장** : 불에 달군 인두를 대나무에 지져가면서 장식적인 그림이나 글씨를 새기는 기술 또는 그러한 기술을 가진 사람 → 화살대 · 침통 · 칼자루 · 병풍 · 담뱃대 · 부채 · 대나무필통 등

⑥ **유기장** : 놋쇠로 각종 기물을 만드는 기술과 그 기술을 가진 사람

04 의식과 제례

(1) 무속의식

① 무당의 유형

㉠ 강신무 : 강신체험을 통해 영매가 된 자로서 강신하는 춤과 노래로 굿을 주관하면서 신의 영력을 얻어 신점을 침

㉡ 세습무 : 세습을 통해 영매의 자격과 활동을 이어나감, 진도씻김굿과 남해안별신굿 등

② 굿의 종류(목적에 따른 분류)

㉠ 마을굿 : 마을의 액을 막고 풍농 · 풍어를 비는 굿 → 도당굿 · 별신굿 · 서낭굿 · 당굿 · 산신굿 · 대동굿 등

㉡ 집굿 : 집안의 재복 · 안녕을 기원하는 굿 → 재수굿 · 천신굿 · 도신 · 안택굿 등

㉢ 넋굿 : 죽은 혼을 위로하는 굿 → 진오귀굿 · 씻김굿 · 다리굿 · 오우굿 · 시왕굿 등

㉣ 내림굿 : 신 내린 사람이 영매가 되고자 할 때 벌이는 굿

③ 대표적인 굿

㉠ 은산별신제(국가무형유산) : 백제 군사들의 넋을 위로하고, 마을의 풍요와 평화를 기원하는 향토축제

㉡ 영산재(국가무형유산) : 49재의 한 형태로, 영혼이 불교를 믿고 의지함으로써 극락왕생하게 하는 의식

㉢ 진도씻김굿(국가무형유산) : 이승에서 풀지 못한 죽은 사람의 원한을 풀어주고, 즐겁고 편안한 세계로 갈 수 있도록 기원하는 굿

㉣ 풍어제 : 바다에서의 여러 가지 사고를 막고, 마을의 풍요와 어민들이 고기를 많이 잡을 수 있도록 기원하는 마을굿

- 동해안별신굿(국가무형유산)
- 서해안배연신굿 및 대동굿(국가무형유산)
- 위도띠뱃놀이(국가무형유산)
- 남해안별신굿(국가무형유산)

| 은산별신제 |

| 남해안별신굿 |

제2과목

㉤ 경기도도당굿(국가무형유산) : 서울을 비롯한 한강 이북지방과 수원 · 인천 등지에서 마을의 평화와 풍년을 목적으로 매년 또는 2년이나 그 이상의 해를 걸러 정월초나 봄 · 가을에 정기적으로 행하는 굿

㉥ 서울새남굿(국가무형유산) : 사회 상류층이나 부유층에서 죽은 사람을 넋을 위로하고 좋은 세상으로 인도하기 위해 행했던 서울지역의 전통적인 망자천도굿

(2) 유교의식 15 24 기출

① 종묘제례(국가무형유산) : 조선시대 역대 왕과 왕비의 신위를 모셔 놓은 사당(종묘)에서 지내는 제사 → 대제(大祭)

② 석전대제(국가무형유산) : 공자를 모시는 사당인 문묘에서 지내는 큰 제사를 가리키며, 예법과 음악이 존중되는 국가의 의례 → 문묘대제, 석전제(고기를 올리고 음악을 연주하는 의식)

③ 사직대제(국가무형유산) : 땅의 신과 곡식의 신에게 드리는 국가적인 제사로, 사(社)는 땅의 신, 직(稷)은 곡식의 신을 의미

| 종묘제례 |

05 풍 속

(1) 한국의 세시풍속 15 16 17 19 21 기출

① 세시풍속은 세시에 따라 행하던 한민족의 풍속을 가리키는 말로, 전통적인 농경 문화를 바탕으로 행하던 여러 행사들을 아우르는 말

② 이 중에서 특별히 설, 한식, 단오, 추석을 4대 명절이라 한다.

(2) 설

① 정의 : 설은 '원단, 신정, 설날, 신일'이라고도 하며 새해를 시작하는 첫날로서 주위와 자신을 깨끗이 하고 제례의식을 갖추며, 다양한 풍속과 놀이로서 함께하는 명절

② 설의 풍속

㉠ 설빔 : 설날 아침에 일찍 일어나 세수한 다음 미리 준비해 둔 새 옷으로 갈아입는 것

㉡ 차례 : 온 가족이 사당에 모여 4대조의 신주를 모셔두고 제사를 지내는 것

㉢ 세배 : 차례가 끝난 후 웃어른에게 새해 첫 인사를 큰절로 하는 것

㉣ 성묘 : 조상의 무덤에 세배를 드리는 것, 즉 묵은해를 보내고 새해를 맞이했다는 인사를 조상의 무덤에 고하는 것

㉤ 세찬 : 설날 차례를 위해서 만드는 음식

㉥ 세주 : 설날 차례에 사용하는 술

㉦ 수세 : 섣달 그믐날 밤에 잠들면 눈썹이 센다고 하여 집에 등불을 밝히고 밤을 새우는 것

㉧ 복조리 : 섣달 그믐날 자정이 지나서 팔거나 돌리는 조리

ⓧ 세화 : 설날 대문에 걸어두는 장군상, 귀두상(귀신의 머리를 그린 그림), 선녀상, 호랑이상 같은 그림
ⓨ 소발 : 설날 저녁에 1년 동안 모아 두었던 머리털을 불에 태우는 것
ⓩ 설놀이 : 널뛰기, 윷놀이, 연날리기 등

(3) 정월대보름(上元)

① 정의 : 한 해를 처음 시작하는 달(음력 1월 15일)로서, 그 해를 계획하고 한 해 동안 무사태평을 기원하는 날
② 정월대보름의 풍속
㉠ 의식 : 부럼깨기, 달맞이, 달집태우기, 귀밝이술 마시기, 더위팔기
㉡ 놀이 : 줄다리기, 놋다리밟기, 차전놀이, 쥐불놀이, 관원놀음, 지신밟기

(4) 한식(寒食)

① 정의 : 동지에서 105일째 되는 날로, 일정 기간 불의 사용을 금하며 찬 음식을 먹는 고대 중국의 풍습에서 시작됨. 설날 · 단오 · 추석과 함께 4대 명절에 속함
② 한식의 풍속
㉠ 의식 : 금화(불의 사용을 금함), 성묘, 산신제
㉡ 놀이 : 투란(계란 위에 누가 그림을 더 잘 그리는지를 겨루는 유희), 제기차기

(5) 초파일(初八日)

① 정의 : 불교의 개조인 석가모니의 탄생일로, '석가탄신일' 혹은 '초파일'이라고도 함
② 초파일의 풍속
㉠ 관등놀이 : 석가의 탄일을 축하하기 위하여 등에 불을 밝혀 달아매는 행사이다.
㉡ 성불도놀이 : 깨달음을 이루어가는 과정으로 구성된 불교의 주사위 놀이이다.
㉢ 탑돌이 : 승려가 염주를 들고 탑을 돌면서 부처의 큰 뜻과 공덕을 노래하면, 신도들이 그 뒤를 따라 등을 밝혀 들고 탑을 돌면서 극락왕생을 기원하는 의식이 풍속화된 놀이이다.

(6) 단오(端午)

① 정의 : 음력 5월 5일을 일컫는 말로, '천중절(天中節)'이라고도 함
② 단오의 풍속
㉠ 단오선(단오부채) : 조선시대 단옷날 공조에서 진상한 부채를 임금이 신하에게 하사함
㉡ 그네타기 : 단옷날 여자들의 놀이로서 여성들의 자유와 개방을 실현하는 대표적인 풍속
㉢ 씨름 : 단옷날 남자들이 하는 대표적인 경기
㉣ 창포물로 머리 감기 : 단옷날 창포를 삶은 물에 여인들이 머리를 감던 풍속
㉤ 단오부적(천중부적) : 단옷날 각 가정에서 주사(朱砂)로 부적 문을 써서 기둥이나 벽에 붙이는 풍속
㉥ 대추나무 시집보내기 : 단옷날 대추열매를 많이 달리게 하기 위해서 과목(果木) 가지 사이에 돌을 끼워 두는 것

(7) 추석(秋夕)

① 정의 : 음력 8월 15일로 '한가위, 가배일, 중추절'이라고도 함

② 추석의 풍속

㉠ 벌초 : 추석날 성묘에 앞서 조상들의 무덤에 난 풀을 깎는 풍속

㉡ 차례 : 추석날 아침에 풍성한 햇곡식과 햇과일로 푸짐하게 차려놓고 제사를 지내는 것

㉢ 강강술래 : 전남 무안 · 해남 · 진도 · 완도지방에서 널리 행하던 대표적인 추석놀이

개념충전 월별 세시풍속

계 절	월(음력)	내 용	계 절	월(음력)	내 용
봄	1월	설, 정월대보름	가 을	7월	칠석, 백중
	2월	머슴날, 영등제		8월	추 석
	3월	삼짇날, 한식		9월	중양절
여 름	4월	4월 초파일	겨 울	10월	상달 고사, 시제
	5월	단 오		11월	동 지
	6월	유두, 삼복		12월	제 석

제5절 박물관

01 박물관의 개요

(1) 정 의

그 나라 민족 또는 지방민의 문화유산, 즉 역사적 유물, 고고학자료, 미술품 가운데 역사적 · 학술적 · 예술적 가치가 있는 것을 체계적으로 정리하여 전시해 놓은 문화적 시설

(2) 박물관의 종류

구 분	내 용
설립 · 운영주체	국립, 공립, 사립, 대학, 기업
이용자	공공, 학교, 아동, 특수
전시물의 범위	종합, 전문(미술관, 역사관, 과학관 등)
전시물의 성격	인문계열, 자연계열
전시 장소	실내, 실외, 사이버

① **종합박물관** : 모든 분야의 자료를 수장하고 있는 박물관 → 미국의 스미스소니언 연구소, 한국의 지방박물관

② **전문박물관** : 미술 · 역사 · 과학 등 특정 분야의 자료를 전문적으로 수장하고 있는 박물관

㉠ 미술관

- 자료의 지리적 · 민족적 분포 → 동양미술관 · 티베트 미술관 등
- 자료의 시대 → 고미술박물관 · 근대미술관 등으로 분류
- 자료의 분류 → 공예 · 민예 · 회화 · 조각 · 서예 · 연극 · 악기 · 영화 · 의상 박물관 등

㉡ 역사박물관 : 민속 · 민족학 · 고고학 · 사회사 · 혁명 등의 자료를 수집한 박물관 → 기념관 및 역사적 기념물(건물 · 환경 등)

㉢ 과학박물관 : 자연사 · 이공학 · 산업 · 농업 · 어업 등에 관한 자료를 수집한 박물관과 동식물원 · 수족관 · 야외 자연박물관 · 자연보호박물관 등

(3) 박물관의 기능

① **박물관 자료의 수집** : 항상 가치 있고 풍부한 실물자료를 준비

② **정리 · 보관** : 수집된 자료는 보존을 위하여 계통적으로 정리 · 분류하고, 퇴색 방지

③ **조사연구** : 박물관에 수집 · 정리된 여러 자료는 학예관이나 기타 전문가에 의해 학술적 조사연구 자료로 활용

④ **전시** : 대중에게 박물관 자료와 그 성과를 전시 및 보급하여 그들의 문화적 · 과학적 수준을 향상케 해야 함

⑤ **교육활동** : 일종의 사회화기관인 박물관은 적시에 적절한 교육활동을 수행하여 전시물이 내포하는 지식을 대중에 효과적으로 보급하여야 함

02 한국의 박물관

(1) 국립중앙박물관

1945년 9월 조선총독부박물관을 인수 · 개편하여 덕수궁 안의 석조전 건물에서 처음으로 업무를 시작

(2) 국립경주박물관

신라 천년의 찬란한 민족문화유산을 소장하여 전시하고 있는 박물관

(3) 국립부여박물관

백제시대의 찬란한 민족문화유산을 소장하여 전시하고 있는 박물관

(4) 국립광주박물관

1978년에 개관한 박물관으로, 신안 앞바다에서 인양한 해저유물을 비롯하여 호남지방의 선사 · 삼국 · 통일신라 · 고려 · 조선시대에 이르는 민족문화유산을 전시

(5) 국립대구박물관

대구 · 경북지역의 특색 있는 문화유산을 보존 · 연구 및 전시하는 한편, 각종 사회교육프로그램 운영 등을 통한 지역 주민들의 문화향수권 신장을 위해 1994년 12월 7일에 개관

(6) 국립청주박물관

1970년대 후반부터 중원문화권이 새롭게 부각되어 이곳에서 출토된 찬란한 민족문화유산을 보존 · 전시하기 위하여 1987년에 개관한 박물관

(7) 국립민속박물관

향토풍습 및 민속유물을 보존 · 전시하고 있는 박물관

(8) 제주특별자치도 민속자연사박물관

1984년에 개관한 유일한 도립박물관으로서 제주도의 대표적인 문화시설이며 새로운 문화관광자원

(9) 그 외 지방국립박물관

국립전주박물관, 국립김해박물관, 국립춘천박물관, 국립공주박물관, 국립제주박물관, 국립진주박물관, 국립나주박물관

개념충전 **그 밖에 특색 있는 박물관** 15 기출

- 국립등대박물관 : 1985년 호미곶 등대가 있는 경상북도 포항시 남구 호미곶면에 개관하였다. 한국 최초의 등대박물관으로 등대원 생활관, 운항 체험실, 등대유물관 등을 갖추고 있으며, 한국 등대의 발달사와 각종 해양 수산자료를 볼 수 있는 곳이다.
- 철도박물관 : 경기도 의왕시에 소재하고 있으며, 1988년 1월 26일 개관하였다. 1만여 점의 소장품과 각종 철도 관련 자료들이 실내 및 야외전시장에 마련되어 있다.
- 전주한지박물관 : 전라북도 전주시에 위치하고 있으며, 한지공예품, 한지 제작도구, 고문서, 고서적 등 한지 관련 유물을 다수 소장하고 있다.
- 동강사진박물관 : 국내 최초의 공립사진박물관으로, 2005년 7월 강원도 영월군에 개관하였다. 약 1,500여 점의 사진작품과 130여 점의 클래식 카메라 등을 소장하고 있다.
- 하회동탈박물관 : 안동 하회마을에 위치하고 있는 하회동탈박물관은 하회마을에서 전승되어 오는 하회별신굿탈놀이에 사용되는 탈뿐만 아니라 국내외의 중요한 탈들을 수집하여 전시하고 있다.

제4장 핵심 실전 문제

※ 문제의 이해도에 따라 ○△× 체크하여 완벽하게 정리하세요.

01 **다음 중 국가유산에 관한 법률이 아닌 것은?**

○△×

① 문화유산의 보존 및 활용에 관한 법률(문화유산법)
② 자연유산의 보존 및 활용에 관한 법률(자연유산법)
③ 무형유산의 보전 및 진흥에 관한 법률(무형유산법)
④ 문화다양성의 보호와 증진에 관한 법률(문화다양성법)

해설 국가유산에 관한 법률에는 「국가유산기본법」, 「문화유산의 보존 및 활용에 관한 법률」, 「자연유산의 보존 및 활용에 관한 법률」, 「무형유산의 보전 및 진흥에 관한 법률」 등이 있다.

02 **다음 중 유형문화유산에 속하지 않는 것은?**

○△×

① 건조물 ② 공예품
③ 고문서 ④ 공예기술

해설 공예기술은 무형유산이다.

03 **다음 중 유네스코 지정 세계유산이 아닌 것은?**

○△×

① 종 묘 ② 수원 화성
③ 경복궁 ④ 창덕궁

해설 **유네스코 지정 한국의 세계문화유산**

- 문화유산
  종묘(1995), 해인사 장경판전(1995), 석굴암 · 불국사(1995), 창덕궁(1997), 수원 화성(1997), 경주역사유적지구(2000), 고창 · 화순 · 강화 고인돌 유적(2000), 조선왕릉(2009), 한국의 역사마을 : 하회와 양동(2010), 남한산성(2014), 백제역사유적지구(2015), 산사, 한국의 산지승원(2018), 한국의 서원(2019), 가야고분군(2023), 반구천의 암각화(2025)
- 자연유산
  제주화산섬과 용암동굴(2007), 한국의 갯벌(2021)

정답 1 ④ 2 ④ 3 ③

제2과목

04 ○△×

다음 중 국보가 아닌 것은?

① 서울 흥인지문
② 서울 숭례문
③ 서울 원각사지 10층석탑
④ 경주 불국사 다보탑

해설 ① 서울 흥인지문은 보물에 해당하는 것으로, 동대문으로 부르기도 한다.

05 ○△×

다음 중 성격이 다른 하나는?

① 서울 원각사지 대원각사비
② 옛 보신각 동종
③ 보은 법주사 쌍사자 석등
④ 보은 법주사 사천왕 석등

해설 ③ 국보, ①·②·④ 보물에 해당한다.

06 ○△×

산대놀이 계통의 탈놀이로 중부지방의 탈춤을 대표하며, 총 8과장으로 구성되어 있는 국가무형유산은?

① 송파산대놀이
② 은산별신제
③ 양주별산대놀이
④ 봉산탈춤

해설
① 총 7과장으로 구성되어 있다. 양주별산대놀이와 유사하나, 몇 개의 탈, 춤, 배역이 옛 형태를 지니고 있다.
② 충남 부여군 은산면 은산리 마을의 사당인 별신당에서 열리는 제사이다. 은산별신제는 향토축제로서 마을의 풍요와 평화를 기원한다.
④ 매년 단오, 하지날 밤 행해지던 탈춤으로, 상좌·목중·거사 등의 인물이 등장하며, 서민들의 가난한 삶과 양반에 대한 풍자, 파계승 풍자 등을 주제로 한다.

정답 4 ❶ 5 ❸ 6 ❸

07 ○△×

다음 중 소재지가 같은 사적과 명승을 바르게 짝지은 것은?

	사 적	명 승
①	포석정지	고마나루
②	경기전	광한루원
③	참성단	반구천 일원
④	도동서원	구담봉

해설 ② 전주 경기전(전라북도) – 광한루원(전라북도)
① 경주 포석정지(경상북도) – 공주 고마나루(충청남도)
③ 강화 참성단(인천광역시) – 울주 반구천 일원(울산광역시)
④ 달성 도동서원(대구광역시) – 단양 구담봉(충청북도)

제2과목

08 ○△×

유네스코 세계자연유산에 선정된 곳은?

① 제주 화산섬과 용암동굴
② 고인돌 유적(고창 · 화순 · 강화)
③ 한국의 역사마을(하회와 양동)
④ 경주역사유적지구

제주 화산섬과 용암동굴은 2007년 6월 27일 유네스코 세계자연유산으로 등재되었으며, 한국 최초의 세계자연유산지구이다. 한라산, 성산일출봉, 거문오름용암동굴계 등 3개 구역으로 구성되어 있다.

정답 7 ❷ 8 ❶

09 다음 중 천연기념물로만 묶인 것은?

○△×

① 서울 재동 백송, 보은 속리 정이품송
② 진도 진도개, 방상시 탈
③ 대구 도동 측백나무 숲, 구례 운조루 고택
④ 순천 평중리 이팝나무, 나주 불회사 석장승

해설 방상시 탈, 구례 운조루 고택, 나주 불회사 석장승은 국가민속문화유산에 해당한다.

10 다음 중 종묘제례에 해당하는 것은?

○△×

① 땅의 신과 곡식의 신에게 드리는 국가적인 제사이다.
② 삼국시대부터 행해졌다.
③ 조선시대 역대 왕과 왕비의 신위를 모셔 놓은 사당에서 지내는 제사를 가리키며, '대제(大祭)'라고도 부른다.
④ 공자를 모시는 사당인 문묘에서 지내는 큰 제사로, 예법과 음악이 존중되는 국가의 의례이다.

해설 ①·② 사직대제
④ 석전대제

정답 09 ❶ 10 ❸

11 ○△×

다음 중 국보가 아닌 것은?

① 익산 미륵사지 석탑
② 경주 첨성대
③ 부여 정림사지 5층 석탑
④ 서울 옛 보신각 동종

해설 ④ 서울 옛 보신각 동종은 보물에 해당한다.

제2과목

12 ○△×

북한산 진흥왕 순수비에 대한 내용으로 옳지 않은 것은?

① 현재 북한산 비봉에 자리하고 있다.
② 국보이다.
③ 신라 진흥왕이 세운 순수척경비 가운데 하나이다.
④ 추사 김정희가 발견하고 판독하여 세상에 알려졌다.

해설 원래는 북한산 비봉에 자리하고 있었으나 비(碑)를 보존하기 위하여 경복궁에 옮겨 놓았다가 현재는 국립중앙박물관에 보관되어 있다.

정답 11 ④ 12 ①

13 목조탑의 양식을 모방한 최고(最古)의 석탑은?

○△×

① 불국사 3층석탑
② 황룡사 9층탑
③ 정림사지 5층석탑
④ 미륵사지 석탑

해설 미륵사지 석탑은 우리나라에 남아 있는 가장 오래되고 커다란 규모를 자랑하는 탑으로, 양식상 목탑에서 석탑으로 이행하는 과정을 충실하게 보여주는 중요한 문화유산이다.

14 다음 중 백제의 문화유산은?

○△×

① 경주 분황사 모전석탑
② 서산 용현리 마애여래삼존상
③ 금동연가7년명여래입상
④ 금관총 금제 허리띠

해설 ①·④ 신라, ③ 고구려

15 삼국시대 고분의 형태와 벽화가 바르게 연결된 것은?

○△×

① 무령왕릉 – 벽돌무덤 – 수렵도
② 천마총 – 굴식 벽돌무덤 – 천마도
③ 강서고분 – 굴식 돌방무덤 – 사신도
④ 장군총 – 굴식 돌방무덤 – 기마인물도

해설 ① 수렵도는 고구려의 무용총 벽화이다.
② 천마총은 돌무지 덧널무덤이며, 천마도는 벽화가 아니다.
④ 장군총은 석총이고 벽화가 없다.

정답 13 ❹ 14 ❷ 15 ❸

16 다음의 경향을 가장 잘 반영하고 있는 예술품은?

- 귀족적이며 불교적인 색채가 강하다.
- 원(元)의 영향을 받은 이색적인 형태이다.
- 조선 초기의 양식에 영향을 끼쳤다.

① 원주 법천사지 지광국사탑
② 논산 개태사지 석조여래삼존입상
③ 영주 부석사 무량수전
④ 개성 경천사지 10층석탑

해설 개성 경천사지 10층석탑은 고려 후기에 원나라의 영향을 받은 것으로 짐작되며, 일제시대에 일본으로 무단으로 반출되었던 것을 되돌려 받아 1960년에 경복궁으로 옮겨 세워 놓았다가 현재 국립중앙박물관에 옮겨 놓았다.

17 다음 중 신라 불상 양식을 계승한 고려시대 제일의 걸작품은?

① 영주 부석사 소조여래좌상
② 금동미륵보살반가사유상
③ 논산 관촉사 석조미륵보살입상
④ 금동연가7년명여래입상

해설 ②·④ 삼국시대의 불상이고, ③ 고려시대의 석불로 인체의 비례가 맞지 않아 제작 수법이 신라에 뒤진 것이다.

18 조선 전기에는 불교를 대신하여 유교가 지배사상으로 자리 잡게 되었다. 이러한 유교와 불교의 교체를 잘 보여주는 건축(양식)은?

① 개성 남대문
② 서원(書院)
③ 정자(亭子)
④ 해인사경판고

해설 성리학과 관계있는 건축물로 대표적인 것이 서원이다.

정답 16 ④ 17 ① 18 ②

19 다음 중 화가와 화풍이 바르게 연결된 것은?

① 정선 – 농촌 서민생활의 애환을 표현
② 김홍도 – 우리 자연을 있는 그대로 표현
③ 신윤복 – 부녀자들의 풍습을 서정적으로 풍자
④ 장승업 – 양반들의 풍류생활을 익살스럽게 묘사

해설 신윤복은 도회지 양반의 풍류생활과 부녀자 풍습, 남녀간의 애정을 풍자적인 필치로 묘사하였다.
① 김홍도, ② 정선, ④ 신윤복의 특징이다.

20 다음 중 국보의 지정기준이 아닌 것은?

① 역사적 · 예술적 · 학술적 가치가 높은 것
② 제작 연대가 오래되고, 그 시대에 대표적인 것
③ 형태 · 품질 · 제재 · 용도가 현저히 특이한 것
④ 고가품이거나 화려한 것

해설 국보의 지정기준은 역사적 · 예술적 · 학술적 가치가 높고, 제작 연대가 오래되었으며 그 시대의 대표적인 것이어야 한다. 또, 형태 · 품질 · 제재 · 용도가 현저히 특이하고, 저명한 인물과 관련이 깊거나 그가 제작한 것이어야 한다(문화유산법 시행령 별표 1의2).

21 음력 5월 5일에 모내기를 끝내고 풍년을 기원하는 풍속은?

① 추 석 ② 설 날
③ 단 오 ④ 정월 대보름

해설
① 음력 8월 15일로, 한가위, 가배일, 중추절이라고도 부른다. 추석의 풍속으로는 벌초, 차례, 강강술래 등이 있다.
② 새해의 첫날로, 신정, 신일이라고도 부른다. 설의 풍속으로는 설빔, 차례, 세배, 성묘 등이 있다.
④ 음력 1월 15일로, 상원이라고도 부른다. 정월 대보름의 풍속으로는 줄다리기, 부럼깨기, 달 맞이, 지신밟기 등이 있다.

정답 19 ❸ 20 ❹ 21 ❸

22 현존하는 가장 오래된 범종이 있는 사찰은?

○△×

① 봉정사
② 탑산사
③ 상원사
④ 용주사

해설 상원사 동종은 우리나라에 현존하는 동종 가운데 가장 오래되고 아름다운 범종으로서 음향이 맑고 깨끗하다.

23 다음 불상 중 고구려의 것은?

○△×

① 금동연가7년명여래입상
② 금동관음보살입상
③ 서산 용현리 마애여래삼존상
④ 금동보살삼존입상

해설 ②·③·④ 모두 백제의 불상이다.

24 다음 중 통일신라 3대 금동불상이 아닌 것은?

○△×

① 경주 구황동 금제여래입상
② 경주 불국사 금동아미타여래좌상
③ 경주 백률사 금동약사여래입상
④ 경주 불국사 금동비로자나불좌상

해설 경주 구황동 금제여래입상은 국보로, 만든 연대가 거의 확실하여 통일신라시대 불상 연구에서 중요한 기준이 된다.

통일신라 3대 금동불상

- 경주 불국사 금동비로자나불좌상(국보)
- 경주 불국사 금동아미타여래좌상(국보)
- 경주 백률사 금동약사여래입상(국보)

정답 22 ❸ 23 ❶ 24 ❶

25 다음 중 정월대보름의 풍속은?

① 세 배
② 벌 초
③ 천중부적
④ 달맞이

해설 정월대보름 놀이로는 거북놀이, 기세배, 다리밟기, 달맞이, 시절윷놀이, 줄다리기, 횃불싸움, 쥐불놀이, 지신밟기, 차전놀이 등이 있다.

26 다음 중 통일신라시대의 불상이 아닌 것은?

① 경주 석굴암 석굴
② 경주 감산사 석조미륵보살입상
③ 군위 아미타여래삼존 석굴
④ 논산 관촉사 석조미륵보살입상

해설 논산 관촉사 석조미륵보살입상은 고려시대의 석불로 국보이다.

27 다음 중 고구려의 대표적인 불상으로서 역사적 · 학술적 가치가 매우 큰 것은?

① 금동연가7년명여래입상
② 금동미륵보살입상
③ 금동관음보살입상
④ 금동여래입상

해설 금동연가7년명여래입상은 국보로, 고구려의 대표적인 불상이다. 전체 높이 16.2cm인 이 금동불은 불신과 광배, 태좌가 거의 완전하고, 광배 후면에 4행 47자의 조성 명문이 음각되어 있어서 귀중한 학문적 가치를 더해 주고 있다.

정답 25 ④ 26 ④ 27 ①

28 다음 중 단청에 대한 설명으로 옳지 않은 것은?

① 녹 · 적 · 황 · 백 · 흑을 기본색으로 했다.
② 단청의 원료는 암채를 사용하였다.
③ 건축물의 외관을 아름답게 하며, 부식을 막는다.
④ 기하학적무늬, 식물무늬 등을 썼다.

해설 기본 빛깔은 5색(청 · 적 · 황 · 백 · 흑)이며, 이를 혼합해서 수많은 빛깔을 낸다.

29 고려의 불상으로서 우리나라에 현존하고 있는 불상 중 가장 큰 것은?

① 논산 관촉사 석조미륵보살입상
② 장흥 보림사 철조비로자나불좌상
③ 하남 하사창동 철조석가여래좌상
④ 서산 용현리 마애여래삼존상

해설 논산 관촉사 석조미륵보살입상은 고려의 대표적 불상으로서 우리나라에 현존하고 있는 불상 중 제일 큰 것으로, 귀의 길이만 2m가 되는 불상이다. 이 불상은 '은진미륵'이라고도 불리며, 고려 광종 19년(968년)에 조성하였다는 기록이 있다.

30 다음 중 백제의 석탑은?

① 부여 정림사지 5층석탑
② 경주 분황사 모전석탑
③ 의성 탑리리 5층석탑
④ 경주 고선사지 3층석탑

해설 부여 정림사지 5층석탑은 백제 말기에 화강암으로 건축된 5층석탑으로 국보로 지정되어 있다.

정답 28 ❶ 29 ❶ 30 ❶

31  **다음 중 단오 풍속이 아닌 것은?**

① 단오선
② 그네와 씨름
③ 천중부적
④ 반보기

해설 반보기는 추석 풍속 중의 하나이다.

32  **다음 중 청자의 종류가 아닌 것은?**

① 순청자
② 상감청자
③ 화청자
④ 대문청자

해설 청자의 역사적인 변천에 따른 종류를 보면 순청자, 상감청자, 화청자 시대로 구분된다.

33  **다음 중 백자의 종류가 아닌 것은?**

① 순백자
② 청화백자
③ 철사백자
④ 황사백자

해설 백자의 종류로는 순백자, 청화백자, 철사백자, 진사백자 등이 있다.

정답 31 ❹ 32 ❹ 33 ❹

34 다음 중 우리나라 주심포 양식의 기본 형식을 가장 잘 보존하고 있는 건축물은?

① 부석사 무량수전
② 법주사 팔상전
③ 무위사 극락전
④ 봉정사 극락전

해설 **부석사 무량수전(국보)**
고려 말기의 우리나라 주심포 양식의 기본 형식을 가장 잘 보존하고 있는 귀중한 건축물이다. 정면 5칸, 측면 3칸의 팔작지붕인 무량수전은 부석사의 본당이며, 무량수불인 아미타여래불상을 봉안하고 있는 명찰이다.

35 다음 중 4대문에 속하지 않는 것은?

① 숭례문
② 흥인지문
③ 돈의문
④ 창의문

해설 **4대문**
동의 흥인지문(동대문), 서의 돈의문(서대문), 남의 숭례문(남대문), 북의 숙정문(북대문)

36 다음 중 유네스코 지정 한국의 세계기록유산으로 등재되지 않은 것은?

① 승정원일기
② 동의보감
③ 조선왕조실록
④ 경국대전

해설 **유네스코 지정 한국의 세계기록유산**
훈민정음(1997), 조선왕조실록(1997), 직지심체요절(2001), 승정원일기(2001), 해인사 대장경판 및 제경판(2007), 조선왕조 의궤(2007), 동의보감(2009), 일성록(2011), 5 · 18 민주화운동기록물(2011), 난중일기(2013), 새마을운동 기록물(2013), 한국의 유교책판(2015), KBS 특별생방송 '이산가족을 찾습니다' 기록물(2015), 조선왕실 어보와 어책(2017), 국채보상운동기록물(2017), 조선통신사기록물(2017), 4 · 19혁명기록물(2023), 동학농민혁명기록물(2023), 제주4 · 3기록물(2025), 산림녹화기록물(2025)

정답 34 ❶ 35 ❹ 36 ❹

37 현재 우리나라에 남아 있는 유일한 5층목탑은?

① 법주사 팔상전
② 무위사 극락전
③ 부석사 조사당
④ 송광사 국사전

해설 법주사는 신라 진흥왕 때 승려 의신이 지은 절이며 법주사 팔상전(국보)은 우리나라에 남아 있는 유일한 5층 목조탑(현재 건물은 임진왜란 후 다시 세우고 1968년 해체 · 수리한 것)으로, 건물의 구조는 1층부터 4층까지는 주심포 양식, 5층은 다포 양식이다.

38 다음 중 백제의 금관은?

① 무령왕 금제관식
② 황남대총 북분 금관
③ 천마총 금관
④ 금령총 금관

해설 무령왕 금제관식(국보)은 백제 금관으로 1971년 송산리 6호분의 배수로 공사 중 발견되었다. ② · ③ · ④ 모두 신라 금관이다.

39 소수서원에 대한 설명 중 옳은 것은?

① 안향이 세운 서원이다.
② 한석봉이 명종임금께 건의하여 '소수서원'이라는 친필 현판을 하사받았다.
③ '무너진 유학을 다시 이어 닦게 한다'라는 뜻을 담고 있다.
④ 보물이다.

해설 영주 소수서원은 사적으로, 조선 중종 37년(1542)에 풍기군수 주세붕이 안향을 제사하기 위해 사당을 세웠다가, 중종 38년(1543)에 유생들을 교육하면서 백운동서원이라 하였다. 명종 5년(1550)에는 풍기군수 이황의 요청에 의해 '소수서원(무너진 유학을 다시 이어 닦게 한다)'이라 사액을 받았다.

정답 37 ❶ 38 ❶ 39 ❸

40 ○△×

다음 중 정선의 작품은?

① 송하보월도 ② 금강전도
③ 예성강도 ④ 세한도

해설 정선은 조선 후기 화단을 창시해 낸 근대적 자각이 뛰어난 작가로 〈금강전도〉, 〈인왕제색도〉 등을 그렸다.

41 ○△×

조선시대 때 〈송하보월도〉를 그린 화가는?

① 김홍도
② 이상좌
③ 김정희
④ 신윤복

해설 이상좌의 대표작으로는 〈송하보월도〉, 〈우중맹호도〉, 〈나한도〉 등이 있다.

42 ○△×

다음 중 고려의 3대 문화유산이 아닌 것은?

① 고려청자
② 팔만대장경
③ 금속활자
④ 고려금관

해설 고려는 불교를 국교로 삼아 찬란한 문화유산을 남겼으며, 그중에서도 고려를 대표하는 3대 문화유산은 고려청자 · 팔만대장경 · 금속활자이다.

정답 40 ❷ 41 ❷ 42 ❹

43 다음 중 조선시대에 만들어진 종이 아닌 것은?

○△×

① 상원사 동종
② 해인사 동종
③ 강화 동종
④ 보신각 동종

해설 조선시대는 불교를 숭상하지 않았기에 종의 주조가 많지 않았으며, 지금 남아 있는 해인사 동종, 보신각 동종, 강화의 동종 등이 조선의 대표적 작품들이다. 상원사 동종은 신라 성덕왕 24년(725)에 만들어졌다.

44 다음 중 신라의 3보에 속하지 아니하는 것은?

○△×

① 황룡사의 장육존불
② 황룡사의 9층탑
③ 진평왕의 천사옥대
④ 천마총 금관

해설 신라 문화유산의 결정체라고 할 수 있는 3보는 '황룡사의 장육존불, 황룡사의 9층탑, 진평왕의 천사옥대'이다.

45 다음 중 신라 진흥왕의 순수비가 아닌 것은?

○△×

① 창녕비
② 마운령비
③ 황초령비
④ 사택지적비

해설 사택지적비는 백제의 비이다.

정답 43 ❶ 44 ❹ 45 ❹

46 ○△✕ **남향으로 중문 · 금당 · 강당이 남북 일직선상에 배치되고 금당 앞 좌우에 쌍탑이 있는 통일 신라의 절터는?**

① 황룡사지 ② 감은사지
③ 불국사지 ④ 정림사지

해설 감은사는 삼국을 통일한 문무왕이 부처의 힘으로 나라의 안정을 도모하고자 세운 절로, 동해 바닷가에 터를 잡았다. 문무왕은 생전에 절이 완성되는 것을 보지 못하고 신문왕 때에 완공하였으며, 그 터에는 쌍탑이 서 있다.

47 ○△✕ **다음 중 국보가 아닌 것은?**

① 훈민정음
② 난중일기
③ 징비록
④ 계원필경

해설 훈민정음, 난중일기, 징비록, 조선왕조실록, 일성록 등은 전적류로서 모두 국보이다.

48 ○△✕ **다음 중 한국의 역사마을인 양동마을에 대한 내용으로 옳은 것은?**

① 민속적 전통과 건축물을 잘 보존한 풍산 류씨(柳氏)의 씨족마을이다.
② 국가민속문화유산에 해당한다.
③ 대표적 가옥으로는 겸양정사가 있다.
④ 유네스코 지정 세계자연유산이다.

해설 ①·③ 안동 하회마을에 대한 설명이다.
④ 2010년 7월 유네스코 세계문화유산으로 등재되었다.

정답 46 ❷ 47 ❹ 48 ❷

49 ◯△✕

다음 중 종묘의 제향에 연주되는 음악은?

① 대금산조
② 종묘제례악
③ 가야금산조
④ 거문고산조

해설 종묘제례악(국가무형유산)은 조선의 역대 임금을 모신 사당인 종묘의 제향에 연주되는 음악이다.

50 ◯△✕

다음 중 연결이 잘못된 것은?

① 고성 – 오광대
② 은산 – 별신제
③ 진주 – 검무
④ 삼척 – 단오제

해설 단오제는 강릉의 전통 민속축제이다.

51 ◯△✕

다음 중 국가무형유산과 지방의 연결이 어울리지 않는 것은?

① 양주 – 별산대놀이
② 통영 – 오광대
③ 안동 – 차전놀이
④ 강령 – 수영야류

해설 황해도 강령은 강령 탈춤이 유래된 지역이며, 수영야류(국가무형유산)는 부산에서 유명하다.

정답 49 ❷ 50 ❹ 51 ❹

52 다음 중 가면극의 지역별 명칭으로 옳지 않은 것은?

① 경남 – 오광대
② 황해 – 탈춤
③ 경기 – 산대놀이
④ 경북 – 사자놀이

해설 경북지방은 별신굿놀이가 유행하였다.

53 다음 중 가면극에 해당하지 않는 것은?

① 양주별산대놀이
② 고성오광대
③ 수영야류
④ 꼭두각시놀음

해설 꼭두각시놀음은 인형극이다.

54 다음 중 인형극이 아닌 것은?

① 홍동지놀음
② 박첨지놀음
③ 꼭두각시놀음
④ 동래야류

해설 동래야류(국가무형유산)는 가면극의 일종이다.

정답 52 ❹ 53 ❹ 54 ❹

55 다음 중 정월대보름에 영남지방에서 산신제와 함께 연행되던 민속극은?

① 수영야류
② 꼭두각시놀음
③ 별산대놀이
④ 북청사자놀음

해설 **수영야류(국가무형유산)**
정월대보름에 산신제와 함께 연행되던 민속극으로, 현존하는 가산 · 통영 · 고성오광대, 동래야류와 함께 한국 가면극 중 영남형의 하나이다.

56 승무에 대한 설명으로 옳지 않은 것은?

① 국가무형유산이다.
② 승무는 흰 장삼에 붉은 가사를 걸치고 백옥 같은 고깔을 쓴다.
③ 불교적인 색채가 강한 독무이다.
④ 불교의식에서 승려가 추는 춤이다.

해설 승무(僧舞)는 승복을 입고 추는 춤으로, 우리나라의 대표적인 민속춤 가운데 하나이다. 흔히 중춤이라고 부르기도 하지만 불교의식에서 승려가 추는 춤을 가리키는 것은 아니다.

57 다음 중 국가무형유산이 아닌 것은?

① 동래야류
② 강강술래
③ 봉산탈춤
④ 기와밟기

해설 기와밟기는 정월 대보름에 성인여성들이 행하는 민속놀이이다.

정답 55 ❶ 56 ❹ 57 ❹

58 국가유산과 관련된 인물 또는 단체와 역사적 사건을 연결한 것으로 옳지 않은 것은?

① 남한산성 - 인조 - 병자호란
② 정림사지 오층석탑 - 소정방 - 삼국통일
③ 징비록 - 류성룡 - 임진왜란
④ 서울 독립문 - 독립협회 - 3 · 1운동

해설 서울 독립문(사적)은 더 이상 청의 간섭을 받지 않겠다는 의지를 표명키 위해 구한말 독립협회가 세운 기념물이다. 3 · 1운동과는 무관하다.

59 국악의 4물에 속하지 아니하는 것은?

① 꽹과리 ② 징
③ 장 구 ④ 대 금

해설 국악의 4물은 꽹과리, 징, 장구, 북이다.

60 다음 중 농악에 쓰이는 주요 악기가 아닌 것은?

① 꽹과리 ② 소 고
③ 태평소 ④ 가야금

해설 농악에 쓰이는 주요 악기로는 꽹과리, 징, 장구, 북, 소고, 태평소 등이 있다.

61 다음 중 신라의 사적이 아닌 것은?

① 포석정지
② 동궁과 월지
③ 황룡사지
④ 궁남지

해설 궁남지는 부여군 부여읍 동남리에 위치한 백제의 별궁 연못이다.

정답 58 ❹ 59 ❹ 60 ❹ 61 ❹

62

□○□△□X

다음 중 수중릉(해중릉)은 누구의 묘인가?

① 문무왕
② 김수로왕
③ 무열왕
④ 유리왕

해설 경주군 양북면 봉길리 앞바다 200m 지점에 위치한 바위섬에 있는 문무대왕릉(사적)은 삼국통일의 위업을 달성한 신라 30대 문무왕의 수중릉이다.

63

□○□△□X

다음 중 가야의 사적은?

① 수로왕릉
② 괘 릉
③ 포석정지
④ 동궁과 월지

해설 수로왕릉은 금관가야(가락국)를 건국한 김수로왕의 능으로 경상남도 김해시의 상징적인 문화유적이다.

64

□○□△□X

삼국유사에 전하는 아사달과 아사녀의 전설이 있는 탑은?

① 불국사 다보탑
② 불국사 석가탑
③ 정림사지 5층석탑
④ 황룡사 9층목탑

해설 불국사 석가탑은 무영탑이라고도 하며, 이 탑에는 석가탑을 지은 백제의 석공 아사달을 찾아 신라의 서울 서라벌에 온 아사녀가 남편을 만나지도 못한 채 연못에 몸을 던져야 했던 슬픈 전설이 깃들어 있다.

정답 62 ❶ 63 ❶ 64 ❷

65 조선조의 역대 왕, 왕비 등의 위패를 모셔둔 사당은?

① 서 묘
② 동 묘
③ 종 묘
④ 문 묘

해설 종묘(사적)는 조선시대 역대 왕과 왕비 그리고 추존왕과 왕비의 신주를 봉안한 사당이다.

66 관운장의 영정을 모셔 그 영험을 기원드리는 곳은?

① 종 묘 ② 동 묘
③ 문 묘 ④ 서 묘

해설 우리나라에는 관우를 모시는 관왕묘가 4군데 있다. 경북의 성주와 안동에 임진왜란 때 세운 관왕묘가 있고, 그 뒤에 세운 것으로 보이는 서울의 동묘와 남묘가 있다.

67 다음 중 사찰과 지역의 연결이 잘못된 것은?

① 전등사 – 강화
② 용문사 – 양평
③ 신륵사 – 여주
④ 법주사 – 단양

해설 법주사는 충북 보은에 있다.

정답 65 ❸ 66 ❷ 67 ❹

68 ○△✕

다음 중 5대 사찰에 속하지 않는 것은?

① 통도사
② 전등사
③ 해인사
④ 송광사

해설 **5대 사찰**
통도사, 해인사, 송광사, 범어사, 화엄사

69 ○△✕

다음과 관계있는 국가무형유산은?

> 음력 5월 5일, 관노가면극

① 북청사자놀음
② 강강술래
③ 동래야류
④ 강릉단오제

해설 단오는 음력 5월 5일로 '높은 날' 또는 '신 날'이란 뜻의 수릿날이라고도 한다. 강릉단오제는 그 문화적 독창성과 뛰어난 예술성을 인정받아 2005년 11월 25일 유네스코 인류무형문화유산으로 등재되었다.

정답 68 ❷ 69 ❹

70 다음 중 국가민속문화유산에 해당하지 않는 것은?

① 고 택
② 방상시탈
③ 당 산
④ 공예품

해설 공예품은 유형문화유산이다.

71 다음 중 국가민속문화유산와 지역의 연결이 옳지 않은 것은?

① 선교장 – 강릉
② 삼덕리 마을제당 – 통영
③ 오거리 당산 – 고창
④ 애월 말방아 – 강화

해설 애월 말방아는 제주의 국가민속문화유산이다.

정답 70 ❹ 71 ❹

72 ○△×

다음 중 사적과 사적지의 연결이 맞는 것은?

① 포석정지 – 경주
② 봉황동 유적 – 나주
③ 부소산성 – 보령
④ 망덕사지 – 울진

해설
② 봉황동 유적 : 김해
③ 부소산성 : 부여
④ 망덕사지 : 경주

73 ○△×

다음 중 분류가 다른 하나는?

① 나주 운흥사 석장승
② 불국사 석가탑
③ 동궁과 월지
④ 종묘제례악

해설 종묘제례악은 무형유산이다.

74 ○△×

다음의 국가유산을 제작된 순서대로 옳게 나열한 것은?

ㄱ. 무구정광대다라니경
ㄴ. 덕수궁 석조전
ㄷ. 칠지도
ㄹ. 측우기
ㅁ. 삼국사기
ㅂ. 영통골입구도

① ㄷ – ㄱ – ㅁ – ㄹ – ㅂ – ㄴ
② ㄷ – ㄹ – ㅁ – ㄱ – ㅂ – ㄴ
③ ㄷ – ㄱ – ㅂ – ㅁ – ㄹ – ㄴ
④ ㄷ – ㄹ – ㅂ – ㄱ – ㄹ – ㄴ

해설 ㄷ(삼국시대) – ㄱ(통일신라시대) – ㅁ(고려시대) – ㄹ(조선 전기) – ㅂ(조선 후기) – ㄴ(대한제국)

정답 72 ❶ 73 ❹ 74 ❶

제5장 복합형 관광자원

제1절 산업적 관광자원

01 산업적 관광자원의 개념 · 특성 및 분류

(1) 개 념

① 일국의 산업시설과 그 기술수준을 보고, 또한 보이기 위한 산업적 대상으로서 관광 매력성을 가진 것

② 관광객들이 산업시설의 견학 · 시찰 · 체험 등을 통해서 그 나라의 산업수준에 깊은 감동을 받고, 자신의 지식 확장, 교양 및 자기 확장의 욕구를 충족할 수 있는 시설 · 기술 · 생산공정 · 생산품 등

(2) 특 성 17 기출

① 관광객이 산업시설을 관광함으로써 직접 산업현장을 상세히 볼 수 있고, 관광대상에 따라서는 직접 이용 및 구입도 가능

② 관광객체가 되는 산업체의 입장에서는 내 · 외국 관광객에게 선전효과를 쉽게 얻을 수 있음

③ 국가적인 차원에서는 한 나라의 산업수준을 외국 관광객에게 소개함으로써 산업발달의 정도를 평가할 수 있는 척도 → 외국과의 경제, 무역 및 기술교류에 직접 · 간접의 효과

④ 관광측면에서는 한국 고유의 전통적 산업시설을 개발하여 내국인은 물론, 외국 관광객에게 관광효과를 줄 수 있음

(3) 산업적 관광자원의 분류

① **농림업 관광자원** : 농업을 대상으로 하는 관광

② **수산업 관광자원** : 수산업을 관광대상으로 하는 것 → 수산물의 가공처리공장, 어장 및 양식장을 견학하고 낚시, 해초 채취, 낙지 및 조개잡이 등을 직접 체험

③ **공업 관광자원** : 시설과 경영이 모범적으로 되어 있는 공장을 선정하여 관광 코스에 포함하여 공장의 기계설비, 제조공정, 공장부설기술연구소, 종업원교육, 후생시설 등을 관광

02 농업 관광자원

(1) 농촌경관

① 농촌경관의 의의

㉠ 국지적 생활세계의 영역으로 의식되는 장소

㉡ 농촌 공간의 각 부분마다 거주자들의 특별한 체험을 통하여 여과된 고유한 의미가 부여된 세계, 즉 '체험된 세계'

② 가옥의 건축재료

㉠ 대나무 · 엽재(葉材) 가옥 : 대나무와 나뭇잎을 주로 사용하는 방갈로식 가옥

㉡ 초재(草材)가옥 : 자연적으로 생장하는 잔디, 억새, 갈대, 왕골 등 초근식물을 이용하여 축조된 가옥 → 제주도의 새지붕

㉢ 목재가옥 : 귀틀집과 너와지붕

| 삼척 신리 너와집 |

㉣ 토조가옥 : 주로 지중해 연안의 아프리카와 중동 등 석재가 없는 건조한 기후에서 점토를 재료로 하여 축조된 것

㉤ 석조가옥 : 한국 남해안의 도서와 제주도, 영국 서해안의 오두막집 등

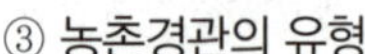

③ 농촌경관의 유형

㉠ 괴촌(塊村) : 취락을 구성하는 기본요소들이 불규칙하게 모여서 덩어리 모양으로 집단을 이루고 있는 형태로 자연발생적인 것, 우리나라 농촌경관의 대부분이 괴촌에 해당함

㉡ 가촌(街村) : 열촌(列村)이라고도 하며, 경지와 도로가 직각으로 배치되고 도로변에 농가가 편재된 촌락

㉢ 환촌(環村) : 원촌(圓村)이라고도 하며, 원형 또는 타원형의 광장 또는 목초지를 중심으로 그 주위에 가옥이 고리 모양으로 둘러싸고 있는 촌락

(2) 관광농원

① 관광농원의 개념

㉠ 농촌지역사회의 자연자원과 지역조건을 바탕으로 현대 산업사회의 도시화 · 산업화로 급증하는 도시민의 관광 · 여가욕구를 충족시킬 수 있는 관광사업

㉡ 자연자원, 농업, 여가활동이 조화된 '제3차 산업화' → 각종 과수원을 비롯하여 화초나 딸기 등을 재배하고 있는 수확기의 농원을 관광자에게 개방하여 미각이나 감상을 만족시킴과 동시에 수입을 올리는 농업경영의 개선을 도모하는 농원

② 농촌관광개발의 유형 23 25 기출

구 분	유 형	
법제도	• 농촌휴양단지 • 관광농원	• 주말농원 • 농촌민박마을
입 지	• 산촌촌락형 • 농촌마을형	• 해안어촌형
이용형태	• 생산수단대여형 • 농산물채취형	• 이용장소제공형
관광형태	• 농촌체험형 • 농촌휴양형 • 농산물판매형 • 자연학습형	• 주말농원형 • 심신수련형 • 숙박휴식형 • 음식판매형
경영주체	• 개 별 • 마을공동	• 지역공동 경영체
추진주체	• 민 · 관합동개발형 • 공공주도개발형 • 민간주도개발형	• 지역주민의 직접 참여 • 파트너십

③ 국가중요농업유산 16 기출

㉠ 제1호 청산도 구들장 논

㉡ 제2호 제주 밭담길

㉢ 제3호 구례 산수유농업

㉣ 제4호 담양 대나무밭

㉤ 제5호 금산 전통 인삼농업

㉥ 제6호 하동 전통 차농업

㉦ 제7호 울진 금강송 산지농업

㉧ 제8호 부안 양잠농업

㉨ 제9호 울릉 화산섬 밭농업

㉩ 제10호 의성 전통수리 농업

㉪ 제11호 보성 전통차 농업

㉫ 제12호 장흥 발효차 청태전 농업

㉬ 제13호 완주 생강 전통농업

㉭ 제14호 고성 해안지역 둠벙 관개시스템

㉮ 제15호 상주 전통 곶감농업

㉯ 제16호 강진 연방죽 생태순환수로

㉰ 제17호 창원 독뫼 감농업

㉱ 제18호 서천 한산모시 전통농업

(3) 농촌관광의 기대효과 19 기출

① 농촌 지역주민의 소득 증대

② 농촌 지역경제 활성화

③ 농촌과 도시와의 상호교류 촉진

④ 소득 양극화 완화

개념충전 **농어촌관광휴양사업(농어촌정비법 제2조)** 16 18 기출

- 농어촌 관광휴양단지사업 : 농어촌의 쾌적한 자연환경과 농어촌 특산물 등을 활용하여 전시관, 학습관, 지역특산물 판매시설, 체육시설, 청소년 수련시설, 휴양시설 등을 갖추고 이용하게 하거나 휴양 콘도미니엄 등 숙박시설과 음식 등을 제공하는 사업
- 관광농원사업 : 농어촌의 자연자원과 농림수산 생산기반을 이용하여 지역특산물 판매시설, 영농 체험시설, 체육시설, 휴양시설, 숙박시설, 음식 또는 용역을 제공하거나 그 밖에 이에 딸린 시설을 갖추어 이용하게 하는 사업
- 주말농원사업 : 주말영농과 체험영농을 하려는 이용객에게 농지를 임대하거나 용역을 제공하고 그 밖에 이에 딸린 시설을 갖추어 이용하게 하는 사업
- 농어촌민박사업 : 농어촌지역 또는 준농어촌지역의 주민이 소유 및 거주하고 있는 주택을 이용하여 농어촌 소득을 늘릴 목적으로 투숙객에게 숙박 · 취사시설 · 조식 등을 제공하는 사업

(4) 관광토산품

① 관광토산품의 특성

㉠ 그 지방주민의 생활과 마음을 표현하는 것으로, 지방성 · 민족성 · 전통성이 담긴 상품

㉡ 토속성(대중성), 실용성, 다량성, 저렴성(적절한 가격), 중소기업이나 소규모 공장에서 제작

㉢ 지역의 풍토, 생활양식, 역사, 신앙 및 예술 등을 바탕으로 함 → 의 · 식 · 주 생활을 반영

② 관광토산품의 개발 방안

㉠ 지역적 특색을 나타내어야 함

㉡ 가볍고 휴대가 편리하게 구성해야 함

㉢ 장기간 보존에 유리하게 구성해야 함

㉣ 실용적으로 구성해야 함

㉤ 가격을 합리적으로 책정해야 함

③ 특산물 현황 22 기출

지 역	특산물
경 기	잣(가평), 화문석 · 약쑥 · 수삼(강화), 쌀 · 도자기(이천), 유기(안성), 막걸리(포천)
강 원	한우(횡성), 오징어 · 황태(강릉), 송이(양양), 옥가공품(춘천), 둥굴레(정선)
충 북	고추(음성), 약초(제천), 벼루(단양)
충 남	밤(공주), 인삼(금산), 딸기(논산), 배(대전), 새우젓(홍성), 호두(천안), 한산모시(서천)
경 북	대추(경산), 딸기(고령), 곶감(상주), 참외(성주), 인삼(풍기), 마늘(의성), 과메기(포항)
경 남	굴(통영), 어묵(부산), 녹차(하동), 미역(기장), 유자(남해)
전 북	목공품(남원), 태극선 · 한과 · 한지(전주), 수박(고창), 고추장(순창)
전 남	김(완도), 양파(무안), 녹차(보성), 매실(광양), 수박(광주), 죽세공품(담양), 굴비(영광), 천일염(신안)
제 주	감귤 · 흑돼지(제주), 한라봉 · 옥돔(서귀포), 표고 · 영지(한라산)

(5) 향토음식

① **개념** : 그 지방에서 생산되는 재료를 그 지방의 조리법으로 조리하여, 과거로부터 그 지방 사람들이 먹어온 것으로 현재도 그 지방 사람들이 먹고 있는 것

② 유 형

㉠ 그 지방에서만 생산되는 특산재료를 사용하여 그것에 적합한 조리법으로 발전시킨 음식 예 영광 굴비, 수원 갈비 등

㉡ 그 지방에서 많이 생산되거나 타 지방으로부터 많이 공급받을 수 있는 재료를 사용하여 적합한 조리법으로 발전시킨 음식 예 춘천 막국수와 닭갈비, 안동 간고등어 등

㉢ 전국 각지 어디에나 있는 흔한 재료를 사용하더라도 조상들의 생활형태, 기후, 풍토 등 지역적 특성이 반영된 특유의 조리법이나 타 지방과 차별적으로 발전한 가공기술을 이용하여 발전시킨 음식 예 충무 김밥, 대구 납작만두 등

㉣ 옛날부터 그 지방 행사와 관련하여 만든 음식으로 오늘날까지 전해져오는 음식 예 설렁탕

③ 우리나라의 대표적인 향토주 16 19 21 22 기출

㉠ 문배주(국가무형유산) : 문배주는 평안도 지방에서 전승되어 오는 술, 문배나무의 과실을 전혀 사용하지 않고도 문배향을 풍기는 특징 때문에 붙은 이름

㉡ 한산소곡주(충청남도 무형유산)

㉢ 면천두견주(국가무형유산) : 진달래 꽃잎을 섞어 담는 향기 나는 술로 진달래꽃을 두견화라고도 하므로 두견주라고 부름

㉣ 성읍민속마을오메기술(제주특별자치도 무형유산)

㉤ 진도홍주(전라남도 무형유산)

| 문배주 담그기 |

㉥ 경주교동법주(국가무형유산) : 경북 경주시 교동에 있는 최부자 집에서 대대로 빚어 온 전통 있는 술

㉦ 안동소주(경상북도 무형유산)

㉧ 김천과하주(경상북도 무형유산)

개념충전 **궁중음식** 19 기출

- 어상 : 국가적인 행사인 경축일을 맞이하여 왕이 받는 수라상 외의 상
- 진연상 : 국경일이나 외국 사신의 환영, 축하 때 차려지는 상으로 진연도감에서 담당
- 수라상 : 왕과 왕비의 평상시 밥상으로 소주방 주방상궁이 담당

03 수산관광자원

(1) 수산관광의 유형

① 어패류 채취형 : 임해어장, 양식장에서 조개잡이, 굴따기, 고기잡이 등을 비롯한 해산물의 채취활동을 할 수 있도록 하는 형태

② 장소 제공형 : 수족관을 개설하여 어류집단을 관찰 · 견학할 수 있도록 하고, 낚시터를 설치하거나 어장 · 양식장을 빌려주고 고기잡이 · 조개잡이 등 레크리에이션 장소로 이용하게 하는 형태

③ 내수면 어업형 : 하천, 호수 등에서 양식한 어류를 잡도록 하는 형태

④ 수산물 가공 시설 및 공급형 : 수산물의 건조, 가공 등의 제조과정의 견학과 직 · 간접적으로 판매공급을 하는 형태

(2) 수산관광자원의 분포

① 동해안

㉠ 특 징

- 단조로운 해안
- 조경 수역
- 해분 형성
- 암석 해안
- 사빈 해안
- 좁은 해안 평야

㉡ 동해안 지역의 특산물

- 거진 : 명란 · 창난 · 젓갈세트
- 경포대 : 다시마
- 동해 : 대구포, 오징어, 북어포
- 속초 : 명란 · 창난 · 젓갈세트, 오징어, 오징어순대, 황태
- 주문진 : 건어물세트, 오징어, 명란 · 창난 · 젓갈세트, 황태채
- 울릉도 : 돌미역, 오징어

② 서해안

㉠ 특 징

- 리아스식 해안
- 넓은 대륙붕
- 넓은 간석지(갯벌)
- 조류의 영향이 큰 해안

㉡ 서해안 지역의 특산물

- 광천 : 젓갈, 토굴젓갈
- 당진 · 대천 : 김
- 서산 : 어리굴젓
- 서천 : 전통 자하젓
- 여수 : 피문어, 해초멸치
- 영광 : 금성굴비, 마른새우, 양념젓갈세트

• 완도 : 다시마, 김, 멸치, 돌미역, 양식전복
• 진도 : 김, 멸치, 미역, 해산물세트
• 흑산도 : 홍어
• 연평도 : 조기

③ 남해안

㉠ 특 징

• 다도해 형성
• 리아스식 해안
• 어족 풍부
• 해상 국립공원
• 암석 해안이 많고 호남 지방에는 간석지 분포

㉡ 남해안 지역의 특산물

• 다도해 : 멸치
• 목포 : 마른새우, 대하, 오징어
• 여수 : 멸치, 돌산갓김치
• 거제 : 멸치, 유자청
• 기장 : 미역, 다시마
• 통영 : 건멸치, 굴
• 제주도 : 옥돔, 생갈치, 추자도 굴비, 자반고등어

04 공업 관광자원

(1) 공업 관광자원의 구분

① **자유무역지역** : 산업단지, 공항, 항만, 유통단지 및 화물터미널 등에 제조 및 물류업 영위 기업을 유치하고 상호 연계를 통한 시너지 효과를 창출하기 위하여 지정한 지역, 감세 · 면세의 혜택이 있음

② **국가산업단지** : 정부기관과 산업공단이 함께 관리하는 지역으로 보세구역의 혜택

③ **지역산업단지** : 지방중소기업의 육성과 공업의 지방 분산화를 도모하기 위하여 중소도시에 입지한 산업단지

④ **민간산업단지** : 민간이 주체가 되어 업종별 집단화를 이루고 있는 지역

⑤ **중화학공업단지** : 중화학공업제품의 집중개발과 수출을 목표로 임해지역에 입지하고 있는 공업단지

(2) 공업 관광자원의 분포

① 자유무역지역

㉠ 산업단지형(7개소) : 마산, 군산, 대불, 동해, 율촌, 울산, 김제

㉡ 공항 · 항만형(6개소) : 인천국제공항, 부산항, 포항항, 평택 · 당진항, 광양항, 인천항

② 국가산업단지

㉠ 한국수출국가산업단지

㉡ 구미국가산업단지

㉢ 익산국가산업단지

③ 지역산업단지

㉠ 광주산업단지

㉡ 전주산업단지

㉢ 대구산업단지

㉣ 인천산업단지

㉤ 춘천산업단지

㉥ 대전산업단지

㉦ 청주산업단지

㉧ 목포산업단지

㉨ 원주산업단지

④ 중화학공업단지

㉠ 창원국가산업단지

㉡ 여수국가산업단지

㉢ 울산 미포국가산업단지

㉣ 포스코

제2절 사회적 관광자원

01 도시공원

(1) 도시공원의 개념

① 환경보호를 통해 도시민의 건강 · 위락활동 · 교육 · 공공의 복리를 증진하는 녹지공간의 일종으로 도시민이 쉽게 접근할 수 있는 최소한의 구조물과 자연물로 구성된 장소를 총칭

② 도시공원의 유형별 개념

㉠ 위락적 · 위생적 측면을 강조하는 개념 : 공중의 위락 · 생산 · 교육 등의 목적을 위해 설치된 녹지공간으로 파악

㉡ 문화적 · 생태적 측면을 강조하는 개념

- 코프만(Koppelman) : "경관이 좋은 지역이나 생태적 · 역사적 · 지리적 원형을 보존할 가치가 있는 지역이 우선 공원의 입지대상이 되며, 이곳에서 생태적 환경을 파괴할 행위는 규제된다."
- 골드(Gold) : "공원은 문화적 · 경관적 · 교육적 그리고 위락적 용도로 유보된 공공용지이다."

㉢ 복지적 측면을 강조하는 개념 : 도시지역에서 도시자연경관을 보호하고 시민의 건강 · 휴양 및 정서생활을 향상시키는 데 이바지하기 위하여 설치 또는 지정된 다음의 것을 말한다.

- 「국토의 계획 및 이용에 관한 법률」 제2조 제6호 나목에 따른 공원으로서 같은 법 제30조에 따라 도시 · 군관리계획으로 결정된 공원
- 「국토의 계획 및 이용에 관한 법률」 제38조의2에 따라 도시 · 군관리계획으로 결정된 도시자연공원구역

(2) 도시공원의 기능

① **휴식 · 위락의 기능** : 운동, 휴양, 산책, 자연감상 등의 다양한 레크리에이션을 위하여 그 종류, 이용권역, 대상연령 등에 따라 다양한 위락공간을 제공 → 궁극적으로는 시민건강의 유지 · 증진과 시민 개개인이 자아를 재발견하고 재창조하는 효과

② **사회 · 심리적 기능** : 고장의 문화유적을 보급하는 곳, 임시장터, 각종 축제마당으로 활용 → 각종 정보를 교환하는 장소

③ **환경보존의 기능** : 도시의 무절제한 개발을 통해 파괴되는 환경과 생태계를 보호하고 기후조절, 소음과 악취 완화, 일조 확보, 도시 미관 향상, 쾌적성 향상 등 생활환경을 개선하는 효과

④ **방재적 기능** : 수목과 공한지의 확보에 의하여 도시의 안정성을 향상하는 시설로서, 공공재해를 억제하거나 방지하는 효과와 재해 시에 안전한 피난지를 제공하는 효과

⑤ **도시골격 형성의 기능** : 간선도로, 대하천 등과 같이 도시형태의 골격을 구성하고 도시의 발전에 일정한 방향을 부여하는 효과

⑥ **기타** : 경제적 기능과 교육적 기능

(3) 도시공원의 입지조건

① **접근성** : **공원의 입지에서 가장 중요한 조건**

② **안전성** : 공원으로 접근하는 과정에서 이용자들의 보행, 자전거 통행 등이 차량통행으로부터 안전하게 보호되어야 함

③ **쾌적성** : 자연환경 조건이 양호하여 부담 없이 즐겁게 공원을 이용할 수 있어야 함

④ **편익성** : 일상생활과 밀접하게 연결된 오픈스페이스체계의 구성요소, 일상 **편익시설의 이용권 또는 이용경로와 긴밀한 관계**를 맺도록 배치

⑤ **시설적지성** : 공원에 도입할 활동과 공원시설이 설치될 수 있는 조건을 갖추게 해야 함

(4) 도시공원의 유형

① **소공원** : 소규모 토지를 이용하여 도시민의 휴식 및 정서 함양을 도모하기 위하여 설치하는 공원

② **어린이공원** : 어린이의 보건 및 정서생활의 향상에 이바지하기 위하여 설치하는 공원

③ **근린공원** : 근린거주자 또는 근린생활권으로 구성된 지역생활권 거주자의 보건 · 휴양 및 정서생활의 향상에 이바지하기 위하여 설치하는 공원

④ **묘지공원** : 묘지 이용자에게 휴식 등을 제공하기 위하여 일정한 구역에 묘지와 공원시설을 혼합하여 설치하는 공원

⑤ **체육공원** : 주로 운동경기나 야외활동 등 체육활동을 통하여 건전한 신체와 정신을 배양함을 목적으로 설치하는 공원

| 서울 효창공원 백범 김구 선생 묘 |

(5) 도시공원의 시설

① 도로 또는 광장

② 화단, 분수, 조각 등 조경시설

③ 휴게소, 긴 의자 등 휴양시설

④ 그네, 미끄럼틀 등 유희시설

⑤ 테니스장, 수영장, 궁도장 등 운동시설

⑥ 식물원, 동물원, 수족관, 박물관, 야외음악당 등 교양시설

⑦ 주차장, 매점, 화장실 등 이용자를 위한 편익시설

⑧ 관리사무소, 출입문, 울타리, 담장 등 공원관리시설

⑨ 실습장, 체험장, 학습장, 농자재 보관창고 등 도시농업을 위한 시설

⑩ 내진성 저수조, 발전시설, 소화 및 급수시설, 비상용 화장실 등 재난관리시설

⑪ 그 밖에 도시공원의 효용을 다하기 위한 시설로서 국토교통부령으로 정하는 시설

개념충전 **서울소재 주요 공원** 15 기출

- 효창공원 : 북쪽 높은 동산 위에는 백범 김구의 묘소가 자리 잡고 있으며, 그 동쪽 다른 동산에는 이봉창 · 윤봉길 · 백정기 세 의사의 묘가 있다.
- 구암공원 : 서울 강서구에 위치하며, 허준의 호인 '구암'을 따서 이름 지어진 공원이다.
- 도산공원 : 서울 강남구에 위치하며, 도산 안창호의 애국정신을 기리고자 조성된 공원이다.
- 낙성대공원 : 서울 관악구에 있는 공원으로 강감찬 장군을 기리기 위해 지어졌다.

02 교통 관광자원

(1) 도로교통

① 한 국가의 혈맥과 같은 것으로 사람과 재화를 이동시키는 것

② 도로교통의 발달은 경제 · 사회 · 문화 전반에 걸쳐 많은 파급효과를 유발했고, 새로운 관광자원의 개발이나 관광지의 확대 등 관광산업의 발달에도 지대한 공헌을 함

(2) 철도교통

① **한국철도의 기원 :** 1899년 9월에 경인선의 노량진과 제물포 간에 33km 개통

② **철도교통의 특수성**

㉠ 장거리 운송일수록 운송비용이 저렴

㉡ 안전도가 높음

㉢ 계획운행이 가능

㉣ 전국적인 네트워크

㉤ 유리한 운임 할인제도

㉥ 기후에 크게 영향을 받지 않음

③ **철도교통의 관광상 이점 :** 안전하고 쾌적한 분위기에서 경관 감상

④ **철도교통이 국민관광에 미치는 역할**

㉠ 관광자원 교환의 역할

㉡ 시장조절의 역할

㉢ 시간 조절의 역할

㉣ 시설의 평준화 역할

㉤ 대량관광의 역할

| 한국고속철도(KTX) |

(3) 항공교통

① **의의 :** 세계의 생활환경을 시간대 생활권으로 단축하고, 국제 · 국내 관광산업의 진흥에 크게 기여

② **항공교통의 특징**

㉠ 안정성 : 교통기관 중에서 가장 중요시되는 안정성을 확보

㉡ 고속성 : 전 세계 주요도시 상호 간을 연결하는 항공노선망을 구축하여 세계를 시간대 생활권으로 변화

㉢ 정시성 : 해당 교통기관의 신뢰성을 좌우하는 것으로 공포된 시간표가 기준

| 인천국제공항 |

㉣ 쾌적성 : 여객의 쾌적성을 향상하는 요소로 객실 내의 시설, 기내 서비스 및 비행을 들 수 있고, 객실 내 쾌적성을 향상함으로써 서비스 경쟁의 우위를 차지

㉤ 공공성 : 일반적으로 국민 다수의 사회적 생활을 위하여 필요한 것 → 공개성

(4) 해상교통

해상운송은 화물운송수단으로서뿐만 아니라 해안도서지방의 관광 · 국제 간의 여객 운송수단으로서도 그 수요가 날로 증가하고 있음

03 향토축제

(1) 향토축제의 의의

① 향토색이 뚜렷하고 그 지방의 풍토에 따라 자연적으로 생겨나 지역별로 이루어지는 축제

② 우리나라의 향토축제는 각 시 · 도별로 그 지방의 향토성에 부합된 개성적인 상징성을 설정하면서 우리나라 전통문화창조에 크게 기여

(2) 향토축제의 유형

① **토착화된 향토축제** : 축제가 독특한 문화로부터 자생된 축제, 고유한 문화의 일부가 만든 축제

② **진화된 향토축제** : '토착화된 향토축제'와 유사하나 집단의 성원이 아닌 사람도 참여 가능

③ **상업성 향토축제** : 관광단체나 개인 기획자(프로모터)가 광범위한 관중을 동원하기 위해 벌이는 상업적 향토축제

④ **비공동체 단일문화축제** : 문화구성원들의 지원 없이 개인적으로 만든 축제

⑤ **다문화 민속예술축제** : 새로운 경향으로 나타나고 있는 현상으로서 많은 문화요소를 가미한 축제

(3) 주요 향토축제 15 16 17 18 20 24 기출

① **경기 지역 향토축제** : 세종대왕문화제, 행주문화제, 수원화성문화제, 이천쌀문화축제, 이천도자기축제, 인천소래포구축제, 연천전곡리구석기축제

② **강원도 지역 향토축제** : 강릉단오제(국가무형유산), 설악제(설악문화제), 율곡제(대현율곡이선생제), 개나리문화제(춘천 소양강문화제), 춘천마임축제, 화천산천어축제, 횡성한우축제, 인제빙어축제, 태백산눈축제

③ **충북 지역 향토축제** : 우륵문화제, 영동난계국악축제, 충주세계무술축제

④ **충남 지역 향토축제** : 백제문화제, 은산별신제(국가무형유산), 보령머드축제, 금산인삼축제, 천안흥타령축제, 강경발효젓갈축제, 논산딸기축제

| 강릉단오제 |

⑤ **전라도 지역 향토축제** : 춘향제, 남도문화제, 함평나비축제(함평나비대축제), 김제지평선축제, 강진청자문화제(강진청자축제), 무주반딧불축제, 순창장류축제, 담양대나무축제, 추억의 7080충장축제(추억의 충장축제, 광주)

⑥ **경상도 지역 향토축제** : 신라문화제, 개천예술제, 안동민속축제, 진주남강유등축제, 하동야생문화축제(하동야생차문화축제), 문경전통찻사발축제, 통영한산대첩축제, 김해분청도자기축제, 광안리어방축제, 대구약령시한방문화축제

⑦ **부산 지역 향토축제 :** 기장멸치축제

⑧ **제주도 지역 향토축제 :** 유채꽃큰잔치(제주유채꽃축제), 최남단모슬포방어축제, 감귤축제, 성산일출축제, 제주올레걷기축제

[2024-2025 문화관광축제 및 예비축제]

구 분	문화관광축제(25개)	명예 문화관광축제(20개)	예비축제(20개)
서 울			관악강감찬축제
부 산	광안리어방축제		동래읍성역사축제, 부산국제록페스티벌
대 구	대구치맥페스티벌		대구약령시한방문화축제
인 천	인천펜타포트음악축제, 부평풍물대축제		소래포구축제
광 주		추억의 충장축제	광주김치축제
대 전			대전효문화뿌리축제
울 산	울산옹기축제		태화강마두희축제
세 종			세종축제
경 기	수원화성문화제, 시흥갯골축제, 안성맞춤남사당바우덕이축제, 연천구석기축제, 화성뱃놀이축제		여주오곡나루축제, 부천국제만화축제
강 원	강릉커피축제, 정선아리랑제, 평창송어축제	화천산천어축제, 평창효석문화제, 춘천마임축제	한탄강얼음트레킹축제
충 북	음성품바축제	영동난계국악축제	괴산고추축제
충 남	한산모시문화제	보령머드축제, 천안흥타령축 제, 금산인삼축제	서산해미읍성축제, 논산딸기축제
전 북	순창장류축제, 임실N치즈축제, 진안홍삼축제	김제지평선축제, 무주반딧불축제	장수한우랑사과랑축제
전 남	보성다향대축제, 영암왕인문화축제, 정남진장흥물축제, 목포항구축제	진도신비의바닷길축제, 함평나비축제, 담양대나무축제	곡성세계장미축제
경 북	포항국제불빛축제, 고령대가야축제	안동탈춤축제, 문경찻사발축제, 영주풍기인삼축제	청송사과축제
경 남	밀양아리랑대축제	진주유등축제, 하동야생차문화축제, 산청한방약초축제, 통영한산대첩축제	김해분청도자기축제
제 주			탐라문화제

제3절 위락 관광자원

01 위락과 리조트

(1) 관광과 위락

① 위락(Recreation)의 개념 : 인간이 일을 떠나서 놀이나 즐거운 행위 또는 휴식을 함으로써 몸과 마음, 정신을 총체적으로 회복함 → 위락은 여가에 일에서 벗어나 인간을 쉬게 하고, 다시 일하기 위해 인간이 회복될 수 있는 활동

② 위락활동의 종류

1	산, 계곡, 폭포 등에서의 피크닉	15	보트 또는 배타기
2	명승지, 사찰탐방 또는 자연경관 감상	16	유원지, 관광단지
3	등 산	17	각종 놀이시설지(돈을 내고 이용하는 각종 어린이 유희시설이 설치되어 있는 곳)
4	산 또는 계곡 등 산에서의 야영	18	지역 내 공원 같은 곳에서 휴식
5	동굴구경	19	온천지 방문
6	스 키	20	동물원, 식물원 가기
7	수 렵	21	드라이브 즐기기
8	문화유적지 방문(종교적 방문 제외)	22	자전거 하이킹
9	민속촌, 박물관, 기념관 또는 전승공예지 방문	23	골 프
10	호수, 댐, 강변 등에서의 피크닉 또는 야유회	24	테니스
11	강변, 호수 등 수변에서의 야영	25	사격, 활쏘기, 승마하기
12	낚시(바다낚시 포함)	26	축구, 야구, 배구 등 각종 운동
13	해수욕	27	각종 운동경기 운동장에서의 관람
14	요트타기, 윈드서핑, 스킨 또는 스쿠버다이빙		

(2) 리조트

① 개념 : '반복되는 일상을 환기하는 체재형 관광지' → 별장지나 리조트 호텔이라는 장소가 이미지화한 것

② 의 의

㉠ 자신에게 충실한 여가를 보내는 장으로서의 리조트

㉡ '있는 그대로'에 접하는 것이 가능한 장으로서의 리조트

㉢ 정신의 위기를 구원하는 장으로서의 리조트

㉣ 다른 차원의 세계에 침투할 수 있는 리조트

㉤ 철저히 노는 것만 가능한 리조트

02 골 프

(1) 골프장의 입지유형에 따른 구분

① **해변형** : 1900년 최초로 개장되었던 원산, 1913년 구미골프장 등

② **평지형** : 1929년 군자리, 1956년 부산, 1964년 한양, 1968년 안양코스 등

③ **산지형** : 1980년 후반부터 산지에 주로 입지하는 산지형의 경향

(2) 골프장의 입지조건

① **접근성** : 승용차로 60~90분 이내의 거리에서 이용객의 확보를 고려

② **용지면적** : 부지면적이 골프장의 규모에 따라 충분히 확보될 수 있어야 함

③ **지형조건** : 정방형보다는 장방형 또는 다소 불규칙한 형, 부채꼴형이 좋으며 용지의 구배가 8% 미만이고 고저의 차가 50m를 초과하지 않는 용지

④ **용수조건** : 18홀을 기준으로 했을 때 1,500톤/일 정도의 관리용수가 필요함

⑤ **경관조건** : 골프에 적합한 조건뿐만 아니라 경치와 경기자의 심리상태 및 조경학적인 요소를 고려해야 함

제2과목

03 스 키

(1) 스키장의 입지조건

① 기상조건

㉠ 적설량 : 보통 1m 이상

㉡ 적설기간 : 90~100일 이상

㉢ 설질 : 분설(가루눈)이 바람직함

㉣ 기온 : −5~−10℃ 정도가 적설보존이나 활동에 좋음

㉤ 일조 : 쾌적함을 느낄 정도면 좋으나, 직사광선은 설원 및 적설량 유지에 좋지 않음

㉥ 바람 : 15m/s 이상이면 리프트 중지

② 지형조건

㉠ 경사도 : 활강코스 6~30°

㉡ 슬로프의 길이 및 폭

- 초급 : 20~50m, 넓은 곳이 좋음
- 중급 : 200~400m, 20~80m
- 고급 : 300~500m, 30~60m

㉢ 시모(수림) : 방풍, 방설, 설원 보존, 악천후 시 코스의 판단, 스키어 활동선의 유도 및 분리, 경관 보존을 위한 삼림

③ **사회조건**

㉠ 자원입지형 : 초기단계에서 주로 채택

㉡ 시장입지형 : 최근에 선호되는 유형, 대도시 주변에 초 · 중급 중심의 겔렌데(Gelände)를 조성하여 인공제설장치(SMS)를 활용함

④ **교통조건** : 철도입지형과 도로입지형으로 구분되는데, 최근에는 자가용 문화의 보급으로 인해 도로입지형을 선호함

(2) 스키의 의의

① **자연성**

㉠ 대자연과 조화되어 개인의 심신을 단련하는 스포츠

㉡ 야외 레크리에이션 성격을 띤 생활성이 강한 스포츠

② **계절성** : 눈이 있는 겨울 동안에 할 수 있는 스포츠

③ **대중성** : 다른 레저 스포츠와는 달리 비교적 남녀노소 누구나 즐길 수 있는 **대중스포츠**

④ **다양성** : 올림픽이나 월드컵에서 행하는 경기에서부터 레저스키, 프리스타일 스키 또는 크로스 컨트리 투어쇼에 이르기까지 경기 범위가 매우 폭넓고 다양함

⑤ **활동성** : 활동성이 강한 스키는 인간의 관광동기 중에서 육체적 · 사회적 · 정신적 측면의 욕구를 모두 충족해 줌

(3) 스키장 시설

① **스키장의 시설 및 설비기준** : 스키장은 눈 · 잔디 · 천연 또는 인공의 재료로 된 슬로프를 갖춘 것으로서 종합스키장 · 일반스키장 · 간이스키장으로 세분되며, 부지면적은 다음의 산식에 의하여 산출된 면적을 초과할 수 없음

> 스키장 부지면적 = 전체슬로프 길이(m)×50m×4

② **스키장 시설의 종류**

㉠ 제설기 : 인공적으로 눈을 만드는 기계

㉡ 리프트(Lift) : 스키어가 산(슬로프) 아래에서 정상까지 이동하기 위해 필요한 시설

㉢ 슬로프(Slope) : **난이도와 경사도에 따라 초급, 중급, 상급자용**으로 나눔

㉣ 피스테 머신(Pieste Machine) : 설면을 고르는 데 이용되는 장비

㉤ 장비대여시설 : 스키활동에 필요한 플레이트, 폴, 부츠 등의 장비와 스키복 등을 다양하게 갖추고 있음

㉥ 안전시설 : 스키를 타다가 일어날 수 있는 운동상해에 신속히 대처할 수 있도록 응급처치원과 안전요원(Ski Patrol)이 배치

㉦ 부대시설 : 숙박시설, 카페테리아, 수영장, 골프장, 볼링장 등

(4) 스키장의 유형

① 운영방침

㉠ 당일이용형 : 청소년의 레포츠장, 소규모 스키장

㉡ 주말(숙박)형 : 주말여행 형태의 숙박형, 중규모 스키장

㉢ 리조트형 : 연휴 이용 장기 휴양형, 대규모 리조트 스키장

② 용도(경기/레저)

㉠ 일반 스키장 : 레크리에이션적 효용 → 겔렌데 스키장, 투어코스 스키장

㉡ 경기 스키장 : 스키 경기규칙에 의해 공인 → 알파인 경기장, 노르딕 경기장

③ 형태(Slope)

㉠ 선형 스키장 : 대규모 스키장으로 장거리 코스가 설치됨(주로 상급자용) → 코스 종류가 다양하고 경기 스키장으로 이용

㉡ 면형 스키장 : 도시근교의 소규모 스키장 → 초보자와 중급자용으로 Hot Dog Trail이라고도 함

④ 개발주체

㉠ 민간 스키장 : 민간 주도하에 개발되는 스키장

㉡ 공공 스키장 : 공공단체에 의해 개발되는 스키장

㉢ 제3섹터 스키장 : 공공단체의 주도와 민자유치에 의해 합동 개발되는 스키장

개념충전 **전국 스키장 현황** 15 기출

스키장명(법인명)	위 치	최초등록년월일
용평리조트 (주)모나용평	강원 – 평창, 대관령	1975.12.21
무주덕유산리조트 (주)무주덕유산리조트	전북 – 무주, 설천	1990.12.20
비발디파크 (주)소노인터내셔널	강원 – 홍천, 서면	1993.12.24
휘닉스 스노우파크 (주)휘닉스중앙	강원 – 평창, 봉평	1995.12.15
웰리힐리파크 (주)신안종합리조트	강원 – 횡성, 둔내	1995.12.15
지산포레스트리조트 (주)지산리조트	경기 – 이천, 마장	1996.12.23
엘리시안 강촌 (주)지씨에스	강원 – 춘천, 남산	2002.12.07
오크밸리 (주)에이치디씨리조트	강원 – 원주, 지정	2006.11.27
하이원리조트 (주)강원랜드	강원 – 정선, 고한	2006.12.07
오투리조트 (주)오투리조트	강원 – 태백, 서학	2008.12.11
곤지암리조트 (주)에스앤아이 코퍼레이션	경기 – 광주, 도척	2008.12.17
알펜시아 (주)알펜시아	강원 – 평창, 대관령	2009.11.24

※ 출처 : 한국스키장경영협회

04 마리나(Marina)

(1) 마리나의 의미

요트(Pleasure Boat)를 위한 정박지 또는 중계항으로서 시설 및 관리체계를 갖춘 곳을 의미하며, 요트 활동을 매체로 각종 서비스를 제공하는 동적인 레크리에이션 항구

(2) 마리나 시설

① 요팅, 보팅, 수상스키 등 수상활동을 위한 기본시설로서 마리나도크를 비롯한 육상계류장(동력, 무동력), 요트수선소, 요트클럽하우스, 요트렌탈클럽하우스, 해상 안전관리소, 유람선 터미널 등이 있음

② 급유, 급수, 보관시설 등을 설치하고 관광객을 수용할 수 있는 호텔(요텔) 및 숙박시설 등 각종 위락시설과 부대시설 입지

개념충전 경상남도 소재 마리나 19 기출

- 통영 마리나
- 진해 마리나
- 삼천포 마리나

(3) 마리나의 분류

① 입지유형

㉠ 자연지형 이용형

㉡ 매립형

㉢ 굴착형

② 요트유형

㉠ 소형 보트 중심 : 육상보관

㉡ 소형 요트 중심 : 육상보관

㉢ 중 · 대형 보트 중심 : 수상 · 육상보관, 크루저 보트는 수상보관의 경향

㉣ 중 · 대형 요트 중심 : 수상 · 육상보관

③ 활동유형

㉠ 커뮤니티형 : 모터보트 이용, 일반적인 활동 대상

㉡ 해양스포츠형 : 세일링 요트 등 스포츠 중심

㉢ 리조트형 : 호텔, 레저시설을 갖춘 복합형 리조트 중심

④ 기능유형

㉠ 단일형 : 보관, 체류, 수리 등 기본적 기능

㉡ 복합형 : 기본시설 외에 레스토랑, 숙박시설 등 각종 레저시설 복합

05 카지노

(1) 카지노의 개념

① **일반적 개념** : 카지노(Casino)란 도박, 음악, 댄스, 쇼 등 여러 가지의 오락시설을 갖춘 연회장이라는 뜻의 이탈리어 '카자(Casa)'가 어원으로, 르네상스시대 귀족이 소유하였던 사교 · 오락용의 별관을 의미하였으나 지금은 해변 · 온천 · 휴양지 등에 있는 일반 실내 도박장을 말함

② **법률적 개념**

㉠ 카지노업이 관광외화 획득뿐만 아니라 외국인 관광객 유치에도 기여하는 바가 크므로 「사행행위 등 규제 및 처벌 특례법」에서 사행행위영업으로 규정하여 온 카지노업을 1994년 「관광진흥법」 개정에 의해 관광사업으로 새로이 규정하였음

㉡ 「관광진흥법」 제3조 제1항 제5호에 따라 카지노업은 전문 영업장을 갖추고 주사위 · 트럼프 · 슬롯머신 등 특정한 기구 등을 이용하여 우연의 결과에 따라 특정인에게 재산상의 이익을 주고 다른 참가자에게 손실을 주는 행위 등을 하는 업을 말함

(2) 카지노산업의 발전과 특성 16 18 23 기출

① **카지노산업의 발전** : 우리나라의 카지노는 1961년 11월 제정된 「복표발행 · 현상기타사행행위단속법」에 따라 설립 법적 근거가 마련되었으며, 1967년 국내 최초의 카지노인 **인천 올림포스호텔 카지노**가 개장함. 1995년 「폐광지역 개발 지원에 관한 특별법」 제정을 통해 내국인 출입 카지노 설립 법적 근거가 마련되었고, 폐광지역의 경제 활성화를 목적으로 2000년 10월 내국인 출입이 가능한 강원랜드가 개장하게 되었음. 현재 총 18개의 카지노가 있는데, 이 중에서 외국인 전용 카지노 17개, 내국인 출입 카지노 1개가 운영되고 있음

② **카지노산업의 특성** 17 기출

㉠ 높은 고용창출의 효과 : 카지노산업은 **다른 산업에 비해 고용창출효과가 높음**. 일정한 시설만 갖추면 연중무휴 영업을 실시할 수 있는 순수 인적서비스 상품으로, 타 관광산업과 비교해도 3배 이상의 높은 고용효과가 있음

㉡ 높은 경제적 파급효과 : 카지노로 획득한 외화가 국내 경제에 투입되어 직 · 간접효과 및 유발효과로 발생되는 경제적 파급효과는 매우 큼. 연관 산업에 대한 생산 및 부가가치 창출효과, 지역주민에 대한 소득 및 고용창출효과, 중앙 및 지방자치단체에 대한 재정수입 창출효과 등 **다양한 경제적 파급효과가 발생함**

㉢ 호텔영업에 높은 기여도 및 의존도 : 호텔영업에 대한 기여도 및 의존도가 높아 호텔의 객실, 식음료, 유흥시설, 기타 부대시설에 대한 추가적인 매출을 발생케 함

㉣ 인적서비스에 대한 높은 의존도 : 카지노 상품은 무형의 인적서비스가 동시에 제공됨으로써 비로소 완전한 상품으로서의 기능을 다할 수 있게 됨. 또한 슬롯머신 등을 제외하고는 대부분 인간 대 인간의 상행위로, 사람에 중점을 둔 산업임

㉤ 관광객 체재기간 연장 및 관광객 경비 증대 : 카지노는 관광객에게 게임, 오락, 유흥을 제공하여 **체재기간을 연장하게 하고 관광객의 지출을 증대**하는 관광산업의 주요한 사업 중 하나로 자리매김하고 있음

개념충전 **국내 카지노업체 현황**

대 상	시 · 도	업체명(법인명)
외국인 대상	서 울	• 파라다이스 카지노 워커힐점 • 세븐럭 카지노 강남코엑스점 • 세븐럭 카지노 서울드래곤시티점
	부 산	• 세븐럭 카지노 부산롯데점 • 파라다이스 카지노 부산지점
	인 천	• 파라다이스 카지노(파라다이스시티) • 인스파이어 카지노(인스파이어)
	강 원	알펜시아 카지노
	대 구	호텔인터불고 대구 카지노
	제 주	• 공즈 카지노 • 파라다이스 카지노 제주지점 • 세븐스타 카지노 • 제주오리엔탈 카지노 • 드림타워 카지노(제주드림타워) • 제주썬 카지노 • 랜딩 카지노 • 메가럭 가지노
내 · 외국인 대상	강 원	강원랜드 카지노

※ 문화체육관광부, 2025년 4월 기준

개념충전 **강원랜드 카지노** 21 기출

2000년 10월 최초로 내국인 출입이 허용된 카지노로 2045년까지 내국인 출입이 허용되었으며, 2024년 기준 국내 카지노 업체 중 매출액이 가장 높다.

개념충전 **관광단지** 23 기출

구분	관광단지
부 산	오시리아
인 천	강화종합리조트, 선미테마아일랜드
광 주	어등산
울 산	강동, 울산 알프스, 웨일즈코브 울산
경 기	안성 죽산, 평택호, 화성 국제테마파크
강 원	고성 델피노골프앤리조트, 고성 켄싱턴 설악밸리, 속초 설악한화리조트, 양양국제공항, 원주 오크밸리, 원주 더 네이처, 원주 루첸, 춘천 라비에벨, 춘천 신영, 평창 휘닉스파크, 평창 용평, 평창 대관령 알펜시아, 홍천 비발디파크, 홍천 샤인데일, 횡성 웰리힐리파크, 횡성 드림마운틴
경 북	경주 보문, 경주 감포해양, 경주 마우나오션, 북경주 웰니스, 김천 온천, 안동문화, 칠곡 웰빙-스테이 레포츠
경 남	거제 남부, 창원 구산해양, 창원 웅동복합레저
전 북	남원 드래곤
전 남	여수 화양, 여수경도 해양, 여수 챌린지파크, 진도 대명리조트, 해남 오시아노
충 북	증평 에듀팜 특구
충 남	부여 백제문화, 천안 골드힐카운티리조트, 보령 원산도 대명리조트

※ 2025년 5월 기준 55개소

제5장 핵심 실전 문제

※ 문제의 이해도에 따라 ○△× 체크하여 완벽하게 정리하세요.

01 ○△×

다음 중 산업적 관광자원으로만 묶인 것은?

① 도로, 운하, 항만, 철도
② 농장, 사적, 기념품, 산악
③ 산악, 계곡, 항만, 도로
④ 통신, 유물, 기념품, 풍속

해설 산업적 관광자원이란 한 나라의 산업시설과 그 기술수준을 보거나 보이기 위한 산업적 대상을 말한다.

02 ○△×

특용 작물과 주요 재배 지역 연결이 바르게 된 것은?

① 차 – 보성
② 홉 – 한산
③ 모시 – 전남 해안
④ 인삼 – 광주

해설 보성을 중심으로 대단위 차 재배 단지가 조성되어 국내 소비뿐만 아니라 해외 수출까지 하고 있다.

03 ○△×

다음 내용과 관계되는 것은?

- 전남이 전국 생산량의 65%를 차지
- 완도 · 고흥 중심

① 김 ② 굴
③ 멸 치 ④ 조 기

해설 전남의 완도, 고흥, 강진, 보성, 광양 등이 주요 김 생산지이다.

정답 1 ❶ 2 ❶ 3 ❶

04 남서지역의 재래공업과 그 발달지가 잘못 연결된 것은?

○△×

① 전주 – 한지
② 남원 – 목기
③ 담양 – 죽세공품
④ 한산 – 도자기

해설 서천 한산은 모시가 유명하다.

05 다음 중 농업 관광자원의 유형이 아닌 것은?

○△×

① 경작지 임대형
② 농산물 채취형
③ 장소 제공형
④ 농산물 대여형

해설 농업 관광자원의 유형으로는 ①·②·③ 이외에 농산품 판매형이 있다.

06 다음 중 호남권역에 위치한 자유무역지역끼리 묶인 것은?

○△×

① 마산 – 김제
② 율촌 – 대불
③ 인천항 – 마산
④ 동해 – 광양항

해설 호남권역에 위치한 자유무역지역에는 율촌 자유무역지역, 대불 자유무역지역, 김제 자유무역지역, 군산 자유무역지역, 광양항 자유무역지역이 있다.

07 다음 중 나전칠기의 주산지는?

○△×

① 통 영
② 단 양
③ 이 천
④ 여 주

해설 나전칠기의 주산지는 통영이다.

정답 4 ❹ 5 ❹ 6 ❷ 7 ❶

08

다음 중 도자기의 주요 산지가 아닌 것은?

○△✕

① 이 천 ② 여 주
③ 단 양 ④ 전 주

해설 도자기의 주요 산지는 이천, 여주, 단양, 양산, 김해 등지이다.

09

다음 중 화문석으로 유명한 섬은?

○△✕

① 홍 도 ② 거문도
③ 강화도 ④ 울릉도

해설 화문석은 왕골을 원료로 한 고려시대 이래의 강화도의 특산물로서, 강화도에서 생산되는 왕골은 길이가 길고 우수하다.

10

다음 중 인삼의 주요 산지가 아닌 곳은?

○△✕

① 개 성 ② 풍 기
③ 강 화 ④ 안 동

해설 안동은 삼베가 유명하다.

11

다음 중 특산물과 지역의 연결이 옳지 않은 것은?

○△✕

① 쌀 – 이천 ② 죽세품 – 담양
③ 모시 – 안동 ④ 갓 – 통영

해설 모시는 서천 한산의 특산물이다.

정답 8 ❹ 9 ❸ 10 ❹ 11 ❸

제2과목

12 ○△×

다음 중 지역과 특산물이 바르게 연결된 것은?

① 안성 – 유기　　② 영광 – 대추
③ 흑산도 – 옥돔　　④ 횡성 – 마늘

해설 영광은 굴비, 흑산도는 홍어, 횡성은 한우, 더덕이 유명하다. 옥돔은 제주도의 특산물이다.

13 ○△×

다음 특산물과 지역의 연결이 어울리지 않는 것은?

① 부채 – 전주　　② 탈 – 안동
③ 담뱃대 – 통영　　④ 누에가루 – 영천

해설 통영의 특산물은 갓, 나전칠기 등이다.

14 ○△×

다음 중 사회적 관광자원으로만 묶인 것은?

① 인정, 풍속, 학문　　② 기념물, 산악, 기후
③ 명승, 사적, 민족성　　④ 신앙, 계곡, 하천

해설 사회적 자원이란 그 나라의 국민성과 민족성을 이해하는 규범문화적인 자원이다.

15 ○△×

다음 중 강원도지방의 민속행사가 아닌 것은?

① 단오제　　② 대현율곡이선생제
③ 설악문화제　　④ 은산별신제

해설 은산별신제는 충청남도 부여군 은산면 은산리에서 전승되는 민속행사이다.

정답 12 ❶ 13 ❸ 14 ❶ 15 ❹

16 다음 중 함평에서 열리는 축제는?

◯△✕

① 나비대축제　② 신라문화제
③ 대현율곡이선생제　④ 한산대첩제

해설 나비대축제는 함평에서 매년 5월경에 열린다.

17 다음 중 충남지방에서 열리는 문화제가 아닌 것은?

◯△✕

① 성웅이순신축제　② 백제문화제
③ 은산별신제　④ 우륵문화제

해설 우륵문화제는 충북 충주지방에서 10월경에 열리는 민속축제이다.

18 다음 중 강원도 춘천에서 열리는 향토축제는?

◯△✕

① 단오제　② 소양강문화제
③ 유채꽃축제　④ 논개제

해설 소양강문화제는 9월경 춘천에서 열린다.

19 다음 향토문화제 중 연결이 잘못된 것은?

◯△✕

① 고양 – 행주문화제　② 해남 – 강강술래
③ 밀양 – 아리랑대축제　④ 여주 – 처용문화제

해설 처용문화제는 10월경에 울산에서 열린다.

정답 16 ❶ 17 ❹ 18 ❷ 19 ❹

20 ○△×

다음 중 경기도지방의 향토축제가 아닌 것은?

① 구석기축제
② 행주문화제
③ 화성문화제
④ 삼성혈제

해설 삼성혈제는 제주지방의 민속축제이다.

21 ○△×

다음 중 제주지방의 향토축제가 아닌 것은?

① 유채꽃축제
② 방어축제
③ 삼성혈제
④ 개천예술제

해설 개천예술제는 10월에 진주에서 열린다.

22 ○△×

다음 중 전남지방의 향토축제로 유명한 것은?

① 고싸움놀이
② 풍남제
③ 서동축제
④ 대사습놀이

해설 ②·③·④ 모두 전북지역의 향토축제이다.

정답 20 ④ 21 ④ 22 ①

23 다음 향토문화제 중 연결이 잘못된 것은?

① 강릉 – 대현율곡이선생제
② 함평 – 나비대축제
③ 금산 – 인삼축제
④ 보령 – 지평선축제

해설 지평선축제는 전북 김제에서 열리고, 보령에서는 머드축제가 열린다.

24 수도권의 관광지역으로 사회적 자원의 관광개발이라 할 수 있는 것은?

① 용인의 민속촌
② 용인의 자연농원
③ 서울대공원
④ 천마산 스키장

해설 사회적 자원에는 풍속, 언어, 생활양식, 국민성 등이 있다.

25 사회적 관광자원의 요소로만 짝지어진 것은?

① 관습, 음식, 민족성
② 인간, 유물, 계곡
③ 동 · 식물, 성터, 산악
④ 민족성, 댐, 하천

해설 계곡, 동 · 식물, 산악, 하천 등은 자연적 관광자원이다.

정답 23 ④ 24 ❶ 25 ❶

제2과목

26 ◯△✕

다음 중 같은 해역에 있는 섬끼리 묶인 것으로 옳지 않은 것은?

① 죽도, 동백섬, 오륙도
② 백령도, 선유도, 안면도
③ 청산도, 대청도, 독도
④ 거문도, 추자도, 마라도

해설 ③ 청산도는 남해안, 대청도는 서해안, 독도는 동해안에 위치한 섬이다.
① 동해안, ② 서해안, ④ 남해안에 위치한 섬들이다.

27 ◯△✕

다음 중 경남지방의 향토축제가 아닌 것은?

① 밀양아리랑대축제
② 3 · 1 민속문화제
③ 개천예술제
④ 대가야문화예술제

해설 대가야문화예술제는 경북 고령에서 10월경에 열린다.

28 ◯△✕

다음 향토문화제 중 연결이 잘못된 것은?

① 부산 – 자갈치축제
② 진도 – 영등제
③ 통영 – 한산대첩제
④ 영주 – 신라문화제

해설 영주에서는 소백문화제가 열리고, 신라문화제는 경주에서 열린다.

정답 26 ❸ 27 ❹ 28 ❹

29 ○△✕ **다음 중 군항제가 열리는 곳은?**

① 진 해
② 포 항
③ 부 산
④ 대 구

해설 진해 군항제는 벚꽃놀이로 유명하다.

30 ○△✕ **우리나라의 해안과 그 특징을 짝지은 것으로 옳지 않은 것은?**

① 동해 – 리아스식 해안, 해분
② 서해 – 큰 조차, 넓은 간석지
③ 남해 – 리아스식 해안, 암석해안
④ 동해 – 단조로운 해안선, 조경수역

해설 리아스식 해안은 서해와 남해의 특징이다.

31 ○△✕ **다음 향토문화제 중 연결이 잘못된 것은?**

① 강릉 – 대현율곡이선생제
② 김제 – 지평선축제
③ 충주 – 우륵문화제
④ 무주 – 찻사발축제

해설 무주에서는 반딧불축제가 열리며, 찻사발축제는 문경에서 열린다.

정답 29 ❶ 30 ❶ 31 ❹

32 다음 중 성질이 다른 하나는?

① 리조트
② 마리나
③ 카지노
④ 향토축제

해설 ①·②·③ 위락적 관광자원 , ④ 사회적 관광자원

33 다음 중 21세기 최고의 성장산업으로 꼽히는 3대 산업에 속하지 않는 것은?

① 관광산업
② 환경산업
③ 정보산업
④ 서비스산업

해설 21세기 성장산업
관광산업, 환경산업, 정보산업

34 사회적 관광자원이 될 수 없는 것은?

① 향토축제
② 명 승
③ 음 식
④ 풍 속

해설 명승은 문화적 관광자원이다.

정답 32 ❹ 33 ❹ 34 ❷

35 

다음 중 우리나라에서 가장 먼저 개설된 철도는?

① 호남선
② 경부선
③ 경인선
④ 태백선

해설 경인선은 서울과 인천을 잇는 한국 최초의 철도이다.

36 ○△×

같은 도(道)에 속한 곳끼리 묶인 것으로 옳지 않은 것은?

① 고창, 의령
② 증평, 음성
③ 장흥, 장성
④ 단양, 담양

해설 ④ 단양은 충청북도, 담양은 전라남도에 속한 지역이다.
① 경상남도, ② 충청북도, ③ 전라남도에 속한 지역이다.

37 ○△×

다음 중 관광자원개발의 환경적 효과와 거리가 먼 것은?

① 녹지 확보
② 자원보전
③ 저개발지의 환경개선
④ 국가유산의 보호

해설 국가유산의 보호는 문화적 효과이다.

정답 35 ❸ 36 ❹ 37 ❹

38 다음 중 관광자원개발의 대상은 무엇인가?

○△×

① 관광자원 ② 이용시설
③ 자연보호 ④ 숙박시설

해설 관광자원의 개발이란 관광자원에 인간의 노력을 가하여 보다 나은 가치를 창조하며, 관광의 제반효과와 국토환경을 육성하는 계획적인 변화이다.

39 다음 중 관광자원개발의 목적에 해당하지 않는 것은?

○△×

① 가치창조 ② 환경육성
③ 효과증대 ④ 자원보호

해설 자원보호는 개발목적이 아니라 개발행위이다.

40 다음 관광자원개발의 목표 중 관광자의 효과가 아닌 것은?

○△×

① 심신회복 ② 외화획득
③ 문화교류 ④ 지식확대

해설 외화획득은 개발자의 효과이다.

41 관광두레에 대한 설명으로 옳지 않은 것은?

○△×

① 2025년 4월 147개 지역, 1,305여 개 주민사업체를 육성(관리)하고 있다.
② 관광객들의 소비가 이어져 지역이 발전되는 관광생태계를 조성하는 것이 목표이다.
③ 관광두레 사업의 추진 주체는 문화체육관광부, 한국관광공사, 지방자치단체, 관광두레PD이다.
④ 한국관광공사는 기본계획을 수립하고 재정을 지원한다.

해설 **관광두레 추진 주체별 역할**

- 문화체육관광부 : 기본계획 수립, 재정지원
- 한국관광공사 : 관광두레PD 활동 지원 및 관리, 주민사업체 발굴 및 육성 등
- 지방자치단체 : 관광두레사랑방 제공, 지역자원 연계 지원
- 관광두레PD : 관광두레사업단과 주민, 지자체와 주민, 고객과 주민, 주민과 주민 사이에서 중간자 역할

정답 38 ❶ 39 ❹ 40 ❷ 41 ❹

참고문헌

도 서

- 곽희정, 「관광국사」, 시대고시기획, 2025
- 김병문, 「관광자원학」, 백산출판사, 2000
- 김진섭, 「관광학원론」, 대왕사, 2004
- 김홍운 · 김사영, 「관광학원론」, 형설출판사, 1999
- 김홍철, 「관광학원론」, 기문사, 2010
- 이광원, 「관광자원론」, 기문사, 2012
- 이선희 · 김근종 · 지진호, 「현대관광의 이해」, 대왕사, 2002
- 이후석, 「관광자원의 이해」, 백산출판사, 1999
- 임주환 · 권오준 · 이영우 · 임봉구, 「관광지개발론」, 백산출판사, 1998
- 서철현 · 김영경 · 장경수, 「관광자원해설론」, 대왕사, 2002
- 서태양, 「관광자원론」, 대왕사, 2005
- 정석중 · 김용상 · 이봉석 外, 「관광학」, 백산출판사, 2011
- 채서묵, 「관광사업개론」, 백산출판사, 1997
- 하헌국 · 이종호, 「관광사업론」, 학문사, 1998

사이트

- 국가지질공원, www.koreageoparks.kr
- 국립공원관리공단, www.knps.or.kr
- 관광두레, tourdure.mcst.go.kr
- 관광지식정보시스템, www.tour.go.kr
- 농림축산식품부, www.mafra.go.kr
- 문화체육관광부, www.mcst.go.kr
- 국가유산청, www.cha.go.kr
- 유네스코와 유산, heritage.unesco.or.kr
- 한국관광공사, www.visitkorea.or.kr
- 한국문화대백과사전, encykorea.aks.ac.kr
- 환경부, www.me.go.kr
- 국사편찬위원회, www.history.go.kr

사 진

본 도서는 문화재청에서 공공누리 제1유형으로 개방한 사진을 수록하였으며, 해당 저작물은 국가유산청 홈페이지(www.cha.go.kr)에서 무료로 다운받으실 수 있습니다.

좋은 책을 만드는 길, 독자님과 함께하겠습니다.

2026 시대에듀 관광통역안내사 단기완성

개정17판1쇄 발행	2026년 01월 05일 (인쇄 2025년 10월 23일)
초 판 발 행	2008년 07월 10일 (인쇄 2008년 05월 30일)
발 행 인	박영일
책 임 편 집	이해욱
편 저	시대 관광교육연구소
편 집 진 행	장민영 · 김시아
표지디자인	현수빈
편집디자인	임창규 · 김예슬
발 행 처	(주)시대고시기획
출 판 등 록	제10-1521호
주 소	서울시 마포구 큰우물로 75 [도화동 538 성지 B/D] 9F
전 화	1600-3600
팩 스	02-701-8823
홈 페 이 지	www.sdedu.co.kr
I S B N	979-11-434-0161-8 (13320)
정 가	40,000원

2026 관광종사원 합격 공략 시리즈 도서

관광종사원 도서 시리즈 전종

2025년 최신 기출문제 1회분

무료 해설강의 제공

최신기출 1회분
바로가기

관광종사원의 첫 시작!
핵심이론만 꼭꼭 눌러 담았다! 기본서 4종

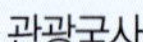
관광국사

관광자원해설

관광법규

관광학개론

이론 학습 후 실력점검엔, 기출이 답이다

기출이 답이다 관광통역안내사 1차 필기합격

※ 도서의 구성 및 이미지는 변경될 수 있습니다.

취향에 맞게! 목적에 맞게!
전략적인 선택이 합격을 좌우합니다!

관광통역안내사를 준비하기 전 Warm-up! 단행본 2종

관광통역안내사 용어상식사전

워너비(Wanna be) 관광통역안내사 – 이론에서 실무까지

합격까지 한 Q에! 단기 완성

관광통역안내사 단기완성 (1권 + 2권)

면접에서 최종합격까지! 면접 대비 도서 2종

관광통역안내사 2차 면접 핵심기출 문제집

50일 만에 끝내는 중국어 관광통역안내사 2차 면접

※ 도서의 구성 및 이미지는 변경될 수 있습니다.

관광통역안내사

단기완성

2권 관광법규 | 관광학개론

편집진행 장민영 · 김시아 | **표지디자인** 현수빈 | **본문디자인** 김예슬 · 임창규

출제 경향 분석 STRATEGY

제3과목 관광법규

출제 경향

관광법규는 관광통역안내사 실무에 요구되는 법령 지식뿐만 아니라 일반적인 자격요건을 측정하기 위해 시험범위에서 다양한 유형의 문제가 출제됩니다.

주로 법령 해석 능력과 중요 내용에 대한 이해도를 평가하는 내용이 출제되는데, 「관광기본법」·「관광진흥법」·「관광진흥개발기금법」·「국제회의산업 육성에 관한 법률」에서 출제됩니다. 이 중에서도 「관광진흥법」의 출제비율이 70%로 가장 높습니다.

이 도표는 최근 5개년(2021~2025) 관광법규 과목 출제 비중을 교재의 단원별로 산출한 것으로 출제 비중을 한눈에 파악할 수 있습니다. 이를 참고하여 2026년 시험을 준비하시기를 바랍니다.

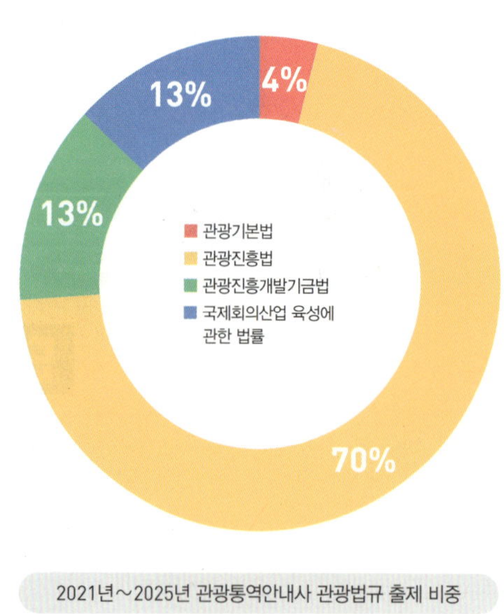

2021년~2025년 관광통역안내사 관광법규 출제 비중

학습법

관광법규의 법령을 어떻게 다 암기해야 할지 걱정되실 것입니다. 하지만, 이전 기출 키워드를 살펴보면 재출제된 개념이 많은 것을 볼 수 있습니다. 따라서 기출문제를 통해 자주 출제되는 법령을 파악하고, 그 후 추가로 타 법령을 학습하는 것이 효율적입니다. 목적과 대상 외에도 기간·금액·범위 등의 값들이 출제되는 경우가 많으므로 해당 부분을 중점적으로 공부하시는 것이 좋습니다.

특히, 「관광진흥법」에서 70% 이상 출제되므로 집중적으로 학습해야 합니다. 법령은 자주 개정되므로 시험 전 법제처 국가법령정보센터 홈페이지(www.law.go.kr)에서 최신 개정 사항을 확인하는 것이 중요합니다.

제4과목 관광학개론

출제 경향

관광학개론은 관광종사원이 숙지해야 할 사항과 관광에 대한 기본 개념 및 실무지식에 대한 이해 여부를 묻는 문제가 출제됩니다.

관광종사원으로서 알아야 할 필수 내용을 이해하고 있는지를 측정하는 데 중점을 두며, 최근 관광 이슈와 관광 트렌드 변화를 파악할 수 있는 문제도 출제됩니다. 관광의 기초, 관광여행업, 관광숙박업, 국제관광 및 관광정책 등에서 문제가 출제되며, 이 중에서도 교재 내 '관광의 기초'의 출제 비중이 31%로 가장 높습니다.

이 도표는 최근 5개년(2021~2025) 관광학개론 과목 출제 비중을 교재의 단원별로 산출한 것으로 출제 비중을 한눈에 파악할 수 있습니다. 이를 참고하여 2026년 시험을 준비하시기를 바랍니다.

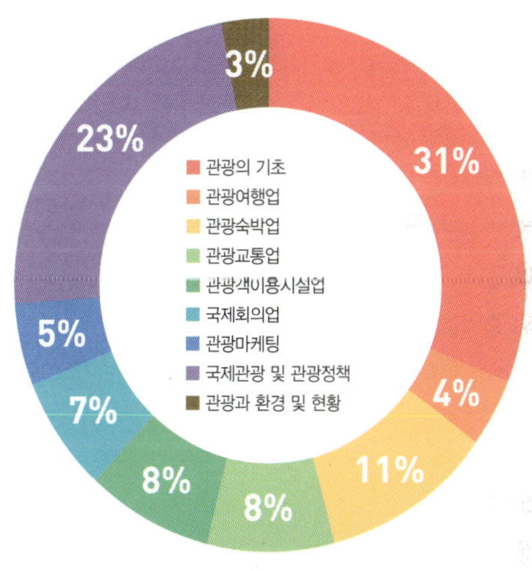

2021년~2025년 관광통역안내사 관광학개론 출제 비중

학습법

관광학개론은 기본 이론과 개념이 중요한 과목입니다. 학습할 때 관광·호텔·회의·마케팅·정책 등 관련 이론과 용어의 개념을 확실하게 정리해 두어야 합니다. 특히 어떠한 개념의 여러 가지 유형이나 서로 비슷해 보이는 개념의 명칭을 구분하는 문제가 많이 출제됩니다. 이러한 기본적인 문제 외에도 정부의 관광정책이나 관광통계·관광객의 성향·관광축제 등 다양한 현황 문제가 출제되고 있습니다.

수험서를 바탕으로 학습하면서, 주기적으로 문화체육관광부(www.mcst.go.kr)나 한국관광공사 홈페이지(www.visitkorea.or.kr)에서 공식 보도 자료나 관광·여행업 관련 기사들을 꾸준히 살펴보는 것을 권장합니다. 관광법규와 관련된 문제도 종종 출제되고 있으니, 관광법규와 함께 학습하면 일석이조의 효과를 얻을 수 있습니다.

이 책의 차례 CONTENTS

2권

제3과목 관광법규

제4과목 관광학개론

기출문제 3개년 실제 기출문제

관광통역안내사가 꼭 알아야 할 최신 관광동향

❖ 통계 결과는 집계 기관별로 차이가 있을 수 있습니다.
❖ 관광동향은 분기별 또는 연도별로 수시 업데이트되오니 시험 전 문화체육관광부, 한국관광공사, 관광지식정보시스템 등의 홈페이지에서 최신 동향을 확인하시는 것이 좋습니다.

외래관광객 주요 방한 활동

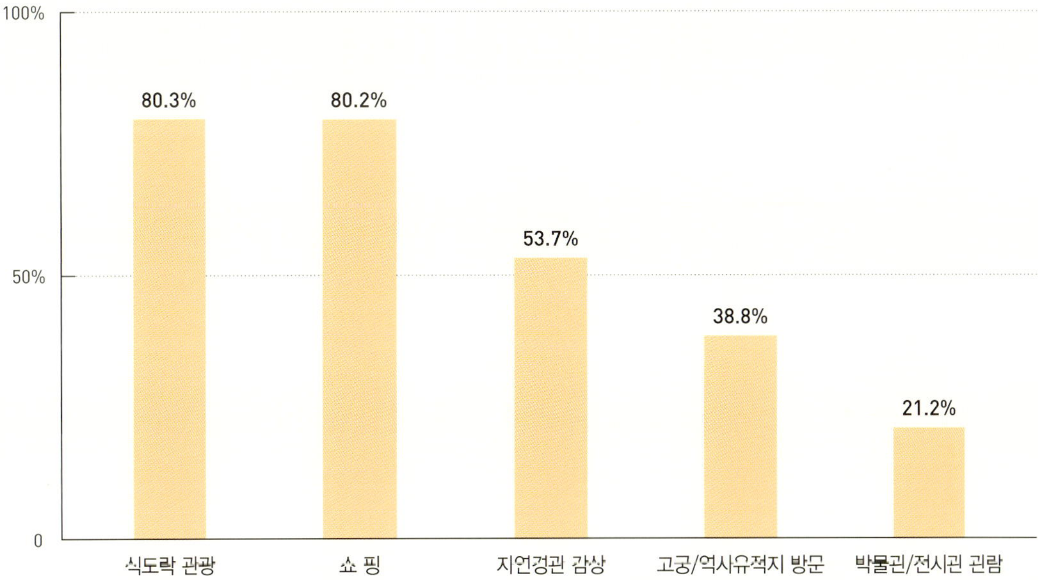

※ 출처 : 2024 외래 관광객조사보고서

국가별 방한 외래관광객

구 분	국 가	해외관광객 수(비율)
1위	중 국	4,603,237(28.1%)
2위	일 본	3,224,079(19.7%)
3위	대 만	1,473,908(9%)
4위	미 국	1,320,108(8.1%)
5위	홍 콩	571,418(3.5%)

※ 출처 : 2024 외래 관광객조사보고서

Dine Around Plan

American Plan 및 수정된 American Plan(Modified American Plan)의 객실요금 방식으로 고객에게 저녁식사를 제공하는 요금 형식이다.

European Plan

객실료와 식사요금을 각각 분리하여 계산하는 방식이다. 고객에게 식사를 강요하지 않고 고객의 의사에 따라 식사는 별도 제공된다.

Dual Plan

혼합식 요금제도로서, American Plan이나 European Plan을 선택할 수 있는 형식으로 두 가지 형태를 모두 도입한 형식이다.

Continental Plan

대륙식 요금제도. 객실요금에 아침식사만 포함되어 있는 요금지급 방식이다. 호텔에서는 간단한 아침식사를 객실요금에 포함함으로써 고객에게도 큰 부담을 주지 않고 매출을 올릴 수 있다.

Commercial Rate

상용 요금. 할인요금의 일종으로 특정한 기업체나 사업을 목적으로 하는 비즈니스 고객에게 할인해 주는 제도이다.

Double Occupancy Rate

객실 하나에 2인이 투숙하여 추가한 사람의 추가 요금을 말한다.

Day Use Charge(Part Day Use, Day Rate)

분할 요금. 호텔에서 객실점유율을 높이기 위해 고객이 주간에 이용한 요금을 할인하여 받는 요금방법으로, 같은 날 도착과 출발하는 고객에게 적용된다. 일반적으로 10:00～17:00 사이의 요금이다. 객실 요금은 보통 30～50% 정도를 할인하여 부과한다.

Midnight Charge

야간 요금. 예약을 한 고객이 당일 영업을 마감한 이후 한밤중이나 익일 새벽에 도착하였을 경우, 호텔 측은 그 고객을 위하여 객실을 판매하지 않고 기다렸으므로 야간요금을 징수하게 된다.

Over Charge(Late Departure Charge)

초과 요금. 호텔이 정하는 퇴숙 시간을 넘겨 객실을 사용할 경우에 부과되는 요금으로 퇴실시간 및 호텔규정에 따라 차등적으로 부과된다.

Hold Room Charge

고객이 항공기 지연이나 개인의 업무상 사정으로 호텔 도착이 늦어질 때, 객실을 예약하고 호텔에 도착하지 않을 때, 그 객실을 타인에게 판매하지 않고 보류한 경우로서 당초의 예약대로 요금을 징수하게 되는 것이다.

Adjoining Room

인접 객실. 객실이 같은 방향으로 복도에 나란히 있지만, 객실과 객실 사이에 연결된 문이 없이 이어져 있는 객실로, Connecting Room과는 다르다.

Connecting Room

커넥팅 룸. 인접한 객실이 Connecting Door로 연결되어 있어 2개의 객실을 한 개의 객실처럼 이용할 수 있는 객실로 가족 단위의 객실용으로 이용된다.

Block Room

특정 관광단체, 국제회의 참석자, VIP를 위해 호텔 한 구역의 객실을 사전에 지정해 놓은 것이다.

연도별 외래관광객 입국 통계

구 분	2020년	2021년	2022년	2023년	2023년
외래관광객(명)	2,519,118	967,003	3,198,017	11,031,665	16,369,629
성장률(%)	−85.6	−61.6	230	245	48.4

※ 출처 : 관광지식정보시스템

외래관광객 주요 방한 목적

순 위	목 적	비 율
1위	여가/위락/휴가	68%
2위	사업/전문 활동	15.4%
3위	친구, 친지 방문	11.8%
4위	교 육	3.9%
5위	기 타	1.0%

※ 출처 : 2024 외래 관광객조사보고서

국가별 국제회의 개최건수[국제회의연합(UIA), 2024]

구 분	1위	2위	3위	4위	5위
국 가	미 국	벨기에	이탈리아	스페인	일 본
개최건수	657	523	452	421	369

※ 출처 : 2024 관광동향에 관한 연차보고서

도시별 국제회의 개최건수[국제회의연합(UIA), 2024]

구 분	1위	2위	3위	4위	5위
도 시	브뤼셀	빈	서 울	바르셀로나	도 쿄
개최건수	388	239	180	159	148

※ 출처 : 2024 관광동향에 관한 연차보고서

미국여행업협회(ASTA ; American Society of Travel Advisors)

아메리카를 중심으로 하는 전 세계의 유력여행업자 및 그 밖의 관광 관계 업자를 회원으로 하는 세계 최대의 여행관계 국제조직이다. 여행업자 및 여행자의 이익을 지키기 위해 활동하고 있다. 미국 – 해외에서 매년 번갈아서 연차총회와 트래블 트레이드 쇼(Travel Trade Show)를 개최하고 있다. 1931년에 설립되었으며 본부는 워싱턴에 있다.

아시아태평양관광협회(PATA ; Pacific Asia Travel Association)

아메리카로부터 태평양지역으로의 관광객 유치를 목적으로, 1951년 정부관광기관과 항공회사가 중심이 되어 설립된 국제단체이다. 발족된 후 한동안은 유럽과 미국으로부터 이 지역에 관광객을 유치하는 것이 주된 사업이었으나, 가맹국의 입장에서는 오히려 우리나라를 포함하는 동아시아지역 등이 중요한 여행자 송출시장이 되었기 때문에 아시아태평양 지역 내의 상호교류 촉진을 중요한 사업으로 삼고 있다.

호텔실무

American Service

기능적, 유용성, 효율성, 속도 면에서 실용적이므로 가장 널리 이용되는 서비스 형태이다. 일반적으로 주방에서 음식을 담아 제공하기 때문에 많은 고객에게 서비스할 수 있으며, 빠른 서비스를 제공한다는 장점도 있으나 음식이 빨리 식는다는 단점도 있다. American Service는 Tray Service와 Plate Service가 있다.

Baggage Down

고객이 퇴숙 시 객실에서 전화하거나 직접 문의하면 Porter나, Bell Man이 고객의 짐을 호텔 현관으로 운반하는 서비스이다.

Cart Service(Wagon, Trolley)

카트 서비스는 주방에서 고객이 요구하는 종류의 음식과 그 재료를 카트에 싣고 고객의 테이블까지 와서 고객이 보는 앞에서 직접 조리를 하여 제공하는 서비스 형태이다. 일명 French Service라고도 하는데 가장 호화롭고 Showmanship도 필요하다.

House Keeping

객실의 관리 및 객실부문에서 제공되는 서비스의 모든 것을 의미한다. 객실정비, 객실청소와 객실의 설비, 가구, 비품류의 정비 그리고 객실용의 린넨류, 소모품류의 관리와 공공장소의 청소와 정비를 포함한다.

Paging Service

호텔의 내 · 외부 고객의 요청에 의해 필요한 고객을 찾아 주고 메시지 전달을 해주는 업무이다. Paging Board를 들고 작은 종을 울려서 고객의 주위를 끌어 찾는 방식이다.

Turn Down Service

이미 투숙한 고객의 취침 직전에 제공하는 서비스로서, 간단히 객실의 청소와 정리정돈을 해 주고 잠자리를 돌보아 주는 작업이다.

Room Service

고객의 요청으로 호텔 객실에 음료, 식사 등을 보내주는 종사원 또는 호텔의 객실에서 하는 식사를 말한다.

American Plan

미국에서 처음 시작된 것으로 객실요금에 아침, 점심, 저녁이 포함되는 숙박요금제도이다. 고객이 호텔에서 식사를 하든 안 하든 관계없이 요금은 변하지 않는다.

Modified American Plan(Demi Pension, Half Pension)

수정식 아메리칸 플랜으로, 고객에게 부담이 큰 American Plan을 수정하여 아침식사요금과 저녁식사요금을 객실료에 포함하여 판매하는 제도이다.

국제관광 경쟁력지수

순 위	국 가	지 수
1위	미 국	5.24
2위	스페인	5.18
3위	일 본	5.09
4위	프랑스	5.07
5위	독 일	5

※ 출처 : The Global WEF, The Travel & Tourism Competitiveness Report
※ 한국은 WEF 기준(2023) 14위, 지수 4.74점

2025년 문화체육관광부가 선정한 문화관광축제

- 서울 : 관악강감찬축제
- 부산 : 광안리어방축제, 동래읍성역사축제, 부산국제록페스티벌
- 대구 : 대구약령시한방문화축제, 대구치맥페스티벌
- 인천 : 인천펜타포트락페스티벌, 소래포구축제, 부평풍물대축제
- 대전 : 대전효문화뿌리축제
- 울산 : 울산옹기축제, 울산태화강마두희축제
- 광주 : 광주김치축제, 광주추억의충장축제
- 제주 : 탐라문화제
- 세종 : 세종한글축제
- 경기 : 연천구석기축제, 화성뱃놀이축제, 여주오곡나루축제, 안성맞춤남사당바우덕이축제, 수원화성문화제, 시흥갯골축제, 부천국제만화축제
- 강원 : 평창송어축제, 철원한탄강얼음트레킹축제, 얼음나라화천산천어축제, 춘천마임축제, 평창효석문화제, 강릉커피축제, 정선아리랑제
- 충북 : 음성품바축제, 괴산고추축제, 영동난계국악축제
- 충남 : 논산딸기축제, 한산모시문화제, 보령머드축제, 서산해미읍성축제, 천안흥타령춤축제, 금산세계인삼축제
- 전북 : 무주반딧불축제, 순창장류축제, 임실N치즈축제, 김제지평선축제, 진안홍삼축제, 장수한우랑사과랑축제
- 전남 : 진도신비의바닷길축제, 함평나비대축제, 보성다향대축제, 담양대나무축제, 곡성세계장미축제, 정남진장흥물축제, 영암왕인문화축제, 목포항구축제
- 경북 : 문경찻사발축제, 포항국제불빛축제, 고령대가야축제, 청송사과축제, 경북영주풍기인삼축제, 안동국제탈춤페스티벌
- 경남 : 하동야생차문화축제, 밀양아리랑대축제, 통영한산대첩축제, 산청한방약초축제, 김해분청도자기축제, 진주남강유등축제

소셜 투어리즘(Social Tourism)

여러 가지 이유로 관광에 아무런 연고가 없는 사람들이 관광을 실현할 수 있는 조건을 갖추게 하는 사회적 지원이다. 국가, 지방자치단체, 각종 단체 등이 관광을 즐길 수 있는 기회를 모든 사람들에게 보증하려는 생각 또는 활동을 말한다.

패키지 투어(Package Tour)

소비자인 여행자를 위하여 운송부문과 지상부문(숙박 · 관광 · 식사 등)을 '팩(한 덩어리)'으로 판매하는 것이며, 통칭 '팩(Pack)여행', '주최여행'과 같은 뜻이다. 여행자 입장에서 보면 익숙하지 않은 여행에도 안심하고 참가할 수 있는 메리트가 있다고는 하지만, 여행 일정에 제약을 받게 되는 경우가 많다. 이것과 유사한 포괄여행(Inclusive Tour)은 항공운임을 중심으로 하여 지상수배부분을 포함한 규칙 면에서 본 개념이다.

옵셔널 투어(Optional Tour)

처음에 시작하는 여행일정에는 포함되지 아니하는 투어로서, 현지에서 신청하는 여행을 말한다. 여행의 메뉴를 옵션(선택의 자유)으로 설정하는 옵셔널 투어는, 지정된 투어가 아니라 자유시간이 많은 투어를 선호하는 여행수요가 늘어남에 따라서 그 종류도 많아졌다. 관광이나 식사를 적게 함으로써 여행본체의 가격을 낮추고 현지의 옵셔널 투어에서 모자란 수입을 올리려고 하는 측면도 있다.

인클루시브 투어(Inclusive Tour)

운송부문(항공)과 지상부문(숙박 · 관광 · 식사 등)이 포함된 포괄여행을 말한다. 일정한 사람 수에 따른 단체포괄여행(GIT ; Group Inclusive Tour)이 일반적이지만, 개인에게 적용되는 개인포괄여행(IIT ; Inclusive Independent/Individual Tour)도 있다. 항공운임은 지상부문을 포함한다는 조건으로 할인운임이 적용된다. 여기에는 여행출발 전에 여행비용이 지불되며 출발지로부터 다시 출발지로 돌아온다는 것 등 기본조건이 충족되어야 하며, 항공운임에 지상부문의 비용을 가산한 판매가격이 방면 및 분야 · 일수 · 시기 · 여행형태별로 IATA(국제항공운송협회, International Air Transport Association)에 명시되어 있다.

국제관광기구

대표적인 국제관광기구

- 세계관광기구(UNWTO ; United World Tourism Organization)
- 아시아태평양관광협회(PATA ; Pacific Asia Travel Association)
- 미국여행업협회(ASTA ; American Society of Travel Advisors)
- 동아시아관광협회(EATA ; East Asia Travel Association)
- 세계여행자협회(WATA ; World Association of Travel Agencies)
- 세계여행협회연맹(UFTAA ; Universal Federation of Travel Agents Association)
- 국제항공운송협회(IATA ; International Air Transport Association)
- 국제민간항공기구(ICAO ; International Civil Aviation Organization)
- 세계여행관광협의회(WTTC ; The World Travel & Tourism Council)

동아시아관광협회(EATA ; East Asia Travel Association)

1966년 (특)국제관광진흥회의 제창으로 발족된 아시아 동부지역 국가들의 공동 관광선전기관이다. 현재 한국, 일본, 대만, 마카오, 태국, 필리핀, 싱가포르, 홍콩 등의 회원국이 있다.

세계관광기구(UNWTO ; United World Tourism Organization)

관광분야의 정부 간 기구로서, 국제개발기구(UNDP ; United Nations Development Programme)의 실시기관이다. 각국의 관광행정기관 · 관광선전기관의 국제연맹이었던 공적여행기구국제동맹(IUOTO ; International Union of Official Travel Organization)이 1975년에 정부 간 기관으로 격상되어 개편 · 조직되었다. 정부 간 기관으로는 예외적으로 민간단체 · 기업도 찬조회원으로서 가맹할 수 있다. 본부는 스페인 마드리드에 있으며, 세계의 국제관광 통계자료를 비롯하여 다수의 관광관계 문헌 · 자료 등을 간행하고 있다.

관광단지 (2025년 5월 23일 기준 55개소)

- 부산 : 오시리아
- 인천 : 강화종합리조트, 선미테마아일랜드
- 광주 : 어등산
- 울산 : 강동, 울산알프스, 웨일즈코브울산
- 경기 : 안성죽산, 평택호, 화성국제테마파크
- 강원 : 델피노골프앤리조트, 고성켄싱턴설악밸리, 설악한화리조트, 양양국제공항, 원주오크밸리, 원주더네이처, 원주루첸, 라비에벨, 신영, 휘닉스파크, 평창용평, 대관령알펜시아, 비발디파크, 홍천샤인데일, 웰리힐리파크, 드림마운틴
- 경북 : 보문, 감포해양, 마우나오션, 북경주웰니스, 김천온천, 안동문화, 웰빙-스테이레포츠
- 경남 : 거제남부, 창원구산해양, 웅동복합레저
- 전북 : 드래곤
- 전남 : 여수화양, 여수경도해양, 여수챌린지파크, 진도대명리조트, 해남오시아노
- 충북 : 증평에듀팜특구
- 충남 : 백제문화, 골드힐카운티리조트, 원산도대명리조트
- 제주 : 중문, 성산포해양, 신화역사공원, 제주헬스케어타운, 록인제주, 수망, 애월국제문화복합단지, 프로젝트ECO, 묘산봉

시험에 자주 나오는 관광용어해설

❖ 본 내용은 〈관광통역안내사 필기 + 면접 용어상식사전(시대고시기획, 2022)〉과 한국관광공사(kto.visitkorea.or.kr)의 '관광용어사전'에서 일부 발췌하였습니다.

관광의 형태

팸 투어(Fam Tour)

Familiarization Tour를 줄인말로, 항공사나 여행업체가 관광상품이나 특정 관광지를 홍보하기 위하여 여행업자, 보도관계자 등을 초청하여 실시하는 일종의 사전답사여행이다.

특별관심관광(SIT ; Special Interest Tour)

단순한 관광 이외의 특별한 목적을 띤 관광으로서, 특정한 관심을 충족하기 위한 투어를 가리킨다. 기존의 패키지 투어에 만족하지 않는 여행자의 다양한 수요를 흡수하고 정형화된 상품에 대한 차별화로서 기획되어 왔다. 최근에는 자연 그 자체의 탐사에 그치지 않고 자연보호에 대한 관심을 높이는 에코투어, NGO에 의한 개발 도상국가의 농촌체험을 위한 스터디 투어도 넓은 의미의 SIT에 포함된다.

얼터너티브 투어리즘(Alternative Tourism)

대량관광을 의미하는 매스 투어리즘에 대한 대안관광을 말한다. 대중 관광의 폐해를 최소화하여, 관광의 경제적 효과를 그 지역에 미치게 함으로써 관광객도 충분히 만족할 수 있는 관광형태의 총칭으로서 사용되는 경우가 많다. 그린(Green) 투어리즘, 루럴(Rural) 투어리즘, 에코(Eco) 투어리즘, 소프트(Soft) 투어리즘 등의 형태로 표현된다.

다크 투어리즘(Dark Tourism)

역사적인 비극이나 재난 등이 일어났던 참상지를 보며 반성과 교훈을 얻는 여행이다. 9.11 테러사건의 '그라운드제로', 유대인 대학살 현장인 폴란드의 '아우슈비츠 수용소', 수백만 명이 학살된 캄보디아 '킬링필드', 원자폭탄이 투하됐던 일본의 히로시마와 나가사키가 그 대표적인 사례다.

지속가능한 관광(Sustainable Tourism)

전 세계적으로 지구온난화 등 각종 환경문제가 심각해지면서 1980년대에 '지속가능성'이라는 사고방식이 제창되었으며, 1990년대에 급속하게 확대되었다. 지속가능한 발전이란 환경보전과 경제발전의 목표를 양립하여 달성하고자 하며, 환경이 더 이상 악화하는 것을 방지하고 장래 세대의 경제발전을 보장할 수 있는 규모, 방법으로 개발 · 이용 · 경영을 하고자 하는 사고방식이다. 이러한 개념을 관광측면에 적용하여 '지속가능한 관광'이라 하며, 그린 투어리즘 · 에코 투어리즘(생태관광) 등의 형태가 제창되고 있다.

그린 투어리즘(Green Tourism)

농촌에서 체재하는 형태의 여가활동을 가리킨다. 이용자에게 숙박 서비스를 제공하는 민박경영 등 농가가 행하는 관광적 활동도 지칭하여 사용된다. 서유럽에서는 이미 오랜 역사를 가지고 있으며, 바캉스의 한 형태로서 사회적으로 정착되고 있다. 지역자원을 활용하는 소프트 투어리즘의 하나라고 할 수 있다.

에코 투어리즘(Ecological Tourism)

생태관광, 환경관광이라고도 한다. 환경 피해를 최대한 억제하면서 자연을 관찰하고 이해하며 즐기는 여행 방식 또는 여행 문화로 친환경적 관광을 통해 도시와 농어촌 지역 사이의 교류를 확대함으로써 도시와 지역사회 모두에게 도움이 되는 새로운 관광형태이다. 제2차 세계대전이 끝난 후 프랑스에서 처음으로 시작되었으며, 관광이 경제적 이익의 수단으로 인식되면서 전 세계적으로 이익을 우선으로 하는 관광개발이 계속되고, 이로 인한 자연파괴가 늘어나자 1960년대부터 북아메리카를 중심으로 환경에 미치는 영향을 최소화하자는 운동의 일환으로 나타나기 시작하였다.

관광법규

제1장 관광기본법

제2장 관광진흥법

제3장 관광진흥개발기금법

제4장 국제회의산업 육성에 관한 법률

2021~2025년 관광통역안내사 관광법규 기출빈도표

출제 영역	2025	2024	2023	2022	2021	합 계
관광기본법	1	1	1	1	1	5(4%)
관광진흥법	18	18	18	18	16	88(70.4%)
관광진흥개발기금법	3	3	3	3	4	16(12.8%)
국제회의산업 육성에 관한 법률	3	3	3	3	4	16(12.8%)
계	25	25	25	25	25	125(100%)

※ 이 책에 수록된 '관광법규' 과목의 법령 반영 기준일은 2025년 10월이며, 최종 수록된 법령의 개정일과 시행일은 다음과 같습니다. 이후 개정되는 법령에 대해서는 법제처 국가법령정보센터 홈페이지(www.law.go.kr)를 참고하시어 학습하시길 바랍니다.

- 관광기본법[2025.10.09. 시행]
- 관광진흥법[2025.10.09. 시행], 시행령[2025.08.28. 시행], 시행규칙[2025.08.28. 시행]
- 관광진흥개발기금법[2023.08.08. 시행], 시행령[2024.07.01. 시행], 시행규칙[2010.09.03. 시행]
- 국제회의산업 육성에 관한 법률[2023.05.16. 시행], 시행령[2022.12.28. 시행], 시행규칙[2025.02.24. 시행]

제1장 관광기본법

제1절 총 칙

01 목적(제1조) 15 16 기출

이 법은 관광진흥의 방향과 시책에 관한 사항을 규정함으로써 국제친선을 증진하고 국민경제와 국민복지를 향상시키며 건전하고 지속가능한 국민관광의 발전을 도모하는 것을 목적으로 한다.

02 정부의 시책(제2조)

정부는 이 법의 목적을 달성하기 위하여 관광진흥에 관한 기본적이고 종합적인 시책을 강구하여야 한다.

(1) 다른 법률과의 관계(제2조의2)

관광에 관한 다른 법률을 제정하거나 개정할 때에는 이 법의 목적에 맞도록 하여야 한다.

(2) 관광진흥계획의 수립(제3조)

① 정부는 관광진흥의 기반을 조성하고 관광산업의 경쟁력을 강화하기 위하여 관광진흥에 관한 기본계획(이하 "기본계획"이라 한다)을 5년마다 수립 · 시행하여야 한다. 19 21 기출

② 기본계획에는 다음의 사항이 포함되어야 한다.

㉠ 관광진흥을 위한 정책의 기본방향

㉠의2. 관광의 지속가능한 발전에 관한 사항

㉡ 국내외 관광여건과 관광 동향에 관한 사항

㉢ 관광진흥을 위한 기반 조성에 관한 사항

㉢의2. 관광취약계층 등을 위한 「관광진흥법」 제2조 제13호에 따른 무장애 관광 환경 조성 및 지원에 관한 사항

㉣ 관광진흥을 위한 관광사업의 부문별 정책에 관한 사항

㉤ 관광진흥을 위한 재원 확보 및 배분에 관한 사항

㉥ 관광진흥을 위한 제도 개선에 관한 사항

㉥의2. 관광산업 인력 양성과 근로실태조사 등 관광 종사자의 근무환경 개선을 위한 기반 조성에 관한 사항

㉦ 관광진흥과 관련된 중앙행정기관의 역할 분담에 관한 사항

㉧ 관광시설의 감염병 등에 대한 안전 · 위생 · 방역 관리에 관한 사항

㉨ 그 밖에 관광진흥을 위하여 필요한 사항

③ 기본계획은 제16조 제1항에 따른 국가관광전략회의의 심의를 거쳐 확정한다.

④ 정부는 기본계획에 따라 매년 시행계획을 수립 · 시행하고 그 추진실적을 평가하여 기본계획에 반영하여야 한다. 23 24 기출

(2) 연차보고(제4조) 16 22 기출

정부는 매년 관광진흥에 관한 시책과 동향에 대한 보고서를 정기국회가 시작하기 전까지 국회에 제출하여야 한다.

(3) 법제상의 조치(제5조)

국가는 제2조에 따른 시책을 실시하기 위하여 법제상 · 재정상의 조치와 그 밖에 필요한 행정상의 조치를 강구하여야 한다.

(4) 지방자치단체의 협조(제6조) 22 기출

지방자치단체는 관광에 관한 국가시책에 필요한 시책을 강구하여야 한다.

(5) 외국 관광객의 유치(제7조) 15 기출

정부는 외국 관광객의 유치를 촉진하기 위하여 해외 홍보를 강화하고 출입국 절차를 개선하며 그 밖에 필요한 시책을 강구하여야 한다.

(6) 관광 여건의 조성(제8조)

정부는 관광 여건 조성을 위하여 관광객이 이용할 숙박 · 교통 · 휴식시설 등의 개선 및 확충, 휴일 · 휴가에 대한 제도 개선 등에 필요한 시책을 마련하여야 한다.

(7) 지속가능한 관광 시책의 추진(제9조) 25 기출

정부는 관광자원의 보호와 환경친화적 개발 · 이용, 고용 창출 및 지역경제 발전 등 현재와 미래의 경제적 · 사회적 · 환경적 영향을 충분히 고려하는 지속가능한 관광에 필요한 시책을 추진하여야 한다.

(8) 관광사업의 지도 · 육성(제10조)

정부는 관광사업을 육성하기 위하여 관광사업을 지도 · 감독하고 그 밖에 필요한 시책을 강구하여야 한다.

(9) 관광 종사자의 자질 향상(제11조)

정부는 관광에 종사하는 자의 자질을 향상시키기 위하여 교육훈련과 그 밖에 필요한 시책을 강구하여야 한다.

(10) 관광지의 지정 및 개발(제12조) 17 기출

정부는 관광에 적합한 지역을 관광지로 지정하여 필요한 개발을 하여야 한다.

(11) 국민관광의 발전(제13조)

정부는 관광에 대한 국민의 이해를 촉구하여 건전한 국민관광을 발전시키는 데에 필요한 시책을 강구하여야 한다.

(12) 관광진흥개발기금(제14조)

정부는 관광진흥을 위하여 관광진흥개발기금을 설치하여야 한다.

(13) 국가관광전략회의(제16조) 18 20 기출

① 관광진흥의 방향 및 주요 시책에 대한 수립 · 조정, 관광진흥계획의 수립 등에 관한 사항을 심의 · 조정하기 위하여 국무총리 소속으로 국가관광전략회의를 둔다.

② 국가관광전략회의의 구성 및 운영 등에 필요한 사항은 대통령령으로 정한다.

개념충전 **관광기본법**

- 제정 : 1975년 12월 31일 법률 제2877호로 제정
- 구성 : 전문 16조 및 부칙

제1장 핵심 실전 문제

※ 문제의 이해도에 따라 ○△× 체크하여 완벽하게 정리하세요.

01 ○△×

관광기본법의 목적과 관계없는 것은?

① 국민경제의 향상
② 건전한 국민관광의 발전 도모
③ 국제친선의 증진
④ 국제수지의 개선

해설 이 법은 관광진흥의 방향과 시책에 관한 사항을 규정함으로써 국제친선을 증진하고 국민경제와 국민복지를 향상시키며 건전하고 지속가능한 국민관광의 발전을 도모하는 것을 목적으로 한다(관광기본법 제1조).

02 ○△×

관광기본법의 제정 연월일로 맞는 것은?

① 1972년 12월 31일
② 1975년 12월 31일
③ 1976년 7월 20일
④ 1962년 4월 24일

해설 관광기본법은 1975년 12월 31일 법률 제2877호로 제정되었다.

정답 1 ❹ 2 ❷

03 관광기본법의 구성으로 옳은 것은?

① 전문 12조와 부칙
② 전문 16조와 부칙
③ 전문 42조와 부칙
④ 전문 60조와 부칙

해설 관광기본법은 전문 16조와 부칙으로 구성되어 있다.

04 관광진흥에 관한 기본적이고 종합적인 시책을 강구해야 하는 기관으로 옳은 것은?

① 정 부
② 지방자치단체
③ 한국관광공사
④ 국 민

해설 정부는 이 법의 목적을 달성하기 위하여 관광진흥에 관한 기본적이고 종합적인 시책을 강구하여야 한다(관광기본법 제2조).

05 정부는 매년 관광진흥에 관한 시책과 동향에 대한 보고서를 어디에 제출하여야 하는가?

① 국무회의
② 대통령
③ 국 회
④ 관광정책심의위원회

해설 정부는 매년 관광진흥에 관한 시책과 동향에 대한 보고서를 정기국회가 시작하기 전까지 국회에 제출하여야 한다(관광기본법 제4조).

정답 3 ❷ 4 ❶ 5 ❸

06 정부는 관광진흥에 관한 시책과 동향에 관한 보고서를 언제까지 제출해야 하는가?

○△×

① 매년 3월 말까지
② 정기국회 종료 후
③ 정기국회가 시작하기 전까지
④ 정기국회 회기 내

해설 정부는 매년 관광진흥에 관한 시책과 동향에 대한 보고서를 정기국회가 시작하기 전까지 국회에 제출하여야 한다(관광기본법 제4조).

07 관광기본법의 내용에 맞지 않는 것은?

○△×

① 관광진흥계획의 수립
② 관광지의 지정과 개발
③ 외국 관광객의 유치 노력
④ 해외여행의 권장

해설 ① 관광기본법 제3조
② 관광기본법 제12조
③ 관광기본법 제7조

08 '국민관광'이란 용어가 처음 사용된 법은?

○△×

① 관광기본법
② 관광사업진흥법
③ 한국관광공사법
④ 관광사업법

해설 정부는 관광에 대한 국민의 이해를 촉구하여 건전한 '국민관광'을 발전시키는 데에 필요한 시책을 강구하여야 한다(관광기본법 제13조).

정답 6 ❸ 7 ❹ 8 ❶

09

정부가 외국 관광객을 유치하기 위하여 강구해야 할 시책과 거리가 먼 것은?

① 해외 홍보의 강화
② 출입국 절차의 개선
③ 외국어 교육의 확대
④ 그 밖에 필요한 시책 강구

해설 정부는 외국 관광객의 유치를 촉진하기 위하여 해외 홍보를 강화하고 출입국 절차를 개선하며 그 밖에 필요한 시책을 강구하여야 한다(관광기본법 제7조).

10

정부가 관광 여건 조성을 위하여 마련해야 할 시책과 거리가 먼 것은?

① 숙박시설의 개선
② 교통시설의 개선
③ 휴식시설의 개선
④ 주거시설의 개선

해설 정부는 관광 여건 조성을 위하여 관광객이 이용할 숙박 · 교통 · 휴식시설 등의 개선 및 확충, 휴일 · 휴가에 대한 제도 개선 등에 필요한 시책을 마련하여야 한다(관광기본법 제8조).

정답 9 ❸ 10 ❹

제2장 관광진흥법

제1절 총 칙

01 목적(제1조) 16 기출

이 법은 관광 여건을 조성하고 관광자원을 개발하며 관광사업을 육성하여 관광진흥에 이바지하는 것을 목적으로 한다.

02 용어의 정의(제2조) 24 기출

(1) 관광사업

관광객을 위하여 운송 · 숙박 · 음식 · 운동 · 오락 · 휴양 또는 용역을 제공하거나 그 밖에 관광에 딸린 시설을 갖추어 이를 이용하게 하는 업(業)을 말한다.

(2) 관광사업자

관광사업을 경영하기 위하여 등록 · 허가 또는 지정(이하 "등록 등"이라 한다)을 받거나 신고를 한 자를 말한다.

(3) 기획여행

여행업을 경영하는 자가 국외여행을 하려는 여행자를 위하여 여행의 목적지 · 일정, 여행자가 제공받을 운송 또는 숙박 등의 서비스 내용과 그 요금 등에 관한 사항을 미리 정하고 이에 참가하는 여행자를 모집하여 실시하는 여행을 말한다.

(4) 회 원

관광사업의 시설을 일반 이용자보다 우선적으로 이용하거나 유리한 조건으로 이용하기로 해당 관광사업자(사업계획의 승인을 받은 자를 포함)와 약정한 자를 말한다.

(5) 소유자 등

단독 소유나 공유(共有)의 형식으로 관광사업의 일부 시설을 관광사업자(제15조 제1항 및 제2항에 따른 사업계획의 승인을 받은 자를 포함)로부터 분양받은 자를 말한다.

(6) 관광지 15 기출

자연적 또는 문화적 관광자원을 갖추고 관광객을 위한 기본적인 편의시설을 설치하는 지역으로서 이 법에 따라 지정된 곳을 말한다.

(7) 관광단지 20 기출

관광객의 다양한 관광 및 휴양을 위하여 각종 관광시설을 종합적으로 개발하는 관광 거점 지역으로서 이 법에 따라 지정된 곳을 말한다.

(8) 민간개발자 22 기출

관광단지를 개발하려는 개인이나 「상법」 또는 「민법」에 따라 설립된 법인을 말한다.

(9) 조성계획

관광지나 관광단지의 보호 및 이용을 증진하기 위하여 필요한 관광시설의 조성과 관리에 관한 계획을 말한다.

(10) 지원시설

관광지나 관광단지의 관리 · 운영 및 기능 활성화에 필요한 관광지 및 관광단지 안팎의 시설을 말한다.

(11) 관광특구

외국인 관광객의 유치 촉진 등을 위하여 관광 활동과 관련된 관계 법령의 적용이 배제되거나 완화되고, 관광 활동과 관련된 서비스 · 안내 체계 및 홍보 등 관광 여건을 집중적으로 조성할 필요가 있는 지역으로 이 법에 따라 지정된 곳을 말한다.

(12) 여행이용권

관광취약계층이 관광 활동을 영위할 수 있도록 금액이나 수량이 기재(전자적 또는 자기적 방법에 의한 기록을 포함)된 증표를 말한다.

(13) 문화관광해설사

관광객의 이해와 감상, 체험 기회를 제고하기 위하여 역사 · 문화 · 예술 · 자연 등 관광자원 전반에 대한 전문적인 해설을 제공하는 사람을 말한다.

(14) 무장애관광

관광 활동에 어려움이 있는 사람들이 물리적 · 사회적 장벽 없이 접근 가능한 관광을 말한다.

개념충전 **관광진흥법**

- 제 정
  - 1975년 12월 31일 법률 제2878호 관광사업법 제정
  - 1986년 12월 31일 법률 제3910호 관광진흥법으로 전부개정
- 구성 : 7장 86조문 및 부칙

제2절 관광사업

01 통 칙

(1) 관광사업의 종류(제3조 및 시행령 제2조) 22 25 기출

① 여행업 : 여행자 또는 운송시설 · 숙박시설, 그 밖에 여행에 딸리는 시설의 경영자 등을 위하여 그 시설 이용 알선이나 계약 체결의 대리, 여행에 관한 안내, 그 밖의 여행 편의를 제공하는 업

㉠ 종합여행업 : 국내외를 여행하는 내국인 및 외국인을 대상으로 하는 여행업[사증(査證)을 받는 절차를 대행하는 행위 포함]

㉡ 국내외여행업 : 국내외를 여행하는 내국인을 대상으로 하는 여행업(사증을 받는 절차를 대행하는 행위 포함)

㉢ 국내여행업 : 국내를 여행하는 내국인을 대상으로 하는 여행업

② 관광숙박업 16 22 기출

㉠ 호텔업 : 관광객의 숙박에 적합한 시설을 갖추어 이를 관광객에게 제공하거나 숙박에 딸리는 음식 · 운동 · 오락 · 휴양 · 공연 또는 연수에 적합한 시설 등을 함께 갖추어 이를 이용하게 하는 업

- 관광호텔업 : 관광객의 숙박에 적합한 시설을 갖추어 관광객에게 이용하게 하고 숙박에 딸린 음식 · 운동 · 오락 · 휴양 · 공연 또는 연수에 적합한 시설 등(이하 "부대시설"이라 한다)을 함께 갖추어 관광객에게 이용하게 하는 업
- 수상관광호텔업 : 수상에 구조물 또는 선박을 고정하거나 매어 놓고 관광객의 숙박에 적합한 시설을 갖추거나 부대시설을 함께 갖추어 관광객에게 이용하게 하는 업
- 한국전통호텔업 : 한국전통의 건축물에 관광객의 숙박에 적합한 시설을 갖추거나 부대시설을 함께 갖추어 관광객에게 이용하게 하는 업
- 가족호텔업 : 가족단위 관광객의 숙박에 적합한 시설 및 취사도구를 갖추어 관광객에게 이용하게 하거나 숙박에 딸린 음식 · 운동 · 휴양 또는 연수에 적합한 시설을 함께 갖추어 관광객에게 이용하게 하는 업

- 호스텔업 : 배낭여행객 등 개별 관광객의 숙박에 적합한 시설로서 샤워장, 취사장 등의 편의시설과 외국인 및 내국인 관광객을 위한 문화 · 정보 교류시설 등을 함께 갖추어 이용하게 하는 업
- 소형호텔업 : 관광객의 숙박에 적합한 시설을 소규모로 갖추고 숙박에 딸린 음식 · 운동 · 휴양 또는 연수에 적합한 시설을 함께 갖추어 관광객에게 이용하게 하는 업
- 의료관광호텔업 : 의료관광객의 숙박에 적합한 시설 및 취사도구를 갖추거나 숙박에 딸린 음식 · 운동 또는 휴양에 적합한 시설을 함께 갖추어 주로 외국인 관광객에게 이용하게 하는 업

ⓛ 휴양 콘도미니엄업 : 관광객의 숙박과 취사에 적합한 시설을 갖추어 이를 그 시설의 회원이나 소유자 등, 그 밖의 관광객에게 제공하거나 숙박에 딸리는 음식 · 운동 · 오락 · 휴양 · 공연 또는 연수에 적합한 시설 등을 함께 갖추어 이를 이용하게 하는 업

③ 관광객 이용시설업

㉠ 관광객을 위하여 음식 · 운동 · 오락 · 휴양 · 문화 · 예술 또는 레저 등에 적합한 시설을 갖추어 이를 관광객에게 이용하게 하는 업

ⓛ 대통령령으로 정하는 2종 이상의 시설과 관광숙박업의 시설(이하 "관광숙박시설"이라 한다) 등을 함께 갖추어 이를 회원이나 그 밖의 관광객에게 이용하게 하는 업

ⓒ 야영장업 : 야영에 적합한 시설 및 설비 등을 갖추고 야영편의를 제공하는 시설(「청소년활동진흥법」에 따른 청소년야영장은 제외)을 관광객에게 이용하게 하는 업

ⓔ 외국인관광 도시민박업 : 도시지역(농어촌지역 및 준농어촌지역은 제외)의 주민이 자신이 거주하고 있는 주택을 이용하여 외국인 관광객에게 한국의 가정문화를 체험할 수 있도록 적합한 시설을 갖추고 숙식 등을 제공(도시지역에서 도시재생활성화계획에 따라 마을기업이 외국인 관광객에게 우선하여 숙식 등을 제공하면서, 외국인 관광객의 이용에 지장을 주지 아니하는 범위에서 해당 지역을 방문하는 내국인 관광객에게 그 지역의 특성화된 문화를 체험할 수 있도록 숙식 등을 제공하는 것을 포함)하는 업

- 「건축법 시행령」에 따른 단독주택 또는 다가구주택
- 「건축법 시행령」에 따른 아파트, 연립주택 또는 다세대주택

ⓜ 한옥체험업 : 한옥에 관광객의 숙박 체험에 적합한 시설을 갖추고 이를 관광객에게 이용하게 하거나 전통 놀이 및 공예 등 전통문화 체험에 적합한 시설을 갖추어 이를 관광객에게 이용하게 하는 업

ⓗ 관광객 이용시설업의 종류 15 16 17 20 21 24 25 기출

- 전문휴양업 : 관광객의 휴양이나 여가 선용을 위하여 숙박업 시설이나 휴게음식점영업 · 일반음식점영업 또는 제과점영업의 신고에 필요한 시설(이하 "음식점시설"이라 한다)을 갖추고 전문휴양시설 중 한 종류의 시설을 갖추어 이를 관광객에게 이용하게 하는 업
- 종합휴양업
  - 제1종 종합휴양업 : 관광객의 휴양이나 여가 선용을 위하여 숙박시설 또는 음식점시설을 갖추고 전문휴양시설 중 두 종류 이상의 시설을 갖추어 관광객에게 이용하게 하는 업이나, 숙박시설 또는 음식점시설을 갖추고 전문휴양시설 중 한 종류 이상의 시설과 종합테마파크업의 시설을 갖추어 관광객에게 이용하게 하는 업

제3과목

– 제2종 종합휴양업 : 관광객의 휴양이나 여가 선용을 위하여 관광숙박업의 등록에 필요한 시설과 제1종 종합휴양업의 등록에 필요한 전문휴양시설 중 두 종류 이상의 시설 또는 전문휴양시설 중 한 종류 이상의 시설 및 종합테마파크업의 시설을 함께 갖추어 관광객에게 이용하게 하는 업 23 기출

• 야영장업

– 일반야영장업 : 야영장비 등을 설치할 수 있는 공간을 갖추고 야영에 적합한 시설을 함께 갖추어 관광객에게 이용하게 하는 업

– 자동차야영장업 : 자동차를 주차하고 그 옆에 야영장비 등을 설치할 수 있는 공간을 갖추고 취사 등에 적합한 시설을 함께 갖추어 자동차를 이용하는 관광객에게 이용하게 하는 업

• 관광유람선업

– 일반관광유람선업 : 「해운법」에 따른 해상여객운송사업의 면허를 받은 자나 「유선 및 도선 사업법」에 따른 유선사업의 면허를 받거나 신고한 자가 선박을 이용하여 관광객에게 관광을 할 수 있도록 하는 업

– 크루즈업 : 「해운법」에 따른 순항 여객운송사업이나 복합 해상여객운송사업의 면허를 받은 자가 해당 선박 안에 숙박시설, 위락시설 등 편의시설을 갖춘 선박을 이용하여 관광객에게 관광을 할 수 있도록 하는 업

• 관광공연장업 : 관광객을 위하여 적합한 공연시설을 갖추고 공연물을 공연하면서 관광객에게 식사와 주류를 판매하는 업

④ **국제회의업** : 대규모 관광 수요를 유발하는 국제회의(세미나 · 토론회 · 전시회 등을 포함)를 개최할 수 있는 시설을 설치 · 운영하거나 국제회의의 계획 · 준비 · 진행 등의 업무를 위탁받아 대행하는 업

㉠ 국제회의시설업 : 대규모 관광 수요를 유발하는 국제회의를 개최할 수 있는 시설을 설치하여 운영하는 업

㉡ 국제회의기획업 : 대규모 관광 수요를 유발하는 국제회의의 계획 · 준비 · 진행 등의 업무를 위탁받아 대행하는 업

⑤ **카지노업** : 전문 영업장을 갖추고 주사위 · 트럼프 · 슬롯머신 등 특정한 기구 등을 이용하여 우연의 결과에 따라 특정인에게 재산상의 이익을 주고 다른 참가자에게 손실을 주는 행위 등을 하는 업

⑥ **테마파크업** : 테마파크시설을 갖추어 이를 관광객에게 이용하게 하는 업(다른 영업을 경영하면서 관광객의 유치 또는 광고 등을 목적으로 테마파크시설을 설치하여 이를 이용하게 하는 경우를 포함)

㉠ 종합테마파크업 : 테마파크시설을 갖추어 관광객에게 이용하게 하는 업으로서 대규모의 대지 또는 실내에서 안전성검사 대상 테마파크시설 6종류 이상을 설치하여 운영하는 업

㉡ 일반테마파크업 : 테마파크시설을 갖추어 관광객에게 이용하게 하는 업으로서 안전성검사 대상 테마파크시설 한 종류 이상을 설치하여 운영하는 업

㉢ 기타테마파크업 : 테마파크시설을 갖추어 관광객에게 이용하게 하는 업으로서 안전성검사 대상이 아닌 테마파크시설을 설치하여 운영하는 업

⑦ **관광 편의시설업** : ①~⑥까지의 규정에 따른 관광사업 외에 관광진흥에 이바지할 수 있다고 인정되는 사업이나 시설 등을 운영하는 업 15 16 18 23 25 기출

㉠ 관광유흥음식점업 : 식품위생 법령에 따른 유흥주점영업의 허가를 받은 자가 관광객이 이용하기 적합한 한국 전통 분위기의 시설을 갖추어 그 시설을 이용하는 자에게 음식을 제공하고 노래와 춤을 감상하게 하거나 춤을 추게 하는 업

㉡ 관광극장유흥업 : 식품위생 법령에 따른 유흥주점영업의 허가를 받은 자가 관광객이 이용하기 적합한 무도시설을 갖추어 그 시설을 이용하는 자에게 음식을 제공하고 노래와 춤을 감상하게 하거나 춤을 추게 하는 업

㉢ 외국인전용 유흥음식점업 : 식품위생 법령에 따른 유흥주점영업의 허가를 받은 자가 외국인이 이용하기 적합한 시설을 갖추어 외국인만을 대상으로 주류나 그 밖의 음식을 제공하고 노래와 춤을 감상하게 하거나 춤을 추게 하는 업

㉣ 관광식당업 : 식품위생 법령에 따른 일반음식점영업의 허가를 받은 자가 관광객이 이용하기 적합한 음식 제공시설을 갖추고 관광객에게 특정 국가의 음식을 전문적으로 제공하는 업

㉤ 관광순환버스업 : 「여객자동차 운수사업법」에 따른 여객자동차운송사업의 면허를 받거나 등록을 한 자가 버스를 이용하여 관광객에게 시내와 그 주변 관광지를 정기적으로 순회하면서 관광할 수 있도록 하는 업

㉥ 관광사진업 : 외국인 관광객과 동행하며 기념사진을 촬영하여 판매하는 업

㉦ 여객자동차터미널시설업 : 「여객자동차 운수사업법」에 따른 여객자동차터미널사업의 면허를 받은 자가 관광객이 이용하기 적합한 여객자동차터미널시설을 갖추고 이들에게 휴게시설 · 안내시설 등 편익시설을 제공하는 업

㉧ 관광펜션업 : 숙박시설을 운영하고 있는 자가 자연 · 문화 체험관광에 적합한 시설을 갖추어 관광객에게 이용하게 하는 업(단, 「제주특별자치도 설치 및 국제자유도시 조성을 위한 특별법」을 적용받는 지역에 대하여는 적용하지 아니한다.)

㉨ 관광궤도업 : 「궤도운송법」에 따른 궤도사업의 허가를 받은 자가 주변 관람과 운송에 적합한 시설을 갖추어 관광객에게 이용하게 하는 업

㉩ 관광면세업 : 다음의 어느 하나에 해당하는 자가 판매시설을 갖추고 관광객에게 면세물품을 판매하는 업

- 「관세법」 제196조에 따른 보세판매장의 특허를 받은 자
- 「외국인관광객 등에 대한 부가가치세 및 개별소비세 특례규정」 제5조에 따라 면세판매장의 지정을 받은 자

㉪ 관광지원서비스업 : 주로 관광객 또는 관광사업자 등을 위하여 사업이나 시설 등을 운영하는 업으로서 문화체육부장관이 「통계법」 제22조 제2항 단서에 따라 관광 관련 사업으로 분류한 쇼핑업, 운수업, 숙박업, 음식점업, 문화 · 오락 · 레저스포츠업, 건설업, 자동차임대업 및 교육서비스업 등. 다만, 법에 따라 등록 · 허가 또는 지정(이 영 제2조 제6호 기목부터 기목까지의 규정에 따른 업으로 한정한다)을 받거나 신고를 해야 하는 관광사업은 제외한다.

(2) 등록(제4조) 18 20 23 24 기출

① **등록** : 여행업, 관광숙박업, 관광객 이용시설업 및 국제회의업을 경영하려는 자는 특별자치시장 · 특별자치도지사 · 시장 · 군수 · 구청장(자치구의 구청장을 말한다)에게 등록하여야 한다.

㉠ 등록을 하려는 자는 대통령령으로 정하는 자본금 · 시설 및 설비 등을 갖추어야 한다.

㉡ 등록한 사항 중 대통령령으로 정하는 중요 사항을 변경하려면 변경등록을 하여야 한다.

㉢ 등록 또는 변경등록의 절차 등에 필요한 사항은 문화체육관광부령으로 정한다.

② **등록절차(시행령 제3조)**

㉠ 등록을 하려는 자는 문화체육관광부령으로 정하는 바에 따라 관광사업 등록신청서를 특별자치시장 · 특별자치도지사 · 시장 · 군수 · 구청장(자치구의 구청장을 말한다)에게 제출하여야 한다.

㉡ 특별자치시장 · 특별자치도지사 · 시장 · 군수 · 구청장은 관광숙박업 및 관광객 이용시설업 등록심의위원회의 심의를 거쳐야 할 관광사업의 경우에는 그 심의를 거쳐 등록 여부를 결정한다.

③ **등록증의 발급(시행령 제4조)**

㉠ 등록신청을 받은 특별자치시장 · 특별자치도지사 · 시장 · 군수 · 구청장은 신청한 사항이 등록기준에 맞으면 문화체육관광부령으로 정하는 등록증을 신청인에게 발급하여야 한다.

㉡ 특별자치시장 · 특별자치도지사 · 시장 · 군수 · 구청장은 등록증을 발급하려면 의제되는 인 · 허가증을 한꺼번에 발급할 수 있도록 해당 인 · 허가기관의 장에게 인 · 허가증의 송부를 요청할 수 있다.

㉢ 특별자치시장 · 특별자치도지사 · 시장 · 군수 · 구청장은 등록증을 발급하면 문화체육관광부령으로 정하는 바에 따라 관광사업자 등록대장을 작성하고 관리 · 보존하여야 한다.

㉣ 특별자치시장 · 특별자치도지사 · 시장 · 군수 · 구청장은 등록한 관광사업자가 발급받은 등록증을 잃어버리거나 그 등록증이 헐어 못쓰게 되어버린 경우에는 문화체육관광부령으로 정하는 바에 따라 다시 발급하여야 한다.

④ **등록기준(시행령 제5조)** : 관광사업의 등록기준은 [시행령 별표 1]과 같다. 다만, 휴양 콘도미니엄업과 전문휴양업 중 온천장 및 농어촌휴양시설을 2012년 11월 1일부터 2014년 10월 31일까지 등록신청하면 다음의 기준에 따른다.

㉠ 휴양 콘도미니엄업의 경우 별표 1 제3호 가목 (1)에도 불구하고 같은 단지 안에 20실 이상 객실을 갖추어야 한다.

㉡ 전문휴양업 중 온천장의 경우 별표 1 제4호 가목 (2) (사)에도 불구하고 다음의 요건을 갖추어야 한다.

- 온천수를 이용한 대중목욕시설이 있을 것
- 정구장 · 탁구장 · 볼링장 · 활터 · 미니골프장 · 배드민턴장 · 롤러스케이트장 · 보트장 등의 레크리에이션 시설 중 두 종류 이상의 시설을 갖추거나 테마파크업 시설이 있을 것

㉢ 전문휴양업 중 농어촌휴양시설의 경우 별표 1 제4호 가목 (2) (차)에도 불구하고 다음의 요건을 갖추어야 한다.

- 「농어촌정비법」에 따른 농어촌 관광휴양단지 또는 관광농원의 시설을 갖추고 있을 것
- 관광객의 관람이나 휴식에 이용될 수 있는 특용작물 · 나무 등을 재배하거나 어류 · 희귀동물 등을 기르고 있을 것

⑤ 변경등록(시행령 제6조) 22 23 24 기출

㉠ 변경등록사항

- 사업계획의 변경승인을 받은 사항(사업계획의 승인을 받은 관광사업만 해당)
- 상호 또는 대표자의 변경
- 객실 수 및 형태의 변경(휴양 콘도미니엄업을 제외한 관광숙박업만 해당)
- 부대시설의 위치 · 면적 및 종류의 변경(관광숙박업만 해당)
- 여행업의 경우에는 사무실 소재지의 변경 및 영업소의 신설, 국제회의기획업의 경우에는 사무실 소재지의 변경
- 부지 면적의 변경, 시설의 설치 또는 폐지(야영장업만 해당)
- 객실 수 및 면적의 변경, 편의시설 면적의 변경, 체험시설 종류의 변경(한옥체험업만 해당)

㉡ 변경등록을 하려는 자는 그 변경사유가 발생한 날부터 30일 이내에 문화체육관광부령으로 정하는 바에 따라 변경등록신청서를 특별자치시장 · 특별자치도지사 · 시장 · 군수 · 구청장에게 제출하여야 한다. 다만, 변경등록사항 중 사무실 소재지를 변경한 경우에는 변경등록신청서를 새로운 소재지의 관할 특별자치시장 · 특별자치도지사 · 시장 · 군수 · 구청장에게 제출할 수 있다.

(3) 허가와 신고(제5조 및 시행규칙 제8조, 제12조)

① 카지노업을 경영하려는 자는 전용영업장 등 문화체육관광부령으로 정하는 시설과 기구를 갖추어 문화체육관광부장관의 허가를 받아야 한다. 17 22 기출

② 테마파크업 중 대통령령으로 정하는 테마파크업(종합테마파크업 및 일반테마파크업을 말한다)을 경영하려는 자는 문화체육관광부령으로 정하는 시설과 설비를 갖추어 특별자치시장 · 특별자치도지사 · 시장 · 군수 · 구청장의 허가를 받아야 한다. 16 17 22 기출

③ 허가받은 사항 중 문화체육관광부령으로 정하는 중요 사항을 변경하려면 변경허가를 받아야 한다. 다만, 경미한 사항을 변경하려면 변경신고를 하여야 한다.

㉠ 카지노업 또는 테마파크업의 허가를 받은 자가 다음의 어느 하나에 해당하는 사항을 변경하려는 경우에는 변경허가를 받아야 한다.

- 카지노업의 경우
  - 대표자의 변경
  - 영업소 소재지의 변경
  - 동일구내(같은 건물 안 또는 같은 울 안의 건물)로의 영업장소 위치 변경 또는 영업장소의 면적 변경
  - 별표 1의3 제1호에서 정한 경우에 해당하는 게임기구의 변경 또는 교체
  - 카지노 전산시설 중 주전산기의 변경 또는 교체
  - 영업종류의 변경
- 테마파크업의 경우
  - 영업소의 소재지 변경(테마파크시설의 이전을 수반하는 영업소의 소재지 변경은 제외)
  - 안전성검사 대상 테마파크시설의 영업장 내에서의 신설 · 이전 · 폐기
  - 영업장 면적의 변경

제3과목

ⓛ 카지노업 또는 테마파크업의 허가를 받은 자가 다음의 어느 하나에 해당하는 사항을 변경하려는 경우에는 변경신고를 하여야 한다.
- 대표자 또는 상호의 변경(테마파크업만 해당)
- 별표 1의3 제2호에서 정한 경우에 해당하는 게임기구의 변경 또는 교체(카지노업만 해당)
- 카지노 전산시설 중 주전산기를 제외한 시설의 변경 또는 교체(카지노업만 해당)
- 안전성검사 대상이 아닌 테마파크시설의 신설 · 폐기(테마파크업만 해당)
- 안전관리자의 변경(테마파크업만 해당)
- 상호 또는 영업소의 명칭 변경(카지노업만 해당)
- 안전성검사 대상 테마파크시설의 3개월 이상의 운행 정지 또는 그 운행의 재개(테마파크업만 해당)
- 안전성검사 대상이 아닌 테마파크시설로서 정기 확인검사가 필요한 테마파크시설의 3개월 이상의 운행 정지 또는 그 운행의 재개(테마파크업만 해당)

④ 대통령령으로 정하는 테마파크업(종합테마파크업 및 일반테마파크업을 말한다) 외의 테마파크업을 경영하려는 자는 문화체육관광부령으로 정하는 시설과 설비를 갖추어 특별자치시장 · 특별자치도지사 · 시장 · 군수 · 구청장에게 신고하여야 한다. 신고한 사항 중 문화체육관광부령으로 정하는 중요 사항을 변경하려는 경우에도 또한 같다.

㉠ 중요 사항의 변경신고 : "문화체육관광부령이 정하는 중요 사항"이라 함은 다음의 사항을 말한다.
- 영업소의 소재지 변경(테마파크시설의 이전을 수반하는 영업소의 소재지 변경은 제외)
- 안전성검사 대상이 아닌 테마파크시설의 신설 · 폐기 또는 영업장 면적의 변경
- 대표자 또는 상호의 변경
- 안전성검사 대상이 아닌 테마파크시설로서 시행규칙 제40조 제4항 단서에 따라 정기 확인검사가 필요한 테마파크시설의 3개월 이상의 운행 정지 또는 그 운행의 재개

(4) 지정(제6조 및 시행규칙 제14조)

① 관광 편의시설업의 지정요건

㉠ 관광 편의시설업을 경영하려는 자는 문화체육관광부령으로 정하는 바에 따라 특별시장 · 광역시장 · 특별자치시장 · 도지사 · 특별자치도지사(이하 "시 · 도지사") 또는 시장 · 군수 · 구청장의 지정을 받아야 한다.

ⓛ ㉠에 따른 관광 편의시설업으로 지정을 받으려는 자는 관광객이 이용하기 적합한 시설이나 외국어 안내서비스 등 문화체육관광부령으로 정하는 기준을 갖추어야 한다.

② **관광 편의시설업의 지정신청** : 관광 편의시설업의 지정을 받으려는 자는 다음 구분에 따라 신청을 하여야 한다. 16 21 기출

㉠ 관광유흥음식점업, 관광극장유흥업, 외국인전용 유흥음식점업, 관광순환버스업, 관광펜션업, 관광궤도업, 관광면세업 및 관광지원서비스업 : 특별자치시장 · 특별자치도지사 · 시장 · 군수 · 구청장

ⓛ 관광식당업, 관광사진업 및 여객자동차터미널시설업 : 지역별 관광협회

(5) 결격사유(제7조) 18 기출

① 다음의 어느 하나에 해당하는 자는 관광사업의 등록 등을 받거나 신고를 할 수 없고, 사업계획의 승인을 받을 수 없다. 법인의 경우 그 임원 중에 다음의 어느 하나에 해당하는 자가 있는 경우에도 또한 같다. 15 기출

㉠ 피성년후견인 · 피한정후견인

㉡ 파산선고를 받고 복권되지 아니한 자

㉢ 이 법에 따라 등록 등 또는 사업계획의 승인이 취소되거나 영업소가 폐쇄된 후 2년이 지나지 아니한 자. 다만, 제1호 또는 제2호에 해당하여 제2항에 따라 등록등 또는 사업계획의 승인이 취소되거나 영업소가 폐쇄된 경우는 제외한다.

㉣ 이 법을 위반하여 징역 이상의 실형을 선고받고 그 집행이 끝나거나(집행이 끝난 것으로 보는 경우를 포함한다) 집행을 받지 아니하기로 확정된 후 2년이 지나지 아니한 자 또는 형의 집행유예 기간 중에 있는 자 24 기출

② 관광사업의 등록 등을 받거나 신고를 한 자 또는 사업계획의 승인을 받은 자가 ①의 어느 하나에 해당하면 문화체육관광부장관, 시 · 도지사 또는 시장 · 군수 · 구청장(이하 "등록기관 등의 장"이라 한다)은 3개월 이내에 그 등록 등 또는 사업계획의 승인을 취소하거나 영업소를 폐쇄하여야 한다. 다만, 법인의 임원 중 그 사유에 해당하는 자가 있는 경우 3개월 이내에 그 임원을 바꾸어 임명한 때에는 그러하지 아니하다.

(6) 관광사업의 양수 등(제8조)

① 관광사업을 양수(讓受)한 자 또는 관광사업을 경영하는 법인이 합병한 때에는 합병 후 존속하거나 설립되는 법인은 그 관광사업의 등록 등 또는 신고에 따른 관광사업자의 권리 · 의무(분양이나 회원모집을 한 경우에는 그 관광사업자와 소유자등 또는 회원 간에 약정한 사항을 포함)를 승계한다.

② 다음의 어느 하나에 해당하는 절차에 따라 문화체육관광부령으로 정하는 주요한 관광사업 시설의 전부(제20조 제1항에 따라 분양한 경우에는 분양한 부분을 제외한 나머지 시설을 말한다)를 인수한 자는 그 관광사업자의 지위(분양이나 회원모집을 한 경우에는 그 관광사업자와 소유자등 또는 회원 간에 약정한 권리 및 의무 사항을 포함)를 승계한다.

㉠ 「민사집행법」에 따른 경매

㉡ 「채무자 회생 및 파산에 관한 법률」에 따른 환가(換價)

㉢ 「국세징수법」, 「관세법」 또는 「지방세징수법」에 따른 압류 재산의 매각

㉣ 그 밖에 ㉠부터 ㉢까지의 규정에 준하는 절차

③ 관광사업자가 취소 · 정지처분 또는 개선명령을 받은 경우 그 처분 또는 명령의 효과는 관광사업자의 지위를 승계한 자에게 승계되며, 그 절차가 진행 중인 때에는 새로운 관광사업자에게 그 절차를 계속 진행할 수 있다. 다만, 그 승계한 관광사업자가 양수나 합병 당시 그 처분 · 명령이나 위반 사실을 알지 못하였음을 증명하면 그러하지 아니하다.

④ 관광사업자의 지위를 승계한 자는 승계한 날부터 1개월 이내에 관할 등록기관 등의 장에게 신고하여야 한다.

⑤ 관할 등록기관 등의 장은 ④에 따른 신고를 받은 경우 그 내용을 검토하여 이 법에 적합하면 신고를 수리하여야 한다.

⑥ 사업계획의 승인을 받은 자의 지위승계에 관하여는 ①부터 ⑤까지의 규정을 준용한다.

⑦ 관광사업자의 지위를 승계하는 자에 관하여는 제7조를 준용하되, 카지노사업자의 경우에는 제7조 및 제22조를 준용한다.

⑧ 관광사업자가 그 사업의 전부 또는 일부를 1개월 이상 휴업하거나 폐업한 때에는 관할 등록기관등의 장에게 알려야 한다. 다만, 카지노사업자가 카지노업을 휴업(휴업기간이 1개월 미만인 경우를 포함한다) 또는 폐업하고자 하는 때에는 문화체육관광부령으로 정하는 바에 따라 미리 신고하여야 한다.

⑨ 관할 등록기관 등의 장은 관광사업자가 「부가가치세법」에 따라 관한 세무서장에게 폐업신고를 하거나 관할 세무서장이 사업자등록을 말소한 경우에는 등록 등 또는 신고 사항을 직권으로 말소하거나 취소할 수 있다. 다만, 카지노업에 대해서는 그러하지 아니하다.

⑩ 관할 등록기관 등의 장은 ⑥에 따른 직권말소 또는 직권취소를 위하여 필요한 경우 관할 세무서장에게 관광사업자의 폐업 여부에 대한 정보를 제공하도록 요청할 수 있다. 이 경우 요청을 받은 관할 세무서장은 「전자정부법」에 따라 관광사업자의 폐업 여부에 대한 정보를 제공하여야 한다.

(7) 보험 가입 등(제9조 및 시행규칙 제18조)

관광사업자는 해당 사업과 관련하여 사고가 발생하거나 관광객에게 손해가 발생하면 문화체육관광부령으로 정하는 바에 따라 피해자에게 보험금을 지급할 것을 내용으로 하는 보험 또는 공제에 가입하거나 영업보증금을 예치(이하 “보험 가입 등”이라 한다)하여야 한다.

① 여행업의 등록을 한 자(이하 “여행업자”라 한다)는 그 사업을 시작하기 전에 여행계약의 이행과 관련한 사고로 인하여 관광객에게 피해를 준 경우 그 손해를 배상할 것을 내용으로 하는 보증보험 또는 공제(이하 “보증보험 등”이라 한다)에 가입하거나 업종별 관광협회(업종별 관광협회가 구성되지 않은 경우에는 지역별 관광협회, 지역별 관광협회가 구성되지 않은 경우에는 광역 단위의 지역관광협의회)에 영업보증금을 예치하고 그 사업을 하는 동안(휴업기간 포함) 계속하여 이를 유지해야 한다. 다만, 여행업자가 2024년 7월 1일부터 2026년 6월 30일까지의 기간 중 휴업을 통보한 경우에는 해당 휴업을 한 날부터 6개월이 경과한 날의 다음 날부터 휴업기간이 끝나는 날까지의 기간은 제외한다.

② 여행업자 중에서 기획여행을 실시하려는 자는 그 기획여행 사업을 시작하기 전에 보증보험 등에 가입하거나 영업보증금을 예치하고 유지하는 것 외에 추가로 기획여행과 관련한 사고로 인하여 관광객에게 피해를 준 경우 그 손해를 배상할 것을 내용으로 하는 보증보험 등에 가입하거나 업종별 관광협회(업종별 관광협회가 구성되지 아니한 경우에는 지역별 관광협회, 지역별 관광협회가 구성되지 아니한 경우에는 광역 단위의 지역관광협의회)에 영업보증금을 예치하고 그 기획여행 사업을 하는 동안(기획여행 휴업기간 포함) 계속하여 이를 유지하여야 한다. 다만, 기획여행 사업을 하려는 자가 2024년 7월 1일부터 2026년 6월 30일까지의 기간 중 휴업을 통보한 경우에는 해당 휴업을 한 날부터 6개월이 경과한 날의 다음 날부터 기획여행 휴업기간이 끝나는 날까지의 기간은 제외한다.

③ 여행업자가 가입하거나 예치하고 유지하여야 할 보증보험 등의 가입금액 또는 영업보증금의 예치 금액은 직전 사업연도의 매출액(손익계산서에 표시된 매출액을 말한다) 규모에 따라 [시행규칙 별표 3]과 같이 한다.

④ 보증보험 등에 가입하거나 영업보증금을 예치한 자는 그 사실을 증명하는 서류를 지체 없이 특별자치시장 · 특별자치도지사 · 시장 · 군수 · 구청장에게 제출하여야 한다.

⑤ 보증보험 등의 가입, 영업보증금의 예치 및 그 배상금의 지급에 관한 절차 등은 문화체육관광부장관이 정하여 고시한다.

⑥ 야영장업의 등록을 한 자는 그 사업을 시작하기 전에 야영장 시설에서 발생하는 재난 또는 안전사고로 인하여 야영장 이용자에게 피해를 준 경우 그 손해를 배상할 것을 내용으로 하는 책임보험 또는 공제에 가입해야 한다.

⑦ 야영장업의 등록을 한 자가 가입해야 하는 책임보험 또는 공제는 다음의 기준을 충족하는 것이어야 한다.

㉠ 사망의 경우 : 피해자 1명당 1억 원의 범위에서 피해자에게 발생한 손해액을 지급할 것. 다만, 그 손해액이 2천만 원 미만인 경우에는 2천만 원으로 한다.

㉡ 부상의 경우 : 피해자 1명당 별표 3의2에서 정하는 금액의 범위에서 피해자에게 발생한 손해액을 지급할 것

㉢ 부상에 대한 치료를 마친 후 더 이상의 치료효과를 기대할 수 없고 그 증상이 고정된 상태에서 그 부상이 원인이 되어 신체에 장애(후유장애)가 생긴 경우: 피해자 1명당 별표 3의3에서 정하는 금액의 범위에서 피해자에게 발생한 손해액을 지급할 것

㉣ 재산상 손해의 경우: 사고 1건당 1억 원의 범위에서 피해자에게 발생한 손해액을 지급할 것

⑧ ⑦에 따른 책임보험 또는 공제는 하나의 사고로 ⑦의 ㉠~㉢ 중 둘 이상에 해당하게 된 경우 다음의 기준을 충족하는 것이어야 한다.

㉠ 부상당한 사람이 치료 중 그 부상이 원인이 되어 사망한 경우 : 피해자 1명당 ⑦의 ㉠에 따른 금액과 ⑦의 ㉡에 따른 금액을 더한 금액을 지급할 것

㉡ 부상당한 사람에게 후유장애가 생긴 경우 : 피해자 1명당 ⑦의 ㉡에 따른 금액과 ⑦의 ㉢에 따른 금액을 더한 금액을 지급할 것

㉡ 금액을 지급한 후 그 부상이 원인이 되어 사망한 경우 : 피해자 1명당 ⑦의 ㉠에 따른 금액에서 ⑦의 ㉢에 따른 금액 중 사망한 날 이후에 해당하는 손해액을 뺀 금액을 지급할 것

⑨ 특별자치시장 · 특별자치도지사 · 시장 · 군수 · 구청장은 여행업자가 가입한 보증보험등의 기간 만료 전에 여행업자에게 별지 제47호서식의 여행업 보증보험 · 공제 갱신 안내서를 발송할 수 있다.

(8) 관광표지의 부착(제10조 및 시행규칙 제19조)

① 관광사업자는 사업장에 문화체육관광부령으로 정하는 다음의 관광표지를 붙일 수 있다. 17 기출

㉠ 관광사업장 표지[시행규칙 별표 4]

㉡ 관광사업 등록증[시행규칙 별지 제5호 서식] 또는 관광 편의시설업 지정증[시행규칙 별지 제22호 서식]

제3과목

㉢ 등급에 따라 별 모양의 개수를 달리하는 방식으로 문화체육관광부장관이 정하여 고시하는 호텔 등급 표지(호텔업의 경우만 해당)

㉣ 관광식당 표지(관광식당업만 해당)[시행규칙 별표 6]

② 관광사업자는 사실과 다르게 ①에 따른 관광표지를 붙이거나 관광표지에 기재되는 내용을 사실과 다르게 표시 또는 광고하는 행위를 하여서는 아니 된다.

③ 관광사업자가 아닌 자는 ①에 따른 관광표지를 사업장에 붙이지 못하며, 관광사업자로 잘못 알아볼 우려가 있는 경우에는 관광사업의 명칭 중 전부 또는 일부가 포함되는 상호를 사용할 수 없다.

④ **상호의 사용제한(시행령 제8조)** : 관광사업자가 아닌 자는 다음의 업종 구분에 따른 명칭을 포함하는 상호를 사용할 수 없다. 16 17 20 21 기출

㉠ 관광숙박업과 유사한 영업의 경우 : 관광호텔과 휴양 콘도미니엄

㉡ 관광유람선업과 유사한 영업의 경우 : 관광유람

㉢ 관광공연장업과 유사한 영업의 경우 : 관광공연

㉣ 관광유흥음식점업, 외국인전용 유흥음식점업 또는 관광식당업과 유사한 영업의 경우 : 관광식당

㉤ 관광극장유흥업과 유사한 영업의 경우 : 관광극장

㉥ 관광펜션업과 유사한 영업의 경우 : 관광펜션

㉦ 관광면세업과 유사한 영업의 경우 : 관광면세

(9) 관광시설의 타인 경영 및 처분과 위탁 경영(제11조) 16 17 기출

① 관광사업자는 관광사업의 시설 중 다음의 시설 및 기구 외의 부대시설을 타인에게 경영하도록 하거나, 그 용도로 계속하여 사용하는 것을 조건으로 타인에게 처분할 수 있다.

㉠ 관광숙박업의 등록에 필요한 객실

㉡ 관광객 이용시설업의 등록에 필요한 시설 중 문화체육관광부령으로 정하는 시설

㉢ 카지노업의 허가를 받는 데 필요한 시설과 기구

㉣ 안전성검사를 받아야 하는 테마파크시설

② 관광사업자는 관광사업의 효율적 경영을 위하여 ①에도 불구하고 ㉠에 따른 관광숙박업의 객실을 타인에게 위탁하여 경영하게 할 수 있다. 이 경우 해당 시설의 경영은 관광사업자의 명의로 하여야 하고, 이용자 또는 제3자와의 거래행위에 따른 대외적 책임은 관광사업자가 부담하여야 한다.

개념충전 **타인 경영 금지 관광시설(시행규칙 제20조)**

"문화체육관광부령으로 정하는 시설"이란 전문휴양업의 개별기준에 포함된 시설(수영장 및 등록 체육시설업 시설의 경우에는 「체육시설의 설치 · 이용에 관한 법률 시행규칙」 제8조 및 같은 법 시행규칙 별표 4의 체육시설업 시설기준 중 필수시설만 해당)을 말한다.

02 여행업

(1) 기획여행의 실시(제12조)

① 여행업의 등록을 한 자(이하 "여행업자"라 한다)는 문화체육관광부령으로 정하는 요건을 갖추어 문화체육관광부령으로 정하는 바에 따라 기획여행을 실시할 수 있다.

② 기획여행의 광고(시행규칙 제21조) : 기획여행을 실시하는 자가 광고를 하려는 경우에는 다음의 사항을 표시하여야 한다. 다만, 2(둘) 이상의 기획여행을 동시에 광고하는 경우에는 다음의 사항 중 내용이 동일한 것은 공통으로 표시할 수 있다. 15 17 18 20 21 25 기출

㉠ 여행업의 등록번호, 상호, 소재지 및 등록관청

㉡ 기획여행명 · 여행일정 및 주요 여행지

㉢ 여행경비

㉣ 교통 · 숙박 및 식사 등 여행자가 제공받을 서비스의 내용

㉤ 최저 여행인원

㉥ 보증보험 등의 가입 또는 영업보증금의 예치 내용

㉦ 여행일정 변경 시 여행자의 사전 동의 규정

㉧ 여행목적지(국가 및 지역)의 여행경보단계

(2) 의료관광 활성화(제12조의2) 24 기출

① 문화체육관광부장관은 외국인 의료관광(의료관광이란 국내 의료기관의 진료, 치료, 수술 등 의료서비스를 받는 환자와 그 동반자가 의료서비스와 병행하여 관광하는 것을 말한다)의 활성화를 위하여 대통령령으로 정하는 기준을 충족하는 외국인 의료관광 유치 · 지원 관련 기관에 「관광진흥개발기금법」에 따른 관광진흥개발기금을 대여하거나 보조할 수 있다.

② 외국인 의료관광 유치 · 지원 관련 기관(시행령 제8조의2) : "대통령령으로 정하는 기준을 충족하는 외국인 의료관광 유치 · 지원 관련 기관"이란 다음의 어느 하나에 해당하는 것을 말한다.

㉠ 외국인환자 유치 의료기관 또는 등록한 외국인환자 유치업자

㉡ 한국관광공사

㉢ 의료관광의 활성화를 위한 사업의 추진실적이 있는 보건 · 의료 · 관광 관련 기관 중 문화체육관광부장관이 고시하는 기관

③ 외국인 의료관광 지원(시행령 제8조의3) 15 24 기출

㉠ 문화체육관광부장관은 외국인 의료관광을 지원하기 위하여 외국인 의료관광 전문인력을 양성하는 전문교육기관 중에서 우수 전문교육기관이나 우수 교육과정을 선정하여 지원할 수 있다.

㉡ 문화체육관광부장관은 외국인 의료관광 안내에 대한 편의를 제공하기 위하여 국내외에 외국인 의료관광 유치 안내센터를 설치 · 운영할 수 있다.

㉢ 문화체육관광부장관은 의료관광의 활성화를 위하여 지방자치단체의 장이나 외국인환자 유치 의료기관 또는 유치업자와 공동으로 해외마케팅사업을 추진할 수 있다.

(3) 전담여행사 지정 등(제12조의3)

① 문화체육관광부장관은 관광과 관련한 우리나라와 외국정부 간 양해각서 · 협정 등이 체결되어 있는 국가의 단체관광객 유치를 위하여 외국인 단체관광객 유치능력 등 문화체육관광부령으로 정한 요건을 갖춘 여행업자를 전담여행사(전담여행사)로 지정 · 관리할 수 있다.

② ①에 따른 전담여행사 지정의 유효기간은 문화체육관광부령으로 정하고, 유효기간이 만료된 후에도 계속해서 전담여행사의 업무를 수행하려는 경우에는 그 유효기간이 만료되기 전에 문화체육관광부령으로 정하는 바에 따라 그 지정을 갱신하여야 한다.

③ 문화체육관광부장관은 ①에 따른 전담여행사가 다음의 어느 하나에 해당하는 경우 지정을 취소할 수 있다. 다만, ①에 해당하는 경우에는 지정을 취소하여야 한다.

㉠ 거짓이나 그 밖에 부정한 방법으로 지정받은 경우

㉡ ①에 따른 전담여행사의 지정 요건에 적합하지 아니하게 된 경우

㉢ 고의나 공모로 관광객 이탈사고를 일으킨 경우

㉣ 그 밖에 여행업 질서를 현저하게 해치는 등 문화체육관광부장관이 전담여행사로서 부적합하다고 인정하는 경우

④ 그 밖에 전담여행사의 지정 · 갱신 · 지정취소 및 전담여행사에 대한 관리 · 감독 등에 필요한 사항은 문화체육관광부령으로 정한다.

⑤ **전담여행사의 자격(시행규칙 제21조의2)**

㉠ 여행업자 중 종합여행업의 등록을 한 자일 것

㉡ 단체관광객의 유치에 적합한 수준의 재정 건전성을 갖춘 자일 것

㉢ 단체관광객의 유치에 적합한 수준의 여행상품 기획 · 집행능력을 갖춘 자일 것

㉣ 전담여행사 지정이 취소된 경우 취소된 날부터 2년이 지났을 것

㉤ 문화체육관광부장관은 전담여행사를 지정하려면 문화체육관광부 인터넷 홈페이지에 신청 기간 및 신청 방법 등에 관한 사항을 공고해야 한다.

㉥ 전담여행사로 지정받으려는 여행업자는 별지 제24호의2의 전담여행사 지정 신청서에 다음 서류를 첨부하여 문화체육관광부장관에게 제출해야 한다.

- 관광사업 등록증 사본
- 보험 가입 등에 관한 다음 각 목의 어느 하나에 해당하는 서류
  - 보증보험 증권 사본
  - 공제 영업 보증서 사본
  - 업종별 · 지역별 관광협회나 광역 단위의 지역관광협의회에 예치한 영업보증금 예치 증명서
- 최근 4년(㉤에 따른 지정 신청 마감일 기준 4년 이내)간의 표준재무제표증명(「국세기본법」에 따른 국세정보통신망을 이용하여 발행한 서류만 해당하며, 개인사업자의 경우에도 표준재무제표증명이 있는 경우에는 이를 제출)
- 고용보험 사업장 자격취득자명부(「고용보험 및 산업재해보상보험의 보험료징수 등에 관한 법률」에 따른 고용 · 산재정보통신망에서 발행한 서류로서 지정 신청 마감일 기준 1개월 이내에 발행한 명부만 해당하며, 전체 직원의 고용보험 가입 여부를 확인할 수 있도록 제출)

• 신청인(법인의 경우 대표자)의 이력서(법인의 대표자가 다수인 경우 대표자 각각의 이력서 제출)
• 신청인(법인의 경우 대표자) 또는 신청하는 업체가 다음 요건에 해당하는 수상 이력이 있는 경우로서 그 사실을 증명할 수 있는 서류(상훈 명칭, 수상자, 수상일 등을 명확하게 확인할 수 있는 서류로 한정)
  - 최근 4년 이내에 관광분야 공적으로 수상했을 것
  - 국가, 지방자치단체 또는 공공기관(「공공기관의 운영에 관한 법률」에 따른 공공기관)이 수여했을 것
• 지정을 신청하는 업체가 전담여행사로 지정되거나 국가 등으로부터 영업활동 등이 우수한 여행업자로 선정된 사실이 있는 경우로서 다음 요건을 모두 갖춘 지정 · 선정 서류(지정 · 선정 명칭, 지정 · 선정업체, 지정 · 선정일 등을 명확하게 확인할 수 있는 서류로 한정)
  - 최근 4년 이내에 지정 · 선정되었을 것
  - 국가, 지방자치단체, 공공기관 또는 문화체육관광부장관의 설립허가를 받은 비영리법인이 지정 · 선정했을 것
• 마케팅 및 관광객 유치 계획서(유치 계획을 뒷받침할 수 있는 협약서 또는 계약서 등이 있으면 함께 제출할 수 있다)
• 관광객 무단이탈 및 안전사고 대응 계획서(대응 계획을 뒷받침할 수 있는 협약서 또는 배상책임보험 증서 등이 있으면 함께 제출할 수 있다)
• 외국인 관광객 유치 실적. 이 경우 해당 실적을 증빙할 수 있는 서류로서 다음 각 목의 어느 하나에 해당하는 서류를 첨부
  - 지방자치단체, 공공기관 또는 지역별 · 업종별 관광협회의 장이 발행한 유치 실적 증명원으로서 증명원 발행기관장의 직인이 포함된 것
  - 관광숙박업, 관광객 이용시설업, 테마파크업 또는 관광 편의시설업을 경영하는 자가 발행한 유치 실적 증명원으로서 증명원 발행사업자의 직인이 포함된 것
• 단체여행 상품 기획서. 이 경우 서로 다른 내용의 상품 기획서 3부 제출

ⓢ ⓗ에 따른 신청서를 제출 받은 문화체육관광부장관은 다음 서류를 확인해야 한다. 다만, 신청인이 사업자등록증명의 확인에 동의하지 않는 경우에는 신청인이 해당 서류를 첨부하게 해야 한다.
  • 법인 등기사항증명서(법인의 경우만 해당)
  • 사업자등록증명(주민등록번호가 제외된 사업자등록증명)

ⓞ 문화체육관광부장관은 전담여행사를 지정하려는 경우에는 해당 여행업자가 최근 3년 이내에 이 법 또는 이 법에 따른 명령을 위반한 사실이 있는지 여부를 고려해야 하며, 전담여행사를 지정한 경우에는 전담여행사 지정서를 해당 여행업자에게 내주어야 한다.

ⓙ 전담여행사 지정의 유효기간은 2년으로 한다.

ⓒ 전담여행사로 지정된 여행업자가 지정을 갱신하려는 경우에는 전담여행사 갱신 신청서에 ⓗ의 서류를 첨부하여 그 유효기간이 끝나기 90일 전까지 문화체육관광부장관에게 제출해야 한다. 이 경우 서류 확인 등에 관하여는 ⓢ을 준용한다.

ⓚ 문화체육관광부장관은 갱신을 신청한 여행업자가 요건을 모두 갖추고 있다고 인정되는 경우에는 유효기간이 끝나기 30일 전까지 신청인에게 전담여행사 지정서를 새로 내주어야 한다.

제3과목

(4) 국외여행 인솔자(제13조)

① 여행업자가 내국인의 국외여행을 실시할 경우 여행자의 안전 및 편의 제공을 위하여 그 여행을 인솔하는 사람을 둘 때에는 문화체육관광부령으로 정하는 자격요건에 맞는 사람을 두어야 한다.

② 국외여행 인솔자의 자격요건을 갖춘 사람이 내국인의 국외여행을 인솔하려면 문화체육관광부장관에게 등록하여야 한다.

③ 문화체육관광부장관은 등록한 사람에게 국외여행 인솔자 자격증을 발급하여야 한다.

④ 발급받은 자격증은 다른 사람에게 빌려주거나 빌려서는 아니 되며, 이를 알선해서도 아니 된다.

⑤ 등록의 절차 및 방법, 자격증의 발급 등에 필요한 사항은 문화체육관광부령으로 정한다.

⑥ 국외여행 인솔자의 자격요건(시행규칙 제22조) 15 16 24 기출

국외여행을 인솔하는 사람은 다음의 어느 하나에 해당하는 자격요건을 갖추어야 한다.

㉠ 관광통역안내사 자격을 취득할 것

㉡ 여행업체에서 6개월 이상 근무하고 국외여행 경험이 있는 사람으로서 문화체육관광부장관이 정하는 소양교육을 이수할 것

㉢ 문화체육관광부장관이 지정하는 교육기관에서 국외여행 인솔에 필요한 양성교육을 이수할 것

⑦ **자격취소** : 문화체육관광부장관은 다른 사람에게 국외여행 인솔자 자격증을 빌려준 사람에 대하여 그 자격을 취소하여야 한다.

(5) 여행계약 등(제14조)

① 여행업자는 여행자와 계약을 체결할 때에는 여행자를 보호하기 위하여 문화체육관광부령으로 정하는 바에 따라 해당 여행지에 대한 안전정보를 서면으로 제공하여야 한다. 해당 여행지에 대한 안전정보가 변경된 경우에도 또한 같다.

② 여행업자는 여행자와 여행계약을 체결하였을 때에는 그 서비스에 관한 내용을 적은 여행계약서(여행일정표 및 약관 포함) 및 보험 가입 등을 증명할 수 있는 서류를 여행자에게 내주어야 한다.

③ 여행업자는 여행일정(선택관광 일정 포함)을 변경하려면 문화체육관광부령으로 정하는 바에 따라 여행자의 사전 동의를 받아야 한다. 24 기출

④ 여행지 안전정보 등(시행규칙 제22조의4) 17 기출

㉠ 여권의 사용을 제한하거나 방문 · 체류를 금지하는 국가 목록 및 벌칙

㉡ 외교부 해외안전여행 인터넷 홈페이지에 게재된 여행목적지(국가 및 지역)의 여행경보단계 및 국가별 안전정보(긴급연락처 포함)

㉢ 해외여행자 인터넷 등록 제도에 관한 안내

(6) 결격사유(제11조의2)

① 관광사업의 영위와 관련하여 금고 이상의 실형을 선고받고 그 집행이 끝나거나(집행이 끝난 것으로 보는 경우를 포함한다) 집행을 받지 아니하기로 확정된 후 2년이 지나지 아니한 자 또는 형의 집행유예 기간 중에 있는 자는 여행업의 등록을 할 수 없다.

② 특별자치시장 · 특별자치도지사 · 시장 · 군수 · 구청장은 여행업자가 ①에 해당하면 3개월 이내에 그 등록을 취소하여야 한다. 다만, 법인의 임원 중 그 사유에 해당하는 자가 있는 경우 3개월 이내에 그 임원을 바꾸어 임명한 때에는 그러하지 아니하다.

03 관광숙박업 및 관광객 이용시설업 등

(1) 사업계획의 승인(제15조 및 시행령 제9조)

① 관광숙박업을 경영하려는 자는 등록을 하기 전에 그 사업에 대한 사업계획을 작성하여 특별자치시장 · 특별자치도지사 · 시장 · 군수 · 구청장의 승인을 받아야 한다. 승인을 받은 사업계획 중 부지, 특별자치시장, 대지 면적, 건축 연면적의 일정 규모 이상의 변경 등 대통령령으로 정하는 사항을 변경하려는 경우에도 또한 같다.

㉠ 관광숙박업의 사업계획 변경에 관한 승인을 받아야 하는 경우는 다음과 같다. 15 17 20 21 기출

- 부지 및 대지 면적을 변경할 때에 그 변경하려는 면적이 당초 승인받은 계획면적의 100분의 10 이상이 되는 경우
- 건축 연면적을 변경할 때에 그 변경하려는 연면적이 당초 승인받은 계획면적의 100분의 10 이상이 되는 경우
- 객실 수 또는 객실면적을 변경하려는 경우(휴양 콘도미니엄업만 해당)
- 변경하려는 업종의 등록기준에 맞는 경우로서, 호텔업과 휴양 콘도미니엄업 간의 업종 변경 또는 호텔업 종류 간의 업종 변경

㉡ 관광객 이용시설업이나 국제회의업의 사업계획의 변경승인을 받을 수 있는 경우는 다음과 같다.

- 전문휴양업이나 종합휴양업의 경우 부지, 대지 면적 또는 건축 연면적을 변경할 때에 그 변경하려는 면적이 당초 승인받은 계획면적의 100분의 10 이상이 되는 경우
- 국제회의업의 경우 국제회의시설 중 다음의 어느 하나에 해당하는 변경을 하려는 경우
  - 전문회의시설의 회의실 수 또는 옥내전시면적을 변경할 때에 그 변경하려는 회의실 수 또는 옥내전시면적이 당초 승인받은 계획의 100분의 10 이상이 되는 경우
  - 전시시설의 회의실 수 또는 옥내전시면적을 변경할 때에 그 변경하려는 회의실 수 또는 옥내전시면적이 당초 승인받은 계획의 100분의 10 이상이 되는 경우

② 대통령령으로 정하는 관광객 이용시설업이나 국제회의업을 경영하려는 자는 등록을 하기 전에 그 사업에 대한 사업계획을 작성하여 특별자치시장 · 특별치도지사 · 시장 · 군수 · 구청장의 승인을 받을 수 있다. 승인을 받은 사업계획 중 부지, 대지 면적, 건축 연면적의 일정 규모 이상의 변경 등 대통령령으로 정하는 사항을 변경하려는 경우에도 또한 같다.

㉠ 사업계획승인 대상 관광객 이용시설업, 국제회의업(시행령 제12조) 25 기출

- 전문휴양업
- 종합휴양업
- 관광유람선업
- 국제회의시설업

㉡ 사업계획의 승인신청 등(시행령 제10조) 15 기출

- 관광호텔업 · 수상관광호텔업 · 한국전통호텔업 · 가족호텔업 · 호스텔업 · 소형호텔업 · 의료관광호텔업과 휴양 콘도미니엄업 및 전문휴양업, 종합휴양업, 관광유람선업, 국제회의시설업에 해당하는 관광사업의 사업계획 승인을 받으려는 자는 문화체육관광부령으로 정하는 바에 따라 사업계획 승인신청서를 특별자치시장 · 특별자치도지사 · 시장 · 군수 · 구청장에게 제출하여야 한다.

제3과목

• 사업계획의 변경승인을 받으려는 자는 문화체육관광부령으로 정하는 바에 따라 사업계획 변경승인신청서를 특별자치시장 · 특별자치도지사 · 시장 · 군수 · 구청장에게 제출하여야 한다.

㉢ 사업계획승인의 통보 : 특별자치시장 · 특별자치도지사 · 시장 · 군수 · 구청장은 신청한 사업계획 또는 사업계획의 변경을 승인하는 경우에는 사업계획승인 또는 변경승인을 신청한 자에게 지체 없이 통보하여야 한다(시행령 제11조).

(2) 사업계획 승인 시의 인 · 허가 의제 등(제16조)

제15조 제1항 및 제2항에 따라 사업계획의 승인을 받은 때에는 다음의 허가, 해제 또는 신고에 관하여 특별자치시장 · 특별자치도지사 · 시장 · 군수 · 구청장이 소관 행정기관의 장과 미리 협의한 사항에 대해서는 해당 허가 또는 해제를 받거나 신고를 한 것으로 본다.

① 농지전용의 허가

② 산지전용허가 및 산지전용신고, 산지일시사용허가 · 신고, 입목벌채 등의 허가 · 신고

③ 사방지 지정의 해제

④ 초지전용의 허가

⑤ 하천공사 등의 허가 및 실시계획의 인가, 점용허가 및 실시계획의 인가

⑥ 공유수면의 점용 · 사용허가 및 점용 · 사용 실시계획의 승인 또는 신고

⑦ 사도개설의 허가

⑧ 개발행위의 허가

⑨ 분묘의 개장신고 및 분묘의 개장허가

(3) 관광숙박업 등의 등록심의위원회(제17조) 16 기출

① 관광숙박업 및 대통령령으로 정하는 관광객 이용시설업이나 국제회의업의 등록(등록 사항의 변경 포함)에 관한 사항을 심의하기 위하여 특별자치시장 · 특별자치도지사 · 시장 · 군수 · 구청장(권한이 위임된 경우에는 그 위임을 받은 기관) 소속으로 관광숙박업 및 관광객 이용시설업 등록심의위원회(이하 "위원회"라 한다)를 둔다.

② 위원회는 위원장과 부위원장 각 1명을 포함한 위원 10명 이내로 구성하되, 위원장은 특별자치시 · 특별자치도 · 시 · 군 · 구(자치구만 해당)의 부지사 · 부시장 · 부군수 · 부구청장이 되고, 부위원장은 위원 중에서 위원장이 지정하는 사람이 되며, 위원은 신고 또는 인 · 허가 등의 소관 기관의 직원이 된다.

③ 위원회는 다음의 사항을 심의한다. 17 기출

㉠ 관광숙박업 및 대통령령으로 정하는 관광객 이용시설업이나 국제회의업의 등록기준 등에 관한 사항

㉡ 사업이 관계 법령상 신고 또는 인 · 허가 등의 요건에 해당하는지에 관한 사항

④ 특별자치시장 · 특별자치도지사 · 시장 · 군수 · 구청장은 관광숙박업, 관광객 이용시설업, 국제회의업의 등록을 하려면 미리 위원회의 심의를 거쳐야 한다. 다만, 대통령령으로 정하는 경미한 사항의 변경(관계되는 기관이 둘 이하인 경우의 심의사항 변경)에 관하여는 위원회의 심의를 거치지 아니할 수 있다.

⑤ 위원회의 회의는 재적위원 3분의 2 이상의 출석과 출석위원 3분의 2 이상의 찬성으로 의결한다.

⑥ 위원회의 구성 · 운영이나 그 밖에 위원회에 필요한 사항은 대통령령으로 정한다.

(4) 등록 시의 신고 · 허가 의제 등(제18조)

특별자치시장 · 특별자치도지사 · 시장 · 군수 · 구청장이 위원회의 심의를 거쳐 등록을 하면 그 관광사업자는 위원회의 심의를 거친 사항에 대해서는 다음의 신고를 하였거나 인 · 허가 등을 받은 것으로 본다.

① 숙박업 · 목욕장업 · 이용업 · 미용업 또는 세탁업의 신고

② 식품접객업으로서 대통령령으로 정하는 영업(휴게음식점영업 · 일반음식점영업 · 단란주점영업 · 유흥주점영업 · 위탁급식영업 및 제과점영업을 말한다)의 허가 또는 신고

③ 주류판매업의 면허 또는 신고

④ 외국환업무의 등록

⑤ 담배소매인의 지정

⑥ 신고 체육시설업으로서 체육시설업의 신고

⑦ 해상 레저 활동의 허가

⑧ 부속의료기관의 개설신고 또는 개설허가

(5) 관광숙박업자의 준수사항(제18조의2)

관광숙박업자 중 「학교보건법」을 적용받지 아니하고 관광숙박시설을 설치한 자는 다음 사항을 준수하여야 한다.

① 관광숙박시설에서 「학교보건법」에 따른 행위 및 시설 중 어느 하나에 해당하는 행위 및 시설이 없을 것

② 관광숙박시설의 객실이 100실 이상일 것

③ 대통령령으로 정하는 지역 내 위치할 것

④ 대통령령으로 정하는 바에 따라 관광숙박시설 내 공용공간을 개방형 구조로 할 것

⑤ 「학교보건법」에 따른 학교 출입문 또는 학교설립예정지 출입문으로부터 직선거리로 75미터 이상에 위치할 것

(6) 관광숙박업 등의 등급(제19조) 15 16 기출

① 문화체육관광부장관은 관광숙박시설 및 야영장 이용자의 편의를 돕고, 관광숙박시설 · 야영장 및 서비스의 수준을 효율적으로 유지 · 관리하기 위하여 관광숙박업자 및 야영장업자의 신청을 받아 관광숙박업 및 야영장업에 대한 등급을 정할 수 있다. 다만, 호텔업 등록을 한 사람 중 대통령령으로 정하는 사람은 등급결정을 신청하여야 한다.

㉠ 호텔업의 등급결정(시행령 제22조) 20 24 25 기출

- ①에서 "대통령령으로 정하는 자"란 관광호텔업, 수상관광호텔업, 한국전통호텔업, 가족호텔업, 소형호텔업 또는 의료관광호텔업의 등록을 한 자를 말한다.
- 관광숙박업 중 호텔업의 등급은 5성급 · 4성급 · 3성급 · 2성급 및 1성급으로 구분한다.

제3과목

ⓛ 호텔업의 등급결정기준 등(시행규칙 제25조) 18 22 25 기출

- 호텔업(관광호텔업, 수상관광호텔업, 한국전통호텔업, 가족호텔업, 소형호텔업 또는 의료관광호텔업 해당)의 등록을 한 자는 다음의 구분에 따른 기간 이내에 문화체육관광부장관으로부터 등급결정권을 위탁받은 법인(이하 "등급결정수탁기관"이라 한다)에 호텔업의 등급 중 희망하는 등급을 정하여 등급결정을 신청하여야 한다.
  - 호텔을 신규 등록한 경우 : 호텔업 등록을 한 날부터 60일. 다만, 2024년 7월 1일부터 2026년 6월 30일까지의 기간 중 호텔업 등록을 한 경우에는 해당 호텔업 등록을 한 날부터 120일로 한다.
  - 시행규칙 제25조의3에 따른 호텔업 등급결정의 유효기간이 만료되는 경우 : 유효기간 만료 전 150일부터 90일까지
  - 시설의 증·개축 또는 서비스 및 운영실태 등의 변경에 따른 등급 조정사유가 발생한 경우 : 등급 조정사유가 발생한 날부터 60일
  - 호텔업 등급결정의 유효기간이 연장된 경우 : 연장된 유효기간 만료일까지
- 등급결정 수탁기관은 등급결정 신청을 받은 경우에는 문화체육관광부장관이 정하여 고시하는 호텔업 등급결정의 기준에 따라 신청일부터 90일 이내에 해당 호텔의 등급을 결정하여 신청인에게 통지해야 한다. 다만, 부득이한 사유가 있는 경우에는 60일의 범위에서 등급결정 기간을 연장할 수 있다.
- 등급결정을 하는 경우에는 다음의 요소를 평가하여야 하며, 그 세부적인 기준 및 절차는 문화체육관광부장관이 정하여 고시한다. 15 기출
  - 서비스 상태
  - 객실 및 부대시설의 상태
  - 안전 관리 등에 관한 법령 준수 여부
- 등급결정 수탁기관은 평가의 공정성을 위하여 필요하다고 인정하는 경우에는 평가를 마칠 때까지 평가의 일정 등을 신청인에게 알리지 아니할 수 있다.
- 등급결정 수탁기관은 평가한 결과 등급결정 기준에 미달하는 경우에는 해당 호텔의 등급결정을 보류하여야 한다. 이 경우 그 보류 사실을 신청인에게 통지하여야 한다.

(7) 분양 및 회원모집(제20조) 18 22 23 기출

관광숙박업이나 관광객 이용시설업으로서 대통령령으로 정하는 종류의 관광사업을 등록한 자 또는 그 사업계획의 승인을 받은 자가 아니면 그 관광사업의 시설에 대하여 분양(휴양 콘도미니엄만 해당) 또는 회원모집을 하여서는 아니 된다.

개념충전 **분양 및 회원모집 관광사업(시행령 제23조 제1항)** 15 22 25 기출

"대통령령으로 정하는 종류의 관광사업"이란 다음의 사업을 말한다.

- 휴양 콘도미니엄업 및 호텔업
- 관광객 이용시설업 중 제2종 종합휴양업

(8) 야영장업자의 준수사항(제20조의2)

야영장업의 등록을 한 자는 [시행규칙 별표 7]에 따른 문화체육관광부령으로 정하는 안전 · 위생기준을 지켜야 한다.

(9) 안전 및 위생교육(제20조의3)

외국인관광 도시민박업 또는 한옥체험업의 등록을 한 자는 문화체육관광부령으로 정하는 바에 따라 안전 및 위생 교육을 받아야 한다.

04 카지노업

(1) 허가 요건 등(제21조 및 시행령 제27조) 24 기출

문화체육관광부장관은 카지노업의 허가신청을 받으면 다음의 어느 하나에 해당하는 경우에만 허가할 수 있다.

① 국제공항이나 국제여객선터미널이 있는 특별시 · 광역시 · 특별자치시 · 도 · 특별자치도(이하 "시 · 도"라 한다)에 있거나 관광특구에 있는 관광숙박업 중 호텔업 시설(관광숙박업의 등급 중 최상 등급을 받은 시설만 해당하며, 시 · 도에 최상 등급의 시설이 없는 경우에는 그 다음 등급의 시설만 해당) 또는 대통령령으로 정하는 국제회의업 시설의 부대시설에서 카지노업을 하려는 경우로서 대통령령으로 정하는 요건에 맞는 경우

㉠ 외래관광객 유치계획 및 장기수지전망 등을 포함한 사업계획서가 적정할 것

㉡ 사업계획의 수행에 필요한 재정능력이 있을 것

㉢ 현금 및 칩의 관리 등 영업거래에 관한 내부통제방안이 수립되어 있을 것

㉣ 그 밖에 카지노업의 건전한 운영과 관광산업의 진흥을 위하여 문화체육관광부장관이 공고하는 기준에 맞을 것

② 우리나라와 외국을 왕래하는 여객선 안에서 카지노업을 하고자 하는 경우로서 대통령령으로 정하는 요건에 적합한 경우

㉠ 여객선이 2만 톤급 이상으로 문화체육관광부장관이 공고하는 총톤수 이상일 것

㉡ ①의 ㉠부터 ㉣까지의 규정에 적합할 것

③ 문화체육관광부장관은 최근 신규허가를 한 날 이후에 전국 단위의 외래관광객이 60만명 이상 증가한 경우에만 신규허가를 할 수 있되, 다음의 사항을 고려하여 그 증가인원 60만명당 2개 사업 이하의 범위에서 할 수 있다. 17 24 기출

㉠ 전국 단위의 외래관광객 증가 추세 및 지역의 외래관광객 증가 추세

㉡ 카지노이용객의 증가 추세

㉢ 기존 카지노사업자의 총 수용 능력

㉣ 기존 카지노사업자의 총 외화획득실적

㉤ 그 밖에 카지노업의 건전한 운영과 관광산업의 진흥을 위하여 필요한 사항

제3과목

④ 허가의 공고 등(제21조의2)

㉠ 문화체육관광부장관은 카지노업의 신규허가를 하려면 미리 다음 사항을 정하여 공고하여야 한다.

- 허가 대상지역
- 허가 가능업체 수
- 허가절차 및 허가방법
- 세부 허가기준
- 카지노업의 건전한 운영과 관광산업의 진흥을 위하여 문화체육관광부장관이 정하는 사항

㉡ 문화체육관광부장관은 공고를 실시한 결과 적합한 자가 없을 경우에는 카지노업의 신규허가를 하지 아니할 수 있다.

(2) 결격사유(제22조)

① 다음의 어느 하나에 해당하는 자는 카지노업의 허가를 받을 수 없다.

㉠ 19세 미만인 자

㉡ 「폭력행위 등 처벌에 관한 법률」 제4조에 따른 단체 또는 집단을 구성하거나 그 단체 또는 집단에 자금을 제공하여 금고 이상의 형을 선고받고 형이 확정된 자

㉢ 조세를 포탈(逋脫)하거나 「외국환거래법」을 위반하여 금고 이상의 형을 선고받고 형이 확정된 자

㉣ 금고 이상의 실형을 선고받고 그 집행이 끝나거나(집행이 끝난 것으로 보는 경우를 포함한다) 집행을 받지 아니하기로 확정된 후 2년이 지나지 아니한 자

㉤ 금고 이상의 형의 집행유예를 선고받고 그 유예기간 중에 있는 자

㉥ 금고 이상의 형의 선고유예를 받고 그 유예기간 중에 있는 자

㉦ 임원 중에 ㉠부터 ㉥까지의 규정 중 어느 하나에 해당하는 자가 있는 법인

② 문화체육관광부장관은 카지노업의 허가를 받은 자(이하 "카지노사업자"라 한다)가 결격사유의 어느 하나에 해당하면 그 허가를 취소하여야 한다. 다만, 법인의 임원 중 그 사유에 해당하는 자가 있는 경우 3개월 이내에 그 임원을 바꾸어 임명한 때에는 그러하지 아니하다.

(3) 카지노업의 시설기준 등(제23조 및 시행규칙 제29조)

카지노업의 허가를 받으려는 자가 갖추어야 할 시설 및 기구의 기준은 다음과 같다. 18 21 기출

① 330제곱미터 이상의 전용 영업장

② 1개 이상의 외국환 환전소

③ 카지노업의 영업종류 중 네 종류 이상의 영업을 할 수 있는 게임기구 및 시설

④ 문화체육관광부장관이 정하여 고시하는 기준에 적합한 카지노전산시설로, 다음의 사항이 포함되어야 한다.

㉠ 하드웨어의 성능 및 설치방법에 관한 사항

㉡ 네트워크의 구성에 관한 사항

㉢ 시스템의 가동 및 장애방지에 관한 사항

㉣ 시스템의 보안관리에 관한 사항

㉤ 환전관리 및 현금과 칩의 출납관리를 위한 소프트웨어에 관한 사항

(4) 조건부 영업허가(제24조 및 시행령 제28조)

① 문화체육관광부장관은 카지노업을 허가할 때 1년의 범위에서 대통령령으로 정하는 기간에 따른 시설 및 기구를 갖출 것을 조건으로 허가할 수 있다.

㉠ 여기서 "대통령령으로 정하는 기간"이란 조건부 영업허가를 받은 날부터 1년 이내를 말한다.

㉡ 다만, 천재지변이나 그 밖의 부득이한 사유가 있다고 인정하는 경우에는 해당 사업자의 신청에 따라 한 차례만 6개월을 넘지 아니하는 범위에서 그 기간을 연장할 수 있다.

② 문화체육관광부장관은 ①에 따른 허가를 받은 자가 정당한 사유 없이 ①에 따른 기간에 허가 조건을 이행하지 아니하면 그 허가를 즉시 취소하여야 한다.

③ 조건이행의 신고(시행규칙 제32조) : 카지노업의 조건부 영업허가를 받은 자는 기간 내에 그 조건을 이행한 경우에는 조건이행내역 신고서에 다음의 서류를 첨부하여 문화체육관광부장관에게 제출하여야 한다.

㉠ 설치한 시설에 관한 서류

㉡ 설치한 카지노기구에 관한 서류

(5) 카지노기구의 규격 및 기준 등(제25조 및 시행규칙 제33조)

① 문화체육관광부장관은 카지노업에 이용되는 기구(이하 "카지노기구"라 한다)의 형상 · 구조 · 재질 및 성능 등에 관한 규격 및 기준(이하 "공인기준 등"이라 한다)을 정하여야 한다.

② 문화체육관광부장관은 카지노기구의 규격 및 기준을 정한 경우에는 이를 고시하여야 한다. 이 경우 [별표 8]의 전자테이블게임 및 머신게임 기구의 규격 · 기준에는 다음의 사항이 포함되어야 한다.

㉠ 최저배당률에 관한 사항

㉡ 최저배당률 이하로 변경하거나 카지노기구검사기관의 검사를 받지 아니한 이피롬(EPROM) 및 기타프로그램 저장장치를 사용하는 경우에는 카지노기구의 자동폐쇄에 관한 사항

㉢ 게임결과의 기록 및 그 보전에 관한 사항

(6) 카지노업의 영업종류 및 영업방법 등(제26조 및 시행규칙 제35조)

① 카지노업의 영업종류는 문화체육관광부령으로 정하며, [시행규칙 별표 8]과 같다.

② 카지노사업자는 문화체육관광부령으로 정하는 바에 따라 카지노업의 영업종류별 영업방법 및 배당금 등에 관하여 문화체육관광부장관에게 미리 신고하여야 한다. 신고한 사항을 변경하려는 경우에도 또한 같다.

③ 유사행위 등의 금지(제26조의2) : 카지노사업자가 아닌 자는 영리 목적으로 제26조에 따른 카지노업의 영업 종류를 제공하여 이용자 중 특정인에게 재산상의 이익을 주고 다른 이용자에게 손실을 주는 행위를 하여서는 아니 된다.

(7) 지도와 명령(제27조)

문화체육관광부장관은 지나친 사행심 유발을 방지하는 등 그 밖에 공익을 위하여 필요하다고 인정하면 카지노사업자에게 필요한 지도와 명령을 할 수 있다.

(8) 카지노사업자 등의 준수사항(제28조)

① 카지노사업자(대통령령으로 정하는 종사원 포함)는 다음의 어느 하나에 해당하는 행위를 하여서는 아니 된다. 16 20 기출

㉠ 법령에 위반되는 카지노기구를 설치하거나 사용하는 행위
㉡ 법령을 위반하여 카지노기구 또는 시설을 변조하거나 변조된 카지노기구 · 시설을 사용하는 행위
㉢ 허가받은 전용영업장 외에서 영업을 하는 행위
㉣ 내국인(「해외이주법」 제2조에 따른 해외이주자는 제외)을 입장하게 하는 행위
㉤ 지나친 사행심을 유발하는 등 선량한 풍속을 해칠 우려가 있는 광고나 선전을 하는 행위
㉥ 영업종류에 해당하지 아니하는 영업을 하거나 영업방법 및 배당금 등에 관한 신고를 하지 아니하고 영업하는 행위
㉦ 총매출액을 누락시켜 관광진흥개발기금 납부금액을 감소시키는 행위
㉧ 19세 미만인 자를 입장시키는 행위
㉨ 정당한 사유 없이 그 연도 안에 60일 이상 휴업하는 행위

개념충전 **카지노업 종사원의 범위(시행령 제29조)**

"대통령령으로 정하는 종사원"이란 그 직위 및 명칭이 무엇이든 카지노사업자를 대리하거나 그 지시를 받아 상시 또는 일시적으로 카지노영업에 종사하는 자를 말한다.

② 영업준칙 : 카지노사업자는 카지노업의 건전한 육성 · 발전을 위하여 필요하다고 인정하여 문화체육관광부령으로 정하는 다음의 사항이 포함된 영업준칙을 지켜야 한다. 16 기출

㉠ 1일 최소 영업시간
㉡ 게임 테이블의 집전함(集錢函) 부착 및 내기금액 한도액의 표시 의무
㉢ 슬롯머신 및 비디오게임의 최소배당률
㉣ 전산시설 · 환전소 · 계산실 · 폐쇄회로의 관리기록 및 회계와 관련된 기록의 유지 의무
㉤ 카지노 종사원의 게임참여 불가 등 행위금지사항

(9) 카지노영업소 이용자의 준수사항(제29조)

카지노영업소에 입장하는 자는 카지노사업자가 외국인(「해외이주법」 제2조에 따른 해외이주자를 포함)임을 확인하기 위하여 신분 확인에 필요한 사항을 묻는 때에는 이에 응하여야 한다.

(10) 기금 납부(제30조) 18 24 기출

① 카지노사업자는 총 매출액의 100분의 10의 범위에서 일정 비율에 해당하는 금액을 「관광진흥개발기금법」에 따른 관광진흥개발기금에 내야 한다.
② 카지노사업자가 납부금을 납부기한까지 내지 아니하면 문화체육관광부장관은 10일 이상의 기간을 정하여 이를 독촉하여야 한다. 이 경우 체납된 납부금에 대하여는 100분의 3에 해당하는 가산금을 부과하여야 한다.
③ 독촉을 받은 자가 그 기간에 납부금을 내지 아니하면 국세 체납처분의 예에 따라 징수한다.

④ 총매출액, 징수비율 및 부과 · 징수절차 등에 관하여 필요한 사항은 대통령령으로 정한다.

㉠ 관광진흥개발기금 납부금의 징수비율(시행령 제30조) 22 기출

- 연간 총매출액이 10억원 이하인 경우 : 총매출액의 100분의 1
- 연간 총매출액이 10억원 초과 100억원 이하인 경우 : 1천만원 + 총매출액 중 10억원을 초과하는 금액의 100분의 5
- 연간 총매출액이 100억원을 초과하는 경우 : 4억 6천만원 + 총매출액 중 100억원을 초과하는 금액의 100분의 10

㉡ 카지노사업자는 매년 3월 말까지 공인회계사의 감사보고서가 첨부된 전년도의 재무제표를 문화체육관광부장관에게 제출하여야 한다.

㉢ 문화체육관광부장관은 매년 4월 30일까지 전년도의 총매출액에 대하여 산출한 납부금을 서면으로 명시하여 2개월 이내의 기한을 정하여 한국은행에 개설된 관광진흥개발기금의 출납관리를 위한 계정에 납부할 것을 알려야 한다. 이 경우 그 납부금을 2회 나누어 내게 할 수 있되, 납부기한은 다음과 같다.

- 제1회 : 해당 연도 6월 30일까지
- 제2회 : 해당 연도 9월 30일까지

㉣ 카지노사업자는 천재지변이나 그 밖에 이에 준하는 사유로 납부금을 그 기한까지 납부할 수 없는 경우에는 그 사유가 없어진 날부터 7일 이내에 내야 한다.

㉤ 카지노사업자는 다음의 요건을 모두 갖춘 경우 문화체육관광부장관에게 ㉢ 각 호에 따른 납부기한의 45일 전까지 납부기한의 연기를 신청할 수 있다.

- 「감염병의 예방 및 관리에 관한 법률」 제2조 제2호에 따른 제1급 감염병 확산으로 인한 매출액 감소가 문화체육관광부장관이 정하여 고시하는 기준에 해당할 것
- 위에 따른 매출액 감소로 납부금을 납부하는 데 어려움이 있다고 인정될 것

㉥ 문화체육관광부장관은 ㉤에 따른 신청을 받은 때에는 ㉢에도 불구하고 「관광진흥개발기금법」 제6조에 따른 기금운용위원회의 심의를 거쳐 1년 이내의 범위에서 납부기한을 한 차례 연기할 수 있다.

(11) 납부금 부과 처분 등에 대한 이의신청 특례(제30조의2)

문화체육관광부장관은 (10)의 ①에 따른 납부금 또는 (10)의 ② 후단에 따른 가산금 부과 처분에 대한 이의신청을 받으면 그 신청을 받은 날부터 15일 이내에 이를 심의하여 그 결과를 신청인에게 서면으로 알려야 한다.

제3과목

05 테마파크업

(1) 조건부 영업허가(제31조 및 시행령 제31조) 14 23 기출

① 특별자치시장 · 특별자치도지사 · 시장 · 군수 · 구청장은 테마파크업 허가를 할 때 5년의 범위에서 대통령령으로 정하는 기간에 시설 및 설비를 갖출 것을 조건으로 허가할 수 있다. 다만, 천재지변이나 그 밖의 부득이한 사유가 있다고 인정하는 경우에는 해당 사업자의 신청에 따라 한 차례만 1년을 넘지 아니하는 범위에서 그 기간을 연장할 수 있다.

"대통령령으로 정하는 기간"이란 조건부 영업허가를 받은 날부터 다음의 구분에 따른 기간을 말한다.

㉠ 종합테마파크업을 하려는 경우 : 5년 이내

㉡ 일반테마파크업을 하려는 경우 : 3년 이내

② 특별자치시장 · 특별자치도지사 · 시장 · 군수 · 구청장은 허가를 받은 자가 정당한 사유 없이 허가조건을 이행하지 아니하면 그 허가를 즉시 취소하여야 한다.

③ 허가를 받은 자는 기간 내에 허가 조건에 해당하는 필요한 시설 및 기구를 갖춘 경우 그 내용을 특별자치시장 · 특별자치도지사 · 시장 · 군수 · 구청장에게 신고하여야 한다.

④ 특별자치시장 · 특별자치도지사 · 시장 · 군수 · 구청장은 ③에 따른 신고를 받은 날부터 문화체육관광부령으로 정하는 기간 내에 신고수리 여부를 신고인에게 통지하여야 한다.

⑤ 특별자치시장 · 특별자치도지사 · 시장 · 군수 · 구청장이 ④에서 정한 기간 내에 신고수리 여부 또는 민원 처리 관련 법령에 따른 처리기간의 연장을 신고인에게 통지하지 아니하면 그 기간(민원 처리 관련 법령에 따라 처리기간이 연장 또는 재연장된 경우에는 해당 처리기간을 말한다)이 끝난 날의 다음 날에 신고를 수리한 것으로 본다.

(2) 물놀이형 테마파크업자의 준수사항(제32조)

테마파크업의 허가를 받거나 신고를 한 자(이하 "테마파크업자"라 한다) 중 물놀이형 테마파크시설을 설치한 자는 문화체육관광부령으로 정하는 안전 · 위생기준을 지켜야 한다.

(3) 안전성검사 등(제33조) 17 기출

① 테마파크업자 및 테마파크업의 허가 또는 변경허가를 받으려는 자(조건부 영업허가를 받은 자로서 그 조건을 이행한 후 영업을 시작하려는 경우를 포함한다)는 문화체육관광부령으로 정하는 안전성검사 대상 테마파크시설에 대하여 문화체육관광부령에서 정하는 바에 따라 특별자치시장 · 특별자치도지사 · 시장 · 군수 · 구청장이 실시하는 안전성검사를 받아야 하고, 안전성검사 대상이 아닌 테마파크시설에 대하여는 안전성검사 대상에 해당되지 아니함을 확인하는 검사를 받아야 한다. 이 경우 특별자치시장 · 특별자치도지사 · 시장 · 군수 · 구청장은 성수기 등을 고려하여 검사시기를 지정할 수 있다.

② 안전성검사를 받아야 하는 테마파크업자는 테마파크시설에 대한 안전관리를 위하여 사업장에 안전관리자를 항상 배치하여야 한다.

③ 안전관리자는 문화체육관광부장관이 실시하는 테마파크시설의 안전관리에 관한 교육(이하 "안전교육"이라 한다)을 정기적으로 받아야 한다.

④ 테마파크업자는 ②에 따른 안전관리자가 안전교육을 받도록 하여야 한다.

⑤ 안전관리자의 자격 · 배치 기준 및 임무, 안전교육의 내용 · 기간 및 방법 등에 필요한 사항은 문화체육관광부령으로 정한다.

(4) 사고보고의무 및 사고조사(제33조의2) 16 기출

① 테마파크업자는 그가 관리하는 테마파크시설로 인하여 대통령령으로 정하는 중대한 사고가 발생한 때에는 즉시 사용중지 등 필요한 조치를 취하고 문화체육관광부령으로 정하는 바에 따라 특별자치시장 · 특별자치도지사 · 시장 · 군수 · 구청장에게 통보하여야 한다.

② 통보를 받은 특별자치시장 · 특별자치도지사 · 시장 · 군수 · 구청장은 필요하다고 판단하는 경우에는 대통령령으로 정하는 바에 따라 테마파크업자에게 자료의 제출을 명하거나 현장조사를 실시할 수 있다.

③ 특별자치시장 · 특별자치도지사 · 시장 · 군수 · 구청장은 자료 및 현장조사 결과에 따라 해당 테마파크시설이 안전에 중대한 침해를 줄 수 있다고 판단하는 경우에는 그 테마파크업자에게 대통령령으로 정하는 바에 따라 사용중지 · 개선 또는 철거를 명할 수 있다.

(5) 영업질서의 유지 등(제34조)

① 테마파크업자는 영업질서 유지를 위하여 문화체육관광부령으로 정하는 사항을 지켜야 한다.

② 테마파크업자는 법령을 위반하여 제조한 테마파크시설 또는 테마파크시설의 부분품(部分品)을 설치하거나 사용하여서는 아니 된다.

(6) 테마파크시설안전정보시스템의 구축 · 운영 등(제34조의2)

① 문화체육관광부장관은 테마파크시설의 안전과 관련된 정보를 종합적으로 관리하고 해당 정보를 테마파크업자 및 관광객에게 제공하기 위하여 테마파크시설안전정보시스템을 구축 · 운영할 수 있다.

② 테마파크시설안전정보시스템에는 다음 각 호의 정보가 포함되어야 한다.

㉠ 테마파크업의 허가(변경허가를 포함한다) 또는 신고(변경신고를 포함한다)에 관한 정보

㉡ 테마파크업자의 보험 가입 등에 관한 정보

㉢ 물놀이형 테마파크업자의 안전 · 위생에 관한 정보

㉣ 또는 안전성검사 대상에 해당하지 아니함을 확인하는 검사에 관한 정보

㉤ 안전관리자의 안전교육에 관한 정보

㉥ 통보한 사고 및 그 조치에 관한 정보

㉦ 테마파크업자가 이 법을 위반하여 받은 행정처분에 관한 정보

㉧ 그 밖에 테마파크시설의 안전관리를 위하여 대통령령으로 정하는 정보

③ 문화체육관광부장관은 특별자치시장 · 특별자치도지사 · 시장 · 군수 · 구청장, 업무를 위탁받은 기관의 장 및 테마파크업자에게 테마파크시설안전정보시스템의 구축 · 운영에 필요한 자료를 제출 또는 등록하도록 요청할 수 있다. 이 경우 요청을 받은 자는 정당한 사유가 없으면 이에 따라야 한다.

④ 문화체육관광부장관은 안전 · 위생 혹은 안전성검사 정보 등을 테마파크시설안전정보시스템을 통하여 공개할 수 있다.

⑤ 공개의 대상, 범위, 방법 및 그 밖에 테마파크시설안전정보시스템의 구축 · 운영에 필요한 사항은 문화체육관광부령으로 정한다.

(7) 장애인의 테마파크 이용을 위한 편의 제공 등(제34조의3)

① 테마파크업을 경영하는 자는 장애인이 테마파크를 편리하고 안전하게 이용할 수 있도록 제작된 테마파크시설(이하 "장애인 이용가능 테마파크시설"이라 한다)의 설치를 위하여 노력하여야 한다. 이 경우 국가 및 지방자치단체는 해당 장애인 이용가능 테마파크시설의 설치에 필요한 비용을 지원할 수 있다.

② 제1항에 따라 장애인 이용가능 테마파크시설을 설치하는 자는 대통령령으로 정하는 편의시설을 갖추고 장애인이 해당 장애인 이용가능 테마파크시설을 편리하게 이용할 수 있도록 하여야 한다.

06 영업에 대한 지도와 감독

(1) 등록취소 등(제35조 및 시행령 제33조) 16 기출

① 관할 등록기관 등의 장은 관광사업의 등록 등을 받거나 신고를 한 자 또는 사업계획의 승인을 받은 자가 다음의 어느 하나에 해당하면 그 등록 등 또는 사업계획의 승인을 취소하거나 6개월 이내의 기간을 정하여 그 사업의 전부 또는 일부의 정지를 명하거나 시설 · 운영의 개선을 명할 수 있다.

㉠ 등록기준에 적합하지 아니하게 된 경우 또는 변경등록기간 내에 변경등록을 하지 아니하거나 등록한 영업범위를 벗어난 경우

㉠의2. 문화체육관광부령으로 정하는 시설과 설비를 갖추지 아니하게 되는 경우

㉡ 변경허가를 받지 아니하거나 변경신고를 하지 아니한 경우

㉡의2. 지정 기준에 적합하지 아니하게 된 경우

㉢ 기한 내에 신고를 하지 아니한 경우

㉢의2. 휴업 또는 폐업을 하고 알리지 아니하거나 미리 신고하지 아니한 경우

㉣ 보험 또는 공제에 가입하지 아니하거나 영업보증금을 예치하지 아니한 경우

㉣의2. 사실과 다르게 관광표지를 붙이거나 관광표지에 기재되는 내용을 사실과 다르게 표시 또는 광고하는 행위를 한 경우

㉤ 관광사업의 시설을 타인에게 처분하거나 타인에게 경영하도록 한 경우

㉥ 기획여행의 실시요건 또는 실시방법을 위반하여 기획여행을 실시한 경우

㉦ 안전정보 또는 변경된 안전정보를 제공하지 아니하거나, 여행계약서 및 보험 가입 등을 증명할 수 있는 서류를 여행자에게 내주지 아니한 경우 또는 여행자의 사전 동의 없이 여행일정(선택관광 일정 포함)을 변경하는 경우

㉧ 사업계획의 승인을 얻은 자가 정당한 사유 없이 대통령령으로 정하는 기간 내에 착공 또는 준공을 하지 아니하거나 변경승인을 얻지 아니하고 사업계획을 임의로 변경한 경우

㉧의2. 준수사항(법 제18조의2)을 위반한 경우

㉧의3. 법 제19조 제1항 단서를 위반하여 등급결정을 신청하지 아니한 경우

㉧ 분양 또는 회원모집을 하거나 소유자 등 · 회원의 권익을 보호하기 위한 사항을 준수하지 아니한 경우

㉧의2. 준수사항(법 제20조의2)을 위반한 경우

㉨ 카지노업의 허가 요건에 적합하지 아니하게 된 경우

㉩ 카지노 시설 및 기구에 관한 유지 · 관리를 소홀히 한 경우

㉪ 카지노사업자의 준수사항을 위반한 경우

㉫ 카지노사업자가 관광진흥개발기금을 납부하지 아니한 경우

㉬ 물놀이형 테마파크시설 등의 안전 · 위생기준을 지키지 아니한 경우

㉮ 물놀이형 테마파크시설의 안전 · 위생기준을 지키지 아니한 경우

㉯ 테마파크시설에 대한 안전성검사 및 안전성검사 대상에 해당되지 아니함을 확인하는 검사를 받지 아니하거나 안전관리자를 배치하지 아니한 경우

㉰ 영업질서 유지를 위한 준수사항을 지키지 아니하거나 불법으로 제조한 부분품을 설치하거나 사용한 경우

㉰의2. 법 제38조 제1항 단서(외국인 관광객을 대상으로 하는 여행업자는 관광통역안내의 자격을 가진 사람을 관광안내에 종사하게 하여야 한다)를 위반하여 해당 자격이 없는 자를 종사하게 한 경우

㉱ 보고 또는 서류제출명령을 이행하지 아니하거나 관계 공무원의 검사를 방해한 경우

㉲ 관광사업의 경영 또는 사업계획을 추진할 때 뇌물을 주고받은 경우

㉳ 고의로 여행계약을 위반한 경우(여행업자만 해당)

② 관할 등록기관 등의 장은 관광사업의 등록 등을 받은 자가 다음의 어느 하나에 해당하면 6개월 이내의 기간을 정하여 그 사업의 전부 또는 일부의 정지를 명할 수 있다. 16 기출

㉠ 국외여행 인솔자의 자격요건을 갖추지 못한 자에게 국외여행을 인솔하게 한 경우

㉡ 카지노사업자가 문화체육관광부장관의 지도와 명령을 이행하지 아니한 경우

③ 취소 · 정지처분 및 시설 · 운영개선명령의 세부적인 기준은 그 사유와 위반 정도를 고려하여 대통령령으로 정한다.

㉠ 문화체육관광부장관, 특별시장 · 광역시장 · 특별자치시장 · 도지사 · 특별자치도지사(이하 "시 · 도지사"라 한다) 또는 시장 · 군수 · 구청장(이하 "등록기관 등의 장"이라 한다)이 행정처분을 하기 위한 위반행위의 종류와 그 처분기준은 [시행령 별표 2]와 같다.

㉡ 등록기관 등의 장이 행정처분을 한 경우에는 문화체육관광부령으로 정하는 행정처분기록대장에 그 처분내용을 기록 · 유지하여야 한다.

(2) 폐쇄조치 등(제36조)

① 관할 등록기관 등의 장은 허가 또는 신고 없이 영업을 하거나 허가의 취소 또는 사업의 정지명령을 받고 계속하여 영업을 하는 자에 대하여는 그 영업소를 폐쇄하기 위하여 관계 공무원에게 다음의 조치를 하게 할 수 있다. 16 기출

㉠ 해당 영업소의 간판이나 그 밖의 영업표지물의 제거 또는 삭제

㉡ 해당 영업소가 적법한 영업소가 아니라는 것을 알리는 게시물 등의 부착

㉢ 영업을 위하여 꼭 필요한 시설물 또는 기구 등을 사용할 수 없게 하는 봉인

② 관할 등록기관 등의 장은 '사실과 다르게 관광표지를 붙이거나 관광표지에 기재되는 내용을 사실과 다르게 표시 또는 광고하는 행위를 한 경우'에 따라 행정처분을 한 경우에는 관계 공무원으로 하여금 이를 인터넷 홈페이지 등에 공개하게 하거나 사실과 다른 관광표지를 제거 또는 삭제하는 조치를 하게 할 수 있다.

③ 관할 등록기관 등의 장은 봉인을 한 후 다음의 어느 하나에 해당하는 사유가 생기면 봉인을 해제할 수 있다. 게시를 한 경우에도 또한 같다.

㉠ 봉인을 계속할 필요가 없다고 인정되는 경우

㉡ 해당 영업을 하는 자 또는 그 대리인이 정당한 사유를 들어 봉인의 해제를 요청하는 경우

(3) 과징금의 부과(제37조 및 시행령 제34조)

관할 등록기관 등의 장은 관광사업자에게 사업정지를 명하여야 하는 경우로서 그 사업의 정지가 그 이용자 등에게 심한 불편을 주거나 그 밖에 공익을 해칠 우려가 있으면 사업정지처분을 갈음하여 2천만원 이하의 과징금을 부과할 수 있다. 16 기출

① 과징금을 부과하는 위반행위의 종류와 위반 정도에 따른 과징금의 금액은 [시행령 별표 3]과 같다(시행령 제34조 제1항).

② 등록기관 등의 장은 사업자의 사업규모, 사업지역의 특수성과 위반행위의 정도 및 위반횟수 등을 고려하여 과징금 금액의 2분의 1 범위에서 가중하거나 감경할 수 있다. 다만, 가중하는 경우에도 과징금의 총액은 2천만원을 초과할 수 없다.

③ 등록기관 등의 장은 과징금을 내야 하는 자가 납부기한까지 내지 아니하면 국세 체납처분의 예 또는 「지방행정제재 · 부과금의 징수 등에 관한 법률」에 따라 징수한다.

07 관광종사원

(1) 관광종사원의 자격 등(제38조 및 시행규칙 제54조) 15 16 24 기출

① 관할 등록기관 등의 장은 대통령령으로 정하는 관광 업무에는 관광종사원의 자격을 가진 사람이 종사하도록 해당 관광사업자에게 권고할 수 있다. 다만, 외국인 관광객을 대상으로 하는 여행업자는 관광통역안내사 자격을 가진 사람을 관광안내에 종사하게 하여야 한다.

② 관광종사원의 자격을 취득하려는 자는 문화체육관광부령으로 정하는 바에 따라 문화체육관광부장관이 실시하는 시험에 합격한 후 문화체육관광부장관에게 등록하여야 한다. 다만, 문화체육관광부령으로 따로 정하는 자는 시험의 전부 또는 일부를 면제할 수 있다.

③ 문화체육관광부장관은 등록을 한 사람에게 관광종사원 자격증을 내주어야 한다.

④ 관광종사원 자격증을 가진 사람은 발급받은 자격증을 잃어버리거나 못 쓰게 되면 문화체육관광부장관에게 그 자격증의 재교부를 신청할 수 있다. 자격증을 재발급받으려는 자는 관광종사원 자격증 재발급신청서에 사진(최근 6개월 이내에 모자를 쓰지 않고 촬영한 상반신 반명함판) 2매와 관광종사원 자격증(자격증이 헐어 못 쓰게 된 경우만 해당)을 첨부하여 한국관광공사 및 한국 관광협회중앙회에 제출하여야 한다.

⑤ 시험의 최종합격자 발표일을 기준으로 피성년후견인 · 피한정후견인, 파산선고를 받고 복권되지 아니한 자, 이 법을 위반하여 징역 이상의 실형을 선고받고 그 집행이 끝나거나 집행을 받지 아니하기로 확정된 후 2년이 지나지 아니한 자 또는 형의 집행유예 기간 중에 있는 자 중 어느 하나에 해당하는 자는 관광종사원의 자격을 취득하지 못한다.

⑥ 관광통역안내의 자격이 없는 사람은 외국인 관광객을 대상으로 하는 관광안내(외국인 관광객을 대상으로 하는 여행업에 종사하여 관광안내를 하는 경우에 한정)를 하여서는 아니 된다.

⑦ 관광통역안내의 자격을 가진 사람이 관광안내를 하는 경우에는 자격증을 달아야 한다.

⑧ 자격증은 다른 사람에게 빌려주거나 빌려서는 아니 되며, 이를 알선해서도 아니 된다.

⑨ 문화체육관광부장관은 ②에 따른 시험에서 다음의 어느 하나에 해당하는 사람에 대하여는 그 시험을 정지 또는 무효로 하거나 합격결정을 취소하고, 그 시험을 정지하거나 무효로 한 날 또는 합격결정을 취소한 날부터 3년간 시험응시자격을 정지한다.

㉠ 부정한 방법으로 시험에 응시한 사람

㉡ 시험에서 부정한 행위를 한 사람

(2) 교육(제39조)

문화체육관광부장관 또는 시 · 도지사는 관광종사원과 그 밖에 관광 업무에 종사하는 자의 업무능력 향상 및 지역의 문화와 관광자원 전반에 대한 전문성 향상을 위한 교육에 필요한 지원을 할 수 있다.

(3) 자격취소 등(제40조) 15 16 20 기출

문화체육관광부장관[관광종사원 중 대통령령으로 정하는 관광종사원(국내여행안내사 · 호텔서비스사)에 대하여는 시 · 도지사]은 자격을 가진 관광종사원이 다음의 어느 하나에 해당하면 문화체육관광부령으로 정하는 바에 따라 그 자격을 취소하거나 6개월 이내의 기간을 정하여 자격의 정지를 명할 수 있다. 다만, ① 및 ④에 해당하면 그 자격을 취소하여야 한다.

① 거짓이나 그 밖의 부정한 방법으로 자격을 취득한 경우

② 관광사업자의 결격사유(등록 등 또는 사업계획의 승인이 취소되거나 영업소가 폐쇄된 후 2년이 지나지 아니한 자 제외)의 어느 하나에 해당하게 된 경우

③ 관광종사원으로서 직무를 수행하는 데에 부정 또는 비위 사실이 있는 경우

④ 다른 사람에게 관광종사원 자격증을 대여한 경우

제3절 관광사업자 단체

01 한국관광협회중앙회

(1) 한국관광협회중앙회의 설립(제41조 및 시행령 제38조) 21 기출

① 지역별 관광협회 및 업종별 관광협회는 관광사업의 건전한 발전을 위하여 관광업계를 대표하는 한국관광협회중앙회(이하 "협회"라 한다)를 설립할 수 있다.

② 설립요건 : 협회를 설립하려는 자는 대통령령으로 정하는 바에 따라 문화체육관광부장관의 허가를 받아야 한다. 협회를 설립하려면 지역별 관광협회 및 업종별 관광협회의 대표자 3분의 1 이상으로 구성되는 발기인이 정관을 작성하여 지역별 관광협회 및 업종별 관광협회의 대표자 과반수로 구성되는 창립총회의 의결을 거쳐야 한다.

③ 협회의 설립 후 임원이 임명될 때까지 필요한 업무는 발기인이 수행한다.

④ 협회는 법인으로 하고 설립등기를 함으로써 성립한다.

(2) 정관(제42조)

협회의 정관에는 다음의 사항을 적어야 한다.

① 목 적
② 명 칭
③ 사무소의 소재지
④ 회원 및 총회에 관한 사항
⑤ 임원에 관한 사항
⑥ 업무에 관한 사항
⑦ 회계에 관한 사항
⑧ 해산에 관한 사항
⑨ 그 밖에 운영에 관한 중요 사항

(3) 업무(제43조) 16 22 25 기출

① 관광사업의 발전을 위한 업무
② 관광사업 진흥에 필요한 조사 · 연구 및 홍보
③ 관광통계
④ 관광종사원의 교육과 사후관리
⑤ 회원의 공제사업
⑥ 국가나 지방자치단체로부터 위탁받은 업무
⑦ 관광안내소의 운영
⑧ ①~⑦까지의 규정에 의한 업무에 따르는 수익사업

02 지역별 · 업종별 관광협회

(1) 지역별 · 업종별 관광협회의 설립(제45조 및 시행령 제41조) 17 20 24 기출

① 관광사업자는 지역별 또는 업종별로 그 분야의 관광사업의 건전한 발전을 위하여 대통령령으로 정하는 바에 따라 다음의 범위 내에서 지역별 또는 업종별 관광협회를 설립할 수 있다.

㉠ 지역별 관광협회는 특별시 · 광역시 · 도 및 특별자치도를 단위로 설립하되, 필요하다고 인정되는 지역에는 지부를 둘 수 있다.

㉡ 업종별 관광협회는 업종별로 업무의 특수성을 고려하여 전국을 단위로 설립할 수 있다.

② 업종별 관광협회는 문화체육관광부장관의 설립허가를, 지역별 관광협회는 시 · 도지사의 설립허가를 받아야 한다.

③ 시 · 도지사는 해당 지방자치단체의 조례로 정하는 바에 따라 ①에 따른 지역별 관광협회가 수행하는 사업에 대하여 예산의 범위에서 사업비의 전부 또는 일부를 지원할 수 있다.

(2) 협회에 관한 규정의 준용(제46조)

지역별 관광협회 및 업종별 관광협회의 설립 · 운영 등에 관하여는 제41조부터 제44조까지의 규정을 준용한다.

제4절 관광의 진흥과 홍보

(1) 관광정보 활용 등(제47조)

① 문화체육관광부장관은 관광에 관한 정보의 활용과 관광을 통한 국제친선을 도모하기 위하여 관광과 관련된 국제기구와의 협력 관계를 증진하여야 한다.

② 문화체육관광부장관은 업무를 원활히 수행하기 위하여 관광사업자 · 관광사업자 단체 또는 한국관광공사(이하 "관광사업자 등"이라 한다)에게 필요한 사항을 권고 · 조정할 수 있다.

③ 관광사업자 등은 특별한 사유가 없으면 문화체육관광부장관의 권고나 조정에 협조하여야 한다.

(2) 관광통계(제47조의2)

① 문화체육관광부장관과 지방자치단체의 장은 관광개발기본계획 및 권역별 관광개발계획을 효과적으로 수립 · 시행하고 관광산업에 활용하도록 하기 위하여 국내외의 관광통계를 작성할 수 있다.

② 문화체육관광부장관과 지방자치단체의 장은 관광통계를 작성하기 위하여 필요하면 실태조사를 하거나, 공공기관 · 연구소 · 법인 · 단체 · 민간기업 · 개인 등에 협조를 요청할 수 있다.

③ 규정한 사항 외에 관광통계의 작성 · 관리 및 활용에 필요한 사항은 대통령령으로 정한다.

④ 관광통계 작성 범위(시행령 제41조의2) 15 17 21 23 기출

㉠ 외국인 방한 관광객의 관광행태에 관한 사항

㉡ 국민의 관광행태에 관한 사항

㉢ 관광사업자의 경영에 관한 사항

㉣ 관광지와 관광단지의 현황 및 관리에 관한 사항

㉤ 그 밖에 문화체육관광부장관 또는 지방자치단체의 장이 관광산업의 발전을 위하여 필요하다고 인정하는 사항

(3) 장애인 · 고령자 · 다자녀가구 관광 활동의 지원(제47조의3) 15 기출

① 국가 및 지방자치단체는 장애인 · 고령자의 여행 기회를 확대하고 장애인 · 고령자의 관광 활동을 장려 · 지원하기 위하여 관련 시설을 설치하는 등 종합적인 시책을 강구하여야 한다.

② 국가 및 지방자치단체는 장애인 · 고령자의 여행 및 관광 활동 권리를 증진하기 위하여 장애인 · 고령자의 관광 지원사업과 장애인 · 고령자 관광 지원 단체에 대하여 경비를 보조하는 등 필요한 지원을 할 수 있다.

③ 국가 및 지방자치단체는 다자녀가구의 관광 활동을 지원하기 위하여 관광시설 이용의 편의를 제공하는 등 종합적인 시책을 강구하여야 한다. 이 경우 다자녀가구의 요건 등 필요한 사항은 문화체육관광부령으로 정한다.

④ 다가구자녀의 요건(시행규칙 제56조) : 관광활동의 지원 대상이 되는 다자녀가구는 미성년자인 두 명 이상의 자녀를 둔 가구로 한다.

(4) 관광취약계층의 관광복지 증진 시책 강구(제47조의4)

국가 및 지방자치단체는 경제적 · 사회적 여건 등으로 관광 활동에 제약을 받고 있는 관광취약계층의 여행 기회를 확대하고 관광 활동을 장려하기 위하여 필요한 시책을 강구하여야 한다.

(5) 여행이용권의 지급 및 관리(제47조의5) 15 21 기출

① 국가 및 지방자치단체는 「국민기초생활 보장법」에 따른 수급권자, 그 밖에 소득수준이 낮은 저소득층 등 대통령령으로 정하는 관광취약계층에게 여행이용권을 지급할 수 있다.

② 국가 및 지방자치단체는 여행이용권의 수급자격 및 자격유지의 적정성을 확인하기 위하여 필요한 가족관계증명 · 국세 · 지방세 · 토지 · 건물 · 건강보험 및 국민연금에 관한 자료 등 대통령령으로 정하는 자료를 관계 기관의 장에게 요청할 수 있고, 해당 기관의 장은 특별한 사유가 없으면 요청에 따라야 한다. 다만, 「전자정부법」에 따른 행정정보 공동이용을 통하여 확인할 수 있는 사항은 예외로 한다.

③ 국가 및 지방자치단체는 ②에 따른 자료의 확인을 위하여 「사회복지사업법」에 따른 정보시스템을 연계하여 사용할 수 있다.

④ 국가 및 지방자치단체는 여행이용권의 발급, 정보시스템의 구축 · 운영 등 여행이용권 업무의 효율적 수행을 위하여 대통령령으로 정하는 바에 따라 전담기관을 지정할 수 있다.

⑤ ①부터 ④까지에서 규정한 사항 외에 여행이용권의 지급 · 이용 등에 필요한 사항은 대통령령으로 정한다.

⑥ 문화체육관광부장관은 여행이용권의 이용 기회 확대 및 지원 업무의 효율성을 제고하기 위하여 여행이용권을 「문화예술진흥법」에 따른 문화이용권 등 문화체육관광부령으로 정하는 이용권과 통합하여 운영할 수 있다.

(6) 국제협력 및 해외진출 지원(제47조의6)

① 문화체육관광부장관은 관광산업의 국제협력 및 해외시장 진출을 촉진하기 위하여 다음의 사업을 지원할 수 있다.

㉠ 국제전시회의 개최 및 참가 지원
㉡ 외국자본의 투자유치
㉢ 해외마케팅 및 홍보활동
㉣ 해외진출에 관한 정보제공
㉤ 수출 관련 협력체계의 구축
㉥ 그 밖에 국제협력 및 해외진출을 위하여 필요한 사업

② 문화체육관광부장관은 ①에 따른 사업을 효율적으로 지원하기 위하여 대통령령으로 정하는 관계 기관 또는 단체에 이를 위탁하거나 대행하게 할 수 있으며, 이에 필요한 비용을 보조할 수 있다.

(7) 관광산업 진흥사업(제47조의7)

문화체육관광부장관은 관광산업의 활성화를 위하여 대통령령으로 정하는 바에 따라 다음의 사업을 추진할 수 있다.

① 관광산업 발전을 위한 정책 · 제도의 조사 · 연구 및 기획
② 관광 관련 창업 촉진 및 창업자의 성장 · 발전 지원
③ 관광산업 전문인력 수급분석 및 육성
④ 관광산업 관련 기술의 연구개발 및 실용화
⑤ 지역에 특화된 관광 상품 및 서비스 등의 발굴 · 육성
⑥ 그 밖에 관광산업 진흥을 위하여 필요한 사항

(8) 스마트관광산업의 육성(제47조의8)

① 국가와 지방자치단체는 기술기반의 관광산업 경쟁력을 강화하고 지역관광을 활성화하기 위하여 스마트관광산업(관광에 정보통신기술을 융합하여 관광객에게 맞춤형 서비스를 제공하고 관광콘텐츠 · 인프라를 지속적으로 발전시킴으로써 경제적 또는 사회적 부가가치를 창출하는 산업)을 육성하여야 한다.

② 문화체육관광부장관은 스마트관광산업의 육성을 위하여 다음 사업을 추진 · 지원할 수 있다.
㉠ 스마트관광산업 발전을 위한 정책 · 제도의 조사 · 연구 및 기획
㉡ 스마트관광산업 관련 창업 촉진 및 창업자의 성장 · 발전 지원
㉢ 스마트관광산업 관련 기술의 연구개발 및 실용화
㉣ 스마트관광산업 기반 지역관광 개발
㉤ 스마트관광산업 진흥에 필요한 전문인력 양성
㉥ 그 밖에 스마트관광산업 육성을 위하여 필요한 사항

(9) 관광홍보 및 관광자원 개발(제48조)

① 문화체육관광부장관 또는 시 · 도지사는 국제관광의 촉진과 국민관광의 건전한 발전을 위하여 국내외 관광홍보 활동을 조정하거나 관광 선전물을 심사하거나 그 밖에 필요한 사항을 지원할 수 있다.

② 문화체육관광부장관 또는 시 · 도지사는 관광홍보를 원활히 추진하기 위하여 필요하면 문화체육관광부령으로 정하는 바에 따라 관광사업자 등에게 해외관광시장에 대한 정기적인 조사, 관광홍보물의 제작, 관광안내소의 운영 등에 필요한 사항을 권고하거나 지도할 수 있다.

제3과목

③ 지방자치단체의 장, 관광사업자 또는 관광지 · 관광단지의 조성계획승인을 받은 자는 관광지 · 관광단지 · 관광특구 · 관광시설 등 관광자원을 안내하거나 홍보하는 내용의 옥외광고물을 「옥외광고물 등의 관리와 옥외광고산업 진흥에 관한 법률」의 규정에도 불구하고 대통령령으로 정하는 바에 따라 설치할 수 있다.

④ 문화체육관광부장관과 지방자치단체의 장은 관광객의 유치, 관광복지의 증진 및 관광진흥을 위하여 대통령령 또는 조례로 정하는 바에 따라 다음의 사업을 추진할 수 있다.

㉠ 문화, 체육, 레저 및 산업시설 등의 관광자원화 사업

㉡ 해양관광의 개발사업 및 자연생태의 관광자원화 사업

㉢ 관광상품의 개발에 관한 사업

㉣ 국민의 관광복지 증진에 관한 사업

㉣의2. 무장애 관광 환경 조성에 관한 사업

㉤ 유휴자원을 활용한 관광자원화사업

㉥ 주민 주도의 지역관광 활성화 사업

(10) 지역축제 등(제48조의2)

① 문화체육관광부장관은 지역축제의 체계적 육성 및 활성화를 위하여 지역축제에 대한 실태조사와 평가를 할 수 있다.

② 문화체육관광부장관은 지역축제의 통폐합 등을 포함한 그 발전방향에 대하여 지방자치단체의 장에게 의견을 제시하거나 권고할 수 있다.

③ 문화체육관광부장관은 다양한 지역관광자원을 개발 · 육성하기 위하여 우수한 지역축제를 문화관광축제로 지정하고 지원할 수 있다.

④ **주민 주도의 지역관광 활성화 사업(시행령 제41조의7)** : 문화체육관광부장관은 주민 주도의 지역관광 활성화를 위하여 다음의 사업을 추진할 수 있다.

㉠ 주민 주도의 지역관광 활성화 관련 전문인력 및 지역관광 분야 주민사업체(지역 주민으로 구성되어 영리를 목적으로 지역관광 사업을 수행하는 법인 또는 단체를 말한다)의 발굴 · 육성 · 교육 및 활동 지원

㉡ 주민 주도의 지역관광 홍보

㉢ 지역자원을 활용한 관광콘텐츠 개발 지원

㉣ 주민 주도의 지역관광 모니터링 및 평가

㉤ 그 밖에 주민 주도의 지역관광 활성화를 위하여 필요한 사업

⑤ **문화관광축제의 지정 기준(시행령 제41조의8)** : 문화관광축제의 지정기준은 문화체육관광부장관이 다음의 사항을 고려하여 정한다. 15 19 21 24 기출

㉠ 축제의 특성 및 콘텐츠

㉡ 축제의 운영능력

㉢ 관광객 유치 효과 및 경제적 파급효과

㉣ 그 밖에 문화체육관광부장관이 정하는 사항

⑥ 문화관광축제의 지원 방법(시행령 제41조의9)

㉠ 문화관광축제로 지정받으려는 지역축제의 개최자는 관할 특별시 · 광역시 · 특별자치시 · 도 · 특별자치도를 거쳐 문화체육관광부장관에게 지정신청을 하여야 한다.

㉡ 지정신청을 받은 문화체육관광부장관은 지정기준에 따라 문화관광축제를 지정한다.

㉢ 문화체육관광부장관은 지정받은 문화관광축제를 예산의 범위에서 지원할 수 있다.

(11) 지속가능한 관광활성화(제48조의3 및 시행령 제41조의10) 20 기출

① 문화체육관광부장관은 에너지 · 자원의 사용을 최소화하고 기후변화에 대응하며 환경 훼손을 줄이고, 지역주민의 삶과 균형을 이루며 지역경제와 상생발전할 수 있는 지속가능한 관광자원의 개발을 장려하기 위하여 정보제공 및 재정지원 등 필요한 조치를 강구할 수 있다.

② 시 · 도지사나 시장 · 군수 · 구청장은 다음의 어느 하나에 해당하는 지역을 조례로 정하는 바에 따라 특별관리지역으로 지정할 수 있다. 이 경우 특별관리지역이 같은 시 · 도 내에서 둘 이상의 시 · 군 · 구에 걸쳐 있는 경우에는 시 · 도지사가 지정하고, 둘 이상의 시 · 도에 걸쳐 있는 경우에는 해당 시 · 도지사가 공동으로 지정한다.

㉠ 수용 범위를 초과한 관광객의 방문으로 자연환경이 훼손되거나 주민의 평온한 생활환경을 해칠 우려가 있어 관리할 필요가 있다고 인정되는 지역

㉡ 차량을 이용한 숙박 · 취사 등의 행위로 자연환경이 훼손되거나 주민의 평온한 생활환경을 해칠 우려가 있어 관리할 필요가 있다고 인정되는 지역. 다만, 다른 법령에서 출입, 주차, 취사 및 야영 등을 금지하는 지역은 제외한다.

③ 문화체육관광부장관은 특별관리지역으로 지정할 필요가 있다고 인정하는 경우에는 시 · 도지사 또는 시장 · 군수 · 구청장으로 하여금 해당 지역을 특별관리지역으로 지정하도록 권고할 수 있다.

④ 시 · 도지사나 시장 · 군수 · 구청장은 특별관리지역을 지정 · 변경 또는 해제할 때에는 대통령령으로 정하는 바에 따라 미리 주민의 의견을 들어야 하며, 관계 행정기관의 장과 협의하여야 한다. 다만 대통령령으로 정하는 경미한 사항을 변경하려는 경우에는 예외로 한다.

㉠ 시 · 도지사 또는 시장 · 군수 · 구청장은 법에 따라 주민의 의견을 들으려는 경우에는 해당 지역의 주민을 대상으로 공청회를 개최해야 한다.

㉡ 시 · 도지사 또는 시장 · 군수 · 구청장은 법에 따른 협의를 하려는 경우에는 문화체육관광부령으로 정하는 서류를 문화체육관광부장관 및 관계 행정기관의 장에게 제출해야 한다.

㉢ 법에 따라 협의 요청을 받은 문화체육관광부장관 및 관계 행정기관의 장은 협의 요청을 받은 날부터 30일 이내에 의견을 제출해야 한다.

㉣ "대통령령으로 정하는 경미한 사항을 변경하는 경우"란 다음의 변경에 해당하지 않는 경우를 말한다.

- 특별관리지역의 위치 또는 면적의 변경
- 특별관리지역의 지정기간의 변경
- 특별관리지역 내 조치사항 중 다음에 해당하는 사항의 변경
  - 관광객 방문제한 시간
  - 특별관리지역 방문에 부과되는 이용료

– 차량 · 관광객 통행제한 지역
– 그 밖에 위에 준하는 조치사항으로서 주민의 의견을 듣거나 문화체육관광부장관 및 관계 행정기관의 장과 협의를 할 필요가 있다고 인정되는 사항

⑤ 시 · 도지사나 시장 · 군수 · 구청장은 특별관리지역을 지정 · 변경 또는 해제할 때에는 특별관리지역의 위치, 면적, 지정일시, 지정 · 변경 · 해제 사유, 특별관리지역 내 조치사항, 그 밖에 조례로 정하는 사항을 해당 지방자치단체 공보에 고시하고, 문화체육관광부장관에게 제출하여야 한다.

⑥ 시 · 도지사나 시장 · 군수 · 구청장은 특별관리지역에 대하여 조례로 정하는 바에 따라 관광객 방문시간 제한, 편의시설 설치, 이용수칙 고지, 이용료 징수, 차량 · 관광객 통행 제한 등 필요한 조치를 할 수 있다.

⑦ 시 · 도지사나 시장 · 군수 · 구청장은 ⑥에 따른 조례를 위반한 사람에게 「지방자치법」 제27조에 따라 1천만원 이하의 과태료를 부과 · 징수할 수 있다.

⑧ 시 · 도지사나 시장 · 군수 · 구청장은 특별관리지역에 해당 지역의 범위, 조치사항 등을 표시한 안내판을 설치하여야 한다.

⑨ 문화체육관광부장관은 특별관리지역 지정 현황을 관리하고 이와 관련된 정보를 공개하여야 하며, 특별관리지역을 지정 · 운영하는 지방자치단체와 그 주민 등을 위하여 필요한 지원을 할 수 있다.

⑩ 그 밖에 특별관리지역의 지정 요건, 지정 절차 등 특별관리지역 지정 및 운영에 필요한 사항은 해당 지방자치단체의 조례로 정한다.

(12) 문화관광해설사의 양성 및 활용계획 등(제48조의4) 24 기출

① 문화체육관광부장관은 문화관광해설사를 효과적이고 체계적으로 양성 · 활용하기 위하여 해마다 문화관광해설사의 양성 및 활용계획을 수립하고, 이를 지방자치단체의 장에게 알려야 한다.

② 지방자치단체의 장은 문화관광해설사 양성 및 활용계획에 따라 관광객의 규모, 관광자원의 보유 현황, 문화관광해설사에 대한 수요 등을 고려하여 해마다 문화관광해설사 운영계획을 수립 · 시행하여야 한다. 이 경우 문화관광해설사의 양성 · 배치 · 활용 등에 관한 사항을 포함하여야 한다.

(13) 관광체험교육프로그램 개발(제48조의5) 15 기출

문화체육관광부장관 또는 지방자치단체의 장은 관광객에게 역사 · 문화 · 예술 · 자연 등의 관광자원과 연계한 체험기회를 제공하고, 관광을 활성화하기 위하여 관광체험교육프로그램을 개발 · 보급할 수 있다. 이 경우 장애인을 위한 관광체험교육프로그램을 개발하여야 한다.

(14) 문화관광해설사 양성교육과정의 개설 · 운영(제48조의6)

① 문화체육관광부장관 또는 시 · 도지사는 문화관광해설사 양성을 위한 교육과정을 개설하여 운영할 수 있다.

② ①에 따른 교육과정의 개설 · 운영에 필요한 사항은 문화체육관광부령으로 정한다.

(15) 문화관광해설사의 선발 및 활용(제48조의8)

① 문화체육관광부장관 또는 지방자치단체의 장은 제48조의6 제1항에 따른 교육과정을 이수한 자를 문화관광해설사로 선발하여 활용할 수 있다.

② 문화체육관광부장관 또는 지방자치단체의 장은 ①에 따라 문화관광해설사를 선발하는 경우 문화체육관광부령으로 정하는 바에 따라 이론 및 실습을 평가하고, 3개월 이상의 실무수습을 마친 자에게 자격을 부여할 수 있다.

③ 문화체육관광부장관 또는 지방자치단체의 장은 예산의 범위에서 문화관광해설사의 활동에 필요한 비용 등을 지원할 수 있다.

④ 그 밖에 문화관광해설사의 선발, 배치 및 활용 등에 필요한 사항은 문화체육관광부령으로 정한다.

(16) 지역관광협의회 설립(제48조의9) 21 24 기출

① 관광사업자, 관광 관련 사업자, 관광 관련 단체, 주민 등은 공동으로 지역의 관광진흥을 위하여 광역 및 기초 지방자치단체 단위의 지역관광협의회(이하 "협의회"라 한다)를 설립할 수 있다.

② 협의회에는 지역 내 관광진흥을 위한 이해 관련자가 고루 참여하여야 하며, 협의회를 설립하려는 자는 해당 지방자치단체의 장의 허가를 받아야 한다.

③ 협의회는 법인으로 한다.

④ 협의회는 다음의 업무를 수행한다.

㉠ 지역의 관광수용태세 개선을 위한 업무

㉡ 지역관광 홍보 및 마케팅 지원 업무

㉢ 관광사업자, 관광 관련 사업자, 관광 관련 단체에 대한 지원

㉣ ㉠부터 ㉢까지의 업무에 따르는 수익사업

㉤ 지방자치단체로부터 위탁받은 업무

⑤ 협의회의 운영 등에 필요한 경비는 회원이 납부하는 회비와 사업 수익금 등으로 충당하며, 지방자치단체의 장은 협의회의 운영 등에 필요한 경비의 일부를 예산의 범위에서 지원할 수 있다.

⑥ 협의회의 설립 및 지원 등에 필요한 사항은 해당 지방자치단체의 조례로 정한다.

⑦ 협의회에 관하여 이 법에 규정된 것 외에는 「민법」 중 사단법인에 관한 규정을 준용한다.

(17) 한국관광 품질인증(제48조의10) 20 21 22 23 24 25 기출

① 문화체육관광부장관은 관광객의 편의를 돕고 관광서비스의 수준을 향상시키기 위하여 관광사업 및 이와 밀접한 관련이 있는 사업으로서 대통령령으로 정하는 사업을 위한 시설 및 서비스 등(이하 "시설 등"이라 한다)을 대상으로 품질인증(이하 "한국관광 품질인증"이라 한다)을 할 수 있다.

㉠ "대통령령으로 정하는 사업"이란 다음의 어느 하나에 해당하는 사업을 말한다(시행령 제41조의11).

- 야영장업
- 외국인관광 도시민박업
- 한옥체험업
- 관광식당업
- 관광면세업
- 「공중위생관리법」에 따른 숙박업(관광숙박업은 제외)
- 「외국인관광객 등에 대한 부가가치세 및 개별소비세 특례규정」에 따른 외국인관광객면세판매장
- 그 밖에 관광사업 및 이와 밀접한 관련이 있는 사업으로서 문화체육관광부장관이 정하여 고시하는 사업

제3과목

㉡ 한국관광 품질인증(이하 "한국관광 품질인증"이라 한다)의 인증 기준은 다음과 같다(시행령 제41조의12 제1항).

- 관광객 편의를 위한 시설 및 서비스를 갖출 것
- 관광객 응대를 위한 전문 인력을 확보할 것
- 재난 및 안전관리 위험으로부터 관광객을 보호할 수 있는 사업장 안전관리 방안을 수립할 것
- 해당 사업의 관련 법령을 준수할 것

② 한국관광 품질인증을 받은 자는 대통령령으로 정하는 바에 따라 인증표지를 하거나 그 사실을 홍보할 수 있다.

③ 한국관광 품질인증을 받은 자가 아니면 인증표지 또는 이와 유사한 표지를 하거나 한국관광 품질인증을 받은 것으로 홍보하여서는 아니 된다.

④ 문화체육관광부장관은 한국관광 품질인증을 받은 시설 등에 대하여 다음의 지원을 할 수 있다.

㉠ 「관광진흥개발기금법」에 따른 관광진흥개발기금의 대여 또는 보조

㉡ 국내 또는 국외에서의 홍보

㉢ 그 밖에 시설 등의 운영 및 개선을 위하여 필요한 사항

⑤ 문화체육관광부장관은 한국관광 품질인증을 위하여 필요한 경우에는 특별자치시장 · 특별자치도지사 · 시장 · 군수 · 구청장 및 관계 기관의 장에게 자료 제출을 요청할 수 있다. 이 경우 자료 제출을 요청받은 특별자치시장 · 특별자치도지사 · 시장 · 군수 · 구청장 및 관계 기관의 장은 특별한 사유가 없으면 이에 따라야 한다.

⑥ 한국관광 품질인증의 인증 기준 · 절차 · 방법, 인증표지 및 그 밖에 한국관광 품질인증 제도 운영에 필요한 사항은 대통령령으로 정한다.

(18) 한국관광 품질인증의 취소(제48조의11) 18 기출

문화체육관광부장관은 한국관광 품질인증을 받은 자가 다음의 어느 하나에 해당하는 경우에는 그 인증을 취소할 수 있다. 다만, ①에 해당하는 경우에는 인증을 취소하여야 한다.

① 거짓이나 그 밖의 부정한 방법으로 인증을 받은 경우

② 인증 기준에 적합하지 아니하게 된 경우

(19) 일 · 휴양연계관광산업의 육성(제48조의12)

① 국가와 지방자치단체는 관광산업과 지역관광을 활성화하기 위하여 일 · 휴양연계관광산업(지역관광과 기업의 일 · 휴양연계제도를 연계하여 관광인프라를 조성하고 맞춤형 서비스를 제공함으로써 경제적 또는 사회적 부가가치를 창출하는 산업)을 육성하여야 한다.

② 문화체육관광부장관은 다양한 지역관광자원을 개발 · 육성하기 위하여 일 · 휴양연계관광산업의 관광 상품 및 서비스를 발굴 · 육성할 수 있다.

③ 지방자치단체는 일 · 휴양연계관광산업의 활성화를 위하여 기업 또는 근로자에게 조례로 정하는 바에 따라 업무공간, 체류비용의 일부 등을 지원할 수 있다.

(20) 과세정보의 제공 요청(제48조의13)

문화체육관광부장관은 외국인 관광객의 관광 활성화를 위하여 필요한 경우 국세청장에게 사업자(면세판매장을 경영하는 사업자)에 관한 다음 과세정보의 제공이나 그 밖에 필요한 협조를 요청할 수 있다. 이 경우 국세청장은 특별한 사유가 없으면 그 요청에 따라야 한다.

① 상호

② 면세판매장의 소재지, 주업태 및 주종목

③ 즉시환급 실적(세액상당액을 차감한 가격으로 면세물품을 판매한 실적을 말한다) 제출 여부

④ 면세판매장의 지정일 및 지정취소일

제5절 관광지 등의 개발

01 관광지 및 관광단지의 개발

(1) 관광개발기본계획 등(제49조 및 시행령 제42조) 16 17 21 22 25 기출

① 문화체육관광부장관은 관광자원을 효율적으로 개발하고 관리하기 위하여 전국을 대상으로 다음과 같은 사항을 포함하는 관광개발기본계획(이하 "기본계획"이라 한다)을 10년마다 수립하여야 한다.

㉠ 전국의 관광 여건과 관광 동향에 관한 사항

㉡ 전국의 관광 수요와 공급에 관한 사항

㉢ 관광자원의 보호 · 개발 · 이용 · 관리 등에 관한 기본적인 사항

㉣ 관광권역의 설정에 관한 사항

㉤ 관광권역별 관광개발의 기본방향에 관한 사항

㉥ 그 밖에 관광개발에 관한 사항

② 문화체육관광부장관은 사회적 · 경제적 여건 변화 등을 고려하여 5년마다 ①에 따른 기본계획을 전반적으로 재검토하고 개선이 필요한 사항을 정비해야 한다(시행령 제42조 제2항).

③ 시 · 도지사(특별자치도지사 제외)는 기본계획에 따라 구분된 권역을 대상으로 다음의 사항을 포함하는 권역별 관광개발계획(이하 "권역계획"이라 한다)을 수립하여야 한다.

㉠ 권역의 관광 여건 및 관광 동향에 관한 사항

㉡ 권역의 관광 수요와 공급에 관한 사항

㉢ 관광자원의 보호 · 개발 · 이용 · 관리 등에 관한 사항

㉣ 관광지 및 관광단지의 조성 · 정비 · 보완 등에 관한 사항

㉤ 관광지 및 관광단지의 실적 평가에 관한 사항

㉥ 관광지 연계에 관한 사항

㉦ 관광사업의 추진에 관한 사항

ⓞ 환경보전에 관한 사항

ⓩ 그 밖에 그 권역의 관광자원의 개발, 관리 및 평가를 위하여 필요한 사항

개념충전 **관광개발계획의 수립시기(시행령 제42조)**

- 관광개발기본계획은 10년마다 수립한다.
- 문화체육관광부장관은 사회적 · 경제적 여건 변화를 고려하여 5년마다 위에 따른 기본계획을 전반적으로 재검토하고 개선이 필요한 사항을 정비해야 한다.
- 법 제49조 제2항에 따른 권역별 관광개발계획(이하 "권역계획"이라 한다)은 5년마다 수립한다.

(2) 기본계획(제50조)

① 시 · 도지사는 기본계획의 수립에 필요한 관광 개발사업에 관한 요구서를 문화체육관광부장관에게 제출하여야 하고, 문화체육관광부장관은 이를 종합 · 조정하여 기본계획을 수립하고 공고하여야 한다.

② 문화체육관광부장관은 수립된 기본계획을 확정하여 공고하려면 관계 부처의 장과 협의하여야 한다.

③ 확정된 기본계획을 변경하는 경우에는 ①과 ②를 준용한다.

④ 문화체육관광부장관은 관계 기관의 장에게 기본계획의 수립에 필요한 자료를 요구하거나 협조를 요청할 수 있고, 그 요구 또는 협조 요청을 받은 관계 기관의 장은 정당한 사유가 없으면 요청에 따라야 한다.

(3) 권역계획(제51조)

① 권역계획(圈域計劃)은 그 지역을 관할하는 시 · 도지사(특별자치도지사는 제외)가 수립하여야 한다. 다만, 둘 이상의 시 · 도에 걸치는 지역이 하나의 권역계획에 포함되는 경우에는 관계되는 시 · 도지사와의 협의에 따라 수립하되, 협의가 성립되지 아니한 경우에는 문화체육관광부장관이 지정하는 시 · 도지사가 수립하여야 한다. 16 기출

② 시 · 도지사는 수립한 권역계획을 문화체육관광부장관의 조정과 관계 행정기관의 장과의 협의를 거쳐 확정하여야 한다. 이 경우 협의요청을 받은 관계 행정기관의 장은 특별한 사유가 없는 한 그 요청을 받은 날부터 30일 이내에 의견을 제시하여야 한다. 23 기출

③ 시 · 도지사는 권역계획이 확정되면 그 요지를 공고하여야 한다.

④ 확정된 권역계획을 변경하는 경우에는 ①~③까지의 규정을 준용한다. 다만, 대통령령으로 정하는 경미한 사항의 변경에 대하여는 관계 부처의 장과의 협의를 갈음하여 문화체육관광부장관의 승인을 받아야 한다.

⑤ 그 밖에 권역계획의 수립 기준 및 방법 등에 필요한 사항은 대통령령으로 정하는 바에 따라 문화체육관광부장관이 정한다.

(4) 관광지의 지정 등(제52조) 16 기출

① 관광지 및 관광단지(이하 "관광지 등"이라 한다)는 문화체육관광부령으로 정하는 바에 따라 시장 · 군수 · 구청장의 신청에 의하여 시 · 도지사가 지정한다. 다만, 특별자치시 및 특별자치도의 경우에는 특별자치시장 및 특별자치도지사가 지정한다. 17 18 기출

② 시 · 도지사는 관광지 등을 지정하려면 사전에 문화체육관광부장관 및 관계 행정기관의 장과 협의하여야 한다. 다만, 「국토의 계획 및 이용에 관한 법률」에 따라 계획관리지역(도시 · 군관리계획으로 결정되지 아니한 지역인 경우에는 종전의 「국토이용관리법」에 따라 준도시지역으로 결정 · 고시된 지역을 말한다)으로 결정 · 고시된 지역을 관광지 등으로 지정하려는 경우에는 그러하지 아니하다.

③ 문화체육관광부장관 및 관계 행정기관의 장은 「환경영향평가법」 등 관련 법령에 특별한 규정이 있거나 정당한 사유가 있는 경우를 제외하고는 ② 본문에 따른 협의를 요청받은 날부터 30일 이내에 의견을 제출하여야 한다.

④ 문화체육관광부장관 및 관계 행정기관의 장이 ③에서 정한 기간(「민원 처리에 관한 법률」 제20조 제2항에 따라 회신기간을 연장한 경우에는 그 연장된 기간을 말한다) 내에 의견을 제출하지 아니하면 협의가 이루어진 것으로 본다.

⑤ 관광지 등의 지정 취소 또는 그 면적의 변경은 관광지 등의 지정에 관한 절차에 따라야 한다. 이 경우 대통령령으로 정하는 경미한 면적의 변경은 협의를 하지 아니할 수 있다.

⑥ 시 · 도지사는 지정, 지정취소 또는 그 면적변경을 한 경우에는 이를 고시하여야 한다.

⑦ 시 · 도지사(특별자치도지사는 제외)는 관광지 등을 지정 · 고시하는 경우에는 그 지정내용을 관계 시장 · 군수 · 구청장에게 통지하여야 한다(시행령 제45조 제2항).

⑧ ①에도 불구하고 지정 당시 「인구감소지역 지원 특별법」에 따른 인구감소지역에 속하는 지역의 경우 문화체육관광부령으로 정하는 면적 기준에 해당하는 관광단지는 문화체육관광부령으로 정하는 바에 따라 해당 인구감소지역을 관할하는 시장 · 군수 · 구청장이 지정한다.

⑨ 특별자치도지사와 통지를 받은 시장 · 군수 · 구청장은 관광지 등의 지번 · 지목 · 지적 및 소유자가 표시된 토지조서를 갖추어 두고 일반인이 열람할 수 있도록 하여야 한다(시행령 제45조 제3항).

개념충전 **관광지 등의 지정 · 고시 포함 사항(시행령 제45조 제1항)**

- 고시연월일
- 관광지 등의 위치 및 면적
- 관광지 등의 구역이 표시된 축척 2만 5천분의 1 이상의 지형도

제3과목

(5) 행위 등의 제한(제52조의2)

① 제52조에 따라 관광지등으로 지정 · 고시된 지역에서 건축물의 건축, 공작물의 설치, 토지의 형질변경, 토석의 채취, 토지분할, 물건을 쌓아놓는 행위 등 대통령령으로 정하는 행위를 하려는 자는 특별자치시장 · 특별자치도지사 · 시장 · 군수 · 구청장의 허가를 받아야 한다. 허가받은 사항을 변경하려는 경우에도 또한 같다.

② ①에도 불구하고 재해복구 또는 재난수습에 필요한 응급조치를 위하여 하는 행위는 ①에 따른 허가를 받지 아니하고 할 수 있다.

③ ①에 따라 허가를 받아야 하는 행위로서 관광지등의 지정 및 고시 당시 이미 관계 법령에 따라 허가를 받았거나 허가를 받을 필요가 없는 행위에 관하여 그 공사 또는 사업에 착수한 자는 대통령령으로 정하는 바에 따라 특별자치시장 · 특별자치도지사 · 시장 · 군수 · 구청장에게 신고한 후 이를 계속 시행할 수 있다.

④ 특별자치시장 · 특별자치도지사 · 시장 · 군수 · 구청장은 ①을 위반한 자에게 원상회복을 명할 수 있으며, 명령을 받은 자가 그 의무를 이행하지 아니하면 이를 대집행(代執行)할 수 있다.

⑤ ①에 따라 허가를 받은 경우에는 허가를 받은 것으로 본다.

(6) 조사 · 측량 실시(제53조)

① 시 · 도지사 또는 시장 · 군수 · 구청장(시장 · 군수 · 구청장의 경우 관광단지로 지정하기 위한 경우로 한정)은 기본계획 및 권역계획을 수립하거나 관광지 등의 지정을 위하여 필요하면 해당 지역에 대한 조사와 측량을 실시할 수 있다.

② 조사와 측량을 위하여 필요하면 타인이 점유하는 토지에 출입할 수 있다.

(7) 조성계획의 수립 등(제54조)

① **조성계획의 승인신청** : 관광지 등을 관할하는 시장 · 군수 · 구청장은 조성계획을 작성하여 시 · 도지사의 승인을 받아야 한다. 이를 변경(대통령령으로 정하는 경미한 사항의 변경은 제외)하려는 경우에도 또한 같다. 다만, 관광단지를 개발하려는 공공기관 등 문화체육관광부령으로 정하는 공공법인 또는 민간개발자(이하 "관광단지개발자"라 한다)는 조성계획을 작성하여 대통령령으로 정하는 바에 따라 시 · 도지사의 승인을 받을 수 있다.

② ①에도 불구하고 지정된 관광단지의 경우 관광단지개발자는 조성계획을 작성하여 대통령령으로 정하는 바에 따라 시장 · 군수 · 구청장의 승인 또는 변경승인(대통령령으로 정하는 경미한 사항의 변경은 제외)을 받아야 한다.

③ 시 · 도지사 또는 시장 · 군수 · 구청장(시장 · 군수 · 구청장의 경우 지정된 관광단지로 한정)은 조성계획을 승인하거나 변경승인을 하고자 하는 때에는 관계 행정기관의 장과 협의하여야 한다. 이 경우 협의요청을 받은 관계 행정기관의 장은 특별한 사유가 없는 한 그 요청을 받은 날부터 30일 이내에 의견을 제시하여야 한다.

④ 시 · 도지사 또는 시장 · 군수 · 구청장이 조성계획을 승인 또는 변경승인한 때에는 지체 없이 이를 고시하여야 한다. 23 기출

⑤ 민간개발자가 관광단지를 개발하는 경우에는 제58조 제13호(「공익사업을 위한 토지 등의 취득 및 보상에 관한 법률」에 따른 사업인정) 및 제61조(수용 및 사용)를 적용하지 아니한다. 다만, 조성계획상의 조성 대상 토지면적 중 사유지의 3분의 2 이상을 취득한 경우 남은 사유지에 대하여는 그러하지 아니하다.

⑥ 관광지 등을 관할하는 특별자치시장 및 특별자치도지사는 관계 행정기관의 장과 협의하여 조성계획을 수립하고, 조성계획을 수립한 때에는 지체 없이 이를 고시하여야 한다.

⑦ ① 또는 ②에 따라 조성계획의 승인을 받은 자(⑥에 따라 특별자치시장 및 특별자치도지사가 조성계획을 수립한 경우를 포함한다. 이하 "사업시행자"라 한다)가 아닌 자로서 조성계획을 시행하기 위한 사업(이하 "조성사업"이라 한다)을 하려는 자가 조성하려는 토지면적 중 사유지의 3분의 2 이상을 취득한 경우에는 대통령령으로 정하는 바에 따라 사업시행자(사업시행자가 관광단지개발자인 경우는 제외한다)에게 남은 사유지의 매수를 요청할 수 있다.

(8) 조성계획의 시행(제55조)

① 조성사업은 이 법 또는 다른 법령에 특별한 규정이 있는 경우 외에는 사업시행자가 행한다.

② 조성계획의 승인을 받아 관광지 등을 개발하려는 자가 관광지 등의 개발 촉진을 위하여 조성계획의 승인 전에 대통령령으로 정하는 바에 따라 시·도지사 또는 시장·군수·구청장(시장·군수·구청장의 경우 지정된 관광단지로 한정)의 승인을 받아 그 조성사업에 필요한 토지를 매입한 경우에는 사업시행자로서 토지를 매입한 것으로 본다.

③ 사업시행자가 아닌 자로서 조성사업을 하려는 자는 대통령령으로 정하는 기준과 절차에 따라 사업시행자가 특별자치시장·특별자치도지사·시장·군수·구청장인 경우에는 특별자치시장·특별자치도지사·시장·군수·구청장의 허가를 받아서 조성사업을 할 수 있고, 사업시행자가 관광단지개발자인 경우에는 관광단지개발자와 협의하여 조성사업을 할 수 있다.

④ 사업시행자가 아닌 자로서 조성사업(시장·군수·구청장이 조성계획의 승인을 받은 사업만 해당)을 시행하려는 자가 사업계획의 승인을 받은 경우에는 특별자치시장·특별자치도지사·시장·군수·구청장의 허가를 받지 아니하고 그 조성사업을 시행할 수 있다.

⑤ 관광단지를 개발하려는 공공기관 등 문화체육관광부령으로 정하는 관광단지개발자는 필요하면 용지의 매수 업무와 손실보상 업무(민간개발자인 경우에는 남은 사유지를 수용하거나 사용하는 경우만 해당)를 대통령령으로 정하는 바에 따라 관할 지방자치단체의 장에게 위탁할 수 있다.

(9) 관광지 등 지정 등의 실효 및 취소 등(제56조) 16 기출

① 관광지 등으로 지정·고시된 관광지 등에 대하여 그 고시일부터 2년 이내에 조성계획의 승인신청이 없으면 그 고시일부터 2년이 지난 다음 날에 그 관광지 등 지정은 효력을 상실한다. 조성계획의 효력이 상실된 관광지 등에 대하여 그 조성계획의 효력이 상실된 날부터 2년 이내에 새로운 조성계획의 승인신청이 없는 경우에도 또한 같다.

② 조성계획의 승인을 받은 관광지 등 사업시행자(조성사업을 하는 자를 포함)가 조성계획의 승인고시일부터 2년 이내에 사업을 착수하지 아니하면 조성계획 승인고시일부터 2년이 지난 다음 날에 그 조성계획의 승인은 효력을 상실한다.

③ 시·도지사 또는 시장·군수·구청장(시장·군수·구청장의 경우 지정된 관광단지로 한정)은 조성계획 승인을 받은 민간개발자가 사업 중단 등으로 환경·미관을 크게 해치거나 관광지 및 관광단지의 실적 평가 결과 조성사업의 완료가 어렵다고 판단되는 경우에는 조성계획의 승인을 취소하거나 이의 개선을 명할 수 있다.

④ 시·도지사 또는 시장·군수·구청장은 행정절차의 이행 등 부득이한 사유로 조성계획 승인신청 또는 사업 착수기한의 연장이 불가피하다고 인정되면 1년 이내의 범위에서 한 번만 그 기한을 연장할 수 있다.

⑤ 시·도지사 또는 시장·군수·구청장은 지정 또는 승인의 효력이 상실된 경우 및 승인이 취소된 경우에는 지체 없이 그 사실을 고시하여야 한다.

(10) 공공시설의 우선 설치(제57조) 17 기출

국가·지방자치단체 또는 사업시행자는 관광지 등의 조성사업과 그 운영에 관련되는 도로, 전기, 상·하수도 등 공공시설을 우선하여 설치하도록 노력하여야 한다.

제3과목

(11) 관광단지의 전기시설 설치(제57조의2) 16 기출

① 관광단지에 전기를 공급하는 자는 관광단지 조성사업의 시행자가 요청하는 경우 관광단지에 전기를 공급하기 위한 전기간선시설 및 배전시설을 관광단지 조성계획에서 도시 · 군계획시설로 결정된 도로까지 설치하되, 구체적인 설치범위는 대통령령으로 정한다.

② 관광단지에 전기를 공급하는 전기간선시설 및 배전시설의 설치비용은 전기를 공급하는 자가 부담한다. 다만, 관광단지 조성사업의 시행자 · 입주기업 · 지방자치단체 등의 요청에 의하여 전기간선시설 및 배전시설을 땅속에 설치하는 경우에는 전기를 공급하는 자와 땅속에 설치할 것을 요청하는 자가 각각 100분의 50의 비율로 설치비용을 부담한다.

(12) 인 · 허가 등의 의제(제58조)

① 조성계획의 승인 또는 변경승인을 받거나 특별자치시장 및 특별자치도지사가 조성계획을 수립한 경우 다음의 인 · 허가 등에 관하여 시 · 도지사 또는 시장 · 군수 · 구청장(시장 · 군수 · 구청장의 경우 지정된 관광단지로 한정)이 인 · 허가 등의 관계 행정기관의 장과 미리 협의한 사항에 대해서는 해당 인 · 허가 등을 받거나 신고를 한 것으로 본다.

㉠ 「국토의 계획 및 이용에 관한 법률」에 따른 도시 · 군관리계획의 결정, 지형도면의 승인, 용도지역 중 도시지역이 아닌 지역의 계획관리지역 지정, 용도지구 중 개발진흥지구의 지정, 개발행위의 허가, 도시 · 군계획시설사업 시행자의 지정 및 실시계획의 인가

㉡ 「수도법」에 따른 일반수도사업의 인가 및 전용 상수도설치시설의 인가

㉢ 「하수도법」에 따른 공공하수도 공사시행 등의 허가

㉣ 「공유수면 관리 및 매립에 관한 법률」에 따른 공유수면 점용 · 사용허가, 점용 · 사용 실시계획의 승인 또는 신고, 공유수면의 매립면허, 국가 등이 시행하는 매립의 협의 또는 승인 및 공유수면 매립실시계획의 승인

㉤ 「하천법」에 따른 하천공사 등의 허가 및 실시계획의 인가, 점용허가 및 실시계획의 인가

㉥ 「도로법」에 따른 도로관리청이 아닌 자에 대한 도로공사 시행의 허가 및 도로의 점용허가

㉦ 「항만법」에 따른 항만개발사업 시행의 허가 및 항만개발사업 실시계획의 승인

㉧ 「사도법」에 따른 사도개설의 허가

㉨ 「산지관리법」에 따른 산지전용허가 및 산지전용신고, 산지일시사용허가 · 신고, 「산림자원의 조성 및 관리에 관한 법률」에 따른 입목벌채 등의 허가와 신고

㉩ 「농지법」에 따른 농지 전용허가

㉪ 「자연공원법」에 따른 공원사업 시행 및 공원시설관리의 허가와 행위 허가

㉫ 「공익사업을 위한 토지 등의 취득 및 보상에 관한 법률」에 따른 사업인정

㉬ 「초지법」에 따른 초지전용의 허가

㉭ 「사방사업법」에 따른 사방지 지정의 해제

㉮ 「장사 등에 관한 법률」에 따른 분묘의 개장신고 및 분묘의 개장허가

㉯ 「폐기물관리법」에 따른 폐기물 처리시설의 설치승인 또는 신고

㉰ 「온천법」에 따른 온천개발계획의 승인

㉱ 「건축법」에 따른 건축허가, 건축신고, 가설건축물 건축의 허가 또는 신고

㉮ 관광숙박업 및 관광객 이용시설업 · 국제회의업의 사업계획 승인. 다만, 사업계획의 작성자와 조성사업의 사업시행자가 동일한 경우에 한정한다.

㉯ 「체육시설의 설치 · 이용에 관한 법률」에 따른 등록 체육시설업의 사업계획 승인. 다만, 사업계획의 작성자와 조성사업의 사업시행자가 동일한 경우에 한정한다.

㉰ 「유통산업발전법」에 따른 대규모점포의 개설등록

㉱ 「공간정보의 구축 및 관리 등에 관한 법률」에 따른 사업의 착수 · 변경의 신고

② 시 · 도지사(조성계획 수립의 경우 특별자치시장 및 특별자치도지사) 또는 시장 · 군수 · 구청장은 ① 각 호의 인 · 허가 등이 포함되어 있는 조성계획을 승인 · 변경승인 또는 수립하려는 경우 미리 관계 행정기관의 장과 협의하여야 한다.

(13) 준공검사(제58조의2)

① 사업시행자가 관광지 등 조성사업의 전부 또는 일부를 완료한 때에는 대통령령으로 정하는 바에 따라 지체 없이 시 · 도지사 또는 시장 · 군수 · 구청장(시장 · 군수 · 구청장의 경우 지정된 관광단지로 한정)에게 준공검사를 받아야 한다. 이 경우 시 · 도지사 또는 시장 · 군수 · 구청장은 해당 준공검사 시행에 관하여 관계 행정기관의 장과 미리 협의하여야 한다.

② 사업시행자가 준공검사를 받은 경우에는 인 · 허가 등에 따른 해당 사업의 준공검사 또는 준공인가 등을 받은 것으로 본다.

(14) 공공시설 등의 귀속(제58조의3)

① 공공시설 등을 등기하는 경우에는 조성계획승인서와 준공검사증명서로써 「부동산등기법」의 등기원인을 증명하는 서면을 갈음할 수 있다.

② 「국토의 계획 및 이용에 관한 법률」을 준용할 때 관리청이 불분명한 재산 중 도로 · 도랑 등에 대하여는 국토교통부장관을, 하천에 대하여는 환경부장관을 그 밖의 재산에 대하여는 기획재정부장관을 관리청으로 본다.

제3과목

(15) 관광지 등의 처분(제59조) 18 기출

① 사업시행자는 조성한 토지, 개발된 관광시설 및 지원시설의 전부 또는 일부를 매각하거나 임대하거나 타인에게 위탁하여 경영하게 할 수 있다.

② 토지 · 관광시설 또는 지원시설을 매수 · 임차하거나 그 경영을 수탁한 자는 그 토지나 관광시설 또는 지원시설에 관한 권리 · 의무를 승계한다.

(16) 수용 및 사용(제61조)

사업시행자는 조성사업의 시행에 필요한 토지와 다음의 물건 또는 권리를 수용하거나 사용할 수 있다. 다만, 농업 용수권(用水權)이나 그 밖의 농지개량 시설을 수용 또는 사용하려는 경우에는 미리 농림축산식품부장관의 승인을 받아야 한다.

① 토지에 관한 소유권 외의 권리

② 토지에 정착한 입목이나 건물, 그 밖의 물건과 이에 관한 소유권 외의 권리

③ 물의 사용에 관한 권리
④ 토지에 속한 토석 또는 모래와 조약돌

(17) 선수금(제63조 및 시행령 제52조) 16 기출

사업시행자는 그가 개발하는 토지 또는 시설을 분양받거나 시설물을 이용하려는 자로부터 그 대금의 전부 또는 일부를 대통령령으로 정하는 바에 따라 미리 받을 수 있다. 사업시행자는 선수금을 받으려는 경우에는 그 금액 및 납부방법에 대하여 토지 또는 시설을 분양받거나 시설물을 이용하려는 자와 협의하여야 한다.

(18) 유지 · 관리 및 보수 비용(제64조)

사업시행자는 관광지 등의 안에 있는 공동시설의 유지 · 관리 및 보수에 드는 비용의 전부 또는 일부를 관광지 등에서 사업을 경영하는 자에게 분담하게 할 수 있다.

① **유지 · 관리 및 보수 비용의 분담(시행령 제55조)**

㉠ 사업시행자는 공동시설의 유지 · 관리 및 보수 비용을 분담하게 하려는 경우에는 공동시설의 유지 · 관리 · 보수 현황, 분담금액, 납부방법, 납부기한 및 산출내용을 적은 서류를 첨부하여 관광지등에서 사업을 경영하는 자에게 그 납부를 요구하여야 한다.

㉡ 공동시설의 유지 · 관리 및 보수 비용의 분담비율은 시설사용에 따른 수익의 정도에 따라 사업시행자가 사업을 경영하는 자와 협의하여 결정한다.

㉢ 사업시행자는 유지 · 관리 · 보수 비용의 분담 및 사용 현황을 매년 결산하여 비용분담자에게 통보하여야 한다.

(19) 강제징수(제65조)

① 관광지등의 안에 있는 공동시설의 유지 · 관리 및 보수에 드는 비용을 내야 할 의무가 있는 자가 이를 이행하지 아니하면 사업시행자는 그 지역을 관할하는 특별자치시장 · 특별자치도지사 · 시장 · 군수 · 구청장에게 그 징수를 위탁할 수 있다.

㉠ 유지 · 관리 및 보수 비용의 징수위탁(시행령 제56조)

사업시행자는 특별자치시장 · 특별자치도지사 · 시장 · 군수 · 구청장에게 유지 · 관리 및 보수 비용의 징수를 위탁하려면 그 위탁 내용에 다음 사항을 명시하여야 한다.

- 유지 · 관리 및 보수 비용의 납부의무자의 성명 · 주소
- 유지 · 관리 및 보수 비용의 금액
- 유지 · 관리 및 보수 비용의 납부사유 및 납부기간
- 그 밖에 유지 · 관리 및 보수 비용의 징수에 필요한 사항

② 징수를 위탁받은 특별자치시장 · 특별자치도지사 · 시장 · 군수 · 구청장은 지방세 체납처분의 예에 따라 이를 징수할 수 있다. 이 경우 특별자치시장 · 특별자치도지사 · 시장 · 군수 · 구청장에게 징수를 위탁한 자는 특별자치시장 · 특별자치도지사 · 시장 · 군수 · 구청장이 징수한 금액의 100분의 10에 해당하는 금액을 특별자치시 · 특별자치도 · 시 · 군 · 구에 내야 한다.

(20) 이주대책(제66조 제1항 및 시행령 제57조) 15 기출

사업시행자는 조성사업의 시행에 따른 토지 · 물건 또는 권리를 제공함으로써 생활의 근거를 잃게 되는 자를 위하여 대통령령으로 정하는 내용이 포함된 이주대책을 수립 · 실시하여야 한다. 사업시행자가 수립하는 이주대책에는 다음의 사항이 포함되어야 한다.

① 택지 및 농경지의 매입
② 택지조성 및 주택 건설
③ 이주보상금
④ 이주방법 및 이주시기
⑤ 이주대책에 따른 비용
⑥ 그 밖에 필요한 사항

(21) 입장료 등의 징수와 사용(제67조) 18 기출

① 관광지 등에서 조성사업을 하거나 건축, 그 밖의 시설을 한 자는 관광지 등에 입장하는 자로부터 입장료를 징수할 수 있고, 관광시설을 관람하거나 이용하는 자로부터 관람료나 이용료를 징수할 수 있다.
② 입장료 · 관람료 또는 이용료의 징수 대상의 범위와 그 금액은 관광지 등이 소재하는 지방자치단체의 조례로 정한다.
③ 지방자치단체는 입장료 · 관람료 또는 이용료를 징수하면 이를 관광지 등의 보존 · 관리와 그 개발에 필요한 비용에 충당하여야 한다.
④ 지방자치단체는 지역관광 활성화를 위하여 관광지 등에서 조성사업을 하거나 건축, 그 밖의 시설을 한 자(국가 또는 지방자치단체는 제외)가 ①에 따라 징수한 입장료 · 관람료 또는 이용료를 「지역사랑상품권 이용 활성화에 관한 법률」에 따른 지역사랑상품권을 활용하여 관광객에게 환급하는 경우 조례로 정하는 바에 따라 환급한 입장료 · 관람료 또는 이용료의 전부 또는 일부에 해당하는 비용을 지원할 수 있다.

(22) 관광지 등의 관리(제69조)

① 사업시행자는 관광지 등의 관리 · 운영에 필요한 조치를 하여야 한다.
② 사업시행자는 필요하면 관광사업자 단체 등에 관광지 등의 관리 · 운영을 위탁할 수 있다.

(23) 관광지 등에 설치 · 방치된 물건 등의 제거(제69조의2)

① 누구든지 관광지 등에서 이 법에 따른 등록 · 허가 또는 지정을 받지 아니하거나 신고를 하지 아니하고 야영용품이나 취사용품 등 대통령령으로 정하는 물건(물건 등)을 무단으로 설치 또는 방치하여 관광객의 원활한 관광 및 휴양을 방해하여서는 아니 된다.
② 관광지 등을 관할하는 특별자치시장 · 특별자치도지사 · 시장 · 군수 · 구청장은 관광지 등의 이용 · 관리에 지장을 줄 것으로 인정되는 경우로서 문화체육관광부령으로 정하는 바에 따라 긴급하게 실시할 필요가 있고, 「행정대집행법」 제3조 제1항 및 제2항의 절차에 따르면 그 목적을 달성하기가 곤란하다고 인정되는 경우에는 그 절차를 거치지 아니하고도 설치 또는 방치되어 있는 물건 등을 제거하는 등 필요한 조치를 할 수 있다.
③ ②에 따른 조치는 관광지 등의 이용 · 관리에 필요한 최소한도에 그쳐야 한다.
④ ②에 따른 조치로 제거된 물건 등의 보관 및 처리에 필요한 사항은 대통령령으로 정한다.

02 관광특구

(1) 관광특구의 지정(제70조) 15 17 20 24 기출

① 관광특구는 다음의 요건을 모두 갖춘 지역 중에서 시장 · 군수 · 구청장의 신청(특별자치시 및 특별자치도의 경우는 제외)에 따라 시 · 도지사가 지정한다. 이 경우 관광특구로 지정하려는 대상지역이 같은 시 · 도 내에서 둘 이상의 시 · 군 · 구에 걸쳐 있는 경우에는 해당 시장 · 군수 · 구청장이 공동으로 지정을 신청하여야 하고, 둘 이상의 시 · 도에 걸쳐 있는 경우에는 해당 시장 · 군수 · 구청장이 공동으로 지정을 신청하고 해당 시 · 도지사가 공동으로 지정하여야 한다.

㉠ 외국인 관광객 수가 대통령령으로 정하는 기준 이상일 것

㉡ 시 · 도의 조례로 정하는 바에 따라 관광안내시설, 공공편익시설 및 숙박시설 등을 갖추어 외국인 관광객의 관광수요를 충족시킬 수 있는 지역일 것. 이 경우 관광특구로 지정하려는 대상지역이 둘 이상의 시 · 도에 걸쳐 있는 경우에는 해당 시 · 도의 조례로 정하는 시설을 모두 갖추어야 한다.

㉢ 관광 활동과 직접적인 관련성이 없는 토지의 비율이 대통령령으로 정하는 기준을 초과하지 아니할 것

㉣ ㉠~㉢까지의 요건을 갖춘 지역이 서로 분리되어 있지 아니할 것

② ① 외의 부분 전단에도 불구하고 인구 100만 이상 대도시(특례시)의 시장은 관할 구역 내에서 다음 요건을 모두 갖춘 지역을 관광특구로 지정할 수 있다.

㉠ ①의 ㉠ 및 ㉢의 요건을 모두 갖춘 지역일 것

㉡ 특례시의 조례로 정하는 바에 따라 관광안내시설, 공공편익시설 및 숙박시설 등을 갖추어 외국인 관광객의 관광수요를 충족시킬 수 있는 지역일 것

㉢ ②의 ㉠ 및 ㉡의 요건을 갖춘 지역이 서로 분리되어 있지 아니할 것

③ 관광특구의 지정 · 취소 · 면적변경 및 고시에 관하여는 제52조 제2항 · 제3항 · 제5항 및 제6항을 준용한다. 이 경우 "시 · 도지사"는 "시 · 도지사 또는 특례시의 시장"으로 본다.

④ 관광특구 지정을 위한 조사 · 분석(제70조의2)

시 · 도지사 또는 특례시의 시장이 관광특구를 지정하려는 경우에는 ① 또는 ②의 요건을 갖추었는지 여부와 그 밖에 관광특구의 지정에 필요한 사항을 검토하기 위하여 대통령령으로 정하는 전문기관에 조사 · 분석을 의뢰하여야 한다.

개념충전 **관광특구의 지정요건(시행령 제58조)** 16 17 21 24 기출

- ①에서 "대통령령으로 정하는 기준"이란 문화체육관광부장관이 고시하는 기준을 갖춘 통계전문기관의 통계결과 해당 지역의 최근 1년간 외국인 관광객 수가 10만명(서울특별시는 50만명)인 것을 말한다.
- ③에서 "대통령령으로 정하는 기준"이란 관광특구 전체 면적 중 관광 활동과 직접적인 관련성이 없는 토지가 차지하는 비율이 10%인 것을 말한다.

(2) 관광특구의 진흥계획(제71조 및 시행령 제59조) 17 20 기출

① 특별자치시장 · 특별자치도지사 · 시장 · 군수 · 구청장은 관할 구역 내 관광특구를 방문하는 외국인

관광객의 유치 촉진 등을 위하여 관광특구진흥계획을 수립하고 시행하여야 한다.

② 관광특구진흥계획에 포함될 사항 등 관광특구진흥계획의 수립 · 시행에 필요한 사항은 대통령령으로 정한다.

㉠ 특별자치시장 · 특별자치도지사 · 시장 · 군수 · 구청장은 관광특구진흥계획(이하 "진흥계획"이라 한다)을 수립하기 위하여 필요한 경우에는 해당 특별자치시 · 특별자치도 · 시 · 군 · 구 주민의 의견을 들을 수 있다.

㉡ 특별자치시장 · 특별자치도지사 · 시장 · 군수 · 구청장은 다음의 사항이 포함된 진흥계획을 수립 · 시행한다.

- 외국인 관광객을 위한 관광편의시설의 개선에 관한 사항
- 특색 있고 다양한 축제, 행사, 그 밖에 홍보에 관한 사항
- 관광객 유치를 위한 제도개선에 관한 사항
- 관광특구를 중심으로 주변지역과 연계한 관광코스의 개발에 관한 사항
- 그 밖에 관광질서 확립 및 관광서비스 개선 등 관광객 유치를 위하여 필요한 사항으로서 문화체육관광부령으로 정하는 사항

㉢ 특별자치시장 · 특별자치도지사 · 시장 · 군수 · 구청장은 수립된 진흥계획에 대하여 5년마다 그 타당성을 검토하고 진흥계획의 변경 등 필요한 조치를 하여야 한다.

(3) 관광특구에 대한 지원(제72조) 16 기출

① 국가나 지방자치단체는 관광특구를 방문하는 외국인 관광객의 관광 활동을 위한 편의 증진 등 관광특구 진흥을 위하여 필요한 지원을 할 수 있다.

② 문화체육관광부장관은 관광특구를 방문하는 관광객의 편리한 관광 활동을 위하여 관광특구 안의 문화 · 체육 · 숙박 · 상가 · 교통 · 주차시설로서 관광객 유치를 위하여 특히 필요하다고 인정되는 시설에 대하여 「관광진흥개발기금법」에 따라 관광진흥개발기금을 대여하거나 보조할 수 있다.

(4) 관광특구에 대한 평가 등(제73조) 20 25 기출

① 시 · 도지사 또는 특례시의 시장은 대통령령으로 정하는 바에 따라 관광특구진흥계획의 집행 상황을 평가하고, 우수한 관광특구에 대하여는 필요한 지원을 할 수 있다.

② 시 · 도지사 또는 특례시의 시장은 평가 결과 관광특구의 지정요건에 맞지 아니하거나 추진실적이 미흡한 관광특구에 대하여는 대통령령으로 정하는 바에 따라 관광특구의 지정취소 · 면적조정 · 개선권고 등 필요한 조치를 하여야 한다.

③ 문화체육관광부장관은 관광특구의 활성화를 위하여 관광특구에 대한 평가를 3년마다 실시하여야 한다.

④ 문화체육관광부장관은 ③에 따른 평가 결과 우수한 관광특구에 대하여는 필요한 지원을 할 수 있다.

⑤ 문화체육관광부장관은 ③에 따른 평가 결과 관광특구 지정 요건에 맞지 아니하거나 추진 실적이 미흡한 관광특구에 대하여는 대통령령으로 정하는 바에 따라 해당 시 · 도지사 또는 특례시의 시장에게 관광특구의 지정취소 · 면적조정 · 개선권고 등 필요한 조치를 할 것을 요구할 수 있다.

⑥ ③에 따른 평가의 내용, 절차 및 방법 등에 필요한 사항은 대통령령으로 정한다.

(5) 다른 법률에 대한 특례(제74조) 17 기출

① 관광특구 안에서는 「식품위생법」 제43조에 따른 영업제한에 관한 규정을 적용하지 아니한다.

② 관광특구 안에서 대통령령으로 정하는 관광사업자(관광숙박업, 국제회의업, 일반여행업, 관광공연장업, 관광식당업, 여객자동차터미널시설업, 관광면세업의 어느 하나에 해당하는 관광사업을 경영하는 자)는 연간 180일 이내의 기간 동안 해당 지방자치단체의 조례로 정하는 바에 따라 공개 공지(공터)를 사용하여 외국인 관광객을 위한 공연 및 음식을 제공할 수 있다. 다만, 울타리를 설치하는 등 공중(公衆)이 해당 공개 공지를 사용하는 데에 지장을 주는 행위를 하여서는 아니 된다.

③ 관광특구 관할 지방자치단체의 장은 관광특구의 진흥을 위하여 필요한 경우에는 시 · 도경찰청장 또는 경찰서장에게 차마(車馬)의 도로통행 금지 또는 제한 등의 조치를 하여줄 것을 요청할 수 있다. 이 경우 요청받은 시 · 도경찰청장 또는 경찰서장은 특별한 사유가 없으면 지체 없이 필요한 조치를 하여야 한다.

제6절 보 칙

01 보 칙

(1) 재정지원(제76조 및 시행령 제64조의2)

① 문화체육관광부장관은 관광에 관한 사업을 하는 지방자치단체, 관광사업자 단체 또는 관광사업자에게 대통령령으로 정하는 바에 따라 보조금을 지급할 수 있다.

② 지방자치단체는 그 관할 구역 안에서 관광에 관한 사업을 하는 관광사업자 단체 또는 관광사업자에게 조례로 정하는 바에 따라 보조금을 지급할 수 있다.

③ 국가 및 지방자치단체는 관광지 등의 사업시행자에 대하여 국유 · 공유 재산의 임대료를 대통령령으로 정하는 바에 따라 감면할 수 있다.

㉠ 공유 재산의 임대료 감면율은 고용창출, 지역경제 활성화에 미치는 영향 등을 고려하여 공유 재산 임대료의 100분의 30의 범위에서 해당 지방자치단체의 조례로 정한다.

㉡ 공유 재산의 임대료를 감면받으려는 관광지 등의 사업시행자는 해당 지방자치단체의 장에게 감면 신청을 하여야 한다.

④ 감염병 확산 등에 따른 지원(제76조의2) : 국가와 지방자치단체는 감염병 확산 등으로 관광사업자에게 경영상 중대한 위기가 발생한 경우 필요한 지원을 할 수 있다.

(2) 청문(제77조) 16 기출

관할 등록기관 등의 장은 다음의 어느 하나에 해당하는 처분을 하려면 청문을 하여야 한다.

① 국외여행 인솔자 자격의 취소

② 관광사업의 등록 등이나 사업계획승인의 취소

③ 관광종사원 자격의 취소 ④ 한국관광 품질인증의 취소
⑤ 조성계획 승인의 취소 ⑥ 카지노기구의 검사 등의 위탁 취소

(3) 보고 · 검사(제78조)

① 지방자치단체의 장은 문화체육관광부령으로 정하는 바에 따라 관광진흥정책의 수립 · 집행에 필요한 사항과 그 밖에 이 법의 시행에 필요한 사항을 문화체육관광부장관에게 보고하여야 한다.
② 관할 등록기관 등의 장은 관광진흥시책의 수립 · 집행 및 이 법의 시행을 위하여 필요하면 관광사업자 단체 또는 관광사업자에게 그 사업에 관한 보고를 하게 하거나 서류를 제출하도록 명할 수 있다.
③ 관할 등록기관 등의 장은 관광진흥시책의 수립 · 집행 및 이 법의 시행을 위하여 필요하다고 인정하면 소속 공무원에게 관광사업자 단체 또는 관광사업자의 사무소 · 사업장 또는 영업소 등에 출입하여 장부 · 서류나 그 밖의 물건을 검사하게 할 수 있다.
④ 해당 공무원은 그 권한을 표시하는 증표[시행규칙 별표 22]를 지니고 이를 관계인에게 내보여야 한다.

(4) 수수료(제79조)

다음의 어느 하나에 해당하는 자는 문화체육관광부령으로 정하는 바에 따라 수수료를 내야 한다.
① 여행업, 관광숙박업, 관광객 이용시설업 및 국제회의업의 등록 또는 변경등록을 신청하는 자[시행규칙 별표 23 참고]
② 카지노업의 허가 또는 변경허가를 신청하는 자[시행규칙 별표 23 참고]
③ 테마파크업의 허가 또는 변경허가를 신청하거나 테마파크업의 신고 또는 변경신고를 하는 자
④ 관광 편의시설업의 지정을 신청하는 자[시행규칙 별표 23 참고]
⑤ 지위승계를 신고하는 자[시행규칙 별표 23 참고]
⑥ 관광숙박업 · 관광객 이용시설업 및 국제회의업에 대한 사업계획의 승인 또는 변경승인을 신청하는 자[시행규칙 별표 23 참고]
⑦ 관광숙박업의 등급결정을 신청하는 자[시행규칙 별표 23 참고]
⑧ 카지노시설의 검사를 받으려는 자
⑨ 카지노기구의 검정을 받으려는 자
⑩ 카지노기구의 검사를 받으려는 자[시행규칙 별표 23 참고]
⑪ 안전성검사 또는 안전성검사 대상에 해당되지 아니함을 확인하는 검사를 받으려는 자
⑫ 관광종사원 자격시험에 응시하려는 자[시행규칙 별표 23 참고]
⑬ 관광종사원의 등록을 신청하는 자[시행규칙 별표 23 참고]
⑭ 관광종사원 자격증의 재교부를 신청하는 자[시행규칙 별표 23 참고]
⑮ 한국관광 품질인증을 받으려는 자[시행규칙 별표 23 참고]

(5) 권한의 위임 · 위탁 등(제80조 및 시행령 제65조 제1항)

① **권한의 위임** : 이 법에 따른 문화체육관광부장관의 권한은 대통령령으로 정하는 바에 따라 그 일부를 시 · 도지사에게 위임할 수 있다. 시 · 도지사는(특별자치시장은 제외) 문화체육관광부장관으로부터 위임받은 권한의 일부를 문화체육관광부장관의 승인을 받아 시장(「제주특별자치도 설치 및 국제자

유도시 조성을 위한 특별법」 제11조 제2항에 따른 행정시장을 포함한다) · 군수 · 구청장에게 재위임할 수 있다.

② 권한의 위탁

㉠ 문화체육관광부장관 또는 시 · 도지사 및 시장 · 군수 · 구청장은 다음의 권한의 전부 또는 일부를 대통령령으로 정하는 바에 따라 한국관광공사, 협회, 지역별 · 업종별 관광협회 및 대통령령으로 정하는 전문 연구 · 검사기관, 자격검정기관이나 교육기관에 위탁할 수 있다.

- 관광 편의시설업의 지정 및 지정 취소
- 국외여행 인솔자의 등록 및 자격증 발급
- 관광숙박업의 등급결정
- 카지노기구의 검사
- 안전성검사 또는 안전성검사 대상에 해당되지 아니함을 확인하는 검사
- 안전관리자의 안전교육
- 관광종사원 자격시험 및 등록
- 관광산업 진흥 사업의 수행
- 문화관광해설사 양성을 위한 교육과정의 개설 · 운영
- 한국관광 품질인증 및 그 취소
- 관광특구에 대한 평가

㉡ 위탁받은 업무를 수행하는 한국관광공사, 협회, 지역별 · 업종별 관광협회 및 전문 연구 · 검사기관이나 자격검정기관의 임원 및 직원과 검사기관의 검사 · 검정 업무를 수행하는 임원 및 직원은 「형법」 제129조부터 제132조까지의 규정을 적용하는 경우 공무원으로 본다.

㉢ 문화체육관광부장관 또는 특별자치시장 · 특별자치도지사 · 시장 · 군수 · 구청장은 검사에 관한 권한을 위탁받은 자가 아래 항의 어느 하나에 해당하면 그 위탁을 취소하거나 6개월 이내의 기간을 정하여 업무의 전부 또는 일부의 정지를 명하거나 업무의 개선을 명할 수 있다. 다만, 첫 항에 해당하는 경우에는 그 위탁을 취소하여야 한다.

- 거짓이나 그 밖의 부정한 방법으로 위탁사업자로 선정된 경우
- 거짓이나 그 밖의 부정한 방법으로 제25조 제3항 또는 제33조 제1항에 따른 검사를 수행한 경우
- 정당한 사유 없이 검사를 수행하지 아니한 경우
- 문화체육관광부령으로 정하는 위탁 요건을 충족하지 못하게 된 경우

㉣ ㉢에 따른 위탁 취소, 업무 정지의 기준 및 절차 등에 필요한 사항은 문화체육관광부령으로 정한다.

㉤ 등록기관 등의 장은 다음의 권한을 한국관광공사, 협회, 지역별 · 업종별 관광협회, 전문 연구 · 검사기관, 자격검정기관 또는 교육기관에 각각 위탁한다. 이 경우 문화체육관광부장관 또는 시 · 도지사는 위탁한 업종별 관광협회, 전문 연구 · 검사기관 또는 관광 관련 교육기관의 명칭 · 주소 및 대표자 등을 고시해야 한다. 15 16 20 기출

- 관광 편의시설업 중 관광식당업 · 관광사진업 및 여객자동차터미널시설업의 지정 및 지정취소에 관한 권한 : 지역별 관광협회

- 국외여행 인솔자의 등록 및 자격증 발급에 관한 권한 : 업종별 관광협회
- 카지노기구의 검사에 관한 권한 : 문화체육관광부장관이 지정하는 검사기관
- 테마파크시설의 안전성검사 및 안전성검사 대상에 해당되지 아니함을 확인하는 검사에 관한 권한 : 문화체육관광부령으로 정하는 인력과 시설 등을 갖추고 문화체육관광부령으로 정하는 바에 따라 문화체육관광부장관이 지정한 업종별 관광협회 또는 전문 연구 · 검사기관
- 안전관리자의 안전교육에 관한 권한 : 업종별 관광협회 또는 안전 관련 전문 연구 · 검사기관
- 관광종사원 중 관광통역안내사 · 호텔경영사 및 호텔관리사의 자격시험, 등록 및 자격증의 발급에 관한 권한 : 한국관광공사. 다만, 자격시험의 출제, 시행, 채점 등 자격시험의 관리에 관한 업무는 「한국산업인력공단법」에 따른 한국산업인력공단에 위탁한다.
- 관광종사원 중 국내여행안내사 및 호텔서비스사의 자격시험, 등록 및 자격증의 발급에 관한 권한 : 협회. 다만, 자격시험의 출제, 시행, 채점 등 자격시험의 관리에 관한 업무는 「한국산업인력공단법」에 따른 한국산업인력공단에 위탁한다.
- 문화관광해설사 양성을 위한 교육과정의 개설 · 운영에 관한 권한 : 한국관광공사 또는 다음의 요건을 모두 갖춘 관광 관련 교육기관
  - 기본소양, 전문지식, 현장실무 등 문화관광해설사 양성교육(이하 이 호에서 "양성교육"이라 한다)에 필요한 교육과정 및 교육내용을 갖추고 있을 것
  - 강사 등 양성교육에 필요한 인력과 조직을 갖추고 있을 것
  - 강의실, 회의실 등 양성교육에 필요한 시설과 장비를 갖추고 있을 것
- 한국관광 품질인증 및 그 취소에 관한 업무 : 한국관광공사
- 관광특구에 대한 평가 : 조사 · 분석 전문기관

제7절 벌 칙

01 벌 칙

(1) 7년 이하의 징역 또는 7천만원 이하의 벌금(제81조)

① 다음 각 호의 어느 하나에 해당하는 자는 7년 이하의 징역 또는 7천만원 이하의 벌금에 처한다. 이 경우 징역과 벌금은 병과(倂科)할 수 있다.

㉠ 카지노업의 허가를 받지 아니하고 카지노업을 경영한 자

㉡ 카지노업 유사행위 등의 금지(제26조의2)를 위반한 자(제1호에 해당하는 자는 제외한다)

② 카지노사업자 등의 준수 사항(제28조 제1항 제1호, 제2호)을 위반한 자는 5년 이하의 징역 또는 5천만원 이하의 벌금에 처한다. 이 경우 징역과 벌금은 병과할 수 있다.

③ 제1항의 미수범은 처벌한다.

(2) 3년 이하의 징역 또는 3천만원 이하의 벌금(제82조) 18 기출

다음 각 호의 어느 하나에 해당하는 자는 3년 이하의 징역 또는 3천만원 이하의 벌금에 처한다. 이 경우 징역과 벌금은 병과할 수 있다.

① 등록을 하지 아니하고 여행업 · 관광숙박업(사업계획의 승인을 받은 관광숙박업만 해당한다) · 국제회의업 및 관광객 이용시설업을 경영한 자

② 허가를 받지 아니하고 테마파크업을 경영한 자

③ 분양 및 회원모집의 규정(제20조 제1항 및 제2항)을 위반하여 시설을 분양하거나 회원을 모집한 자

④ 사용중지 등의 명령을 위반한 자

(3) 2년 이하의 징역 또는 2천만원 이하의 벌금(제83조)

① 다음의 어느 하나에 해당하는 카지노사업자(제28조 제1항 본문에 따른 종사원을 포함)는 2년 이하의 징역 또는 2천만원 이하의 벌금에 처한다. 이 경우 징역과 벌금은 병과할 수 있다.

㉠ 변경허가를 받지 아니하거나 변경신고를 하지 아니하고 영업을 한 자

㉡ 지위승계신고를 하지 아니하고 영업을 한 자

㉢ 관광사업의 시설 중 부대시설 외의 시설을 타인에게 경영하게 한 자 23 기출

㉣ 검사를 받아야 하는 시설을 검사를 받지 아니하고 이를 이용하여 영업을 한 자

㉤ 검사를 받지 아니하거나 검사 결과 공인기준 등에 맞지 아니한 카지노기구를 이용하여 영업을 한 자

㉥ 검사합격증명서를 훼손하거나 제거한 자

㉦ 카지노사업자 등의 준수사항(제28조 제1항 제3호부터 제8호까지)의 규정을 위반한 자

㉧ 사업정지처분을 위반하여 사업정지 기간에 영업을 한 자

㉨ 개선명령을 위반한 자

㉩ 관광사업의 경영 또는 사업계획을 추진함에 있어서 뇌물을 주고받아 규정을 위반한 자

㉪ 보고 또는 서류의 제출을 하지 아니하거나 거짓으로 보고를 한 자나 관계 공무원의 출입 · 검사를 거부 · 방해하거나 기피한 자

② 등록을 하지 아니하고 야영장업을 경영한 자는 2년 이하의 징역 또는 2천만원 이하의 벌금에 처한다. 이 경우 징역과 벌금은 병과할 수 있다.

(4) 1년 이하의 징역 또는 1천만원 이하의 벌금(제84조) 20 기출

다음의 어느 하나에 해당하는 자는 1년 이하의 징역 또는 1천만원 이하의 벌금에 처한다.

① 테마파크업의 변경허가를 받지 아니하거나 변경신고를 하지 아니하고 영업을 한 자

② 테마파크업의 신고를 하지 아니하고 영업을 한 자

③ 자격증을 빌려주거나 빌린 자 또는 이를 알선한 자

④ 거짓이나 그 밖의 부정한 방법으로 제25조 제3항 또는 제33조 제1항에 따른 검사를 수행한 자

⑤ 안전성검사를 받지 아니하고 테마파크시설을 설치한 자

⑥ 거짓이나 그 밖의 부정한 방법으로 검사를 받은 자

⑦ 테마파크시설 또는 테마파크시설의 부분품을 설치하거나 사용한 자

⑧ 관할 등록기관등의 장이 내린 명령을 위반한 자
⑨ 관할 등록기관등의 장이 내린 개선명령을 위반한 자
⑩ 제52조의2 제1항에 따른 허가 또는 변경허가를 받지 아니하고 같은 항에 규정된 행위를 한 자
⑪ 제52조의2 제1항에 따른 허가 또는 변경허가를 거짓이나 그 밖의 부정한 방법으로 받은 자
⑫ 제52조의2 제4항에 따른 원상회복명령을 이행하지 아니한 자
⑬ 법(제55조 제3항)을 위반하여 조성사업을 한 자

(5) 양벌규정(제85조)

법인의 대표자나 법인 또는 개인의 대리인, 사용인, 그 밖의 종업원이 그 법인 또는 개인의 업무에 관하여 제81조부터 제84조까지의 어느 하나에 해당하는 위반행위를 하면 그 행위자를 벌하는 외에 그 법인 또는 개인에게도 해당 조문의 벌금형을 과(科)한다. 다만, 법인 또는 개인이 그 위반행위를 방지하기 위하여 해당 업무에 관하여 상당한 주의와 감독을 게을리하지 아니한 경우에는 그러하지 아니하다.

02 과태료(제86조)

(1) 500만원 이하의 과태료 20 기출

① 제33조의2 제1항(테마파크업자는 그가 관리하는 테마파크시설로 인하여 대통령령으로 정하는 중대한 사고가 발생한 때에는 즉시 사용중지 등 필요한 조치를 취하고 문화체육관광부령으로 정하는 바에 따라 특별자치시장 · 특별자치도지사 · 시장 · 군수 · 구청장에게 통보하여야 한다.)에 따른 통보를 하지 아니한 자
② 제38조 제6항[관광통역안내의 자격이 없는 사람은 외국인 관광객을 대상으로 하는 관광안내(제1항 단서에 따라 외국인 관광객을 대상으로 하는 여행업에 종사하여 관광안내를 하는 경우에 한정한다. 이하 이 조에서 같다)를 하여서는 아니 된다.]을 위반하여 관광통역안내를 한 자

(2) 100만원 이하의 과태료

다음의 어느 하나에 해당하는 자에게는 100만원 이하의 과태료를 부과한다.
① 관광사업자가 아닌 자는 관광표지를 사업장에 붙이지 못하며, 관광사업자로 잘못 알아볼 우려가 있는 경우에는 제3조에 따른 관광사업의 명칭 중 전부 또는 일부가 포함되는 상호를 사용할 수 없는 규정(제10조 제3항)을 위반한 자
② 제20조의3을 위반하여 안전 및 위생 교육을 받지 아니한 자
③ 카지노업의 건전한 육성 · 발전을 위하여 필요하다고 인정하여 문화체육관광부령으로 정하는 영업준칙을 지키지 아니한 자
④ 제33조 제3항을 위반하여 안전교육을 받지 아니한 자
⑤ 제33조 제4항을 위반하여 안전관리자에게 안전교육을 받도록 하지 아니한 자
⑥ 제38조 제7항을 위반하여 자격증을 패용하지 아니한 자
⑦ 제48조의10 제3항을 위반하여 인증표지 또는 이와 유사한 표지를 하거나 한국관광 품질인증을 받은 것으로 홍보한 자

관광진흥법 시행령 별표

별표 1

관광사업의 등록기준(제5조 관련) 18 22 기출

1. 여행업

가. 종합여행업

(1) 자본금(개인의 경우에는 자산평가액) : 5천만원 이상일 것

(2) 사무실 : 소유권이나 사용권이 있을 것

나. 국내외여행업

(1) 자본금(개인의 경우에는 자산평가액) : 3천만원 이상일 것

(2) 사무실 : 소유권이나 사용권이 있을 것

다. 국내여행업

(1) 자본금(개인의 경우에는 자산평가액) : 1천500만원 이상일 것. 다만, 2024년 7월 1일부터 2026년 6월 30일까지 제3조 제1항에 따라 등록 신청하는 경우에는 750만원 이상으로 한다.

(2) 사무실 : 소유권이나 사용권이 있을 것

2. 호텔업

가. 관광호텔업

(1) 욕실이나 샤워시설을 갖춘 객실을 30실 이상 갖추고 있을 것

(2) 외국인에게 서비스를 제공할 수 있는 체제를 갖추고 있을 것

(3) 대지 및 건물의 소유권 또는 사용권을 확보하고 있을 것. 다만, 회원을 모집하는 경우에는 소유권을 확보하여야 한다.

나. 수상관광호텔업 15 기출

(1) 수상관광호텔이 위치하는 수면은 「공유수면 관리 및 매립에 관한 법률」 또는 「하천법」에 따라 관리청으로부터 점용허가를 받을 것

(2) 욕실이나 샤워시설을 갖춘 객실이 30실 이상일 것

(3) 외국인에게 서비스를 제공할 수 있는 체제를 갖추고 있을 것

(4) 수상오염을 방지하기 위한 오수 저장 · 처리시설과 폐기물처리시설을 갖추고 있을 것

(5) 구조물 및 선박의 소유권 또는 사용권을 확보하고 있을 것. 다만, 회원을 모집하는 경우에는 소유권을 확보하여야 한다.

다. 한국전통호텔업

(1) 건축물의 외관은 전통가옥의 형태를 갖추고 있을 것

(2) 이용자의 불편이 없도록 욕실이나 샤워시설을 갖추고 있을 것

(3) 외국인에게 서비스를 제공할 수 있는 체제를 갖추고 있을 것

(4) 대지 및 건물의 소유권 또는 사용권을 확보하고 있을 것. 다만, 회원을 모집하는 경우에는 소유권을 확보하여야 한다.

라. 가족호텔업 15 기출

(1) 가족단위 관광객이 이용할 수 있는 취사시설이 객실별로 설치되어 있거나 층별로 공동취사장이 설치되어 있을 것

(2) 욕실이나 샤워시설을 갖춘 객실이 30실 이상일 것

(3) 객실별 면적이 19제곱미터 이상일 것

(4) 외국인에게 서비스를 제공할 수 있는 체제를 갖추고 있을 것

(5) 대지 및 건물의 소유권 또는 사용권을 확보하고 있을 것. 다만, 회원을 모집하는 경우에는 소유권을 확보하여야 한다.

마. 호스텔업 24 기출

(1) 배낭여행객 등 개별 관광객의 숙박에 적합한 객실을 갖추고 있을 것

(2) 이용자의 불편이 없도록 화장실, 샤워장, 취사장 등의 편의시설을 갖추고 있을 것. 다만, 이러한 편의시설은 공동으로 이용하게 할 수 있다.

(3) 외국인 및 내국인 관광객에게 서비스를 제공할 수 있는 문화 · 정보 교류시설을 갖추고 있을 것

(4) 대지 및 건물의 소유권 또는 사용권을 확보하고 있을 것

바. 소형호텔업 15 기출

(1) 욕실이나 샤워시설을 갖춘 객실을 20실 이상 30실 미만으로 갖추고 있을 것

(2) 부대시설의 면적 합계가 건축 연면적의 50퍼센트 이하일 것

(3) 두 종류 이상의 부대시설을 갖출 것. 다만, 「식품위생법 시행령」 제21조 제8호 다목에 따른 단란주점영업, 같은 호 라목에 따른 유흥주점영업 및 「사행행위 등 규제 및 처벌 특례법」 제2조 제1호에 따른 사행행위를 위한 시설은 둘 수 없다.

(4) 조식 제공, 외국어 구사인력 고용 등 외국인에게 서비스를 제공할 수 있는 체제를 갖추고 있을 것

(5) 대지 및 건물의 소유권 또는 사용권을 확보하고 있을 것. 다만, 회원을 모집하는 경우에는 소유권을 확보하여야 한다.

사. 의료관광호텔업 16 20 기출

(1) 의료관광객이 이용할 수 있는 취사시설이 객실별로 설치되어 있거나 층별로 공동취사장이 설치되어 있을 것

(2) 욕실이나 샤워시설을 갖춘 객실이 20실 이상일 것

(3) 객실별 면적이 19제곱미터 이상일 것

(4) 「교육환경 보호에 관한 법률」 제9조 제13호 · 제22호 · 제23호 및 제26호에 따른 영업이 이루어지는 시설을 부대시설로 두지 않을 것

(5) 의료관광객의 출입이 편리한 체계를 갖추고 있을 것

(6) 외국어 구사인력 고용 등 외국인에게 서비스를 제공할 수 있는 체제를 갖추고 있을 것

(7) 의료관광호텔 시설(의료관광호텔의 부대시설로 「의료법」 제3조 제1항에 따른 의료기관을 설치할 경우에는 그 의료기관을 제외한 시설을 말한다)은 의료기관 시설과 분리될 것. 이 경우 분리에 관하여 필요한 사항은 문화체육관광부장관이 정하여 고시한다.

(8) 대지 및 건물의 소유권 또는 사용권을 확보하고 있을 것

(9) 의료관광호텔업을 등록하려는 자가 다음의 구분에 따른 요건을 충족하는 외국인환자 유치 의료기관의 개설자 또는 유치업자일 것

(가) 외국인환자 유치 의료기관의 개설자

1) 「의료 해외진출 및 외국인환자 유치 지원에 관한 법률」 제11조에 따라 보건복지부장관에게 보고한 사업실적에 근거하여 산정할 경우 전년도(등록신청일이 속한 연도의 전년도를 말한다. 이하 같다)의 연환자수(외국인환자 유치 의료기관이 2개 이상인 경우에는 각 외국인환자 유치 의료기관의 연환자수를 합산한 결과를 말한다. 이하 같다) 또는 등록신청일 기준으로 직전 1년간의 연환자수가 500명을 초과할 것. 다만 외국인환자 유치 의료기관 중 1개 이상이 서울특별시에 있는 경우에는 연환자수가 3,000명을 초과하여야 한다.

2) 「의료법」 제33조 제2항 제3호에 따른 의료법인인 경우에는 1)의 요건을 충족하면서 다른 외국인환자 유치 의료기관의 개설자 또는 유치업자와 공동으로 등록하지 아니할 것

3) 외국인환자 유치 의료기관의 개설자가 설립을 위한 출연재산의 100분의 30 이상을 출연한 경우로서 최다출연자가 되는 비영리법인(외국인환자 유치 의료기관의 개설자인 경우로 한정한다)이 1)의 기준을 충족하지 아니하는 경우에는 그 최다출연자인 외국인환자 유치 의료기관의 개설자가 1)의 기준을 충족할 것

(나) 유치업자

1) 「의료 해외진출 및 외국인환자 유치 지원에 관한 법률」 제11조에 따라 보건복지부장관에게 보고한 사업실적에 근거하여 산정할 경우 전년도의 실환자수(둘 이상의 유치업자가 공동으로 등록하는 경우에는 실환자수를 합산한 결과를 말한다. 이하 같다) 또는 등록신청일 기준으로 직전 1년간의 실환자수가 200명을 초과할 것

2) 외국인환자 유치 의료기관의 개설자가 100분의 30 이상의 지분 또는 주식을 보유하면서 최대출자자가 되는 법인(유치업자인 경우로 한정한다)이 1)의 기준을 충족하지 아니하는 경우에는 그 최대출자자인 외국인환자 유치 의료기관의 개설자가 (가) 1)의 기준을 충족할 것

3. 휴양 콘도미니엄업

가. 객 실

(1) 같은 단지 안에 객실이 30실 이상일 것. 다만, 2016년 7월 1일부터 2018년 6월 30일까지 또는 2024년 7월 1일부터 2026년 6월 30일까지 제3조 제1항에 따라 등록 신청하는 경우에는 20실 이상으로 한다.

(2) 관광객의 취사 · 체류 및 숙박에 필요한 설비를 갖추고 있을 것. 다만, 객실 밖에 관광객이 이용할 수 있는 공동취사장 등 취사시설을 갖춘 경우에는 총 객실의 30퍼센트(「국토의 계획 및 이용에 관한 법률」 제6조 제1호에 따른 도시지역의 경우에는 총 객실의 30퍼센트 이하의 범위에서 조례로 정하는 비율) 이하의 범위에서 객실에 취사시설을 갖추지 아니할 수 있다.

나. 매점 등

매점이나 간이매장이 있을 것. 다만, 여러 개의 동으로 단지를 구성할 경우에는 공동으로 설치할 수 있다.

다. 문화체육공간

공연장 · 전시관 · 미술관 · 박물관 · 수영장 · 테니스장 · 축구장 · 농구장, 그 밖에 관광객이 이용하기 적합한 문화체육공간을 1개소 이상 갖출 것. 다만, 수개의 동으로 단지를 구성할 경우에는 공동으로 설치할 수 있으며, 관광지 · 관광단지 또는 종합휴양업의 시설 안에 있는 휴양 콘도미니엄의 경우에는 이를 설치하지 아니할 수 있다.

라. 대지 및 건물의 소유권 또는 사용권을 확보하고 있을 것. 다만, 분양 또는 회원을 모집하는 경우에는 소유권을 확보하여야 한다.

4. 관광객 이용시설업

가. 전문휴양업

(1) 공통기준

(가) 숙박시설이나 음식점시설이 있을 것

(나) 주차시설 · 급수시설 · 공중화장실 등의 편의시설과 휴게시설이 있을 것

(2) 개별기준

(가) 민속촌

한국고유의 건축물(초가집 및 기와집)이 20동 이상으로서 각 건물에는 전래되어 온 생활도구가 갖추어져 있거나 한국 또는 외국의 고유문화를 소개할 수 있는 축소된 건축물 모형 50점 이상이 적정한 장소에 배치되어 있을 것

(나) 해수욕장

1) 수영을 하기에 적합한 조건을 갖춘 해변이 있을 것

2) 수용인원에 적합한 간이목욕시설 · 탈의장이 있을 것

3) 인명구조용 구명보트 · 감시탑 및 응급처리 시 설비 등의 시설이 있을 것

4) 담수욕장을 갖추고 있을 것

5) 인명구조원을 배치하고 있을 것

(다) 수렵장

「야생동물 보호 및 관리에 관한 법률」에 따른 시설을 갖추고 있을 것

(라) 동물원

1) 「박물관 및 미술관 진흥법 시행령」 별표 2에 따른 시설을 갖추고 있을 것

(마) 식물원

「박물관 및 미술관 진흥법 시행령」 별표 2에 따른 시설을 갖추고 있을 것

(바) 수족관

「박물관 및 미술관 진흥법 시행령」 별표 2에 따른 시설을 갖추고 있을 것

(사) 온천장

온천수를 이용한 대중목욕시설이 있을 것

(아) 동굴자원

관광객이 관람할 수 있는 천연동굴이 있고 편리하게 관람할 수 있는 시설이 있을 것

(자) 수영장

「체육시설의 설치 · 이용에 관한 법률」에 따른 신고 체육시설업 중 수영장시설을 갖추고 있을 것

(차) 농어촌휴양시설

「농어촌정비법」에 따른 농어촌 관광휴양단지 또는 관광농원의 시설을 갖추고 있을 것

(카) 활공장

1) 활공을 할 수 있는 장소(이륙장 및 착륙장)가 있을 것

2) 인명구조원을 배치하고 응급처리를 할 수 있는 설비를 갖추고 있을 것

3) 행글라이더 · 패러글라이더 · 열기구 또는 초경량 비행기 등 두 종류 이상의 관광비행사업용 활공장비를 갖추고 있을 것

(타) 등록 및 신고 체육시설업 시설

「체육시설의 설치 · 이용에 관한 법률」에 따른 스키장 · 요트장 · 골프장 · 조정장 · 카누장 · 빙상장 · 자동차경주장 · 승마장 또는 종합체육시설 등 9종의 등록 및 신고 체육시설업에 해당되는 체육시설을 갖추고 있을 것

(파) 산림휴양시설

「산림문화 · 휴양에 관한 법률」에 따른 자연휴양림, 치유의 숲 또는 「수목원 · 정원의 조성 및 진흥에 관한 법률」에 따른 수목원의 시설을 갖추고 있을 것

(하) 박물관

「박물관 및 미술관 진흥법 시행령」 별표 2 제2호 가목에 따른 종합박물관 또는 전문박물관의 시설을 갖추고 있을 것

(거) 미술관

「박물관 및 미술관 진흥법 시행령」 별표 2 제2호 가목에 따른 미술관의 시설을 갖추고 있을 것

나. 종합휴양업의 등록기준

(1) 제1종 종합휴양업

숙박시설 또는 음식점시설을 갖추고 전문휴양시설 중 2종류 이상의 시설을 갖추고 있거나, 숙박시설 또는 음식점시설을 갖추고 전문휴양시설 중 한 종류 이상의 시설과 종합테마파크업의 시설을 갖추고 있을 것

(2) 제2종 종합휴양업

(가) 면 적

단일부지로서 50만제곱미터 이상일 것

(나) 시 설

관광숙박업 등록에 필요한 시설과 제1종 종합휴양업 등록에 필요한 전문휴양시설 중 2종류 이상의 시설 또는 전문휴양시설 중 1종류 이상의 시설과 종합테마파크업의 시설을 함께 갖추고 있을 것

다. 야영장업

(1) 공통기준

(가) 침수, 유실, 고립, 산사태, 낙석의 우려가 없는 안전한 곳에 위치할 것

(나) 시설 배치도, 이용방법, 비상시 행동 요령 등을 이용객이 잘 볼 수 있는 곳에 게시할 것

(다) 비상시 긴급상황을 이용객에게 알릴 수 있는 시설 또는 장비를 갖출 것

(라) 야영장 규모를 고려하여 소화기를 적정하게 확보하고 눈에 띄기 쉬운 곳에 배치할 것

(마) 긴급 상황에 대비하여 야영장 내부 또는 외부에 대피소와 대피로를 확보할 것

(바) 비상시의 대응요령을 숙지하고 야영장이 개장되어 있는 시간에 상주하는 관리요원을 확보할 것

(사) 야영장 시설은 자연생태계 등의 원형이 최대한 보존될 수 있도록 토지의 형질변경을 최소화하여 설치할 것. 이 경우 야영장에 설치할 수 있는 야영장 시설의 종류에 관하여는 문화체육관광부령으로 정한다.

(아) 야영장에 설치되는 건축물(「건축법」 제2조 제1항 제2호에 따른 건축물을 말한다. 이하 이 목에서 같다)의 바닥면적 합계가 야영장 전체면적의 100분의 10 미만일 것. 다만, 「초·중등교육법」 제2조에 따른 학교로서 학생 수의 감소, 학교의 통폐합 등의 사유로 폐지된 학교의 교육활동에 사용되던 시설과 그 밖의 재산(이하 "폐교재산"이라 한다)을 활용하여 야영장업을 하려는 경우(기존 폐교재산의 부지면적 증가가 없는 경우만 해당한다)는 그렇지 않다.

(자) (아)에도 불구하고 「국토의 계획 및 이용에 관한 법률」 제36조 제1항 제2호 가목에 따른 보전관리지역 또는 같은 법 시행령 제30조 제4호 가목에 따른 보전녹지지역에 야영장을 설치하는 경우에는 다음의 요건을 모두 갖출 것. 다만, 폐교재산을 활용하여 야영장업을 하려는 경우(기존 폐교재산의 부지면적 증가가 없는 경우만 해당)로서 건축물의 신축 또는 증축을 하지 않고 야영장 입구까지 진입하는 도로의 신설 또는 확장이 없는 때에는 1) 및 2)의 기준을 적용하지 않는다.

1) 야영장 전체면적이 1만제곱미터 미만일 것

2) 야영장에 설치되는 건축물의 바닥면적 합계가 300제곱미터 미만이고, 야영장 전체면적의 100분의 10 미만일 것

3) 「하수도법」 제15조 제1항에 따른 배수구역 안에 위치한 야영장은 같은 법 제27조에 따라 공공하수도의 사용이 개시된 때에는 그 배수구역의 하수를 공공하수도에 유입시킬 것. 다만, 「하수도법」 제28조에 해당하는 경우에는 그렇지 않다.

4) 야영장 경계에 조경녹지를 조성하는 등의 방법으로 자연환경 및 경관에 대한 영향을 최소화할 것

5) 야영장으로 인한 비탈면 붕괴, 토사 유출 등의 피해가 발생하지 않도록 할 것

(2) 개별기준

(가) 일반야영장업

1) 야영용 천막을 칠 수 있는 공간은 천막 1개당 15제곱미터 이상을 확보할 것

2) 야영에 불편이 없도록 하수도 시설 및 화장실을 갖출 것

3) 긴급상황 발생 시 이용객을 이송할 수 있는 차로를 확보할 것

(나) 자동차야영장업

1) 차량 1대당 50제곱미터 이상의 야영공간(차량을 주차하고 그 옆에 야영장비 등을 설치할 수 있는 공간을 말한다)을 확보할 것

2) 야영에 불편이 없도록 수용인원에 적합한 상 · 하수도 시설, 전기시설, 화장실 및 취사시설을 갖출 것

3) 야영장 입구까지 1차선 이상의 차로를 확보하고, 1차선 차로를 확보한 경우에는 적정한 곳에 차량의 교행(交行)이 가능한 공간을 확보할 것

(3) (1) 및 (2)의 기준에 관한 특례

(가) (1) 및 (2)에도 불구하고 다음 1) 및 2)의 요건을 모두 충족하는 야영장업을 하려는 경우에는 (나) 및 (다)의 기준을 적용한다.

1) 「해수욕장의 이용 및 관리에 관한 법률」 제2조 제1호에 따른 해수욕장이나 「국토의 계획 및 이용에 관한 법률 시행령」 제2조 제1항 제2호에 따른 유원지에서 연간 4개월 이내의 기간 동안만 야영장업을 하려는 경우

2) 야영장업의 등록을 위하여 토지의 형질을 변경하지 아니하는 경우

(나) 공통기준

1) 침수, 유실, 고립, 산사태, 낙석의 우려가 없는 안전한 곳에 위치할 것

2) 시설 배치도, 이용방법, 비상시 행동 요령 등을 이용객이 잘 볼 수 있는 곳에 게시할 것

3) 비상시 긴급상황을 이용객에게 알릴 수 있는 시설 또는 장비를 갖출 것

4) 야영장 규모를 고려하여 소화기를 적정하게 확보하고 눈에 띄기 쉬운 곳에 배치할 것

5) 긴급 상황에 대피할 수 있도록 대피로를 확보할 것

6) 비상시 대응요령을 숙지하고 야영장이 개장되어 있는 시간에 상주하는 관리요원을 확보할 것

(다) 개별기준

1) 일반야영장업

가) 야영용 천막을 칠 수 있는 공간은 천막 1개당 15제곱미터 이상을 확보할 것

나) 야영에 불편이 없도록 하수도 시설 및 화장실의 이용이 가능할 것

다) 긴급상황 발생 시 이용객을 이송할 수 있는 차로를 확보할 것

2) 자동차야영장업

가) 차량 1대당 50제곱미터 이상의 야영공간(차량을 주차하고 그 옆에 야영장비 등을 설치할 수 있는 공간을 말한다)을 확보할 것

나) 야영에 불편이 없도록 상 · 하수도 시설, 전기시설, 화장실 및 취사시설의 이용이 가능할 것

다) 야영장 입구까지 1차선 이상의 차로를 확보하고, 1차선 차로를 확보한 경우에는 적정한 곳에 차량의 교행이 가능한 공간을 확보할 것

라. 관광유람선업

(1) 일반관광유람선업

(가) 구 조

「선박안전법」에 따른 구조 및 설비를 갖춘 선박일 것

(나) 선상시설

이용객의 숙박 또는 휴식에 적합한 시설을 갖추고 있을 것

(다) 위생시설

수세식화장실과 냉 · 난방 설비를 갖추고 있을 것

(라) 편의시설

식당 · 매점 · 휴게실을 갖추고 있을 것

(마) 수질오염방지시설

수질오염을 방지하기 위한 오수 저장 · 처리시설과 폐기물처리시설을 갖추고 있을 것

(2) 크루즈업

(가) 일반관광유람선업에서 규정하고 있는 관광사업의 등록기준을 충족할 것

(나) 욕실이나 샤워시설을 갖춘 객실을 20실 이상 갖추고 있을 것

(다) 체육시설, 미용시설, 오락시설, 쇼핑시설 중 두 종류 이상의 시설을 갖추고 있을 것

마. 관광공연장업

(1) 설치장소

관광지 · 관광단지, 관광특구 또는 「지역문화진흥법」 제18조 제1항에 따라 지정된 문화지구(같은 법 제18조 제3항 제3호에 따라 해당 영업 또는 시설의 설치를 금지하거나 제한하는 경우는 제외한다) 안에 있거나 이 법에 따른 관광사업 시설 안에 있을 것 다만, 실외관광공연장의 경우 법에 따른 관광숙박업, 관광객 이용시설업 중 전문휴양업과 종합휴양업, 국제회의업, 테마파크업에 한한다.

(2) 시설기준

(가) 실내관광공연장

1) 70제곱미터 이상의 무대를 갖추고 있을 것

2) 출연자가 연습하거나 대기 또는 분장할 수 있는 공간을 갖추고 있을 것

3) 출입구는 「다중이용업소의 안전관리에 관한 특별법」에 따른 다중이용업소의 영업장에 설치하는 안전시설 등의 설치기준에 적합할 것

4) 삭제 〈2011.3.30.〉

5) 공연으로 인한 소음이 밖으로 전달되지 아니하도록 방음시설을 갖추고 있을 것

(나) 실외관광공연장

1) 70제곱미터 이상의 무대를 갖추고 있을 것

2) 남녀용으로 구분된 수세식 화장실을 갖추고 있을 것

(3) 일반음식점 영업허가

「식품위생법 시행령」 제21조에 따른 식품접객업 중 일반음식점 영업허가를 받을 것

바. 외국인관광 도시민박업

(1) 주택의 연면적이 230제곱미터 미만일 것

(2) 외국어 안내 서비스가 가능한 체제를 갖출 것

(3) 소화기를 1개 이상 구비하고, 객실마다 단독경보형 감지기 및 일산화탄소 경보기(난방설비를 개별난방 방식으로 설치한 경우만 해당한다)를 설치할 것

사. 한옥체험업

(1) 「한옥 등 건축자산의 진흥에 관한 법률」 제27조에 따라 국토교통부장관이 정하여 고시한 기준에 적합한 한옥일 것. 다만, 「문화재보호법」에 따라 문화재로 지정·등록된 한옥 및 「한옥 등 건축자산의 진흥에 관한 법률」 제10조에 따라 우수건축자산으로 등록된 한옥의 경우에는 그렇지 않다.

(2) 객실 및 편의시설 등 숙박 체험에 이용되는 공간의 연면적이 230제곱미터 미만일 것. 다만, 다음의 어느 하나에 해당하는 한옥의 경우에는 그렇지 않다.

(가) 「문화재보호법」에 따라 문화재로 지정·등록된 한옥

(나) 「한옥 등 건축자산의 진흥에 관한 법률」 제10조에 따라 우수건축자산으로 등록된 한옥

(다) 한옥마을의 한옥, 고택 등 특별자치시·특별자치도·시·군·구의 조례로 정하는 한옥

(3) 숙박 체험을 제공하는 경우에는 이용자의 불편이 없도록 욕실이나 샤워시설 등 편의시설을 갖출 것

(4) 객실 내부 또는 주변에 소화기를 1개 이상 비치하고, 숙박 체험을 제공하는 경우에는 객실마다 단독경보형 감지기 및 일산화탄소 경보기(난방설비를 개별난방 방식으로 설치한 경우만 해당한다)를 설치할 것

(5) 취사시설을 설치하는 경우에는 「도시가스사업법」, 「액화석유가스의 안전관리 및 사업법」, 「화재의 예방 및 안전관리에 관한 법률」, 「소방시설 설치 및 관리에 관한 법률」 및 그 밖의 관계 법령에서 정하는 기준에 적합하게 설치·관리할 것

(6) 수돗물(「수도법」 제3조 제5호에 따른 수도 및 같은 조 제14호에 따른 소규모급수시설에서 공급되는 물을 말한다) 또는 「먹는 물 관리법」 제5조 제3항에 따른 먹는 물의 수질 기준에 적합한 먹는 물 등을 공급할 수 있는 시설을 갖출 것

(7) 월 1회 이상 객실·접수대·로비시설·복도·계단·욕실·샤워시설·세면시설 및 화장실 등을 소독할 수 있는 체제를 갖출 것

(8) 객실 및 욕실 등을 수시로 청소하고, 침구류를 정기적으로 세탁할 수 있는 여건을 갖출 것

(9) 환기를 위한 시설을 갖출 것. 다만, 창문이 있어 자연적으로 환기가 가능한 경우에는 그렇지 않다.

(10) 욕실의 원수(原水)는 「공중위생관리법」 제4조 제2항에 따른 목욕물의 수질기준에 적합할 것

(11) 한옥을 관리할 수 있는 관리자를 영업시간 동안 배치할 것

(12) 숙박 체험을 제공하는 경우에는 접수대 또는 홈페이지 등에 요금표를 게시하고, 게시된 요금을 준수할 것

5. 국제회의업

(가) 국제회의시설업

(1) 「국제회의산업 육성에 관한 법률 시행령」 제3조에 따른 회의시설 및 전시시설의 요건을 갖추고 있을 것

(2) 국제회의개최 및 전시의 편의를 위하여 부대시설로 주차시설과 쇼핑·휴식시설을 갖추고 있을 것

(나) 국제회의기획업

(1) 자본금 : 5천만원 이상일 것

(2) 사무실 : 소유권이나 사용권이 있을 것

별표 1의 2 삭제 〈2018.6.5.〉

별표 2

행정처분의 기준(제33조 제1항 관련) 22 25 기출

1. 일반기준

가. 위반행위가 두 가지 이상일 때에는 그 중 중한 처분기준(중한 처분기준이 같을 때에는 그 중 하나의 처분기준을 말한다. 이하 이 목에서 같다)에 따르며, 두 가지 이상의 처분기준이 모두 사업정지일 경우에는 중한 처분기준의 2분의 1까지 가중 처분할 수 있되, 각 처분기준을 합산한 기간을 초과할 수 없다.

나. 위반행위의 횟수에 따른 행정처분의 기준은 최근 1년(카지노업에 대하여 행정처분을 하는 경우에는 최근 3년으로 하되, 법 제28조 제2항에 따른 준수 사항 위반의 경우에는 최근 1년을 말한다)간 같은 위반행위로 행정처분을 받은 경우에 적용한다. 이 경우 기간의 계산은 위반행위에 대하여 행정처분을 받은 날과 그 처분 후 다시 같은 위반행위를 하여 적발된 날을 기준으로 한다.

다. 나목에 따라 가중된 행정처분을 하는 경우 행정처분의 적용 차수는 그 위반행위 전 행정처분 차수(나목에 따른 기간 내에 행정처분이 둘 이상 있었던 경우에는 높은 차수를 말한다)의 다음 차수로 한다.

라. 처분권자는 위반행위의 동기 · 내용 · 횟수 및 위반의 정도 등 1)부터 4)까지의 규정에 해당하는 사유를 고려하여 그 처분을 감경할 수 있다. 이 경우 그 처분이 사업정지인 경우에는 그 처분기준의 2분의 1의 범위에서 감경할 수 있다.

1) 위반행위가 고의나 중대한 과실이 아닌 사소한 부주의나 오류로 인한 것으로 인정되는 경우
2) 위반의 내용 · 정도가 경미하여 소비자에게 미치는 피해가 적다고 인정되는 경우
3) 위반 행위자가 처음 해당 위반행위를 한 경우로서, 5년 이상 관광사업을 모범적으로 해 온 사실이 인정되는 경우
4) 위반 행위자가 해당 위반행위로 인하여 검사로부터 기소유예 처분을 받거나 법원으로부터 선고유예의 판결을 받은 경우

2. 개별기준

위반사항	근거법령	행정처분기준			
		1차	2차	3차	4차
가. 법 제4조에 따른 등록기준에 적합하지 아니하게 된 경우 또는 변경등록기간 내에 변경등록을 하지 아니하거나 등록한 영업범위를 벗어난 경우	법 제35조 제1항 제1호				
1) 등록기순에 적합하지 아니하게 된 경우		시정명령	사업정시 15일	사업정지 1개월	취 소
2) 변경등록기간 내에 변경등록을 하지 아니한 경우		시정명령	사업정지 15일	사업정지 1개월	취 소
3) 등록한 영업범위를 벗어난 경우					

제3과목

가) 법 제16조 제7항에 따른 관광숙박업(문화체육관광부장관이 정하여 고시하는 학교환경위생을 저해하는 행위만 해당한다)		사업정지 1개월	사업정지 2개월	취 소	
나) 가) 외의 관광사업		사업정지 1개월	사업정지 2개월	사업정지 3개월	취 소
나. 법 제5조 제2항 및 제4항에 따라 문화체육관광부령으로 정하는 시설과 설비를 갖추지 아니하게 되는 경우	법 제35조 제1항 제1호의2	시정명령	사업정지 10일	사업정지 1개월	취소(신고업종의 경우에는 사업정지 3개월)
다. 법 제5조 제3항 및 제4항 후단에 따른 변경허가를 받지 아니하거나 변경신고를 하지 아니한 경우	법 제35조 제1항 제2호				
1) 카지노업					
가) 문화체육관광부령으로 정하는 중요 사항에 대하여 변경허가를 받지 아니하고 변경한 경우		사업정지 1개월	사업정지 3개월	취 소	
나) 문화체육관광부령으로 정하는 경미한 사항에 대하여 변경신고를 하지 아니하고 변경한 경우		사업정지 10일	사업정지 1개월	사업정지 3개월	취 소
2) 테마파크업					
가) 허가 대상 테마파크업의 경우 문화체육관광부령으로 정하는 중요 사항에 대하여 변경허가를 받지 아니하고 변경한 경우		사업정지 5일	사업정지 10일	사업정지 20일	취 소
나) 허가 대상 테마파크업의 경우 문화체육관광부령으로 정하는 경미한 사항에 대하여 변경신고를 하지 아니하고 변경한 경우		시정명령	사업정지 5일	사업정지 10일	취 소
다) 신고 대상 테마파크업의 경우 문화체육관광부령으로 정하는 중요 사항에 대하여 변경신고를 하지 아니하고 변경한 경우		시정명령	사업정지 5일	사업정지 10일	영업소 폐쇄명령
라. 법 제6조 제2항에 따른 지정기준에 적합하지 않게 된 경우	법 35조 제1항 제2호의2	시정명령	사업정지 15일	취 소	
마. 법 제7조에 따른 결격사유에 해당하게 된 경우	법 제7조 제2항	취소(신고업종의 경우에는 영업소 폐쇄명령)			
바. 법 제8조 제4항(같은 조 제5항에 따라 준용되는 경우를 포함)에 따른 기한 내에 신고를 하지 아니한 경우	법 제35조 제1항 제3호	시정명령	사업정지 1개월 또는 사업계획 승인취소	사업정지 2개월	취소(신고업종의 경우에는 사업정지 3개월)
사. 법 제8조 제8항을 위반하여 휴업 또는 폐업을 하고 알리지 않거나 미리 신고하지 않은 경우	법 제35조 제1항 제3호의2	시정명령	취소(신고업종의 경우에는 시정명령)	신고업종의 경우에는 영업소 폐쇄명령	
아. 법 제9조에 따른 보험 또는 공제에 가입하지 아니하거나 영업보증금을 예치하지 아니한 경우	법 제35조 제1항 제4호	시정명령	사업정지 1개월	사업정지 2개월	취소(신고업종의 경우에는 사업정지 3개월)

자. 법 제10조 제2항을 위반하여 사실과 다르게 관광표지를 붙이거나 관광표지에 기재되는 내용을 사실과 다르게 표시 또는 광고하는 행위를 한 경우	법 제35조 제1항 제4호의2	시정명령	사업정지 1개월	사업정지 2개월	취소(신고업종의 경우에는 사업정지 3개월)
차. 법 제11조를 위반하여 관광사업의 시설을 타인에게 처분하거나 타인에게 경영하도록 한 경우	법 제35조 제1항 제5호				
1) 카지노업		사업정지 3개월	취 소		
2) 카지노업 외의 관광사업		사업정지 1개월	사업정지 3개월	사업정지 5개월	취소(신고업종의 경우에는 사업정지 6개월)
카. 법 제12조에 따른 기획여행의 실시요건 또는 실시방법을 위반하여 기획여행을 실시한 경우	법 제35조 제1항 제6호	사업정지 15일	사업정지 1개월	사업정지 3개월	취 소
타. 법 제13조 제2항에 따른 등록을 하지 않은 자에게 국외여행을 인솔하게 한 경우	법 제35조 제2항 제1호	사업정지 10일	사업정지 20일	사업정지 1개월	사업정지 3개월
파. 법 제14조를 위반한 경우					
1) 법 제14조 제1항을 위반하여 안전정보 또는 변경된 안전정보를 제공하지 않은 경우	법 제35조 제1항 제7호	시정명령	사업정지 5일	사업정지 10일	취 소
2) 법 제14조 제2항을 위반하여 여행계획서(여행일정표 및 약관을 포함) 및 보험 가입 등을 증명할 수 있는 서류를 여행자에게 내주지 아니한 경우		시정명령	사업정지 10일	사업정지 20일	취 소
3) 법 제14조 제3항을 위반하여 여행자의 사전 동의 없이 여행일정(선택관광 일정을 포함)을 변경한 경우		시정명령	사업정지 10일	사업정지 20일	취 소
하. 법 제15조에 따라 사업계획의 승인을 얻은 자가 정당한 사유 없이 제32조에 따른 기간 내에 착공 또는 준공을 하지 아니하거나 법 제15조 제1항 후단을 위반하여 변경승인을 얻지 아니하고 사업계획을 임의로 변경한 경우	법 제35조 제1항 제8호	시정명령	사업계획 승인취소		
거. 법 제18조의2에 따른 준수사항을 위반한 경우	법 제35조 제1항 제8호의2				
1) 법 제18조의2 제1호에 따른 준수사항을 위반한 경우		취 소			
2) 법 제18조의2 제2호부터 제5호까지의 규정에 따른 준수사항을 위반한 경우		사업정지 1개월	사업정지 2개월	사업정지 3개월	취 소
너. 법 제19조 제1항 단서를 위반하여 등급결정 신청을 하지 아니한 경우	법 제35조 제1항 제8호의3	시정명령	사업정지 10일	사업정지 20일	취 소
더. 법 제20조 제1항, 제4항 및 제5항을 위반한 경우	법 제35조 제1항 제9호				

제3과목

1) 법 제20조 제1항을 위반하여 분양 또는 회원모집을 할 수 없는 자가 분양 또는 회원모집을 한 경우		시정명령	사업정지 1개월 또는 사업계획 승인취소	사업정지 3개월	취 소
2) 법 제20조 제4항을 위반하여 분양 또는 회원모집 기준 및 절차를 위반하여 분양 또는 회원모집을 한 경우		시정명령	사업정지 1개월 또는 사업계획 승인취소	사업정지 3개월	취 소
3) 법 제20조 제5항에 따른 소유자등 · 회원의 권익을 보호하기 위한 사항을 준수하지 아니한 경우		시정명령	사업정지 1개월 또는 사업계획 승인취소	사업정지 2개월	사업정지 3개월
러. 법 제20조의2에 따른 준수사항을 위반한 경우	법 제35조 제1항 제9호의2	시정명령	사업정지 15일	사업정지 1개월	취 소
머. 법 제21조에 따른 카지노업의 허가 요건에 적합하지 아니하게 된 경우	법 제35조 제1항 제10호	시정명령	사업정지 1개월	사업정지 3개월	취 소
버. 법 제22조에 따른 카지노업의 결격사유에 해당하게 된 경우	법 제22조 제2항	취 소			
서. 법 제23조 제3항을 위반하여 카지노 시설 및 기구에 관한 유지 · 관리를 소홀히 한 경우	법 제35조 제1항 제11호	사업정지 1개월	사업정지 3개월	취 소	
어. 법 제27조에 따른 문화체육관광부장관의 지도와 명령을 이행하지 아니한 경우	법 제35조 제2항 제2호	사업정지 10일	사업정지 1개월	사업정지 3개월	사업정지 6개월
저. 법 제28조 제1항 및 제2항에 따른 준수사항을 위반한 경우	법 제35조 제1항 제12호				
1) 법령에 위반되는 카지노기구를 설치하거나 사용하는 경우		사업정지 3개월	취 소		
2) 법령을 위반하여 카지노기구 또는 시설을 변조하거나 변조된 카지노기구 또는 시설을 사용하는 경우		사업정지 3개월	취 소		
3) 허가받은 전용영업장 외에서 영업을 하는 경우		사업정지 1개월	사업정지 3개월	취 소	
4) 카지노영업소에 내국인(「해외이주법」 제2조에 따른 해외이주자는 제외한다)을 입장하게 하는 경우					
가) 고의로 입장시킨 경우		사업정지 3개월	취 소		
나) 과실로 입장시킨 경우		시정명령	사업정지 10일	사업정지 1개월	사업정지 3개월
5) 지나친 사행심을 유발하는 등 선량한 풍속을 해칠 우려가 있는 광고나 선전을 하는 경우		시정명령	사업정지 10일	사업정지 1개월	사업정지 3개월
6) 법 제26조 제1항에 따른 영업 종류에 해당하지 아니하는 영업을 하거나 영업 방법 및 배당금 등에 관한 신고를 하지 아니하고 영업하는 경우		사업정지 1개월	사업정지 3개월	취 소	
7) 총매출액을 누락시켜 법 제30조 제1항에 따른 관광진흥개발기금 납부금액을 감소시키는 경우		사업정지 3개월	취 소		

8) 카지노영업소에 19세 미만인 자를 입장시키는 경우		시정명령	사업정지 10일	사업정지 1개월	사업정지 3개월
9) 정당한 사유 없이 그 연도 안에 60일 이상 휴업하는 경우		사업정지 1개월	사업정지 3개월	취 소	
10) 문화체육관광부령으로 정하는 영업준칙을 지키지 아니하는 경우		시정명령	사업정지 10일	사업정지 1개월	사업정지 3개월
처. 법 제30조를 위반하여 관광진흥개발기금을 납부하지 아니한 경우	법 제35조 제1항 제13호				
1) 관광진흥개발기금의 납부를 1개월 미만 지연한 경우		시정명령	사업정지 10일	사업정지 1개월	
2) 관광진흥개발기금의 납부를 1개월 이상 지연한 경우		사업정지 10일	사업정지 1개월	사업정지 3개월	
3) 관광진흥개발기금의 납부를 3개월 이상 지연한 경우		사업정지 1개월	사업정지 3개월	취 소	
4) 관광진흥개발기금의 납부를 6개월 이상 지연한 경우		사업정지 3개월	취 소		
5) 관광진흥개발기금의 납부를 1년 이상 지연한 경우		취 소			
커. 법 제32조에 따른 물놀이형 테마파크시설 등의 안전·위생기준을 지키지 아니한 경우	법 제35조 제1항 제14호	시정명령	사업정지 10일	사업정지 1개월	취소(신고업종의 경우에는 사업정지 3개월)
터. 법 제33조 제1항에 따른 검사를 받지 아니하거나 같은 조 제2항에 따른 안전관리자를 배치하지 아니한 경우	법 제35조 제1항 제15호				
1) 법 제33조 제1항에 따른 테마파크시설에 대한 안전성검사를 받지 아니한 경우		사업정지 20일	사업정지 1개월	취 소	
2) 법 제33조 제1항에 따른 안전성검사 대상에 해당되지 아니함을 확인하는 검사를 받지 아니한 경우		사업정지 10일	사업정지 20일	사업정지 1개월	사업정지 3개월
3) 법 제33조 제2항에 따른 안전관리자를 배치하지 아니한 경우		사업정지 5일	사업정지 10일	사업정지 20일	취 소
퍼. 법 제34조를 위반한 경우	법 제35조 제1항 제16호				
1) 법 제34조 제1항에 따른 영업질서 유지를 위한 준수사항을 지키지 아니한 경우		시정명령	사업정지 10일	사업정지 20일	사업정지 1개월
2) 법 제34조 제2항을 위반하여 불법으로 제조한 테마파크시설 또는 테마파크시설의 부분품을 설치하거나 사용한 경우		사업정지 15일	사업정지 1개월	사업정지 2개월	취소(신고업종의 경우에는 사업정지 3개월)
허. 법 제38조 제1항 단서를 위반하여 해당 자격이 없는 자를 종사하게 한 경우	법 제35조 제1항 제16호의2	시정명령	사업정지 15일	취 소	
고. 법 제78조에 따른 보고 또는 서류제출명령을 이행하지 아니하거나 관계 공무원의 검사를 방해한 경우	법 제35조 제1항 제18호	사업정지 10일	사업정지 1개월	사업정지 2개월	취소(신고업종의 경우에는 사업정지 3개월)

노. 관광사업의 경영 또는 사업계획을 추진함에 있어서 뇌물을 주고받은 경우	법 제35조 제1항 제19호	시정명령	사업정지 10일 또는 사업계획 승인취소	사업정지 20일	취소(신고업종의 경우에는 사업정지 1개월)
도. 고의로 여행계약을 위반한 경우(여행업자만 해당한다)	법 제35조 제1항 제20호	시정명령	사업정지 10일	사업정지 20일	취 소

별표 3

위반행위별 과징금 부과 기준(제34조 제1항 관련)

(단위 : 만원)

위반행위	해당법조문	업종별 과징금액																									
		여행업			관광숙박업											관광객 이용시설업							국제회의업		카지노업	테마파크업		
					호텔업																							
					관광호텔업																							
		종합여행업	국내외여행업	국내여행업	5성급·4성급	3성급	2성급 이하	수상관광호텔업	가족호텔업	한국전통호텔업	호스텔업	소형호텔업	의료관광호텔업	휴양콘도미니엄업	전문휴양업	종합휴양업	야영장업	관광유람선업	관광공연장업	외국인관광도시민박업	한옥체험업	국제회의시설업	국제회의기획업		종합테마파크업	일반테마파크업	기타테마파크업
1. 법 제4조(등록) 위반	법 제4조																										
가. 등록기준에 적합하지 아니하게 된 경우		120	80	80	200	120	80	80	80	80	80	80	80	120	80	120	80	80	80	40	40	120	80				
나. 관광사업의 변경 등록 기간을 위반한 경우		120	80	80	200	120	80	80	80	80	80	80	80	120	80	120	80	80	80	40	40	120	80				
다. 등록한 영업범위를 벗어난 경우		800	800	400	500	300	200	200	200	200				300			200		200	40	40						
2. 법 제5조(허가와 신고) 위반	법 제5조																										
가. 법 제5조 제2항 및 제4항에 따라 문화체육관광부령으로 정하는 시설과 설비를 갖추지 아니하게 되는 경우																									1600	1200	800
나. 법 제5조 제3항 및 제4항 후단에 따른 변경허가를 받지 아니하거나 변경신고를 하지 아니한 경우																											

제3과목

1) 카지노업의 경우 문화체육관광부령으로 정하는 경미한 사항에 대하여 변경신고를 하지 아니하고 변경한 경우 (사업정지 10일을 갈음하는 경우만 해당한다)																								2000			
2) 허가 대상 테마파크업의 경우 문화체육관광부령으로 정하는 중요 사항에 대하여 변경허가를 받지 아니하고 변경한 경우																									1200	800	
3) 허가 대상 테마파크업의 경우 문화체육관광부령으로 정하는 경미한 사항에 대하여 변경신고를 하지 아니하고 변경한 경우																									800	400	
4) 신고 대상 테마파크업의 경우 문화체육관광부령으로 정하는 중요 사항에 대하여 변경신고를 하지 아니하고 변경한 경우																											400
3. 법 제8조(관광사업의 양수 등)를 위반하여 관광사업자 또는 사업계획의 승인을 받은 자의 지위를 승계한 후 승계신고를 하지 아니한 경우	법 제8조	400	200	200	800	400	200	200	200	200	200	200	200	400	200	400	120	120	120	40	40	400	200	300	400	320	120
4. 법 제10조를 위반하여 사실과 다르게 관광표지를 붙이거나 관광표지에 기재되는 내용을 사실과 다르게 표시 또는 광고하는 행위를 한 경우	법 제10조				400	350	300	300	300	300	300	300	300														

5. 법 제12조(기획여행의 실시)에 따른 기획여행의 실시요건 또는 실시방법을 위반하여 기획여행을 실시한 경우	법 제12조	800	400																							
6. 법 제14조(여행계약 등) 위반	법 제14조																									
가. 법 제14조 제1항을 위반하여 안전정보 또는 변경된 안전정보를 제공하지 아니한 경우		500	300																							
나. 법 제14조 제2항을 위반하여 여행계약서(여행일정표 및 약관을 포함) 및 보험 가입 등을 증명할 수 있는 서류를 여행자에게 내주지 아니한 경우		800	400	200																						
다. 법 제14조 제3항을 위반하여 여행자의 사전 동의 없이 여행일정(선택관광 일정을 포함)을 변경한 경우		800	400	200																						
7. 법 제19조 제1항 단서를 위반하여 등급결정을 신청하지 아니한 경우	법 제19조				400	300	200	200	200	200		200	200													
8. 법 제20조(분양 및 회원 모집) 위반	법 제20조																									
가. 분양 또는 회원 모집을 할 수 없는 자가 분양 또는 회원 모집을 한 경우									400					800		800										
나. 분양 또는 회원 모집의 기준 및 절차를 위반한 경우									400					800		800										

제3과목

다. 소유자등 · 회원의 권익보호에 관한 사항을 지키지 아니한 경우									400					800		800										
9. 법 제20조의2에 따른 야영업자의 준수사항을 위반한 경우	법 제20조의2																200									
10. 법 제27조에 따른 문화체육관광부장관의 지도와 명령을 이행하지 아니한 경우(사업정지 10일을 갈음하는 경우만 해당한다)	법 제27조																							2000		
11. 법 제28조(카지노사업자 등의 준수사항) 위반	법 제28조																									
가. 카지노영업소에 내국인(「해외이주법」 제2조에 따른 해외이주자는 제외한다)을 과실로 입장시킨 경우(사업정지 10일을 갈음하는 경우만 해당한다)																								2000		
나. 지나친 사행심을 유발하는 등 선량한 풍속을 해칠 우려가 있는 광고나 선전을 한 경우																								2000		
다. 카지노영업소에 19세 미만인 자를 입장시킨 경우																								2000		
라. 문화체육관광부령으로 정하는 영업준칙을 지키지 아니한 경우																								2000		

12. 법 제30조(기금납부)를 위반하여 관광진흥개발기금 납부금의 납부를 지연한 경우(사업정지 10일을 갈음하는 경우만 해당한다)	법 제30조																							2000			
13. 법 제32조(물놀이형 테마파크업자의 준수사항)에 따른 물놀이형 유원시설 등의 안전·위생기준을 지키지 아니한 경우	법 제32조																								2000	1600	1200
14. 법 제33조(안전성검사 등) 위반	법 제33조																										
가. 법 제33조 제1항에 따른 테마파크시설에 대한 안전성검사 및 안전성검사 대상에 해당하지 아니함을 확인하는 검사를 받지 아니한 경우																									2000	1600	1200
나. 법 제33조 제2항에 따른 안전관리자를 항상 배치하지 아니한 경우																									2000	1600	
15. 법 제34조(영업질서 유지 등) 위반	법 제34조																										
가. 영업질서를 유지하기 위하여 문화체육관광부령으로 정하는 사항을 지키지 아니한 경우																									1200	800	400
나. 법령을 위반하여 제조된 테마파크시설 또는 테마파크시설의 부분품을 설치하거나 사용한 경우																									2000	1600	1200

제3과목

16. 법 제35조(등록취소 등) 제1항 제20호를 위반하여 고의로 여행계약을 위반한 경우(여행업자만 해당한다)	법 제35조	800	400	200																							
17. 법 제38조(관광종사원의 자격 등) 제1항 단서를 위반하여 해당 자격이 없는 자를 종사하게 한 경우	법 제38조	800	400																								
18. 법 제78조(보고 · 검사) 위반	법 제78조																										
가. 사업에 관한 보고 또는 서류제출 명령을 이행하지 아니한 경우		800	400	400	1200	800	400	400	400	400	400	400	400	800	400	800	200	200	200	40	40	1200	800	500	800	400	80
나. 관계 공무원이 장부 · 서류나 그 밖의 물건을 검사하는 것을 방해한 경우		800	400	400	1200	800	400	400	400	400	400	400	400	800	400	800	200	200	200	40	40	1200	800	300	800	400	80

별표 4

관광 업무별 자격기준(제36조 관련) 16 18 19 22 기출

업 종	업 무	종사하도록 권고할 수 있는 자	종사하게 하여야 하는 자
1. 여행업	가. 외국인 관광객의 국내여행을 위한 안내	–	관광통역안내사 자격을 취득한 자
	나. 내국인의 국내여행을 위한 안내	국내여행안내사 자격을 취득한 자	–
2. 관광 숙박업	가. 4성급 이상의 관광호텔업의 총괄관리 및 경영업무	호텔경영사 자격을 취득한 자	–
	나. 4성급 이상의 관광호텔업의 객실관리 책임자 업무	호텔경영사 또는 호텔관리사 자격을 취득한 자	–
	다. 3성급 이하의 관광호텔업과 한국전통호텔업 · 수상관광호텔업 · 휴양콘도미니엄업 · 가족호텔업 · 호스텔업 · 소형호텔업 및 의료관광호텔업의 총괄관리 및 경영업무	호텔경영사 또는 호텔관리사 자격을 취득한 자	–
	라. 현관 · 객실 · 식당의 접객업무	호텔서비스사 자격을 취득한 자	–

별표 4의 2

한국관광 품질인증의 인증표지(제41조의13 관련)

1. 인증표지의 기본형은 흰색을 바탕으로 하여 위와 같이 하고, 로고는 붉은색과 파란색, 글자는 검은색으로 한다.
2. 비례 적용 및 최소사용 크기는 다음의 기준에 따른다.

비례 적용 (정비례로 확대 또는 축소하여 사용)	최소사용 크기
	 10mm

별표 5

과태료의 부과기준(제67조 관련) 19 기출

1. 일반기준

가. 위반행위의 횟수에 따른 과태료의 가중된 부과기준은 최근 2년간 같은 위반행위로 과태료 부과처분을 받은 경우에 적용한다. 이 경우 기간의 계산은 위반행위에 대하여 과태료 부과처분을 받은 날과 그 처분 후 다시 같은 위반행위를 하여 적발된 날을 기준으로 한다.

나. 가목에 따라 가중된 부과처분을 하는 경우 가중처분의 적용 차수는 그 위반행위 전 부과처분 차수(가목에 따른 기간 내에 과태료 부과처분이 둘 이상 있었던 경우에는 높은 차수를 말한다)의 다음 차수로 한다.

다. 부과권자는 다음의 어느 하나에 해당하는 경우에는 제2호의 개별기준에 따른 과태료 금액의 2분의 1의 범위에서 그 금액을 줄일 수 있다. 다만, 과태료를 체납하고 있는 위반행위자에 대해서는 그렇지 않다.

1) 위반행위자가 「질서위반행위규제법 시행령」 제2조의2 제1항 각 호의 어느 하나에 해당하는 경우
2) 위반행위자가 처음 해당 위반행위를 한 경우로서 5년 이상 해당 업종을 모범적으로 영위한 사실이 인정되는 경우
3) 위반행위자가 자연재해 · 화재 등으로 재산에 현저한 손실이 발생하거나 사업여건의 악화로 사업이 중대한 위기에 처하는 등의 사정이 있는 경우
4) 위반행위가 사소한 부주의나 오류로 인한 것으로 인정되는 경우
5) 위반행위자가 같은 위반행위로 벌금이나 사업정지 등의 처분을 받은 경우
6) 위반행위자가 법 위반상태를 시정하거나 해소하기 위하여 노력한 것으로 인정되는 경우
7) 그 밖에 위반행위의 정도, 위반행위의 동기와 그 결과 등을 고려하여 과태료의 금액을 줄일 필요가 있다고 인정되는 경우

2. 개별기준 17 22 기출

(단위 : 만원)

위반행위	근거 법조문	과태료 금액		
		1차 위반	2차 위반	3차 이상 위반
가. 법 제10조 제3항을 위반하여 관광표지를 사업장에 붙이거나 관광사업의 명칭을 포함하는 상호를 사용한 경우	법 제86조 제2항 제2호	30	60	100
나. 법 제28조 제2항 전단을 위반하여 영업준칙을 지키지 않은 경우	법 제86조 제2항 제4호	100	100	100
다. 법 제33조 제3항을 위반하여 안전교육을 받지 않은 경우	법 제86조 제2항 제4호의2	30	60	100
라. 법 제33조 제4항을 위반하여 안전관리자에게 안전교육을 받도록 하지 않은 경우	법 제86조 제2항 제4호의3	50	100	100
마. 법 제33조의2 제1항을 위반하여 테마파크시설로 인한 중대한 사고를 통보하지 않은 경우	법 제86조 제1항 제1호	100	200	300
바. 법 제38조 제6항을 위반하여 관광통역안내를 한 경우	법 제86조 제1항 제2호	150	300	500
사. 법 제38조 제7항을 위반하여 자격증을 패용하지 않은 경우	법 제86조 제2항 제4호의5	3	3	3
삭제 〈2019.4.9.〉	–	–	–	–
자. 법 제48조의10 제3항을 위반하여 인증표지 또는 이와 유사한 표지를 하거나 한국관광 품질인증을 받은 것으로 홍보한 경우	법 제86조 제2항 제6호	30	60	100

관광진흥법 시행규칙 별표

별표 1

야영장 시설의 종류(제5조의2 관련)

구 분	시설의 종류
1. 기본시설	야영덱(텐트를 설치할 수 있는 공간)을 포함한 일반야영장 및 자동차야영장 등
2. 편익시설	야영시설(주재료를 천막으로 하여 바닥의 기초와 기둥을 갖추고 지면에 설치되어야 한다) · 야영용 트레일러(동력이 있는 자동차에 견인되어 육상을 이동할 수 있는 형태를 갖추어야 한다) · 관리실 · 방문자안내소 · 매점 · 바비큐장 · 문화예술체험장 · 야외쉼터 · 야외공연장 및 주차장 등
3. 위생시설	취사장 · 오물처리장 · 화장실 · 개수대 · 배수시설 · 오수정화시설 및 샤워장 등
4. 체육시설	실외에 설치되는 철봉 · 평행봉 · 그네 · 족구장 · 배드민턴장 · 어린이놀이터 · 놀이형시설 · 수영장 및 운동장 등
5. 안전 · 전기 · 가스시설	소방시설 · 전기시설 · 가스시설 · 잔불처리시설 · 재해방지시설 · 조명시설 · 폐쇄회로텔레비전시설(CCTV) · 긴급방송시설 및 대피소 등

별표 1의 2

테마파크업의 시설 및 설비기준(제7조 제1항 관련)

1. 공통기준

구 분	시설 및 설비기준
가. 실내에 설치한 테마파크업	(1) 독립된 건축물이거나 다른 용도의 시설(「게임산업진흥에 관한 법률」 제2조 제6호의2 가목 또는 제7호에 따른 청소년게임제공업 또는 인터넷컴퓨터게임시설제공업의 시설은 제외한다)과 분리, 구획 또는 구분되어야 한다. (2) 테마파크업 내에 「게임산업진흥에 관한 법률」 제2조 제6호의2 가목 또는 제7호에 따른 청소년게임제공업 또는 인터넷컴퓨터게임시설제공업을 하려는 경우 청소년게임제공업 또는 인터넷컴퓨터게임시설제공업의 면적비율은 테마파크업 허가 또는 신고면적의 50퍼센트 미만이어야 한다.
나. 종합테마파크업 및 일반테마파크업	(1) 방송시설 및 휴식시설(의자 또는 차양시설 등을 갖춘 것을 말한다)을 설치하여야 한다. (2) 화장실(테마파크업의 허가구역으로부터 100미터 이내에 공동화장실을 갖춘 경우는 제외한다)을 갖추어야 한다. (3) 이용객을 지면으로 안전하게 이동시키는 비상조치가 필요한 테마파크시설에 대하여는 비상시에 이용객을 안전하게 대피시킬 수 있는 시설[축전지 또는 발전기 등의 예비전원설비, 사다리, 계단시설, 윈치(중량물을 끌어올리거나 당기는 기계설비), 로프 등 해당 시설에 적합한 시설]을 갖추어야 한다. (4) 물놀이형 테마파크시설을 설치한 경우 다음 각 호의 시설을 갖추어야 한다. ① 수소이온화농도, 유리잔류염소농도를 측정할 수 있는 수질검사장비를 비치하여야 한다. ② 익수사고를 대비한 수상인명구조장비(구명구, 구명조끼, 구명로프 등)를 갖추어야 한다. ③ 물놀이 후 씻을 수 있는 시설(테마파크업의 허가구역으로부터 100미터 이내에 공동으로 씻을 수 있는 시설을 갖춘 경우는 제외한다)을 갖추어야 한다.

2. 개별기준

구 분	시설 및 설비기준
가. 종합테마파크업	(1) 대지 면적(실내에 설치한 테마파크업의 경우에는 건축물 연면적)은 1만제곱미터 이상이어야 한다. (2) 법 제33조 제1항에 따른 안전성검사 대상 테마파크시설 6종 이상을 설치하여야 한다. (3) 정전 등 비상시 테마파크시설 이외 사업장 전체의 안전에 필요한 설비를 작동하기 위한 예비전원시설과 의무 시설(구급약품, 침상 등이 비치된 별도의 공간) 및 안내소를 설치하여야 한다. (4) 음식점 시설 또는 매점을 설치하여야 한다.
나. 일반테마파크업	(1) 법 제33조 제1항에 따른 안전성검사 대상 테마파크시설 1종 이상을 설치하여야 한다. (2) 안내소를 설치하고, 구급약품을 비치하여야 한다.
다. 기타테마파크업	(1) 대지 면적(실내에 설치한 테마파크업의 경우에는 건축물 연면적)은 40제곱미터 이상이어야 한다(시행규칙 제40조 제1항 관련 별표 11 제2호 나목 2)에 해당되는 테마파크시설을 설치하는 경우는 제외한다). (2) 법 제33조 제1항에 따른 안전성검사 대상이 아닌 테마파크시설 1종 이상을 설치하여야 한다. (3) 구급약품을 비치하여야 한다.

3. 제1호 및 제2호의 기준에 관한 특례

(1) 제1호 및 제2호에도 불구하고 제7조에 따라 6개월 미만의 단기로 일반테마파크업의 허가를 받으려 하거나 제11조에 따라 6개월 미만의 단기로 기타테마파크업의 신고를 하려는 경우에는 (2) 및 (3)의 기준을 적용한다.

(2) 공통기준

(가) 실내에 설치하는 경우에는 독립된 건축물이거나 다른 용도의 시설(「게임산업진흥에 관한 법률」 제2조 제6호의2 가목 또는 제7호에 따른 청소년게임제공업 또는 인터넷컴퓨터게임시설제공업의 시설은 제외한다)과 분리, 구획 또는 구분되어야 한다.

(나) 실내에 설치한 테마파크업 내에 「게임산업진흥에 관한 법률」 제2조 제6호의2 가목 또는 제7호에 따른 청소년게임제공업 또는 인터넷컴퓨터게임시설제공업을 하려는 경우 청소년게임제공업 또는 인터넷컴퓨터게임시설제공업의 면적비율은 테마파크업 허가 또는 신고 면적의 50퍼센트 미만이어야 한다.

(다) 구급약품을 비치하여야 한다.

(3) 개별기준

(가) 일반테마파크업

1) 법 제33조 제1항에 따른 안전성검사 대상 테마파크시설 1종 이상을 설치하여야 한다.

2) 휴식시설 및 화장실을 갖추어야 하나, 불가피한 경우에는 허가구역으로부터 100미터 이내에 그 이용이 가능한 휴식시설 및 화장실을 갖추어야 한다.

3) 비상시 테마파크시설로부터 이용객을 안전하게 대피시킬 수 있는 시설(사다리, 로프 등)을 갖추어야 한다.

4) 물놀이형 테마파크시설을 설치한 경우 수질검사장비와 수상인명구조장비를 비치하여야 한다.

(나) 기타테마파크업

1) 대지 면적(실내에 설치한 테마파크업의 경우에는 건축물 연면적)은 40제곱미터 이상이어야 한다(제40조 제1항 관련 별표 11 제2호 나목 2)에 해당되는 테마파크시설을 설치하는 경우는 제외한다).

2) 법 제33조 제1항에 따른 안전성검사 대상이 아닌 테마파크시설 1종 이상을 설치하여야 한다.

별표 1의 3

변경허가 또는 변경신고의 대상이 되는 게임기구의 변경 등 (제8조 제1항 제1호 라목 및 제2항 제2호 관련)

1. 변경허가

가. 테이블게임 : 변경 또는 교체되는 테이블의 수가 2분의 1 이상인 경우

나. 전자테이블게임 : 다음의 어느 하나에 해당하는 경우

1) 변경 또는 교체되는 전자테이블의 수가 2분의 1 이상인 경우

2) 변경 또는 교체되는 이용자 단말기의 수가 2분의 1 이상인 경우

다. 머신게임 : 변경 또는 교체되는 머신의 수가 2분의 1 이상인 경우

2. 변경신고

가. 테이블게임 : 변경 또는 교체되는 테이블의 수가 2분의 1 미만인 경우

나. 전자테이블게임 : 다음의 어느 하나에 해당하는 경우

1) 변경 또는 교체되는 전자테이블의 수가 2분의 1 미만인 경우

2) 변경 또는 교체되는 이용자 단말기의 수가 2분의 1 미만인 경우

다. 머신게임 : 변경 또는 교체되는 머신의 수가 2분의 1 미만인 경우

별표 2

관광 편의시설업의 지정기준(제15조 관련) 19 기출

업 종	지정기준
1. 관광유흥음식점업	가. 건물은 연면적이 특별시의 경우에는 330제곱미터 이상, 그 밖의 지역은 200제곱미터 이상으로 한국적 분위기를 풍기는 아담하고 우아한 건물일 것 나. 관광객의 수용에 적합한 다양한 규모의 방을 두고 실내는 고유의 한국적 분위기를 풍길 수 있도록 서화 · 문갑 · 병풍 및 나전칠기 등으로 장식할 것 다. 영업장 내부의 노랫소리 등이 외부에 들리지 아니하도록 할 것
2. 관광극장유흥업	가. 건물 연면적은 1,000제곱미터 이상으로 하고, 홀면적(무대면적을 포함)은 500제곱미터 이상으로 할 것 나. 관광객에게 민속과 가무를 감상하게 할 수 있도록 특수조명장치 및 배경을 설치한 50제곱미터 이상의 무대가 있을 것 다. 영업장 내부의 노랫소리 등이 외부에 들리지 아니하도록 할 것

3. 외국인전용 유흥음식점업	가. 홀면적(무대면적을 포함)은 100제곱미터 이상으로 할 것 나. 홀에는 노래와 춤 공연을 할 수 있도록 20제곱미터 이상의 무대를 설치하고, 특수조명 시설을 갖출 것 다. 영업장 내부의 노랫소리 등이 외부에 들리지 아니하도록 할 것 라. 외국인을 대상으로 영업할 것
4. 관광식당업	가. 인적요건 1) 한국 전통음식을 제공하는 경우에는 「국가기술자격법」에 따른 해당 조리사 자격증 소지자를 둘 것 2) 특정 외국의 전문음식을 제공하는 경우에는 다음의 요건 중 1개 이상의 요건을 갖춘 자를 둘 것 가) 해당 외국에서 전문조리사 자격을 취득한 자 나) 「국가기술자격법」에 따른 해당 조리사 자격증 소지자로서 해당 분야에서의 조리경력이 2년 이상인 자 다) 해당 외국에서 6개월 이상의 조리교육을 이수한 자 나. 삭제 〈2014.9.16.〉 다. 최소 한 개 이상의 외국어로 음식의 이름과 관련 정보가 병기된 메뉴판을 갖추고 있을 것 라. 출입구가 각각 구분된 남 · 녀 화장실을 갖출 것
5. 관광순환버스업	안내방송 등 외국어 안내서비스가 가능한 체제를 갖출 것
6. 관광사진업	사진촬영기술이 풍부한 자 및 외국어 안내서비스가 가능한 체제를 갖출 것
7. 여객자동차터미널업	인근 관광지역 등의 안내서 등을 비치하고, 인근 관광자원 및 명소 등을 소개하는 관광안내판을 설치할 것
8. 관광펜션업	가. 자연 및 주변환경과 조화를 이루는 4층 이하의 건축물일 것 나. 객실이 30실 이하일 것 다. 취사 및 숙박에 필요한 설비를 갖출 것 라. 바비큐장, 캠프파이어장 등 주인의 환대가 가능한 한 종류 이상의 이용시설을 갖추고 있을 것(다만, 관광펜션이 수개의 건물 동으로 이루어진 경우에는 그 시설을 공동으로 설치할 수 있다) 마. 숙박시설 및 이용시설에 대하여 외국어 안내 표기를 할 것
9. 관광궤도업	가. 자연 또는 주변 경관을 관람할 수 있도록 개방되어 있거나 밖이 보이는 창을 가진 구조일 것 나. 안내방송 등 외국어 안내서비스가 가능한 체제를 갖출 것
10. 삭제 〈2020.4.28.〉	
11. 관광면세업	가. 외국어 안내 서비스가 가능한 체제를 갖출 것 나. 한 개 이상의 외국어로 상품명 및 가격 등 관련 정보가 명시된 전체 또는 개별 안내판을 갖출 것 다. 주변 교통의 원활한 소통에 지장을 초래하지 않을 것
12. 관광지원서비스업	가. 다음의 어느 하나에 해당할 것 1) 해당 사업의 평균매출액 중 관광객 또는 관광사업자와의 거래로 인한 매출액의 비율이 100분의 50 이상일 것 2) 법 제52조에 따라 관광지 또는 관광단지로 지정된 지역에서 사업장을 운영할 것 3) 법 제48조의10제1항에 따라 한국관광 품질인증을 받았을 것 4) 중앙행정기관의 장 또는 지방자치단체의 장이 공모 등의 방법을 통해 우수 관광사업으로 선정한 사업일 것 나. 시설 등을 이용하는 관광객의 안전을 확보할 것

별표 3

보증보험 등 가입금액(영업보증금 예치금액) 기준(제18조 제3항 관련) 15 16 18 23 기출

(단위 : 천원)

여행업의 종류(기획여행 포함) / 직전 사업연도 매출액	국내여행업	국내외여행업	종합여행업	국내외여행업의 기획여행	종합여행업의 기획여행
1억원 미만	20,000	30,000	50,000	200,000	200,000
1억원 이상 5억원 미만	30,000	40,000	65,000		
5억원 이상 10억원 미만	45,000	55,000	85,000		
10억원 이상 50억원 미만	85,000	100,000	150,000		
50억원 이상 100억원 미만	140,000	180,000	250,000	300,000	300,000
100억원 이상 1,000억원 미만	450,000	750,000	1,000,000	500,000	500,000
1,000억원 이상	750,000	1,250,000	1,510,000	700,000	700,000

(비 고)

1. 국내외여행업 또는 종합여행업을 하는 여행업자 중에서 기획여행을 실시하려는 자는 국내외여행업 또는 종합여행업에 따른 보증보험 등에 가입하거나 영업보증금을 예치하고 유지하는 것 외에 추가로 기획여행에 따른 보증보험 등에 가입하거나 영업보증금을 예치하고 유지하여야 한다.
2. 「소득세법」 제160조 제3항 및 같은 법 시행령 제208조 제5항에 따른 간편장부대상자(손익계산서를 작성하지 아니한 자만 해당한다)의 경우에는 보증보험 등 가입금액 또는 영업보증금 예치금액을 직전 사업연도 매출액이 1억원 미만인 경우에 해당하는 금액으로 한다.
3. 직전 사업연도의 매출액이 없는 사업개시 연도의 경우에는 보증보험 등 가입금액 또는 영업보증금 예치금액을 직전 사업연도 매출액이 1억원 미만인 경우에 해당하는 금액으로 한다. 직전 사업연도의 매출액이 없는 기획여행의 사업개시 연도의 경우에도 또한 같다.
4. 여행업과 함께 다른 사업을 병행하는 여행업자인 경우에는 직전 사업연도 매출액을 산정할 때에 여행업에서 발생한 매출액만으로 산정하여야 한다.
5. 종합여행업의 경우 직전 사업연도 매출액을 산정할 때에, 「부가가치세법 시행령」 제33조 제2항 제7호에 따라 외국인관광객에게 공급하는 관광알선용역으로서 그 대가를 받은 금액은 매출액에서 제외한다.

별표 4

관광사업장 표지(제19조 제1호 관련)

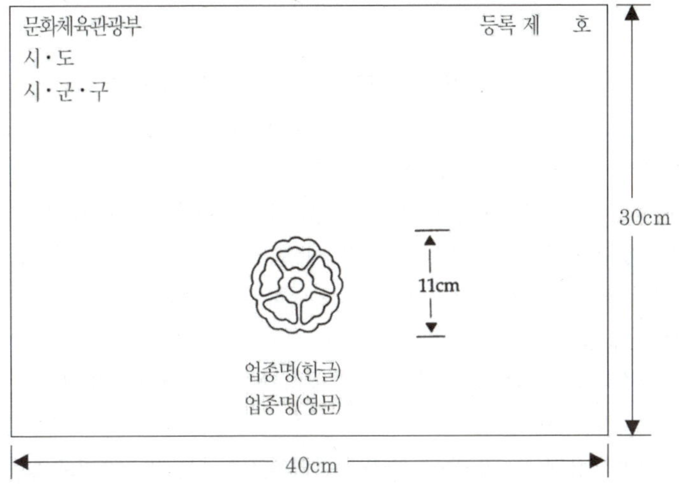

(제작상 유의사항)
1. 소재는 놋쇠로 한다.
2. 그림을 제외한 바탕색은 녹색으로 한다.
3. 표지의 두께는 5mm로 한다.

별표 5 삭제 〈2014.12.31.〉

별표 6

관광식당 표지(제19조 제4호 관련)

TOURIST
RESTAURANT
觀光食堂

REGISTERED TO
TOURIST ASSOCIATION

○○觀光協會指定 第 號

(제작상 유의사항)
1. 기본모형은 위와 같이 하고 흰색 바탕에 원은 오렌지색, 글씨는 검은색으로 한다.
2. 크기와 제작방법은 문화체육관광부장관이 별도로 정한다.
3. 지정권자의 표기는 한글 · 영문 또는 한문 중 하나를 선택하여 사용한다.

별표 7

야영장의 안전 · 위생기준(제28조의2 관련) 17 18 25 기출

1. 화재 예방기준

가. 소방시설은 소방 관계 법령과 「화재예방, 소방시설 설치 · 유지 및 안전관리에 관한 법률」 제9조 제1항에 따른 화재안전기준에 적합하게 설치하여야 하고, 같은 법 제36조 제3항 또는 제39조 제2항에 따른 제품검사를 받은 소방용품을 사용하여야 한다.

나. 사방이 밀폐된 이동식 야영용 천막 안에서 전기용품[야영장 내에 누전차단기가 설치된 경우로서 전기용품(「전기용품 및 생활용품 안전관리법」 제2조 제5호 또는 제6호에 따른 안전인증 또는 안전확인을 받은 용품으로 한정한다)의 총 사용량이 600와트 이하인 경우는 제외한다] 및 화기용품 사용을 하지 않도록 안내하여야 한다.

다. 야영용 천막 2개소 또는 100제곱미터마다 1개 이상의 소화기를 내부가 잘 보이는 보관함에 넣어 눈에 띄기 쉬운 곳에 비치하여야 한다.

라. 사업자가 설치하여 이용객에게 제공하는 다음의 야영용 시설에는 각 시설별로 소화기와 단독경보형 연기감지기, 일산화탄소 경보기, 전용 누전차단기를 설치하고, 내부에 비상 손전등을 비치하여야 한다.

1) 야영시설(주재료를 천막으로 하여 바닥의 기초와 기둥을 갖추고 지면에 설치되어야 한다)

2) 야영용 트레일러(동력이 있는 자동차에 견인되어 육상을 이동할 수 있는 형태를 갖추어야 한다)

3) 삭제 〈2019.3.4.〉

마. 사업자가 설치하여 이용객에게 제공하는 야영용 시설(제1호 라목1)의 시설을 말한다)의 천막 등은 「화재예방, 소방시설 설치 · 유지 및 안전관리에 관한 법률」 제12조 제1항에 따른 방염성능기준에 적합한 제품을 사용해야 하고, 천막의 출입구는 비상시 외부탈출이 용이한 구조를 갖추어야 한다.

바. 사업자가 설치하여 이용객에게 제공하는 야영용 시설(제1호 라목1) 및 2)의 시설을 말한다. 이하 사목에서 같다)과 야영용 시설 사이에는 3미터 이상의 거리를 두어야 한다.

사. 사업자가 설치하여 이용객에게 제공하는 야영용 시설 안에서는 화목 난로와 펠릿 난로를 설치하여 사용할 수 없다.

아. 야영장 내 숯 및 잔불 처리 시설을 별도의 공간에 마련하고, 1개 이상의 소화기와 방화사 또는 방화수를 비치하여야 한다.

자. 야영장 내에서 폭죽, 풍등(風燈)의 사용과 판매를 금지하고, 흡연구역을 설치하여야 한다. 다만, 야영장 설치지역이 다른 법령에 따라 금연구역으로 지정된 경우에는 흡연구역을 설치하지 아니한다.

2. 전기 사용 기준

가. 전기설비는 전기 관련 법령에 적합하게 설치하고, 전기용품은 「전기용품 및 생활용품 안전관리법」 제2조 제5호 또는 제6호에 따른 안전인증 또는 안전확인을 받은 용품을 사용해야 한다.

나. 야외에 설치되는 누전차단기는 침수 위험이 없도록 적정 높이에 위치한 방수형 단자함에 설치하여야 한다.

다. 옥외용 전선은 야영장비에 손상되지 않도록 굽힐 수 있는 전선관[가요(可撓)전선관]을 이용하여 적정 깊이에 매설하거나, 적정 높이에 설치하여야 하며, 전선관 또는 전선의 피복이 손상되지 않도록 하여야 한다.

3. 가스 사용 기준

가. 가스시설 및 가스용품은 가스 관련 법령에 적합하게 설치하고, 가스용품은「액화석유가스의 안전관리 및 사업법」제39조 제1항에 따른 검사에 합격한 용품을, 가스용기는「고압가스 안전관리법」제17조에 따른 검사에 합격한 용기를 사용하여야 한다.

나. 가스시설은 환기가 잘 되는 구조로 설치되어야 하고, 가스배관은 부식방지 처리를 하며, 사용하지 않는 배관 말단은 막음 처리하여야 한다.

다. 액화석유가스 용기는「액화석유가스의 안전관리 및 사업법 시행규칙」별표 20 제1호 가목 2) 다)의 기준에 따라 보관 등의 조치를 하여야 한다.

라. 이용객이 액화석유가스 용기를 야영장에 반입하는 것을 금지(야영용 자동차 또는 야영용 트레일러 안에 설치된 액화석유가스 사용시설이 관계 법령에 적합한 경우는 제외한다)하여야 한다. 다만, 액화석유가스 용기의 총 저장능력이 13킬로그램 이하인 경우로서 사업자가 안전 사용에 대한 안내를 한 경우에는 그러하지 아니하다.

4. 대피 관련 기준

가. 야영장 내에서 들을 수 있는 긴급방송시설을 갖추거나 앰프의 최대출력이 10와트 이상이면서 가청거리가 250미터 이상인 메가폰을 1대 이상 갖추어야 한다.

나. 야영장 진입로는 구급차, 소방차 등 긴급차량의 출입이 원활하도록 적치물이나 방해물이 없도록 하여야 한다.

다. 야영장 시설배치도, 대피소 · 대피로 및 소화기, 구급상자 위치도, 비상연락망, 야영장 이용방법, 이용객 안전수칙 등을 표기한 게시판을 이용객이 잘 볼 수 있는 곳에 설치하여야 하며, 게시판의 내용을 야간에도 확인할 수 있도록 조명시설을 갖추어야 한다.

라. 자연재난 등에 대비한 이용객 대피계획을 수립하고, 기상특보 상황 등으로 인해 이용객의 안전을 해칠 우려가 있다고 판단될 때에는 야영장의 이용을 제한하고, 대피계획에 따라 이용객을 안전한 지역으로 대피시켜야 하며, 대피 지시에 불응하는 경우 강제 퇴거 조치하여야 한다.

마. 안전사고 등에 대비한 구급약품, 구호설비를 갖추고, 환자 긴급 후송대책을 수립하여야 하며, 응급환자 발생 시 후송대책에 따라 신속히 조치하여야 한다.

바. 정전에 대비하여 비상용 발전기 또는 배터리를 비치하여야 하고, 긴급상황 시 이용객에게 제공할 수 있는 비상 손전등을 갖추어야 한다.

5. 질서 유지 및 안전사고 예방기준

가. 야영장 내에서 이용자가 이용질서를 유지하도록 노력하여야 한다.

나. 이용객의 야영활동에 제공되거나 이용객의 안전을 위한 각종 시설 · 장비 · 기구 등이 정상적으로 이용될 수 있도록 유지하여야 하며, 태풍, 홍수 등 자연재해나 화재, 폭발 등의 사고로 인한 피해가 발생하지 않도록 노력하여야 한다.

다. 야영장과 인접한 곳에 산사태, 홍수 등의 재해 위험이 있는 경우에는 위험구역 안내 표지를 설치하고, 해당 구역에 대한 접근 제한 및 안전 이격거리를 확보할 수 있도록 조치하여야 한다.

라. 야영장 지역에 낙석, 붕괴 등의 발생이 예상되는 경우 이를 방지할 시설을 설치하여야 한다.

마. 보행 중 야영용 천막 줄에 의한 안전사고 예방을 위하여 인접한 야영용 천막 간 보행에 불편이 없도록 이격거리를 확보하여야 한다.

바. 추락이나 낙상 우려가 있는 난간에는 추락 · 낙상 방지 시설과 위험 안내표지를 설치하고, 이용객이 안전거리를 확보하여 이용할 수 있도록 조치하여야 한다.

사. 집중호우 시에도 야영장이 침수되지 않도록 배수시설을 설치, 관리하고, 배수로 등에는 이용객이 빠지지 않도록 안전덮개를 설치하는 등 안전조치를 하여야 한다.

아. 야영장이 「도로법」 제10조 각 호의 도로와 인접할 때에는 안전울타리 등을 설치하여 야영장과 도로를 격리시켜야 한다.

자. 야영장 입구를 포함한 야영장 내 주요 지점에 조명시설 및 폐쇄회로텔레비전(CCTV)을 설치하여야 하며, 폐쇄회로텔레비전을 설치한 사실을 이용객이 알 수 있도록 게시하여야 한다. 다만, 조명시설 및 폐쇄회로텔레비전 설치가 불가능한 경우에는 관리요원이 야간순찰을 실시하여야 한다.

차. 매월 1회 이상 야영장 내 시설물에 대한 안전점검을 실시하고, 점검 결과를 문화체육관광부장관이 정하는 점검표에 기록하여 반기별로 특별자치도지사 · 시장 · 군수 · 구청장에게 제출하여야 하며, 점검 결과를 2년 이상 보관하여야 한다.

카. 야영장 내 시설물 등에 위험요인이 발견될 때에는 즉시 그 시설물의 이용을 중단시키고 보수 등 안전조치를 취하여야 한다.

타. 사업자와 관리요원은 문화체육관광부장관이 정하는 안전교육(온라인 교육을 포함한다)을 연 1회 이상 이수하여야 한다.

파. 야영장이 개장되어 있는 동안에는 각종 비상상황에 대비하여 비상시 행동요령, 비상연락망 등을 숙지하고 있는 관리요원이 상주하여야 한다. 관리요원은 고지된 각종 주의 · 금지행위를 행한 이용자에 대하여 야영장 이용을 제한할 수 있고, 야영장 내 안전사고 발생 시에 즉시 필요한 조치를 취한 후 사업자에게 보고하여야 한다.

하. 사업자는 중대사고(사망 또는 사고 발생일부터 7일 이내에 실시된 의사의 최초 진단결과 1주 이상의 입원치료 또는 3주 이상의 통원치료가 필요한 상해를 입은 경우를 말한다)가 발생한 경우에는 특별자치도지사 · 시장 · 군수 · 구청장에게 즉시 보고하여야 한다.

거. 야영장 내에서 차량이 시간당 20킬로미터 이하의 속도로 서행하도록 안내판을 설치하여야 한다.

너. 야영장 내에서 수영장 등 체육시설, 놀이터 등의 부대시설을 운영하는 경우 관계 법령에 따른 안전기준을 준수하여야 한다.

더. 인화성 · 폭발성 · 유독성 물질은 이용객의 접근이 어려운 장소에 보관하여야 하고, 위험물의 종류 및 위험경고 표지를 부착하여야 한다.

6. 위생 기준

가. 야영장에 바닥재를 설치하는 때에는 배수가 잘 되고, 인체에 유해하지 않은 재료를 사용하여야 한다.

나. 지하수 등 급수시설을 설치하여 먹는 물로 사용하는 경우에는 「먹는 물 수질기준 및 검사 등에 관한 규칙」에 따라야 하고, 「먹는 물 관리법」 제43조 제2항에 따른 먹는 물 수질검사기관으로부터 연 1회 수질검사를 받아야 한다.

다. 취사장, 화장실 등 공동사용 시설은 정기적으로 청소 · 소독하여 청결한 위생 상태를 유지하고, 이용객에게 유해한 환경적 요인이 발생하지 않도록 관리하여야 한다.

라. 야영장에 공중화장실을 설치하는 경우에는 「공중화장실 등에 관한 법률」 제7조에 적합하도록 하여야 하고, 간이화장실을 설치하는 경우에는 「공중화장실 등에 관한 법률」 제10조의2에 적합하도록 하여야 한다.

마. 야영장 내에서 수영장 등 체육시설, 놀이터 등의 부대시설을 운영하는 경우 관계 법령에 따른 위생기준을 준수하여야 한다.

바. 이용객에게 제공하는 침구(요 · 이불 · 베개 등을 말한다. 이하 이 호에서 같다)의 홑청과 수건을 햇볕에 말리거나 그 밖의 방법으로 수시로 건조해야 한다.

사. 야영장 이용객이 바뀔 때마다 해당 이용객이 사용한 침구의 홑청과 수건을 세탁해야 한다.

별표 8

카지노업의 영업 종류(제35조 제1항 관련) 19 23 25 기출

영업 구분		영업 종류	
1. 테이블게임 (Table Game)		가. 룰렛(Roulette) 다. 다이스(Dice, Craps) 마. 바카라(Baccarat) 사. 키노(Keno) 자. 빠이 까우(Pai Cow) 카. 조커 세븐(Joker Seven) 파. 트란타 콰란타(Trent Et Quarante) 거. 차카락(Chuck – A – Luck) 더. 마작(Mahjong)	나. 블랙잭(Blackjack) 라. 포커(Poker) 바. 다이 사이(Tai Sai) 아. 빅 휠(Big Wheel) 차. 판 탄(Fan Tan) 타. 라운드 크랩스(Round Craps) 하. 프렌치 불(French Boule) 너. 빙고(Bingo) 러. 카지노 워(Casino War)
2. 전자 테이블 게임 (Electronic Table Game)	가. 딜러 운영 전자 테이블 게임(Dealer Operated Electronic Table Game)	가. 룰렛(Roulette) 다. 다이스(Dice, Craps) 마. 바카라(Baccarat) 사. 키노(Keno) 자. 빠이 까우(Pai Cow) 카. 조커 세븐(Joker Seven) 파. 트란타 콰란타(Trent Et Quarante) 거. 차카락(Chuck – A – Luck) 더. 마작(Mahjong)	나. 블랙잭(Blackjack) 라. 포커(Poker) 바. 다이 사이(Tai Sai) 아. 빅 휠(Big Wheel) 차. 판 탄(Fan Tan) 타. 라운드 크랩스(Round Craps) 하. 프렌치 불(French Boule) 너. 빙고(Bingo) 러. 카지노 워(Casino War)
	나. 무인 전자 테이블 게임(Automated Electronic Table Game)	가. 룰렛(Roulette) 다. 다이스(Dice, Craps) 마. 바카라(Baccarat) 사. 키노(Keno) 자. 빠이 까우(Pai Cow) 카. 조커 세븐(Joker Seven) 파. 트란타 콰란타(Trent Et Quarante) 거. 차카락(Chuck – A – Luck) 더. 마작(Mahjong)	나. 블랙잭(Blackjack) 라. 포커(Poker) 바. 다이 사이(Tai Sai) 아. 빅 휠(Big Wheel) 차. 판 탄(Fan Tan) 타. 라운드 크랩스(Round Craps) 하. 프렌치 불(French Boule) 너. 빙고(Bingo) 러. 카지노 워(Casino War)
3. 머신게임 (Machine Game)		가. 슬롯머신(Slot Machine) 나. 비디오게임(Video Game)	

별표 9

카지노업 영업준칙(제36조 관련)

1. 카지노사업자는 카지노업의 건전한 발전과 원활한 영업활동, 효율적인 내부 통제를 위하여 이사회 · 카지노총지배인 · 영업부서 · 안전관리부서 · 환전 · 전산전문요원 등 필요한 조직과 인력을 갖추어 1일 8시간 이상 영업하여야 한다.
2. 카지노사업자는 전산시설 · 출납창구 · 환전소 · 카운트룸[드롭박스(Drop box : 게임테이블에 부착된 현금함)의 내용물을 계산하는 계산실] · 폐쇄회로 · 고객편의시설 · 통제구역 등 영업시설을 갖추어 영업을 하고, 관리기록을 유지하여야 한다.
3. 카지노영업장에는 게임기구와 칩스(Chips : 카지노에서 베팅에 사용되는 도구) · 카드 등의 기구를 갖추어 게임 진행의 원활을 기하고, 게임테이블에는 드롭박스를 부착하여야 하며, 베팅금액 한도표를 설치하여야 한다.
4. 카지노사업자는 고객출입관리, 환전, 재환전, 드롭박스의 보관 · 관리와 계산요원의 복장 및 근무요령을 마련하여 영업의 투명성을 제고하여야 한다.
5. 머신게임을 운영하는 사업자는 투명성 및 내부통제를 위한 기구 · 시설 · 조직 및 인원을 갖추어 운영하여야 하며, 머신게임의 이론적 배당률을 75% 이상으로 하고 배당률과 실제 배당률이 5% 이상 차이가 있는 경우 카지노검사기관에 즉시 통보하여 카지노검사기관의 조치에 응하여야 한다.
6. 카지노사업자는 회계기록 · 콤프(카지노사업자가 고객 유치를 위해 고객에게 숙식 등을 무료로 제공하는 서비스)비용 · 크레딧(카지노사업자가 고객에게 게임 참여를 조건으로 칩스를 신용대여하는 것)제공 · 예치금 인출 · 알선수수료 · 계약게임 등의 기록을 유지하여야 한다.
7. 카지노사업자는 게임을 할 때 게임 종류별 일반규칙과 개별규칙에 따라 게임을 진행하여야 한다.
8. 카지노종사원은 게임에 참여할 수 없으며, 고객과 결탁한 부정행위 또는 국내외의 불법영업에 관여하거나 그 밖에 관광종사자로서의 품위에 어긋나는 행위를 하여서는 아니 된다.
9. 카지노사업자는 카지노 영업소 출입자의 신분을 확인하여야 하며, 다음 각 목에 해당하는 자는 출입을 제한하여야 한다.
   가. 당사자의 배우자 또는 직계혈족이 문서로써 카지노사업자에게 도박 중독 등을 이유로 출입 금지를 요청한 경우의 그 당사자. 다만, 배우자 · 부모 또는 자녀 관계를 확인할 수 있는 증빙 서류를 첨부하여 요청한 경우만 해당한다.
   나. 그 밖에 카지노 영업소의 질서 유지 및 카지노 이용자의 안전을 위하여 카지노사업자가 정하는 출입 금지 대상자

별표 10

폐광지역 카지노사업자의 영업준칙(제36조 단서 관련) 15 16 기출

1. 별표 9의 영업준칙을 지켜야 한다.
2. 카지노 영업소는 회원용 영업장과 일반 영업장으로 구분하여 운영해야 한다. 다만, 외국인(「해외이주법」에 따른 해외이주자 포함) 유치를 위해 필요한 경우 외국인 전용 영업장을 별도로 운영할 수 있다.

2의2. 일반 영업장에서는 주류를 판매하거나 제공해서는 아니 된다.

2의3. 외국인 전용 영업장에는 내국인을 출입시켜서는 아니 된다.

3. 매일 오전 6시부터 오전 10시까지는 영업을 하여서는 아니 된다.
4. 별표 8의 테이블게임에 거는 금액의 최고 한도액은 일반 영업장의 경우에는 테이블별로 정하되, 1인당 1회 10만원 이하로 하여야 한다. 다만, 일반 영업장 전체 테이블의 2분의 1의 범위에서는 1인당 1회 30만원 이하로 정할 수 있다.
5. 별표 8의 머신게임에 거는 금액의 최고 한도는 1회 2천원으로 한다. 다만, 비디오 포커게임기는 2천500원으로 한다.
6. 머신게임의 게임기 전체 수량 중 2분의 1 이상은 그 머신게임기에 거는 금액의 단위가 100원 이하인 기기를 설치하여 운영하여야 한다.
7. 카지노 이용자에게 자금을 대여하여서는 아니 된다.
8. 카지노가 있는 호텔이나 영업소의 내부 또는 출입구 등 주요 지점에 폐쇄회로텔레비전을 설치하여 운영하여야 한다.
9. 카지노 이용자의 비밀을 보장하여야 하며, 카지노 이용자에 관한 자료를 공개하거나 누출하여서는 아니 된다. 다만, 배우자 또는 직계존비속이 요청하거나 공공기관에서 공익적 목적으로 요청한 경우에는 자료를 제공할 수 있다.
10. 사망 · 폭력행위 등 사고가 발생한 경우에는 즉시 문화체육관광부장관에게 보고하여야 한다.
11. 회원용 영업장에 대한 운영 · 영업방법 및 카지노 영업장 출입일수는 내규로 정하되, 미리 문화체육관광부장관의 승인을 받아야 한다.

11의2. 외국인 전용 영업장에 대한 운영 · 영업방법은 내규로 정하되, 미리 문화체육관광부장관의 승인을 받아야 한다.

12. 카지노사업자의 카지노영업소 이용자 도박 중독 예방 · 치유를 위한 이용자 통계관리 및 이용자에 대한 교육 · 상담 등에 관한 사항은 내규로 정하되, 미리 문화체육관광부장관의 승인을 받아야 한다.

별표 10의 2

물놀이형 테마파크업자의 안전 · 위생기준(제39조의2 관련) 15 기출

1. 사업자는 사업장 내에서 이용자가 항상 이용 질서를 유지하도록 하여야 하며, 이용자의 활동에 제공되거나 이용자의 안전을 위하여 설치된 각종 시설 · 설비 · 장비 · 기구 등이 안전하고 정상적으로 이용될 수 있는 상태를 유지하여야 한다.

제3과목

2. 사업자는 물놀이형 테마파크시설의 특성을 고려하여 음주 등으로 정상적인 이용이 곤란하다고 판단될 때에는 음주자 등의 이용을 제한하고, 해당 테마파크시설별 신장 제한 등에 해당되는 어린이는 이용을 제한하거나 보호자와 동행하도록 하여야 한다.
3. 사업자는 물놀이형 테마파크시설의 정원, 주변 공간, 부속시설, 수상안전시설의 구비 정도 등을 고려하여 안전과 위생에 지장이 없다고 인정하는 범위에서 사업장의 동시수용 가능 인원을 산정하여 특별자치시장 · 특별자치도지사 · 시장 · 군수 · 구청장에게 제출하여야 하고, 기구별 정원을 초과하여 이용하게 하거나 동시수용 가능인원을 초과하여 입장시켜서는 아니 된다.
4. 사업자는 물놀이형 테마파크시설의 설계도에 제시된 유량이 공급되거나 담수되도록 하여야 하고, 이용자가 쉽게 볼 수 있는 곳에 수심 표시를 하여야 한다(수심이 변경되는 구간에는 변경된 수심을 표시한다).
5. 사업자는 풀의 물이 1일 3회 이상 여과기를 통과하도록 하여야 하며, 부유물 및 침전물의 유무를 상시 점검하여야 한다.
6. 의무 시설을 설치한 사업자는 의무 시설에 「의료법」에 따른 간호사 또는 「응급의료에 관한 법률」에 따른 응급구조사 또는 「간호조무사 및 의료유사업자에 관한 규칙」에 따른 간호조무사를 1명 이상 배치하여야 한다.
7. 사업자는 다음 각 목에서 정하는 항목에 관한 기준(해수를 이용하는 경우 「환경정책기본법 시행령」 제2조 및 별표 1 제3호 라목의 Ⅱ등급 기준을 적용한다)에 따라 사업장 내 풀의 수질기준을 유지해야 한다.
   가. 유리잔류염소는 0.4mg/l에서 2.0mg/l까지 유지하도록 하여야 한다. 다만, 오존소독 등으로 사전처리를 하는 경우의 유리잔류염소농도는 0.2mg/l 이상을 유지하여야 한다.
   나. 수소이온농도는 5.8부터 8.6까지 되도록 하여야 한다.
   다. 탁도는 2.8NTU 이하로 하여야 한다.
   라. 과망간산칼륨의 소비량은 15mg/l 이하로 하여야 한다.
   마. 각 풀의 대장균군은 10밀리리터들이 시험대상 5개 중 양성이 2개 이하이어야 한다.

7의2. 사업자는 사업장 내 풀의 수질검사를 「먹는 물 관리법」 제43조 제1항에 따라 지정된 먹는 물 수질검사기관에 의뢰하여 다음 각 목의 기준에 따라 실시하고, 관할하는 특별자치시장 · 특별자치도지사 · 시장 · 군수 · 구청장에게 수질검사 결과를 통지해야 한다.
   가. 제7호 각 목의 항목에 관한 수질검사 : 연 1회 이상. 다만, 제7호 라목 및 마목의 항목에 관한 수질검사는 분기별로 1회 이상
   나. 가목에도 불구하고 7월 및 8월의 경우에는 제7호 각 목의 항목에 관한 수질검사를 각각 1회 이상 실시해야 한다.

8. 사업자는 이용자가 쉽게 볼 수 있는 곳에 물놀이형 테마파크시설의 정원 또는 사업장 동시수용인원, 물의 순환 횟수, 수질검사 일자 및 수질검사 결과 등을 게시하여야 한다. 이 경우 수질검사 결과 중 제7호 가목부터 마목까지의 규정에 관한 내용은 게시하고, 같은 호 다목부터 마목까지의 규정에 관한 내용은 관리일지를 작성하여 비치 · 보관하여야 한다.
9. 사업자는 물놀이형 테마파크시설에 대한 관리요원을 배치하여 그 이용 상태를 항상 점검하여야 한다.
10. 사업자는 이용자의 안전을 위한 안전요원 배치와 관련하여 다음 사항을 준수하여야 한다.
   가. 안전요원이 할당 구역을 조망할 수 있는 적절한 배치 위치를 확보하여야 한다.

나. 수심 100센티미터를 초과하는 풀에서는 면적 660제곱미터당 최소 1인이 배치되어야 하고, 수심 100센티미터 이하의 풀에서는 면적 1,000제곱미터당 최소 1인을 배치하여야 한다.

다. 안전요원의 자격은 해양경찰청장이 지정하는 교육기관에서 발급하는 인명구조요원 자격증을 소지한 자, 대한적십자사나 「체육시설의 설치 · 이용에 관한 법률」 제34조에 따른 수영장 관련 체육시설업협회 등에서 실시하는 수상안전에 관한 교육을 받은 자 및 이와 동등한 자격요건을 갖춘 자만 해당한다. 다만, 수심 100센티미터 이하의 풀의 경우에는 문화체육관광부장관이 정하는 업종별 관광협회 또는 기관에서 실시하는 수상안전에 관한 교육을 받은 자도 배치할 수 있다.

11. 사업자는 안전요원이 할당한 구역 내에서 부상자를 신속하게 발견하여 응급처치를 이행할 수 있도록 이용자 안전관리계획, 안전요원 교육프로그램 및 안전 모니터링계획 등을 수립하여야 한다.

12. 사업자는 사업장 내에서 수영장 등 부대시설을 운영하는 경우 관계 법령에 따른 안전 · 위생기준을 준수하여야 한다.

별표 11

안전성검사 대상 테마파크시설과 안전성검사 대상이 아닌 테마파크시설(제40조 제1항 관련)

1. 안전성검사 대상 테마파크시설

가. 대 상

안전성검사 대상 테마파크시설은 위험요소가 많아 안전성검사를 받아야 하는 테마파크시설로서 제2호의 안전성검사의 대상이 아닌 테마파크시설에 해당하는 것을 제외한 테마파크시설을 말한다.

나. 구 분

1) 안전성검사 대상 테마파크시설은 다음과 같이 구분한다.

가) 주행형

분 류	내 용	대표 테마파크 시설	정의(테마파크시설의 유시기구명)
궤도 주행형	일정한 궤도(레일 · 로프 등)를 가지고 있으며 궤도를 이용하여 승용물이 운행되는 테마파크시설	스카이사이클	일정높이의 레일 위를 이용객이 승용물 페달을 밟으며 주행하는 시설 · 기구(공중자전거, 사이클 모노레일 등)
		모노레일	일정높이의 레일 위 또는 아래를 전기모터로 구동되는 연결된 승용물에 이용객이 탑승하여 주행하는 시설 · 기구(월드모노레일, 미니레일, 다크라이드, 관광열차 등)
		스카이제트	일정높이의 레일 위를 엔진 또는 전기 동력장치로 구동되는 개별 승용물에 이용객이 탑승하여 주행하는 시설 · 기구(하늘차 등)
		꼬마기차	견인차와 객차로 연결되어 일정 레일을 주행하는 시설 · 기구(판타지드림트레인, 개구쟁이열차, 순환열차, 축제열차, 동물열차 등)

제3과목

궤도 주행형	일정한 궤도(레일·로프 등)를 가지고 있으며 궤도를 이용하여 승용물이 운행되는 테마파크시설	궤도자동차	여러 가지 자동차형 연결 승용물이 일정 궤도를 따라 운행하는 시설·기구(빅트럭, 서키트2000, 클레식카, 해적소굴, 해피스카이, 스피드웨이, 자동차왕국, 로데오칸보이 등)
		정글마우스	개별 승용물이 일정 레일을 따라 급회전 및 방향전환을 하는 시설·기구(크레이지마우스, 워터점핑, 매직캐슬, 깜짝마우스, 탑코스터 등)
		미니코스터	전기 동력 장치로 구동되는 연결 승용물이 상하 굴곡이 있는 레일 위를 주행하는 기구(비룡열차, 슈퍼루프, 우주열차, 그랜드캐년, 드래곤코스터, 꿈돌이코스터, 와일드 윈드, 자이언트루프, 링 오브 화이어 등)
		제트코스터	승용물이 일정높이까지 리프팅 된 후 레일 위를 고속으로 자유낙하, 수평회전으로 주행하는 시설·기구(카멜백코스터, 스페이스2000, 독수리요새, 혜성특급, 다크코스터, 환상특급, 폭풍열차, 마운틴코스터 등)
		루프코스터	승용물이 일정높이까지 리프팅 된 후 레일 위를 고속으로 자유낙하, 수평·수직, 스크류 회전으로 주행하는 시설·기구(공포특급, 루프스파이럴코스터, 판타지아스페셜, 부메랑코스터, 블랙홀2000 등)
		공중궤도라이드	천장 또는 상부에 설치된 일정 레일 아래를 따라 주행하는 승용물에 이용자가 탑승하여 관람하며 주행하는 시설·기구(바룬라이드 등)
		궤도자전거	지면에 설치된 레일 위를 자전거형 승용물에 이용자가 탑승하여 페달을 밟으며 주행하는 시설·기구(철로자전거 등)
주로 주행형	일정한 주로(도로 또는 이와 유사한 주로)를 가지고 있으며 그 주로를 이용하여 승용물이 운행되는 테마파크시설	스포츠카	자동차형 승용물이 엔진 또는 전기 동력장치로 구동하여 정해진 주로(완충장치가 있는 별도로 구분된 영구적인 주로)를 따라 단독 주행하여 30km/h 이하(ISO 17842-1)로 주행하는 기구(전동카, 고카트 등)
		무궤도열차	견인차량에 객차를 연결하여 많은 이용자가 탑승하여 정해진 주로(페인트 표시 등)를 따라 이동하는 기구(패밀리열차, 코끼리열차, 트램카 등)
		봅슬레이	이용자가 무동력 승용물에 탑승하여 경사진 일정한 홈 형 주로를 따라 브레이크로 속도 조절하며 하강하는 시설·기구(슈퍼봅슬레이, 알파인슬라이드, 롤러루지 등)
수로 주행형	일정한 수로를 가지고 있으며 그 수로를 이용하여 승용물이 운행되는 테마파크시설	후룸라이드	배 모양의 승용물을 일정 높이까지 리프팅하여 낙하시키면서 유속에 의해 수로를 따라 이동하는 시설·기구(후룸라이드, 급류타기 등)
		신밧드의 모험	배 모양의 승용물에 여러 명이 탑승하여 수로를 따라가면서 애니메이션을 즐기는 시설·기구(지구마을 등)
		래피드라이드	이용객이 보트에 탑승하여 급류가 흐르는 일정한 수로를 따라 주행하는 기구(보트라이드, 아마존익스프레스 등)
자유 주행형	일정한 지역(공간 등)을 가지고 있으며 그 지역(지면, 수면)을 이용하여 승용물이 운행되는 테마파크시설	범퍼카	일정한 공간의 지면에서 전기 동력장치로 구동되는 승용물에 이용객이 탑승하여 핸들을 조작하여 좌우충돌을 하며 주행하는 기구(어린이범퍼카, 크레이지범퍼카, 박치기차 등)
		범퍼보트	일정한 공간의 수면에서 배터리방식 전기 동력장치로 구동되며 승용물에 이용객이 탑승하여 핸들 조작을 통해 좌우충돌을 하며 물놀이를 즐기는 기구(박치기보트 등)
		수륙양용 관람차	일정한 공간의 수면 또는 지면을 운행하는 승용물에 이용객이 탑승하여 주변을 관람하는 기구(로스트밸리 등)

나) 고정형

분 류	내 용	대표 테마파크 시설	정의(테마파크시설의 유사기구명)
종회전 고정형	수평축을 중심으로 하여 승용물이 수직방향으로 수직원운동 또는 요동운동을 하는 테마파크시설	회전관람차	수평축을 중심으로 연결된 여러 개의 암 또는 스포크 구조물 등의 끝단에 승용물을 매달아 수직원운동으로 운행하는 기구(풍차놀이, 어린이관람차, 허니문카, 우주관람차, 나비휠, 대관람차 등)
		플라잉카펫	수평축을 중심으로 2개 또는 4개의 암 한쪽 끝단에 승용물이 수평하게 연결되고 반대쪽 끝단에 균형추가 각각 연결되어 수직원운동으로 운행하는 기구(나는소방차, 나는양탄자, 춤추는비행기, 개구장이버스, 지위즈, 자마이카 등)
		아폴로	수평축을 중심으로 암 한쪽 끝단에 승용물이 반대쪽 끝단에 균형추가 각각 연결되어 360°수직원운동으로 운행하는 기구(샤크, 레인저, 우주유람선, 스카이마스터 등)
		레인보우	수평축을 중심으로 암 한쪽 끝단에는 승용물이 수평하게 연결되고 반대쪽 끝단에는 균형추가 각각 연결되어 수직원운동으로 운행하는 기구(무지개여행, 알라딘, 타임머신 등)
		바이킹	고정된 한 축을 중심으로 매달린 배모양의 승용물을 하부의 회전 동력장치가 마찰하는 방식으로 예각의 범위에서 진사 운동하는 기구(미니바이킹, 콜럼버스대담험, 스윙보트 등)
		고공파도타기	2개의 수평 중심축에 각각의 균형추가 있는 암과 암의 끝단에 승용물을 서로 연결하거나 교차 연결하여 암을 수직원운동 시키는 기구(터미네이트, 스페이스루프, 인디아나존스, 탑스핀 등)
		스카이코스터	2개의 지지부재(部材 : 구조물의 뼈대를 형성하기 위하여 재료를 가공한 것) 상부에 수평축을 연결하고 그 수평축에 그네형태로 와이어 로프로 승용물을 연결하여 인양 후 자유낙하시켜 진자운동으로 운행하는 기구(스카이코스터 등)
횡회전 고정형	수직축을 중심으로 승용물이 수평방향으로 수평원운동을 하는 테마파크시설	회전그네	수직축 상부에 수직축을 중심으로 회전하는 우산형태 구조물 끝단에 승용물을 매달아 수평원운동을 하는 기구(파도그네, 체인타워, 비행의자 등)
		회전목마	수직축을 중심으로 회전하는 회전원판 위에 다양한 형태와 크기의 목마 등을 고정하거나 각각의 크랭크축으로 목마가 상하로 움직이며 운행하는 기구(메리고라운드, 이층목마, 환상의궁전 등)
		티 컵	수직축 중심으로 회전하는 회전원판(대회전)위에 커피잔 모양의 승용물이 개별 회전(소회전)하며 운행하는 기구(회전컵, 스피닝버렐, 어린이왕국, 꼬마비행기, 데이트컵 등)
		회전보트	수직축을 중심으로 여러 암 끝에 연결된 보트가 원형 수로위를 일정하게 수평원운동 하는 기구(젯트보트, 회전오리, 거북선, 오리보트 등)
		점프라이드	수직축을 중심으로 여러 개의 암 끝에 연결된 오토바이 모양의 승용물이 굴곡이 있는 레일을 따라 회전하는 기구(마린베이, 오토바이, 피에로, 딱정벌레, 도래미악단, 어린이광장, 어린이라이드 등)

제3과목

횡회전 고정형	수직축을 중심으로 승용물이 수평방향으로 수평원운동을 하는 테마파크시설	뮤직익스프레스	경사면의 수직축을 중심으로 연결된 여러 암 끝의 승용물이 경사진 레일을 따라 회전하는 기구(해피세일러, 서프라이드, 나는썰매, 피터팬, 사랑열차, 록카페, 번개놀이 등)
		스윙댄스	원판형 승용물의 한쪽 끝을 실린더로 올리고 수직축 중심으로 회전하는 기구(크레이지크라운, 유에프오, 디스코라운드, 댄싱플라이 등)
		타가다디스코	회전판이 회전하고 회전판 하부의 실린더 또는 캠 작동으로 회전판을 상하로 움직이는 기구(타가다, 디스코타가다 등)
		닌자거북이	중심축이 기울어지면서 회전하고 그 끝에 승용물을 매달아 회전운동을 하는 기구(스페이스파이타, 라이온킹, 스페이스스테이션, 나는개구리, 터틀레이스 등)
복합 회전 고정형	수평 및 수직방향으로 동시에 승용물이 회전 · 반회전 또는 직선운동을 하는 테마파크시설	회전비행기	수직축을 중심으로 회전하는 각각의 암 끝단에 비행기형 승용물을 로프로 매달아 일정높이까지 끌어올려 회전하는 기구(탑비행기 등)
		우주전투기	수직축을 중심으로 회전하고 연결된 암이 상하작동하며 암 끝단에 승용물이 고정되어 이용자가 가상전투게임으로 앞쪽 승용물을 떨어뜨릴 수 있는 기구(미니플라이트, 독수리요새, 아스트로파이타, 텔레콤베트, 아파치, 나는코끼리, 아라비안나이트, 삼바 등)
		점프보트	수직중심축 상부에 다수의 암을 연결하고 암의 끝단에 승용물을 연결하며 그 암을 상하로 움직여 수직중심축이 회전하는 기구(점핑보트, 점프앤스마일 등)
		다람쥐통	수직축을 중심으로 여러 암 끝에 매달린 승용물이 수직회전운동을 하며 암전체가 횡회전을 하는 기구(록큰롤, 투이스타 등)
		스페이스자이로	실린더에 의해서 기울어진 원판의 승용물이 타원회전 운동하는 기구(팽이놀이, 스카이댄싱, 도라반도, 회전의자 등)
		엔터프라이즈	중심축에 연결된 암 끝에 매달린 승용물이 중심축이 들려서 전체 회전운동을 하고 승용물도 회전하는 기구(비행기, 파라트루프 등)
		문어다리	방사형 아암 끝에 승용물이 연결되어 대형 암이 중심축을 회전하고 편심축의 회전에 의해서 승용물이 상하 운동 및 자전을 하는 기구(왕문어춤, 문어댄스, 하늘여행, 슈퍼아암 등)
		슈퍼스윙	회전체에 내려뜨린 암 끝에 승용물이 매달려 탑회전 원심력과 실린더에 의해 외측방향으로 밀리면서 회전하는 기구(미니스윙거, 아폴로2000 등)
		베이스볼	회전판을 기울어지도록 한쪽을 상승시키고 그 회전판이 회전하면서 개별 승용물도 회전하는 기구(플리퍼, 회전바구니, 월드컵2002, 카오스 등)
		브레이크댄스	회전판이 돌면서 소형회전아암에 연결된 개별 승용물이 회전하는 기구(크레이지댄스, 스피디, 스타댄스, 매직댄스 등)

복합 회전 고정형	수평 및 수직방향으로 동시에 승용물이 회전·반회전 또는 직선운동을 하는 테마파크시설	풍선타기	풍선기구 모양의 승용물이 회전체에 매달려 회전, 상승하면서 이용객이 높은 하늘을 나는 기분을 느끼게 하는 기구(둥실비행선, 바룬레이스, 플라워레이스 등)
		허리케인	수직중심축에 매달린 회전하는 원형고리 모양의 승용물을 상부 또는 하부의 회전 동력장치에 의해 좌우로 예각, 둔각, 360°의 범위에서 수직회전 운동하는 기구(프리스윙, 자이로스윙, 토네이도, 블리자드 등)
		매직스윙	반원형 궤도 내에서 회전 원형 승용물이 하부 동력장치에 의해서 좌우로 예각 범위 내에서 수직회전 운동하는 기구(자이로 스핀, UFO 등)
		슈퍼라이드	다양한 형태의 복합 회전운동을 하는 테마파크시설(칸칸, 에볼루션, 삼각바퀴, 첼린저, 우주선 등)
		사이버인 스페이스	원형의 승용물에 이용객이 탑승하여 수평, 수직축을 중심으로 회전하는 기구(자이로 캡슐 등)
승강 고정형	수평 및 수직방향으로 승용물이 상하운동 및 좌우운동으로 운행되는 테마파크시설	패러슈터타워	수직축에 개별 승용물 또는 나란히 연결된 의자형 승용물을 로프로 매달아 수직 상승·하강하는 기구(낙하산타기, 개구리점프 등)
		타워라이드	수직축을 중심으로 승용물을 일정 높이까지 상승시켜 하강시키는 기구(슈퍼반스토마, 자이로드롭, 콘돌, 스페이스샷, 스카이타워 등)
		프레쉬팡팡	유압실린더를 수직으로 위치시키고 피스톤의 상단에 좌석 승용물을 고정하여 피스톤의 왕복운동에 따라 좌석 승용물이 상하로 운동하는 기구(프레쉬팡팡 등)

다) 관람형

분 류	내 용	대표 테마파크 시설	정의(테마파크시설의 유사기구명)
기계 관람형	음향·영상 또는 보조기구를 이용하여 일정한 기계구조물 내에서 시뮬레이션을 체험하는 테마파크시설	영상모험관	단일구동장치에 의해 승용물이 좌우·전후 요동하고 탑승자는 영상을 보면서 시뮬레이션을 체험하는 기구(아스트로제트, 사이버에어베이스, 시뮬레이션, 우주여행, 환상여행, 가상체험 등)
입체 관람형	음향·영상 또는 보조기구를 이용하여 일정한 시설(건축물·일정한 공간 등) 내에서 시뮬레이션을 체험하는 테마파크시설	쇼킹하우스	승용물 또는 기구가 작동하면서 착각을 느끼는 시설·기구(환상의집, 요술집, 착각의집, 귀신동굴 등)
		다이나믹시트	일정한 시설 내에 복수구동장치에 의해 좌석 승용물이 영상의 움직임과 동일하게 움직이며 이용객이 체험을 즐기는 시설·기구(다이나믹시어터, 시네마판타지아, 깜짝모험관 등)

제3과목

라) 놀이형

분 류	내 용	대표 테마파크 시설	정의(테마파크시설의 유사기구명)
일반 놀이형	이용객 스스로가 일정한 시설(건축물, 공간 등)에서 설치된 기계 · 기구를 이용하는 테마파크시설	펀하우스	일정한 시설(건축물, 공간 등)에 미끄럼, 줄타기, 다람쥐 놀이 등 다양한 기구가 설치되어 이용객 스스로 이용하는 시설 · 기구(미로탐험, 유령의집, 오즈의성 등)
		모험놀이	일정한 시설(건축물, 공간 등)에 그물망타기, 미끄럼, 줄타기 등이 설치되어 이용객 스스로 다양한 놀이를 즐기는 시설 · 기구(어린이광장, 짝궁놀이터 등)
		에어바운스	바운싱 또는 슬라이딩 놀이를 즐기는 공기 주입장치식 공기막 기구(에어바운스 등)
물놀이형	물을 매개체로 하여 일정한 규격(틀 등)을 갖추어 이용자 스스로 물놀이 기계 · 기구 등을 이용하는 테마파크시설	파도풀	담수된 풀 내에서 담수된 풀 내에서 다량의 물을 한 번에 흘리거나 송풍시켜 파도를 일으키는 시설 · 기구(케리비안 웨이브, 웨이브풀 등)
		유수풀	담수된 수로 내에서 펌프로 물을 흘려 이용객이 수로를 따라 즐기는 시설 · 기구(리버웨이 등)
		토렌트리버	담수된 수로 내에서 펌프로 물을 흘리거나 탱크에 다량 담수하였다가 한 번에 유출시켜 이용객이 수로를 따라 즐기는 시설 · 기구(익스트림 리버 등)
		바디슬라이드	이용자가 보조기구 없이 일정량의 물이 흐르는 슬라이드를 이용자가 미끄러져 내려오는 시설 · 기구(바디슬라이더, 워터봅슬레이, 〈삭제〉, 스피드슬라이드, 아쿠아루프 등)
		보올슬라이드	이용자가 보조기구 없이 또는 튜브를 타고 일정량의 물이 흐르는 슬라이드를 미끄러져 내려오는 시설 · 기구(스페이스 보올, 와이퍼 아웃 등)
		직선슬라이드	이용자가 보조기구 없이 또는 매트를 이용하여 일정량의 물이 흐르는 수직평면상 직선형태로 구성된 단일구조의 한 개 또는 여러 개의 슬라이드를 이용자가 미끄러져 내려오는 시설 · 기구(레이싱 슬라이드 등)
		튜브슬라이드	일정량의 물이 흐르는 원(반)통형 슬라이드를 이용자가 튜브(1인 또는 다인승)를 타고 미끄러져 내려오는 시설 · 기구(튜브라이더, 와일드블라스트, 패밀리슬라이드 등)
		토네이도 슬라이드	일정량의 물이 흐르는 원(반)통형 슬라이드 구간과 실린더형통 또는 깔대기형통(곡선형 법면)에서 스윙하는 구간을 이용자가 튜브를 타고 미끄러져 내려오는 시설 · 기구(토네이도엘리슬라이드, 월드엘리슬라이드, 슈퍼엑스슬라이드, 토네이도 엑스, 메일스트롬, 쓰나미슬라이드 등)
		부메랑고	일정량의 물이 흐르는 원(반)통형 슬라이드 구간과 곡선형 법면에서 스윙하는 구간을 이용자가 튜브를 타고 미끄러져 내려오는 시설 · 기구(부메랑슬라이드, 웨이브슬라이드, 사이드와인더 등)

물놀이형	물을 매개체로 하여 일정한 규격(틀 등)을 갖추어 이용자 스스로 물놀이 기계 · 기구 등을 이용하는 테마파크시설	마스터 블라스트	일정량의 물이 흐르는 원(반)통형 슬라이드 구간에 물분사 장치 또는 전기장치에 의해 이용자가 튜브를 가속되면서 미끄러져 내려오는 시설 · 기구(로켓슬라이드, 몬스터블라스트 등)
		서핑라이더	유속이 빠른 경사 구간을 보조기구를 이용하여 서핑을 즐기는 시설 · 기구(플로우라이더 등)
		수중모험놀이	물총, 슬라이드, 물바가지 등 다양한 체험을 하는 종합 시설 · 기구(모험놀이, 어린이풀, 자이언트 워터플렉스, 스플레쉬어드벤처 등)
		워터 에어바운스	물놀이형 바운싱 또는 슬라이딩 놀이를 즐기는 공기 주입 장치식 공기막 기구(워터에어바운스, 에어슬라이드 등)

2) 최초로 허가 전 안전성검사를 받은 지 10년이 지나면 반기별 1회 이상 안전성검사를 받아야 하는 테마파크시설은 다음과 같이 구분한다.

대분류	중분류	대표 테마파크 시설	반기별 안전성검사 대상
주행형	궤도 주행형	스카이싸이클	지면에서 이용객 높이 5미터 이상
		모노레일	전체 등급(종류)
		스카이제트	
		궤도자동차	궤도가 지면과 수평하지 않은 경우
		정글마우스	전체 등급(종류)
		미니코스터	
		제트코스터	
		루프코스터	
		공중궤도라이드	
	수로 주행형	후룸라이드	수로길이 70미터 이상 또는 지면에서 이용객 높이 5미터 이상
		신밧드의 모험	전체 등급(종류)
		래피드라이드	
	자유 주행형	수륙양용관람차	
고정형	종회전 고정형	회전관람차	지면에서 이용객 높이 5미터 이상
		플라잉카펫	전체 등급(종류)
		아폴로	
		레인보우	
		바이킹	탑승인원 41인승 이상
		고공파노라마	전체 등급(종류)
		스카이코스터	

<table>
<tr><td rowspan="21">고정형</td><td rowspan="4">횡회전 고정형</td><td>회전그네</td><td>탑승인원 41인승 이상</td></tr>
<tr><td>뮤직익스프레스</td><td rowspan="3">전체 등급(종류)</td></tr>
<tr><td>스윙댄스</td></tr>
<tr><td>타가다디스코</td></tr>
<tr><td rowspan="14">복합회전 고정형</td><td>회전비행기</td><td>전체 등급(종류)</td></tr>
<tr><td>우주전투기</td><td>탑승인원 21인승 이상</td></tr>
<tr><td>점프보트</td><td rowspan="5">전체 등급(종류)</td></tr>
<tr><td>다람쥐통</td></tr>
<tr><td>스페이스자이로</td></tr>
<tr><td>엔터프라이즈</td></tr>
<tr><td>문어다리</td></tr>
<tr><td>슈퍼스윙</td><td>탑승인원 21인승 이상</td></tr>
<tr><td>베이스볼</td><td rowspan="4">전체 등급(종류)</td></tr>
<tr><td>브레이크댄스</td></tr>
<tr><td>풍선타기</td></tr>
<tr><td>허리케인</td></tr>
<tr><td>매직스윙</td><td>탑승인원 21인승 이상</td></tr>
<tr><td>슈퍼라이드</td><td>전체 등급(종류)</td></tr>
<tr><td rowspan="3">승강 고정형</td><td>패러슈터타워</td><td>지면에서 이용객 높이 5미터 이상</td></tr>
<tr><td>타워라이드</td><td rowspan="3">전체 등급(종류)</td></tr>
<tr><td>프레쉬팡팡</td></tr>
<tr><td>놀이형</td><td>일반놀이형</td><td>펀하우스</td></tr>
</table>

2. 안전성검사 대상이 아닌 테마파크시설

가. 대 상

안전성검사 대상이 아닌 테마파크시설은 위험요소가 적은 테마파크시설로서 최초 안전성검사 대상이 아님을 확인하는 검사와 정기적인 안전관리가 필요한 테마파크시설을 말한다.

나. 구 분

1) 안전성검사 대상이 아닌 테마파크시설은 다음과 같이 구분한다.

유 형	내 용	테마파크시설
가) 주행형	일정 궤도 · 주로 · 수로 · 지역(공간)을 가지고 있으며, 속도가 5km/h 이하로 이용자 스스로가 참여하여 운행되는 테마파크시설	미니기차(레일 안쪽 길이 30미터 이하), 이티로보트(레일 안쪽 길이 30미터 이하), 배터리카, 멜로디페트, 수상사이클(수심 0.5미터 이하), 페달보트 및 배터리보트(수심 0.5미터 이하이며, 소인 1인 탑승하는 것) 등
나) 고정형	회전직경이 3미터 이내로 이용자 스스로가 참여하여 작동되는 테마파크시설	로데오타기, 회전형라이더(미니회전목마, 야자수 등), 미니라이더(코인 라이더 등) 등

다) 관람형	일정한 시설물(기계 · 기구 · 건축물 · 보조기구 등) 내에서 이용자 스스로가 참여하여 체험하는 테마파크시설	영상모험관(탑승인원 6인승 이하이며, 탑승높이 2미터 이하), 미니시뮬레이션(탑승인원 6인승 이하이며, 탑승높이 2미터 이하), 다이나믹시트(탑승인원 10인승 이하), 3D 또는 4D입체영화관(좌석고정영상시설) 등
라) 놀이형	일정한 시설(기계 · 기구 · 공간 등) 내에서 보조기구 또는 장치를 이용하거나 기구에 포함된 구성물을 작동하여 이용자 스스로가 이용하거나 체험할 수 있는 기구로서 누구나 이용할 수 있고 사행성이 없는 테마파크시설	붕붕뜀틀, 미니모험놀이(플레이스페이스 포함, 탑승높이가 3미터 이하이며, 설치 면적이 120제곱미터 이하), 미니에어바운스(탑승높이가 3미터 이하이며, 설치면적이 120제곱미터 이하), 미니사격, 공쏘기, 광선총, 공굴리기, 표적맞추기, 물쏘기, 미니볼링, 미니농구, 공던지기, 공차기, 에어하키, 망치치기, 펀치, 미니야구, 스키타기, 팔씨름, 오토바이타기, 자동차경주, 자전거타기, 보트타기, 말타기, 뮤직댄스, 수상기구타기, 건슈팅 등
	일정한 시설(기계 · 기구 · 공간 등) 내에서 이용자 스스로가 참여하여 물놀이(수심 1미터 이하)를 체험하는 테마파크시설	미니슬라이드(슬라이드 길이 10미터 이하이며, 탑승높이 2미터 이하), 미니수중모험놀이(물버켓이 설치되지 않고 슬라이드 전체길이가 10미터 이하이며, 탑승높이 2미터 이하), 미니워터에어바운스(탑승높이가 3미터 이하이며, 설치면적이 120제곱미터 이하) 등

2) 최초 확인검사 이후 정기 확인검사를 받아야 하는 테마파크시설은 다음과 같이 구분한다.

유 형	테마파크시설
가) 주행형	미니기차, 이티로보트 등
나) 고정형	로데오타기, 회전형라이더 등
다) 관람형	영상모험관, 미니시뮬레이션, 다이나믹시트 등
라) 놀이형	붕붕뜀틀, 미니모험놀이, 미니에어바운스, 미니슬라이드, 미니수중모험놀이, 미니워터에어바운스 등

다. 다른 법령에서 중복하여 관리하는 테마파크시설

1) 「게임산업진흥에 관한 법률」 제2조 제1호 본문에 따른 게임물이면서 안전성검사 대상이 아닌 테마파크시설에 해당하는 경우에는 「게임산업진흥에 관한 법률」 제21조에 따라 전체이용가 등급을 받은 것이어야 한다.

2) 「어린이놀이시설 안전관리법」에 따라 설치검사 및 정기시설검사를 실시한 어린이놀이기구이면서 위의 가 및 나의 테마파크시설에 해당하는 경우에는 제40조에 따른 안전성검사 대상이 아님을 확인하는 검사 또는 정기 확인검사를 받은 것으로 본다.

별표 12

안전관리자의 자격 · 배치기준 및 임무(제41조 관련)

1. 안전관리자의 자격

구 분	자 격
종합테마파크업	가. 「국가기술자격법」에 따른 기계 · 전기 · 전자 또는 안전관리 분야의 산업기사 자격이상 보유한 자 나. 「고등교육법」에 따른 이공계 전문대학 또는 이와 동등 이상의 학교를 졸업한 자로서 종합테마파크업소 또는 일반테마파크업소에서 1년 이상 테마파크시설 안전점검 · 정비업무를 담당한 자 또는 기계 · 전기 · 산업안전 · 자동차정비 등 테마파크업의 유사경력 2년 이상인 자 다. 「국가기술자격법」에 따른 기계 · 전기 · 전자 또는 안전관리 분야의 기능사 자격 이상 보유한 자로서 종합테마파크업소 또는 일반테마파크업소에서 2년 이상 테마파크시설 안전점검 · 정비업무를 담당한 자 또는 기계 · 전기 · 산업안전 · 자동차정비 등 테마파크업의 유사경력 3년 이상인 자
일반테마파크업	가. 「국가기술자격법」에 따른 기계 · 전기 · 전자 또는 안전관리 분야의 산업기사 또는 기능사 자격 이상 보유한 자 나. 「고등교육법」에 따른 이공계 전문대학 또는 이와 동등 이상의 학교를 졸업한 자로서 종합테마파크업소 또는 일반테마파크업소에서 1년 이상 테마파크시설 안전점검 · 정비업무를 담당한 자 또는 기계 · 전기 · 산업안전 · 자동차정비 등 테마파크업의 유사경력 2년 이상인 자 다. 「초 · 중등교육법」에 따른 공업계 고등학교 또는 이와 동등 이상의 학교를 졸업한 자로서 종합테마파크업소 또는 일반테마파크업소에서 2년 이상 테마파크시설 안전점검 · 정비업무를 담당한 자 또는 기계 · 전기 · 산업안전 · 자동차정비 등 테마파크업의 유사경력 3년 이상인 자 라. 종합테마파크업 또는 일반테마파크업의 안전관리업무에 종사한 경력이 5년 이상인 자로서, 문화체육관광부장관이 지정하는 업종별 관광협회 또는 전문연구 · 검사기관에서 40시간 이상 안전교육을 이수한 자

2. 안전관리자의 배치기준

가. 안전성검사 대상 테마파크시설 1종 이상 10종 이하를 운영하는 사업자 : 1명 이상

나. 안전성검사 대상 테마파크시설 11종 이상 20종 이하를 운영하는 사업자 : 2명 이상

다. 안전성검사 대상 테마파크시설 21종 이상을 운영하는 사업자 : 3명 이상

3. 안전관리자의 임무

가. 안전관리자는 안전운행 표준지침을 작성하고 유기시설 안전관리계획을 수립하고 이에 따라 안전관리업무를 수행하여야 한다.

나. 안전관리자는 매일 1회 이상 안전성검사 대상 테마파크시설에 대한 안전점검을 하고 그 결과를 안전점검기록부에 기록 · 비치하여야 하며, 이용객이 보기 쉬운 곳에 테마파크시설별로 안전점검표시판을 게시하여야 한다.

다. 유기시설과 테마파크시설의 운행자 및 유원시설 종사자에 대한 안전교육계획을 수립하고, 이에 따라 교육을 하여야 한다.

별표 13

테마파크업자의 준수사항(제42조 관련) 25 기출

1. 공통사항

(1) 사업자는 사업장 내에서 이용자가 항상 이용질서를 유지하게 하여야 하며, 이용자의 활동에 제공되거나 이용자의 안전을 위하여 설치된 각종 시설 · 설비 · 장비 · 기구 등이 안전하고 정상적으로 이용될 수 있는 상태를 유지하여야 한다.

(2) 사업자는 이용자를 태우는 테마파크시설의 경우 정원을 초과하여 이용자를 태우지 아니하도록 하고, 운행 개시 전에 안전상태를 확인하여야 하며, 특히 안전띠 또는 안전대의 안전성 여부와 착용상태를 확인하여야 한다.

(3) 사업자는 운행 전 이용자가 외관상 객관적으로 판단하여 정신적 · 신체적으로 이용에 부적합하다고 인정되거나 테마파크시설 내에서 본인 또는 타인의 안전을 저해할 우려가 있는 경우에는 게시 및 안내를 통하여 이용을 거부하거나 제한하여야 하고, 운행 중에는 이용자가 정위치에 있는지와 이상행동을 하는지를 주의하여 관찰하여야 하며, 테마파크시설 안에서 장난 또는 가무행위 등 안전에 저해되는 행위를 하지 못하게 하여야 한다.

(4) 사업자는 이용자가 보기 쉬운 곳에 이용요금표 · 준수사항 및 이용 시 주의하여야 할 사항을 게시하여야 한다.

(5) 사업자는 허가 또는 신고된 영업소의 명칭(상호)을 표시하여야 한다.

(6) 사업자는 조명이 60럭스 이상이 되도록 유지하여야 한다. 다만, 조명효과를 이용하는 유기시설은 제외한다.

(7) 사업자는 화재발생에 대비하여 소화기를 설치하고, 이용자가 쉽게 알아볼 수 있는 곳에 피난안내도를 부착하거나 피난방법에 대하여 고지하여야 한다.

(8) 사업자는 유관기관(허가관청 · 경찰서 · 소방서 · 의료기관 · 안전성검사등록기관 등)과 안전관리에 관한 연락체계를 구축하고, 사망 등 중대한 사고의 발생 즉시 등록관청에 보고하여야 하며, 인진사고의 원인 조사 및 재발 방지대책을 수립하여야 한다.

(9) 사업자는 제40조 제7항에 따른 행정청의 조치사항을 준수하여야 한다.

(10) 사업자는 「게임산업진흥에 관한 법률」 제2조 제1호 본문에 따른 게임물에 해당하는 테마파크시설에 대하여 「게임산업진흥에 관한 법률」 제28조 제2호 · 제2호의2 · 제3호 및 제6호에 따라 사행성을 조장하지 아니하도록 하여야 하며, 「게임산업진흥에 관한 법률 시행령」 제16조에 따른 청소년게임제공업자의 영업시간 및 청소년의 출입시간을 준수하여야 한다.

(11) 사업자는 영업질서 유지 의무를 성실히 수행하기 위해 사업장에 직접 상주하거나 관리 인력을 두어야 한다. 다만, 「어린이놀이시설 안전관리법」에 따른 설치검사를 실시한 어린이놀이기구이면서 안전성검사 대상이 아닌 테마파크시설만을 설치하여 영업하는 기타테마파크업자는 그러하지 아니하다.

2. 개별사항

가. 종합 · 일반테마파크업

(1) 사업자는 법 제33조 제2항에 따라 안전관리자를 배치하고, 안전관리자가 그 업무를 적절하게 수행하도록 지도 · 감독하는 등 테마파크시설을 안전하게 관리하여야 하며, 안전관리자가 교육 등으로 업무수행이 일시적으로 불가한 경우에는 테마파크업의 안전관리업무에 종사한 경력이 있는 자로 하여금 업무를 대행하게 하여야 한다.

(2) 사업자는 안전관리자가 매일 1회 이상 안전성검사 대상 및 대상이 아닌 테마파크시설에 대한 안전점검을 하고 그 결과를 안전점검기록부에 기록하여 1년 이상 보관하도록 하여야 하며, 이용자가 보기 쉬운 곳에 테마파크시설별로 안전점검표지판을 게시하여야 한다.

(3) 사업자는 안전관리자가 테마파크시설의 운행자 및 종사자에 대한 안전교육계획을 수립하여 주 1회 이상 안전교육을 실시하고, 그 교육일지를 기록 · 비치하여야 한다.

(4) 사업자는 운행자 및 종사자의 신규 채용 시에는 사전 안전교육을 4시간 이상 실시하고, 그 교육일지를 기록 · 비치하여야 한다.

(5) 6개월 미만으로 단기 영업허가를 받은 사업자는 영업이 종료된 후 1개월 이내에 안전점검기록부와 교육일지를 시장 · 군수 · 구청장에게 제출하여야 한다.

(6) 사업자는 다음의 사항을 내용으로 하는 안전관리에 관한 교육을 2년마다 1회(4시간 이상의 교육을 말한다) 이상 받아야 한다. 이 경우 2년은 교육을 받은 날부터 계산한다.

(가) 유원시설 안전정책에 관한 사항

(나) 유원시설 안전관리 및 운영에 관한 사항

(다) 그 밖에 유원시설 안전관리를 위하여 필요한 사항

(7) (6)에 따른 교육은 허가 받은 날부터 6개월 이내에 받아야 한다. 다만, 안전관리 교육을 받고 2년이 경과하지 않은 경우에는 그렇지 않다.

나. 기타테마파크업

(1) 사업자 또는 종사자는 비상시 안전행동요령 등을 숙지하고 근무하여야 한다.

(2) 사업자는 본인 스스로 또는 종사자로 하여금 별표 11의 제2호 나목 1)에 해당하는 테마파크시설은 매일 1회 이상 안전점검을 하고 그 결과를 안전점검기록부에 기록하여 1년 이상 보관하도록 하여야 하며, 이용자가 보기 쉬운 곳에 테마파크시설별로 안전점검표지판을 게시하여야 한다.

(3) 사업자는 본인 스스로 또는 종사자에 대한 안전교육을 월 1회 이상 하고, 그 교육일지를 기록 · 비치하여야 하며, 별표 11 제2호 나목 2)에 해당하는 테마파크시설을 설치하여 운영하는 사업자는 제41조 제2항에 따른 안전교육을 2년마다 1회 이상 4시간 이상 받아야 한다.

(4) 사업자는 종사자의 신규 채용 시에는 사전 안전교육을 2시간 이상 실시하고, 그 교육일지를 기록 · 비치하여야 한다.

(5) 6개월 미만으로 단기 영업신고를 한 사업자는 영업이 종료된 후 1개월 이내에 안전점검기록부와 교육일지를 시장 · 군수 · 구청장에게 제출하여야 한다.

별표 14

필기시험의 시험과목 및 합격결정 기준(제46조 관련)

1. 시험과목 및 배점비율

구 분	시험과목	배점비율
가. 관광통역안내사	국 사 관광자원해설 관광법규(「관광기본법」·「관광진흥법」·「관광진흥개발기금법」·「국제회의산업 육성에 관한 법률」 등의 관광 관련 법규를 말한다. 이하 같다) 관광학개론	40% 20% 20% 20%
	계	100%
나. 국내여행안내사	국 사 관광자원해설 관광법규 관광학개론	30% 20% 20% 30%
	계	100%
다. 호텔경영사	관광법규 호텔회계론 호텔인사 및 조직관리론 호텔마케팅론	10% 30% 30% 30%
	계	100%
라. 호텔관리사	관광법규 관광학개론 호텔관리론	30% 30% 40%
	계	100%
마. 호텔서비스사	관광법규 호텔실무(현관 · 객실 · 식당 중심)	30% 70%
	계	100%

2. **합격결정기준 :** 필기시험의 합격기준은 매과목 4할 이상, 전과목의 점수가 위의 배점비율로 환산하여 6할 이상이어야 한다.

별표 15

다른 외국어시험의 종류 및 합격에 필요한 점수 또는 급수(제47조 관련)

1. 다른 외국어시험의 종류

구 분		내 용
영 어	토플(TOEFL)	아메리카합중국 이.티.에스(E.T.S ; Education Testing Service)에서 시행하는 시험(Test of English as a Foreign Language)을 말한다.
	토익(TOEIC)	아메리카합중국 이.티.에스(E.T.S ; Education Testing Service)에서 시행하는 시험(Test of English for International Communication)을 말한다.
	텝스(TEPS)	서울대학교영어능력검정시험(Test of English Proficiency, Seoul National University)을 말한다.
	지텔프(G-TELP, Level 2)	아메리카합중국 샌디에이고 주립대(Sandiego State University)에서 시행하는 시험(General Test of English Language Proficiency)을 말한다.
	플렉스(FLEX)	한국외국어대학교와 대한상공회의소에서 공동 시행하는 어학능력검정시험(Foreign Language Examination)을 말한다.
	아이엘츠(IELTS)	영국의 영국문화원(British Council)에서 시행하는 영어능력검정시험(International English Language Testing System)을 말한다.
일본어	일본어능력시험(JPT)	일본국 순다이(駿台)학원그룹에서 개발한 문제를 재단법인 국제교류진흥회에서 시행하는 시험(Japanese Proficiency Test)을 말한다.
	일본어검정시험(日檢, NIKKEN)	한국시사일본어사와 일본국서간행회(日本國書刊行會)에서 공동 개발하여 한국시사일본어사에서 시행하는 시험을 말한다.
	플렉스(FLEX)	한국외국어대학교와 대한상공회의소에서 공동 시행하는 어학능력검정시험(Foreign Language Examination)을 말한다.
	일본어능력시험(JLPT)	일본국제교류기금 및 일본국제교육지원협회에서 시행하는 일본어능력시험(Japanese Language Proficiency Test)을 말한다.
중국어	한어수평고시(HSK)	중국 교육부가 설립한 국가한어수평고시위원회(國家漢語水平考試委員會)에서 시행하는 시험(Hanyu Shuiping Kaoshi)을 말한다.
	플렉스(FLEX)	한국외국어대학교와 대한상공회의소에서 공동시행하는 어학능력검정시험(Foreign Language Examination)을 말한다.
	실용중국어시험(BCT)	중국국가한어국제추광영도소조판공실(中国国家汉语国际推广领导小组办公室)이 중국 북경대학교에 위탁 개발한 실용중국어시험(Business Chinese Test)을 말한다.
	중국어실용능력시험(CPT)	중국어언연구소 출제 한국CPT관리위원회 주관 (주)시사중국어사에서 시행하는 생활실용커뮤니케이션 능력평가(Chinese Proficiency Test)를 말한다.
	대만중국어능력시험(TOCFL)	중화민국 교육부 산하 국가화어측험추동공작위원회에서 시행하는 중국어능력시험(Test of Chinese as a Foreign Language)을 말한다.
프랑스어	플렉스(FLEX)	한국외국어대학교와 대한상공회의소에서 공동시행하는 어학능력검정시험(Foreign Language Examination)을 말한다.
	델프/달프(DELF/DALF)	주한 프랑스대사관 문화과에서 시행하는 프랑스어 능력검정시험(Diplôme d'Etudes en Langue Française)을 말한다.

독 어	플렉스 (FLEX)	한국외국어대학교와 대한상공회의소에서 공동시행하는 어학능력검정시험(Foreign Language Examination)을 말한다.
	괴테어학검정시험 (Goethe Zertifikat)	유럽 언어능력시험협회 ALTE(Association of Language Testers in Europe) 회원인 괴테-인스티투트(Goethe Institut)에서 시행하는 독일어능력검정시험을 말한다.
스페인어	플렉스 (FLEX)	한국외국어대학교와 대한상공회의소에서 공동시행하는 어학능력검정시험(Foreign Language Examination)을 말한다.
	델레 (DELE)	스페인 문화교육부에서 주관하는 스페인어 능력 검정시험(Diploma de Español como Lengua Extranjera)을 말한다.
러시아어	플렉스 (FLEX)	한국외국어대학교와 대한상공회의소에서 공동시행하는 어학능력검정시험(Foreign Language Examination)을 말한다.
	토르플 (TORFL)	러시아 교육부 산하 시험기관 토르플 한국센터(계명대학교 러시아센터)에서 시행하는 러시아어 능력검정시험(Test of Russian as a Foreign Language)을 말한다.
이탈리아어	칠스 (CILS)	이탈리아 시에나 외국인 대학(Università per Stranieri di Siena)에서 주관하는 이탈리아어 자격증명시험(Certificazione di Italiano come Lingua Straniera)을 말한다.
	첼리 (CELI)	이탈리아 페루지아 국립언어대학(Università per Stranieri di Perugia)과 주한 이탈리아문화원에서 공동 시행하는 이탈리아어 능력검정시험(Certificato di Conoscenza della Lingua Italiana)을 말한다.
태국어, 베트남어, 말레이 · 인도네시아어, 아랍어	플렉스 (FLEX)	한국외국어대학교에서 주관하는 어학능력검정시험(Foreign Language Examination)을 말한다. ※ 이 외국어시험은 비정기적으로 시행하는 수시시험임

2. 합격에 필요한 다른 외국어시험의 점수 또는 급수

시험명 \ 자격구분		관광통역 안내사	호텔 서비스사	호텔 관리사	호텔경영사	만점/ 최고급수
영 어	토플 (TOEFL, PBT)	584점 이상	396점 이상	557점 이상	619점 이상	677점
	토플 (TOEFL, IBT)	81점 이상	51점 이상	76점 이상	88점 이상	120점
	토익 (TOEIC)	760점 이상	490점 이상	700점 이상	800점 이상	990점
	텝스 (TEPS)	372점 이상	201점 이상	367점 이상	404점 이상	600점
	지텔프 (G-TELP, 레벨2)	74점 이상	39점 이상	66점 이상	79점 이상	100점
	플렉스 (FLEX)	776점 이상	381점 이상	670점 이상	728점 이상	1000점
	아이엘츠 (IELTS)	5점 이상	4점 이상	5점 이상	5점 이상	9점

일본어	일본어능력시험 (JPT)		740점 이상	510점 이상	692점 이상	784점 이상	990점
	일본어검정시험 (日檢, NIKKEN)		750점 이상	500점 이상	701점 이상	795점 이상	1000점
	플렉스 (FLEX)		776점 이상	–	–	–	1000점
	일본어능력시험 (JLPT)		N1 이상	–	–	–	N1
중국어	한어수평고시 (HSK)		5급 이상	4급 이상	5급 이상	5급 이상	6급
	플렉스 (FLEX)		776점 이상	–	–	–	1000점
	실용 중국어 시험 (BCT)	(B)	181점 이상	–	–	–	300점
		(B)L&R	601점 이상	–	–	–	1000점
	중국어실용능력 시험(CPT)		750점 이상	–	–	–	1000점
	대만중국어 능력시험 (TOCFL)		5급(유리) 이상	–	–	–	6급(정통)
프랑스어	플렉스 (FLEX)		776점 이상	–	–	–	1000점
	델프/달프 (DELF/DALF)		델프(DELF) B2 이상	–	–	–	달프(DALF) C2
독일어	플렉스 (FLEX)		776점 이상	–	–	–	1000점
	괴테어학 검정시험 (Goethe Zertifikat)		괴테어학 검정시험 (Goethe Zertifikat) B1(ZD)이상	–	–	–	괴테어학 검정시험 (Goethe Zertifikat) C2
스페인어	플렉스 (FLEX)		776점 이상	–	–	–	1000점
	델레(DELE)		B2 이상	–	–	–	C2
러시아어	플렉스 (FLEX)		776점 이상	–	–	–	1000점
	토르플 (TORFL)		1단계 이상	–	–	–	4단계

이탈리아어	칠스(CILS)	레벨 2-B2 (Livello Due-B2) 이상	-	-	-	레벨 4-C2 (Livello Quat-tro-C2)
	첼리(CELI)	첼리(CELI) 3 이상	-	-	-	첼리(CELI) 5
태국어, 베트남어, 말레이·인도네시아어, 아랍어	플렉스 (FLEX)	600점 이상	-	-	-	1000점

별표 16

시험의 면제기준(제51조 관련)

구 분	면제대상 및 면제과목
1. 관광통역안내사	가. 「고등교육법」에 따른 전문대학 이상의 학교 또는 다른 법령에서 이와 통등 이상의 학력이 인정되는 교육기관에서 해당 외국어를 3년 이상 계속하여 강의한 자에 대하여 해당 외국어시험을 면제 나. 4년 이상 해당 언어권의 외국에서 근무하거나 유학(해당 언어권의 언어를 사용하는 학교에서 공부한 것을 말한다)을 한 경력이 있는 자 및 「초·중등교육법」에 따른 중·고등학교 또는 고등기술학교에서 해당 외국어를 5년 이상 계속하여 강의한 자에 대하여 해당 외국어 시험을 면제 15 기출 다. 「고등교육법」에 따른 전문대학 이상의 학교에서 관광분야를 전공(전공과목이 관광법규 및 관광학개론 또는 이에 준하는 과목으로 구성되는 전공과목을 30학점 이상 이수한 경우를 말한다)하고 졸업한 자(졸업예정자 및 관광분야 과목을 이수하여 다른 법령에서 이와 동등한 학력을 취득한 자를 포함한다)에 대하여 필기시험 중 관광법규 및 관광학개론 과목을 면제 라. 관광통역안내사 자격증을 소지한 자가 다른 외국어를 사용하여 관광안내를 하기 위하여 시험에 응시하는 경우 필기시험을 면제 마. 문화체육관광부장관이 정하여 고시하는 교육기관에서 실시하는 60시간 이상의 실무교육과정을 이수한 사람에 대하여 필기시험 중 관광법규 및 관광학개론 과목을 면제. 이 경우 실무교육과정의 교육과목 및 그 비중은 다음과 같음 1) 관광법규 및 관광학개론 : 30% 2) 관광안내실무 : 20% 3) 관광자원안내실습 : 50%
2. 국내여행안내사	가. 「고등교육법」에 따른 전문대학 이상의 학교에서 관광분야를 전공(전공과목이 관광법규 및 관광학개론 또는 이에 준하는 과목으로 구성되는 전공과목을 30학점 이상 이수한 경우를 말한다)하고 졸업한 자(졸업예정자 및 관광분야 과목을 이수하여 다른 법령에서 이와 동등한 학력을 취득한 자를 포함한다)에 대하여 필기시험을 면제 나. 여행안내와 관련된 업무에 2년 이상 종사한 경력이 있는 자에 대하여 필기시험을 면제 다. 「초·중등교육법」에 따른 고등학교나 고등기술학교를 졸업한 자 또는 다른 법령에서 이와 동등한 학력이 있다고 인정되는 교육기관에서 관광분야의 학과를 이수하고 졸업한 자(졸업예정자를 포함)에 대하여 필기시험을 면제

3. 호텔경영사	가. 호텔관리사 중 종전의 1급지배인 자격을 취득한 자로서 그 자격을 취득한 후 4성급 이상의 관광호텔에서 부장급 이상으로 3년 이상 종사한 경력이 있는 자에 대하여 필기시험을 면제 나. 호텔관리사 중 종전의 1급지배인 자격을 취득한 자로서 그 자격을 취득한 후 3성급 관광호텔의 총괄 관리 및 경영업무에 3년 이상 종사한 경력이 있는 자에 대하여 필기시험을 면제 다. 국내호텔과 체인호텔 관계에 있는 해외호텔에서 호텔경영 업무에 종사한 경력이 있는 자로서 해당 국내 체인호텔에 파견근무를 하려는 자에 대하여 필기시험 및 외국어시험을 면제
4. 호텔관리사	「고등교육법」에 따른 대학 이상의 학교 또는 다른 법령에서 이와 동등 이상의 학력이 인정되는 교육기관에서 호텔경영 분야를 전공하고 졸업한 자(졸업예정자를 포함)에 대하여 필기시험을 면제
5. 호텔서비스사	가. 「초 · 중등교육법」에 따른 고등학교 또는 고등기술학교 이상의 학교를 졸업한 자 또는 다른 법령에서 이와 동등한 학력이 있다고 인정되는 교육기관에서 관광분야의 학과를 이수하고 졸업한 자(졸업예정자를 포함)에 대하여 필기시험을 면제 나. 관광숙박업소의 접객업무에 2년 이상 종사한 경력이 있는 자에 대하여 필기시험을 면제

별표 17

관광종사원에 대한 행정처분 기준(제56조 관련)

1. 일반기준

가. 위반행위가 둘 이상이면 그중 무거운 처분기준에 따른다. 다만, 둘 이상의 처분기준이 모두 자격정지인 경우에는 각 처분기준을 합산한 기간을 넘지 않는 범위에서 무거운 처분기준의 2분의 1 범위에서 가중할 수 있다.

나. 위반행위의 횟수에 따른 가중된 행정처분의 기준은 최근 1년간 같은 위반행위로 행정처분을 받은 경우에 적용한다. 이 경우 기간의 계산은 위반행위에 대한 행정처분을 받은 날과 그 처분 후 다시 같은 위반행위를 하여 적발된 날을 기준으로 한다.

다. 나목에 따라 가중된 처분을 하는 경우 가중처분의 적용 차수는 그 위반행위 전 처분차수(나목에 따른 기간 내에 처분이 둘 이상 있었던 경우에는 높은 차수를 말한다)의 다음 차수로 한다.

라. 처분권자는 그 처분기준이 자격정지인 경우에는 위반행위의 동기 · 내용 · 횟수 및 위반의 정도 등 다음 1)부터 3)까지의 규정에 해당하는 사유를 고려하여 처분기준의 2분의 1 범위에서 그 처분을 감경할 수 있다. 16 기출

1) 위반행위가 고의나 중대한 과실이 아닌 사소한 부주의나 오류로 인한 것으로 인정되는 경우
2) 위반의 내용 · 정도가 경미하여 소비자에게 미치는 피해가 적다고 인정되는 경우
3) 위반 행위자가 처음 해당 위반행위를 한 경우로서 3년 이상 관광종사원으로서 모범적으로 일해 온 사실이 인정되는 경우

2. 개별기준 23 기출

위반행위	근거법령	행정처분기준			
		1차 위반	2차 위반	3차 위반	4차 위반
가. 거짓이나 그 밖의 부정한 방법으로 자격을 취득한 경우	법 제40조 제1호	자격취소	–	–	–

나. 법 제7조 제1항 각 호(제3호는 제외한다)의 어느 하나에 해당하게 된 경우	법 제40조 제2호	자격취소	-	-	-
다. 관광종사원으로서 직무를 수행하는 데에 부정 또는 비위(非違)사실이 있는 경우	법 제40조 제3호	자격정지 1개월	자격정지 3개월	자격정지 5개월	자격취소

별표 17의 2

문화관광해설사 양성교육과정의 개설 · 운영 기준(제57조의3제1항 관련)

구 분	개설 · 운영 기준		
교육과목 및 교육시간	교육과목(실습을 포함한다)		교육시간
	기본 소양	1) 문화관광해설사의 역할과 자세 2) 문화관광자원의 가치 인식 및 보호 3) 관광객의 특성 이해 및 관광약자 배려	20시간
	전문 지식	4) 관광정책 및 관광산업의 이해 5) 한국 주요 문화관광자원의 이해 6) 지역 특화 문화관광자원의 이해	40시간
	현장 실무	7) 해설 시나리오 작성 및 해설 기법 8) 해설 현장 실습 9) 관광 안전관리 및 응급처치	40시간
	합 계		100시간
교육시설	(1) 강의실 (2) 강사대기실 (3) 회의실 (4) 그 밖에 교육에 필요한 기자재 및 시스템		

1)부터 9)까지의 모든 과목을 교육해야 하며, 이론교육은 정보통신망을 통한 온라인 교육을 포함하여 구성할 수 있다.

별표 17의 4

문화관광해설사 평가 기준(제57조의5 제2항 관련)

평가항목	세부 평가내용		배 점	비 중
1. 이 론	기본 소양	1) 문화관광해설사의 역할과 자세 2) 문화관광자원의 가치 인식 및 보호 3) 관광객의 특성 이해 및 관광약자 배려	30점	70%
	전문 지식	4) 관광정책 및 관광산업의 이해 5) 한국 주요 문화관광자원의 이해 6) 지역 특화 문화관광자원의 이해	70점	
	합 계		100점	

2. 실 습	현장 실무	7) 해설 시나리오 작성 8) 해설 기법 시연 9) 관광 안전관리 및 응급처치	45점 45점 10점	30%
	합 계		100점	

1)부터 9)까지의 모든 항목을 평가해야 하며, 이론 평가는 객관식 문제와 주관식 문제를 병행하여 평가한다.

별표 17의 5

한국관광 품질인증의 세부 인증 기준(제57조의6 관련)

1. 서류평가 통과 기준 : 다음 각 목의 사항을 모두 갖추었을 것

가. 제57조의7 제1항 제1호 · 제2호 · 제4호의 서류를 모두 제출하였을 것

나. 가목에 따라 제출한 서류를 심사한 결과 위법 · 부당한 사실이 없을 것

다. 한국관광 품질인증 신청서를 제출한 날 이전 3개월간 관할 허가 · 등록 · 지정 또는 신고 기관의 장으로부터 허가 · 등록 · 지정의 취소, 사업의 전부 또는 일부의 정지, 영업의 정지 또는 일부 시설의 사용중지나 영업소 폐쇄 처분을 받지 않았을 것

2. 현장평가 통과 기준 : 다음 각 목의 사항을 모두 갖추었을 것

가. 해당 사업의 관련 법령에 따른 허가 · 등록 · 지정 또는 신고 요건을 계속하여 갖추고 있을 것

나. 평가 분야별 득점의 합이 100점 만점을 기준으로 하여 70점 이상일 것. 다만, 일부 사업의 경우 득점하여야 하는 총점을 업무 규정으로 다르게 정할 수 있음

평가 분야	평가 항목	배점 비중
가. 시설 및 서비스 분야	건물의 외관 · 내부시설의 유지 · 관리	60%
	장애인을 위한 편의시설의 설치 · 관리	
	매뉴얼에 따른 서비스 품질관리	
	업무 규정에 따른 서비스이행표준의 준수	
나. 인력의 전문성 분야	관광객 응대에 필요한 종사원의 전문성	20%
	외국인 관광객 응대를 위한 외국어 능력	
	종사원의 서비스 교육 · 훈련 이수 결과	
다. 안전관리 분야	정기적인 소방안전점검 및 관리	20%
	안전관리에 필요한 장비의 구비 · 관리	
	비상재해대비시설의 설치 · 관리	
	화재 등으로 발생한 손해에 대한 배상체계 구비	
총 계		100%

(비고)

1. 평가 분야별 배점 비중은 업무 규정이 정하는 바에 따라 총계의 10퍼센트 범위에서 조정될 수 있으나, 배점 비중의 총계는 항상 100퍼센트가 되어야 함
2. 평가 항목별 구체적인 평가지표는 한국관광 품질인증의 대상별 특성에 따라 업무 규정으로 정함

다. 아래 표에 따른 한국관광 품질인증의 대상별 필수사항을 모두 갖추었을 것

구 분	필수사항
외국인관광 도시민박업, 한옥체험업	객실, 침구, 욕실, 조리시설에 대한 청결 수준이 보통(5단계 평가 시 3단계) 이상일 것
관광면세업	– 내국인 출입이 가능할 것 – 품질보증서 등을 구비할 것 – 외국인관광객에게 부가가치세 등을 환급해 줄 수 있는 설비를 갖추고 관련 정보를 제공할 것 – 주변의 교통에 지장을 주지 않을 것 – 종사자가 외국어 능력을 갖출 것
숙박업	– 관광객 응대를 위한 안내 데스크가 개방형 구조일 것 – 주차장에 가림막 등 폐쇄형 구조물이 없을 것 – 시간제로 운영하지 않을 것 – 청소년 보호를 위해 성인방송 제공을 제한할 것 – 요금표를 게시할 것 – 객실, 침구, 욕실, 조리시설에 대한 청결 수준이 보통(5단계 평가 시 3단계) 이상일 것
외국인관광객면세판매장	– 내국인 출입이 가능할 것 – 품질보증서 등을 구비할 것 – 외국인관광객에게 부가가치세 등을 환급해 줄 수 있는 설비를 갖추고 관련 정보를 제공할 것
음식점업	–「식품위생법」 제47조의2에 따른 위생등급을 지정받은 업소일 것 – 식기, 수저에 대한 청결 수준이 보통(5단계 평가 시 3단계) 이상일 것 – 남녀 화장실이 분리되어 있을 것 – 식재료의 원산지 표기와 실제 원산지가 동일할 것 – 한글 외에 최소 1개 이상의 외국어가 병기된 메뉴판을 제공할 것

별표 18

관광지 · 관광단지의 구분기준(제58조 제2항 관련)

1. **관광단지 :** 가목의 시설을 갖추고, 나목의 시설 중 1종 이상의 필요한 시설과 다목 또는 라목의 시설 중 1종 이상의 필요한 시설을 갖춘 지역으로서 총면적이 50만제곱미터 이상인 지역(다만, 마목 및 바목의 시설은 임의로 갖출 수 있다)

시설구분	시설종류	구비기준
가. 공공편익시설	화장실, 주차장, 전기시설, 통신시설, 상하수도시설 또는 관광안내소	각 시설이 관광객이 이용하기에 충분할 것
나. 숙박시설	관광호텔, 수상관광호텔, 한국전통호텔, 가족호텔 또는 휴양 콘도미니엄	관광숙박업의 등록기준에 부합할 것
다. 운동 · 오락시설	골프장, 스키장, 요트장, 조정장, 카누장, 빙상장, 자동차경주장, 승마장, 종합체육시설, 경마장, 경륜장 또는 경정장	「체육시설의 설치 · 이용에 관한 법률」 제10조에 따른 등록체육시설업의 등록기준, 「한국마사회법 시행령」 제5조에 따른 시설 · 설비기준 또는 「경륜 · 경정법 시행령」 제5조에 따른 시설 · 설비기준에 부합할 것

제3과목

라. 휴양 · 문화시설	민속촌, 해수욕장, 수렵장, 동물원, 식물원, 수족관, 온천장, 동굴자원, 수영장, 농어촌휴양시설, 산림휴양시설, 박물관, 미술관, 활공장, 자동차야영장, 관광유람선 또는 종합유원시설	관광객 이용시설업의 등록기준 또는 테마파크업의 설비기준에 부합할 것
마. 접객시설	관광공연장, 관광유흥음식점, 관광극장유흥업점, 외국인전용유흥음식점, 관광식당 등	관광객 이용시설업의 등록기준 또는 관광편의시설업의 지정기준에 적합할 것
바. 지원시설	관광종사자 전용숙소, 관광종사자 연수시설, 물류 · 유통 관련 시설	관광단지의 관리 · 운영 및 기능 활성화를 위해서 필요한 시설일 것

(비고) 관광단지의 총면적 기준은 시 · 도지사가 그 지역의 개발목적 · 개발 · 계획 · 설치시설 및 발전전망 등을 고려하여 일부 완화하여 적용할 수 있다.

2. 관광지 : 제1호 가목의 시설을 갖춘 지역(다만, 나목부터 바목까지의 시설은 임의로 갖출 수 있다)

별표 19

관광지 등의 시설지구 안에 설치할 수 있는 시설(제60조 제2항 관련) 18 기출

시설지구	설치할 수 있는 시설
공공편익 시설지구	도로, 주차장, 관리사무소, 안내시설, 광장, 정류장, 공중화장실, 금융기관, 관공서, 폐기물처리시설, 오수처리시설, 상하수도시설, 그 밖에 공공의 편익시설과 관련되는 시설로서 관광지 등의 기반이 되는 시설
숙박시설지구	「공중위생관리법」 및 이 법에 따른 숙박시설, 그 밖에 관광객의 숙박과 체재에 적합한 시설
상가시설지구	판매시설, 「식품위생법」에 따른 업소, 「공중위생관리법」에 따른 업소(숙박업은 제외한다), 사진관, 그 밖의 물품이나 음식 등을 판매하기에 적합한 시설
관광 휴양 · 오락 시설지구	1. 휴양 · 문화시설 : 공원, 정자, 전망대, 조경휴게소, 의료시설, 노인시설, 삼림욕장, 자연휴양림, 연수원, 야영장, 온천장, 보트장, 유람선터미널, 낚시터, 청소년수련시설, 공연장, 식물원, 동물원, 박물관, 미술관, 수족관, 문화원, 교양관, 도서관, 자연학습장, 과학관, 국제회의장, 농 · 어촌휴양시설, 그 밖에 휴양과 교육 · 문화와 관련된 시설 2. 운동 · 오락시설 : 「체육시설의 설치 · 이용에 관한 법률」에 따른 체육시설, 이 법에 따른 유원시설, 「게임산업진흥에 관한 법률」에 따른 게임제공업소, 케이블카(리프트카), 수렵장, 어린이놀이터, 무도장, 그 밖의 운동과 놀이에 직접 참여하거나 관람하기에 적합한 시설
복합시설지구	숙박시설지구, 상가시설지구, 관광 휴양 · 오락시설지구 또는 기타시설지구에 설치할 수 있는 시설
기타시설지구	위의 지구에 포함되지 아니하는 시설

(비고) 1. 개별시설에 각종 부대시설이 복합적으로 있는 경우에는 그 시설의 주된 기능을 중심으로 시설지구를 구분한다.
2. 복합시설지구에 위 표에 따라 시설을 설치하는 경우, 두 종류 이상의 시설을 같은 건축물에 설치(같은 건축물에 하나의 시설지구에 속하는 두 종류 이상의 서로 다른 시설을 설치하는 경우 및 같은 건축물에 두 개 이상의 시설지구에 속하는 시설을 설치하는 경우를 포함한다)할 수 있다.

별표 20

용지매수 및 보상업무의 위탁수수료 산정기준표(제63조 관련)

용지매수의 금액별	위탁수수료의 기준 (용지매수대금에 대한 백분율)	비 고
10억원 이하	2.0퍼센트 이내	1. "용지매수의 금액"이란 용지매입비, 시설의 매수 및 인건비, 관리보상비 및 지장물보상비와 이주위자료의 합계액을 말한다. 2. 감정수수료 및 등기수수료 등 법정수수료는 위탁수수료의 기준을 정할 때 고려하지 아니한다. 3. 개발사업의 완공 후 준공 및 관리처분을 위한 측량, 지목변경, 관리이전을 위한 소유권의 변경절차를 위한 관리비는 이 기준수수료의 100분의 30의 범위에서 가산할 수 있다. 4. 지역적인 특수조건이 있는 경우에는 이 위탁료율을 당사자가 상호 협의하여 증감 조정할 수 있다.
10억원 초과 30억원 이하	1.7퍼센트 이내	
30억원 초과 50억원 이하	1.3퍼센트 이내	
50억원 초과	1.0퍼센트 이내	

별표 21

관광특구 지정요건의 세부기준(제64조 제1항 관련)

시설구분	시설종류	구비기준
가. 공공편익시설	화장실, 주차장, 전기시설, 통신시설, 상하수도시설	각 시설이 관광객이 이용하기에 충분할 것
나. 관광안내 시설	관광안내소, 외국인통역안내소, 관광지 표지판	각 시설이 관광객이 이용하기에 충분할 것
다. 숙박시설	관광호텔, 수상관광호텔, 한국전통호텔, 가족호텔 및 휴양 콘도미니엄	영 별표 1의 등록기준에 부합되는 관광숙박시설이 1종류 이상일 것
라. 휴양 · 오락시설	민속촌, 해수욕장, 수렵장, 동물원, 식물원, 수족관, 온천장, 동굴자원, 수영장, 농어촌휴양시설, 산림휴양시설, 박물관, 미술관, 활공장, 자동차야영장, 관광유람선 및 종합유원시설	영 별표 1의 등록기준에 부합되는 관광객이용시설 또는 별표 1의2의 시설 및 설비기준에 부합되는 유원시설이 1종류 이상일 것
마. 접객시설	관광공연장, 관광유흥음식점, 관광극장유흥업점, 외국인전용유흥음식점, 관광식당	영 별표 1의 등록기준에 부합되는 관광객이용시설 또는 별표 2의 지정기준에 부합되는 관광편의시설로서 관광객이 이용하기에 충분할 것
바. 상가시설	관광기념품전문판매점, 백화점, 재래시장, 면세점 등	1개소 이상일 것

별표 22

검사공무원 증표(제68조 관련)

(앞 쪽)

제　　호 직　　명 성　　명 생 년 월 일 위의 사람은 「관광진흥법」 제78조 제4항에 따른 검사공무원임을 증명합니다. 유효기간　　년　월　일부터 　　　　　　년　월　일까지 문화체육관광부장관 시 · 도 지 사　　　㊞ 시장 · 군수 · 구청장

90mm×60mm[청색켄트지 120g/m^2]

(뒤 쪽)

1. 이 증표는 본인만 사용할 수 있다. 2. 이 증표는 사업장에 출입 · 검사할 경우에 관계자에게 내보여야 한다. 3. 이 증표를 분실한 경우에는 지체 없이 그 사유를 발행처에 보고하고 재발급받아야 한다. 4. 사용기간을 경과하거나 사용하지 못하게 된 경우에는 지체 없이 발행처에 반납하여야 한다.
이 증표를 습득하신 분은 가까운 우체함에 넣어 주시기 바랍니다.

별표 23

수수료(제69조 제1항 관련) 17 기출

납부자	금 액
1. 법 제4조 제1항부터 제4항까지의 규정에 따른 관광사업을 등록하는 자	
가. 관광사업의 신규등록	1) 외국인관광 도시민박업의 경우 : 20,000원 2) 그 밖의 관광사업의 경우 : 30,000원(숙박시설이 있는 경우 매 실당 700원을 가산한 금액으로 한다)
나. 관광사업의 변경등록	1) 외국인관광 도시민박업의 경우 : 15,000원 2) 그 밖의 관광사업의 경우 : 15,000원(숙박시설 중 객실변경등록을 하는 경우 매 실당 600원을 가산한 금액으로 한다)
2. 법 제5조 제1항 및 제3항에 따른 카지노업의 허가를 신청하는 자	
가. 신규허가	100,000원 (온라인으로 신청하는 경우 90,000원)
나. 변경허가	50,000원 (온라인으로 신청하는 경우 45,000원)
3. 법 제6조에 따른 관광 편의시설업의 지정을 신청하는 자	20,000원
4. 법 제8조 제4항 및 제5항에 따른 관광사업의 지위승계를 신고하는 자	20,000원
5. 법 제15조에 따른 사업계획의 승인을 신청하는 자	
가. 신규사업계획의 승인	50,000원 (숙박시설이 있는 경우 매 실당 500원을 가산한 금액)
나. 사업계획 변경승인	50,000원 (숙박시설 중 객실변경이 있는 경우 매 실당 500원을 가산한 금액)
6. 법 제19조에 따라 관광숙박업의 등급결정을 신청하는 자	등급결정에 관한 평가요원의 수 및 지급 수당 등을 고려하여 문화체육관광부장관이 정하여 고시하는 기준에 따른 금액
7. 법 제25조 제3항에 따라 카지노기구(별표 8 제2호 및 제3호에 따른 머신게임만 해당한다)의 검사를 신청하는 자	
가. 신규로 반입 · 사용하거나 검사유효기간이 만료되어 신청하는 경우	대당 189,000원
나. 가목 외의 경우	기본료 100,000원 + 대당 25,000원
8. 법 제38조 제2항에 따라 관광종사원 자격시험에 응시하려는 자	20,000원
9. 법 제38조 제2항에 따라 관광종사원의 등록을 신청하는 자	5,000원
10. 법 제38조 제4항에 따라 관광종사원 자격증의 재발급을 신청하는 자	3,000원

제3과목

11. 삭제 〈2019.4.25.〉	-
12. 법 제48조의10 제1항에 따라 한국관광 품질인증을 신청하는 자	품질인증에 관한 평가 · 심사 인원의 수 및 지급 수당 등을 고려하여 문화체육관광부장관이 정하여 고시하는 기준에 따른 금액

별표 24

안전성검사기관의 지정요건(제70조 관련)

구 분	등록요건
1. 인력 기준	다음 각 목의 자격기준에 해당하는 자 중 7명 이상을 채용하되, 기계분야 자격자 4명(가목 해당자 1명 이상을 포함하여야 한다), 전기 분야 자격자 2명 및 산업안전 분야 자격자 1명을 포함하여야 한다. 가. 「국가기술자격법」에 따른 기계 · 전기 또는 기계안전 분야의 기술사 또는 공학박사 나. 「국가기술자격법」에 따른 기계 · 전기 · 전자 또는 산업안전 분야의 기사 이상 자격자로서 해당 실무경력이 3년 이상인 자 다. 기계 · 전기 · 전자 또는 산업안전 분야의 석사 이상의 학위 소지자로서 해당 실무경력이 3년 이상인 자 라. 「국가기술자격법」에 따른 기계 · 전기 · 전자 또는 산업안전 분야의 산업기사 이상 자격자로서 해당 실무경력이 5년 이상인 자 마. 「고등교육법」에 따른 대학졸업자(이와 동등 이상의 학력이 인정되는 자를 포함)로서 기계 · 전기 · 전자 또는 산업안전 관련 분야를 전공하고 유원시설 관련 실무경력이 5년 이상인 자 바. 「고등교육법」에 따른 전문대학의 졸업자(이와 동등 이상의 학력이 인정되는 자를 포함)로서 기계 · 전기 · 전자 또는 산업안전 관련 분야를 전공하고 유원시설 관련 실무경력이 7년 이상인 자 사. 가목부터 바목까지의 규정에 해당하는 자와 동등 이상의 자격이 있다고 문화체육관광부장관이 인정하는 자
2. 장비 기준	다음 각 목의 검사 · 시험 등을 위한 장비를 각각 1대 이상 보유하여야 한다. 가. 검사기기 : 회전속도계, 절연저항계, 전류계, 전압계, 소음계, 온도계, 와이어로프결함테스터, 초음파두께측정기, 조도계, 접지저항계, 광파거리측정기, 경도측정기, 오실로스코프(입력전압의 변화를 화면에 출력하는 장치), 베어링검사기, 가속도측정기, 토크렌치(Torque Wrench), 유압테스터, 레이저거리측정기 나. 시험기기 : 자분탐상시험기(자기를 이용한 결함 조사기), 초음파탐상기, 진동계, 진동분석장비[FFT분석기 · 임팩트해머(충격 효과를 주는 망치) 및 모덜[프로그램(진동 분석 프로그램) 포함] 다. 컴퓨터프로그램 : 구조해석용 프로그램
3. 그 밖의 기준	다음 각 목의 요건을 갖추어야 한다. 가. 비영리법인일 것 나. 자체 사무실을 보유하고 2명 이상의 상근 관리직원을 둘 것 다. 안전성검사와 관련하여 테마파크업 관광객에게 피해를 준 경우 그 손해를 배상할 것을 내용으로 하는 보험 또는 공제에 가입할 것 라. 검사 신청 및 절차, 검사조직 운영, 검사결과 통지, 검사수수료 등이 포함된 안전성검사를 위한 세부규정을 마련하고 있을 것

별표 25

검사기관에 대한 처분기준(제72조의2 제1항 관련)

1. 일반기준

가. 위반행위의 횟수에 따른 처분기준은 최근 3년간 같은 위반행위로 행정처분을 받은 경우에 적용한다. 이 경우 기간의 계산은 위반행위에 대하여 행정처분을 받은 날과 그 처분 후 다시 같은 위반행위를 하여 적발된 날을 기준으로 한다.

나. 가목에 따라 가중된 행정처분을 하는 경우 가중처분의 적용차수는 그 위반행위 전 부과처분 차수(가목에 따른 기간 내에 행정처분이 둘 이상 있었던 경우에는 높은 차수를 말한다)의 다음 차수로 한다.

다. 위반행위가 둘 이상인 경우로서 그에 해당하는 각각의 처분기준이 다른 경우에는 그중 무거운 처분기준에 따른다. 다만, 둘 이상의 처분기준이 모두 업무정지인 경우에는 무거운 처분기준의 2분의 1까지 가중할 수 있되, 각 처분기준을 합산한 기간을 초과할 수 없다.

라. 행정처분권자는 위반행위의 동기 · 내용 · 횟수 및 위반의 정도 등 다음 1)부터 4)까지의 규정에 해당하는 사유를 고려하여 업무 정지 기간의 2분의 1의 범위에서 그 처분을 감경할 수 있다.

1) 위반행위가 고의나 중대한 과실이 아닌 사소한 부주의나 오류로 인한 것으로 인정되는 경우
2) 위반의 내용 · 정도가 경미하여 소비자에게 미치는 피해가 적다고 인정되는 경우
3) 위반 행위자가 처음 해당 위반행위를 한 경우로서, 5년 이상 검사업무를 모범적으로 해 온 사실이 인정되는 경우
4) 위반 행위자가 해당 위반행위로 인하여 검사로부터 기소유예 처분을 받거나 법원으로부터 선고유예의 판결을 받은 경우

2. 개별기준

위반행위	근거법조문	처분기준			
		1차	2차	3차	4차
가. 거짓이나 그 밖의 부정한 방법으로 위탁사업자로 선정된 경우	법 제80조 제5항 제1호	위탁취소			
나. 거짓이나 그 밖의 부정한 방법으로 법 제25조 제3항 또는 법 제33조 제1항에 따른 검사를 수행한 경우	법 제80조 제5항 제2호	업무 정지 1개월	업무 정지 3개월	위탁취소	
다. 정당한 사유 없이 검사를 수행하지 않은 경우	법 제80조 제5항 제3호	업무개선 명령	업무 정지 1개월	업무 정지 3개월	위탁취소
라. 제72조의2 제1항 각 호의 구분에 따른 위탁 요건을 충족하지 못하게 된 경우	법 제80조 제5항 제4호	업무개선 명령	업무 정지 1개월	업무 정지 3개월	위탁취소

제3과목

제2장 핵심 실전 문제

※ 문제의 이해도에 따라 ○△× 체크하여 완벽하게 정리하세요.

01 ○△×

다음 중 관광진흥법의 목적과 거리가 먼 것은?

① 관광 여건 조성
② 관광자원 개발
③ 관광사업의 육성
④ 관광진흥의 방향 규정

해설 이 법은 관광 여건을 조성하고 관광자원을 개발하며 관광사업을 육성하여 관광진흥에 이바지하는 것을 목적으로 한다(관광진흥법 제1조).

02 ○△×

외국인 관광객의 유치 촉진 등을 위하여 관광 활동과 관련된 관계 법령의 적용이 배제되거나 완화되는 지역으로서 관광진흥법에 지정된 곳을 무엇이라 하는가?

① 관광지
② 관광단지
③ 관광특구
④ 관광권

해설 ① 자연적 또는 문화적 관광자원을 갖추고 관광객을 위한 기본적인 편의시설을 설치하는 지역으로서 이 법에 따라 지정된 곳을 말한다(관광진흥법 제2조 제6호).
② 관광객의 다양한 관광 및 휴양을 위하여 각종 관광시설을 종합적으로 개발하는 관광 거점 지역으로서 이 법에 따라 지정된 곳을 말한다(관광진흥법 제2조 제7호).

정답 1 ④ 2 ③

03 ○△×

다음 용어의 정의 중 옳지 않은 것은?

① '관광사업'이란 관광객을 위하여 운송 · 숙박 · 음식 · 운동 · 오락 · 휴양 또는 용역을 제공하거나 기타 관광에 딸린 시설을 갖추어 이를 이용하게 하는 업을 말한다.
② '관광사업자'란 관광사업을 경영하기 위해 등록 · 허가 또는 지정을 받거나 신고한 자를 말한다.
③ '관광단지'란 자연적 또는 문화적 관광자원을 갖추고 관광객을 위한 기본적인 편의시설을 설치하는 지역으로서 이 법에 따라 지정된 곳을 말한다.
④ '민간개발자'란 관광단지를 개발하려는 개인, 상법 또는 민법에 따라 설립된 법인을 말한다.

해설 ③ '관광지'에 대한 정의이다(관광진흥법 제2조 제6호).

04 ○△×

다음 중 관광사업의 종류에 해당하지 않는 것은?

① 여행업
② 관광숙박업
③ 관광객 이용시설업
④ 국내회의업

해설 관광사업의 종류에는 ① · ② · ③ 외에 국제회의업, 카지노업, 테마파크업, 관광 편의시설업 등이 있다(관광진흥법 제3조 제1항).

05 ○△×

다음 중 여행업의 업무로 볼 수 없는 것은?

① 여행에 관한 안내
② 계약 체결의 대리
③ 여행업을 경영하는 자를 위한 운송시설 · 숙박시설의 알선
④ 관광객을 위한 운동 · 오락시설을 갖추어 이를 이용하게 하는 것

해설 ④ 관광객 이용시설업의 업무에 해당된다(관광진흥법 제3조 제1항 제3호 가목).

정답 3 ❸ 4 ❹ 5 ❹

제3과목

06

다음 중 여행업의 종류에 해당하지 않는 것은?

① 종합여행업
② 특수여행업
③ 국내여행업
④ 국내외여행업

해설 **여행업의 종류(관광진흥법 시행령 제2조 제1항 제1호)**
- 종합여행업
- 국내외여행업
- 국내여행업

07

종합여행업의 업무 내용으로 맞는 것은?

① 국내를 여행하는 내국인을 대상으로 하는 여행업
② 국외를 여행하는 내국인을 대상으로 하는 여행업
③ 국내를 여행하는 외국인을 대상으로 하는 여행업
④ 국내외를 여행하는 내국인 및 외국인을 대상으로 하는 여행업

해설 **종합여행업(관광진흥법 시행령 제2조 제1항 제1호 가목)**
국내외를 여행하는 내국인 및 외국인을 대상으로 하는 여행업(사증을 받는 절차를 대행하는 행위를 포함)

08

호텔업의 종류에 해당하지 않는 것은?

① 관광호텔업
② 유스호스텔업
③ 한국전통호텔업
④ 가족호텔업

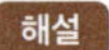
①·③·④ 외에 수상관광호텔업, 호스텔업, 소형호텔업, 의료관광호텔업 등이 있다(관광진흥법 시행령 제2조 제1항 제2호).

정답 6 ❷ 7 ❹ 8 ❷

09 ○△×

관광호텔업이 갖추어야 할 부대시설에 해당하지 않는 것은?

① 음식시설
② 운동시설
③ 휴양시설
④ 요양시설

해설 **관광호텔업(관광진흥법 시행령 제2조 제1항 제2호 가목)**
관광객의 숙박에 적합한 시설을 갖추어 관광객에게 이용하게 하고 숙박에 딸린 음식 · 운동 · 오락 · 휴양 · 공연 또는 연수에 적합한 시설 등을 함께 갖추어 관광객에게 이용하게 하는 업

10 ○△×

다음 중 관광객 이용시설업에 속하지 않는 것은?

① 전문휴양업
② 일반휴양업
③ 야영장업
④ 관광유람선업

해설 ① · ③ · ④ 외에 종합휴양업(1종, 2종), 관광공연장업, 외국인관광 도시민박업, 한옥체험업 등이 있다(관광진흥법 시행령 제2조 제1항 제3호).

11 ○△×

관광 편의시설업으로 지정할 수 있는 사업이 아닌 것은?

① 관광사진업
② 관광펜션업
③ 관광유람선업
④ 관광식당업

해설 ① · ② · ④ 외에 관광유흥음식점업, 관광극장유흥업, 외국인전용 유흥음식점업, 관광순환버스업, 여객자동차터미널시설업, 관광궤도업, 관광면세업, 관광지원서비스업 등이 있다(관광진흥법 시행령 제2조 제1항 제6호).

정답 9 ④ 10 ② 11 ③

12 ○△×

관광숙박업을 경영하고자 하는 자는 누구에게 등록하여야 하는가?

① 문화체육관광부장관
② 특별자치시장 · 특별자치도지사 · 시장 · 군수 · 구청장
③ 관광협회장
④ 시 · 도지사

해설 여행업, 관광숙박업, 관광객 이용시설업 및 국제회의업을 경영하려는 자는 특별자치시장 · 특별자치도지사 · 시장 · 군수 · 구청장(자치구의 구청장을 말한다)에게 등록하여야 한다(관광진흥법 제4조 제1항).

13 ○△×

다음 중 특별자치시장 · 특별자치도지사 · 시장 · 군수 · 구청장에게 등록하는 관광사업이 아닌 것은?

① 여행업
② 관광숙박업
③ 관광객 이용시설업
④ 카지노업

해설 여행업, 관광숙박업, 관광객 이용시설업 및 국제회의업을 경영하려는 자는 특별자치시장 · 특별자치도지사 · 시장 · 군수 · 구청장에게 등록하여야 하고, 카지노업을 경영하려는 자는 전용영업장 등 문화체육관광부령으로 정하는 시설과 기구를 갖추어 문화체육관광부장관의 허가를 받아야 한다(관광진흥법 제4조 제1항 및 제5조 제1항).

14 ○△×

종합여행업을 등록하고자 하는 자의 자본금 기준은?

① 1억원 이상
② 2억 5천만원 이상
③ 3억원 이상
④ 5천만원 이상

해설 **여행업의 등록 자본금 기준(관광진흥법 시행령 별표 1)**

- 종합여행업 : 5천만원 이상일 것
- 국내외여행업 : 3천만원 이상일 것
- 국내여행업 : 1천500만원 이상일 것

정답 12 ❷ 13 ❹ 14 ❹

15 관광호텔업의 등록기준으로 올바르지 않은 내용은?

① 대지 및 건물의 소유권 또는 사용권을 확보하고 있을 것
② 외국인에게 서비스를 제공할 수 있는 체제를 갖추고 있을 것
③ 욕실이나 샤워시설을 갖춘 객실을 30실 이상 갖추고 있을 것
④ 회원모집을 위해 사용권을 확보하고 있을 것

해설 회원을 모집하는 경우에는 소유권을 확보하여야 한다(관광진흥법 시행령 별표 1).

16 전문휴양업의 등록기준 중 공통기준이 아닌 것은?

① 숙박시설이 있을 것
② 음식점시설이 있을 것
③ 주차시설이 있을 것
④ 유흥시설이 있을 것

해설 **전문휴양업의 공통기준(관광진흥법 시행령 별표 1)**

- 숙박시설이나 음식점시설이 있을 것
- 주차시설 · 급수시설 · 공중화장실 등의 편의시설과 휴게시설이 있을 것

17 휴양 콘도미니엄업의 등록기준에 대한 설명으로 옳지 않은 것은?

① 관광객의 취사 · 체류 및 숙박에 필요한 설비를 갖추고 있을 것
② 매점이나 간이매장이 있을 것
③ 여러 개의 동으로 단지를 구성할 경우에는 매점이나 간이매장을 공동으로 설치할 수 있다.
④ 관광지 또는 관광단지 안에 소재한 휴양 콘도미니엄의 경우 문화체육공간을 1개소 이상 갖출 것

해설 **문화체육공간(관광진흥법 시행령 별표 1)**
관광지 · 관광단지 또는 종합휴양업의 시설 안에 있는 휴양 콘도미니엄의 경우에는 이를 설치하지 아니할 수 있다.

정답 15 ④ 16 ④ 17 ④

18 전문휴양업 중 해수욕장의 등록기준으로 옳지 않은 것은?

① 인명구조원을 배치하고 있을 것
② 수용인원에 적합한 화장실, 탈의장이 있을 것
③ 담수욕장을 갖추고 있을 것
④ 인명구조용 구명보트 · 감시탑 및 응급처리시 설비 등의 시설이 있을 것

해설 **관광사업의 등록기준(관광진흥법 시행령 별표 1)**
수용인원에 적합한 간이목욕시설과 탈의장이 있어야 한다.

19 자동차야영장업의 편의시설 중 갖추지 않아도 되는 시설은?

① 상 · 하수도 시설
② 전기시설
③ 취사시설
④ 수질오염 방지시설

해설 야영에 불편이 없도록 수용인원에 적합한 상 · 하수도 시설, 전기시설, 화장실 및 취사시설을 갖출 것(관광진흥법 시행령 별표 1)

20 실내관광공연장의 시설기준으로 옳지 않은 것은?

① 70m² 이상의 무대를 갖추고 있을 것
② 출연자가 연습하거나 대기 또는 분장할 수 있는 공간을 갖추고 있을 것
③ 비상시에 관람객이 공연장을 손쉽게 탈출할 수 있도록 5개 이상의 출입구를 갖추고 있을 것
④ 공연으로 인한 소음이 밖으로 전달되지 않도록 방음시설을 갖추고 있을 것

해설 출입구는 「다중이용업소의 안전관리에 관한 특별법」에 따른 다중이용업소의 영업장에 설치하는 안전시설 등의 설치기준에 적합할 것(관광진흥법 시행령 별표 1)

정답 18 ❷ 19 ❹ 20 ❸

21 ○△×

의료관광호텔업의 등록기준이 아닌 것은?

① 의료관광객이 이용할 수 있는 취사시설이 객실별로 설치되어 있거나 층별로 공동취사장이 설치되어 있을 것
② 욕실이나 샤워시설을 갖춘 객실이 30실 이상일 것
③ 객실별 면적이 19㎡ 이상일 것
④ 의료관광객의 출입이 편리한 체계를 갖추고 있을 것

해설 욕실이나 샤워시설을 갖춘 객실이 20실 이상일 것(관광진흥법 시행령 별표 1)

22 ○△×

관광진흥법령상 국제회의시설업의 등록기준 중 갖추어야 할 부대시설이 아닌 것은?

① 주차시설
② 음식시설
③ 쇼핑시설
④ 휴식시설

해설 국제회의개최 및 전시의 편의를 위하여 부대시설로 주차시설과 쇼핑 · 휴식시설을 갖추고 있을 것(관광진흥법 시행령 별표 1)

23 ○△×

관광사업의 등록사항을 변경하고자 할 때 변경등록을 하여야 한다. 다음 중 변경등록사항이 아닌 것은?

① 대표자의 변경
② 사업계획 변경승인을 받은 사항
③ 사무실 소재지의 변경 및 영업소의 신설(여행업의 경우)
④ 부대시설의 위치 · 면적 및 종류의 변경(휴양 콘도미니엄만 해당)

해설 ④ 관광숙박업만 해당한다(관광진흥법 시행령 제6조 제1항 제4호).

정답 21 ❷ 22 ❷ 23 ❹

24

카지노업의 허가를 받은 자의 변경신고사항인 것은?

① 영업종류의 변경
② 영업소 소재지의 변경
③ 상호 또는 영업소의 명칭 변경
④ 대표자의 변경

③ 변경신고사항(관광진흥법 시행규칙 제8조 제2항)
①·②·④ 변경허가사항(관광진흥법 시행규칙 제8조 제1항 제1호)

25

카지노업의 허가권자는?

① 문화체육관광부장관
② 시 장
③ 군 수
④ 구청장

해설

카지노업을 경영하려는 자는 전용영업장 등 문화체육관광부령으로 정하는 시설과 기구를 갖추어 문화체육관광부장관의 허가를 받아야 한다(관광진흥법 제5조 제1항).

26

다음 중 테마파크업의 허가를 받은 자의 변경신고사항에 해당하는 것은?

① 대표자의 변경
② 영업소의 소재지 변경
③ 안전성검사 대상 테마파크시설의 영업장 내에서의 신설·이전·폐기
④ 영업장 면적의 변경

해설

②·③·④ 변경허가사항(관광진흥법 시행규칙 제8조 제1항 제2호)

정답 24 ❸ 25 ❶ 26 ❶

27 종합테마파크업 및 일반테마파크업의 허가권자는?

○△×

① 문화체육관광부장관
② 시 · 도지사
③ 한국관광공사 이사장
④ 특별자치시장 · 특별자치도지사 · 시장 · 군수 · 구청장

해설 테마파크업을 경영하려는 자는 문화체육관광부령으로 정하는 시설과 설비를 갖추어 특별자치시장 · 특별자치도지사 · 시장 · 군수 · 구청장의 허가를 받아야 한다(관광진흥법 제5조 제2항).

28 다음 중 사업계획 승인신청서를 제출하여야 하는 관광사업이 아닌 것은?

○△×

① 관광호텔업
② 종합휴양업
③ 전문휴양업
④ 관광음식점업

해설 **사업계획 승인신청서를 제출하여야 하는 관광사업(관광진흥법 시행령 제10조 제1항)**
관광호텔업 · 수상관광호텔업 · 한국전통호텔업 · 가족호텔업 · 호스텔업 · 소형호텔업 · 의료관광호텔업과 휴양 콘도미니엄업 및 전문휴양업, 종합휴양업, 관광유람선업, 국제회의시설업에 해당하는 관광사업

29 관광 편의시설업의 지정을 받으려는 자는 관광 편의시설업 지정신청서를 다음 중 어느 기관에 제출하여야 하는가?

○△×

① 문화체육관광부
② 한국관광공사
③ 국토교통부
④ 지역별 관광협회

해설 특별자치시장 · 특별자치도지사 · 시장 · 군수 · 구청장 또는 지역별 관광협회에 제출해야 한다(관광진흥법 시행규칙 제14조 제2항).

정답 27 ④ 28 ④ 29 ④

제3과목

30 ○△✕ **관광유흥음식점업의 건물 연면적 지정기준은?(단, 특별시의 경우)**

① 330m² 이상 ② 300m² 이상
③ 220m² 이상 ④ 200m² 이상

해설 건물 연면적이 특별시의 경우에는 330m² 이상, 그 밖의 지역은 200m² 이상으로 한국적 분위기를 풍기는 아담하고 우아한 건물일 것(관광진흥법 시행규칙 별표 2)

31 ○△✕ **관광극장유흥업의 지정기준으로 옳지 않은 내용은?**

① 건물 연면적은 1,000m² 이상
② 홀면적(무대면적을 포함)은 500m² 이상
③ 영업장 내부의 노랫소리 등이 외부에 들리지 아니하도록 할 것
④ 관광객에게 민속과 가무를 감상하게 할 수 있도록 특수조명장치 및 배경을 설치한 100m² 이상의 무대가 있을 것

해설 ④ 50m² 이상의 무대가 있을 것(관광진흥법 시행규칙 별표 2)

32 ○△✕ **종합여행업의 기획여행을 실시하려는 자가 예치하여야 할 영업보증금은 얼마인가?(단, 손익계산서에 표시된 직전 사업연도의 매출액은 150억)**

① 1억원 이상 ② 2억원 이상
③ 3억원 이상 ④ 5억원 이상

해설 **보증보험 등 가입금액(영업보증금 예치금액) 기준(관광진흥법 시행규칙 별표 3)**

(단위 : 천원)

여행업의 종류(기획여행 포함) / 직전 사업연도 매출액	국내여행업	국내외여행업	종합여행업	국내외여행업의 기획여행	종합여행업의 기획여행
1억원 미만	20,000	30,000	50,000	200,000	200,000
1억원 이상 5억원 미만	30,000	40,000	65,000		
5억원 이상 10억원 미만	45,000	55,000	85,000		
10억원 이상 50억원 미만	85,000	100,000	150,000		
50억원 이상 100억원 미만	140,000	180,000	250,000	300,000	300,000
100억원 이상 1,000억원 미만	450,000	750,000	1,000,000	500,000	500,000
1,000억원 이상	750,000	1,250,000	1,510,000	700,000	700,000

정답 30 ❶ 31 ❹ 32 ❹

33

종합여행업자가 직전 사업연도 매출액이 1억원 미만일 때, 가입 또는 예치하고 유지하여야 할 보증보험 등의 가입금액은?

① 2천만원
② 3천만원
③ 5천만원
④ 6천만원

해설 직전 사업연도 매출액이 1억원 미만일 때, 가입 또는 예치하고 유지하여야 할 보증보험 등의 가입금액으로 종합여행업의 경우는 5천만원 이상, 국내외여행업의 경우는 3천만원, 국내여행업의 경우에는 2천만원이다(관광진흥법 시행규칙 별표 3).

34

다음 중 사업장에 붙일 수 있는 관광표지가 아닌 것은?

① 관광사업장 표지
② 관광사업 등록증
③ 테마파크업 지정증
④ 관광식당 표지(관광식당업만 해당)

해설 **관광사업장의 표지(관광진흥법 시행규칙 제19조)**

- 관광사업장 표지
- 관광사업 등록증 또는 관광 편의시설업 지정증
- 등급에 따라 별 모양의 개수를 달리하는 방식으로 문화체육관광부장관이 정하여 고시하는 호텔 등급 표지(호텔업의 경우에만 해당)
- 관광식당 표지(관광식당업만 해당)

35

관광사업장 표지에 대한 설명으로 옳지 않은 것은?

① 그림을 제외한 바탕색은 녹색으로 한다.
② 표지의 두께는 10mm로 한다.
③ 놋쇠를 소재로 한다.
④ 가로×세로는 40×30cm이다.

해설 표지의 두께는 5mm로 한다(관광진흥법 시행규칙 별표 4).

정답 33 ③ 34 ③ 35 ②

36

다음 중 성질이 같은 것끼리 묶인 것으로 옳지 않은 것은?

① 종합여행업, 국내외여행업, 국내여행업
② 관광호텔업, 가족호텔업, 관광펜션업
③ 관광궤도업, 관광순환버스업, 여객자동차터미널시설업
④ 관광유흥음식점업, 관광식당업, 관광유흥업

해설 **관광사업의 종류(관광진흥법 시행령 제2조)**
관광호텔업 · 가족호텔업은 호텔업, 관광펜션업은 관광객편의시설업에 속한다.

37

관광진흥법령상 변경등록사항이 아닌 것은?

① 야영장업의 부지 면적의 변경
② 휴양 콘도미니엄업의 객실 수 및 형태의 변경
③ 관광숙박업의 부대시설의 위치 변경
④ 여행업의 영업소의 신설

해설 객실 수 및 형태의 변경은 휴양 콘도미니엄업을 제외한 관광숙박업만 해당하는 변경등록사항이다(관광진흥법 시행령 제6조 제1항 제3호).

38

관광식당 표지에 대한 설명에 해당하지 않는 것은?

① 흰색 바탕에 원은 오렌지색, 글씨는 검은색으로 한다.
② 크기와 제작방법은 문화체육관광부장관이 별도로 정한다.
③ 지정권자의 표기는 한글 · 영문 또는 한문 중 하나를 선택하여 사용한다.
④ 소재는 놋쇠로 한다.

해설 관광식당 표지의 소재에 대한 규정은 없다(관광진흥법 시행규칙 별표 6).

정답 36 ❷ 37 ❷ 38 ❹

39 ◯△✕

관광진흥법령상 한국관광협회중앙회에 관한 내용으로 옳지 않은 것은?

① 한국관광협회중앙회가 수행하는 회원의 공제사업은 문화체육관광부장관에게 신고하여야 한다.

② 한국관광협회중앙회의 설립은 문화체육관광부장관의 허가를 받아야 한다.

③ 한국관광협회중앙회의 설립 후 임원이 임명될 때까지 필요한 업무는 발기인이 수행한다.

④ 한국관광협회중앙회는 법인으로 하고, 설립등기를 함으로써 성립한다.

해설

① 한국관광협회중앙회가 공제사업의 허가를 받으려면 공제규정을 첨부하여 문화체육관광부장관에게 신청하여야 한다(관광진흥법 시행령 제39조 제1항).
② 관광진흥법 제41조 제2항
③ 관광진흥법 시행령 제38조 제2항
④ 관광진흥법 제41조 제3항, 제4항

40 ◯△✕

국외여행 인솔자에 대한 설명이 아닌 것은?

① 여행자의 안전 및 편의제공을 위한 목적이 있다.

② 관광통역안내사 자격증을 취득하고 있어야 한다.

③ 여행업체에서 3년 이상 근무하고 국외여행 경험이 있는 자로 문화체육관광부장관이 정하는 소양교육을 이수해야 한다.

④ 문화체육관광부장관이 지정하는 교육기관에서 국외여행 인솔에 필요한 양성교육을 이수해야 한다.

해설

여행업체에서 6개월 이상 근무해야 한다(관광진흥법 시행규칙 제22조 제1항 제2호).

41 ◯△✕

여행업자가 기획광고를 할 때 표시할 사항이 아닌 것은?

① 최저 여행인원

② 여행일정 및 주요 여행지

③ 담당 여행안내사의 성명

④ 교통 · 숙박 및 식사 등 서비스의 내용

해설

① · ② · ④ 외에 기획여행명, 여행업의 등록번호, 상호, 소재지 및 등록관청, 여행경비, 보증보험 등의 가입 또는 영업보증금의 예치 내용, 여행일정 변경 시 여행지의 사전 동의 규정, 여행목적지(국가 및 지역)의 여행경보단계가 있다(관광진흥법 시행규칙 제21조).

정답 39 ❶ 40 ❸ 41 ❸

제3과목

42 관광숙박업을 경영하려는 자는 등록하기 전에 사업계획을 작성하여 누구의 승인을 받아야 하는가?

① 시 · 도지사
② 문화체육관광부장관
③ 특별자치시장 · 특별자치도지사 · 시장 · 군수 · 구청장
④ 지역별 관광협회

해설 관광숙박업을 경영하려는 자는 등록을 하기 전에 그 사업에 대한 사업계획을 작성하여 특별자치시장 · 특별자치도지사 · 시장 · 군수 · 구청장의 승인을 받아야 한다. 승인을 받은 사업계획 중 부지, 대지 면적, 건축 연면적의 일정 규모 이상의 변경 등 대통령령으로 정하는 사항을 변경하려는 경우에도 또한 같다(관광진흥법 제15조 제1항).

43 다음은 관광사업의 등록 등을 받거나 신고를 할 수 없고, 사업계획의 승인을 얻을 수 없는 자이다. 해당하지 않는 자는?

① 피성년후견인 · 피한정후견인
② 파산선고를 받고 복권되지 아니한 자
③ 등록 등 또는 사업계획의 승인이 취소된 후 2년이 지나지 아니한 자
④ 금고 이상의 실형을 선고받고 그 집행이 끝난 자

해설 관광진흥법을 위반하여 징역 이상의 실형을 선고받고 그 집행이 끝나거나 집행을 받지 아니하기로 확정된 후 2년이 지나지 아니한 자 또는 형의 집행유예의 기간 중에 있는 자(관광진흥법 제7조 제1항 제4호)

44 관광숙박업 등의 등록심의위원회가 심의하는 사항이 아닌 것은?

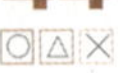

① 관광숙박업의 등록기준에 관한 사항
② 관계 법령상의 신고 또는 인 · 허가 등의 요건에 해당하는지에 관한 사항
③ 국제회의기획업의 등록기준에 관한 사항
④ 관광객 이용시설업의 등록기준에 관한 사항

해설 국제회의기획업이 아닌 국제회의업의 등록기준에 관한 사항이다(관광진흥법 제17조 제3항).

정답 42 ❸ 43 ❹ 44 ❸

45 호텔업의 등급은 몇 개로 구분하는가?

○△×

① 3개 등급
② 4개 등급
③ 5개 등급
④ 6개 등급

해설 호텔업의 등급은 5성급 · 4성급 · 3성급 · 2성급 및 1성급으로 구분한다(관광진흥법 시행령 제22조 제2항).

46 호텔업(관광호텔업, 수상관광호텔업, 한국전통호텔업, 소형호텔업 또는 의료관광호텔업)의 등급결정 신청 사유로 옳지 않은 것은?

○△×

① 호텔을 신규 등록한 경우
② 등급결정을 받은 날부터 2년이 경과한 경우
③ 시설을 증 · 개축한 경우
④ 서비스 및 운영실태 등의 변경에 따른 등급 조정사유가 발생한 경우

해설 ② 호텔업 등급결정의 유효기간(등급결정을 받은 날부터 3년)이 만료되는 경우이다(관광진흥법 시행규칙 제25조 제1항 제2호).

47 관광진흥법령상 호텔업의 등급결정 시 평가요소에 해당하지 않는 것은?

○△×

① 투숙객 현황
② 서비스 상태
③ 객실 및 부대시설의 상태
④ 안전 관리 등에 관한 법령 준수 여부

해설 **등급결정 평가요소(관광진흥법 시행규칙 제25조 제3항)**
- 서비스 상태
- 객실 및 부대시설의 상태
- 안전 관리 등에 관한 법령 준수 여부

정답 45 ❸ 46 ❷ 47 ❶

제3과목

48 ◯△✕ **다음 중 관광숙박업의 등급을 결정할 수 있는 자는?**

① 한국관광협회중앙회장
② 등록심의위원장
③ 문화체육관광부장관
④ 시 · 도지사

해설 문화체육관광부장관은 관광숙박시설 및 야영장 이용자의 편의를 돕고, 관광숙박시설 · 야영장 및 서비스의 수준을 효율적으로 유지 · 관리하기 위하여 관광숙박업자 및 야영장업자의 신청을 받아 관광숙박업 및 야영장업에 대한 등급을 정할 수 있다(관광진흥법 제19조 제1항).

49 ◯△✕ **다음 중 분양 및 회원모집을 할 수 있는 관광사업이 아닌 것은?**

① 휴양 콘도미니엄업
② 제2종 종합휴양업
③ 제1종 종합휴양업
④ 호텔업

해설 **분양 및 회원모집을 할 수 있는 관광사업(관광진흥법 시행령 제23조 제1항)**
- 휴양 콘도미니엄업 및 호텔업
- 관광객 이용시설업 중 제2종 종합휴양업

50 ◯△✕ **휴양 콘도미니엄업 시설의 분양 및 회원모집 기준에 대한 설명으로 옳지 않은 것은?**

① 대지가 저당권의 목적물로 되어 있는 경우에는 그 저당권을 말소할 것
② 해당 휴양 콘도미니엄이 건설되는 대지의 소유권을 확보할 것
③ 주거용으로 분양 또는 회원모집을 할 것
④ 분양을 하는 경우 한 개의 객실당 분양인원은 5명 이상으로 할 것

해설 **휴양 콘도미니엄업 시설의 분양 및 회원모집 기준과 호텔업 및 제2종 종합휴양업 시설의 회원모집 기준(관광진흥법 시행령 제24조 제1항)**

※ 다만, 제2종 종합휴양업 시설 중 등록 체육시설업 시설에 대한 회원모집에 관하여는 「체육시설의 설치 · 이용에 관한 법률」에서 정하는 바에 따른다.

- 다음의 구분에 따른 소유권 등을 확보할 것. 이 경우 분양(휴양 콘도미니엄업만 해당) 또는 회원모집 당시 해당 휴양 콘도미니엄업, 호텔업 및 제2종 종합휴양업의 건물이 사용승인된 경우에는 해당 건물의 소유권도 확보하여야 한다.

정답 48 ③ 49 ③ 50 ③

– 휴양 콘도미니엄업 및 호텔업(수상관광호텔은 제외)의 경우 : 해당 관광숙박시설이 건설되는 대지의 소유권
– 수상관광호텔의 경우 : 구조물 또는 선박의 소유권
– 제2종 종합휴양업의 경우 : 회원모집 대상인 해당 제2종 종합휴양업 시설이 건설되는 부지의 소유권 또는 사용권

• 위에 따른 대지 · 부지 및 건물이 저당권의 목적물로 되어 있는 경우에는 그 저당권을 말소할 것. 다만, 공유제(共有制)일 경우에는 분양받은 자의 명의로 소유권 이전 등기를 마칠 때까지, 회원제일 경우에는 저당권이 말소될 때까지 분양 또는 회원모집과 관련한 사고로 인하여 분양을 받은 자나 회원에게 피해를 주는 경우 그 손해를 배상할 것을 내용으로 저당권 설정금액에 해당하는 보증보험에 가입한 경우에는 그러하지 아니하다.
• 분양을 하는 경우 한 개의 객실당 분양인원은 5명 이상으로 하되, 가족(부부 및 직계존비속을 말한다)만을 수분양자로 하지 아니할 것. 다만, 다음 어느 하나에 해당하는 경우에는 그러하지 아니하다.
  – 소유자등이 법인인 경우
  – 「출입국관리법 시행령」 별표 1 제24호 차목에 따라 법무부장관이 정하여 고시한 투자지역에 건설되는 휴양 콘도미니엄으로서 소유자등이 외국인인 경우
• 소유자등 또는 회원의 연간 이용일수는 365일을 객실당 분양 또는 회원모집계획 인원수로 나눈 범위 이내일 것
• 주거용으로 분양 또는 회원모집을 하지 아니할 것

제3과목

51 ○△×

관광호텔업 또는 국제회의시설업의 부대시설 안에서 카지노업을 하고자 하는 경우 허가요건으로 부적절한 것은?

① 카지노업의 건전한 운영과 관광산업의 진흥을 위하여 문화체육관광부장관이 공고하는 기준에 맞을 것
② 외래관광객 유치계획 및 장기수지전망 등을 포함한 사업계획서가 적정할 것
③ 사업계획의 수행에 필요한 재정능력이 있을 것
④ 현금 및 칩의 관리 등 영업거래에 관한 외부통제방안이 수립되어 있을 것

해설 외부통제방안이 아니라 내부통제방안이 수립되어 있을 것(관광진흥법 시행령 제27조 제2항 제1호 라목)

정답 51 ④

52 ○△×
우리나라와 외국 간을 왕래하는 여객선 안에서 카지노업을 하고자 하는 경우 여객선의 기준은?

① 1만 톤급 이상
② 1만 5천 톤급 이상
③ 2만 톤급 이상
④ 3만 톤급 이상

해설 여객선이 2만 톤급 이상으로 문화체육관광부장관이 공고하는 총톤수 이상일 것(관광진흥법 시행령 제27조 제2항 제2호 가목)

53 ○△×
카지노업의 허가를 받을 수 없는 자에 해당하지 않는 자는?

① 19세 미만의 자
② 조세를 포탈하거나 외국환거래법을 위반하여 금고 이상의 형의 선고를 받고 형이 확정된 자
③ 금고 이상의 실형의 선고를 받고 그 집행이 끝나거나 집행을 받지 아니하기로 확정된 후 2년이 지나지 아니한 자
④ 금고 이상의 형의 집행유예를 선고받고 그 유예기간이 끝난 자

해설 금고 이상의 형의 집행유예를 선고받고 그 유예기간 중에 있는 자(관광진흥법 제22조 제1항 제5호)

54 ○△×
카지노업의 허가를 받으려는 자가 갖추어야 할 시설 및 기구의 기준이 아닌 것은?

① 330m² 이상의 전용 영업장
② 1개 이상의 외국환 환전소
③ 카지노업의 영업종류 중 두 종류 이상의 영업을 할 수 있는 게임기구 및 시설
④ 문화체육관광부장관이 정하여 고시하는 기준에 적합한 카지노전산시설

해설 ③ 두 종류가 아니라 네 종류 이상이다(관광진흥법 시행규칙 제29조 제1항 제3호).

정답 52 ❸ 53 ❹ 54 ❸

55

외래관광객이 얼마 이상 증가한 경우 카지노업을 신규허가할 수 있는가?

① 10만명
② 20만명
③ 60만명
④ 100만명

해설 문화체육관광부장관은 최근 신규허가를 한 날 이후에 전국 단위의 외래관광객이 60만명 이상 증가한 경우에만 신규허가를 할 수 있다(관광진흥법 시행령 제27조 제3항).

56

카지노전산시설에 포함되어야 할 사항이 아닌 것은?

① 시스템의 인증에 관한 사항
② 하드웨어의 성능 및 설치방법에 관한 사항
③ 네트워크의 구성에 관한 사항
④ 시스템의 가동 및 장애방지에 관한 사항

해설 ②·③·④ 외에 시스템의 보안관리에 관한 사항, 환전관리 및 현금과 칩의 출납관리를 위한 소프트웨어에 관한 사항이 있다(관광진흥법 시행규칙 제29조 제2항).

제3과목

57

다음 중 카지노사업자의 준수사항으로 잘못된 것은?

① 법령에 위반되는 카지노기구를 설치하거나 사용하는 행위
② 법령을 위반하여 카지노기구 또는 시설을 변조하거나 변조된 카지노기구 또는 시설을 사용하는 행위
③ 허가받은 전용영업장 외에서 영업을 하는 행위
④ 내국인(해외이주자를 포함)을 입장하게 하는 행위

해설 「해외이주법」 제2조에 따른 해외이주자는 제외한다(관광진흥법 제28조 제1항 제4호).

정답 55 ❸ 56 ❶ 57 ❹

58 ○△×

카지노업의 영업준칙으로 옳지 않은 내용은?

① 카지노사업자는 카지노업의 건전한 발전과 원활한 영업활동, 효율적인 내부 통제를 위하여 이사회 · 카지노총지배인 · 영업부서 · 안전관리부서 · 환전 · 전산전문요원 등 필요한 조직과 인력을 갖추어 1일 6시간 이상 영업하여야 한다.
② 카지노사업자는 전산시설 · 출납창구 · 환전소 · 카운트룸 · 폐쇄회로 · 고객편의시설 · 통제구역 등 영업시설을 갖추어 영업하고, 관리기록을 유지하여야 한다.
③ 카지노영업장에는 게임기구와 칩스 · 카드 등의 기구를 갖추어 게임 진행의 원활을 기하고, 게임테이블에는 드롭박스를 부착하여야 하며, 베팅금액 한도표를 설치하여야 한다.
④ 카지노사업자는 고객출입관리, 환전, 재환전, 드롭박스의 보관 · 관리와 계산요원의 복장 및 근무요령을 마련하여 영업의 투명성을 제고하여야 한다.

해설 ① 1일 8시간 이상 영업하여야 한다(관광진흥법 시행규칙 별표 9).

59 ○△×

카지노사업자는 천재지변이나 그 밖에 이에 준하는 사유로 납부금을 그 기한까지 납부할 수 없는 경우에는 그 사유가 없어진 날부터 며칠 이내에 내야 하는가?

① 4일 이내
② 5일 이내
③ 6일 이내
④ 7일 이내

해설 카지노사업자는 천재지변이나 그 밖에 이에 준하는 사유로 납부금을 그 기한까지 납부할 수 없는 경우에는 그 사유가 없어진 날부터 7일 이내에 내야 한다(관광진흥법 시행령 제30조 제5항).

정답 58 ❶ 59 ❹

60 ○△×

연간 총매출액이 10억원 이하인 카지노업인 경우 관광진흥개발기금으로 납부해야 할 징수 비율은?

① 100분의 1
② 100분의 5
③ 100분의 10
④ 1000분의 20

해설 **납부금의 징수비율(관광진흥법 시행령 제30조 제2항)**

- 연간 총매출액이 10억원 이하인 경우 : 총매출액의 100분의 1
- 연간 총매출액이 10억원 초과 100억원 이하인 경우 : 1천만원 + 총매출액 중 10억원을 초과하는 금액의 100분의 5
- 연간 총매출액이 100억원을 초과하는 경우 : 4억 6천만원 + 총매출액 중 100억원을 초과하는 금액의 100분의 10

61 ○△×

종합테마파크업은 안전성검사 대상 테마파크시설 몇 종류 이상을 설치 · 운영하는 업인가?

① 4종류
② 6종류
③ 7종류
④ 8종류

해설 종합테마파크업은 테마파크시설을 갖추어 관광객에게 이용하게 하는 업으로서 대규모의 대지 또는 실내에서 안전성검사 대상 테마파크시설 여섯 종류 이상을 설치하여 운영하는 업이다(관광진흥법 시행령 제2조 제1항 제5호 가목).

62 ○△×

안전성검사 대상 유기시설 및 기구의 구분 중 세부유형에 해당하지 않는 것은?

① 궤도주행형
② 구분고정형
③ 공회전고정형
④ 수로주행형

해설 구분고정형은 세부유형 항목에 포함되지 않는다(관광진흥법 시행규칙 별표 11).

정답 60 ❶ 61 ❷ 62 ❷

63 테마파크시설의 안전성검사는 연 몇 회 이상 실시해야 하는가?

○△×

① 1회 이상 ② 2회 이상
③ 3회 이상 ④ 4회 이상

해설 테마파크업의 허가 또는 변경허가를 받으려는 자(조건부 영업허가를 받은 자로서 조건이행내역 신고서를 제출한 후 영업을 시작하려는 경우를 포함)는 안전성검사 대상 테마파크시설에 대하여 허가 또는 변경허가 전에 안전성검사를 받아야 하며, 허가 또는 변경허가를 받은 다음 연도부터는 연 1회 이상 정기 안전성검사를 받아야 한다. 다만, 최초로 안전성검사를 받은 지 10년이 지난 별표 11 제1호 나목 2)의 테마파크시설에 대하여는 반기별로 1회 이상 안전성검사를 받아야 한다(관광진흥법 시행규칙 제40조 제2항).

64 테마파크업자의 준수사항(공통)으로 옳지 않은 내용은?

○△×

① 사업자는 이용자를 태우는 테마파크시설의 경우 정원을 초과하여 이용자를 태우지 아니하도록 하고, 운행 개시 전에 안전상태를 확인하여야 한다.
② 사업자는 이용자가 보기 쉬운 곳에 이용요금표, 준수사항 및 이용 시 주의사항을 게시하여야 한다.
③ 사업자는 허가 또는 신고된 영업소의 명칭(상호)을 표시하여야 한다.
④ 사업자는 조명이 80Lux 이상이 되도록 유지하여야 한다.

해설 사업자는 조명이 60Lux 이상이 되도록 유지하여야 한다. 다만, 조명효과를 이용하는 유기시설은 제외한다(관광진흥법 시행규칙 별표 13).

65 문화체육관광부장관이 관광산업의 국제협력 및 해외시장 진출을 촉진하기 위해 지원할 수 있는 사업은?

○△×

① 국내자본의 해외투자 ② 해외진출에 관한 정보제공
③ 국내전시회의 개최 및 참가 지원 ④ 수입 관련 협력체계의 구축

해설 **국제협력 및 해외진출 지원(관광진흥법 제47조의6)**

- 국제전시회의 개최 및 참가 지원
- 외국자본의 투자유치
- 해외마케팅 및 홍보활동
- 해외진출에 관한 정보제공
- 수출 관련 협력체계의 구축

정답 63 ❶ 64 ❹ 65 ❷

66 ○△×

관할 등록기관 등의 장이 관계 공무원으로 하여금 허가 또는 신고 없이 영업을 한 관광영업소를 폐쇄하기 위한 조치에 해당하지 않는 사항은?

① 해당 영업소의 간판이나 그 밖의 영업표지물의 제거 또는 삭제
② 해당 영업소가 적법한 영업소가 아니라는 것을 알리는 게시물 등의 부착
③ 해당 영업소가 작성한 장부의 압수 · 수색
④ 영업을 위하여 꼭 필요한 시설물 또는 기구 등을 사용할 수 없게 하는 봉인

해설 해당 영업소가 작성한 장부의 압수 · 수색은 법조항에 없는 사항이다(관광진흥법 제36조 제1항).

67 ○△×

등록기관 등의 장이 가중 또는 경감할 수 있는 과징금의 금액은 얼마인가?

① 과징금 금액의 2분의 1의 범위
② 과징금 금액의 3분의 1의 범위
③ 과징금 금액의 4분의 1의 범위
④ 과징금 금액의 3분의 2의 범위

해설 등록기관 등의 장은 사업자의 사업규모, 사업지역의 특수성과 위반행위의 정도 및 위반횟수 등을 고려하여 과징금 금액의 2분의 1 범위에서 가중하거나 감경할 수 있다(관광진흥법 시행령 제34조 제2항).

68 ○△×

다음 중 관광종사원의 자격시험별 항목이 아닌 것은?

① 국내여행안내사
② 국외여행안내사
③ 관광통역안내사
④ 호텔경영사

해설 ① · ③ · ④ 외에 호텔관리사, 호텔서비스사가 있다(관광진흥법 시행규칙 별표 14).

정답 66 ❸ 67 ❶ 68 ❷

제3과목

69 ○△×

관광종사원의 자격시험 중 면접시험의 평가사항이 아닌 것은?

① 전문지식과 응용능력
② 국가관 · 사명감 등 정신자세
③ 예의 · 품행 및 성실성
④ 응시 목적

해설 ① · ② · ③ 외에 의사발표의 정확성과 논리성을 평가한다(관광진흥법 시행규칙 제45조 제1항).

70 ○△×

관광종사원의 자격을 취소하거나 6개월 이내의 기간을 정하여 자격의 정지를 명할 수 있는 경우가 아닌 것은?

① 거짓이나 그 밖의 부정한 방법으로 자격을 취득한 경우
② 관광종사원으로서 직무를 수행하는 데에 부정 또는 비위 사실이 있는 경우
③ 관광객으로부터 팁을 받은 경우
④ 관광사업자의 결격사유에 해당하는 경우

해설 ① · ② · ④ 외에 다른 사람에게 관광종사원 자격증을 대여한 경우가 있다(관광진흥법 제40조).

71 ○△×

거짓이나 그 밖의 부정한 방법으로 관광종사원 자격을 취득한 자에 대한 행정처분은?

① 자격정지 1개월
② 자격정지 3개월
③ 자격정지 5개월
④ 자격취소

해설 거짓이나 그 밖의 부정한 방법으로 관광종사원 자격을 취득한 자에 대한 행정처분은 자격취소이다(관광진흥법 시행규칙 별표 17).

정답 69 ❹ 70 ❸ 71 ❹

72 ○△×

외국인 관광객의 국내여행을 위한 안내업무에 종사할 수 있는 자는?

① 관광통역안내사 자격증을 취득한 자
② 국내여행안내사 자격증을 취득한 자
③ 호텔경영사 자격증을 취득한 자
④ 호텔관리사 자격증을 취득한 자

해설 외국인 관광객의 국내여행을 위한 안내업무는 관광통역안내사 자격증을 취득한 자가 종사하게 하여야 한다(관광진흥법 시행령 별표 4).

73 ○△×

다음 중 3성급 이하의 관광호텔업 · 수상관광호텔업 등의 총괄관리 및 경영업무를 수행할 수 있는 자는?

① 국내여행안내사 또는 호텔경영사
② 관광통역안내사 또는 호텔관리사
③ 국내여행안내사 또는 호텔경영사
④ 호텔경영사 또는 호텔관리사

해설 3성급 이하의 관광호텔업 · 수상관광호텔업 등의 총괄관리 및 경영업무는 호텔경영사 또는 호텔관리사 자격을 취득한 자가 종사하도록 권고할 수 있다(관광진흥법 시행령 별표 4).

74 ○△×

한국관광협회중앙회(협회)에 대한 설명으로 잘못된 것은?

① 협회는 법인으로 한다.
② 협회는 설립등기를 함으로써 성립한다.
③ 협회를 설립하려는 자는 문화체육관광부장관의 승인을 받아야 한다.
④ 지역별 관광협회 및 업종별 관광협회는 협회를 설립할 수 있다.

해설 ③ 승인이 아니라 허가를 받아야 한다(관광진흥법 제41조 제2항).

정답 72 ❶ 73 ❹ 74 ❸

75 다음은 한국관광협회중앙회의 공제사업 운영에 대한 설명이 아닌 것은?

○△×

① 협회가 공제사업의 허가를 받으려면 공제규정을 첨부하여 문화체육관광부장관에게 신청하여야 한다.
② 공제규정에는 사업의 실시방법, 공제계약, 공제분담금 및 책임준비금의 산출방법에 관한 사항이 포함되어야 한다.
③ 공제규정을 변경하려면 문화체육관광부장관의 승인을 받아야 한다.
④ 공제사업에 관한 회계는 다른 사업의 회계와 일괄처리하여야 한다.

해설 공제사업에 관한 회계는 협회의 다른 사업에 관한 회계와 구분하여 경리하여야 한다(관광진흥법 시행령 제39조 제5항).

76 한국관광협회중앙회의 업무사항이 아닌 것은?

○△×

① 관광사업의 발전을 위한 업무
② 회원의 공제사업
③ 관광안내소의 운영
④ 관광자원의 개발

해설 ①·②·③ 외에 관광통계, 관광종사원의 교육과 사후관리, 관광사업 진흥에 필요한 조사·연구 및 홍보, 국가나 지방자치단체로부터 위탁받은 업무, 규정에 의한 업무에 따르는 수익사업이 있다(관광진흥법 제43조 제1항).

77 다음 중 지역별·업종별 관광협회의 설립 허가권자가 옳게 연결된 것은?

○△×

	〈지역별〉	〈업종별〉
①	문화체육관광부장관	문화체육관광부장관
②	문화체육관광부장관	시·도지사
③	시·도지사	문화체육관광부장관
④	문화체육관광부장관	시장·군수

해설 지역별 관광협회는 시·도지사의 설립허가를, 업종별 관광협회는 문화체육관광부장관의 설립허가를 받아야 한다(관광진흥법 제45조 제2항).

정답 75 ❹ 76 ❹ 77 ❸

78 ○△×

업종별 관광협회를 설립할 수 있는 범위는?

① 특별시 단위
② 광역시 단위
③ 도 단위
④ 전국 단위

해설 업종별 관광협회는 업종별로 업무의 특수성을 고려하여 전국을 단위로 설립할 수 있다(관광진흥법 시행령 제41조 제2호).

79 ○△×

관광홍보를 위해 문화체육관광부장관 또는 시 · 도지사가 권고 · 지도하는 업무로 볼 수 없는 것은?

① 해외관광시장에 대한 정기적인 조사
② 해외관광시장의 개발
③ 관광 홍보물의 제작
④ 관광안내소의 운영

해설 문화체육관광부장관 또는 시 · 도지사는 관광홍보를 원활히 추진하기 위하여 필요하면 문화체육관광부령으로 정하는 바에 따라 관광사업자 등에게 해외관광시장에 대한 정기적인 조사, 관광 홍보물의 제작, 관광안내소의 운영 등에 필요한 사항을 권고하거나 지도할 수 있다(관광진흥법 제48조 제2항).

80 ○△×

관광개발기본계획에 포함되는 사항이 아닌 것은?

① 전국의 관광 여건과 관광 동향에 관한 사항
② 전국의 관광 수요와 공급에 관한 사항
③ 관광권역의 설정에 관한 사항
④ 관광자원의 개발자금에 관한 사항

해설 ① · ② · ③ 외에 관광자원 보호 · 개발 · 이용 · 관리 등에 관한 기본적인 사항, 관광권역별 관광개발의 기본방향에 관한 사항, 그 밖에 관광개발에 관한 사항 등이 있다(관광진흥법 제49조 제1항).

정답 78 ④ 79 ② 80 ④

81

○△×

권역별 관광개발계획에 포함되는 사항이 아닌 것은?

① 관광자원의 보호 · 개발 · 이용 · 관리 등에 관한 사항
② 관광지 및 관광단지의 조성 · 정비 · 보완 등에 관한 사항
③ 관광사업의 추진에 관한 사항
④ 관광권역별 관광개발의 기본방향에 관한 사항

해설 ④ 관광개발기본계획에 포함되는 사항이다(관광진흥법 제49조 제1항 및 제2항).

82

○△×

관광개발기본계획은 얼마마다 수립해야 하는가?

① 1년
② 3년
③ 5년
④ 10년

해설 관광개발기본계획은 10년마다, 권역별 관광개발계획은 5년마다 수립한다(관광진흥법 시행령 제42조).

83

○△×

둘 이상의 시 · 도에 걸치는 지역이 하나의 권역계획에 포함되는 경우에 관계되는 시 · 도지사의 협의가 성립되지 않은 경우 권역계획의 수립권자는?

① 문화체육관광부장관
② 대통령
③ 한국관광협회중앙회의 장
④ 문화체육관광부장관이 지정하는 시 · 도지사

해설 권역계획은 그 지역을 관할하는 시 · 도지사가 수립하여야 한다. 다만, 둘 이상의 시 · 도에 걸치는 지역이 하나의 권역계획에 포함되는 경우에는 관계되는 시 · 도지사와의 협의에 따라 수립하되, 협의가 성립되지 아니한 경우에는 문화체육관광부장관이 지정하는 시 · 도지사가 수립하여야 한다(관광진흥법 제51조 제1항).

정답 81 ④ 82 ④ 83 ④

84 ○△×

다음 중 문화체육관광부장관의 승인을 받아야 하는 경미한 권역계획의 변경사항과 관련이 없는 것은?

① 관광자원의 보호 · 이용 및 관리 등에 관한 사항
② 관광지 또는 관광단지 면적(권역계획상의 면적)의 확대
③ 관광지 등 면적의 100분의 30 이내의 확대
④ 지형여건 등에 따른 관광지 등의 구역조정(그 면적의 100분의 30 이내 조정)이나 명칭 변경

해설 관광지 또는 관광단지의 면적의 축소(관광진흥법 시행령 제43조 제2호 나목)

85 ○△×

관광지 및 관광단지의 지정권자는?

① 시 · 도지사
② 국토교통부장관
③ 환경부장관
④ 문화체육관광부장관

해설 관광지 및 관광단지는 문화체육관광부령으로 정하는 바에 따라 시장 · 군수 · 구청장의 신청에 의하여 시 · 도지사가 지정한다. 다만, 특별자치시 및 특별자치도의 경우에는 특별자치시장 및 특별자치도지사가 지정한다(관광진흥법 제52조 제1항).

86 ○△×

관광지 등의 조성계획을 작성할 수 있는 자는?

① 문화체육관광부장관
② 시장 · 군수 · 구청장
③ 국토교통부장관
④ 한국관광공사

해설 관광지 등을 관할하는 시장 · 군수 · 구청장은 조성계획을 작성하여 시 · 도지사의 승인을 받아야 한다(관광진흥법 제54조 제1항).

정답 84 ❷ 85 ❶ 86 ❷

87 관광지 등을 관할하는 시장 · 군수 · 구청장이 시 · 도지사의 승인을 받지 않아도 되는 경미한 조성계획의 기준으로 옳은 것은?

○△×

① 관광시설계획면적의 100분의 5 이내의 변경
② 관광시설계획면적의 100분의 10 이내의 변경
③ 관광시설계획면적의 100분의 20 이내의 변경
④ 관광시설계획면적의 100분의 30 이내의 변경

해설 **경미한 조성계획의 변경(관광진흥법 시행령 제47조)**

- 관광시설계획면적의 100분의 20 이내의 변경
- 관광시설계획 중 시설지구별 토지이용계획면적(조성계획의 변경승인을 받은 경우에는 그 변경승인을 받은 토지이용계획면적을 말한다)의 100분의 30 이내의 변경(시설지구별 토지이용계획면적이 2,200m² 미만인 경우에는 660m² 이내의 변경)
- 관광시설계획 중 시설지구별 건축 연면적(조성계획의 변경승인을 받은 경우에는 그 변경승인을 받은 건축 연면적을 말한다)의 100분의 30 이내의 변경(시설지구별 건축 연면적이 2,200m² 미만인 경우에는 660m² 이내의 변경)

88 조성계획을 작성하여 시 · 도지사의 승인을 받을 수 있는 문화체육관광부령으로 정하는 공공법인은?

○△×

① 문화체육관광부장관
② 한국관광공사
③ 시 · 도지사
④ 한국관광협회중앙회

해설 **문화체육관광부령으로 정하는 공공법인(관광진흥법 시행규칙 제61조 제1항)**

- 한국관광공사 또는 한국관광공사가 관광단지개발을 위하여 출자한 법인
- 한국토지주택공사
- 지방공사 및 지방공단
- 제주국제자유도시개발센터

정답 87 ❸ 88 ❷

89 입장료 · 관람료 또는 이용료의 징수 대상의 범위와 금액은 어떻게 정하는가?

○△×

① 문화체육관광부장관의 지정
② 특별자치시장 · 특별자치도지사 · 시장 · 군수 · 구청장의 지정
③ 한국관광협회장의 지정
④ 관광지 등이 소재하는 지방자치단체의 조례

해설 관광지 등에서 조성사업을 하거나 건축, 그 밖의 시설을 한 자는 관광지 등에 입장하는 자로부터 입장료를 징수할 수 있고, 관광시설을 관람하거나 이용하는 자로부터 관람료나 이용료를 징수할 수 있다. 입장료 · 관람료 또는 이용료의 징수 대상의 범위와 그 금액은 관광지 등이 소재하는 지방자치단체의 조례로 정한다(관광진흥법 제67조).

90 관광지 등의 관리 · 운영에 필요한 조치를 취해야 하는 자는?

○△×

① 지방자치단체
② 문화체육관광부장관
③ 한국관광협회장
④ 사업시행자

해설 사업시행자는 관광지 등의 관리 · 운영에 필요한 조치를 하여야 한다(관광진흥법 제69조 제1항).

91 관광특구의 지정권자는?

○△×

① 시 · 도지사
② 문화체육관광부장관
③ 한국관광협회중앙회
④ 한국관광공사

해설 관광특구는 시장 · 군수 · 구청장의 신청(특별자치시 및 특별자치도의 경우는 제외)에 따라 시 · 도지사가 지정한다(관광진흥법 제70조 제1항).

정답 89 ❹ 90 ❹ 91 ❶

92

O △ X

관광특구진흥계획의 타당성 검토는 몇 년마다 하는가?

① 1년 ② 2년

③ 3년 ④ 5년

해설 특별자치시장 · 특별자치도지사 · 시장 · 군수 · 구청장은 수립된 진흥계획에 대하여 5년마다 그 타당성을 검토하고 진흥계획의 변경 등 필요한 조치를 하여야 한다(관광진흥법 시행령 제59조 제3항).

93

O △ X

관광특구의 지정요건에 적합하지 않은 것은?

① 관광안내시설, 공공편익시설 및 숙박시설 등이 갖추어져 외국인 관광객의 관광 수요를 충족시킬 수 있는 지역일 것

② 해당 지역의 최근 1년간 외국인 관광객이 10만명 이상일 것(단, 서울특별시 이외의 지역임)

③ 관광 활동과 직접적인 관련성이 없는 토지가 관광특구 전체 면적의 10%를 초과하지 아니할 것

④ 주변의 환경이 수려하고 환경영향평가에 적합한 지역일 것

해설 **관광특구의 지정요건(관광진흥법 제70조 제1항)**

- 외국인 관광객 수가 대통령령으로 정하는 기준[해당 지역의 최근 1년간 외국인 관광객 수가 10만명(서울특별시는 50만명)] 이상일 것
- 문화체육관광부령으로 정하는 바에 따라 관광안내시설, 공공편익시설 및 숙박시설 등이 갖추어져 외국인 관광객의 관광 수요를 충족시킬 수 있는 지역일 것
- 관광 활동과 직접적인 관련성이 없는 토지의 비율이 대통령령으로 정하는 기준(10%)을 초과하지 아니할 것
- 위의 요건을 갖춘 지역이 서로 분리되어 있지 아니할 것

94

O △ X

관광특구진흥계획에 포함되어야 하는 사항으로 옳지 않은 것은?

① 퇴폐행위 · 호객행위 근절 대책

② 관광불편신고센터의 운영계획

③ 지역주민의 의견청취

④ 외국인 관광객을 위한 관광상품 개발 · 육성계획

해설 ① · ② · ④ 외에 범죄예방 계획 및 바가지 요금 근절대책, 관광특구 안의 접객시설 등 관련시설 종사원에 대한 교육계획 등이 있다(관광진흥법 시행규칙 제65조).

정답 92 ④ 93 ④ 94 ③

95 문화체육관광부장관이 관광사업을 위해 보조금을 지급할 수 있는 기관과 관련이 없는 것은?

○△×

① 관광사업자
② 관광사업자 단체
③ 지방자치단체
④ 한국관광공사

해설 문화체육관광부장관은 관광에 관한 사업을 하는 지방자치단체, 관광사업자 단체 또는 관광사업자에게 대통령령으로 정하는 바에 따라 보조금을 지급할 수 있다(관광진흥법 제76조 제1항).

96 문화체육관광부장관은 권한의 일부를 누구에게 위임할 수 있는가?

○△×

① 시 · 도지사
② 시장 · 군수 · 구청장
③ 한국관광공사
④ 한국관광협회중앙회

해설 문화체육관광부장관의 권한은 대통령령으로 정하는 바에 따라 그 일부를 시 · 도지사에게 위임할 수 있다(관광진흥법 제80조 제1항).

97 문화체육관광부장관이 한국관광공사, 협회, 지역별 · 업종별 관광협회나 대통령령이 정하는 전문 연구 · 검사기관, 자격검정기관이나 교육기관에 위탁할 수 있는 사항이 아닌 것은?

○△×

① 관광 편의시설업의 지정
② 카지노기구의 검사
③ 국외여행 인솔자의 등록 및 자격증 발급
④ 기획여행의 신고

해설 ① · ② · ③ 외에 관광 편의시설업의 지정 취소, 관광숙박업의 등급결정, 안전성검사 또는 안전성검사 대상에 해당되지 아니함을 확인하는 검사, 안전관리자의 안전교육, 관광종사원의 자격시험 및 등록, 관광산업 진흥 사업의 수행, 스마트관광산업의 육성에 따른 사업의 수행, 문화관광해설사 양성을 위한 교육과정의 개설 · 운영, 한국관광 품질인증 및 그 취소, 관광특구에 대한 평가 등이 있다(관광진흥법 제80조 제3항).

정답 95 ❹ 96 ❶ 97 ❹

제3과목

98 ○△×

문화체육관광부장관이 협회에 위탁하는 사항으로 맞는 것은?

① 관광통역안내사 및 호텔관리사의 등록 및 자격증 발급
② 국내여행안내사의 자격시험
③ 관광식당업의 지정 · 지정취소
④ 국외여행 인솔자의 등록 및 자격증 발급

해설 ① 한국관광공사에 위탁(관광진흥법 시행령 제65조 제1항 제4호)
③ 지역별 관광협회에 위탁(관광진흥법 시행령 제65조 제1항 제1호)
④ 업종별 관광협회에 위탁(관광진흥법 시행령 제65조 제1항 제1의2호)

99 ○△×

카지노업을 경영하고자 하는 자가 허가를 받지 아니하고 영업을 하였을 때 벌칙은?

① 7년 이하의 징역 또는 7천만원 이하의 벌금
② 3년 이하의 징역 또는 3천만원 이하의 벌금
③ 3년 이하의 징역 또는 1천만원 이하의 벌금
④ 2년 이하의 징역 또는 1천만원 이하의 벌금

해설 카지노업의 허가를 받지 아니하고 카지노업을 경영한 자는 7년 이하의 징역 또는 7천만원 이하의 벌금에 처한다(관광진흥법 제81조 제1호).

100 ○△×

등록을 하지 않고 여행업 · 관광숙박업 · 국제회의업 · 관광객 이용시설업을 경영하는 자에 대한 벌칙은?

① 5년 이하의 징역 또는 5천만원 이하의 벌금
② 3년 이하의 징역 또는 3천만원 이하의 벌금
③ 2년 이하의 징역 또는 1천만원 이하의 벌금
④ 1년 이하의 징역 또는 3백만원 이하의 벌금

해설 등록을 하지 아니하고 여행업 · 관광숙박업 · 국제회의업 및 관광객 이용시설업을 경영하는 자는 3년 이하의 징역 또는 3천만원 이하의 벌금에 처한다(관광진흥법 제82조 제1호).

정답 98 ❷ 99 ❶ 100 ❷

제3장 관광진흥개발기금법

01 목적(제1조) 15 기출

이 법은 관광사업을 효율적으로 발전시키고 관광을 통한 외화 수입의 증대에 이바지하기 위하여 관광진흥개발기금을 설치하는 것을 목적으로 한다.

02 관광진흥개발기금

(1) 기금의 설치 및 재원(제2조) 25 기출

① 정부는 이 법의 목적을 달성하는 데에 필요한 자금을 확보하기 위하여 관광진흥개발기금(이하 "기금"이라 한다)을 설치한다.

② 기금은 다음의 재원으로 조성한다. 15 16 22 기출

㉠ 정부로부터 받은 출연금

㉡「관광진흥법」 제30조에 따른 납부금

㉢ 출국납부금

㉣「관세법」 제176조의2 제4항에 따른 보세판매장 특허수수료의 100분의 50

㉤ 기금의 운용에 따라 생기는 수익금과 그 밖의 재원

③ 국내 공항과 항만을 통하여 출국하는 자로서 대통령령으로 정하는 자는 1만원의 범위 안에서 대통령령으로 정하는 금액을 기금에 납부하여야 한다.

④ 납부금을 부과받은 자가 부과된 납부금에 대하여 이의가 있는 경우에는 부과받은 날부터 60일 이내에 문화체육관광부장관에게 이의를 신청할 수 있다. 17 기출

⑤ 문화체육관광부장관은 이의신청을 받았을 때에는 그 신청을 받은 날부터 15일 이내에 이를 검토하여 그 결과를 신청인에게 서면으로 알려야 한다. 23 기출

⑥ 납부금의 부과 · 징수절차 등 15 16 17 20 22 24 기출

㉠ 납부금의 납부대상 및 금액(시행령 제1조의2) : ③에서 "대통령령으로 정하는 자"란 다음의 어느 하나에 해당하는 자를 제외한 자를 말한다.

- 외교관여권이 있는 자
- 12세 미만인 어린이
- 국외로 입양되는 어린이와 그 호송인

제3과목

- 대한민국에 주둔하는 외국의 군인 및 군무원
- 입국이 허용되지 아니하거나 거부되어 출국하는 자
- 「출입국관리법」에 따른 강제퇴거 대상자 중 국비로 강제 출국되는 외국인
- 공항통과 여객으로서 다음의 어느 하나에 해당되어 보세구역을 벗어난 후 출국하는 여객
  - 항공기 탑승이 불가능하여 어쩔 수 없이 당일이나 그 다음 날 출국하는 경우
  - 공항이 폐쇄되거나 기상이 악화되어 항공기의 출발이 지연되는 경우
  - 항공기의 고장 · 납치, 긴급환자 발생 등 부득이한 사유로 항공기가 불시착한 경우
  - 관광을 목적으로 보세구역을 벗어난 후 24시간 이내에 다시 보세구역으로 들어오는 경우
- 국제선 항공기 및 국제선 선박을 운항하는 승무원과 승무교대를 위하여 출국하는 승무원

ⓛ 납부금의 금액은 7천원으로 한다. 다만, 선박을 이용하는 경우에는 1천원으로 한다.

⑦ 이의신청에 관한 사항

④ · ⑤에서 규정한 사항 외에 이의신청에 관한 사항은 「행정기본법」 제36조(제2항 단서는 제외)에 따른다.

㉠ 행정청의 처분(「행정심판법」 제3조에 따라 같은 법에 따른 행정심판의 대상이 되는 처분)에 이의가 있는 당사자는 처분을 받은 날부터 30일 이내에 해당 행정청에 이의신청을 할 수 있다.

ⓛ ㉠에 따라 이의신청을 한 경우에도 그 이의신청과 관계없이 「행정심판법」에 따른 행정심판 또는 「행정소송법」에 따른 행정소송을 제기할 수 있다.

ⓒ 이의신청에 대한 결과를 통지받은 후 행정심판 또는 행정소송을 제기하려는 자는 그 결과를 통지받은 날(제2항에 따른 통지기간 내에 결과를 통지받지 못한 경우에는 같은 항에 따른 통지기간이 만료되는 날의 다음 날)부터 90일 이내에 행정심판 또는 행정소송을 제기할 수 있다.

ⓔ 다른 법률에서 이의신청과 이에 준하는 절차에 대하여 정하고 있는 경우에도 그 법률에서 규정하지 아니한 사항에 관하여는 이 조에서 정하는 바에 따른다.

ⓜ ㉠부터 ⓜ까지에서 규정한 사항 외에 이의신청의 방법 및 절차 등에 관한 사항은 대통령령으로 정한다.

ⓗ 다음의 어느 하나에 해당하는 사항에 관하여는 이 조를 적용하지 아니한다.

1. 공무원 인사 관계 법령에 따른 징계 등 처분에 관한 사항
2. 「국가인권위원회법」 제30조에 따른 진정에 대한 국가인권위원회의 결정
3. 「노동위원회법」 제2조의2에 따라 노동위원회의 의결을 거쳐 행하는 사항
4. 형사, 행형 및 보안처분 관계 법령에 따라 행하는 사항
5. 외국인의 출입국 · 난민인정 · 귀화 · 국적회복에 관한 사항
6. 과태료 부과 및 징수에 관한 사항

⑧ 납부금 부과 · 징수업무의 위탁(제12조)

㉠ 문화체육관광부장관은 납부금의 부과 · 징수의 업무를 대통령령으로 정하는 바에 따라 관계 중앙행정기관의 장과 협의하여 지정하는 자에게 위탁할 수 있다.

ⓛ 문화체육관광부장관은 납부금의 부과 · 징수업무를 지방해양수산청장, 「항만공사법」에 따른 항만공사, 「항공사업법」에 따른 공항운영자에게 각각 위탁한다(시행령 제22조). 23 기출

㉢ 문화체육관광부장관은 납부금의 부과 · 징수의 업무를 위탁한 경우에는 기금에서 납부금의 부과 · 징수의 업무를 위탁받은 자에게 그 업무에 필요한 경비를 보조할 수 있다.

(2) 기금의 관리(제3조) 18 기출

① 기금은 문화체육관광부장관이 관리한다.

② 문화체육관광부장관은 기금의 집행 · 평가 · 결산 및 여유자금 관리 등을 효율적으로 수행하기 위하여 10명 이내의 민간 전문가를 고용한다. 이 경우 필요한 경비는 기금에서 사용할 수 있다. 민간 전문가는 계약직으로 하며, 그 계약기간은 2년을 원칙으로 하되, 1년 단위로 연장할 수 있다(시행령 제1조의4 제1항).

③ **여유자금의 운용(시행령 제3조의2)** : 문화체육관광부장관은 기금의 여유자금을 다음의 방법으로 운용할 수 있다.

㉠ 「은행법」과 그 밖의 법률에 따른 금융기관, 「우체국예금 · 보험에 관한 법률」에 따른 체신관서에 예치

㉡ 국 · 공채 등 유가증권의 매입

㉢ 그 밖의 금융상품의 매입

(3) 기금의 회계 21 기출

① **기금의 회계연도(제4조)** : 기금의 회계연도는 정부의 회계연도에 따른다.

② 문화체육관광부장관은 회계연도마다 기금의 결산보고서를 작성하여 다음 연도 2월 말일까지 기획재정부장관에게 제출하여야 한다(시행령 제21조).

③ **기금의 회계기관(제9조)**

㉠ 문화체육관광부장관은 기금의 수입과 지출에 관한 사무를 하게 하기 위하여 소속 공무원 중에서 기금수입징수관, 기금재무관, 기금지출관 및 기금출납 공무원을 임명한다.

㉡ 문화체육관광부장관은 기금수입징수관, 기금재무관, 기금지출관, 기금출납 공무원을 임명한 경우에는 감사원장, 기획재정부장관 및 한국은행총재에게 알려야 한다(시행령 제11조).

④ **기금계정의 설치(제10조)**

㉠ 문화체육관광부장관은 기금지출관으로 하여금 한국은행에 관광진흥개발기금의 계정(計定)을 설치하도록 하여야 한다.

㉡ 문화체육관광부장관은 한국은행에 관광진흥개발기금계정(이하 "기금계정"이라 한다)을 설치할 경우에는 수입계정과 지출계정으로 구분하여야 한다(시행령 제12조).

(4) 기금의 용도(제5조) 15 17 21 24 기출

① **대여** : 기금은 다음의 어느 하나에 해당하는 용도로 대여(貸與)할 수 있다.

㉠ 호텔을 비롯한 각종 관광시설의 건설 또는 개수

㉡ 관광을 위한 교통수단의 확보 또는 개수

㉢ 관광사업의 발전을 위한 기반시설의 건설 또는 개수

㉣ 관광지 · 관광단지 및 관광특구에서의 관광 편의시설의 건설 또는 개수

제3과목

② **경비 보조** : 문화체육관광부장관은 기금에서 관광정책에 관하여 조사 · 연구하는 법인의 기본재산 형성 및 조사 · 연구사업, 그 밖의 운영에 필요한 경비를 출연 또는 보조할 수 있다.

③ **대여 또는 보조사업** 15 기출

㉠ 국외 여행자의 건전한 관광을 위한 교육 및 관광정보의 제공사업

㉡ 국내외 관광안내체계의 개선 및 관광홍보사업

㉢ 관광사업 종사자 및 관계자에 대한 교육훈련사업

㉣ 국민관광 진흥사업 및 외래관광객 유치 지원사업

㉤ 관광상품 개발 및 지원사업

㉥ 관광지 · 관광단지 및 관광특구에서의 공공 편익시설 설치사업

㉦ 국제회의의 유치 및 개최사업

㉧ 장애인 등 관광취약계층을 위한 교통 · 편익시설 설치 등 「관광진흥법」에 따른 무장애 관광 환경 조성사업

㉨ 전통관광자원 개발 및 지원사업

㉩ 감염병 확산 등으로 관광사업자(「관광진흥법」 제2조 제2호에 따른 관광사업자를 말한다)에게 발생한 경영상 중대한 위기 극복을 위한 지원사업

㉪ 그 밖에 관광사업의 발전을 위하여 필요한 것으로서 대통령령으로 정하는 사업

개념충전 **대통령령으로 정하는 사업(시행령 제2조)**

- 「관광진흥법」 제4조에 따라 여행업을 등록한 자나 같은 법 제5조에 따라 카지노업을 허가받은 자(종합여행업을 등록한 자나 카지노업을 허가받은 자가 설립한 관광협회를 포함)의 해외지사 설치
- 관광사업체 운영의 활성화
- 관광진흥에 기여하는 문화예술사업
- 지방자치단체나 관광단지개발자 등의 관광지 및 관광단지 조성사업
- 관광지 · 관광단지 및 관광특구의 문화 · 체육시설, 숙박시설, 상가시설로서 관광객 유치를 위하여 특히 필요하다고 문화체육관광부장관이 인정하는 시설의 조성
- 관광 관련 국제기구의 설치

④ **기금대여업무의 취급**

㉠ 문화체육관광부장관은 한국산업은행이 기금의 대여업무를 할 수 있도록 한국산업은행에 기금을 대여할 수 있다(시행령 제3조).

㉡ 기금의 대여업무를 취급하는 한국산업은행은 문화체육관광부령으로 정하는 바에 따라 기금의 대여 상황을 문화체육관광부장관에게 보고하여야 한다(시행령 제18조).

⑤ **출자(出資)** : 기금은 민간자본의 유치를 위하여 필요한 경우 다음의 어느 하나의 사업이나 투자조합에 출자할 수 있다. 16 기출

㉠ 「관광진흥법」에 따른 관광지 및 관광단지의 조성사업

㉡ 「국제회의산업 육성에 관한 법률」에 따른 국제회의시설의 건립 및 확충 사업

㉢ 관광사업에 투자하는 것을 목적으로 하는 투자조합

㉣ 그 밖에 관광사업의 발전을 위하여 필요한 것으로서 집합투자기구 또는 사모집합투자기구나 부동산투자회사에 의하여 투자되는 관광지 및 관광단지의 조성사업 또는 국제회의시설의 건립 및 확충 사업과 관광사업

⑥ 목적 외의 사용 금지 등(제11조) 16 20 21 25 기출

㉠ 문화체육관광부장관은 기금의 대여를 신청한 자 또는 기금의 대여를 받은 자가 다음의 어느 하나에 해당하면 그 대여 신청을 거부하거나, 그 대여를 취소하고 지출된 기금의 전부 또는 일부를 회수한다.

- 거짓이나 그 밖의 부정한 방법으로 대여를 신청한 경우 또는 대여를 받은 경우
- 잘못 지급된 경우
- 등록 · 허가 · 지정 또는 사업계획 승인 등의 취소 또는 실효 등으로 기금의 대여자격을 상실하게 된 경우
- 대여조건을 이행하지 아니한 경우
- 기금을 대여받은 후 등록 또는 변경등록이나 사업계획 변경승인을 받지 못하여 기금을 대여받을 때에 지정된 목적 사업을 계속하여 수행하는 것이 현저히 곤란하거나 불가능한 경우

㉡ 다음의 어느 하나에 해당하는 자는 해당 기금을 대여받거나 보조받은 날부터 5년 이내에 기금을 대여받거나 보조받을 수 없다.

- 기금을 목적 외의 용도에 사용한 자
- 거짓이나 그 밖의 부정한 방법으로 기금을 대여받거나 보조받은 자

㉢ 문화체육관광부장관은 취소된 기금의 대여금 또는 보조금을 회수하려는 경우에는 그 기금을 대여받거나 보조받은 자에게 해당 대여금 또는 보조금을 반환하도록 통지하여야 한다(시행령 제18조의2 제2항).

㉣ 대여금 또는 보조금의 반환 통지를 받은 자는 그 통지를 받은 날부터 2개월 이내에 해당 대여금 또는 보조금을 반환하여야 하며, 그 기한까지 반환하지 아니하는 경우에는 그 다음 날부터 제10조에 따른 연체이자율을 적용한 연체이자를 내야 한다(시행령 제18조의2 제3항).

03 기금운용위원회

(1) 기금운용위원회의 설치(제6조) 20 기출

① 기금의 운용에 관한 종합적인 사항을 심의하기 위하여 문화체육관광부장관 소속으로 기금운용위원회(이하 “위원회”라 한다)를 둔다.

② 위원회의 조직과 운영에 필요한 사항은 대통령령으로 정한다.

(2) 기금운용위원회의 구성(시행령 제4조) 16 18 25 기출

① 기금운용위원회(이하 “위원회”라 한다)는 위원장 1명을 포함한 10명 이내의 위원으로 구성한다.

② 위원장은 문화체육관광부 제1차관이 되고, 위원은 다음의 사람 중에서 문화체육관광부장관이 임명하거나 위촉한다. 23 기출

㉠ 기획재정부 및 문화체육관광부의 고위공무원단에 속하는 공무원
㉡ 관광 관련 단체 또는 연구기관의 임원
㉢ 공인회계사의 자격이 있는 사람
㉣ 그 밖에 기금의 관리 · 운용에 관한 전문 지식과 경험이 풍부하다고 인정되는 사람

(3) 위원의 해임 및 해촉(시행령 제4조의2)

문화체육관광부장관은 제4조 제2항에 따른 위원이 다음의 어느 하나에 해당하는 경우에는 해당 위원을 해임하거나 해촉(解囑)할 수 있다.

① 심신장애로 인하여 직무를 수행할 수 없게 된 경우
② 직무와 관련된 비위사실이 있는 경우
③ 직무태만, 품위손상이나 그 밖의 사유로 인하여 위원으로 적합하지 아니하다고 인정되는 경우
④ 위원 스스로 직무를 수행하는 것이 곤란하다고 의사를 밝히는 경우

(4) 위원장의 직무(시행령 제5조)

① 위원장은 위원회를 대표하고, 위원회의 사무를 총괄한다.
② 위원장이 부득이한 사유로 직무를 수행할 수 없을 때에는 위원장이 지정한 위원이 그 직무를 대행한다.

(5) 회의(시행령 제6조) 19 기출

① 위원회의 회의는 위원장이 소집한다.
② 회의는 재적위원 과반수의 출석으로 개의하고, 출석위원 과반수의 찬성으로 의결한다.

(6) 간사(시행령 제7조)

① 위원회에는 문화체육관광부 소속 공무원 중에서 문화체육관광부장관이 지정하는 간사 1명을 둔다.
② 간사는 위원장의 명을 받아 위원회의 서무를 처리한다.

(7) 기금운용계획안의 수립 등(제7조)

① 문화체육관광부장관은 매년 「국가재정법」에 따라 기금운용계획안을 수립하여야 한다. 기금운용계획을 변경하는 경우에도 또한 같다.
② 기금운용계획안을 수립하거나 기금운용계획을 변경하려면 위원회의 심의를 거쳐야 한다.

개념충전 **관광진흥개발기금법**

- 제정 : 1972년 12월 29일 법률 제2402호로 제정
- 구성 : 13조 및 부칙

제3장 핵심 실전 문제

※ 문제의 이해도에 따라 ○△✕ 체크하여 완벽하게 정리하세요.

01 ○△✕

관광진흥개발기금법이 제정된 연도는?

① 1972년 12월 29일
② 1973년 7월 2일
③ 1963년 7월 5일
④ 1962년 4월 24일

해설 관광진흥개발기금법은 1972년 12월 29일 법률 제2402호로 제정되었다.

02 ○△✕

다음 중 관광진흥개발기금법의 목적과 관련이 없는 것은?

① 관광외화 수입의 증대
② 관광사업의 효율적인 발전
③ 관광진흥 및 개발
④ 관광진흥개발기금의 설치

해설 이 법은 관광사업을 효율적으로 발전시키고 관광을 통한 외화 수입의 증대에 이바지하기 위하여 관광진흥개발기금을 설치하는 것을 목적으로 한다(관광진흥개발기금법 제1조).

03 ○△✕

관광진흥개발기금의 재원이 아닌 것은?

① 정부로부터 받은 출연금
② 관광사업자의 출연금
③ 기금의 운용에 따라 생기는 수익금
④ 출국납부금

해설 ①·③·④ 외에 카지노사업자의 납부금, 보세판매장 특허수수료의 100분의 50, 그 밖의 재원 등이 있다(관광진흥개발기금법 제2조 제2항).

정답 1 ❶ 2 ❸ 3 ❷

제3과목

04 ○△×

국외에 여행하는 내국인으로서 납부금을 내야 할 대상은?

① 외교관여권의 소지자
② 12세 미만의 어린이
③ 국외로 입양되는 어린이 및 그 호송인
④ 대한민국에 방문하는 외국의 군인 및 군무원

해설 대한민국에 주둔하는 외국의 군인 및 군무원은 납부금의 부과제외 대상이다(관광진흥개발기금법 시행령 제1조의2).

05 ○△×

국내 공항을 통하여 출국하는 자로서 대통령령으로 정하는 자가 납부해야 할 납부금액은?

① 7천원
② 1만 5천원
③ 2만원
④ 3만원

해설 납부금은 7천원으로 한다. 다만, 선박을 이용하는 경우에는 1천원으로 한다(관광진흥개발기금법 시행령 제1조의2 제2항).

06 ○△×

관광진흥개발기금의 관리자는?

① 관광협회
② 한국관광공사
③ 기금운용위원회
④ 문화체육관광부장관

해설 기금은 문화체육관광부장관이 관리한다(관광진흥개발기금법 제3조 제1항).

정답 4 ❹ 5 ❶ 6 ❹

07 다음 중 관광진흥개발기금의 용도가 아닌 것은?

○△×

① 호텔을 비롯한 각종 관광시설의 건설 또는 개수
② 관광을 위한 교통수단의 확보 또는 개수
③ 관광사업체의 시설개선비
④ 관광사업의 발전을 위한 기반시설의 건설 또는 개수

해설 **관광진흥개발기금의 용도(관광진흥개발기금법 제5조 제1항)**

- 호텔을 비롯한 각종 관광시설의 건설 또는 개수
- 관광을 위한 교통수단의 확보 또는 개수
- 관광사업의 발전을 위한 기반시설의 건설 또는 개수
- 관광지 · 관광단지 및 관광특구에서의 관광 편의시설의 건설 또는 개수

08 관광진흥개발기금이 대여 또는 보조할 수 있는 사업에 해당하지 않는 것은?

○△×

① 국외 여행자의 건전한 관광을 위한 교육 및 관광정보의 제공사업
② 국내외 관광안내체계의 개선 및 관광홍보사업
③ 국민관광 진흥사업
④ 국내 여행자의 교육훈련

해설 **관광진흥개발기금이 대여 또는 보조할 수 있는 사업(관광진흥개발기금법 제5조 제3항)**

- 국외 여행자의 건전한 관광을 위한 교육 및 관광정보의 제공사업
- 국내외 관광안내체계의 개선 및 관광홍보사업
- 관광사업 종사자 및 관계자에 대한 교육훈련사업
- 국민관광 진흥사업 및 외래관광객 유치 지원사업
- 관광상품 개발 및 지원사업
- 관광지 · 관광단지 및 관광특구에서의 공공 편익시설 설치사업
- 국제회의의 유치 및 개최사업
- 장애인 등 관광취약계층을 위한 교통 · 편의시설 설치 등 「관광진흥법」에 따른 무장애 관광 환경 조성사업
- 전통관광자원 개발 및 지원사업
- 감염병 확산 등으로 관광사업자(「관광진흥법」 제2조 제2호에 따른 관광사업자를 말한다)에게 발생한 경영상 중대한 위기 극복을 위한 지원사업
- 그 밖에 관광사업의 발전을 위하여 필요한 것으로서 대통령령으로 정하는 사업

정답 7 ③ 8 ④

제3과목

09 ○△×

관광진흥개발기금이 관광사업의 발전을 위하여 대여 또는 보조할 수 있는 사업이 아닌 것은?

① 여행업자 및 카지노사업자의 해외지사 설치
② 여행업체의 시설개선사업
③ 관광진흥을 위한 문화예술사업
④ 관광사업체 운영의 활성화

해설 **대통령령으로 정하는 대여 또는 보조사업(관광진흥개발기금법 시행령 제2조)**

- 「관광진흥법」에 따라 여행업을 등록한 자나 카지노업을 허가받은 자(「관광진흥법」에 따른 종합여행업을 등록한 자나 카지노업을 허가받은 자가 설립한 관광협회를 포함)의 해외지사 설치
- 관광사업체 운영의 활성화
- 관광진흥에 기여하는 문화예술사업
- 지방자치단체나 관광단지개발자 등의 관광지 및 관광단지 조성사업
- 관광지 · 관광단지 및 관광특구의 문화 · 체육시설, 숙박시설, 상가시설로서 관광객 유치를 위하여 특히 필요하다고 문화체육관광부장관이 인정하는 시설의 조성
- 관광 관련 국제기구의 설치

10 ○△×

기금운용위원회에 대한 설명으로 바르지 않은 것은?

① 문화체육관광부장관 소속하에 둔다.
② 위원장 1명을 포함한 10명 이내의 위원으로 구성한다.
③ 위원장은 문화체육관광부장관이 된다.
④ 위원은 문화체육관광부장관이 임명 또는 위촉한다.

해설 위원장은 문화체육관광부 제1차관이 된다(관광진흥개발기금법 시행령 제4조 제2항).

11 ○△×

관광진흥개발기금의 대여업무를 취급하는 은행은?

① 한국은행　② 한국산업은행
③ 중소기업은행　④ 국민은행

해설 문화체육관광부장관은 한국산업은행이 기금의 대여업무를 할 수 있도록 한국산업은행에 기금을 대여할 수 있다(관광진흥개발기금법 시행령 제3조).

정답 9 ❷ 10 ❸ 11 ❷

12 ○△×

다음은 관광진흥개발기금법령상 기금관리에 대한 내용이다. 괄호 안에 들어갈 내용으로 옳은 것은?

> 문화체육관광부장관은 기금의 집행 · 평가 · 결산 및 여유자금 관리 등을 효율적으로 수행하기 위하여 민간 전문가를 고용한다. 민간전문가는 계약직으로 하며, 그 계약기간은 (ㄱ)을 원칙으로 하되, (ㄴ) 단위로 연장할 수 있다.

① ㄱ – 6개월, ㄴ – 6개월
② ㄱ – 1년, ㄴ – 6개월
③ ㄱ – 1년, ㄴ – 1년
④ ㄱ – 2년, ㄴ – 1년

해설 문화체육관광부장관은 기금의 집행 · 평가 · 결산 및 여유자금 관리 등을 효율적으로 수행하기 위하여 10명 이내의 민간 전문가를 고용한다. 이 경우 필요한 경비는 기금에서 사용할 수 있다. 민간전문가는 계약직으로 하며, 그 계약기간은 2년을 원칙으로 하되, 1년 단위로 연장할 수 있다(관광진흥개발기금법 제3조 제2항, 시행령 1조의4 제1항).

13 ○△×

문화체육관광부장관이 임명 또는 위촉하는 기금운용위원회의 위원이 될 수 있는 자는?

① 공인회계사
② 한국관광협회중앙회의 임원
③ 한국관광공사의 임원
④ 한국산업은행의 임원

해설 **기금운용위원회의 구성(관광진흥법 시행령 제4조 제2항)**

기금운용위원회의 위원장은 문화체육관광부 제1차관이 되고, 위원은 다음의 사람 중에서 문화체육관광부장관이 임명하거나 위촉한다.

- 기획재정부 및 문화체육관광부의 고위공무원단에 속하는 공무원
- 관광 관련 단체 또는 연구기관의 임원
- 공인회계사의 자격이 있는 사람
- 그 밖에 기금의 관리 · 운용에 관한 전문 지식과 경험이 풍부하다고 인정되는 사람

14 ○△×

기금운용위원회에 대한 설명으로 옳지 않은 것은?

① 위원장은 위원회를 대표하고, 위원회의 사무를 총괄한다.
② 위원장이 사고가 있을 때에는 위원장이 지정한 위원이 그 직무를 대행한다.
③ 위원회 회의는 문화체육관광부장관이 소집한다.
④ 회의는 재적위원 과반수의 출석으로 개의하고, 출석위원 과반수의 찬성으로 의결한다.

해설 위원회의 회의는 위원장이 소집한다(관광진흥개발기금법 시행령 제6조 제1항).

정답 12 ❹ 13 ❶ 14 ❸

제3과목

15 ○△×

기금운용계획안을 수립하거나 기금운용계획을 변경하고자 할 때의 심의기관은?

① 기획재정부
② 한국은행
③ 한국산업은행
④ 기금운용위원회

해설 기금운용계획안을 수립하거나 기금운용계획을 변경하려면 기금운용위원회의 심의를 거쳐야 한다(관광진흥개발기금법 제7조 제2항).

16 ○△×

문화체육관광부장관이 기금수입징수관, 기금재무관, 기금지출관 및 기금출납 공무원을 임명한 경우에 통지해야 할 대상이 아닌 사람은?

① 감사원장
② 기획재정부장관
③ 한국산업은행 은행장
④ 한국은행총재

해설 문화체육관광부장관은 기금수입징수관, 기금재무관, 기금지출관, 기금출납 공무원을 임명한 경우에는 감사원장, 기획재정부장관 및 한국은행총재에게 알려야 한다(관광진흥개발기금법 시행령 제11조).

17 ○△×

기금의 대여업무를 취급하는 한국산업은행은 그 기금의 대여 상황을 누구에게 보고하여야 하는가?

① 문화체육관광부장관
② 기금운용위원회위원장
③ 한국산업은행 총재
④ 기획재정부장관

해설 기금의 대여업무를 취급하는 한국산업은행은 문화체육관광부령으로 정하는 바에 따라 기금의 대여 상황을 문화체육관광부장관에게 보고하여야 한다(관광진흥개발기금법 시행령 제18조).

정답 15 ④ 16 ③ 17 ①

18 관광진흥개발기금 계정이 설치되는 금융기관은?

○△×

① 한국은행
② 한국산업은행
③ 중소기업은행
④ 국민은행

해설 문화체육관광부장관은 기금지출관으로 하여금 한국은행에 관광진흥개발기금의 계정을 설치하도록 하여야 한다(관광진흥개발기금법 제10조).

19 회계연도마다 기금의 결산보고서는 언제까지 제출하여야 하는가?

○△×

① 다음 연도 1월 1일까지
② 다음 연도 12월 31일까지
③ 다음 연도 2월 말일까지
④ 다음 연도 1월 20일까지

해설 문화체육관광부장관은 회계연도마다 기금의 결산보고서를 작성하여 다음 연도 2월 말일까지 기획재정부장관에게 제출하여야 한다(관광진흥개발기금법 시행령 제21조).

20 납부금의 부과 · 징수업무를 위탁받을 수 있는 기관은?

○△×

① 항만공사
② 한국관광공사
③ 한국은행
④ 한국산업은행

해설 문화체육관광부장관은 납부금의 부과 · 징수업무를 지방해양수산청장, 「항만공사법」에 따른 항만공사 및 「항공사업법」에 따른 공항운영자에게 각각 위탁한다(관광진흥개발기금법 시행령 제22조).

정답 18 ❶ 19 ❸ 20 ❶

제4장 국제회의산업 육성에 관한 법률

01 목적(제1조)

이 법은 국제회의의 유치를 촉진하고 그 원활한 개최를 지원하여 국제회의산업을 육성 · 진흥함으로써 관광산업의 발전과 국민경제의 향상 등에 이바지함을 목적으로 한다.

02 용어의 정의(제2조)

(1) 국제회의

① 상당수의 외국인이 참가하는 회의(세미나 · 토론회 · 전시회 · 기업회의 등을 포함)로서 대통령령으로 정하는 종류와 규모에 해당하는 것을 말한다.

② 국제회의의 종류 · 규모(시행령 제2조) 15 16 17 21 22 25 기출

㉠ 국제기구, 기관 또는 법인 · 단체가 개최하는 회의로서 다음의 요건을 모두 갖춘 회의

- 해당 회의에 3개국 이상의 외국인이 참가할 것
- 회의 참가자가 100명 이상이고 그 중 외국인이 50명 이상일 것
- 2일 이상 진행되는 회의일 것

㉡ 국제기구, 기관, 법인 또는 단체가 개최하는 회의로서 다음의 요건을 모두 갖춘 회의

- 「감염병의 예방 및 관리에 관한 법률」 제2조 제2호에 따른 제1급 감염병 확산으로 외국인이 회의장에 직접 참석하기 곤란한 회의로서 개최일이 문화체육관광부장관이 정하여 고시하는 기간 내일 것
- 회의 참가자 수, 외국인 참가자 수 및 회의일수가 문화체육관광부장관이 정하여 고시하는 기준에 해당할 것

(2) 국제회의산업

국제회의의 유치와 개최에 필요한 국제회의시설, 서비스 등과 관련된 산업을 말한다.

(3) 국제회의시설 20 기출

① 국제회의의 개최에 필요한 회의시설, 전시시설 및 이와 관련된 지원시설 · 부대시설 등으로서 대통령령으로 정하는 종류와 규모에 해당하는 것을 말한다.

② 국제회의시설의 종류 · 규모(시행령 제3조 제1항) : 국제회의시설은 전문회의시설 · 준회의시설 · 전시시설 · 지원시설 및 부대시설로 구분한다. 24 기출

③ 전문회의시설의 요건(시행령 제3조 제2항) 14 15 19 23 25 기출

㉠ 2,000명 이상의 인원을 수용할 수 있는 대회의실이 있을 것

㉡ 30명 이상의 인원을 수용할 수 있는 중 · 소회의실이 10실 이상 있을 것

㉢ 옥내와 옥외의 전시면적을 합쳐서 2,000제곱미터 이상 확보하고 있을 것

④ 준회의시설의 요건(시행령 제3조 제3항) : 준회의시설은 국제회의의 개최에 필요한 회의실로 활용할 수 있는 호텔연회장 · 공연장 · 체육관 등의 시설로서 다음의 요건을 모두 갖추어야 한다. 16 기출

㉠ 200명 이상의 인원을 수용할 수 있는 대회의실이 있을 것

㉡ 30명 이상의 인원을 수용할 수 있는 중 · 소회의실이 3실 이상 있을 것

⑤ 전시시설의 요건(시행령 제3조 제4항)

㉠ 옥내와 옥외 전시면적을 합쳐서 2,000제곱미터 이상 확보하고 있을 것

㉡ 30명 이상의 인원을 수용할 수 있는 중 · 소회의실이 5실 이상 있을 것

⑥ 지원시설의 요건(시행령 제3조 제5항)

㉠ 다음에 따른 설비를 모두 갖출 것

- 컴퓨터, 카메라 및 마이크 등 원격영상회의에 필요한 설비
- 칸막이 또는 방음시설 등 이용자의 정보 노출방지에 필요한 설비

㉡ 위에 따른 설비의 설치 및 이용에 사용되는 면적을 합한 면적이 80제곱미터 이상일 것

⑦ 부대시설(시행령 제3조 제6항) : 부대시설은 국제회의의 개최와 전시의 편의를 위하여 전문회의시설 및 전시시설의 시설에 부속된 숙박시설 · 주차시설 · 음식점시설 · 휴식시설 · 판매시설 등으로 한다. 17 기출

제3과목

(4) 국제회의도시

국제회의산업의 육성 · 진흥을 위하여 문화체육관광부장관에 의해 지정된 특별시 · 광역시 또는 시를 말한다.

(5) 국제회의 전담조직

국제회의산업의 진흥을 위하여 각종 사업을 수행하는 조직을 말한다.

(6) 국제회의산업 육성기반 21 기출

국제회의시설, 국제회의 전문인력, 전자국제회의체제, 국제회의 정보 등 국제회의의 유치 · 개최를 지원하고 촉진하는 시설, 인력, 체제, 정보 등을 말한다.

(7) 국제회의복합지구

국제회의시설 및 국제회의집적시설이 집적되어 있는 지역으로서 지정된 지역을 말한다.

(8) 국제회의집적시설

① 국제회의복합지구 안에서 국제회의시설의 집적화 및 운영 활성화에 기여하는 숙박시설, 판매시설, 공연장 등 대통령령으로 정하는 종류와 규모에 해당하는 시설로서 지정된 시설을 말한다.

② 국제회의집적시설의 종류와 규모(시행령 제4조) 16 22 기출

㉠ 「관광진흥법」에 따른 관광숙박업의 시설로서 100실(4성급 또는 5성급으로 등급결정을 받은 호텔업의 경우에는 30실) 이상의 객실을 보유한 시설

㉡ 「유통산업발전법」에 따른 대규모점포

㉢ 「공연법」에 따른 공연장으로서 300석 이상의 객석을 보유한 공연장

㉣ 그 밖에 국제회의산업의 진흥 및 발전을 위하여 국제회의집적시설로 지정될 필요가 있는 시설로서 문화체육관광부장관이 정하여 고시하는 시설

03 국제회의산업육성기본계획

(1) 국가의 책무(제3조)

① 국가는 국제회의산업의 육성 · 진흥을 위하여 필요한 계획의 수립 등 행정상 · 재정상의 지원조치를 강구하여야 한다.

② 지원조치에는 국제회의 참가자가 이용할 숙박시설, 교통시설 및 관광 편의시설 등의 설치 · 확충 또는 개선을 위하여 필요한 사항이 포함되어야 한다.

(2) 국제회의 전담조직의 지정 및 설치(제5조)

① 문화체육관광부장관은 국제회의산업의 육성을 위하여 필요하면 국제회의 전담조직(이하 "전담조직"이라 한다)을 지정할 수 있다.

② 국제회의시설을 보유 · 관할하는 지방자치단체의 장은 국제회의 관련 업무를 효율적으로 추진하기 위하여 필요하다고 인정하면 전담조직을 설치 · 운영할 수 있으며, 그에 필요한 비용의 전부 또는 일부를 지원할 수 있다.

③ 문화체육관광부장관은 국제회의 전담조직을 지정할 때에는 각 업무를 수행할 수 있는 전문인력 및 조직 등을 적절하게 갖추었는지를 고려하여야 한다(시행령 제10조).

개념충전 **국제회의 전담조직의 업무(시행령 제9조)** 15 16 25 기출

- 국제회의의 유치 및 개최 지원
- 국제회의산업의 국외 홍보
- 국제회의 관련 정보의 수집 및 배포
- 국제회의 전문인력의 교육 및 수급
- 법 제5조 제2항에 따라 지방자치단체의 장이 설치한 전담조직에 대한 지원 및 상호협력
- 그 밖에 국제회의산업의 육성과 관련된 업무

(3) 국제회의산업육성기본계획의 수립 등(제6조) 15 18 19 20 23 기출

① 문화체육관광부장관은 국제회의산업의 육성 · 진흥을 위하여 다음의 사항이 포함되는 국제회의산업육성기본계획(이하 "기본계획"이라 한다)을 5년마다 수립 · 시행하여야 한다.

㉠ 국제회의의 유치와 촉진에 관한 사항

㉡ 국제회의의 원활한 개최에 관한 사항

㉢ 국제회의에 필요한 인력의 양성에 관한 사항

㉣ 국제회의시설의 설치와 확충에 관한 사항

㉤ 국제회의시설의 감염병 등에 대한 안전 · 위생 · 방역 관리에 관한 사항

㉥ 국제회의산업 진흥을 위한 제도 및 법령 개선에 관한 사항

㉦ 그 밖에 국제회의산업의 육성 · 진흥에 관한 중요사항

② 문화체육관광부장관은 기본계획에 따라 연도별 국제회의산업육성시행계획(이하 "시행계획"이라 한다)을 수립 · 시행하여야 한다.

③ 문화체육관광부장관은 기본계획 및 시행계획의 효율적인 달성을 위하여 관계 중앙행정기관의 장, 지방자치단체의 장 및 국제회의산업 육성과 관련된 기관의 장에게 필요한 자료 또는 정보의 제공, 의견의 제출 등을 요청할 수 있다. 이 경우 요청을 받은 자는 정당한 사유가 없으면 이에 따라야 한다.

④ 문화체육관광부장관은 기본계획의 추진실적을 평가하고, 그 결과를 기본계획의 수립에 반영하여야 한다.

⑤ 기본계획 · 시행계획의 수립 및 추진실적 평가의 방법 · 내용 등에 필요한 사항은 대통령령으로 정한다.

⑥ 문화체육관광부장관은 국제회의산업육성기본계획과 국제회의산업육성시행계획을 수립하거나 변경하는 경우에는 국제회의산업과 관련이 있는 기관 또는 단체 등의 의견을 들어야 한다(시행령 제11조 제1항).

⑦ 문화체육관광부장관은 국제회의산업육성기본계획의 추진실적을 평가하는 경우에는 연도별 국제회의산업육성시행계획의 추진실적을 종합하여 평가하여야 한다(시행령 제11조 제2항).

⑧ 문화체육관광부장관은 국제회의산업육성기본계획의 추진실적 평가에 필요한 조사 · 분석 등을 전문기관에 의뢰할 수 있다(시행령 제11조 제3항).

04 국제회의

(1) 국제회의의 유치 · 개최 지원(제7조)

① 문화체육관광부장관은 국제회의의 유치를 촉진하고 그 원활한 개최를 위하여 필요하다고 인정하면 국제회의를 유치하거나 개최하는 자에게 지원을 할 수 있다.

② ①에 따른 지원을 받으려는 자는 문화체육관광부령으로 정하는 바에 따라 문화체육관광부장관에게 그 지원을 신청하여야 한다.

③ **국제회의의 유치 · 개최에 관한 지원신청** : 지원을 받으려는 자는 국제회의 지원신청서에 다음의 서류를 첨부하여 국제회의 전담조직의 장에게 제출하여야 한다(시행규칙 제2조).

제3과목

㉠ 국제회의의 유치 · 개최 계획서(국제회의의 명칭, 목적, 기간, 장소, 참가자 수, 필요한 비용 등이 포함되어야 한다) 1부

㉡ 국제회의의 유치 · 개최 실적에 관한 서류(국제회의를 유치 · 개최한 실적이 있는 경우만 해당) 1부

㉢ 지원을 받으려는 세부 내용을 적은 서류 1부

④ 지원을 받은 국제회의의 유치 · 개최자는 해당 사업이 완료된 후 1개월 이내(영 제2조 제3호에 따른 국제회의를 유치하거나 개최하여 지원금을 받은 경우에는 문화체육관광부장관이 정하여 고시하는 기한)에 국제회의 전담조직의 장에게 사업 결과 보고서를 제출해야 한다(시행규칙 제3조).

(2) 국제회의산업 육성기반의 조성(제8조)

① 문화체육관광부장관은 국제회의산업 육성기반을 조성하기 위하여 관계 중앙행정기관의 장과 협의하여 다음의 사업을 추진하여야 한다.

㉠ 국제회의시설의 건립

㉡ 국제회의 전문인력의 양성

㉢ 국제회의산업 육성기반의 조성을 위한 국제협력

㉣ 인터넷 등 정보통신망을 통하여 수행하는 전자국제회의 기반의 구축

㉤ 국제회의산업에 관한 정보와 통계의 수집 · 분석 및 유통

㉥ 국제회의 기업 육성 및 서비스 연구개발

㉦ 그 밖에 국제회의산업 육성기반의 조성을 위하여 필요하다고 인정되는 사업으로서 대통령령으로 정하는 사업

- 국제회의 전담조직의 육성
- 국제회의산업에 관한 국외 홍보사업

② 문화체육관광부장관은 다음의 기관 · 법인 또는 단체(이하 "사업시행기관"이라 한다) 등으로 하여금 국제회의산업육성기반의 조성을 위한 사업을 실시하게 할 수 있다.

㉠ 전담조직

㉡ 국제회의도시

㉢ 「한국관광공사법」에 의해 설립된 한국관광공사

㉣ 「고등교육법」에 의한 대학 · 산업대학 및 전문대학

㉤ 국제회의산업의 육성과 관련된 업무를 수행하는 법인 · 단체로서 문화체육관광부장관이 지정하는 법인 · 단체

(3) 국제회의시설의 건립 및 운영 촉진 등(제9조)

문화체육관광부장관은 국제회의시설의 건립 및 운영 촉진 등을 위하여 사업시행기관이 추진하는 다음의 사업을 지원할 수 있다.

① 국제회의시설의 건립

② 국제회의시설의 운영

③ 그 밖에 국제회의시설의 건립 및 운영 촉진을 위하여 필요하다고 인정하는 사업으로서 국제회의시설의 국외 홍보활동

(4) 국제회의 전문인력의 교육 · 훈련 등(제10조)

문화체육관광부장관은 국제회의 전문인력의 양성 등을 위하여 사업시행기관이 추진하는 다음의 사업을 지원할 수 있다.

① 국제회의 전문인력의 교육 · 훈련

② 국제회의 전문인력 교육과정의 개발 · 운영

③ 그 밖에 국제회의 전문인력의 교육 · 훈련과 관련하여 필요한 사업으로서 국제회의 전문인력 양성을 위한 인턴사원제도 등 현장실습의 기회를 제공하는 사업

(5) 국제협력의 촉진(제11조)

문화체육관광부장관은 국제회의산업 육성기반의 조성과 관련된 국제협력을 촉진하기 위하여 사업시행기관이 추진하는 다음의 사업을 지원할 수 있다.

① 국제회의 관련 국제협력을 위한 조사 · 연구

② 국제회의 전문인력 및 정보의 국제 교류

③ 외국의 국제회의 관련 기관 · 단체의 국내 유치

④ 그 밖에 국제회의 육성기반 조성에 관한 국제협력을 촉진하기 위하여 필요한 사업으로서 문화체육관광부령으로 정하는 사업(시행규칙 제6조)

㉠ 국제회의 관련 국제행사에의 참가

㉡ 외국의 국제회의 관련 기관 · 단체에의 인력 파견

(6) 전자국제회의 기반의 확충(제12조)

① 정부는 전자국제회의 기반을 확충하기 위하여 필요한 시책을 강구하여야 한다.

② 문화체육관광부장관은 전자국제회의 기반의 구축을 촉진하기 위하여 사업시행기관이 추진하는 다음의 사업을 지원할 수 있다.

㉠ 인터넷 등 정보통신망을 통한 사이버 공간에서의 국제회의 개최

㉡ 전자국제회의 개최를 위한 관리체제의 개발 및 운영

㉢ 그 밖에 전자국제회의 기반의 구축을 위하여 필요하다고 인정하는 사업으로서 전자국제회의 개최를 위한 국내외 기관 간의 협력사업

(7) 국제회의 정보의 유통 촉진(제13조)

① 정부는 국제회의 정보의 원활한 공급 · 활용 및 유통을 촉진하기 위하여 필요한 시책을 강구하여야 한다.

② 문화체육관광부장관은 국제회의 정보의 공급 · 활용 및 유통을 촉진하기 위하여 사업시행기관이 추진하는 다음의 사업을 지원할 수 있다.

㉠ 국제회의 정보 및 통계의 수집 · 분석

㉡ 국제회의 정보의 가공 및 유통

㉢ 국제회의 정보망의 구축 및 운영

㉣ 그 밖에 국제회의 정보의 유통 촉진을 위하여 필요한 사업으로 국제회의 정보의 활용을 위한 자료의 발간 및 배포

③ 문화체육관광부장관은 국제회의 정보의 공급 · 활용 및 유통을 촉진하기 위하여 필요하면 문화체육관광부령으로 정하는 바에 따라 관계 행정기관과 국제회의 관련 기관 · 단체 또는 기업에 대하여 국제회의 정보의 제출을 요청하거나 국제회의 정보를 제공할 수 있다.

(8) 국제회의도시의 지정 등(제14조) 21 기출

① 문화체육관광부장관은 대통령령으로 정하는 국제회의도시 지정기준에 맞는 특별시 · 광역시 및 시를 국제회의도시로 지정할 수 있다.

② 문화체육관광부장관은 국제회의도시를 지정하는 경우 지역 간의 균형적 발전을 고려하여야 한다.

③ 문화체육관광부장관은 국제회의도시가 지정기준에 맞지 아니하게 된 경우에는 그 지정을 취소할 수 있다.

④ 문화체육관광부장관은 국제회의도시의 지정 또는 지정취소를 한 경우에는 그 내용을 고시하여야 한다.

⑤ 국제회의도시의 지정 및 지정취소 등에 관하여 필요한 사항은 대통령령으로 정한다.

개념충전

국제회의도시의 지정신청(시행규칙 제9조) 19 기출

국제회의도시의 지정을 신청하려는 특별시장 · 광역시장 또는 시장은 다음의 내용을 적은 서류를 문화체육관광부장관에게 제출하여야 한다.

- 국제회의시설의 보유 현황 및 이를 활용한 국제회의산업 육성에 관한 계획
- 숙박시설 · 교통시설 · 교통안내체계 등 국제회의 참가자를 위한 편의시설의 현황 및 확충계획
- 지정대상 도시 또는 그 주변의 관광자원의 현황 및 개발계획
- 국제회의 유치 · 개최 실적 및 계획

국제회의도시의 지정기준(시행령 제13조) 14 15 기출

국제회의도시를 지정하는 경우 그 지정기준은 다음과 같다.

- 지정대상 도시에 국제회의시설이 있고, 해당 특별시 · 광역시 또는 시에서 이를 활용한 국제회의산업 육성에 관한 계획을 수립하고 있을 것
- 지정대상 도시에 숙박시설 · 교통시설 · 교통안내체계 등 국제회의 참가자를 위한 편의시설이 갖추어져 있을 것
- 지정대상 도시 또는 그 주변에 풍부한 관광자원이 있을 것

(9) 국제회의도시의 지원(제15조)

문화체육관광부장관은 지정된 국제회의도시에 대하여는 다음의 사업에 우선 지원할 수 있다.

① 국제회의도시에서의 「관광진흥개발기금법」에 따른 기금의 용도에 해당하는 사업

② 제16조 제2항 각 호의 어느 하나에 해당하는 사업

(10) 국제회의복합지구의 지정 등(제15조의2) 16 20 24 기출

① 특별시장 · 광역시장 · 특별자치시장 · 도지사 · 특별자치도지사(이하 "시 · 도지사"라 한다)는 국제회의산업의 진흥을 위하여 필요한 경우에는 관할구역의 일정 지역을 국제회의복합지구로 지정할 수 있다.

개념충전 **국제회의복합지구의 지정 등(시행령 제13조의2)** 17 18 23 24 기출

- 국제회의복합지구의 지정요건은 다음과 같다.
  - 국제회의복합지구 지정대상 지역 내에 전문회의시설이 있을 것
  - 국제회의복합지구 지정대상 지역 내에서 개최된 회의에 참가한 외국인이 국제회의복합지구 지정일이 속한 연도의 전년도 기준 5천명 이상이거나 국제회의복합지구 지정일이 속한 연도의 직전 3년간 평균 5천명 이상일 것. 이 경우 감염병의 확산으로 경계 이상의 위기경보가 발령된 기간에 개최된 회의에 참가한 외국인의 수는 회의에 참가한 외국인의 수에 문화체육관광부장관이 정하여 고시하는 가중치를 곱하여 계산할 수 있다.
  - 국제회의복합지구 지정대상 지역에 제4조 각 호의 어느 하나에 해당하는 시설이 1개 이상 있을 것
  - 국제회의복합지구 지정대상 지역이나 그 인근 지역에 교통시설 · 교통안내체계 등 편의시설이 갖추어져 있을 것
- 국제회의복합지구의 지정 면적은 400만제곱미터 이내로 한다.
- 특별시장 · 광역시장 · 특별자치시장 · 도지사 · 특별자치도지사(이하 "시 · 도지사"라 한다)는 국제회의복합지구의 지정을 변경하려는 경우에는 다음의 사항을 고려하여야 한다.
  - 국제회의복합지구의 운영 실태
  - 국제회의복합지구의 토지이용 현황
  - 국제회의복합지구의 시설 설치 현황
  - 국제회의복합지구 및 인근 지역의 개발계획 현황
- 시 · 도지사는 국제회의복합지구의 지정을 해제하려면 미리 해당 국제회의복합지구의 명칭, 위치, 지정 해제 예정일 등을 20일 이상 해당 지방자치단체의 인터넷 홈페이지에 공고하여야 한다.
- 시 · 도지사는 국제회의복합지구를 지정하거나 지정을 변경한 경우 또는 지정을 해제한 경우에는 다음의 사항을 관보, 일반일간신문 또는 해당 지방자치단체의 인터넷 홈페이지에 공고하고, 문화체육관광부장관에게 국제회의복합지구의 지정, 지정 변경 또는 지정 해제의 사실을 통보하여야 한다.
  - 국제회의복합지구의 명칭
  - 국제회의복합지구를 표시한 행정구역도와 지적도면
  - 국제회의복합지구 육성 · 진흥계획의 개요(지정의 경우만 해당)
  - 국제회의복합지구 지정 변경 내용의 개요(지정 변경의 경우만 해당)
  - 국제회의복합지구 지정 해제 내용의 개요(지정 해제의 경우만 해당)

② 시 · 도지사는 국제회의복합지구를 지정할 때에는 국제회의복합지구 육성 · 진흥계획을 수립하여 문화체육관광부장관의 승인을 받아야 한다. 대통령령으로 정하는 중요한 사항을 변경할 때에도 또한 같다.

③ 시 · 도지사는 ②에 따른 국제회의복합지구 육성 · 진흥계획을 시행하여야 한다.

제3과목

④ 시 · 도지사는 사업의 지연, 관리 부실 등의 사유로 지정목적을 달성할 수 없는 경우 국제회의복합지구 지정을 해제할 수 있다. 이 경우 문화체육관광부장관의 승인을 받아야 한다.

⑤ 시 · 도지사는 ① 및 ②에 따라 국제회의복합지구를 지정하거나 지정을 변경한 경우 또는 ④에 따라 지정을 해제한 경우 대통령령으로 정하는 바에 따라 그 내용을 공고하여야 한다.

⑥ ①에 따라 지정된 국제회의복합지구는 「관광진흥법」 제70조에 따른 관광특구로 본다.

⑦ ②에 따른 국제회의복합지구 육성 · 진흥계획의 수립 · 시행, 국제회의복합지구 지정의 요건 및 절차 등에 필요한 사항은 대통령령으로 정한다.

(11) 국제회의집적시설의 지정 등(제15조의3) 24 기출

① 문화체육관광부장관은 국제회의복합지구에서 국제회의시설의 집적화 및 운영 활성화를 위하여 필요한 경우 시 · 도지사와 협의를 거쳐 국제회의집적시설을 지정할 수 있다.

② ①에 따른 국제회의집적시설로 지정을 받으려는 자(지방자치단체를 포함)는 문화체육관광부장관에게 지정을 신청하여야 한다.

③ 문화체육관광부장관은 국제회의집적시설이 지정요건에 미달하는 때에는 대통령령으로 정하는 바에 따라 그 지정을 해제할 수 있다.

④ 그 밖에 국제회의집적시설의 지정요건 및 지정신청 등에 필요한 사항은 대통령령으로 정한다.

개념충전 **국제회의집적시설의 지정 등(시행령 제13조의4)**

- 국제회의집적시설의 지정요건은 다음과 같다.
  - 해당 시설(설치 예정인 시설을 포함. 이하 같다)이 국제회의복합지구 내에 있을 것
  - 해당 시설 내에 외국인 이용자를 위한 안내체계와 편의시설을 갖출 것
  - 해당 시설과 국제회의복합지구 내 전문회의시설 간의 업무제휴 협약이 체결되어 있을 것
- 국제회의집적시설의 지정을 받으려는 자는 문화체육관광부령으로 정하는 지정신청서를 문화체육관광부장관에게 제출하여야 한다.
- 국제회의집적시설 지정 신청 당시 설치가 완료되지 아니한 시설을 국제회의집적시설로 지정받은 자는 그 설치가 완료된 후 해당 시설이 요건을 갖추었음을 증명할 수 있는 서류를 문화체육관광부장관에게 제출하여야 한다.
- 문화체육관광부장관은 국제회의집적시설의 지정을 해제하려면 미리 관할 시 · 도지사의 의견을 들어야 한다.
- 문화체육관광부장관은 국제회의집적시설을 지정하거나 지정을 해제한 경우에는 관보, 일반일간신문 또는 문화체육관광부의 인터넷 홈페이지에 그 사실을 공고하여야 한다.
- 앞에서 규정한 사항 외에 설치 예정인 국제회의집적시설의 인정 범위 등 국제회의집적시설의 지정 및 해제에 필요한 사항은 문화체육관광부장관이 정하여 고시한다.

(12) 부담금의 감면 등(제15조의4) 16 21 22 기출

① 국가 및 지방자치단체는 국제회의복합지구 육성 · 진흥사업을 원활하게 시행하기 위하여 필요한 경우에는 국제회의복합지구의 국제회의시설 및 국제회의집적시설에 대하여 관련 법률에서 정하는 바에 따라 다음의 부담금을 감면할 수 있다.
   ㉠ 「개발이익 환수에 관한 법률」 제3조에 따른 개발부담금
   ㉡ 「산지관리법」 제19조에 따른 대체산림자원조성비
   ㉢ 「농지법」 제38조에 따른 농지보전부담금
   ㉣ 「초지법」 제23조에 따른 대체초지조성비
   ㉤ 「도시교통정비 촉진법」 제36조에 따른 교통유발부담금

② 지방자치단체의 장은 국제회의복합지구의 육성 · 진흥을 위하여 필요한 경우 국제회의복합지구를 지구단위계획구역으로 지정하고 용적률을 완화하여 적용할 수 있다.

(13) 재정 지원(제16조) 15 기출

① 문화체육관광부장관은 이 법의 목적을 달성하기 위하여 국외여행자의 출국납부금 총액의 100분의 10에 해당하는 금액의 범위에서 국제회의산업의 육성재원을 지원할 수 있다.

② 문화체육관광부장관은 ①에 따른 금액의 범위에서 다음에 해당되는 사업에 필요한 비용의 전부 또는 일부를 지원할 수 있다.
   ㉠ 규정에 따라 지정 · 설치된 전담조직의 운영
   ㉡ 국제회의 유치 또는 그 개최자에 대한 지원
   ㉢ 규정에 따른 사업시행기관에서 실시하는 국제회의산업 육성기반 조성사업
   ㉣ 제10조부터 제13조까지의 각 호에 해당하는 사업
   ㉤ 국제회의복합지구의 육성 · 진흥을 위한 사업
   ㉥ 국제회의집적시설에 대한 지원 사업
   ㉦ 그 밖에 국제회의산업의 육성을 위하여 필요한 사항으로서 대통령령으로 정하는 사업

③ 지원금의 교부에 필요한 사항은 대통령령으로 정한다.

④ 지원을 받으려는 자는 대통령령으로 정하는 바에 따라 문화체육관광부장관 또는 사업을 위탁받은 기관의 장에게 지원을 신청하여야 한다.

⑤ 지원금은 해당 사업의 추진 상황 등을 고려하여 나누어 지급한다. 다만, 사업의 규모 · 착수시기 등을 고려하여 필요하다고 인정할 때에는 한꺼번에 지급할 수 있다(시행령 제14조).

⑥ 지원금을 받은 자는 그 지원금에 대하여 별도의 계정을 설치하여 관리해야 하고, 그 사용 실적을 사업이 끝난 후 1개월(국제회의를 유치하거나 개최하여 지원금을 받은 경우에는 문화체육관광부장관이 정하여 고시하는 기간) 이내에 문화체육관광부장관에게 보고해야 한다(시행령 제15조 제1항).

⑦ 지원금을 받은 자가 용도 외에 지원금을 사용하였을 때에는 그 지원금을 회수할 수 있다(시행령 제15조 제2항).

제3과목

(14) 다른 법률에 따른 허가 · 인가 등의 의제(제17조)

① 국제회의시설의 설치자가 국제회의시설에 대하여 건축허가를 받으면 특별자치도지사 · 시장 · 군수 또는 구청장(자치구의 구청장)이 다음 허가 · 인가 등의 관계 행정기관의 장과 미리 협의한 사항에 대해서는 해당 허가 · 인가 등을 받거나 신고를 한 것으로 본다.

㉠ 「하수도법」에 따른 시설이나 공작물 설치의 허가

㉡ 「수도법」에 따른 전용상수도 설치의 인가

㉢ 「소방시설 설치 및 관리에 관한 법률」에 따른 건축허가의 동의

㉣ 「폐기물관리법」에 따른 폐기물처리시설 설치의 승인 또는 신고

㉤ 「대기환경보전법」, 「물환경보전법」 및 「소음 · 진동관리법」에 따른 배출시설 설치의 허가 또는 신고

② 국제회의시설의 설치자가 국제회의시설에 대하여 사용승인을 받으면 특별자치도지사 · 시장 · 군수 또는 구청장이 다음 검사 · 신고 등의 관계 행정기관의 장과 미리 협의한 사항에 대해서는 해당 검사를 받거나 신고를 한 것으로 본다.

㉠ 「수도법」에 따른 전용상수도의 준공검사

㉡ 「소방시설공사업법」에 따른 소방시설의 완공검사

㉢ 「폐기물관리법」에 따른 폐기물처리시설의 사용개시 신고

㉣ 「대기환경보전법」 및 「물환경보전법」에 따른 배출시설 등의 가동개시(가동개시) 신고

㉤ ㉠과 ㉡에 따른 협의를 요청받은 행정기관의 장은 그 요청을 받은 날부터 15일 이내에 의견을 제출하여야 한다.

㉥ ㉠부터 ㉢에서 규정한 사항 외에 허가 · 인가, 검사 및 신고 등 의제의 기준 및 효과 등에 관하여는 「행정기본법」을 따른다. 이 경우 "20일"은 "15일"로 한다.

(15) 권한의 위탁(제18조) 18 기출

① 문화체육관광부장관은 국제회의 유치 · 개최의 지원에 관한 업무를 대통령령으로 정하는 바에 따라 법인이나 단체에 위탁할 수 있다.

② 문화체육관광부장관은 국제회의 유치 · 개최의 지원에 관한 업무를 국제회의 전담조직에 위탁한다(시행령 제16조).

③ 문화체육관광부장관은 위탁을 한 경우에는 해당 법인이나 단체에 예산의 범위에서 필요한 경비를 보조할 수 있다.

개념충전 **국제회의산업 육성에 관한 법률**

- 제정 : 1996년 12월 30일 법률 제5210호로 제정
- 구성 : 18조 및 부칙

제4장 핵심 실전 문제

※ 문제의 이해도에 따라 ○△× 체크하여 완벽하게 정리하세요.

01 ○△×

국제회의산업 육성에 관한 법률이 제정된 해는?

① 1995년 ② 1996년
③ 1997년 ④ 1998년

해설 이 법은 1996년 12월 30일 법률 제5210호로 제정되었다.

02 ○△×

국제기구, 기관 또는 법인 · 단체가 개최하는 국제회의의 요건으로 옳지 않은 내용은?

① 해당 회의에 3개국 이상의 외국인이 참가할 것
② 회의 참가자가 100명 이상이고 그 중 외국인이 50명 이상일 것
③ 2일 이상 진행되는 회의일 것
④ 회의 개최에 필요한 부대시설을 확보할 것

해설 ④ 부대시설 확보는 요건에 들어 있지 않다(국제회의산업 육성에 관한 법률 시행령 제2조 제1호).

03 ○△×

국제회의산업 육성에 관한 법률의 제정 목적과 거리가 먼 것은?

① 국제회의의 유치 촉진
② 국제회의산업 육성 · 진흥
③ 국민경제의 향상
④ 관광시설의 서비스개선

해설 이 법은 국제회의의 유치를 촉진하고 그 원활한 개최를 지원하여 국제회의산업을 육성 · 진흥함으로써 관광산업의 발전과 국민경제의 향상 등에 이바지함을 목적으로 한다(국제회의산업 육성에 관한 법률 제1조).

정답 1 ② 2 ④ 3 ④

04

국제회의산업 육성에 관한 법률에서 사용하는 용어의 정의로 바르지 않은 것은?

① '국제회의'란 상당수의 외국인이 참가하는 회의로서 대통령령으로 정하는 종류와 규모에 해당하는 것을 말한다.
② '국제회의산업'이란 국제회의의 유치와 개최에 필요한 국제회의시설, 숙박시설 등과 관련된 산업을 말한다.
③ '국제회의시설'이란 국제회의의 개최에 필요한 회의시설, 전시시설 및 이와 관련된 지원시설 · 부대시설 등을 말한다.
④ '국제회의도시'란 국제회의산업의 육성 · 진흥을 위하여 지정된 특별시 · 광역시 또는 시를 말한다.

해설 국제회의산업은 숙박시설이 아니라 서비스 등과 관련된 산업이다(국제회의산업 육성에 관한 법률 제2조 제2호).

05

국제회의산업육성기본계획을 수립 · 시행하는 데에 포함되는 사항이 아닌 것은?

① 국제회의의 유치와 촉진에 관한 사항
② 국제회의의 원활한 개최에 관한 사항
③ 국제회의에 필요한 인력의 양성에 관한 사항
④ 국제회의 시설의 재정 지원에 관한 사항

해설 ① · ② · ③ 외에 국제회의시설의 설치와 확충에 관한 사항, 국제회의시설의 감염병 등에 대한 안전 · 위생 · 방역 관리에 관한 사항, 국제회의산업 진흥을 위한 제도 및 법령 개선에 관한 사항, 그 밖에 국제회의산업의 육성 · 진흥에 관한 중요 사항 등이 있다(국제회의산업 육성에 관한 법률 제6조 제1항).

06

국제회의 전담조직의 업무가 아닌 것은?

① 국제회의 유치 및 개최 지원
② 국제회의산업의 국내 홍보
③ 국제회의 관련 정보의 수집 및 배포
④ 지방자치단체의 장이 설치한 전담조직에 대한 지원 및 상호협력

해설 국제회의 전담조직의 업무는 국제회의산업의 국외 홍보이다(국제회의산업 육성에 관한 법률 시행령 제9조 제2호).

정답 4 ❷ 5 ❹ 6 ❷

07

국제회의 전시시설이 갖추어야 하는 중 · 소회의실은 몇 실 이상인가?

① 2실 이상
② 3실 이상
③ 5실 이상
④ 10실 이상

해설 30명 이상의 인원을 수용할 수 있는 중 · 소회의실이 5실 이상 있을 것(국제회의산업 육성에 관한 법률 시행령 제3조 제4항 제2호)

08

전문회의시설이 갖추어야 할 옥내와 옥외의 전시면적을 합친 총면적의 기준은?

① 2,500m² 이상
② 2,000m² 이상
③ 1,500m² 이상
④ 1,000m² 이상

해설 국제회의시설 중 전문회의시설은 옥내와 옥외의 전시면적을 합쳐서 2,000m² 이상 확보하고 있어야 한다(국제회의산업 육성에 관한 법률 시행령 제3조 제2항 제3호).

09

준회의시설이 갖추어야 할 대회의실의 수용인원은?

① 100명 이상
② 200명 이상
③ 1,000명 이상
④ 2,000명 이상

해설 준회의시설은 국제회의 개최에 필요한 회의실로 활용할 수 있는 호텔연회장 · 공연장 · 체육관 등의 시설로서 200명 이상의 인원을 수용할 수 있는 대회의실과 30명 이상의 인원을 수용할 수 있는 중 · 소회의실이 3실 이상 있어야 한다(국제회의산업 육성에 관한 법률 시행령 제3조 제3항).

정답 7 ❸ 8 ❷ 9 ❷

10

국제회의도시를 지정하는 경우 그 지정기준으로 잘못된 것은?

① 지정대상 도시에 휴식시설, 판매시설이 갖추어져 있을 것

② 지정대상 도시에 국제회의시설이 있고, 해당 특별시 · 광역시 또는 시에서 이를 활용한 국제회의산업 육성에 관한 계획을 수립하고 있을 것

③ 지정대상 도시에 국제회의 참가자를 위한 편의시설이 갖추어져 있을 것

④ 지정대상 도시에 풍부한 관광자원이 있을 것

해설 **국제회의도시의 지정기준(국제회의산업 육성에 관한 법률 시행령 제13조)**

- 지정대상 도시에 국제회의시설이 있고, 해당 특별시 · 광역시 또는 시에서 이를 활용한 국제회의산업 육성에 관한 계획을 수립하고 있을 것
- 지정대상 도시에 숙박시설 · 교통시설 · 교통안내체계 등 국제회의 참가자를 위한 편의시설이 갖추어져 있을 것
- 지정대상 도시 또는 그 주변에 풍부한 관광자원이 있을 것

11

지원시설이 갖추어야 할 요건으로 옳은 것을 모두 고른 것은?

ㄱ. 원격영상회의에 필요한 컴퓨터
ㄴ. 원격영상회의에 필요한 마이크
ㄷ. 이용자의 정보 노출방지에 필요한 칸막이
ㄹ. 설비의 설치 및 이용에 사용되는 면적을 합한 면적이 80제곱미터 이상일 것

① ㄱ, ㄴ

② ㄷ, ㄹ

③ ㄱ, ㄴ, ㄷ

④ ㄱ, ㄴ, ㄷ, ㄹ

해설 지원시설은 컴퓨터 · 카메라 및 마이크 등 원격영상회의에 필요한 설비, 칸막이 또는 방음시설 등 이용자의 정보 노출방지에 필요한 설비, 설비의 설치 및 이용에 사용되는 면적을 합한 면적이 80제곱미터 이상일 것 등의 요건을 모두 갖추어야 한다(국제회의산업 육성에 관한 법률 시행령 제3조 제5항).

정답 10 ❶ 11 ❹

12 ○△×

국제회의시설의 종류가 아닌 것은?

① 전문회의시설
② 준회의시설
③ 전시시설
④ 체육시설

해설 국제회의시설은 전문회의시설 · 준회의시설 · 전시시설 · 지원시설 및 부대시설로 구분한다(국제회의산업 육성에 관한 법률 시행령 제3조 제1항).

13 ○△×

국제회의 유치 · 개최에 관한 지원을 받고자 하는 자는 관계 서류를 누구에게 제출해야 하는가?

① 문화체육관광부장관
② 한국관광협회중앙회장
③ 지방자치단체장
④ 국제회의 전담조직의 장

해설 국제회의 유치 · 개최에 관한 지원을 받으려는 자는 국제회의 지원신청서에 다음의 서류를 첨부하여 국제회의 전담조직의 장에게 제출해야 한다(국제회의산업 육성에 관한 법률 시행규칙 제2조).

- 국제회의 유치 · 개최 계획서(국제회의의 명칭, 목적, 기간, 장소, 참가자 수, 필요한 비용 등 포함) 1부
- 국제회의 유치 · 개최 실적에 관한 서류(국제회의를 유치 · 개최한 실적이 있는 경우만 해당) 1부
- 지원을 받으려는 세부 내용을 적은 서류 1부

14 ○△×

국제회의시설의 부대시설이 아닌 것은?

① 숙박시설
② 주차시설
③ 판매시설
④ 공연시설

해설 부대시설은 국제회의 개최와 전시의 편의를 위하여 전문회의시설 및 전시시설에 부속된 숙박시설 · 주차시설 · 음식점시설 · 휴식시설 · 판매시설 등으로 한다(국제회의산업 육성에 관한 법률 시행령 제3조 제6항).

정답 12 ④ 13 ④ 14 ④

제3과목

많이 보고 많이 겪고 많이 공부하는 것은 배움의 세 기둥이다.

– 벤자민 디즈라엘리

관광학개론

2021~2025년 관광통역안내사 관광학개론 기출빈도표

출제 영역	2025	2024	2023	2022	2021	합 계
관광의 기초	6	6	9	10	8	39
관광여행업	1	1	1	1	1	5
관광숙박업	3	5	2	2	2	14
관광교통업	2	–	5	3	1	11
관광객 이용시설업	2	2	2	2	2	10
국제회의업	2	2	1	1	3	9
관광마케팅	3	1	1	–	1	6
국제관광 및 관광정책	6	8	2	6	6	28
관광과 환경 및 현황	–	–	2	–	1	3
계	25	25	25	25	25	125

제1장 관광의 기초

제1절 관광의 개념

01 관광학의 의미

(1) 관광학의 성격

① 여러 가지 사회현상 중에서 관광이라는 현상을 집중적으로 분석하는 학문

② 현실적 문제 해결에 관한 실천적 처방을 하고 인간의 삶을 풍요롭게 하기 위한 효과적인 대안들을 제시하는 실용적인 학문

③ 국민의 정신건강을 위한 문화교류와 상호 이해의 증진을 통한 평화지향적 차원에서 필요한 학문

(2) 관광학의 특징

① 종합학문 : 관광이라는 사회현상을 이해하기 위해서 다양한 학문을 토대로 제 현상 이해

② 응용학문 : 학문을 통해 인간 및 사회의 현실문제를 해결하려는 규범을 제공하며 실천지향적 성격

③ 다원적 과학관이 필요한 학문 : 관광학도 하나의 학문이기에 과학적 연구에 우선 가치를 둠

④ 학제적 · 간학문적 성격을 띠는 학문 : 복잡한 관광현상을 종합적으로 이해하기 위해 다양한 시각에서 총체적으로 연구할 필요가 있음

⑤ 전문화 · 세분화되어 있는 학문 : 점차 다양해지는 관광현상을 이해하기 위해 전문화 · 세분화되어 있음

(3) 관광학의 학문적 체계

① 종합 사회과학적 관광론

㉠ 베르네커(P. Bernecker) : 관광학의 체계를 관광원론, 관광관계론, 관광정책론으로 크게 분류

㉡ 베르토리노(A. Bertolino) : 관광의 기본적 측면을 정신적 질서, 경제적 질서로 나눔

② 개별응용과학으로서의 관광학

㉠ 관광경제학 : 경제원리와 관광과의 함수관계 및 관광수요의 성격을 분석 → 크라프(K. Krapf)

㉡ 관광지리학 : 관광시장과의 거리관계를 중심으로 관광지의 입지, 형태, 성격을 연구하는 관광입지에 관한 것과 관광지의 분포, 자원, 산업구조, 관광 유동성으로 본 관광지의 성격 · 유형 등을 기초로 각 지역을 비교하는 연구 → 드페르(P. Defert), 맥머리(C. A. McMurry), 토트(H. Todt) 등

㉢ 관광경영학 : 관광경영은 관광재와 관광용역을 경제원칙에 입각하여 생산수단의 계속적 결합 속에서 행하는 경제행위 → 훈지커(W. Hunziker)

㉣ 관광사회학 : 관광현상이 복잡하고 다양해지면서 관광의 중요성이 인식되어 사회학으로도 접근 → 크네벨(H. J. Knebel) 등

02 관광의 정의

(1) 관광(Tourism)의 의의 15 21 기출

사람이 일상의 생활권을 떠나 다시 돌아올 예정으로 타국이나 타지역의 풍물 · 제도 · 문물 등을 관찰하여 견문을 넓히고 자연풍경 등을 감상 · 유람할 목적으로 여행하는 것

개념충전 **관광의 유사 개념** 18 기출

여행, 여가, 소풍, 유람, 기행, 피서, 방랑, 레저, 레크리에이션 등

(2) 관광의 어원

① 동양 : 중국 주나라 때 간행된 〈주역〉의 '관국지광, 이용빈우왕(觀國之光 利用賓于王)'이라는 문구에서 어원이 형성

② 서양 : 'Tourism'은 라틴어 'Tornus(회전)'에서 유래한 Tour의 파생어로 관광을 의미

③ 우리나라 : 신라시대 최치원의 〈계원필경〉, 고려시대 〈고려사절요〉에서 '관광상국'으로 기록, 조선시대 정도전의 〈삼봉집〉에서 '관광집'이라는 어휘 사용

(3) 학자들의 관광의 정의

① 슐레른(H. Schulern, 1911) : 관광을 최초로 정의

② 뵈르만(A. Börmann, 1931) : 일시여행설 주장

③ 오길비(F. W. Ogilvie, 1933) : 귀환예정소비설 주장

④ 글뤽스만(R. Glücksmann, 1935) : 〈일반관광론〉에서 관광학의 체계화 시도

⑤ 훈지커와 크라프(W. Hunziker & Krapt, 1942) : 관광을 총체적 개념으로 정의

⑥ 베르네커(P. Bernecker, 1962) : 관광주체론 주장

03 관광의 구조 및 유형

(1) 관광의 구조 15 16 17 18 23 기출

① 관광주체(관광객) : 관광을 하는 주체로 관광을 구성하는 기초

㉠ 관광욕구 : 일반적으로 관광행동을 일으키는 데 필요한 심리적인 원동력

㉡ 관광동기 : 관광행동으로 옮기게 하는 심리적 에너지

㉢ 관광수요시장 : 사람은 누구나 관광욕구와 관광동기를 가지고 있어서 관광의 수요자 내지 소비자가 되며, 크게 관광수요시장을 구성

② 관광객체(관광대상) : 관광객의 다양한 욕구를 환기하거나 욕구를 충족하는 대상

㉠ 관광자원 : 자연환경뿐만 아니라 인정, 풍습, 예절, 국민성, 민족성과 같은 무형적인 것도 포함

㉡ 관광시설 : 관광자원을 살려서 관광객의 욕구충족에 직접적으로 기여하는 숙박시설 등의 관광시설과 그에 부수된 서비스

③ 관광매체 : 관광욕구와 관광대상을 결부하는 기능을 담당 19 20 24 25 기출

㉠ 공간적 매체 : 교통시설(도로, 수송수단), 운송시설 등

㉡ 시간적 매체 : 휴게시설, 숙박시설, 편의시설 등

㉢ 기능적 매체 : 관광가이드 등의 통역안내원, 여행알선업자 및 관광기념품 판매업자 등

[관광의 구조 및 구성요소]

관광주체	관광객체	관광매체
관광객 ↓(관광욕구) 관광동기 ↓ 관광행동 (관광수요시장)	관광대상 ↓(관광자원, 관광시설) 관광행동 (관광공급시장)	• 공간적 매체 : 교통기관, 도로 · 운송시설 등 • 시간적 매체 : 숙박, 휴게실 등 • 기능적 매체 : 관광알선, 통역안내, 관광선전 등

(2) 관광의 유형

① 마리오티(A. Mariotti)의 분류

㉠ 견학 관광 : 큰 상업 중심지, 격전지, 동굴 및 명승 고적 등을 시찰 · 견학

㉡ 스포츠 관광 : 자동차여행, 비행, 승마, 등산 및 경기 대회에 참가하고 관람

㉢ 교화적 관광 : 수학여행, 고고학적 답사를 위한 관광

㉣ 종교적 관광 : 성지순례, 성당 탐방 등을 위한 관광

㉤ 예술적 관광 : 연주여행, 음악회 및 기타 공연을 감상하기 위한 관광

㉥ 상업적 관광 : 상품전시회, 견본시(Sample Fair), 시장 및 출장 판매를 위한 여행

㉦ 보건적 관광 : 온천 입욕, 요양 등을 위한 관광

② 베르네커(P. Bernecker)의 분류

㉠ 요양적 관광 : 전지(轉地) 요양 포함

㉡ 문화적 관광 : 수학여행, 견학, 종교행사 참가를 위한 여행

㉢ 사회적 관광 : 신혼여행, 친목여행 등

㉣ 스포츠 관광 : 월드컵, 올림픽 게임 등

㉤ 정치적 관광 : 정치적 행사를 보러 가는 것

㉥ 경제적 관광 : 견본시, 전시회의 관람 등

③ 일반적인 분류

㉠ 감상 관광 : 자연 풍경 · 사적 · 문화 예술 · 작품의 감상을 위한 여행

㉡ 문화적 관광 : 수학여행, 학회 또는 연구를 위한 출장, 전람회 · 박물관 등의 견학, 산업시설의 시찰 등을 위한 여행

㉢ 스포츠 관광 : 경기대회 참가 및 관람, 수영 · 스키 · 등산 · 골프 등을 위한 여행과 각종 오락장과 오락시설을 이용하기 위한 여행

㉣ 종교적 관광 : 사찰 · 성당 참배 및 성지순례를 위한 여행

㉤ 보건적 관광 : 온천 입욕, 요양과 피한 · 피서를 위한 체재 및 여행

㉥ 상업적 관광 : 쇼핑, 사업상의 계약을 위한 여행

| 스포츠 관광 |

④ 국적과 국경에 의한 관광의 분류 18 19 21 22 기출

㉠ 국내관광(Domestic Tourism) : 자국민이 자국 내에서 관광

㉡ 국외관광(Outbound Tourism) : 자국민이 타국에서 관광

㉢ 외래관광(Inbound Tourism) : 외국인이 자국 내에서 관광

㉣ 외국인관광(Overseas Tourism) : 외국인이 외국에서 관광

개념충전 **UNWTO의 국적과 국경에 의한 관광분류(1994년)** 17 23 기출

- Internal Tourism : Domestic Tourism + Inbound Tourism
- National Tourism : Domestic Tourism + Outbound Tourism
- International Tourism : Outbound Tourism + Inbound Tourism

(3) 관광의 수요

① 개념 : 관광활동에 참가할 수 있는 관광객을 가리키며 관광의 주체이다.

② 수요측정방법 15 기출

㉠ 정량적(양적) 방법 : 시계열 분석법, 인과모형 분석법, 회귀분석법

㉡ 정성적(질적) 방법 : 델파이법, 시나리오 설정법, 주관적 평가법, 기술적 추정법, 역사적 예측방법(과거의 사례를 참고하여 미래에 대한 판단 도출), 전문가 패널(분임토의 형식)

04 여가활동과 관광

(1) 여가(Leisure)의 정의

개인이 직장, 가정, 사회에서 부과된 의무로부터 해방되었을 때에 휴식 및 기분전환을 위하여 혹은 이득과는 관계없이 지식과 능력의 배양, 자발적인 사회적 참가, 자유로운 창조력의 발휘를 위하여 오로지 임의적으로 행하는 활동의 총체

(2) 여가의 기능

① 휴식의 기능 : 일상생활, 특히 근로생활의 압력에 의한 육체적 · 정신적인 소모를 보완 · 회복시켜 주는 것

② 기분전환의 기능 : 인간을 권태로부터 구출

③ 자기실현의 기능 : 일상적 사고와 행동으로부터 개인을 해방하고, 보다 폭넓고 자유로운 사회적 활동에의 참가와 육체 · 감정 · 이성의 도야를 가능하게 함

(3) 여가활동으로서의 관광

① 관광은 인간의 기본욕구를 충족시킬 수 있는 가장 이상적인 여가활동임

② 관광은 일상생활의 단조로움과 업무로 인한 스트레스를 해소해 주고, 자신만의 세계를 가질 수 있으며, 삶의 에너지를 재충전할 수 있는 수단으로서 현대인의 여가활동 중에서 가장 중요한 요소의 하나임

개념충전 여가활동의 증대 배경

- 고학력사회의 출현
- 여성의 직장 진출 증가
- 가사노동시간의 단축과 주부의 사회적 제 활동
- 생활을 적극적으로 즐기려는 가치관의 보급

05 관광의 현대적 의의

(1) 대중사회와 관광

① 관광에 참여하는 사람의 계층이 확대되면서 관광의 대중화가 나타남

② 관광에 참여할 수 있는 조건을 갖추고 있는 사람들의 경우에도 관광횟수의 증가, 관광거리의 연장, 관광목적지에서의 체재기간의 증가, 활동내용의 다양화 등의 경향이 나타남

개념충전 **관광의 대중화가 이루어진 배경**

- 각국의 경제 발전에 따른 가처분소득의 증대
- 인간의 사회적 지위 향상에 따른 여가의 증대
- 여가 생활을 적극적으로 즐기려는 가치관의 정착
- 산업화 · 도시화의 급속한 진전으로 인한 생활환경의 악화

(2) 탈공업화 사회와 관광

① **전통사회와 산업사회의 관광동기** : 피로회복 · 휴식 등과 같이 노동지향적 관광시장과 쾌락 · 스트레스 해소 · 놀이 등과 같이 쾌락추구적 생활양식을 지향

② **탈공업화 사회** : 일과 여가의 양극성이 축소되면서 가격보다는 품질을 지향하고, 표준화되고 획일적인 패키지 상품보다는 개성있고 다양한 관광활동을 통하여 많은 지식과 정보를 획득할 수 있는 창조적 관광상품을 요구

(3) 정보화 사회와 관광

① 정보화 사회는 관광정보를 제공하는 관광사업자와 수신자인 관광객 간에 의견교환을 도모

② 정보화 사회는 관광활동을 원하는 잠재적 관광객에게 교통, 숙박, 관광자원, 시설, 날씨 등과 같은 다양한 관광정보를 신속하게 제공하여 관광편의를 도모하고 관광지 집중현상을 사전에 방지함으로써 쾌적한 관광활동을 보장

[기존의 관광형태와 새로운 관광형태]

구 분	Old Tourism	New Tourism
관광객	• 패키지 관광상품과 유명목적지 추구 • 관광경험이 적음 • 정적관광(靜的觀光)과 안정감 추구	• 새로운 관광상품과 관광지 추구 • 관광경험이 풍부함 • 관광을 통한 자기표현 추구
정보통신 기술	• 일방통행형 기술 • 제한된 기술 • 단독 기술	• 상호 대화형 기술 • 모든 사용자가 이용가능한 기술 • 통합 기술
상품개발	• 가격경쟁 • 규모의 경제 • 수직 · 수평통합	• 혁신을 통한 경쟁 • 규모와 범위의 경제 • 대각선 통합
기업경영	• 노동력을 생산비용으로 간주 • 수요극대화 추구 • 판매 중시	• 노동력을 서비스 질의 핵심으로 간주 • 수급관리균형 추구 • 고객의 욕구파악 중시
산업여건	• 규 제 • 경제적 성장 중시 • 양적 성장	• 규제 완화 • 산업구조 조정 • 질적 성장

06 관광객의 개념

(1) 관광객의 의미

일상생활영역(심리적 영역)을 떠나 원래의 자리로 돌아올 예정으로 이동 · 체재를 하면서 정신적 · 육체적 즐거움을 추구하는 관광소비자

(2) 관광객의 최초의 정의

① ILO(International Labour Organization, 국제노동기구, 1937) : 관광객을 24시간이나 그 이상의 기간 동안 거주지가 아닌 다른 나라를 방문하는 사람으로 규정(국제관광객)

② OECD(Organization for Economic Cooperation and Development, 경제협력개발기구) : 국제관광객과 일시방문객으로 구분하여 정의 18 기출

㉠ 국제관광객 : 24시간 이상 6개월 이내의 기간 동안 체재하는 자

㉡ 일시방문객 : 24시간 이상 3개월 이내의 체재자

③ UNWTO(World Tourism Organization, 세계관광기구) 16 21 22 24 기출

㉠ 관광객 : 방문국에 1박 이상 체재하는 사람(비거주자, 해외동포, 항공기 승무원 포함)

㉡ 비관광객 : 국경통근자, 유목민, 군인, 외교관, 통과객, 일시적 · 영구적 이주자 등

④ 국제관광연맹(IUOTO ; International Union of Official Travel Organizations) : 'Travel'이라는 표현을 최초로 공식 사용한 기관

제2절 관광행동의 결정

01 관광동기

(1) 관광욕구의 본능성

① 관광욕구 및 동기에 관한 이론

㉠ 글뤽스만(R. Glücksmann)의 〈일반관광론〉(1935)

- 관념적 원인
  - 심리적 동기 : 사향심, 교우심, 신앙심
  - 정신적 동기 : 지적욕구, 견문욕구, 환락욕구
- 물질적 원인
  - 신체적 동기 : 치료욕구, 보양욕구, 운동욕구
  - 경제적 동기 : 매물 목적, 상용 목적

㉡ 매슬로(A. H. Maslow)의 욕구 단계설 18 21 기출

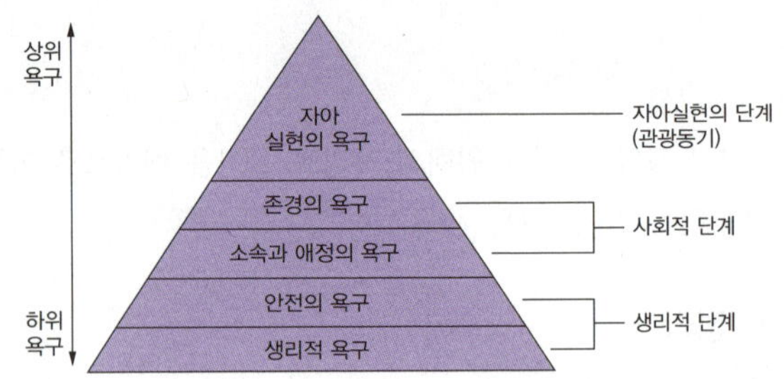

② **관광욕구의 본능성** : 관광욕구는 일반적으로 경제 · 사회 · 문화적으로 발달한 환경 가운데서 형성되는 것이기 때문에 다면적이면서도 복잡함

(2) 관광동기의 유발요인

① 관광동기는 인간의 내면에 잠재해 있는 관광욕구에 어떤 자극이 가해져 관광행동으로 나타나는 것

㉠ 교육 · 문화적 동기

㉡ 휴양 · 오락적 동기

㉢ 망향적 동기

㉣ 기타 동기 : 기후적 동기, 건강유지적 동기, 스포츠적 동기, 경제적 동기, 모험적 동기, 종교적 동기, 심신단련적 동기, 역사적 동기, 사회적 동기 등

② 관광동기의 4가지 분류(매킨토시) 15 16 기출

신체적 · 물리적 동기	문화적 동기	대인적 동기	지위 · 위세 동기
• 육체 · 정신적 기분전환 • 건강목적 추구 • 스포츠 행사 참여	• 외국, 관광지에 대한 호기심 • 역사적인 유적지에 대한 관심 • 미술, 음악, 건축 등에 대한 관심 • 국제적인 행사 참석	• 친인척 방문 또는 새로운 사람과의 교류 • 새롭고 색다른 체험 • 자신의 사회적 환경으로부터 탈출	• 교육, 학습, 사업, 직업적 목적 추구 • 취미활동 추구 • 자아 향상

개념충전 관광의사결정에 영향을 미치는 요인 19 21 22 기출

• 개인적 요인 : 학습, 성격, 태도, 동기, 지각

• 사회적 요인 : 가족, 문화, 사회계층, 준거집단

02 관광동기의 결정요인

(1) 비용 · 시간

비용이나 시간과 같은 기본적 조건이 충족되면서 관광소비와 같은 구체적 행동이 완성됨

(2) 정 보

① 관광대상에 대한 정보뿐만 아니라, 관광사업 및 사회일반으로서의 정보를 지칭

② 결정된 관광행동을 임의대로 유도하며 관광에 관계되는 욕구 자체에도 작용하여 관광의욕을 높임

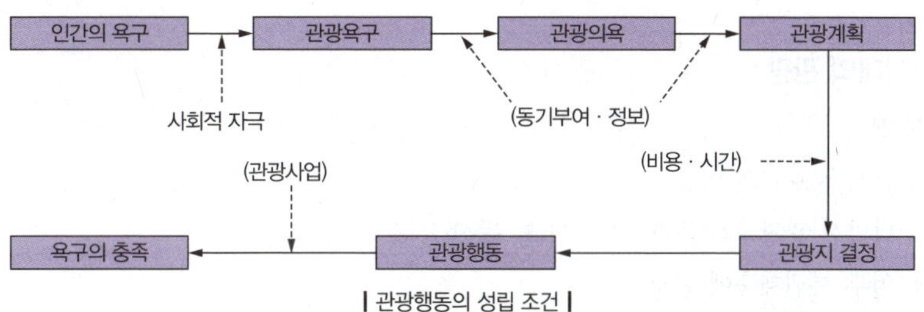

| 관광행동의 성립 조건 |

03 관광의 효과

(1) 긍정적 효과 15 18 17 20 21 23 기출

① 경제적 효과 : 국가경제 · 지역사회 개발 및 국제수지 개선에 기여, 국민소득 · 조세수입 · 고용창출 증대에 기여

② 사회적 효과 : 국제친선 도모와 민간외교, 교육적 효과, 국민의식 수정

③ 문화적 효과 : 역사유적 등 보존 · 보호

④ 그 외 환경적 효과와 국가안보적 효과

(2) 부정적 효과

물가상승, 기반시설 투자에 대한 위험부담, 범죄율 상승, 주민의 양극화, 토착문화 소멸 등

개념충전 **관광동기의 성격 분류** 15 기출

- 추진요인(Push Factor) : 여행의 패턴을 형성하는 성별, 소득, 교육수준 등의 개인적 변수뿐만 아니라 스트레스 등 심리적 동기를 포괄
- 유인요인(Pull Factor) : 관광자가 매력을 느끼게끔 하는 목적 및 자원의 특징으로, 나이트 라이프, 쾌적한 기후, 역사유적지, 아름다운 해변, 문화 행사 등

제4과목

제3절 관광의 발전사

01 고대 그리스와 로마시대

(1) 고대 그리스시대의 관광

① 최초의 관광동기는 신앙이 중심

② 형태는 체육(올림픽 경기), 요양, 종교(신전 참배) 등

(2) 로마시대의 관광

① 성 격

㉠ 군사용 도로의 이용

㉡ 다양한 관광목적(종교, 요양, 예술, 등산, 식도락 등)

㉢ 일부 특권계층에 한정

② 로마시대에 관광여행이 가능했던 원인 23 기출

㉠ 군사용 도로의 정비

㉡ 치안 유지가 완벽

㉢ 화폐 경제의 보급 → 행동 반경의 증대

㉣ 학문의 발달과 지식수준의 향상으로 미지의 세계에 대한 동경이 커짐

㉤ 관광사업의 등장 → 교통 발달, 도로 정비, 숙박시설

㉥ 고대의 식도락(Gastronomia) → 각 지방에서 생산되는 포도주를 마시면서 식사를 즐기는 여행

02 중세 유럽 17 18 21 기출

(1) 관광의 암흑기

① 중세에 들어서면서 유럽의 사회조직은 혼란 상태에 빠졌고 로마시대에 건설한 도로도 모두 파괴되어 관광여행이 사라짐

② 소수의 여행객을 위한 숙소로서 수도원, 교회가 이용됨

(2) 십자군 원정

① 11세기 말부터 13세기 말까지 계속된 십자군 원정은 관광부활의 계기가 됨

② 육로 및 해로의 개발은 물론 동방에 대한 지식과 관심을 높이고 동 · 서양의 교류를 확대함

(3) 중세 유럽관광의 특징

① 중세 유럽은 로마 교황을 정점으로 한 기독교문화 공동체였으므로 종교관광이 성황을 이룸

② 동방의 비잔틴 · 회교문화가 유럽인의 견문에 자극을 줌

03 근대 유럽

(1) 교양관광(Grand Tour)의 시대 15 22 기출

① 17세기 중반부터 19세기는 교통혁명에 의한 선박, 철도의 발달 등으로 영국의 국내여행에서 유럽대륙여행으로 관광의 범위가 확대된 시대

② 유럽의 귀족 · 시인 · 문호들이 지식과 견문을 넓히기 위하여 평균 2~3년에 이르는 장기여행으로 유럽의 여러 나라를 순방하는 것이 크게 유행함

(2) 관광사업의 발전

① 해외여행 : 교통의 발달로 관광여행객의 수가 크게 늘어났으며, 해외여행도 활기를 띰

② 숙박시설(Hotel) : 관광량의 증가와 유산 계급의 출현으로 숙박시설이 고급화되어 호텔(Hotel)이 출현

③ 여행알선업 : 1841년 영국의 토마스 쿡(Thomas Cook)이 광고를 내어 여행단을 모집하고 단체 전세 열차의 운행을 시도하여 성공을 거둔 데서 비롯됨

04 근대 미국

(1) 태번(Tavern)

미국에서 당초부터 음식 겸 숙박시설로 건설되었으며, 19세기에 이르러 호텔로 명칭이 바뀜

(2) 커머셜호텔(Commercial Hotel) 시대

① 스타틀러(E. M. Statler, 1863~1928) : 버펄로 스타틀러 호텔(Buffalo Statler Hotel)을 건설(1908), '서민이 부담할 수 있는 가격으로 세계 최고의 서비스를 제공할 것'을 경영 이념으로 함

② 힐튼(C. N. Hilton, 1887~1979) : 미국 호텔의 대형화 · 근대화를 이끎

05 현대의 관광사업

(1) 현대 관광사업의 특색

① 지방 문화, 예술의 발달로 인해 관광활동의 내용이 풍부해짐

② 인간의 잠재적인 욕구의 자극으로 대중관광이 촉진됨

③ 교통수단의 발달로 신속 · 편리 · 쾌적한 여행이 가능해짐

④ 정치 · 경제 · 사회 · 문화의 발전으로 관광여행의 목적이 다양화됨

⑤ 생활 의식이 변화하고 소득이 증가하면서 관광이 보편화됨

(2) 현대 관광의 형태 15 16 23 24 25 기출

① 복지관광(Social Tourism) : 국민 대중의 정서 함양과 보건 증진을 위하여 저소득층에게 국내 관광을 즐길 수 있도록 권장함과 동시에 이를 실현할 수 있도록 유급 휴가제도의 실시와 같은 사회복지 정책을 추진

② 국제관광 : 세계 각국은 자국의 경제력 회복을 위한 외화 소득 수단으로서 국제관광을 개발 → 대형화 · 근대화 · 경영의 합리화

③ 대중관광(Mass Tourism) : 중산층 서민을 포함한 전 국민이 여가선용과 자기창조의 활동 등의 폭넓은 동기를 가지고 관광활동을 함

④ 녹색관광(Green Tourism) : 환경 피해를 최대한 억제하면서 자연을 관찰하고 이해하며 즐기는 여행 방식이나 여행 문화로, 에코투어리즘, 생태관광, 연성관광, 농업관광, 농촌관광 등과 비슷한 개념으로 사용 23 24 기출

⑤ 대안관광(Alternative Tourism) : 기존 관광의 환경파괴, 교통혼잡, 주민과의 마찰, 방문객의 만족도 저하 등 많은 문제점을 해결하는 방법으로 대두된 것

⑥ 지속가능한 관광(Sustainable Tourism) : 현재의 자원 소비를 최소화하여 지역주민과 관광객들이 현재와 미래에 누릴 수 있는 환경적 · 문화적 자원을 보호하면서 관광개발과 관광활동을 통한 경제적 이득을 높이는 것

⑦ 과잉관광(Over Tourism) : 관광지에 수용력을 초과하는 관광객이 찾아오면서 환경 · 생태계 파괴, 교통난, 주거난 등의 부작용이 발생하는 것

⑧ 생태관광(Eco Tourism) : 외부의 영향을 거의 받지 않은 자연보전지구를 방문하는 것으로 환경 피해를 최소한으로 하는 여행 방식

⑨ 다크 투어리즘(Dark Tourism) : 역사적으로 비극적인 사건이 일어났던 곳과 관련 있는 곳들을 여행하며 반성하고 교훈을 얻는 여행

[관광의 발전 단계] 22 24 기출

구 분 / 단 계	시 기	관광계층	관광 동기	조직자	조직동기
Tour 시대 (자연 발생적)	고대~1830년대 말	특권계층(귀족, 승려, 무사)과 일부 부유층의 평민	종 교	교 회	신앙심 향상
Tourism 시대 (매개 · 서비스적)	1840년대 초~제2차 세계대전	특권층과 부유층의 평민	지식욕	기 업	이윤 추구
Mass Tourism 시대 (Social Tourism) (개발 · 조직적)	제2차 세계대전 이후~현대	일반 대중을 포함한 국민	• 보 양 • 오 락	• 민간기업 • 공공단체 • 국 가	• 이윤 추구 • 국민후생의 증대
New Tourism 시대	1990년대 이후	전 국민	관광의 생활화	• 개 인 • 가 족	특정 주제에 대한 열망, 개성 추구

06 우리나라의 관광발전사

(1) 고대~조선시대

① 삼국시대 : 일부 특권계층에게만 가능, 외교나 행정 · 전쟁 · 수양 등의 목적, 여행의 범위는 국내는 물론 인도나 페르시아 등에까지 미쳤음

② 고려시대 : 도로의 발달과 중앙 집권적 정치체계 확립으로 이동이 활발, 이 시대의 여행 역시 소수의 특권층에게만 허용

③ 조선시대 : 보부상이 출현하는 등 특권층이 아닌 일반인들의 이동 가능, 상인들과 일반인을 위한 숙박시설이 나타남

(2) 광복 전~1970년대 이후

① 1945년 이전(광복 전) : 일본의 통치는 우리나라의 여러 부분에 커다란 영향을 끼침, 일본여행협회 조선지부가 설치되고, 대륙 침략용 철도가 부설됨, 일본의 조선 수탈

② 광복 후부터 1960년대 말 : 한국전쟁의 발발과 함께 나타난 생활고로 관광발전이 과거로 회귀, 관광현상을 찾아보기 어려운 시기, 외국인을 유치하여 국가의 경제적 기초를 쌓기 위한 관광정책 실시

③ 1970년대 이후 : 경부고속도로의 개통은 우리나라 관광의 발전에 커다란 영향을 미침, 기생관광과 맞춤관광 등 많은 부정적 이미지를 가지게 됨, 1970년대 각종 법과 행정적인 정비가 이루어지고 도약의 계기를 맞음

제4절 관광사업의 이해

01 관광사업의 의의

(1) 관광사업의 개념

① 정 의

㉠ 관광수요를 창출하고 이들의 다양한 관광행동에 적합한 사업활동을 통하여 관광의 다각적인 효과를 거두려는 인류의 평화와 복지를 위한 사업

㉡ 관광의 효용과 그 문화적 · 사회적 · 경제적 효과를 목적으로 하는 조직적 활동으로서 관광 왕래를 대상으로 한 서비스산업(Service Industry)의 총칭

② 관광사업의 주체

㉠ 정부와 지방공공기관(지방자치단체) 등의 공적 기관 → 관광행정(Tourism Administration)

㉡ 영리를 목적으로 하는 민간기업 → 관광경영(Tourism Management)

③ 관광사업의 내용

㉠ 관광자원의 보호 · 보존에 관한 사업

㉡ 관광시설의 정비 · 이용 증진에 관한 사업

㉢ 관광객 유치 선전에 관한 사업

㉣ 관광객 접대 알선에 관한 사업

(2) 관광과 관광사업

① 관광은 관광주체, 관광객체, 관광매체의 유기적 관계

② 관광주체와 관광객체 사이에 성립되는 관광의 효용성은 관광매체인 관광사업을 개입시키면서 증대되며 관광수요도 증가함

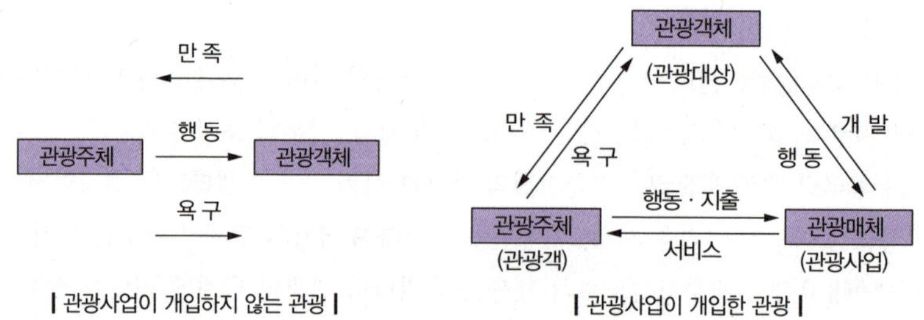

| 관광사업이 개입하지 않는 관광 | | 관광사업이 개입한 관광 |

(3) 관광사업의 구성

① 관광의 공적 사업(정부와 지방자치단체)

㉠ 대내적 : 국민경제의 발전과 국민복지의 증진 향상

㉡ 대외적 : 국위 선양과 국제경제의 발전을 위하여 정책적으로 추진

② 관광의 사적 사업 : 영리를 목적으로 하는 민간의 기업활동, 즉 영리의 추구를 제1차적인 목적으로 하여 관광객에게 재화나 서비스를 생산 · 제공하고 그 대가를 받아 경영을 해나감

02 관광사업의 특성

(1) 복합성 22 기출

① 사업주체의 복합성 : 관광사업은 정부 및 지방자치단체 등의 공공기관과 민간기업이 분담하여 추진하는 사업으로 주관과 달성의 과정에서 복합성이 현저하게 나타남(자연공원의 유지 관리, 숙박시설의 확충 등)

② 사업내용의 복합성 : 관광사업은 여러 가지 업종이 모여 하나의 통합된 사업을 완성 → 관광서비스를 제공한다는 공통된 목적으로 출판업 · 방송업 · 여행업 · 교통업 · 박물관 · 스포츠기념품판매업 등의 각각의 활동이 관광사업의 일부를 구성함

(2) 입지의존성

① 관광지의 형성은 유 · 무형의 관광자원을 소재로 하여 형성되기 때문에 입지의존성은 필연적인 결과임
② 관광지의 유형과 기후, 관광자원의 우열, 교통사정에 의존
③ 경영적 환경(시장의 규모, 체재지 여부, 현지조달가능 재료, 인력공급면 등)과 수요의 질(관광객의 소비성향)에 크게 영향을 받음

(3) 변동성

① **사회적 요인** : 사회정세의 변화, 국제정세의 긴박한 상황, 정치적 불안, 폭동, 그 밖의 인간의 안전을 위협하는 것 등
② **경제적 요인** : 경제 불황, 소득 상황, 환율의 급등, 운임의 변동, 관광여행 시의 외화 사용 제한 등의 조치 등
③ **자연적 요인** : 기후, 지진, 태풍, 폭풍우 등의 파괴적 자연현상 등

(4) 공익성 25 기출

① **사회 · 문화적 측면** : 국위 선양, 상호 이해를 통한 국제친선의 증진, 국제문화의 교류, 국민의 보건 향상, 근로의욕의 증진, 교양의 향상 등
② **경제적 측면**
㉠ 외화 획득과 경제 발전, 기술협력과 국제무역의 증진(국민경제)
㉡ 소득효과, 고용효과, 산업연관효과, 주민 후생복지의 증진, 생활환경의 개선 및 지역개발의 효과(지역경제)

개념충전 **관광사업의 공익성**

- 관광효과
  - 국제관광 → 국제친선 증진, 문화교류 촉진
  - 국내관광 → 보건 증진, 근로의욕 증진, 교양 향상
- 관광경제효과
  - 국민경제효과 → 외화 획득
  - 지역경제효과 → 고용효과, 소득효과, 관련사업효과, 조세효과, 산업기반시설 정비효과

(5) 서비스성

관광사업은 관광객에 대하여 서비스를 제공하는 영업을 중심으로 구성되어 있기 때문에 무형의 서비스가 가장 중요함

(6) 비저장성

관광사업은 생산과 소비과정이 동시에 발생하는 비저장성의 특징을 가짐

03 관광사업의 분류

(1) 관광객 중심의 관광사업 분류

① **1차 관광사업(직접제공자)** : 관광객에게 재화나 서비스를 직접 제공하는 관광사업 → 호텔, 여행사, 식당, 소매상, 항공사, 모든 교통수단 등

② **2차 관광사업(보조서비스)** : 직접제공자 또는 1차 관광사업에게 재화나 서비스를 직접 제공하거나 관광객에게 간접 제공하는 관광사업 → 계약에 의한 식품서비스, 계약에 의한 세탁업, 식품제공자, 여행도매업자, 관광출판물업체 등

③ **3차 관광사업(관광개발)** : 1차 · 2차 관광사업과 관광자에게 직 · 간접적으로 영향을 주는 사업 → 계획자, 정부기관, 금융기관, 부동산 개발업자, 교육과 직업훈련 교육기관 등

(2) 법률적 관광사업 분류(관광진흥법 제3조 및 시행령 제2조) 15 20 기출

① **여행업** : 여행자 또는 운송시설 · 숙박시설, 그 밖에 여행에 딸리는 시설의 경영자 등을 위하여 그 시설 이용 알선이나 계약 체결의 대리, 여행에 관한 안내, 그 밖의 여행 편의를 제공하는 업으로, 종합여행업, 국내외여행업, 국내여행업이 있음

② **관광숙박업**

㉠ 호텔업 : 관광객의 숙박에 적합한 시설을 갖추어 이를 관광객에게 제공하거나 숙박에 딸리는 음식 · 운동 · 오락 · 휴양 · 공연 또는 연수에 적합한 시설 등을 함께 갖추어 이를 이용하게 하는 업으로, 관광호텔업, 수상관광호텔업, 한국전통호텔업, 가족호텔업, 호스텔업, 소형호텔업, 의료관광호텔업이 있음

㉡ 휴양 콘도미니엄업 : 관광객의 숙박과 취사에 적합한 시설을 갖추어 이를 그 시설의 회원이나 소유자 등, 그 밖의 관광객에게 제공하거나 숙박에 딸리는 음식 · 운동 · 오락 · 휴양 · 공연 또는 연수에 적합한 시설 등을 함께 갖추어 이를 이용하게 하는 업

개념충전 **휴양 콘도미니엄 소유형태** 20 기출

- 휴양 콘도미니엄은 소유형태에 따라 공유제와 회원제로 구분할 수 있다.
- 공유제는 시설에 대한 지분소유권이 있고, 회원제는 지분소유권이 없다.
- 공유제는 평생소유가 가능하며, 취득세 · 등록세 · 재산세 등의 대상이 된다.
- 회원제는 소유권은 없지만 시설이용권을 가지고 있는 것으로, 취득세 대상은 되지만 등록세 · 재산세 등의 대상이 되지는 않는다.

③ **관광객 이용시설업**

㉠ 관광객을 위하여 음식 · 운동 · 오락 · 휴양 · 문화 · 예술 또는 레저 등에 적합한 시설을 갖추어 이를 관광객에게 이용하게 하는 업

㉡ 대통령령으로 정하는 2종 이상의 시설과 관광숙박업의 시설 등을 함께 갖추어 이를 회원이나 그 밖의 관광객에게 이용하게 하는 업

㉢ 야영장업 : 야영에 적합한 시설 및 설비 등을 갖추고 야영편의를 제공하는 시설(청소년야영장은 제외)을 관광객에게 이용하게 하는 업

㉣ 외국인관광 도시민박업 : 도시지역(농어촌지역 및 준농어촌지역 제외)의 주민이 자신이 거주하고 있는 주택을 이용하여 외국인 관광객에게 한국의 가정문화를 체험할 수 있도록 적합한 시설을 갖추고 숙식 등을 제공(도시지역에서 마을기업이 외국인 관광객에게 우선하여 숙식 등을 제공하면서, 외국인 관광객의 이용에 지장을 주지 아니하는 범위에서 해당 지역을 방문하는 내국인 관광객에게 그 지역의 특성화된 문화를 체험할 수 있도록 숙식 등을 제공하는 것을 포함)하는 업

㉤ 한옥체험업 : 한옥에 관광객의 숙박 체험에 적합한 시설을 갖추고 이를 관광객에게 이용하게 하거나 전통 놀이 및 공예 등 전통문화 체험에 적합한 시설을 갖추어 이를 관광객에게 이용하게 하는 업

㉥ 종류로는 전문휴양업, 종합휴양업(제1종 종합휴양업, 제2종 종합휴양업), 야영장업(일반야영장업, 자동차야영장업), 관광유람선업(일반관광유람선업, 크루즈업), 관광공연장업 등이 있음

④ **국제회의업** : 대규모 관광 수요를 유발하는 국제회의(세미나 · 토론회 · 전시회 등을 포함)를 개최할 수 있는 시설을 설치 · 운영하거나 국제회의의 계획 · 준비 · 진행 등의 업무를 위탁받아 대행하는 업으로, 국제회의시설업과 국제회의기획업으로 구분됨

⑤ **카지노업** : 전문 영업장을 갖추고 주사위 · 트럼프 · 슬롯머신 등 특정한 기구 등을 이용하여 우연의 결과에 따라 특정인에게 재산상의 이익을 주고 다른 참가자에게 손실을 주는 행위 등을 하는 업

⑥ **테마파크업** : 테마파크시설을 갖추어 이를 관광객에게 이용하게 하는 업(다른 영업을 경영하면서 관광객의 유치 또는 광고 등을 목적으로 테마파크시설을 설치하여 이를 이용하게 하는 경우를 포함)

⑦ **관광 편의시설업** : ①~⑥까지의 규정에 따른 관광사업 외에 관광진흥에 이바지할 수 있다고 인정되는 사업이나 시설 등을 운영하는 업으로, 관광유흥음식점업, 관광극장유흥업, 외국인전용 유흥음식점업, 관광식당업, 관광순환버스업, 관광사진업, 여객자동차터미널시설업, 관광펜션업, 관광궤도업, 관광면세업, 관광지원서비스업 등이 있음

(3) 주체별 관광사업 분류

① **관광기업**

㉠ 관광개념에서 관광객 활동과정 중에 직접적으로 관계되어 영리를 목적으로 한 사적 관광사업(1차 관광사업이 포함되는 개념)

㉡ 여행업, 관광숙박업, 관광객 이용시설업, 주제공원, 국제회의업, 교통업(전세버스업과 항공업, 토산품 또는 기념품판매업, 유람선업, 순항유람선업, 관광지 내의 기타 업종 등도 포함)

② **관광 관련 기업**

㉠ 2차 관광사업 또는 간접관광사업이 포함된 의미로 재화나 서비스를 관광객에게 간접적으로 제공하거나 관광기업에 직접 제공해 주는 사적 관광사업

㉡ 호텔에 서비스를 제공해 주는 세탁업자, 식품업자, 각종 납품업자와 용역업자, 관광출판물업자, 여행도매업자 등

③ 관광행정기관

㉠ 공적 관광사업으로서 관광정책 · 관광행정의 기구

㉡ 국가, 정부, 지방자치단체 등 관광관계 행정기관으로 관광자 · 관광기업 · 관광관련 기업과 직 · 간접적으로 영향을 주고받으며 관광개발과 육성업무를 행함

④ 관광공익단체 : 공적 관광사업으로 관광공사 · 관광협회 등 공익법인과 관광인력을 양성하는 교육기관, 관광관련 연구소 등

04 관광사업의 사회적 영향

(1) 경제적 측면

① 외화 획득 : 관광사업 진흥의 제1목적은 외화 획득임

② 국내 산업의 진흥 : 관광인구의 증가는 관광투자, 관광소비 등의 증가에 의하여 관광관련 산업과 아울러 국내 모든 산업의 진흥에 기여하며 결과적으로 한 나라의 경제 발전에 공헌함

③ 지역경제의 개발효과 : 관광객에 의한 관광소비는 직접적인 관광수입을 형성함과 동시에 지역 내에서의 노동력 및 자재의 수요를 증대하여 새로운 자본투자가 형성됨

④ 교통자본의 고도 이용 : 관광여행의 촉진과 증가에 따라 교통기관의 집약적 이용이 이루어지면 교통노무의 단가 저하, 내용 개선 및 각종 기술 발전을 촉진함

⑤ 고용의 증대 : 관광사업은 노동집약적인 성격을 띠기 때문에 관광사업의 확대에 따른 고용효과는 매우 큼

⑥ 비용의 확대 : 자연환경 파괴와 훼손, 생활환경의 질 저하, 관광관련 이용시설 유지 등의 직접 비용과 관광수요증가로 인한 물가 · 지가상승, 생산과 고용의 계절성 등의 간접비용 확대

(2) 사회 · 문화적 측면 19 24 기출

① 사회적 효과 : 부의 분배에 따른 변화 및 사회적 구조 변경과 이동

② 문화적 효과 : 관광에 의하여 습득된 지식과 문화는 질적 · 양적인 변화를 거치게 됨

(3) 그 밖의 효과

① 국민 후생적 효과 : 관광을 통하여 피로를 풀어 활력을 증강하는 효과

② 국제친선효과 : 국제교류를 통해 얻어지는 효과

05 관광자원의 개발

(1) 관광자원의 의의

① 관광의 주체인 관광객으로 하여금 관광동기나 관광의욕을 일으키는 목적물인 관광대상을 가리킴

② 유형물이든 무형물이든, 인공물이든 자연물이든 그것이 관광객을 유인할 수 있고 관광수입을 올릴 수 있는 경제성을 띠고 있는 한 관광자원으로 봄

(2) 관광자원의 특성

① **매력성** : 매력이 없는 관광자원은 가치가 없음

② **유인성(견인성)** : 매력성의 강도에 비례하여 유인성의 크기가 결정되지만 관광마케팅 활동을 통한 홍보가 자극요인이 되어 견인력을 높임

③ **개발성** : 관광자원은 개발을 통하여 관광대상이 되므로 개발은 발전으로 가는 변화 과정임

④ **보호 · 보존요구성** : 관광욕구의 충족과 관광경험의 질을 유지하고 향상하기 위하여 관광자원은 보호 · 보존되어야 함

⑤ **가치의 변화성** : 관광자원은 시간의 흐름에 따라 그리고 공간관계, 즉 입지 · 분포 및 상호작용에 의하여 가치가 변화함

⑥ **범위의 다양성** : 관광주체의 가치변화는 관광자원의 범위를 광역화하고 다양하게 함

⑦ **자연과 인공의 상호작용** : 관광자원은 자연적인 것뿐만 아니라 자연에 인공을 가미하여 얻어지는 문화적인 것, 사회적인 것, 산업적인 것, 위락적인 것도 포함

(3) 관광자원의 분류 · 기준 25 기출

① **관광자원의 분류 목적** : 관광지를 구성하는 여러 가지 환경 요인과 요소들을 대상으로 관광자원의 역할과 가치를 평가하여 미래의 관광수요에 대처하고 자원이 잠재력을 평가할 기준을 만들어 관광자에 대한 견인력과 수용력을 측정함

| 서울 숭례문 |

② **관광자원의 분류**

㉠ 자연관광자원 : 산악, 해양, 온천, 동굴, 하천과 호수, 삼림 등

㉡ 문화관광자원

- 문화유산관광 : 국가유산, 유적지, 고궁, 사찰, 박물관, 고분, 민속자료 등
- 예술관광 : 미술관, 문화센터, 전시관, 문화예술축제, 이벤트, 공연, 전시 등

㉢ 사회관광자원 : 민속, 풍습, 국민성과 민족성, 생활양식 등

㉣ 산업관광자원 : 농업관광자원(농원, 과수원, 목장, 어장 등), 공업관광자원(공장시설 견학, 생산기술 습득 등), 상업관광자원(재래시장, 백화점, 쇼핑관광)

㉤ 위락관광자원 : 주제공원, 카지노, 리조트, 스키, 골프 등

(4) 관광자원의 관리

① **자연관광자원의 보호와 보전** : 관광사업의 유지발전과 관광입국을 위하여 자연보호는 절대적임

② **문화관광자원의 보호와 보전** : 문화재에 대한 올바른 인식과 이해로 문화민족의 긍지를 갖고 국가유산보호에 앞장섬

(5) 관광지와 관광권 15 기출

① **관광지** : 자연적 또는 문화적 관광자원을 갖추고 관광객을 위한 기본적인 편의시설을 설치하는 지역으로서 「관광진흥법」에 따라 지정된 곳을 말함

② **관광단지** : 관광객의 다양한 관광 및 휴양을 위하여 각종 관광시설을 종합적으로 개발하는 관광 거점 지역으로서 「관광진흥법」에 따라 지정된 곳을 말함

③ **관광특구** 20 21 24 기출

㉠ 외국인 관광객의 유치 촉진 등을 위하여 관광 활동과 관련된 관계 법령의 적용이 배제되거나 완화되고, 관광 활동과 관련된 서비스 · 안내 체계 및 홍보 등 관광 여건을 집중적으로 조성할 필요가 있는 지역으로 「관광진흥법」에 따라 지정된 곳을 말함

㉡ 관광특구는 시장 · 군수 · 구청장의 신청(특별자치시 및 특별자치도의 경우는 제외한다)에 따라 시 · 도지사가 지정

㉢ 관광특구로 지정되려면 외국인 관광객 수가 대통령령으로 정하는 기준[문화체육관광부장관이 고시하는 기준을 갖춘 통계전문기관의 통계결과 해당 지역의 최근 1년간 외국인 관광객 수가 10만명(서울특별시는 50만명)] 이상이어야 하고, 관광안내시설, 공공편익시설 및 숙박시설 등이 갖추어져 외국인 관광객의 관광 수요를 충족시킬 수 있는 지역이며, 관광 활동과 직접적인 관련성이 없는 토지의 비율이 대통령령으로 정하는 기준(10%)을 초과하지 아니하여야 함

④ **관광권**

㉠ 일정 지역을 단위지역으로 하면서 그 단위지역의 고유한 관광자원을 배경으로 관광자원의 보전, 보호 및 다양화를 도모

㉡ 관광권은 국토 공간의 합리적 이용과 생활 공간의 청결을 유지하며, 국민들의 정서 순환과 교화적 기능에 기여

개념충전 **새로 등재된 한국의 유네스코 세계유산** 15 기출

- 산사, 한국의 산지승원(2018) : 양산 통도사, 영주 부석사, 안동 봉정사, 보은 법주사, 공주 마곡사, 순천 선암사, 해남 대흥사
- 한국의 서원(2019) : 경북 영주 소수서원, 경남 함양 남계서원, 경북 경주 옥산서원, 경북 안동 도산서원, 전남 장성 필암서원, 대구 달성 도동서원, 경북 안동 병산서원, 충남 논산 돈암서원, 전북 정읍 무성서원
- 한국의 갯벌(2021) : 충남 서천군 서천갯벌, 전남 신안군 신안갯벌, 전북 고창군 고창갯벌, 전남 순천시 보성-순천갯벌, 전남 보성군 보성-순천갯벌
- 가야 고분군(2023)
- 반구천의 암각화(2025)

제1장 핵심 실전 문제

※ 문제의 이해도에 따라 ○△× 체크하여 완벽하게 정리하세요.

01 ○△×

관광의 개념과 가장 관계가 먼 것은?

① 관광에는 레저나 레크리에이션의 개념도 포함한다.
② 인간 본연의 욕구로서 즐거움을 목적으로 하는 여행이라고 할 수 있다.
③ 일상적인 용어로 요양, 유람 등의 위락적 목적을 가지고 여행하는 것을 뜻한다.
④ 일상생활을 떠나 다시 돌아올 것을 전제로 한다.

해설 레크리에이션이란 여가시간 내 자신의 몸과 마음의 휴식과 수양 또는 즐거움을 추구하기 위하여 자발적으로 이루어지는 활동이나 경험으로 관광의 유사개념이라 할 수 있다.

02 ○△×

관광의 발전 단계를 올바르게 나타낸 것은?

① Tour → Tourism → Mass Tourism → New Tourism
② Mass Tourism → Tour → New Tourism → Tourism
③ Mass Tourism → Tourism → Tour → New Tourism
④ Tour → New Tourism → Tourism → Mass Tourism

해설 Tour(고대~19세기) → Tourism(19세기~2차 세계대전) → Mass Tourism(2차 세계대전 이후) → New Tourism(현대)

03 ○△×

관광의 구조에 관한 내용과 관계없는 것은?

① 관광욕구
② 관광매체
③ 관광시설
④ 관광복표

해설 **관광의 구조**
관광주체(관광객, 관광동기, 관광욕구), 관광객체(관광자원, 관광시설), 관광매체(관광사업)

정답 1 ❶ 2 ❶ 3 ❹

제4과목

04

Grand Tour란 무엇을 말하는가?

① 15~16세기 미국인이나 유럽인들의 여행
② 17~18세기 미국인들의 여행
③ 17~19세기 유럽인들의 여행
④ 19세기 이후 인도인들의 여행

해설 **Grand Tour**
17세기 중반부터 19세기 초반까지 유럽 상류층 자제들 사이에서 유행한 여행을 말한다. 주로 고대 그리스 로마의 유적지와 이탈리아, 파리를 필수 코스로 밟았다.

05

매슬로(Maslow)의 욕구계층 이론 순서로 옳은 것은?

ㄱ. 생리적 욕구	ㄴ. 사회적 욕구
ㄷ. 안전의 욕구	ㄹ. 존경의 욕구
ㅁ. 자아실현의 욕구	

① ㄱ → ㄷ → ㅁ → ㄴ → ㄹ
② ㄱ → ㄷ → ㄴ → ㄹ → ㅁ
③ ㄴ → ㄱ → ㄷ → ㄹ → ㅁ
④ ㄴ → ㄱ → ㅁ → ㄷ → ㄹ

해설 **매슬로(Maslow)의 욕구 단계**
- 제1단계 : 생리적 욕구
- 제2단계 : 안전의 욕구
- 제3단계 : 소속과 애정의 욕구(사회적 욕구)
- 제4단계 : 존경의 욕구
- 제5단계 : 자아실현의 욕구

06

관광의 구성요소로서 그 관계가 옳지 못한 것은?

① 관광매체 – 여행알선
② 관광객체 – 관광자원과 관광시설
③ 관광대상 – 교통기관
④ 관광주체 – 관광객

해설 교통기관은 관광매체 중 공간적 매체에 속한다.

정답 4 ❸ 5 ❷ 6 ❸

07 ○△×

매킨토시의 관광동기와 관련이 없는 것은?

① 신체적 동기　　② 문화적 동기
③ 정치적 동기　　④ 대인적 동기

해설 **매킨토시의 4가지 관광동기**
- 신체적 · 물리적 동기
- 문화적 동기
- 대인적 동기
- 지위 · 위세 동기

08 ○△×

관광발전의 요인과 관계가 먼 사항은?

① 근로노동시간의 증대　　② 여가의 증대
③ 국민소득의 증대　　④ 교통기관의 발달

해설 **관광발전의 요인**
- 여가 증대
- 소득 증가
- 교통기관의 발달
- 교육 수준의 향상

제4과목

09 

여가의 기능과 가장 관련이 없는 것은?

① 휴식의 기능
② 이익추구의 기능
③ 자기실현의 기능
④ 기분전환의 기능

해설 **여가의 기능**
- 휴식의 기능 : 일상생활의 압력에 의한 육체적 · 정신적인 소모를 보완 · 회복시켜 주는 것
- 기분전환의 기능 : 인간을 권태로부터 구출
- 자기실현의 기능 : 보다 폭넓고 자유로운 사회적 활동에의 참가와 육체 · 감정 · 이성의 도야를 가능하게 함

정답 7 ❸ 8 ❶ 9 ❷

10

○△×

관광매체에 관한 설명으로 옳지 않은 것은?

① 관광객과 관광대상을 연결한다.

② 관광매체는 관광자원과 관광시설을 포함한다.

③ 관광매체는 공간 · 시간 · 기능매체로 나눌 수 있다.

④ 공간매체에는 교통기관, 도로, 운송시설 등이 있다.

해설 관광은 관광객과 관광자원 및 시설이 결합되어 이루어지는 현상이다. 이 두 가지를 실질적으로 결합시키는 요소를 관광매체라 하는데, 공간매체, 시간매체, 기능매체로 나눌 수 있다. 관광자원과 관광시설은 관광매체가 아니라 관광객체이다.

11

○△×

관광산업이 획기적인 전환기를 맞게 해 준 시대상황은?

① 실크로드

② 산업혁명

③ 제1차 세계대전

④ 십자군 원정

해설 산업혁명에 따른 교통수단의 발달과 경제 활동의 활성화에 따른 소득의 증대 및 인적 교류의 증대 그리고 이에 따른 숙박시설의 정비는 사람들의 경제적 동기에 따른 여행, 즉 상용여행을 급증시켰다.

12

○△×

저소득층에게 국내 관광을 즐길 수 있도록 권장하는 관광의 형태로 적절한 것은?

① Mass Tourism

② Social Tourism

③ Noble Tour

④ Grand Tour

해설 Social Tourism

국민 대중의 정서 함양 및 보건 증진을 위하여 저소득층 · 장애인 · 노인 · 청소년 등 관광 취약계층도 국내 관광을 즐길 수 있도록 권장하는 것이다. 유급 휴가제도의 실시와 같은 사회복지 정책을 추진한다.

정답 10 ❷ 11 ❷ 12 ❷

13 최초로 여행알선업을 시도했던 사람은?

① 스타틀러(E. M. Statler)
② 토마스 쿡(Thomas Cook)
③ 힐튼(C. N. Hilton)
④ 리츠(Cesar Ritz)

해설 여행알선업은 1841년 영국의 토마스 쿡이 광고를 내어 여행단을 모집하고 단체 전세열차의 운행을 시도하여 성공을 거둔 데서 비롯되었다.

14 관광의 어원과 관련된 책이 아닌 것은?

① 중국 주나라 시대의 〈주역〉
② 신라시대의 〈계원필경〉
③ 고려시대의 〈고려사절요〉
④ 조선시대의 〈색경〉

해설 관광의 어원과 관련된 작품에는 〈주역〉(주나라), 〈계원필경〉(신라, 최치원), 〈고려사절요〉(고려), 〈삼봉집〉(조선, 정도전), 〈열하일기〉(조선, 박지원), 〈관광약기〉(조선, 유길준) 등이 있다.

15 매슬로의 욕구 단계설에 대한 설명으로 옳지 않은 것은?

① 자아실현의 욕구 – 잠재능력
② 존경의 욕구 – 동료의식
③ 소속과 애정의 욕구 – 우정
④ 생리적 욕구 – 의, 식, 주

해설 존경의 욕구는 주목과 인정에 관한 것이며, 동료의식은 소속과 애정의 욕구(사회적 욕구)이다.

정답 13 ② 14 ④ 15 ②

16 여러 가지 업종이 모여 하나의 통합된 사업을 완성하는 것에서 나타나는 관광사업의 특성은?

① 관광사업의 변동성
② 관광사업의 비저장성
③ 관광사업의 편의성
④ 관광사업의 복합성

해설 '관광사업의 복합성'이란 관광사업은 정부 및 지방자치단체 등의 공공기관과 민간기업이 분담하여 추진하는 사업으로 주관과 달성의 과정에서 복합성이 현저하게 나타나고, 여러 가지 업종이 모여 하나의 통합된 사업을 완성하는 것을 의미한다.

17 관광사업의 주체가 될 수 없는 것은?

① 정 부
② 관광객
③ 관광공사
④ 관광기업

해설 **주체별 관광사업의 분류**
관광기업, 관광 관련 기업, 관광행정기관(정부, 지방자치단체 등), 관광공익단체(관광공사, 관광협회 등)

18 관광사업은 관광지의 기후, 자원, 교통 등에 크게 영향을 받는다는 것과 관련된 관광사업의 특성은?

① 복합성
② 저장성
③ 비변동성
④ 입지의존성

해설 관광지의 형성은 유형 · 무형의 관광자원을 소재로 하여 이루어지기 때문에 입지의존성은 필연적인 결과이다. 관광사업은 관광지의 유형과 기후, 관광자원, 교통사정 등에 크게 영향을 받는다.

19 관광사업의 실질적인 시작 단계는?

① 자연 발생적 단계
② 매개 · 서비스 단계
③ 개발 · 조직적 단계
④ 성숙 단계

해설 관광은 관광주체와 관광대상을 실질적으로 연결해 줄 때 비로소 완성되는데, 이때 관광매체는 서비스를 포함한 매개적 역할을 한다.

정답 16 ❹ 17 ❷ 18 ❹ 19 ❷

20 관광사업의 공익적 특성 중 경제적인 측면에서의 효과가 아닌 것은?

○△×

① 기술협력과 국제무역 증진
② 주민 후생복지의 증진
③ 생활환경의 개선
④ 근로의욕의 증진

해설 **관광사업의 공익성**

- 사회 · 문화적 측면 : 국위 선양, 상호 이해를 통한 국제친선의 증진, 국제문화의 교류, 국민보건의 향상, 근로의욕의 증진 등
- 경제적 측면 : 외화 획득과 경제 발전, 기술협력과 국제무역의 증진, 소득효과, 고용효과, 주민 후생복지의 증진, 생활환경 개선과 지역개발의 효과 등

21 해외여행 증가의 요인과 관계가 먼 것은?

○△×

① 소득의 증대
② 여행의 자유화
③ 경공업의 발달
④ 교육수준의 향상

해설 여행 증가의 요인에는 소득의 증대, 여행의 자유화, 교육수준의 향상, 교통의 발달 등이 있다.

22 관광사업의 특성으로 볼 수 없는 것은?

○△×

① 관광상품의 무형성
② 서비스의 다양성
③ 저장성
④ 모방의 용이성

해설 관광상품은 생산과 소비과정이 동시에 발생하는 비저장적 특징을 가진다.

정답 20 ❹ 21 ❸ 22 ❸

23

관광사업을 관광객 중심으로 분류할 때 1차 관광사업에 속하지 않는 것은?

① 호 텔
② 여행사
③ 소매상
④ 여행도매업자

해설 1차 관광사업은 관광객에게 재화나 서비스를 직접 제공하는 관광사업으로, 호텔, 여행사, 식당, 소매상, 항공사 및 모든 교통수단 등을 말한다.

24

관광의 원인을 관념적인 것과 물질적인 것으로 분류한 학자는?

① 매슬로(A. H. Maslow)
② 훈지커(W. Hunziker)
③ 글뤽스만(R. Glücksmann)
④ 토마스 쿡(Thomas Cook)

해설 글뤽스만(R. Glücksmann)은 관광의 원인을 관념적인 것(심리적 원인, 정신적 원인)과 물질적인 것(신체적 원인, 경제적 원인)으로 나누어 설명하였다.

25

현대 관광산업의 특색을 잘못 설명한 것은?

① 대중관광이 촉진되었다.
② 소득의 발달로 관광이 보편화하였다.
③ 문화의 발전으로 관광여행의 목적이 획일화하였다.
④ 교통수단의 발달로 신속 · 쾌적한 여행이 가능해졌다.

해설 정치 · 경제 · 사회 · 문화의 발전으로 관광여행의 목적이 다양화하였다.

정답 23 ❹ 24 ❸ 25 ❸

26 ○△✕ **관광계층이 대중으로 확대된 관광사업의 발전단계는?**

① 원시단계
② 자연 발생적 단계
③ 매개 · 서비스적 단계
④ 개발 · 조직적 단계

해설 개발 · 조직적 단계의 관광사업은 제2차 세계대전 이후 현재에 이르기까지의 단계이며, 관광사업의 국가적 기여도를 인식하여 조직적인 관광사업의 발전이 시작되었다. 또한, 소득 증대, 여가시간 증대, 인식 변화, 도시화 등의 사회적 · 경제적 변화와 함께 대중이 관광활동에 많이 참여하게 되었다.

27 ○△✕ **관광의사결정에 영향을 미치는 개인적 요인이 아닌 것은?**

① 성 격 ② 가 족
③ 태 도 ④ 학 습

해설 **관광의사결정에 영향을 미치는 요인**
- 개인적 요인 : 학습, 성격, 태도, 동기, 지각 등
- 사회적 요인 : 가족, 문화, 사회계층, 준거집단 등

제4과목

28 ○△✕ **관광상품의 특성과 관계가 먼 것은?**

① 무형성
② 독립성
③ 소멸성
④ 비저장성

해설 관광상품은 관광지의 자연자원과 교통, 숙박시설을 취급해야 성립되는 복합적인 개념으로, 관광상품의 특성으로 독립성은 적합하지 않다.

정답 26 ❹ 27 ❷ 28 ❷

29 국제관광이 활발해지게 된 사회변화의 특성이 아닌 것은?

① 인구의 고령화
② 유급휴가의 증가
③ 근로시간의 연장
④ 출입국 절차의 간소화

해설 근로시간의 단축, 인구의 고령화, 유급휴가의 증가, 출입국 절차의 간소화 등으로 국제여행이 지속적으로 증가하고 있다.

30 관광매체 중 시간적 매체로서의 역할을 하는 것은?

① 교통시설
② 숙박시설
③ 운송시설
④ 통역안내

해설 ①·③ 공간적 매체
④ 기능적 매체

31 관광의 긍정적 영향으로 옳지 않은 것은?

① 역사유적 보존
② 국가경제 개선
③ 기회비용 증대
④ 국제친선 도모

해설 **관광의 긍정적 영향**
국가경제 및 국제수지 개선, 고용창출 증대, 환경인식 증대, 국제친선 도모, 역사유적 등의 보존·보호

32 관광자원의 개념으로 적합하지 못한 사항은?

① 관광동기를 일으킨다.
② 관광의욕을 충족한다.
③ 경제적 가치에 절대적 개념을 지닌다.
④ 위락적 및 문화적 가치를 제공한다.

해설 **관광자원의 개념**
관광객의 관광동기와 관광행위를 유발하도록 매력과 유인성이 있는 것으로, 자연관광자원과 인문관광자원으로 대별되며, 대개의 경우 보호·보전이 필요하고 관광객이 이용하더라도 소모되지 않고 비이동성이 있는 것이다.

정답 29 ❸ 30 ❷ 31 ❸ 32 ❸

33

관광의 구성요소 가운데 관광주체는?

① 관광객
② 여행사
③ 관광자원
④ 관광행정

해설 세계관광기구는 관광활동의 주체를 관광객, 즉 방문객으로 규정하고 있다.

34

관광의 구성요소 중 관광객체로 옳은 것은?

① 관광자원
② 여행사
③ 관광자
④ 관광정보

해설 **관광의 구성요소**

- 관광주체 : 관광자(관광객)
- 관광객체 : 관광자원, 관광시설
- 관광매체 : 관광사업, 관광정보, 이동수단

제4과목

35

서양 중세시대 관광에 관한 설명으로 옳은 것은?

① 패키지여행상품이 출시되었다.
② 증기기관차 등의 교통수단이 발달되었다.
③ 십자군 전쟁 이후 동양과의 교류가 확대되었다.
④ 도로의 발달로 인한 숙박업이 호황을 이루었다.

해설 중세에 들어 유럽의 사회조직은 혼란 상태에 빠졌으며, 로마 시대에 건설한 도로도 모두 파괴되어 관광여행은 자취를 감추었다. 십자군 원정은 관광부활의 계기가 되었는데, 육로 및 해로의 개발은 물론 동방에 대한 지식과 관심을 높였고, 동 · 서양의 교류를 확대했다.

정답 33 ❶ 34 ❶ 35 ❸

제2장 관광여행업

제1절 여행업의 개념

01 여행업의 정의 및 업무내용

(1) 정 의

① 여행업이란 여행자 또는 운송시설 · 숙박시설, 그 밖에 여행에 딸리는 시설의 경영자 등을 위하여 그 시설 이용 알선이나 계약 체결의 대리, 여행에 관한 안내, 그 밖의 여행 편의를 제공하는 업(관광진흥법 제3조 제1항)

② 여행업의 종류(관광진흥법 시행령 제2조 제1항 제1호) 23 기출

㉠ 종합여행업 : 국내외를 여행하는 내국인 및 외국인을 대상으로 하는 여행업[사증(査證)을 받는 절차를 대행하는 행위 포함]

㉡ 국내외여행업 : 국내외를 여행하는 내국인을 대상으로 하는 여행업(사증을 받는 절차를 대행하는 행위 포함)

㉢ 국내여행업 : 국내를 여행하는 내국인을 대상으로 하는 여행업

(2) 업무내용

① 판매업무 : 항공권 · 승차권 등 교통시설의 표 판매, 쿠폰권류의 판매, 세트 · 여행상품의 판매, 여행자 수표의 발행

② 대행업무 : 해외여행에 대한 여권, 사증(Visa) 등 수속절차의 대행

③ 중개업무 : 여행 상해보험의 취급, 환전(Exchanging Money)

④ 인수업무 : 청부여행의 인수

⑤ 안내업무 : 국외여행 안내, 통역 안내, 여행에 관한 정보의 제공 및 문의에 대한 응답(여행 상담과 여행 계획의 작성), 설명서와 안내서의 교부, 각종 여행 도서의 출판

⑥ 상담업무 : 전화상담, 카운터상담, 방문상담 등의 여행상담 업무

⑦ 인솔업무 : 출국에서부터 입국까지의 모든 일정을 관장하는 업무

02 여행업의 성격 및 기능

(1) 여행업의 성격

① 이용자의 요일 · 계절적 변화, 즉 수요의 탄력성이 커서 여행업자의 수급조정이 곤란

② 생산과 소비가 동시에 이루어지기 때문에 저장이 불가능

③ 관광의 평가는 최종적으로는 개인의 만족도라는 심리적 측면에서 결정

(2) 여행업의 기능 17 20 24 기출

① 상담기능 : 각종 정보 제공, 여행상담, 여행코스 설정, 요금견적 등 여행자에게 필요한 각종 서비스를 제공하는 기능

② 예약 및 수배기능 : 여행에 필요한 예약, 변경, 취소 등을 수행하는 기능

③ 판매기능 : 여행상품을 여행객에게 효과적으로 판매하는 기능으로 내부판매와 외부판매로 나눌 수 있음

④ 발권기능 : 여행관련시설업으로부터 판매위탁을 받아 항공권을 비롯하여 숙박권, 승차권 등의 각종 쿠폰류를 발행하여 제공하는 기능

⑤ 정산기능 : 여행비용의 청구, 지불, 견적에 필요한 기능

⑥ 수속대행기능 : 여권, 비자 등 여러 가지 수속에 필요한 일을 대행하는 기능

⑦ 여정관리기능 : 여행일정을 무리 없이 진행하는 기능

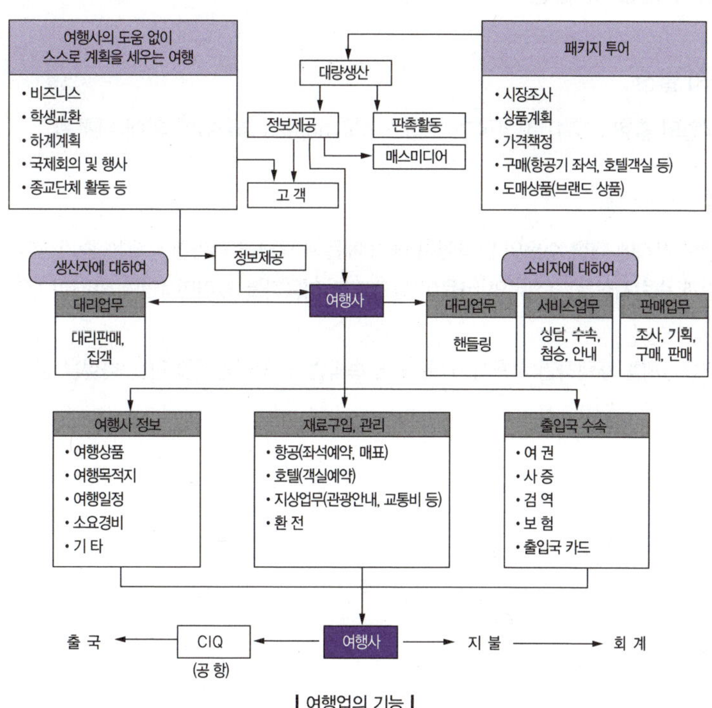

| 여행업의 기능 |

개념충전 **여행업자를 이용한 여행의 장점**

- 신용 : 여행자의 심리적 안정감을 유도
- 정보 및 판단력 : 여러 매체로 자신에게 알맞은 상품 판단
- 시간 절약 : 계약 등의 대리업무로 시간 절약
- 염가 : 패키지 여행 등으로 저렴한 여행 가능

(3) 여행업의 특징 15 20 기출

① 고정자본투자가 적음
② 노동력에 대한 의존도가 높기 때문에 인간이 자본임
③ 계절성이 강함
④ 제품수명주기가 짧음
⑤ 직원의 전문요원화를 요함
⑥ 사무실의 위치의존도가 높음
⑦ 다품종대량생산의 시스템산업
⑧ 정치, 경제 등의 변화에 민감

03 여행업의 발전 및 현황

(1) 여행업의 발전

① 여행업의 출현 : 1841년 영국인 토마스 쿡(Thomas Cook)에 의해 비롯됨

개념충전 **쿡의 법칙**

- 관광여행은 가격에 대한 수요의 탄력성이 높기 때문에 요금을 내리면 수요는 증가한다.
- 교통기관과 숙박시설은 고정비의 비율이 높으므로 이용자를 늘리면 1인당 가격이 내려간다고 해도 수입은 올라간다.
- 단체할인요금제를 채택하면 이용자, 교통업자, 숙박업자 모두 만족할 만한 결실을 얻을 수 있다.

② 여행업의 발전 요인

㉠ 교통기관의 발달

㉡ 생활수준 향상

㉢ 여가시간의 증대 : 산업 발달로 근로시간 단축

㉣ 관광여행 계층의 확대 : 노년층 관광 증가, 청소년의 견문 욕구 증가

㉤ 세계 교역 증가

(2) 여행업의 현황

① **미국** : 5대 대형 여행사로는 American Express, Carlson Wagonlit Travel, BTI Americas, Rosenbluth Travel, Maritz Travel 등이 있음

개념충전 **아메리칸 익스프레스사(American Express Company, 미국)**

- 운송업과 우편업무만을 취급하였으나 금융업과 여행업으로 사업 확장
- 1891년 아메리칸 익스프레스 여행자 수표(T/C ; Travel's Check)를 도입
- 여행비용을 분할 지불하는 월부여행(Credit Tour)제도를 실시하여 관광수요 창출
- 1915년 뉴욕에 별도 여행 사업부문 설립

② **우리나라** : 여행업은 1971년 허가제에서 1982년 법개정으로 등록제로 바뀌었고, 1987년에는 일반여행업, 국외여행업, 국내여행업으로 여행업이 구분됨(2024년 현재 종합여행업, 국내외여행업, 국내여행업으로 구분) 22 기출

(3) 여행업의 등록기준(관광진흥법 시행령 별표 1) 22 기출

① 종합여행업

㉠ 자본금(개인의 경우에는 자산평가액) : 5천만원 이상일 것

㉡ 사무실 : 소유권이나 사용권이 있을 것

② 국내외여행업

㉠ 자본금(개인의 경우에는 자산평가액) : 3천만원 이상일 것

㉡ 사무실 : 소유권이나 사용권이 있을 것

③ 국내여행업

㉠ 자본금(개인의 경우에는 자산평가액): 1천500만원 이상일 것. 다만, 2024년 7월 1일부터 2026년 6월 30일까지 제3조 제1항에 따라 등록 신청하는 경우에는 750만원 이상으로 함

㉡ 사무실 : 소유권이나 사용권이 있을 것

(4) 국외여행 인솔자의 자격요건(관광진흥법 시행규칙 제22조) 17 기출

① 관광통역안내사 자격을 취득할 것

② 여행업체에서 6개월 이상 근무하고 국외여행 경험이 있는 자로서 문화체육관광부장관이 정하는 소양교육을 이수할 것

③ 문화체육관광부장관이 지정하는 교육기관에서 국외여행 인솔에 필요한 양성교육을 이수할 것

제2절 여행의 종류 및 형태

01 여행의 종류

(1) 여행 목적에 의한 분류

① 겸목적 여행

㉠ 공용여행 : 공무 출장, 시찰, 회의 참석 등

㉡ 사용여행 : 경조, 연구, 조사, 방문 등

② 순목적 여행 : 개인의 오락, 레크리에이션, 견학, 보건, 휴양상의 여행

(2) 여행 규모에 의한 분류

① 개인여행 : 9인 이하 여행

② 단체여행 : 10인 이상 여행

[개인여행과 단체여행의 특징]

구 분	개인여행	단체여행
여행자	• 개인의 의사에 따른 자유로운 행동 • 일정의 변경이 쉬움 • 여행 중 많은 시간 손실 • 할인이 적음 • 값이 비싸짐 • 수배 절차가 복잡해짐	• 단체의 의사에 따라 행동 • 일정 변경이 어려움 • 유효한 시간 사용 가능 • 할인 혜택이 많음 • 값이 싸짐 • 수배가 일괄적임
여행사	• 계절 변동이 적음 • 안정된 수입원 • 수익률이 낮음 • 번잡한 업무	• 계절 변동이 심함 • 불안정한 요소가 많음 • 수익률이 높음 • 업무가 쉬움

(3) 기획자에 따른 분류

① 주최여행 : 여행사가 여정, 여행조건, 여행비용 등을 사전에 기획하여 참가자들을 모집하는 단체여행

② 공최여행 : 여행사가 그룹 · 단체의 대표와 일정, 여행조건 등을 사전 협의한 후 실시하는 여행

③ 청부여행(도급여행, 주문여행) : 개인, 단체를 불문하고 특정객이나 단체의 주최자의 희망에 따라 여정을 작성하고, 이 여정에 의거한 여행조건 및 여행비를 제시하여 총비용은 얼마라는 형식으로 주문을 맡아 실시하는 여행

(4) 안내 조건에 의한 분류 15 기출

① IIT(Inclusive Independent Tour) : 안내원이 관광지 안내만 서비스하고 그 외의 부분은 외국인 국내 여행자가 단독으로 여행하는 방식(Local Guide System)

② ICT(Inclusive Conducted Tour) : 안내원이 전체 여행기간을 책임지고 안내하는 방법으로 국내를 여행하는 외국인의 단체여행에 많이 이용됨

(5) 여행안내원(Tour Conductor)의 유무에 따른 분류 15 기출

① FIT(Foreign Independent Tour) : 국외여행을 여행안내원 없이 여행자가 개인적으로 여행하는 형태(개인여행)

② FCT(Foreign Conducted Tour) : 국외여행 시작부터 완료까지 여행안내원이 동행하는 형태(단체여행)

(6) 등급에 의한 분류

호텔 객실뿐만 아니라 식사, 교통기관 등에도 등급이 붙는데, Deluxe, Superior, Standard, Economy의 네 가지로 나뉨

(7) 판매 형태에 의한 분류

① Ready Made Tour : 여행사의 기획 상품

② Order Made Tour : 고객의 주문에 의하여 여행에 관한 서비스를 제공하는 여행

③ Half Made(Easy Made) Tour : Ready Made Tour와 Order Made Tour의 중간 형태로 여행상 최저 한도의 숙박이나 교통편 등은 미리 수배하고 기타의 것은 고객이 취미에 따라 주문하는 여행의 형태

(8) 체재기간에 의한 분류

① 숙박의 유무에 따라서 당일여행과 숙박여행으로 구분

② 숙박여행은 단기숙박과 장기숙박여행으로 구분

(9) 이용 교통기관에 의한 분류

① 교통기관을 이용하지 않는 도보여행

② 이용 교통기관에 따라 자전거여행, 자동차여행, 철도여행, 선박여행, 항공기여행 등으로 구분

(10) 출입국 수속에 의한 분류

① 기항지 상륙 여행(Shore Excursion) : 선박 또는 항공기가 항이나 도시에 도착한 후 출발할 때까지의 기간을 이용하여 일시 상륙의 허가를 얻은 고객이 그 부근 도시와 명승지 등을 관광하는 여행(우리나라는 72시간)

② 통과 상륙 여행(Over Land Tour) : 동일 국가 내의 어느 기항지로부터 타 기항지를 향해할 동안 통과 상륙의 허가를 얻어 행하는 3일 내지 7일 정도의 여행(동일 선박에 재승선할 때에 한함)

③ 일반 관광 여행 : 입국 경로를 불문하고 국내에 입국하여 일정 기간 동안 체재하여 관광하는 여행(보통 외국인의 국내 관광)

(11) 여행 형태(여행 성격)에 의한 분류 16 17 18 20 기출

① Package Tour : 주최여행의 전형적인 형태로서 여행의 모든 일정이 함께 포괄적으로 실시되는 여행

② Series Tour : 동일한 유형, 목적, 기간, 코스로서 정기적으로 실시되는 여행

③ Cruise Tour : 유람선여행

④ Convention Tour : 국제회의여행

⑤ Charter Tour : 전세여행

⑥ Incentive Tour : 포상여행

⑦ Interline Tour : 항공회사가 가맹 Agent를 초대하는 여행

⑧ Familization Tour : 사전답사여행, Fam Tour라고도 하며, 주로 여행도매상(Wholesaler)이 소매업자(Retailer)를 초대하여 여행시키는 것

⑨ Dark Tour : 역사적으로 비극적인 사건이 일어났던 곳과 관련 있는 곳들을 여행하며 반성하고 교훈을 얻는 여행

⑩ Budget Tour : 저렴한 비용의 여행

개념충전

Educational Tourism

관광객의 교양이나 자기개발을 주목적으로 하는 관광으로, 그랜드 투어나 수학여행을 포함하는 관광형태이다.

Ethnic Tourism(민족관광)

다문화 관광의 일종으로 소수 민족의 문화 · 역사적 관광지 방문과 문화인과의 접촉을 통해 이민족의 독특한 생활문화를 체험할 수 있다.

02 여행의 형태

(1) 피스톤형(Piston Type)

여행객이 목적지에 가는 동안 또는 돌아오는 동안에도 업무 이외에는 아무런 행동 시간을 갖지 않고 동일 코스로 직행하는 것

(2) 스푼형(Spoon Type)

정주지에서 목적 지역까지 왕복은 동일 코스로 하고, 목적지에서는 휴식 등 여가시간이 있어 관광 또는 유람을 하는 것

(3) 안전핀형(Safety Pin Type)

정주지에서 목적지까지 직행해서 목적지에서는 스푼형과 같이 자유로운 시간을 향유하다가 돌아올 때는 갈 때와는 다른 경로를 거쳐 돌아오는 것이며, 키형(Key Type)이라고도 함

(4) 텀블링형(Tumbling Type)

정주지에서 하나의 유행 · 탐행 지역까지 직행하지 않고 회유를 반복하는 형태로 숙박, 제류기간이 길고 소비도 많은 것이 특색이며, 탬버린형(Tambourine Type)이라고도 함

제3절 여행업의 마케팅

01 여행업 마케팅의 개념

관광의 수요 · 공급이 급증해 가는 과정에서 여행업자는 다양한 관광수요의 처리와 내부 관리체제를 확립하기 위하여 여행상품을 대량 생산 · 대량 소비의 전략으로 발전시켜 왔으며, 경영 효율을 더 높이기 위하여 기획 여행상품을 고안하게 됨. 즉, 기획 · 조성한 상품을 판매하는 등 적극적인 방법으로 전환하여 여행업계의 경영기반이 되게 하는 것

02 여행상품

(1) 여행상품의 개념

여행자들이 이용하는 제반 상품으로, 여행사 여행상품, 숙박상품(호텔상품), 식사상품, 교통상품, 쇼핑상품 등을 포함

(2) 여행상품의 특징

① 무형의 상품
② 재고불가능의 상품(공급의 경직성)
③ 수요의 계절과 요일의 파동이 극심한 상품
④ 효용의 개인차가 큰 상품
⑤ 복수의 동시소비가 불가능한 상품
⑥ 조성에 소비되는 설비투자가 적게 드는 상품
⑦ 모방하기 쉬운 상품
⑧ 배달이 간단한 상품
⑨ 상품의 차등화가 곤란한 상품

(3) 여행상품의 종류

① **기획상품** : Package Tour, Ready Made Tour
② **주문상품** : 청부여행(일종의 주문여행), Order Made Tour
③ 국내여행상품
④ 국제(외래)여행상품
⑤ 국외여행상품

개념충전 **기획상품의 이점**

- 기업의 체질을 '기다리는 상법'에서 '적극적인 상법'으로 전환시킨다.
- 기획과 선전 여하에 따라서는 잠재수요, 특히 비수기(Off Season)의 수요를 창출하는 수단으로서 유효하다.
- 대량 여행객으로 가격 인하가 가능하여 관광여행을 염가로 제공할 수 있다.
- 숙박시설 · 교통편 등을 예약해두기 때문에 품질관리가 가능하다.
- 관광객의 입장에서는 각 회사의 기획상품의 내용을 비교 · 검토할 수 있다.
- 대량 조성이기 때문에 인건비를 절감할 수 있다.

(4) 여행상품의 가격결정 요인 18 19 기출

① **관광여행의 기간** : 여행기간이 길면 가격이 높게 책정됨
② **관광목적지의 거리** : 원거리일수록 고가의 비용
③ **계절** : 성수기에는 고가격, 비수기에는 저가격 설정
④ **상품의 내용**

㉠ 숙박시설
㉡ 이용하는 교통기관
㉢ 제공되는 식사의 내용 및 횟수
㉣ 들르는 관광지의 횟수 및 시간
㉤ 단체의 규모
㉥ 관광일정

(5) 여행상품의 유통구조

① 생산자가 직접 판매

② 중간업자(여행대리점)를 통하는 경우

③ 상품을 생산한 뒤 이를 소비자에게 직접 판매하지 않고 중간상인 대리점에 판매하는 경우

(6) 여행상품의 마케팅

① 점포 판매(카운터 판매)

㉠ 고객 방문을 기다려 점포에서 판매하는 방법

㉡ 중규모 이상의 여행업자가 채택하는 방법

㉢ 고객이 쉽게 찾아오게 하기 위해서 영업소의 위치가 고객이 쉽게 방문할 수 있는 위치에 있어야 함

㉣ 여행상담을 위한 편리시설을 갖추어야 하므로 자금과 비용이 많이 소요되나 수익률이 높지 않음

② 세일즈맨 판매

㉠ 세일즈맨에 의한 방문 판매의 경우에는 영업소의 시설 부담을 줄일 수 있는 장점이 있으나 고객 흥미를 유발할 수 있는 판매기술이 필요함

㉡ 단체여행이 주요 대상이 되며 개인여행에 비하여 경제적 효과가 높으므로 경쟁이 치열함

제4절 여행실무

01 해외여행 수속업무

(1) 수속절차

① 여권 등 국적증명 취득

② 방문국의 입국허가 취득

③ 국제예방접종증명서(Yellow Card) 취득

④ 국제항공권, 승선권, 각종 쿠폰의 예약 및 발행

⑤ 외환수속

(2) 여행에 필요한 증명서

① **여권(Passport)** : 각국 정부가 외국을 여행하는 사람의 국적이나 신분을 증명하고 상대국에게 그 보호를 의뢰하는 공문서(일반여권, 관용여권, 외교관여권 등으로 구분)

② **사증(Visa)** : 여행하고자 하는 나라로부터 '입국허가를 한다'는 공문서(통과사증, 관광사증, 상용사증 등으로 구분)

③ **국제공인예방접종증명서(Yellow Card or Vaccination Card)** : 콜레라, 두창, 황열병 등에 대한 예방접종카드

④ **출입국신고서(Embarkation & Disembarkation Card)** : 국제선으로 여행을 하는 모든 내 · 외국인은 출입국 관리규정에 따라 출입국신고서(E/D 카드)를 작성하여 신고하여야 함

개념충전 **항공예약을 위한 PNR의 구성요소** 25 기출

구분	내용	
필수사항	• 여 정 • 승객 이름 • 전화번호	
선택사항	• 특별서비스 • 기타 승객 정보 • 사전 좌석배정 • 마일리지카드	• 참고사항 • 예약 작성자 및 변경 의뢰자 • 항공권 정보

(3) 출입국수속절차

① **출국관리의 순서** : 여권 · 사증의 취득 → 항공권 구입 → 예방접종 → 탑승수속(카운터에 여권, 예방접종증명, 항공권 출입국 카드를 제시하고 탑승권을 받음) → 세관수속 → 출국 확인 → 탑승

② **입국관리의 순서(QIC)** : 검역(Quarantine) → 입국 확인(Immigration) → 세관(Customs)

02 수배업무

(1) 수배업무의 개념

개별로 계약을 성사시켜 여행에 필요한 각 요소들을 확보하여 하나의 여행상품을 만들어내는 업무로서 여행상품이 만들어지는 공정 중 가장 중요한 핵심부분이며, 올바른 수배는 판매촉진의 큰 요인이 됨

(2) 수배업무의 기본적인 유의사항

① **고객의 희망사항을 정확히 이해** : 고객의 희망을 제대로 이해하고 이에 부응하기 위해서 정확하고 풍부한 자료를 구비하고 대처함

② **빈틈없는 준비** : 고객이 희망하는 운송회사 · 숙박시설과의 연결에 차질이 없게 함

(3) 수배업무의 원칙

① **정확성** : 수배서의 기록 사항을 정확히 하고, 말은 되도록 천천히 정확하게 함. 자기 판단에 의한 수배업무 시행은 금지

② 신속성 : 수배의 순서를 정하여 시행하며 보류는 금지하고, 통신시설과 사전 사입상품을 이용함. 늦어지는 경우에는 중간 보고가 필요
③ 경비 절감 : 경제적으로 경비를 절감
④ 적절성 : 고객의 희망에 맞는 수배
⑤ 확인 : 요금표, 시간표, 신청서 확인

03 여행경비의 산출

(1) 운 임

① 운임의 결정
㉠ 항공운임 : IATA 운송회의에서 결정되며, 보통 여행상품을 판매할 경우 교통수단, 숙박시설, 관광 등을 한꺼번에 판매(IT ; Inclusive Tour, 포괄여행)
㉡ 선박운임 : 각 선박별로 운임을 계산하여 왕복할인 여부, 안내원할인, 단체할인 등을 고려함
② IATA에 의한 IT의 원칙
㉠ 여행 형태는 왕복 혹은 주유여행일 것
㉡ 지상 수배는 출발 전에 완료할 것
㉢ 선전활동으로 여객을 모집할 것
㉣ 출발 전에 요금 지불이 완료될 것

개념충전 **항공여행과 관련된 제도**

- CRS(Computer Reservation System) : 항공예약 시스템
- PTA(Prepaid Ticket Advice) : 항공여객 운임 선불제도
- BSP(Billing Settlement Plan) : 항공사와 여행사 간의 항공권 판매대금 및 정산업무 등을 은행이 대신하는 정산제도

(2) 지상 경비

① 지상 경비의 내역
㉠ 숙박(Accommodation)비 : 장소, 시설, 등급, 규모상의 차이
㉡ 식사(Meals)비 : 3식의 기준
㉢ 관광(Sightseeing or Technical Visit)비 : 관광여행, 시찰여행 등에 따라 차이
㉣ 지상 교통(Land Transportation)비 : 기차, 버스, 선박, 렌터카 등
㉤ 가이드 및 통역(Guide and Interpreter) 비용
㉥ 첨승원(T/C ; Tour Leader) 비용
㉦ 트랜스퍼(Transper ; 비행장과 시내 요금) : 1인당 비용, 사용 횟수, 차량의 종류
㉧ 포터(Porter ; 수화물 운반자) : 사전에 지상 경비에 포함하는 것이 원칙

㉢ 세금(Tax ; 각종 세금-유흥세, 공항세 등)

㉣ 서비스료(Tip ; To Insure Promptness) : 사전에 정하는 것이 경제적이며, 이중지급이 되지 않도록 해야 함

㉤ 선전비

② 기타 비용

㉠ 투어 코스트에 포함되는 비용 : 출장경비, 첨승원의 운임, 화물에 드는 보험료, 선전 인쇄비, 가방 꼬리표 배포비용 등

㉡ 투어 코스트에 포함되지 않는 비용 : 여권대, 사증대, 예방주사대, 임의보험료, 개인적 여행비용 등

개념충전 **가이드(안내원) 업무**

- 안내원의 조건
  - 여행업무에 대한 해박한 지식
  - 외국어
  - 지도력
  - 일반 상식
  - 응급 조치 능력
- 안내원이 준비하는 것
  - 담당자와의 협의
  - 서류 수령
  - 비용 수령
  - 휴대품 준비

제2장 핵심 실전 문제

※ 문제의 이해도에 따라 ○△× 체크하여 완벽하게 정리하세요.

01 여행업의 기본 기능이 아닌 것을 모두 고른 것은?

○△×

ㄱ. 상 담
ㄴ. 발 권
ㄷ. 공익성
ㄹ. 저렴한 가격
ㅁ. 여정관리
ㅂ. 예약 및 수배

① ㄱ, ㄴ
② ㄷ, ㄹ
③ ㄹ, ㅂ
④ ㅁ, ㅂ

해설 **여행업의 기능**
상담기능, 예약 및 수배기능, 판매기능, 발권기능, 정산기능, 수속대행기능, 여정관리기능

제4과목

02 여행업의 특징으로 옳지 않은 것은?

○△×

① 관광의 평가는 최종적으로 심리적 측면에서 결정된다.
② 생산과 소비가 동시에 이루어지기 때문에 저장이 가능하다.
③ 다품종 대량생산의 시스템산업이다.
④ 직원의 전문요원화가 필요하다.

해설 여행업은 생산과 소비가 동시에 이루어지기 때문에 저장이 불가능하다.

정답 1 ❷ 2 ❷

03 ○△✕

고객 측면에서 본 단체여행의 단점은?

① 이동에 대한 고민이 많다.
② 개인의 의사가 무시된다.
③ 숙박시설 선택이 어렵다.
④ 비용이 많이 든다.

해설 ①·③·④ 개인여행의 단점이다.

04 ○△✕

Incentive Tour의 의미와 가장 가까운 것은?

① 의료여행
② 포상여행
③ 사전답사여행
④ 유람선여행

해설 **Incentive Tour**
보상여행, 포상관광의 의미로 주로 일반기업이나 단체 등에서 자사 자체상품의 판매실적이 우수하거나 큰 공헌을 했을 때 크게 포상하여 여행을 시켜주는 것을 말한다.

05 ○△✕

여행사의 수배업무에 해당하는 것은?

① 관광상품 판매업무
② 관광예약업무
③ 여권 및 사증 발급업무
④ 여정표 작성업무

해설 **수배업무**
전통적인 여행업자의 업무로 고객의 신청에 의해 고객이 원하는 숙박과 교통편을 각각 예약하는 업무

정답 3 ❷ 4 ❷ 5 ❷

06 Itinerary란 무엇을 말하는가?

□○□△□×

① 여행상 필요한 조건서
② 여행상품계약서
③ 여행일정표
④ 여행요금영수증

해설 Itinerary는 여행일정표를 말한다.

07 여행업의 특징을 잘못 설명한 것은?

□○□△□×

① 고정자본투자가 적다.
② 노동력에 대한 의존도가 낮다.
③ 제품수명주기가 짧다.
④ 계절성이 강하다.

해설 여행업은 노동력에 대한 의존도가 높고, 인간이 곧 자본인 산업이다.

08 투어 에스코트(Tour Escorted)란?

□○□△□×

① 여행비에 교통비만 포함시킨 단체여행
② 안내자가 동반되지 않는 여행
③ 인내자가 동빈되는 여행
④ 여행 중 안내비는 여행자 각자가 부담하는 여행

해설 투어 에스코트(Tour Escorted)는 전문 여행안내원(Tour Conductor)이 동반되는 여행이다.

정답 6 ❸ 7 ❷ 8 ❸

09

□○△✕

여행상품의 가격결정요소에 대해 잘못 설명한 것은?

① 성수기에는 저가격으로 책정된다.

② 여행기간이 길수록 고가격으로 책정된다.

③ 관광목적지가 원거리일수록 고가격으로 책정된다.

④ 제공되는 식사의 내용 및 횟수는 가격에 영향을 준다.

해설 성수기에는 고가격, 비수기에는 저가격으로 책정된다.

10

□○△✕

다음 설명에 해당하는 것은?

항공회사가 가맹 Agent를 초대하는 여행

① Series Tourism

② Charter Tourism

③ Interline Tourism

④ Cruise Tourism

해설
① Series Tourism : 동일한 유형, 목적, 기간, 코스로서 정기적으로 실시되는 여행
② Charter Tourism : 전세여행
④ Cruise Tourism : 유람선여행

11

□○△✕

관광진흥법상의 여행업에 적용되는 규제는?

① 허가제 ② 인가제

③ 등록제 ④ 신고제

해설 여행업, 관광숙박업, 관광객 이용시설업 및 국제회의업을 경영하려는 자는 특별자치시장 · 특별자치도지사 · 시장 · 군수 · 구청장(자치구의 구청장)에게 등록하여야 한다(관광진흥법 제4조 제1항).

정답 9 ❶ 10 ❸ 11 ❸

12 여행안내원(Tour Conductor)의 유무를 기준으로 한 여행의 분류 중 국외여행을 여행안내원 없이 여행자가 개인적으로 여행하는 형태는?

① IIT ② ICT
③ FIT ④ FCT

해설
- 여행안내원(Tour Conductor)의 유무에 따른 분류
  - FIT(Foreign Independent Tour) : 국외여행을 여행안내원 없이 여행자가 개인적으로 여행하는 형태
  - FCT(Foreign Conducted Tour) : 국외여행 시작부터 완료까지 여행안내원이 동행하는 형태
- 안내 조건에 의한 분류
  - IIT(Inclusive Independent Tour) : 안내원이 관광지 안내만 서비스하고 그 외의 부분은 외국인 국내 여행자가 단독으로 여행하는 방식
  - ICT(Inclusive Conducted Tour) : 안내원이 전체 여행기간을 책임지고 안내하는 방법으로 국내를 여행하는 외국인의 단체여행에 많이 이용됨

13 패키지 여행(Package Tour)에 대한 설명과 관계가 먼 것은?

① 여행업자가 여행계획을 작성한다.
② 관광객을 시장으로부터 모집한다.
③ 정해진 관광비용, 여정 등에 따라 관광을 실시한다.
④ 숙박 · 교통 · 관광 코스 등의 편의는 관광객의 의사에 따라 정한다.

해설 Package Tour는 여행업자가 숙박시설과 교통시설을 장기적으로 일시에 대량 구입하여 이를 하나의 여행 세트로 만들어 상품으로 판매하는 것이다. 따라서 숙박 · 교통 등을 관광객의 의사에 따라 변경할 수 없다.

제4과목

14 관광진흥법상 여행업의 분류가 아닌 것은?

① 종합여행업 ② 국내외여행업
③ 국내여행업 ④ 특정여행업

해설 여행업의 종류에는 종합여행업, 국내외여행업, 국내여행업이 있다.

정답 12 ③ 13 ④ 14 ④

15

수배업무의 기본 원칙과 거리가 먼 것은?

① 경비 절감　② 신 속
③ 상 세　④ 적 절

해설 수배업무의 기본 원칙
정확, 신속, 경비 절감, 적절, 확인

16

여행사가 그룹 또는 단체의 대표와 협의하여 일정 및 여행조건, 여행비용 등을 정하여 집객하는 여행은?

① 주최여행　② 공최여행
③ 주문여행　④ 도급여행

해설
- 주최여행 : 여행사가 사전에 모든 것을 기획하여 참가자를 모집하는 단체여행
- 공최여행 : 여행사가 그룹 혹은 단체의 대표와 일정 · 여행조건 등을 사전 협의 후 결정하여 실시하는 여행
- 주문(도급, 청부)여행 : 주최자의 희망에 따라 여정을 작성하여 실시하는 개인 또는 단체여행

17

다음 중 여행업의 주요 업무로 볼 수 없는 것은?

① 보험업무　② 대행업무
③ 판매업무　④ 안내업무

해설 여행업의 주요 업무에는 ② · ③ · ④ 외에 중개업무(여행 상해보험의 취급, 환전), 인수업무(청부여행의 인수) 등이 있다.

정답 15 ❸ 16 ❷ 17 ❶

18 IATA 규칙에 의한 포괄여행(IT ; Inclusive Tour)의 원칙을 잘못 설명한 것은?

① 여행 형태는 왕복 또는 주유여행일 것
② 지상 수배는 출발 전에 완료할 것
③ 요금은 후불일 경우도 가능
④ 선전활동으로 여객을 공모할 것

해설 IATA 규칙에 의한 IT(Inclusive Tour)에 대한 가격은 통상 가격보다 싼 값이 결정되며, ①·②·④ 외에 출발 전 요금 지불 완료 규칙이 있다.

19 관광진흥법령에 따른 국외여행 인솔자의 자격요건을 잘못 설명한 것은?

① 관광통역안내사 자격을 취득할 것
② 교육기관에서 국외여행 인솔에 필요한 양성교육을 이수할 것
③ 여행업자로서 외국인의 국외여행을 6개월 이상 알선한 경험이 있을 것
④ 여행업체에서 6개월 이상 근무하고 국외여행 경험이 있는 자로서 소양교육을 이수할 것

해설 **국외여행 인솔자의 자격요건(관광진흥법 시행규칙 제22조)**

- 관광통역안내사 자격을 취득할 것
- 여행업체에서 6개월 이상 근무하고 국외여행 경험이 있는 자로서 문화체육관광부장관이 정하는 소양교육을 이수할 것
- 문화체육관광부장관이 지정하는 교육기관에서 국외여행 인솔에 필요한 양성교육을 이수할 것

20 관광진흥법에 따른 여행업의 등록기준 중 자본금을 바르게 설명한 것은?

① 종합여행업의 자본금은 3억5천만원 이상, 국내외여행업의 자본금은 1억5천만원 이상
② 국내외여행업의 자본금은 1억5천만원 이상, 종합여행업의 자본금은 3억원 이상
③ 국내여행업의 자본금은 1천500만원 이상, 종합여행업의 자본금은 5천만원 이상
④ 국내여행업, 국내외여행업의 자본금은 모두 1억원 이상

해설 **여행업의 등록기준 중 자본금(관광진흥법 시행령 별표 1)**

- 종합여행업 : 5천만원 이상일 것
- 국내외여행업 : 3천만원 이상일 것
- 국내여행업 : 1천500만원 이상일 것

정답 18 ❸ 19 ❸ 20 ❸

21 TWOV(통과비자)의 일반적인 조건이 아닌 것은?

○△✕

① 제3국으로 계속 여행할 수 있는 예약 확인 항공권을 소지해야 한다.
② 제3국으로 계속 여행할 수 있는 여행서류를 구비해야 한다.
③ 여행보험 관련 서류를 구비하고 보증금을 예치하여야 한다.
④ 일반적으로 외교관계가 수립되어 있는 국가 간에서 적용되고 있다.

해설 TWOV(Transit Without Visa)
승객이 일정한 조건을 갖추었다면 정식으로 입국허가(Visa)를 받지 않았더라도 일정 기간을 단기 체류할 수 있도록 한 제도

22 입국관리의 순서로 올바른 것은?

○△✕

① 검역 → 입국 확인 → 세관
② 검역 → 세관 → 입국 확인
③ 입국 확인 → 검역 → 세관
④ 입국 확인 → 세관 → 검역

해설 입국관리의 순서(QIC)
검역(Quarantine) → 입국 확인(Immigration) → 세관 검사(Customs)

23 투어 코스트(Tour Cost)에 포함되는 비용은?

○△✕

① 여권대
② 사증대
③ 예방주사대
④ 가방 꼬리표 배포비용

해설 여권대, 사증대, 예방주사대, 임의보험료, 개인적 여행비용 등은 투어 코스트에 포함되지 않는다.

24 여행업자가 여행계획 시 지상경비에 꼭 포함해야 하는 사항이 아닌 것은?

○△✕

① 숙박비
② 관광비
③ 쇼핑비
④ 식사비

해설 여행경비 중 지상경비의 내역에는 숙박비, 식사비, 관광비, 지상 교통비, 가이드 및 통역료, 서비스료 등이 있다. 쇼핑은 여행업자가 지상경비에 꼭 포함해야 할 사항은 아니다.

정답 21 ❸ 22 ❶ 23 ❹ 24 ❸

25 다음에서 설명하는 여행의 형태는?

○△×

> 안내원이 관광지 안내만 서비스하고 그 외의 부분은 외국인 국내 여행자가 단독으로 여행하는 방식

① IIT
② ICT
③ FIT
④ FCT

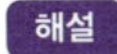

② ICT : 안내원이 전체 여행기간을 책임지고 안내하는 방법으로 국내를 여행하는 외국인의 단체여행에 많이 이용됨
③ FIT : 국외여행을 여행안내원 없이 여행자가 개인적으로 여행하는 형태
④ FCT : 국외여행 시작부터 완료까지 여행안내원이 동행하는 형태

26 정주지에서 하나의 탐행 지역까지 직행하지 않고 회유를 반복하는 형태로 숙박, 체류기간이 길고 소비도 많은 것이 특색인 여행의 형태는?

○△×

① 피스톤형(Piston Type)
② 스푼형(Spoon Type)
③ 안전핀형(Safety Pin Type)
④ 텀블링형(Tumbling Type)

① 피스톤형(Piston Type) : 여행객이 목적지에 가는 동안 또는 돌아오는 동안에도 업무 이외에는 아무런 행동시간을 갖지 않고 동일 코스로 직행하는 것
② 스푼형(Spoon Type) : 정주지에서 목적 지역까지 왕복은 동일 코스로 하고, 목적지에서는 휴식 등 여가시간이 있어 관광 또는 유람을 하는 것
③ 안전핀형(Safety Pin Type) : 정주지에서 목적지까지 직행해서 목적지에서는 스푼형과 같이 자유로운 시간을 향유하다가 돌아올 때는 갈 때와는 다른 경로를 거쳐 돌아오는 것

27 여행상품 가격결정요소 중 상품가격에 직접적인 영향을 미치지 않는 것은?

○△×

① 여행기간
② 식사횟수
③ 광고 · 선전비
④ 목적지까지의 거리

해설

여행상품의 직접적인 가격결정요인
관광여행의 기간, 관광목적지의 거리, 상품의 내용(숙박시설, 식사 내용, 관광일정 등) 등

정답 25 ❶ 26 ❹ 27 ❸

제4과목

28 다음 설명에 해당하는 것은?

○△✕

> 역사적으로 비극적인 사건이 일어났던 곳과 관련 있는 곳들을 여행하며 반성하고 교훈을 얻는 여행

① Dark Tourism
② Fam Tourism
③ Incentive Tourism
④ Convention Tourism

해설 ② Fam Tourism : 사전답사여행
③ Incentive Tourism : 포상여행
④ Convention Tourism : 국제회의여행

29 여행의 형태에 대해 잘못 설명한 것은?

○△✕

① Charter Tourism – 전세여행
② Budget Tourism – 고가의 여행
③ Familization Tourism – 사전답사여행
④ Interline Tourism – 항공회사가 가맹 Agent를 초대하는 여행

해설 ② Budget Tourism : 저렴한 비용의 여행

30 우리나라 인바운드(Inbound) 관광수요에 긍정적 영향을 미치는 것은?

○△✕

① 전 쟁
② 전염병
③ 미국 달러 가치 상승
④ 타국과의 외교적 갈등

해설 미국 달러 가치 상승은 우리나라 인바운드 관광수요에 긍정적 영향을 미친다.

정답 28 ❶ 29 ❷ 30 ❸

제3장 관광숙박업

제1절 관광숙박업

01 숙박업의 의의

(1) 숙박업의 정의

① 숙박시설의 건설과 운영을 목적으로 한 사업활동으로 일반 대중을 대상으로 숙면과 음식에 관계되는 인적 · 물적 서비스를 제공함으로써 목적지에서 체재를 가능하게 하는 시설

② 관광숙박업 : 관광객의 숙박에 적합한 시설을 갖추어 이를 관광객에게 제공하거나 숙박에 딸리는 음식 · 운동 · 오락 · 휴양 · 공연 또는 연수에 적합한 시설 등을 함께 갖추어 이를 이용하게 하는 업

③ 종 류 19 기출

㉠ 호텔업(관광진흥법 제3조 및 시행령 제2조)

- 관광호텔업 : 관광객의 숙박에 적합한 시설을 갖추어 관광객에게 이용하게 하고 숙박에 딸린 음식 · 운동 · 오락 · 휴양 · 공연 또는 연수에 적합한 시설 등을 함께 갖추어 관광객에게 이용하게 하는 업
- 수상관광호텔업 : 수상에 구조물 또는 선박을 고정하거나 매어 놓고 관광객의 숙박에 적합한 시설을 갖추거나 부대시설을 함께 갖추어 관광객에게 이용하게 하는 업
- 한국전통호텔업 : 한국전통의 건축물에 관광객의 숙박에 적합한 시설을 갖추거나 부대시설을 함께 갖추어 관광객에게 이용하게 하는 업
- 가족호텔업 : 가족단위 관광객의 숙박에 적합한 시설 및 취사도구를 갖추어 관광객에게 이용하게 하거나 숙박에 딸린 음식 · 운동 · 휴양 또는 연수에 적합한 시설을 함께 갖추어 관광객에게 이용하게 하는 업
- 호스텔업 : 배낭여행객 등 개별 관광객의 숙박에 적합한 시설로서 샤워장, 취사장 등의 편의시설과 외국인 및 내국인 관광객을 위한 문화 · 정보 교류시설 등을 함께 갖추어 이용하게 하는 업
- 소형호텔업 : 관광객의 숙박에 적합한 시설을 소규모로 갖추고 숙박에 딸린 음식 · 운동 · 휴양 또는 연수에 적합한 시설을 함께 갖추어 관광객에게 이용하게 하는 업
- 의료관광호텔업 : 의료관광객의 숙박에 적합한 시설 및 취사도구를 갖추거나 숙박에 딸린 음식 · 운동 또는 휴양에 적합한 시설을 함께 갖추어 주로 외국인 관광객에게 이용하게 하는 업

㉡ 휴양 콘도미니엄업 : 관광객의 숙박과 취사에 적합한 시설을 갖추어 이를 그 시설의 회원이나 소유자 등, 그 밖의 관광객에게 제공하거나 숙박에 딸리는 음식 · 운동 · 오락 · 휴양 · 공연 또는 연수에 적합한 시설 등을 함께 갖추어 이를 이용하게 하는 업

(2) 숙박업의 발전요인

① 여행의 양적 · 질적 변화 : 현대 사회는 관광이 양적으로 현저하게 증대하였고 질적으로 다양화하면서 숙박업의 규모는 커지게 되었고 내용도 복잡해짐

② 외부환경요인 : 건축기술의 진보는 고층호텔을 건축할 수 있게 하였고, 컴퓨터의 보급은 호텔의 업무처리방식을 크게 발전시킴

③ 숙박업에 종사하는 사람들의 창의와 연구 : 힐튼(Hilton), 리츠(Ritz)와 같은 훌륭한 경영자의 출현과 경영관리에 관한 제기술의 진보는 저임금으로 고객에게 양질의 서비스를 제공할 수 있게 함

개념충전 의료관광의 특징 17 19 기출

- 의료관광은 질병을 치료하는 등의 활동을 넘어 본인의 건강상태에 따라 현지에서의 요양, 관광, 쇼핑, 문화체험 등의 활동을 겸하는 것을 의미
- 의료관광은 일반관광보다 이용객의 체류 일수가 길고 비용이 높은 고부가가치산업
- 웰빙과 건강추구형 라이프스타일 변화에 따라 융 · 복합 관광분야인 웰니스관광으로 확대
- 치료 · 관광형의 경우 관광과 휴양이 발달한 지역에서 많이 나타남
- 외국인 환자유치를 포함하는 의료서비스와 관광이 융합된 새로운 관광 상품 트렌드로 볼 수 있음
- 환자중심의 서비스와 적정수준 이상의 표준화된 서비스를 제공하기 위한 의료서비스 인증제도 확산

02 숙박업의 발전과정

(1) Inn(숙소)의 시대

① 11세기 말에 시작된 십자군 원정을 계기로 성지순례의 여행이 성행할 당시 각지의 교회가 숙박시설의 기능을 담당 → 이들 숙소가 독립하여 Inn으로 불림

② 수면 · 음식 · 생명 · 재산보호와 관련된 최저 필요조건을 확보하는 것이 중요했음

(2) Grand Hotel의 시대

① 19세기 중엽 유럽에서 '호텔'이라는 명칭으로 숙박시설이 출현

② 상류계급의 세련된 생활양식을 기초로 하여 호화로운 시설과 서비스가 특징

③ 1850년 최초의 숙박업으로서 파리의 그랜드 호텔이 건설됨

④ 세자르 리츠(Cesar Ritz, 1850~1918) : 고급호텔의 창시자로서 그랜드 호텔 시대를 완성

(3) Commercial Hotel의 시대

① 18세기 영국에서 시작된 산업혁명의 영향으로 경제 활동이 활발해져 다양한 사람들의 상용여행이 급증

② 미국인 스타틀러(E. M. Statler, 1863~1928) : 일반 대중이 부담할 수 있는 가격으로 세계 최고의 서비스를 제공하는 호텔을 건설

(4) 현대의 호텔

① 대규모 호텔 체인의 출현 : 2차 세계대전 후 미국에 쉐라톤(Sheraton)과 힐튼(Hilton)이 등장하여 호텔업계를 체인화

② 힐튼(Hilton)의 업적

㉠ 호텔의 체인화 이론

㉡ 호텔산업을 국제적인 사업활동으로 끌어올림

㉢ 호텔 스페이스의 유효 이용(아케이드 설치, 전문 음식점 설치)

㉣ 호텔경영에 있어서 계수관리와 종업원에 대한 동작 · 시간연구를 도입하여 성과에 따른 철저한 능률주의를 실천

| 힐튼호텔 |

③ 모텔의 대두

㉠ 윌슨(Kemmons Wilson)은 모텔업계에서 세계 최대 체인 조직인 '홀리데이 인(Holiday Inn)'을 구축

㉡ 도시의 중심지나 역전에 있었던 호텔과 달리 모텔은 도로변에 위치하여 충분한 주차장과 저렴한 요금으로 일반 대중을 만족시킴

개념충전 **모터호텔(Motor Hotel)**

도심지에서 충분한 주차장을 설비하고 전통적인 호텔서비스를 제공하는 요금이 비싼 모텔

03 우리나라 숙박업의 발전과정

(1) 전통 숙박시설의 출현 20 기출

신라시대에는 역(驛), 고려시대에는 객사(客舍), 조선시대에는 역 · 원(院) 또는 객주(客主)의 형태

(2) 근대적 숙박시설의 발전

① 구한말의 숙박시설 : 1887년에 요정과 숙박을 전문으로 하는 시천여관이 일본인에 의해 생겨난 것을 시작으로 남산 주변과 충무로 지역을 중심으로 번성

② 서구식 호텔의 출현

- ㉠ 인천의 대불호텔(1888) : 우리나라 최초의 서양식 호텔 20 기출
- ㉡ 손탁(Sontag)호텔(1902) : 서울 중구 정동에 세워진 서양식 호텔로 독일 여성 손탁이 건립
- ㉢ 하남호텔(1909) : 구 이화여고 정문 앞에 위치
- ㉣ 부산 · 신의주 철도호텔(1912)
- ㉤ 조선호텔(1914)
- ㉥ 금강산 금강호텔(1915), 내금강 장안사호텔(1918)
- ㉦ 평양철도호텔(1925)
- ㉧ 반도호텔(1936) : 우리나라 최초의 상용호텔

(3) 현대적 호텔의 출현

① 상용호텔의 태동 : 1936년 개관한 반도호텔은 미국의 스타틀러호텔의 경영방식을 도입, 일반 대중을 상대로 한 영업 → 주로 일본인과 외국인을 위한 시설

② 민영호텔의 출현

- ㉠ 대원호텔(1952) : 최초의 민영호텔
- ㉡ 금수장호텔(1955) : 그랜드 앰버서더 서울의 전신
- ㉢ 사보이호텔(1957)

③ 현대 호텔의 탄생

- ㉠ 1963년 개관한 워커힐호텔 : 최초의 극장식 호텔
- ㉡ 1970년 개관한 조선호텔 : 자본과 경영이 분리 · 운영된 호텔

④ 현대 호텔의 발전

- ㉠ 1976년 : 서울플라자호텔
- ㉡ 1978년 : 하얏트호텔, 부산조선비치호텔, 코모도호텔, 경주코오롱호텔
- ㉢ 1979~1980년 : 호텔신라, 호텔롯데, 경주도큐호텔, 부산서라벌호텔, 서울가든호텔
- ㉣ 1983년 : 힐튼호텔
- ㉤ 1986~1988년 : 스위스그랜드호텔, 인터컨티넨탈호텔, 라마다호텔, 롯데월드호텔
- ㉥ 1990년 : 제주신라(리조트호텔)

개념충전 **여러 가지 숙박시설**

- 인(Inn) : 규모가 작은 호텔
- 민박(Home Visit System) : 민가에서 영업하는 숙박시설
- 펜션(Pension) : 민박의 가정적 분위기와 호텔의 편의성을 갖춘 소규모의 고급 숙박시설
- 로지(Lodge) : 일시적으로 특정 기간에만 개업하는 숙박시설
- 호스텔(Hostel) : 스페인, 포르투갈 등지의 저렴한 서민용 호텔
- 여관 : 일정한 돈을 받고 빌려주는 전형적인 서민 숙박시설
- 샤토(Chateau) : 맨션(Mansion)이라고도 하며, 관광지에 있는 아담하고 작은 숙박시설
- 샬레(Chalet) : 열대지방의 숙박시설의 한 형태
- 마리나(Marina) : 스포츠 또는 레크리에이션(Recreation)용 요트, 모터보트 등의 선박을 위한 항구로서의 시설 및 관리체계를 갖춘 곳
- 방갈로(Bungalow) : 원두막 형식의 목조 건물
- 국민숙사 : 일본의 가족단위 휴가용 공공 숙박시설
- 코티지(Cottage) : 초가형태의 소규모 단독가옥형 숙박시설
- 플로텔(Floatel) : 여객선, 유람선과 같은 해상을 운항하는 배에 있는 플로팅(Floating) 호텔

제2절 호텔경영

01 호텔의 의의

(1) 정 의

일정한 지불능력이 있는 사람에게 객실과 식사를 제공할 수 있는 시설을 갖추고 잘 훈련된 종사원이 조직적으로 봉사하여 그 대가를 받는 기업

(2) 호텔업의 특징 19 22 기출

① **인적 서비스에 대한 의존성** : 고객에 대한 서비스를 우선적으로 강조

② **부문 간 협동체제의 필요성** : 각 부서 간의 긴밀한 협동이 필수적

③ **연중무휴 영업** : 하루 24시간, 연중무휴 365일 계속적으로 서비스 제공

④ **계절성** : 계절적 영향으로 성수기와 비수기의 수입격차가 심하고, 주말과 주중의 수요 · 공급이 부조화를 이룸 → 숙박업의 수입평가지표는 평균투숙률, 평균객실가격 등으로 결정

⑤ **시설의 조기 노후화** : 시설 자체가 하나의 제품으로서 고객에게 어필(Appeal)되어야 하기 때문에 결과적으로 노후화가 빠름

제4과목

⑥ **공공장소 유지** : 로비(Lobby)와 같은 공공장소를 필연적으로 마련해야 함

⑦ **고정자산 과다** : 건물과 시설 자체가 하나의 상품으로 간주되기 때문에 고정자산의 점유율이 매우 높음(80~90%)

⑧ **비저장성 상품** : 호텔제품의 생산과 소비는 거의 동시에 발생하므로 당일 판매하지 못한 상품은 가치가 소멸됨

⑨ **환경민감성** : 전쟁, 허리케인, 금융위기, 여행지의 위생상태 등에 크게 영향을 받음

02 호텔업의 분류

(1) 장소에 의한 분류(입지에 의한 분류)

① **메트로폴리탄호텔(Metropolitan Hotel)** : 대도시에 위치하면서 수천 개의 객실을 보유할 수 있는 대형 호텔(컨벤션호텔)

② **시티호텔(City Hotel)** : 도시중심지의 호텔로서 각종 연회 · 집회 · 회의 · 결혼식 · 전시회 · 발표회 및 쇼핑 등으로 이용

③ **서버번호텔(Suburban Hotel)** : 도시에서 멀리 떨어져 있는 호텔로서 자동차를 이용하는 가족단위 관광객이 이용

④ **컨트리호텔(Country Hotel)** : 산간에 세워진 마운틴호텔(Mountain Hotel)

⑤ **에어포트호텔(Airport Hotel)** : 공항 근처에 있는 호텔로서 탑승객이나 승무원이 주로 이용하는 에어텔(Airtel)

⑥ **시포트호텔(Seaport Hotel)** : 여객선이 입 · 출항하는 항구 근처에 위치한 호텔

⑦ **터미널호텔(Terminal Hotel)** : 철도역이나 공항터미널 또는 버스터미널 근처에 위치한 호텔

⑧ **비치호텔(Beach Hotel)** : 해변에 위치한 피서객과 휴양객을 위한 숙박시설

| 비치호텔(Beach Hotel) |

(2) 이용 목적에 의한 분류

① **상용호텔(Commercial Hotel)** : 주로 상용과 공용 목적의 고객이 이용하는 비즈니스 호텔(Business Hotel)

② **컨벤션호텔(Convention Hotel)** : 회의를 유치하기 위한 대규모 호텔로서 대회의장 및 주차장시설 완비

③ **휴양지호텔(Resort Hotel)** : 관광지, 피서지 및 피한지, 해변, 산간 등의 휴양지와 온천지에 건축된 호텔로 숙박객들이 심신과 휴양을 취할 수 있는 시설 완비

④ **아파트먼트호텔(Apartment Hotel)** : 장기체재객용 호텔

⑤ **카지노호텔(Casino Hotel)** : 카지노 고객들을 위해 만들어진 호텔

(3) 숙박기간에 의한 분류 22 기출

① 트랜지언트호텔(Transient Hotel) : 주로 1~2일의 단기 체재객이 이용하는 호텔
② 레지덴셜호텔(Residential Hotel) : 1주일 이상 체재객을 대상으로 하는 호텔
③ 퍼머넌트호텔(Permanent Hotel) : 아파트식의 장기체재객을 전문으로 하는 호텔

(4) 시설형태에 의한 분류

① 모텔(Motel) : 자동차 여행객의 증가 추세에 부응하여 도로가에 건설되었고, 객실료가 저렴한 셀프서비스제도로 운영
② 보텔(Botel) : 보트로 여행하는 사람들이 이용하는 호텔로서 항해 중 해변에 보트를 정박해 두고 투숙할 수 있는 시설
③ 요텔(Yachtel) : 요트 여행객을 위한 숙박시설로 해안과 호반에 요트를 계류할 수 있도록 설비를 갖춤
④ 플로텔(Floatel) : 여객선이나 페리호 또는 유람선 등 해상을 운항하는 배에 있는 플로팅호텔
⑤ 유스호스텔(Youth Hostel) : 청소년을 위한 숙박시설로 가격이 저렴한 시설
⑥ 버젯모텔(Budget Motel) : 저렴한 요금으로 시설이 좋은 객실을 이용하도록 만든 실비모텔로, 주로 가족 단위 여행객이 대상

(5) 요금지불방식에 의한 분류 15 18 20 21 23 기출

① 미국식 플랜(American Plan) : 객실요금에 1일 3식(아침, 점심, 저녁)을 포함하는 방식
② 유럽식 플랜(European Plan) : 객실요금과 식사요금을 분리하여 별도로 계산하는 방식
③ 콘티넨탈식 플랜(Continental Plan) : 객실요금에 조식만 포함하는 방식
④ 수정 미국식 플랜(Modfied American Plan) : 객실요금에 1일 2식(아침, 저녁)을 포함하는 방식
⑤ 혼합식 플랜(Dual Plan) : 호텔영업 차원에서 유럽식이나 미국식을 선택하는 방식

(6) 경영형태에 의한 분류 15 기출

① 일반 체인호텔(Regular Chain Hotel)
㉠ 모회사가 소유권에 대한 지분을 보유하거나 주주로부터 호텔시설을 임차 · 운영하며, 체인본부는 경영만 책임을 짐
㉡ 상호, 상표, 표준화된 건축양식 및 장식을 고유의 동일성으로 의무화하여 경영에 반영
㉢ 모회사는 경영기법에 대한 자문에 응하면서 시장개척을 용이하게 하고 공동 선전으로 비용을 절감
㉣ 일반 체인호텔은 발언권이 거의 없어 경영제도의 독창성에 제약을 받음
② 리퍼럴 조직호텔(Referral Organization Hotel) : 단독경영 호텔들이 상호협력하여 공동 선전, 판매전략 및 예약서비스 등을 통합하여 운영하는 형태로 동업자 결합에 의한 경영방식을 채택
③ 프랜차이징호텔(Franchising Hotel)
㉠ 건물의 외양이나 시설 · 객실 · 설비 · 장식 · 비품 등은 동일하고, 단지 재무구조면에서 상이함
㉡ 독립적으로 호텔기업을 소유하면서 운영할 수 있고 수탁자는 위탁자에게 경영지식, 교육훈련, 판촉, 선전, 상표대여, 마케팅과 시장조사, 이미지제고, 예약, 설계 및 실내장식 등 충분히 자문함

④ **합자연쇄호텔(Co-owner Chain Hotel)** : 호텔이나 모텔이 사회와 개인 투자가와의 합자에 의한 소유 형식을 취함

⑤ **위탁경영호텔** : 경영계약에 의해 제3자에게 그 경영을 위임하는 형태

⑥ **임차경영호텔** : 토지 및 건물의 투자에 대한 자금조달능력을 충분히 가지고 있지 않은 호텔기업이 제3자의 건물을 계약에 의하여 임차함으로써 호텔사업을 영위하는 경우

⑦ **개별경영호텔** : 한 개인의 소유로 운영되는 개별경영형태의 호텔

(7) 규모에 의한 분류

① Small Hotel : 25실 미만

② Average Hotel : 25~100실

③ Above Average Hotel : 100~300실

④ Large Hotel : 300실 이상

(8) 관광진흥법상 등급 체계에 따른 분류 20 기출

① **호텔 등급 표지** : 등급에 따라 별 모양의 개수(5성, 4성, 3성, 2성, 1성)를 달리하는 방식으로 표시(관광진흥법 시행규칙 제19조)

② **호텔업의 등급결정 평가요소**(관광진흥법 시행규칙 제25조 제3항)

㉠ 서비스 상태

㉡ 객실 및 부대시설의 상태

㉢ 안전 관리 등에 관한 법령 준수 여부

03 호텔경영조직

(1) 호텔의 기본조직

① 객실부문 : 객실의 판매, 서비스, 유지관리

② 식음료부문 : 식당, 라운지, 커피숍 등

③ 관리부문 : 호텔 운영 기획, 인사관리, 재정업무 등

④ 부대시설부문 : 오락, 연회, 위락시설 등

(2) 호텔업의 주요 업무

① **총지배인(GM ; General Manager)** : 호텔영업과 관리의 전반적인 지휘, 통제, 책임을 맡고 있는 직책

② **객실부문(Room Division)** : 호텔의 객실을 판매하는 부서로, 주로 객실판매와 예약, 객실청소, 현관 서비스 등을 담당

③ **식음료부문(Department of Food and Beverage)** : 고객에게 음식과 음료를 판매하는 부서로 식당, 음료과, 조리과, 연회과 등으로 구성

④ **관리부문** : 호텔회계, 종사원의 급료 등의 회계관리, 자금 조달과 운영을 효율적으로 관리하며 환경, 안전, 소방 관리 등도 담당

⑤ **부대시설** : 호텔에서 객실과 식당을 제외한 시설로 헬스장, 카지노, 오락 · 위락시설 등

04 호텔경영관리

(1) 요금관리

① 호텔업의 가격정책

㉠ 스타틀러호텔이 실현한 저가격 정책 : 호텔의 대중화 실현

㉡ 홀리데이 인의 호텔경영 : 가격수준의 적절성과 가격체계의 명료성

② 요금의 결정방법

㉠ 소비자의 구매력을 기준으로 하는 것

㉡ 타 호텔의 가격을 기준으로 하는 것

㉢ 코스트의 가산에 따른 가격 설정

③ **식음료가격의 결정방법** : 요리 · 음료의 재료비가 일정 비율이 되도록 가격을 설정하는 방식 → 식음료 원가율을 미리 정해 놓고 그 원가율이 유지되도록 각 메뉴가격을 결정

(2) 비용관리

① 인건비의 관리

㉠ 업무방식을 개선하여 인건비를 보다 적게 들이고 일정한 서비스를 제공

- 시간제 근무제도를 채용
- 일정의 업무를 보다 짧은 시간 안에 처리할 수 있도록 일의 순서 개선
- 작업환경 · 용구 · 작업장의 레이아웃을 개선하여 종업원의 이동거리를 단축하고 피로 경감

㉡ 사람이 하던 일을 기계로 대체(컴퓨터, 자동식기세척기, 자동조리기, 자동판매기, 자동전화교환기 등)

㉢ 호텔 사체보다 능률적으로 인재를 활용할 수 있는 타 기업에 업무의 일부를 위탁

② **식음료 재료비의 관리** : 먼저 원가에 관한 표준, 즉 표준원가(율)를 설정하고 이에 대하여 실제로 소비된 원가 내지 원가율을 비교

③ 투자액의 삭감

㉠ 호텔경영에서 총자산 가운데 고정자산이 차지하는 비율이 약 80%나 되기 때문에 개업 시 주로 고정자산에서 투자액 삭감 집중

㉡ 고정자산 가운데 커다란 구성비를 차지하는 것은 건물 · 집기 · 비품이기 때문에 이를 경감하기 위하여 체인화 추진

제3절 호텔실무

01 객실부문 업무

(1) 프런트 오피스(Front Office)의 업무 23 24 기출

① 역할 : 호텔에서 손님을 맞이하는 장소로 객실판매를 촉진 · 결정하고 조정 · 통제하는 업무

② 주요 업무

㉠ 프런트 데스크(Front Desk) 업무 : 입숙 · 퇴숙기능, 예약기능, 정보전달기능(의사소통 서비스 기능), 캐셔 서비스(고객의 회계장부를 정리하는 역할)

㉡ 예약(Reservation) : 전화나 인터넷, 팩스, 여행사나 직접방문 등을 통해 객실에 대한 사전예약을 취급하는 기능

㉢ 유니폼서비스(Uniformed Service)

- Door Staff의 업무 : 호텔 고객의 영접 · 전송, 차량 및 이용객 교통정리, 교통편 소개 및 시내 교통 안내
- Bell Staff의 업무
  - 고객의 입 · 퇴숙 시 수화물 이동 업무 및 객실 변경 시 수화물 이동 업무
  - 프런트로 고객안내업무
  - 고객과 수화물을 객실로 안내한 후 객실사용 설명
  - 메시지 전달 업무
  - 일반 이용객의 호텔 시설안내 및 VIP 안내업무
  - Paging Service(무선 호출업)
  - 고객의 수화물 보관
  - 현관로비의 청결 및 안전관리

㉣ 교환서비스(Telephone/PBX Service) : 호텔 내의 고객을 외부 및 내부로 연결하는 기능

㉤ 비즈니스센터(Business Center) : 비즈니스 고객의 효율적인 업무수행을 위해 개인 비서기능을 담당

㉥ Night Clerk : 프런트 데스크에서 야간에 근무를 하면서 업무일지를 작성하고 객실 영업보고서를 작성하는 것이 주 업무

③ 인적 구성 : Front Office Manager, Room Clerk, Front Cashier, Information Clerk, Reservation Clerk, Night Clerk, Record Clerk, Mail Clerk, Key Clerk

개념충전 **Check In / Check Out**

- Check In
  - Registration Card : 등록카드 작성
  - Room Rack : 객실상황표 작성
  - Flag : 고정된 객실판매상황표
  - Deposits in Advance : 선불 요금
  - Stock Card, Sales Ticket : 재고 카드
  - Guest History Card : 고객숙력기록 보안카드
- Check Out
  - Bell Captain : 수하물의 유무 파악
  - Key Clerk : 객실 열쇠 회수
  - Guest History Card : Departure List
  - Front Cashier : 계산 안내
  - House Keeper : Room Indicator

(2) House Keeping 업무

① 기능 : 객실의 청소 및 관리, 기구와 비품의 선택과 관리 및 모든 린넨류의 세탁과 보급을 담당하는 호텔상품의 생산부서 → 호텔의 재산관리와 호텔제품의 생산 및 창조의 기능

② 인적 구성

㉠ House Keeper : 호텔 객실 청소 및 정비 책임

㉡ Room Maid : 기본적인 청소업무와 작업장 책임

㉢ House Man : 룸 메이드가 하기 힘든 일 또는 궂은 일을 담당하거나 보조하는 역할

㉣ Linen Woman : 천류를 세탁하고 보수 · 정비

개념충전 **호텔리어의 종류**

- 리셉셔니스트(Receptionist) : 고객을 영접하고, 예약 · 등록 및 안내 업무 담당
- 벨맨(Bell Man) : 고객의 짐 운반 및 안내, 메시지 전달 등의 업무 담당
- CRO(Customer Relation Officer) : 비즈니스센터에 근무하면서 고객이 요구하는 업무를 효율적으로 완수할 수 있도록 개인 비서 기능 담당
- 수입관리자(Income Auditor) : 호텔의 모든 수입을 관리 감시
- 총지배인 : 모든 조직과 인력을 총괄 지휘 · 감독하고, 경영상의 손익을 책임지는 임원
- 컨시어지(Concierge) : 고객이 필요로 하는 정보를 제공하고 고객의 어려움을 해소해 주는 등 고객의 가상 가까이에서 일하는 사람
- 프론트 오피스 캐셔(Front Office Cashier) : 객실료, 식음료 매출 등 현금 출납 관련 업무를 담당
- 하우스맨(House Man) : 객실점검, VIP 응대, 분실물 처리, 소모품 및 비품 관리, 객실 순찰, 미니바 운영 등의 업무 담당

(3) 객실의 종류와 요금

① 객실의 종류 15 21 24 기출

| Twin Room |

㉠ Single Room : 1인용 싱글 베드가 1개 들어 있는 객실

㉡ Double Room : 2인용 베드가 1개 들어 있는 객실

㉢ Twin Room : 싱글 베드가 나란히 2개 들어 있는 객실

㉣ Triple Room : 싱글 베드가 3개 또는 트윈에 엑스트라 베드(Extra Bed)가 추가된 형태

㉤ Quard Room : 4명이 잘 수 있도록 트리플 룸에 엑스트라 베드가 하나 더 추가된 객실

㉥ Studio Room : 더블이나 트윈 룸에 소파형의 베드가 들어가 있는 객실로, 소파형 베드는 접으면 소파가 되고 길게 펼치면 침대가 되는 형태

㉦ Connecting Room : 객실 2개가 연결되어 내부의 문을 이용하여 상호 왕래가 가능한 형태

㉧ Suite Room : 침실에 거실이 딸린 호화 객실

㉨ Adjoining Room : 나란히 위치한 객실로서 Connecting Room과 동일하지만 내부 통용문이 없는 객실

㉩ Outside Room : 호텔건물의 바깥측에 위치한 객실로 외부 전망이나 경치를 볼 수 있는 객실

㉪ Inside Room : 호텔 안쪽으로 위치하며 외부경관은 볼 수 없는 객실

㉫ Executive Floor Room : 비즈니스 고객을 위한 특별 전용층에 위치한 객실

㉬ Blocking Room : 예약된 방

㉭ On Change Room : 정비가 필요한 방

㉮ Trunk Room : 손님의 화물을 장기간 보관할 수 있는 곳

② 객실요금의 종류

㉠ 공표요금(Tariff) : 호텔이 요금을 책정하여 승인을 받아 공표한 요금

㉡ 특별요금 16 기출

- Complimentary Rate(무료요금) : 고객이 요금을 내지 않음
- Discount Rate(할인요금) : Single Rate, Season Off Rate(계절할인요금), Commercial Rate(상업을 목적으로 할인), Group Rate(단체할인), Guide Rate(여행안내원 할인)

㉢ 추가요금 25 기출

- Midnight Charge : 예약한 고객이 당일 밤중이나 다음 날 아침에 도착했을 경우 받는 야간 객실요금
- Hold Room Charge : 고객이 짐을 객실에 남겨두고 단기간의 여행이나 출장을 떠나는 경우 또는 예약 후 도착이 늦어질 경우, 실제로 객실을 사용하지 않았어도 부과되는 요금
- Over Charge : 고객이 Check-out 시간을 연장한 만큼 적용되는 추가요금
- Part Day Charge : 온천 · 스파 등을 끼고 있는 호텔 등에서 목욕을 하기 위해 낮 시간만 객실을 이용하고자 하는 고객에게 부과하는 요금

③ 객실요금에 포함되는 요소

㉠ 내부결정요소

- 자본투하원가 : 호텔건물, 토지, 비품 등
- 직접 수입이 발생하지 않는 시설과 서비스 : House Keeping 경비, 엘리베이터에 사용되는 비용 등
- 관리부문 등의 간접비용 : 경리 및 인사, 판매촉진비 등
- 고객측면요소 : 단체여행자 객실요금, 패키지요금 등

㉡ 외부결정요소 : 시장상황, 즉 경쟁력 정도 및 수요의 탄력성 등

④ 객실요금의 산출방법 18 기출

㉠ 평균객실요금의 계산 : 평균실료에 의거하여 객실요금을 산정하는 방법

㉡ 휴버트방식에 의한 계산 : 연간 총 경비, 객실 수, 객실 점유율 등에 따라 연간 목표이익을 계산하는 방법

㉢ 수용률에 의한 계산 : 1년간 객실비용과 수용률을 가지고 평균객실요금을 계산하는 방법

(4) 객실부분 서비스 종류 17 기출

① Turn Down Service : 고객이 이미 투숙한 객실에 대하여 고객의 취침 직전에 제공하는 서비스로서 간단한 객실의 청소, 정리 정돈과 잠자리를 돌보아 주는 작업

② Turn Away Service : 초과예약으로 인하여 객실이 부족한 경우 예약손님을 정중히 다른 호텔로 안내하는 서비스

③ Uniformed Service : 제복을 입은 Door Staff, Bell Staff, Porter로 구성되는 게스트 서비스 부서

④ Pressing Service : 고객 세탁 서비스의 다림질 서비스

⑤ Paging Service : 고객 간의 만남을 이루게 해 주는 것으로서 식당에 고객이 찾아와 만나고자 하는 손님을 찾아 달라고 문의할 경우 또는 전화상으로 식당에 와 있는 손님과의 통화를 원할 때 Paging Board에 찾는 사람의 성명을 정확히 기재하여 빠른 시간 내에 유무를 알려주며, 고객과의 만남을 원활히 해결해주는 접객 업무

02 식음료부문 업무

(1) 식음료부문의 종사원

① 인적 구성

㉠ Manager : 식음료부서 전반적인 운영관리 책임자

㉡ Head Waiter : 웨이터 책임자

㉢ Assistant Waiter : 웨이터를 보좌하며 서비스 보조를 하는 사람

㉣ Wine Waiter : 음료 및 알코올류를 테이블에 서브하는 사람

㉤ Bartender : 조주기술이 있는 사람

㉥ Carver : 큰 고기를 베어 서브하는 사람

㉦ Restaurant Cashier : 식당회계원

② 서비스 종사원의 기본 소양

㉠ 봉사성(Service)
㉡ 청결성(Cleanliness)
㉢ 능률성(Efficiency)
㉣ 경제성(Economy)
㉤ 예절성(Courtesy)
㉥ 정직성(Honesty)
㉦ 환대성(Hospitality)

(2) 호텔 식사의 종류

① Breakfast(아침식사)

㉠ American Breakfast(미국식 아침식사)
㉡ Vienna Breakfast(비엔나식 아침식사)
㉢ English Breakfast(영국식 아침식사)
㉣ Continental Breakfast(유럽식 아침식사)

② Full Course(정식)

㉠ Appetizer(전채요리)
㉡ Soup(수프)
㉢ Fish(생선)
㉣ Entree(주요 요리)
㉤ Roast(구이 요리)
㉥ Salad(샐러드)
㉦ Dessert(후식)
㉧ Beverage(음료)

(3) 서비스의 종류 15 기출

① Counter Service : 고객이 직접 조리과정을 보면서 식사하며, 조리사가 요리를 직접 제공하는 형태로, 주로 바, 라운지, 스낵바 등에서 볼 수 있는 서비스 방식

② American Service : Plate Service로도 불리며, 고객주문에 따라 주방에서 조리된 음식을 접시에 담아 나가는 서비스 방식

③ Russian Service : 호텔연회 등에서 코스요리를 큰 플레터에 담아 고객에게 보여준 후, 서빙포크와 스푼으로 덜어 고객의 작은 접시에 직접 제공하는 서비스 방식

(4) 식당의 분류

① 정식식당(Table D'hote Restaurant) : 풀코스를 제공하는 식당

② 일품요리식당(A la Carte Restaurant) : 손님의 요구에 따라 각 코스별로 주문하는 식당

③ 뷔페식당(Buffet Restaurant) : 일정한 장소에서 일정한 요금을 지불하면 기호에 맞는 음식을 선택하여 먹을 수 있는 식당

제4절 관광숙박업의 발전방안

01 관광숙박시설의 개선방안

(1) 관광호텔 공급계획의 수립

① 외래관광객과 내국인의 관광호텔 숙박수요에 적합하게 객실공급이 이루어지도록 호텔을 건설하고 필요한 객실 확보

② 연도별 외래관광객의 유치목표를 산정하고, 외래관광객 체재일수, 평균객실이용률, 호텔투숙률, 성수기 호텔의 집중도, 지역조건 및 시장상황을 고려하여 수립

(2) 관광호텔 확충을 위한 개선방안

① **호텔건축 행정상의 규제완화** : 호텔건설에 적용되는 각종 관련법규의 규제완화 등

② **관광호텔 세제상의 개선** : 관광호텔의 외국인 숙박요금 및 식음료의 이용요금에 대하여 부가가치세 영세율을 적용하는 개선책 수립, 조세감면조치 등

02 관광숙박업의 전망

(1) 세계 호텔업의 동향

① **컴퓨터화** : 호텔의 경영관리기능 향상과 투숙하는 고객에게 편리성과 접근성을 부여함

② **시장세분화 및 판매전략** : 점차적으로 특정시장에 접근해 가는 추세임

③ **인사관리** : 종사원의 근로조건 개선과 철저한 교육 · 훈련을 통한 종사원의 자질 향상 및 호텔산업에 대한 전반적인 이미지 개선 등

④ **위탁경영** : 호텔위탁경영 당사자인 호텔소유자와 경영자들 사이에 복잡한 계약관계 필요

⑤ **환경문제** : 재활용자원의 관리 및 폐기물처리시스템의 연구 · 개발에 적절한 투자

(2) 관광호텔 경영 활성화 지원방안

① 관광호텔 부가가치세 영세율 적용의 제도화

② 관광호텔 종합토지세의 분리과세 적용

③ 관광호텔의 중소기업 특별세액 감면 적용범위 확대

④ 각종 세금 부담금의 합리적 징수뿐만 아니라 관광진흥개발기금제도 개선

⑤ 중소기업지원자금 활용 확대 등 금융지원 뒷받침

제3장 핵심 실전 문제

※ 문제의 이해도에 따라 ○△× 체크하여 완벽하게 정리하세요.

01 관광숙박업의 종류가 아닌 것은?

① 관광호텔업
② 수상관광호텔업
③ 휴양 콘도미니엄업
④ 자동차여행자호텔업

해설 **관광숙박업**
- 호텔업 : 관광호텔업, 수상관광호텔업, 한국전통호텔업, 가족호텔업, 호스텔업, 소형호텔업, 의료관광호텔업
- 휴양 콘도미니엄업

02 자동차 여행객의 증가 추세에 부응하여 도로가에 건설되었고, 객실료가 저렴한 숙박업체는?

① 모텔(Motel)
② 플로텔(Floatel)
③ 유스호스텔(Youth Hostel)
④ 휴양지호텔(Resort Hotel)

해설 ② 플로텔(Floatel) : 해상을 운항하는 배에 있는 플로팅 호텔
③ 유스호스텔(Youth Hostel) : 청소년을 위한 숙박시설로 가격이 저렴한 시설
④ 휴양지호텔(Resort Hotel) : 휴양지에 건축된 호텔로 숙박객들이 심신과 휴양을 취할 수 있는 시설 완비

정답 1 ❹ 2 ❶

03 호텔 기업에 관한 사항으로 옳지 않은 것은?

① 시설의 노후화가 빠르다.
② 비생산적 공공장소를 필연적으로 마련해야 한다.
③ 호텔의 제품은 저장 가능한 고급 상품이다.
④ 투하된 자본의 회전율이 낮다.

해설 호텔의 제품은 생산과 소비가 동시에 발생하므로 저장이 곤란하다.

04 호텔 기업의 특징이 아닌 것은?

① 비계절성
② 시설의 조기 노후화
③ 고정자본 투자의 과다성
④ 인적 자원의 의존성

해설 여행이 계절에 따른 영향을 받는 만큼 호텔도 계절성을 특징으로 하고 있다. 계절적 영향으로 성수기와 비수기의 수입격차가 심하다.

05 관광숙박업을 등록하고자 하는 홍길동이 다음 조건의 시설을 갖추고 있을 경우 등록할 수 있는 숙박업은?

- 배낭여행객의 숙박에 적합한 객실을 갖추고 있을 것
- 이용자의 불편이 없도록 화장실 등의 편의시설을 갖추고 있을 것(편의시설은 공동으로 이용하게 할 수 있음)
- 관광객에게 서비스를 제공할 수 있는 문화 · 정보 교류시설을 갖추고 있을 것

① 호스텔업
② 관광호텔업
③ 가족호텔업
④ 수상관광호텔업

해설 **호스텔업의 등록기준(관광진흥법 시행령 별표 1)**
- 배낭여행객 등 개별 관광객의 숙박에 적합한 객실을 갖추고 있을 것
- 이용자의 불편이 없도록 화장실, 샤워장, 취사장 등의 편의시설을 갖추고 있을 것. 다만, 이러한 편의시설은 공동으로 이용하게 할 수 있다.
- 외국인 및 내국인 관광객에게 서비스를 제공할 수 있는 문화 · 정보 교류시설을 갖추고 있을 것
- 대지 및 건물의 소유권 또는 사용권을 확보하고 있을 것

정답 3 ③ 4 ① 5 ①

제4과목

06 관광진흥법상 관광숙박업 분류 중 호텔업의 종류가 아닌 것은?

① 호스텔업

② 가족호텔업

③ 의료관광호텔업

④ 휴양 콘도미니엄업

해설 **관광숙박업의 분류**

- 호텔업 : 관광객의 숙박에 적합한 시설을 갖추어 이를 관광객에게 제공하거나 숙박에 딸리는 음식 · 운동 · 오락 · 휴양 · 공연 또는 연수에 적합한 시설 등을 함께 갖추어 이를 이용하게 하는 업(관광호텔업, 수상관광호텔업, 한국전통호텔업, 가족호텔업, 호스텔업, 소형호텔업, 의료관광호텔업)
- 휴양 콘도미니엄업 : 관광객의 숙박과 취사에 적합한 시설을 갖추어 이를 그 시설의 회원이나 소유자 등, 그 밖의 관광객에게 제공하거나 숙박에 딸리는 음식 · 운동 · 오락 · 휴양 · 공연 또는 연수에 적합한 시설 등을 함께 갖추어 이를 이용하게 하는 업

07 스페인, 포르투갈 등지의 저렴한 서민용 호텔로, 대부분 커다란 공동침실에 여러 명이 투숙하는 형태의 숙박시설은?

① 샤토(Chateau) ② 샬레(Chalet)

③ 마리나(Marina) ④ 호스텔(Hostel)

해설 ① 맨션(Mansion)이라고도 하며, 관광지에 있는 아담하고 작은 숙박시설

② 열대지방의 산장, 별장 등의 숙박시설의 한 형태

③ 스포츠 또는 레크리에이션(Recreation)용 요트, 모터보트 등의 선박을 위한 항구

08 우리나라 최초의 서양식 호텔은?

① 손탁호텔 ② 대불호텔

③ 조선호텔 ④ 신의주철도호텔

해설 ② 대불호텔(1888년)

① 손탁호텔(1902년)

③ 조선호텔(1914년)

④ 신의주철도호텔(1912년)

정답 6 ❹ 7 ❹ 8 ❷

09 ◯△✕

일반 서민이 부담할 수 있는 가격으로 세계 최고의 서비스를 제공하는 것을 경영 이념으로 삼았던 사람은?

① 윌슨(Wilson)
② 힐튼(C. Hilton)
③ 훈지커(Hunziker)
④ 스타틀러(E. M. Statler)

해설 스타틀러(E. M. Statler)는 귀족 중심의 Hotel에서 대중적인 Hotel 경영으로 혁신을 이루어 냈으며, 수익성을 고려하여 입지의 조건을 강조하였다.

10 ◯△✕

입지에 따라 호텔을 분류한 내용에 속하지 않는 것은?

① 시티호텔
② 컨트리호텔
③ 상용호텔
④ 에어포트호텔

해설 **입지에 따른 분류(장소에 의한 분류)**
메트로폴리탄호텔, 시티호텔, 서버번호텔, 컨트리호텔, 에어포트호텔, 시포트호텔, 터미널호텔, 비치호텔 등

11 ◯△✕

마운틴(Mountain)호텔과 관련이 있는 것은?

① 서버빈(Suburban)호텔
② 시티(City)호텔
③ 비치(Beach)호텔
④ 컨트리(Country)호텔

해설 ④ 산간에 세워지는 호텔로 마운틴호텔이라고도 하며, 골프 · 스키 · 등산 등 레크리에이션기능을 할 수 있다.

정답 9 ④ 10 ③ 11 ④

12 ◯△✕

관광진흥법령상 호텔업의 등급 체계를 표시하는 방법은?

① 별 등급
② ABC 등급
③ 가나다 등급
④ 무궁화 등급

해설 등급에 따라 별 모양의 개수를 달리하는 방식으로 호텔의 등급을 표지한다(관광진흥법 시행규칙 제19조 제3호).

13 ◯△✕

고급호텔의 창시자는?

① 스타틀러　② 리 츠
③ 힐 튼　④ 윌 슨

해설 고급호텔의 효시는 리츠(Ritz)이다.

14 ◯△✕

여객선, 페리호 또는 유람선 등 해상을 운항하는 배 안에 있는 숙박시설을 무엇이라 하는가?

① 요텔(Yachtel)　② 보텔(Botel)
③ 플로텔(Floatel)　④ 유스호스텔(Youth Hostel)

해설 ① 요텔(Yachtel) : 요트 여행객을 위한 숙박시설로 해안과 호반에 요트를 계류할 수 있도록 설비를 갖춘 시설
② 보텔(Botel) : 보트로 여행하는 사람들이 이용하는 호텔로서 항해 중 해변에 보트를 정박해 두고 투숙할 수 있는 시설
④ 유스호스텔(Youth Hostel) : 청소년을 위한 숙박시설로 가격이 저렴한 시설

정답 12 ❶ 13 ❷ 14 ❸

15 1936년 건립된 우리나라 최초의 상용호텔은?

① 대불호텔
② 손탁호텔
③ 반도호텔
④ 워커힐호텔

해설 반도호텔(1936)은 우리나라 최초의 상용호텔로 일본인 등 외국인을 위한 시설이었다.

16 객실요금에 조식만을 포함시키는 호텔경영방식은?

① American Plan
② Continental Plan
③ Modified American Plan
④ European Plan

해설 ① American Plan : 객실요금에 1일 3식(아침, 점심, 저녁)을 포함하는 방식
③ Modified American Plan : 객실요금에 1일 2식(아침, 저녁)을 포함하는 방식
④ European Plan : 객실요금과 식사요금을 분리하여 별도로 계산하는 방식

제4과목

17 일반 체인호텔의 특징으로 옳지 않은 내용은?

① 모회사가 소유권에 대한 지분을 보유한다.
② 체인본부는 경영만 책임진다.
③ 경영제도의 독창성이 있다.
④ 모회사는 경영에 대해 자문을 해준다.

해설 일반 체인호텔은 발언권이 거의 없어, 경영제도의 독창성에 제약을 받는다.

정답 15 ③ 16 ② 17 ③

18 객실요금과 식사요금 관계에 따른 분류의 내용이 맞지 않는 것은?

① Modified American Plan Hotel은 객실요금에 1일 2식을 포함하는 방식이다.
② Continental Plan Hotel은 객실요금에 1식을 포함한다.
③ 객실요금과 식사요금이 별개인 것은 European Plan Hotel이다.
④ Dual Plan Hotel은 객실요금에 3식을 포함한다.

해설 Dual Plan Hotel은 미국식과 유럽식의 방식을 혼용하는 것이다.

19 Hotel Tariff를 옳게 설명한 것은?

① 호텔요금표를 말한다.
② 호텔식사를 말한다.
③ 호텔등급을 말한다.
④ 호텔예약을 말한다.

해설 Tariff는 공표요금이다.

20 다음 호텔 내의 서비스 중 식사와 관련 있는 서비스는?

① Room Service
② House Keeping
③ Laundry Service
④ Bellman Service

해설 ② 호텔 상품의 생산 및 재산 관리업무
③ 세탁물 서비스
④ 고객의 영접, 엘리베이터 안내, 객실 안내 등

정답 18 ④ 19 ① 20 ①

21 초과예약으로 인하여 객실이 부족한 경우 예약손님을 정중히 다른 호텔로 안내하는 서비스는?

① Laundry Service
② Paging Service
③ Turn Down Service
④ Turn Away Service

해설 Turn Away Service
호텔에서 초과예약으로 인하여 객실이 부족한 경우 예약한 손님을 다른 호텔로 정중하게 모셔다 주는 서비스를 말한다.

22 호텔의 요금 중 무료요금은?

① Complimentary Rate
② Single Rate
③ Commercial Rate
④ Guide Rate

해설 ②·③·④ 할인요금이다.

제4과목

23 홀리데이 인(Holiday Inn)의 창시자인 윌슨(Wilson)의 경영비결은?

① 시간 · 동작 연구 활용
② 저요금을 위한 셀프서비스제도
③ 도시 중심지에 호텔 건설
④ 최고 서비스제도 도입

해설 홀리데이 인(Holiday Inn)의 경영상 특징은 저요금 전략이다.

정답 21 ④ 22 ① 23 ②

24 ○△×

호텔연회에서 중국식 코스요리를 큰 플레터(Platter)에 담아 고객에게 보여준 후 서빙포크와 스푼으로 덜어 고객의 작은 접시에 직접 제공하는 서비스 방식은?

① Russian Service
② Counter Service
③ American Service
④ Buffet Service

해설 ② 고객이 직접 조리과정을 보면서 식사하며, 조리사가 요리를 직접 제공하는 형태
③ 주방에서 음식을 접시에 담아 서브하는 방식으로 가장 실용적이고 널리 이용되는 서비스
④ 이미 준비된 음식을 기호에 따라 각자 먹을 수 있도록 하는 셀프서비스 형태

25 ○△×

호텔경영상의 특성이 아닌 것은?

① 고정자산에 대한 투자가 낮다.
② 종사원에 대한 의존도가 높다.
③ 시설이 조기 노후화된다.
④ 국가 · 경제 · 사회면의 변화에 민감하다.

해설 호텔업은 고정자산의 투자비율이 높고, 유동자산의 활용이 극히 적어, 자본회전율이 도매업이나 소매업에 비해 매우 낮다.

26 ○△×

호텔의 경영형태에 따른 분류 중 경영계약에 의해 호텔의 총 경영을 책임지는 방식은?

① 개인경영호텔
② 위탁경영호텔
③ 임차경영호텔
④ 리퍼럴 조직호텔

해설 위탁경영호텔은 경영계약으로써 제3자에게 그 경영을 위임하는 형태이다.

정답 24 ❶ 25 ❶ 26 ❷

27 다음 설명에 해당하는 것은?

> 이미 투숙한 객실에 대하여 고객의 취침 직전에 제공하는 서비스로서 간단한 객실의 청소 및 정리 정돈을 해주고, 잠자리를 돌보아 주는 서비스

① Turn Away Service
② Turn Down Service
③ Uniformed Service
④ Pressing Service

해설 ① Turn Away Service : 초과예약으로 인하여 객실이 부족한 경우 예약손님을 정중히 다른 호텔로 안내하는 서비스
③ Uniformed Service : 제복을 입은 Door Staff, Bell Staff, Porter로 구성되는 게스트 서비스 부서
④ Pressing Service : 고객 세탁 서비스의 다림질 서비스

28 호텔의 할인요금이 아닌 것은?

① Single Rate
② Group Rate
③ Guide Rate
④ Complimentary Rate

해설 Complimentary Rate는 할인요금이 아니라 고객이 요금을 내지 않는 무료요금이다.

정답 27 ❷ 28 ❹

제4과목

29 싱글 베드가 3개 또는 트윈에 엑스트라 베드(Extra Bed)가 추가된 형태의 객실은?

○△×

① Triple Room ② Twin Room
③ Quard Room ④ Studio Room

해설 ② 싱글 베드가 나란히 2개 들어 있는 객실
③ 4명이 잘 수 있도록 트리플 룸에 엑스트라 베드가 하나 더 추가된 객실
④ 더블이나 트윈 룸에 소파형의 베드가 들어가 있는 객실로, 소파형 베드는 접으면 소파가 되고 길게 펼치면 침대가 되는 형태

30 호텔의 할인요금 중 비수기에 적용되는 요금체계는?

○△×

① Single Rate ② Season Off Rate
③ Commercial Rate ④ Guide Rate

해설 비수기(Season Off)의 경영 대책으로서 이용률이 적은 계절에 한하여 할인해 주는 요금이다.

31 투숙객이 객실에 수하물을 두고 여행하는 경우나, 예약하고 도착이 늦어질 경우에 부과하는 객실요금은?

○△×

① Late Check Out Charge
② Hold Room Charge
③ Midnight Charge
④ Part Day Charge

해설 ① 명시된 퇴숙 시간을 넘겨 객실을 사용할 때 부과되는 추가요금이다.
③ 예약한 고객이 당일 밤중이나 다음날 아침에 도착했을 경우 받는 야간 객실요금이다.
④ 객실 시간사용에 대해 부과하는 분할요금으로, 주로 온천지역이나 공항 등에 위치한 호텔에서 활용한다.

정답 29 ❶ 30 ❷ 31 ❷

제4장 관광교통업

제1절 관광과 교통

01 교통의 개념

(1) 교통의 정의

자동차, 기차, 배, 비행기 등을 이용하여 사람이 오고 가거나 짐을 실어 나르는 일

(2) 교통의 기능

① 승객과 화물을 일정한 시간에 목적지까지 운송
② 문화, 사회활동 및 기타 건강, 교육 등의 활동을 수행하도록 이동성 부여
③ 도시화를 촉진하고, 대도시와 주변 도시를 유기적으로 연관시킴
④ 산업활동의 생산성을 제고하고 생산비를 낮추는 데 기여
⑤ 유사시에 국가방위에 기여
⑥ 도시 간 혹은 지역 간의 정치 · 사회적 교류를 촉진함
⑦ 소비자에게 여러 가지 품목(물건)을 제공하고 교역의 범위를 확대

(3) 교통의 3대 요소

① **교통주체** : 사람, 물건
② **교통수단** : 자동차, 버스, 지하철, 철도, 비행기, 선박 등
③ **교통시설** : 교통로(도로, 철도, 항로), 역, 주차장, 공항, 항만 등

(4) 교통수단에 의한 분류

① **개인교통** : 자가용, 오토바이, 자가용 버스, 렌터카, 자전거 등을 이용하는 것으로, 이동성과 비정기성을 가짐

② **대중교통** : 버스, 지하철과 같은 일정한 노선과 스케줄에 따라 운행

③ **준대중교통** : 택시 등 자가용과 대중교통수단의 중간에 위치하면서 고정적인 운행스케줄이 없고, 승객이 서비스에 대한 요금을 지불

④ **화물교통** : 철도, 트럭, 트레일러 등을 이용하여 화물을 수송

⑤ **보행교통** : 도보에 의한 것으로, 타 교통수단과의 연계 가능

⑥ **서비스교통** : 소방차, 구급차, 이동우편차, 이동도서차, 청소차 등 공공서비스를 제공

02 관광교통업의 의의

(1) 관광교통업의 정의

일상생활을 떠나 매력 있는 관광지 방문의 접근성을 제고하고, 관광자원의 성격을 띠는 교통수단과 서비스를 제공하여 경제적 · 사회적 · 문화적 이익을 창출하는 사업

(2) 관광교통업의 기본성격

① **무형재** : 교통서비스는 생산되는 순간 소비되지 않으면 실효를 거둘 수 없기 때문에 즉시재 또는 무형재라 함 → '생산 즉시 소비, 소비 즉시 생산'의 성격을 띠고 있기 때문에 저장이 불가능

② **수요의 편재성** : 교통수요는 시간적 · 계절적으로 편중현상이 심함 → 출 · 퇴근이나 업무상 출장과 같은 '생산적 교통수요'인 경우에는 계절성에 관계없이 대체적으로 안정된 반면, 관광여행이나 쇼핑과 같은 '소비적 교통수요'인 경우에 기후조건 또는 사회적 · 경제적 조건에 영향을 많이 받음

③ **자본의 유휴성** : 관광교통수요가 시간적 · 지역적으로 편중되어 있어서 관광성수기를 제외하면 적재력이 남아돌아 자본의 유휴성이 높음

④ **독점성** : 일정한 노선을 확보한 교통사업은 자연적인 독점형태의 성격을 지님

(3) 관광교통업의 특성

① 관광교통서비스는 관광객이 관광교통기관을 직접 찾아가는 형태로 시간의 가치성을 중시 → 거주지에서 관광목적지까지 이동시간이 짧은 관광교통수단을 선호

② 관광교통사업에서 제공되는 신속성 · 쾌적성, 교통체계의 연계성 등이 각각 상이한 특징을 띠고 있기 때문에 대부분의 관광객은 쾌적하고 안락하며 환승 횟수가 적은 관광교통수단을 선호

③ 관광교통사업에서 제공되는 서비스는 재고 불가능한 서비스라는 특성상 수요편중이 심함 → 성수기에는 교통시설의 수용량, 수송설비능력, 교통관련시설 등의 부족이 발생하는 반면 비수기에는 시설이나 설비가 유휴화되어 자본의 낭비가 발생

④ 관광교통사업은 국민의 권리인 사회활동과 관광객들의 기본적인 권리인 관광활동을 하는 데 필요한 수단으로서의 공익성과 기업으로서의 수익성을 동시에 추구하는 성격

⑤ 관광교통사업의 서비스는 신속성 · 정확성 · 안전성 · 경제성 · 연계성 등을 유지해야 함 → 관광교통은 희귀성 · 진기성 · 호화성 · 쾌적성 등의 요소가 갖추어질 때 '관광가치'를 갖게 됨

⑥ 관광교통수단과 어울리는 관광도로의 개설 필요 → 경관도로, 수변탐방로, 산악탐방로, 해안도로, 자전거도로 등

⑦ 관광교통사업은 인력에 크게 의존하므로 운송과 정비분야의 종사자는 24시간 긴장상태에서 근무해야 하며, 조종사 · 운전사 · 기관사 등은 엄격한 규율 아래 근무해야 함

제2절 분야별 관광교통사업

01 철도 관광교통사업

(1) 의 의

① 육상교통의 가장 대표적인 수송수단

② 세계 각국의 관광사업에 크게 기여하였고, 산업혁명 이후 관광객의 왕래에 중요한 역할을 담당

③ 육상에서 원거리 여행을 가능하게 함

④ 철도의 부설로 관광지 개발이 본격화하였으며, 개발된 관광지의 교통수단으로 이용도를 높임

(2) 발전방향

① 철도의 전철화, 스피드화, 객실설비의 개선, 열차편성의 개혁, 서비스 향상, 철도여객의 급식 개선 등

② 주유권(周遊券)과 쿠폰의 발매, 각종 할인제도의 실시 등으로 철도의 관광이용을 촉진

③ 관광지 내에 관광목적을 위한 등산철도, 유람철도 등 관광객 구미에 맞는 새로운 형태의 철도를 개발

02 자동차 관광교통사업

(1) 여객자동차운수사업의 의의

① 관광과 밀접한 연계교통수단인 전세버스, 렌터카, 여행전문차량 등의 여객자동차운수사업은 여행자가 관광지를 이동하는 데 핵심역할을 수행함

② 관광활동에 자동차를 이용하는 이유는 도로를 이용하여 관광자원이 분포되어 있는 가장 가까운 곳까지 접근할 수 있는 접근성과 여행의 편리성 때문

(2) 여객자동차운수사업의 종류(여객자동차 운수사업법 제2~3조 및 시행령 제3조)

① 여객자동차운송사업 : 다른 사람의 수요에 응하여 자동차를 사용하여 유상으로 여객을 운송하는 사업

㉠ 노선여객자동차운송사업 : 자동차를 정기적으로 운행하려는 구간(노선)을 정하여 여객을 운송하는 사업

- 시내버스운송사업
- 농어촌버스운송사업
- 마을버스운송사업
- 시외버스운송사업

㉡ 구역여객자동차운송사업 : 사업구역을 정하여 그 사업구역 안에서 여객을 운송하는 사업

- 전세버스운송사업
- 특수여객자동차운송사업
- 일반택시운송사업
- 개인택시운송사업

㉢ 수요응답형 여객자동차운송사업 : 농촌과 어촌을 기점 또는 종점으로 하는 경우 또는 신도시, 심야시간대 등 대중교통수단이 부족하여 교통불편이 발생하는 경우, 수요응답형 여객자동차운송사업 면허의 규제특례를 받아 운행 등 실증과정을 거친 지역에서 특별시장 · 광역시장 · 특별자치시장 · 도지사 · 특별자치도지사가 필요하다고 인정하는 경우, 운행계통 · 운행시간 · 운행횟수를 여객의 요청에 따라 탄력적으로 운영하여 여객을 운송하는 사업

개념충전 **전세버스운송사업의 문제점 및 발전방향**

- 문제점
  - 서비스 정신의 결여
  - 과다경쟁으로 인한 전세버스 요금의 하락세
  - 종사원들의 열악한 근무환경
  - 노후화된 차량
  - 지입제 차량운행과 정비불량
  - 관광문화의식의 부족
- 발전방향
  - 대여자동차업체와의 차종확대문제와 상호협력관계 유지
  - 전세버스 신규등록 시 등록증 교부요건의 강화
  - 전세버스사업 양도 · 양수의 원활화
  - 특별수송기간 중 전세버스의 운송합법화
  - 전세버스운송조합의 업무기능 강화

② **자동차대여사업** : 다른 사람의 수요에 응하여 유상으로 자동차를 대여(貸與)하는 사업으로, **자동차와 이에 부과되는 시스템을 제공**하는 새로운 서비스사업(Rent-a-car System 또는 Car Rental System)

㉠ 특 징

- 철도 · 항공기와의 결합수송서비스
- 여행업과의 제휴서비스
- 여가업과의 제휴 등 부가서비스
- 지역경제의 활성화
- 경쟁사업과의 역할 분담

㉡ 자동차대여사업의 발전방향

- 제도적 측면
  - 교통기관으로서 운영시스템의 확립
  - 전국 영업망의 구축
  - 이용자가 선호하는 차종 개발
- 서비스 측면
  - 종사자의 자질 향상
  - 영업망 확충으로 편의 제공
  - 결합상품의 개발
  - 예약시스템의 구축
  - 편도대여의 활성화

ⓐ 대규모 렌터카 회사의 전국 영업망의 형성

ⓑ 도시 간의 많은 교통량으로 차의 편재가 적고 회송비 부담의 최소화

ⓒ 차량운반차로 운반할 편재차량의 법적 상주 허용

③ **여객자동차터미널사업** : 여객자동차터미널(도로의 노면이나 그 밖에 일반교통에 사용되는 장소가 아닌 곳으로서 승합자동차를 정류시키거나 여객을 승하차시키기 위하여 설치된 시설과 장소)을 여객자동차운송사업에 사용하게 하는 사업

④ **여객자동차운송플랫폼사업** : 여객의 운송과 관련한 다른 사람의 수요에 응하여 이동통신단말장치, 인터넷 홈페이지 등에서 사용되는 응용프로그램을 제공하는 사업

03 해상 관광교통사업

(1) 해상교통업의 개념

① 정의 : 해상에서 선박을 이용하여 사람 · 화물을 운송하고 그 대가로서 운임을 받는 상행위

② 해상교통업의 발달 : 2차 세계대전 전까지 국제관광은 해운교통업에 의하여 이루어짐

③ 용어의 정의

㉠ 자유항(Free Port) : 수출입품에 관세를 부과하지 않고 출입이 자유로운 개항으로서 무역 촉진을 위한 외국 선박의 출입 자유항구

㉡ 주유관광선(Cruise Ship) : 정기노선 여객선이 아닌 여행업자나 선박회사가 포괄요금으로 관광객을 모집하여 운항하는 여객선 → 카리브해안 · 지중해 · 태평양 세계일주선

㉢ 카페리(Car Ferry) : 차량과 함께 승객을 탑승시킬 수 있는 선박으로 자가용 여행의 발달로 증가

㉣ 수중익선(Hydrofoil Boat) : 선체 밑에 날개가 달려 있어 고속으로 달릴 때 선체가 물 위로 떠오르는 형태의 선박

㉤ 호버 크래프트(Hover Craft) : 압축공기를 이용하여 수면에서 약간 떨어져 달리는 보트

(2) 해상여객운송사업

① 정의(해운법 제2조 제2호) : 해상이나 해상과 접하여 있는 내륙수로에서 여객선 또는 수면비행선박으로 사람 또는 사람과 물건을 운송하거나 이에 따르는 업무를 처리하는 사업으로서 「항만운송사업법」에 따른 항만운송관련사업 외의 것

② 사업의 종류(해운법 제3조)

㉠ 내항 정기 여객운송사업 : 국내항(해상이나 해상에 접하여 있는 내륙수로에 있는 장소로서 상시 선박에 사람이 타고 내리거나 물건을 싣고 내릴 수 있는 장소를 포함)과 국내항 사이를 일정한 항로와 일정표에 따라 운항하는 해상여객운송사업

㉡ 내항 부정기 여객운송사업 : 국내항과 국내항 사이를 일정한 일정표에 따르지 아니하고 운항하는 해상여객운송사업

㉢ 외항 정기 여객운송사업 : 국내항과 외국항 사이 또는 외국항과 외국항 사이를 일정한 항로와 일정표에 따라 운항하는 해상여객운송사업

㉣ 외항 부정기 여객운송사업 : 국내항과 외국항 사이 또는 외국항과 외국항 사이를 일정한 항로와 일정표에 따르지 아니하고 운항하는 해상여객운송사업

㉤ 순항 여객운송사업 : 해당 선박 안에 숙박시설, 식음료시설, 위락시설 등 편의시설을 갖춘 대통령령으로 정하는 규모 이상의 여객선을 이용하여 관광을 목적으로 해상을 순회하여 운항(국내외의 관광지에 기항하는 경우를 포함)하는 해상여객운송사업

㉥ 복합 해상여객운송사업 : ㉠부터 ㉣까지의 규정 중 어느 하나의 사업과 ㉤의 사업을 함께 수행하는 해상여객운송사업

(3) 크루즈사업 25 기출

① 정 의

㉠ 크루즈선 : 선내에 객실, 식당, 스포츠와 레크리에이션시설 등 관광객의 편의를 위한 각종 서비스시설과 부대시설을 갖추고 순수한 관광활동을 목적으로 관광자원이 수려한 지역을 순회하며 안전하게 운항하는 선박

㉡ 크루즈여행 : 유람선을 이용한 독특한 관광여행으로, 정기노선의 여객선이 아닌 여행업자 또는 선박업자가 포괄요금으로 여행객을 모집하여 운영하며, 다수의 매력적인 항구를 여행하는 형태

| 크루즈여행 |

㉢ 관광유람선업(관광진흥법 시행령 제2조 제1항 제3호 라목) 23 기출

- 일반관광유람선업 : 「해운법」에 따른 해상여객운송사업의 면허를 받은 자나 「유선 및 도선사업법」에 따른 유선사업의 면허를 받거나 신고한 자가 선박을 이용하여 관광객에게 관광을 할 수 있도록 하는 업
- 크루즈업 : 「해운법」에 따른 순항 여객운송사업이나 복합 해상여객운송사업의 면허를 받은 자가 해당 선박 안에 숙박시설, 위락시설 등 편의시설을 갖춘 선박을 이용하여 관광객에게 관광을 할 수 있도록 하는 업

② 크루즈유람선의 특징

㉠ 지역 간의 화물이나 여객수송이 아닌 순수한 관광목적

㉡ 관광자원이 수려한 항구 및 지역만을 운항

㉢ 크루즈유람선 내에는 식음료, 숙박, 게임, 스포츠 등 다양한 관광객 이용시설 구비

㉣ 서비스가 최고 수준이며, 호화성이 짙음

㉤ 비정기적으로 운항하는 대형 선박(1만 톤급 이상) 또는 초대형 선박(3만 톤급 이상)

③ 크루즈여행의 필수적인 요소

㉠ 고객욕구의 부합성

㉡ 관광상품의 품질

㉢ 관광상품의 가치성

㉣ 운영상의 기본조건 점검

㉤ 진행요원의 안전에 대한 전문성

㉥ 주변환경요인

㉦ 인적 서비스

㉧ 쇼 핑

④ 크루즈 산업 발전방안 19 기출

㉠ 대중들이 크루즈 여행을 즐길 수 있도록 분화하여 상품의 다양성을 확보

㉡ 계절적 수요에 맞게 탄력적인 운영을 시행

㉢ 간편한 입 · 출항 절차를 마련하여 승객들에게 편리성을 제공

㉣ 특별한 목적이나 경쟁력 있는 주제별 선상프로그램의 개발을 통해 체험형 오락거리가 풍부한 여행상품으로 개발

⑤ **크루즈의 유형** 17 23 기출

㉠ 선박규모에 따른 구분 : 소형 크루즈, 중형 크루즈, 대형 크루즈, 초대형 크루즈 등

㉡ 항해지역에 따른 구분 : 해양 크루즈, 연안 크루즈, 하천 크루즈 등

㉢ 크루즈 성격에 따른 구분 : 전통형 크루즈, 리조트형 크루즈, 고급형 크루즈, 호화형 크루즈, 특선형 크루즈 등

㉣ 항해목적에 따른 구분 : 관광크루즈, 세미나크루즈(교육, 연수 등), 테마크루즈(오페라, 판촉 등) 등

㉤ 선박시장에 따른 구분 : 일반대중시장, 고급시장, 호화시장, 염가시장, 탐험 · 모험시장, 틈새시장 등

04 항공 관광교통사업

(1) 항공운송사업의 개념

① **정의** : 타인의 수요에 응하여 항공기를 사용하여 유상으로 여객 또는 화물을 운송하는 사업

② **항공운송사업의 구성요소**

㉠ 항공기 : 운송수단

㉡ 공항 및 항공터미널 : 항공기의 이 · 착륙장소와 출입국서비스 제공

㉢ 항공노선 : 항공기의 운항로이자 운송권 확보

| 항공 관광 |

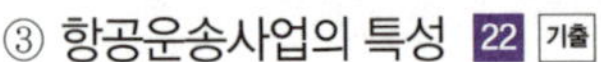

③ **항공운송사업의 특성** 22 기출

㉠ 서비스성 : 항공사가 제공하는 사업의 핵심이며 항공상품의 특성 → 기내 공간 중심의 고정적인 상품요소와 인적 서비스 중심의 유동적 상품요소

㉡ 안전성 : 모든 교통기관에서 가장 중요시되는 요소

㉢ 고속성 : 단시간 내에 전 세계 주요 도시 상호간을 연결하는 항공노선망을 구축하고 항공운송 중심의 국제 교통체계를 형성

㉣ 정시성 : 항공기의 정비 및 기상조건에 의하여 크게 제약을 받기 때문에 정시성 확보가 관건임

㉤ 쾌적성과 편리성 : 장거리 여행을 하는 승객을 위한 객실시설과 기내서비스의 편리성, 안전한 비행을 통한 쾌적성이 중요

㉥ 노선개설의 용이성 : 공항이 있는 곳이면 항공노선의 개설이 용이

㉦ 경제성 : 이용요금이 비싼 것은 사실이지만 시간가치와 서비스가치를 고려한다면 경제적임

㉧ 공공성 : 항공운송은 국제성을 띠고 있어 국익과도 관계됨

㉨ 자본집약성 : 규모의 경제가 발휘되는 자본집약적 산업

개념충전 **저비용 항공사의 운영형태와 특징** 19 20 기출

- 최소한의 기종을 운용하며 유지 · 관리 비용을 최소화한다.
- 단거리 노선에 치중하여 서비스 수준의 기대가 높아지는 중 · 장거리 노선을 최소화한다.
- 인터넷을 적극적으로 활용하여 대행예약의 수수료와 인건비를 줄인다.
- 교외 소도시의 저가 공항으로 취항하여 비용을 절감한다.
- 조직을 단순화하여 비용을 절감한다.
- 좌석클래스를 단일화한다.
- 지점 간 노선(Point to Point) 방식으로 운항한다.

(2) 항공운송사업의 분류

① **정기항공운송사업** : 한 지점과 다른 지점 사이에 노선을 정하고 정기적으로 항공기를 운항하는 항공운송사업

② **비정기항공운송사업** : 비정기적으로 유상 운항하는 항공운송사업

③ **항공기사용사업** : 타인의 수요에 맞추어 항공기를 사용하여 유상으로 농약살포, 건설자재 등의 운반, 사진촬영 또는 항공기를 이용한 비행훈련 등의 업무를 행하는 사업

(3) 항공운송서비스

① **항공운송서비스의 개념** : 항공기를 활용하여 여객을 안전하게 운송하는 것이다.

② **항공운송서비스의 성격**

㉠ 무형성

㉡ 재고 불가능성

㉢ 변동성

㉣ 소유권 비이전성

㉤ 서비스 품질의 측정 곤란성

③ **항공운송서비스의 특징** : 항공운송서비스상품은 좌석예약 · 항공권 발권 · 탑승수속 등과 같은 지상서비스와 기내 식음료 · 면세상품 판매 · 비디오 영상서비스 · 승무원 서비스 등과 같은 기내서비스가 조합되어 생산

(4) 항공운송관련단체

① ICAO(International Civil Aviation Organization) : 국제민간항공기구 18 21 기출

㉠ 설립 : 1947년에 발효된 국제민간항공조약(시카고조약)에 기인하여 1947년에 설립된 UN 전문기관(본부 – 캐나다 몬트리올)

㉡ 업무내용

- 국제민간항공의 안전하고도 정연한 발전을 확보할 것
- 평화적 목적을 위해서 항공기의 설계 및 운항의 기술을 장려할 것
- 국제민간항공을 위한 항공로, 공항 및 항공보안시설의 발달을 장려할 것
- 안전하고도 정확하며 능률적이고도 경제적인 항공운송에 대한 세계 제국민의 요구에 응할 것
- 불합리한 경쟁에 의해서 발생하는 경제적 낭비를 방지할 것
- 체약국의 권리가 충분히 존중될 것과 모든 체약국이 국제항공기업을 운영할 공정한 기회를 가지도록 확보할 것
- 체약국 간의 차별대우를 배제할 것
- 국제항공에 있어서의 비행의 안전을 증진할 것
- 국제민간항공의 모든 부분의 발달을 전향적으로 촉진할 것

② IATA(International Air Transport Association) : 국제항공운송협회 20 기출

㉠ 설립 : 1945년 쿠바의 아바나에서 설립(본부 – 캐나다 몬트리올, 스위스 제네바)

㉡ IATA의 역할

- 항공사를 위하여 : 항공사의 제반 문제점에 대한 해결책을 제공하고 각 항공사의 경험과 정보 및 지식을 교환
- 정부를 위하여 : 국제선 운임 및 요율을 결정함에 있어서 각국 정부 간의 조정 · 협상의 기회를 제공
- 일반 대중을 위하여
  - 높은 수준의 효율적인 항공운송(안전성, 편의성) 제공
  - 경제성 있는 최저 운임 보장
  - 통일된 체제에 의해 손쉬운 해외여행을 가능하게 함

㉢ 주요 활동업무 : 국제항공운임 결정, 항공기 양식 통일, 연대 운임 청산 등

③ OAA(Orient Airlines Association) : 동양항공사협회

㉠ 설립 : 1966년 9월에 설립(본부 – 필리핀 마닐라)

㉡ 목 적

- 동양의 민간항공사업의 촉진
- 각 회원의 공통적인 문제 혹은 이해가 엇갈리는 제반 문제에 대해 의견을 제출해 토의할 수 있는 공통의 장소 마련

(5) 항공코드 20 22 25 기출

① 주요 항공사의 항공코드

구 분	ICAO 기준	IATA 기준
아메리칸항공	AAL	AA
에어프랑스	AFR	AF
네덜란드항공	KLM	KL
캐세이퍼시픽항공	CPA	CX
일본항공	JAL	JL
델타항공	DAL	DL
베트남항공	HVN	VN
필리핀항공	PAL	PR

② 우리나라 항공사의 항공코드 16 23 기출

구 분	ICAO 기준	IATA 기준
대한항공	KAL	KE
아시아나항공	AAR	OZ
제주항공	JJA	7C
진에어	JNA	LJ
이스타항공	ESR	ZE
에어부산	ABL	BX
티웨이항공	TWB	TW

개념충전 **우리나라의 국제공항** 17 기출

인천국제공항, 김포국제공항, 청주국제공항, 대구국제공항, 김해국제공항, 제주국제공항, 양양국제공항, 무안국제공항

(6) 항공동맹

① 개념 : 여러 항공사 간의 연합체

② 종 류 17 20 25 기출

㉠ 대형항공사 항공동맹 : 스타 얼라이언스(Star Alliance), 스카이 팀(Sky Team), 원 월드(One World)

㉡ 저비용항공사(LCC) 항공동맹 : 벨류 얼라이언스, 유플라이 얼라이언스

제4과목

(7) 항공 용어 17 18 19 기출

① 패스트트랙(Fast Track) : 교통약자 및 출입국 우대자를 위한 서비스로 패스트트랙 전용 출국장을 통해 편리하고 신속하게 출국 수속을 진행할 수 있다.

② APIS(Advance Passenger Infomation System) : 출발지공항 항공사에서 예약이나 발권, 탑승수속 시 승객에 대해 필요한 정보를 수집하고 법무부와 세관에 통보하여 도착 탑승객에 관한 사전 검사를 가능하게 함으로써 입국심사에 소요되는 시간을 단축하는 사전 입국심사제도이다.

③ 자동출입국심사(Smart Entry Service) : 사전에 등록한 여권정보와 생체정보(지문, 안면 등)를 활용하여 출입국심사를 진행하는 첨단 출입국심사시스템을 말한다.

④ 셀프체크인(Self Check In) : 무인자동화기기를 이용하여 좌석배정, 탑승권 발급 등 비행기를 타기 위한 절차를 직접 밟는 것을 말한다.

⑤ 셀프백드랍(Self Bag Drop) : 탑승객이 직접 본인의 수화물을 위탁하는 셀프서비스를 말한다.

⑥ PNR(Passenger Name Record, 승객여객기록) : 항공일정뿐만 아니라 부대정보까지 모두 포함하는 정보를 말한다.

⑦ PTA(Prepaid Ticket Advice, 항공여객운임 선불제도) : 어떤 지점에 있는 사람이 타 지점에 있는 사람을 위해 미리 운임을 대신 지불하고, 그 사람을 위해 항공권을 발행하도록 의뢰한 제도이다.

⑧ BSP(Bank Settlement Plan) : IATA(국제항공운송협회)에서 운영하는 항공여객 판매대금 정산제도이다. 항공사와 여행사 간의 거래에서 발생하는 국제선 항공 여객운임을 다자간 개별적으로 직접 결제하는 대신 은행을 통하여 일괄 정산하는 방식이다.

⑨ 기내특별식

㉠ 유아식(BBML) : 유아식은 2세 미만 어린이용 식사

㉡ 아동식(CHML) : 아동식은 2세부터 5세의 어린이용 식사

㉢ 베지테리언 기내식(VLML) : 육류 제품이나 생선을 사용하지 않은 베지테리언 기내식

㉣ 힌두교도용 기내식(HNML)

㉤ 유대교도용 기내식(KSML)

㉥ 이슬람교도용/모슬렘 기내식(MOML)

㉦ 저염 기내식(LSML)

㉧ 당뇨병 대응 기내식(DBML)

㉨ 저지방 기내식(LFML)

제4장 핵심 실전 문제

※ 문제의 이해도에 따라 ○△× 체크하여 완벽하게 정리하세요.

01 ○△×

교통의 기능에 대해 잘못 설명한 것은?

① 승객과 화물을 목적지까지 운송한다.
② 정치적 · 사회적 교류를 지연한다.
③ 유사시 국가 방위에 기여한다.
④ 대도시와 주변 도시를 유기적으로 연관시킨다.

해설 교통은 도시 간 혹은 지역 간의 정치 · 사회적 교류를 촉진하는 역할을 한다.

02 ○△×

관광교통업의 특성을 잘못 설명한 것은?

① 관광교통업은 관광활동을 하는 데 필요한 수단이다.
② 관광교통사업에서 제공되는 서비스는 재고 불가능하다.
③ 이용자는 이동시간이 짧고 환승 횟수가 적은 관광교통수단을 선호한다.
④ 비수기에는 수송설비능력, 교통관련시설 등의 부족이 발생한다.

해설 관광교통업에서 제공되는 서비스는 재고 불가능한 서비스로, 수요편중이 심하다. 성수기에는 교통시설의 수용량 · 수송설비능력 · 교통관련시설 등의 부족이 발생하는 반면, 비수기에는 시설이나 설비가 유휴화되어 자본의 낭비가 발생한다.

03 ○△×

여객자동차 운수사업법령상 '구역여객자동차운송사업'에 해당하지 않는 것은?

① 전세버스운송사업
② 개인택시운송사업
③ 특수여객자동차운송사업
④ 수요응답형 여객자동차운송사업

해설 **여객자동차운송사업**

- 노선여객자동차운송사업 : 시내버스운송사업, 농어촌버스운송사업, 마을버스운송사업, 시외버스운송사업
- 구역여객자동차운송사업 : 전세버스운송사업, 특수여객자동차운송사업, 일반택시운송사업, 개인택시운송사업
- 수요응답형 여객자동차운송사업

정답 1 ❷ 2 ❹ 3 ❹

제4과목

04

관광진흥법령상 관광유람선업에 해당하는 것으로만 묶은 것은?

① 일반관광유람선업, 크루즈업

② 일반관광유람선업, 특별관광유람선업

③ 특별관광유람선업, 요트업

④ 요트업, 크루즈업

해설 **관광유람선업(관광진흥법 시행령 제2조 제1항 제3호 라목)**

- 일반관광유람선업 : 해운법에 따른 해상여객운송사업의 면허를 받은 자나 유선 및 도선사업법에 따른 유선사업의 면허를 받거나 신고한 자가 선박을 이용하여 관광객에게 관광을 할 수 있도록 하는 업
- 크루즈업 : 해운법에 따른 순항(順航) 여객운송사업이나 복합 해상여객운송사업의 면허를 받은 자가 해당 선박 안에 숙박시설, 위락시설 등 편의시설을 갖춘 선박을 이용하여 관광객에게 관광을 할 수 있도록 하는 업

05

관광교통업의 기본적 성격이라고 볼 수 없는 것은?

① 유형재

② 수요의 편중

③ 자본의 유휴성

④ 독점성

해설 교통서비스는 생산되는 순간 소비되지 않으면 실효를 거둘 수 없는 무형재이다.

정답 4 ❶ 5 ❶

06 여객자동차운수사업법령상 노선여객자동차운송사업의 종류가 아닌 것은?

○△×

① 전세버스운송사업
② 시내버스운송사업
③ 농어촌버스운송사업
④ 시외버스운송사업

해설 **여객자동차운송사업의 종류**

노선여객자동차운송사업	구역여객자동차운송사업
• 시내버스운송사업 • 농어촌버스운송사업 • 마을버스운송사업 • 시외버스운송사업	• 전세버스운송사업 • 특수여객자동차운송사업 • 일반택시운송사업 • 개인택시운송사업

07 항공운송사업의 특성이 아닌 것은?

○△×

① 서비스성 ② 고속성
③ 자본집약성 ④ 접근성

해설 ①·②·③ 외에 안전성, 정시성, 쾌적성, 편리성, 경제성, 공공성 등을 들 수 있다.

제4과목

08 국내 크루즈 산업의 발전방안으로 옳지 않은 것은?

○△×

① 많은 사람들이 즐길 수 있도록 상품을 다양화한다.
② 계절적 수요에 상관없이 정기적인 운영이 필요하다.
③ 특별한 목적이나 경쟁력 있는 수제별 선상프로그램을 개발한다.
④ 간편한 입·출항 절차를 마련하여 승객들에게 편리성을 제공한다.

해설 크루즈 산업은 계절적 수요에 맞게 탄력적으로 운영해야 한다.

정답 6 ❶ 7 ❹ 8 ❷

09

◯△✕

국제민간항공기구를 나타내는 용어는?

① ICAO　　② UNWTO
③ OAA　　④ IATA

해설 ② 세계관광기구
③ 동양항공사협회
④ 국제항공운송협회

10

◯△✕

항공운송사업의 경영상의 문제점으로 보기 어려운 것은?

① 국영화의 불가피
② 안전성
③ 사회 환경의 변화에 민감
④ 기종 경쟁에 의한 자금 부담

해설 항공운송사업의 경영상의 문제점은 ②·③·④ 외에 공항정비의 문제, 수급불균형의 문제가 있다.

11

◯△✕

항공운송사업 3대 구성요소가 아닌 것은?

① 항공기　　② 공 항
③ 승무원　　④ 항공노선

해설 항공운송사업을 구성하는 요소는 운송수단인 항공기, 항공기의 이·착륙장소와 출입국서비스를 제공하는 공항과 항공터미널, 항공기의 운항로이자 운송권을 확보해 주는 항공노선이다.

정답 9 ❶ 10 ❶ 11 ❸

12 렌터카사업의 발전요인이 아닌 것은?

① 고속도로의 발달
② 수요의 급증에 따른 고급화
③ Fly and Drive의 여행 방식
④ '소유'의 개념에서 '사용'의 개념으로의 소비자 인식 변화

해설 **렌터카사업의 발전요인**
- 고속도로의 발달
- Fly and Drive의 여행 방식
- '소유'의 개념에서 '사용'의 개념으로의 소비자 인식 변화

13 IATA 기준 항공사와 코드의 연결이 옳지 않은 것은?

① SQ – Singapore Airlines
② SR – Saudi Arabian Airlines
③ CI – China Airlines
④ CX – Cathay Pacific Airways

해설 SV : Saudi Arabian Airlines

14 저비용항공사(LCC)의 일반적인 특징이 아닌 것은?

① 조직의 단순화
② 최소한의 기종 운용
③ 좌석클래스의 단일화
④ 장거리 노선 중심의 운항

해설 저비용항공사(LCC)는 일반적으로 단거리 노선에 치중하고 중 · 장거리 노선을 최소화한다.

정답 12 ❷ 13 ❷ 14 ❹

15 1921년 민간항공사로서 항공예약제도를 최초로 도입한 항공사는?

○△×

① 프랑스의 Air France
② 독일의 Lufthansa
③ 미국의 Pan American World Airways
④ 네덜란드의 KLM

해설 네덜란드의 KLM은 세계 최초의 민간항공사로, 1921년 세계 최초로 항공권 예약판매소를 세웠다.

16 타 지역에서의 탑승을 위해 요금이 선불되는 것은?

○△×

① PTA
② OAG
③ ABC
④ GTR

해설 PTA(Prepaid Ticket Advice, 항공여객운임 선불제도)
어떤 지점에 있는 사람이 타 지점에 있는 사람을 위해 미리 운임을 대신 지불하고, 그 사람을 위해 항공권을 발행하도록 의뢰한 제도

17 다음 ICAO 기준 항공코드 중 항공사의 국적이 다른 하나는?

○△×

① AAR ② JJA
③ KAL ④ JAL

해설 ④ 일 본
①·②·③ 한 국

정답 15 ❹ 16 ❶ 17 ❹

18 ICAO 기준 항공사와 코드의 연결이 옳지 않은 것은?

① JEJU AIR – JJA
② KOREAN AIR – KAR
③ ASIANA AIR – AAR
④ AIR BUSAN – ABL

해설 ② KOREAN AIR : KAL

19 예약한 고객이 공항의 Counter에 갔더니 예약이 되어 있지 않은 상태를 무엇이라고 하는가?

① Free Sale Agreement
② Late Cancellation
③ No Record Passenger
④ No-show

해설 No Record(NRC) Passenger
예약이 확약된 항공권을 소지하고 있으나 해당 항공사에는 그 좌석에 대한 확약된 기록이 없거나 예약을 접속한 기록이 없는 승객

정답 18 ❷ 19 ❸

제4과목

20 ○△×

다음은 IATA에 관한 설명으로 옳지 않은 것은?

① 1945년 쿠바의 아바나에서 설립되었다.

② 본부는 미국의 뉴욕에 있다.

③ 여객 및 화물의 운임 및 요율 등을 조정한다.

④ 국제항공운임을 결정한다.

해설 IATA(International Air Transport Association, 국제항공운송협회)는 1945년 쿠바의 아바나에서 설립되었고, 본부는 캐나다의 몬트리올, 스위스 제네바에 있다.

21

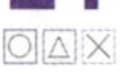

ABC(ABC World Airways Guide System)는 무엇인가?

① 도착지

② 출발지

③ 도착지, 출발지

④ 항공운항시간표

해설 ABC(ABC World Airways Guide)

영국에서 매월 발간되는 세계 항공회사의 정기편 시간표

정답 20 ❷ 21 ❹

제5장 관광객 이용시설업

제1절 관광객 이용시설업의 법적 규정

01 관광객 이용시설업의 정의(관광진흥법 제3조 제1항 제3호)

(1) 관광객을 위하여 음식 · 운동 · 오락 · 휴양 · 문화 · 예술 또는 레저 등에 적합한 시설을 갖추어 이를 관광객에게 이용하게 하는 업

(2) 대통령령으로 정하는 2종 이상의 시설과 관광숙박업의 시설(관광숙박시설) 등을 함께 갖추어 이를 회원이나 그 밖의 관광객에게 이용하게 하는 업

(3) 야영장업

야영에 적합한 시설 및 설비 등을 갖추고 야영편의를 제공하는 시설(청소년야영장은 제외)을 관광객에게 이용하게 하는 업

(4) 외국인관광 도시민박업

도시지역(농어촌지역 및 준농어촌지역 제외)의 주민이 자신이 거주하고 있는 주택을 이용하여 외국인 관광객에게 한국의 가정문화를 체험할 수 있도록 적합한 시설을 갖추고 숙식 등을 제공(도시지역에서 마을기업이 외국인 관광객에게 우선하여 숙식 등을 제공하면서, 외국인 관광객의 이용에 지장을 주지 아니하는 범위에서 해당 지역을 방문하는 내국인 관광객에게 그 지역의 특성화된 문화를 체험할 수 있도록 숙식 등을 제공하는 것을 포함)하는 업

(5) 한옥체험업

한옥에 관광객의 숙박 체험에 적합한 시설을 갖추고 이를 관광객에게 이용하게 하거나 전통 놀이 및 공예 등 전통문화 체험에 적합한 시설을 갖추어 이를 관광객에게 이용하게 하는 업

02 관광객 이용시설업의 종류(관광진흥법 시행령 제2조 제1항 제3호) 20 기출

(1) 전문휴양업

관광객의 휴양이나 여가 선용을 위하여 숙박업 시설이나 휴게음식점영업 · 일반음식점영업 또는 제과점영업의 신고에 필요한 시설(음식점시설)을 갖추고 전문휴양시설 중 한 종류의 시설을 갖추어 이를 관광객에게 이용하게 하는 업

(2) 종합휴양업

① **제1종 종합휴양업** : 관광객의 휴양이나 여가 선용을 위하여 숙박시설 또는 음식점시설을 갖추고 전문휴양시설 중 두 종류 이상의 시설을 갖추어 관광객에게 이용하게 하는 업이나, 숙박시설 또는 음식점시설을 갖추고 전문휴양시설 중 한 종류 이상의 시설과 종합테마파크업의 시설을 갖추어 관광객에게 이용하게 하는 업

② **제2종 종합휴양업** : 관광객의 휴양이나 여가 선용을 위하여 관광숙박업의 등록에 필요한 시설과 제1종 종합휴양업의 등록에 필요한 전문휴양시설 중 두 종류 이상의 시설 또는 전문휴양시설 중 한 종류 이상의 시설 및 종합테마파크업의 시설을 함께 갖추어 관광객에게 이용하게 하는 업

(3) 야영장업

① **일반야영장업** : 야영장비 등을 설치할 수 있는 공간을 갖추고 야영에 적합한 시설을 함께 갖추어 관광객에게 이용하게 하는 업

② **자동차야영장업** : 자동차를 주차하고 그 옆에 야영장비 등을 설치할 수 있는 공간을 갖추고 취사 등에 적합한 시설을 함께 갖추어 자동차를 이용하는 관광객에게 이용하게 하는 업

(4) 관광유람선업

① **일반관광유람선업** : 「해운법」에 따른 해상여객운송사업의 면허를 받은 자나 「유선 및 도선사업법」에 따른 유선사업의 면허를 받거나 신고한 자가 선박을 이용하여 관광객에게 관광을 할 수 있도록 하는 업

② **크루즈업** : 「해운법」에 따른 순항 여객운송사업이나 복합 해상여객운송사업의 면허를 받은 자가 해당 선박 안에 숙박시설, 위락시설 등 편의시설을 갖춘 선박을 이용하여 관광객에게 관광을 할 수 있도록 하는 업

(5) 관광공연장업

관광객을 위하여 적합한 공연시설을 갖추고 공연물을 공연하면서 관광객에게 식사와 주류를 판매하는 업

제2절 주제공원

01 주제공원의 이해

(1) 주제공원의 개념

① 테마파크(Theme Park) : 주제공원은 특정한 주제(Theme)에 따라 비일상적인 공간을 창조하여 시설과 운영이 그 주제에 따라 통일적이고 독립적으로 이루어짐

② 주제공원의 포괄적 의미 : 특정한 주제를 중심으로 공원의 전체 환경을 만들면서 공연 · 이벤트 등 다양한 서비스를 갖춘 가족 위주의 창조적인 문화적 유희의 오락공원

(2) 주제공원의 특징

① 일반적 특징

㉠ 전체를 통합하는 주제가 있음

㉡ 내용의 폭이 넓고 생각의 깊이가 있음

㉢ 차별화된 개성이 있음

㉣ 보다 즐겁고, 인상적이고, 감동적으로 체험할 수 있는 방식이 많음

㉤ 사전에 방문객들에게 특정한 이미지를 심어 주고, 동기와 선택성을 부여

㉥ 경유행락, 경유관광형

㉦ 매력적인 유희장치나 이벤트와 더불어 상품도매업과 음식업 등을 포함한 형태로 복합적인 요소를 갖춤

② 구조적 특징 15 기출

㉠ 테마성 : 주제공원은 각기 다른 주제를 가지고 있으며, 다시 고객이 찾아오도록 하기 위해서는 독창적이고 창의적인 테마를 설정해야 함

㉡ 종합성 : 놀이, 휴식, 전시, 음식, 교육 및 관리 등이 모두 모여 있는 종합적인 성격

㉢ 통일성 : 모든 놀이시설과 음식점, 건축양식, 전시시설 등에서 조경이나 종업원의 복장까지 통일해 주제를 실현

㉣ 배타성 : 주제공원은 일상과의 격리를 통해 가상, 허구 등을 체험하게 되는 공간이므로 다른 테마와 차별이 되는 완전한 독립공간으로 구성

㉤ 비일상성 : 일상생활에서 체험할 수 없는 세계를 주제공원을 통해 경험하게 하므로 일상적인 것을 대부분 배제함

(3) 주제공원의 개발

① 입지의 제약 : 테마파크 주변에 배후도시가 있고 접근성이 좋으면 자연적인 조건은 크게 제약을 받지 않음(상대적으로 개발이 안 된 곳을 입지로 선정)

② 지역경제에 미치는 영향 : 테마파크는 문화공간, 여가공간, 오락공간으로 각광받고 있으므로 지역산업에 큰 영향을 미침

③ 자본집약적 산업 : 엄청난 자본과 넓은 땅이 필요한 자본집약적 산업
④ 인력집단의 전문화 : 고도의 인력과 운영이 필요하므로 인건비가 매우 높음
⑤ 이용고객 증가 : 테마파크에서 소비수준을 높이기 위해서 이벤트와 공연 등으로 고객의 체류시간을 증대

(4) 주제공원의 분류

① 놀이테마파크 : 건강과 스포츠를 테마로 하며 골프, 테니스 등을 운영하는 테마파크 예 일본의 츠마고이, 우리나라의 캐리비안베이 등
② 민속테마파크 : 한 시대와 지역의 환경, 건축, 공예 등을 옛날 그대로 재현하여 민속적인 것, 문화적인 것, 공예 예능적인 것 등을 종합적으로 운영하는 공원 예 우리나라의 한국민속촌, 일본의 하우스텐보스와 시마 스페인 무라 등
③ 예술테마파크 : 음악, 미술, 영화 등 예술을 테마로 한 공원 예 프랑스 라빌레트공원, 스페인 구엘공원, 미국의 유니버셜 스튜디오, 우리나라의 남양주종합촬영소 등
④ 생물테마파크 : 곤충, 동물, 조류 등을 주제로 하여 원래의 환경을 재현하여 원시적 생태를 자세하게 보여주는 공원 예 싱가포르의 주롱새공원, 미국의 디스커버리 코브, 일본의 카이유칸, 우리나라의 코엑스 아쿠아리움 등
⑤ 과학테마파크 : 우주개발을 주제로 하여 우주의 정보, 우주 체험 등 주로 접할 수 없는 우주과학체험을 할 수 있는 공원 예 우리나라의 옥토끼 우주센터 등
⑥ 창조의 테마파크 : 동화, 만화에 등장하는 주인공을 주제로 일부를 재현하는 공원 예 디즈니랜드, 올랜도 디즈니월드의 매직킹덤 등
⑦ 자연테마파크 : 자연의 풍경을 주제로 한 공원 예 설악산 국립공원, 미국의 나이아가라폭포 등
⑧ 여러 가지를 주제로 한 테마파크 : 커다란 장소에 여러 가지 주제가 함께 있는 공원 예 우리나라의 롯데월드와 에버랜드, 미국의 디즈니랜드 등

개념충전 주제공원의 유형

- 공간적 분류
  - 자연공원 + 주제형 : 동 · 식물자연파크, 수족관, 바이오파크 등
  - 자연공원 + 활동형 : 자연리조트형파크, 바다, 온천형파크 등
  - 도시공원 + 주제형 : 외국촌, 역사촌, 사이언스파크 등
  - 도시공원 + 활동형 : 도시리조트형파크, 어뮤즈먼트파크, 워터파크 등
- 형태별 분류 : 정보전시형, 시뮬레이션형, 이벤트형 등
- 주제별 분류 : 인간사회의 민속을 테마화, 역사적 단면을 테마화, 지구상의 생물을 테마화, 구조물을 테마화, 산업을 테마화 등

02 국내 주제공원

(1) 국내 주제공원의 전망

① 탑승시설 위주의 공원보다 가족 전체가 배우고 체험할 수 있는 문화 및 교육의 장이 있는 테마파크의 도입

② 테마의 주제는 민속, 역사, 생물, 예술, 놀이 등과 더불어 교육 · 문화까지 포함하여 주제를 다양화

③ 테마산업의 수요를 점점 증대하여 대형화를 지속적으로 추진

④ 전 세계의 컴퓨터 보급으로 가상현실을 체험하는 곳, 인간과 컴퓨터 간의 교류 등을 주제로 한 미래의 테마파크 보급

(2) 국내 주제공원의 문제점

① 주제공원을 이용하는 사람들의 가장 큰 불만은 기다리는 시간이 너무 길다는 점

② 전시시설이나 탑승시설 등이 넓은 장소 곳곳에 배치되어 있기 때문에 시설물에 고객들이 접근하기 어려움

③ 주제공원의 막대한 비용의 설치와 인력으로 인한 비싼 입장료나 탑승비 등

④ 국내 테마파크의 주제가 외국의 주제공원과도 비슷한 비차별성

⑤ 수입 대부분이 입장에 의한 것이며 쇼핑에 의한 수입은 아주 적은 수준임

(3) 국내 주제공원의 발전방안

① 고객이 주제공원에서 최대의 만족을 얻을 수 있도록 개발 · 관리

② 다양한 계층에 알맞은 적절한 동선을 제시하여 고객의 효용과 만족을 극대화

③ 공원 주변에서 머무를 수 있는 시간을 최대로 활용

④ 주제공원을 활성화하기 위해서는 저렴한 가격의 단일요금제 도입이 시급

⑤ 외국의 주제공원을 모방하기보다는 한국형 테마공원을 조성하여 한국인의 정서에 맞게 운영

⑥ 다양한 캐릭터 상품과 마케팅 등을 활성화하여 주제공원 내의 쇼핑에 중점

⑦ 테마산업을 활성화하기 위해서는 정부의 지원이 적극적인 방향으로 전환되어 자본가들의 참여를 높일 수 있도록 유도

(4) 국내 주제공원의 종류

① **에버랜드** : 1976년 가족공원인 자연농원으로 개장하여 세계적인 테마파크로 부상

② **롯데월드** : 1989년 개장하였으며, 편리한 교통으로 서울에서 가장 접근성이 좋은 테마파크

03 해외 주제공원

(1) 월트디즈니사

① 등장 : 1938년 영화사로 출범하여 1955년 최초의 주제공원인 디즈니랜드를 로스앤젤레스에 개장하였고, 이를 모델로 1971년 올랜드 디즈니월드를 개관

② 특징 : 세계에서 최초로 테마파크를 개장, 테마파크를 비롯한 캐릭터산업, 영화산업 등의 복합사업체

③ 성공요인

㉠ 명확한 기본 개념을 설정

㉡ 동선을 중시한 전략을 수립

㉢ 새로운 시설개발로 고객의 재방문 유도

㉣ 재무관리 전략 구사

㉤ 안전, 교육, 환경관리, 접근성 등을 중시

㉥ 교통의 편리성 도모

(2) 도쿄 디즈니랜드

① 개장 : 1983년에 개장하였고, 일본인이 가장 가 보고 싶은 곳 1위를 차지함

② 성공요인

㉠ 고객의 재방문 확보

㉡ 최상의 입지조건

㉢ 기획, 건설, 운영 면에서 고도의 노하우를 익힘

㉣ 종사원들의 교육과 서비스정신 제고

㉤ 차별화된 매력 창출

㉥ 주변의 관광단지화

(3) 파리 디즈니랜드

① 개장 : 1992년 프랑스에 개장하였으나 개장 초기 경제 사정과 미국의 문화 제국주의에 대한 거부감으로 실패

② 실패 원인

㉠ 프랑스인의 문화적 자존심

㉡ 과잉투자로 인한 재정의 어려움

㉢ 기후조건

㉣ 유럽의 다른 주제공원의 치열한 견제

| 파리 디즈니랜드 |

(4) 그 밖의 주제공원

① **디즈니 매직킹덤(Disney Magic Kingdom)** : 미국 플로리다 주 올랜도에 있는 테마파크로 디즈니월드를 구성하는 4개의 테마파크 가운데 최초로 문을 연 공원

② **타이푼 라군(Typhoon Lagoon)** : 매직킹덤과 함께 올랜도 디즈니월드 내에 있으며, 물놀이 공원을 디즈니식으로 만들어 낸 곳

③ **씨월드(Sea World)** : 바다에 사는 동물들이 모인 세계 최대의 바다공원

제3절 외식사업

01 외식사업의 개념

(1) 외식사업의 정의

음식을 만들어 제공하는 사업 → 식사 제공, 인적 서비스 제공, 분위기 연출, 식사와 관련된 편의 제공 등을 상품으로 하는 사업

(2) 음식점과 외식사업을 구분하는 요소

① 영세성 탈피

② 조직대규모화

③ 시설현대화

④ 소리십중화

⑤ 서비스 균일화

(3) 외식사업의 특성

① **노동집약적 사업** : 인적 구성요소의 비중이 크고 인적 영업활동에 의존하는 대표적인 인적 서비스 사업

② **입지의존적 사업** : 점포 위치에 따라 매출액에 영향을 받게 되므로 업소 위치를 최우선으로 하는 입지의존적 사업의 특성

③ **체인사업** : 전국을 체인화하는 영업시스템 구축이 용이한 사업

④ **소비자 기호에 영향을 받는 사업** : 소비자 의식구조, 식생활 패턴 변화, 가처분소득 증대, 소비자 생활방식과 기호에 많은 영향을 받는 사업

⑤ **다품종 소량의 주문판매사업** : 여러 종류의 음식을 주문에 의하여 그때그때 생산 · 판매하기 때문에 완성품 재고가 없음

⑥ **유통경로 부재사업** : 상품구매를 위하여 고객이 직접 방문하여 소비하는 유통경로 부재사업

02 외식사업의 분류

(1) 우리나라의 분류

「식품위생법 시행령」 제21조 제8호에 따른 식품접객업의 종류는 다음과 같다.

① **휴게음식점영업** : 주로 다류, 아이스크림류 등을 조리 · 판매하거나 패스트푸드점, 분식점 형태의 영업 등 음식류를 조리 · 판매하는 영업으로서 음주행위가 허용되지 아니하는 영업. 다만, 편의점, 슈퍼마켓, 휴게소, 그 밖에 음식류를 판매하는 장소(만화가게 및 인터넷컴퓨터게임시설제공업을 하는 영업소 등 음식류를 부수적으로 판매하는 장소를 포함)에서 컵라면, 일회용 다류 또는 그 밖의 음식류에 물을 부어 주는 경우는 제외

② **일반음식점영업** : 음식류를 조리 · 판매하는 영업으로서 식사와 함께 부수적으로 음주행위가 허용되는 영업

③ **단란주점영업** : 주로 주류를 조리 · 판매하는 영업으로서 손님이 노래를 부르는 행위가 허용되는 영업

④ **유흥주점영업** : 주로 주류를 조리 · 판매하는 영업으로서 유흥종사자를 두거나 유흥시설을 설치할 수 있고 손님이 노래를 부르거나 춤을 추는 행위가 허용되는 영업

⑤ **위탁급식영업** : 집단급식소를 설치 · 운영하는 자와의 계약에 따라 그 집단급식소에서 음식류를 조리하여 제공하는 영업

⑥ **제과점영업** : 주로 빵, 떡, 과자 등을 제조 · 판매하는 영업으로서 음주행위가 허용되지 아니하는 영업

(2) 미국 외식사업의 분류

① 영리 목적식

㉠ 일반외식업체 : 일반음식점, 전문음식점, 카페테리아, 출장음식, 일반음료, 음주판매점, 간식판매점, 바 등

㉡ 위탁경영 : 구내식당(공공시설, 사무실 빌딩, 공장, 대학, 병원 등), 기내식

㉢ 숙박시설 : 호텔식당, 모텔식당, 모터호텔식당

㉣ 기타 : 편의점, 모빌식당, 자판기 등

② 비영리 목적식

㉠ 직원급식

㉡ 국공립 초 · 중 · 고등학교급식

㉢ 대학교급식

㉣ 교통시설급식

㉤ 병원급식

㉥ 양로원, 고아원, 기타 장기투숙기관의 급식

㉦ 클럽 · 스포츠 · 오락캠프급식

㉧ 커뮤니티센터

③ 군인식

㉠ 장교식당 및 장교클럽

㉡ 일반군인식

(3) 일본 외식사업의 분류

① 음식제공 중심

㉠ 영업급식

- 음식점 : 식당, 레스토랑, 메밀 · 우동점, 초밥전문점, 기타 음식점
- 특수 음식점 : 열차식당, 기내식
- 숙박시설

㉡ 집단급식 : 학교, 기업체, 병원, 사회복지시설

② 주류 · 음료제공 중심

㉠ 커피숍, 비어홀

㉡ 요정, 바 등

03 외식사업의 구성요소

(1) 음식과 음료

① 음식 : 외식사업을 시작하려고 할 때나 기존 메뉴를 변경하려고 할 때 최소한 원자재, 조리방법, 요리의 양과 모양, 주력메뉴와 부메뉴항목에 대한 세밀한 계획과 시장조사의 선행이 필요

② 음료 : 알코올류와 비알코올류

(2) 인적 서비스

① 부대서비스 : 음식물을 제공하기 위한 서비스

② 독립서비스 : 점포의 독자적인 서비스

㉠ 접객서비스 : 경영자, 호스티스 등이 제공하는 서비스로 서비스 대상이 개인이나 소수

㉡ 여흥서비스 : 모든 고객에게 쇼나 음악 등 예능적 서비스를 제공하는 것

(3) 물적 서비스

① 공간서비스 : 음식을 먹을 수 있는 장소

② 설비서비스 : 부수되는 여흥설비

(4) 편리성

① 입지 : 점포의 접근성이 좋아야 함

② 영업시간 : 영업시간과 함께 휴일 선정도 중요

③ 요금정산방법 : 고객이 원하는 시점에 정해진 요금대로 지불

(5) 가 격

외식사업의 경우 한 개의 주력 상품에 타 상품의 가격이 포함되는 경우가 많으므로 타 소매업처럼 모든 상품에 개별가격을 제시하는 것과는 구별됨

04 국내 외식사업의 발전 및 문제점

(1) 국내 외식사업의 발전과정

① 1988년 서울올림픽 이후 국민소득의 증가, 핵가족화, 소비의식의 변화, 근로시간 단축, 여성의 사회참여 증가, 여가산업의 성장, 해외여행 자유화 등으로 국내 외식업계는 괄목할 만한 성장을 이룸

② 1990년대에는 그동안 시장을 주도해 왔던 햄버거, 피자, 치킨 등과 같은 패스트푸드와 더불어 편의점의 등장과 함께 체인경영기법을 도입한 패밀리레스토랑이 본격적으로 진출함

③ 2000년대에는 웰빙문화로 인한 패스트푸드 산업의 변화와 다양한 소비패턴으로 인해 다양한 업종이 생겨남

④ 2010년대에는 외식산업이 후기 성숙기에 접어들었으며, 저성장 · 고령사회 등으로 외식시장의 구조조정 및 재편이 이루어짐

(2) 국내 외식사업의 발전요인

① **경제적 요인** : 국민소득 증가, 노동시간 감소, 여가시간 증대, 국제화 · 세계화 조류, 수입자유화, 대기업의 외식시장 참여, 패스트푸드의 성장, 시장환경의 세분화 · 다양화 등

② **사회적 요인** : 여성의 사회진출, 대량생산 · 대중소비사회, 생활관 · 가치관의 변화, 신세대 출현, 레저패턴의 다양화, 핵가족화, 건강식 욕구 증대

③ **기술적 요인** : 주방기기의 현대화 · 과학화, 식당용 컴퓨터기기의 보급 확산, 해외 브랜드 도입, 포장기술의 발전, 주변환경의 현대화

④ **문화적 요인** : 고객의 요구 변화, 식생활패턴의 변화, 사회구성원의 가치관 변화, 외식종사자의 직업의식 개선, 신세대의 인구비율 증대

(3) 외식사업의 문제점

① 종업원의 낮은 정착률

② 원가의식 결여

③ 과다한 로열티

④ 메뉴와 품질수준문제

⑤ 경영자의 인식과 지식 부족

⑥ 외식시장 미성숙

⑦ 프랜차이즈 본부의 능력 부족

⑧ 법률 · 행정문제

제4절 관광쇼핑업

01 관광쇼핑의 개념

(1) 관광쇼핑의 중요성

관광객의 욕구를 충족하고 더욱 만족스러운 관광활동을 보장할 뿐만 아니라 외화 획득을 통하여 국제수지개선, 경제성장, 수출과 고용증대 등 국가경제에 기여함

(2) 관광쇼핑상품의 기본적 성격

① 자국산 원료, 그 지방의 특유한 원료를 이용하여 제조 · 가공
② 관광활동의 증거물로서 관광경험을 떠오르게 하는 역할을 하며, 관광활동 후 주변인들에게 줄 선물용 기능을 띰
③ 생산지의 고유성과 지역성 반영
④ 관광쇼핑상품의 범위는 공예품 · 기념품 · 일상품 · 농수산물 등 광범위

(3) 관광쇼핑업의 정의

① **협의의 관광쇼핑업** : 관광활동이 일어나는 관광지를 중심으로 공간적 범위를 한정하여 판매하는 1차적 관광사업을 의미 → 한국관광협회가 지정한 관광기념품판매업(관광기념품점, 면세판매점, 사후면세점, 기타 관광판매업체로 한정)
② **광의의 관광쇼핑업** : 관광쇼핑상품의 내용적 범위와 공간적 범위를 확대하여 관광지 이외의 장소까지 포함 → 해당 지역민이나 국민들의 일상생활권에 위치한 각종 판매업

(4) 관광쇼핑상품의 기본요건

① 실용성과 소비성
② 저렴한 가격
③ 운송이 용이한 포장
④ 미적 디자인
⑤ 관광객의 기호 충족
⑥ 국민적 색채가 풍부하고 민족문화를 배경으로 한 예술적 가치
⑦ 견고하고 부피가 작으며, 휴대가 편리

(5) 관광쇼핑업의 특성

① 계절성이 큼
② 관광활동의 하위 서비스로 인식되고 있으며, 타 업종과의 경쟁관계가 매우 낮음
③ 타 업종에 비해 관광쇼핑생산업 참여가 매우 용이하기 때문에 공급측면의 각 단계에서 과잉경쟁
④ 경영구조나 생산기술이 소규모 영세업체가 많아 완전경쟁상태에 가까운 시장특성

⑤ 노동집약적 산업으로 타 업종에 비해 경영의 과학화, 업무의 효율화가 뒤처짐

⑥ 소득탄력적 산업으로 외화가득률과 경제적 부가가치성이 높고, 지역특산품이 주 대상이므로 유휴 노동력을 활용하는 산업

⑦ 관광쇼핑상품의 기능과 개념의 다양화로 판매업체의 전문업종화가 이루어짐

⑧ 관광쇼핑상품의 생산 · 유통 · 판매 등의 과정이 지역 내에 한정되지 않고 전국적으로 확산

02 관광쇼핑상품의 종류

(1) 생산단계에 따른 분류

① **지역적 수요형** : 지역 내 관광객 또는 주민수요에 대응하기 위해 생산하는 상품

② **공예품형** : 전통공예품의 생산으로 기술적으로나 품질적으로 우수한 상품

③ **아마추어형** : 전문가가 만든 것이 아니나 기념품적인 매력이 있는 상품

④ **지역산업형** : 관광객을 주요 대상으로 생산되는 것은 없고, 지역에서 만든 농산물부터 일상용품에 이르기까지 관광객에게 판매하는 상품

⑤ **유입가공형** : 해외나 타 지역에서 원재료를 수입하여 가공하고, 또는 반가공품을 추가적으로 수입하여 보완 · 가공하여 판매되는 상품

⑥ **팬시형** : 주로 캐릭터상품으로서 지역의 특성이나 기념적 요소를 가미하여 상징적으로 만들어 판매하는 상품

⑦ **전국수요형** : 지역형 수요를 벗어나 고객의 폭이 넓은 전국시장을 상대로 생산하는 상품

(2) 특성에 따른 분류

① 상징성 또는 대표성 있는 상품

② 전시성 내지 지위 상징적인 상품

③ 진기 · 진미성 있는 유명상품

④ 지명도가 높은 상품

⑤ 관광경험을 회상하게 하는 상품

(3) 상품종류에 따른 분류

① 공예품

② 기호품

③ 정밀기계공예품

(4) 우리나라 관광쇼핑상품의 분류

① 토산품 : 지역의 원료를 그곳에서 가공한 지역산물

② 민예품 : 지역의 고유한 역사 · 민속 · 풍물 · 신앙 · 전통 · 생활양식이 담겨 있는 공예품

③ 일반공예품 : 가격 · 품질 등을 이유로 하여 생산지가 되는 방문지에서 구매한 모든 상품(특히 일반 생활품까지 포함)

03 관광쇼핑업의 현황과 문제점

(1) 관광쇼핑업의 현황

① **소비지출항목** : 쇼핑비, 숙박비, 식음료비, 관광교통비, 유흥비 등의 지출은 다소 증가하였으나 경비는 감소함

② **쇼핑품목** : 의류, 김치, 식료품, 피혁류, 주류, 신발류, 화장품, 보석류, 도자기, 섬유류 등

③ **쇼핑장소** : 공항면세점, 시내면세점, 백화점, 이태원, 남대문, 동대문, 인사동 등

(2) 관광쇼핑업의 문제점

① 생산업체 측면

㉠ 전근대적이고 낙후된 생산방식

㉡ 영세한 기업구조 및 생산시설

㉢ 정부기관의 일관성 있는 정책 부재

㉣ 가치관 변화에 따른 수요 감소

㉤ 기계화를 통한 기념품의 대량생산으로 경쟁력 상실

② 판매업체 측면

㉠ 판매업체의 영세성

㉡ 유통과정의 난맥상

㉢ 가격체계의 불합리

04 관광쇼핑업의 발전방안

(1) 한국적 상징의 관광쇼핑상품 개발

① 인삼을 주원료로 한 다양한 종류의 상품을 개발

② 한국의 특화형 상품인 도자기 등을 개발 · 판매

③ 나전칠기, 목각 제품 등을 개발

(2) 관광쇼핑상품에 대한 적극적인 광고 · 선전

① 우수 제조업체를 소개

② 수출상담이나 알선상의 편의를 제공 · 지원

③ 국가차원에서 대외적으로 광고와 홍보를 정기적으로, 시기적절하게 실시

④ 우수상품을 대내외적으로 널리 알리기 위하여 주요도시에 상설전시장을 운영

(3) 관광쇼핑상품 유통구조의 현대화

① 소규모 상권형성을 통하여 한국의 고유상품을 판매

② 유명관광지 내 면세품점 개설과 관광쇼핑상품 개발

(4) 한국 쇼핑관광의 이미지 제고

한국의 관광쇼핑 상품에 대한 외국인들의 불만요소를 제거하고 관광쇼핑상품 구입에 대해 자랑스러움을 가질 수 있도록 노력함

제5절 오락 · 스포츠시설업

01 카지노사업

(1) 카지노(Casino)업의 정의(관광진흥법 제3조 제1항 제5호)

전문 영업장을 갖추고 주사위 · 트럼프 · 슬롯머신 등 특정한 기구 등을 이용하여 우연의 결과에 따라 특정인에게 재산상의 이익을 주고 다른 참가자에게 손실을 주는 행위 등을 하는 업

(2) 카지노업의 특성

① 긍정적 효과 17 기출

㉠ 외화 획득

㉡ 세수 증대

㉢ 고용창출 효과

㉣ 호텔수입 증대 효과

㉤ 상품개발 용이

② 부정적 효과

㉠ 범죄, 부패, 사회 혼란

㉡ 투기와 사행심 조장

㉢ 지하경제 위험

| 슬롯머신 |

(3) 카지노업의 영업종류(관광진흥법 시행규칙 별표 8) 23 기출

테이블게임 (Table Game) 전자테이블게임 (Electronic Table Game)	㉠ 룰렛(Roulette) ㉡ 블랙잭(Blackjack) ㉢ 다이스(Dice, Craps) ㉣ 포커(Poker) ㉤ 바카라(Baccarat) ㉥ 다이 사이(Tai Sai) ㉦ 키노(Keno) ㉧ 빅 휠(Big Wheel) ㉨ 빠이 까우(Pai Cow)	㉩ 판탄(Fan Tan) ㉪ 조커 세븐(Joker Seven) ㉫ 라운드 크랩스(Round Craps) ㉬ 트란타 콰란타(Trent Et Quarante) ㉭ 프렌치 볼(French Boule) ㉮ 차카락(Chuck-A-Luck) ㉯ 빙고(Bingo) ㉰ 마작(Mahjong) ㉱ 카지노 워(Casino War) ㉲ 그 밖에 게임의 수학적 확률 및 배당률의 적정성에 관하여 관계 전문가의 의견 수렴을 거쳐 문화체육관광부장관이 정하여 고시하는 영업 종류
머신게임 (Machine Game)	㉠ 슬롯머신(Slot Machine) ㉡ 비디오게임(Video Game)	

(4) 카지노게임의 특징 15 16 18 19 20 23 기출

① **룰렛** : 휠(Wheel) 안에 볼(Ball)이 회전하다 포켓(Pocket) 안에 들어간 번호가 위닝넘버(Winning Number)가 되는 게임

② **블랙잭**

㉠ 카드 숫자의 합이 21을 넘지 않는 한도 내에서 가장 높은 수의 합이 나오는 쪽이 이기는 게임

㉡ 에이스는 1 또는 11로 계산되고, 그림카드는 10으로 계산되며, 카드를 추가로 받고 싶으면 '히트'라고 하고, 그렇지 않으면 '스테이'라고 함

③ **바카라** : Banker와 Player 중 카드 합이 9에 가까운 쪽이 승리하는 카지노게임

④ **다이 사이** : 베팅한 숫자 또는 숫자의 조합이 셰이커(주사위 용기)에 있는 세 개의 주사위와 일치하면 배당률에 의해 배당금이 지급되는 게임

⑤ **빅 휠** : 휠이 멈추었을 때 휠 위의 가죽 띠가 멈출 곳을 예측하여 고객이 맞히면 이기는 방식으로 휠에 배당률이 표시되어 있으며 당첨금은 최고 40배까지 지급되는 게임

⑥ **키노** : 80개의 숫자가 매겨진 볼을 가지고 진행되며, 20개의 볼을 끌어내어 선택한 번호와 일치하는 정도에 따라 배당금이 지급되는 게임

⑦ **다이스** : 주사위 5개 중 2개를 던져 나오는 숫자의 합에 따라 승부가 결정되는 게임

⑧ **판탄** : 딜러가 단추모양의 버튼의 무리에서 불특정량을 분리하고 그 수를 4로 나눠 남는 나머지의 수를 맞히는 게임

⑨ **조커 세븐** : 딜러가 참가자에게 카드를 순차적으로 분배해 그 카드의 조합이 미리 정해놓은 조합과 일치하는지의 여부에 따라 승패를 결정하는 게임

⑩ **라운드 크랩스** : 게임 참가자 중에서 주사위를 던지는 사람을 선정한 후 3개의 주사위를 던져 나타나는 주사위 숫자의 합 또는 조합이 참가자가 미리 선정한 숫자나 조합과 일치하는지의 여부에 따라 승패를 결정하는 게임

⑪ **트란타 콰란타** : 딜러가 양편으로 구분되는 참가자에게 각각 카드를 분배한 후 카드 숫자의 합이 30에 가까운 쪽이 승리하는 게임

⑫ **프렌치 볼** : 딜러가 일정한 숫자가 표시된 홈이 파인 고정판에 공을 굴려 정지되는 홈의 숫자를 알아맞히는 참가자에게 당첨금을 지급하는 게임

⑬ **차카락** : 딜러가 주사위를 특정한 용기에 넣고 흔들어 나타난 숫자를 맞힌 참가자에게 일정 금액의 당첨금을 지불하는 게임

(5) 카지노업의 운영조직

① 이사회

② 카지노 총지배인(슬롯지배인, 키노지배인, 게임지배인, 카지노호스트)

③ 영업부서

④ 안전관리부서

⑤ 출납부서

⑥ 환전상

⑦ 전산전문요원

개념충전 **우리나라 카지노산업** 15 17 21 23 24 기출

- 1961년 11월 제정된 「복표발행 · 현상기타사행행위단속법」에 따라 설립 법적 근거 마련
- 1967년 국내 최초 외국인전용 카지노인 '인천 올림포스호텔 카지노' 개장
- 1994년 「관광진흥법」 개정에 따라 카지노업이 관광사업의 일종으로 규정, 주무관청을 내무부에서 문화관광부로 이관
- 「폐광지역 개발지원에 관한 특별법」에 의거 2000년 10월 내국인 출입 카지노인 강원랜드 카지노 개장
- 현재 서울, 부산, 인천, 강원, 대구, 제주에 총 18개의 카지노가 영업 중이며, 이 중 외국인 전용 카지노 17개, 내국인 출입 카지노 1개

02 테마파크업

(1) 테마파크업의 정의(관광진흥법 제3조 제1항 제6호)

테마파크시설을 갖추어 이를 관광객에게 이용하게 하는 업(다른 영업을 경영하면서 관광객의 유치 또는 광고 등을 목적으로 테마파크시설을 설치하여 이를 이용하게 하는 경우를 포함)

(2) 테마파크업의 종류(관광진흥법 시행령 제2조 제1항 제5호)

① 종합테마파크업
② 일반테마파크업
③ 기타테마파크업

03 관광 편의시설업

(1) 관광 편의시설업의 정의(관광진흥법 제3조 제1항)

여행업 · 관광숙박업 · 관광객 이용시설업 · 국제회의업 · 카지노업 · 테마파크업의 규정에 따른 관광사업 외에 관광 진흥에 이바지할 수 있다고 인정되는 사업이나 시설 등을 운영하는 업

(2) 관광 편의시설업의 종류(관광진흥법 시행령 제2조 제1항 제6호) 15 기출

① **관광유흥음식점업** : 식품위생 법령에 따른 유흥주점영업의 허가를 받은 자가 관광객이 이용하기 적합한 한국 전통 분위기의 시설을 갖추어 그 시설을 이용하는 자에게 음식을 제공하고 노래와 춤을 감상하게 하거나 춤을 추게 하는 업

② **관광극장유흥업** : 식품위생 법령에 따른 유흥주점영업의 허가를 받은 자가 관광객이 이용하기 적합한 무도시설을 갖추어 그 시설을 이용하는 자에게 음식을 제공하고 노래와 춤을 감상하게 하거나 춤을 추게 하는 업

③ **외국인전용 유흥음식점업** : 식품위생 법령에 따른 유흥주점영업의 허가를 받은 자가 외국인이 이용하기 적합한 시설을 갖추어 외국인만을 대상으로 주류나 그 밖의 음식을 제공하고 노래와 춤을 감상하게 하거나 춤을 추게 하는 업

④ **관광식당업** : 식품위생 법령에 따른 일반음식점영업의 허가를 받은 자가 관광객이 이용하기 적합한 음식 제공시설을 갖추고 관광객에게 특정 국가의 음식을 전문적으로 제공하는 업

⑤ **관광순환버스업** : 「여객자동차 운수사업법」에 따른 여객자동차운송사업의 면허를 받거나 등록을 한 자가 버스를 이용하여 관광객에게 시내와 그 주변 관광지를 정기적으로 순회하면서 관광할 수 있도록 하는 업

⑥ **관광사진업** : 외국인 관광객과 동행하며 기념사진을 촬영하여 판매하는 업

⑦ **여객자동차터미널시설업** : 「여객자동차 운수사업법」에 따른 여객자동차터미널사업의 면허를 받은 자가 관광객이 이용하기 적합한 여객자동차터미널시설을 갖추고 이들에게 휴게시설 · 안내시설 등 편익시설을 제공하는 업

⑧ **관광펜션업** : 숙박시설을 운영하고 있는 자가 자연 · 문화 체험관광에 적합한 시설을 갖추어 관광객에게 이용하게 하는 업

⑨ **관광궤도업** : 「궤도운송법」에 따른 궤도사업의 허가를 받은 자가 주변 관람과 운송에 적합한 시설을 갖추어 관광객에게 이용하게 하는 업

⑩ **관광면세업** : 다음의 어느 하나에 해당하는 자가 판매시설을 갖추고 관광객에게 면세물품을 판매하는 업

㉠ 「관세법」에 따른 보세판매장의 특허를 받은 자

㉡ 「외국인관광객 등에 대한 부가가치세 및 개별소비세 특례규정」에 따라 면세판매장의 지정을 받은 자

⑪ **관광지원서비스업** : 주로 관광객 또는 관광사업자 등을 위하여 사업이나 시설 등을 운영하는 업으로서 문화체육관광부장관이 「통계법」 제22조 제2항 단서에 따라 관광 관련 산업으로 분류한 쇼핑업, 운수업, 숙박업, 음식점업, 문화 · 오락 · 레저스포츠업, 건설업, 자동차임대업 및 교육서비스업 등. 다만, 법에 따라 등록 · 허가 또는 지정(①부터 ⑩까지의 규정에 따른 업으로 한정한다)을 받거나 신고를 해야 하는 관광사업은 제외한다.

제5장 핵심 실전 문제

※ 문제의 이해도에 따라 ○△× 체크하여 완벽하게 정리하세요.

01 ○△×

외식사업의 구성요소와 관련이 적은 것은?

① 음식과 음료
② 인적 서비스
③ 가 격
④ 특이성

해설 외식사업을 구성하는 상품내용은 음식과 음료, 인적 서비스, 물적 서비스, 편리성, 가격 등으로 대별할 수 있다.

02 ○△×

종래의 음식점과 외식사업을 구분하는 기준으로 볼 수 없는 것은?

① 조직대규모화
② 접근성
③ 시설현대화
④ 서비스 균일화

해설 외식사업은 영세성 탈피, 조직대규모화, 시설현대화, 조리집중화, 서비스 균일화라는 점에서 종래의 음식점과 차별화될 수 있다.

정답 1 ❹ 2 ❷

제4과목

03 다음 중 외식사업의 특성이 아닌 것은?

① 노동집약성
② 입지의존성
③ 다품종 소량 주문판매
④ 다양한 유통경로

해설 외식사업은 상품구매를 위하여 고객이 직접 방문하여 소비하는 유통경로 부재사업이다.

04 음식류를 조리 · 판매하는 영업으로서 식사와 함께 부수적으로 음주행위가 허용되는 음식점 영업형태는?

① 휴게음식점영업
② 일반음식점영업
③ 단란주점영업
④ 유흥주점영업

해설 ① 음식류는 조리 · 판매하지만 음주행위가 허용되지 않는다.
③ · ④ 주로 주류를 조리 · 판매하는 영업을 한다.

05 외식사업에 관한 특성과 가장 거리가 먼 것은?

① 경기의 영향이 매우 크다.
② 노동집약적 산업인 동시에 인적 서비스사업이다.
③ 생산 · 소비의 동시 완결형이다.
④ 다종 소량의 생산이므로 완성품 재고가 없다.

해설 외식사업은 경기의 영향을 크게 받지 않으며, 비교적 안정된 시장이다.

정답 3 ❹ 4 ❷ 5 ❶

06 외식사업의 편리성에 해당하는 항목과 관련이 적은 것은?

○△×

① 입 지 ② 셀프서비스
③ 영업시간 ④ 요금정산방법

해설 편리성에 해당하는 항목으로서 입지, 영업시간, 요금정산방법 등을 들 수 있다.

07 국내 외식사업의 발전요인이라고 볼 수 없는 것은?

○△×

① 국민소득 증가 ② 국제화 조류
③ 전통음식점의 쇠퇴 ④ 해외 유명브랜드 도입

해설 ③ 전통음식점의 상품화

08 다음 중 외식사업의 문제점이라고 볼 수 없는 것은?

○△×

① 로열티 과다 지출 ② 메뉴와 품질수준문제
③ 종사원의 높은 이직률 ④ 비위생성

해설 **외식사업의 문제점**

- 종사원의 높은 이직률
- 원가의식 결여
- 로열티 과다 지출
- 메뉴와 품질수준문제
- 경영자의 인식과 지식 부족
- 외식시장의 미성숙
- 프랜차이즈 본부의 능력 부족
- 법률 · 행정문제

정답 6 ❷ 7 ❸ 8 ❹

제4과목

09 ○△×

다음 중 관광 편의시설업의 종류에 속하지 않는 것은?

① 일반테마파크업 ② 관광유흥음식점업
③ 관광식당업 ④ 관광사진업

해설 **관광 편의시설업의 종류(관광진흥법 시행령 제2조 제1항 제6호)**
관광유흥음식점업, 관광극장유흥업, 외국인전용 유흥음식점업, 관광식당업, 관광순환버스업, 관광사진업, 여객자동차터미널시설업, 관광펜션업, 관광궤도업, 관광면세업, 관광지원서비스업

10 ○△×

다음 중 관광객 이용시설업에 속하지 않는 것은?

① 전문휴양업 ② 종합휴양업
③ 자동차야영장업 ④ 관광극장유흥업

해설 **관광객 이용시설업의 종류(관광진흥법 시행령 제2조 제1항 제3호)**
전문휴양업, 종합휴양업(제1종, 제2종), 야영장업(일반야영장업, 자동차야영장업), 관광유람선업(일반관광유람선업, 크루즈업), 관광공연장업

11 ○△×

다음 중 주제공원의 개념과 가장 거리가 먼 것은?

① 주제공원은 테마파크라고도 한다.
② 관람객에게 꿈과 희망, 감동을 줄 수 있는 주제가 있다.
③ 오락, 흥미 유발의 단순한 놀이시설이다.
④ 특정한 테마에 의한 비일상적 공간의 창조를 목적으로 한다.

해설 단순한 오락, 흥미를 유발하는 놀이시설은 일반적인 놀이공원을 말한다. 주제공원은 관광객들에게 꿈과 희망, 감동까지 줄 수 있는 주제가 있고 교육적인 효과까지 고려된 곳이다.

정답 9 ❶ 10 ❹ 11 ❸

12 주제공원의 구조적 특징 중 테마성에 대한 설명으로 바른 것은?

① 각기 다른 다양한 테마(주제)를 가지고 있다.
② 건축양식과 조경, 종사원들의 복장에서 통일감의 이미지를 구현해야 한다.
③ 비일상적 유희공간으로 현실과 차단하는 테마설정을 해야 한다.
④ 휴식, 이벤트, 전시 등 종합적으로 테마파크를 조성해야 한다.

해설 ② 통일성, ③ 배타성, ④ 종합성

13 다음 중 주제공원의 구조적 특징이 아닌 것은?

① 통일성
② 테마성
③ 종합성
④ 일상성

해설 **주제공원의 구조적 특징**
테마성, 종합성, 통일성, 배타성, 비일상성

14 다음 중 주제공원에 대한 설명으로 옳지 않은 것은?

① 막대한 자본과 광대한 대지가 요구되는 자본집약적 산업이다.
② 전시시설이나 탑승시설 등은 고객을 위해 자주 교체하여야 한다.
③ 지역사회의 여가공간이자 문화공간으로 환영받고 있다.
④ 고도로 전문화된 인력집단과 운영능력이 필요하다.

해설 전시시설이나 탑승시설 등을 자주 교체하기는 실제로 어렵다. 그러므로 공연, 이벤트 등 볼거리를 제공하여 변화를 주어야 한다.

정답 12 ❶ 13 ❹ 14 ❷

15 ◯△✕

지가(地價)가 비싸 토지매입 등에 상당한 재정적인 어려움이 있는 주제공원은 어떤 유형인가?

① 대도시 입지형
② 지방도시 입지형
③ 관광 입지형
④ 저밀도 입지형

해설 대도시 입지형 주제공원은 비교적 교통이 편리해서 접근성이 좋은 편이나 지가(地價)가 비싸 토지매입 등에 어려움을 겪을 수 있다.

16 ◯△✕

다음 보기의 설명에 알맞은 주제공원은?

> 고대의 전설, 문화유적, 문화 작품 등을 주제로 설정하고 이에 얽힌 이야기를 전개한 공원

① 민속테마파크
② 놀이테마파크
③ 역사테마파크
④ 생물테마파크

해설 ① 민속, 공예 등을 종합적으로 연출한 공원
② 스포츠, 건강, 탑승시설을 체험하는 공원
④ 동물, 조류, 곤충 등을 주제로 동물의 생태를 보여주는 공원

정답 15 ❶ 16 ❸

17 다음 중 주제공원의 문제점이 아닌 것은?

○△×

① 시설물 접근이 용이하다.
② 고객 대기 시간이 길다.
③ 입장료 및 탑승시설의 이용료가 비싸다.
④ 인건비의 부담이 크다.

해설 전시시설이나 탑승시설이 넓은 장소 곳곳에 배치되어 있기 때문에 시설물에 접근하기가 쉽지 않다.

18 세계에서 최초로 개장한 주제공원은?

○△×

① 도쿄 디즈니랜드
② LA 디즈니랜드
③ 파리 디즈니랜드
④ 에버랜드

해설 세계에서 최초로 개장한 주제공원은 월트디즈니가 로스앤젤레스(LA)에 세운 디즈니랜드이다.

19 우리나라 주제공원의 발전방안으로 옳은 것은?

○△×

① 고객의 체류시간을 되도록 짧게 한다.
② 현재의 단일요금제를 일인당 입장료로 바꾼다.
③ 한국형 테마파크보다는 미국형 테마파크를 모방한다.
④ 고객의 다양한 계층에 맞게 적절한 동선을 제시한다.

해설
① 고객의 체류시간을 짧게 하면 매출액에 문제가 있을 수 있으므로 그 지루함을 볼거리, 이벤트 등으로 대체하여 전반적인 이미지를 향상한다.
② 우리나라 주제공원은 현재 일인당 입장료를 채택하고 있는데, 단일요금제로 통일하는 것이 바람직하다.
③ 미국형 테마파크의 무조건적인 모방보다는 한국형 테마파크를 조사 · 연구하여 조성하려는 노력이 필요하다.

정답 17 ❶ 18 ❷ 19 ❹

20 다음 중 주제공원의 전망으로 옳지 않은 것은?

○△×

① 가족단위 중심의 테마파크로 개발한다.
② 주제를 더욱 다양하게 개발한다.
③ 중소기업에서 적극적으로 유치하는 것이 좋다.
④ 가상현실의 세계를 보여줌으로써 인간과 컴퓨터 간의 새로운 패러다임을 이끌게 한다.

해설 주제공원은 개발 초기에 막대한 자본과 부지가 요구되는 산업이므로 대기업의 대자본을 바탕으로 발전되어야 한다.

21 다음 중 실패한 사례로 꼽히는 주제공원은 어느 것인가?

○△×

① 롯데월드 ② 파리 디즈니랜드
③ 에버랜드 ④ 도쿄 디즈니랜드

해설 파리 디즈니랜드는 개장 초기에 프랑스 국민과 지도자의 미국적 문화 제국주의에 대한 거부감, 지역 문화에 대한 이해부족 때문에 실패한 주제공원으로 꼽힌다.

22 다음 중 관광쇼핑업의 특성이 아닌 것은?

○△×

① 비계절성
② 관광활동의 하위 서비스
③ 과잉경쟁
④ 소득탄력적 산업

해설 생산이나 판매업체 모두 계절성이 강한 업종으로, 계절에 따른 수요변동이 있다.

정답 20 ❸ 21 ❷ 22 ❶

23 ○△×

우리나라의 최초 외국인 전용 카지노는?

① 파라다이스롯데제주 카지노
② 알펜시아 카지노
③ 호텔인터불고대구 카지노
④ 인천 올림포스호텔 카지노

해설 우리나라 최초의 카지노는 1967년 개설한 인천 올림포스호텔 카지노로, 외국인 전용으로 허가를 받았다.

24 ○△×

카지노사업이 지닌 긍정적 측면이 아닌 것은?

① 고용창출 효과
② 외화 획득
③ 지하경제 위험
④ 조세 증대

해설 지하경제 위험은 카지노사업의 부정적 측면으로 세금포탈의 우려가 있으며, 폭력조직과 연관될 수 있다.

25 ○△×

카지노사업이 지역사회에 미치는 부정적 영향이라 볼 수 없는 것은?

① 범 죄
② 부 패
③ 사회 혼란
④ 고비용

해설 카지노사업은 공간점유 면적이 협소하고 게임기구가 세계적으로 일반화되어 있기 때문에 개발비용이 저렴할 뿐만 아니라 상업성까지 동시에 지니고 있다.

정답 23 ❹ 24 ❸ 25 ❹

26

카지노관리직의 기본적인 책임업무라 할 수 없는 것은?

① 게임 감독 ② 고객 유치
③ 신용 대출 ④ 영업수익 보호

해설 카지노관리직의 5대 기본책임은 게임 감독, 영업수익 보호, 고객 유치, 신용도 부여 권한, 고용원 교육과 훈련 등이다.

27

홍콩과 싱가포르가 관광쇼핑국으로 성공한 이유로 볼 수 없는 것은?

① 꾸준한 기술개발 ② 고부가가치상품
③ 철저한 품질관리 ④ 정부의 지원

해설 홍콩과 싱가포르가 관광쇼핑국으로 성공한 이유로는 ① · ③ · ④ 외에도 유통구조 개선과 가격관리를 통한 저렴한 판매가격 설정 등을 들 수 있다.

28

관광쇼핑상품의 기본적 성격으로 옳지 않은 내용은?

① 주원료는 특정 지역이나 국가에 한정되어 산출된다.
② 관광활동의 증거물로서 선물용 기능을 지니게 된다.
③ 생산지의 고유성과 지역성이 반영된다.
④ 공예품, 기념품 등에 한정된다.

해설 관광쇼핑상품은 공예품 · 기념품 · 일상품 · 농수산물 등 광범위하다.

정답 26 ❸ 27 ❷ 28 ❹

29

관광기념품이 상품으로서 갖추어야 할 요건이 아닌 것은?

① 휴대가 간편해야 한다.
② 되도록 고가이어야 한다.
③ 합리적인 가격과 실용성을 겸한 것이어야 한다.
④ 가능하면 관광지의 이미지를 담은 것이어야 한다.

해설 구매자는 값이 저렴하고 질이 높은 상품을 찾는다.

30

관광쇼핑상품이 갖추어야 할 기본요건이 아닌 것은?

① 실용성
② 소비성
③ 미적 디자인
④ 대형화

해설 ① · ② · ③ 외에 가격이 저렴하고 운송이 용이해야 하며, 견고하고 부피가 작아 휴대하기 편리해야 한다.

정답 29 ❷ 30 ❹

제6장 국제회의업

제1절 국제회의

01 국제회의의 개념

(1) 국제회의의 정의

통상적으로 공인된 단체가 정기적으로 주최하고 3개국 이상의 대표가 참가하는 회의 → 국제회의는 국경을 초월하여 사람과 사람 간의 인간적인 만남의 기회가 제공되는 사람 · 지식 · 정보 · 상품의 교류장으로서 각종 이벤트 · 전시회 등을 개최하는 행위의 총체

(2) 국제회의의 조건 19 21 기출

① 국제회의연합(UIA ; Union of International Association) : 국제기구가 주최 또는 후원하는 회의로 참가자 수 50명 이상이거나 국내단체 또는 국제기구의 국내지부가 주최하는 참가국 3개국 이상, 참가자 수 100명 이상(외국인 50% 이상), 회의기간은 2일 이상의 조건을 갖춘 회의

② 국제회의 컨벤션협회(ICCA ; International Congress & Convention Association) : 3개국 이상을 순회하며 정기적으로 개최하며, 참가자 수가 50명 이상

③ 아시아컨벤션뷰로협회(AACVB ; Asian Association of Convention & Visitor Bureaus)

㉠ 공인된 단체나 법인이 주최하는 단체회의, 학술심포지엄, 기업회의, 전시 · 박람회, 인센티브 관광 등 다양한 형태의 모임 가운데 전체 참가자 중 외국인이 10% 이상이고 방문객이 1박 이상 상업적 숙박시설을 이용해야 함

㉡ 2개 대륙 이상에서 참가하는 국제행사, 동일 대륙에서 2개국 이상이 참가하는 지역행사, 참가자 전원이 자국이 아닌 다른 나라로 가서 행사를 개최하는 국외행사로 구분함

개념충전 국제회의의 기준의 조건

- 참가국 및 참가자 수
- 외국인 참가자 비율
- 주체와 회의기간

(3) 국제회의의 성격

① 복합성
② 경제성과 공익성을 동시에 요구
③ 전문성
④ 완벽한 시설서비스
⑤ 개최지역이나 국가에 경제적 · 사회문화적 · 정치적 · 관광적 측면에서 파급효과가 큼

개념충전 **국제회의를 개최하기 위해 필요한 시설서비스**

- 컨벤션센터 및 호텔 내 회의장
- 호텔 등 숙박시설 및 식음료시설
- 회의성격에 따른 편의시설
- 음향 및 영상의 기자재와 기술
- 운송수단 및 주차장
- 전시장 및 휴게시설
- VIP 등의 경호 및 안전시설
- 참석자를 위한 연회계획

(4) UIA(국제회의연합)에서 발표한 국제회의 유치실적 17 기출

순 위	개최 연도				
	2024년	2023년	2022년	2021년	2020년
1	벨기에	벨기에	벨기에	미 국	싱가포르
2	오스트리아	미 국	미 국	한 국	미 국
3	한 국	일 본	스페인	일 본	벨기에
4	스페인	한 국	일 본	벨기에	한 국
5	일 본	스페인	프랑스	프랑스	일 본

02 국제회의의 종류

(1) 법률적 분류(국제회의산업 육성에 관한 법률 시행령 제2조)

국제회의는 상당수의 외국인이 참가하는 회의(세미나 · 토론회 · 전시회 · 기업회의 등을 포함)로서 다음의 종류와 규모에 해당하는 것

① 국제기구, 기관 또는 법인 · 단체가 개최하는 회의

㉠ 해당 회의에 3개국 이상의 외국인이 참가할 것

㉡ 회의 참가자가 100명 이상이고 그 중 외국인이 50명 이상일 것

㉢ 2일 이상 진행되는 회의일 것

② 국제기구, 기관, 법인 또는 단체가 개최하는 회의로서 다음의 요건을 모두 갖춘 회의

㉠ 「감염병의 예방 및 관리에 관한 법률」에 따른 제1급 감염병 확산으로 외국인이 회의장에 직접 참석하기 곤란한 회의로서 개최일이 문화체육관광부장관이 정하여 고시하는 기간 내일 것

㉡ 회의 참가자 수, 외국인 참가자 수 및 회의일수가 문화체육관광부장관이 정하여 고시하는 기준에 해당할 것

(2) 형태별 분류 15 16 21 24 25 기출

① 컨벤션(Convention) : 정보전달을 목적으로 하며 가장 일반적인 회의

② 미팅(Meeting) : 포괄적인 회의의 용어

③ 세미나(Seminar) : 교육목적을 띤 회의

④ 워크숍(Workshop) : 컨벤션, 컨퍼런스의 한 부분으로서 특정 문제나 과제에 관한 새로운 지식, 기술, 통찰방법 등을 서로 교환

⑤ 컨퍼런스(Conference) : 컨벤션과 의미가 비슷하지만 컨벤션보다 토의가 많이 열림

⑥ 콩그레스(Congress) : 대규모 실무회의로, 유럽지역에서 자주 사용

⑦ 포럼(Forum) : 청중 앞에서 한 가지 주제에 대해 상반된 견해를 가진 동일 분야 전문가들이 벌이는 공개토론회의로 청중이 자유롭게 참여

⑧ 심포지엄(Symposium) : 제시된 안건에 대해 전문가들이 청중 앞에서 벌이는 공개토론

⑨ 패널토의(Panel Discussion) : 청중이 모인 자리에서 사회자와 연사의 공개토론으로 청중도 자신의 의견을 발표

⑩ 화상회의(Teleconference) : 원거리 지역 간에 통신회선을 이용하여 회의참가자가 화면을 통해 서로 얼굴을 보면서 진행하는 형태의 회의

⑪ 클리닉(Clinic) : 특정주제에 대한 훈련 및 강습을 의미

⑫ 수련회(Retreat) : 작은 규모의 회의, 분리된 지역에서 상호결속 혹은 단순한 휴식의 목적으로 운영

⑬ 강연회(Institute) : 교육훈련의 기회를 제공하기 위해 전문 직업 내에서 형성되는 모임

⑭ 전시회(Exhibition) : 일반적으로 컨벤션과 같은 모임과 함께 개최

⑮ 라운드테이블(Round Table) : 참석자들의 좌석 배열상 상석의 위치를 어느 한 명의 참석자에게 주기 어려운 모임, 즉 국가 간의 정상회담이나 기업 간의 회장 모임 등에 사용

⑯ **인센티브 관광(Incentive travel)** : 기업의 목적, 목표를 달성하기 위해 종업원, 거래상, 거액 구매자에게 관광이라는 형태로 동기를 유발하거나 보상함으로써 생산효율성을 증대하고, 고객을 대상으로 광고효과를 유발하는 하나의 경영도구

(3) 성격별 분류

① **기업회의** : 많은 기업들이 진행하는 여러 가지 형태의 회의 예 주주총회, 사원연수 및 지역총회 등
② **협회회의** : 협회에 관련된 주제와 관심을 다루는 회의
③ **비영리단체회의** : 비영리단체가 주최하는 회의 예 한국보이스카웃연맹의 세계잼버리대회 등
④ **정부기구회의** : 정부가 주관하거나 정부산하조직이 주관하는 세계적 또는 전국적 회의

(4) 회의목적에 의한 분류

① 교섭회의
② 학술회의
③ 친선회의
④ 기획회의
⑤ 정기회의

03 컨벤션센터

(1) 컨벤션센터의 시설구성

① 주시설 : 회의 · 전시 및 이벤트의 장
② 지원시설 : 주시설의 관리유지 및 식음료서비스시설 등
③ 관련시설 : 참가자들을 위한 숙박 · 쇼핑 · 레크리에이션시설 등

[컨벤션센터의 시설구성]

컨벤션시설 구분		세부시설
주시설	회의장	총회의장(Auditorium), 대회의장(Mainhall), 중 · 소회의장, 연회장, 지원시설
	전시장	상설전시장, 기획전시장, 야외전시장, 전시준비작업장, 전시장, 지원시설
	이벤트홀	운동경기 등 다목적 용도의 이벤트행사장, 이벤트홀, 가변무대시설, 대형영상시설, 특수음향장치, Art and Craft Center
지원시설	관리유지시설	직접관리(행사관리)시설, 간접관리(시설 및 인력관리)시설
	식음료서비스시설	대형 주방, 대 · 중 · 소규모의 식당, 스낵바 등
	공공서비스시설	옥내외 주차시설, 교통터미널(환승센터), 은행, 우체국, 병원, 방송센터, 국제통신센터 등
관련시설	숙박시설	특급 및 중급 호텔, 시설운영요원 오피스텔, 한국전통호텔 등 특징적 숙박시설
	쇼핑 · 위락시설	관광기념품판매점, 관광음식점, 면세점, 종합휴양업, 상징타워, 광장, 녹지 등
	업무시설	오피스 파크

(2) 컨벤션센터의 유형

① 텔레포트형(Teleport)

㉠ 위성통신용 지구국시설 이외에 스스로 정보를 수집하고 가공 · 발신하는 정보창출기능의 도모를 위한 정보산업관련기관(행정기관 포함)이 집합해 있는 지역에 적합

㉡ 대규모 토지확보가 용이하고 도심과 근접한 첨단정보산업을 지향하는 기업의 오피스 공간수요가 있는 곳에 입지한 경우

② 테크노파크형(Technopark)

㉠ 첨단산업, 연구개발(R&D), 주거 및 관광기능이 갖추어진 고도의 기술집적도시에 적합

㉡ 기존 산업기능 위주의 공업단지를 정비하는 방식과 기존의 연구단지에 첨단산업기능을 보완하거나 신규계획에 의거 조성하는 방식으로 이루어진 테크노파크 안에 입지한 경우

③ 컨벤션리조트형(Convention Resort)

㉠ 매력있는 관광자원과 시설을 가지고 있는 관광목적지로서 컨벤션시설뿐만 아니라 컨벤션 유치 및 개최와 관련된 총체적인 지원 · 서비스기능을 보유하고 있는 관광지향적 도시나 관광휴양단지에 적합

㉡ 이미 조성된 관광단지 내외에 다수 컨벤션전용호텔을 건립하여 기존시설과 연계시키거나 현재 계획추진 중인 관광단지 내에 사업 초기부터 계획적으로 컨벤션센터와 관련된 일체 시설을 단지화하여 컨벤션 특구화할 수 있는 지역에 적합

(3) 우리나라의 대표적인 컨벤션시설 18 19 21 24 기출

① 서울 COEX(Convention and Exhibition) : 교통과 통신, 첨단 비즈니스 인프라를 두루 갖춘 글로벌 비즈니스의 메카이자 아시아 최고의 전시 · 문화 · 관광의 명소로서, 국제 무역과 문화 교류의 장을 마련할 목적으로 1979년 3월 개관한 한국 최대의 종합전시관

② 대구전시컨벤션(EXCO) : 1995년 1월 대구종합무역센터 건립계획을 확정하고, 같은 해 7월 대구종합무역센터(주)를 설립한 뒤, 1997년 5월 착공해 2000년 12월 완공

③ 김대중컨벤션센터(KDJ Center) : 2003년 11월 광주전시컨벤션센터로 착공해 2005년 5월 김대중컨벤션센터로 이름을 바꾼 뒤, 같은 해 9월 6일 개관

④ 고양컨벤션센터(KINTEX) : KOTRA · 경기도 · 고양시 등 정부와 지방자치단체가 공동 출자한 한국국제전시장(주)이 2003년 5월 착공, 2005년 4월 29일 개관

⑤ 부산전시컨벤션센터(BEXCO) : 21세기 세계화를 지향하는 초일류 전시컨벤션기업 건설, 수도권에 집중되어 있는 전시회 및 국제회의의 부산 개최를 통한 부산 · 경남 지역의 국제화 · 산업화 · 정보화에 목적을 두고 있음

⑥ **제주국제컨벤션센터(ICC Jeju)** : 국제회의전문시설이자 강연회 · 연회 · 이벤트 · 전시회 · 공연 등을 열 수 있는 복합공간으로, 2003년 3월 22일 개관

| ICC Jeju |

⑦ **창원컨벤션센터(CECO)** : 2002년 12월 착공하여 2005년 7월 준공하였으며, 같은 해 9월 9일 개관. 경상남도의 랜드마크로서 전시컨벤션 전문 그룹인 코엑스가 위탁운영

⑧ **수원컨벤션센터(SCC)** : 지속적으로 증가하는 경기남부의 전시, 컨벤션 행사를 수용하기 위하여 수원시에 의해 설립되었으며 2016년 착공하여 2019년 개관

⑨ **송도컨벤시아(Songdo Convensia)** : 2008년 개관, 인천경제자유구역(IFEZ) 내에 위치하여 있으며, 시드니 오페라 하우스를 연상케 하는 독특한 외관과 내부 고품격 인테리어 등 국내에서 흔히 볼 수 없는 감각적인 디자인을 자랑하며 각종 방송이나 공연, 패션쇼 등의 촬영지로 각광받고 있음

[우리나라 컨벤션센터 현황] 17 18 기출

구 분	전시장명	소재지	전시면적(m^2)	건립연도
1	aT센터(aT Center)	서 울	8,047	2002년
2	벡스코(BEXCO)	부 산	46,380	2001년/2012년 확장
3	창원컨벤션센터(CECO)	경남 창원	9,375	2005년
4	코엑스(Coex)	서 울	36,007	1988년
5	대전컨벤션센터(DCC)	대 전	2,520	2008년
6	엑스코(EXCO)	대 구	22,159	2001년/2011년 확장
7	군산새만금컨벤션센터(GSCO)	전북 군산	3,697	2014년
8	구미코(GumiCo)	경북 구미	3,402	2010년
9	경주화백컨벤션센터(HICO)	경북 경주	2,273	2015년
10	제주국제컨벤션센터(ICC JEJU)	제 주	2,395	2003년
11	김대중컨벤션센터(KDJ Convention Center)	광 주	12,027	2005년/2013년 확장
12	킨텍스(KINTEX)	경기 고양	108,566	2005년/2011년 확장
13	세텍(SETEC)	서 울	7,948	1999년
14	송도컨벤시아(Songdo ConvensiA)	인 천	17,021	2008년
15	수원컨벤션센터(Suwon Conven-tion Center)	수 원	7,877	2019년
16	수원메쎄(SUWONMESSE)	수 원	9,080	2020년
17	울산전시컨벤션센터(UECO)	울 산	7,776	2021년
18	청주오스코(OSCO)	청 주	10,031	2025년
19	포항국제전시컨벤션센터(POEX)	포 항	7,183	2026년 예정

※ 한국전시산업진흥회

제2절 국제회의업

01 국제회의업의 개념

(1) 국제회의업의 정의(관광진흥법 제3조 제1항 제4호)

대규모 관광 수요를 유발하는 국제회의(세미나 · 토론회 · 전시회 · 기업회의 등을 포함)를 개최할 수 있는 시설을 설치 · 운영하거나 국제회의의 계획 · 준비 · 진행 등의 업무를 위탁받아 대행하는 업

(2) 종 류 17 기출

① **국제회의시설업** : 대규모 관광 수요를 유발하는 국제회의를 개최할 수 있는 시설을 설치하여 운영하는 업

② **국제회의기획업** : 대규모 관광 수요를 유발하는 국제회의의 계획 · 준비 · 진행 등의 업무를 위탁받아 대행하는 업

③ **국제회의 전담기관(CVB ; Convention and Visit Bureau)** : 각국 정부 또는 지방자치단체 등이 국제회의 산업의 중요성과 전문성을 인식하여 국제회의 유치와 운영에 관한 정보의 제공 · 자문 · 홍보 또는 지원을 전담하기 위해 설치한 조직 22 23 기출

(3) 국제회의업의 특징

① 전문성

② 효율성

③ 경제성

개념충전 **국제회의업 등록기준** 19 기출

- 국제회의업을 경영하고자 하는 자는 특별자치시장 · 특별자치도지사 · 시장 · 군수 · 구청장에게 등록하여야 한다.
- 국제회의시설업(「관광진흥법 시행령」 별표 1 제5호 가목)
  - 「국제회의산업 육성에 관한 법률 시행령」에 따른 회의시설 및 전시시설의 요건을 갖추고 있을 것
  - 국제회의 개최 및 전시의 편의를 위하여 부대시설로 주차시설과 쇼핑 · 휴식시설을 갖추고 있을 것
- 국제회의기획업(「관광진흥법 시행령」 별표 1 제5호 나목)
  - 자본금 : 5천만원 이상일 것
  - 사무실 : 소유권이나 사용권이 있을 것

02 국제회의업의 주요 업무내용

(1) 기 획

① 기본 및 세부추진계획서 작성
② 회의장 및 숙박장소 선정
③ 예산서 작성
④ 행사준비일정표 작성
⑤ 행사안내전문요원 모집 및 선정
⑥ 행사결과보고서 작성
⑦ 기본방향 설정

(2) 회의준비

① 각종 회의장 확보
② 회의장 배치도면 작성 및 회의진행시간표 작성
③ 연설문, 발표문 등 원고 접수 및 편집
④ 회의록 작성
⑤ 프로그램 기획 및 제작
⑥ 전문인력 확보 및 교육
⑦ 각종 기자재 수급
⑧ 회의용 물품에 대한 면세 통과

(3) 등 록

① 등록절차계획 수립
② 등록 시 소요물품목록 작성
③ 참가등록신청서 기획 및 발송
④ 참가등록서 전산입력 및 자료관리
⑤ 현장등록장소 선정 및 배치도 작성
⑥ 등록안내요원 선정 및 교육
⑦ 참가등록자명단 작성 및 명찰 발급
⑧ 현장등록대 설치 및 운영

(4) 숙 박

① 객실확보계획 수립
② 호텔과의 객실사용에 관한 계약
③ 회의참가자에게 숙박에 관한 예약양식 작성 및 발송
④ 숙박예약 및 예약금 접수
⑤ 숙박장소별 자료처리

⑥ 각 호텔에 예약명부 및 예약금 전달
⑦ 객실배정계획 수립
⑧ 예약 후 사용하지 않은 객실에 대한 처리계획
⑨ 전체 숙박명부 작성 및 현장 배포

(5) 교 통

① 관광, 수송 및 관광종합계획 수립
② 입출국 버스운행계획 수립
③ 관광지 선정 및 답사
④ 관광프로그램 개발 및 신청서 제작
⑤ 공식 지정여행사 선정
⑥ 참가예정자에게 관광신청서 발송 및 접수
⑦ 관광안내데스크 운영
⑧ 관광버스차량 수배 및 계약

(6) 의 전

① 출입국 절차 계획과 여권, 비자, 통관 등
② VIP 공항귀빈실 이용에 따른 제반절차 수립
③ 공항영접대 설치
④ 미수교국 참가자 입국절차 및 경호계획
⑤ 참가자 출국 확인

(7) 홍보 · 출판

① 홍보계획 수립
② 행사안내서 기획과 회의프로그램 디자인 및 제작
③ 참가자들의 편의제공을 위한 안내책자 제작 및 배포
④ 보도자료 및 기자회견 준비
⑤ 프레스센터 운영
⑥ 현장 전속사진기자 및 카메라기자 수배
⑦ 가두설치물 제작
⑧ 뉴스레터 제작 및 배포

(8) 사교행사

① 각 행사별 시나리오 작성
② 초청인사 선별, 초청장 제작 및 발송
③ 초청인사 참가 여부 확인
④ 행사장 도면 및 행사진행 프로그램 작성

⑤ 행사별 요원선정 및 교육
⑥ 사회자 수배 및 연설문 작성
⑦ 행사장설비 및 장비 점검

(9) 재 정

① 전체 예산에 따른 세부실행계획 수립
② 자금확보 및 지원계획
③ 회계장부 관리 및 지원계획, 조달계획 및 출납 관리
④ 대회 결산보고서 작성

03 국제회의업의 파급효과

(1) 국제회의 유치의 효과

① 경제적 측면
㉠ 긍정적 효과
- 외화 획득으로 국제수지 개선
- 고용 증대
- 세수의 증대로 지역경제 활성화
- 최신 정보 · 기술 입수

㉡ 부정적 효과
- 물가상승과 부동산 투기
- 유흥 및 향락업소 성행

② 사회 · 문화적 측면 15 기출
㉠ 긍정적 효과
- 국제친선 도모
- 시민의식 향상
- 사회기반시설의 확충과 정비
- 지역문화의 발전
- 도시환경의 개선

㉡ 부정적 효과
- 고유지역성 훼손
- 교통혼잡 및 공해 유발
- 사치와 소비풍조 조장
- 지역문화자원의 상업화
- 행사기간 중 국민생활의 불편

③ 정치적 측면

㉠ 긍정적 효과

- 개최국의 대외이미지 부각
- 민간외교 기여
- 평화통일 및 외교 정책 구현
- 국가홍보효과

㉡ 부정적 효과

- 개최국의 정치이용화
- 과다한 경제적 부담과 희생

④ 관광적 측면

㉠ 긍정적 효과

- 대규모의 외래관광객 유치
- 관광진흥의 발전
- 지역 이미지 제고
- 비수기의 타개책

㉡ 부정적 효과

- 관광지역 주민의 소외 및 불이익성
- 관광지 주변의 교통혼잡 · 소음 · 공해 발생
- 관광지의 상업화

(2) 국제회의사업의 효과

컨벤션센터의 운영과 관련된 설비 및 서비스 관련 사업, 전시 관련 사업뿐만 아니라 관광 · 여가 관련 사업, 호텔 관련 사업, 교통 · 통신 등 기반시설 관련 사업에까지 영향을 미침

① **직접 관련 사업** : 호텔업, 여행업, 항공업, 운송업, 요식업, 쇼핑업 등 관광사업

② **정보 관련 서비스업** : 소프트웨어, 정보처리, 정보제공, 방송서비스 등

③ **지식 관련 서비스업** : 전시업, 디자인업, 기계설비업, 방송설비업 등

④ **물품임대 관련 서비스업** : 사무용기기임대업, 컴퓨터기기임대업 등

⑤ **기타 서비스업** : 상품검사업, 경비 · 경호업 등

(3) 국가 브랜드 홍보 효과

① 많은 나라의 대표들 참여로 전 세계에 홍보 가능 및 외교 정책 구현에 기여

② 국제지위 향상과 문화교류

③ 민간차원의 외교와 국가외교차원에서의 홍보 효과를 거둘 수 있음

④ 국제회의의 유치 · 기획 · 운영의 반복은 개최지의 기반시설 등의 기능 향상

⑤ 개최국의 이미지와 위상 확립 및 지명도 향상에 이바지

(4) 국제교류의 활성화 효과

① 외국과의 직접적인 교류를 통한 지식 및 정보의 교환

② 참가자와 국민 간의 접촉을 통한 시민의 국제 감각 향상 등 국제교류의 중요한 수단이 됨

04 국제회의업의 발전방안

(1) 국제회의업의 발전배경

① 교통기관의 비약적 발전

② 관광 및 호텔사업의 발전

③ 과학기술의 발전

④ 컨벤션센터의 건립

(2) 국제회의업의 기본방향과 발전방안

① 기본방향

㉠ 대국민 국제회의사업의 인식제고와 함께 지방정부와 협력체제를 강화

㉡ 컨벤션시설 및 기반시설 확충 유도

㉢ 국제회의 전문인력 양성

㉣ 지방국제회의 사업의 활성화 도모

② 발전방안

㉠ 국제회의도시의 조성

㉡ 국제컨벤션센터의 건립

㉢ 국제회의 전담기관의 설립

㉣ 국제회의 전문인력의 양성

㉤ 국제회의사업 운영주체에 대한 지원

개념충전

K MICE

- 한국관광공사는 1979년부터 국제회의부(현 코리아 MICE 뷰로)를 설치하여 국제회의의 유치활동 및 국제회의의 개최지원, 해외 마케팅 활동, 국제회의 관련 정보 제공, 전문인력 양성, MICE 업계 네트워킹 구축 활동 등을 전개함으로써 MICE 산업 중앙전담기구로서의 역할을 담당하고 있다.
- 주요업무
  - 유치가능 국제회의 발굴
  - 국제회의 유치에 대한 원스톱서비스 제공
  - 국내개최가 확정된 국제회의 주관단체에 대한 지원
  - MICE 마케팅 활동
  - MICE 산업 육성 기반 조성
  - '한국 MICE 육성협의회' 사무국 운영
  - MICE 정보 수집 및 제공
  - 국제기구와의 협력활동

한국 MICE 산업발전협의회(Korea MICE Alliance)

한국관광공사는 2001년 8월 컨벤션 관련 공공기관, 컨벤션전문시설, 항공사, 컨벤션 관련 업체 및 학계를 중심으로 민 · 관 협의체인 '한국컨벤션협의회'를 발족하였다. 이 협의회는 우리나라 컨벤션산업 발전을 위한 정부 정책건의, 컨벤션산업 발전을 위한 공동 협력활동 및 사업수행, 공사 코리아컨벤션뷰로 업무에 대한 자문을 해 왔다. 2010년 코리아컨벤션뷰로가 코리아 MICE 뷰로로 재편되면서 '한국컨벤션협의회'는 '한국 MICE 육성협의회(Korea MICE Alliance)'로 명칭을 변경하고 MICE 산업에 관련된 다양한 이해관계자들의 의견조율 및 공동 마케팅 활동 등으로 그 기능을 확대해 나가고 있다. 현재 명칭은 '한국 MICE 산업발전협의회'이다.

※ 출처 : K MICE 홈페이지(k-mice.visitkorea.or.kr)

제6장 핵심 실전 문제

※ 문제의 이해도에 따라 ○△× 체크하여 완벽하게 정리하세요.

01 국제회의의 성격과 관련이 적은 내용은?

○△×

① 복합성 ② 대중성
③ 경제성 ④ 전문성

해설 국제회의의 성격
- 복합성
- 경제성과 공익성을 동시에 요구
- 전문성
- 완벽한 시설서비스
- 개최지역이나 국가에 경제적 · 사회문화적 · 정치적 · 관광적 측면에서 파급효과가 큼

제4과목

02 국제회의연합(UIA)에서 규정한 국내단체가 주최하는 국제회의의 조건으로 부적절한 것은?

○△×

① 참가국 수 5개국 이상
② 참가자 수 300명 이상
③ 회의기간 3일 이상
④ 참가자 수 중 외국인 비율 40% 이상

해설 참가자 수 중 외국인 비율은 50% 이상이다.

정답 1 ❷ 2 ❹

03 세계국제회의전문협회(ICCA)에서 규정한 국제회의의 조건은?

① 3개국 이상 순회하며 정기적으로 개최, 참가자 수 50명 이상
② 3개국 이상 순회하며 정기적으로 개최, 참가자 수 200명 이상
③ 4개국 이상 순회하며 정기적으로 개최, 참가자 수 100명 이상
④ 4개국 이상 순회하며 정기적으로 개최, 참가자 수 200명 이상

해설 **세계국제회의전문협회(ICCA) 규정 국제회의 조건**
3개국 이상을 순회하며 정기적으로 개최하며, 참가자 수가 50명 이상이어야 한다.

04 다음 중 컨벤션시설과 지역의 연결이 잘못된 것은?

① 광주 – 김대중컨벤션센터(KDJ Center)
② 대구 – 엑스코(EXCO)
③ 부산 – 벡스코(BEXCO)
④ 인천 – 킨텍스(KINTEX)

해설 킨텍스(KINTEX)는 경기도 고양시에 있다.

05 국제회의산업 육성에 관한 법령에서 규정한 국제회의의 조건은?

① 5개국 이상의 외국인, 300명 이상의 회의참가자 중 외국인이 100명 이상, 3일 이상 진행
② 3개국 이상의 외국인, 300명 이상의 회의참가자 중 외국인이 100명 이상, 2일 이상 진행
③ 5개국 이상의 외국인, 100명 이상의 회의참가자 중 외국인이 50명 이상, 3일 이상 진행
④ 3개국 이상의 외국인, 100명 이상의 회의참가자 중 외국인이 50명 이상, 2일 이상 진행

해설 **국제회의의 종류 · 규모(국제회의산업 육성에 관한 법률 시행령 제2조)**
국제기구, 기관 또는 법인 · 단체가 개최하는 회의로서 다음의 요건을 모두 갖춘 회의
- 해당 회의에 3개국 이상의 외국인이 참가할 것
- 회의 참가자가 100명 이상이고 그중 외국인이 50명 이상일 것
- 2일 이상 진행되는 회의일 것

정답 3 ❶ 4 ❹ 5 ❹

06 ◯△✕ 국제회의 분야에서 가장 일반적으로 사용되는 용어로서 사전에 결정된 일정에 의해 진행되는 공식적인 회의 · 전시 · 이벤트 등을 수반하는 국제회의 형태는?

① Convention ② Seminar
③ Meeting ④ Workshop

해설 컨벤션(Convention)
가장 일반적인 회의로 미리 계획된 일정에 따라 진행되는 공식적인 회의나 전시, 이벤트 등을 수반하는 형태

07 ◯△✕ 주로 교육목적을 띤 회의로서 전문가의 주도하에 특정분야에 대한 각자의 지식이나 경험을 발표 · 토의하는 국제회의 형태는?

① Seminar ② Conference
③ Forum ④ Symposium

해설 세미나(Seminar)
대개 30명 이하의 규모로, 주로 교육적인 목적을 가진 회의로서 전문가의 주도하에 특정분야 대한 각자의 지식이나 경험을 발표 · 토의한다. 발표자가 우월한 위치에서 지식의 전달자로서 역할을 한다.

08 ◯△✕ 제시된 안건에 대하여 전문가들이 청중 앞에서 벌이는 공개토론 형식으로 청중들도 질의 참여가 가능한 회의 형태는?

① Congress ② Symposium
③ Clinic ④ Panel Discussion

해설 심포지엄(Symposium)
학술적인 토론회나 특정 주제를 놓고 2명 또는 그 이상의 사람들이 각자의 견해를 발표하는 공개토론

정답 6 ❶ 7 ❶ 8 ❷

09 ◯△✕ **청중이 모인 가운데 2~8명의 연사가 사회자의 주도하에 서로 다른 분야에서의 전문가적 견해를 발표하는 공개 토론회는?**

① 포 럼
② 워크숍
③ 패널토의
④ 세미나

해설 ① 포럼 : 청중 앞에서 한 가지 주제에 대해 상반된 견해를 가진 동일 분야 전문가들이 벌이는 공개토론회의로 청중이 자유롭게 참여
② 워크숍 : 전문적인 기술 또는 아이디어를 시험적으로 실시 · 검토하는 회의
④ 세미나 : 교육목적을 띤 회의

10 ◯△✕ **국제회의 유치의 효과 중 관광적 측면의 긍정적 효과가 아닌 것은?**

① 관광 관련 산업의 발전
② 국제수지의 개선
③ 관광진흥의 발전
④ 대규모 관광객의 유치 및 홍보

해설 국제수지의 개선은 경제적 측면의 긍정적 효과이다.

11 ◯△✕ **국제회의 유치 효과 중 사회 · 문화적 측면에서의 장점이 아닌 것은?**

① 국제친선 도모
② 시민의식 향상
③ 지역 이미지 제고
④ 도시환경의 개선

해설 지역 이미지 제고는 관광적 측면에서의 긍정적 효과이다.

정답 9 ❸ 10 ❷ 11 ❸

12 ○△✕ **경제적 측면에서 국제회의 개최로 기대되는 효과가 아닌 것은?**

① 외화 획득
② 세수입 증대
③ 최신 정보 · 기술 입수
④ 국제지위 향상

해설 국제지위 향상은 정치적 측면의 효과이다.

13 ○△✕ **관광적 측면에서 국제회의 개최로 기대되는 효과가 아닌 것은?**

① 비수기 타개책
② 시민의식 향상
③ 대규모의 외래관광객 유치
④ 지역 이미지 제고

해설 시민의식 향상은 사회 · 문화적 측면의 효과이다.

14 ○△✕ **국제회의사업에 대한 설명으로 가장 거리가 먼 것은?**

① 환경친화적 사업이다.
② 생산을 위한 자원투입이 많다.
③ 수입의존도가 낮은 사업이다.
④ 미래의 벤처사업이다.

해설 국제회의사업은 개최국가 및 지역발전에 기여도가 높은 고부가가치사업으로, 생산을 위한 자원투입은 낮다.

정답 12 ❹ 13 ❷ 14 ❷

제4과목

15 ○△×

동아시아 지역으로 구미주 · 대양주 관광객 유치를 증진하기 위해 1966년, 일본의 제의로 한국, 대만, 홍콩, 필리핀, 마카오 등 7개국을 중심으로 설립된 국제관광기구는?

① CVB ② ATMA
③ IATA ④ ISTA

해설 ① CVB(Convention&Visitors Bureau) : 컨벤션 및 관광객 전담기구
③ IATA(International Air Transport Association) : 국제항공운송협회
④ ISTA(International Sightseeing and Tours Association) : 국제관광여행협회

16 ○△×

국제회의사업과 관련 있는 사업 중 성격이 다른 하나는?

① 쇼핑업 ② 방송설비업
③ 전시업 ④ 디자인업

해설 ① 직접 관련 사업
② · ③ · ④ 지식 관련 서비스업

17 ○△×

컨벤션센터의 주요 시설 중 주시설에 해당되지 않는 것은?

① 회의장 ② 전시장
③ 이벤트홀 ④ 방송센터

해설 방송센터는 지원시설에 속한다.

18 ○△×

컨벤션센터의 지원시설에 속하는 것은?

① 주차시설 ② 숙박시설
③ 면세점 ④ 오피스 파크

해설 숙박시설, 쇼핑 · 위락시설(면세점), 업무시설(오피스 파크) 등은 컨벤션센터 관련 시설이다.

정답 15 ❷ 16 ❶ 17 ❹ 18 ❶

19 국제회의업의 종류 중 그 성질이 나머지 셋과 다른 하나는?

○△×

① 시 설 ② 계 획
③ 준 비 ④ 진 행

해설 ① 국제회의시설업
②·③·④ 국제회의기획업

20 세계적으로 최대 규모를 자랑하는 하노버 전시장을 보유하고 있는 국가는?

○△×

① 미 국 ② 영 국
③ 독 일 ④ 프랑스

해설 독일의 하노버 전시장은 466,000m²로 최대 규모를 자랑한다.

21 국제회의사업의 육성을 위한 방안 중 부적절한 내용은?

○△×

① 국제회의도시의 조성
② 국제컨벤션센터의 건립
③ 국제회의 전담기관의 설립
④ 국제회의사업의 국영화

해설 ①·②·③ 외에 국제회의 전문인력의 양성, 국제회의사업 운영주체에 대한 지원이 필요하다.

22 국제회의산업 육성에 관한 법령상의 국제회의도시로 지정된 곳이 아닌 것은?

○△×

① 대구광역시 ② 경기도
③ 제주특별자치도 ④ 경북 경주시

해설 **우리나라의 지정 국제회의도시**
서울, 부산, 인천, 대구, 제주, 광주, 대전, 창원, 고양, 평창(평창 건강올림픽종합특구), 경주 등

정답 19 ❶ 20 ❸ 21 ❹ 22 ❷

제4과목

23 ○△×

국제회의업 중 국제회의기획업을 경영하려고 할 때 국제회의기획업의 등록 기준으로 옳은 것은?

① 자본금 2천만원 이상일 것
② 2천명 이상의 인원을 수용할 수 있는 대회의실이 있을 것
③ 사무실에 대한 소유권이 있을 것
④ 옥내와 옥외의 전시면적을 합쳐서 2천제곱미터 이상 확보하고 있을 것

해설 **국제회의업 등록기준(「관광진흥법 시행령」 별표 1 제5호)**

- 국제회의시설업
  - 「국제회의산업 육성에 관한 법률 시행령」에 따른 회의시설 및 전시시설의 요건을 갖추고 있을 것
  - 국제회의 개최 및 전시의 편의를 위하여 부대시설로 주차시설과 쇼핑 · 휴식시설을 갖추고 있을 것
- 국제회의기획업
  - 자본금 : 5천만원 이상일 것
  - 사무실 : 소유권이나 사용권이 있을 것

24 ○△×

국내 전시 · 컨벤션센터와 지역의 연결이 옳지 않은 것은?

① 대구 – EXCO
② 부산 – BEXCO
③ 수원 – CECO
④ 고양 – KINTEX

해설 **우리나라의 대표적인 컨벤션 시설**

- 서울 : COEX, aT센터, SETEC
- 대구 : EXCO
- 고양 : KINTEX
- 부산 : BEXCO
- 제주 : ICC Jeju
- 창원 : CECO

25

국제회의기준을 정한 공인 단체명과 이에 해당하는 용어의 연결이 옳은 것은?

① AACVA – 아시아 콩그레스 VIP 연합회
② ICAO – 국제 컨벤션 연합 조직
③ ICCA – 국제 커뮤니티 컨퍼런스 연합
④ UIA – 국제회의연합

해설 ④ 국제회의연합(UIA ; Union of International Associations)
① 아시아컨벤션뷰로협회(AACVB ; Asian Association of Covention & Visitor Bureaus)
② 국제민간항공기구(ICAO ; International Civil Aviation Organization)
③ 세계국제회의전문협회(ICCA ; International Congress & Convention Association)

정답 23 ❸ 24 ❸ 25 ❹

제7장 관광마케팅

제1절 마케팅의 개념

01 마케팅의 의의 및 정의

(1) 마케팅의 의의와 전략

① **마케팅의 의의** : 고객의 욕구를 충족하기 위하여 기업이 행하는 시장과의 커뮤니케이션, 적시적소의 상품유통, 적정한 가격결정, 제품의 설계와 개발 등을 의미

② **마케팅전략**

㉠ 마케팅전략은 일반적으로 끊임없이 변화하고 경쟁적인 기업 환경조건에서 고객 확대와 기업 성장과 발전을 도모하는 통합적이고도 장기적인 경영방책

㉡ 마케팅 활동은 일반적으로 준비, 전략, 관리, 실시의 4가지 단계적 과정에 의하여 실현

(2) 마케팅의 정의

① **코틀러(P. Kotler, 1967)** : 일반적으로 선택한 고객층의 요구(Needs)와 욕구(Wants)를 충족하면서 이익을 올릴 목적하에 고객에게 돌아가는 기업의 자원 · 정책 · 경제활동을 분석 · 조직화하고 계획하며 통제하는 기능

② **맥카시(E. J. McCarthy, 1975)** : 생산자로부터 소비자 내지 사용자에 이르기까지 소비자 만족과 기업의 목적을 달성하기 위해서 재화와 서비스 유통을 관리하는 기업활동의 수행

③ **미국 마케팅 학회(AMA ; American Marketing Association, 1985)**

㉠ 상품과 서비스를 생산자로부터 소비자 또는 사용자에게 유통하는 기업활동의 수행

㉡ 마케팅은 개인과 조직의 목적을 충족시켜 주는 상호교환을 창조하기 위하여 아이디어나 재화 · 용역의 창안, 가격 결정, 촉진과 유통을 계획하고 실행하는 과정

02 마케팅의 발달과정

(1) 생산지향단계(Production Oriented Stage)

① 산업혁명 이후 1930년대 이전

② 생산자 및 재무관리자에 의해 정해진 가격으로 단순히 기업의 생산물을 유통하는 일 → Seller's Market

(2) 판매지향단계(Sales Oriented Stage)

① 1930년대 이후부터 1950년대까지

② 생산된 제품을 고객에게 제시하고 설득해 구매력을 유발하고 판매를 촉진하는 단계 → Buyer's Market

(3) 고객지향단계(Customer Oriented Stage)

① 1950년대 이후부터 1970년대까지

② 기업 간의 경쟁이 심해지자 기업들은 고객에 대한 봉사의 중요성을 인식하고 판매에서 고객 만족과 장기적 이윤으로 기업의 관심을 전환 → Marketing Concept

개념충전 Marketing Concept

마케팅 관리개념의 발전과정 중 고객지향단계에서 나타난 용어로, 기업의 주요 과업을 표적시장의 충족되지 않은 욕구로 확인하고 그것을 생산, 커뮤니케이션, 유통을 통하여 사업기회로 전환하여 경쟁자보다 효율적으로 소비자 만족을 창출하고 그 대가로 이윤을 획득하는 일이다.

(4) 사회지향단계(Social Responsibility and Human Oriented Stage)

① 1970년대 이후

② 인간의 복지를 향상할 수 있는 상품만이 시장에 나올 수 있다는 경영철학이 지배하는 시기 → Societal Marketing(사회지향적 마케팅)

03 마케팅의 기능

(1) 의 미

재화가 생산자에서 소비자로, 공급자에서 수요자로 이전되는 과정에서 수행되는 특화된 활동

(2) 클락(F. E. Clark)

① **교환기능** : 구매와 판매 → 소유권 이전기능, 구매기능이 판매기능에 선행됨

② **물적 유통기능** : 운송과 보관 → 장소적 효용과 시간적 효용의 창조기능

③ **조성기능** : 교환기능과 물적 유통기능이 합리적으로 수행되도록 보조하는 기능

㉠ 수요, 공급의 품질적 차이를 조절하는 표준화

㉡ 관념적 차이를 조절하는 시장정보

㉢ 자본적 뒷받침을 해주는 시장금융

㉣ 마케팅활동에 수반되는 위험에 대처하는 위험부담

(3) 필립스(C. F. Philips)과 던컨(D. J. Duncan)

① **구매와 판매** : 소유권 이전의 기능

② **운송 · 보관** : 실질적 공급에 포함되는 기능

③ **구매와 판매, 운송 · 보관의 모든 기능을 조성하는 기능**

㉠ 표준화 및 등급화

㉡ 금 융

㉢ 위험부담

㉣ 시장정보

04 마케팅믹스(Marketing Mix)

(1) 마케팅믹스(Marketing Mix)의 개념 및 의의

① **마케팅믹스의 개념**

㉠ 1964년 보던(N. H. Borden)에 의해 제창되고, 맥카시(E. J. McCarthy)에 의해 일반화

㉡ 일정한 시점을 정해 놓고 전략적 의사결정에 의해 선정한 마케팅의 제 수단을 결합하여 마케팅 계획을 작성하는 것

② **마케팅믹스의 의의**

㉠ 기업이 표적시장에서 마케팅목표를 달성하기 위하여 통제 가능한 마케팅 변수를 최적으로 배합하는 것

㉡ 통제가능한 마케팅 변수(4P) : 제품(Product), 가격(Price), 유통(Place), 촉진(Promotion)을 포함

제4과목

③ 마케팅의 기본요소

㉠ 욕구(Needs)와 필요(Wants)

• 욕구 : 사람이 무엇인가 부족함을 느끼고 있는 상태

• 필요 : 욕구를 충족하기 위한 여러 형태의 수단에 의하여 나타나는 열망

㉡ 수요(Demands)

• 수요는 구매력이 뒷받침된 필요를 말함

• 욕구가 구매력과 구매의지에 의해 뒷받침될 때 비로소 구매로 이어지는 것

㉢ 가치(Value)

• 가치는 편익과 비용이 서로 상쇄(Trade-off)되는 관계

• 소비자는 여러 대안(Alternatives) 중에서 자신에게 가장 높은 가치를 실현하는 대안을 선택

(2) 마케팅믹스의 전략

최소의 비용으로 최대의 반응을 불러일으키는 마케팅수단, 즉 통제 가능 변수를 통제 불가능 변수에 최적으로 혼합하는 것으로 본질적으로 마케팅은 계획화의 과정이며, 마케팅믹스는 마케팅계획을 수립하기 위한 전제조건

① 하워드(J. A. Howard)

㉠ 통제 가능 요소 : 6각형(기업의 내적 환경)

㉡ 통제 불가능 요소 : 5각형(기업이 처해 있는 외적 환경)

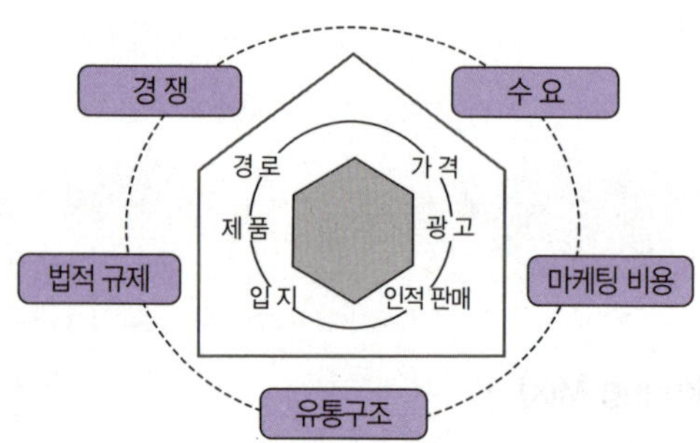

② 맥카시(E. J. McCarthy)

㉠ 통제 가능 요소 : Product(상품), Price(가격), Place(유통), Promotion(촉진) 등 일반 마케팅의 4P에 People(사람)의 1P 추가

㉡ 통제 불가능 요소 : 법률적 수요 · 경쟁, 비마케팅 비용, 유통 기구 등

③ 붐스와 비트너(Booms & Bitner) : Product(제품), Price(가격), Place(유통), Promotion(촉진)에 People(인적요소), Physical Evidence(물리적 증거), Process(서비스 전달과정)의 3P 추가

(3) 전통 관광마케팅믹스 4P 20 21 기출

① 제품(Product)

㉠ 관광 시장에서 고객의 욕구와 요구를 충족할 수 있는 모든 것

㉡ 관광상품은 대상물인 교통, 숙박시설, 장소로서의 관광지와 관광자원, 서비스 등

② 유통(Place)

㉠ 고객에게로 서비스 또는 제품을 전달하는 과정에 수반되는 모든 활동

㉡ 예약 단계, 인터넷 활용 등 관광상품에 맞는 유통경로 구축

③ 가격(Price)

㉠ 제품이나 서비스를 받기 위해 고객이 지불하는 금액으로 수익을 창출하는 원천

㉡ 상품의 가치 측정, 소비자 만족도의 평가 도구

④ 촉진(Promotion)

㉠ 기업의 제품 판매를 증가를 위해 제품의 가치를 고객들에게 설득하는 커뮤니케이션 활동

㉡ 잡지, 신문, 텔레비전, 라디오, SNS 등을 주로 이용

㉢ 촉진수단은 광고, 판매촉진, 인적판매, PR로 구분

(4) 관광마케팅믹스 7P 20 기출

① **관광마케팅믹스 4P** : 제품(Product), 가격(Price), 유통(Place), 촉진(Promotion)

② **인적요소(People)** : 서비스 제공과 구매자 서비스에 영향을 끼치는 모든 사람(종업원, 관광업체 경영자, 고객) 등

③ **서비스 전달과정(Process)** : 제공하는 서비스를 표준화 및 맞춤화에 고객의 참여를 어느 정도 유도할 것인지에 대한 의사결정 변수인 서비스 제공 과정 요인(고객참여수준, 활동흐름과정)

④ **물리적 증거(Physical Evidence)** : 눈에 보이지 않는 특성이 있는 서비스 품질을 소비자에게 확인시켜 주는 요인(시설 분위기, 장비, 종업원 복장 등)

제2절 관광마케팅전략

01 관광마케팅의 정의 및 개념

(1) 관광마케팅의 정의

관광조직이 목표달성을 위해 관광객 욕구를 충족시키기 위한 각종 마케팅 수단을 강구하는 전략적 활동

(2) 관광마케팅의 개념

① 모리슨(A. M. Morrison, 1998) : 관광기업 경영자들이 기업의 목표달성과 소비자의 필요와 욕구를 만족하기 위해 사업계획을 수립, 조사, 실행, 평가하는 일

② 루이스(R. C. Lewis, 1999) : 여행객이 원하는 시기와 장소를 고려한 후, 지불 가능한 가격으로 여행상품을 제시하여 목표시장과 의사소통하는 것

③ UNWTO(세계관광기구) : 시장조사, 예측, 선택을 통하여 자사의 관광상품이 시장에서 가장 좋은 위치를 선점하는 경영철학

(3) 관광마케팅의 특징

① 무형성(Intangibility) : 사전 체험 불가능, 서비스라는 무형의 상품 판매, 가치평가를 할 수 없음

② 소멸성(Perishability) : 재고 및 저장 불가능, 당일 판매되지 않으면 소멸(호텔 객실이나 비행기 좌석 등)

③ 동시성(Inseparability) : 생산이나 판매, 소비가 동시에 일어남, 여행자와 여행사와의 상호의존적 관계

④ 이질성(Heterogeneity) : 여행제공자, 제공방법에 따라 서비스 질의 차이, 모든 서비스의 품질이 동일하지 않음, 서비스를 표준화하고 규격화하기 어려움

⑤ 계절성(Seasonality) : 성수가와 비수기에 따라 수요가 달라짐

⑥ 동질성(Parity) : 여행기초상품(객식, 항공좌석 등)이 비슷하여 경쟁우위 확보가 어려움

⑦ 보완성(Complementarity) : 관광사업은 서로 밀접한 영향을 미치며 서로 보완함

(4) 마케팅에 영향을 주는 요인

① 외부 환경요인

㉠ 시장수요와 경쟁, 사회제도적 영향요인

㉡ 관광수요는 경제적 관점에서 관광자들의 가처분 소득, 시장규모, 고객의 위치 등을 말함

㉢ 행동적 관점에서 관광자들의 생활방식과 동기, 습관적 관점에서 관광자들의 생활방식과 동기, 관습 등을 들 수 있음

㉣ 경쟁사업체의 촉진 활동이나 가격정책 등이 민감한 외부 환경요인의 하나가 됨

㉤ 관광자원에 대한 정보의 부족과 정보 왜곡, 가격규제, 광고규제, 카지노 인허가와 개발사업, 투자 심의 등의 정부통제와 출입국 관리, 관세 및 외환규정 등을 들 수 있음

② **내부 환경요인** : 관광지의 숙박시설, 타 상품과의 경쟁, 생산과정 등의 상품판매와 수익을 결정하는 가격결정, 유통체계, 성 · 비수기의 계절성, 관광사업의 조직과 자원의 평판, 촉진활동의 범위와 수준을 들 수 있음

(5) 관광마케팅을 구성하는 기본 변수

① **관광욕구와 관광욕망**

㉠ 관광욕구 : 생리적 욕구와 안전욕구의 충족을 위한 이동현상에서 사회적 욕구, 존경욕구, 자아실현욕구 등과 같은 차원 높은 욕구의 충족대상으로 변화

㉡ 관광욕망 : 관광욕구를 충족하기 위한 구체적인 형태

② **관광수요와 관광시장**

㉠ 관광수요 : 다양한 관광욕망이 구매력을 수반한 경우를 말하며, 넓은 의미에서 현재적 관광수요뿐만 아니라 잠재적 수요까지 포함

㉡ 관광시장 : 관광수요가 실제로 존재하는 관광객의 집합을 말하며, 넓은 의미에서는 판매자와 구매자 관계가 성립되는 모든 시 · 공간을 포함

③ **관광상품과 서비스** : 관광제품 또는 관광서비스는 관광목적지로의 이동과 그 관광지에서의 체재에 관련된 총체적인 혼합체를 의미 → 시장바구니 개념

㉠ 시장바구니의 내용물 : 숙박시설 · 쇼핑활동 · 관람활동 · 식사 등의 관광서비스

㉡ 시장바구니 자체 : 관광지의 매력으로서 관광의 배경이 되는 문화적 · 지리적 · 기상학적 환경

④ **관광기업과 관광산업**

㉠ 관광기업 : 관광서비스를 제공하는 개별 관광사업체로 관광수요에 대한 관광공급의 기능을 담당하며, 때로는 관광객과 관광대상을 연결해 주는 매체로서의 기능을 담당

㉡ 관광산업 : 개별 관광기업과 관광사업을 총체적으로 지칭

02 관광시장세분화

(1) 시장세분화의 개념

목표시장을 선정하기 위하여 전체 시장을 여러 개의 하위시장(Sub-market)으로 나누는 것을 '시장세분화(Market Segmentation)'라고 하며, 세분화된 시장 중 기업이 집중적으로 전략을 세워서 공략할 시장을 '표적시장(Target Market)'이라고 함

(2) 관광시장세분화를 통해 얻을 수 있는 이점

① **마케팅기회 파악** : 관광기업은 쉽게 마케팅기회를 파악하고 비교할 수 있어 유리한 마케팅전략 가능

② **수요에 부응한 상품계획** : 관광시장의 수요에 합치되는 서비스와 여행상품을 계획

③ **소구력 합리화** : 판매촉진을 위한 가장 효과적인 소구 대상, 소구 내용, 적절한 매체결합, 촉진활동의 시기를 알 수 있으므로 관광자의 판매저항을 최소화

④ **예산배분의 지침** : 가장 큰 이윤잠재력이 있는 시장에 자본과 노력이 널리 유입되게 함으로써 총 마케팅예산의 배분을 위한 지침을 제공

(3) 시장세분화의 요건

① **측정가능성** : 각 세분시장 규모나 구매력, 즉 판매잠재력 · 비용 · 이익 등은 정확히 측정 · 비교될 수 있어야 함

② **접근가능성** : 기업의 마케팅믹스 노력이 선정된 세분시장에 도달하기 쉬워야 함

③ **실질성** : 세분시장은 별도의 마케팅 프로그램이나 노력을 투입할 수 있을 만큼 충분히 규모가 크거나 수익성을 확보할 수 있어야 함

④ **집행력** : 마케터는 선정된 세분시장에 효과적인 마케팅 프로그램을 수립하고 집행할 수 있는 능력이나 자질을 가지고 있어야 함

(4) 시장세분화의 기준 19 23 25 기출

① **지리적 변수** : 지역, 인구밀도, 도시의 규모, 기후

② **인구적 변수** : 성별, 연령, 가족규모, 수입, 직업, 교육, 종교, 인종, 사회

③ **심리분석적 변수** : 계층, 사회적 계층, 라이프 스타일, 개성

④ **행동분석적 변수** : 구매횟수, 이용률, 추구하는 편익, 사용량, 상표충성도, 여행빈도

(5) 표적시장 선정

① **관광시장 표적화** : 전체 관광시장을 여러 기준으로 세분화한 뒤 이들 세분시장에서 특정 표적시장을 공략하는 과정

② **표적시장을 선정할 때 고려할 사항**

㉠ 기업의 자원

㉡ 제공되는 서비스의 동질성

㉢ 서비스상품의 수명주기

㉣ 시장의 동질성

㉤ 경쟁자의 전략

03 관광시장 포지셔닝

(1) 포지셔닝(Positioning)의 개념

① **리스와 트라우트(Al Ries & Jack Trout, 1972)** : 시장 내 고객들의 마음에 위치 잡기

② **포지셔닝의 정의** : 목표시장 내의 고객들의 마음에 특정한 위치를 차지하도록 하는 제품서비스 및 마케팅믹스 개발

③ **관광포지셔닝의 정의** : 관광사업에서 제공하는 관광상품과 서비스에 대한 이미지를 경쟁업체와 차별화시켜 관광객의 마음속에 위치시키는 제반활동

④ **관광포지셔닝의 전략적 의의** : 시장세분화를 기초로 선정된 표적시장에서 관광객 분석, 경쟁기업 분석 그리고 자사 관광상품 분석을 통해 전략적 위치를 계획함

(2) 포지셔닝의 유형

① **객관적 포지셔닝(Objective Positioning)** : 상품이나 서비스의 물리적 · 객관적인 속성들과 관련된 측면을 반영하고 서비스 이미지를 창조하는 것 → 자신의 제품이나 서비스가 고유한 특성이나 기능적 측면을 갖고 있다면 그것을 이용하여 차별적인 이미지를 창조

② **주관적 포지셔닝(Subjective Positioning)** : 제품이나 상품의 주관적 속성과 관련된 것으로 소비자의 정신지각에 속하는 인지된 이미지 → 상표포지셔닝(Brand Positioning)

개념충전 **STP전략**

- 시장세분화(Segmentation) : 고객 니즈와 트렌드를 고려하여 고객을 집단으로 나눔
- 목표고객설정(Targeting) : 세분화된 시장 중 목표 세분시장 선택
- 포지셔닝(Positioning) : 경쟁시장에서 상대적 우위를 확보하기 위해 전략적 위치를 확보/목표 세분시장의 뇌리에 브랜드, 상품 등을 각인시킴

04 관광마케팅전략

(1) 마케팅전략의 의의

① 마케팅전략은 기업이 목표시장에서 달성하려고 기대하는 마케팅목적을 위한 광범위한 원리로 마케팅비용, 마케팅믹스와 마케팅자원 할당에 관한 의사결정으로 구성

② 마케팅전략의 개념은 기업목적의 설정 · 대체적 행동안 선택 · 경쟁환경 적응의 세 가지 요소가 핵심

③ 장기적인 관점에서 특정 고객집단의 욕구에 부응할 제품개발, 가격설정, 유통경로, 촉진과 관련된 대체안 중 특정 행동안을 선택하여 실시하는 것

(2) 시장범위에 따른 마케팅전략

① **비차별적 마케팅전략** : 세분시장의 차이점을 무시하고 단일의 마케팅믹스를 통해 전체 시장을 대상으로 마케팅활동을 벌이는 전략

② **차별적 마케팅전략** : 전체 시장을 여러 개의 세분시장으로 나누고 이들 모두를 목표시장으로 삼아 각기 다른 마케팅믹스를 적용하는 전략

③ **집중적 마케팅전략** : 기업목적상 또는 자원제약상 전체 시장을 대상으로 마케팅활동이 힘든 경우 세분화된 소수의 세분시장만을 목표시장으로 선정하여 거기에 마케팅활동을 집중하는 전략

④ **시장적소 마케팅전략** : 세분화된 여러 시장부분 중 기업의 목적과 자원에 적합한 단일의 목표시장을 선정하고 거기에 마케팅활동을 집중하여 특화시키는 전략

(3) 업계지위에 따른 마케팅전략

① **시장선도자전략** : 시장선도자(Market Leader)는 특정 산업에서 높은 시장점유율을 가지고 있어 시장구조 및 성격에 지배적인 영향을 미치므로 가격 변경, 신제품 도입, 유통의 범위, 촉진 강도의 측면에서 다른 기업을 선도함 → 시장선도기업은 경쟁기업들이 끊임없이 도전하므로 새로운 서비스의 추가, 서비스 질의 개선, 마케팅비용 지출 증대, 경쟁기업의 합병 등을 통해 공격을 방어함

② **시장도전자전략** : 시장도전자(Market Challenger)는 시장선도자보다 규모는 작지만 독자적인 전략을 전개하면서 시장점유를 확대 → 이들은 경쟁기업의 강점을 집중적으로 공격하거나 경쟁기업의 약점을 공략하여 경쟁기업이 소홀히 하는 지역이나 세분시장의 수요를 충족시키는 방법을 채택

③ **시장추종자전략** : 시장추종자(Market Follower)는 시장선도자에 대해 공략하기보다는 추종하는 전략을 채택

(4) 상품수명주기에 따른 마케팅전략 24 기출

① **도입기** : 서비스가 처음으로 대중에게 소개되는 단계로, 시장에서 기반구축을 위한 많은 촉진과 기타 활동을 하게 되므로 이윤이 생기지 않거나 생겨도 낮은 단계

㉠ 급속한 초기 고가전략

㉡ 완만한 초기 고가전략

㉢ 급속한 초기 저가전략

㉣ 완만한 초기 저가전략

② **성장기** : 판매가 급속히 증대되며 수익수준이 개선되어 경쟁자의 진입이 많아지는 단계

㉠ 서비스의 질을 개선하고 새로운 서비스의 특성이나 요소를 추가

㉡ 새로운 목표시장의 추구

㉢ 새로운 유통경로의 이용

㉣ 가격에 민감한 고객을 끌기 위한 가격인하

㉤ 광고의 강조점을 서비스인지에서 구매유도로 전환

③ **성숙기** : 매출액의 성장이 크게 둔화되는 단계

㉠ 시장수정전략 : 경쟁자의 고객유인, 새로운 목표시장 추가, 서비스의 비이용자를 이용자로 전환

㉡ 제품수정전략 : 조직의 제품 및 서비스가 새롭게 보이도록 하는 전략

㉢ 마케팅믹스 수정전략 : 기업의 매출액 증대를 마케팅믹스의 수정으로 도모

④ **쇠퇴기** : 시장수요가 격감하고 뚜렷하게 수요를 반전시킬 기회나 방책이 보이지 않는 단계

㉠ 지출을 감소시키고 매각하는 방안

㉡ 기존 서비스의 새로운 용도 개발이나 재포지셔닝전략 채택

(5) AIO 분석 17 기출

① **개념** : 소비자들의 Activities(활동), Interest(관심), Opinion(의견)을 뜻하는 변수들을 측정하는 기법

② 분 석

㉠ Activities(활동) : 사람들이 자신의 시간을 어떻게 소비하는가?

㉡ Interest(관심) : 주위 환경에서 특별히 중요하게 고려하는 것은 무엇인가?

㉢ Opinion(의견) : 자신과 주위 세계에 대한 생각은 무엇인가?

③ 특 징

㉠ 소비자의 관찰가능한 일상의 제반 행동과 특정 대상, 사건, 상황에 대한 관심 정도가 측정 대상

㉡ 소비자의 특정 사물이나 사건에 대한 의견을 파악

(6) SWOT 분석

① 의 의

㉠ SWOT 분석이란 기업이 내부환경 및 외부환경 등을 분석하여 자사의 강점과 약점, 기회와 위협 요인을 규정하고, 이를 기반으로 마케팅 전략을 수립하는 데 사용되는 기법

㉡ SWOT 분석은 타겟 고객과 그 이유에 대해서 깊이 알 수 있으며, 전략과 전술적 목표의 우선순위를 파악할 수 있다는 점에서 장점이 있음

② SWOT 분석의 구성

㉠ 강점(Strength) : 기업 내부의 강점을 의미하며, 보통, 기업 내의 충분한 자본력, 기술적 우위, 유능한 인적자원 등이 이에 속함

㉡ 약점(Weakness) : 기업 내부의 약점을 의미하며, 보통, 생산력의 부족이나 미약한 브랜드 인지도 등이 속함

㉢ 기회(Opportunity) : 기업의 사회 · 경제적 기회를 의미

㉣ 위협(Threat) : 위협은 보통 외부적(사회 · 경제적 또는 타사로부터의)인 위협을 의미

(7) BCG(Boston Consulting Group) Matrix

① **물음표(Question Mark)** : 고성장 · 저점유율에 있는 사업단위로서 시장점유율을 증가시키거나, 성장하기 위하여 많은 자금이 소요되는 전략사업단위

② **별(Stars)** : 고성장 · 고점유율을 보이는 전략사업단위로 그들의 급격한 성장을 유지하기 위하여 많은 투자가 필요한 전략사업단위

③ **자금젖소(Cash Cows)** : 저성장 · 고점유율을 보이는 성공한 사업으로서 기업의 지급비용을 지불하며 투자가 필요한 다른 전략사업단위 등을 지원하는 데 사용할 자금을 창출하는 전략사업단위

④ **개(Dog)** : 저성장 · 저점유율을 보이는 사업단위로서 자체를 유지하기에는 충분한 자금을 창출하지만 상당한 현금창출의 원천이 될 전망이 없는 전략사업단위

제3절 관광선전

01 관광선전의 개념

(1) 관광선전의 의의

① 관광지의 선전을 의미하는 것으로 지역 마케팅으로써의 관광객 유치를 목적으로 하고, 그것에 의하여 각종의 관광 관계 기업에 경제적 이익을 추구

② 경제 효과적인 측면에서 그 이익이 지역 전체에 걸쳐있기 때문에 지역성이라고 하는 특수한 성질을 볼 수 있음

(2) 관광선전의 기본 원칙

① 관광여행의 욕구가 어떠한 원인에 의하여 기인되고 있는가를 파악하고, 그 욕구의 충족을 지향함

② 관광의 수요는 급속하게 증대하므로 관광여행의 질 · 형태 · 동향 등은 사회의 변화와 함께 지속적으로 크게 변하고 있다는 것을 주시함

③ 관광여행이 상당히 임의적인 행동 성질을 띠고 있기 때문에 관광선전은 유효한 기간에 집중적으로 행해져야 함

④ 관광행위를 위한 구체적인 정보를 제공해야 함 → 여행지의 시설과 관광객 동향, 여행비용 등의 구체적 정보 제공으로 관광행동을 유발

⑤ 유효한 광고지점과 선전매체의 선정에 충분한 배려

⑥ 여행방법의 변화에 대처하면서 여행의 상품화에 동반

02 관광선전의 기능

(1) 고지기능(Information Function)

관광객과 일반 대중에게 자국의 관광 매력을 알리는 선전기능

(2) 설득기능(Persuading Function)

해외의 잠재적 고객들에게 국제관광객으로서 내방시킬 동기를 제공하는 선전기능

(3) 반복기능(Repeating Function)

해외 관광객에게 자국에 대해 강한 인상을 주어 반복 방문을 촉구하는 선전기능

(4) 창조기능(Creating Function)

고객에게 국제관광에 대한 확고한 이미지를 심어 주어 새로운 수요를 환기하고 창조하는 기능

① 개척기능(Pioneer Function) : 새로운 시장에 대하여 국제관광시장 개척을 위한 기능을 수행하는 것
② 확대기능(Extending Function) : 이미 개척한 국제관광의 해외배출시장을 강화하고 확대하기 위한 기능
③ 유지기능(Maintenance Function) : 개척해 놓은 국제관광의 해외시장을 계속 확보하는 기능(상기기능)

03 관광선전의 방법

(1) 광고(Advertising)

정보 · 메시지를 전달하는 형식으로, 언어 · 색채 · 형상 · 기호 등의 수단을 구사하여 상품이나 서비스 등을 고객이나 일반 대중 또는 여행사 및 여행 알선 기관에게 주지시켜 효과를 얻는 것

① 시각광고 : 신문 · 잡지 · 팸플릿 · 옥외광고 등
② 청각광고 : 라디오 등
③ 시청각광고 : TV, 영화 등

(2) 홍보(Publicity)

상품 · 서비스 등에 관한 수요를 비간접적으로 자극하는 활동으로, 신문, 잡지, 라디오, TV 등의 매스미디어(Mass Media)에 상품 · 서비스에 관한 정보를 제공함으로써 이를 기사 또는 뉴스로 보도하도록 하는 것

(3) PR(Public Relation)

일반적으로 매체를 사용하지 않고 선전용의 영화나 슬라이드 상영 또는 해외의 여행대리점에서 여행업자 및 관련업자를 자국에 초대하여 관광에 대한 인식을 주지시키는 것

개념충전 해외 광고의 AIDCA(AIDMA)

- A : Attention(주의)
- I : Interest(흥미)
- D : Desire(욕망)
- C : Conviction(확신) 또는 M : Memory(기억)
- A : Action(행동)

제7장 핵심 실전 문제

※ 문제의 이해도에 따라 ○△× 체크하여 완벽하게 정리하세요.

01 ○△×

마케팅믹스의 구성 중 다음 내용에 해당하는 것은?

- 구매를 유발하는 커뮤니케이션 활동
- 광고, 판매촉진, 세일즈 등

① 제품(Product)
② 가격(Price)
③ 유통(Place)
④ 촉진(Promotion)

해설 ① 제품(Product) : 구매 가능한 제품 및 서비스
② 가격(Price) : 제품에 부과된 금액
③ 유통(Place) : 생산된 상품을 소비로 연결하는 과정

02 ○△×

일반마케팅의 4P에 추가되어 관광마케팅이 되는 1P는 무엇인가?

① Price ② People
③ Product ④ Place

해설 일반 마케팅의 4P는 Product, Price, Place, Promotion이며, 맥카시는 People을 추가했다.

03 ○△×

관광마케팅 수단의 3대 요소가 아닌 사항은?

① 관광시장판매 ② 관광시장선전
③ 관광시장계획 ④ 관광시장조사

해설 **관광마케팅 수단의 3대 요소**
관광시장계획, 관광시장조사, 관광시장선전

정답 1 ④ 2 ② 3 ①

04 관광마케팅의 특징으로 옳지 않은 것은?

○△×

① 유형성
② 소멸성
③ 동시성
④ 계절성

해설 **관광마케팅의 특징**
무형성, 소멸성, 동시성, 이질성, 계절성, 동질성, 보완성 등

05 다음 중 마케팅활동의 STP전략 중에서 아래 내용과 관련된 것으로 가장 적절한 것은?

○△×

- 경쟁상품에 대해 해당 제품이 상대적으로 차지하는 지위를 말한다.
- 해당 제품에 대한 고객의 지각과 평판에 차이를 가져온다.

① 표적시장선정
② 포지셔닝
③ 구매자행동분석
④ 시장세분화

해설 마케팅 포지셔닝(Positioning)은 제품이 경쟁제품에 대해 상대적으로 차지하는 지위, 즉 제품에 대하여 위상을 정립하기 위해 마케팅 믹스를 통해 소비자들에게 자사 제품의 정확한 위치를 인식시켜 해당 제품에 대한 소비자의 지각과 평판에 차이를 가져오는 것이다.

제4과목

06 마케팅개념의 변천 과정 중 기업이 고객에 대한 봉사의 중요성을 크게 인식하고, 관심을 판매로부터 고객의 만족, 매출의 극대화보다는 장기적 이윤으로 전환한 시기는?

○△×

① 생산지향단계
② 판매지향단계
③ 고객지향단계
④ 사회지향단계

해설 고객지향단계는 1950~1970년대까지로 기업 간의 경쟁이 심해지자 기업들은 고객에 대한 봉사의 중요성을 인식하고 기업의 관심을 판매로부터 고객만족과 장기적 이윤으로 전환한 시기이다.

정답 4 ❶ 5 ❷ 6 ❸

07 마케팅믹스의 구성요소 중 맥카시(E. J. McCarthy)의 통제 불가능 요소가 아닌 것은?

O△X

① 법률적 수요 · 경쟁
② 비마케팅 비용
③ 사 람
④ 유통 기구

해설 **맥카시(E. J. McCarthy)**

- 통제 가능 요소 : Product(상품), Price(가격), Place(유통), Promotion(촉진) 등 일반 마케팅의 4P에 People(사람)의 1P 추가
- 통제 불가능 요소 : 법률적 수요 · 경쟁, 비마케팅 비용, 유통 기구 등

08 마케팅믹스(Marketing Mix)의 개념을 처음 제시한 사람은?

O△X

① 보던(N. H. Borden)
② 하워드(J. A. Howard)
③ 맥카시(E. J. McCarthy)
④ 하자드(R. Hazard)

해설 마케팅믹스의 개념은 1964년 보던(N. H. Borden)에 의해 제창되었고, 맥카시(E. J. McCarthy)에 의해 일반화되었다.

09 관광마케팅믹스의 구성요소와 그 내용의 연결로 옳지 않은 것은?

O△X

① 촉진(Promotion) – 판매촉진
② 유통(Place) – 호텔시설
③ 가격(Price) – 항공비용
④ 사람(People) – 관광업체 경영자

해설 **유통(Place)**

- 고객에게로 서비스 또는 제품을 전달하는 과정에 수반되는 모든 활동
- 예약 단계, 인터넷 활용 등 관광상품에 맞는 유통경로 구축

정답 7 ❸ 8 ❶ 9 ❷

10 관광시장세분화를 통해 얻을 수 있는 이점이 아닌 것은?

○△×

① 마케팅기회 파악
② 수요에 부응한 상품계획
③ 판매저항의 최대화
④ 예산배분의 지침

해설 관광시장세분화를 통해 관광자의 판매저항을 최소화할 수 있다.

11 시장세분화의 요건이 아닌 것은?

○△×

① 측정가능성
② 시장규모성
③ 접근가능성
④ 실질성

해설 시장세분화의 요건
측정가능성, 접근가능성, 실질성, 집행력

12 시장세분화의 기준 중 성질이 다른 하나는?

○△×

① 지 역 ② 성 별
③ 가족규모 ④ 직 업

해설 ① 지리적 변수, ②·③·④ 인구적 변수

정답 10 ❸ 11 ❷ 12 ❶

제4과목

13 시장세분화의 기준 중 지리적 변수가 아닌 것은?

○△×

① 인구밀도　　② 도시의 규모
③ 기 후　　④ 개 성

해설 개성은 심리분석적 변수이다.

14 시장세분화의 기준 중 행동분석적 변수가 아닌 것은?

○△×

① 구매횟수　　② 추구하는 편익
③ 사회적 계층　　④ 이용률

해설 **행동분석적 변수**
구매횟수, 이용률, 추구하는 편익, 사용량, 상표충성도, 여행빈도

15 상품수명주기에 따른 마케팅전략 중 다음이 설명하는 시기의 마케팅단계는?

○△×

판매가 급속히 증대되며 수익수준이 개선되어 경쟁자의 진입이 많아지는 단계

① 도입기
② 성장기
③ 성숙기
④ 쇠퇴기

해설 ① 도입기 : 서비스가 처음으로 대중에게 소개되는 단계
③ 성숙기 : 매출액의 성장이 크게 둔화되는 단계
④ 쇠퇴기 : 시장수요가 격감하고 뚜렷하게 수요를 반전시킬 기회나 방책이 보이지 않는 단계

정답 13 ❹ 14 ❸ 15 ❷

16 ○△×

세분시장의 차이점을 무시하고 단일의 마케팅믹스로 전체 시장을 대상으로 마케팅활동을 벌이는 전략은?

① 비차별적 마케팅전략
② 차별적 마케팅전략
③ 집중적 마케팅전략
④ 시장적소 마케팅전략

해설 ② 전체 시장을 여러 개의 세분시장으로 나누고 이들 모두를 목표시장으로 삼아 각기 다른 마케팅믹스를 적용하는 전략
③ 세분화된 소수의 세분시장만을 목표시장으로 선정하여 거기에 마케팅을 집중하는 전략
④ 세분화된 여러 시장부분 중 기업의 목적과 자원에 적합한 단일의 목표시장을 선정하고 거기에 마케팅활동을 집중하여 특화시키는 전략

17 ○△×

AIO 분석과 관계없는 것은?

① Activities(활동)
② Interest(관심)
③ Opinion(의견)
④ Opportunity(기회)

해설 AIO 분석은 소비자들의 Activities(활동), Interest(관심), Opinion(의견)을 뜻하는 변수들을 측정하는 기법이다.

18 ○△×

관광상품의 도입기전략으로 부적절한 것은?

① 급속한 초기 고가전략
② 완만한 초기 고가전략
③ 시장수정선략
④ 급속한 초기 저가전략

해설 시장수정전략은 성숙기의 마케팅전략이다.

정답 16 ❶ 17 ❹ 18 ❸

19 ○△×

성장기의 마케팅전략으로 부적절한 것은?

① 서비스 질을 개선하고 새로운 서비스 특성이나 요소를 추가
② 새로운 목표시장의 추구
③ 새로운 유통경로 이용
④ 적절한 가격인상

해설 성장기에는 가격에 민감한 고객을 끌기 위한 가격인하 마케팅전략이 요구된다.

20 ○△×

관광선전의 방법이 아닌 것은?

① 광고(Advertising)
② 홍보(Publicity)
③ PR(Public Relation)
④ 설득(Persuading)

해설 설득은 관광선전의 기능에 해당한다.

21 ○△×

관광선전에서 홍보(Publicity)란?

① 광고비를 지불하고 관광선전을 하는 것
② 브로셔를 이용하여 선전하는 것
③ 관광안내원에 의한 선전
④ 뉴스의 형식으로 관광객체를 선전하는 것

해설 홍보(Publicity)
상품 · 서비스 등에 관한 수요를 비간접적으로 자극하는 활동으로, 신문, 잡지, 라디오, TV 등의 매스미디어에 상품, 서비스에 관한 정보를 제공함으로써 이를 기사 또는 뉴스로 보도하도록 하는 것이다.

정답 19 ❹ 20 ❹ 21 ❹

22 해외 선전광고의 방법에서 AIDMA의 의미가 바르지 않은 것은?

① Attention

② Interest

③ Desire

④ Money

해설 AIDMA(AIDCA)

- Attention(주의)
- Interest(흥미)
- Desire(욕망)
- Memory(기억) 또는 Conviction(확신)
- Action(행동)

제4과목

23 관광선전의 기능과 가장 거리가 먼 것은?

① 고지기능

② 촉진기능

③ 실득기능

④ 반복기능

해설 관광선전의 기능에는 ① · ③ · ④ 외에 창조기능(개척기능, 확대기능, 유지기능)이 있다.

정답 22 ❹ 23 ❷

24 다음 중 Howard 교수가 주장한 마케팅믹스의 통제 가능 요소가 아닌 것은?

① 광 고
② 인적 판매
③ 법적 규제
④ 입 지

해설 **마케팅믹스의 통제 요소**
- 통제 가능 요소 : 광고, 입지, 인적 판매, 제품, 경로, 가격(6가지)
- 통제 불가능 요소 : 경쟁, 수요, 법적 규제, 유통구조, 마케팅 비용(5가지)

25 관광마케팅믹스의 변수조작 시 통제 불가능 요소는?

① 가 격
② 경기동향
③ 광 고
④ 제 품

해설 하워드(J. A. Howard)는 기업의 내적 환경을 통제 가능 요소로, 기업의 외적 환경을 통제 불가능 요소로 보았다.

정답 24 ❸ 25 ❷

제8장 국제관광 및 관광정책

제1절 국제관광

01 국제관광의 개념

(1) 국제관광의 정의 18 기출

인종과 언어 · 관습 그리고 국경을 초월하여 타국의 문물 · 제도 · 풍속 · 경관 등을 두루 관찰하고, 감상 · 유람하는 것을 목적으로 외국을 순방하는 일련의 인간활동

① **국제관광의 일반적 개념** : 관광객의 관광왕래가 국경이라는 인위적 장벽을 넘어 행해지는 것으로 국내관광과 구별함

② UNWTO(세계관광기구)의 정의

㉠ 위안이나 건강상의 이유로 해외여행을 하는 자

㉡ 회의 참석이나 경제 · 외교 · 예술 · 문화 · 종교 · 과학 등 국제행사의 참가자 및 수행원의 자격으로 외국을 일시적으로 방문하는 자

㉢ 상용 또는 견학을 목적으로 외국에 입국하는 자 → 단, 외국으로의 이주를 목적으로 하거나 장기 체류의 경우에는 포함되지 않음

③ OECD(Organization for Economic Cooperation and Development, 경제협력개발기구)의 정의

㉠ 국제관광객(Foreign Tourist) : 인종, 성, 언어 또는 종교 여하를 묻지 않고 관광, 레크리에이션, 스포츠, 보건, 가사, 연구, 종교적 순례, 상용 그 밖에 이민 이외의 적법한 목적으로 자기가 거주하는 가맹국 영역 이외의 다른 가맹국 영역에 상륙하여 그 영역 내에서 24시간 이상 6개월 이내의 기간 동안 체재하는 자

㉡ 일시방문객(Temporary Visitors) : 24시간 이상 3개월 이내의 기간 동안 방문국의 영토 내에 체재하는 자로서, 이주 목적 이외의 목적으로 체재하면서 체재하는 동안 어떤 직업도 갖지 않는 자

(2) 국제관광의 의의 19 기출

① 국제시민생활의 필수적인 일부분으로 정착하여 국제 간의 인간 및 문화교류를 통한 문화생활 향상에 크게 이바지

② 관광객이 방문하는 지역 주민과의 접촉을 통하여 국가상호간의 이해증진을 도모하고 국제친선에 기여

③ 대부분 경제성장률과 생활수준, 소득격차가 상대적으로 적으면서 인구증가에 따른 도시화와 공업화가 급속히 진행되고 있는 국가에서부터 점차 확대

(3) 국제관광의 구분[세계관광기구(UNWTO)] 17 기출

① 지역 간 관광(Inter-regional Tourism) : 여행자가 어느 지역에 속해 있는 국가에서 다른 지역에 있는 국가로 이동하는 형태(→ Tourist movements from one country in one region to another country in another region)

② 역내 관광(Intra-regional Tourism) : 동일 지역 내에 속해 있는 여행자가 다른 국가로 여행하는 것(→ Tourist movements from one country to another within the same region)

02 국제관광의 목적 및 특징

(1) 국제관광의 목적

① 교양 목적(Cultural Object) : 타국의 문물 · 제도 · 풍습 · 관습 · 산업 등을 시찰하여 자기의 견문을 넓히기 위함

② 위락적 목적(Recreational Object) : 타국의 풍경 · 자연 · 건조물 · 생활 · 행사 · 명소 · 고적 등을 감상 · 유람할 목적으로 즐거움을 추구하는 것

(2) 국제관광의 특징

① 외화를 버는 행위로 소비성향적 성격이 있으며, 국가의 소득성향적 행위

② 제3차 산업의 일종으로 국제경제와 정세, 국가의 치안상태, 생활수준 및 사회 사상 등에 민감하게 반응하는 비교적 수익성 높은 산업

③ 정치 · 경제 등 비경제적 요소에 크게 민감하기 때문에 일반 무역에 대한 투자보다 적은 자본을 투자하여 최대의 편익을 얻음

④ 경제의 여러 분야에 직 · 간접으로 영향을 주는 다면적 제품 → 호텔 및 기타 숙박업, 쇼핑점, 레스토랑, 유흥시설, 수공업자 등

⑤ 다른 수출산업보다 더 많은 비금전적 편익, 즉 사회적 · 문화적인 것을 수반

개념충전 **마닐라 선언** 16 기출

1980년 9월 세계관광기구(UNWTO) 107개 회원국 대표단이 참석한 가운데 개최된 세계관광대회(World Tourism Conference)에서 '마닐라 선언'을 채택하여 관광활동은 인간 존엄성의 정신에 입각하여 보장되어야 하며 세계평화에 기여해야 함을 결의하였다.

03 국제관광의 구분

(1) 국제관광객의 설정범위에 의한 구분 기준

① 국적표준주의
② 소비화폐표준주의
③ 거주지표준주의
④ 생활양식표준주의

(2) 국제기관

국적표준주의와 소비화폐표준주의를 기준으로 함

(3) 우리나라

① **해외동포** : 국적표준주의, 소비화폐표준주의, 거주지표준주의를 혼용
② **정부기관** : 정부기관에서는 국적표준주의를 취하고, 경제부처는 소비화폐표준주의의 입장이며, 관광계는 국적표준주의 · 거주지표준주의 · 소비화폐표준주의를 동시에 취함

04 국제관광의 발전방안

(1) 국제관광의 발전요인

① **국민소득의 향상**
㉠ 세계 경제의 질적 · 양적인 면의 증가 → 개인 소득의 증가 → 개인의 가처분 소득 증가
㉡ 관광비를 포함한 문화생활비의 증가 → 관광 의욕에 직 · 간접 자극 → 국제 간의 관광사업 증가
② **여가시간의 증대** : 산업혁명 이후 산업기계의 자동화에 의한 사무의 기계화, 사무자동화, 작업장의 자동화 등이 여가의 증대를 초래함
③ **국제교통수단의 발달**
㉠ 항공교통수단의 발달
- 세계를 시간적 · 공간적으로 단축하는 전환점
- 초음속 대형 점보제트여객기의 등장과 벌크운임제도(Bulk Fare System)의 고안으로 대량 수송시대를 맞이하여 여객기의 운임이 인하
- 항공료의 인하와 각종 여행제도가 해외여행의 저변 확대와 대중화에 기여

㉡ 모터리제이션(Motorization)의 발전 : 논스톱 고속과 고가도로의 정비로 육상교통에 혁명적 변화 → 자가용차, 렌터카의 보급으로 국제관광을 한층 더 증대함
㉢ 해상교통의 발달 : 빠르고 호화로운 페리보트(Ferry Boat) 등 해상교통의 발달로 국제관광의 발전에 기여

(2) 국제관광객의 유치방안

① 단체관광의 유치
② 국외 선전 강화
③ 극동아시아의 관광권역화
④ 관광상품의 특성화
⑤ 항공노선과 좌석의 공급 확대

05 국제관광 관련 주요 국제기구 15 16 17 18 19 20 21 22 24 기출

(1) UNWTO(UN World Tourism Organization : 세계관광기구) 17 18 19 기출

구분	내용
설립 목적	UN 산하의 관광부문 전문기구로 전세계 관광산업의 진흥을 목적으로 함
연 혁	• 세계 각국 정부기관이 회원으로 가입되어 있는 정부 간 관광기구인 IUOTO(International Union of Official Travel Organization : 국제관광연맹)가 1975년에 정부 간 협력기구로 개편되어 설립 • 우리나라는 당시 IUOTO의 회원자격으로 1975년 자동적으로 UNWTO 정회원으로 가입되었고 한국관광공사는 1977년 찬조회원으로 가입 • 160개 회원국과 6개 준회원국을 보유, 500개 이상의 관광관련 기구 및 협회가 찬조회원으로 가입
주요 활동	• 공신력을 가진 각종 통계자료 발간 • 교육, 조사, 연구, 관광편의 촉진, 관광지 개발, 관광자료 제공 등 • 관광분야에서 UN 및 전문기구와 협력하는 중심역할을 수행

(2) OECD 관광위원회(OECD Tourism Committee) 18 20 기출

구분	내용
설립 목적	관광의 지속적인 경제성장을 도모하며, 국내 및 국제관광의 발전에 영향을 미치는 정책 및 구조적 변화들을 모니터링하고 의견을 교환하기 위한 논의의 장을 제공
연 혁	1948년에 설립되었으며 OECD 기구 내에서 관광부문 담당
주요 활동	• 주로 관광정책을 분석하고 평가하며, 관광관련 정책 및 전략에 대한 우수사례 등 지식 및 경험을 공유하는 장 제공 • 관광산업 및 시장에 대한 분석을 수행하는 등 다양한 활동 전개 • IFTTA(International Forum of Travel and Tourism Advocates : 국제관광포럼) 주관하여 개최

(3) APEC 관광실무그룹(APEC Tourism Working Group) 20 22 기출

구분	내용
설립 목적 및 연혁	• 지속가능한 관광을 통하여 아태지역 내의 경제 발전을 촉진하는 것 • 관광을 통해 APEC 지역의 성장을 도모하고자 1991년에 조직
주요 활동	• APEC 회원국들의 관광 행정부서들이 정보를 공유하고 의견을 교환하며 협력영역을 개발할 수 있도록 하기 위한 플랫폼 역할 • 경제성장 엔진으로서 관광에 대한 이해 및 인식 증진 • 경쟁력 및 지역경제 통합 증진 • 관광인력 양성 강화 • 관광 부문에서 지속가능하고 포용적인 성장 도모

(4) PATA(Pacific Asia Travel Association : 아시아태평양관광협회) 17 18 20 21 22 기출

구분	내용
설립 목적	아태지역 내 역내관광과 아태지역으로의 관광 증대
연 혁	• 1951년 미국 하와이에서 태평양지역관광협회(Pacific Area Travel Association)라는 명칭으로 설립 • 1986년 아시아태평양관광협회(Pacific Asia Travel Association)로 변경 • 우리나라는 1963년에 가입하여 활동
주요 활동	• 관광 상품 (관광지) 개발 자문, 조사연구, 정보제공(시장동향, 관광통계) • 관광인력 개발, 교육훈련 및 PATA 재단 운영 (환경 · 문화 보존지원, 장학금)

(5) ASTA(American Society of Travel Advisors : 미국여행업협회) 17 19 21 기출

구분	내용
설립 목적	• 미주지역 여행업자 권익보호와 전문성 제고를 목적 • 세계 140개국 2만여 명에 달하는 회원을 거느린 세계 최대의 여행업협회
연 혁	• 1931년에 설립 • 1973년 한국관광공사가 준회원으로 가입, 1979년 ASTA 한국지부가 설립되어 운영
주요 활동	• 회원들의 전문성 제고와 판촉기회를 확대하기 위하여 연례행사로 연차총회 및 트레이드쇼, 크루즈페스트 등을 실시 • 각국 NTO와 관광업계의 판촉활동의 장을 마련하고 업계 동향에 대한 세미나 개최 등 유익한 교육 프로그램을 제공

(6) WTTC(World Travel and Tourism Council : 세계여행관광협의회) 17 21 기출

구분	내용
설립 목적	관광 분야에서 가장 유망한 100여개 업계 리더들이 회원으로 가입되어 있는 대표적인 관광 관련 민간 기구로 관광산업의 사회적 인지도를 증진하기 위해 설립
연 혁	1990년에 설립, 영국 런던에 본부를 두고 있음
주요 활동	• 관광 잠재력이 큰 지역에 대한 관광 자문 제공 및 협력사업 전개 • 'Tourism For Tomorrow Awards' 주관, 세계관광정상회의(Global Travel and Tourism Council) 개최 등

(7) EATA(East Asia Travel Association : 동아시아관광협회) 20 기출

설립 목적	하나의 관광권을 구성하고 있는 동아시아지역(대만, 일본, 한국, 마카오, 타이, 필리핀) 지역이 공동으로 관광 선전을 실시함으로써 구주(유럽)지역 및 호주 관광객 유치를 보다 효과적으로 촉진할 목적으로 설립
연 혁	• 1966년 3월에 설치 • 설치 당시 우리나라는 동북아시아의 한 국가로 공동마케팅 활동에 참여하여 자국의 관광을 홍보하고 선진화하기 위하여 정회원으로 가입
주요 활동	• 각 회원대표가 출석하여 EATA의 방침 · 정책을 토의하고 결정하는 연차 총회가 매년 그 밖에 마케팅위원회, 지부장회의, 정부회원회의, EATA 마케팅검토회의, 마케팅위원회가 각자 전문분야에서의 정보를 교환함 • 지부레벨은 현지 여행업계를 대상으로 하는 세미나의 실시를 비롯해서 Travel Show 등의 참가를 통해서 여행업자들과의 연대 강화를 기하고 있음 • 동아시아 제국의 일반관광객 유치활동의 일환으로서 관광박람회에 참가하거나, 매스컴에 정보를 제공하는 등의 활동을 전개하고 있음 • 우리나라에서는 지난 93년도 제주, 99년도에 부산에서 연차총회를 개최

(8) UFTAA(Universal Federation of Travel Agents Association : 여행업자협회 세계연맹) 18 25 기출

설립목적 및 연혁	1966년 11월에 FIAV와 UOTAA가 합병하여 설립된 각국 여행업협회의 국제기관
주요 활동	• 여행업자를 대표하여 여행업자의 이익을 위하여 관광과 관련한 정부기관, 민간국제기관과 교섭하는 기관으로 활동 • 여행업자의 직업적 지위를 확립하고 권위의 향상을 도모

(9) AACVB(Asia Association of Convention & Visitor Bureaus : 아시아국제회의협회) 19 기출

설립목적 및 연혁	• 1983년 아시아 지역 내 국제회의 창출 및 협력관계 도모를 목적으로 설립된 기관 • 한국, 홍콩, 중국, 마카오, 필리핀, 말레이시아, 싱가폴 등 10개국 46개 컨벤션 관련 기관이 가입되어 있으며 마카오에 본부를 두고 있음
주요 활동	국제회의 전문전시회 참가 및 공동 유치활동, 공동광고와 프로모션, 교육프로그램 공동개발을 통한 컨벤션 전문인력양성 등의 업무를 담당

(10) BIE(Bureau International des Expositions : 국제박람회기구)

1928년 프랑스 파리에 설립된 기구로 세계박람회 개최를 원활하게 수행하기 위해 창설

(11) ATMA(Asia Travel Marketing Association : 아시아관광마케팅협회) 19 기출

EATA 지역 관광객 유치 증진을 목적으로 설립, 시장개척을 위한 회원국들 홍보 전략을 전개하면서 세미나나 워크샵 개발 및 홍보 판촉물 발간 등의 활동

(12) WATA(World Association of Travel Agencies : 세계여행자협회)

여행업자로 구성된 민간관광기구이며 회원업자의 권익보호, 여행거래 질서의 확립, 여행요금 산출방법의 개선, 여행자 보호에 관한 공동대책의 수립 및 협의를 주된 업무로 하고 세계의 관광왕래 촉진을 목적으로 하여 1949년에 설립

(13) WTAAA(World Travel Agents Associatioms Alliance : 세계여행사협회)

유럽 31개 국가를 회원으로 둔 ECTAA, ASEAN 10개 국가를 회원으로 하는 FATA, 중남미 11개 국가를 회원으로 하는 FOLATUR 등 전 세계 63개국 여행업협회를 대변하는 단체

(14) UIA(Union of International Associations : 국제회의연합) 19 21 22 기출

1907년 벨기에에서 설립된 비영리 기구로 국제기관 및 협회 간 정보교류와 발전을 목적으로 창설

(15) IATA(International Air Transport Association : 국제항공운송협회) 20 기출

1945년 쿠바의 아바나에서 결성된 국제항공기구, 각국의 항공사 대표들로 구성된 비정부조직

(16) ISTA(International Sightseeing and Tours Association : 국제관광여행협회) 19 기출

여행 서비스에 종사하는 회사들이 연합하여 1953년에 설립

(17) ICCA(International Congress & Convention Association : 세계국제회의전문협회) 19 22 기출

정기적인 회의로 최소 3개국 이상을 순회하면서 개최되고 참가자가 50명 이상인 회의

(18) ICAO(International Civil Aviation Organization : 국제민간항공기구)

1947년 캐나다 몬트리올에 설립된 UN 전문기구로, 세계 민간항공의 건전한 발전을 도모하기 위해 창설

제2절 관광정책

01 관광정책의 개념

(1) 관광정책과 관광행정

① **관광정책** : 그 나라의 관광진흥을 위해 관광행정의 실행을 종합적으로 조정하고 추진하기 위한 범위와 시정방향을 제시하는 방침을 말하며, 일반적으로 국내관광정책과 국제관광정책으로 구분

② **관광행정** : 관광정책을 구체화하는 방법과 내용을 말하며, 관광행정의 기능에는 관광의 장려 · 규제, 관광사업의 추진 · 조성 · 지도 · 감독 · 단속이 있음

(2) 관광정책의 기본 목적

① 국민후생

② 국민관광

③ 국제관광에 의한 수지 개선

(3) 관광정책의 이념

① 국제친선교류 및 상호 이해증진으로 세계평화와 인류공영에 이바지하는 평화지향적 의의
② 국민생활의 삶의 질 향상과 사회적 형평성의 실현 및 관광환경의 개선 등 경제원조적 의의
③ 관광으로 심신의 피로를 풀고 긴장과 불안을 해소하는 후생보건적 의의

개념충전 **관광정책의 형성과정** 16 기출

관광정책 문제제기 → 관광정책 의제설정 → 관광정책 정보수집 → 관광정책 현황분석 및 문제파악 → 관광정책 목표설정 → 관광정책 목표달성을 위한 대안탐색 → 관광정책 결정(대안 채택) → 관광정책 집행(정책 실시) → 관광정책 집행 결과분석 및 효과측정 → 새로운 관광정책 개발

02 관광정책의 실시체계

(1) 관광자원의 개발 및 시설의 확충

미개발 자원을 개발하고 관광시설을 확충하며, 철도나 도로의 건설, 주차장 · 휴게소 · 상하수도 설치 등

(2) 관광자원의 보호

관광자원의 보존 · 보호의 정책은 자연 보호와 국가유산 보호라는 문화 및 후생정책이 주체이며, 관광개발은 민간에 의해서 실시될 수 있으나, 보존 · 보호를 위해 행정권에 의한 규제가 절대적으로 필요함

(3) 관광사업의 진흥

관광에 필요한 관광산업은 대부분 영리를 목적으로 하는 민간에서 운영 · 실시하는데 이때, 영리의 대상이 되지 못하는 시설은 공공시설로 설치되어야 함

(4) 관광객의 보호

여행자들을 보호하고 주민들의 생활권 등을 보장 → 관광사업은 많은 관광객들을 상대하므로 풍속 · 위생 · 안전 등에 문제가 생기지 않도록 지도 · 감독이 필요함

(5) 관광여행의 장려

국민의 레크리에이션이란 측면에서 직 · 간접으로 관광정책이 수립되어야 함 → 청소년을 비롯한 대중관광의 확대 측면에서 요금의 인하, 숙박시설의 정비와 확대, 유스호스텔 운영 등의 관광정책을 수립

(6) 외국인 관광객을 위한 제 정책

외국인 관광객은 경제적 · 사회적 · 문화적으로 제 효과가 있으므로 국가적 차원에서 해외 선전활동을 지원

03 국제관광정책

(1) 국제관광정책의 수립상의 제약

① 정책상의 제약
㉠ 국가의 정책상 우선 순위와 경제 개발 형태 및 방법
㉡ 정부조직상의 관광행정구조
㉢ 관계 부처의 사업이 관광에 직 · 간접적 영향을 미치는 경우
㉣ 정부와 민간과의 관계

② 경제상의 제약
㉠ 관광투자의 규모와 자본
㉡ 공업화의 수준
㉢ 노동력
㉣ 물가수준

③ 사회적 여건에 의한 제약
㉠ 관광에 대한 국민의 태도와 외국인에 대한 접객 태도
㉡ 기후 및 지리적 조건

(2) 국제관광정책의 실시체계

① 외래관광객의 유치 및 접대와 관광시장 개척 · 선전 · 광고
② 국제 교통노선의 확보와 공항 및 항만시설의 정비 강화
③ 숙박 및 국내 교통시설의 확충
④ 출입국제도의 간소화와 종사원 교육의 실시 등

(3) 우리나라의 국제관광정책 18 19 기출

① 인바운드(Inbound) 정책 : 외국인이 자국 내에서 행하는 관광행위 자체와 그를 다루는 여행업무
㉠ 외래관광객 유치를 위한 홍보와 선전
㉡ 산업진흥 조성 촉진
㉢ 외래관광객 접대를 위한 숙식시설 확대
㉣ 출입국 수속의 간편화와 국제 관계시설 정비
㉤ 자연 보호 개발과 국가유산 보존
㉥ 민간조직, 행정기구 등의 관광기관

제4과목

개념충전 **우리나라 인바운드 관광수요에 영향을 미치는 요인** 21 기출

- 긍정적 영향을 미치는 요인 : 미국 달러가치 상승
- 부정적 영향을 미치는 요인 : 전쟁 및 테러, 신종 전염병, 주변 국가와의 외교적 갈등 고조

② 아웃바운드(Outbound) 정책 : 내국인의 해외여행행위 또는 그를 다루는 여행업무

㉠ 경제적 의의

- 국제관광에 의해 부의 흐름이 소득이 높은 부유한 나라로부터 소득이 낮은 가난한 나라로 향하므로 국제적인 부의 분배효과
- 관광객 수용국의 관광 관련 산업을 진흥하여 고용 증대를 가져다주는 간접적 경제원조의 효과

㉡ 사회적 의의

- 국제친선이나 민간 외교가 촉진되어 상호 이해의 증진
- 국민 생활의 다양화에 기여하며, 특히 문화 활동의 확대에 따른 국민복지가 증진되는 효과도 큼

(4) 해외관광 협력정책

① 의의 : 관광사업면에서 해외 투자와 해외 기업 진출, 기술원조와 국제관광기관을 통한 다각적인 협조로 제 외국의 관광사업을 발전시켜 사회적 · 경제적으로 공헌하려고 하는 대외정책

② 효과 : 상대국의 경제 발전을 도모하고, 외화 획득의 증가와 산업진흥에 의한 고용을 증대하여 국민소득의 증대와 생활환경의 개선에 기여

③ 관광사업에 관한 원조 대상 내용

㉠ 당사국의 관광개발에 대한 조사와 계획의 작성, 개발 기술면의 원조

㉡ 관광자원의 개발 · 보호 및 관광루트의 설정 · 정비

㉢ 관광 제시설 및 상 · 하수도 등의 공공시설과 환경 정비

㉣ 관광경영기술의 원조와 관광종사자의 교육 등

㉤ 관광투자와 산업진흥, 관광선전

㉥ 항공협정에 의한 항공편과 저운임제도의 설정 등 관광객 유치에 대한 협력

㉦ 국제관광기관에의 협력으로 행할 수 있는 간접적 원조 방책 등

④ 관광의 협력 체제하에서의 주의사항

㉠ 상대국의 경제 사정에 적합한 원조일 것

㉡ 관광개발과 기업진출에 있어 자본 부족 · 경영기술의 결여 · 시설공급의 불충분 등의 문제를 고려할 것

㉢ 협력 원조는 상대국과의 융합을 기본으로 상대방의 국익에 공헌하는 목적이 있을 것

㉣ 상대방 국민의 감정의 배려와 그들의 지지를 받을 만큼 상대국 국민의 참여를 기조로 할 것

㉤ 조건 있는 원조나 불충분한 관광투자에 끝나지 않을 것

개념충전 **쉥겐(Schengen)협약** 15 16 기출

- 유럽지역 약 26개국 국가들이 체결한 것으로, 가입국들 내에서 무비자로 자유롭게 여행과 통행을 할 수 있도록 한 협약이다.
- 쉥겐협약 가입국 : 그리스, 네덜란드, 노르웨이, 덴마크, 독일, 라트비아, 룩셈부르크, 리투아니아, 리히텐슈타인, 몰타, 벨기에, 스위스, 스웨덴, 스페인, 슬로바키아, 슬로베니아, 아이슬란드, 에스토니아, 오스트리아, 이탈리아, 체코, 포르투갈, 폴란드, 프랑스, 핀란드, 헝가리 등

04 우리나라의 관광정책

(1) 관광 관련 단체 22 24 기출

① 한국관광협회중앙회

㉠ 우리나라 관광업계를 대표하여 업계 전반의 의견을 종합 조정하고, 그 의견을 대표하여 국내외 관련 기관과 상호협조함으로써 관광산업의 진흥과 회원의 권익 및 복리증진에 이바지함을 목적으로 함

㉡ 업종별 협회 : 한국호텔업협회, 한국여행업협회, 한국MICE협회, 한국카지노업관광협회, 한국테마파크협회, 한국외국인관광시설협회, 한국관광펜션업협회, 한국관광유람선업협회, 대한캠핑장협회, 한국PCO협회, 한국휴양콘도미니엄경영협회

㉢ 지역관광협회(시 · 도 단위) : 서울특별시, 부산광역시, 대구광역시, 인천광역시, 광주광역시, 대전광역시, 울산광역시, 세종특별자치시, 경기도, 강원도, 충청북도, 충청남도, 전라북도, 전라남도, 경상북도, 경상남도, 제주특별자치도관광협회

㉣ 특별회원 : 한국면세점협회, 한국관광공사, 대한항공, 아시아나항공, 한국국외여행인솔자협회, 한국공예디자인문화진흥원, 한국박물관협회, 한국관광통역안내사협회, 한국의 집

② 한국관광공사

㉠ 관광진흥, 관광자원 개발, 관광산업의 연구 · 개발 및 관광 관련 전문인력의 양성 · 훈련 사업 등의 수행하기 위해 위해 1962년 국제관광공사법에 의거하여 '국제관광공사'로 설립되었으며, 1982년 한국관광공사로 개칭하였음. 경영혁신본부, 국제관광본부, 국민관광본부, 관광산업본부, 관광콘텐츠전략본부로 이루어져 있음

㉡ 한국관광공사의 사업(한국관광공사법 제12조) 15 16 18 20 기출

- 국제관광 진흥사업
  - 외국인 관광객의 유치를 위한 홍보
  - 국제관광시장의 조사 및 개척
  - 관광에 관한 국제협력의 증진
  - 국제관광에 관한 지도 및 교육
- 국민관광 진흥사업
  - 국민관광의 홍보
  - 국민관광의 실태 조사
  - 국민관광에 관한 지도 및 교육
  - 장애인, 노약자 등 관광취약계층에 대한 관광 지원
- 관광자원 개발사업
  - 관광단지의 조성과 관리, 운영 및 처분
  - 관광자원 및 관광시설의 개발을 위한 시범사업
  - 관광지의 개발
  - 관광자원의 조사

• 관광산업의 연구 · 개발사업
  – 관광산업에 관한 정보의 수집 · 분석 및 연구
  – 관광산업의 연구에 관한 용역사업
• 관광 관련 전문인력의 양성과 훈련 사업
• 관광사업의 발전을 위하여 필요한 물품의 수출입업을 비롯한 부대사업으로서 이사회가 의결한 사업

개념충전

관광통역안내전화 1330 24 기출

우리나라의 관광안내 대표전화로, 내 · 외국인 관광객들에게 국내여행에 대한 다양한 정보를 안내해주는 서비스와 관광불편상담 등을 하고 있다. 2021년부터는 문자 채팅을 통해서도 서비스를 이용할 수 있다.
연중무휴 24시간 운영하고 있으며 8개 언어까지 지원 가능하다. 질병관리청, 경찰청 등과의 협업을 통해 위급상황에 처한 외국인 대상 긴급통역서비스를 지원한다.

한국관광공사의 관광산업 육성 및 지원 17 21 24 기출

• 여행바우처 : 국내여행에 쉽게 참여하지 못하는 사회적 취약계층에게 여행기회를 제공하여 여행참여 및 관광활동을 통한 삶의 질을 향상시키고자 시행되는 제도이다. 우리나라에서는 2005년부터 시행되었으며, 2014년부터는 기존 여행 · 문화 · 스포츠 바우처를 결합하여 '통합문화이용권'이라는 명칭으로 운영되고 있다.
• 세이프 스테이 : 건전한 민박 생태계 조성을 위해 여행자는 합법 숙소를 확인 · 이용하고, 사업자는 안전하고 친절한 서비스를 제공하기 위한 캠페인이다.
• 관광두레 : 지역주민이 주도하여 방문하는 관광객을 대상으로 숙박, 여행알선 등의 관광사업체를 창업하고 자립 발전하도록 지원하는 사업이다.
• 한국관광품질인증제도 : 숙박, 쇼핑 등 관광접점 대상 품질기준을 마련하여 국가적으로 단일화된 품질인증 및 마크를 부여하는 제도이다.
• 유니크 베뉴 : 컨벤션센터나 호텔 등과 같은 전통적 MICE 회의시설이 아닌 개최지의 독특한 매력을 즐길 수 있는 장소이다.
• 코리아둘레길 : 동 · 서 · 남해안 및 DMZ 접경지역 등 우리나라 외곽을 하나로 이은 약 4,500km의 걷기여행길이다.

관광마케팅 지원

• MICE : Meeting(회의), Incentive Travel(포상여행), Convention(컨벤션), Exhibition(전시)/Events(이벤트)의 약자로 국내외 다양한 MICE 정보를 제공하는 포털사이트이다.
• 의료관광 : 우리나라의 선진 의료수준과 관광자원이 융복합된 고부가가치 산업이다.
• 관광인재개발실 대관 : 4층 건물에 강의 공간 6개, 기숙사 및 휴게공간 등을 교육, 회의 개최 등 사용목적과 기능에 따라 다양한 용도로 대관하고 있다.

③ **한국문화관광연구원** : 문화예술의 창달, 문화산업 및 관광 진흥을 위한 연구, 조사, 평가 추진을 위해 1987년 설립된 정책연구기관

(2) 관광진흥기본계획(2018~2022)

① 추진배경

㉠ 관광은 국민 여가 활동 중 가장 선호가 높아 삶의 질에 영향을 미칠 뿐만 아니라, 고용창출효과가 제조업에 2배에 이르는 등 저성장시대를 돌파할 수 있는 성장동력으로서 중요한 서비스 산업

㉡ 정부가 추구하는 국민 중심 정책추진, 국가 책임성 강화, 지역균형발전이라는 국정원리를 반영한 관광 중장기 정책 수립 필요

② 정책비전 및 과제

㉠ 비전 : 쉼표가 있는 삶, 사람이 있는 관광

㉡ 추진전략과 핵심과제

추진전략	핵심과제
여행이 있는 일상	• 생애주기별 · 계층별 관광지원 • 휴가활성화 및 여행자보호
관광으로 크는 지역	• 지역관광 역량 및 기반강화 • 지역 특화 콘텐츠 발굴
세계가 찾고 싶은 한국	• 방한시장 전략적 다변화 • 방한시장 고부가화 · 고품격화
혁신으로 도약하는 산업	• 관광산업 혁신 생태계 구축 • 관광산업 규제개선 및 성장지원
미래를 위한 법 · 제도 정비	관광법제 개편 및 추진체계 정비

(3) 제4차 관광개발기본계획(2022~2031)의 6대 추진전략

① 매력적 관광자원 발굴

② 지속가능 관광개발 가치 구현

③ 편리한 관광편의 기반 확충

④ 건강한 관광산업 생태계 구축

⑤ 입체적 관광연계 · 협력 강화

⑥ 혁신적 제도 · 관리 기반 마련

개념충전

외교부 지정 여행 금지 국가(2025년) 25 기출

이라크, 소말리아, 아프가니스탄, 예멘, 시리아, 리비아, 우크라이나, 수단, 아이티

특별여행주의보(외교부 「여행경보제도 운영지침」) 25 기출

- 발령기준 : 단기적으로 긴급한 위험이 있는 경우
- 행동요령 : 여행경보 2단계(여행자제) 이상 3단계(출국권고) 이하에 준함
- 기간 : 발령일로부터 최대 90일까지 유효

한국과 워킹홀리데이 협정을 맺고 있는 국가 25 기출

네덜란드, 뉴질랜드, 대만, 덴마크, 독일, 라트비아, 룩셈부르크, 벨기에, 스웨덴, 스페인, 아르헨티나, 아일랜드, 안도라, 영국(YMS), 오스트리아, 이스라엘, 이탈리아, 일본, 체코, 칠레, 캐나다, 포르투갈, 폴란드, 프랑스, 헝가리, 호주, 홍콩

05 국민관광정책

(1) 국민관광정책의 개념 19 22 기출

① 국민관광이란 용어는 1975년 정부가 「관광기본법」을 제정하면서 처음으로 사용

② 세계관광기구(UNWTO) : 국민관광이란 국적에 관계없이 한 나라에 거주하는 사람이 보수를 받는 이외의 목적으로 24시간 이상 또는 1박 이상 자기의 거주지를 떠나 그 나라 지역 내를 여행하는 것

③ 한국관광공사(1990년) : 국민관광이란 국민이 일상생활을 벗어나 귀환을 전제로 국내외를 이동하거나 체재하면서 관광하는 행위

④ 국민관광의 주체는 국민 전체이며, 공간적 범위는 국내외로 자국민의 국내관광과 국외관광을 모두 포함하는 개념

(2) 국민관광의 발전 18 19 21 22 25 기출

① 1962년에 국제관광공사 발족, 국제관광공사법 제정, 교통부 주관의 통역안내원 시험제도 실시

② 1967년에 최초의 국립공원으로 지리산 지정

③ 1970년대부터 국민관광 활성화의 일환으로 전국 36개소 관광지를 지정 · 개발(1977년), 관광진흥개발기금법 제정(1972년)

④ 1975년에 관광사업진흥법이 관광기본법과 관광사업법으로 분리

⑤ 1977년에 전국 36개소의 국민관광지를 지정(바가지요금, 교통체증 등 사회문제 야기)

⑥ 1980년대에 들어서면서 국민관광진흥사업이 본격적으로 추진

⑦ 1982년 국제관광공사가 한국관광공사로 개칭

⑧ 1989년 해외여행 전면자유화로 국민들이 해외로 여행기회를 갖게 됨

⑨ 2000년대에 제2차 관광진흥 5개년 계획 시행

⑩ 2010년대에 관광경찰제도 도입(2013년)

개념충전 **2024~2026 대한민국 대표 글로벌 축제(문화체육관광부)** 25 기출

- 수원 화성문화제(전통문화형)
- 인천 펜타포트음악축제(공연예술형)
- 화천 산천어축제(관광자원형)

개념충전 **한국관광공사 사업**

대한민국 테마여행 10선 24 기출

전국의 10개 권역을 대한민국 대표 관광지로 육성하기 위한 문화체육관광부와 한국관광공사의 국내여행 활성화 사업이다. 각 권역에 3~4개 지방자치단체는 지역의 특색 있는 관광명소들을 연계하여 여행자들에게 테마가 있는 고품격 관광코스를 제공한다.

- 평화역사 이야기여행 : 인천 · 파주 · 수원 · 화성
- 드라마틱 강원여행 : 평창 · 강릉 · 속초 · 정선
- 위대한 금강역사여행 : 대전 · 공주 · 부여 · 익산
- 중부내륙 힐링여행 : 단양 · 제천 · 충주 · 영월
- 시간여행101 : 전주 · 군산 · 부안 · 고창
- 남도맛기행 : 광주 · 목포 · 담양 · 나주
- 선비이야기 여행 : 대구 · 안동 · 영주 · 문경
- 해돋이역사 기행 : 울산 · 포항 · 경주
- 남쪽빛감성여행 : 부산 · 거제 · 통영 · 남해
- 남도바닷길 : 여수 · 순천 · 보성 · 광양

※ 출처 : 한국관광공사(knto.or.kr)

BETTER里 : 인구감소지역 관광인구 충전 지원사업 25 기출

- 인구감소지역 89개 기초지자체 대상
- 고유 문화 및 관광자원을 활용한 관광상품 실증으로 관광인구 증대 지원
- 2025년 경기도 가평군과 전북 무주군의 14개 기업 선정

제8장 핵심 실전 문제

※ 문제의 이해도에 따라 ○△× 체크하여 완벽하게 정리하세요.

01 ○△×

국제관광의 발전요인과 가장 거리가 먼 것은?

① 국민소득의 향상
② 여가의 증대
③ 세계적 국가유산의 발견
④ 국제교통수단의 발달

해설 과학기술과 교통수단의 발달로 세계는 시 · 공간적으로 크게 단축되었고, 경제적인 생활수준의 향상과 여가의 증대로 국제관광은 더욱 발전하고 있다.

02 ○△×

다음 중 국제관광의 확대 원인으로 거리가 먼 것은?

① 의식수준의 향상
② 각국의 국민소득 증가
③ 노동시간의 충분한 연장
④ 교통기관의 발달

해설 ① · ② · ④ 외에 여가의 증대 등이 있다.

정답 1 ❸ 2 ❸

03 국제관광의 효과와 관계가 먼 사항은?

○△×

① 국제친선의 효과
② 국제수지효과
③ 문화의 교류
④ 지역사회의 개발

해설 지역사회 개발은 국내관광의 효과이다.

04 다음 중 국제관광객의 정의에 해당하지 않는 사항은?

○△×

① 상용의 목적으로 외국을 여행하는 자
② 건강상의 이유로 해외를 여행하는 자
③ 취업의 목적으로 입국하는 자
④ 회의 참석을 목적으로 여행하는 자

해설 국제관광객이란 외국으로의 이주 또는 취업 이외의 목적으로 타국을 여행하는 자를 말한다.

05 자국의 국민이 해외여행을 하는 것을 무엇이라 하는가?

○△×

① Domestic Tour
② International Tour
③ Outbound Tour
④ Inbound Tour

해설 Outbound Tour는 내국인의 해외여행을 말한다.

정답 3 ④ 4 ③ 5 ③

06 ○△×

국제관광의 진흥방안과 거리가 먼 사항은?

① 관광시설 확충
② 지역사회의 개발 및 광고 강화
③ 출입국 절차 간소화
④ 해외선전 강화

해설 지역사회의 개발 및 광고 강화는 국내관광의 진흥방안이다.

07 ○△×

다음 사항 중 관광수입의 효과가 가장 큰 항목은?

① 국제회의 유치
② 단체관광객 유치
③ 개인관광객 유치
④ 참전용사 가족 유치

해설 국제회의는 부대시설의 사용 및 자국의 홍보 등 관광수입의 효과가 매우 크다.

08 ○△×

다음은 관광사업의 효과를 국내적 측면과 국제적 측면으로 나눈 것이다. 국제적 측면에서의 효과가 아닌 것은?

① 세계 평화의 수호 등에 관한 효과
② 국제친선 도모에 대한 효과
③ 세수에 대한 효과
④ 국제수지 개선에 대한 효과

해설 세수에 대한 효과는 관광사업의 국내적 측면의 효과이다.

정답 6 ❷ 7 ❶ 8 ❸

09 UNWTO의 기본 목표가 아닌 사항은?

○△×

① 각국 간의 관광사업 발전 도모
② 여행업계의 상업적 이익 극대화
③ 국제관광여행을 촉진
④ 각국 상호 간의 관광정보 및 자료 교환

해설 UNWTO(세계관광기구)
각국 간의 관광사업의 발전을 도모하고 다각적인 활동으로 국제 간의 관광여행을 촉진하며, 이를 통하여 각 회원국 간의 관광경제를 발전시킴과 동시에 국제 상호 간의 사회 · 경제 · 문화적 우호관계의 증진을 목적으로 한다.

10 다음 중 국제관광기구에 속하지 않는 것은?

○△×

① EATA
② IATA
③ WATA
④ ASEM

해설 아셈(ASEM ; Asia Europe Meeting)
아시아와 유럽의 주요 국가들이 정치 · 경제 · 사회 · 문화 등 제반 분야에서 포괄적 협력을 도모하기 위해 만든 협의체인 '아시아-유럽정상회의'이다.

정답 9 ❷ 10 ❹

제4과목

11

국내외 관광객의 편의를 위해 관광안내 및 관광불편상담 등을 제공하는 관광안내 대표 전화번호는?

① 1300　　② 1310
③ 1330　　④ 1350

해설 **관광통역안내전화 1330**
우리나라의 관광안내 대표전화로, 내·외국인 관광객들에게 국내여행에 대한 다양한 정보를 안내해주는 서비스와 관광불편상담 등을 하고 있다.

12

다음의 사항 중에서 관광객으로 볼 수 없는 자는 누구인가?

① 위락, 가정, 건강상의 이유로 여행하는 자
② 해상여행 도중 기항하는 자
③ 회의 참석, 사업상의 목적으로 여행하는 자
④ 여행이 24시간 이상을 소요하더라도 체재하지 않고 통과하는 자

해설 관광객은 일시방문객으로서 최소한 24시간 이상 또는 1박 이상을 방문국에서 체류한 자로, 여가나 사업, 가족·친지 방문, 회의 참가, 직무상 여행을 목적으로 방문하는 자를 말한다.

13

UN이 채택한 관광객의 범주에 속하지 못하는 자는?

① 방문객(Visitor)　　② 회유여행자(Excursionist)
③ 이민자　　④ 일시 체류객

해설 관광이란 사람이 일상의 생활권을 떠나 다시 돌아올 예정으로 견문을 넓히고 자연 풍경 등을 감상·유람할 목적으로 여행하는 것으로, 정착하여 살기 위한 이민과는 개념이 다르다.

정답 11 ③ 12 ④ 13 ③

14 다음 중 국민관광의 발전 과정에 대한 설명으로 관계가 먼 것은?

① 소극적 행위에서 적극적 행위로 발전해 간다.
② 참가자는 발전의 초기 단계에는 가계소득 잉여가 있는 사람이었으나 정책적 · 제도적 보완 등에 의하여 전 국민에게 파급되었다.
③ 지역적인 면에서 볼 때 국내관광에서 해외여행으로 발전한다.
④ 연령면으로 볼 때 청소년층, 장년층, 노년층으로 발전한다.

해설 국민관광은 시간적 · 경제적 여유가 없는 장년층에게 유급휴가 등의 복지혜택을 줌으로써 사회 · 복지적인 의미를 가진 여행으로 발전한다.

15 ASTA와 관계 없는 사항은?

① 미국여행업협회
② 세계 최대의 여행업자 단체
③ American Society of Travel Advisors
④ 우리나라는 가입하지 않았다.

해설 우리나라는 1973년도에 준회원의 자격으로 가입하였다.

정답 14 ④ 15 ④

제4과목

16 ○△✕

동아시아 지역의 관광진흥개발 목적으로 설립된 기구의 이름은?

① UNWTO ② EATA
③ WATA ④ ASTA

해설 ② 동아시아관광협회
① 세계관광기구
③ 세계여행자협회
④ 미국여행업협회

17 ○△✕

다음 국제관광기구 중 우리나라가 가입하고 있는 기구가 아닌 것은?

① AACVB ② IATA
③ WATA ④ ACE

해설 ④ ACE(Association of Conference Executives)는 영국을 중심으로 컨벤션 서비스 및 정보를 제공하는 국제관광기구이다.

18 ○△✕

다음의 관광기구 중 가장 오래된 기구는?

① UIA ② IYHF
③ UNWTO ④ ITA

해설 ① 1910년, ② 1932년, ③ 1975년
ITA(International Touring Alliance)
1898년에 창설되었으며, 국제관광에 관한 회원 간의 이익 유지 및 범세계적인 기구 유지, 각종 비정부기구의 회담 참여의 목적이 있다.

정답 16 ❷ 17 ❹ 18 ❹

19 관광계획의 단계가 바르게 연결된 것은?

○△×

① 구상계획 → 기본계획 → 실시계획 → 관리계획
② 기본계획 → 구상계획 → 관리계획 → 실시계획
③ 구상계획 → 기본계획 → 관리계획 → 실시계획
④ 기본계획 → 구상계획 → 실시계획 → 관리계획

해설 관광계획의 단계는 '구상계획 → 기본계획 → 실시계획 → 관리계획'의 순이다.

20 다음 중 미국여행업협회는 무엇인가?

○△×

① WATA
② ASTA
③ PATA
④ EATA

해설 ① 세계여행자협회
③ 아시아태평양관광협회
④ 동아시아관광협회

21 현재 우리나라의 관광진흥상 문제점이 아닌 것은?

○△×

① 저렴한 숙박시설 부족
② 고부가가치의 국제회의시설 부재
③ 관광자원의 부족
④ 토산품의 개발 미흡

해설 관광자원이 부족하다기보다는 관광상품의 개발이 미흡하여 관광의 다양성이 부족하다.

정답 19 ❶ 20 ❷ 21 ❸

제4과목

22

국제관광정책상의 수립상 경제적 제약조건이 아닌 것은?

① 공업화 수준
② 노동력
③ 물가수준
④ 기후 및 지리적 조건

해설 기후 및 지리적 조건은 사회적 제약조건이다.

23

국제관광정책 중 Outbound 정책의 의의로 볼 수 없는 것은?

① 국제적인 부의 분배효과
② 외화 획득
③ 고용증대효과
④ 국제친선효과

해설 Outbound 정책이란 내국인의 해외여행행위 또는 그를 다루는 여행업무를 말한다.

24

관광정책의 기본 목적으로 가장 거리가 먼 것은?

① 국민후생
② 국제관광 진흥
③ 국제수지 개선
④ 국민관광

해설 **관광정책의 기본 목적**
국제관광에 의한 국제수지 개선, 국민후생, 국민관광

정답 22 ❹ 23 ❷ 24 ❷

25 국민관광과 국제관광의 설명으로 가장 맞지 않는 것은?

○△✕

① 국민관광은 Domestic Tourism을 포함하는 개념이다.
② 국민관광은 형평성에 더 많은 관심을 갖는다.
③ 국제관광은 효율성에 더 많은 관심을 갖는다.
④ 국제관광은 체재일수를 기준으로 국민관광과 구별된다.

해설 국제관광은 관광목적상 해외여행기간이 장기일 수도 있고, 단기일 수도 있으므로 체류기간보다는 그 목적이 중요시된다.

26 국제관광과 국내관광을 구분하는 기준이 아닌 것은?

○△✕

① 국적표준주의　　② 소비화폐표준주의
③ 이동거리표준주의　　④ 거주지표준주의

해설 ①·②·④ 외에 생활양식표준주의가 있다.

27 매년 9월 27일을 '관광의 날'로 지정한 기구는?

○△✕

① PATA　　② UNWTO
③ EATA　　④ WATA

해설 ② 세계관광기구
① 아시아태평양관광협회
③ 동아시아관광협회
④ 세계여행업자협회

정답 25 ❹ 26 ❸ 27 ❷

제4과목

28

○△×

다음 중 캐나다의 몬트리올에 본부를 두고 있는 기구는?

① PATA ② UNWTO
③ ICAO ④ EATA

해설

③ 국제민간항공기구(캐나다 몬트리올)
① 아시아태평양관광협회(미국 샌프란시스코)
② 세계관광기구(스페인 마드리드)
④ 동아시아관광협회(일본 동경)

29

○△×

아시아 · 태평양지역의 관광진흥 개발과 구미관광객 유치를 위한 공동 선전활동 등을 목적으로 설립된 국제관광기구는?

① PATA ② EATA
③ ASTA ④ ISTA

해설

PATA(아시아태평양관광협회)의 설립목적

- 아시아 · 태평양지역의 관광진흥 개발
- 구미관광객 유치를 위한 공동 선전 활동
- 지역관광 개발

30

○△×

1960년대 관광에 관한 설명으로 옳지 않은 것은?

① 관광기본법 제정
② 관광통역안내원 시험제도 실시
③ 국제관광공사 설립
④ 국내 최초 국립공원으로 지리산 지정

해설

① 1975년 관광사업진흥법이 관광기본법과 관광사업법으로 분리되었다.
② 1962년 교통부 주관의 통역안내원 시험제도가 실시되었다.
③ 1962년 국제관광공사가 발족되었다.
④ 1967년 최초의 국립공원으로 지리산이 지정되었다.

정답 28 ❸ 29 ❶ 30 ❶

제9장 관광과 환경

제1절 관광과 환경과의 관계

01 환경문제

(1) 가정환경

① 가족원은 환경에 둘러싸여 생활을 영위하고 있으며 끊임없는 상호작용 속에서 성장 · 발전
② 가정은 생활의 질을 높이기 위해 자원을 배분 · 사용하여 많은 쓰레기나 폐기물 등을 배출 · 처분
③ 가정에서도 자연자원에 대한 합리적이고 계획적인 이용을 통해 자원고갈을 막는 노력이 필요

(2) 자연환경

① 자연환경은 인간에게 가장 큰 자원이자 생활의 터전
② 인구증가와 산업화가 발전함에 따라 자연자원에 대한 과도한 이용, 농약 사용, 자연의 파괴 · 훼손, 야생 동 · 식물 남획 등 자연생태계가 파괴되고 자연재해가 초래되는 위험한 상태
③ 관광산업의 장기적 성장에 필요한 자원이 남용되거나 고갈되지 않도록 지속적인 계획과 관리가 필요

제4과목

02 관광사업과 환경적 차원

(1) 관광의 물리적 환경

① 도시구조, 공공기반시설, 건물, 공간, 도시 풍경 등의 건물환경
② 관광자에게 주요한 관광매력물
③ 관광자원의 요소
④ 물리적 환경을 고려하지 않은 관광지 혹은 관광개발은 관광자의 대량유입과 자연환경 파괴로 생태계의 파괴초래

개념충전 **서비스 스케이프(Servicescape)** 25 기출

서비스(Service)와 경관(Scape)의 합성어로, 서비스가 제공되는 물리적 환경이 고객의 심리와 행동에 미치는 영향을 말한다. 관광에서는 호텔 객실의 청결 상태, 관광지의 시설, 식당의 인테리어와 분위기 등이 이에 해당한다. 이러한 물리적 환경은 관광객의 만족도를 결정짓는 중요한 요인으로 작용한다.

(2) 관광의 사회 · 문화적 환경

① 관광산업으로 인한 사회 · 문화적 영향과 관광환경, 제도 및 사회적 환경에 영향을 받음
② 전통문화, 예술, 민속행사, 사회 · 문화적 배경 등

(3) 관광의 정치적 환경

① 국가의 관광정책과 정치철학 그리고 해당국가의 정치 · 경제적 상태와 개발의 수준, 기존의 관광개발시설과 관광자원 및 관광개발의 정도에 의존
② 관광의 정치적 환경을 위한 각국 정부의 활동은 관광산업을 지원하고 관광시장을 관리하는 데 목적이 있음
③ 관광산업의 정치적 환경의 개선조치는 관광산업진흥자금의 융자 확대, 일정 기간의 법인세와 소득세의 감면조치 등이 있음
④ 국가는 법률을 제정하여 관광자원과 국립공원, 역사적인 사적과 국가 기념물과 같은 국가유산자원들을 보호
⑤ 관광의 공적 사업뿐만 아니라 관광사업자에 대한 등록제도, 관광종사원의 자격제도 등을 통해 관광사업을 지도 · 감독하는 역할을 하며, 관광자(관광객)를 보호

제2절 환경친화적 관광

01 지속가능한 관광개발

(1) 지속가능한 관광개발의 개념

환경보호와 보전을 고려하면서 적정 개발을 통해 관광자원의 지속성을 보장하여 관광객에게 관광경험의 질을 미래에도 지속적으로 제공하며, 관광개발과 활동으로 지역주민에게 경제적 이득을 제공하는 것 → 1987년 세계환경개발위원회(WCED ; The World Commission on Environment and Development)의 동경선언에서 채택한 브룬트란트보고서(Brundtland Report)로도 알려진 '우리 공동의 미래(Our Common Future)'라는 보고서 발간

(2) 지속가능한 관광개발의 의의

① 방문자 관광경험의 질, 지역사회 삶의 질, 환경의 질을 향상하거나 보호하는 것
② 관광경험의 질적 조건을 만족하면서 기본적인 자연자원의 연속성과 지역사회 문화에 대한 연속성을 보장하는 것
③ 관광산업, 환경 지지자, 지역사회의 요구를 균형 있게 수용하는 것

개념충전 **유엔환경계획(UNEP)이 제시한 지속가능한 개발의 일반 원칙**

- 삶의 질 제고
- 경제성장과 환경보전의 추구
- 환경자산의 가치측정과 수용능력에 대한 연구
- 범세계적 환경문제에 대한 국가의 역할 인식과 대응
- 세대 간 · 현세대 구성원 간의 형평성 추구
- 지속가능한 개발에 필요한 법제와 기구의 정비를 제시

(3) 지속가능한 관광개발을 위한 방안

① 환경의 측면

㉠ 기존의 주거 형태 유지

㉡ 지형과 산림 등을 보전한 자연적 형태로 개발

㉢ 기존의 시설 · 자연과 조화를 이루는 시설 개발

㉣ 자연환경 보존을 통한 생물다양성의 유지

㉤ 생태관광의 가이드라인을 따름

② 지역사회의 측면

㉠ 새로운 환경을 조성하기보다는 보수 · 복원을 통해 기존환경을 최대 유지

㉡ 주변에서 획득할 수 있는 자연재료를 사용(돌, 짚, 벽돌, 목재, 흙 등)

㉢ 상수, 우수, 지하수 활용

㉣ 경우에 따라 전통시설물 보강을 목적으로 눈에 띄지 않는 곳에 시멘트 등의 인공재료 사용 허용

㉤ 공동주차장의 설치로 단지 내 교통량 감소

㉥ 기존도로를 이용하되 경우에 따라 환경과 조화를 이룰 수 있는 재료로 포장 가능

③ 관광객의 측면

㉠ 자연순응형의 관광시설물 조성(산악형, 해안형, 생태관광형 등)

㉡ 기존시설의 관광시설화(민박 활용 등)

(4) 지속가능한 관광개발과 관련된 주요정책

① 통합적인 관광자원의 관리 구축

② 체계적이고 과학적인 관리운영계획 수립

③ 의사결정에서 지역주민의 적극적 참여 유도

④ 지역주민의 관광사업에 관한 교육 프로그램

⑤ 관광사업을 이끌 지도자 선발

⑥ 관광객에게 적질한 해실

⑦ 관광사업자용의 교육 · 운영지침 · 메뉴얼 작성 필요

⑧ 전 국민적 인식확산 운동으로 전개

⑨ 여성의 관광개발 참여활동에 유도

⑩ 청소년층을 위한 관광프로그램의 개발

⑪ 관광분야의 사회적 수용력

⑫ 경제적 영향평가

02 대안관광

(1) 대안관광의 개념

관광자의 대량이동과 활동으로 야기되는 사회 환경의 부정적 영향을 최소화하고자 하는 관광의 한 형태를 의미

(2) 대안관광의 특징

① 지역주민과 제한된 접촉, 장기체재와 생활관찰, 교육 · 홍보를 통한 관광지의 관심분야에 대한 이해촉진

② 개별적이며 비교적 먼 지역으로의 소규모 관광형태

③ 소규모 시장과 분산적 공간 이용

④ 비수기에도 다양한 관광동기 유발

⑤ 환경적 · 사회적 수용력에 대한 깊은 관심

⑥ 환경친화적인 사회단체로부터 관광자(관광객)를 유인하기 위한 선택적 마케팅기법 활용

03 생태관광

(1) 생태관광의 개념

환경을 고려하지 않은 무분별한 관광개발과 과도한 관광활동으로 인한 자연훼손보다는 보존을 우선하면서 인간의 관광욕구를 충족할 수 있는 관광활동

(2) 생태관광의 특징

① 자연자원의 한계에 대한 인식을 통해 자연의 피해를 최소화하는 것으로 자연에 바탕을 둔 관광

② 지역의 자본으로 지역주민이 개발을 주도하고 지역주민을 우선 고용하며 기존의 지역산업을 우선 고려하는 방식의 관광

③ 개발에 앞서 자연의 수용능력을 인식하고 그 안에서 적절하게 운용하는 관광

④ 인간과 자연의 조화를 이루는 관광

(3) 생태관광의 필요성

① **관광객의 경험적 측면** : 생태관광은 관광경험의 질적 측면의 중시로 적극적인 도입이 요구

② **환경보전적 측면** : 생태관광목적 중의 가장 중요한 부분이 생태관광지의 환경을 보전하는 일로, 적극적인 개발이 아니라 자연의 재생과 회복기능을 중시하는 소극적인 개발로서 최소한의 환경 파괴만을 용인

③ **생명존중 측면** : 생태관광을 통하여 생명체와 접촉함으로써 동·식물을 비롯한 많은 생명체와 생명체 간의 연관성에 대한 이해를 새롭게 한다는 측면

(4) 우리나라의 생태관광

우리나라의 보호지역은 국립공원을 포함한 자연공원과 생태계보전지역, 조수보호구역, 천연보호림, 천연보호구역, 습지보호지역 등

04 습지보전 활동

(1) 습지의 정의

담수, 기수, 염수가 영구적 또는 일시적으로 그 표면을 덮고 있는 지역으로 내륙습지와 연안습지

① **내륙습지** : 육지 또는 섬 안에 있는 호수, 못, 늪, 하구(河口) 등의 지역

② **연안습지** : 만조 시에 수위선과 지면이 접하는 경계선으로부터 간조 시에 수위선과 지면이 접하는 경계선까지의 지역

(2) 람사르협약(Ramsar Convention)

① 1971년 2월 2일 이란의 람사르(Ramsar)에서 채택되어 1975년 12월 12일 발효된 정부 간 협약으로 정식명칭은 '물새 서식지로서 특히 국제적으로 중요한 습지에 관한 협약'

② 철새를 보호하려는 것에서 출발하여 깨끗한 습지를 만든다는 취지로 옮겨감

(3) 습지가 되기 위한 조건

① **습지의 위치** : 육상과 수생의 전이지대

② **습지생물의 유지조건** : 습지생물의 생존이 유지될 수 있을 정도로 일시적 또는 영구적으로 물이 고여 있는 곳

③ **토양 조건** : 물이 배수되지 않고 포화되어 있는 토양

④ **수분 조건** : 지하수면이 지표면 가까이 또는 이보다 위에 위치

⑤ **서식생물의 조건** : 습지의 특이한 조건에 적응된 습지만의 독특한 생물상의 보유

(4) 습지의 역할

① **물을 지하수층으로 송수** : 물이 습지에서 지하수층으로 이동할 때 녹지 않는 물질 등이 여과되어 생활용수, 농업용수, 공업용수 등으로 직접 이용되며 연안에서는 지하수층으로 염수의 유입을 막음
② **유기물 등을 축적 · 운반** : 풍부한 영양을 함유한 물은 하류나 연안으로 운반되어 생물들에게 영향을 끼침
③ **가뭄 시 물 공급과 홍수 억제** : 남은 물을 축적하는 저수지 역할을 하여 가뭄과 홍수를 완화
④ **영양소 보호 · 유지** : 농산물의 성장을 촉진할 뿐만 아니라 수질을 개선하고, 부영양화를 억제

(5) 습지의 가치

① 습지는 지구상에서 가장 생명력이 풍부한 지역으로 오염을 줄이고 홍수와 가뭄을 해결
② 습지는 아름다운 경관을 제공할 뿐 아니라 생명의 고귀함과 중요성을 인식하게 함으로써 정서순화에도 큰 도움이 됨
③ 풍부하고 다양한 자연환경의 집합으로서 새로운 영감이 떠오르고 나아가 창조적인 예술과 문화 형성이 가능하며, 학술연구 및 학습의 자료로 매우 중요함
④ 자연늪은 독특한 생물상을 구성하므로 다양한 생물군집이 존재
⑤ 동물의 생태계 중 중요한 서식환경, 문화 또는 자연유산으로서의 가치가 충분함
⑥ 늪지역의 수초들과 갯벌은 수질을 정화하고 오염을 제거해 주는 기능이 있으므로 경제적 가치가 매우 높음

(6) 우리나라의 습지보전지역

① **강원도 철원평야** : 철새 서식지
② **우포늪** : 낙동강 하류에 위치, 우리나라 유일의 원시적인 자연 늪
③ **서해안의 갯벌** : 세계 5대 갯벌 중 하나, 시화호로 습지 파괴 문제 대두
④ **주남 저수지** : 경상남도 창원에 위치, 세계적인 철새 도래지

| 창녕 우포늪 |

05 지역개발과 환경보전

(1) 지역개발과 환경보전의 중요성

① 환경친화적인 지역개발을 달성하기 위해서는 자연환경의 훼손을 수반하는 개발을 지양하고 환경용량이 허용하는 범위 내에서 환경과 조화될 수 있도록 해야 함
② 자연환경의 훼손을 최소화하고 자연자원이 고갈되지 않는 개발을 달성하며, 개발과정에서 주민참여를 보장해야 하고, 개발에 의하여 얻는 이익이 지역주민들에게 공평하게 분배되어야 함

(2) 환경친화적인 지역개발

① 지역개발은 자연경관이 수려하거나 생태계보전이 필요한 지역을 '자연환경 보전을 위한 자연생태계 보전지역'으로 지정하여 보호와 관리를 철저히 함

② 개발가능지역은 환경성을 고려하여 개발하고, 보전필요지역은 철저히 보전 · 관리함

③ 환경문제는 모든 경제 활동, 인간 활동과 연관되어 있기 때문에 다른 정책과의 조화가 무엇보다 중요하며, 이를 위해 관련정책의 협의 조정기능을 강화함

④ 지속가능한 도시계획기법의 활용과 환경보전형 농업의 확대 보급, 환경친화적 지역개발, 환경친화적 공단조성과 관리 등 개발과 환경을 조화시킬 수 있는 개발모형을 보급함

⑤ 지방자치단체의 책임과 의무를 강화함으로써 지역이기주의적인 행태를 개선하고 지방자치단체의 환경관리수준을 높임

⑥ 여러 환경단체들과 지역주민들의 지속적인 감시체제를 유지함

개념충전 **슬로시티** 17 18 20 21 24 기출

- 1999년 이탈리아의 파올로 사투르니니(Paolo Saturnini) 전 시장을 비롯한 몇몇 시장들에 의해 처음 시작된 것으로, 자연과 전통문화를 보호하고 조화를 이루면서 속도의 편리함에서 벗어나 느림의 삶을 추구하자는 국제운동이다.
- 아시아 최초로 국제 슬로시티에 가입된 지역
  신안 증도면, 완도 청산면, 담양 창평면
- 한국의 슬로시티 지정 현황
  - 전남 신안군 증도
  - 전남 완도군 청산도
  - 전남 담양군 창평면
  - 경남 하동군 악양면
  - 충남 예산군 대흥면
  - 경기 남양주시 조안면
  - 경북 청송군 주왕산면, 파천면
  - 강원도 영월군 김삿갓면
  - 충북 제천시 수산면
  - 충남 태안군 소원면
  - 경북 영양군 석보면
  - 경남 김해시 봉하마을, 화포천습지
  - 충남 서천군 한산면
  - 강원도 춘천시 실레마을
  - 전남 장흥군 유치면, 방촌문화마을

※ 출처 : 한국슬로시티본부, 2025년 10월 기준

제4과목

제9장 핵심 실전 문제

※ 문제의 이해도에 따라 ○△× 체크하여 완벽하게 정리하세요.

01 ○△×

현대의 가정생활은 자원에 대한 관리 능력이 필요하다. 이와 관련하여 환경문제와 밀접한 관련을 맺고 있는 자원은?

① 인적자원 ② 물적자원
③ 공공자원 ④ 동력자원

해설 환경문제와 밀접한 관련을 맺고 있는 자원은 물적자원이다.

02 ○△×

가정이 자연자원에 대해 합리적이고 계획적으로 힘을 쏟아야 하는 이유로 옳지 않은 것은?

① 생태계의 파괴 방지 ② 자원고갈 방지
③ 자원의 지속성 유지 ④ 자연의 무한함

해설 환경문제는 각국의 공동 관심 현안이 되었고 모든 나라의 상호협조와 이해가 있어야 해결할 수 있다. 따라서 가정에서도 자연자원에 대한 합리적이고 계획적인 이용을 통해 생태계 파괴와 자원고갈을 막고 자원의 지속성을 유지하는 데 힘을 쏟아야 할 것이다.

03 ○△×

자연생태계가 인류에게 주는 혜택이 아닌 것은?

① 생물학적 균형 유지 ② 공해 정화기능
③ 인적자원 증대 ④ 식량생산

해설 자연생태계는 인류에게 생물학적 균형 유지, 공해 정화기능, 수자원 공급, 식량생산, 목재 및 연료공급, 토질형성 등 많은 혜택을 주고 있다.

정답 1 ② 2 ④ 3 ③

04 다음 중 관광의 사회 · 문화적 환경이 아닌 것은?

○△×

① 전통문화 ② 공 간
③ 예 술 ④ 민속행사

해설 전통문화, 예술, 민속행사, 사회 · 문화적 배경 등이 사회 · 문화적 환경이 되고 있다. 공간은 물리적 환경에 속한다.

05 다음 중 관광의 물리적 환경에 대한 설명으로 옳지 않은 것은?

○△×

① 전통문화, 예술, 민속행사가 물리적 환경이다.
② 물리적 환경은 관광자에게 주요한 관광매력물이 된다.
③ 관광자원의 요소이다.
④ 환경을 고려하지 않은 관광개발로 인해 관광의 물리적 환경을 훼손하게 된다.

해설 물리적 환경은 도시구조, 공공기반시설, 건물, 공간, 도시 풍경 등의 건물환경이다.
① 관광의 사회 · 문화적 환경이다.

06 관광의 정치적 환경을 위한 각국 정부의 활동 목적으로 가장 적합한 것은?

○△×

① 인적자원의 육성
② 산업인력의 확보
③ 가정환경의 감시
④ 관광산업의 지원

해설 관광의 정치적 환경을 위한 각국 정부의 활동은 관광산업을 지원하고 관광시장을 관리하는 데 목적이 있다.

정답 4 ❷ 5 ❶ 6 ❹

07 ○△×

시류에 따라 지구환경을 보존하면서 인류의 복지를 증진하고자 하는 바람을 서로 조화롭게 발전시켜야 한다는 패러다임은?

① 환경보전과 동시에 개발
② 환경적으로 지속가능한 개발
③ 보전과 활용의 조화
④ 생물자원의 보호

해설 **환경적으로 지속가능한 개발(ESSD ; Environmentally Sound and Sustainable Development)**
시류에 따라 지구환경을 보존하면서 인류의 복지를 증진하고자 하는 바람을 서로 조화롭게 발전시켜야 한다는 논리로, 전 세계적인 환경규범의 기조가 되었다.

08 ○△×

다음 중 지속가능한 개발의 개념을 처음 정립한 것은?

① 리우선언
② 람사르협약
③ 브룬트란트보고서
④ 미국여행업협회

해설 지속가능한 개발의 개념을 처음 정립한 것은 1987년 세계환경개발위원회(WCED ; The World Commission on Environment and Development)의 동경선언에서 채택한 브룬트란트보고서이다.

09 ○△×

지속가능한 관광개발의 내용이 아닌 것은?

① 국가의 양질의 관광사업
② 방문객에게 양질의 관광경험 제공
③ 지역사회와 방문객을 위한 양질의 환경 유지
④ 지역사회의 생활의 질 향상

해설 **지속가능한 관광개발의 내용**
- 지역사회의 생활의 질 향상
- 방문객에게 양질의 관광경험 제공
- 지역사회와 방문객을 위한 양질의 환경 유지

정답 7 ❷ 8 ❸ 9 ❶

10 유엔환경계획(UNEP)이 제시한 지속가능한 개발의 일반 원칙이 아닌 것은?

① 삶의 질 제고
② 범세계적 환경문제에 대한 국가의 역할 인식과 대응
③ 환경자산의 가치측정과 환경의 수용능력에 대한 연구
④ 차별화된 공동책임을 부담

해설 ④ 리우선언에 대한 내용이다.

11 지속가능한 관광개발과 관련된 주요정책 방향으로 옳지 않은 것은?

① 개별적인 관광자원 관리 구축
② 의사결정에서 지역주민의 적극적 참여 유도
③ 관광사업을 이끌 지도자 선발
④ 체계적이고 과학적인 관리운영계획 수립

해설 지속가능한 관광개발은 관광지의 자연 및 사회환경을 보전하는 하나의 전략으로, 정부, 관광자, 지역주민, 관광사업체, 투자자 등의 입장과 역할을 고려한 통합적인 방법이 요구되고 있다.

12 다음 중 생태관광의 특징으로 옳은 것은?

① 자연자원의 한계에 대한 인식을 통해 자연의 피해를 최대화하는 것으로 인공에 바탕을 둔 관광이다.
② 지역주민보다 방문객들을 개발에 유도하고 방문객들이 개발을 주도하는 등 방문객을 적극 고려하는 관광이다.
③ 개발에 앞서 자연의 수용능력을 인식하고 그 안에서 적절하게 운용하는 관광이다.
④ 인간과 건물의 조화를 이루는 관광이다.

해설 **생태관광의 특징**

- 자연자원의 한계에 대한 인식을 통해 자연의 피해를 최소화하는 것으로 자연에 바탕을 둔 관광이다.
- 지역의 자본으로 지역주민이 개발을 주도하고 지역주민을 우선 고용하며 기존의 지역산업을 우선 고려하는 방식의 관광이다.
- 개발에 앞서 자연의 수용능력을 인식하고 그 안에서 적절하게 운용하는 관광이다.
- 인간과 자연의 조화를 이루는 관광이다.

제4과목

정답 10 ④ 11 ① 12 ③

13 ○△×

생태관광의 필요성 중 생태관광을 통하여 생명체와 접촉함으로써 동 · 식물을 비롯한 많은 생명체와 생명체 간의 연관성에 대한 이해를 새롭게 한다는 측면은?

① 관광객의 경험적 측면
② 생명존중 측면
③ 환경보전적 측면
④ 환경친화적 측면

해설 **생명존중 측면**
생태관광을 통하여 생명체와 접촉함으로써 동 · 식물을 비롯한 생명체와 생명체 간의 연관성에 대한 이해를 새롭게 한다.

14 ○△×

자연 및 문화환경의 교육과 해설을 포함하며, 생태적으로 지속가능하도록 유지되는 관광으로 생태관광의 개념을 정의한 기관은?

① 호주보전협회(Australian Conservation Foundation)
② 생태관광학회(The Ecotourism Society)
③ 국제생태관광협회(The International Ecotourism Society)
④ 세계야생동물기금(World Wildlife Fund)

해설 호주보전협회는 생태관광의 개념을 자연 및 문화환경의 교육과 해설을 포함하며, 생태적으로 지속가능하도록 유지되는 관광으로 정의했다.

15 

습지가 되기 위한 조건이 아닌 것은?

① 육상과 수생의 전이지대
② 물이 고여 있지 않은 곳
③ 물이 배수되지 않고 포화되어 있는 토양
④ 지하수면이 지표면 가까이 또는 이보다 위에 위치

해설 습지는 습지생물의 생존이 유지될 수 있을 정도로 일시적 또는 영구적으로 물이 고여 있는 곳이어야 한다.

정답 13 ❷ 14 ❶ 15 ❷

실제
기출문제

2025년 실제 기출문제

※ 문제의 이해도에 따라 ○△× 체크하여 완벽하게 정리하세요.

제1과목 관광국사

○△×

01 신석기 시대에 관한 설명으로 옳지 않은 것은?

① 옷이나 그물을 만들었다.
② 간석기를 사용하여 농사를 지었다.
③ 도둑질을 한 자는 노비로 삼았다.
④ 토기를 만들어 곡식을 저장하였다.

> ③ 도둑질을 한 자를 노비로 삼은 것은 고조선이다.

○△×

02 고조선에 관한 설명으로 옳은 것을 모두 고른 것은?

ㄱ. 청동기 시대에 건국되었다.
ㄴ. 중국의 연나라와 충돌하였다.
ㄷ. 삼국사기에 건국신화가 실려 있다.
ㄹ. 대사자, 사자라고 불리는 관리를 두었다.

① ㄱ, ㄴ ② ㄱ, ㄹ
③ ㄴ, ㄷ ④ ㄷ, ㄹ

> ㄷ. 〈삼국유사〉와 〈제왕운기〉에 건국신화가 실려 있다.
> ㄹ. 대사자, 사자라고 불리는 관리를 둔 나라는 부여이다.

○△×

03 다음 습속을 가진 나라에 관한 설명으로 옳은 것은?

귀신을 믿기 때문에 국읍마다 한 사람씩 세워 천신의 제사를 주관하게 하는데, 이를 천군이라 부른다.

① 무천이라는 제천 행사를 열었다.
② 교역에서 철을 화폐처럼 사용하였다.
③ 읍락의 지배자를 읍군, 삼로라 불렀다.
④ 곡식이 익지 않으면 그 허물을 왕에게 돌렸다.

> ② 삼한에는 제사장인 천군과 신성 지역인 소도가 있었으며, 삼한 중 변한에서는 철을 화폐처럼 사용하였다.
> ① 동예에 관한 설명이다.
> ③ 옥저와 동예에 관한 설명이다.
> ④ 부여에 관한 설명이다.

실제 기출

정답 1③ 2① 3②

OΔX

04 저자와 역사서의 연결이 옳은 것은?

① 고흥 – 유기
② 김대문 – 화랑세기
③ 최치원 – 계림잡전
④ 이문진 – 제왕운기

② 김대문 – 〈화랑세기〉, 〈고승전〉, 〈한산기〉 등
① 고흥 – 〈서기〉
③ 최치원 – 〈계원필경〉
④ 이문진 – 〈신집〉 5권

OΔX

05 삼국시대 신라의 정치제도에 관한 설명으로 옳은 것은?

① 지방에 방령 · 군장 등을 파견하였다.
② 제가회의에서 주요 국사를 의결하였다.
③ 집사부 등을 두어 정무를 분담하게 하였다.
④ 대대로를 비롯한 10여 등급의 관리를 두었다.

③ 집사부는 신라의 중앙 정치 조직 중 하나이며, 통일신라 때 집사부의 기능이 강화되었다.
① 백제는 지방에 방령, 군장을 파견하였다.
② 고구려는 귀족 대표자 회의인 제가회의에서 중요 국가 정책을 의논 · 결정하였다.
④ 고구려는 제가회의의 수상인 대대로를 비롯하여 10여 등급의 관리를 두었다.

OΔX

06 다음 연표에서 (가), (나)에 들어갈 역사적 사실로 옳지 않은 것은?

	고구려, 태학 설립 ↓	신라, 율령 반포 ↓	나당동맹 체결 ↓
	(가)	(나)	

① (가) – 신라가 대가야를 병합하였다.
② (가) – 신라와 백제가 나제동맹을 체결하였다.
③ (나) – 백제가 사비로 천도하였다.
④ (나) – 고구려가 살수에서 수나라 군대를 격파하였다.

① 고구려의 태학 설립은 4세기 소수림왕 시기(373), 신라의 율령 반포는 6세기 법흥왕 시기(520), 나당동맹 체결은 7세기 중반(648)에 해당한다. 신라가 대가야를 병합한 것은 6세기 진흥왕 시기(562)이므로, (나)에 해당한다.
② 5세기 초반 신라 눌지왕 시기(433)
③ 6세기 백제 성왕 시기(538)
④ 7세기 고구려 영양왕 시기(612)

OΔX

07 삼국시대 신라 승려 원광에 관한 설명으로 옳은 것은?

① 부석사를 건립하였다.
② 세속오계를 제시하였다.
③ 쇼토쿠 태자의 스승이 되었다.
④ 왕오천축국전을 저술하였다.

② 원광은 세속오계를 지어 신라의 화랑도와 호국 사상 및 새로운 사회 윤리를 가르쳤다.
① 의상, ③ 혜자, ④ 혜초에 대한 설명이다.

정답 4② 5③ 6① 7②

○△×

08 궁예에 관한 설명으로 옳지 않은 것은?

① 스스로 미륵불이라 내세웠다.
② 완산주(전주)를 도읍으로 삼았다.
③ 광평성 중심의 새로운 관제를 마련하였다.
④ 국가 기반을 다지고 국호를 마진으로 바꾸었다.

> ② 견훤은 완산주(현재 전주)에 도읍을 정하고 후백제를 건국하였다(900).

○△×

09 발해에 관한 설명으로 옳은 것을 모두 고른 것은?

> ㄱ. 중앙의 군사 조직으로 9서당을 두었다.
> ㄴ. 지방 행정 조직은 주 · 군 · 현이 중심이었다.
> ㄷ. 인안, 대흥 등의 독자적인 연호를 사용하였다.
> ㄹ. 정당성의 장관인 대내상이 국정을 총괄하였다.

① ㄱ, ㄴ
② ㄱ, ㄹ
③ ㄴ, ㄷ
④ ㄷ, ㄹ

> ㄱ. 9서당은 통일 신라의 중앙군으로서 신문왕은 중앙군을 9서당, 지방군을 10정으로 편성하여 군사조직을 정비하였다.
> ㄴ. 고려의 지방 행정 조직에 관한 설명이다.

○△×

10 다음 제도를 제정 시기가 앞선 순으로 옳게 나열한 것은?

> ㄱ. 역분전
> ㄴ. 과전법
> ㄷ. 전시과
> ㄹ. 영정법

① ㄱ – ㄴ – ㄹ – ㄷ
② ㄱ – ㄷ – ㄴ – ㄹ
③ ㄴ – ㄱ – ㄷ – ㄹ
④ ㄴ – ㄷ – ㄹ – ㄱ

> ㄱ. 역분전(고려 태조)
> ㄷ. 전시과(고려 경종)
> ㄴ. 과전법(고려 말 공양왕)
> ㄹ. 영정법(조선 후기 인조)

○△×

11 고려 성종에 관한 설명으로 옳지 않은 것은?

① 국자감을 설치하였다.
② 팔관회 행사를 중단시켰다.
③ 지방에 경학 박사와 의학 박사를 파견하였다.
④ 5도 양계를 중심으로 지방 행정 조직을 정비하였다.

> ④ 5도 양계는 고려 현종 때 도입된 전국 행정구역 체계이다.

실제 기출

정답 8 ② 9 ④ 10 ② 11 ④

○△×

12 고려 후기 농민 · 천민의 봉기에 관한 설명으로 옳지 않은 것은?

① 만적이 신분 차별에 항거하려 하였다.
② 사벌주(상주)에서 원종과 애노 등이 봉기하여 위세를 떨쳤다.
③ 김사미와 효심의 무리는 경상도 지방을 중심으로 활동하였다.
④ 망이 · 망소이 무리를 회유하기 위하여 명학소를 충순현으로 승격시켰다.

② 통일 신라 하대 진성 여왕 때 사회 모순이 더욱 심화되어 원종과 애노의 난을 비롯한 농민 봉기가 전국 각지에서 발생하였다.

○△×

13 무신집권기에 설치된 교정도감에 관한 설명으로 옳은 것은?

① 경대승이 신변 보호를 위하여 설치하였다.
② 상장군, 대장군 등 최고 무신들로 구성된 회의기구이다.
③ 행정 실무 능력을 갖춘 문신들을 등용하기 위하여 설치하였다.
④ 최충헌 집권기에 국정을 총괄하는 최고 정치기구로서 기능하였다.

④ 교정도감은 최충헌 시기의 최고 권력 기구이다.
① 도방에 관한 설명이다.
② 중방에 관한 설명이다.
③ 서방에 관한 설명이다.

○△×

14 다음 내용에 해당되는 왕의 재위 기간에 있었던 사실로 옳지 않은 것은?

- 집현전을 설치하였다.
- 농사직설을 간행하였다.

① 갑인자가 주조되었다.
② 칠정산이 만들어졌다.
③ 악학궤범이 편찬되었다.
④ 훈민정음이 창제되었다.

조선 세종은 집현전을 설치하고, 우리 풍토에 맞는 농법을 기술한 농사직설을 편찬하였다.
③ 조선 성종 때 〈경국대전〉, 〈악학궤범〉, 〈동국여지승람〉, 〈국조오례의〉 등이 편찬되었다.

○△×

15 다음에서 설명하는 교육기관은?

- 조선시대 사립 교육기관이었다.
- 주세붕이 안향을 추모하기 위해 세운 것이 시초였다.

① 서 원 ② 향 교
③ 서 당 ④ 성균관

조선 중종 때 풍기 군수 주세붕은 고려 말 성리학을 전래시킨 안향을 기리고 유생들을 교육하기 위해 최초의 서원인 백운동 서원을 건립하였다.
② 향교는 유학을 향촌 사회에 보급하고 백성을 교화하기 위해 지방에 설립된 관립 중등 교육 기관이다.
③ 조선 시대 초등 교육을 담당하던 사립 교육 기관이다.
④ 성균관은 한양에 설치된 국립 교육 기관으로 조선 시대 최고 학부의 역할을 하였다.

정답 12 ② 13 ④ 14 ③ 15 ①

○△✕

16 다음 연표에서 (가), (나)에 들어갈 역사적 사실로 옳지 않은 것은?

조선 건국 ↓	중종 반정 ↓	정조 즉위 ↓
	(가)	(나)

① (가) – 4군 6진을 설치하였다.
② (가) – 임진왜란이 일어났다.
③ (나) – 백두산 정계비를 세웠다.
④ (나) – 송시열 등이 북벌론을 주장하였다.

조선 건국은 1392년, 중종 반정은 1506년, 정조 즉위는 1776년이다.
② 임진왜란(1592)은 중종 반정(1506) 이후에 일어난 사건이므로 (나)에 해당한다.

○△✕

17 조선 후기에 편찬된 저술이 아닌 것은?

① 유득공의 발해고
② 안정복의 동사강목
③ 한치윤의 해동역사
④ 김시습의 금오신화

④ 김시습의 〈금오신화〉는 15세기 때의 문학이다.
①·②·③ 조선 후기의 역사서로는 유득공의 〈발해고〉, 안정복의 〈동사강목〉, 한치윤의 〈해동역사〉, 이긍익의 〈연려실기술〉 등이 있다.

○△✕

18 다음 (   )에 들어갈 기구로 옳은 것은?

임술농민봉기는 진주 지방을 비롯한 여러 지역에서 일어났다. 정부에서는 안핵사 등을 파견하여 실정을 조사하고, (   )를(을) 설치하는 등 농민 부담을 완화하려 하였지만 그 근본적인 문제를 해결하지는 못하였다.

① 집강소
② 군국기무처
③ 삼정이정청
④ 통리기무아문

③ 조선 철종 때 삼정의 문란으로 인한 폐단이 심각해지자 진주 지역의 농민들이 임술농민봉기를 일으켰다(1862). 이후 안핵사 박규수는 삼정이정청을 설치하여 삼정의 문란을 해결하고자 하였다.
① 집강소는 동학 농민군이 정부와 전주 화약을 맺어 설치한 자치 개혁기구이며 탐관오리 처벌, 부패한 지배층 징벌, 잡세 폐지 등의 내용이 담긴 폐정 개혁안을 실시하였다.
② 군국기무처는 1894년 6월에 설치되어 김홍집과 박정양 등을 중심으로 갑오개혁을 추진하였다.
④ 통리기무아문은 강화도 조약 이후 국내외 정세에 대응하기 위해 설치된 개화 정책 전담 기구이다.

O△X
19 밑줄 친 '그'에 해당하는 인물은?

> 그는 일본이 서양 오랑캐와 같다는 왜양일체론을 주장하며 개항반대운동을 전개하였다. 또한 을사늑약이 강제로 체결되자 태인, 순창 등지에서 의병 활동을 하였고, 그 후 대마도로 유배당하였다.

① 유인석 ② 신돌석
③ 최익현 ④ 이인영

③ 최익현은 일본이 강화도 조약 체결을 요구하자, 왜양일체론에 입각한 논리를 담은 상소를 올리며 반대하였다.
① 을미의병 때의 의병장이다.
② 을사의병 때의 평민 의병장이다.
④ 정미의병 때 유생 의병장들은 13도 창의군을 결성하고 이인영을 총대장, 허위를 군사장으로 추대하여 서울 진공 작전을 추진하였다.

O△X
20 다음 내용이 설명하는 인물은?

> • 임하경륜과 의산문답을 저술하였다.
> • 지전설을 주장하고, 중국 중심의 세계관을 비판하였다.

① 유형원 ② 박지원
③ 정약용 ④ 홍대용

④ 홍대용은 조선 후기 대표적인 실학자로, 〈임하경륜〉, 〈의산문답〉을 저술하였다.
① 유형원은 〈반계수록〉을 저술하였다.
② 박지원은 〈열하일기〉, 〈과농소초〉, 〈한민명전의〉를 저술하였다.
③ 정약용은 〈목민심서〉, 〈경세유표〉, 〈흠흠신서〉를 저술하였다.

O△X
21 밑줄 친 '이 책'의 제목은?

> 이 책은 제2차 수신사였던 김홍집이 일본으로부터 들여온 것으로, 국내에 유포되자 영남 유생들은 이만손을 중심으로 영남만인소를 올려 정부의 개화정책에 반대하였다.

① 조선책략 ② 지봉유설
③ 서유견문 ④ 열하일기

① 김홍집에 의해 〈조선책략〉이 국내에 유포되자, 유생들은 서양과의 통상을 반대하며 상소 운동을 전개하였다.
② 조선 후기에 이수광이 저술한 백과사전이다.
③ 유길준은 미국 유학을 다녀온 뒤 서양 각국의 지리, 역사, 정치, 교육 등을 다룬 〈서유견문〉을 집필하였다.
④ 박지원은 〈열하일기〉를 저술하여 상공업 진흥과 화폐 유통의 필요성을 주장하였다.

정답 19 ③ 20 ④ 21 ①

○△×
22 (가)와 (나) 사이에 일어난 역사적 사실로 옳은 것을 모두 고른 것은?

(가) 임오군란이 일어났다.
(나) 대한국 국제가 제정되었다.

ㄱ. 병인양요가 일어났다.
ㄴ. 홍범 14조가 반포되었다.
ㄷ. 김옥균 등이 갑신정변을 일으켰다.
ㄹ. 헤이그에 이상설, 이준, 이위종이 특사로 파견되었다.

① ㄱ, ㄴ ② ㄱ, ㄹ
③ ㄴ, ㄷ ④ ㄷ, ㄹ

임오군란은 1882년에 발생하였고, 대한국 국제가 제정된 것은 1899년이다. 홍범 14조는 1895년에 반포되었고, 김옥균 등이 갑신정변을 일으킨 것은 1884년으로 (가)와 (나) 사이에 일어난 역사적 사실에 해당한다.
ㄱ. 병인양요는 1866년에 발생한 사건이다.
ㄹ. 네덜란드 헤이그에서 만국 평화 회의가 개최되자 고종은 이상설, 이준, 이위종을 특사로 파견하였다(1907).

○△×
23 다음에서 설명하는 인물은?

• 한국통사, 한국독립운동지혈사를 저술하였다.
• 대한민국 임시정부의 제2대 대통령으로 추대되었다.

① 박은식 ② 신채호
③ 백남운 ④ 손진태

박은식은 민족정신으로서 '조선 혼(魂)'을 강조하며 〈한국통사〉, 〈한국독립운동지혈사〉 등을 저술하였으며, 제2대 임시정부 대통령으로 선출되었다.

○△×
24 다음에서 설명하는 단체에 속한 인물이 아닌 것은?

• 김원봉 등의 주도로 결성되었다.
• 신채호에게 의뢰하여 작성한 조선혁명선언을 활동의 지침으로 삼았다.

① 김상옥 ② 김익상
③ 나석주 ④ 이봉창

의열단(1919)은 만주에서 김원봉이 조직한 단체이며, 김익상은 조선 총독부(1921), 김상옥은 종로 경찰서(1923)에 폭탄을 투척하였다. 나석주는 조선 식산 은행에 폭탄을 투척하였으나 불발하자 곧이어 동양 척식 주식회사에 들어가 일본인들을 사살하였다(1926).
④ 이봉창은 한인 애국단(1931)에 속한 인물이다.

○△×
25 다음 사건을 발생 시기가 앞선 순으로 옳게 나열한 것은?

ㄱ. 4 · 19 혁명이 일어났다.
ㄴ. 6 · 25 전쟁이 발발하였다.
ㄷ. 조선 건국 준비 위원회가 결성되었다.
ㄹ. 5 · 10 총선거가 실시되었다.

① ㄷ – ㄱ – ㄹ – ㄴ
② ㄷ – ㄹ – ㄴ – ㄱ
③ ㄹ – ㄷ – ㄱ – ㄴ
④ ㄹ – ㄷ – ㄴ – ㄱ

ㄷ. 조선 건국 준비 위원회(1945)
ㄹ. 5 · 10 총선거(1948)
ㄴ. 6 · 25전쟁(1950)
ㄱ. 4 · 19 혁명(1960)

실제 기출

정답 22 ③ 23 ① 24 ④ 25 ②

제2과목 관광자원해설

○△×

01 관광자원의 분류 유형에서 입지적 관광시장 특성에 따른 관광자원이 아닌 것은?

① 이용자 중심형 관광자원
② 중간형 관광자원
③ 자원 중심형 관광자원
④ 체류형 관광자원

④ 체류형 관광자원은 관광객 행동패턴에 따른 분류에 해당한다.

○△×

02 다음 설명에 해당하는 것은?

- 외국인관광객 유치 촉진
- 관광활동과 관련된 법령에서 적용 배제 또는 완화
- 관광활동과 관련된 서비스 · 안내체계 등 관광여건을 집중 조성할 필요가 있음

① 관광지　② 관광단지
③ 관광특구　④ 국립공원

보기는 관광특구에 대한 설명이다.
① 관광지 : 자연적 또는 문화적 관광자원을 갖추고 관광객을 위한 기본적인 편의시설을 설치하는 지역으로서 이 법에 따라 지정된 곳을 말한다(관광진흥법 제2조).
② 관광단지 : 관광객의 다양한 관광 및 휴양을 위하여 각종 관광시설을 종합적으로 개발하는 관광 거점 지역으로서 이 법에 따라 지정된 곳을 말한다(관광진흥법 제2조).
④ 국립공원 : 자연경관과 사적지, 희귀 동식물을 보호하고 국민의 보건 · 휴양 · 정서생활 향상에 기여하기 위해 지정된 우리나라 대표 자연 풍경지이다.

○△×

03 관광자원의 분류 유형과 구성요소의 연결이 옳은 것은?

① 문화관광자원 – 산악
② 사회관광자원 – 풍속
③ 산업관광자원 – 놀이시설
④ 위락관광자원 – 생활

관광자원의 분류
- 문화관광자원 : 문화유산관광(국가유산, 유적지, 고분 등), 예술관광(미술관, 문화센터 등)
- 사회관광자원 : 민속, 풍습, 생활양식 등
- 산업관광자원 : 농업관광(농원, 목장, 어장 등), 공업관광(공장 견학, 생산기술 습득 등), 상업관광(백화점, 쇼핑 등)
- 위락관광자원 : 카지노, 리조트, 스키, 골프 등

○△×

04 사회적 관광자원의 범주와 구성요소의 연결이 옳은 것은?

① 환대 · 생활양식 · 풍속 – 문화센터
② 전통예술 · 종교 · 민간신앙 · 신화 · 전설 – 쇼핑센터
③ 문화 · 교육 · 사회시설 – 도시공원
④ 민족성 · 국민성 – 부채춤

① 문화센터는 문화관광자원의 예술관광 범주에 속한다.
② 쇼핑센터는 산업관광자원의 상업관광 범주에 속한다.
④ 부채춤은 문화관광자원의 국가유산 범주에 속한다.

정답 1 ④ 2 ③ 3 ② 4 ③

○△×

05 테마파크(주제공원)에 관한 설명으로 옳지 않은 것은?

① 역사나 문화적 배경을 주제로 할 수 있다.
② 시간을 주제로 과거와 미래의 세계를 설정할 수 없다.
③ 예술 감상을 주목적으로 각 예술분야별로 전시 · 공연 · 참여의 장을 마련할 수 있다.
④ 교육목적별 형태를 띤 주제설정이 가능하다.

② 테마파크는 특정 주제를 바탕으로 비일상적 공간을 창조해 즐기는 오락공원이다. 가상과 허구의 세계를 체험할 수 있어, 과거부터 미래까지 시간의 제약 없이 다양한 세계를 설정할 수 있다.

○△×

06 자연관광자원의 특성에 해당하는 것은?

① 이동성
② 비계절성
③ 다양성
④ 저장가능성

자연관광자원의 특성
비이동성, 비저장성, 비소모성, 계절성, 다양성, 가변성, 공공재적 성격, 비계량적 성격

○△×

07 관광자원해설의 목적이 아닌 것은?

① 방문객이 방문지에 대하여 인식능력, 감상능력, 이해능력을 갖도록 도와주는 데 있다.
② 자원관리의 목표를 달성하는 데 있다.
③ 관광자원 관리당국자와 그들이 진행하고 있는 프로그램에 대한 대중의 이해를 촉진시키는 데 있다.
④ 지역사회의 수익을 최대한 많이 올리는 데 있다.

관광자원해설의 목적
• 방문자 만족 : 관광지에 대해 인식능력 · 감상능력 · 이해능력을 갖게 도와줌
• 자원관리 목표 달성 : 관광지에서 적절한 행동 교육 및 안내, 관광자원에 대한 인간의 영향을 최소화
• 이미지 개선 : 관광자원 관리당국자와 진행 프로그램에 대한 대중의 이해를 촉진

○△×

08 산업관광 유형과 이에 따른 설명으로 옳은 것은?

① 일반관광형 – 비즈니스와 연결된 거래처와 신규고객 등에게 설명하고 자사제품의 PR의 장으로 활용
② 리쿠르트형 – 널리 관광객을 수용하여 상품과 기업의 PR 및 판매 식음료시설로 관광사업을 전개
③ 산지진흥형 – 취업을 목적으로 하는 학생들을 대상으로 기업에 대한 관심을 높이고 기업이 요구하는 인재를 확보하는 것을 목적으로 함
④ 기술인재 육성형 – 초중고 학생들의 견학 등 수용지역과 사회로의 공헌을 지향

① 비즈니스형, ② 일반관광형, ③ 리쿠르트형 유형이다.

실제 기출

정답 5② 6③ 7④ 8④

○△×

09 다음 설명에 해당하는 관광코스(경로) 유형은?

> 관광객이 거주지에서 한 지점의 목적지에 직행하여 관광하고, 다른 목적지까지 직행하여 관광하는 형태를 반복하면서 거주지로 되돌아가는 경로형태

① 텀블린형　② 스푼형
③ 안전핀형　④ 피스톤형

① 텀블린형 : 관광객이 한 지점에 직행하여 관광한 뒤 다른 목적지에 직행하여 관광하는 것을 반복한 후 거주지로 돌아오는 형태이다. 시간과 경제적 여유가 있으며 관광 목적지가 여러 곳에 있을 때 선택된다.
② 스푼형 : 관광객이 목적지에 도착하여 관광활동을 한 뒤 근거리의 두 곳 이상의 관광지를 방문하고 동일한 교통로를 따라 돌아가는 형태이다. 당일 여행과 같이 짧은 일정인 경우가 많다.
③ 안전핀형 : 관광객이 목적지에 도착하여 관광활동을 한 뒤 인접 지역 일대를 관광한 후 새로운 교통로를 이용하여 돌아오는 형태이다.
④ 피스톤형 : 관광객이 목적지에 도착해 관광활동을 한 뒤 동일한 교통로로 돌아오는 형태이다.

○△×

10 해안경관을 중심으로 지정된 도립공원이 아닌 것은?

① 성산일출해양 도립공원
② 제주곶자왈 도립공원
③ 신안갯벌 도립공원
④ 마라도해양 도립공원

② 제주곶자왈은 화살활동 중 분출한 용암류가 만든 암괴지대이다. 북방계와 남방계 식물이 공존하는 난대림 지대이다.

○△×

11 자연관광자원의 속성이 아닌 것은?

① 관광객의 욕구를 충족시켜줄 수 있는 자연적인 대상이어야 한다.
② 산수, 풍경 등 경관미를 갖추어야 한다.
③ 레크레이션 기능을 갖추어야 한다.
④ 인간집단의 생활양식 또는 한 사회의 구성원들 간의 찾아볼 수 있는 관습적인 행위 및 행위의 산물이어야 한다.

④ 사회적 관광자원에 대한 설명이다.

○△×

12 농촌관광의 사업 운영형태에 의한 분류에 해당하는 것을 모두 고른 것은?

> ㄱ. 생산수단 임대(대여)형
> ㄴ. 농산물 채취형
> ㄷ. 농산물 판매형

① ㄱ, ㄴ　② ㄱ, ㄷ
③ ㄴ, ㄷ　④ ㄱ, ㄴ, ㄷ

농촌관광의 운영형태에 의한 분류
생산수단 대여형, 이용장소 제공형, 농산물 채취형, 농산물 판매형

○△×

13 농촌관광의 사회적 · 경제적 효과로 옳지 않은 것은?

① 농어촌 지역의 삶의 질 향상
② 농촌 지역경제의 활성화 및 지방재정기반의 강화
③ 농촌과 도시의 상호단절로 농촌의 몰락
④ 농촌 지역주민의 소득증대

③ 농촌관광으로 농촌과 도시의 상호교류를 촉진할 수 있다.

정답 9 ① 10 ② 11 ④ 12 ④ 13 ③

○△×

14 개최지역과 문화관광축제의 연결이 옳지 않은 것은?

① 금산 – 홍삼축제
② 평창 – 송어축제
③ 산청 – 한방약초축제
④ 연천 – 구석기축제

① 홍삼축제는 진안에서 개최된다. 금산에서는 인삼축제가 개최된다.

○△×

15 국가유산기본법에 명시된 국가유산이 아닌 것은?

① 복합유산
② 문화유산
③ 자연유산
④ 무형유산

정의(국가유산기본법 제3조)
"국가유산"이란 인위적이거나 자연적으로 형성된 국가적 · 민족적 또는 세계적 유산으로서 역사적 · 예술적 · 학술적 또는 경관적 가치가 큰 문화유산 · 자연유산 · 무형유산을 말한다.

○△×

16 문화유산에 해당하는 것을 모두 고른 것은?

ㄱ. 유형문화유산
ㄴ. 기념물
ㄷ. 민속문화유산

① ㄱ, ㄴ ② ㄱ, ㄷ
③ ㄴ, ㄷ ④ ㄱ, ㄴ, ㄷ

문화유산의 분류
- 유형문화유산 : 건조물, 전적, 서적, 고문서, 회화, 조각, 공예품 등
- 기념물 : 절터, 옛무덤, 조개무덤, 성터, 궁터, 가마터, 유물포함층 등의 사적지와 기념이 될 만한 시설물
- 민속문화유산 : 의식주, 생업, 신앙, 연중행사 등에 관한 풍속이나 관습에 사용되는 의복, 기구, 가옥 등

○△×

17 무형유산에 해당하는 것을 모두 고른 것은?

ㄱ. 전통적 공연 · 예술
ㄴ. 공예, 미술 등에 관한 전통기술
ㄷ. 전통적 놀이 · 축제 및 기예 · 무예
ㄹ. 풍속이나 관습에 사용되는 의복, 기구, 가옥

① ㄱ, ㄹ ② ㄱ, ㄴ, ㄷ
③ ㄴ, ㄷ, ㄹ ④ ㄱ, ㄴ, ㄷ, ㄹ

무형유산의 종류
전통적 공연 · 예술, 공예 · 미술 등에 관한 전통기술, 한의약 및 농경 · 어로 등에 관한 전통지식, 구전 전통 및 표현, 의식주 등 전통적 생활관습, 민간신앙 등 사회적 의식, 전통적 놀이 · 축제 및 기예 · 무예

정답 14 ① 15 ① 16 ④ 17 ②

○△×

18 **세계유산으로 등재된 고인돌 유적지가 아닌 곳은?**

① 전북 고창　② 충남 논산
③ 전남 화순　④ 인천 강화

> ② 충남 논산 관촉사에는 석조미륵보살입상(국보)이 있다.

○△×

19 **세계기록유산 「의궤(儀軌)」가 작성된 시기는?**

① 삼국시대
② 고려 전기
③ 고려 후기
④ 조선시대

> 의궤는 조선시대에 작성된 것으로 2007년 세계기록유산에 등재되었다.

○△×

20 **한산모시짜기에 관한 설명으로 옳은 것은?**

① 충남 서산군에서 만들어지는 모시이다.
② 속옷에 한정된 의류 제작이 되고 있다.
③ 남성이 이끄는 가내 수공업 형태로 전승되고 있다.
④ 세대에 걸쳐 기술과 경험을 전수하고 있다.

> ① 충남 서천군에서 전승되었다.
> ② 여름철 겉옷 등으로 폭넓게 사용되었다.
> ③ 모시짜기는 전통적으로 여성이 이끄는 가내 작업이다.

○△×

21 **무등산권 지질공원이 분포된 지역이 아닌 것은?**

① 광주광역시
② 전라남도 담양군
③ 전라남도 장성군
④ 전라남도 화순군

> 무등산권 지질공원은 광주광역시, 전남 화순군, 전남 담양군에 분포되어 있으며 2014년 국가지질공원으로 인증받았다.
> ③ 전남 장성군에는 장성댐이 있다.

○△×

22 **종묘에 관한 설명으로 옳은 것을 모두 고른 것은?**

ㄱ. 의례와 음악과 무용이 잘 조화된 전통의식과 행사가 이어짐 ㄴ. 건축 양식은 궁전이나 불사의 건축과 같이 화려함 ㄷ. 1995년 유네스코 세계유산으로 등재됨

① ㄱ, ㄴ
② ㄱ, ㄷ
③ ㄴ, ㄷ
④ ㄱ, ㄴ, ㄷ

> 종묘는 조선시대 역대 왕과 왕비의 위패를 모신 사당으로 1995년 세계문화유산으로 등록되었다. 종묘에서는 무용과 노래, 악기를 사용한 종묘제례를 지낸다.

정답 18 ② 19 ④ 20 ④ 21 ③ 22 ②

○△×

23 단청(丹青)에서 사용하는 기본 다섯 가지 색에 해당하지 않는 것은?

① 청 색 ② 적 색
③ 녹 색 ④ 백 색

단청은 청(青)·적(赤)·황(黃)·백(白)·흑(黑)의 5색을 써서 건축물을 장엄하게 하거나 조상(造像)·공예품(工藝品) 등을 채화하여 장식하는 것을 말한다.

○△×

24 세계유산으로 지정된 한국 갯벌에 관한 설명으로 옳은 것을 모두 고른 것은?

ㄱ. 지구 생물 다양성의 보전을 위해 전 지구적으로 가장 중요하고 의미 있는 서식지 중 하나이다.
ㄴ. 갯벌 지역의 지형지질학, 해양학, 기후학적인 조건들은 복합적으로 조합되어 철새들을 포함한 갯벌 생물들의 다양한 서식지를 발전시켰다.
ㄷ. 자연환경에 의존하는 인간활동과 문화 다양성을 보여주고 있다.

① ㄱ, ㄴ
② ㄱ, ㄷ
③ ㄴ, ㄷ
④ ㄱ, ㄴ, ㄷ

한국의 갯벌(2021년 등재)
- 지구 생물 다양성의 보전을 위해 전 지구적으로 가장 중요하고 의미 있는 서식지 중 하나이다.
- 고유종과 멸종위기 해양 무척추동물과 국제적 위협 또는 준위협 상태의 이동성 물새 종을 부양하고 있다.
- 지질 다양성과 생물 다양성 사이의 연관성을 보여주며, 자연환경에 의존하는 인간활동과 문화 다양성을 보여주고 있다.

※ 출처 : 국가유산청(khs.go.kr)

○△×

25 다음 유산 중 지정권자가 동일한 유산으로 묶인 것은?

ㄱ. 천연기념물
ㄴ. 명 승
ㄷ. 자연유산자료

① ㄱ, ㄴ
② ㄱ, ㄷ
③ ㄴ, ㄷ
④ ㄱ, ㄴ, ㄷ

천연기념물의 지정(자연유산법 제11조 및 제12조)
국가유산청장은 자연유산 중 역사적·경관적·학술적 가치가 높은 것으로 보존의 필요성이 있는 것을 천연기념물 또는 명승으로 지정할 수 있다.

시·도자연유산 또는 자연유산자료의 지정(자연유산법 제40조)
시·도지사는 천연기념물 또는 명승으로 지정되지 아니한 자연유산 중 향토자연보존상 필요하다고 인정하는 것을 자연유산자료로 지정할 수 있다.

실제 기출

정답 23 ③ 24 ④ 25 ①

제3과목 관광법규

○△×

01 관광기본법상 지속가능한 관광 시책의 추진 내용으로 명시되지 않은 것은?

① 관광자원의 보호
② 환경친화적 개발 · 이용
③ 고용 창출 및 지역경제 발전
④ 농어촌 고령화 대책

> **지속가능한 관광 시책의 추진(관광기본법 제9조)**
> 정부는 관광자원의 보호와 환경친화적 개발 · 이용, 고용 창출 및 지역경제 발전 등 현재와 미래의 경제적 · 사회적 · 환경적 영향을 충분히 고려하는 지속가능한 관광에 필요한 시책을 추진하여야 한다.

○△×

02 관광진흥법령상 관광객 이용시설업의 종류에 해당하지 않는 것은?

① 호스텔업
② 관광공연장업
③ 자동차야영장업
④ 전문휴양업

> 호스텔업은 관광숙박업에 해당한다.

○△×

03 관광진흥법령상 사업계획승인 대상 관광객 이용시설업에 해당하는 것은?

① 야영장업
② 국제회의시설업
③ 종합휴양업
④ 수상관광호텔업

> **사업계획승인 대상 관광객 이용시설업, 국제회의업(관광진흥법 시행령 제12조)**
> • 전문휴양업
> • 종합휴양업
> • 관광유람선업
> • 국제회의시설업

○△×

04 관광진흥법령상 기획여행을 실시하는 자가 광고를 하는 경우 표시하여야 할 사항이 아닌 것은?

① 최대 여행인원
② 여행경비
③ 여행업의 등록번호, 상호, 소재지 및 등록관청
④ 보증보험 등의 가입 또는 영업보증금의 예치 내용

> **기획여행의 광고(관광진흥법 시행규칙 제21조)**
> • 여행업의 등록번호, 상호, 소재지 및 등록관청
> • 기획여행명 · 여행일정 및 주요 여행지
> • 여행경비
> • 교통 · 숙박 및 식사 등 여행자가 제공받을 서비스의 내용
> • 최저 여행인원
> • 보증보험 등의 가입 또는 영업보증금의 예치 내용
> • 여행일정 변경 시 여행자의 사전 동의 규정
> • 여행목적지(국가 및 지역)의 여행경보단계

정답 1④ 2① 3③ 4①

◯△✕

05 **관광진흥법령상 호텔업의 등급결정에 관한 조문의 일부로서 등급결정신청기간에 관한 내용이다. (　　)에 들어갈 숫자로 옳은 것은?**

> 제25조(호텔업의 등급결정)
> ① 법 제19조 제1항 및 영 제22조 제1항에 따라 관광호텔업, 수상관광호텔업, 한국전통호텔업, 가족호텔업, 소형호텔업 또는 의료관광호텔업의 등록을 한 자는 다음 각 호의 구분에 따른 기간 이내에 영 제66조 제1항에 따라 문화체육관광부장관으로부터 등급결정권을 위탁받은 법인(이하 "등급결정 수탁기관"이라 한다)에 영 제22조 제2항에 따른 호텔업의 등급 중 희망하는 등급을 정하여 등급결정을 신청해야 한다.
> 1. 호텔을 신규 등록한 경우 : 호텔업 등록을 한 날부터 (ㄱ)일. 다만, 2024년 7월 1일부터 2026년 6월 30일까지의 기간 중 호텔업 등록을 한 경우에는 해당 호텔업 등록을 한 날부터 (ㄴ)일로 한다.

① ㄱ: 30, ㄴ: 60
② ㄱ: 60, ㄴ: 30
③ ㄱ: 60, ㄴ: 120
④ ㄱ: 120, ㄴ: 60

> 호텔을 신규 등록한 경우 : 호텔업 등록을 한 날부터 60일. 다만, 2024년 7월 1일부터 2026년 6월 30일까지의 기간 중 호텔업 등록을 한 경우에는 해당 호텔업 등록을 한 날부터 120일로 한다.

◯△✕

06 **관광진흥법령상 호텔업의 등급구분에 해당하는 것은?**

① 7성급　　② 6성급
③ 5성급　　④ 특급

> **호텔업의 등급결정(관광진흥법 시행령 제22조)**
> 호텔업의 등급은 5성급 · 4성급 · 3성급 · 2성급 및 1성급으로 구분한다.

◯△✕

07 **관광진흥법령상 카지노업의 영업 종류 중 머신게임에 해당하는 것은?**

① 빙고(Bingo)
② 빅 휠(Big Wheel)
③ 카지노 워(Casino War)
④ 비디오게임(Video Game)

> **카지노업의 영업 종류(관광진흥법 시행규칙 별표 8)**
> • 테이블게임 : 빙고, 빅휠, 카지노 워 등
> • 머신게임 : 슬롯머신, 비디오게임

정답 5 ③ 6 ③ 7 ④

○△×

08 관광진흥법령상 체육시설의 설치 · 이용에 관한 법률에 따라 골프장사업계획의 승인을 받은 경우 관광숙박시설과 해당 골프장을 연계하여 분양하거나 회원을 모집할 수 있는 관광숙박업에 해당하는 것은?

① 관광펜션업
② 제1종 종합휴양업
③ 휴양 콘도미니엄업
④ 관광지원서비스업

분양 및 회원모집(관광진흥법 제20조)
관광숙박업이나 관광객 이용시설업으로서 대통령령으로 정하는 종류의 관광사업을 등록한 자 또는 그 사업계획의 승인을 받은 자가 아니면 그 관광사업의 시설에 대하여 분양(휴양 콘도미니엄만 해당) 또는 회원모집을 하여서는 아니 된다.

분양 및 회원모집 관광사업(관광진흥법 시행령 제23조 제1항)
"대통령령으로 정하는 종류의 관광사업"이란 다음의 사업을 말한다.
- 휴양 콘도미니엄업 및 호텔업
- 관광객 이용시설업 중 제2종 종합휴양업

○△×

09 관광진흥법령상 관광 편의시설업에 해당하지 않는 것은?

① 관광순환버스업
② 여객자동차터미널시설업
③ 관광사진업
④ 국내외여행업

관광사업의 종류(관광진흥법 제3조)
- 관광 편의시설업 : 관광유흥음식점업, 관광극장유흥업, 외국인전용 유흥음식점업, 관광식당업, 관광순환버스업, 관광사진업, 여객자동차터미널시설업, 관광펜션업, 관광궤도업, 관광면세업, 관광지원서비스업
- 여행업 : 종합여행업, 국내외여행업, 국내여행업

○△×

10 관광진흥법령상 야영장의 안전 · 위생기준 중 질서 유지 및 안전사고 예방기준의 내용으로 옳은 것은?

① 매월 2회 이상 야영장 내 시설물에 대한 안전점검을 실시하여야 한다.
② 야영장 내 시설물에 대한 안전점검 결과를 2년 이상 보관하여야 한다.
③ 사업자와 관리요원은 문화체육관광부장관이 정하는 안전교육(온라인교육 포함)을 분기별 1회 이상 이수하여야 한다.
④ 야영장 내에서 차량이 시간당 30킬로미터 이하의 속도로 서행하도록 안내판을 설치하여야 한다.

야영장의 안전 · 위생기준(관광진흥법 시행규칙 별표 7)
- 매월 1회 이상 야영장 내 시설물에 대한 안전점검을 실시하고, 점검 결과를 문화체육관광부장관이 정하는 점검표에 기록하여 반기별로 특별자치도지사 · 시장 · 군수 · 구청장에게 제출하여야 하며, 점검 결과를 2년 이상 보관하여야 한다.
- 사업자와 관리요원은 문화체육관광부장관이 정하는 안전교육(온라인 교육을 포함한다)을 연 1회 이상 이수하여야 한다.
- 야영장 내에서 차량이 시간당 20킬로미터 이하의 속도로 서행하도록 안내판을 설치하여야 한다.

정답 8 ③ 9 ④ 10 ②

○△×

11 관광진흥법령상 즉시 사용중지 등 필요한 조치를 취하고 관할 행정청에 통보하여야 하는 '테마파크시설(구 유원시설)에 의한 중대한 사고'에 해당하는 경우는?

① 사고 발생일부터 3일 이내에 실시된 의사의 최초 진단결과 2주 이상의 입원 치료가 필요한 부상자가 동시에 3명 발생한 경우
② 사고 발생일부터 5일 이내에 실시된 의사의 최초 진단결과 4주 이상의 입원 치료가 필요한 부상자가 동시에 2명 발생한 경우
③ 사고 발생일부터 3일 이내에 실시된 의사의 최초 진단결과 1주 이상의 입원 치료가 필요한 부상자가 동시에 4명 발생한 경우
④ 테마파크시설의 운행이 25분 중단된 경우

사고보고의무 및 사고조사(관광진흥법 제33조의 2 및 시행규칙 별표 13)
테마파크업자는 그가 관리하는 테마파크시설로 인하여 대통령령으로 정하는 중대한 사고(사고 발생일부터 3일 이내에 실시된 의사의 최초 진단결과 2주 이상의 입원 치료가 필요한 부상자가 동시에 3명 발생한 경우)가 발생한 때에는 즉시 사용중지 등 필요한 조치를 취하고 문화체육관광부령으로 정하는 바에 따라 특별자치시 시장 · 특별자치도지사 · 시장 · 군수 · 구청장에게 통보하여야 한다.

○△×

12 관광진흥법령상 '여행업자가 고의로 여행계약을 위반한 경우' 3차 위반 시에 적용되는 행정처분기준은?

① 사업정지 10일　② 사업정지 20일
③ 사업정지 30일　④ 취 소

행정처분의 기준(관광진흥법 시행령 별표 2)
고의로 여행계약을 위반한 경우 : 1차 시정 명령, 2차 사업정지 10일, 3차 사업정지 20일, 4차 취소

○△×

13 관광진흥법령상 관광공연장업의 경우 관광사업자 등록대장에 기재되어야 할 사항이 아닌 것은?

① 1일 최대 수용인원
② 무대면적 및 좌석 수
③ 관광공연장업이 설치된 관광사업시설의 종류
④ 일반음식점 영업허가번호, 허가연월일, 허가기관

관광사업자 등록대장(관광진흥법 시행규칙 제4조 제6호)
- 관광공연장업이 설치된 관광사업시설의 종류
- 무대면적 및 좌석 수
- 공연장의 총면적
- 일반음식점 영업허가번호, 허가연월일, 허가기관

○△×

14 관광진흥법령상 관광종사원의 면접시험에서 평가하는 사항으로 명시되지 않은 것은?

① 국가관 · 사명감 등 정신자세
② 순발력과 위기관리능력
③ 전문지식과 응용능력
④ 예의 · 품행 및 성실성

①·③·④ 외에 의사발표의 정확성과 논리성을 평가한다(관광진흥법 시행규칙 제45조 제1항).

실제 기출

정답 11 ① 12 ② 13 ① 14 ②

○△×

15 관광진흥법령상 한국관광 품질인증의 인증 기준에 해당하지 않는 것은?

① 관광홍보 및 마케팅전략을 갖출 것
② 관광객 편의를 위한 시설 및 서비스를 갖출 것
③ 관광객 응대를 위한 전문 인력을 확보할 것
④ 재난 및 안전관리 위험으로부터 관광객을 보호할 수 있는 사업장 안전관리 방안을 수립할 것

한국관광 품질인증(관광진흥법 시행령 제41조의 12)
- 관광객 편의를 위한 시설 및 서비스를 갖출 것
- 관광객 응대를 위한 전문 인력을 확보할 것
- 재난 및 안전관리 위험으로부터 관광객을 보호할 수 있는 사업장 안전관리 방안을 수립할 것
- 해당 사업의 관련 법령을 준수할 것

○△×

16 관광진흥법령상 지정된 관광특구에 대해 실시하는 관광특구의 평가사항에 해당하지 않는 것은?

① 관광특구 지정 요건을 충족하는지 여부
② 최근 3년간의 진흥계획 추진 실적
③ 외국인 관광객의 유치 실적
④ 내국인 관광객의 유치 실적

관광특구에 대한 평가 등(관광진흥법 제73조)
- 시·도지사 또는 특례시의 시장은 평가 결과 관광특구의 지정요건에 맞지 아니하거나 추진실적이 미흡한 관광특구에 대하여는 대통령령으로 정하는 바에 따라 관광특구의 지정취소·면적조정·개선권고 등 필요한 조치를 하여야 한다.
- 문화체육관광부장관은 관광특구의 활성화를 위하여 관광특구에 대한 평가를 3년마다 실시하여야 한다.

관광특구의 지정요건(관광진흥법 시행령 제58조)
문화체육관광부장관이 고시하는 기준을 갖춘 통계 전문기관의 통계 결과 해당 지역의 최근 1년간 외국인 관광객 수가 10만 명(서울특별시는 50만 명) 이상이어야 한다.

○△×

17 관광진흥법령상 관광개발기본계획에 포함되어야 할 사항에 해당하지 않는 것은?

① 관광자원 보호·개발·이용·관리 등에 관한 기본적인 사항
② 관광권역의 설정에 관한 사항
③ 관광권역별 관광개발의 기본방향에 관한 사항
④ 관광 휴양·오락시설, 복합시설 및 그 밖의 시설지구로 구분된 토지이용계획에 관한 사항

관광개발기본계획 등(관광진흥법 제49조)
- 전국의 관광 여건과 관광 동향에 관한 사항
- 전국의 관광 수요와 공급에 관한 사항
- 관광자원의 보호·개발·이용·관리 등에 관한 기본적인 사항
- 관광권역의 설정에 관한 사항
- 관광권역별 관광개발의 기본방향에 관한 사항
- 그 밖에 관광개발에 관한 사항

○△×

18 관광진흥법령상 한국관광협회중앙회의 업무에 해당하지 않는 것은?

① 관광통계
② 관광안내소의 운영
③ 호텔관리사의 선발 및 징계
④ 관광사업의 발전을 위한 업무

한국관광협회중앙회의 업무(관광진흥법 제43조)
- 관광사업의 발전을 위한 업무
- 관광사업 진흥에 필요한 조사·연구 및 홍보
- 관광통계
- 관광종사원의 교육과 사후관리
- 회원의 공제사업
- 국가나 지방자치단체로부터 위탁받은 업무
- 관광안내소의 운영
- 상기 규정에 의한 업무에 따르는 수익사업

정답 15 ① 16 ④ 17 ④ 18 ③

○△×

19 **관광진흥법령상 호텔업의 등급결정 권한을 위탁받을 수 있는 법인의 요건이 아닌 것은?**

① 문화체육관광부장관의 허가를 받아 설립된 비영리법인이거나 공공기관의 운영에 관한 법률에 따른 공공기관일 것
② 관광숙박업의 육성과 서비스 개선 등에 관한 연구 및 계몽활동 등을 하는 법인일 것
③ 문화체육관광부령으로 정하는 기준에 맞는 자격을 가진 평가요원을 50명 이상 확보하고 있을 것
④ 외래관광객 유치계획 및 장기수지전망 등을 포함한 사업계획서가 적정할 것

④는 카지노업의 허가요건에 해당한다.

○△×

20 **관광진흥개발기금법령상 기금운용위원회에 관한 설명으로 옳지 않은 것은?**

① 위원장 1명을 포함한 10명 이내의 위원으로 구성한다.
② 공무원인 위원은 문화체육관광부의 고위공무원단에 속한 공무원만 가능하다.
③ 공인회계사의 자격이 있는 사람을 위원으로 위촉할 수 있다.
④ 위원장은 문화체육관광부 제1차관이 된다.

기금운용위원회의 구성(관광진흥개발기금법 시행령 제4조)

- 기금운용위원회는 위원장 1명을 포함한 10명 이내의 위원으로 구성한다.
- 위원장은 문화체육관광부 제1차관이 되고, 위원은 다음의 사람 중에서 문화체육관광부장관이 임명하거나 위촉한다.
  - 기획재정부 및 문화체육관광부의 고위공무원단에 속하는 공무원
  - 관광 관련 단체 또는 연구기관의 임원
  - 공인회계사의 자격이 있는 사람
  - 그 밖에 기금의 관리 · 운용에 관한 전문지식과 경험이 풍부하다고 인정되는 사람

○△×

21 **관광진흥개발기금법상 기금의 설치 및 재원에 관한 조문의 일부이다. (　　)에 들어갈 숫자로 옳은 것은?**

> 제2조(기금의 설치 및 재원)
> ③ 국내 공항과 항만을 통하여 출국하는 자로서 대통령령으로 정하는 자는 (ㄱ)만원의 범위에서 대통령령으로 정하는 금액을 기금에 납부하여야 한다.
> ④ 제3항에 따른 납부금을 부과받은 자가 부과된 납부금에 대하여 이의가 있는 경우에는 부과받은 날부터 (ㄴ)일 이내에 문화체육관광부장관에게 이의를 신청할 수 있다.

① ㄱ: 1, ㄴ: 30
② ㄱ: 1, ㄴ: 60
③ ㄱ: 5, ㄴ: 30
④ ㄱ: 5, ㄴ: 60

기금의 설치 및 재원(관광진흥개발기금법 제2조)

- 국내 공항과 항만을 통하여 출국하는 자로서 대통령령으로 정하는 자는 1만원의 범위에서 대통령령으로 정하는 금액을 기금에 납부하여야 한다.
- 부과된 납부금에 대하여 이의가 있는 경우에는 부과받은 날부터 60일 이내에 문화체육관광부장관에게 이의를 신청할 수 있다.

실제 기출

정답 19 ④ 20 ② 21 ②

○△×

22 **관광진흥개발기금법령상 관광진흥개발 기금의 대여신청을 거부하거나 그 대여를 취소하고 지출된 기금을 회수할 수 있는 경우가 아닌 것은?**

① 잘못 지급된 경우
② 거짓이나 그 밖의 부정한 방법으로 대여를 신청한 경우
③ 기금출납부를 작성·비치하지 않은 경우
④ 대여조건을 이행하지 아니한 경우

목적 외의 사용 금지 등(관광진흥개발기금법 제11조)
문화체육관광부장관은 기금의 대여를 신청한 자 또는 기금의 대여를 받은 자가 다음의 어느 하나에 해당하면 그 대여 신청을 거부하거나, 그 대여를 취소하고 지출된 기금의 전부 또는 일부를 회수한다.
- 거짓이나 그 밖의 부정한 방법으로 대여를 신청한 경우 또는 대여를 받은 경우
- 잘못 지급된 경우
- 등록·허가·지정 또는 사업계획 승인 등의 취소 또는 실효 등으로 기금의 대여자격을 상실하게 된 경우
- 대여조건을 이행하지 아니한 경우
- 기금을 대여받은 후 등록 또는 변경등록이나 사업계획 변경승인을 받지 못하여 기금을 대여 받을 때에 지정된 목적 사업을 계속하여 수행하는 것이 현저히 곤란하거나 불가능한 경우

○△×

23 **국제회의산업 육성에 관한 법령상 국제회의의 요건에 해당하지 않는 것은?**

① 해당 회의에 3개국 이상의 외국인이 참가할 것
② 회의 참가자가 100명 이상이고 그중 외국인이 50명 이상일 것
③ 2일 이상 진행되는 회의일 것
④ 국제민간기구가 개최하는 회의일 것

국제회의의 종류·규모(국제회의산업 육성에 관한 법률 시행령 제2조)
국제기구, 기관 또는 법인·단체가 개최하는 회의로서 다음의 요건을 모두 갖춘 회의
- 해당 회의에 3개국 이상의 외국인이 참가할 것
- 회의 참가자가 100명 이상이고 그중 외국인이 50명 이상일 것
- 2일 이상 진행되는 회의일 것

○△×

24 **국제회의산업 육성에 관한 법령상 국제회의시설 중 전문회의시설이 갖추어야 할 요건으로 옳지 않은 것은?**

① 2천명 이상의 인원을 수용할 수 있는 대회의실이 있을 것
② 국제회의 개최에 필요한 회의실로 활용할 수 있는 호텔연회장·공연장을 2개 이상 갖추고 있을 것
③ 옥내와 옥외의 전시면적을 합쳐서 2천제곱미터 이상 확보하고 있을 것
④ 30명 이상의 인원을 수용할 수 있는 중·소회의실이 10실 이상 있을 것

전문회의시설의 요건(국제회의산업 육성에 관한 법률 시행령 제3조)
- 2천명 이상의 인원을 수용할 수 있는 대회의실이 있을 것
- 30명 이상의 인원을 수용할 수 있는 중·소회의실이 10실 이상 있을 것
- 옥내와 옥외의 전시면적을 합쳐서 2,000제곱미터 이상 확보하고 있을 것

정답 22 ③ 23 ④ 24 ②

○△×

25 국제회의산업 육성에 관한 법령상 국제회의 전담조직의 업무로 명시되지 않은 것은?

① 국제회의를 전담하는 숙박시설의 운영 및 관리
② 국제회의의 유치 및 개최 지원
③ 국제회의산업의 국외 홍보
④ 국제회의 전문인력의 교육 및 수급

국제회의 전담조직의 업무(국제회의산업 육성에 관한 법률 시행령 제9조)
- 국제회의의 유치 및 개최 지원
- 국제회의산업의 국외 홍보
- 국제회의 관련 정보의 수집 및 배포
- 국제회의 전문인력의 교육 및 수급
- 지방자치단체의 장이 설치한 전담조직에 대한 지원 및 상호협력
- 그 밖에 국제회의산업의 육성과 관련된 업무

제4과목 관광학개론

○△×

01 다음에 설명하는 관광유형은?

> 미래세대의 욕구를 충족시킬 수 있는 능력과 여건을 저해하지 않으면서 현세대의 욕구를 함께 충족시키는 개발의 관광형태이다.

① 복지관광
② 공정관광
③ 체험관광
④ 지속가능관광

지속가능관광
- 지속가능한 개발의 일환
- 환경 및 미래 세대에 장기적인 위해를 가하지 않는 수준에서 관광 수준을 유지하는 여행

○△×

02 관광매체에 관한 내용이 아닌 것은?

① 여행사에서 만든 안내 브로셔
② 관광자들을 위한 테마파크
③ 지방자치단체에서 만든 관광 관련 조례
④ 관광지 접근성을 높이기 위한 도로시설

② 테마파크는 관광객이 직접 보고 즐길 수 있는 관광객체에 해당한다.
관광매체는 관광알선, 정보 전달, 접근 지원 등의 기능을 담당한다.

정답 25 ① // 1 ④ 2 ②

O△X
03 다음 중 국내 호텔 설립 순서로 옳은 것은?

ㄱ. 대불호텔
ㄴ. 손탁호텔
ㄷ. 조선호텔

① ㄱ → ㄴ → ㄷ
② ㄱ → ㄷ → ㄴ
③ ㄴ → ㄱ → ㄷ
④ ㄷ → ㄱ → ㄴ

ㄱ. 대불호텔(1888) → ㄴ. 손탁호텔(1902) → ㄷ. 조선호텔(1914)

O△X
04 관광정책 수립 순서로 옳은 것은?

ㄱ. 관광진흥개발기금법
ㄴ. 국제관광공사법
ㄷ. 관광단지개발촉진법
ㄹ. 국제회의산업 육성에 관한 법률

① ㄱ → ㄴ → ㄷ → ㄹ
② ㄱ → ㄷ → ㄹ → ㄴ
③ ㄴ → ㄱ → ㄷ → ㄹ
④ ㄴ → ㄷ → ㄱ → ㄹ

ㄴ. 국제관광공사법(1962) → ㄱ. 관광진흥개발기금법(1972) → ㄷ. 관광단지개발촉진법(1975) → ㄹ. 국제회의산업 육성에 관한 법률(1996)

O△X
05 다음에 설명하는 국제 관광기구는?

세계 여행업계의 발전과 권익을 목적으로 1966년에 설립되었으며 벨기에 브리셀에 본부를 두고 있다.

① FIYTO
② AACVB
③ UNWTO
④ UFTAA

UFTAA(Universal Federation of Travel Agents Association : 여행업자협회 세계연맹)
- 1966년 11월에 FIAV와 UOTAA가 합병하여 설립된 각국 여행업협회의 국제기관
- 여행업자를 대표하여 여행업자의 이익을 위하여 관광과 관련한 정부기관, 민간국제기관과 교섭하는 기관으로 활동
- 여행업자의 직업적 지위를 확립하고 권위의 향상을 도모

※ UFTAA 본부는 현재 프랑스 모나코에 위치하고 있다. 출제 오류로 전항 정답 처리되었다.

O△X
06 한국관광공사의 사업 중 다음에 해당하는 것은?

- 인구감소지역의 관광인구 충전지원 강화
- 관광 유관 분야 스타트업 실증 사업 지원

① 한국관광의 별
② BETTER里
③ BENIKEA
④ 유니크베뉴

BETTER里 : 인구감소지역 관광인구 충전지원사업
- 인구감소지역 89개 기초지자체 대상
- 고유 문화 및 관광자원을 활용한 관광상품 실증으로 관광인구 증대 지원
- 2025년 경기도 가평군과 전북 무주군의 14개 기업 선정

정답 3 ① 4 ③ 5 전항 정답 6 ②

○△×

07 IATA 코드와 항공사의 연결이 옳은 것을 모두 고른 것은?

ㄱ. TG – 타이항공
ㄴ. BA – 베트남항공
ㄷ. CX – 케세이퍼시픽항공
ㄹ. EK – 에미레이트항공

① ㄱ, ㄴ, ㄷ ② ㄱ, ㄴ, ㄹ
③ ㄱ, ㄷ, ㄹ ④ ㄴ, ㄷ, ㄹ

• BA – 영국항공
• VN – 베트남항공

○△×

08 2025년 9월 현재 외교부 지정 여행 금지 국가가 아닌 것은?

① 이 란 ② 이라크
③ 소말리아 ④ 아이티

외교부 지정 여행 금지 국가(2025년)
이라크, 소말리아, 아프가니스탄, 예멘, 시리아, 리비아, 우크라이나, 수단, 아이티

○△×

09 한국과 워킹홀리데이 협정을 맺고 있는 국가가 아닌 것은?

① 네덜란드 ② 이스라엘
③ 칠 레 ④ 싱가포르

한국과 워킹홀리데이 협정을 맺고 있는 국가
네덜란드, 뉴질랜드, 대만, 덴마크, 독일, 라트비아, 룩셈부르크, 벨기에, 스웨덴, 스페인, 아르헨티나, 아일랜드, 안도라, 영국(YMS), 오스트리아, 이스라엘, 이탈리아, 일본, 체코, 칠레, 캐나다, 포르투갈, 폴란드, 프랑스, 헝가리, 호주, 홍콩

○△×

10 2024년 문화체육관광부 지정 글로벌 축제가 아닌 것은?

① 보령 머드축제
② 수원 화성문화제
③ 인천 펜타포트음악축제
④ 화천 산천어축제

문화체육관광부는 2024~2026년 대한민국 대표 글로벌 축제로 수원 화성문화제(전통문화형), 인천 펜타포트음악축제(공연예술형), 화천 산천어축제(관광자원형)를 선정하였다.

○△×

11 유네스코 등재 연도별 순서로 옳은 것은?

ㄱ. 연등제, 한국의 등불 축제
ㄴ. 한국의 전통레슬링(씨름)
ㄷ. 한국의 탈춤
ㄹ. 한국의 장담그기 문화

① ㄱ → ㄴ → ㄷ → ㄹ
② ㄱ → ㄴ → ㄹ → ㄷ
③ ㄴ → ㄱ → ㄷ → ㄹ
④ ㄴ → ㄱ → ㄹ → ㄷ

ㄴ. 한국의 전통레슬링(씨름)(2018) → ㄱ. 연등제, 한국의 등불 축제(2020) → ㄷ. 한국의 탈춤(2022) → ㄹ. 한국의 장담그기 문화(2024)

실제 기출

정답 7 ③ 8 ① 9 ④ 10 ① 11 ③

○△×

12 관광서비스의 특성을 고려한 물리적 환경을 의미하는 것은?

① 포지셔닝
② 유통채널
③ 서비스 프로세스
④ 서비스 스케이프

서비스 스케이프(Servicescape)
서비스(Service)와 경관(Scape)의 합성어로, 서비스가 제공되는 물리적 환경이 고객의 심리와 행동에 미치는 영향을 말한다. 관광에서는 호텔 객실의 청결 상태, 관광지의 시설, 식당의 인테리어와 분위기 등이 이에 해당한다. 이러한 물리적 환경은 관광객의 만족도를 결정짓는 중요한 요인으로 작용한다.

○△×

14 관광진흥법령상 여행업에 관한 설명으로 옳은 것을 모두 고른 것은?

ㄱ. 종합여행업은 국내외를 여행하는 내국인 및 외국인을 대상으로 하는 여행업이다.
ㄴ. 국내여행업은 국내를 여행하는 내국인 및 외국인을 대상으로 하는 여행업이다.
ㄷ. 종합여행업의 자본금은 5천만 원 이상이어야 한다.

① ㄱ, ㄴ
② ㄱ, ㄷ
③ ㄴ, ㄷ
④ ㄱ, ㄴ, ㄷ

관광사업의 종류(관광진흥법 시행령 제2조 제1항)
• 종합여행업 : 국내외를 여행하는 내국인 및 외국인을 대상으로 하는 여행업
• 국내여행업 : 국내를 여행하는 내국인을 대상으로 하는 여행업

관광사업의 등록기준(관광진흥법 시행령 별표1)
종합여행업의 자본금 : 5천만 원 이상일 것

○△×

13 다음에서 설명하는 회의의 유형은?

• 제시된 주제에 대해 상반된 견해를 가진 동일 분야의 전문가들이 청중 앞에서 벌이는 공개 토론회
• 사회자의 주도하에 청중의 자유로운 질의 기회 부여

① 포 럼
② 워크숍
③ 클리닉
④ 세미나

② 워크숍(Workshop) : 컨벤션, 컨퍼런스의 한 부분으로서 특정 문제나 과제에 관한 새로운 지식, 기술, 통찰방법 등을 서로 교환
③ 클리닉(Clinic) : 특정주제에 대한 훈련 및 강습
④ 세미나(Seminar) : 교육목적의 회의

○△×

15 다음에서 설명하는 외교부의 여행경보제도는?

• 단기적으로 긴급한 위험이 있는 국가(지역)에 대하여 발령
• 발령 기간은 90일을 넘지 않음

① 여행유의보
② 특별여행주의보
③ 여행금지경보
④ 흑색경보

특별여행주의보(외교부 「여행경보제도 운영지침」)
• 발령기준 : 단기적으로 긴급한 위험이 있는 경우
• 행동요령 : 여행경보 2단계(여행자제) 이상 3단계(출국권고) 이하에 준함
• 기간 : 발령일로부터 최대 90일까지 유효

정답 12 ④ 13 ① 14 ② 15 ②

○△×

16 다음 설명에 해당하는 MICE 산업의 범위는?

> • UIA 기준에 부합하는 정부, 학회, 기업 등의 국제회의
> • 아이디어 교환, 토론, 정보교환, 사회적 네트워크 형성을 위한 각종 회의

① Incentive Tour
② Exhibition
③ Convention
④ Event

③ Convention : 정보 전달을 목적으로 하는 국제회의여행
① Incentive Tour : 관광이라는 형태로 동기부여, 효율성 증대를 이루기 위한 포상여행

○△×

17 호텔 분류 방법에 따른 호텔 유형의 연결이 아닌 것은?

① 숙박 형태 – 버뮤다 호텔
② 입지 조건 – 에어포트 호텔
③ 호텔 등급 – 3성급 호텔
④ 숙박 목적 – 비즈니스 호텔

① 버뮤다 호텔은 요금지불방식에 의한 분류로 객실요금에 조식이 포함되는 방식을 의미한다. 콘티넨탈식 플랜과 같은 방식이다.

○△×

18 아시아 · 태평양 지역 LCC항공사 항공 동맹체는?

① 스타 얼라이언스(Star Alliance)
② 원 월드(One World)
③ 스카이 팀(Sky Team)
④ 밸류 얼라이언스(Value Alliance)

밸류 얼라이언스는 녹에어(태국), 세부퍼시픽, 세브고(필리핀), 제주항공(한국) 등 아시아 · 태평양 지역 LCC항공사 항공 동맹이다. 현재는 운영되고 있지 않다.

○△×

19 다음에서 설명하는 호텔 객실 요금은?

> 투숙 고객이 여행 등 사정으로 수화물을 객실에 남겨두고 기는 경우 계속 사용할 의사로 간주하여 부과하는 요금

① 미드나이트 차지(Midnight Charge)
② 홀드 룸 차지(Hold Room Charge)
③ 엑스트라 차지(Extra Charge)
④ 옵셔널 레이트(Optional Rate)

① 미드나이트 차지 : 예약한 고객이 당일 밤중이나 다음 날 아침에 도착했을 경우 부과하는 야간 객실요금
③ 엑스트라 차지 : 체크인 이후 추가 인원이 발생한 경우 등 기본 요금 외에 추가로 부과되는 요금
④ 옵셔널 레이트 : 객실 환경상 정확한 요금을 결정지을 수 없을 때 적용되는 요금

정답 16 ③ 17 ① 18 ④ 19 ②

○△×

20 관광사업의 공익적 특성 중 문화적 효과로 옳은 것은?

① 국제무역 증진
② 지역주민의 고용창출
③ 외화획득으로 인한 소득 증대
④ 국제문화 교류 증대

관광사업의 공익적 특성
- 사회 · 문화적 효과 : 국위 선양, 상호 이해를 통한 국제친선의 증진, 국제문화의 교류, 국민보건의 향상, 근로의욕의 증진 등
- 경제적 측면 : 외화 획득과 경제 발전, 기술협력과 국제무역 증진, 소득효과, 고용효과, 주민 후생복지의 증진, 생활환경 개선과 지역개발의 효과 등

○△×

21 국내에서 운영 중인 카지노 복합리조트(IR)는?

① 마리나베이샌즈(Marina Bay Sands)
② 리조트월드센토사(Resort World Sentosa)
③ 인스파이어 엔터테인먼트 리조트(Inspire Entertainment Resort)
④ 샌즈 카지노(Sands Casino)

①·②·④는 싱가포르에 소재하고 있다.

○△×

22 항공요금에 관한 설명으로 옳지 않은 것은?

① 특별운임은 승객의 다양한 여행 형태에 부합하여 개발된 운임으로 일정한 제한이 있는 운임
② 유아운임은 여행일 기준 만 14일 이상, 만 2세 미만의 유아에게 적용
③ 비동반 소아운임은 여행일 기준 만 2세 이상, 만 12세 미만의 소아에게 적용
④ 학생운임은 여행일 기준 만 12세 이상, 만 25세 미만으로 정규기관 교육과정에 등록된 학생에게 적용

② IATA 기준 유아는 만 2세 미만에 해당한다.
③ · ④ 비동반 소아운임과 학생운임은 항공사별로 시행 여부와 기준이 다르다.
※ 출제 오류로 복수 정답 처리되었다.

○△×

23 크루즈업에 관한 설명으로 옳지 않은 것은?

① 관광진흥법령상 관광객 이용시설업에 속한다.
② 배를 이용하여 사람이나 화물을 실어 나르는 해상운송이 주된 사업이다.
③ 관광진흥법령상 관광유람선업은 일반관광유람선업과 크루즈업으로 구분된다.
④ 크루즈는 활동 범위에 따라 국내 크루즈와 국제 크루즈로 구분된다.

② 해상여객운송사업에 대한 설명이다.

정답 20 ④ 21 ③ 22 ②·③·④ 23 ②

○△×

24 2025년 9월 현재 기준 입국 시 「여행자 휴대품 면세 범위」에 관한 설명으로 옳지 않은 것은?

① 여행자 휴대품 기본면세범위는 1인당 US 800이다.

② 담배는 종류별 면세범위가 다르며 기본면세범위와는 별도로 면세처리 된다.

③ 향수는 100ml 이하인 경우 수량과는 무관하다.

④ 술은 US 400 이하여야 하며 수량은 2병으로 제한한다.

관세가 면제되는 여행자 휴대품 등(관세법 시행규칙 제48조)

- 여행자가 통상적으로 몸에 착용하거나 휴대할 필요성이 있다고 인정되는 물품인 경우 미화 800달러 이하로 한다.
- 술 · 담배 · 향수는 별도면세범위에서 해당 내국물품의 구매수량을 공제한다.
- 향수의 면세한도는 100ml 이하로 한다.
- 술의 면세한도는 400달러 이하, 2L 이하로 한다.

○△×

25 관광마케팅 시장 세분화 기준의 심리적 변수가 아닌 것은?

① 성 별

② 개 성

③ 태 도

④ 라이프 스타일

시장세분화 기준

- 지리적 변수 : 지역, 인구밀도, 도시의 규모, 기후
- 인구적 변수 : 성별, 연령, 가족규모, 수입, 직업, 교육, 종교, 인종, 사회
- 심리적 변수 : 태도, 사회적 계층, 라이프 스타일, 개성
- 행동적 변수 : 구매횟수, 이용률, 추구하는 편익, 사용량, 상표충성도

실제 기출

정답 24 ④ 25 ①

2024년 실제 기출문제

※ 문제의 이해도에 따라 ○△× 체크하여 완벽하게 정리하세요.

제1과목 관광국사

○△×

01 동예에 관한 설명으로 옳은 것은?

① 단궁과 과하마 등이 특산물이었다.
② 주요 관명으로 마가, 우가 등이 있었다.
③ 흉년이 들면 왕에게 책임을 묻기도 하였다.
④ 형이 죽으면 동생이 형수를 아내로 맞는 풍습이 있었다.

> ① 동예의 특산물로는 단궁, 과하마, 반어피 등이 있다.
> ②·③·④는 부여에 관한 설명이다.

○△×

02 청동기시대에 관한 설명으로 옳은 것은?

① 빗살무늬 토기를 주로 사용하였다.
② 거친무늬 거울이 의식용으로 사용되었다.
③ 민무늬 토기가 사용되기 시작하였다.
④ 소를 농경에 활용하는 양상이 널리 확산되었다.

> ② 청동기시대의 유물로 반달 돌칼, 비파형 동검, 민무늬 토기, 거친무늬 거울 등이 있다.
> ①·③은 신석기시대에 관한 설명이다.
> ④ 우경(牛耕)은 철기시대에 널리 확산되었다.

○△×

03 단군의 건국에 관한 기록이 있는 문헌으로 옳은 것을 모두 고른 것은?

ㄱ. 삼국사기	ㄴ. 삼국유사
ㄷ. 제왕운기	ㄹ. 화랑세기

① ㄱ, ㄴ
② ㄱ, ㄹ
③ ㄴ, ㄷ
④ ㄷ, ㄹ

> 단군의 기록이 담긴 문헌은 〈삼국유사〉, 〈제왕운기〉, 〈응제시주〉, 〈세종실록지리지〉 등이 있다.

정답 1① 2② 3③

○△×

04 신라 성덕왕의 재위기간에 있었던 사실로 옳은 것은?

① 촌민에게 정전을 지급하였다.
② 관료전을 지급하고 녹읍을 폐지하였다.
③ 관료전을 폐지하고 녹읍을 부활하였다.
④ 관료를 18과로 나누어 전지와 시지를 지급하였다.

②는 신문왕, ③은 경덕왕, ④는 고려시대에 관한 것이다.

○△×

05 발해의 통치 제도에 관한 설명으로 옳지 않은 것은?

① 정당성의 대내상이 국정을 총괄하였다.
② 관리 인사를 담당하는 위화부를 두었다.
③ 전국을 5경 15부 62주로 나누어 다스렸다.
④ 당의 3성 6부제를 수용하여 중앙 관제를 마련하였다.

② 관리 인사를 담당하는 위화부를 설치한 것은 신라의 진평왕이다.

○△×

06 신라의 유교 진흥에 관한 설명으로 옳은 것을 모두 고른 것은?

ㄱ. 지방에 경당이라는 학교를 세웠다.
ㄴ. 궁중에 청연각, 보문각 등을 두었다.
ㄷ. 독서삼품과라는 시험제도를 실시하였다.
ㄹ. 공자와 그 제자들의 화상을 국학에 안치하였다.

① ㄱ, ㄴ
② ㄱ, ㄹ
③ ㄴ, ㄷ
④ ㄷ, ㄹ

ㄱ. 경당을 세운 것은 고구려이다.
ㄴ. 청연각과 보문각을 설치한 것은 고려이다.

○△×

07 다음 (　　)에 들어갈 인물로 옳은 것은?

진흥왕 때에 가야 출신의 (　　)은 중국의 쟁을 참고하여 12줄로 된 가야금을 만들고 12악곡을 지었다.

① 우 륵
② 왕산악
③ 박 연
④ 송태평

② 왕산악은 고구려의 음악가로 거문고 연주의 대가이다.
③ 박연은 조선시대의 음악가로 〈정간보〉를 창안하였다.
④ 송태평은 조선시대의 비파 연주가이다.

실제 기출

정답 4 ① 5 ② 6 ④ 7 ①

○△×

08 신라 하대의 풍수지리에 관한 설명으로 옳은 것은?

① 도선이 비보사탑설을 제시하였다.
② 묘청이 서경 명당설을 주장하였다.
③ 김위제가 남경 천도를 주장하였다.
④ 명당을 둘러싼 소송인 산송이 빈번하였다.

> ② 묘청은 고려의 수도를 서경으로 옮기자는 서경 천도 운동을 하였다.
> ③ 고려 전기에 김위제는 도선의 도참설을 들어 남경(한양)으로 도읍을 옮기자고 주청하였다.
> ④ 산송(山訟)이 빈번하였던 것은 조선시대에 풍수지리설이 일반인에게 유행하면서이다.

○△×

09 백제 성왕의 재위기간에 일어난 사실로 옳은 것은?

① 국호를 남부여로 바꾸었다.
② 익산에 미륵사를 창건하였다.
③ 수도를 한성에서 웅진으로 옮겼다.
④ 대야성을 비롯한 40여 성을 되찾았다.

> ② 미륵사를 창건한 것은 무왕 때이다.
> ③ 웅진으로 천도한 것은 문주왕 때이다.
> ④ 신라를 침공하여 대야성을 비롯한 40여 성을 빼앗은 것은 의자왕 때이다.

○△×

10 다음 형벌이 시행된 시기의 사회상에 관한 설명으로 옳은 것은?

> 이것은 일정한 신분층 이상의 사람이 죄를 지으면 자신의 본관지로 되돌아가게 하는 형벌이다. 이는 거주지의 제한과 함께 중앙의 특권 신분층을 분리하는 의미를 갖고 있다.

① 위항문학이라는 중인 문학이 확산되었다.
② 육두품 출신은 진골에 비해 차별을 받았다.
③ 향촌사회를 안정시키기 위해 향약이 보급되었다.
④ 향, 소, 부곡 주민은 군현민에 비해 차별을 받았다.

> 〈보기〉는 귀향형에 대한 설명이다. 귀향형은 고려시대 귀족에게 주어진 형벌이다.
> ①·③은 조선시대, ②는 신라시대의 사회상이다.

○△×

11 밑줄 친 이 책의 제목은?

> <u>이 책</u>은 중국 약재 대신에 향약을 쓸 수 있는 단서를 열었으며, 우리나라에서 현존하는 가장 오래된 의학서이다.

① 동의보감
② 향약집성방
③ 향약구급방
④ 향약채취월령

> ③ 향약구급방 : 현존하는 가장 오래된 의학서로 처방과 약재 180여 종 소개
> ① 동의보감 : 전통 한의학을 정리한 책
> ② 향약집성방 : 우리 풍토에 맞는 약재와 치료 방법을 정리한 책
> ④ 향약채취월령 : 약용 식물 채취에 관한 책

정답 8 ① 9 ① 10 ④ 11 ③

○△×

12 고려와 거란의 전쟁에 관한 설명으로 옳지 않은 것은?

① 강감찬이 귀주 전투에서 승리하였다.
② 개경이 함락되어 현종이 나주로 피난하였다.
③ 윤관이 동북 9성을 쌓아 적의 공격에 대비하였다.
④ 서희가 외교 담판을 통해 강동 6주를 확보하였다.

윤관이 동북 9성을 쌓은 것은 여진족과의 전쟁 때 있었던 일이다.

○△×

13 밑줄 친 '그'에 해당하는 인물은?

> 그는 오랫동안 거란, 송, 일본 등에 불교 경전과 논서들의 주석서를 널리 수집하여 교장을 편찬하였다. 교장은 당시 동아시아 불교의 발전에 크게 기여했고, 그 목록이 남아 있다.

① 원 효
② 의 상
③ 균 여
④ 의 천

의천은 초조대장경을 보완하기 위해 거란, 송, 일본 등에서 주석서를 수집하여 '속장경'을 편찬하였다.

○△×

14 다음에서 설명하는 것은?

> 전국 8도에 각각 임명되어 수령을 지휘 감독하였으며, 감찰권, 행정권, 사법권, 군사권을 가진 중요한 직책이었다.

① 감 사
② 관찰사
③ 목 사
④ 암행어사

관찰사는 중앙 집권 체제를 강화하기 위해 8도에 파견되어 각 도를 감찰하였다.

○△×

15 조선 후기 사회상에 관한 설명으로 옳은 것은?

① 태어난 차례대로 족보와 호적에 기재하였다.
② 제사를 형제가 돌아가면서 지내거나 책임을 분담하였다.
③ 여성의 재가가 자유롭게 이루어지고 그 자손의 사회적 진출에 차별을 두지 않았다.
④ 전국에 많은 동족 마을이 만들어지고 문중을 중심으로 서원, 사우가 많이 세워졌다.

① 고려시대의 사회상이다.
② 조선 초기부터 중기까지는 형제가 돌아가면서 제사를 지내었다.
③ 근현대에 들어 여성의 재가가 자유롭게 이루어졌다.

실제 기출

정답 12 ③ 13 ④ 14 ② 15 ④

OΔX

16 조선시대 과거 제도에 관한 설명으로 옳지 않은 것은?

① 잡과는 분야별로 정원이 있었다.
② 무과는 대과와 소과의 구별이 있었다.
③ 문과 식년시 초시는 각 도의 인구 비례로 선발하였다.
④ 3년마다 정기적으로 실시하는 시험과 부정기 시험이 있었다.

무과는 소과는 없고 대과 시험만 있었다.

OΔX

17 다음 ( )에 들어갈 국왕은?

( )는(은) 신진 인물이나 중 · 하급 관리 중에서 유능한 인사를 재교육하는 초계문신 제도를 실시하였다.

① 세 종　② 세 조
③ 숙 종　④ 정 조

정조는 초계문신제도를 비롯하여 규장각 육성, 탕평책 계승, 장용영 설치, 수원 화성 건설 등 다양한 업적을 쌓았다.

OΔX

18 조선 전기에 있었던 사실로 옳은 것은?

① 현량과의 실시
② 설점수세제의 시행
③ 백두산 정계비의 건립
④ 비변사 폐지와 의정부의 기능 회복

② · ③은 조선 중기, ④는 조선 후기의 사건이다.

OΔX

19 다음에서 설명하는 군사 조직은?

• 조선시대 서리, 잡학인, 신량역천인, 노비 등이 소속되어 유사시에 대비하게 한 예비군의 일종이다.
• 내륙 지방을 수호하고 외침이 있을 때 많은 병력을 동원하기 위해 편성되었다.

① 삼수병　② 잡색군
③ 신보군　④ 훈련도감

① 삼수병은 포수, 살수, 사수로 구성된 군사 조직이다.
③ 신보군은 고려 숙종에 윤관이 조직한 별무반의 보졸이다.
④ 훈련도감은 류성룡의 건의로 임진왜란 중에 설치되었다.

OΔX

20 다음에서 설명하는 인물은?

• 기기도설을 참고하여 거중기를 만들었다.
• 경세유표, 흠흠신서 등의 책을 저술하였다.
• 한강을 안전하게 건너도록 배다리를 설계하였다.

① 박제가　② 박지원
③ 정약용　④ 홍대용

① 박제가는 〈북학의〉를 저술하였으며 절약보다 소비를 권장하여 생산을 자극하였다.
② 박지원은 〈열하일기〉를 저술하였으며 양반의 비생산성을 비판하였다.
④ 홍대용은 〈임하경륜〉, 〈의산문답〉을 저술하였으며 중국 중심의 생각을 비판하였다.

정답 16 ② 17 ④ 18 ① 19 ② 20 ③

☐△✕

21 조선 후기 편찬된 서적으로 옳은 것을 모두 고른 것은?

ㄱ. 금양잡록	ㄴ. 성호사설
ㄷ. 청장관전서	ㄹ. 상정고금예문

① ㄱ, ㄴ
② ㄱ, ㄹ
③ ㄴ, ㄷ
④ ㄷ, ㄹ

금양잡록은 조선 초기, 상정고금예문은 고려 시기에 편찬되었다.

☐△✕

22 다음에서 설명하는 사건은?

- 우정국 개국 축하연을 기회로 정변을 일으켰다.
- 인민 평등권과 능력에 따른 인재 등용을 주장하였다.
- 혜상공국을 폐지하여 자유로운 상업의 발전을 꾀하였다.

① 105인 사건
② 갑신정변
③ 갑오개혁
④ 을미개혁

① 조선총독부가 민족해방운동을 탄압하기 위해 105인의 독립운동가를 감옥에 가둔 사건이다. 이 사건으로 신민회가 와해되었다.
③ 신분제 철폐, 홍범 14조 반포, 조세의 금납화 등이 이루어졌다.
④ 친일 내각을 구성하였고 단발령을 실시하는 등 자주적 근대화 개혁을 노력하였으나 아관파천으로 중단되었다.

☐△✕

23 조선 영조 대에 편찬된 법전은?

① 속대전
② 경국대전
③ 대전통편
④ 대전회통

② 경국대전은 성종, ③ 대전통편은 정조, ④ 대전회통은 흥선대원군 때 편찬되었다.

☐△✕

24 다음에서 설명하는 신문은?

국 · 한문 혼용체를 사용하였으며 장지연의 「시일야방성대곡」을 실어 일제 침략을 비판하고 민족의식을 고취하였다.

① 독립신문
② 제국신문
③ 황성신문
④ 대한매일신보

① 독립신문은 우리나라 최초의 민간 신문으로 국문판과 영문판으로 구성되었다.
② 제국신문은 황성신문과 함께 가장 오래 발행을 하였으며 한글만을 사용하였다.
④ 대한매일신보는 영국인 베델이 발행인 겸 편집인으로 있었던 신문으로 한 · 영 양문으로 된 신문이다.

정답 21 ③ 22 ② 23 ① 24 ③

O△X

25 김영삼 대통령 집권 시기에 관한 설명으로 옳은 것은?

① 서울 올림픽 대회를 성공적으로 개최하였다.
② 소련, 중국과 국교를 맺는 북방 정책을 추진하였다.
③ 평화 통일 원칙에 합의한 7 · 4 남북 공동 선언을 발표하였다.
④ 공직자의 재산 등록과 금융실명제를 법제화하여 부정부패 척결에 노력하였다.

① · ②는 노태우 대통령, ③은 박정희 대통령 집권 시기에 있었던 일이다.

제2과목 관광자원해설

O△X

01 다음 설명에 해당하는 관광자원 해설기법은?

> 해설자의 도움이 없는 상태에서 독자적으로 관광대상을 찾아가면서 제시된 안내문에 따라 직접 그 내용을 이해하는 비인적 기법

① 이동식 해설기법
② 정지식 해설기법
③ 길잡이식 해설기법
④ 매체이용 해설기법

① 이동식 해설기법은 넓은 지역을 이동하면서 그 지역에 관해 관광객에게 해설 서비스를 제공하거나 박물관에서 이동하며 전시물에 관한 해설을 하는 것이다.
② 정지식 해설기법은 동굴이나 관광객 안내소 및 박물관 등 관광객이 많은 곳에 자원 해설가가 고정 배치되어 해설 서비스를 제공하는 것이다.
④ 매체이용 해설기법은 인쇄물, 멀티미디어 등의 여러 장치를 이용하여 해설하는 것이다.

O△X

02 관광자원의 특성으로 옳지 않은 것은?

① 매력성 ② 유인성
③ 다양성 ④ 불변성

관광자원은 관광객의 관광동기 또는 욕구를 일으키는 매력성과 관광객의 관광행동을 끌어들이는 유인성을 갖고 있으며 관광자원은 유 · 무형자원, 자연 및 인문자원 등 그 범위가 다양하다. 관광자원은 시대나 사회구조에 따라 그 가치를 달리하기 때문에 지속적으로 변화한다.

정답 25 ④ // 1 ③ 2 ④

○△×

03 온천 – 동굴 – 해수욕장이 행정구역상 모두 같은 도(道)에 위치하는 것은?

① 도고온천 – 고씨굴 – 무창포해수욕장
② 백암온천 – 성류굴 – 구룡포해수욕장
③ 오색온천 – 고수동굴 – 주문진해수욕장
④ 부곡온천 – 만장굴 – 함덕해수욕장

> ② 백암온천, 성류굴, 구룡포해수욕장 : 경상북도
> ① 도고온천, 무창포해수욕장 : 충청남도, 고씨굴 : 강원도
> ③ 오색온천, 주문진해수욕장 : 강원도, 고수동굴 : 충청북도
> ④ 부곡온천 : 경상남도, 만장굴, 함덕해수욕장 : 제주도

○△×

04 소재지와 관광지의 연결이 옳지 않은 것은?

① 부안 – 변산반도국립공원
② 충주 – 세계무술박물관
③ 김해 – 이월드
④ 논산 – 선샤인랜드

> 이월드는 대구시에 있는 테마파크이다.

○△×

05 다음 설명에 해당하는 안보관광자원은?

- 우리나라 전망대 중 가장 북쪽에 위치하고 있다.
- 민통선 이북에서 최초로 개관한 전망대이다.

① 고성 통일전망대
② 철원 평화전망대
③ 파주 도라전망대
④ 파주 오두산 통일전망대

> ② 철원군은 피의 500능선, 김일성고지 등의 전적지가 있는 곳이다. 철원 평화전망대는 이러한 지리적 특성으로 휴전선비무장지대를 전망할 수 있도록 하였다.
> ③ 도라전망대에서는 북한의 개성시와 송악산을 전망할 수 있다. 전망대 바로 옆에 제3땅굴이 있다.
> ④ 오두산 통일전망대에서는 개성 송악산과 서울의 63빌딩까지 전망할 수 있다.

○△×

06 우리나라 최초로 지정된 국립공원과 도립공원을 바르게 연결한 것은?

① 경주 – 남한산성
② 북한산 – 칠갑산
③ 한라산 – 대둔산
④ 지리산 – 금오산

> 국립공원은 1967년 지리산이 최초로 지정되었으며 현재 23개소가 지정되어 있다. 도립공원은 1970년 금오산이 최초로 지정되었으며 현재 30개소가 지정되어 있다.

정답 3② 4③ 5① 6④

○△×

07 서울특별시에 소재한 관광지가 아닌 것은?

① 북악스카이웨이
② 조계사
③ 정 릉
④ 한국민속촌

한국민속촌은 경기도 용인시에 소재한 관광지이다.

○△×

08 산업 관광의 유형 중 상업 관광의 예로 옳은 것을 모두 고른 것은?

ㄱ. 서울 풍물시장
ㄴ. 현대모터스튜디오 고양
ㄷ. 대구 서문시장
ㄹ. 함안 악양생태공원
ㅁ. 인천 신포국제시장

① ㄱ, ㄴ, ㄹ
② ㄱ, ㄷ, ㅁ
③ ㄴ, ㄷ, ㄹ
④ ㄴ, ㄷ, ㅁ

현대모터스튜디오와 같은 공장시설은 공업 관광자원, 함안 악양생태공원과 같은 생태공원은 농업 관광자원이다.

자원유형	내 용
농업 관광자원	관광농원, 농장, 목장, 어장, 임업 등
공업 관광자원	공장시설, 기술, 생산공정, 생산품, 후생시설 등
상업 관광자원	시장, 박람회, 전시회, 백화점 등

○△×

09 외암민속마을에 관한 설명으로 옳지 않은 것은?

① 설화산 남서쪽 자락에 자리 잡고 있다.
② 2010년 세계유산에 등재되었다.
③ 충남 아산에 있다.
④ 영암댁, 참판댁, 송화댁 등의 가옥이 있다.

외암민속마을은 2000년 대한민국의 국가민속문화유산으로 지정된 바 있으나 세계유산으로는 아직 등재되지 않았다.

○△×

10 관동팔경에 속하지 않는 것은?

① 양양 낙산사
② 고성 삼일포
③ 철원 고석정
④ 평해 월송정

관동팔경 : 총석정, 삼일포, 청간정, 낙산사, 경포대, 죽서루, 망양정, 월송정

○△×

11 개최지역과 문화관광축제의 연결이 옳지 않은 것은?

① 보령 – 머드축제
② 영암 – 왕인문화축제
③ 하동 – 한방약초축제
④ 음성 – 품바축제

한방약초축제는 경남 산청군에서 이뤄지고 있다.

정답 7 ④ 8 ② 9 ② 10 ③ 11 ③

O△X

12 슬로시티(Slow city)로 지정되지 않은 지역은?

① 전남 신안군 증도면
② 전남 담양군 창평면
③ 경북 의성군 구천면
④ 강원 영월군 김삿갓면

슬로시티는 전북 전주 한옥마을, 전남 완도군 청산면 · 신안군 증도면 · 담양군 창평면, 경남 하동군 악양면 · 김해시 봉하마을, 충남 예산군 대흥면 · 태안군 소원면 · 서천군 한산면, 경기 남양주시 조안면, 경북 상주시 함창읍, 이안면, 공검면 · 청송군 부동면, 파천면 · 영양군 석보면, 충북 제천시 수산면, 강원 영월군 김삿갓면, 전남 목포 등이 있다.

O△X

13 서리가 시작되는 절기는?

① 한 로 ② 상 강
③ 입 동 ④ 백 로

① 한로는 이슬이 찬 공기와 만나 서리로 변하기 직전의 시기이다.
③ 입동은 겨울에 들어가는 시기이다.
④ 백로는 일교차가 커지고 이슬이 맺히기 시작하는 시기이다

O△X

14 우리나라의 국가무형유산이 아닌 것은?

① 남사당놀이 ② 택 견
③ 판소리 ④ 덕온공주 당의

덕온공주 당의는 국가민속유산에 속한다.

O△X

15 유네스코 등재 세계유산(문화유산)을 모두 고른 것은?

ㄱ. 남한산성	ㄴ. 흥인지문
ㄷ. 조선왕릉	ㄹ. 창경궁
ㅁ. 화성	ㅂ. 가야고분군

① ㄱ, ㄴ, ㄷ, ㄹ
② ㄱ, ㄷ, ㄹ, ㅁ
③ ㄱ, ㄷ, ㅁ, ㅂ
④ ㄴ, ㄹ, ㅁ, ㅂ

ㄴ. 흥인지문은 한국의 보물로 지정되어 있다.
ㄹ. 창경궁은 한국의 사적으로, 창경궁 대온실은 국가등록문화유산으로 지정되어 있다.

O△X

16 다음 설명에 해당하는 국가무형유산은?

- 시조시(한국 고유의 정형시)에 곡을 붙여서 관현악 반주에 맞추어 부르는 우리나라 전통음악이다.
- 유네스코 인류무형문화유산으로 등재되었다.

① 가 사
② 가 곡
③ 산 조
④ 농 악

① 가사는 우리나라 전통 성악곡의 한 갈래이다.
③ 산조는 장구반주에 맞추어 악기를 연주하는 것을 말한다.
④ 농악은 농부들이 일을 할 때나 잔치에서 흥을 돋우기 위해 연주하는 음악을 말한다.

실제 기출

정답 12 ③ 13 ② 14 ④ 15 ③ 16 ②

○△×

17 국가유산 중 국보에 해당하는 것은?

① 서울 숭례문
② 서울 독립문
③ 서울 몽촌토성
④ 서울 암사동 유적

서울 숭례문은 1962년에 국보로 지정되었다.

○△×

18 8만여 장의 대장경판을 보관하고 있는 건물은?

① 보은 법주사 팔상전
② 순천 송광사 국사전
③ 영주 부석사 조사당
④ 합천 해인사 장경판전

④ 해인사 장경판전은 세계 유일의 대장경판 보관용 건물이며, 1995년 12월 유네스코 세계문화유산으로 등재되었다.
① 법주사 팔상전은 우리나라에 남아 있는 유일한 5층 목조탑으로 지금까지 남아 있는 우리나라의 탑 중 가장 높은 건축물이자 하나뿐인 목조탑이다.
② 송광사 국사전은 조선시대 16국사 초상화를 모신 사찰건물이다.
③ 부석사 조사당은 부석사의 창건주인 의상스님의 상을 봉안하고 있다. 본래 벽면에 6폭의 부석사조사당 벽화가 있었으나 지금은 유물전시관인 보장각에 전시하고 있다.

○△×

19 다음 설명에 해당하는 성(城)의 구성은?

성곽 주위로 물을 채워서 적의 침입을 막는 시설

① 여 장
② 해 자
③ 옹 성
④ 암 문

성곽의 부속시설
- 여장 : 공격과 방어에 유용하게 사용되는 성벽 위에 설치하는 낮은 철(凸)자형의 담장으로, 적으로부터 몸을 보호하고 적을 효과적으로 공격하기 위한 구조물
- 해자 : 성 주위에 둘러 판 못. 하천을 이용하거나 성벽의 주변에 인공적으로 도랑을 파서 만든 성의 방어물
- 옹성 : 성문을 보호하고 성을 지키기 위해 성문 밖에 쌓은 작은 성
- 암문 : 성곽의 후미진 곳이나 깊숙한 곳에 적이 알지 못하게 만드는 비밀 출입구
- 적대 : 적의 정세를 살피는 망대(望臺). 성문 양 옆에 돌출시켜 옹성과 성문을 적으로부터 지키는 대
- 현안 : 성벽에 가까이 다가온 적을 공격하기 위해 성벽 외벽 면을 수직에 가깝게 뚫은 것
- 치(성) : 성벽의 일부를 돌출해 적의 동태를 살피거나 공격하고 성벽을 타고 오르는 적병을 측면에서 공격할 수 있는 시설
- 노대 : 산성과 같은 높은 곳에서 화살을 쏠 수 있는 시설

정답 17 ① 18 ④ 19 ②

○△✕

20 국가무형유산의 설명으로 옳지 않은 것은?

① 처용무는 처용가면을 쓰고 추는 궁중무용이다.

② 승무는 승복을 입고 추는 춤이다.

③ 종묘제례는 49재(사람이 죽은 지 49일째 되는 날에 지내는 제사)의 한 형태로, 영혼이 불교를 믿고 의지함으로써 극락왕생하게 하는 의식이다.

④ 나전장은 나무로 짠 가구나 기물 위에 무늬가 아름다운 전복이나 조개껍질을 갈고 문양을 오려서 옻칠로 붙이는 기술이다.

③은 영산재에 대한 내용이다. 종묘제례는 조선시대 역대 왕과 왕비의 신위를 모셔 놓은 사당(종묘)에서 지내는 제사이다.

○△✕

21 다음 설명에 해당하는 세계기록유산은?

- 유교적 원리에 입각한 국가 의례를 중심으로 국가의 중요 행사를 행사진행 시점에서 당시 사용된 문서를 정해진 격식에 의해 정리하여 작성한 기록물이다.
- 주요의식을 방대한 양의 그림과 글로 체계적으로 담고 있다.

① 승정원일기 ② 일성록
③ 난중일기 ④ 조선왕조 의궤

① 승정원일기는 조선왕조에 관한 방대한 규모의 사실적 역사기록과 국가의 기밀을 담고 있다. 국보로 지정되어 있으며 2001년 유네스코 세계기록유산으로도 등재되었다.
② 일성록은 영조 36년(1760년)부터 1910년 8월까지 주로 국왕의 동정과 국정 운영을 기록한 책이다.
③ 난중일기는 이순신 장군이 임진왜란 중에 쓴 7년간의 진중일기로 7책 205장으로 구성되어 있다.

○△✕

22 전통건축양식에서 배흘림기둥 형태로 지어진 것을 모두 고른 것은?

ㄱ. 구례 화엄사 각황전
ㄴ. 영주 부석사 무량수전
ㄷ. 안동 봉정사 극락전
ㄹ. 예산 수덕사 대웅전

① ㄱ, ㄴ, ㄷ ② ㄱ, ㄴ, ㄹ
③ ㄱ, ㄷ, ㄹ ④ ㄴ, ㄷ, ㄹ

배흘림기둥은 기둥의 중심부가 상하부에 비해 더 굵어 중심부에서 위아래로 갈수록 얇아지는 형태의 기둥이다. 우리나라에서는 부석사 무량수전, 봉정사 극락전, 수덕사 대웅전 등에 사용되었다.

○△✕

23 다음 설명에 해당하는 석탑은?

- 조선시대의 석탑
- 대리석으로 만들어짐
- 탑을 받쳐주는 기단(基壇)은 3단으로 되어있음

① 익산 미륵사지 석탑
② 서울 원각사지 십층석탑
③ 부여 정림사지 오층석탑
④ 충주 탑평리 칠층석탑

① 익산 미륵사지 석탑은 삼국시대 백제에서 만든 탑으로 목탑 양식에 따라 만들어진 탑이다.
③ 부여 정림사지 오층석탑은 미륵사지 석탑과 같이 삼국시대 백제에서 만든 탑으로 목탑을 따랐으나 곳곳에 예술적 변형을 하였다.
④ 충주 탑평리 칠층석탑은 통일신라의 불탑으로 통일신라시대의 석탑 중 가장 규모가 크다.

실제 기출

정답 20 ③ 21 ④ 22 ④ 23 ②

□△×

24 유네스코에 등재된 무형문화유산을 모두 고른 것은?

ㄱ. 강릉단오제	ㄴ. 영산재
ㄷ. 줄다리기	ㄹ. 제주해녀문화
ㅁ. 한국의 탈춤	ㅂ. 갓일

① ㄱ, ㅁ, ㅂ
② ㄴ, ㄷ, ㅂ
③ ㄱ, ㄴ, ㄷ, ㄹ, ㅁ
④ ㄱ, ㄴ, ㄷ, ㄹ, ㅂ

ㅂ. 갓일은 국가무형유산으로 등재되어 있다.

한국의 유네스코 무형문화유산
종묘제례 및 종묘제례악(2001), 판소리(2003), 강릉단오제(2005), 강강술래(2009), 남사당놀이(2009), 영산재(2009), 제주칠머리당 영등굿(2009), 처용무(2009), 가곡(2010), 대목장(2010), 매사냥(2010), 줄타기(2011), 택견(2011), 한산모시짜기(2011), 아리랑(2012), 김장문화(2013), 농악(2014), 줄다리기(2015), 제주해녀문화(2016), 씨름(2018), 연등회, 한국의 등불 축제(2020), 한국의 탈춤(2022), 한국의 장 담그기 문화(2024)

□△×

25 창덕궁 내 건축물이 아닌 것은?

① 희정당
② 인정전
③ 선정전
④ 근정전

근정전은 경복궁에 있는 건물이다.

제3과목 관광법규

□△×

01 관광기본법에 관한 내용으로 옳지 않은 것은?

① 정부는 관광진흥에 관한 기본계획을 5년마다 수립·시행하여야 한다.
② 관광진흥에 관한 기본계획에는 관광시설의 감염병 등에 대한 안전·위생·방역 관리에 관한 사항이 포함되어야 한다.
③ 시·도지사는 관광진흥에 관한 기본계획에 따라 매년 시행계획을 수립·시행하여야 한다.
④ 국가관광전략회의는 국무총리 소속으로 둔다.

관광진흥계획의 수립(관광기본법 제3조 제1항)
정부는 관광진흥의 기반을 조성하고 관광산업의 경쟁력을 강화하기 위하여 관광진흥에 관한 기본계획을 5년마다 수립·시행하여야 한다.

□△×

02 관광진흥법령상 관광객 이용시설업의 종류에 해당하는 것은?

① 호스텔업 ② 관광펜션업
③ 한옥체험업 ④ 가족호텔업

호스텔업과 가족호텔업은 호텔업, 관광펜션업은 관광 편의시설업이다.

관광객 이용시설업의 종류(관광진흥법 시행령 제2조 제1항 제3호)
- 전문휴양업
- 종합휴양업
- 야영장업
- 관광유람선업
- 관광공연장업

정답 24 ③ 25 ④ // 1 ③ 2 ③

○△×

03 관광진흥법령상 관광사업자 등록대장 작성 시 관광숙박업 중 호텔업의 경우 기재되어야 하는 사항이 아닌 것은?

① 객실단가
② 대지면적 및 건축 연면적
③ 등 급
④ 관광사업자의 상호 또는 명칭

관광사업자 등록대장 중 호텔업(관광진흥법 시행규칙 제4조)

관광숙박업 관광사업자 등록대장에는 관광사업자의 상호 또는 명칭, 대표자의 성명 · 주소 및 사업장의 소재지와 사업별로 다음의 사항이 기재되어야 한다.

- 객실 수
- 대지면적 및 건축 연면적
- 신고를 하였거나 인 · 허가 등을 받은 것으로 의제되는 사항
- 사업계획에 포함된 부대영업을 하기 위하여 다른 법령에 따라 인 · 허가 등을 받았거나 신고 등을 한 사항
- 등 급
- 운영의 형태

○△×

04 관광진흥법령상 관광숙박업을 등록한 자가 등록사항을 변경할 경우 변경등록을 하여야 하는 사항에 해당하지 않는 것은?

① 상호의 변경
② 대표자의 변경
③ 부대시설의 위치의 변경
④ 사무실 소재지의 변경

관광숙박업의 변경등록(관광진흥법 시행령 제6조 제1항)

- 사업계획변경승인을 얻은 사항
- 상호 또는 대표자의 변경
- 객실 수 및 형태의 변경(휴양 콘도미니엄업은 제외)
- 부대시설의 위치, 면적 및 종류의 변경

○△×

05 관광진흥법령상 카지노업의 허가를 받으려는 자가 문화체육관광부장관에게 제출하여야 하는 사업계획서에 포함되어야 하는 사항이 아닌 것은?

① 카지노영업소 이용객 유치계획
② 중 · 단기수지 전망
③ 인력수급 및 관리계획
④ 영업시설의 개요

중 · 단기수지 전망은 사업계획서에 포함되지 않아도 된다.

카지노업의 허가요건 중 사업계획서 포함 사항(관광진흥법 시행규칙 제6조 제3조)

- 카지노영업소 이용객 유치계획
- 장기수지 전망
- 인력수급 및 관리계획
- 영업시설의 개요

○△×

06 관광진흥법상 여행업의 결격사유에 관한 내용이다. (　　)에 들어갈 숫자로 옳은 것은?

> 관광사업의 영위와 관련하여 「형법」 제347조 등에 따라 금고 이상의 실형을 선고받고 그 집행이 끝나거나 집행을 받지 아니하기로 확정된 후 (　　)년이 지나지 아니한 자 또는 형의 집행유예 기간 중에 있는 자는 여행업의 등록을 할 수 없다.

① 1　　② 2
③ 3　　④ 4

결격사유(관광진흥법 제11조의2 제1항)

관광사업의 영위와 관련하여 「형법」에 따라 금고 이상의 실형을 선고받고 그 집행이 끝나거나(집행이 끝난 것으로 보는 경우 포함) 집행을 받지 아니하기로 확정된 후 2년이 지나지 아니한 자 또는 형의 집행유예 기간 중에 있는 자는 여행업의 등록을 할 수 없다.

정답 3 ① 4 ④ 5 ② 6 ②

○△×

07 관광진흥법령상 외국인 의료관광 지원에 관한 설명으로 옳지 않은 것은?

① 문화체육관광부장관은 외국인 의료관광을 지원하기 위하여 외국인 의료관광 전문인력을 양성하는 전문교육기관 중에서 우수 전문교육기관이나 우수 교육과정을 선정하여 지원할 수 있다.

② 문화체육관광부장관은 외국인 의료관광 활성화를 위하여 의료관광전문병원을 선정하여 외국인환자 유치사업을 지원할 수 있다.

③ 문화체육관광부장관은 외국인 의료관광 안내에 대한 편의를 제공하기 위하여 국내외에 외국인 의료관광 유치 안내센터를 설치 · 운영할 수 있다.

④ 문화체육관광부장관은 의료관광의 활성화를 위하여 지방자치단체의 장이나 외국인 환자 유치 의료기관 또는 유치업자와 공동으로 해외마케팅사업을 추진할 수 있다.

외국인 의료관광 지원(관광진흥법 시행령 제8조의3)

- 문화체육관광부장관은 외국인 의료관광을 지원하기 위하여 외국인 의료관광 전문인력을 양성하는 전문교육기관 중에서 우수 전문교육기관이나 우수 교육과정을 선정하여 지원할 수 있다.
- 문화체육관광부장관은 외국인 의료관광 안내에 대한 편의를 제공하기 위하여 국내외에 외국인 의료관광 유치 안내센터를 설치 · 운영할 수 있다.
- 문화체육관광부장관은 의료관광의 활성화를 위하여 지방자치단체의 장이나 외국인환자 유치 의료기관 또는 유치업자와 공동으로 해외마케팅사업을 추진할 수 있다.

○△×

08 관광진흥법령상 국외여행 인솔자의 자격요건을 갖춘 자는?

① 문화관광해설사 자격을 취득한 자

② 여행업체에서 3개월 근무하고 국외여행 경험이 있는 자

③ 문화체육관광부장관이 지정하는 교육기관에서 국외여행 인솔에 필요한 양성교육을 이수한 자

④ 대학에서 관광전공 교과목을 30학점 이상 취득한 자

관광진흥법 시행규칙 제22조(국외여행 인솔자의 자격요건)

- 관광통역안내사 자격을 취득할 것
- 여행업체에서 6개월 이상 근무하고 국외여행 경험이 있는 자로서 문화체육관광부장관이 정하는 소양교육을 이수할 것
- 문화체육관광부장관이 지정하는 교육기관에서 국외여행 인솔에 필요한 양성교육을 이수할 것

정답 7 ② 8 ③

○△✕

09 관광진흥법령상 여행업자가 여행계약서에 명시된 여행일정을 변경하는 경우 여행자로부터 받아야 하는 서면동의서에 포함되어야 하는 것을 모두 고른 것은?

ㄱ. 변경일시
ㄴ. 변경내용
ㄷ. 변경으로 발생하는 비용
ㄹ. 여행자 또는 단체의 대표자가 일정 변경에 동의한다는 의사를 표시하는 자필서명

① ㄱ, ㄹ
② ㄴ, ㄷ
③ ㄱ, ㄴ, ㄹ
④ ㄱ, ㄴ, ㄷ, ㄹ

여행지 안전정보 등(관광진흥법 시행규칙 제22조의4 제2조, 제3조)

- 여행업자는 여행계약서(여행일정표 및 약관을 포함한다)에 명시된 숙식, 항공 등 여행일정(선택관광 일정을 포함한다)을 변경하는 경우 해당 날짜의 일정을 시작하기 전에 여행자로부터 서면으로 동의를 받아야 한다.
- 서면동의서에는 변경일시, 변경내용, 변경으로 발생하는 비용 및 여행자 또는 단체의 대표자가 일정변경에 동의한다는 의사를 표시하는 자필서명이 포함되어야 한다.

○△✕

10 관광진흥법령상 호텔업의 등급결정을 하는 경우 평가요소에 해당하지 않는 것은?

① 자본금 규모
② 객실 및 부대시설의 상태
③ 안전 관리 등에 관한 법령 준수 여부
④ 서비스 상태

호텔업의 등급결정 평가요소(관광진흥법 시행규칙 제25조 제3항)

등급결정을 하는 경우에는 다음의 요소를 평가하여야 하며, 그 세부적인 기준 및 절차는 문화체육관광부장관이 정하여 고시한다.

- 서비스 상태
- 객실 및 부대시설의 상태
- 안전 관리 등에 관한 법령 준수 여부

○△✕

11 관광진흥법령상 카지노업의 허가제한을 하는 경우, 최근 신규허가를 한 날 이후에 전국 단위의 외래관광객이 60만 명 이상 증가한 경우에만 신규허가를 할 수 있되, 일정 사항을 고려하여 그 증가인원 60만 명당 2개 사업 이하의 범위에서 할 수 있다. 그 고려사항으로 명시되지 않은 것은?

① 카지노이용객의 증가 추세
② 전국 단위의 국내관광객 증가 추세 및 지역의 국내관광객 증가 추세
③ 기존 카지노사업자의 총 수용능력
④ 기존 카지노사업자의 총 외화획득실적

카지노업의 허가요건 등(관광진흥법 시행령 제27조 제3항)

문화체육관광부장관은 카지노업의 허가제한을 하는 경우, 최근 신규허가를 한 날 이후에 전국 단위의 외래관광객이 60만 명 이상 증가한 경우에만 신규허가를 할 수 있되, 다음의 사항을 고려하여 그 증가인원 60만 명당 2개 사업 이하의 범위에서 할 수 있다.

- 전국 단위의 외래관광객 증가 추세 및 지역의 외래관광객 증가 추세
- 카지노이용객의 증가 추세
- 기존 카지노사업자의 총 수용능력
- 기존 카지노사업자의 총 외화획득실적
- 그 밖에 카지노업의 건전한 운영과 관광산업의 진흥을 위하여 필요한 사항

정답 9 ④ 10 ① 11 ②

○△×

12 **관광진흥법상 관광종사원의 자격 등에 관한 설명으로 옳은 것은?**

① 관할 등록기관등의 장은 대통령령으로 정하는 관광 업무에는 관광종사원의 자격을 가진 사람이 종사하도록 해당 관광사업자에게 명령할 수 있다.

② 관광종사원의 자격을 취득하려는 사람은 문화체육관광부장관이 실시하는 시험에 합격한 후 문화체육관광부장관에게 신고하여야 한다.

③ 관광종사원 자격증을 가진 사람은 그 자격증을 잃어버리거나 못 쓰게 되면 시·도지사에게 그 자격증의 재교부를 신청할 수 있다.

④ 관광종사원 자격증은 다른 사람에게 빌려주거나 빌려서는 아니 되며, 이를 알선해서도 아니 된다.

관광종사원의 자격 등(관광진흥법 제38조)

- 관할 등록기관등의 장은 대통령령으로 정하는 관광 업무에는 관광종사원의 자격을 가진 사람이 종사하도록 해당 관광사업자에게 권고할 수 있다. 다만, 외국인 관광객을 대상으로 하는 여행업자는 관광통역안내의 자격을 가진 사람을 관광안내에 종사하게 하여야 한다.
- 관광종사원의 자격을 취득하려는 사람은 문화체육관광부령으로 정하는 바에 따라 문화체육관광부장관이 실시하는 시험에 합격한 후 문화체육관광부장관에게 등록하여야 한다. 다만, 문화체육관광부령으로 따로 정하는 사람은 시험의 전부 또는 일부를 면제할 수 있다.
- 문화체육관광부장관은 등록을 한 사람에게 관광종사원 자격증을 내주어야 한다.
- 관광종사원 자격증을 가진 사람은 그 자격증을 잃어버리거나 못 쓰게 되면 문화체육관광부장관에게 그 자격증의 재교부를 신청할 수 있다.
- 시험의 최종합격자 발표일을 기준으로 결격사유의 어느 하나에 해당하는 사람은 관광종사원의 자격을 취득하지 못한다.
- 관광통역안내의 자격이 없는 사람은 외국인 관광객을 대상으로 하는 관광안내(외국인 관광객을 대상으로 하는 여행업에 종사하여 관광안내를 하는 경우에 한정한다)를 하여서는 아니 된다.
- 관광통역안내의 자격을 가진 사람이 관광안내를 하는 경우에는 자격증을 달아야 한다.
- 자격증은 다른 사람에게 빌려주거나 빌려서는 아니 되며, 이를 알선해서도 아니 된다.
- 문화체육관광부장관은 시험에서 다음의 어느 하나에 해당하는 사람에 대하여는 그 시험을 정지 또는 무효로 하거나 합격결정을 취소하고, 그 시험을 정지하거나 무효로 한 날 또는 합격결정을 취소한 날부터 3년간 시험응시자격을 정지한다.
  - 부정한 방법으로 시험에 응시한 사람
  - 시험에서 부정한 행위를 한 사람

정답 12 ④

○△×

13 관광진흥법상 용어의 정의로 옳지 않은 것은?

① 관광사업자 : 관광사업을 경영하기 위하여 등록·허가 또는 지정을 받거나 신고를 한 자

② 여행이용권 : 관광취약계층이 관광 활동을 영위할 수 있도록 금액이나 수량이 기재된 증표

③ 문화관광해설사 : 관광객의 이해와 감상, 체험 기회를 제고하기 위하여 역사·문화·예술·자연 등 관광자원 전반에 대한 전문적인 해설을 제공하는 사람

④ 관광단지 : 자연적 또는 문화적 관광자원을 갖추고 관광객을 위한 기본적인 편의시설을 설치하는 지역으로서 「관광진흥법」에 따라 지정된 곳

④는 "관광지"에 대한 정의이다. "관광단지"란 관광객의 다양한 관광 및 휴양을 위하여 각종 관광시설을 종합적으로 개발하는 관광 거점 지역으로서 이 법에 따라 지정된 곳을 말한다(관광진흥법 제2조 제7호).

○△×

14 관광진흥법상 지역관광협의회(이하 '협의회'라 함)에 관한 설명으로 옳지 않은 것은?

① 협의회는 광역지방자치단체 단위로 설립하여야 한다.

② 협의회를 설립하려면 해당 지방자치단체의 장의 허가를 받아야 한다.

③ 협의회는 법인이다.

④ 협의회는 관광사업자에 대한 지원에 따르는 수익사업을 할 수 있다.

지역관광협의회 설립(관광진흥법 제48조의9)
관광사업자, 관광 관련 사업자, 관광 관련 단체, 주민 등은 공동으로 지역의 관광진흥을 위하여 광역 및 기초 지방자치단체 단위의 지역관광협의회를 설립할 수 있다.

○△×

15 관광진흥법령상 지정 및 지정취소에 관한 권한이 지역별 관광협회에 위탁되지 않은 관광 편의시설업은?

① 관광식당업

② 관광순환버스업

③ 관광사진업

④ 여객자동차터미널시설업

관광편의시설업의 지정신청(관광진흥법 시행규칙 제14조 제1항)
관광 편의시설업의 지정을 받으려는 자는 다음의 구분에 따라 신청을 하여야 한다.

- 관광유흥음식점업, 관광극장유흥업, 외국인전용 유흥음식점업, 관광순환버스업, 관광펜션업, 관광궤도업, 관광면세업 및 관광지원서비스업 : 특별자치시장·특별자치도지사·시장·군수·구청장
- 관광식당업, 관광사진업 및 여객자동차터미널시설업 : 지역별 관광협회

○△×

16 관광진흥법령상 관광특구에 관한 설명으로 옳은 것은?

① 관광특구는 해당 지역을 관할하는 시장·군수·구청장이 지정한다.

② 관광특구로 지정되려면 해당 지역의 최근 1년간 외국인 관광객 수가 5만 이상이어야 한다.

③ 관광특구로 지정되려면 전체 면적 중 관광활동과 직접적인 관련성이 없는 토지가 20%를 초과하지 아니하여야 한다.

④ 특별자치시장·특별자치도지사·시장·군수·구청장은 관할 구역 내 관광특구에 대하여 관광특구진흥계획을 수립하고 시행하여야 한다.

정답 13 ④ 14 ① 15 ② 16 ④

① 관광특구는 요건을 모두 갖춘 지역 중에서 시장 · 군수 · 구청장의 신청(특별자치시 및 특별자치도의 경우는 제외한다)에 따라 시 · 도지사가 지정한다(관광진흥법 제70조 제1항).
② 관광특구로 지정되려면 해당 지역의 최근 1년간 외국인 관광객 수가 10만명(서울특별시는 50만명) 이상이어야 한다(관광진흥법 시행령 제58조 제1항).
③ 관광특구로 지정되려면 전체 면적 중 관광활동과 직접적인 관련성이 없는 토지가 10%를 초과하지 아니하여야 한다(관광진흥법 시행령 제58조 제2항).

○△×

17 관광진흥법령상 관광사업자 단체에 관한 설명으로 옳은 것은?

① 한국관광협회중앙회를 설립하려면 문화체육관광부장관에게 신고하여야 한다.
② 한국관광협회중앙회는 회원의 공제사업을 업무로 할 수 없다.
③ 관광사업자는 업종별 관광협회를 기초 또는 광역 지방자치단체 단위로 설립할 수 있다.
④ 관광사업자가 지역별 관광협회를 설립하려면 시 · 도지사의 허가를 받아야 한다.

① 한국관광협회중앙회를 설립하려는 자는 문화체육관광부장관의 허가를 받아야 한다(관광진흥법 제41조 제2항).
② 한국관광협회중앙회는 관광사업의 발전을 위한 업무, 관광사업 진흥에 필요한 조사 · 연구 및 홍보, 관광 통계, 관광종사원의 교육과 사후관리, 회원의 공제사업, 국가나 지방자치단체로부터 위탁받은 업무, 관광안내소의 운영, 수익사업의 업무를 수행한다(관광진흥법 제3조 제1항).
③ 관광사업자는 지역별 또는 업종별로 그 분야의 관광사업의 건전한 발전을 위하여 지역별 또는 업종별 관광협회를 설립할 수 있다(관광진흥법 제45조 제1항).

○△×

18 관광진흥법령상 한국관광 품질인증에 관한 설명으로 옳지 않은 것은?

① 관광 편의시설업 중 관광식당업은 한국관광 품질인증의 대상에 해당한다.
② 한국관광 품질인증을 받은 자가 아니면 인증표시나 이와 유사한 표지를 하여서는 아니 된다.
③ 한국관광 품질인증의 유효기간은 인증서가 발급된 날부터 5년이다.
④ 한국관광 품질인증을 받은 시설 및 서비스 등에 대하여 관광진흥개발기금을 대여 또는 보조할 수 있다.

한국관광 품질인증의 유효기간은 인증서가 발급된 날부터 3년으로 한다(관광진흥법 시행령 제41조의13 제4항).

정답 17 ④ 18 ③

○△×

19 관광진흥법상 문화관광해설사에 관한 내용이 다. (   )에 들어갈 내용으로 옳은 것은?

> (ㄱ)은(는) 문화관광해설사를 효과적이고 체계적으로 양성 · 활용하기 위하여 해마다 문화관광해설사의 양성 및 활용계획을 수립하여야 하고, (ㄴ)은(는) 문화관광해설사 양성 및 활용계획에 따라 관광객의 규모, 관광자원의 보유 현황, 문화관광해설사에 대한 수요 등을 고려하여 해마다 문화관광해설사 운영계획을 수립 · 시행하여야 한다.

① ㄱ : 문화체육관광부장관
  ㄴ : 지방자치단체의 장
② ㄱ : 문화체육관광부장관
  ㄴ : 시 · 도지사
③ ㄱ : 시 · 도지사
  ㄴ : 시장 · 군수 · 구청장
④ ㄱ : 지방자치단체의 장
  ㄴ : 한국관광공사

문화관광해설사의 양성 및 활용계획 등(관광진흥법 제48조의4)

- 문화체육관광부장관은 문화관광해설사를 효과적이고 체계적으로 양성 · 활용하기 위하여 해마다 문화관광해설사의 양성 및 활용계획을 수립하고, 이를 지방자치단체의 장에게 알려야 한다.
- 지방자치단체의 장은 문화관광해설사 양성 및 활용계획에 따라 관광객의 규모, 관광자원의 보유 현황, 문화관광해설사에 대한 수요 등을 고려하여 해마다 문화관광해설사 운영계획을 수립 · 시행하여야 한다. 이 경우 문화관광해설사의 양성 · 배치 · 활용 등에 관한 사항을 포함하여야 한다.

○△×

20 관광진흥개발기금법령상 국내 항만을 통하여 출국하려는 경우 관광진흥개발기금의 납부제외 대상에 해당하지 않는 자는?

① 12세 미만인 어린이
② 국제선을 운항하는 선박회사에 근무하는 기술자
③ 국외로 입양되는 어린이의 호송인
④ 입국이 거부되어 출국하는 자

납부금의 납부대상 및 금액(관광진흥개발기금법 시행령 제1조의2 제1항)

- 외교관여권이 있는 자
- 12세 미만인 어린이
- 국외로 입양되는 어린이와 그 호송인
- 대한민국에 주둔하는 외국의 군인 및 군무원
- 입국이 허용되지 아니하거나 거부되어 출국하는 자
- 「출입국관리법」에 따른 강제퇴거 대상자 중 국비로 강제 출국되는 외국인
- 공항통과 여객으로서 다음의 어느 하나에 해당되어 보세구역을 벗어난 후 출국하는 여객
  - 항공기 탑승이 불가능하여 어쩔 수 없이 당일이나 그 다음 날 출국하는 경우
  - 공항이 폐쇄되거나 기상이 악화되어 항공기의 출발이 지연되는 경우
  - 항공기의 고장 · 납치, 긴급환자 발생 등 부득이한 사유로 항공기가 불시착한 경우
  - 관광을 목적으로 보세구역을 벗어난 후 24시간 이내에 다시 보세구역으로 들어오는 경우
- 국제선 항공기 및 국제선 선박을 운항하는 승무원과 승무교대를 위하여 출국하는 승무원

정답 19 ① 20 ②

○△×

21 관광진흥개발기금법상 관광진흥개발기금의 용도로 허용되는 것을 모두 고른 것은?

> ㄱ. 호텔의 건설을 위한 대여
> ㄴ. 국제회의의 개최사업의 보조
> ㄷ. 관광사업 종사자에 대한 교육훈련사업의 보조
> ㄹ. 신용보증기금에의 출연

① ㄱ, ㄷ　　② ㄴ, ㄹ
③ ㄱ, ㄴ, ㄷ　　④ ㄱ, ㄴ, ㄷ, ㄹ

기금의 용도(관광진흥개발법 제5조 제1~3항)

- 기금은 다음 어느 하나에 해당하는 용도로 대여(貸與)할 수 있다.
  - 호텔을 비롯한 각종 관광시설의 건설 또는 개수(改修)
  - 관광을 위한 교통수단의 확보 또는 개수
  - 관광사업의 발전을 위한 기반시설의 건설 또는 개수
  - 관광지 · 관광단지 및 관광특구에서의 관광 편의시설의 건설 또는 개수
- 문화체육관광부장관은 기금에서 관광정책에 관하여 조사 · 연구하는 법인의 기본재산 형성 및 조사 · 연구사업, 그 밖의 운영에 필요한 경비를 출연 또는 보조할 수 있다.
- 기금은 다음 사업에 대여하거나 보조할 수 있다.
  - 국외 여행자의 건전한 관광을 위한 교육 및 관광정보의 제공사업
  - 국내외 관광안내체계의 개선 및 관광홍보사업
  - 관광사업 종사자 및 관계자에 대한 교육훈련사업
  - 국민관광 진흥사업 및 외래관광객 유치 지원사업
  - 관광상품 개발 및 지원사업
  - 관광지 · 관광단지 및 관광특구에서의 공공 편익시설 설치사업
  - 국제회의의 유치 및 개최사업
  - 장애인 등 관광취약계층을 위한 교통 · 편익시설 설치 등 무장애 관광 환경 조성사업
  - 전통관광자원 개발 및 지원사업
  - 감염병 확산 등으로 관광사업자에게 발생한 경영상 중대한 위기 극복을 위한 지원사업
  - 그 밖에 관광사업의 발전을 위하여 필요한 것으로서 대통령령으로 정하는 사업

○△×

22 관광진흥개발기금법상 관광진흥개발기금(이하 '기금'이라 함)에 관한 설명으로 옳은 것은?

① 「관광진흥법」에 따른 카지노사업자는 기금에의 납부의무가 있다.
② 기금운용위원회는 국무총리 소속으로 둔다.
③ 기금을 보조받은 자가 보조받을 때 지정된 목적 외의 용도로 보조금을 사용하려면 문화체육관광부장관의 허가를 받아야 한다.
④ 문화체육관광부장관은 출국 시의 납부금에 대한 부과 · 징수 업무를 다른 기관에 위탁할 수 없다.

① 카지노사업자는 총매출액의 100분의 10의 범위에서 일정 비율에 해당하는 금액을 관광진흥개발기금에 내야 한다(관광진흥법 제30조).
② 기금의 운용에 관한 종합적인 사항을 심의하기 위하여 문화체육관광부장관 소속으로 기금운용위원회를 둔다(관광진흥개발기금법 제6조).
③ 기금을 대여받거나 보조받은 자는 대여받거나 보조받을 때에 지정된 목적 외의 용도에 기금을 사용하지 못한다(관광진흥개발기금법 제11조 제1항).
④ 문화체육관광부장관은 출국 시의 납부금의 부과 · 징수의 업무를 대통령령으로 정하는 바에 따라 관계 중앙행정기관의 장과 협의하여 지정하는 자에게 위탁할 수 있다(관광진흥개발기금법 제12조 제1항).

정답 21 ④ 22 ①

□△×

23 국제회의산업 육성에 관한 법령상 국제회의복합지구에 관한 설명으로 옳은 것은?

① 국제회의복합지구는 문화체육관광부장관이 지정한다.

② 국제회의복합지구는 「관광진흥법」에 따른 관광특구로 본다.

③ 국제회의복합지구로 지정되려면 지정 대상 지역 내외에 「공연법」에 따른 300석 이상의 공연장이 있어야 한다.

④ 국제회의복합지구의 지정 면적은 400만 제곱미터 이상으로 하여야 한다.

> ① 특별시장 · 광역시장 · 특별자치시장 · 도지사 · 특별자치도지사는 국제회의산업의 진흥을 위하여 필요한 경우에는 관할구역의 일정 지역을 국제회의복합지구로 지정할 수 있다(국제회의산업 육성에 관한 법률 제15조의2 제1항).
> ③ 국제회의집적시설로 지정되려면 지정 대상 지역 내외에 「공연법」에 따른 300석 이상의 공연장이 있어야 한다(국제회의산업 육성에 관한 법률 시행령 제4조 제4호).
> ④ 국제회의복합지구의 지정 면적은 400만 제곱미터 이내로 한다(국제회의산업 육성에 관한 법률 시행령 제13조의2 제2항).

□△×

24 국제회의산업 육성에 관한 법령상 국제회의집적시설에 관한 설명으로 옳은 것은?

① 국제회의복합지구 밖에 있는 시설도 국제회의집적시설로 지정할 수 있다.

② 국제회의집적시설은 시 · 도지사가 지정한다.

③ 「유통산업발전법」에 따른 대규모점포는 국제회의집적시설로 지정될 수 있는 시설이다.

④ 「도시교통정비 촉진법」에 따른 교통유발부담금은 국제회의집적시설에 대하여 감면될 수 있는 부담금에 해당하지 않는다.

> ① 해당시설(설치 예정인 시설을 포함)이 국제회의복합지구 내에 있을 것(국제회의산업 육성에 관한 법률 시행령 제13조의4 제1항 제1호)
> ② 문화체육관광부장관은 국제회의복합지구에서 국제회의시설의 집적화 및 운영 활성화를 위하여 필요한 경우 시 · 도지사와 협의를 거쳐 국제회의집적시설을 지정할 수 있다(국제회의산업 육성에 관한 법률 제15조의3 제1항).
> ④ 「개발이익 환수에 관한 법률」에 따른 개발부담금, 「산지관리법」에 따른 대체산림자원조성비, 「농지법」에 따른 농지보전부담금, 「초지법」에 따른 대체초지조성비, 「도시교통정비 촉진법」에 따른 교통유발부담금을 감면할 수 있다(국제회의산업 육성에 관한 법률 제15조의4 제1항).

□△×

25 국제회의산업 육성에 관한 법령상 국제회의시설의 구분에 해당하지 않는 것은?

① 간이회의시설

② 전문회의시설

③ 준회의시설

④ 전시시설

> 국제회의시설은 전문회의시설 · 준회의시설 · 전시시설 · 지원시설 및 부대시설로 구분한다(국제회의산업 육성에 관한 법률 시행령 제3조 제1항).

실제 기출

정답 23 ② 24 ③ 25 ①

제4과목 관광학개론

◯△✕

01 관광구조 중 관광매체에 관한 설명으로 옳은 것은?

① 관광수요시장을 형성하는 관광객이다.
② 관광대상을 개발하고 관리하는 정부와 같은 공적기관의 역할이 포함된다.
③ 관광지를 유인하는 관광대상인 동시에 관광객의 욕구를 충족시켜 주는 역할을 한다.
④ 관광자원, 관광시설을 포함한다.

> ① 관광수요시장을 형성하는 관광객은 관광주체이다.
> ③ · ④ 관광객체에 대한 설명이다.

◯△✕

02 환경보호와 자연보존을 중시하는 지속 가능한 관광의 유형에 해당하는 것은?

① 랜선관광
② 위락관광
③ 녹색관광
④ 도시관광

> ③ 녹색관광은 환경 피해를 최대한 억제하면서 자연을 관찰하고 이해하며 즐기는 여행 방식이나 여행 문화이다. 생태관광, 연성관광, 농업관광, 농촌관광 등과 비슷한 개념으로 사용된다.

◯△✕

03 관광의 사회적 효과로 옳지 않은 것은?

① 조세수입 증가 효과
② 국위 선양 효과
③ 국민후생복지 효과
④ 국민의식 수준 제고 효과

> 조세수입 증가 효과는 경제적 효과에 해당한다.

◯△✕

04 다음 설명에 해당하는 관광은?

관광지의 수용력을 초과하는 관광객이 관광지에 찾아오면서 환경생태계 파괴, 교통난, 주거난 등의 부작용이 발생하는 관광

① Over Tourism
② Eco Tourism
③ Sustainable Tourism
④ Dark Tourism

> ② 생태계가 잘 보존되어 있는 지역의 관찰과 학습을 목적으로 하는 관광이다.
> ③ 지속 가능한 관광이라고도 한다. 자원 소비를 최소화하여 지역 주민과 관광객들이 현재와 미래에 누릴 수 있는 환경 · 문화적 자원을 보호하면서 관광개발을 통한 경제적 이득을 높이는 것이다.
> ④ 전쟁과 학살 등 비극적 역사의 현장이나 재난이 일어난 곳을 돌아보며 교훈을 얻기 위하여 떠나는 관광이다.

정답 1② 2③ 3① 4①

◯△✕

05 관광역사에서 대중관광(Mass Tourism)의 출현이 가능하게 되었던 요인이 아닌 것은?

① 교통기술의 획기적 발전
② 세계경제의 부흥 및 유급휴가제도 실시
③ 호기심과 교육목적의 그랜드 투어 사상 확산
④ 국제 정치적 · 문화적 교류의 증대

③ 그랜드 투어는 17세기 중반부터 19세기 초반까지 유럽의 상류층 자제들이 지식과 견문을 넓히기 위하여 유럽의 여러 나라를 순방하는 것으로 대중관광의 출현 요인이라고 보기 어렵다.

◯△✕

06 2023년 기준 관광동향에 관한 연차보고서에 따른 관광특구에 해당하는 것을 모두 고른 것은?

ㄱ. 전통대구약령시	ㄴ. 안면도
ㄷ. 통일동산	ㄹ. 강남마이스

① ㄱ, ㄴ　② ㄱ, ㄹ
③ ㄴ, ㄷ　④ ㄷ, ㄹ

2023년 기준 관광동향에 관한 연차보고서에 통일동산과 강남마이스는 관광특구에 지정되어 있다.

관광특구 지정 요건(관광진흥법 시행령 제58조)

- 당해 최근 1년간 외국인 관광객이 10만 명(서울특별시는 50만 명) 이상(문화체육관광부 장관이 고시하는 통계전문기관의 통계)
- 임야 · 농지 · 공업용지 · 택지 등 관광활동과 관련이 없는 토지가 관광특구 전체 면적의 10% 이하

◯△✕

07 국제관광 관련 국제기구의 약자와 명칭의 연결이 옳지 않은 것은?

① ASTA – 아시아태평양관광협회
② WTTC – 세계여행관광협회
③ EATA – 동아시아관광협회
④ IATA – 국제항공운송협회

ASTA(American Society of Travel Advisors) : 미국여행업협회

◯△✕

08 1330 통역안내 서비스에 관한 설명으로 옳지 않은 것은?

① 전화 상담과 문자채팅 형식으로 연중무휴 24시간 운영한다.
② 한국어를 포함 총 6개 언어로 운영한다.
③ 질병관리청, 경찰청 등과의 협업을 통해 위급상황에 처한 외국인 대상 긴급통역서비스를 지원한다.
④ 국내외 관광객에게 한국여행정보안내, 관광통역, 관광불편신고상담을 제공한다.

1330 통역안내 서비스는 8개 언어로 운영한다.

정답 5③ 6④ 7① 8②

○△×

09 세계관광기구(UNWTO)의 분류상 관광통계에 포함되는 관광객은?

① 국경통근자
② 군 인
③ 통과승객
④ 스포츠행사 참가자

• 관광객 : 방문국에 1박 이상 체재하는 사람(비거주자, 해외동포, 항공기 승무원 포함)
• 비관광객 : 국경통근자, 군인, 유목민, 통과객, 외교관, 일시적 · 영구적 이주자 등

○△×

10 다음의 사업을 모두 수행하는 국내 관광기구는?

• 국제관광 진흥사업
• 국민관광 진흥사업
• 관광자원 개발사업
• 관광산업의 연구 · 개발사업

① 한국관광공사
② 한국문화관광연구원
③ 한국관광협회중앙회
④ 한국여행업협회

② 한국문화관광연구원 : 문화예술의 창달, 문화산업 및 관광 진흥을 위한 연구, 조사, 평가 추진을 위해 1987년 설립된 정책연구기관이다.
③ 한국관광협회중앙회 : 우리나라 관광업계를 대표하여 업계 전반의 의견을 종합 조정하고, 그 의견을 대표하여 국내외 관련 기관과 상호협조함으로써 관광산업의 진흥과 회원의 권익 및 복리증진에 이바지함을 목적으로 한다.
④ 한국관광협회중앙회의 협회 중 한 곳이다.

○△×

11 2023년도 우리나라 외래관광객의 입국 동향에 관한 설명으로 옳은 것을 모두 고른 것은?

ㄱ. 방한 외래관광객의 입국 순위는 중국 – 일본 – 미국 순이다.
ㄴ. 방한 외래관광객 수는 약 1,103만 명이다.
ㄷ. 전년 대비 방한 외래관광객의 성장률은 일본이 가장 높았다.
ㄹ. 전체 방한 외래관광객 중 아시아 관광객이 약 74%를 차지했다.

① ㄱ, ㄴ
② ㄱ, ㄷ
③ ㄴ, ㄷ
④ ㄴ, ㄹ

ㄱ. 2023년도에 우리나라 외래관광객 입국 순위는 일본(232만 명) – 중국(202만 명) – 미국(109만 명)이다.
ㄷ. 저년 대비 외래관광객의 성장률이 가장 높았던 곳은 싱가포르(33.6%)이다.

○△×

12 문화체육관광부가 지정한 2024-2025년 명예 문화관광축제가 아닌 것은?

① 화천산천어축제
② 영동난계국악축제
③ 안동탈춤축제
④ 광주김치축제

광주김치축제는 예비축제이다.

정답 9 ④ 10 ① 11 ④ 12 ④

13 다음에서 설명하는 문화체육관광부 추진 사업은?

> • 지역의 관광 활성화를 위해 인구 감소 위기를 겪고 있는 지역을 대상으로 함
> • 지역방문자에게 관람 · 체험 · 식음료 · 숙박 · 쇼핑 등 할인 혜택 제공

① 유니크 베뉴
② 디지털 관광주민증
③ 관광두레
④ 코리아 둘레길

> ① 유니크 베뉴 : 컨벤션센터나 호텔 등과 같은 전통적 MICE 회의시설이 아닌 개최지의 독특한 매력을 즐길 수 있는 장소를 말한다.
> ③ 관광두레 : 지역주민이 주도하여 방문하는 관광객을 대상으로 숙박, 여행알선 등의 관광사업체를 창업하고 자립 발전하도록 지원하는 사업이다.
> ④ 코리아 둘레길 : 동 · 서 · 남해안 및 DMZ 접경지역 등 우리나라 외곽을 하나로 이은 약 4,500km의 걷기여행길이다.

14 관광진흥법상 호스텔업 등록기준에 해당하는 것을 모두 고른 것은?

> ㄱ. 가족단위 관광객이 이용할 수 있는 취사시설이 객실별로 설치되어 있거나 층별로 공동취사장이 설치되어 있을 것
> ㄴ. 외국인 및 내국인 관광객에게 서비스를 제공할 수 있는 문화 · 정보 교류 시설을 갖추고 있을 것
> ㄷ. 대지 및 건물의 사용권을 확보하고 있을 것
> ㄹ. 욕실이나 샤워시설을 갖춘 객실이 20실 이상일 것

① ㄱ, ㄴ　② ㄱ, ㄹ
③ ㄴ, ㄷ　④ ㄷ, ㄹ

> **호스텔업 등록기준**
> • 배낭여행객 등 개별 관광객의 숙박에 적합한 객실을 갖추고 있을 것
> • 이용자의 불편이 없도록 화장실, 샤워장, 취사장 등의 편의시설을 갖추고 있을 것. 다만, 이러한 편의시설은 공동으로 이용 가능
> • 외국인 및 내국인 관광객에게 서비스를 제공할 수 있는 문화 · 정보 교류시설을 갖추고 있을 것
> • 대지 및 건물의 소유권 또는 사용권을 확보하고 있을 것

15 다음 설명에 해당하는 호텔 객실의 유형은?

> 객실이나 침대를 변형시킬 수 있는 형태로 주간에는 응접실(소파), 야간에는 침실(침대)로 만들어 사용할 수 있는 객실

① Studio Room
② Executive Floor Room
③ Triple Room
④ Connecting Room

> ① Studio Room : 더블이나 트윈 룸에 소파형의 베드가 들어가 있는 객실로, 소파형 베드는 접으면 소파가 되고 길게 펼치면 침대가 되는 형태
> ② Executive Floor Room : 비즈니스 고객을 위한 특별 전용층에 위치한 객실
> ③ Triple Room : 싱글 베드가 3개 또는 트윈에 엑스트라 베드(Extra Bed)가 추가된 형태
> ④ Connecting Room : 객실 2개가 연결되어 내부의 문을 이용하여 상호 왕래가 가능한 형태

실제 기출

정답 13 ② 14 ③ 15 ①

○△×

16 국내 국제회의 전문시설 명칭과 지역의 연결이 옳지 않은 것은?

① BEXCO – 부산
② CECO – 청주
③ HICO – 경주
④ EXCO – 대구

② CECO는 창원컨벤션센터이다.

○△×

17 다음 설명에 해당하는 카지노 게임은?

플레이어(Player)와 뱅커(Banker) 가운데 카드의 합이 9에 가까운 쪽에 배팅한 사람이 이기는 게임

① 다이사이 ② 룰렛 게임
③ 블랙잭 ④ 바카라

① 다이사이 : 베팅한 숫자 또는 숫자의 조합이 셰이커(주사위 용기)에 있는 세 개의 주사위와 일치하면 배당률에 의해 배당금이 지급되는 게임
② 룰렛 게임 : 휠(Wheel) 안에 볼(Ball)이 회전하다 포켓(Pocket) 안에 들어간 번호가 위닝넘버(Winning Number)가 되는 게임
③ 블랙잭 : 카드 숫자의 합이 21을 넘지 않는 한도에서 가장 높은 쪽이 이기는 게임

○△×

18 다음 설명에 해당하는 회의의 유형은?

- 발제된 주제에 대해 전문가들이 청중 앞에서 벌이는 공개 토론회
- 포럼에 비해 형식적이고 청중이 질의할 수 있는 기회가 적음

① 컨벤션 ② 세미나
③ 심포지엄 ④ 워크숍

① 컨벤션(Convention) : 정보전달을 목적으로 하며 가장 일반적인 회의
② 세미나(Seminar) : 교육목적을 띤 회의
④ 워크숍(Workshop) : 컨벤션, 컨퍼런스의 한 부분으로서 특정 문제나 과제에 관한 새로운 지식, 기술, 통찰방법 등을 서로 교환

○△×

19 관광진흥법령상 호텔업에 해당하지 않는 것은?

① 소형호텔업
② 의료관광호텔업
③ 관광펜션업
④ 수상관광호텔업

호텔업의 종류(관광진흥법 시행령 제1조 제2항)
관광호텔업, 수상관광호텔업, 한국전통호텔업, 가족호텔업, 호스텔업, 소형호텔업, 의료관광호텔업

정답 16 ② 17 ④ 18 ③ 19 ③

○△×

20 우리나라에서 외국인 전용 카지노 영업장이 가장 많은 시 · 도는?

① 서울특별시 ② 부산광역시
③ 제주특별자치도 ④ 인천광역시

현재 외국인 전용 카지노 영업장은 서울(3), 부산(2), 인천(2), 강원(1), 대구(1), 제주(8)에서 총 17개 영업 중이며 내국인 출입 카지노는 강원도에 한 군데 있다.

○△×

21 여행업의 주요 업무가 아닌 것은?

① 예약 및 수배
② 환전업무
③ 수속대행
④ 여정관리

여행업의 주요 업무로는 여행 상담, 예약 및 수배, 판매, 발권, 정산, 수속대행, 여정관리 등이 있다.

○△×

22 문화체육관광부가 선정한 대한민국 테마여행 10선 권역 명칭에 해당하지 않는 것은?

① 드라마틱강원여행
② 추억과함께하는낭만여행
③ 평화역사이야기여행
④ 시간여행101

대한민국 테마여행 10선
전국의 10개 권역을 대한민국 대표 관광지로 육성하기 위한 문화체육관광부와 한국관광공사의 국내여행 활성화 사업이다. 각 권역에 3~4개 지방자치단체는 지역의 특색 있는 관광명소들을 연계하여 여행자들에게 테마가 있는 고품격 관광코스를 제공한다.
- 평화역사이야기여행 : 인천 · 파주 · 수원 · 화성
- 드라마틱강원여행 : 평창 · 강릉 · 속초 · 정선
- 위대한금강역사여행 : 대전 · 공주 · 부여 · 익산
- 중부내륙힐링여행 : 단양 · 제천 · 충주 · 영월
- 시간여행101 : 전주 · 군산 · 부안 · 고창
- 남도맛기행 : 광주 · 목포 · 담양 · 나주
- 선비이야기여행 : 대구 · 안동 · 영주 · 문경
- 해돋이역사기행 : 울산 · 포항 · 경주
- 남쪽빛감성여행 : 부산 · 거제 · 통영 · 남해
- 남도바닷길 : 여수 · 순천 · 보성 · 광양

○△×

23 호텔의 프런트 오피스 용어에 해당하지 않는 것은?

① Room Clerk
② Front Cashier
③ Check Out Service
④ House Keeping

House Keeping은 객실 청소 및 관리, 린넨류의 세탁과 보급 등을 담당하는 호텔상품의 생산부서이다.

실제 기출

정답 20 ③ 21 ② 22 ② 23 ④

○△×

24 우리나라 의료관광에 관한 설명으로 옳은 것은?

① 표준화된 의료서비스를 제공하기 위해 의료서비스 인증제도가 확산되고 있다.

② 주목적이 의료적인 부분이기 때문에 일반 관광객에 비해 체류기간이 짧고 체류비용이 저렴한 편이다.

③ 2010년 1월 「관광진흥법」개정으로 외국인 환자 유치행위가 합법화되었다.

④ 휴양, 레저, 문화활동은 의료관광과 관련이 없다.

② 의료관광은 일반관광보다 체류 일수가 길고 비용이 높은 고부가치산업이다.
③ 외국인 환자 유치행위가 합법화된 것은 2009년 5월이다.
④ 의료관광은 질병을 치료하는 등의 활동을 넘어 본인의 건강상태에 따라 현지에서의 요양, 관광, 쇼핑, 문화 체험 등의 활동을 겸하는 것을 의미한다.

○△×

25 다음 설명에 해당하는 관광상품 수명주기는?

- 판매량 증가율이 매우 높아진다.
- 마케팅 목표는 시장점유율을 극대화하는 것이다.
- 광고전략은 상표차이와 이점을 강조하는 것이다.
- 유통전략은 유통경로를 확대하는 것이다.

① 도입기
② 성장기
③ 성숙기
④ 쇠퇴기

② 성장기 : 판매가 급속히 증대되며 수익수준이 개선되어 경쟁자의 진입이 많아지는 단계
① 도입기 : 서비스가 처음으로 대중에게 소개되는 단계로, 시장에서 기반구축을 위한 많은 촉진과 기타 활동을 하게 되므로 이윤이 생기지 않거나 생겨도 낮은 단계
③ 성숙기 : 매출액의 성장이 크게 둔화되는 단계
④ 쇠퇴기 : 시장수요가 격감하고 뚜렷하게 수요를 반전시킬 기회나 방책이 보이지 않는 단계

정답 24 ① 25 ②

2023년 실제 기출문제

※ 문제의 이해도에 따라 ○△× 체크하여 완벽하게 정리하세요.

제1과목 관광국사

○△×

01 밑줄 친 '이 시대'의 사회 생활에 관한 설명으로 옳은 것은?

> 이 시대 정치 세력의 우두머리는 스스로를 '하늘의 자손'이라 내세우며, 제법 넓은 지역의 마을과 집단을 지배하였다. 마을 유적에서는 주위를 감싼 목책과 환호가 발견되었다.

① 무리를 이루어 먹을 것을 찾아 이동 생활을 하였다.
② 주로 뗀석기로 사냥과 채집을 하며 생활하였다.
③ 반달돌칼로 곡식을 수확하였다.
④ 음식을 주로 빗살무늬토기에 저장하였다.

'이 시대'는 청동기 시대이다. 이때는 부족 간의 전쟁이 발생하고, 식량을 둘러싼 집단 간의 싸움이 자주 일어나면서 마을에는 목책(木柵)과 환호(環濠)와 같은 방어 시설이 만들어지기도 하였다. 청동기 시대에는 농기구나 일반 도구에는 간석기를 사용했고, 무기나 제기, 장신구에는 청동기를 사용하였다.
①·② 구석기 시대, ④ 신석기 시대에 관한 설명이다.

○△×

02 고조선에 관한 설명으로 옳지 않은 것은?

① 도둑질한 자를 노비로 삼았다.
② 영고라고 불리는 제천행사를 개최하였다.
③ 지배자는 '왕'이라는 칭호를 사용하였다.
④ 탁자식 고인돌에 주검을 매장하였다.

영고라는 제천 행사를 지낸 나라는 '부여'이다.

○△×

03 동예에 관한 설명으로 옳은 것은?

① 지배층을 마가, 우가 등으로 불렀다.
② 특산물로 단궁과 과하마 등이 있었다.
③ 흉년이 들면 왕에게 책임을 묻기도 하였다.
④ 형이 죽으면 동생이 형수를 아내로 맞아들였다.

동예는 단궁(檀弓)이라는 작은 활과 과하마(果下馬)라는 말, 반어피(班魚皮)라 불린 바다짐승(바다표범)의 가죽이 특산물로 유명하였다.
①·③ 부여, ④ 고구려에 대한 설명이다.

정답 1③ 2② 3②

☐△✕
04 신라 왕호의 변천을 순서대로 옳게 나열한 것은?

① 거서간 – 차차웅 – 이사금 – 마립간
② 거서간 – 마립간 – 차차웅 – 이사금
③ 이사금 – 거서간 – 차차웅 – 마립간
④ 마립간 – 거서간 – 이사금 – 차차웅

신라의 왕호는 신라의 왕권이 성장하면서 그에 맞게 왕의 호칭도 변하였다. 신라의 왕호는 거서간(귀인) – 차차웅(제사장) – 이사금(연장자, 계승자) – 마립간(대군장) – 왕이다.

☐△✕
05 삼국시대에 있었던 사건을 앞선 시기 순으로 옳게 나열한 것은?

ㄱ. 신라의 율령 반포
ㄴ. 대가야의 멸망
ㄷ. 백제의 서기 편찬
ㄹ. 고구려의 평양 천도

① ㄱ – ㄴ – ㄷ – ㄹ
② ㄴ – ㄱ – ㄷ – ㄹ
③ ㄷ – ㄹ – ㄱ – ㄴ
④ ㄹ – ㄷ – ㄴ – ㄱ

사건을 시기 순으로 나열하면 ③ ㄷ – ㄹ – ㄱ – ㄴ 순이다.
ㄱ. 신라의 율령 반포 : 6세기 법흥왕 시기(520)
ㄴ. 대가야의 멸망 : 6세기 진흥왕 시기(562)
ㄷ. 백제의 서기 편찬 : 4세기 근초고왕 시기(375)
ㄹ. 고구려의 평양 천도 : 5세기 장수왕 시기(427)

☐△✕
06 밑줄 친 '이 왕'에 관한 설명으로 옳지 않은 것은?

이 왕은 문무왕의 뒤를 이어 왕위에 올라 귀족 세력을 억누르고 강력한 왕권을 확립하여 태종 무열왕계가 한동안 왕위를 안정적으로 계승하는 기틀을 닦았다.

① 녹읍을 혁파하였다.
② 독서삼품과를 시행하였다.
③ 달구벌(대구)로 천도하려 하였다.
④ 9주 5소경 체제의 지방 행정 조직을 갖추었다.

'이 왕'은 신문왕이다. 신문왕은 관료에게 새로이 관료전을 지급하고, 진골 귀족들의 경제적 기반이었던 녹읍을 혁파하고 녹봉을 지급하였다. 또 9주 5소경 체제의 지방행정 조직을 정비하였다.
② 독서삼품과를 실시하여 국학 학생들의 유교 경전 이해 수준을 평가하여 관료로 선발한 왕은 원성왕이다.

☐△✕
07 백제의 관직을 모두 고른 것은?

ㄱ. 방 령　　ㄴ. 상대등
ㄷ. 대대로　　ㄹ. 상좌평

① ㄱ, ㄴ
② ㄱ, ㄹ
③ ㄴ, ㄷ
④ ㄷ, ㄹ

ㄱ. 방령 : 백제의 5방을 다스리던 지방관
ㄴ. 상대등 : 화백회의(신라의 귀족회의)의 수상
ㄷ. 대대로 : 제가회의(고구려의 귀족회의)의 수상
ㄹ. 상좌평 : 정사암회의(백제의 귀족회의)의 수상

정답 4① 5③ 6② 7②

○△×

08 승려 원효에 관한 설명으로 옳지 않은 것은?

① 화쟁 사상을 주창하였다.
② 불교 대중화에 앞장섰다.
③ 대승기신론소를 저술하였다.
④ 중국에 유학하여 화엄학을 수학하였다.

당에서 화엄학을 공부하고 돌아와 '하나가 전체요, 전체가 하나'라며 모든 존재의 상호 연관성을 주장한 스님은 의상이다.

○△×

09 발해에 관한 설명으로 옳지 않은 것은?

① 5경 15부 62주를 두어 지방을 통치하였다.
② 정당성에서 정책 입안과 심의를 담당하였다.
③ 인안, 대흥 등의 독자적인 연호를 사용하였다.
④ 당의 장안성을 본떠 상경성을 건설하였다.

정책의 입안을 담당하던 기관은 중대성, 입안된 정책의 심의를 담당하던 기관은 선조성이다. 정당성은 정책을 집행하던 기관으로 산하에 6부를 두어 나라의 살림을 맡아 하던 곳이었다.

○△×

10 고려의 국왕에 관한 설명으로 옳지 않은 것은?

① 광종은 노비안검법을 시행하였다.
② 성종은 연등회와 팔관회를 중단시켰다.
③ 문종은 여진 정벌을 위해 별무반을 편성하였다.
④ 인종은 김부식 등에게 삼국사기를 편찬하게 하였다.

여진 정벌을 위해 별무반을 편성한 왕은 고려 숙종이다.

○△×

11 고려와 거란(요)과의 관계에 관한 설명으로 옳은 것은?

① 1차 침입 때 강감찬이 귀주에서 거란군을 크게 무찔렀다.
② 2차 침입 때 개경이 함락되어 현종이 나주로 피난하였다.
③ 2차 침입 이후에 강동 6주를 확보하였다.
④ 3차 침입 이후 고려는 거란과 계속 적대하였다.

① 3차 침입 때 강감찬이 귀주에서 거란군을 크게 무찔렀다.
③ 1차 침입 때 서희는 소손녕과 외교 담판을 통해 강동 6주를 확보하였다.
④ 3차 침입 이후 고려·송·거란(요) 간의 세력 균형과 함께 다원적 국제 질서가 유지되었다.

○△×

12 무신정권기에 설치한 정방에 관한 설명으로 옳은 것은?

① 국정을 총괄하는 최고 기구이다.
② 최고위 무신들로 구성된 회의 기구이다.
③ 관리의 인사 행정을 담당하는 기구이다.
④ 무신 집권자의 신변을 보호하는 군사 기구이다.

최우는 자기 집에 정방을 설치하여 인사 행정을 장악하였다.
① 최충헌 시기에 국정을 총괄하는 최고 기구는 교정도감이다.
② 무신들의 최고 회의 기구는 중방이다.
④ 무신 집권자의 사병 집단은 도방과 삼별초이다.

정답 8 ④ 9 ② 10 ③ 11 ② 12 ③

○△×

13 공민왕에 관한 설명으로 옳은 것은?

① 연경(베이징)에 만권당을 설치하였다.
② 중서문하성의 명칭을 첨의부로 변경하였다.
③ 전제 개혁을 단행하고 과전법을 제정하였다.
④ 내정을 간섭하던 정동행성 이문소를 폐지하였다.

공민왕은 정방을 없애 인사권을 장악하고, 친원 세력인 기철을 숙청하였으며 정동행성의 일부 기능을 폐지하였다. 이후 격하된 관제를 복구하고, 쌍성총관부를 공격하여 원에 빼앗겼던 영토를 수복하였다.
① 충선왕, ② 충렬왕, ③ 공양왕 시기에 관한 설명이다.

○△×

14 조선의 중앙 통치 기구에 관한 설명으로 옳은 것을 모두 고른 것은?

ㄱ. 춘추관은 역사서의 편찬과 보관을 담당하였다.
ㄴ. 사간원은 왕에 대한 간언을 담당하였다.
ㄷ. 중추원은 왕명의 출납과 군사 기밀을 담당하였다.
ㄹ. 사정부는 관리의 비리 감찰을 담당하였다.

① ㄱ, ㄴ
② ㄱ, ㄹ
③ ㄴ, ㄷ
④ ㄷ, ㄹ

ㄷ. 중추원 : 고려시대의 중앙 통치 기구
ㄹ. 사정부 : 통일신라시대의 중앙 통치 기구

○△×

15 김종직의 조의제문이 주요 원인이 되어 발생한 사화는?

① 갑자사화
② 무오사화
③ 기묘사화
④ 을사사화

김종직이 쓴 조의제문을 문제 삼아 사림을 축출한 사건은 무오사화(1498)이다.
① 갑자사화(1504) : 연산군 때, 폐비 윤씨 사건과 유관한 훈구파와 사림파를 축출한 사건
③ 기묘사화(1519) : 중종 때, 조광조의 개혁 과열로 인한 중종의 피로감, 중종 반정의 위훈 삭제 요구로 인해 발생한 사건
④ 을사사화(1545) : 명종 때, 왕위 계승을 둘러싼 외척 간의 갈등으로 소윤(윤원형 일파)이 대윤(윤임 일파)을 축출하는 과정에서 사림파가 화를 입은 사건

○△×

16 조선 전기 대외 관계에 관한 설명으로 옳지 않은 것은?

① 세종은 4군과 6진을 설치해 영토를 확장하였다.
② 조선 국왕은 명 황제의 책봉을 받고 조공을 바쳤다.
③ 시암, 자와 등 동남아시아의 여러 나라와 교류하였다.
④ 이자겸은 금나라의 군신 관계 요구를 수용하였다.

이자겸이 정권의 안정을 위해 많은 신하의 반대를 무릅쓰고 금과의 군신 관계를 수용한 사건은 고려시대(1126)에 발생한 사건이다.

정답 13 ④ 14 ① 15 ② 16 ④

17 흥선대원군이 실시한 정책으로 옳지 않은 것은?

① 서원 철폐
② 호포제 실시
③ 경국대전 편찬
④ 경복궁 중건

〈경국대전〉은 조선 세조 때부터 편찬하기 시작하여 성종 때 완성하였다. 이로써 조선은 〈경국대전〉에 따라 중앙 및 지방 통치제도를 마련하고 중앙 집권 체제를 완성하였다.

18 대동법에 관한 설명으로 옳은 것은?

① 풍년과 흉년에 상관없이 토지 1결당 쌀 4~6두를 거두었다.
② 광해군 때 경기도에서 처음 실시되었다.
③ 빈민 구제를 위해 관청에서 곡식을 빌려주고 이자를 받는 제도였다.
④ 농민의 군포 부담을 1년에 1필로 줄여 준 제도였다.

① 대동법은 토지를 기준으로 쌀(1결당 12두), 베, 면포, 동전 등을 거두었다.
③ 환곡제, ④ 균역법에 관한 설명이다.

19 조선 후기 상공업 활동에 관한 설명으로 옳은 것은?

① 객주와 여각이 포구와 큰 장시에서 활동하였다.
② 시장인 동시를 열고 동시전을 설치해 감독하였다.
③ 건원중보와 삼한통보 등의 화폐가 널리 유통되었다.
④ 수공업은 주로 관청 수공업과 소 수공업을 중심으로 발전하였다.

조선 후기에는 농업 생산력이 증대되고 상업이 발달하면서 물품을 거래하는 장시가 크게 늘어났다. 장시와 함께 물자가 모이는 포구도 상업의 중심지로 발달하였다. 상품 유통이 활발해지면서 화폐 유통도 늘어났다.
② 동시전은 신라 지증왕 때 경주에 설치한 시장 감독 기관이다.
③ · ④ 고려시대 경제 활동에 관한 설명이다.

20 조선 전기에 편찬된 역사서로 옳지 않은 것은?

① 고려국사
② 유 기
③ 고려사절요
④ 동국통감

〈유기(留記)〉는 고구려의 역사책이다. 유기는 훗날 고구려 영양왕 때(600) 태학박사 이문진이 산정하여 〈신집〉 5권으로 다시 만들어진다.

정답 17 ③ 18 ② 19 ① 20 ②

○△×
21 조선 후기 문화에 관한 설명으로 옳은 것은?

① 이승휴는 제왕운기에서 단군을 우리 민족의 시조로 서술하였다.
② 지눌은 불교 개혁 운동인 수선사 결사를 제창하였다.
③ 유교 윤리를 보급하기 위한 삼강행실도가 처음 간행되었다.
④ 정선은 우리나라 산천을 소재로 한 인왕제색도 등을 그렸다.

①·② 고려 후기, ③ 조선 전기의 문화이다.

○△×
22 조선 후기 실학자에 관한 설명으로 옳은 것은?

① 조광조는 현량과를 실시해 인재를 등용하였다.
② 이황은 성학십도, 주자서절요 등의 저서를 남겼다.
③ 박제가는 북학의를 저술하여 균전론을 주장하였다.
④ 정약용은 목민심서, 경세유표 등의 많은 저서를 남겼다.

①·② 조광조와 이황은 조선 전기의 대표적인 성리학자이다.
③ 균전론을 주장한 실학자는 유형원이다.

○△×
23 갑신정변에 관한 설명으로 옳지 않은 것은?

① 김옥균, 박영효 등 급진개화파가 주도하였다.
② 우정총국 개설 축하연을 기회로 정변을 일으켰다.
③ 조선은 청의 압력에 굴복해 제물포 조약을 체결하였다.
④ 인민평등권 보장 등을 주창한 개혁 정강 14개조를 발표하였다.

제물포 조약은 임오군란(1882)의 영향으로 일본과 맺은 조약이다.

○△×
24 독립협회의 활동에 관한 설명으로 옳은 것은?

① 의병 연합 부대인 13도 창의군을 결성하였다.
② 인재 양성을 위해 대성학교, 오산학교 등을 세웠다.
③ 만민공동회를 개최해 러시아의 이권 침탈을 비판하였다.
④ 광주 학생 항일 운동 조사단을 파견하고 진상 보고 대회를 개최하였다.

독립협회(1896~1898)는 만민공동회를 열어 러시아의 이권 침탈을 반대하는 운동을 벌였다. 만민공동회는 열강의 이권 침탈에 대항하고 자유 민권 운동을 전개하기 위해 독립협회가 주최한 대규모 민중 집회였다.
① 정미의병(1907), ② 신민회(1907), ④ 신간회(1927)에 관한 설명이다.

정답 21 ④ 22 ④ 23 ③ 24 ③

○△×

25 노태우 대통령 집권 시기에 관한 설명으로 옳은 것을 모두 고른 것은?

> ㄱ. 서울 올림픽 대회를 성공적으로 개최하였다.
> ㄴ. 소련, 중국과 국교를 맺는 북방 외교를 추진하였다.
> ㄷ. 평화 통일 원칙에 합의한 7 · 4 남북 공동 선언을 발표하였다.
> ㄹ. 외환 위기를 맞아 국제 통화 기금(IMF)의 지원을 받게 되었다.

① ㄱ, ㄴ
② ㄱ, ㄹ
③ ㄴ, ㄷ
④ ㄷ, ㄹ

ㄷ. 7 · 4 남북 공동 선언(1972)은 박정희 정권 때의 사실이다.
ㄹ. 1997년 말, 외환 위기를 맞아 국제 통화 기금(IMF)의 지원을 받게 된 것은 김영삼 정권 때의 사실이다.

제2과목 관광자원해설

○△×

01 관광자원의 가치결정요인으로 옳지 않은 것은?

① 접근성
② 관광객
③ 매력성
④ 관광시설

관광자원의 가치결정요인에는 접근성, 매력성, 이미지, 관광시설, 하부구조가 있다.

○△×

02 관광자원의 일반적 특성으로 옳은 것은?

① 다양성 : 관광자원은 다양하게 개발되어야 한다.
② 불변화성 : 관광욕구의 패턴에 따라 관광대상은 변하지 않는다.
③ 절대성 : 관광자의 관심사가 주관적이기 때문에 모두를 충족시켜야 한다.
④ 비조화성 : 자연적 자원과 문화적 자원, 산업적 자원, 사회적 자원이 조화를 이룰 때 가치와 매력이 감소한다.

② 가변성 : 시대상 및 사회상과 관광욕구의 패턴 등의 변화에 따라 그 가치와 매력이 변한다.
③ 상대성 : 관광자원에 대한 관광객의 만족 수준은 주관적인 것이므로 절대적인 관광자원이란 존재할 수 없다.
④ 조화성 : 변화하는 있는 관광수요에 유연하게 대처할 수 있도록 관광자원과 다른 자원과의 상호작용해야 하며, 상호작용 시 각 자원이 조화를 이룰 때 가치와 매력이 향상된다.

○△×

03 람사르 지정 습지가 아닌 것은?

① 순천만 · 보성갯벌
② 우포늪
③ 무안갯벌
④ 보령갯벌

① 순천만 · 보성 갯벌 : 2006.01.20
② 우포늪 : 1998.03.02
③ 무안갯벌 : 2008.01.14

○△×

04 자연적 관광자원의 성격으로 옳은 것은?

① 이동성 ② 저장성
③ 변화성 ④ 단순성

① 자연적 관광자원은 이동할 수 없으므로 '비이동성'을 띤다.
② 자연적 관광자원은 저장할 수 없으므로 '비저장성'을 띤다.
④ 자연적 관광자원은 다양한 자원과 상호작용하므로 '복잡성'을 띤다.

○△×

05 위락적 관광자원에 해당하지 않는 것은?

① 해양 관광시설
② 육지형 관광시설
③ 숙박 휴양시설
④ 자연동굴 관광지

위락적 관광자원(= 위락 관광자원, 관광 · 레크리에이션 자원)에는 리조트(해양형 · 육지형), 테마파크(주제공원), 카지노, 스포츠(낚시 · 트레킹 · 카레이싱 · 설상 스포츠 · 스키 · 골프 · 항공 스포츠) 등이 있다.

○△×

06 산업적 관광자원에 해당하는 것은?

① 박물관 ② 박람회
③ 왕 궁 ④ 공 원

산업적 관광자원
- 농업관광자원 : 관광농원, 농장, 목장, 어장, 임업 등
- 공업관광자원 : 공장시설, 기술, 생산 공정, 생산품, 후생시설 등
- 상업관광자원 : 시장, 박람회, 전시회, 백화점 등

○△×

07 관광권역 설정 기준으로 옳지 않은 것은?

① 관광자원의 가치와 대표성
② 산업시설 및 이용의 편리성
③ 거주자 수
④ 고층건물의 유무

관광권역 설정 시 고층건물의 유무는 고려 대상이 아니다.

관광개발기본계획 등(관광진흥법 제49조 제2항)
시 · 도지사(특별자치도지사는 제외한다)는 기본계획에 따라 구분된 권역을 대상으로 다음의 사항을 포함하는 권역별 관광개발계획(이하 "권역계획"이라 한다)을 수립하여야 한다.
- 권역의 관광 여건과 관광 동향에 관한 사항 – ③ 거주자 수
- 권역의 관광 수요와 공급에 관한 사항
- 관광자원의 보호 · 개발 · 이용 · 관리 등에 관한 사항 – ① 관광자원의 가치와 대표성, ② 산업시설 및 이용의 편리성
- 관광지 및 관광단지의 조성 · 정비 · 보완 등에 관한 사항
- 관광지 및 관광단지의 실적 평가에 관한 사항
- 관광지 연계에 관한 사항
- 관광사업의 추진에 관한 사항
- 환경보전에 관한 사항
- 그 밖에 그 권역의 관광자원의 개발, 관리 및 평가를 위하여 필요한 사항

정답 3 ④ 4 ③ 5 ④ 6 ② 7 ④

○△×

08 관광산업을 촉진하고 국내외 관광객의 다양한 관광휴양을 위하여 관광자원과 관광시설을 종합적으로 개발한 관광단지를 모두 고른 것은?

ㄱ. 보문관광단지	ㄴ. 중문관광단지
ㄷ. 화원관광단지	ㄹ. 용평관광단지

① ㄱ, ㄴ

② ㄴ, ㄷ

③ ㄱ, ㄷ, ㄹ

④ ㄱ, ㄴ, ㄷ, ㄹ

관광단지는 관광진흥법 제2조 제7호에 따라 관광객의 다양한 관광 및 휴양을 위하여 각종 관광시설을 종합적으로 개발하는 관광 거점 지역으로서 지정된 곳이다.
2025년 5월 기준 네 곳 모두 관광단지로 지정되어 있다.

○△×

09 자연공원법으로 지정한 공원과 그 지정권자의 연결이 옳은 것은?

① 군립공원 – 도지사

② 도립공원 – 대통령

③ 국립공원 – 환경부장관

④ 시립공원 – 문화체육관광부장관

① 군립공원 : 군수(자연공원법 제4조의4 제1항)
② 도립공원 : 시 · 도지사(자연공원법 제4조의3 제1항)
④ 시립공원 : 군수(자연공원법 제4조의4 제1항)

○△×

10 관광자원해설의 목적과 효과로 옳은 것은?

① 관광자원의 형성과정과 특성, 장소성을 설명한다.

② 관광객의 흥미를 감소시켜 만족도를 줄인다.

③ 관광자원의 이용과 보전에 대한 편향적인 시각과 지역사회와의 편향된 관계형성을 유도한다.

④ 관광의 불지속성에 기여한다.

② 관광객이 방문하는 관광지에 대해 보다 예리한 인식 · 감상 · 이해능력을 갖게 해 주어 관광객의 흥미와 만족도를 증진케 한다.
③ 관광자원 관리당국자와 그들이 진행하는 프로그램에 대한 대중의 이해를 촉진하여 관광자원의 이용과 보전에 대한 폭넓은 시각과 지역사회와의 우호적인 관계형성을 유도한다.
④ 관광객이 해당 관광자원을 지속적으로 이용하게 하여 관광의 지속성을 유지케 한다.

○△×

11 관광자원해설사의 자질로 옳은 것은?

① 성급함

② 자만감

③ 불균형성

④ 침착성

관광자원해설사의 자질에는 열정, 유머감각 및 균형감각, 명료성, 자신감, 따뜻함, 침착성, 신뢰감, 즐거운 표정과 태도가 있다.

정답 8 ④ 9 ③ 10 ① 11 ④

○△×

12 국립공원에 관한 내용으로 옳지 않은 것은?

① 국립공원심의위원회의 심의를 거쳐 시 · 도지사가 지정한다.

② 자연의 원형보존 및 후손에게 물려주기 위함이다.

③ 학술적 연구를 통해 인류복지에 기여하기 위함이다.

④ 생태계의 균형을 유지하기 위함이다.

국립공원은 환경부장관이 지정하는 것이다.

국립공원의 지정 절차(자연공원법 제4조의2 제1항)

환경부장관은 국립공원을 지정하려는 경우에는 제4조 제2항에 따른 조사 결과 등을 토대로 국립공원 지정에 필요한 서류를 작성하여 다음의 절차를 차례대로 거쳐야 한다. 국립공원의 지정을 해제하거나 구역 변경 등 대통령령으로 정하는 중요사항을 변경하는 경우에도 또한 같다.

- 주민설명회 및 공청회의 개최
- 관할 특별시장 · 광역시장 · 특별자치시장 · 도지사 또는 특별자치도지사(이하 "시 · 도지사"라 한다) 및 시장 · 군수 또는 자치구의 구청장(이하 "군수"라 한다)의 의견 청취
- 관계 중앙행정기관의 장과의 협의
- 제9조에 따른 국립공원위원회의 심의

○△×

13 관광농업 유형 중 기능별 분류에 포함되지 않는 것은?

① 숙박 휴식형

② 주말 농원형

③ 농업 기술 전수형

④ 음식 판매형

관광농업의 유형 : 기능별 분류

- 자연 학습형
- 주말 농원형
- 심신 수련형
- 숙박 휴식형
- 음식 판매형

○△×

14 유네스코 세계문화유산으로 등록된 궁궐은?

① 경복궁

② 덕수궁

③ 창경궁

④ 창덕궁

유네스코 세계문화유산으로 등록된 궁궐은 창덕궁이다. 창덕궁은 1405년(태종 5년)에 경복궁의 이궁으로 지어진 궁궐로 1997년 유네스코 세계문화유산으로 등록되었다. 창덕궁은 경복궁 · 경희궁 · 덕수궁 · 창경궁과 더불어 조선의 5대 궁궐이며, 자유분방한 전각배치와 아름다운 후원으로 유명한 곳이다.

○△×

15 조선 궁궐들과 정전(正殿)의 연결이 옳지 않은 것은?

① 경복궁 – 근정전

② 덕수궁 – 중화전

③ 창경궁 – 숭정전

④ 창덕궁 – 인정전

창경궁의 정전은 명정전(明政殿)이다.

정답 12 ① 13 ③ 14 ④ 15 ③

O△X

16 주심포 공포 양식의 건축물로 옳지 않은 것은?

① 부석사 무량수전
② 통도사 대웅전
③ 봉정사 극락전
④ 수덕사 대웅전

주심포 양식은 기둥 하나에 공포(지붕과 기둥을 잇는 구조물) 하나를 얹는 건축양식이다. 주심포 양식의 건축물에는 영주 부석사 무량수전, 안동 봉정사 극락전, 예산 수덕사 대웅전, 강진 무위사 극락전 등이 있다. 양산 통도사의 대웅전은 기둥 하나에 여러 개의 공포를 얹는 건축양식인 다포 양식이 적용된 건축물이다.

O△X

17 다음 설명에 해당하는 것은?

> 목조건축물 등을 아름답게 장식하는 의장기법으로 청색, 적색, 황색, 백색, 흑색 등 다섯 가지 색을 기본으로 하여, 건축물에 여러 가지 무늬와 그림을 그려 구조물을 보호하는 동시에 외관상의 미를 돋보이게 하려는 것이다.

① 기 단
② 공 포
③ 단 청
④ 대들보

단청(丹靑)은 목조 건축물 등을 아름답게 장식하는 의상기법으로 건축물의 종류와 위계에 따라 그 종류와 이름을 달리한다. 단청은 외관을 아름답게 하는 기능뿐만 아니라 목조 건축물의 부식을 막는 기능과 이것이 사용된 건물의 위계를 나타내는 기능을 하기도 한다.

O△X

18 다음 설명에 해당하는 성곽은?

> • 세계문화유산에 등재되었다.
> • 성곽을 따라 성문과 수문, 암문 등이 분포하는데 성문에는 반원형의 옹성을 쌓았다.
> • 정조의 효심과 당파정치 근절, 왕도정치 실현, 한양 남쪽의 국방요새, 정치, 행정, 상업이 망라된 종합기능의 성곽이다.

① 남한산성
② 수원화성
③ 한양도성
④ 낙안읍성

① 남한산성 : 북한산성과 함께 한양을 지키는 큰 두 산성으로, 삼전도의 굴욕 · 인조의 삼배구고두례 · 〈산성일기〉와 더불어 병자호란(1636)과 관련된 사적이다.
③ 한양도성(서울성곽) : 조선의 수도였던 한성(한양)의 주위를 둘러싼 성곽과 문으로, 태조 이성계가 한양으로 천도한 후 궁궐과 도시를 수방하기 위해 지었다.
④ 낙안읍성 : 여말선초 시기에 왜구의 침입을 막기 위해 쌓은 토성으로, 해미읍성 · 고창읍성과 더불어 조선시대 이후 지금까지도 원형이 잘 보존되어 있는 읍성이다.

O△X

19 조선시대 세조와 정희왕후의 능으로 옳은 것은?

① 광 릉
② 선 릉
③ 정 릉
④ 태 릉

② 선릉 : 조선 성종과 계비 정현왕후의 능
③ 정릉 : 조선 중종의 능
④ 태릉 : 조선 중종의 계비 문정 왕후의 능

정답 16 ② 17 ③ 18 ② 19 ①

○△×

20 부처의 진신사리가 봉안된 적멸보궁 사찰로 옳지 않은 것은?

① 양산 통도사
② 속리산 법주사
③ 정선 정암사
④ 설악산 봉정암

적멸보궁은 사찰에서 부처님의 진신사리를 봉안하는 불교 건축물이다. 우리나라의 5대 적멸보궁 사찰에는 양산 통도사, 정선 정암사, 설악산 봉정암, 오대산 중대, 영월 법흥사가 있다.

○△×

21 삼보사찰의 연결이 옳은 것은?

① 승보사찰 – 양산 통도사, 불보사찰 – 순천 송광사, 법보사찰 – 합천 해인사
② 승보사찰 – 합천 해인사, 불보사찰 – 양산 통도사, 법보사찰 – 순천 송광사
③ 승보사찰 – 순천 송광사, 불보사찰 – 합천 해인사, 법보사찰 – 양산 통도사
④ 승보사찰 – 순천 송광사, 불보사찰 – 양산 통도사, 법보사찰 – 합천 해인사

삼보(三寶)사찰은 불교에서 말하는 3개의 보배가 있는 사찰이다. 승보(僧寶)는 부처님의 가르침을 배우고 수행하는 스님들, 불보(佛寶)는 부처님, 법보(法寶)는 불교의 경전을 뜻하는데 이들을 상징하는 사찰은 각각 순천 송광사, 양산 통도사, 합천 해인사이다.

○△×

22 종묘제례악의 설명으로 옳지 않은 것은?

① 조선시대 역대 왕과 왕비의 신위를 모신 사당(종묘)에서 제사를 지낼 때 무용과 노래와 악기를 사용하여 연주하는 음악이다.
② 조선시대의 기악연주와 노래, 춤이 어우러진 궁중음악의 정수로서 우리의 문화적 전통과 특성이 잘 나타나 있다.
③ 우리나라 고유의 정형시인 시조에 곡을 붙여 부르는 노래로 거문고 · 가야금 · 해금 · 대금 · 단소 · 장구 등 짜임새 있는 관현악 연주에 맞추어 부른다.
④ 유네스코 인류무형문화유산으로 등재되었다.

우리나라 고유의 정형시인 시조에 곡을 붙여 부르는 노래는 '가곡(歌曲)'이다.

○△×

23 단오의 풍속으로 옳은 것을 모두 고른 것은?

ㄱ. 씨 름	ㄴ. 창포로 머리 감기
ㄷ. 강강술래	ㄹ. 탑돌이
ㅁ. 그네뛰기	

① ㄱ, ㄴ, ㄹ
② ㄱ, ㄴ, ㅁ
③ ㄴ, ㄷ, ㄹ
④ ㄷ, ㄹ, ㅁ

ㄷ. 강강술래 : 정월 대보름이나 추석에 남부 지방에서 행하는 민속놀이이다.
ㄹ. 탑돌이 : 4월 초파일에 절에서 밤새도록 탑을 돌며 부처님의 공덕을 기리고 소원을 비는 행사로 본디 종교 의식이었으나 차츰 민속놀이로 변모하였다.

정답 20 ② 21 ④ 22 ③ 23 ②

□△×

24 한국의 세계기록유산을 모두 고른 것은?

ㄱ. 판소리	ㄴ. 조선왕조실록
ㄷ. 직지심체요절	ㄹ. 훈민정음
ㅁ. 종묘제례	ㅂ. 일성록

① ㄱ, ㄴ, ㄷ, ㅁ

② ㄱ, ㄷ, ㄹ, ㅁ

③ ㄴ, ㄷ, ㄹ, ㅂ

④ ㄴ, ㄹ, ㅁ, ㅂ

한국의 세계기록유산

2000년대 이전	• 훈민정음(1997) • 조선왕조실록(1997)
2000년대	• 직지심체요절(2001) • 승정원일기(2001) • 조선왕조 의궤(2007) • 해인사 대장경판 및 제경판(2007) • 동의보감(2009)
2010년대	• 일성록(2011) • 5 · 18 민주화운동기록물(2011) • 난중일기(2013) • 새마을운동기록물(2013) • 한국의 유교책판(2015) • KBS특별생방송 '이산가족을 찾습니다' 기록물(2015) • 조선왕실 어보와 어책(2017) • 국채보상운동기록물(2017) • 조선통신사기록물(2017)
2020년대	• 4 · 19혁명기록물(2023) • 동학농민혁명기록물(2023) • 제주4 · 3기록물(2025) • 산림녹화기록물(2025)

□△×

25 다음 설명에 해당하는 서원은?

• 퇴계 이황이 유생을 교육하며 학문을 쌓던 곳이다.
• 2019년 유네스코 세계유산으로 등재되었다.
• 임금에게 이름을 받아 사액서원이 되면서 영남지방 유학의 중심지가 되었다.

① 안동 도산서원

② 안동 병산서원

③ 달성 도동서원

④ 영주 소수서원

② 안동 병산서원 : 류성룡을 기념하여 세운 서원이다. 2010년 7월 31일 '한국의 역사마을 – 하회와 양동'이라는 이름으로 유네스코 세계문화유산에 등재되었다.

③ 달성 도동서원 : 김굉필의 학문과 덕행을 추모하기 위하여 세운 서원이다. 병산서원 · 도산서원 · 옥산서원 · 소수서원과 더불어 우리나라의 5대 서원으로 꼽힌다.

④ 영주 소수서원 : 주세붕이 세운 우리나라 최초의 서원이다. 초기의 이름은 백운동 서원이었으나 명종 때 사액을 받아 오늘날의 소수서원이 되었다.

실제 기출

정답 24 ③ 25 ①

제3과목 관광법규

○△×

01 관광기본법에 관한 내용으로 옳지 않은 것은?

① 정부는 이 법의 목적을 달성하기 위하여 관광진흥에 관한 기본적이고 종합적인 시책을 강구하여야 한다.

② 정부는 관광진흥의 기반을 조성하고 관광산업의 경쟁력을 강화하기 위하여 관광진흥에 관한 기본계획을 5년마다 수립 · 시행하여야 한다.

③ 정부는 기본계획에 따라 3년마다 시행계획을 수립 · 시행하고 그 추진실적을 평가하여 기본계획에 반영하여야 한다.

④ 정부는 매년 관광진흥에 관한 시책과 동향에 대한 보고서를 정기국회가 시작하기 전까지 국회에 제출하여야 한다.

> **관광진흥계획의 수립(관광기본법 제3조 제4항)**
> 정부는 기본계획에 따라 매년 시행계획을 수립 · 시행하고 그 추진실적을 평가하여 기본계획에 반영하여야 한다.

○△×

02 관광진흥법상 조성계획의 수립 등에 관한 설명으로 옳지 않은 것은?

① 관광지등을 관할하는 시장 · 군수 · 구청장은 조성계획을 작성하여 시 · 도지사의 승인을 받아야 한다.

② 시 · 도지사는 조성계획을 승인하거나 변경승인을 하고자 하는 때에는 관계 행정기관의 장과 협의하여야 한다.

③ 시 · 도지사가 조성계획을 승인 또는 변경승인한 때에는 7일 이내에 이를 고시하여야 한다.

④ 조성사업은 이 법 또는 다른 법령에 특별한 규정이 있는 경우 외에는 사업시행자가 행한다.

> **조성계획의 수립 등(관광진흥법 제54조 제4항)**
> 시 · 도지사가 제1항에 따라 조성계획을 승인 또는 변경승인한 때에는 지체 없이 이를 고시하여야 한다.

○△×

03 관광진흥법령상 관광통계 작성 범위로 명시된 것으로 옳은 것을 모두 고른 것은?

ㄱ. 외국인 방한(訪韓) 관광객의 관광행태에 관한 사항
ㄴ. 국민의 관광행태에 관한 사항
ㄷ. 관광사업자의 경영에 관한 사항
ㄹ. 관광지와 관광단지의 현황 및 관리에 관한 사항

① ㄱ, ㄷ
② ㄴ, ㄹ
③ ㄱ, ㄴ, ㄷ
④ ㄱ, ㄴ, ㄷ, ㄹ

> **관광통계 작성 범위(관광진흥법 시행령 제41조의2)**
> • 외국인 방한(訪韓) 관광객의 관광행태에 관한 사항
> • 국민의 관광행태에 관한 사항
> • 관광사업자의 경영에 관한 사항
> • 관광지와 관광단지의 현황 및 관리에 관한 사항
> • 그 밖에 문화체육관광부장관 또는 지방자치단체의 장이 관광산업의 발전을 위하여 필요하다고 인정하는 사항

정답 1③ 2③ 3④

04 관광진흥법상 권역계획에 관한 규정이다. ( )에 들어갈 숫자로 옳은 것은?

> 시 · 도지사는 제1항에 따라 수립한 권역계획을 문화체육관광부장관의 조정과 관계 행정기관의 장과의 협의를 거쳐 확정하여야 한다. 이 경우 협의 요청을 받은 관계 행정기관의 장은 특별한 사유가 없으면 그 요청을 받은 날부터 ( )일 이내에 의견을 제시하여야 한다.

① 30 ② 45
③ 50 ④ 60

권역계획(관광진흥법 제51조 제2항)
시 · 도지사는 제1항에 따라 수립한 권역계획을 문화체육관광부장관의 조정과 관계 행정기관의 장과의 협의를 거쳐 확정하여야 한다. 이 경우 협의 요청을 받은 관계 행정기관의 장은 특별한 사유가 없으면 그 요청을 받은 날부터 30일 이내에 의견을 제시하여야 한다.

05 국제회의산업 육성에 관한 법률상 국제회의산업육성기본계획의 수립 등에 관한 내용으로 옳지 않은 것은?

① 기본계획은 3년마다 수립 · 시행하여야 한다.
② 기본계획에는 국제회의시설의 설치와 확충에 관한 사항이 포함되어야 한다.
③ 문화체육관광부장관은 기본계획의 추진실적을 평가하고, 그 결과를 기본계획의 수립에 반영하여야 한다.
④ 기본계획 · 시행계획의 수립 및 추진실적 평가의 방법 · 내용 등에 필요한 사항은 대통령령으로 정한다.

국제회의산업육성기본계획의 수립 등(국제회의산업 육성에 관한 법률 제6조 제1항)
문화체육관광부장관은 국제회의산업의 육성 · 진흥을 위하여 기본계획을 5년마다 수립 · 시행하여야 한다.

06 관광진흥개발기금법상 납부금 부과 · 징수 업무의 위탁에 관한 규정이다. ( )에 들어갈 것은?

> 문화체육관광부장관은 제2조 제3항에 따른 납부금의 부과 · 징수의 업무를 대통령령으로 정하는 바에 따라 관계 ( )과 협의하여 지정하는 자에게 위탁할 수 있다.

① 한국관광공사 사장
② 기금수입 징수관
③ 지방자치단체장
④ 중앙행정기관의 장

납부금 부과 · 징수 업무의 위탁(관광진흥개발기금법 제12조 제1항)
문화체육관광부장관은 제2조 제3항에 따른 납부금의 부과 · 징수의 업무를 대통령령으로 정하는 바에 따라 관계 중앙행정기관의 장과 협의하여 지정하는 자에게 위탁할 수 있다.

○△×

07 **국제회의산업 육성에 관한 법령상 국제회의시설의 종류 · 규모에 관한 내용으로 옳은 것은?**

① 전문회의시설은 500명 이상의 인원을 수용할 수 있는 대회의실이 있을 것
② 준회의시설은 100명 이상의 인원을 수용할 수 있는 대회의실이 있을 것
③ 전시시설은 30명 이상의 인원을 수용할 수 있는 중 · 소회의실이 2실 이상 있을 것
④ 전시시설은 옥내와 옥외의 전시면적을 합쳐서 2천 제곱미터 이상 확보하고 있을 것

국제회의시설의 종류 · 규모(국제회의산업 육성에 관한 법률 시행령 제3조)
① 전문회의시설은 2천명 이상의 인원을 수용할 수 있는 대회의실이 있을 것(제2항)
② 준회의시설은 200명 이상의 인원을 수용할 수 있는 대회의실이 있을 것(제3항)
③ 전시시설은 30명 이상의 인원을 수용할 수 있는 중 · 소회의실이 5실 이상 있을 것(제4항)

○△×

08 **국제회의산업 육성에 관한 법령상 국제회의복합지구의 지정요건에 관한 조문의 일부이다. (　　)에 들어갈 숫자로 옳은 것은?**

> 국제회의복합지구 지정 대상 지역 내에서 개최된 회의에 참가한 외국인이 국제회의복합지구 지정일이 속한 연도의 전년도 기준 5천명 이상이거나 국제회의복합지구 지정일이 속한 연도의 직전 (　　)년간 평균 5천명 이상일 것

① 2　　② 3
③ 4　　④ 5

국제회의복합지구의 지정 등(국제회의산업 육성에 관한 법률 시행령 제13조의2 제1항 제2호)
국제회의복합지구 지정 대상 지역 내에서 개최된 회의에 참가한 외국인이 국제회의복합지구 지정일이 속한 연도의 전년도 기준 5천명 이상이거나 국제회의복합지구 지정일이 속한 연도의 직전 3년간 평균 5천명 이상일 것

○△×

09 **관광진흥법령상 한국관광 품질인증에 해당하는 사업이 아닌 것은?**

① 외국인관광 도시민박업
② 관광호텔업
③ 관광식당업
④ 관광면세업

한국관광 품질인증의 대상(관광진흥법 시행령 제41조의11)
- 야영장업
- 외국인관광 도시민박업
- 한옥체험업
- 관광식당업
- 관광면세업
- 공중위생관리법에 따른 숙박업
- 외국인관광객 등에 대한 부가가치세 및 개별소비세 특례규정에 따른 외국인관광객면세판매장
- 그 밖에 관광사업 및 이와 밀접한 관련이 있는 사업으로서 문화체육관광부장관이 정하여 고시하는 사업

정답 7④ 8② 9②

○△×

10 관광진흥개발기금법령상 기금의 설치 및 재원에 관한 설명으로 옳지 않은 것은?

① 정부로부터 받은 출연금은 재원(財源)으로 조성한다.

② 국내 공항과 항만을 통하여 출국하는 자로서 대통령령으로 정하는 자는 1만원의 범위에서 대통령령으로 정하는 금액을 기금에 납부하여야 한다.

③ 납부금을 부과받은 자가 부과된 납부금에 대하여 이의가 있는 경우에는 부과받은 날부터 60일 이내에 문화체육관광부장관에게 이의를 신청할 수 있다.

④ 문화체육관광부장관은 이의신청을 받았을 때에는 그 신청을 받은 날부터 30일 이내에 이를 검토하여 그 결과를 신청인에게 서면으로 알려야 한다.

기금의 설치 및 재원(관광진흥개발기금법 제2조 제5항)
문화체육관광부장관은 이의신청을 받았을 때에는 그 신청을 받은 날부터 15일 이내에 이를 검토하여 그 결과를 신청인에게 서면으로 알려야 한다.

○△×

11 관광진흥법령상 권한의 위탁에 관한 설명으로 옳은 것은?

① 국외여행 인솔자의 등록 발급에 관한 권한은 업종별 관광협회에 위탁한다.

② 관광 편의시설업 중 관광식당업의 지정에 관한 권한은 한국관광공사에 위탁한다.

③ 여객자동차터미널시설업의 지정에 관한 권한은 업종별 관광협회에 위탁한다.

④ 한국관광 품질인증에 관한 업무는 지역별 관광협회에 위탁한다.

권한의 위탁(관광진흥법 시행령 제65조)
②·③ 관광 편의시설업 중 관광식당업·여객자동차터미널시설업의 지정에 관한 권한은 지역별 관광협회에 위탁한다(제1항 제1호).
④ 한국관광 품질인증에 관한 업무는 한국관광공사에 위탁한다(제1항 제7호).

○△×

12 관광진흥법상 카지노사업자가 관광사업의 시설 중 부대시설 외의 시설을 타인에게 경영하게 한 자에 대한 벌칙 기준은?

① 1년 이하의 징역 또는 1천만원 이하 벌금
② 2년 이하의 징역 또는 2천만원 이하 벌금
③ 3년 이하의 징역 또는 3천만원 이하 벌금
④ 5년 이하의 징역 또는 5천만원 이하 벌금

벌칙(관광진흥법 제83조 제1항 제3호)
제11조 제1항을 위반하여 관광사업의 시설 중 부대시설 외의 시설을 타인에게 경영하게 한 카지노사업자는 2년 이하의 징역 또는 2천만원 이하의 벌금에 처한다.

정답 10 ④ 11 ① 12 ②

13 관광진흥개발기금법령상 기금운용위원회의 구성 등에 관한 설명으로 옳지 않은 것은?

① 기금운용위원회는 위원장 1명을 포함한 10명 이내의 위원으로 구성한다.
② 위원장은 문화체육관광부장관이 된다.
③ 위원장이 부득이한 사유로 직무를 수행할 수 없을 때에는 위원장이 지정한 위원이 그 직무를 대행한다.
④ 회의는 재적위원 과반수의 출석으로 개의하고, 출석위원 과반수의 찬성으로 의결한다.

기금운용위원회의 구성(관광진흥개발기금법 시행령 제4조 제2항 전단)
기금운용위원회의 위원장은 문화체육관광부 제1차관이 된다.

14 관광진흥법령상 분양 및 회원 모집을 할 수 있는 사업에 해당하지 않는 것은?

① 휴양 콘도미니엄업
② 관광펜션업
③ 소형호텔업
④ 관광호텔업

분양 및 회원 모집 관광사업(관광진흥법 시행령 제23조 제1항)
- 휴양 콘도미니엄업
- 호텔업
- 관광객 이용시설업 중 제2종 종합휴양업

15 관광진흥법령상 호텔업의 등록을 한 자 중 등급결정을 신청해야 하는 호텔업이 아닌 것은?

① 수상관광호텔업
② 의료관광호텔업
③ 한국전통호텔업
④ 호스텔업

호텔업의 등급결정(관광진흥법 시행령 제22조)
관광호텔업, 수상관광호텔업, 한국전통호텔업, 가족호텔업, 소형호텔업 또는 의료관광호텔업의 등록을 한 자는 등급결정을 신청하여야 한다.

16 관광진흥법령상 카지노업의 영업 종류 중 테이블게임에 해당하는 것을 모두 고른 것은?

ㄱ. 룰렛(Roulette)
ㄴ. 다이스(Dice, Craps)
ㄷ. 빅 휠(Big Wheel)
ㄹ. 슬롯머신(Slot Machine)
ㅁ. 다이 사이(Tai Sai)
ㅂ. 비디오게임(Video Game)

① ㄱ, ㄴ, ㄷ, ㄹ
② ㄱ, ㄴ, ㄷ, ㅁ
③ ㄴ, ㄹ, ㅁ, ㅂ
④ ㄷ, ㄹ, ㅁ, ㅂ

테이블게임의 종류(관광진흥법 시행규칙 별표 8)
ㄹ · ㅂ 슬롯머신(Slot Machine)과 비디오게임(Video Game)은 머신게임에 해당한다.

정답 13 ② 14 ② 15 ④ 16 ②

○△×

17 관광진흥법령상 변경등록사항과 해당 사업의 연결로 옳지 않은 것은?

① 객실 수 및 형태의 변경 – 휴양 콘도미니엄업
② 부대시설의 위치 · 면적 및 종류의 변경 – 관광숙박업
③ 부지 면적의 변경, 시설의 설치 또는 폐지 – 야영장업
④ 객실 수 및 면적의 변경, 편의시설 면적의 변경, 체험시설 종류의 변경 – 한옥체험업

변경등록(관광진흥법 시행령 제6조 제1항 제3호)
객실 수 및 형태의 변경은 휴양 콘도미니엄업을 제외한 관광숙박업만 해당한다.

○△×

18 관광진흥법령상 휴양 콘도미니엄업의 등록기준으로 옳지 않은 것은?

① 같은 단지 안에 객실이 30실 이상일 것
② 매점이나 간이매장이 있을 것
③ 대지 및 건물의 소유권 또는 사용권을 확보하고 있을 것
④ 외국인에게 서비스를 제공할 수 있는 체제를 갖추고 있을 것

관광사업의 등록기준(관광진흥법 시행령 별표 1)
④ 휴양 콘도미니엄업이 아닌 호텔업의 등록기준에 해당한다.

○△×

19 관광진흥법령상 관광 편의시설업이 아닌 것은?

① 관광식당업 ② 관광극장유흥업
③ 관광공연장업 ④ 관광지원서비스업

관광사업의 종류(관광진흥법 시행령 제2조 제1항 제3호 마목)
관광공연장업은 관광객 이용시설업에 해당한다.

○△×

20 관광진흥법령상 특별자치시장 · 특별자치도지사 · 시장 · 군수 · 구청장에게 등록하여야 하는 사업이 아닌 것은?

① 국제회의기획업
② 종합여행업
③ 관광면세업
④ 관광유람선업

등록(관광진흥법 제4조 제1항)
여행업, 관광숙박업, 관광객 이용시설업 및 국제회의업을 경영하려는 자는 특별자치시장 · 특별자치도지사 · 시장 · 군수 · 구청장(자치구의 구청장)에게 등록하여야 한다.

구분	종류
여행업	• 종합여행업 • 국내외여행업 • 국내여행업
관광숙박업	• 호텔업 • 휴양 콘도미니엄업
관광객 이용시설업	• 전문휴양업 • 종합휴양업 • 야영장업 • 관광유람선업 • 관광공연장업 • 외국인관광 도시민박업 • 한옥체험업
국제회의업	• 국제회의시설업 • 국제회의기획업

정답 17 ① 18 ④ 19 ③ 20 ③

실제 기출

ⓄⒶⓍ

21 관광진흥법령상 테마파크업의 조건부 영업허가 기간 등에 관한 내용이다. ( )에 들어갈 숫자로 옳은 것은?

> 제31조(테마파크업의 조건부 영업허가 기간 등)
> ① 법 제31조 제1항 본문에서 "대통령령으로 정하는 기간"이란 조건부 영업허가를 받은 날부터 다음 각 호의 구분에 따른 기간을 말한다.
> 1. 종합테마파크업을 하려는 경우 : (ㄱ)년 이내
> 2. 일반테마파크업을 하려는 경우 : (ㄴ)년 이내

	ㄱ	ㄴ
①	5	3
②	7	5
③	8	6
④	10	7

> **테마파크업의 조건부 영업허가 기간 등(관광진흥법 시행령 제31조 제1항)**
> 법 제31조 제1항 본문에서 "대통령령으로 정하는 기간"이란 조건부 영업허가를 받은 날부터 다음의 구분에 따른 기간을 말한다.
> • 종합테마파크업을 하려는 경우 : 5년 이내
> • 일반테마파크업을 하려는 경우 : 3년 이내

ⓄⒶⓍ

22 관광진흥법령상 '관광종사원으로서 직무를 수행하는 데에 부정 또는 비위(非違)사실이 있는 경우' 3차 위반 시 받는 개별기준 행정처분에 해당하는 것은?

① 자격정지 1개월
② 자격정지 3개월
③ 자격정지 5개월
④ 자격 취소

> **관광종사원에 대한 행정처분 기준(관광진흥법 시행규칙 별표 17)**
> 관광종사원으로서 직무를 수행하는 데에 부정 또는 비위(非違)사실이 있는 경우
> • 1차 위반 시 : 자격정지 1개월
> • 2차 위반 시 : 자격정지 3개월
> • 3차 위반 시 : 자격정지 5개월
> • 4차 위반 시 : 자격취소

ⓄⒶⓍ

23 관광진흥법령상 관광사업의 종류에 관한 내용이다. ( )에 들어갈 것으로 옳은 것은?

> 제2종 종합휴양업 : 관광객의 휴양이나 여가 선용을 위하여 (ㄱ)의 등록에 필요한 시설과 제1종 종합휴양업의 등록에 필요한 전문휴양시설 중 두 종류 이상의 시설 또는 전문휴양시설 중 한 종류 이상의 시설 및 (ㄴ)의 시설을 함께 갖추어 관광객에게 이용하게 하는 업

	ㄱ	ㄴ
①	관광숙박업	종합테마파크업
②	관광숙박업	일반테마파크업
③	관광편의시설업	종합테마파크업
④	관광편의시설업	일반테마파크업

> **관광사업의 종류(관광진흥업 시행령 제2조 제1항 제3호 나목)**
> 제2종 종합휴양업 : 관광객의 휴양이나 여가 선용을 위하여 관광숙박업의 등록에 필요한 시설과 제1종 종합휴양업의 등록에 필요한 전문휴양시설 중 두 종류 이상의 시설 또는 전문휴양시설 중 한 종류 이상의 시설 및 종합테마파크업의 시설을 함께 갖추어 관광객에게 이용하게 하는 업

정답 21 ① 22 ③ 23 ①

○△×

24 관광진흥법령상 과징금의 부과 및 납부에 관한 내용이다. ( )에 들어갈 숫자로 옳은 것은?

> 과징금 통지를 받은 자는 (ㄱ)일 이내에 과징금을 등록기관 등의 장이 정하는 수납기관에 내야 한다. 다만, 천재지변이나 그 밖의 부득이한 사유로 그 기간에 과징금을 낼 수 없는 경우에는 그 사유가 없어진 날부터 (ㄴ)일 이내에 내야 한다.

	ㄱ	ㄴ
①	15	10
②	20	7
③	25	7
④	30	10

과징금의 부과 및 납부(관광진흥법 시행령 제35조 제2항)

제1항에 따라 통지를 받은 자는 20일 이내에 과징금을 등록기관 등의 장이 정하는 수납기관에 내야 한다. 다만, 천재지변이나 그 밖의 부득이한 사유로 그 기간에 과징금을 낼 수 없는 경우에는 그 사유가 없어진 날부터 7일 이내에 내야 한다.

법령개정으로 단서 부분인 '다만, 천재지변이나 그 밖의 부득이한 사유로 그 기간에 과징금을 낼 수 없는 경우에는 그 사유가 없어진 날부터 7일 이내에 내야 한다.'가 삭제되었다.

○△×

25 관광진흥법령상 종합여행업의 기획여행 시 직전 사업연도 매출액이 500억원일 때 보증보험 등 가입금액(영업보증금 예치금액)의 기준으로 옳은 것은?

① 2억원　　② 3억원
③ 5억원　　④ 7억원

종합여행업 10억원 + 기획여행 5억원 = 총 15억원이 정답이다. 문제상의 오류로 전항 정답 처리되었다.

보증보험 등 가입금액(영업보증금 예치금액) 기준(관광진흥법 시행규칙 별표 3)

(단위 : 천원)

여행업의 종류(기획여행 포함) / 직전 사업연도 매출액	국내 여행업	국내외 여행업	종합 여행업	국내외 여행업의 기획여행	종합 여행업의 기획여행
1억원 미만	20,000	30,000	50,000	200,000	200,000
1억원 이상 5억원 미만	30,000	40,000	65,000		
5억원 이상 10억원 미만	45,000	55,000	85,000		
10억원 이상 50억원 미만	85,000	100,000	150,000		
50억원 이상 100억원 미만	140,000	180,000	250,000	300,000	300,000
100억원 이상 1,000억원 미만	450,000	750,000	1,000,000	500,000	500,000
1,000억원 이상	750,000	1,250,000	1,510,000	700,000	700,000

비고 1. 국내외여행업 또는 종합여행업을 하는 여행업자 중에서 기획여행을 실시하려는 자는 국내외여행업 또는 종합여행업에 따른 보증보험등에 가입하거나 영업보증금을 예치하고 유지하는 것 외에 추가로 기획여행에 따른 보증보험등에 가입하거나 영업보증금을 예치하고 유지하여야 한다.

실제 기출

제4과목 관광학개론

□△×

01 다음의 내용에 해당되는 기구는?

> • 컨벤션의 유치 및 유치된 컨벤션 업무를 지원하는 역할을 한다.
> • 국제회의 개최자와 회의 개최에 필요한 시설과 서비스를 제공하는 공급자를 연결시켜주는 역할을 한다.

① CVB ② PCO
③ PEO ④ UIA

② PCO(컨벤션기획업체) : 컨벤션의 기획 · 준비 · 진행 등의 업무를 행사주최자로부터 위탁받아 대행하는 역할을 한다.
③ PEO(국제전시기획업체) : 전시회의 기획 · 준비 · 진행 등의 업무를 행사주최자로부터 위탁받아 대행하는 역할을 한다.
④ UIA(국제회의연합) : 1907년 벨기에에서 설립된 비영리 기구로 국제기관 및 협회 간 정보교류와 발전을 목적으로 창설되었다.

□△×

02 크루즈에 관한 설명으로 옳지 않은 것은?

① 대양으로 항해를 하거나 국가 간을 항해하는 것을 해양 크루즈라고 한다.
② 크루즈는 활동 범위에 따라 국내 크루즈(연안 크루즈), 국제 크루즈(외항 크루즈)로구분된다.
③ 우리나라의 크루즈 형태의 여행상품이 본격적으로 등장한 것은 1970년대이다.
④ 관광진흥법령상 크루즈업은 관광유람선업으로 분류된다.

우리나라에서 크루즈는 1998년에 처음으로 출항하였으며 이후 운항이 중단되었다 재개되었다.

□△×

03 국내 최초로 개설된 카지노는?

① 서울 워커힐호텔 카지노
② 제주 칼호텔 카지노
③ 인천 올림포스호텔 카지노
④ 부산 파라다이스호텔 카지노

우리나라 최초의 카지노는 1967년 개설한 인천 올림포스호텔 카지노로, 외국인 전용으로 허가를 받았다.

□△×

04 항공사와 여행사간의 항공권 판매대금 및 정산 업무 등을 은행이 대신하는 정산제도는?

① CRS
② BSP
③ PTA
④ OAG

① CRS(Computer Reservation System) : 항공예약시스템
③ PTA(Prepaid Ticket Advice) : 항공여객운임 선불제도
④ OAG(Official Airline Guide) : 항공사와 공항 및 여행사에 항공 관련 정보를 제공하는 영국업체

정답 1① 2③ 3③ 4②

○△×

05 항공예약을 위한 PNR의 필수 구성 요소가 아닌 것은?

① 전화번호
② 승객 이름
③ 여 정
④ 선호 좌석

PNR의 구성 요소

필수 사항	선택 사항
• 여 정 • 승객 이름 • 전화번호	• 특별서비스 • 기타 승객 정보 • 사전 좌석배정 • 마일리지카드 • 참고사항 • 예약 작성자 및 변경 의뢰자 • 항공권 정보

○△×

07 다음이 설명하는 카지노 게임은?

> 회전하는 휠 위에서 딜러가 돌린 볼이 내가 베팅한 숫자의 포켓 안으로 떨어져 당첨금을 받았다.

① 바카라 게임
② 블랙잭 게임
③ 룰렛 게임
④ 다이 사이

① 바카라 게임 : 뱅커(Banker)와 참가자 중 카드 숫자의 합이 9에 가까운 쪽이 승리하는 게임
② 블랙잭 게임 : 카드 숫자의 합이 21을 넘지 않는 한도 내에서 가장 높은 쪽이 이기는 게임
④ 다이 사이 : 베팅한 숫자 또는 숫자의 조합이 셰이커(주사위 용기)에 있는 세 개의 주사위와 일치하면 배당률에 의해 배당금이 지급되는 게임

○△×

06 International Tourism의 범위로 옳은 것은?

① Inbound Tourism / Outbound Tourism
② Domestic Tourism / Inbound Tourism
③ Intrabound Tourism / Inbound Tourism
④ Domestic Tourism / Intrabound Tourism

국제관광(International Tourism)의 범위
• 국외관광(Outbound Tourism) : 자국민이 타국에서 관광하는 것
• 외래관광(Inbound Tourism) : 외국인이 자국 내에서 관광하는 것
• 외국인관광(Overseas Tourism) : 외국인이 외국에서 관광하는 것

○△×

08 관광진흥법령상 여행업에 관한 설명으로 옳은 것을 모두 고른 것은?

> ㄱ. 여행업은 국내여행업, 국외여행업, 일반여행업으로 분류
> ㄴ. 여행업은 국내여행업, 국내외여행업, 종합여행업으로 분류
> ㄷ. 일반여행업은 자본금 5천만원 이상
> ㄹ. 종합여행업은 자본금 3천만원 이상
> ㅁ. 국내여행업은 자본금 1천 5백만원 이상

① ㄱ, ㄷ
② ㄱ, ㅁ
③ ㄴ, ㄹ
④ ㄴ, ㅁ

실제 기출

정답 5 ④ 6 ① 7 ③ 8 ④

여행업의 분류(관광진흥법 시행령 제2조 제1항 제1호)
- 종합여행업
- 국내외여행업
- 국내여행업

관광사업의 등록기준(관광진흥법 시행령 별표 1)
- 종합여행업 : 자본금 5천만원 이상
- 국내외여행업 : 자본금 3천만원 이상
- 국내여행업 : 자본금 1천 5백만원 이상

○△×

09 IATA 기준 국내 항공사의 코드 연결로 옳지 않은 것은?

① 제주항공 – 7C
② 에어부산 – AB
③ 진에어 – LJ
④ 대한항공 – KE

우리나라 주요 항공사 코드

구 분	ICAO 기준	IATA 기준
대한항공	KAL	KE
아시아나항공	AAR	OZ
제주항공	JJA	7C
에어부산	ABL	BX
진에어	JNA	LJ
이스타항공	ESR	ZE

○△×

10 호텔의 프런트 업무가 아닌 것은?

① 인포메이션 업무
② 하우스키핑 업무
③ 등록 업무
④ 계산 업무

호텔의 프런트 데스크에서는 입 · 퇴숙, 예약, 안내, 결제 등의 서비스를 제공한다.

○△×

11 호텔 객실과 식사 요금을 별도로 계산하는 제도는?

① American Plan
② Modified American Plan
③ Continental Plan
④ European Plan

① 객실 요금에 1일 3식을 포함한다.
② 객실 요금에 조식만을 포함한다.
③ 객실 요금에 1일 2식을 포함한다.

○△×

12 입국 시 여행자 휴대품 통관 면세 범위는?

① 미화 400달러
② 미화 600달러
③ 미화 800달러
④ 미화 1,000달러

관세가 면제되는 여행자 휴대품 등(관세법 시행규칙 제48조 제2항)
여행자 휴대품 통관 면세 범위는 과세가격 합계 기준으로 미화 800달러이다.

정답 9 ② 10 ② 11 ④ 12 ③

□△×

13 2023년 웰니스 관광도시로 선정된 도시는?

① 정 선
② 전 주
③ 제 주
④ 여 수

한국관광공사에서는 2023년 올해의 웰니스 관광도시로 정선군을 선정하였다.

□△×

14 1980년대 관광에 관한 설명으로 옳은 것은?

① 지리산국립공원 지정
② 대전 엑스포 개최
③ 국민해외여행 전면자유화
④ 고속철도 개통

① 1967년 우리나라 최초의 국립공원으로 지리산이 지정되었다.
② 1993년 대전 엑스포가 개최되었다.
④ 2004년 경부고속철도가 1단계 개통되었다.

□△×

15 2023년 문화체육관광부가 내수 활성화를 위해 K-관광마켓 10선을 선정하였다. 이에 해당하지 않는 것은?

① 서울 풍물시장
② 대구 서문시장
③ 인천 신포국제시장
④ 부산 부평깡통시장

문화체육관광부에서는 2023년 K-관광마켓 10선으로 서울 풍물시장, 대구 서문시장, 인천 신포국제시장, 광주 양동전통시장, 수원 남문로데오시장, 속초 관광수산시장, 단양 구경시장, 순천 웃장, 안동 구시장연합, 진주 중앙 · 논개시장을 선정하였다.

□△×

16 다음이 설명하는 국제기구는?

- 우리나라 1987년 가입
- 프랑스 파리에 본부
- 박람회(엑스포)의 남용을 막을 수 있는 제도적 장치의 필요성으로 창립

① ICAO
② BIE
③ UNWTO
④ PATA

① ICAO(국제민간항공기구) : 1947년에 설립된 UN 전문기구로 우리나라는 1952년에 가입하였다. 본부는 캐나다 몬트리올에 있으며, 세계 민간항공의 건전한 발전을 도모하는 것을 목적으로 한다.
③ UNWTO(세계관광기구) : 1925년에 설립된 IUOTO를 전신으로 하여 1975년에 설립된 UN 전문기구로 우리나라는 1975년에 가입하였다. 본부는 스페인 마드리드에 있으며, 각국 관광사업의 발전과 회원국 간의 관계 증진을 목적으로 한다.
④ PATA(아시아 · 태평양관광협회) : 1951년에 설립된 아시아 · 태평양 지역 관광협회로 본부는 미국 샌프란시스코에 있으며, 아태지역의 관광 증대를 목적으로 한다.

□△×

17 제4차 관광개발기본계획(2022~2031)의 전략별 추진계획이 아닌 것은?

① 매력적인 관광자원 발굴
② 지속가능 관광개발 가치 구현
③ 편리한 관광편의 기반 확충
④ 문화를 통한 품격 있는 한국형 창조관광 육성

정답 13 ① 14 ③ 15 ④ 16 ② 17 ④

제4차 관광개발기본계획(2022~2031) 6대 추진 전략
- 매력적인 관광자원 발굴
- 지속가능 관광개발 가치 구현
- 편리한 관광편의 기반 확충
- 건강한 관광산업 생태계 구축
- 입체적 관광연계 · 협력 강화
- 혁신적 제도 · 관리 기반 마련

○△×

18 관광의 구조와 예가 바르게 연결되지 않은 것은?

① 관광객체 – 여행업
② 관광매체 – 교통기관
③ 관광객체 – 관광자원
④ 관광주체 – 관광자

관광의 구조
- 관광주체 : 관광객(관광자)
- 관광객체 : 관광자원, 관광시설
- 관광매체 : 교통시설, 휴게시설, 숙박시설, 관광종사원, 관광기념품 판매업자 등

○△×

19 2020년 1월 문화체육관광부가 선정한 국제관광도시는?

① 부 산
② 속 초
③ 목 포
④ 안 동

관광거점도시(2020)
- 국제관광도시 : 부산광역시
- 지역관광거점도시 : 강원 강릉시, 전북 전주시, 전남 목포시, 경북 안동시

○△×

20 자연적 또는 문화적 관광자원을 갖추고 관광객을 위한 기본적인 편의시설을 설치하는 지역으로 관광진흥법에 의해 지정된 곳은?

① 관광특구
② 관광거점도시
③ 관광지
④ 관광단지

① 관광특구 : 외국인 관광객의 유치 촉진 등을 위하여 관광 활동과 관련된 관계 법령의 적용이 배제되거나 완화되고, 관광 활동과 관련된 서비스 · 안내 체계 및 홍보 등 관광 여건을 집중적으로 조성할 필요가 있는 지역을 말한다.
② 관광거점도시 : 문화체육관광부의 '관광거점도시 육성 사업 추진계획'에 따라 선정된 지역을 말한다. 관광진흥법에서는 이에 관해 따로 규정하고 있지 않다.
④ 관광단지 : 관광객의 다양한 관광 및 휴양을 위하여 각종 관광시설을 종합적으로 개발하는 관광 거점 지역을 말한다.

○△×

21 다음 설명이 의미하는 관광은?

> 녹음이 풍부하고 자연이 아름다운 장소에서 휴양, 자연관찰, 지역전통문화와의 만남, 농촌생활 체험, 농촌사람들과의 교류를 추구하는 여행

① Green Tourism
② Over Tourism
③ Mass Tourism
④ Dark Tourism

정답 18 ① 19 ① 20 ③ 21 ①

② 과잉관광이라고 부르며, 수용 가능한 범위를 넘어서는 관광객이 몰려들어 이들이 도시를 점령하게 되면서 주민들의 삶을 침범하는 현상을 말한다.
③ 대중관광이라고 부르며, 유흥과 위락 중심, 대규모 시설 의존형인 것이 특징이다.
④ 전쟁과 학살 등 비극적 역사의 현장이나 엄청난 재난이 일어난 곳을 돌아보며 교훈을 얻기 위하여 떠나는 관광이다.

○△×

22 시장세분화 기준 중 심리적 변수로 옳지 않은 것은?

① 사회계층
② 라이프스타일
③ 성 격
④ 종 교

시장세분화 기준
- 지리적 변수 : 지역, 인구밀도, 도시의 규모, 기후
- 인구적 변수 : 성별, 연령, 가족규모, 수입, 직업, 교육, 종교, 인종, 사회
- 심리분석적 변수 : 계층, 사회적 계층, 라이프스타일, 개성
- 행동분석적 변수 : 구매횟수, 이용률, 추구하는 편익, 사용량, 상표충성도

○△×

23 고대 로마시대의 관광이 발전했던 요인이 아닌 것은?

① 화폐제도 발달
② 도로의 정비
③ 치안의 유지
④ 장기(長期)교육여행 발달

로마시대의 관광 발전 요인
- 군사용 도로의 정비
- 치안의 유지
- 화폐 경제의 보급
- 학문의 발달과 지식수준의 향상
- 관광사업의 등장
- 고대의 식도락(Gastronomia)

○△×

24 내국인의 국내관광 진흥을 위한 정책이 아닌 것은?

① 한국관광 100선
② 내나라 여행박람회
③ 한국관광의 별
④ 코리아그랜드세일

'코리아그랜드세일'은 관광과 한류가 융복합된 외국인 대상 관광축제이다.

○△×

25 관광의 환경적 측면에서의 부정적 효과가 아닌 것은?

① 자연환경 파괴
② 지역토착문화 파괴
③ 환경오염 문제
④ 야생동물 멸종

관광의 부정적 효과
- 경제적 측면 : 물가 상승, 고용 불안정성, 산업구조 불안정성, 기반 시설 투자에 대한 위험 부담 등
- 사회적 측면 : 주민 소득의 양극화, 범죄율 상승, 가족 구조 파괴, 세대 간 갈등 심화 등
- 문화적 측면 : 토착문화 소멸, 문화유산의 파괴 및 상실 등
- 환경적 측면 : 교통 혼잡, 환경오염 문제 발생 등

실제 기출

정답 22 ④ 23 ④ 24 ④ 25 ②

좋은 책을 만드는 길, 독자님과 함께 하겠습니다.

2026 시대에듀 관광통역안내사 단기완성

개정17판1쇄 발행	2026년 01월 05일 (인쇄 2025년 10월 23일)
초 판 발 행	2008년 07월 10일 (인쇄 2008년 05월 30일)
발 행 인	박영일
책 임 편 집	이해욱
저 자	시대 관광교육연구소
편 집 진 행	장민영 · 김시아
표지디자인	현수빈
편집디자인	임창규 · 김예슬
발 행 처	(주)시대고시기획
출 판 등 록	제10-1521호
주 소	서울시 마포구 큰우물로 75 [도화동 538 성지 B/D] 9F
전 화	1600-3600
팩 스	02-701-8823
홈 페 이 지	www.sdedu.co.kr
I S B N	979-11-434-0161-8 (13320)
정 가	40,000원

벼락합격 Booster

관광통역안내사
기출족보

핵심 출제 키워드

벼락합격 Booster

관광통역안내사 기출족보

제 1 과목 관광국사

✔ 2025년 출제 키워드

신석기시대

- 유적 : 서울 암사동 유적, 양양 오산리 유적
- 생활 : 움집에 살며 정착생활, 옷이나 그물 만듦, 간석기를 사용한 농사, 토기를 만들어 곡식 저장

고조선

- 청동기시대에 건국되었음
- 중국의 연나라와 충돌하였음
- 도둑질한 자를 노비로 삼았음
- 지배자는 '왕'이라는 칭호를 사용하였음
- 탁자식 고인돌(북방식 고인돌)에 주검을 매장하였음

삼 한

- 제사장인 천군과 신성 지역인 소도가 있었음
- 변한 : 철을 화폐처럼 사용
- 마한 : 농경이 발달하고 벼농사를 지음
- 진한 : 편두의 풍습

저자와 역사서

- 김대문 – 〈화랑세기〉, 〈고승전〉, 〈한산기〉
- 고흥 – 〈서기〉
- 최치원 – 〈계원필경〉
- 이문진 – 〈신집〉 5권

삼국의 정치제도

- 백제 : 지방에 방령 · 군장 등을 파견
- 고구려 : 제가회의에서 주요 국사를 의결
- 신라 : 집사부 등을 두어 정무 분담

사건 발생 순서

- 고구려의 태학 설립 : 4세기 소수림왕 시기(373)
- 신라의 율령 반포 : 6세기 법흥왕 시기(520)
- 신라의 대가야 병합 : 6세기 진흥왕 시기(562)
- 나당동맹 체결 : 7세기 중반(648)

삼국시대 승려

- 의상 – 부석사 건립
- 원광 – 세속오계 제시
- 혜자 – 쇼토쿠 태자의 스승
- 혜초 – 왕오천축국전 저술

궁예

- 스스로 미륵불이라 내세움
- 광평성 중심의 새로운 관제를 마련함
- 국가 기반을 다지고 국호를 마진으로 바꿈

발해

- 인안, 대흥 등의 독자적인 연호 사용
- 정당성의 장관인 대내상이 국정 총괄
- 전국을 5경 15부 62주로 나눔
- 3성 6부제를 수용하여 중앙 관제 마련
- 당의 장안성을 본떠 상경성 건설

제도 제정 순서

역분전(고려 태조) → 전시과(고려 경종) → 과전법(고려 말 공양왕) → 영정법(조선 후기 인조)

고려시대 성종

- 국자감 설치
- 팔관회 행사 중단
- 지방에 경학 박사와 의학 박사 파견
- 지방에 12목 설치
- 지방 호족을 향리로 편입

고려 후기 농민·천민의 봉기

- 만적이 신분 차별 항거하려 함
- 김사미와 효심의 무리는 경상도 지방 중심으로 활동
- 망이 · 망소이 무리를 회유하기 위하여 명학소를 충순현으로 승격

교정도감

반대세력 제거, 국정 총괄 정치기구

세종 시기의 사건

- 집현전 설치
- 〈농사직설〉 간행

서원

- 조선시대 사립 교육기관
- 주세붕이 안향을 추모하기 위해 세운 것이 시초

조선시대 통사

- 1392년 : 조선 건국
- 1506년 : 중종 반정
- 1592년 : 임진왜란
- 1776년 : 정조 즉위
- 1882년 : 임오군란
- 1884년 : 갑신정변
- 1899년 : 대한국 국제 제정

조선 후기 문헌

- 유득공 〈발해고〉
- 안정복 〈동사강목〉
- 한치윤 〈해동역사〉
- 이긍익 〈연려실기술〉

삼정이정청

조선 철종 13년 삼정의 문란으로 민란이 일어나자 이를 바로잡기 위하여 설치한 임시 관아

최익현

일본의 강화도 조약 체결 요구에 왜양일체론에 입각한 논리를 담은 상소를 올리며 반대

홍대용

- 조선 후기 실학자
- 〈임하경륜〉, 〈의산문답〉 저술

조선책략

- 김홍집에 의해 국내에 유포
- 주일 중국 외교관 황쭌셴이 조선이 당면한 외교 방책을 설명
- 러시아의 남하를 저지하기 위해 조선, 중국, 일본, 미국과 우호 관계 제안

박은식

- 민족정신으로 '조선 혼(魂)' 강조
- 〈한국통사〉, 〈한국독립운동지혈사〉 등 저술
- 제2대 임시정부 대통령

의열단

- 김원봉 등의 주도로 결성
- 조선혁명선언을 행동 강령으로 채택

시기별 사건

조선 건국 준비 위원회(1945) → 5 · 10 총선거(1948) → 6 · 25 전쟁(1950) → 4 · 19 혁명(1960)

✔ 2024년 출제 키워드

동예의 특산물

단궁, 과하마, 반어피 등

청동기시대

반달돌칼, 비파형동검, 민무늬토기, 거친무늬 거울

단군의 건국 문헌

〈삼국유사〉, 〈제왕운기〉, 〈응제시주〉, 〈세종실록지리지〉, 〈동국여지승람〉, 〈동국통감〉 등

성덕왕

촌민에게 정전 지급

신라의 유교 진흥

- 독서삼품과
- 공자와 제자들의 화상을 국학에 안치

우 륵

- 가야 출신
- 12줄로 된 가야금 만들어 12악곡 지음

풍수지리

- 신라 도선 : 비보사탑설
- 고려 묘청 : 서경 천도 운동
- 고려 김위제 : 도참설

백제 성왕

국호를 남부여로 바꿈

귀향형

- 고려 귀족에게 주어진 형벌
- 죄를 지으면 자신의 본관지로 되돌아가게 하는 형벌
- 거주지 제한과 함께 중앙의 특권 신분층을 분리하는 의미를 지님

향약구급방

현존하는 가장 오래된 의학서로 처방과 약재 180여 종 소개

고려 거란 전쟁

- 강감찬의 귀주대첩
- 개경 함락과 현종의 나주 피난
- 서희의 외교술로 강동 6주 확보

의 천

초조대장경을 보완하기 위해 거란, 송, 일본 등에서 주석서를 수집하여 '속장경' 편찬

조선 후기 사회상

전국에 많은 동족 마을이 만들어지고 문중을 중심으로 서원, 사우가 세워짐

조선시대 과거 제도

- 잡과는 분야별로 정원이 있었음
- 문과 식년시 초시는 각 도의 인구 비례하여 선발
- 3년마다 실시하는 정기 시험과 부정기 시험이 있었음

정 조

- 초계문신제도를 비롯하여 규장각 육성
- 탕평책 계승
- 장용영 설치
- 수원 화성 건설

현량과

조선 전기에 조광조가 주장한 과거 시험으로 천거와 시험을 접목하여 시행

잡색군

향토 방위 예비군(전직 관료, 서리, 향리, 교생, 노비)

정약용

- 〈목민심서〉, 〈경세유표〉
- 실학의 집대성, 여전론(후에 정전제 실시)
- 백성의 의사를 반영한 정치제도 제시
- 과학 기술과 상공업 발달에 관심

조선시대 서적

- 초기 : 금양잡록, 상정고금예문
- 후기 : 청장관전서, 성호사설

갑신정변

- 개화 정책의 후퇴에 대한 반대, 급진적 개혁 추진
- 근대 국가 건설을 목표로 한 최초의 정치 개혁 운동
- 14개조 개혁 정강 발표 : 입헌군주제 지향, 인민 평등권과 능력에 따른 인재 등용 등장, 재정 일원화, 지조법 실시, 혜상공국 폐지 등

속대전

조선 영조 때 편찬된 법전

황성신문

국 · 한문 혼용체를 사용하였으며 장지연의 「시일야방성대곡」을 실어 일제 침략을 비판하고 민족의식을 고취

김영삼 대통령 시기의 사건

• 공직자의 재산 등록
• 금융실명제를 법제화

✔ 2023년 출제 키워드

신라 왕호의 변천

거서간 – 차차웅 – 이사금 – 마립간

삼국시대 통사

• 375년 : 백제 근초고왕의 명으로 서기가 편찬됨
• 427년 : 고구려의 장수왕이 평양성으로 천도함
• 520년 : 신라의 법흥왕이 율령을 반포함
• 562년 : 진흥왕의 공격으로 대가야가 멸망함

신문왕

• 녹읍을 혁파하였음
• 달구벌(대구)로 천도하려 하였음
• 9주 5소경 체제의 지방 행정 조직을 갖추었음

백제의 관직명

• 방령 : 백제의 5방을 다스리던 지방관
• 상좌평 : 정사암회의(백제의 귀족회의)의 수상

원효대사

• 화쟁 사상을 주창
• 불교 대중화에 기여
• 대승기신론소 저술

고려 전기의 정치

• 광종은 노비안검법을 시행하였음
• 성종은 연등회와 팔관회를 폐지하였음
• 인종은 김부식 등에게 삼국사기를 편찬케 하였음

정 방

무신정권기(최우 집권기)에 관리의 인사 행정을 담당하는 기구였음

공민왕의 개혁 정치

내정을 간섭하던 정동행성 이문소를 폐지하였음

조선 중앙 통치 기구

• 춘추관 : 역사서의 편찬과 보관을 담당하였음
• 사간원 : 왕에 대한 간언을 담당하였음

무오사화(1498)

김종직의 조의제문이 주요 원인이 되어 발생하였음

조선 전기의 대외 관계

• 세종은 4군과 6진을 설치해 영토를 확장하였음
• 조선 국왕은 명 황제의 책봉을 받고 조공을 바쳤음
• 시암, 자와 등 동남아시아의 여러 나라와 교류하였음

흥선대원군의 정책

- 서원 철폐(47개소)
- 호포제 실시
- 경복궁 중건

대동법

광해군 때 경기도에서 처음 실시되었음

조선 후기의 상공업

객주와 여각이 포구와 큰 장시에서 활동하였음

조선 전기의 역사서

- 고려국사(1395)
- 고려사절요(1452)
- 동국통감(1485)

조선 후기의 문화

정선이 인왕제색도 등을 그렸음

실학자

정약용이 목민심서, 경세유표 등의 저서를 남김

독립협회(1896~1897)

- 만민공동회 개최
- 러시아의 이권 침탈(절영도 조차, 한러은행) 규탄

노태우 정권기의 사건

- 서울 올림픽 대회 개최(1988)
- 북방 외교(중 · 소 수교)

✔ 2022년 출제 키워드

동 예

- 부락을 함부로 침범하면 벌로 생구와 소 · 말을 부과하는 책화의 풍습이 있었음
- 무천이라는 제천행사를 지냄

고구려의 문화유산

- 호우총 출토 호우명 청동그릇
- 금동 연가 7년명 여래 입상
- 강서대묘 사신도

고구려 소수림왕의 업적

불교 수용, 태학 설립, 율령 반포

골품제

- 혈연에 따른 폐쇄적 신분제도
- 골품에 따라 관등의 상한선이 정해져 있음
- 골품에 따라 가옥 규모 · 수레 종류를 규제함

통일신라 토지 제도

백성에게 정전 지급

통일신라 말기 6두품 출신 학자

최치원, 최승우, 최언위

고려시대 승려들의 활동 시기

균여 → 의천 → 지눌 → 보우

조선시대 정치 기구

- 사헌부 : 관리의 비리 감찰
- 한성부 : 수도의 치안 · 행정 관장
- 춘추관 : 역사서 편찬 · 보관 담당

조선시대 과거제도

- 3년마다 정기적으로 실시하는 식년시
- 잡과는 역과, 이과, 음양과, 율과로 구성

조선 태종 대의 역사적 사실

혼일강리역대국도지도 제작

용비어천가

- 세종 대에 한글로 지어 간행
- 조선 왕조의 창업을 송영한 노래
- 125장에 이르는 서사시

조선 전기 편찬 서적

동국여지승람

조선 후기 경제상

- 광산 전문 경영인 덕대 등장
- 담배 · 인삼 등 상품 작물 재배

조선시대 서원

- 향음주례를 행함
- 백운동 서원이 서원의 시초
- 사액서원은 국가로부터 서적 · 노비 · 토지 등을 지급받음

조선 후기 사회상

- 대동법 실시
- 민화 유행
- 공명첩, 납속책 등으로 신분제 동요

조광조

- 소격서 폐지
- 경연과 언론 활동의 활성화 주장
- 현량과를 실시하여 사림 세력 등용

영 조

조선시대 균역법을 시행한 국왕

흥선 대원군의 정책

사창제 실시, 대전회통 편찬, 호포제 실시

신민회

- 비밀결사단체
- 태극서관 설립
- 평양 – 대성학교, 정주 – 오산학교 설립

시기별 사건

5 · 18 민주화 운동(1980) → 6월 민주 항쟁(1987) → 남북한 유엔 동시 가입(1991) → 6 · 15 남북 공동 선언(2000)

✔ 2021년 출제 키워드

신석기시대

사냥 · 채집 · 어로를 통해 식량을 획득

나라별 풍속

- 부여 : 살인자는 사형에 처함
- 변한 : 덩이쇠를 화폐처럼 사용
- 고조선 : 산둥지방의 제나라와 교역

옥 저

낙랑군과 고구려의 지배를 받음

백제의 통치체제

- 22부의 실무 관청을 두어 행정 분담
- 지방에 방령, 군장을 파견
- 관리를 세 부류로 나누어 공복 색깔을 구분

승 려

- 원효 : 불교 대중화
- 자장 : 황룡사 9층 목탑 건립 건의
- 의상 : 화엄종 개창, 부석사 건립
- 담징 : 일본에 종이와 먹의 제조 방법 전파
- 원측 : 현장의 제자로 유식학을 발전시킴

시기별 사건

- 371년 : 백제가 평양성을 공격
- 475년 : 고구려가 백제의 한성을 공격하여 백제가 웅진으로 천도
- 538년 : 백제가 국호를 남부여로 변경하고 사비성으로 천도

발해 문왕의 업적

- 수도를 중경에서 상경으로 옮김
- 대흥, 보력이라는 연호 사용
- 불교의 이상적 군주인 전륜성왕 자처
- 일본에 보낸 국서에서 스스로 천손이라 칭함

신라촌락문서(민정문서)

- 3년마다 다시 작성
- 일본의 정창원에서 발견
- 가호를 9등급으로 구분
- 인구는 남녀별로 구분
- 16~60세의 연령을 기준으로 6등급으로 구분

고려 광종의 정책

과거제도 시행, 노비안검법 실시, 백관의 공복 제정

중 방

- 최고위 무신들로 구성된 회의기구
- 무신정변 직후부터 최충헌이 권력을 잡을 때까지 최고의 권력기구였음

고려시대에 조성된 탑

경천사지 10층석탑, 월정사 8각9층석탑

충선왕

심양왕에 책봉, 사림원의 기능 강화, 정방 폐지

이 황

주자서절요 편찬, 백운동서원을 소수서원으로 사액받음

세종의 업적

갑인자 주조, 북방에 4군 6진 개척, 전분 6등법과 연분 9등법 시행

의방유취

- 의학 백과사전 형식
- 중국의 역대 의서를 집대성
- 전순의 등에 의해 왕명으로 편찬

광해군 때의 역사적 사실

대동법 시행, 북인 세력이 왕을 지지, 동의보감 편찬 완성

이 익

- 성호사설 저술
- 6가지 폐단(노비제도, 과거제, 양반문벌제도, 사치와 미신, 승려, 게으름) 지적

향 교

- 성현에 대한 제사와 유생교육, 지방민 교화의 역할
- 부 · 목 · 군 · 현에 설치
- 학생들은 여름 농번기에 방학을 맞아 농사를 돌보고, 가을에 추수가 끝나면 기숙사인 재에 들어가 기거하며 유학 경전을 공부

시기별 사건

경국대전 완성 → 무오사화 → 중종반정 → 중신들의 부패가 극심하여 도적떼들이 나타남, 임꺽정 무리가 관군에 토벌당함 → 임진왜란 → 인조반정

화가와 작품

- 정선 – 인왕제색도
- 안견 – 몽유도원도
- 이상좌 – 송하보월도
- 강희안 – 고사관수도

조선 후기에 있었던 사실

균역법 시행, 신해통공 반포, 담배가 상품 작물로 재배됨

사건의 발생순서

병인양요(1866) → 강화도 조약 체결(1876) → 조미수호통상조약 체결(1882) → 영국 거문도 점령 사건(1885)

6·25 전쟁 전개 과정

- 1950년 1월 : 애치슨 선언 발표
- 1950년 9월 : 유엔군이 인천상륙작전을 전개하여 서울을 수복
- 1950년 10월 말 : 국군과 유엔군이 압록강과 두만강 일대까지 진격
- 1950년 12월 : 흥남 철수 작전 전개
- 1951년 1월 : 1 · 4 후퇴

1920년대의 역사적 사실

- 민립대학설립 운동이 일어남
- 신간회 창립
- 상하이에서 국민대표회의 개최

제 2 과목 관광자원해설

✔ 2025년 출제 키워드

입지적 관광시장 특성에 따른 관광자원

- 이용자 중심형 관광자원
- 중간형 관광자원
- 자원 중심형 관광자원

관광특구

- 외국인관광객 유치 촉진
- 관광활동과 관련된 법령에서 적용 배제 또는 완화
- 관광활동과 관련된 서비스 · 안내체계 등 관광여건을 집중 조성할 필요가 있음

관광자원의 분류

- 문화관광자원 : 문화유산관광(국가유산, 유적지, 고분 등), 예술관광(미술관, 문화센터 등)
- 사회관광자원 : 민속, 풍습, 생활양식 등
- 산업관광자원 : 농업관광(농원, 목장, 어장 등), 공업관광(공장 견학, 생산기술 습득 등), 상업관광(백화점, 쇼핑 등)
- 위락관광자원 : 카지노, 리조트, 스키, 골프 등

사회적 관광자원

- 문화관광자원 – 문화센터, 부채춤
- 상업관광 – 쇼핑센터
- 문화 · 교육 · 사회시설 – 도시공원

테마파크(주제공원)

- 특정 주제를 바탕으로 비일상적 공간을 창조해 즐기는 오락공원
- 가상과 허구의 세계를 체험할 수 있어, 과거부터 미래까지 시간의 제약 없이 다양한 세계 설정 가능

자연관광자원의 특성

비이동성, 비저장성, 비소모성, 계절성, 다양성, 가변성, 공공재적 성격, 비계량적 성격

관광자원해설의 목적

- 방문자 만족 : 관광지에 대해 인식능력 · 감상능력 · 이해능력을 갖게 도와줌
- 자원관리 목표 달성 : 관광지에서 적절한 행동 교육 및 안내, 관광자원에 대한 인간의 영향을 최소화
- 이미지 개선 : 관광자원 관리당국자와 진행 프로그램에 대한 대중의 이해를 촉진

산업관광

- 인문적 관광자원 구성요소 중 하나
- 산업과 참여 기업 및 지역경제 활성화에 기여하려는 목적
- 1 · 2 · 3차 산업현장이 관광 대상
- 농림업, 어업, 공업, 상업
- 초중고 학생들의 견학 등 수용지역과 사회공헌 지향

텀블린형

- 관광객이 한 지점에 직행하여 관광한 뒤 다른 목적지에 직행하여 관광하는 것을 반복한 후 거주지로 돌아오는 형태
- 시간과 경제적 여유가 있으며 관광 목적지가 여러 곳에 있을 때 선택

해양경관 도립공원

- 성산일출해양 도립공원
- 신안갯벌 도립공원
- 마라도해양 도립공원

자연관광자원의 속성

- 관광객의 욕구를 충족할 수 있는 자연적인 대상
- 산수, 풍경 등 경관미
- 레크레이션 기능

농촌관광의 운영형태에 의한 분류

생산수단대여형, 이용장소제공형, 농산물채취형

농촌관광의 효과

- 농어촌 지역의 삶의 질 향상
- 농촌 지역경제의 활성화 및 지방재정기반의 강화
- 농촌 지역주민 소득증대
- 농촌 지역경제 활성화
- 농촌과 도시의 상호교류 촉진
- 도시와 농촌의 소득 재분배 촉진
- 유휴자원의 소득자원화

문화관광축제 개최지역

- 진안 – 홍삼축제
- 금산 – 인삼축제
- 평창 – 송어축제
- 산청 – 한방약초축제
- 연천 – 구석기축제

국가유산의 정의(「국가유산기본법」 제3조)

인위적이거나 자연적으로 형성된 국가적 · 민족적 또는 세계적 유산으로서 역사적 · 예술적 · 학술적 또는 경관적 가치가 큰 문화유산 · 자연유산 · 무형유산

문화유산의 분류

- 유형문화유산 : 건조물, 전적, 서적, 고문서, 회화, 조각, 공예품 등
- 기념물 : 절터, 옛무덤, 조개무덤, 성터, 궁터, 가마터, 유물포함층 등의 사적지와 기념이 될 만한 시설물
- 민속문화유산 : 의식주, 생업, 신앙, 연중행사 등에 관한 풍속이나 관습에 사용되는 의복, 기구, 가옥 등

무형유산의 종류

전통적 공연 · 예술, 공예 · 미술 등에 관한 전통기술, 한의약 및 농경 · 어로 등에 관한 전통지식, 구전 전통 및 표현, 의식주 등 전통적 생활관습, 민간신앙 등 사회적 의식, 전통적 놀이 · 축제 및 기예 · 무예

고인돌 유적지

전북 고창, 전남 화순, 인천 강화

의궤(儀軌)

- 조선시대에 작성된 것으로 2007년 세계기록유산에 등재됨
- 유교적 원리에 입각한 국가 의례를 중심으로 국가의 중요 행사를 정해진 격식에 따라 작성한 기록물

한산모시짜기

- 충남 서천군에서 전승
- 여름철 겉옷 등으로 폭넓게 사용됨
- 전통적으로 여성이 이끄는 가내 작업

무등산권 지질공원

광주광역시, 전남 화순군, 전남 담양군에 분포되어 있으며 2014년 국가지질공원으로 인증받음

종 묘

- 조선시대 왕, 왕비의 신주를 모신 사당
- 19개의 신실이 있음
- 유교사당의 전형
- 건축이 간결하면서 대칭을 이룸
- 1995년 세계문화유산 등록

단 청

청(靑) · 적(赤) · 황(黃) · 백(白) · 흑(黑)의 5색을 써서 건축물을 장엄하게 하거나 조상(造像) · 공예품(工藝品) 등을 채화하여 장식하는 것

한국의 갯벌(2021년 등재)

- 지구 생물 다양성의 보전을 위해 전 지구적으로 가장 중요하고 의미 있는 서식지
- 고유종과 멸종위기 해양 무척추동물과 국제적 위협 또는 준위협 상태의 이동성 물새 종 부양

유산 지정권자

- 천연기념물 – 국가유산청장
- 시 · 도자연유산 또는 자연유산자료 – 시 · 도지사

✔ 2024년 출제 키워드

길잡이식 해설 기법

관광객이 해설자의 도움이 없는 상태에서 독자적으로 관람 대상을 추적하면서 제시된 안내문에 따라 그 내용을 이해하고 인식수준을 제고하는 것

관광자원의 특성

매력성, 유인성, 다양성, 가변성, 상대성, 조화성

경상북도의 온천, 동굴, 해수욕장

백암온천 – 성류굴 – 구룡포해수욕장

소재지와 관광지

- 부안 – 변산반도국립공원
- 충주 – 세계무술박물관
- 대구 – 이월드
- 논산 – 선샤인랜드

고성 통일전망대

- 우리나라 전망대 중 가장 북쪽에 위치
- 민통선 이북에서 최초로 개관한 전망대

최초의 국립공원과 도립공원

- 지리산 국립공원(1967)
- 금오산 도립공원(1970)

서울특별시 소재 관광지

북악스카이웨이, 조계사, 정릉

상업관광자원

서울 풍물시장, 대구 서문시장, 인천 신포국제시장

외암민속마을

- 설화산 남서쪽 자락에 위치
- 2000년 국가민속문화유산으로 지정
- 영암댁, 참판댁, 송화댁 등의 가옥이 있음

관동팔경

통천 총석정, 고성 삼일포, 간성 청간정, 양양 낙산사, 강릉 경포대, 삼척 죽서루, 울진 망양정, 평해 월송정

문화관광축제의 개최지역

- 보령 – 머드축제
- 영암 – 왕인문화축제
- 음성 – 품바축제

슬로시티 지정현황

- 전남 신안군 증도면
- 전남 담양군 창평면
- 강원 영월군 김삿갓면

절 기

- 한로 : 이슬과 찬 공기가 만나 서리로 변하기 직전의 시기
- 상강 : 서리가 시작되는 시기
- 백로 : 가을이 시작하는 시기

유네스코 세계유산

남한산성, 조선왕릉, 화성, 가야고분군

가 곡

- 시조시에 곡을 붙여 관현악 반주에 맞추어 부르는 우리나라 전통음악
- 유네스코 인류무형문화유산으로 등재

국 보

서울 숭례문(1962년 지정)

합천 해인사 장경판전

- 세계 유일의 대장경판 보관용 건물
- 1995년 12월 유네스코 세계문화유산으로 등재

해 자

하천을 이용하거나 성벽의 주변에 인공적으로 도랑을 파서 만든 성의 방어물

국가무형유산

- 처용무 : 처용가면을 쓰고 추는 궁중무용
- 승무 : 승복을 입고 추는 춤
- 나전장 : 나무로 짠 가구나 기물 위에 무늬가 아름다운 전복이나 조개껍질을 갈고 문양을 오려서 옻칠로 붙이는 기술

배흘림기둥

- 기둥의 중심부가 상하부에 비해 더 굵어 중심부에서 위아래로 갈수록 얇아지는 형태
- 우리나라에서는 부석사 무량수전, 봉정사 극락전, 수덕사 대웅전 등에 사용됨

서울 원각사지 십층석탑

- 조선시대의 석탑
- 대리석으로 만들어짐
- 탑을 받쳐주는 기단(基壇)은 3단으로 되어 있음

유네스코 등재 무형문화유산

강릉단오제, 영산재, 줄다리기, 제주해녀문화, 한국의 탈춤

창덕궁 내 건축물

희정당, 인정전, 선정전

✔ 2023년 출제 키워드

관광자원의 가치결정요인

- 접근성
- 매력성
- 이미지
- 관광시설
- 하부구조

람사르 지정 습지

- 보성 · 순천만갯벌
- 우포늪
- 무안갯벌

위락적 관광자원

- 해양 관광시설
- 육지형 관광시설
- 숙박 휴양시설

관광권역 설정 기준

- 관광자원의 가치와 대표성
- 산업시설 및 이용의 편리성
- 거주자 수

지정 관광단지

- 보문관광단지
- 화원관광단지
- 중문관광단지
- 용평관광단지

자연공원법상 공원과 지정권자

- 군립공원 : 군수
- 시립공원 : 시장
- 도립공원 : 도지사
- 국립공원 : 환경부장관

관광자원해설사의 자질

- 열 정
- 유머감각 및 균형감각
- 명료성
- 자신감
- 따뜻함
- 침착성
- 신뢰감
- 즐거운 표정과 태도

국립공원

- 국립공원심의위원회의 심의를 거쳐 환경부장관이 지정함
- 자연의 원형보존 및 후손에게 물려주기 위함임
- 학술적 연구를 통해 인류복지에 기여하기 위함임
- 생태계의 균형을 유지하기 위함임

관광농업의 기능별 분류

- 자연 학습형
- 주말 농원형
- 심신 수련형
- 숙박 휴식형
- 음식 판매형

창덕궁

1997년 유네스코 세계문화유산으로 등록된 궁궐

조선의 궁궐들과 정전

- 경복궁 : 근정전
- 덕수궁 : 중화전
- 창경궁 : 명정전
- 창덕궁 : 인정전

공포의 양식과 건축물

- 부석사 무량수전
- 봉정사 극락전
- 수덕사 대웅전

단 청

- 목조건축물에 여러 가지 무늬와 그림을 그려 아름답게 장식하는 의장기법
- 청색, 적색, 황색, 백색, 흑색 등 다섯 가지 색을 기본으로 함
- 구조물을 보호하고 외관상의 미를 돋보이게 함

수원화성

- 세계문화유산에 등재됨
- 성곽을 따라 성문과 수문, 암문 등이 분포하는데 성문에는 반원형의 옹성을 쌓았음
- 정조의 효심과 당파정치 근절, 왕도정치 실현, 한양 남쪽의 국방요새, 정치, 행정, 상업이 망라된 종합기능의 성곽임

광 릉

조선시대 세조와 정희왕후의 능

적멸보궁 사찰

속리산 법주사

한국의 삼보사찰

- 승보사찰 : 순천 송광사
- 불보사찰 : 양산 통도사
- 법보사찰 : 합천 해인사

종묘제례악

- 조선시대 역대 왕과 왕비의 신위를 모신 사당(종묘)에서 제사를 지낼 때 무용과 노래와 악기를 사용하여 연주하는 음악
- 조선시대의 기악연주와 노래, 춤이 어우러진 궁중음악의 정수로서 우리의 문화적 전통과 특성이 잘 나타나 있음
- 유네스코 인류무형문화유산으로 등재됨

단오의 풍속

- 씨 름
- 창포로 머리 감기
- 그네뛰기

한국의 세계기록유산

- 조선왕조실록
- 직지심체요절
- 훈민정음
- 일성록

안동 도산서원

- 퇴계 이황이 유생을 교육하며 학문을 쌓던 곳
- 2019년 유네스코 세계유산으로 등재됨
- 임금에게 이름을 받아 사액서원이 되면서 영남지방 유학의 중심지가 됨

✔ 2022년 출제 키워드

인적서비스기법

담화, 재현, 동행해설기법

호수와 지명의 연결

- 화진포 – 강원도 고성군
- 송지호 – 강원도 고성군
- 경포호 – 강원도 강릉시
- 영랑호 – 강원도 속초시

용암동굴과 석회동굴

- 용암동굴 – 김녕굴, 만장굴, 협재굴
- 석회동굴 – 고수굴

강원도 지역의 국립공원

설악산, 태백산, 오대산, 치악산

지역과 특산물의 연결

- 담양 – 죽세공품
- 강화 – 화문석
- 금산 – 인삼
- 안동 – 하회탈

북한 지역에 위치한 관동 8경

고성의 삼일포

지역과 축제명 연결

- 화천 – 산천어축제
- 진도 – 영등제
- 인제 – 빙어축제

유네스코 세계문화유산 등재 민속마을

안동 하회마을

카지노

- 호텔업에 대한 의존도가 높음
- 강원랜드는 내 · 외국인 대상 카지노
- 카지노는 정치 · 경제 · 사회의 영향을 받음
- 외화획득이 높은 서비스 산업

다목적댐

임하댐

수영야류

- 탈을 쓰고 벌이는 전통 가면극
- 주로 산신제와 함께 벌어지며 국가무형유산으로 지정
- 양반마당, 영노마당, 할미마당 등으로 구성

인류무형문화유산

택견, 줄타기, 영산재

한국의 전통 지붕

- 모임지붕 : 하나의 꼭짓점에서 지붕골이 만나는 형태
- 맞배지붕 : 책을 엎어 놓은 것과 같은 형태
- 우진각지붕 : 지붕면이 4면으로 되어 있는 형태

경복궁 내 건축물

자경전, 사정전, 강녕전

불교의 수인

- 지권인 : 진리는 하나라는 것을 의미
- 선정인 : 참선할 때 짓는 수인
- 항마촉지인 : 깨달음을 얻는 모습을 형상화

일주문

불교 사찰의 입구에 있는 문으로 기둥이 일렬로 서있다는 뜻을 가짐

미륵사지 석탑

국보로 지정된 최고(最古) 석탑

소수서원

- 사적으로 지정
- 경북 영주시에 위치
- 임금이 현판을 하사한 최초의 서원(사액서원)

경기민요

- 국가무형유산으로 지정
- 태평가, 늴리리야, 도라지타령 등
- 평조가락이 많아 부드럽고 서정적이며 경쾌함

진사백자

산화구리로 문양을 그려 붉은색으로 나타낸 백자

두견주

충남 면천지역에서 전승되어 온 진달래향의 청주

서삼릉

희릉, 예릉, 효릉

✔ 2021년 출제 키워드

매체이용해설

- 모형기법 · 시청각기법 활용
- 최신장비 도입으로 관람객 관심 유도
- 매체 관리유지를 위한 정기적 보수 필요

관광자원의 특성

- 보존과 보호를 필요로 함
- 범위가 넓고 다양함
- 사회구조 · 시대에 따라 가치를 달리함

국가지질공원

- 지구과학적으로 중요하고 경관이 우수한 지역
- 인증기간은 고시일로부터 4년
- 교육 · 관광사업으로 활용
- 울릉도 · 독도, 제주도가 최초 지정

인공호

충청북도 충주호, 강원도 소양호, 경기도 시화호

해파랑길

부산 오륙도에서 강원 고성 통일전망대까지 이르며, 동해안의 해변길 · 숲길 · 마을길을 잇는 탐방로

월출산

1988년 도립공원에서 국립공원으로 승격

지역별 관광단지

- 오시아노 관광단지(전라남도)
- 감포해양 관광단지(경상북도)
- 마우나오션 관광단지(경상북도)
- 구산해양 관광단지(경상남도)

민속주

- 한산 소곡주
- 진도 홍주
- 면천 두견주
- 안동 소주
- 서울 문배주
- 전주 이강주
- 경주 교동법주
- 김천 과하주
- 제주 오메기술

강원랜드 카지노

2000년 10월 최초로 내국인 출입이 허용된 카지노로 2045년까지 내국인 출입이 허용됨. 2020년 기준 국내 카지노 업체 중 매출액이 가장 높음

관광레저형 기업도시

- 자족적 생활공간 기능을 갖추도록 함
- 관광휴양 도시 추구
- 다양한 관광레저시설의 유기적 배치 계획

관광두레

- 소프트웨어 중심적 지역관광 활성화가 목적
- 관광두레PD는 주민사업체의 육성 및 창업을 지원
- 주민사업체별 최대 5년간 지원이 가능
- 주민사업체는 매년 진단평가를 받음

관광도시

- 국제관광도시 : 부산
- 지역거점관광도시 : 강릉, 목포, 안동, 전주

하회별신굿탈놀이

- 안동 하회동, 병산동에서 전승
- 마을굿에서 유래
- 사회풍자와 비판내용을 담고 있음

도 성

왕궁과 종묘사직, 의정부가 위치한 도읍을 방어하기 위해 축조

경상북도의 조선시대 서원

소수서원, 도산서원, 병산서원

조선왕조실록

- 1997년 유네스코 세계기록유산에 등재됨
- 태조부터 철종까지 472년의 역사를 기록
- 기술 · 간행 담당사관의 독립성과 비밀을 보장하여 사실성과 신빙성 확보

백제의 불탑

익산 미륵사지 석탑

유형문화유산 중 국보로 지정된 것

- 익산 미륵사지 석탑
- 부여 정림사지 5층석탑
- 경주 불국사 다보탑

단 오

- 부녀자들은 그네뛰기를, 남자들은 씨름을 함
- 창포물에 머리를 감음
- 음력 5월 5일에 모내기를 끝내고 풍년을 기원함

양동마을

- 2010년 세계문화유산에 등재
- 여강 이씨와 월성 손씨의 집성촌
- 보물 : 무첨당, 향단, 관가정
- 국가민속문화유산 : 서백당, 이향정, 심수정

주심포 공포양식

봉정사 극락전, 부석사 무량수전, 수덕사 대웅전

소재지별 왕릉

- 광릉(경기도)
- 태릉(서울시)
- 정릉(서울시)
- 헌릉(서울시)

제 3 과목 관광법규

✔ 관광기본법

제정 연월일

1975년 12월 31일 법률 제2877호

목 적

국제친선 증진, 국민경제와 국민복지 향상, 건전한 국민관광의 발전 도모

지속가능한 관광 시책의 추진 (기출 25년)

정부는 관광자원의 보호와 환경친화적 개발 · 이용, 고용 창출 및 지역경제 발전 등 현재와 미래의 경제적 · 사회적 · 환경적 영향을 충분히 고려하는 지속가능한 관광에 필요한 시책을 추진하여야 함

관광진흥계획의 수립 (기출 21, 23, 24년)

정부는 관광진흥에 관한 기본계획을 5년마다 수립 · 시행하여야 함

연차보고 

정부는 매년 관광진흥에 관한 시책과 동향에 대한 보고서를 정기국회 시작 전까지 국회에 제출

✔ 관광진흥법

목 적

관광 여건조성, 관광자원개발, 관광사업육성, 관광 진흥에 이바지

등 록

기출 23년

여행업, 관광숙박업, 관광객 이용시설업 및 국제회의업을 경영하려는 자는 특별자치시장 · 특별자치도지사 · 시장 · 군수 · 구청장(자치구의 구청장을 말한다)에게 등록하여야 한다.

등록대장 작성

기출 24년

관광숙박업 관광사업자 등록대장에는 관광사업자의 상호 또는 명칭, 대표자의 성명 · 주소 및 사업장의 소재지와 사업별로 다음 각 호의 사항이 기재되어야 한다.

- 객실 수
- 대지면적 및 건축연면적(폐선박을 이용하는 수상관광호텔업의 경우에는 폐선박의 총톤수 · 전체 길이 및 전체 너비)
- 법 제18조 제1항에 따라 신고를 하였거나 인 · 허가 등을 받은 것으로 의제되는 사항
- 사업계획에 포함된 부대영업을 하기 위하여 다른 법령에 따라 인 · 허가 등을 받았거나 신고 등을 한 사항
- 등급(호텔업만 해당한다)
- 운영의 형태(분양 또는 회원모집을 하는 휴양콘도미니엄업 및 호텔업만 해당한다)

변경등록

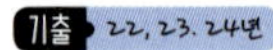

- 사업계획의 변경승인을 받은 사항(사업계획의 승인을 받은 관광사업)
- 상호 또는 대표자의 변경
- 객실 수 및 형태의 변경(휴양 콘도미니엄업을 제외한 관광숙박업)
- 부대시설의 위치 · 면적 및 종류의 변경(관광숙박업)
- 여행업의 경우에는 사무실 소재지의 변경 및 영업소의 신설, 국제회의기획업의 경우에는 사무실 소재지의 변경
- 부지 면적의 변경, 시설의 설치 또는 폐지(야영장업)
- 객실 수 및 면적의 변경, 편의시설 면적의 변경, 체험시설 종류의 변경(한옥체험업)

결격사유

다음의 어느 하나에 해당하는 자는 관광사업의 등록 등을 받거나 신고를 할 수 없고, 사업계획의 승인을 받을 수 없다. 법인의 경우 그 임원 중에 다음의 어느 하나에 해당하는 자가 있는 경우에도 또한 같다.

- 피성년후견인 · 피한정후견인
- 파산선고를 받고 복권되지 아니한 자
- 이 법에 따라 등록등 또는 사업계획의 승인이 취소되거나 영업소가 폐쇄된 후 2년이 지나지 아니한 자. 다만, 등록등 또는 사업계획의 승인이 취소되거나 영업소가 폐쇄된 경우는 제외
- 이 법을 위반하여 징역 이상의 실형을 선고받고 그 집행이 끝나거나(집행이 끝난 것으로 보는 경우를 포함한다) 집행을 받지 아니하기로 확정된 후 2년이 지나지 아니한 자 또는 형의 집행유예 기간 중에 있는 자

상호의 사용제한

기출 21년

관광사업자가 아닌 자는 다음의 업종 구분에 따른 명칭을 포함하는 상호를 사용할 수 없다.

- 관광숙박업과 유사한 영업의 경우 관광호텔과 휴양 콘도미니엄
- 관광유람선업과 유사한 영업의 경우 관광유람
- 관광공연장업과 유사한 영업의 경우 관광공연
- 관광유흥음식점업, 외국인전용 유흥음식점업 또는 관광식당업과 유사한 영업의 경우 관광식당
- 관광극장유흥업과 유사한 영업의 경우 관광극장
- 관광펜션업과 유사한 영업의 경우 관광펜션
- 관광면세업과 유사한 영업의 경우 관광면세

기획여행 광고

기출 21, 23년

기획여행을 실시하는 자가 광고를 하려는 경우 다음의 사항을 표시하여야 한다. 다만, 2 이상의 기획여행을 동시에 광고하는 경우에는 다음의 사항 중 내용이 동일한 것은 공통으로 표시할 수 있다.

- 여행업의 등록번호, 상호, 소재지 및 등록관청
- 기획여행명 · 여행일정 및 주요 여행지
- 여행경비
- 교통 · 숙박 및 식사 등 여행자가 제공받을 서비스의 내용
- 최저 여행인원
- 보증보험 등의 가입 또는 영업보증금의 예치 내용
- 여행일정 변경 시 여행자의 사전 동의 규정
- 여행목적지(국가 및 지역)의 여행경보단계

관광지

자연적 또는 문화적 관광자원을 갖추고 관광객을 위한 기본적인 편의시설을 설치하는 지역으로서 이 법에 따라 지정된 곳

관광특구 요건

- 외국인 관광객 수가 대통령령으로 정하는 기준[최근 1년간 외국인 관광객 수가 10만명(서울특별시는 50만명)] 이상일 것
- 관광안내시설, 공공편익시설 및 숙박시설 등이 갖추어져 외국인 관광객의 관광수요를 충족시킬 수 있는 지역일 것
- 관광 활동과 직접적인 관련성이 없는 토지의 비율이 대통령령으로 정하는 기준(10%)을 초과하지 아니할 것
- 위의 요건을 갖춘 지역이 서로 분리되어 있지 아니할 것

관광특구에 대한 평가

- 시 · 도지사 또는 특례시의 시장은 평가 결과 관광특구의 지정요건에 맞지 아니하거나 추진실적이 미흡한 관광특구에 대하여는 대통령령으로 정하는 바에 따라 관광특구의 지정 취소 · 면적조정 · 개선권고 등 필요한 조치를 하여야 함
- 문화체육관광부장관은 관광특구의 활성화를 위하여 관광특구에 대한 평가를 3년마다 실시하여야 함

관광단지

관광객의 다양한 관광 및 휴양을 위하여 각종 관광시설을 종합적으로 개발하는 관광 거점 지역으로서 이 법에 따라 지정된 곳

조성계획

- 관광지나 관광단지의 보호 및 이용을 증진하기 위하여 필요한 관광시설의 조성과 관리에 관한 계획
- 관광지 등을 관할하는 시장 · 군수 · 구청장은 조성계획을 작성하여 시 · 도지사의 승인을 받아야 한다.
- 시 · 도지사는 조성계획을 승인하거나 변경승인을 하고자 하는 때에는 관계 행정기관의 장과 협의하여야 한다.
- 조성사업은 이 법 또는 다른 법령에 특별한 규정이 있는 경우 외에는 사업시행자가 행한다.

권역계획

시 · 도지사는 제1항에 따라 수립한 권역계획을 문화체육관광부장관의 조정과 관계 행정기관의 장과의 협의를 거쳐 확정하여야 한다. 이 경우 협의요청을 받은 관계 행정기관의 장은 특별한 사유가 없으면 그 요청을 받은 날부터 30일 이내에 의견을 제시하여야 한다.

관광숙박업의 종류

- 호텔업(관광호텔업, 수상관광호텔업, 한국전통호텔업, 가족호텔업, 호스텔업, 소형호텔업, 의료관광호텔업)
- 휴양 콘도미니엄업

관광숙박업 등의 등급

- 문화체육관광부장관은 관광숙박시설 및 야영장 이용자의 편의를 돕고, 관광숙박시설 · 야영장 및 서비스의 수준을 효율적으로 유지 · 관리하기 위하여 관광숙박업자 및 야영장업자의 신청을 받아 관광숙박업 및 야영장업에 대한 등급을 정할 수 있다. 다만, 호텔업 등록을 한 자 중 대통령령으로 정하는 자(관광호텔업, 수상관광호텔업, 한국전통호텔업, 가족호텔업, 소형호텔업 또는 의료관광호텔업의 등록을 한 자)는 등급결정을 신청하여야 한다.
- 문화체육관광부장관은 관광숙박업 및 야영장업에 대한 등급결정을 하는 경우 유효기간을 정하여 등급을 정할 수 있다.
- 문화체육관광부장관은 등급결정을 위하여 필요한 경우에는 관계 전문가에게 관광숙박업 및 야영장업의 시설 및 운영 실태에 관한 조사를 의뢰할 수 있다.
- 문화체육관광부장관은 등급결정 결과에 관한 사항을 공표할 수 있다.
- 문화체육관광부장관은 감염병 확산으로 「재난 및 안전관리 기본법」에 따른 경계 이상의 위기경보가 발령된 경우 등급결정을 연기하거나 기존의 등급결정의 유효기간을 연장할 수 있다.
- 관광숙박업 및 야영장업 등급의 구분에 관한 사항은 대통령령으로 정하고, 등급결정의 유효기간 · 신청 시기 · 절차 및 등급결정 결과 공표 등에 관한 사항은 문화체육관광부령으로 정한다.

사업계획승인 대상 관광객 이용시설업, 국제회의업 기출 25년

- 전문휴양업
- 종합휴양업
- 관광유람선업
- 국제회의시설업

관광숙박업의 사업계획 변경에 관한 승인을 받아야 하는 경우 기출 21년

- 부지 및 대지 면적을 변경할 때에 그 변경하려는 면적이 당초 승인 받은 계획면적의 100분의 10 이상이 되는 경우
- 건축 연면적을 변경할 때에 그 변경하려는 연면적이 당초 승인받은 계획면적의 100분의 10 이상이 되는 경우
- 객실 수 또는 객실면적을 변경하려는 경우(휴양 콘도미니엄업만 해당)
- 변경하려는 업종의 등록기준에 맞는 경우로서, 호텔업과 휴양 콘도미니엄업 간의 업종 변경 또는 호텔업 종류 간의 업종 변경

관광 편의시설업의 지정신청 기출 21년

- 관광유흥음식점업, 관광극장유흥업, 외국인전용 유흥음식점업, 관광순환버스업, 관광펜션업, 관광궤도업, 관광면세업 및 관광지원서비스업 : 특별자치도지사 · 시장 · 군수 · 구청장
- 관광식당업, 관광사진업 및 여객자동차터미널시설업 : 지역별 관광협회

관광객 이용시설업의 종류 기출 23, 24, 25년

전문휴양업, 종합휴양업(제1종, 제2종), 야영장업(일반야영장업, 자동차야영장업), 관광유람선업(일반관광유람선업, 크루즈업), 관광공연장업, 외국인관광 도시민박업, 한옥체험업

야영장의 안전·위생기준

- 야영용 천막 2개소 또는 100m²마다 1개 이상의 소화기를 내부가 잘 보이는 보관함에 넣어 눈에 띄기 쉬운 곳에 비치하여야 한다.
- 야영장 내에서 들을 수 있는 긴급방송시설을 갖추거나 앰프의 최대출력이 10와트 이상이면서 가청거리가 250미터 이상인 메가폰을 1대 이상 갖추어야 한다.
- 야영장 내에서 차량이 시간당 20킬로미터 이하의 속도로 서행하도록 안내판을 설치하여야 한다.
- 야영장 내에서 폭죽, 풍등(風燈)의 사용과 판매를 금지하고, 흡연구역을 설치하여야 한다. 다만, 야영장 설치지역이 다른 법령에 따라 금연구역으로 지정된 경우에는 흡연구역을 설치하지 아니한다.
- 매월 1회 이상 야영장 내 시설물에 대한 안전점검을 실시하고, 점검 결과를 문화체육관광부장관이 정하는 점검표에 기록하여 반기별로 특별자치도지사 · 시장 · 군수 · 구청장에게 제출하여야 하며, 점검 결과를 2년 이상 보관하여야 한다.
- 사업자와 관리요원은 문화체육관광부장관이 정하는 안전교육(온라인교육을 포함한다)을 연 1회 이상 이수하여야 한다.

관광사업의 허가와 신고

- 카지노업을 경영하려는 자는 전용영업장 등 시설과 기구를 갖추어 문화체육관광부장관의 허가를 받아야 한다.
- 테마파크업(종합테마파크업 및 일반테마파크업)을 경영하려는 자는 시설과 설비를 갖추어 특별자치시장 · 특별자치도지사 · 시장 · 군수 · 구청장의 허가를 받아야 한다.
- 테마파크업 외의 테마파크업을 경영하려는 자는 시설과 설비를 갖추어 특별자치시장 · 특별자치도지사 · 시장 · 군수 · 구청장에게 신고하여야 한다.

사업계획의 승인

- 관광숙박업을 경영하려는 자는 등록을 하기 전에 그 사업에 대한 사업계획을 작성하여 특별자치시장 · 특별자치도지사 · 시장 · 군수 · 구청장의 승인을 받아야 한다.
- 대통령령으로 정하는 관광객 이용시설업이나 국제회의업(전문휴양업, 종합휴양업, 관광유람선업, 국제회의시설업)을 경영하려는 자는 등록을 하기 전에 그 사업에 대한 사업계획을 작성하여 특별자치시장 · 특별자치도지사 · 시장 · 군수 · 구청장의 승인을 받을 수 있다.
- 사업계획승인 시 관광숙박시설의 건축이 가능한 용도지역
  - 상업지역
  - 주거지역 · 공업지역 및 녹지지역 중 대통령령으로 정하는 지역(일반주거지역, 준주거지역, 준공업지역, 자연녹지지역)

보증보험 등 가입금액 기준

(단위 : 천원)

종류 / 직전 사업연도 매출액	국내 여행업	국내외 여행업	종합 여행업
1억원 미만	20,000	30,000	50,000
1억원 이상 5억원 미만	30,000	40,000	65,000
5억원 이상 10억원 미만	45,000	55,000	85,000
10억원 이상 50억원 미만	85,000	100,000	150,000
50억원 이상 100억원 미만	140,000	180,000	250,000
100억원 이상 1,000억원 미만	450,000	750,000	1,000,000
1,000억원 이상	750,000	1,250,000	1,510,000

호텔업의 등급결정 기준 및 평가요소

기출 22, 24, 25년

- 등급결정 기준
  - 호텔을 신규 등록한 경우 : 호텔업 등록을 한 날부터 60일. 다만, 2024년 7월 1일부터 2026년 6월 30일까지의 기간 중 호텔업 등록을 한 경우에는 해당 호텔업 등록을 한 날부터 120일로 함
  - 호텔업 등급결정의 유효기간이 만료되는 경우 : 유효기간 만료 전 150일부터 90일까지
  - 시설의 증 · 개축 또는 서비스 및 운영실태 등의 변경에 따른 등급 조정사유가 발생한 경우 : 등급 조정사유가 발생한 날부터 60일
- 평가요소 : 서비스 상태, 객실 및 부대시설의 상태, 안전 관리 등에 관한 법령 준수 여부

호텔업의 등급결정

호텔업의 등급은 5성급 · 4성급 · 3성급 · 2성급 및 1성급으로 구분

등급결정 권한의 위탁

- 문화체육관광부장관의 허가를 받아 설립된 비영리법인이거나 공공기관의 운영에 관한 법률에 따른 공공기관일 것
- 관광숙박업의 육성과 서비스 개선 등에 관한 연구 및 계몽활동 등을 하는 법인일 것
- 문화체육관광부령으로 정하는 기준에 맞는 자격을 가진 평가요원을 50명 이상 확보하고 있을 것

한국관광 품질인증 기출 24년

문화체육관광부장관은 한국관광 품질인증을 받은 시설 등에 대하여 다음의 지원을 할 수 있다.

- 「관광진흥개발기금법」에 따른 관광진흥개발기금의 대여 또는 보조
- 국내 또는 국외에서의 홍보
- 그 밖에 시설 등의 운영 및 개선을 위하여 필요한 사항
- 한국관광 품질인증의 유효기간은 인증서가 발급된 날부터 3년으로 한다.

한국관광 품질인증 기준 기출 25년

- 관광객 편의를 위한 시설 및 서비스를 갖출 것
- 관광객 응대를 위한 전문 인력을 확보할 것
- 재난 및 안전관리 위험으로부터 관광객을 보호할 수 있는 사업장 안전관리 방안을 수립할 것
- 해당 사업의 관련 법령을 준수할 것

한국관광 품질인증의 대상

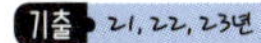

- 야영장업
- 외국인관광 도시민박업
- 한옥체험업
- 관광식당업
- 관광면세업
- 숙박업(관광숙박업을 제외)
- 외국인관광객면세판매장

한국관광 품질인증의 취소 기출 24년

문화체육관광부장관은 한국관광 품질인증을 받은 자가 다음의 어느 하나에 해당하는 경우에는 그 인증을 취소할 수 있다. 다만, 거짓이나 그 밖의 부정한 방법으로 인증을 받은 경우에는 인증을 취소하여야 한다.

- 거짓이나 그 밖의 부정한 방법으로 인증을 받은 경우
- 제48조의10 제6항에 따른 인증 기준에 적합하지 아니하게 된 경우

카지노 영업의 종류 기출 23, 25년

- 테이블게임 및 전자테이블게임 : 룰렛, 블랙잭, 다이스, 포커, 바카라, 다이 사이, 키노, 빅 휠, 빠이 까우, 판 탄, 조커 세븐, 라운드 크랩스, 드란다 콰란타, 프렌치 볼, 차카락, 빙고, 마작, 카지노 워
- 머신게임 : 슬롯머신, 비디오게임

카지노업의 허가요건

문화체육관광부장관은 최근 신규허가를 한 날 이후에 전국 단위의 외래관광객이 60만명 이상 증가한 경우에만 신규허가를 할 수 있되, 다음의 사항을 고려하여 그 증가인원 60만명당 2개 사업 이하의 범위에서 할 수 있다.

- 전국 단위의 외래관광객 증가 추세 및 지역의 외래관광객 증가 추세
- 카지노이용객의 증가 추세
- 기존 카지노사업자의 총 수용능력
- 기존 카지노사업자의 총 외화획득실적
- 그 밖에 카지노업의 건전한 운영과 관광산업의 진흥을 위하여 필요한 사항

카지노사업자 등의 준수사항

- 법령에 위반되는 카지노기구를 설치하거나 사용하는 행위
- 법령을 위반하여 카지노기구 또는 시설을 변조하거나 변조된 카지노기구 또는 시설을 사용하는 행위
- 허가받은 전용영업장 외에서 영업을 하는 행위
- 내국인(해외이주자는 제외)을 입장하게 하는 행위
- 지나친 사행심을 유발하는 등 선량한 풍속을 해칠 우려가 있는 광고나 선전을 하는 행위
- 영업 종류에 해당하지 아니하는 영업을 하거나 영업 방법 및 배당금 등에 관한 신고를 하지 아니하고 영업하는 행위
- 총 매출액을 누락시켜 관광진흥개발기금 납부금액을 감소시키는 행위
- 19세 미만인 자를 입장시키는 행위
- 정당한 사유 없이 그 연도 안에 60일 이상 휴업하는 행위
- 문화체육관광부령으로 정하는 영업준칙을 지키지 아니하는 경우

카지노업의 허가를 받으려는 자가 갖추어야 할 시설 및 기구 기준

기출 21년

- 330m² 이상의 전용 영업장
- 1개 이상의 외국환 환전소
- 카지노업의 영업 종류 중 네 종류 이상의 영업을 할 수 있는 게임기구 및 시설
- 문화체육관광부장관이 정하여 고시하는 기준에 적합한 카지노 전산시설(하드웨어의 성능 및 설치방법, 네트워크 구성, 시스템의 가동 및 장애방지, 시스템 보안관리, 환전관리 및 현금과 칩의 출납관리를 위한 소프트웨어에 관한 사항)

카지노업 사업계획서

- 카지노영업소 이용객 유치계획
- 장기수지 전망
- 인력수급 및 관리계획
- 영업시설의 개요

테마파크업의 조건부 영업허가 기간

- 법 제31조 제1항 본문에서 "대통령령으로 정하는 기간"이란 조건부 영업허가를 받은 날부터 다음의 구분에 따른 기간을 말한다.
  - 종합테마파크업을 하려는 경우 : 5년 이내
  - 일반테마파크업을 하려는 경우 : 3년 이내

과징금의 부과 및 징수

- 관할 등록기관 등의 장은 관광사업자가 사업정지를 명하여야 하는 경우로서 그 사업의 정지가 그 이용자 등에게 심한 불편을 주거나 그 밖에 공익을 해칠 우려가 있으면 사업정지 처분을 갈음하여 2천만원 이하의 과징금(過徵金)을 부과할 수 있다.
- 과징금을 부과하는 위반 행위의 종류 · 정도 등에 따른 과징금의 금액과 그 밖에 필요한 사항은 대통령령으로 정한다.
- 관할 등록기관 등의 장은 과징금을 내야 하는 자가 납부기한까지 내지 아니하면 국세 체납처분의 예 또는 「지방행정제재 · 부과금의 징수 등에 관한 법률」에 따라 징수한다.
- 과징금 통지를 받은 자는 25일 이내에 과징금을 등록기관 등의 장이 정하는 수납기관에 내야 한다.

행정처분의 기준

고의로 여행계약을 위반한 경우 : 1차 시정 명령, 2차 사업정지 10일, 3차 사업정지 20일, 4차 취소

관광개발기본계획 등 기출 25년

- 전국의 관광 여건과 관광 동향에 관한 사항
- 전국의 관광 수요와 공급에 관한 사항
- 관광자원의 보호 · 개발 · 이용 · 관리 등에 관한 기본적인 사항
- 관광권역의 설정에 관한 사항
- 관광권역별 관광개발의 기본방향에 관한 사항
- 그 밖에 관광개발에 관한 사항

과태료 부과기준 기출 22년

- 관광통역안내의 자격이 없는 사람이 외국인 관광객을 대상으로 하는 관광통역안내(외국인 관광객을 대상으로 하는 여행업에 종사하여 관광안내를 하는 경우에 한정)를 한 경우 → 1차 위반 150만원, 2차 위반 300만원, 3차 이상 위반 500만원
- 관광통역안내의 자격을 가진 사람이 관광안내를 하는 경우에는 자격증을 달아야 한다는 법령을 위반하여 자격증을 달지 않은 경우 → 1차 위반 3만원, 2차 위반 3만원, 3차 이상 위반 3만원

한국관광협회중앙회의 업무 기출 22, 25년

- 관광사업의 발전을 위한 업무
- 관광사업 진흥에 필요한 조사 · 연구 및 홍보
- 관광통계
- 관광종사원의 교육과 사후관리
- 회원의 공제사업
- 국가나 지방자치단체로부터 위탁받은 업무
- 관광안내소의 운영
- 위의 규정에 의한 업무에 따르는 수익사업

관광협회의 설립허가 

- 업종별 관광협회 : 문화체육관광부장관
- 지역별 관광협회 : 시 · 도지사

관광편의시설업의 지정신청 기출 24년

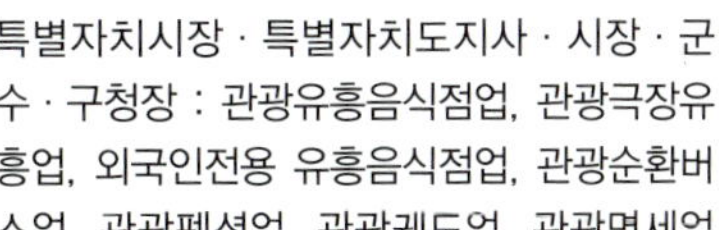

- 특별자치시장 · 특별자치도지사 · 시장 · 군수 · 구청장 : 관광유흥음식점업, 관광극장유흥업, 외국인전용 유흥음식점업, 관광순환버스업, 관광펜션업, 관광궤도업, 관광면세업 및 관광지원서비스업
- 지역별 관광협회 : 관광식당업, 관광사진업 및 여객자동차터미널시설업

외국인 의료관광 지원 

- 문화체육관광부장관은 외국인 의료관광을 지원하기 위하여 외국인 의료관광 전문인력을 양성하는 전문교육기관 중에서 우수 전문교육기관이나 우수 교육과정을 선정하여 지원할 수 있다.
- 문화체육관광부장관은 외국인 의료관광 안내에 대한 편의를 제공하기 위하여 국내외에 외국인 의료관광 유치 안내센터를 설치 · 운영할 수 있다.
- 문화체육관광부장관은 의료관광의 활성화를 위하여 지방자치단체의 장이나 외국인환자 유치 의료기관 또는 유치업자와 공동으로 해외마케팅사업을 추진할 수 있다.

관광통계 작성 범위 

- 외국인 방한(訪韓) 관광객의 관광행태에 관한 사항
- 국민의 관광행태에 관한 사항
- 관광사업자의 경영에 관한 사항
- 관광지와 관광단지의 현황 및 관리에 관한 사항
- 그 밖에 문화체육관광부장관 또는 지방자치단체의 장이 관광산업의 발전을 위하여 필요하다고 인정하는 사항

문화관광축제 지정기준

- 축제의 특성 및 콘텐츠
- 축제의 운영능력
- 관광객 유치 효과 및 경제적 파급효과
- 그 밖에 문화체육부장관이 정하는 사항

여행이용권의 지급 및 관리

- 국가 및 지방자치단체는 「국민기초생활 보장법」에 따른 수급권자, 그 밖에 소득수준이 낮은 저소득층 등 대통령령으로 정하는 관광취약계층에게 여행이용권을 지급할 수 있다.
- 국가 및 지방자치단체는 여행이용권의 수급자격 및 자격유지의 적정성을 확인하기 위하여 필요한 가족관계증명 · 국세 · 지방세 · 토지 · 건물 · 건강보험 및 국민연금에 관한 자료 등 대통령령으로 정하는 자료를 관계 기관의 장에게 요청할 수 있고, 해당 기관의 장은 특별한 사유가 없으면 요청에 따라야 한다. 다만, 행정정보 공동이용을 통하여 확인할 수 있는 사항은 예외로 한다.
- 국가 및 지방자치단체는 자료의 확인을 위하여 「사회복지사업법」에 따른 정보시스템을 연계하여 사용할 수 있다.
- 국가 및 지방자치단체는 여행이용권의 발급, 정보시스템의 구축 · 운영 등 여행이용권 업무의 효율적 수행을 위하여 대통령령으로 정하는 바에 따라 전담기관을 지정할 수 있다.
- 위에서 규정한 사항 외에 여행이용권의 지급 · 이용 등에 필요한 사항은 대통령령으로 정한다.
- 문화체육관광부장관은 여행이용권의 이용기회 확대 및 지원 업무의 효율성을 제고하기 위하여 여행이용권을 문화이용권 등 문화체육관광부령으로 정하는 이용권과 통합하여 운영할 수 있다.

권한의 위탁

등록기관 등의 장은 다음의 권한을 한국관광공사, 협회, 지역별 · 업종별 관광협회, 전문 연구 · 검사기관 또는 자격검정기관에 각각 위탁한다.

- 관광 편의시설업 중 관광식당업 · 관광사진업 및 여객자동차터미널시설업의 지정 및 지정 취소에 관한 권한 : 지역별 관광협회
- 국외여행 인솔자의 등록 및 자격증 발급에 관한 권한 : 업종별 관광협회
- 카지노기구의 검사에 관한 권한 : 법 제25조 제2항에 따라 문화체육관광부장관이 지정하는 검사기관
- 테마파크시설의 안전성검사 및 안전성검사 대상에 해당되지 아니함을 확인하는 검사에 관한 권한 : 문화체육관광부령으로 정하는 인력과 시설 등을 갖추고 문화체육관광부령으로 정하는 바에 따라 문화체육관광부장관이 지정한 업종별 관광협회 또는 전문 연구 · 검사기관
- 안전관리자의 안전교육에 관한 권한 : 업종별 관광협회 또는 안전 관련 전문 연구 · 검사기관
- 관광종사원 중 관광통역안내사 · 호텔경영사 및 호텔관리사의 자격시험, 등록 및 자격증의 발급에 관한 권한 : 한국관광공사. 다만, 자격시험의 출제, 시행, 채점 등 자격시험의 관리에 관한 업무는 「한국산업인력공단법」에 따른 한국산업인력공단에 위탁한다.
- 관광종사원 중 국내여행안내사 및 호텔서비스사의 자격시험, 등록 및 자격증의 발급에 관한 권한 : 협회. 다만, 자격시험의 출제, 시행, 채점 등 자격시험의 관리에 관한 업무는 「한국산업인력공단법」에 따른 한국산업인력공단에 위탁한다.
- 문화관광해설사 양성을 위한 교육과정의 개설 · 운영에 관한 권한 : 한국관광공사 또는 아래의 요건을 모두 갖춘 관광 관련 교육기관

- 기본소양, 전문지식, 현장실무 등 문화관광해설사 양성교육에 필요한 교육과정 및 교육내용을 갖추고 있을 것
- 강사 등 양성교육에 필요한 인력과 조직을 갖추고 있을 것
- 강의실, 회의실 등 양성교육에 필요한 시설과 장비를 갖추고 있을 것

• 한국관광 품질인증 및 그 취소에 관한 업무 : 한국관광공사
• 관광특구에 대한 평가 : 조사 · 분석 전문기관

국외여행 인솔자의 자격요건

• 관광통역안내사 자격을 취득할 것
• 여행업체에서 6개월 이상 근무하고 국외여행 경험이 있는 자로서 문화체육관광부장관이 정하는 소양교육을 이수할 것
• 문화체육관광부장관이 지정하는 교육기관에서 국외여행 인솔에 필요한 양성교육을 이수할 것

관광종사원

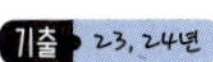

• 외국인 관광객을 대상으로 하는 여행업자는 관광통역안내의 자격을 가진 사람을 관광안내에 종사하게 하여야 한다.
• 관광종사원 자격증을 가진 사람은 그 자격증을 잃어버리거나 못 쓰게 되면 문화체육관광부장관에게 그 자격증의 재교부를 신청할 수 있다.
• 관광종사원이 거짓이나 그 밖의 부정한 방법으로 자격을 취득한 경우, 다른 사람에게 관광종사원 자격증을 대여한 경우에는 그 자격을 취소하여야 한다.
• 관광종사원으로서 직무를 수행하는 데에 부정 또는 비위(非違) 사실이 있는 경우에는 그 자격을 취소하거나 6개월 이내의 기간을 정하여 자격의 정지를 명할 수 있다.
- 1차 위반 시 : 자격정지 1개월
- 2차 위반 시 : 자격정지 3개월
- 3차 위반 시 : 자격정지 5개월
- 4차 위반 시 : 자격취소

관광 업무별 자격기준

업 종	업 무	종사할 수 있는 자
여행업	외국인 관광객의 국내여행 안내	관광통역안내사 자격 취득(필수)
	내국인의 국내여행 안내	국내여행안내사 자격 취득(권고가능)
관광 숙박업	4성급 이상의 관광호텔업의 총괄관리 및 경영	호텔경영사 자격 취득(권고가능)
	4성급 이상의 관광호텔업의 객실관리 책임자	호텔경영사 또는 호텔관리사 자격 취득(권고가능)
	3성급 이하의 관광호텔업과 한국전통호텔업 · 수상관광호텔업 · 휴양콘도미니엄업 · 가족호텔업 · 호스텔업 · 소형호텔업 및 의료관광호텔업의 총괄관리 및 경영	호텔경영사 또는 호텔관리사 자격 취득(권고가능)
	현관 · 객실 · 식당의 접객	호텔서비스사 자격 취득(권고가능)

관광종사원 면접시험 평가 사항

• 국가관 · 사명감 등 정신자세
• 의사발표의 정확성과 논리성
• 전문지식과 응용능력
• 예의 · 품행 및 성실성

분양 및 회원모집

관광숙박업이나 관광객 이용시설업으로서 대통령령으로 정하는 종류의 관광사업(휴양 콘도미니엄업 및 호텔업, 관광객 이용시설업 중 제2종 종합휴양업)을 등록한 자 또는 그 사업계획의 승인을 받은 자가 아니면 그 관광사업의 시설에 대하여 분양(휴양 콘도미니엄만 해당) 또는 회원모집을 하여서는 아니 된다.

일정변경 서면동의서

서면동의서에는 변경일시, 변경내용, 변경으로 발생하는 비용 및 여행자 또는 단체의 대표자가 일정변경에 동의한다는 의사를 표시하는 자필서명이 포함되어야 한다.

벌 칙

- 제4조 제1항에 따른 등록을 하지 아니하고 여행업 · 관광숙박업(제15조 제1항에 따라 사업계획의 승인을 받은 관광숙박업만 해당) · 국제회의업 및 제3조 제1항 제3호 나목의 관광객 이용시설업을 경영한 자는 3년 이하의 징역 또는 3천만원 이하의 벌금에 처한다.
- 제11조 제1항을 위반하여 관광사업의 시설 중 부대시설 외의 시설을 타인에게 경영하게 한 카지노사업자는 2년 이상의 징역 또는 2천만 원 이하의 벌금에 처한다.

관광사업자의 등록대장

- 여행업 및 국제회의기획업 : 자본금
- 야영장업 : 부지면적 및 건축연면적, 시설의 종류, 1일 최대 수용인원
- 관광공연장업 : 관광공연장업이 설치된 관광사업시설의 종류, 무대면적 및 좌석 수, 공연장의 총면적, 일반음식점 영업허가번호 · 허가연월일 · 허가기관
- 외국인관광 도시민박업 : 객실 수, 주택의 연면적

관광 편의시설업의 종류

- 관광유흥음식점업
- 관광극장유흥업
- 외국인전용 유흥음식점업
- 관광식당업
- 관광순환버스업
- 관광사진업
- 여객자동차터미널업
- 관광펜션업
- 관광궤도업
- 관광면세업
- 관광지원서비스업

테마파크시설 등에 의한 중대한 사고

- 사망자가 발생한 경우
- 의식불명 또는 신체기능 일부가 심각하게 손상된 중상자가 발생한 경우
- 사고 발생일부터 3일 이내에 실시된 의사의 최초 진단결과 2주 이상의 입원 치료가 필요한 부상자가 동시에 3명 이상 발생한 경우
- 사고 발생일부터 3일 이내에 실시된 의사의 최초 진단결과 1주 이상의 입원 치료가 필요한 부상자가 동시에 5명 이상 발생한 경우

한국관광협회중앙회

- 한국관광협회중앙회가 수행하는 회원의 공제사업은 문화체육관광부장관의 허가를 받아야 한다.
- 협회를 설립하려는 자는 대통령령으로 정하는 바에 따라 문화체육관광부 장관의 허가를 받아야 한다.
- 협회의 설립 후 임원이 임명될 때까지 필요한 업무는 발기인이 수행한다.
- 지역별 관광협회 및 업종별 관광협회는 관광사업의 건전한 발전을 위하여 관광업계를 대표하는 한국관광협회중앙회를 설립할 수 있다.

지역관광협의회

- 광역 및 기초 지방자치단체 단위의 지역관광 협의회를 설립할 수 있다.
- 협의회를 설립하려면 해당 지방자치단체의 장의 허가를 받아야 한다.
- 협의회는 법인이다.
- 협의회는 관광사업자에 대한 지원에 따르는 수익사업을 할 수 있다.

문화관광해설사

- 문화체육관광부장관은 문화관광해설사를 효과적이고 체계적으로 양성 · 활용하기 위하여 해마다 문화관광해설사의 양성 및 활용계획을 수립하고, 이를 지방자치단체의 장에게 알려야 한다.
- 지방자치단체의 장은 제1항에 따른 문화관광해설사 양성 및 활용계획에 따라 관광객의 규모, 관광자원의 보유 현황, 문화관광해설사에 대한 수요 등을 고려하여 해마다 문화관광해설사 운영계획을 수립 · 시행하여야 한다. 이 경우 문화관광해설사의 양성 · 배치 · 활용 등에 관한 사항을 포함하여야 한다.

✔ 관광진흥개발기금법

기금의 설치 및 재원

- 기금은 다음 각 호의 재원으로 조성한다.
  - 정부로부터 받은 출연금
  - 카지노사업자의 납부금
  - 제3항에 따른 출국납부금
  - 보세판매장 특허수수료의 100분의 50
  - 기금운용수익금과 그 밖의 재원
- 국내 공항과 항만을 통하여 출국하는 자로서 대통령령으로 정하는 자는 1만원의 범위에서 대통령령으로 정하는 금액을 기금에 납부하여야 한다.
- 납부금을 부과받은 자가 부과된 납부금에 대하여 이의가 있는 경우에는 부과받은 날부터 60일 이내에 문화체육관광부장관에게 이의를 신청할 수 있다.
- 문화체육관광부장관은 이의신청을 받았을 때에는 그 신청을 받은 날부터 15일 이내에 이를 검토하여 그 결과를 신청인에게 서면으로 알려야 한다.

기금납부 제외대상

- 외교관여권이 있는 자
- 12세 미만인 어린이
- 국외로 입양되는 어린이와 그 호송인
- 대한민국에 주둔하는 외국의 군인 및 군무원
- 입국이 허용되지 아니하거나 거부되어 출국하는 자
- 강제퇴거 대상자 중 국비로 강제 출국되는 외국인
- 공항통과 여객으로서 다음 어느 하나에 해당되어 보세구역을 벗어난 후 출국하는 여객
  - 항공기 탑승이 불가능하여 어쩔 수 없이 당일이나 그 다음 날 출국하는 경우
  - 공항이 폐쇄되거나 기상이 악화되어 항공기의 출발이 지연되는 경우
  - 항공기의 고장 · 납치, 긴급환자 발생 등 부득이한 사유로 항공기가 불시착한 경우
  - 관광을 목적으로 보세구역을 벗어난 후 24시간 이내에 다시 보세구역으로 들어오는 경우
- 국제선 항공기 및 국제선 선박을 운항하는 승무원과 승무교대를 위하여 출국하는 승무원

기금운용위원회 위원장

문화체육관광부 제1차관

기금 납부 금액

국내 공항과 항만을 통하여 출국하는 자로서 대통령령으로 정하는 자는 7천원의 금액을 기금에 납부하여야 한다. 다만, 선박을 이용하는 경우에는 1천원으로 한다.

납부금의 부과·징수 업무의 위탁

기출 23년

문화체육관광부장관은 납부금의 부과 · 징수의 업무를 대통령령으로 정하는 바에 따라 관계 중앙행정기관의 장과 협의하여 지정하는 자에게 위탁할 수 있다.

- 지방해양수산청장, 항만공사, 공항운영자

기금의 용도

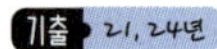

- 호텔을 비롯한 각종 관광시설의 건설 또는 개수
- 관광을 위한 교통수단의 확보 또는 개수
- 관광사업 발전을 위한 기반시설의 건설 또는 개수
- 관광지 · 관광단지 및 관광특구에서의 관광 편의시설의 건설 또는 개수

기금의 대여 및 보조

- 국외 여행자의 건전한 관광을 위한 교육 및 관광정보의 제공사업
- 국내외 관광안내체계의 개선 및 관광홍보사업
- 관광사업 종사자 및 관계자에 대한 교육훈련 사업
- 국민관광 진흥사업 및 외래관광객 유치 지원 사업
- 관광상품 개발 및 지원사업
- 관광지 · 관광단지 및 관광특구에서의 공공 편익시설 설치사업
- 국제회의의 유치 및 개최사업
- 장애인 등 소외계층에 대한 국민관광 복지사업
- 전통관광자원 개발 및 지원사업
- 감염병 확산 등으로 관광사업자에게 발생한 경영상 중대한 위기 극복을 위한 지원사업
- 그 밖에 관광사업의 발전을 위하여 필요한 것으로서 대통령령으로 정하는 사업

기금의 목적 외의 사용 금지 등

기출 21, 24, 25년

- 기금을 대여받거나 보조받은 자는 대여받거나 보조받을 때에 지정된 목적 외의 용도에 기금을 사용하지 못한다.
- 대여받거나 보조받은 기금을 목적 외의 용도에 사용하였을 때에는 대여 또는 보조를 취소하고 이를 회수한다.
- 문화체육관광부장관은 기금의 대여를 신청한 자 또는 기금의 대여를 받은 자가 다음 어느 하나에 해당하면 그 대여 신청을 거부하거나, 그 대여를 취소하고 지출된 기금의 전부 또는 일부를 회수한다.
  - 거짓이나 그 밖의 부정한 방법으로 대여를 신청한 경우 또는 대여를 받은 경우
  - 잘못 지급된 경우
  - 「관광진흥법」에 따른 등록 · 허가 · 지정 또는 사업계획 승인 등의 취소 또는 실효 등으로 기금의 대여자격을 상실하게 된 경우
  - 대여조건을 이행하지 아니한 경우
  - 그 밖에 대통령령으로 정하는 경우
- 다음의 어느 하나에 해당하는 자는 해당 기금을 대여받거나 보조받은 날부터 5년 이내에 기금을 대여받거나 보조받을 수 없다.
  - 기금을 목적 외의 용도에 사용한 자
  - 거짓이나 그 밖의 부정한 방법으로 기금을 대여받거나 보조받은 자

기금운용위원회의 구성

- 기금운용위원회는 위원장 1명을 포함한 10명 이내의 위원으로 구성
- 위원장은 문화체육관광부 제1차관이 되고, 위원은 다음의 사람 중에서 문화체육관광부장관이 임명하거나 위촉
  - 기획재정부 및 문화체육관광부의 고위공무원단에 속하는 공무원
  - 관광 관련 단체 또는 연구기관의 임원
  - 공인회계사의 자격이 있는 사람
  - 그 밖에 기금의 관리 · 운용에 관한 전문지식과 경험이 풍부하다고 인정되는 사람

✔ 국제회의산업 육성에 관한 법률

국제회의산업 육성기본계획의 수립

기출 23년

- 문화체육관광부장관은 국제회의산업의 육성 · 진흥을 위하여 다음의 사항이 포함되는 국제회의산업육성기본계획을 5년마다 수립 · 시행하여야 한다.
  - 국제회의의 유치와 촉진에 관한 사항
  - 국제회의의 원활한 개최에 관한 사항
  - 국제회의에 필요한 인력의 양성에 관한 사항
  - 국제회의시설의 설치와 확충에 관한 사항
  - 국제회의시설의 감염병 등에 대한 안전 · 위생 · 방역 관리에 관한 사항
  - 국제회의산업 진흥을 위한 제도 및 법령 개선에 관한 사항
  - 그 밖에 국제회의산업의 육성 · 진흥에 관한 중요 사항
- 문화체육관광부장관은 기본계획의 추진실적을 평가하고, 그 결과를 기본계획의 수립에 반영하여야 한다.
- 기본계획 · 시행계획의 수립 및 추진실적 평가의 방법 · 내용 등에 필요한 사항은 대통령령으로 정한다.

국제회의의 종류와 규모

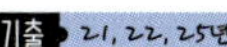

- 국제기구, 기관 또는 법인 · 단체가 개최하는 회의
  - 3개국 이상 외국인 참가
  - 참가인원 100명 이상 그 중 외국인 50명 이상
  - 2일 이상 진행
- 국제기구, 기관, 법인 또는 단체가 개최하는 회의로서 다음의 요건을 모두 갖춘 회의
  - 「감염병의 예방 및 관리에 관한 법률」 제2조 제2호에 따른 제1급 감염병 확산으로 외국인이 회의장에 직접 참석하기 곤란한 회의로서 개최일이 문화체육관광부장관이 정하여 고시하는 기간 내일 것
  - 회의 참가자 수, 외국인 참가자 수 및 회의일수가 문화체육관광부장관이 정하여 고시하는 기준에 해당할 것

국제회의시설의 요건

기출 23, 24, 25년

- 전문회의시설
  - 2천명 이상의 인원을 수용할 수 있는 대회의실이 있을 것
  - 30명 이상의 인원을 수용할 수 있는 중 · 소회의실이 10실 이상 있을 것
  - 옥내와 옥외 전시면적을 합쳐서 2,000m² 이상 확보
- 준회의시설
  - 200명 이상의 인원을 수용할 수 있는 대회의실이 있을 것
  - 30명 이상의 인원을 수용할 수 있는 중 · 소회의실이 3실 이상 있을 것
- 전시시설
  - 옥내와 옥외 전시면적을 합쳐서 2,000m² 이상 확보
  - 30명 이상의 인원을 수용할 수 있는 중 · 소회의실이 5실 이상 있을 것

- 지원시설
  - 컴퓨터, 카메라 및 마이크 등 원격영상회의에 필요한 설비, 칸막이 또는 방음시설 등 이용자의 정보 노출방지에 필요한 설비를 모두 갖출 것
  - 위에 따른 설비의 설치 및 이용에 사용되는 면적을 합한 면적이 80제곱미터 이상일 것
- 부대시설

  국제회의 개최와 전시의 편의를 위하여 전문회의시설 및 전시시설의 시설에 부속된 숙박시설 · 주차시설 · 음식점시설 · 휴식시설 · 판매시설 등

국제회의 전담조직의 업무

- 국제회의의 유치 및 개최 지원
- 국제회의산업의 국외 홍보
- 국제회의 관련 정보의 수집 및 배포
- 국제회의 전문인력의 교육 및 수급(需給)
- 지방자치단체의 장이 설치한 전담조직에 대한 지원 및 상호 협력
- 그 밖에 국제회의산업의 육성과 관련된 업무

국제회의도시의 지정기준

- 지정대상 도시에 국제회의시설이 있고, 해당 특별시 · 광역시 또는 시에서 이를 활용한 국제회의산업 육성에 관한 계획을 수립하고 있을 것
- 지정대상 도시에 숙박시설 · 교통시설 · 교통안내체계 등 국제회의 참가자를 위한 편의시설이 갖추어져 있을 것
- 지정대상 도시 또는 주변에 풍부한 관광자원이 있을 것

국제회의복합지구

- 시 · 도지사는 국제회의복합지구를 지정할 때에는 국제회의복합지구 육성 · 진흥계획을 수립하여 문화체육관광부장관의 승인을 받아야 한다.
- 시 · 도지사는 수립된 국제회의복합지구 육성 · 진흥계획에 대하여 5년마다 그 타당성을 검토하고 국제회의복합지구 육성 · 진흥계획의 변경 등 필요한 조치를 하여야 한다.
- 국제회의복합지구 지정요건
  - 국제회의복합지구 지정대상 지역 내에 전문회의시설이 있을 것
  - 국제회의복합지구 지정대상 지역 내에서 개최된 회의에 참가한 외국인이 국제회의복합지구 지정일이 속한 연도의 전년도 기준 5천명 이상이거나 국제회의복합지구 지정일이 속한 연도의 직전 3년간 평균 5천명 이상일 것
  - 국제회의복합지구 지정대상 지역에 영 제4조 각 호의 어느 하나에 해당하는 시설이 1개 이상 있을 것
  - 국제회의복합지구 지정대상 지역이나 그 인근 지역에 교통시설 · 교통안내체계 등 편의시설이 갖추어져 있을 것

부담금의 감면

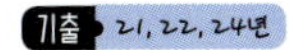

국가 및 지방자치단체는 국제회의복합지구 육성 · 진흥사업을 원활하게 시행하기 위하여 필요한 경우에는 국제회의복합지구의 국제회의시설 및 국제회의집적시설에 대하여 관련 법률에서 정하는 바에 따라 다음의 부담금을 감면할 수 있다.

- 「개발이익 환수에 관한 법률」 제3조에 따른 개발부담금
- 「산지관리법」 제19조에 따른 대체산림자원조성비
- 「농지법」 제38조에 따른 농지보전부담금
- 「초지법」 제23조에 따른 대체초지조성비
- 「도시교통정비 촉진법」 제36조에 따른 교통유발부담금

국제회의집적시설의 종류와 규모

기출 22년

- 「관광진흥법」에 따른 관광숙박업의 시설로서 100실(4성급 또는 5성급으로 등급결정을 받은 호텔업의 경우에는 30실) 이상의 객실을 보유한 시설
- 「유통산업발전법」에 따른 대규모점포
- 「공연법」에 따른 공연장으로서 300석 이상의 객석을 보유한 공연장

국제회의복합지구의 지정

- 특별시장 · 광역시장 · 특별자치시장 · 도지사 · 특별자치도지사는 국제회의산업의 진흥을 위하여 필요한 경우에는 관할구역의 일정 지역을 국제회의복합지구로 지정할 수 있다.
- 국제회의복합지구의 지정 면적은 400만 제곱미터 이내로 한다.

제 4 과목 관광학개론

✔ 2025년 출제 키워드

지속가능관광

- 지속가능한 개발의 일환
- 환경 및 미래 세대에 장기적인 위해를 가하지 않는 수준에서 관광 수준을 유지하는 여행

관광매체의 예

- 여행사에서 만든 안내 브로셔
- 지방자치단체에서 만든 관광 관련 조례
- 관광지 접근성을 높이기 위한 도로시설

국내 호텔 설립 순서

대불호텔(1888) → 손탁호텔(1902) → 조선호텔(1914)

관광정책 수립 순서

국제관광공사법(1962) → 관광진흥개발기금법(1972) → 관광단지개발촉진법(1975) → 국제회의산업 육성에 관한 법률(1996)

UFTAA(Universal Federation of Travel Agents Association : 여행업자협회 세계연맹)

- 1966년 11월에 FIAV와 UOTAA가 합병하여 설립된 각국 여행업협회의 국제기관
- 여행업자를 대표하여 여행업자의 이익을 위하여 관광과 관련한 정부기관, 민간국제기관과 교섭하는 기관으로 활동
- 여행업자의 직업적 지위를 확립하고 권위의 향상을 도모

BETTER里 : 인구감소지역 관광인구 충전 지원사업

- 인구감소지역 89개 기초지자체 대상
- 고유 문화 및 관광자원을 활용한 관광상품 실증으로 관광인구 증대 지원
- 2025년 경기도 가평군과 전북 무주군의 14개 기업 선정

항공사와 IATA 코드 연결

- 일본항공 – JL
- 베트남항공 – VN
- 필리핀항공 – PR
- 대한항공 – KE
- 타이항공 – TG
- 케세이퍼시픽항공 – CX
- 에미레이트항공 – EK
- 영국항공 – BA

외교부 지정 여행 금지 국가(2025년)

이라크, 소말리아, 아프가니스탄, 예멘, 시리아, 리비아, 우크라이나, 수단, 아이티

한국과 워킹홀리데이 협정을 맺고 있는 국가

네덜란드, 뉴질랜드, 대만, 덴마크, 독일, 라트비아, 룩셈부르크, 벨기에, 스웨덴, 스페인, 아르헨티나, 아일랜드, 안도라, 영국(YMS), 오스트리아, 이스라엘, 이탈리아, 일본, 체코, 칠레, 캐나다, 포르투갈, 폴란드, 프랑스, 헝가리, 호주, 홍콩

2024년 문화체육관광부 지정 글로벌 축제

수원 화성문화제(전통문화형), 인천 펜타포트 음악축제(공연예술형), 화천 산천어축제(관광자원형)

유네스코 등재 연도별 순서

한국의 전통레슬링(씨름)(2018) → 연등제, 한국의 등불 축제(2020) → 한국의 탈춤(2022) → 한국의 장담그기 문화(2024)

서비스 스케이프(Servicescape)

- 서비스(Service)와 경관(Scape)의 합성어
- 서비스가 제공되는 물리적 환경이 고객의 심리와 행동에 미치는 영향
- 관광에서는 호텔 객실의 청결 상태, 관광지의 시설, 식당의 인테리어와 분위기 등이 이에 해당
- 물리적 환경은 관광객의 만족도를 결정짓는 중요한 요인으로 작용

포 럼

- 한 가지 주제에 대하여 상반된 동일 분야의 전문가들이 청중 앞에서 공개토론하는 형식
- 청중들의 참여가 활발
- 쌍방의 의견이나 토론 내용 요약 시 사회자가 중립적인 역할

관광사업의 종류

- 종합여행업 : 국내외를 여행하는 내국인 및 외국인을 대상으로 하는 여행업
- 국내여행업 : 국내를 여행하는 내국인을 대상으로 하는 여행업

특별여행주의보

- 발령기준 : 단기적으로 긴급한 위험이 있는 경우
- 행동요령 : 여행경보 2단계(여행자제) 이상 3단계(출국권고) 이하에 준함
- 기간 : 발령일로부터 최대 90일까지 유효

Convention

정보 전달을 목적으로 하는 국제회의여행

버뮤다 호텔

요금지불방식에 의한 분류로 객실요금에 조식이 포함되는 방식

밸류 얼라이언스(Value Alliance)

녹에어(태국), 세부퍼시픽, 세브고(필리핀), 제주항공(한국) 등 아시아 · 태평양 지역 LCC항공사 항공 동맹

호텔 객실 요금

- 홀드 룸 차지 : 투숙객이 수화물을 객실에 남겨두고 가는 경우 계속 사용할 의사로 간주하여 부과하는 요금
- 미드나이트 차지 : 예약한 고객이 당일 밤중이나 다음 날 아침에 도착했을 경우 부과하는 야간 객실요금
- 엑스트라 차지 : 체크인 이후 추가 인원이 발생한 경우 등 기본 요금 외에 추가로 부과되는 요금
- 옵셔널 레이트 : 객실 환경상 정확한 요금을 결정지을 수 없을 때 적용되는 요금

관광사업의 공익적 특성

- 사회 · 문화적 효과 : 국위 선양, 상호 이해를 통한 국제친선의 증진, 국제문화의 교류, 국민보건의 향상, 근로의욕의 증진 등
- 경제적 측면 : 외화 획득과 경제 발전, 기술협력과 국제무역 증진, 소득효과, 고용효과, 주민 후생복지의 증진, 생활환경 개선과 지역개발의 효과 등

인스파이어 엔터테인먼트 리조트(Inspire Entertainment Resort)

국내에서 운영 중인 카지노 복합리조트(IR)

항공요금

- 특별운임은 승객의 다양한 여행 형태에 부합하여 개발된 운임으로 일정한 제한이 있는 운임
- 학생운임은 여행일 기준 만 12세 이상, 만 25세 미만으로 정규기관 교육과정에 등록된 학생에게 적용

크루즈업

- 관광진흥법령상 관광객 이용시설업에 속함
- 관광진흥법령상 관광유람선업은 일반관광유람선업과 크루즈업으로 구분
- 크루즈는 활동 범위에 따라 국내 크루즈와 국제 크루즈로 구분

관세가 면제되는 여행자 휴대품 등

- 여행자가 통상적으로 몸에 착용하거나 휴대할 필요성이 있다고 인정되는 물품인 경우 미화 800달러 이하
- 술 · 담배 · 향수는 별도면세범위에서 해당 내국물품의 구매수량 공제
- 향수의 면세한도는 100ml 이하
- 술의 면세한도는 400달러 이하, 2L 이하

시장세분화 기준

- 지리적 변수 : 지역, 인구밀도, 도시의 규모, 기후
- 인구적 변수 : 성별, 연령, 가족규모, 수입, 직업, 교육, 종교, 인종, 사회
- 심리적 변수 : 태도, 사회적 계층, 라이프 스타일, 개성
- 행동적 변수 : 구매횟수, 이용률, 추구하는 편익, 사용량, 상표충성도

✔ 2024년 출제 키워드

관광매체

관광대상을 개발하고 관리하는 정부와 같은 공적기관의 역할이 포함됨

녹색관광

- 환경 피해를 최대한 억제하면서 자연을 관찰하고 이해하며 즐기는 여행 방식이나 여행 문화
- 에코투어리즘, 생태관광, 연성관광, 농업관광, 농촌관광 등과 비슷한 개념

관광의 사회적 효과

- 국위 선양 효과
- 국민후생복지 효과
- 국민의식 수준 제고 효과
- 교육적 효과

Over Tourism

관광지의 수용력을 초과하는 관광객이 관광지에 찾아오면서 환경생태계 파괴, 교통난, 주거난 등의 부작용이 발생하는 관광

대중관광의 출현 요인

- 교통기술의 획기적 발전
- 세계경제의 부흥 및 유급휴가제도 실시
- 국제 정치적 · 문화적 교류의 증대

관광특구

통일동산, 강남마이스

국제관광 국제기구

- WTTC – 세계여행관광협회
- PATA – 아시아태평양관광협회
- ICAO – 국제민간항공기구
- EATA – 동아시아관광협회
- IATA – 국제항공운송협회
- ASTA – 미국여행업협회
- ICCA – 국제회의협회
- APEC – 아시아태평양경제협력체

1330 통역안내 서비스

- 전화 상담과 문자채팅 형식으로 연중무휴 24시간 운영
- 질병관리청, 경찰청 등과의 협업을 통해 위급상황에 처한 외국인 대상 긴급통역서비스 지원
- 국내외 관광객에게 한국여행정보안내, 관광통역, 관광불편신고상담 제공
- 8개 언어 제공

관광객

방문국에 1박 이상 체재하는 사람(비거주자, 해외동포, 항공기 승무원 포함)

한국관광공사 수행사업

- 국제관광 진흥사업
- 국민관광 진흥사업
- 관광자원 개발사업
- 관광산업의 연구 · 개발사업

2024-2025년 명예 문화관광축제

- 화천산천어축제
- 영동난계국악축제
- 안동탈춤축제

디지털 관광주민증

- 지역의 관광 활성화를 위해 인구 감소 위기를 겪고 있는 지역 대상
- 지역방문자에게 관람 · 체험 · 식음료 · 숙박 · 쇼핑 등 할인 혜택 제공

호스텔업 등록기준

- 배낭여행객 등 개별 관광객의 숙박에 적합한 객실을 갖추고 있을 것
- 이용자의 불편이 없도록 화장실, 샤워장, 취사장 등의 편의시설을 갖추고 있을 것. 다만, 이러한 편의시설은 공동으로 이용 가능
- 외국인 및 내국인 관광객에게 서비스를 제공할 수 있는 문화 · 정보 교류시설을 갖추고 있을 것
- 대지 및 건물의 소유권 또는 사용권을 확보하고 있을 것

Studio Room

- 더블이나 트윈 룸에 소파형의 베드가 들어가 있는 객실
- 소파형 베드는 접으면 소파가 되고 길게 펼치면 침대가 되는 형태

국제회의 전문시설의 명칭과 지역

- BEXCO – 부산
- CECO – 창원
- HICO – 경주
- EXCO – 대구
- KINTEX – 고양
- DCC – 대전
- COEX, aT센터, SETEC – 서울
- ICC Jeju – 제주

바카라

Banker와 Player 중 카드 합이 9에 가까운 쪽이 승리하는 게임

심포지엄

제시된 안건에 대해 전문가들이 청중 앞에서 벌이는 공개토론

호텔업의 종류

- 관광호텔업
- 수상관광호텔업
- 한국전통호텔업
- 가족호텔업
- 소형호텔업
- 호스텔업
- 의료관광호텔업

외국인 전용 카지노 영업장

현재 외국인 전용 카지노 영업장은 서울(3), 부산(2), 인천(2), 강원(1), 대구(1), 제주(8)에서 총 17개 영업 중이며 내국인 출입 카지노는 강원도에 한 군데 있음

여행업의 주요 업무

여행 상담, 예약 및 수배, 판매, 발권, 정산, 수속대행, 여정관리

대한민국 테마여행 10선

- 평화역사이야기여행 : 인천 · 파주 · 수원 · 화성
- 드라마틱강원여행 : 평창 · 강릉 · 속초 · 정선
- 위대한금강역사여행 : 대전 · 공주 · 부여 · 익산
- 중부내륙힐링여행 : 단양 · 제천 · 충주 · 영월
- 시간여행101 : 전주 · 군산 · 부안 · 고창
- 남도맛기행 : 광주 · 목포 · 담양 · 나주
- 선비이야기여행 : 대구 · 안동 · 영주 · 문경
- 해돋이역사기행 : 울산 · 포항 · 경주
- 남쪽빛감성여행 : 부산 · 거제 · 통영 · 남해
- 남도바닷길 : 여수 · 순천 · 보성 · 광양

호텔의 프런트 오피스 용어

- Room Clerk
- Front Cashier
- Check Out Service

의료관광

- 표준화된 의료서비스를 제공하기 위해 의료서비스 인증제도 확산
- 일반관광보다 체류 일수가 길고 비용이 높은 고부가치산업
- 외국인 환자 유치행위가 합법화된 것은 2009년 5월
- 질병을 치료하는 활동을 넘어 건강상태에 따라 현지에서의 요양, 관광, 쇼핑, 문화 체험 등의 활동을 겸하는 것을 의미

관광상품 수명주기

- 도입기 : 서비스가 처음으로 대중에게 소개되는 단계로, 시장에서 기반구축을 위한 많은 촉진과 기타 활동을 하게 되므로 이윤이 생기지 않거나 생겨도 낮은 단계
- 성장기 : 판매가 급속히 증대되며 수익수준이 개선되어 경쟁자의 진입이 많아지는 단계
- 성숙기 : 매출액의 성장이 크게 둔화되는 단계
- 쇠퇴기 : 시장수요가 격감하고 뚜렷하게 수요를 반전시킬 기회나 방책이 보이지 않는 단계

✔ 2023년 출제 키워드

CVB(컨벤션뷰로)

- 컨벤션의 유치 및 유치된 컨벤션 업무를 지원하는 역할을 한다.
- 국제회의 개최자와 회의 개최에 필요한 시설과 서비스를 제공하는 공급자를 연결시켜주는 역할을 한다.

크루즈

- 대양으로 항해를 하거나 국가 간을 항해하는 것을 해양 크루즈라고 한다.
- 크루즈는 활동 범위에 따라 국내 크루즈(연안 크루즈), 국제 크루즈(외항 크루즈)로 구분된다.
- 우리나라의 크루즈 형태의 여행상품이 본격적으로 등장한 것은 1998년이다.
- 관광진흥법령상 크루즈업은 관광유람선업으로 분류된다.

국내 최초의 카지노

인천 올림포스호텔 카지노

BSP(Billing Settlement Plan)

항공사와 여행사간의 항공권 판매대금 및 정산 업무 등을 은행이 대신하는 정산제도

PNR의 필수 구성 요소

- 여 정
- 승객 이름
- 전화번호

국제관광의 범위

Inbound tourism / Outbound tourism

룰렛 게임

회전하는 휠 위에서 딜러가 돌린 볼이 내가 베팅한 숫자의 포켓 안으로 떨어져 당첨금을 받는 게임

관광진흥법령상의 여행업

- 여행업은 국내여행업, 국내외여행업, 종합여행업으로 분류
- 종합여행업의 등록기준 : 자본금 5천만원 이상
- 국내외여행업의 등록기준 : 자본금 3천만원 이상
- 국내여행업의 등록기준 : 자본금 1천 5백만원 이상

항공사 코드

- 제주항공 – 7C
- 에어부산 – BX
- 진에어 – LJ
- 대한항공 – KE

호텔 프런트의 업무

- 인포메이션 업무
- 등록 업무
- 계산 업무

유럽식 플랜

호텔 객실과 식사 요금을 별도로 계산하는 제도

웰니스 관광도시(2023)

강원특별자치도 정선군

1980년대 관광의 특성

국민해외여행 전면자유화

BIE(세계박람회사무기구)

- 우리나라 1987년 가입
- 프랑스 파리에 본부
- 박람회(엑스포)의 남용을 막을 수 있는 제도적 장치의 필요성으로 창립

제4차 관광개발기본계획(2022 ~ 2031)

- 매력적인 관광자원 발굴
- 지속가능 관광개발 가치 구현
- 편리한 관광편의기반 확충

관광의 구조

- 관광매체 : 교통기관
- 관광객체 : 관광자원
- 관광주체 : 관광자

국제관광도시

- 국제관광도시 : 부산광역시
- 지역관광거점도시 : 강원 강릉시, 전북 전주시, 전남 목포시, 경북 안동시

고대 로마의 관광 발전 요인

- 화폐제도 발달
- 도로의 정비
- 치안의 유지

국내관광진흥책

- 한국관광 100선
- 내나라 여행박람회
- 한국관광의 별
- 따로 함께 걷는 대한민국

관광의 부정적 효과

- 자연환경 파괴
- 환경오염 문제
- 야생동물 멸종

✔ 2022년 출제 키워드

Grand Tour

근대시대 유럽에서 '교육적 효과'를 궁극적인 목표로 삼았던 관광

발전단계별 핵심 관광동기

- Tour 시대 – 종교 동기
- Tourism 시대 – 지식 동기
- Mass Tourism 시대 – 위락 동기
- New Tourism 시대 – 관광의 생활화 동기

우리나라의 관광사업자단체

한국관광펜션업협회, 한국호텔업협회, 한국여행업협회

관광기본법

건전한 국민관광의 발전을 도모하기 위해 최초로 시행된 관광관련 법률

시기별 국민관광 정책

- 지리산 국립공원 지정(1967)
- 관광진흥법 제정(1987)
- 해외여행 자유화 실시(1989)
- 대전엑스포 개최(1993)

국제관광(International Tourism)

미국인 Smith가 미국에서 출발하여 일본과 우리나라를 관광한 후 미국으로 귀국하는 것

섹터별 관광개발 주체

- 제1섹터 방식 : 공공 주도
- 제2섹터 방식 : 민간 주도
- 제3섹터 방식 : 공공 + 민간 주도
- 혼합섹터 방식 : 공공 + 민간 + 지역센터 주도

2020년 선정 지역관광거점도시

강원도 강릉시, 전라남도 목포시, 전라북도 전주시

카지노 허가 시설

국제회의업 시설의 부대시설

CVB

해당 도시나 지역을 대표하여 컨벤션뿐만 아니라 전시회 · 박람회 및 인센티브 관광 등 MICE와 관련된 행사를 유치하는 데 필요한 업무와 정보를 제공해주는 국제회의 전담기구

크루즈업 등록기준

- 욕실이나 샤워시설을 갖춘 객실을 20실 이상 갖추고 있을 것
- 체육시설, 미용시설, 오락시설, 쇼핑시설 중 2종류 이상의 시설을 갖추고 있을 것
- 식당 · 매점 · 휴게실을 갖추고 있을 것

항공운송사업의 특성

안전성, 고속성, 경제성

호텔 특성에 따른 분류와 호텔의 종류

- 숙박기간 – Residential Hotel, Transient Hotel
- 입지조건 – Airport Hotel
- 숙박목적 – Commercial Hotel

호텔업의 특성

인적서비스에 대한 의존성, 계절성, 고정자산 과다

카지노산업의 파급효과

- 지역경제 활성화
- 지역의 고용창출 효과
- 과도한 이용으로 인한 사회적 부작용

스마트관광도시 사업목표

- 기술 기반 미래 관광서비스 · 인프라 육성
- 혁신 기업의 참여를 통한 新관광산업 발전 기반 마련
- 지역 경쟁력 강화를 통한 지역관광 활성화

관광사업의 기본적 성격

복합성, 입지의존성, 공익성, 기업성

국제의료관광코디네이터의 역할

- 외국인환자 공항 영접 · 환송 서비스
- 외국인환자 통역서비스
- 외국인환자 의료사고 및 컴플레인 관리

여행업

- 국내여행업은 다양한 국민관광 수요를 충족하기 위해 1982년 허가제에서 등록제로 변경
- 국내외를 여행하는 내국인 및 외국인을 대상으로 하는 여행업은 2021년 일반여행업에서 종합여행업으로 변경되었고, 자본금은 5천만 원 이상이어야 함

관광의사결정에 영향을 미치는 요인

- 개인적 요인 : 학습, 성격, 태도, 동기, 지각
- 사회적 요인 : 가족, 문화, 사회계층, 준거집단

✔ 2021년 출제 키워드

관광의 경제적 효과

- 국제무역수지 개선
- 고용창출 효과
- 조세수입 증가

관광의 일반적 특성

관광 후 주거지로 복귀, 관광지에서 여가활동, 일상 생활권의 탈출

관광의사결정에 영향을 미치는 개인적 요인

동기, 학습, 지각

서양 중세시대 관광

- 십자군 전쟁에 의해 동 · 서양 교류 확대
- 순례자의 종교관광이 주를 이루었으며 숙박시설은 주로 수도원
- 동방의 비잔틴 · 회교문화가 유럽인의 견문에 자극

연대별 관광정책

- 1960년대 : 현 한국관광공사의 전신인 국제관광공사 설립, 관광사업진흥법 제정 및 공포
- 1970년대 : 관광진흥개발기금법 제정 및 공포
- 1990년대 : 관광업무 담당부처가 교통부에서 문화체육부로 이관

중앙정부 행정부처별 업무

- 외교부 : 여권발급, 사증(Visa) 면제협정의 체결
- 법무부 : 여행자의 출입국관리
- 환경부 : 국립공원 지정

국민관광

- 1977년에 전국 36개소 국민관광지 지정
- 노약자 · 장애인 등 취약계층 지원
- 내국인의 국내 · 외 관광을 의미

인바운드 관광수요에 부정적 영향을 미치는 요인

전쟁 및 테러, 신종 전염병, 주변 국가와의 외교적 갈등 고조

매슬로의 욕구계층 이론

생리적 욕구 → 안전의 욕구 → 사회적 욕구 → 존경의 욕구 → 자아실현의 욕구

2021년 기준 내국인 면세물품 총 구매한도액

미화 5,000달러

※ 2024년 기준, 제한이 없다.

아시아 최초 국제 슬로시티 가입지역

신안 증도면, 완도 청산면, 담양 창평면

여행경보제도

- 1단계(남색경보) : 여행유의
- 2단계(황색경보) : 여행자제
- 3단계(적색경보) : 철수권고
- 4단계(흑색경보) : 여행금지

UIA

국제단체 또는 국제기구의 국내지부가 주최하는 회의로서, 참가국 5개국 이상, 참가자수 300명 이상(외국인 40% 이상), 회의 기간 3일 이상의 조건을 만족하는 회의

American Plan

- 객실요금에 아침, 점심, 저녁 1일 3식 포함
- Full Pension이라고도 함

IATA 기준 항공사 코드

- KOREAN AIR – KE
- ASIANA AIRLINES – OZ
- JEJU AIR – 7C
- JIN AIR – LJ

Intrabound

- 내국인의 국내여행
- 국내거주 외국인의 국내여행

객실 유형

- 트윈룸(Twin Room) : 싱글 베드 2개
- 더블룸(Double Room) : 2인용 베드 1개
- 블로킹룸(Blocking Room) : 예약된 방
- 커넥팅룸(Connecting Room) : 객실 2개가 연결되어 내부의 문을 통해 상호 왕래가 가능한 객실

관광마케팅믹스 구성요소

- 상품(Product) : 항공 기내좌석 및 승무원서비스
- 가격(Price) : 항공료
- 촉진(Promotion) : TV 또는 SNS광고

유네스코 등재유산

세계유산

- 정의 : 세계유산은 1972년 유네스코(UNESCO) 세계 문화 및 자연유산의 보호에 관한 협약에 의거하여 세계유산목록에 등재된 유산을 지칭함. 인류의 보편적이고 뛰어난 가치를 지닌 각국의 부동산 유산이 등재되는 세계유산의 종류에는 문화유산, 자연유산 그리고 문화와 자연의 가치를 함께 담고 있는 복합유산이 있음

- **한국의 세계유산**

석굴암 · 불국사(1995)
해인사 장경판전(1995)
종묘(1995)
창덕궁(1997)
화성(1997)
경주역사유적지구(2000)
고창 · 화순 · 강화 고인돌 유적(2000)
제주화산섬과 용암동굴(2007)
조선왕릉(2009)
한국의 역사마을 : 하회와 양동(2010)
남한산성(2014)
백제역사유적지구(2015)
산사, 한국의 산지승원(2018)
한국의 서원(2019)
한국의 갯벌(2021)
가야 고분군(2023)
반구천의 암각화(2025)

인류무형문화유산

- 정의 : 2003년 유네스코 무형문화유산 보호 협약에 의거하여 문화적 다양성과 창의성이 유지될 수 있도록 대표목록 또는 긴급목록에 각국의 무형유산을 등재하는 제도를 지칭함. 2005년까지 '인류구전 및 무형유산걸작'이라는 명칭으로 유네스코 프로그램 사업이었으나 지금은 세계유산과 마찬가지로 정부 간 협약으로 발전되었음

- **한국의 인류무형문화유산**

종묘제례 및 종묘제례악(2001)
판소리(2003)
강릉단오제(2005)
강강술래(2009)
남사당놀이(2009)
영산재(2009)
제주칠머리당영등굿(2009)
처용무(2009)
가곡(2010)
대목장(2010)
매사냥(2010)
줄타기(2011)
택견(2011)
한산모시짜기(2011)
아리랑(2012)
김장문화(2013)
농악(2014)
줄다리기(2015)
제주해녀문화(2016)
씨름(2018)
연등회, 한국의 등불 축제(2020)
한국의 탈춤(2022)
한국의 장 담그기 문화(2024)

세계기록유산

- 정의 : 유네스코가 고문서 등 전 세계의 귀중한 기록물을 보존하고 활용하기 위하여 1997년부터 2년마다 세계적 가치가 있는 기록유산을 선정하는 사업으로, 유산의 종류로는 서적(책)이나 문서, 편지 등 여러 종류의 동산 유산이 포함됨

- **한국의 세계기록유산**
  훈민정음(1997)
  조선왕조실록(1997)
  불조직지심체요절(2001)
  승정원일기(2001)
  조선왕조 의궤(2007)
  고려대장경판 및 제경판(2007)
  동의보감(2009)
  일성록(2011)
  5 · 18민주화운동기록물(2011)
  난중일기(2013)
  새마을운동기록물(2013)
  한국의 유교책판(2015)
  KBS 특별생방송 '이산가족을 찾습니다' 기록물(2015)
  조선왕실 어보와 어책(2017)
  국채보상운동기록물(2017)
  조선통신사기록물(2017)
  4 · 19혁명기록물(2023)
  동학농민혁명기록물(2023)
  제주4 · 3기록물(2025)
  산림녹화기록물(2025)

※ 출처 : 국가유산청 홈페이지(www.cha.go.kr)

오랫동안 꿈을 그리는 사람은

마침내 그 꿈을 닮아간다.

– 앙드레 말로

시대에듀 회원만을 위한

특별한 혜택

회원 가입만 해도 누릴 수 있는 다양한 프리미엄 혜택!

01 무료 회원 혜택

- 전문가와 1:1 무료 상담 서비스 제공
- 자격증/공무원/취업 관련 무료 특강 제공
- 월별 이슈 & 상식 특강 제공
- 인적성 검사 및 면접 특강 지원

02 유료 회원 혜택

- 750명 교수진의 고품질 명품 강의 제공
- 무제한 반복 수강 가능
- 모바일 강의 다운로드 및 스트리밍
- Full HD 고화질 강의 시청

03 추가 제공 서비스

- 교재 및 동영상 구매 시 적립금 3,000원 제공
- 강의 수강료 5% 할인 쿠폰 제공
- 원격지원 서비스를 통한 빠른 문제 해결

※ 모의고사 및 무료특강은 일부 상품에 한해 제공되며, 상품에 따라 제공 여부가 달라질 수 있습니다. 또한, 상품 정책에 따라 서비스 내용은 사전 예고 없이 변경될 수 있습니다.

합격을 위한 최고의 선택! ***시대에듀 회원 혜택!***
합격을 위한 첫 걸음, 지금 바로 QR코드로 확인하세요!